猶太人

無國、無家、非我族類，遊蕩世界的子民歸屬何處

（西元 1492-1900）

The Story of the Jews

Simon Schama 西蒙・夏瑪｜著　唐澄暐｜譯　曾宗盛｜審訂

・二部曲・

Volume Two

Belonging 1492-1900

那座嶄新的博物館內
有一所老猶太會堂。
那所猶太會堂內
有我。
在我之內
有我的心。
我的心內
有座博物館。
那座博物館內
有一所猶太會堂
它裡面
有我。
在我之內
有我的心，
我的心內
有一座博物館。

——耶胡達．阿米亥（Yehuda Amichai）
〈無終盡之詩〉（Poem Without an End）

#目次

推薦序

相互理解、傳遞知識的寶貴橋樑

柯思畢（Omer Caspi）
以色列駐臺代表

非常榮幸能為西蒙．夏瑪的史詩鉅作《猶太人》第二部曲撰寫推薦短序。《猶太人》第一部出版於三年前，現在讀者們可以藉由第二部曲的出版，飽覽地球上古文明之一——猶太人，將近三千年來的歷史全景。

身為一個生於自由、擁有主權的猶太國家——以色列的猶太人，有時很難全然理解我那一代又一代的祖先們，當時是如何以無國籍的身分，在無能自保的情況下遊蕩在這個世界上。今天於我而言相當自然的這一切，對生活在西元一四九二年至一九〇〇年間的人們來說，是個不切實際的夢想。

而這個奇蹟的故事，一個文明能夠在面臨無數次意欲消滅與摧毀的情況下倖存；流亡到世界的各個角落；散落各處、碎裂成一塊塊；始終保持其宗教、信仰以及語言，而且最終得以返還家園——這個驚人的故事，是個值得講述的故事。

西蒙．夏瑪以令人著迷的方式，道盡了這一切。

我很高興《猶太人》二部曲翻譯為繁體中文並於臺灣出版，加入了日漸成長中的以色列與猶太人相關的著作行列。我相信，它將會成為臺灣人和猶太人之間，相互理解與傳遞知識的一座寶貴橋樑。

推薦序

悲傷民族寫就最堅韌的歷史

蘇育平
資深駐以色列外交官員

《猶太人》二部曲這本書敘述了猶太人離散（Diaspora）在世界近兩千年期間，居住在不同地域國家、社會中的猶太小群體發生的不同故事，這看起來是一個一個小家族或個人身上發生的故事，但彙整起來，卻等於是猶太人這兩千年來生存掙扎的整體呈現。作者一定是耙梳了無數猶太家族記載千年的古老家譜歷史，以及口傳無數世代的家族祕史，才能累積出這麼多在各個世界小角落延續的猶太人生活史、工作情況，與當地文明及民族、國家之互動與歸屬關係，不管是好的、壞的，都一點一滴地累積下來，成為猶太人歷史字典的一部分。

再沒有比猶太人更能記錄歷史的人群了。猶太人因為要閱讀經典，因此沒有文盲，每一個人都能用紙筆記下他眼睛看到的、耳朵聽到的一切，一切陰謀詭計與友善美德友誼，都在猶太人長達幾千年的歷史記載中無所遁形。

猶太人在歷史上被迫離散或後續自願遷徙至各地，廣泛分布在從大西洋岸一直到東亞太平洋岸的整個歐亞與非洲大陸上，也隨著地理大發現到了美洲新大陸。

猶太人是一個部族，是一個文化，是一個宗教，它代表人類最原始的宗教起源，卻堅決不傳教，僅以母系血統來傳承這份認同。基督教與伊斯蘭教都源出於猶太教，卻因為可以傳教而更發揚光大為普世宗教。三大同源的亞伯拉罕一神教，幾乎主宰了西方世界的宗教領域。要追尋鑽研這些宗教最古老的痕跡，非得研究猶太教不可。

猶太教到今天已有許多不同的世俗化面貌，但仍有許多人堅持維持最古老的極端正統派宗教生活方式，每日為以色列與耶路撒冷的和平與彌賽亞的來到而禱告。而在本書中，於不同時代、不同地域居住的猶太人，許多也保持這樣的性格與特色。

這本書很好地呈現了兩千年來各地猶太人生活的點點滴滴，他們因生活地域而有若干差異，卻又因宗教信仰而在認同上保持驚人的一致性。這是一個悲傷的民族，卻也是最堅韌的民族，他們所有的敵人都已經消失在歷史的塵埃中，只有猶太人會繼續傳承數千年。

導讀

這是猶太人的故事，也是人類追求平等、自由與尊嚴的冒險旅程

曾宗盛
臺灣神學研究學院

前言

西蒙・夏瑪（Simon Schama）的《猶太人》（*The Story of the Jews*）第二部，訴說散居在世界各地的猶太族群在不同時代追求平等、自由與尊嚴的冒險旅程。這支少數族群運用巧思爭取平等待遇，享有公民權、投票權與自由生活，也啟發世人學習尊重差異與接納多元。猶太人的際遇交織著歡樂、無助、辛酸、痛苦，還有盼望。他們的遭遇喚起讀者以同理心設想：假如自己生活在那個時代，會如何學習平等對待社會中的少數族群呢？

本書介紹十六到十九世紀末世界各地猶太人的故事，透過人物故事訴說猶太族群如何回應多變的時代挑戰，展現生機。這些猶太族群生活的空間，散布葡萄牙、義大利、法國、英國、荷蘭、德國，以及東歐的波蘭和俄羅斯，還有南美洲和美國，甚至遙遠的開封、印度西南海岸、西非海岸以及阿拉伯半島的葉門。

這部書不只訴說猶太人的生活經歷，也敘述她／他們透過生命禮儀和宗教信仰保存猶太傳統，探討的議題甚至還涉及普世人類關心的主題：人群間彼此的關懷、追求平等與自由、展現尊嚴與愛、接納差異以及欣賞多元。不論人類各種族抱持什麼樣不同的想法或生活習俗，希望都可以找到安身立命之處。

猶太人對世界的貢獻

作者西蒙．夏瑪在本書說明猶太人對世界人類文明提供不同的貢獻，這些貢獻表現在各行各業、不同層面。

例如巴魯赫．史賓諾沙（Baruch Spinoza, 1632-1677）成為人文主義思想的典範，而摩西．孟德爾頌（Moses Mendelssohn, 1729-1786）強調以宗教自由建造多元和諧的社會，讓人和平共存，透過對話消弭戰爭。其次，猶太人多語言的能力，促成外交、貿易、學術界、翻譯以及慈善事業，為文化交流和文明發展做了貢獻。此外，許多猶太人也參與歌劇、戲劇、拳擊、娛樂事業和文學創作，甚至後來還有媒體事業，在在證明猶太人對人類社會付出重要貢獻。

不只如此，猶太人還結合各種傳統與新潮流，創造時代的新風潮、開拓新領域，例如音樂、文學、宗教（不同教派）、商業模式（百貨公司、旅館結盟餐飲和酒類消費）。雖然她／他們在有些領域裡並非創新者，卻將百業加以發揚光大，引領風騷（銀行、鐵路、百貨業、音樂、科學）。然而事業的成功，卻也引起部分有心人士的嫉妒與敵視，煽動社會大眾的不滿情緒，引發反猶和排猶的行動。

在敵意環伺的環境中爭取平權與自由

西蒙．夏瑪在多處段落指出，猶太族群在動盪的環境裡追求平等與自由，爭取公民權、教育機會和就業發展。

歐洲基督教社會對猶太人的誤解、偏見與歧視，長久以來在各時代不斷複製、重現，例如指控猶太人是「殺害基督者」（Christ Killer），或是以「血祭毀謗」（blood label）誣告猶太人在過逾越節時，將基督徒孩童的血滲入無酵餅裡面。事實上，這種誣告是毫無根據的謠言，卻一直流傳在歐洲各地，甚至外溢到其他地方，造成難以彌補的傷害。

在此背景下，各時代都出現有識之士勇敢向社會大眾澄清誤解，或是透過對話溝通，除去偏見和刻板印象，讓猶太人可以受到平等對待。這些人出現在十七世紀英國倫敦的猶太社群、荷蘭阿姆斯特丹，也見於十八世紀柏林的摩西．孟德爾頌及其普魯士友人，還有法國大革命之後，參與國民議會的猶太人。這些猶太人和社會人士都在敵意環伺的環境中，為少數族群爭取平權與自由。

在各地找尋安身立命之所

本書也廣泛探討猶太人在世界各地的歷史，描繪她／他們如何掙扎生存、尋找安身之所。在西方社會漫長的歷史中，讓猶太人可以安心居住的地方並不多見，特別是十八世紀以後的荷蘭阿姆斯特丹、美國東岸和西岸，還有少數幾個地方，對猶太人展現包容與接納的態度，相當難得。

歐洲猶太人被迫流亡，從一個地方遷徙到另一個地方，然而她／他們總是想辦法找到安身立命的方法，透過經營不同的職業，不論是手工業、珠寶業、旅館業、釀酒技術，甚至在都市角落做二手衣物買賣，或販賣水果，都展現旺盛的生命力，認真尋求生存之道。甚至後來新興的新聞報業、媒體、醫療、法律，在各行各業都可以看到猶太人的身影。在當時的尖端科技或新興行業裡，猶太人取得一席之地，做出貢獻。

猶太族群面對內部的張力

除了面對外部的壓力與挑戰以外，作者還用了許多篇幅，描寫猶太族群內部的張力。

這些族群包含不同語言和社會階級，例如在英國和法國兩國境內，各有賽法迪猶太人和阿什肯納茲猶太人，他們來自不同社會階層與職業類別，形成貧富差異的群體，加上不同的語言和文化習俗，彼此間出現張力與競爭，互相批評，甚至爭吵衝突。而唯一連結他們的是猶太宗教與節期。

猶太族群內部的張力形成不小的挑戰，這些緊張關係可能浮現在賽法迪猶太人和阿什肯納茲猶太人之間，也出現在傳統派拉比和改革派猶太團體中。在這些不同的團體之間，有時展現妥協與合作，有時則演變為水火不容的爭論，甚至分道揚鑣。不過，這些不同團體和階層也構成世界猶太族群的多樣化，讓猶太文化展現五彩繽紛的特色。

離開歐洲找尋猶太家園

西蒙．夏瑪在本書特別指出，歐洲社會的反猶主義（Anti-semitism）促使猶太人找尋自己的家園，而這也是錫安主義（Zionism）形成的背景。

作者在最後篇幅描述，十九世紀歐洲社會的發展讓越來越多的猶太人感到不安，警覺到猶太人在歐洲和俄羅斯都不受歡迎，更深刻體悟到，猶太人需要建立自己的家園，生活得像人一樣（參考本書第

十四、十五、十六章）。至於錫安主義運動發生的歷史背景，起於西奧多．赫茨爾（Theodor Herzl, 1860-1904）的《猶太國》（*Der Judenstaat*）著作，以及由他發起的錫安主義者大會，為後來的錫安主義運動和以色列建國運動開啟先鋒。

在書的最後，西蒙．夏瑪也為三部曲的終結——《猶太人》第三部做了預告與鋪路。

邀請讀者探討人性的多樣面貌

西蒙．夏瑪提到，各種反猶的託詞不斷在新時代或歐洲各地出現：一，血祭毀謗和殺害基督者等古老的不實流言，在新時代重新復燃；二，新時代的反猶標語，認為一切社會問題的根源都是猶太人造成的。一旦社會浮現動盪不安，部分有心人士就會拿猶太人當作「代罪羔羊」來操弄，並從中獲取政治利益或其他好處。

本書內容讓讀者看見猶太人對世界文化與文明的貢獻，並為她／他們的貢獻表達敬意。同時，讀者也可以從本書理解猶太人從古至今遭遇的歧視、誤解和抹黑；有些是無中生有的指控，有些則出自人心的嫉妒。另有些來自宗教上的動機，認為猶太教挑戰了基督教會正統的信仰，讓教會當局不安，因此採取反制與壓制的措施。有些政治領袖則利用這種宗教心理，加上民族主義因素來操弄「獵巫」行動，從中獲取政治的、經濟的或宗教的利益。

本書的部分內容也挑戰讀者，重新反思自己過去認為「理所當然」的想法，包括民族主義、歧視不同族群、種族偏見，相信無中生有的謠言。這些都可能引發社會群眾的憤怒，打壓由誤解或偏見所製造出來的「公敵」。

作者提醒讀者，人類的偏見如何根深柢固而難以改變，猶太人的遭遇成為人性的試金石。它讓人深思反省，人類對於少數族群的歧視和偏見是如何形成的，後來又如何固定化而難以改變，最終導致災難。這樣的提醒讀者關注今日類似的現象和議題，不論是我們如何對待不同性別的人、社會中的少數族群、原住民、身心不方便的族群，以及近幾年熱議的 LGBT 族群和外籍移工。

此外，西蒙．夏瑪也在本書與其他著作裡，承認自己是個錫安主義者（歷史上錫安主義具有諸多不同面向），因此會從特定觀點來梳理歷史中的猶太人故事。讀者在閱讀此書時，會感受到作者的熱情與論述，也能認識他的立場與觀點。這些微妙的關係，在作者描述的字裡行間流露，留給讀者去細細品味與深思。

總之，本書的豐富內容讓讀者享受閱讀的樂趣，也邀請讀者反思、提問、對話與辯論。

以下簡介本書各章內容大要，方便讀者對故事的內容重點與代表人物有一個概要性的了解：

第一章：會是現在嗎？——十六世紀初，在歐洲猶太社群中浮現期盼彌賽亞來臨的風聲。大衛．哈—魯本尼（David Ha-Reuveni, 1490-1535/1541?）和他的弟子謝洛摩．摩柯（Shelomo Molkho, 1500-1532）在猶太社群中興起彌賽亞的炫風。一五三二年，他們兩人前往雷根斯堡晉見神聖羅馬帝國皇帝查理五世，請求皇帝建立一支猶太軍隊，並聯合帝國大軍攻打穆斯林。不過，皇帝懷疑這兩人的動機，將他們拘捕遣送到義大利曼托瓦入獄，並交給宗教裁判所審問。後來，大衛被放逐到西班牙，而謝洛摩則被判為異端，並處以火刑。風行一時的彌賽亞風潮暫息。

第二章：在途中——十五世紀末起，西班牙和葡萄牙的猶太人遭受壓迫，展開逃難旅程。有些猶太商人建立起跨洲際的逃脫路線：他們結合海上航道、內陸水路和陸路，從葡萄牙經大西洋沿岸轉入萊茵河，沿河道往上游，經過阿爾卑斯山通道，進入義大利的安全地區。特別曲折的故事是，十六世紀前半葉，貝亞特麗斯．德．路那（Beatriz de Luna, 1510-1569）兩姊妹以神奇的方法，將夫家曼德斯（Mendes）家族的龐大產業成功轉移到義大利的威尼斯和費拉拉，後來又遷移到鄂圖曼帝國首都伊斯坦堡，建立起跨國際的商業王國，譜出一段膾炙人口的傳奇故事。

第三章：娛樂家——義大利猶太人劇作家里奧聶·德·索米·波塔里奧聶（Leone de Sommi Portaleone, 1527-1592）譜寫傳奇的人生故事。他是劇作家，也是演員、製作人、詩人和翻譯家。他的生活圈主要在義大利北部的曼托瓦城，一生完成十五部義大利語的戲劇、一部希伯來語的喜劇，還有詩作。尤其一五六五年完成的《四段對話》（*Four Dialogues on Scenic Representation*）建立了現代戲劇的方法論。

第四章：夜鶯時代——在鄂圖曼帝國首都伊斯坦堡托普卡匹皇宮裡，生活著一群猶太人，他們在這帝國裡扮演重要角色。其中來自曼德斯家族成員的尤賽夫·那希（Joseph Nasi, 1524-1579）特別顯著，他不只高升成為蘇丹大臣，也扮演猶太族群的守護者。他的崛起和衰落，為伊斯坦堡猶太人留下一段精彩有趣的歷史。

其次，在伊斯坦堡裡居住了兩群猶太人：說希臘語的羅曼尼歐猶太人和賽法迪猶太人。他們原來分別居住在首都的不同區域裡，彼此少有往來。一五六九年，首都金角灣發生大火，肆虐這座城市，燒毀了南岸的猶太區。火災後，倖存的猶太難民被集中收容，居住在伊斯坦堡同一個區域裡，開啟這兩個猶太族群共同生活的故事。

第五章：音樂與哀悼——十七世紀威尼斯的里奧聶·莫迪納（Leone Modena, 1571-1648）是神奇的煉金師、講道者、領唱者，他也從事翻譯、寫作，以及販賣護身符。他的自傳《葉胡達·阿里葉的一生》（*Yehudah Aryeh*）透露，曲折的身世讓他成為著名的會堂講道者和領唱者。其次，薩洛蒙·羅西（Salomone Rossi, 約 1570-1630）為猶太會堂創作了讚美唱詩，包括〈我們的職責〉（*Aleinu*）和〈永遠的主〉（*Adon Olam*）等，以聲樂融入傳統猶太會堂禮拜儀式中，開啟了猶太宗教音樂的新時代，成為威尼斯猶太教的特色。

此外，莎拉·柯比亞（Sarra Copia Sullam, 1592-1641）展現出猶太英勇女性的精神。莎拉被誣告為「不相信靈魂不朽」的異端，然而她勇敢為自己辯護，反駁一切對她不實的指控，獲得平反。莎拉的英勇行動儼然成為以斯帖王后的化身，贏得猶太同胞的尊敬。

第六章：沒有痛苦的猶太人？——相較於世界各地猶太人的悲慘際遇，十七世紀的開封猶太人生活並未遭遇暴力迫害或妖魔化。他們免於遭受歧視或差別待遇、衣服不用配戴特別標誌、職業不受限制或歧視，會堂也未遭破壞。這些際遇在當時的猶太世界中顯得非常特別。

另一個猶太人享有和平生活的例子，出現在印度西南的柯契城（Cochin），其中有帕拉德西（Paradesi）猶太會堂最著名。有些猶太節期結合了印度本地的文化，形成文化融合的特色。此外，十七世紀初生活在西非的猶太人和荷蘭猶太人建立了連結，在大西洋和印度洋之間經商發展貿易。有些西非猶太人和他們的後代搬到了阿姆斯特丹，在那裡找到新故鄉。

整體而言，在十七世紀的開封、柯契、西非的猶太人經歷了一段苦中帶甜的歷史。

第七章：同居——十七世紀的荷蘭境內實施宗教寬容政策，猶太人和不同教派的基督徒享有自由生活與法律平權，公開實行宗教信仰。梅那賽·本·以色列拉比（Rabbi Menasseh ben Israel, 1604-1657）博學多聞又交友廣闊，他承認荷蘭為祖國、阿姆斯特丹是耶路撒冷。其次，雅各·猶大·里昂拉比（Rabbi Jacob Judah Leon, 1603-1675）建造了縮小比例的聖殿模型和聖器，吸引廣大群眾的參觀，因此贏得「聖殿」（Templo）先生的美名。整體而言，在阿姆斯特丹和荷蘭境內其他城市，賽法迪猶太人和阿什肯納茲猶太人雖各有不同的文化習俗，卻可以在這裡和平共同生活。

在相對和平的生活中，出現了挑戰猶太傳統的人物。巴魯赫·史賓諾沙對傳統猶太教信念提出質疑，他抱持自然神論的觀點，被阿姆斯特丹猶太會堂視為異端，並開除教籍。雖然遭遇挫折，史賓諾沙卻成為人文主義思想的典範，啟蒙主義的思想家和《聖經》批判者。

另一段傳奇的故事來自葡萄牙猶太人安東尼奧·德·蒙德西諾斯（Antonio de Montezinos, ?-1650），他於一六四一年到一六四二年間到南美洲厄瓜多探險，發現當地原住民會說幾句類似希伯來語，大感驚奇。一六四四年他來到阿姆斯特丹說服了梅那賽·本·以色列相信，那些南美原住民族是古代以色列失落的後代。這傳聞促使梅那賽出版《以色列的希望》（*The Hope of Israel*）一書，宣稱彌賽亞的預言將會實現，以色列失落的部族將會和猶大族再次聯合，迎接新時代的來臨。

第八章：王冠——十七世紀中葉，東歐猶太人遭受迫害與苦難，再次燃起彌賽亞來臨的期待。卡巴拉主義者內森·艾利亞胡·阿什肯納茲拉比（Rabbi Nathan Eliyahu Ashkenazi, 1643-1680）宣稱夏布臺·茲維拉比（Rabbi Sabbatai Zevi, 1626-1676）是彌賽亞，在猶太族群中引起騷動。從一六六五年到一六六六年初，茲維的彌賽亞炫風席捲歐亞許多城市。一六六六年二月，茲維彌賽亞來到伊斯坦堡，遭到蘇丹穆罕默德四世逮捕下獄，在受審時面臨抉擇：處死或改信伊斯蘭。夏布臺·茲維選擇後者，並改名為「穆罕默德先生帕夏」（Mehmed Efendi Pasha），擔任蘇丹皇宮的「看門人」。這戲劇性轉折衝擊許多猶太社群，在失望中，彌賽亞的熱潮逐漸減弱，不過仍有些猶太人對茲維彌賽亞深信不疑。

經歷了史賓諾沙被開除教籍事件，以及夏布臺·茲維彌賽亞的狂熱受挫之後，在阿姆斯特丹的猶太教社群發展出兩條不同路線的現代猶太教：一派為反對死守律法形式的塔木德律法主義（強調 tikkun olam 普世的修補）；另一派走向神祕主義式的猶太教。此外，第三條路線為回復日常生活式的猶太教，融入阿姆斯特丹的日常生活中。

總之，十七世紀末生活在阿姆斯特丹的猶太人，包括賽法迪猶太人和阿什肯納茲猶太人。這兩群猶太人透過建造大會堂和投入各行各業，展現猶太人在此地的活力。荷蘭成為包容猶太族群及其宗教的地方，直到一九四〇年代仍是如此。

第九章：心靈相會——十七世紀在法蘭克福的阿什肯納茲猶太人生活在壅擠的「猶太巷」（Judengasse）裡，生活條件極其艱辛。他們一再遭遇反猶風潮，被妖魔化，於是有些猶太人移民到耶路撒冷去，或是遷徙到其他地方。

十七世紀中葉，歐洲本地的三十年戰爭（一六一八～一六四八）結束後，重商主義促使各國爭奪有限資源，造成國家間的衝突。十八世紀的歐洲各國發展建設和購買武器都需要龐大經費，紛紛尋求宮廷猶太人

（Hofjuden）借貸或援助。例如奧地利政府獲得維也納奧本海默（Oppenheimer）家族的大量金援；另外，猶太拉比銀行家族維特海默（Wertheimer）家族也成為奧地利王家的搖錢樹，被稱為「猶太人皇帝」（Kaiser der Juden）。在歐洲，財力雄厚的宮廷猶太人也出現在柏林和布拉格，他們除了金援王家以外，也幫助猶太同胞反制歐洲的反猶勢力。

特別值得一提的是，十八世紀活躍於柏林的摩西・孟德爾頌是猶太啟蒙運動「哈斯卡拉」（Haskalah）的重要推手。他參與猶太人渴望的目標，追求新學問、結合猶太教與科學，並調解兩者。這些努力反應出孟德爾頌時代猶太人共同的生活經驗。

孟德爾頌和他的好友劇作劇評家戈特霍爾德・埃夫萊姆・萊辛（Gotthold Ephraim Lessing, 1729-1781）以及其他善待猶太人的友人，強調猶太人擁有各樣美德，值得尊敬；他們努力著作發言，抵抗歐洲的反猶氣氛。反猶者認為，猶太人無法融入現代社會共同體制，並要求猶太人受洗改信基督教。相對的，孟德爾頌主張，擁有宗教自由才能建造多元和諧的社會，讓人和平共存，以宗教之愛為基礎，讓多元可以生長茁壯，有對話才不會發生戰爭。

整體而言，在德國的啟蒙運動者大聲說話，而反猶的黑暗勢力卻採取行動。

第十章：沒有鬍子的猶太人——十八世紀在倫敦的貧民區，有阿什肯納茲猶太人和賽法迪猶太人以賣水果為業；相對的，另一群上層階級的猶太人則從事證券商或珠寶生意。沒有鬍子的富有猶太人和留鬍子的貧窮猶太人平時沒有往來，只有在猶太節期禮拜時短暫相逢。

十八世紀出身於倫敦下層猶太階層的丹・門多薩（Dan Mendoza, 1764-1836）成為當時英國著名的猶太拳擊手，他的貢獻是改變了英國人對猶太人的觀感與偏見。光明磊落的門多薩成為愛國男子漢的化身，他的人道精神與正直存留在後人心中。其次，舞臺劇猶太人（Stage Jews）也轉變了倫敦英國人對猶太人的負面印象。另有些猶太人則改宗接受洗禮，融入歐洲社會而放棄猶太傳統。例如猶太醫生拉爾夫・紹姆貝格（Ralph

Schomberg, 1714-1792）受洗成為英國基督徒，將猶太傳統英國化。

總之，英國人對猶太人的態度慢慢改變，但法律制度的改變更為緩慢，直到一八四九年，英國國會才通過法律，解放與承認猶太人的平等權。

第十一章：公民猶太人——十八世紀中葉，法國王宮中的猶太醫生雅各・荷德里格・佩雷爾（Jacob Rodrigues Péreire, 1715-1780）為全聾的姊妹開發一種手語技術，讓聾啞人透過手語結合聲帶來說話。他進一步將這套技術推廣，讓瘖啞者成為說話的人。他的名聲傳遍法國，被稱為創造奇蹟的猶太人，展現好醫生的形象。佩雷爾被視為第二個摩西・孟德爾頌，他將殘疾的男女轉變成有用的公民，使她／他們能聽也能說，享有自由。

在十八世紀的歐洲各地出現人口流動，而法國境內興起強調民族和語言的統一，不容有民族中的民族。此時猶太人面對的時代問題為：猶太人可以成為公民嗎？成為公民是否還可以保持猶太身分？

一七八九年大革命後舉行的國民會議中，有關猶太人問題的討論在不同意見之間擺盪，猶太人是否可以享有公民權？或是要附加條件限制？後續的討論，引起法國賽法迪猶太人和阿什肯納茲猶太人之間的分裂，開明派指責保守派阻礙了法案，新猶太人和舊猶太人持續發生爭執，直到一七九一年全法國猶太人才獲得公民權，擁有投票權和擔任公職的資格。此外，猶太人也容許保有猶太宗教傳統。

十九世紀初，拿破崙領導的革命軍橫掃法國與歐洲期間，在猶太族群中拉比正統和參加革命軍的猶太人之間出現分裂。兩方不同看法顯示在對解放的態度、跨族婚姻、單一配偶和高利貸。有些猶太人支持效忠拿破崙，另有些人則反對。

整體而言，法國境內的猶太人仍遭受差別待遇。賽法迪猶太人較能融入法國社會，享有公民權。相對的，阿什肯納茲猶太人仍受歧視與限制，在服兵役和工作上無法享有平等待遇。

第十二章：在此定居——東歐的猶太人和哈西迪猶太傳統產生密切的連結。在十六到十八世紀期間，東歐猶太族群建造了不少堅固的會堂。在十八到十九世紀東歐的猶太城市裡，猶太人的生活相當多樣化。例如波蘭境內的都市居住了許多猶太人，四處林立的猶太會堂成為城市地標。原來在波蘭和立陶宛共和國境內的猶太人享有自由與公民權，活得相當有自信。在東歐到萊比錫之間有固定的貿易路線，其中猶太人提供了重要基礎建設，包括交通道路和旅館，而郵局也兼作銀行業務。波蘭王國的各地分封王形成去中心的政體，讓猶太人擁有自由發展的空間。

然而，一七五九年被視為夏布臺．茲維彌賽亞再世的雅各．法蘭克（Jacob Frank, 1726-1791）率領其信徒脫離猶太教，受洗成為天主教徒。這叛教事件對波蘭立陶宛共和國境內的猶太人造成嚴重打擊。

接著，十八世紀後半葉，列強先後瓜分波蘭的領土，不只終結波蘭的自由，也改變了猶太人的命運。一七九七年，波蘭被瓜分的土地分別歸給普魯士、奧地利和俄羅斯。這些國家不只對猶太人採取不同的對待態度，也阻礙了各地區之間猶太族群的往來與交流。雪上加霜的是，在法國拿破崙革命橫掃東歐時，當時多數的猶太人心向俄羅斯，而非嚮往法國式革命，因為他們認為走法國路線會失去猶太人的身分認同。此後，波蘭和立陶宛境內的百萬猶太人遭遇許多苦難，東歐的猶太世界崩解，猶太團體分裂。

這些時代的苦難促成哈西迪猶太教派出現，其創始者是以色列．本．艾利澤（Israel ben Eliezer, 1698-1760），又被稱為「善名之師」（Baal Shem Tov）。在動盪時代中，哈西迪教派的領導人——「公義者」（Zaddik）帶給惴惴不安的猶太人心靈安頓。這些公義者成為哈西迪教派的傳人與領袖，他們建立一群以公義者為中心的猶太團體，帶領信徒經歷十八到十九世紀變動時代的苦難和壓迫。

另外，在俄羅斯境內的沙皇為了促成猶太人改信東正教，強迫徵召猶太少年入伍，以法令規定服役二十五年之後才容許他們退伍。於是在俄羅斯軍隊裡出現了猶太禮拜和相關習俗，直到亞歷山大二世沙皇統治時，才廢止了徵召猶太少年兵。

第十三章：美國人——烏利亞．利未（Uriah P. Levy, 1792-1862）的家族故事，生動敘述猶太人如何努力融入美國社會。利未原為海員，後來轉職海軍軍官，他見義勇為的個性展現猶太氣質。他追求人人平等的建國理想，深受祖父的遺訓和《美國獨立宣言》的啟發，尤其尊崇傑弗遜的理念。在他長年的軍旅生活中，他盡忠職守並榮升為艦長，促成廢除了軍中鞭刑。他退伍後從事房地產事業而致富，成為慈善家，並致力於抵抗反猶主義。

利未的表哥末底改・挪亞（Mordecai Noah, 1785-1851）也抱持自由平等的理念，他深信美國是「被揀選的國度」。挪亞先後擔任外交官、報紙編輯和治安官，積極參與紐約的政治與公眾生活，爭取公民身分與投票權。他的人道主義行動被人稱為「猶太人的挪亞」。一八二五年秋，挪亞募款買下格蘭德島，想以此作為猶太人的方舟。不過，有更多猶太人嚮往到紐約、費城和辛辛那提等大都市謀求發展。挪亞與當時有些基督教派的想法一致，想要回到耶路撒冷，建造第三聖殿。

從時代大環境來看，十九世紀初到中葉，有大批德國猶太人橫渡大西洋移民到美國，他們改變了一些都市的猶太人口結構。例如原來以英國猶太人為多數的辛辛那提城，在一八五五年以後，德國猶太人逐漸成為多數。此外，從德國來到美國的中上層猶太人來到芝加哥等大城市；相對的，那些農民猶太人則南下到奧爾良，或是往西開拓，或是經水路到達舊金山白手起家。十九世紀中葉以後，舊金山已有相當規模的猶太社群，來自不同的猶太教派，發行不同的刊物。另外也有一些猶太人坐馬車穿越美洲大陸，來到大鹽湖城與中西部。各地來的猶太移民讓美國出現多族群、多教派的猶太社群。

歐洲猶太移民在美國發跡的故事非常多樣，例如李維・史特勞斯（Levi Strauss, 1829-1902）創造了牛仔褲的奇蹟。雷貝嘉・格拉茨（Rebecca Gratz, 1781-1869）成為偉大的教育家和慈善家，她成立社會服務，幫助遭逢不幸的人，為孤兒成立學校，成為猶太女性中的典範。

總之，不只猶太男性爭取出人頭地的機會，猶太女性也跨越傳統的框架，走入事業和公共空間，參與社會服務，為女性賦權及發聲。

第十四章：現代性以及其麻煩事——十九世紀初的普魯士猶太人取得公民權，得以進入各行各業，嶄露頭角。改革派猶太人主張融入德國社會，而正統派猶太人則堅持維護猶太傳統，兩方的張力日漸升高，終致分道揚鑣。在融合或隔離的爭論之間，猶太音樂家雅各·梅耶貝爾（Giacomo Meyerbeer, 1791-1864）保存了猶太信仰，他成功創造了以大型演奏廳來表演音樂的形態，造成轟動。然而他的學生與仰慕者理查·華格納（Richard Wagner, 1813-1883）卻將梅耶貝爾的音樂抹黑為不容於德國文化的「猶太音樂」，添增德語世界的反猶氣焰。十九世紀中葉以後的德國，反猶主義結合了中世紀以來仇猶的偏見，貶抑猶太人為「寄生蟲、食腐動物、禿鷹」，這種將反猶「生物化」的做法影響後代深遠。

儘管如此，猶太人在歐洲社會仍做出不少貢獻，例如跨國銀行業的羅斯柴爾德家族，以及建造巴黎和法國鐵路網的佩雷爾兄弟（Péreire brothers）。在英國方面，有力的猶太家族（例如羅斯柴爾德）透過不少努力，逐漸扭轉英國人對猶太人的觀感。猶太人可以進入大學就讀和融入英國社會，猶太文學作品與音樂也在英國和法國受到矚目。甚至猶太食譜也受到英國民眾的歡迎，上流的猶太社群也進入了英國社會。

歐洲局勢的轉變對猶太人的命運時好時壞，促使猶太人組織了自救團體。例如依西多·卡漢（Isidore Cahen, 1826-1902）於一八六〇年在耶路撒冷成立了「全球以色列同盟」（Alliance Israélite Universelle）國際性猶太組織，對抗世界各地的恐猶氣氛，同時也幫助猶太人適應現代世界。此外，抱持社會主義思想的摩西·赫斯（Moses Hess, 1812-1875）在《羅馬與耶路撒冷》（*Rome and Jerusalem*）一書提醒讀者，要將猶太民族自決的眼光轉向巴勒斯坦，那裡才是猶太民族未來的希望。

第十五章：轉捩點——「全球以色列同盟」為了團結世界各地的猶太人，聘雇學者到世界各地調查當地猶太人的語言和習俗，包括非洲衣索比亞和阿拉伯半島的葉門。在此機緣下，葉門猶太人哈伊姆·希布修許（Hayyim Hibshush, 1833-1899）幫助了法國猶太學者約瑟夫·阿勒維（Joseph Halévy, 1827-1917）解讀古代的賽伯伊語（Sabean）碑文，轟動了法國學術界。

十九世紀末到二十世紀初，生活艱困的東歐猶太人大舉移民到德國、西歐和南歐各國，甚至遠渡重洋到達美國。早到的猶太移民和後到的猶太人之間出現張力。在大都會生活的猶太人也面臨了維持傳統或更新轉變的挑戰。受惠於猶太解放運動，有眾多猶太人投入各行各業，擠進了社會的中產或上層階級，其中不少人仍保持猶太信仰。

因應社會變化的挑戰，在猶太教內部發展出不同教派。在柏林猶太大會堂任職的亞伯拉罕・蓋革拉比（Rabbi Abraham Geiger, 1810-1874）成為改革派猶太教的創立者之一。而維也納博學多聞的阿道夫・耶林內克拉比（Rabbi Adolf Jellinek, 1821-1893）擔任溝通改革派與正統派的橋樑。尤其吸引人目光的是，在大城市中出現造型特殊的猶太會堂，例如柏林的猶太大會堂外觀展現了摩爾式風格，而會堂內部卻是仿效基督教堂的空間設計，融合了傳統與創新的特色。

然而，歐洲社會的反猶陰影仍揮之不去，十九世紀末德國反猶的氣氛出現反撲，有心人將所有的社會問題歸咎為猶太人問題。「猶太人是我們的不幸」（Die Juden sind unser Unglück）成為柏林大學和德國國會的標語，各種反猶主義在德國社會中推波助瀾。

相對的，猶太群體對於歐洲社會的反猶氣氛則做出不同的回應。一八八三年維也納的納坦・伯恩鮑姆（Nathan Birnbaum, 1864-1937）和一群同伴成立了猶太大學生組織卡地馬（Kadimah），他也發明了「錫安主義」一詞，推動猶太文化自主運動。相對的，來自敖得薩的李昂・平斯克（Leon Pinsker, 1821-1891）醫生則認為歐洲的猶太人沒有未來，應該找尋其他地方來建立自己的家園。

俄羅斯統治下的敖得薩猶太人原本享有自主生活，然而十九世紀末的反猶暴動改變了這城市的面貌，迫害的事件讓猶太人四處逃竄。整體而言，俄羅斯政府對猶太人的態度並不友善，在莫斯科和基輔都出現了限制猶太人居住的規定，而東正教會也涉入反對猶太人。

在敖得薩生活的改革派摩西・萊伊布・利里恩布朗（Moshe Leib Lilienblum, 1843-1910）經過反省，得到以下結論：猶太人不屬於歐洲，唯有在巴勒斯坦才能找到自己的家園。李昂．平斯克也抱持類似想法，他的《自我解放》（*Auto-Emancipation*）一書促成「錫安之愛」（Hovetei Zion）組織的誕生。這些人物與組織後來都成為支持錫安主義的力量。

第十六章：該是現在嗎？——一八九四年猶太裔法國軍官阿弗雷德．德雷福斯（Alfred Dreyfus, 1859-1935）因叛國罪而遭軍事審判，事後證明這是一起誤判事件，導致法國陷入反猶的陰影。不少反猶媒體將猶太人比擬為畜牲或感染源，煽動民眾將猶太人趕出法國，或是威脅消滅他們。甚至天主教會和知識分子也淪為反猶的幫兇。這些現象說明，即使愛國的猶太裔法國公民仍被認為是外來者，而非本國人。

西奧多．赫茨爾回憶，德雷福斯事件激發他成為錫安主義者。一八九六年他完成《猶太國》一書，提出猶太人移民到巴勒斯坦地建立家園的計畫。不過，英國和西歐的猶太社群對於赫茨爾的計畫反應冷淡；相對的，東歐猶太人卻大力支持他的夢想。後來，赫茨爾也尋求鄂圖曼帝國政府和德國政府的幫助，試圖說服蘇丹和德皇支持猶太人取得生存土地，卻未獲得正面回應。

一八九七年春，由赫茨爾所策劃及領導的第一屆錫安主義者大會於瑞士巴瑟爾召開，大會決議在巴勒斯坦地建立民族家園。有別於赫茨爾的世俗錫安主義路線，亞舍．金斯堡（Asher Ginsberg, 1856-1927，筆名為 Ahad Ha'am）主張以希伯來語作為將來的國家語言，他也強調以猶太文化與宗教注入錫安主義的內涵。後續的錫安主義運動繼續發展出不同路線。

在赫茨爾的有生之年，猶太人移民到巴勒斯坦的計畫並未實現，留下的遺願讓後人繼續接力推行。

第一章

Chapter One

會是現在嗎？

The Story of the Jews

I 大衛

在某個時分，非洲與印度斯坦之間的某處，有那麼一條河實在太「猶太」了，它居然遵守著安息日。根據九世紀旅行者——但支派的艾爾達德（Eldad the Danite）所述，山姆巴提庸河（Sambatyon）每週有六天會在它沙質的河道上推著分量不輕的岩石。第七天，就像造物主創造宇宙一樣，河流會休息。有些作者筆下的山姆巴提庸河會在一夜間乾涸，變成了乾河床。有些人信誓旦旦，說這河流根本沒水：只是一條滾滾而行的石頭路，上頭的岩塊彼此滾動摩擦，劇烈到發出有如「海上風暴」般的悶雷聲，就連在一哩外都聽得到。[1] 除了自己這套非自然的法則外，沒有什麼能停下山姆巴提庸河的偏執行徑。據說，從河那頭拿袋沙倒進玻璃容器裡，便能見證這神祕事物的完整力量。日落安息日結束時，玻璃罐內白天靜止無生氣的白石粒會搖動、甩動並撞擊著瓶身，就好像它瘋狂地想和母流重逢似的。艾爾達德警告，膽大的旅行者若把安息日當成穿過這片石河床的機會，那他會受到打擊，因為「只要安息日開始，火將燒遍河對岸，烈焰將會燃到翌日晚上安息日結束時。因此，沒有人可以渡河超過半哩，因為火焰會把所有生長在那兒的都焚燒殆盡」。[2]

一四八〇年，艾爾達德的信件在曼托瓦（Mantua）出版，因此，一段邁向想像的旅行，就成了最早問世的一份希伯來文章。但每逢卡拉維爾帆船繞行非洲、向東北航至東印度，世界的邊界都會變化。那些最像是幻想的事物，到頭來都可能是真的。而且，出於另一個迫切理由，人們會希望勇敢的旅行者有機會發現這條山姆巴提庸河。據說，河對岸住著以色列失落支派中的四派，這些人在公元前八世紀就被亞述征服者帶走了。關於他們的終極流放點，人們只知道那在遙遠東方的某處，因為亞述人統治了從葉門海岸到裏海之間的廣大地帶。找到了山姆巴提庸河，就會找到那些以色列人，就像琥珀封存的昆蟲一樣被保存在流亡的那一刻。他們的一切都不可思議。他們騎著大象，在遠離有害生物的鄉間四處移動。「他們那沒有一丁點不潔處……沒有野獸、沒有飛蠅、沒有跳蚤、沒有蝨子、沒有狐狸、沒有蠍子、沒有毒蛇、沒有犬類……」他們住在高聳氣派的住家裡；衣服都染成朱紅色；不收僕人，自己耕耘豐饒的土地。無盡的石榴樹供他們採收；甜美且正是季節的多汁多肉無花果，就那麼從樹上落下來。他們的土地是符合猶太教旨的潔淨想像安樂鄉。

就算是那些懷疑艾爾達德的故事各處有所牽強附會的人，也還是渴望更多消息，因為發現那條河流、發現河再過去那頭的失落以色列人，都預告著每個猶太人的心之所向其實存在。傳統上，來自大衛之家的自由王子，這位真彌賽亞、耶路撒冷救主、聖殿重建者的現身，會先藉由以色列失落支派重現預告其到來，並以呂便（Reuben）支派作為前鋒。一四五三年，君士坦丁堡落入土耳其人手中時，就有謠言說山姆巴提庸河完全停止流動，失落的支派過去若未準備重返世界（現實上的確從來沒有），現在他們就要行動了。一四八七年，貝爾蒂諾羅的歐巴迪亞拉比（Rabbi Obadiah of Bertinoro）人在耶路撒冷，當時他盡量詢問了當地獲解放的奴隸，問他們是否有山姆巴提庸河和河外眾支派的消息——而他可不是什麼容易上當的笨蛋。「亞丁（Aden）的猶太人們，」他在信中和他的兄弟提到：「帶著一種自信講著這一切，就好像這些事人人皆知，且從來沒人懷疑過他們這些主張的真實性。」[3]第一本希伯來語的學術地理書籍——亞伯拉罕．法里索（Abraham Farissol）的《寰宇廣遊記》（*Iggeret Orhot Olam*），有一節談到河流的所在地，就座落於亞洲的某處。[4]

「與失落的以色列支派重逢」不只在猶太人之間，也在基督徒之間成為強烈執念。對前者來說，會想讓山姆巴提庸河和支派的故事成真，確實有策略上和天啟意義上的理由，而且這兩者都匯聚於一個希伯來的關鍵時刻。如果以色列支派就住在穆斯林世界的邊界外某處，不管那是在非洲還是亞洲，若能和他們有聯繫，就提供了一個從後方對土耳其發動攻擊的機會。猶太人本來就已被葡萄牙國王派去尋找祭司王約翰（Prester John）的領域；據說他是個在遙遠土地上握有重權的基督徒國王，而且離失落的支派很近。一個神聖同盟就這麼伸手可及了。終結之日將會加速來到：長久以來預告將發生的巨人對戰——歌革（Gog）和瑪各（Magog）之戰——將會加入其中。眾多頭顱將被擊碎；頌讚上帝的「和散那」（hosanna）將喊徹雲霄；整個地表上的鮮血會漫流到冒泡。神所指定的戰士排著完美盛大的隊伍，矛鋒閃亮奪目，他們將會前去與反基督的大軍一戰。

基督教的黃金時代將隨著他們的勝利而開始。在失落以色列族的引領下，其餘的猶太人終將看到自己一路走來的錯誤，並成群結隊地大批走向領洗池。基督將會再臨，在神聖威嚴中發光。榮耀歸於上帝。

接著，一位矮小黝黑、因時常禁食而骨架緊繃的男子，於一五二三年光明節慶典前後抵達了威尼斯，並聲稱自己是大衛，「所羅門王之子暨約瑟王的兄弟」，是呂便支派、迦得（Gad）支派和半個瑪拿西（Manasseh）支派的統治者。[5]行遍萬里的博學地理學家吉安巴提斯塔·拉穆西奧（Giambattista Ramusio）幾年後拜會了這位來自失落支派領土的特使後，認為這人所言屬實；他並形容這位大衛「十分消瘦，就像祭司王約翰之下的猶太人」。[6]這位呂便人強調他確實來自那人們長久追求的地方，那個黑猶太人和基督徒比鄰而居又互相交戰的地方。這位「特使」強調，其他的失落支派——西緬（Simeon）和便雅憫（Benjamin）的後裔——山姆巴提庸河邊的居民，而他自己的王國則是在哈布爾河（Habor）附近的荒野。再更過去，住的則是其他以色列失落族人。那麼，這位猶太人大衛會不會就是人們長久期待的人？他消瘦的骨架上是否就扛著猶太教徒和基督徒都想聽到的消息？

到了十六世紀交替時分，在西班牙與葡萄牙的驅逐帶來了創傷後，整個歐洲的猶太人都有一股對彌賽亞的渴望。一五〇二年，在亞得里亞海的伊斯特利亞半島（Istria）上，一位虔誠而狂熱的卡巴拉大師亞設·來姆連因·羅伊特林根（Asher Laemmlein Reutlingen）聲稱，如果猶太人為他們的罪過贖罪，彌賽亞就會在六個月內出現。基督教會的一切將自行崩解（他的想像是物質層面的——教堂的高樓尖塔將粉碎崩塌墜地），而耶路撒冷遲早也會解放，好讓猶太人能在收復的大衛之城裡，慶祝下一次的逾越節。北義大利、南德意志以及其外的猶太社群為了響應來姆連因的呼籲，宣布進行齋戒。在這陣風潮中，至少有一個人實在不該那麼傻——那就是歷史學家大衛·岡斯（David Gans）遠在布拉格的父親，此人因為太熱中來姆連因的預言，而拆掉了自己用來烤逾越節薄餅的爐子。這種大規模悔改的行動並沒有引起萬能的天神注意，救世主並沒有像預言所說的一般現身。沮喪氣餒的岡斯爸爸，只得被迫在別人的爐裡烤他的未發酵麵包。

來姆連因的狂潮對北義大利的猶太社群的影響最強大，因為那裡聚集了大量因宗教迫害而逃離巴伐利亞和法蘭克尼亞（Franconia）的德國猶太人。失望不滿的情緒雖然抑制了下來，但並沒有根除人們對彌賽亞的期待；來姆連因只是不巧沒在對的時間點現身。擔任羅馬大拉比（以及教宗亞歷山大六世〔Alexander VI〕和利奧十世〔Leo X〕的醫生）的天文學家兼占星家博涅特·德·那提斯（Bonet de Lattes），就回頭使用了他所發明的、可以不分日夜計算出各星體和太陽系天體地平座標系的天文環，並藉此得出，當一五〇五年木星和土星連成一直線，便是彌賽亞到來的預兆。雖然接下來什麼也沒發生，但博涅特·德·那提斯又發布了一系列的年曆，把天文預測和神學中基督重返的時間預測結合在一起。所以，一五二三年當大衛·哈—魯本尼（David Ha-Reuveni）這位小戰士王子穿著黑色綢衣在威尼斯現身時，有很多人興奮地仔細觀察天文跡象。在義大利的費拉拉（Ferrara），正在著書的法里索，便重新回顧了以色列人放逐的神話地理。約瑟王統治的「哈布爾河荒野」，確實是《列王紀》和《歷代志》書中所指出的、被驅逐支派的目的地所在。法里索確信那應該在亞洲。其他人把「哈布爾」牽強地曲解為「海拜爾」（Khaibar），那是位在阿拉伯漢志地帶（Hejaz）的古城，在伊斯蘭抵達前，猶太人曾在此居住。但粗略的地點定位對接下來那場最激烈的戰鬥來說，已經很夠了：就在非洲之角（非洲東北部索馬利亞半島一帶）和印度山區之間的某處。不管怎樣，鄂圖曼蘇丹蘇里曼一世（Suleyman the Magnificent）和神聖羅馬帝國皇帝查理五世（Charles V）的戰爭，毫無疑問地將在某一天以彌賽亞式的衝突告終。那一天很快就要到了。有一位耶路撒冷的猶太人寫道：波蘭國王自己表示（至於這個猶太人怎麼知道就令人不解了），山姆巴提庸河這時已經平靜到讓四個失落猶太支派涉水過了河，還有另外五個支派也正在準備過河。失落支派和現存猶太人的大團圓已近在咫尺。所以，當大衛用一種奇怪的、有時候難以理解的、結合了阿拉伯語和半口吃的希伯來語說話時，人們便興奮地覺得，這種過去從沒聽過的口音屬於某個遙遠的地方。他是某種古老的、無法追訴的事物之傳遞者，在上帝的安排下，被丟進了當代。

從一開始，大衛就有著遠大的目標。在威尼斯，他宣布希望獲得教宗克勉七世（Clement VII）的召見。這個將聖地從土耳其人手中解放出來的大呂便方針，其先決條件在於，查理五世和法國國王法蘭索瓦一世（Francis I）這兩名宿敵要談和。只有教宗能實現這個目標，於是大衛前往羅馬，賜給教宗這個良策。

不過，如果事情真是這樣的話，那他顯然繞了遠路。大衛說，他從哈布爾的荒原和衣索比亞的內陸進入阿拉伯半島，但出於未解釋的理由，他又掉頭向南，從尼羅河北上。在河流流經高聳峽谷處，在一個極其野蠻的非洲王國裡，他看到人們吃駱駝、狼和其他人，而婦女則只用一小片金網絡遮掩她們的生殖器。接下來在旅程中，他還獲贈了一對小獅子，牠們到處跟著他，特別得他喜愛，但後來被當下統治埃及的土耳其人奪走。他再度順流而下，接著朝東北前往巴勒斯坦，而他的任務在此受神蹟批准。當他在希伯崙的列祖之洞（cave of the Patriarchs）內祈禱時，突然間一道光芒點亮了黑暗，就好像陽光穿透了岩石照射進來似的。在耶路撒冷，圓頂清真寺上頭的新月為了回應他的現身，而像風信雞一樣從西方彎向了東方。被這些預兆增強了信念的他，轉往西南進入地中海岸，沿著海岸騎了好幾天的駱駝，直到有天總算抵達了亞歷山卓，以及那艘終究把他帶到威尼斯和當地猶太人的船。

大衛先跟著船長住。但接著，據他自己所言——這些口述都保留在博德利圖書館（Bodleian Library），而且只有十九世紀的摹本（正本由他的個人書記員所羅門・柯恩〔Solomon Cohen〕寫下）——當他祈禱時，站在他身後的威尼斯猶太人跑來和他打交道。這現場應該是一棟私人公寓，一間滿是燉鍋味和霉味的房間，房間狹小的窗戶高掛在後牆上，望著外面那些小小的運河，也就是擋住猶太人的其中一條壕溝。在一五一六年（也就是大衛抵達的七年前）設立這塊猶太人隔離區（ghetto）的威尼斯貴族，即便在這個把猶太人關起來的小小區塊內，也始終禁止他們興建猶太會堂。第一座阿什肯納茲猶太會堂，一直要到一五二八年才得以興建。[7]

在一五一六年以前，大部分阿什肯納茲人在威尼斯城裡做的生意，就是從事典當業，或者是賣史特薩里耶（strazzarie）——意思是「破衣服」，他們是這麼稱呼二手衣物的——但收攤後就不得不離開水上城區，回到大陸上梅斯特雷（Mestre）的出租房間，更遠的甚至要到郊外的帕多瓦（Padua）或者維洛那（Verona）。儘管威尼斯以獨立於教宗與皇帝之管轄為傲，但威尼斯共和國（Serenissima）仍是聖馬可基督教共和國，且不介意讓猶太人整夜在外晃來晃去。畢竟，那些勾引威尼斯人的淫蕩猶太女人要誘惑基督徒做出褻瀆的事情，也必須在晚上才行。在那些橋樑和拱門下，你沒辦法看清楚誰是誰，而貴族的浪蕩子如果不注意，有可能事後才發現自己當了小猶太人的爸爸。所以猶太人不分性別，都被迫戴上代表他們種族的徽章，而且活動範圍只限定於岸上。

而且還不只。一如幾世紀以來的基督教歐洲一樣，那些最鄙視猶太人的人，始終承認他們有點長處——特別是借錢救急這一點（莎士比亞在這件事情上並沒有弄錯）。在整個威尼斯遭康布雷同盟（League of Cambrai）的士兵侵略，而威尼斯人不得不跟他們打一仗之後，不論你是貴族還是小販，對錢的需求都開始確切起來。猶太人可以提供利率遠低於其他非猶太人的救急之錢。他們可以提供現金給窮人換得抵押品，而整個共和國將因為僅僅猶太人在哪兒就得付那裡的稅而獲利。事實上，猶太人很快就變得太有用，以至於威尼斯統治者開始擔心他們會被對手吸納，而跑到亞得里亞海港安科納（Ancona）那邊去，因為對方提出的展延執照期限，比他們自己規範的十五天更能令人接受。

那麼，就讓他們留下來吧，但要在可以限制他們行動的小區域內進行嚴格管制。到了日落，小區的門就要關起來鎖上；橋樑封鎖、警鐘大作。船隻將巡邏著小小島嶼，確保沒有人離開，除非他們是貴族病患專程請去的醫生。人們想到了一個符合這目的的方便地點。「新隔離區」（Gheto Novo）過去是共和國的鑄銅區，周遭則是傾倒垃圾的地方。破爛的小屋自體逐漸加高，在那裡頭住了一部分的鑄銅廠工人。當威尼斯海上國（Stato da Mar）擴增艦隊，工作量超出鑄銅廠的產能而遷往威尼斯軍械庫（Arsenale）之後，原本的位址又只留下一塊空地，雜草蓋滿了整片垃圾場。年輕的貴族前來用十字弓射短箭，用陷阱抓鵪鶉，預謀做壞事，談論女孩子。漂白工和染工在空地上到處展開織物，並霸占了因鑄銅工離去而被遺棄的小屋。接著，一如缺乏空間的商業社會會出現的情況，開發者殺進場。貴族和他們的帳房們看出，替製衣工興建廉價出租屋可以賺錢。於是一塊有圍牆的空地從三邊開始長出公寓，而這區塊的格局到今日都沒有多大變化。一旦十人團（Council of Ten）的行政會議決定「若猶太人接受限制住居就允許其居住（第一批期限五年）」之後，那些家有高牆庭院的租戶很快就被安排搬走了。同時，所有在威尼斯的猶太人都被要求撤出原本住的屋子（許多都靠近里亞爾托〔Rialto〕），並立刻搬進猶太隔離區，租金還不合理地高過當地舊住戶。沒得討價，也沒得上訴。

就在這猶太隔離區的某間房裡，人們望著那小個子男人以他自己的調調搖來擺去，並問了猶太人總會問一起祈禱的陌生人的那個問題：「你會是從哪來的呢？」對他感到好奇的其中一個人是藝術家「卡斯泰拉佐的摩西」（Moses of Castellazzo），他因為太著迷於這位約瑟王密使大衛，把他帶去自己在猶太隔離區裡的住所，允許他在那裡度過一五二三年的寒冬。[8]卡斯泰拉佐的摩西當時五十幾歲，而且，在一個當年猶太藝術家可及的範圍內，於猶太及非猶太社群裡都算相當成功。有些人說他來自日耳曼阿什肯納茲猶太人圈，但他名字裡的卡斯泰拉佐王朝卻是聞名於埃及和北非。這位藝術家摩西的希伯來《聖經》畫作，特色在於其場景和故事來自「重寫的《聖經》」，也就是將原典更美化的米德拉什式增添版。一五二一年，也就是大衛抵達的兩年前，摩西替那種在意第緒語圈越來越受歡迎的圖繪版《聖經》製作了木板畫。這作品的原版已經佚失，但有一份當時的鋼筆畫複製品，同時栩栩如生地顯示了摩西對於美化版經文的投入，也如實顯示了人們對那種非官方故事的需求：也就是這種文化偏好，才會接納突然現身的「哈布爾河王者的兄弟」。[9]卡斯泰拉佐的摩西並未畫出亞伯拉罕準備好犧牲兒子以撒的場景，而是選擇了一個猶太遠祖正從自己成年割禮中復原的畫面。許多改信基督教的西班牙猶太人，一到了威尼斯就回歸了他們祖先信仰的猶太教，並以這血腥的一刀彰顯了他們的信仰，畫中描繪的這個瞬間，足以讓他們立刻產生痛苦的共鳴。摩西的許多場景是猶太人眼中非猶太人的生命之劇。例如，在法老時代的埃及重獲恩寵的約瑟，做了一些在威尼斯或其他政權統治下都不准猶太人做的事：他騎著一匹馬，前有馬夫領頭，還被跪拜於他的人們尊崇擁戴。有一幅巴別塔的畫，描繪的與建場面就發生在繁忙的威尼斯市內——畫面中有人們背著裝滿磚塊的桶子，有梯子和滑輪，還有一座朝向天際的鐘塔。

摩西的作品並不僅止於替猶太聖書繪製圖片。身為接案肖像畫家，他也接受委託，在畫板、畫布或者浮雕圓框內繪出唯妙唯肖的圖片。這類工作讓他遠遠超越猶太隔離區的藩籬——有時候甚至讓他得以進入費拉拉和曼托瓦的宮廷。猶太隔離區儘管到了晚上就大門深鎖、禁止出入，但不應把它想像成城市監獄：白天時，居民可以自由來去，非猶太人的消費者和顧客也是一樣。猶太人就和在其他地方一樣，深受人們需要，就連那些排斥他們的文化也一樣；人們需要他們擔任醫師（也因此允許他們就讀帕多瓦大學的醫學院），需要他們擔任樂師、藝人和舞者；人們更需要他們擔任成衣販或布料商，在威尼斯周邊特許的十間店裡營業。一開始的破衣服交易，也發展成更高檔的衣裝買賣，整座城市的非猶太人和他們的女伴都是猶太商店的常客。

住進卡斯泰拉佐的摩西家以後，這位異國來訪者應該有先打進支配這個社群的猶太大人物圈，尤其是米書蘭家族（Meshullam，原本來自帕多瓦）。對這家族來說，「banche」（銀行）這個字可不只是當時所指的「當鋪主」，而是真正的銀行；此外，他應該也先打進了基督徒圈，也就是那些聽聞失落支派王子的謠言、因此再怎麼懷疑也想親眼見他一面的基督徒。關於大衛怎麼在威尼斯度過第一個冬天，後世幾乎無從得知。雖然詳情未明，但他應該已經獲得不少人信服，而湊到了足夠的錢，來進行讓自己同時現身於猶太圈和基督徒圈——以及推動他的大計畫——的下一步。這下一步，就是要獲得教宗的召見。

這樣的冒險行動很快就從「不太可能」發展為「令人震驚」。威尼斯猶太人隔離區的長老和羅馬有一些聯繫。米書蘭的拉比不可能不認識銀行家比薩的丹尼爾（Daniele of Pisa），樞機主教、貴族們和教宗都是他的常客。而在來自教會的貴客之中，有一位是維泰博的艾智德・安東尼尼樞機主教（Cardinal Egidio Antonini of Viterbo），他就和他那世代的許多人文主義者一樣，是一個卡巴拉主義者。對安東尼尼這樣的基督教希伯來專家來說，卡巴拉的濃密符號數字迷宮中，存在著一個基督教黃金時代的預言。猶太人再次因為他們的短視特質，而沒能看出這點。一旦建立出一套由拉比和教士一起仔細審查卡巴拉細節的注釋工作夥伴關係，那麼猶太的教師就可以成為基督教大師的徒弟，並被後者帶往救贖的光芒。

安東尼尼自己對卡巴拉學的孤注一擲，並不是什麼鬧著玩的半吊子，而是長時間熱情謹慎研究希伯來文本的結果；而且這學門中的一位大師——埃利亞・利維達・巴胡爾拉比（Rabbi Elijah Levita Bahur）就住在他座落於維泰博的豪宅，也讓他的研究志向得以實現。埃利亞・巴胡爾就和眾多飽學但窮困的猶太人一樣，被北義大利各地的有錢（通常是貴族）家庭雇來教小孩希伯來語，並為了教學而複印了希伯來文本，因此和帕多瓦的基督教人文主義者有所接觸。身為一位大部分時間都在思考不規則動詞、名詞（並書寫這些詞）的語法教師，埃利亞特別受重用。他自己的語言教學風格就是卡巴拉式的：沒有哪個詞是僅止於表面意義的，它們都因為其中字母的相關數字而帶有更深的意旨。埃利亞把自己的文法書分成了五十二章，以對應從他自己名字所形成的數字。一旦這顯得越奇幻，基督徒學者就越喜歡艾智德・安東尼尼，從他那獲得啟蒙，並為此著迷。所以在一五一四年，當反威尼斯的康布雷同盟部隊侵略威尼斯共和國的內陸領地，並使帕多瓦遭受一如往常的洗劫和毀滅時，樞機主教便為這位拉比提供了庇護。埃利亞那時可能失去了他的希伯來語著作藏書，因此，他事後回想起來，應該會很慶幸自己花了那麼多時間替他的年輕基督徒客戶複印著作，因為這些人手上的書就是僅存的版本了。安東尼尼提供給埃利亞的避難所不只是保護他在羅馬的藏書，也給了他及妻小一個住所。埃利亞一家就這樣搬了進去，並在那豪宅住了十三年，而且，要是叛變的帝國軍沒在一五二七年攻擊羅馬的話，他們應該還會在那裡住更久。

樞機主教和拉比的住所如此鄰近，是很不尋常的，鄰近到城中的猶太人見到了，真的會捻起鬍子、不甚同意地嘀咕著。但這樣的友誼確保了真正的利益。一五一八年，教宗利奧十世批准在維泰博打造一臺希伯來語的印刷機。從此埃利亞可以繼續深究他的文法，其他工作也得以延續。這反過來又讓卡巴拉主義者的圈子更為緊密，而且不分基督徒和猶太人。

安東尼尼現在確信兩段重大的歷史將會匯合；基於某些理由，猶太人和他們的希伯來語書籍，將對開啟基督教新黃金時代有所幫助。就跟他博學的同輩們一樣，他做這些事並不是出於某種初期的文化多元主義。他做這些事情的目的，都是為了要讓人們更快改信基督教。但西班牙和葡萄牙發生的高壓統治，卻以焚燒書籍和猶太人的惡臭，冒犯了他的人文主義感性。很難理解，與猶太人有著如此連結合作的安東尼尼，當時居然沒和埃利亞以及羅馬其他的猶太人學識圈（特別是尤賽夫・阿什肯納茲拉比〔Rabbi Joseph Ashkenazi〕和他的醫生尤賽夫・薩法蒂〔Joseph Sarphati〕）討論大衛・哈—魯本尼這個人究竟可不可信。他們的判斷（也因此成了他的判斷），應該是壓過了一五二四年春初，大衛抵達羅馬以來在城內瀰漫的懷疑。一個銅板不會響，兩個銅板響叮噹，如果不是觀眾有意相信，光憑騙子一人也是沒辦法成功的。即便大衛反覆、徹底否認自己是彌賽亞，而只是「所羅門王正宗之子」；是其兄約瑟王之密使，是一日連殺四十人的偉大猶太指揮官。一個來自東方、來自失落支派的戰士兼預言者，像是一個來自祭司王約翰之地的猶太人——就是一五二四年的基督徒和猶太人都在尋找的那個人。

猶太人已準備好相信這一切。耶路撒冷的卡巴拉學者亞伯拉罕・艾利澤・哈里維（Abraham Eliezer Halevi）基於閱讀歷史徵兆——鄂圖曼帝國征服埃及，同時馬丁・路德崛起——獲得結論，一五二四年注定會有偉大的彌賽亞式異變，他還去所有義大利的主要猶太社群通知此事。[10]任何熟悉卡巴拉文本的人都會知道，他們選出了呂便支派作先鋒，領導猶太人邁向與敵人的終極一戰。所以會有一支以色列—祭司王大軍和「以實瑪利人」（Ishmaelites）交戰，據哈里維所言，戰火會起於阿拉伯半島。人們將會與失落的支派團圓，耶路撒冷將會被解放。

那麼，人們看待這個黑黝小個子的方式，就比較像摩西而不是大衛了；也就是說，視他為「解放壓迫者」。比較老的義大利猶太社群，通常是第一批接收來自西班牙和葡萄牙的貧窮猶太人的地方，而這群猶太人很難擺脫創傷焦慮。像安科納與佩薩羅（Pesaro），還有費拉拉、曼托瓦以及威尼斯本身的面貌，都因為賽法迪猶太人的到來而徹底改變。這些被驅逐到此地的人，因為一路經歷的一切，對臨時收容所的「臨時性」抱著懷疑態度。葡萄牙當初提供領土也只是用來當這種避難所，但那裡很快就變成另一個用來實行勒索、高壓統治和強迫改信的大監獄[11]。目前，許多義大利的王侯領國、威尼斯共和國、甚至教皇，都不贊成全面嚴厲的異端審查，不僅不驅逐猶太人，反而還吸收他們。但儘管博學的基督徒和猶太人之間有那些意外卻真誠的來往，但受非猶太人所掌控的後者，從來都無法免於無助感。如果這種關係的其中一面是樞機主教和拉比的合作關係，那另外一面，就是猶太人被迫在嘉年華時裸身跑過泥濘的羅馬街道，還被沿路扔爛番茄，其中有些甚至還是年長的猶太人。

所以，當一名新的摩西主張恢復猶太人的榮耀時，他一定可以在羅馬猶太人之中找到願意接納說法的聽眾。米開朗基羅的著傳者喬爾喬．瓦薩里（Giorgio Vasari）描述羅馬的猶太人「每週六下午蜂擁至」聖伯多祿鎖鏈堂（Church of St Peter in Chains），去看教宗儒略二世（Pope Julius II）尚未完工的墳墓上，於一五一三年雕好的摩西英雄像（儘管那天還是安息日）。先不要管「角」的問題好了——當初人們把希伯來語中的「角」（qeren）和「凱林」（kareyn，也就是當摩西從西奈山上第二次下山並帶著法版時，臉上閃耀的光輝）搞混❶——米開朗基羅的摩西像確實就像瓦薩里描述的一樣，同時有如「王子和聖人」。如果猶太人如瓦薩里所主張，差點就要「將其（摩西）更視為神而非人來崇拜」——因為那會嚴重違反第二誡❷——那毫無疑問地，他們已經準備好迎接某種魅力領袖了。

大衛．哈—魯本尼，哈布爾河王子，「所羅門王正宗」之子，一點也不像摩西。但他知道如何扮演他替自己發明的角色，而且他編造自己的故事時，應該也知道，不管什麼樣的彌賽亞大軍會達成耶路撒冷的救贖，呂便支派擔任的都會是先鋒角色。他塑造起《聖經》形象可說是多才多藝。在假想一個當代末底改（Mordecai）的角色時，他會特意在普珥節（Purim）——猶太人會在街上和家裡以各種活動慶祝當年逃離惡毒哈曼（Haman）毀滅猶太人的計畫——的慶典前夕進入羅馬城門。大衛的祕書所羅門．柯恩所記下的口述中，提到大衛買了一個普珥節的「跳箍」來加入慶典。

從神祕的異國情調到有希望的解放者；大衛、哈布爾河的王子，成為了羅馬猶太人的話題。有少數人始終認為他是騙子，但比薩的丹尼爾拉比，這位從擔任教宗銀行家開始一路廣結善緣的人物，卻徹底相信了這一整套戲碼。這位摩西兼末底改獲得了一匹白馬以及一批僕役，其中包括了那位「朗誦者」（Cantor），又稱「阿拉伯的猶太人書亞（Shua）」，以及另一位不可或缺的人，也就是日後會把這故事告訴未來世代的抄寫員所羅門．柯恩。羅馬猶太圈的大人物競相招待他，並因為排序時被瞧不起而大動肝火。同時，大衛禁食的習慣呈現出一種刻意給人看的禁慾主義。他在這種自我剝奪行徑中第四或第五天所出現的恍惚狀態，被人們當成一種人與上天交流的徵兆。他的外貌是種精心雕琢的東方神祕表象：在屋內穿著黑綢緞，出外時頭戴白色頭飾，上端像頭巾那樣包成一團，下襬垂到身上。有些人會嘲笑他這打扮看起來像女人，但在一五二四年，嘲笑的人並不多。

大衛以呂便人王子應有的得體，穩坐在阿拉伯馬上，一路騎到了梵諦岡。艾智德樞機主教及兩位頂尖要人——尤賽夫．薩法蒂醫生和一位「阿什肯納茲拉比」——一同接待了他。此外還有權勢大到能將猶太社群組織成議會來負責猶太事務的「比薩的丹尼爾」；他當時召選了一群最有學識的人來審視大衛。這群人沒有一字一句的懷疑，對於猶太要人來說，這實在是再好不過的事。看起來，他似乎真的是失落支派的王子，令人期待的以色列復仇者。

一旦大衛通過了猶太要人們的檢驗，他就獲得了教宗克勉七世的接見，並接收他以麥地奇家族（Medici）❸

❶ 譯注：以至於摩西的形象有一段時間都是頭上長了角。
❷ 譯注：第二誡為不可為自己雕刻偶像。
❸ 譯注：克勉七世本人出生自歐洲勢力龐大、以經商和金融知名的麥地奇家族。

的謹慎眼光看待。像大衛這樣的故事大師有可能知道，上次在一二八〇年時，有個被彌賽亞熱情牢牢抓住的猶太人——卡巴拉主義者亞伯拉罕．阿布拉非亞（Abraham Abulafia）——要求會見教宗。那時有人告知阿布拉非亞，教宗尼古拉三世（Nicholas III）已經隱居到他那間位在維泰博附近、索里亞諾內爾奇米諾（Soriano nel Cimino）的典雅夏季隱居處，恐怕是幫不上忙了；即便得知這個消息，同時還有人威脅一旦他繼續行動就要逮捕處決他，他還是不為所動。他執意要「從整體地」討論「猶太宗教」，並著眼於糾正教宗對猶太人的誹謗及偏見，（據說他）甚至還想像，可以試著讓教宗改信猶太教，因此他便啟程前往索里亞諾內爾奇米諾。阿布拉非亞準備要冒著殉教的風險，但死神卻找錯了人；當他抵達教宗住所時，有人告訴他尼古拉突然意外死去。原因應該是中風，但一向身為彌賽亞神祕主義者的阿布拉非亞，認為這件事是天罰。

克勉七世接見大衛．哈—魯本尼的過程倒沒有那麼戲劇化，但還是很重要。藉著比薩的丹尼爾擔任翻譯，以及在至少三名以上的樞機主教的觀看下，他講述了他的故事，表達了他的訴求，並請求教宗發揮影響力，讓法國國王和哈布斯堡的皇帝和解，若不，解放聖地的大計畫就無望了。聽完他的話之後，克勉七世無法回應這個要求。他說：唉啊，要是如此命運注定的和解能由他來完成就好了，但很遺憾的，事情不會如此。此外，大衛和他的王兄約瑟在策略上會不會走錯了方向；與其找陸權國家，為何不找海權國家，好比說葡萄牙年輕的國王約翰三世（João III）？他的船「更適合每年在大海上航行」，而且他遠至非亞的帝國不是更接近祭司王約翰和他的支派嗎？和這位東非的基督教領主聯繫，一直是葡萄牙皇室的計畫。而且在印度，葡萄牙已於一五一二年興建了果亞城（Goa），當作宗教堡壘及貿易用途。教宗對這位訪客說，他很樂意提供說帖給約翰王來支持大衛的企圖，也很樂意寫封信給祭司王約翰。

因教宗的謹慎保留而不悅的大衛別無選擇，只能接受他所給的。但過了整整一年，教宗才把信件提供給他，外加一艘帶他去里斯本的船。這段時間，他不管在羅馬還是羅馬以外的地方，都獲得了有如皇家的待遇。他搬去寬敞的住處，由教宗出錢，裡頭還有為他私人打造的猶太會堂，用三十盞燈點亮。有錢人和拉比們爭先恐後邀請大衛・哈—魯本尼到家裡作客，但他似乎在城裡被流行病追著跑，不時因胃病而病倒，甚至嚴重到令他以為大限將至。羅馬的猶太人不分三教九流都蜂擁而至，想要看到令他們充滿希望的解放者。大衛率著越拉越長的僕役馬車隊伍北上，首先前往維泰博拜訪他的恩人與靠山——樞機主教，接著又上路前往托斯卡尼，那裡又有另一個猶太接待委員會迎接他。到了比薩，他在虔信與博學皆廣為人知的葉歇爾・尼西姆拉比（Rabbi Yechiel Nissim）那邊待了幾個月（因為教宗答應寫的信仍然未到）。但葉歇爾這種正統派信仰，並沒有妨礙到他太太狄亞芒特（Diamante，米書蘭拉比的女兒）和她的母親莎拉以豎琴、琵琶、笛子加上舞蹈來為大衛助興；即便在文藝復興時期的義大利虔誠猶太家庭裡，這些娛樂也會受到讚許而非遭到禁止。

求見葡萄牙國王的任務，本身又帶有一種助長其彌賽亞野心的額外好處。那不勒斯（Naples）的貝文妮達（Benvenida）——薩繆爾・阿布拉瓦內爾（Samuel Abravanel）之妻（一四九二年，薩繆爾的哥哥以薩克〔Isaac〕最後一次不抱期望地避免驅逐猶太人行動發生時，曾經以小搏大地扳倒過西班牙國王皇后）——送給大衛一面精美的錦旗（真正的王子都要有一面），展旗時便能象徵他的天命。十誡在旗上分成兩列，以「古代風格的」金線織寫在一整片白色布面上。貝文妮達也知道一位猶太人王子該怎麼現身於自大的葡萄牙君王面前（國王的父親曾冒昧地阻止他們遵從摩西律法），因而給了大衛一件土耳其風味的大禮服，邊緣拖至地上，有著沉重的金邊紋織。葉歇爾的母親偷偷把金做的圖章戒塞到大衛的指頭上，並以女族長的身分建議他，不要為了那個以容易發火而惡名昭彰（他自己也承認）的人，而「生氣，或者輕易被激怒」。當大衛終於抵達利佛諾（Livorno）搭船時，他也從教宗克勉那邊收到了一面壯觀的護盾：一件紅緞長袍以及陪襯的絲絨黑帽。有了這一身華服，這個從東方某處來的小個子似乎長高了些，也終於在利佛諾港邊以真正大衛般的模樣現身。船上一半的船員都是猶太人。錦旗、三角旗、馬匹、僕役和教宗的羊皮信卷都上了船。他登船時還有著嘹亮的喇叭聲伴奏。注意了，以色列的救贖者在此。

II 所羅門

葡萄牙等待著他。年輕的國王約翰三世已從羅馬大使那裡聽說了這位失落支派的大衛，以及他推動猶太—基督徒聯軍進攻土耳其人的使命。代表們不認為這位猶太人的話有道理，但教宗克勉的背書替他的話帶來分量。他們因此給了他安全通行的文件。國王和朝廷仍保持謹慎。不管這個有大抱負的小個子是不是騙子，他們都得面臨一種風險：國內改信基督教的猶太人（在伊比利亞半島有一專門稱呼為「新基督徒」）可能因為突然的信仰動搖，而回歸原本的猶太教，並全體離開葡萄牙。畢竟，從約翰三世的父親曼紐一世（Manuel I）強迫猶太人改信基督教、並驅逐所有不棄教者至今，也才兩個世代而已。當初考量要讓猶太人出走的幅度達到最小（或許他也是意識到，蘇丹巴耶濟特二世〔Bayezid II〕的大臣當初嘲笑西班牙驅逐猶太人是給鄂圖曼帝國的大禮。其實並沒有說錯），他承諾二十年內不對改信者的信仰忠誠做任何調查。那確實有了想要的效果，留下了一大批被稱為「馬拉諾」（Marrano）❹的新基督徒；雖然說這並沒有阻止針對他們的暴力行為爆發——其中最駭人聽聞的一次發生在一五〇六年的里斯本，三天內有兩千名猶太人遭到屠殺。表面上的起因是一位新基督徒在教堂裡的議論，大致上是說，十字架上救世主的面孔那不可思議的光彩，可能僅是燭光效果而已。這就足以讓他被揪著頭髮拖出去打到死。在那些仍習慣把新基督徒稱作「猶太人」的多明我會（Dominican）修士煽動下，當地暴民和里斯本境內的外國水手碰到新基督徒，就是能殺一個算一個。光是復活節那個週日，就有五百人被他們從躲藏處拖出來割掉喉嚨。街上倒臥的屍體太多，還得多載好幾車的柴火進城，才能在大型的火葬堆上燒掉他們，並讓整個港口滿是濃煙惡臭。當時曼紐一世因為傳染病而離開里斯本，但他的官員沒有一個人有努力試著制止大屠殺。最後，多明我會裡的主謀遭到定罪並處死，但恐怖的記憶在改信者的社群裡徘徊不去。國王約翰三世將宗教裁判所引入葡萄牙的熱情，並沒有讓他們對在王國內的未來感到希望。

葡萄牙君王擔心新基督徒可能離開國家，並把所有財富資產和與東方的商業連結一併帶走，因此發布一連串命令，限制他們的行動、禁止他們離開，即便對待他們應該是要像對待其他基督徒一樣才對。但新基督徒的經濟活動本質——從事金融活動並經營胡椒和香料貿易，讓葡萄牙這偏僻沿海貧瘠地變成一個泛大陸大帝國——就代表著，不能絕對限制這些人和金錢的流動，不然貿易就會枯竭。年輕國王和他的顧問們權衡著這些考量。即便他們是「希伯來種族」，新基督徒也去望彌撒，在教堂結婚，而且他們的小孩是受洗禮而不是割禮。真的有必要更仔細地審查他們嗎？或許看一看這個猶太呂便人，可以讓他們得出答案。如果他煽動了這些新基督徒，那教士就是對的——猶太人就是猶太人，不管死背了多少主禱文都不會變。

接著同樣的，假設，只是假設，這個大衛真的是等待已久的、來自祭司王約翰國土的使節，一有槍炮就急於對土耳其人發動戰爭。這樣的話要怎麼辦？在所有歐洲的君王中，葡萄牙王是最可能認真考量這機會的人。先前派去尋找祭司王約翰的使節佩羅・達・科維良（Pêro da Covilhã）下落不明後，葡萄牙又派了法蘭西斯科・阿瓦雷斯神父（Francisco Alvares）和衣索比亞使節馬修斯（Matheus）去找他，而他們離開里斯本至今已過了十年。在經歷無數災難後，阿瓦雷斯和馬修斯其實真的在一五二〇年抵達了衣索比亞，還和科維良重聚，但老家的葡萄牙宮廷對這重大的相會卻仍一無所知。在他們可見的範圍內，伊斯蘭四處耀武揚威：印度、非洲和巴爾幹半島。但猶太人對東方的知識卻是無可匹敵的。多年前，曾有兩個猶太人，一個鞋匠和一個拉比，在開羅找到了科維良，還把關鍵的海上知識傳給了葡萄牙，讓葡萄牙艦隊成為烏木海岸（Coromandel coast，印度半島東南海岸）最富有的船隊。如果大衛・哈－魯本尼有那麼一點可能是認真的，且連那位麥地奇教宗似乎也這麼認為的話，那麼至少應該聽他說說。

---

❹ 原注：老基督徒以「豬」嘲笑新基督徒，影射他們明目張膽大吃豬肉的可疑行徑，或者背地裡偷偷禁食豬肉的行為——不管吃或是不吃，他們這些人都有所密謀。

審訂注：馬拉諾（Marrano）是中世紀西班牙一群被迫改信基督教的猶太人和摩爾人，不過，他們在私下的日常生活仍然信奉猶太教。

但葡萄牙宮廷的期望完全比不上新基督徒的興奮；這群人即便知道自己被虎視眈眈的宗教裁判者玩弄於手中，還是無法克制自己。就算是這樣，對這位異國猶太人表達過度的歡迎還是一種瘋狂的行徑，因為約翰國王早就安插了由新基督徒安立奎．努涅茲（Enrique Nunes）運作的間諜網，負責窺視改信者的家庭生活，並報告任何可疑事項。自從里斯本大屠殺的創傷後，他們便小心翼翼地，謹慎管理著他們的雙重生活。但對許多人來說，那還是雙重生活，而且有許多方法可以在不屈從於努涅茲間諜的情況下維持他們的舊有認同。因為強制他們遵從的糾察者幾乎不可能從食物中發現猶太人不吃什麼，禁食因此成為一種表達祕密團結的方法。也可以在週五夜晚點起蠟燭，畢竟燭光在十六世紀的伊比利亞半島上不是什麼奇事。只是說這些蠟燭可能很快地被祝福。膽子大一點的人可能會用些微但顯著的衣著改變來過安息日，儘管他們知道宗教裁判所的服裝警察以及他們自己的鄰居可能都在警戒著。而最大膽的行動，就是煮過夜燉菜，也就是葡萄牙版的猶太安息日菜餚，因為飄進街道的香味很有可能會洩漏身分。這些有條不紊的警戒，讓新基督徒有十足的動機去忽視甚至徹底抵制大衛。但一旦讀了一五二六年當時的記事，就不可能不覺得，大多數的人根本就無法自制地沉浸在興奮的情緒中。

當呂便人騎著一匹騾子進了塔維拉（Tavira）城時，城裡的新基督徒成群上街歡迎他，把大街小巷擠得水洩不通，那些警告什麼的早被丟到了九霄雲外。類似的場景在貝佳（Beja）和愛沃拉（Evora）也重複上演。騾子被換成了一匹好坐騎。一路北上，隨行的隊伍越來越長。到處門戶大開，城裡的顯貴們屈膝求他留下來過夜。男女老少排隊想親吻他的手。馬拉諾們瞬間看見空中行進的大軍幻象，揚著軍旗。當一名憤怒的教士來到大衛面前，指責他們這群人殺了真正的猶太之王時，他便因為自己的冒失魯莽而被衝動的人們從二樓窗戶扔了出去。大衛就像在彈豎琴一樣地撩撥自己的信徒。「有些人有著強悍的心，因為他們以完美的忠貞相信著我，就像以色列相信我們的主人摩西，願和平因他降臨！所有我們抵達的地方，我都對他們說，我是所羅門王之子，而我並非帶著一個徵兆或奇蹟或神祕而來，而是身為一個戰爭者而來；我從年輕時到現在都是這樣的身分，而我現在來此協助你們的國王，來幫助你們，他將帶我踏上前往以色列土地的路。」

等到大衛抵達阿爾梅達（Almeida），也就是國王躲避里斯本瘟疫的去處時，他騎起馬來像是個以色列裔的西班牙下級貴族：有一長列的貨運騾隊，五十名穿著制服且明顯配備武裝的隨從，還外加十五匹馬的騎兵隊。大衛知道貝文妮達．阿布拉瓦內爾的錦旗能帶來什麼印象，便下令再做四面，繡上希伯來文，滿滿都是神祕的記號和數字，表達出他使命中巨大的神祕感和力量。

有那麼一瞬間，其實不太清楚誰才是這裡的王。約翰對大衛敞開了大門，卻只得知大衛因騎馬與禁食過於疲憊，而無法進行對談。這可不是什麼得體的開場。在這段期間中，聽眾裡有一個人，是大衛的馬拉諾東道主之一；他曾經奉國王之命待在衣索比亞，會說阿拉伯語（因此他有可能是那位拉比，也可能是那位鞋匠）；他和大衛談到那個約翰二世用來遺棄猶太兒童、「靠近食人部落」、遍布著滿身鱗片的「lagartos」❺的火山島。宮廷裡某個待過摩洛哥的人，也檢測了大衛對非洲的熟悉程度。但這位猶太人成功地通過了所有考驗。他堅定地複誦他的任務和訊息。他解釋說，他來是為了尋找槍炮和工匠。儘管他有三十萬真兵真將，但他們只有劍、長槍和弓箭。要和穆斯林的火力一較高下，他就需要槍炮。當一位「法官」率先問大衛，關於西歐土地上的猶太人他有什麼打算時，他說：「我的回答是，我們先拿回聖地與其周邊，然後我們主人的隊長們（才會）向東西方前進，去找回離散的以色列支派。」大衛甚至預言，會接受這必然發生之事、並察覺到把猶太人帶回耶路撒冷會（像波斯王居魯士二世般）替自己帶來後世榮耀的，將是一名穆斯林君主。儘管解放耶路撒冷正是彌賽亞的任務，但大衛還是確實地否定了彌賽亞這個頭銜。他說，他只是個有罪的戰士而已。

第二場（較長的）聽證會來了。一張宴會桌被放在阿爾梅達皇宮前的戶外空間。大衛．哈─魯本尼已經持續禁食了好幾天──他的紀錄是連續六天──而他正清醒地接過了金銀做的大口水壺和杯盤。上面的雕飾是

---

❺譯注：美洲的西班牙探險者最初稱呼短吻鱷的用詞。

公羊，角上漆了黃金。大衛感到驚愕並避開了盤子。在約翰和他說話前，還要再進行一個測試。約翰問一位曾經囚禁在印度的船長，東方是否真的有猶太王；而大衛來的地方是否真的有黑皮膚和棕皮膚的猶太人？是的，一直都是。每件事情似乎都達到了成功的關頭。大衛將有可能獲得八艘戰船的艦隊，四千把槍和教導呂便大軍的工匠。

但接下來，他的運氣就好像跟圓頂清真寺上的新月一樣突然大轉彎。有四個最狂熱支持大衛的新基督徒被抓進監牢。約翰態度丕變，將大衛召到皇后室，並指控他來葡萄牙宣揚猶太教：「馬拉諾們與汝共禱並日夜閱讀，且汝為他們興建猶太會堂。」大衛忘了比薩那位莎拉女士的忠告，開始大發脾氣，憤怒的程度讓約翰吃驚而暫時收斂了一些，並恢復了他原本的承諾。但大好的時機已經過了。兩天內魯本尼又被召見了四次，對他的質詢越來越追根究柢。有件很具體、很針對他的事情發生了，而大衛正準備要知道那是什麼事。國王指控大衛毀壞他的王國、鼓吹馬拉諾向大衛鞠躬並親吻他的手。接著國王向大衛表明他的態度為何丕變：他說，他得知大衛替一位司法部門的高官兼書記官行了割禮，這是真的嗎？呂便人憤怒地否認這項指控。他抗議道，他不是為了使人改信而來，對於自主前來見他的馬拉諾也完全沒有掌控力，因為他的住所對所有人開放，不分新舊基督徒。至於割禮這件事，「上帝不容啊；那不是真的」。

這一刻實在是戲劇化無比。新基督徒就算再怎麼在其他方面嘗試與猶太教保持連結，到了割禮還是會停手。如果這發生在宮廷圈裡某個接近國王的人身上，會是令人震撼的反抗輕蔑行為。這名新基督徒書記官是狄奧哥．皮雷修（Diogo Pires）。嚴格來說，大衛對約翰說他沒有替皮雷修行割禮，的確是真話。事實上，皮雷修是偷偷來找大衛求他進行聖約的行為。當憤怒的大衛斷然拒絕後，皮雷修就自己行了割禮。皮雷修自從在宮廷看到了大衛就對他著迷，而被一種自己已經被行割禮的狂暴幻覺所征服。大衛知道，這樣做對於他的任務會有災難般的打擊，會牴觸所有他給過國王的保證，因此光是皮雷修有這種念頭，都要給予譴責。有可能是大衛抗議得太過頭，或者皮雷修覺得若木已成舟的話兩人就可以和解，所以皮雷修便磨起了他的刀。「那晚我自己行了割禮，（而且）儘管我感到極大痛楚且因湧泉般的流血而昏迷，慈悲的祂兼治癒者卻使我在不可思議的短時間內癒合。」[12]當他從自己失血的昏迷中醒來後，他就成為了猶太人「謝洛摩．摩柯」（Shelomo Molkho），新名字十分接近「所羅門王」（以下稱其為所羅門）。如果他希望獲得大衛的理解和歡迎的話，他應該很快就被澆醒了，但對所羅門來說沒有差別，因為現在他「已經蓋上了我造物主的印記」。

接下來還有更精細的畫面。一位白色長鬍老人彎起指頭向所羅門招手，要他去看耶路撒冷的遺跡。前往聖城的路上，他見到三棵樹從同個根上長出來，同時樹枝間棲著鴿子，有些白得像雪、有些灰得像塵土。憤怒的馬隊出現，努力要毀掉那棵樹，猛力丟著火球，揮舞鋼做的刀鋒。後頭又跟著掠奪的鳥群，撕著不分鴿子和人的血肉；當所羅門醒來時，牠們正準備要享用他。

夠了！大衛．哈—魯本尼不想要這個新盟友了。但這已對他的任務造成無法挽回的損害。對約翰國王來說，這個回歸猶太教的所羅門是最清楚的徵兆，顯示大衛來此有害。一個人若是新基督徒又是宮廷中的特權人士，不管去了哪兒都會有大群人跟隨。約翰要這個小猶太人離開葡萄牙，而且不會得到船隻、槍炮和工匠。國王說道：既然你都提起了，那就去見見我的大舅子查理五世❻，或者回去羅馬找教宗。國王答應給大衛安全通行文件，但大衛還是表達出一貫的憤怒。和教宗克勉所提供的、代表信任的羊皮紙相比，信紙寫成的安全通行文件顯得不太體面。再度因眼前這猶太人的無理取鬧而投降的約翰國王回答，很遺憾的，我們葡萄牙不這麼辦，但出於我對你這人的喜愛，我會下令重新寫在羊皮紙上。

大衛和所羅門也分道揚鑣。出於無法原諒的怒火，大衛告訴這個討厭的改信者說，既然他夢著耶路撒冷，那不妨自己去一趟，而且最好馬上動身：「別在這裡被人看到，不然他們會燒了或殺了你。」所羅門便立即一路前往鄂圖曼帝國，進入大衛公開宣稱的敵營。而這正是最有可能激怒天主教當局的路徑。在薩洛尼卡

❻譯注：神聖羅馬帝國皇帝、西班牙皇帝。

（Salonika）這個土耳其最多人的猶太社群裡，所羅門．摩柯學習《妥拉》、《塔木德》和卡巴拉，學習猶太知識的速度和廣度讓老師們大吃一驚。連儀式規則書《擺設桌面》（*Shulkhan Arukh*）的作者尤賽夫．卡羅大拉比（Joseph Karo），都驚訝於這名行家對神聖文本的投入。許多人認為，一個前陣子那麼無知的人現在如果能成為這樣一位天才，那想必是一種徵兆。這樣一種適度的驚奇應該帶有一種天賦的成分在。這完全合於卡巴拉訓示中的「重生」，在一個舊皮囊裡創造出一個新的靈魂。

至於大衛這邊，他從葡萄牙開始拖拖拉拉地沿來時路撤退，超過了國王給他離開的兩個月期限。但呂便人不可能就這麼放棄他仍然抱持的美妙願景。儘管如今萎靡不振，他還是從自己的不幸中看出意義，相信自己還是有可能靠著自我剝削而偉大。接著在某個城鎮，他把自己雕工細緻的遊行用裝甲和寶劍給了東道主；在另一個城鎮，他把自己在義大利獲得的鑲鑽金戒指給了某個女主人。在其他地方，他脫手了自己的絲綢長袍禮服；他堪稱猶太人中的聖方濟各。他一度還把自己買的一匹好馬外加所有的馬具、馬飾都送給了約翰——這是種意指兩人地位同等的高尚舉動。一路上，馬拉諾們還是來看他、親他的手，在他離開時哭泣。不要喪氣，他對貝佳的改信者們說，在耶路撒冷拿下來之前還得有好幾場大戰，但一切必定會過去，而救贖者將來到錫安。他回去騎騾子，最後還在傾盆大雨中以雙腳跋涉回法羅（Faro），和所羅門．柯恩及另一個僕人登上一艘破船。而羞辱尚未結束。逆風還把船吹往一個西班牙港口，把大衛送到不信任他那些文件的官員們手上。他被關進監牢，他的手下被痛打，一被釋放就飄盪過了南西班牙，服侍格拉納達（Granada）那些曾經是穆斯林的人們——而這群人則是在五年前的地震後就已經陷入窮困。

不幸的事件鍛鍊著他。上帝考驗著他。或許他會找到其他基督教的恩人？葡萄牙國王當初並沒有提供法國這個目的地給大衛，所以當他在一五二八年到達那邊時就被逮捕下獄，悽慘地關了兩年，直到法王法蘭索瓦一世放他出來。但他被法國取走的財物中，有他隨身攜帶的那封安全通行信，以及他寶貴的旗幟。不管用什麼可行的手段來取回那些東西，都注定失敗。大衛在一五三〇年從法國返回義大利；他並沒有被這些不幸所嚇倒，反而決定要設法和正在波隆那（Bologna）準備帝國加冕典禮的查理五世見面。雖然當他出現在威尼斯和曼托瓦這類城市時還是有些群眾歡呼的場面，但也有倍增的懷疑者，其中更有些人認為，成為以色列真正希望的不是大衛，而是所羅門·摩柯。例如薩比奧內塔（Sabbioneta）受人尊崇的拉比亞茲拉爾·迪耶那（Azriel Diena），對大衛的敵意就有如他對所羅門的熱誠。

當大衛的星光黯淡，所羅門就成了崛起之星，徒弟開始壓過了大師。所羅門開始相信，大衛曾經是預言的先驅報信者，被任命為真正彌賽亞的其實是自己。而且所羅門有一個可以壓過大衛的絕佳天賦：雄辯的口才。他在薩洛尼卡宣講德拉夏（derasha），也就是在布道時，詳細探討《妥拉》內容中更深刻廣泛的信仰智慧。他身為奇才的名聲散布得又快又廣，不只猶太人，連基督徒都前來聽講。他還是能看到那種後天先知者所見的誇張景象；隨著他名聲上漲，又聽說猶太人都在談論所羅門可能不只是先鋒，而就是「那個人」，他也就不怎麼費心去否認了。他像他見過的大衛那樣掛出飛旗，穿上背後繡著卡巴拉字母、名稱和數字的外套。他很快就成為一位魔術家：一位彌賽亞的魔法王子，習慣唱著一套自稱可以打倒教會的奇怪頌歌和難以理解的言詞。即便有這種行徑和惡名昭彰的叛教經歷，當他在一五二九年來到羅馬時，教宗克勉還是從一開始就保護他免受宗教裁判。他先前似乎預言了羅馬會被攻陷的年分——他稱之為「伊多姆（Edom）的毀滅」——一五二七年。現在他與乞丐一起住在橫跨臺伯河的橋上，並預測河將會淹水，而那確實在一五三〇年十月發生了。淹水還算簡單就能猜出的事，但所羅門還在猶太會堂預言，葡萄牙會有地震，而這也確實在一五三一年一月二十六日實現了。

叛變帝國軍攻陷羅馬——外加整整三天的恐怖燒殺擄掠——讓教宗元氣大傷而虛弱無力，他的麥地奇家族理性，在大災難的景象中犧牲。這或許可以解釋，當所羅門拋棄了鄂圖曼帝國的安全保護而貿然來到羅馬時，克勉教宗為什麼會帶有一種和大衛·哈—魯本尼打交道時從未顯現的強烈情緒，並整個受所羅門吸引。如果大衛離開葡萄牙時的模樣像個走投無路的苦行者，那麼可以說所羅門做得更好，帶著自己的叫化子碗坐在羅馬城門前，按照成為猶太教真正懺悔者的要求，坐了整整三十天。就是這種姿態超越了兩個宗教的界線，同時獲得雙方的興趣。為了顯示自己的尊重，克勉採取了不尋常的步驟，允許所羅門把自己的布道文在大部分的基督教城市中發行，好和路德宗的異端邪說相對峙。但憎恨新教徒並不妨礙他去喜愛這個猶太人。這兩種天性甚至可能有不可思議的關聯。

這一點可說更加駭人，因為不論從實際上、還是法理上來說，所羅門自己就是一個異端基督徒，不只犯下不可原諒的「回歸猶太教」之罪，還以餘生積極地猶太化。這讓他成為宗教裁判所的頭號目標，而且一旦被告發，他就屈服於嚴苛的折磨下了。他的保護人兼庇護者教宗無計可施。所羅門遭受嚴酷的拷打，並遭到定罪。當對方依標準慣例提出回歸基督徒而得救的可能性時，他大膽地拒絕了這個邀請。柴堆就這樣堆疊起來，然後點上火，而所羅門．摩柯就這樣燒死在上頭。

但就在那天下午，一位拜訪教宗住處的訪客，卻驚訝地看見所羅門在房間之間走來走去，頭上沒一根頭髮有燒焦的痕跡。克勉調包了殉道者，拿某個可憐的傢伙當了他猶太朋友的替死鬼。

這對這位先知來說還不夠嗎？他難道不會在此時悄悄出發回到安全的鄂圖曼領土？畢竟那裡還有眾多朋友、聽他布道的信眾，願意聆聽閱讀他的人們？顯然答案都是否定的。但實在沒有哪個奇談作者寫的故事，能比大衛王子和所羅門王替自己寫的故事還要離奇。這兩人的路再度交會於義大利，時間大約是在一五三二年的某一刻；當時他們兩邊可能都只想找到庇護所，而不是再次找機會推動偉大的猶太救贖計畫。儘管（也可能是，因為）大衛在監獄受盡折磨，他恢復了對自己的信仰，足以開口要求與曼托瓦公爵費德里高．龔札格（Federico Gonzaga, the Duke of Mantua）見面，並獲得了機會；此人所在的曼托瓦，有著在文化上活躍的龐大社群。但他不知道的是，有一個他以為是盟友及東道主的猶太家族，其實背叛了他並轉投龔札格。當時他待在亞伯拉罕．波塔里奧尼（Abraham Portaleone）那邊；此人是義大利最知名的猶太醫生的兄弟，正希望提升自己在查理五世和教宗眼中的分量。大衛那時候有兩封信要給這兩位大人，信件據稱是由他的兄弟約瑟王所寫；但實情是，大衛告訴當地的書記官，說他會教他如何讓文件看起來老舊破損，所以書記官才幫大衛重謄的。得知此事而大怒的波塔里奧尼便將假造一事報告到公爵面前，而公爵又把消息傳給在羅馬教廷的曼托瓦大使，也就傳給了皇帝。從那時候起，大衛無疑就是個騙子了。

當時，這件事並非廣為人知。回到威尼斯——也就是大衛第一次在猶太和非猶太世界現身的地方，他還是有理由想像自己可以完成目標。共和國的政府委派國內最睿智的人物——地理學家拉穆西奧，來檢驗大衛的旅程和來歷，而這段對話則是由另一位精敏的觀察者——貴族馬林．桑努多（Marin Sanudo）來記錄。大衛更改了自己的故事，好配合他更普通的處境。他並沒有為軍事行動尋求武器，此刻他只是預告大戰爭的到來而已。無論如何，拉穆西奧和桑努多似乎都全盤接受了。

一五三二年，所羅門．摩柯前往查理五世召開帝國會議的地點，巴伐利亞的雷根斯堡（Regensburg）。有些資料來源說魯本尼跟著他一起，但現在看來似乎可疑。不管怎樣，摩柯查到了星象連線並判定，這絕對是推動彌賽亞時程的絕佳時刻。他會鼓吹國王動員日耳曼猶太人來對抗蘇丹。當時，和眾多主教、國王和公爵有豐富協商經驗的拉比——羅賽姆的尤瑟爾（Josel of Rosheim）就在雷根斯堡，而且他知道這種有勇無謀的行為只會出亂子。當時戰爭熱潮正席捲整個日耳曼土地，路德派和天主教雙方陣營都不能置身事外；這時最好不要激怒皇帝。看起來，這位拉比似乎已經先知道，摩柯正要走進設好的圈套裡。

但他沒聽進去。摩柯以一副權傾一時的姿態來到雷根斯堡，錦旗飛揚，帶著教宗的盾和一把大劍，兩者都已經「以希伯來上帝的名字聖化」。他這樣做可能是被這城市的猶太人歷史所推動的。這裡曾經是巴伐利亞最古老的猶太社群，直到一五一九年二月，護著他們的馬克西米利安一世（Maximilian I）過世。等到猶太人被迫拆毀自己家會堂的內部，讓教堂蓋在廢墟上獻給聖母之後，這個社群就被毀滅了。許多雷根斯堡的猶太人成功抵達了威尼斯，而能讓魯本尼見到他們，並聽聞他們的可怕遭遇。摩柯其實真的有見上查理皇帝一面，而皇帝也花了兩小時聽他講那些異想天開的勸告，勸皇帝用猶太——以色列聯軍向蘇丹開戰。兩名曼托瓦的編年史者指出，他甚至試圖要使皇帝改信。在這整個驚人的故事中，最讓人不可置信的一幕或許就是此刻——一名先知身穿繡有魔法般重新排列的上帝名字字母的長袍，出現在天主教世界的這位正與土耳其和新教徒兩面交戰的元首面前，並試圖說服這位查理皇帝說，重拾他運勢之道就在於成為猶太人。這種魯莽完全沒有道理，除非所羅門就像大衛一樣，相信猶太人的歷史路程抵達了某一刻時，迫害者會成為救贖的關鍵工具。雖然這種彌賽亞信仰大部分都是妄想，但基督教世界的統治者和顧問官之中，確實有一些人認為猶太歷史的漫長史詩和基督教的命運就是有某種糾纏。像這樣的情況，並不會是最後一次發生。

所羅門對自己說，儘管皇帝不打算遵循他所言進行成人割禮，但這場見面過程可說相當良好，而他也獲得了在雷根斯堡的居留權。但他弄錯了。他一貫的口才沒能達到目標。他的言詞，每一種言詞——神祕的、魔法的、理性的、經文的、策略的、預言的、修辭的、靈性的——全都沒用。不論這兩個自認是猶太人天命化身的人對查理皇帝有什麼影響，到頭來，這位哈布斯堡大家族的成員，還是聽從了他那些受驚嚇的顧問們。他們說這些猶太人不只顛倒是非，而且危險。因此，所羅門並沒有獲准留在雷根斯堡，反而被綁上沉重的鎖鏈關進牢房，而大衛則是被帶去另外監禁。最終，所羅門在曼托瓦那邊讓宗教裁判所獲得第二次機會，將他判定為異端及改信猶太教者。他被「釋放」到了世俗官方那邊，而這次他們會確保沒燒錯人。這是所羅門所擁抱的、另一種有如注定好了的猶太人天命，也就是加入一代又一代被教會迫害至死而「留名聖史」的列祖列宗。由於宗教裁判所無法控訴大衛．哈─魯本尼是叛教者，他得以免除同樣的直接下場；但毫無疑問的，他違反了宣傳猶太教的禁令。在某個時間點——文件紀錄下落不明——他被帶去西班牙，最有可能去了巴達霍斯（Badajoz），並也在那裡迎接了火刑的結局。

有些東西通過了時間的考驗：在那些由義大利拉比亞撒利雅．德．羅西（Azariah de Rossi）和尤賽夫．哈─柯恩（Joseph Ha-Cohen）開始寫下來的歷史中，這兩人，尤其是以最終下場打動無數虔誠博學的猶太人、因此將他寫入猶太殉教史的所羅門，都將背棄信仰的人帶回了《妥拉》。對猶太人和新基督徒來說，呂便人現身的那一刻，成了他們自從被趕出西班牙、宗教裁判所引進以來，第一次有共同認同感的一刻。而且，所羅門的一些驚人的、預言的文字留存了下來，包括〈蘆葦間的野獸〉（The Beast of the Reed），預示了羅馬的陷落；而這一段不尋常的詩篇片段，仍舊能讓人感覺到他高漲的熱情。即便在北方那些疑慮更多的阿什肯納茲人之間，他的記憶仍撐過了物質的最終崩壞，而成為猶太遺產。其中一件刺繡長袍和錦旗，歷經了長途旅程，抵達了和猶太預言或法術一點關聯也沒有的城鎮：布拉格，也是卡巴拉印刷文字抵達的第一站。這些東西是一六二八年在平卡斯猶太會堂（Pinkas Synagogue）首度被人指認出來，但後來又被移到了梅瑟猶太會堂（Maisel Synagogue）的猶太博物館。在那裡，長袍和錦旗各自裝在控溫展示櫥內，靠著光纖纜和吸光塗料防止紫外線和紅外線的損害，繼續等了又等，等著解放的彌賽亞到來。

第二章

Chapter Two

在途中

The Story of the Jews

I 艱難道路

通常行動都在暗中開始，就在午夜和黎明之間，當最後一班碼頭巡邏結束、而守衛們都在打鼾或嫖妓的那幾個小時裡。就像小小夜行動物從地洞裡冒出來似的，悄聲說話、隱藏行跡的人們會來到塔霍河（Tagus River）碼頭，只帶著往安特衛普那兩週行程裡所需的物品：一個小鍋子、一條墊子、硬餅乾、一點油、一皮箱衣服。家中最可靠的成員（不一定都是爸爸），會好好保管裝金幣的皮包——如果他們不是新基督徒的話，其實是不需要那麼多達克特（ducat，歐洲中世紀至二十世紀的金幣單位）的。但他們是一群名叫戈麥斯（Gomes）、狄亞斯（Dias）、羅培茲（Lopes）的人，一群知道自己曾經是柯恩、利末（Levi）和邦維尼斯特（Benveniste）的人，而他們必須在被宗教裁判所的爪牙抓住前逃出葡萄牙。

對他們之中的不少人來說，這並不是逃離恐怖的起點。有些人先前就翻山越嶺，從西班牙來到里斯本。他們聽說有像自己一樣被迫改信的大商人，因為從事胡椒交易並（一如摩西那樣）在海中開拓了一條途徑，而得以致富。如果上帝願意的話，他們的流浪就不用花到四十年，但當他們把行李裝上馬車時，他們多少也知道，這趟既要行車又要坐船的路，將會漫長而艱辛。這一點，他們沒弄錯。

儘管聖理部（Holy Office）到一五三六年才核准在葡萄牙進行調查，但五年前開始，人們就預期會有這一刻。那些預料此事必然發生、且自己免不了是第一批嫌疑犯的人——也就是一四九七年被迫改信的那群人，便展開了行動。那些因為改信而免於宗教裁判所的葡萄牙新基督徒，現在也無法擺脫這種可能被抓住的恐懼感，想像著這種裁判所以惡魔怪獸的形貌再次現身。這些移民中最善辯的薩繆爾．烏斯奎（Samuel Usque）在把宗教裁判所描述成長了牙的大蛇時，召集了他的內在但以理（Daniel）：「一個堅硬鋼鐵和致命毒藥的混合物……帶著牠陰暗的毒液和有害的羽毛，以一千片翅膀升上天空，並以一千隻腳來踐踏地表。」[1] 現在，當葡萄牙國王封起了路，讓他口中那些仍叫猶太人的基督徒成為非法移民時，他們要逃去哪兒呢？焦急地扭著手，或者期望有條路前往應許之地的祈禱，都不太可能達成什麼結果。需要的是一個實際的安全地帶，某個可以在晚上熄滅蠟燭，不用害怕有人對睡夢中的孩子痛下毒手的地方。威尼斯嗎？宗教裁判所總有一天也會到那兒的。威尼斯西南邊的費拉拉或許有可能，埃斯特（Este）公爵在那裡有使這種追獵行動稍微緩和。那裡也出版希伯來語的書籍。從費拉拉直直走到佩薩羅和安科納也沒多少哩。但受安全顧慮支配的他們，選擇了沒那麼顯眼、沒那麼多人巡邏的路徑，穿過群山前往亞得里亞海。只要一步一步地、戰戰兢兢地，他們就可以找到去東方獲得蘇丹保護的路。土耳其人實際上歡迎猶太人的傳聞，甚至有可能是真的。

他們絕望，但並不孤單。在里斯本和安特衛普，有一群胡椒香料商人聯合了起來，他們是葡萄牙新基督徒中最有錢的人，捐了一筆儲蓄基金來沿路幫助他們，並看護他們度過最艱難的路程。猶太人不分貧富的團結，在不安全中的保障，現在已經是猶太歷史中的明白常識了；但這是他們有史以來第一次把這種行動有系統地組織起來，而且其主事者是一群不會公開稱自己為猶太人的人；他們反而會去教堂，比出十字聖號，並跪下來領取基督的聖體與聖血。謠傳中，那個救援皮箱裡裝的財寶是如此的多，多到連查理皇帝自己都等不及要把它奪來了——如果他真有辦法證明它存在的話。如果他能抓到他口中的「假基督徒」（falsos cristianos），那些錢就到他手上了。但那些硬貨幣不過是其中最小的一部分。組織救援委員會的胡椒貿易王族們，把他們的商業智慧轉換成一個跨大陸的逃脫途徑：一條由海上船隻、內河渡船、暫宿處、馬車、車夫和馬夫所結合起來的鎖鏈，從葡萄牙的大西洋海岸線一直延伸到英國港口，然後跨過海峽到法蘭德斯（Flanders），向下穿過法國和萊因蘭（Rhineland），跨過阿爾卑斯山的通道，進入波河河谷。接著如果他們躲開了那些駐守在倫巴底（Lombardy）、明顯是負責檢查、逮捕和對人暴力相向的警衛，他們就有可能抵達費拉拉的安全地帶。有些人可能就停在那裡；其他人繼續前進，穿過亞平寧山（Apennines）前往佩薩羅和安科納，然後穿過亞得里亞海，到達拉古薩（Ragusa，現在的杜布羅夫尼克〔Dubrovnik〕），最後進入蘇里曼一世的領土，而終於可以在那兒自由自在地，做著在葡萄牙時得自我否定做過的所有事。女人們將可積極地進行儀式洗浴，而男人將可以行割禮。他們將集結起來祈禱，為了只記住一半的用語和聲調而絞盡腦汁；閱讀《妥拉》的誦讀聲將會響起，甚至在他們的奉獻之中，他們會發現自己的嘴因為安息日的燉粥而口水直流——上帝原諒他們吧。他們可以允許自己擁有在家的感覺，雖然只是暫時的而已。

在前往目的地土耳其的路上，他們的性命全掌握在安特衛普救援者所雇用的一群「護送者」手上。他們全心全意地將自己的皮夾、背都彎了的祖父母、還有懷裡的嬰孩都託付給這群人。他們有別的選擇嗎？反正，他們以前也沒獲得過什麼安全保證。連在塔霍河的碼頭邊，就已經有人遭背叛而被拖走了。許多逃難者為了避開城鎮碼頭邊的警察，把自己和財物都裝進更上游處的小船，然後極其小聲地划著，划向停泊在河口、往法蘭德斯去的船隻。沒良心的船主有可能趁這時候敲竹槓，索取遠超當初約定的費用，還搶走他們帶在身上、準備在倫敦或安特衛普換錢的珍珠。一五三〇至四〇年代，這種被自己船上盜賊洗劫的情況十分盛行。

薩繆爾．烏斯奎在安特衛普看著這些人從小船裡出現，嘴裡都是暈船與恐懼的味道，大部分人的皮包都被搶走了。救援者那時便會提供臨時住所和生活費，把任何還沒在船上被劫走的東西——藏起來的項鍊、一個銀護身符——換成可以在費拉拉或威尼斯兌現的匯票。他們會告訴旅行者要去哪裡找祕密猶太會堂，但也會以最嚴厲的詞語，警告他們千萬不要引人注目，尤其是粗魯的行為和爭端。不管有沒有受洗，猶太人都很難是全世界最安靜的一群人。而且他們在法蘭德斯的臨時守護者還教導他們，一丁點都不要招搖：安息日那天不要戴耳環、不要從胸前衣服裡拉出精緻的蕾絲或花紋。尤其是安息日那天千萬不要。那會吸引竊賊，竊賊會跟警察通報。他們都認識那些警官。法蘭德斯沒有宗教裁判所，而當地總督和市長的人馬也都對「葡萄牙人」的事睜一隻眼、閉一隻眼，因為沒有這些人的話，安特衛普就只會是另一個普通的法蘭德斯港口。但攝政者，查理五世的姊姊（奧地利的埃莉諾〔Eleanor of Austria〕），渴望從猶太人身上找到異端邪說並恐嚇索財。就姊弟而言，他們眼中的新基督徒就是那個樣子：以前是猶太人、現在是猶太人，一直到他們被燒死、骨灰被風吹散為止都是猶太人。

一旦移民準備好要繼續前進，大約二十人左右的團體就會登上有遮蓋的四輪馬車或簡陋馬車，錢是救援者先付的。他們身上會帶好指示，讓他們知道走哪條路、知道一段段旅程中哪裡可以找到聯絡人、知道可以平安停下來過夜的地方。有一份這樣的指示保存到了今日（這要感謝宗教裁判所，他們截獲了這張指示，且不意外的，在剷除掉整個運輸網絡後，就把這份證據存在檔案庫中）。因此我們知道，從安特衛普出發的旅行者往南走到科隆（Cologne），在那裡尋找「四道痂旅館」（the Inn of the Vier Escara）。[2]他們在那裡聯繫上護送者佩羅・東涅耶羅（Pero Tonnellero）。他的職掌是用租用船讓他們溯萊茵河上到美茵茲（Mainz）城（巴塞爾〔Basel〕則是另一個常用的轉運點）。他們會睡在船上，可以省錢，並把曝光被捕的機會降到最低。同樣的，指示也說到不要發出太大的聲音（這也顯示人們是有多麼常違反這一點），不過一群人一起擠了那麼久，又忍受那麼長的一段距離，很難避免火氣。「不管在什麼情況下，你們都要表現得像為人尊敬的人，避免所有可能發生的不合與爭吵。」在美茵茲「有魚圖樣的那間旅館」裡，還有另一位護送者，會幫他們找到接下來沿瑞士諸湖泊朝東南方越走地勢越高時，所需要的四輪馬車。在美茵茲或巴塞爾之外，等到瑞士的湖泊地帶逐漸升高為山坡時，他們將看到屹立在牧場和湖水另一頭的阿爾卑斯群峰，閃耀著不祥的光芒。此時他們又將落入趕騾人和馬夫的手中，這些人都知道什麼是「caminho difícil」，也就是「艱難道路」。夏季越過山區的時機要有多少就有多少，然而到了山頂，卻總是和冬天一樣。道路縮成小徑，上下坡實在太陡急，旅者得要下車走路，抓著岩壁或上頭的強壯灌木來向上攀爬，手掌皮膚因此剝落。沉重的腳步和攀爬，又因為時時彎身撿回車上掉下的布袋包裹而加重。顯然親自經歷過阿爾卑斯山橫斷行的烏斯奎寫道：「許多人死於無助和曝露於風雪中。女人正要在那些冰冷無情的路上臨盆時，就成了寡婦。」[3]

一進波河河谷，還有更多的考驗在等著；這次因為是人，所以甚至更可怕。基於自己對那些「猶太謬論者」逃往土耳其的過度猜疑，以及這些人在資本、商業和貿易上的知識，查理五世在安特衛普成立了一個「馬拉諾事務」（Marrano affairs）的辦事單位，配有法律外的逮捕、拘留和審問特權，實際上不意外的，就是有權拷打搶劫。這個單位的長官是柯尼里斯．謝帕斯（Cornelis Schepperus），但真正最狂熱的施行者是他的副官約翰尼斯．威斯汀（Johannes Vuysting），此人在帕維亞（Pavia）和米蘭（兩城皆屬哈布斯堡家族的米蘭公國）的通路坡道上架設路障。他們會把猶太家庭從馬車上揪下來，對他們大吼大叫，說他們是「猶太狗」，痛打他們、拉進監牢，一直拷問到吐露出護送者和難民的身分，以及他們在安特衛普與里斯本的聯繫者，然後再被奪去所有財物。遭判教唆逃亡有罪的船長、聯絡人以及護衛隊伍的騎師會被處死。從車上拿出十字架或聖母像也騙不了人。威斯汀辦起事來就跟有牌流氓一樣，從那些嚇壞了的保密猶太人身上盡其可能地奪財（這些人即便苦苦辯稱自己窮困，人們始終認為他們藏滿了祕密寶藏）。他們以粗暴相待，企圖讓事情加快一點，當這些拷打大量施加於長者和年幼者的時候更是有效，接下來，嘿！裝著珠寶的小皮包就神奇地現身了。威斯汀的貪婪日後會毀了他，但他這種強奪行徑，也不過就是一層層貪婪中的一個環節而已，從他底下的關卡指揮官一路到貪得無厭的皇帝，人人全都有份。

我們能夠從宗教裁判所的檔案得知這一切，代表有許多人無法抵達費拉拉或亞得里亞海。但安特衛普的援救者還是創造了一個奇蹟，就是，有許多人確實活了下來，並持續往亞得里亞海岸的船隻前進。在這段艱難和慌張的歷程中，旅行者應該都援引著那段從安特衛普出發時，由財力、勢力最雄厚的逃脫路線組織者、胡椒巨擘中的第一人、曾經叫作邦維尼斯特的狄奧哥．曼德斯（Diogo Mendes）所給予他們的祝福：「亞伯拉罕給了以撒、以撒又給了雅各的祝福，我在此給了你們……希望我們能在應許之地再次相見。」[4]

II 姊妹們

在一五三七年夏季的大熱天裡，一艘雙桅快帆船從葡萄牙出發，走了一條費力的迎風航程，前往布里斯托（Bristol）。這艘船沒有沿著法國海岸行進，反而進入了遙遠的大西洋西風帶，讓整個航程都慢了下來。但法國國王放任海盜自由行事的消息，使得比較寬闊的搶風行駛線必須小心行駛，尤其因為船上的兩姊妹是全歐洲最有錢的女性。就世人所知，這兩人都很年輕，而且是名聲良好的新基督徒。[5] 姊姊貝亞特麗斯．德．路那（Beatriz de Luna）十八歲時和香料之王，同屬阿法伊塔迪家族（Affaitati）與曼德斯家族（Mendes）的法蘭西斯科．曼德斯（Francisco Mendes）結婚（她在二十四歲時喪夫）。法蘭西斯科的年紀是他太太的兩倍多，掌管眾多財庫、船隻、貨棧、人手和上百萬金錢。這個家族在自己經營的範圍兩端——里斯本和安特衛普——之內，可以大賺大賠，提供通融的財務給習於大筆消耗的王公金庫，或者向他們提出苛刻的合同。因此，他們是這麼自誇地說，阿法伊塔迪與曼德斯家族可以決定開戰與否以及戰局輸贏。這個商號累積了銀礦和珍珠、瑪瑙和紅寶石、胡椒子和肉桂、硬幣和匯票。沿著塔霍河和斯海爾德河（Scheldt）碼頭邊排列的壯觀倉庫，擠滿了裝成球狀或卷軸狀的、香氣四溢的存貨。船隻在他們的委任下來回橫跨世界各大洋，即便當航行許可證是由皇家正式發行的場合，跑的還是他們的委託。將這兩名女子帶往北方的這艘帆船，許可是由狄奧哥．曼德斯在安特衛普發的。對她而言，他是雙重的「法定兄弟」——因為他不只是貝亞特麗斯亡夫法蘭西斯科的哥哥，也是她妹妹布麗安達（Brianda）的訂婚對象。對這個家族來說，同族通婚這種被看作是「市場聯姻」的安排，代表了安全保障。在這種王朝中，損失、機會、財產和資本最好都能不落外人田。

只要你是馬拉諾，就得小心一點。雖然法蘭西斯科．曼德斯和貝亞特麗斯．德．路那之前曾在里斯本主教座堂（Lisbon Cathedral）的祭壇前，大張旗鼓地以天主教的高規格儀式成婚，但潛藏殺傷力的懷疑仍揮之不去。那之後他們就算做足了戲，出席彌撒，或者替以阿姨的名字命名為布麗安達的女兒隆重進行了浸禮，都沒有用。那些多明我會的人以及聽從他們的人——水手、碼頭工人、把不當之財或放縱行為拿來賣的人，還有國王本人——仍舊把所有馬拉諾叫作「猶太人」。在那些鎖著的房門後面、遠離盛大公眾節慶的某處，一份以亞拉姆語寫成、並受哈拉卡（halakha）宗教法支配的婚姻契約——又稱作「克圖巴」（ketubah）——會依傳統在見證者們的面前唸出來；誦讀者小心地壓低聲音，匆忙地帶過契約中為數眾多的條款。

對那些持續發問的人來說，這趟前往法蘭德斯的旅程有著清清白白的解釋。陪伴貝亞特麗斯和布麗安達的是她們的侄子，約翰（João）和伯納多・米格斯（Bernardo Micas），他們是薩繆爾・米格斯（Samuel Micas）的兒子，而他是已故國王曼紐一世的醫生，也是一位里斯本大學的教授，主要專長「道德哲學」（可以直接說是基督教神學），次要專長為醫學。有這麼無瑕的背景，這兩個男孩有著很合理的動機前往天主教魯汶大學（Catholic University of Louvain）學習。此外，兩位姊妹的小叔岡薩羅（Gonçalo）要去安特衛普見他的哥哥兼同行——法蘭德斯港口的營運管理者狄奧哥，也是再自然不過的。一五一二年，曼德斯家族在安特衛普開了第一間公司與倉庫。身為兄長的法蘭西斯科把狄奧哥派到那裡去經營胡椒和香料生意，而他和一名克雷莫那人吉恩卡羅・阿法伊塔迪（GianCarlo Affaitati）有了一時的合夥之緣。沒多久，其他新基督徒也追隨狄奧哥前往法蘭德斯。曼紐・賽拉奧（Manuel Serrão）、蓋布列・尼格羅（Gabriel Negro）以及更多人都被帶進這個企業組織裡，並快速致富。葡萄牙快速帆船的出現，把走陸路橫跨亞洲再換船進威尼斯的貨物價格往下削。異國貨物在里斯本下船，但隨即又上船運往安特衛普，用來再次出口給一個同步貪求這些貨物的世界。

誰曉得為什麼品味會變、又會形成固定習慣；也沒人知道資產階級、義大利貴族和貴族消費者——那些幾個世代以來已經習慣發臭腐肉和乾硬發霉麵包糕點的人——為什麼原本把異國香料視為烹飪奢侈品，卻又突然將它當成不可或缺的必要用品？亞洲香料，包括胡椒和丁香，在歐洲（以及中東）飲食中已經存在了好幾個世紀，且就跟斯里蘭卡肉桂一樣，都是由猶太人經手交易的。但把商品從源頭送到市場——跨越印度洋、跨越波斯灣，走陸路向北或穿越地中海——所需的時間長度，讓它們幾乎昂貴到只有貴族能買；至於像肉桂那樣更容易揮發氣味的香料，就更難保存在最佳狀態了。然而，一旦胡椒進入了中產階級的主要飲食後，就再也不可能回頭吃沒有胡椒的食物了。「吃」也經歷了自己的文藝復興。糖果點心、偏重裝飾的菜餚和塔糖（因為馬拉諾們也從他們在大西洋島嶼〔聖多美、馬德拉和亞速群島〕上的第一批甘蔗農場進口了這些東西）變成了普遍的食物。酥皮盒子和塔、大塊麵包和布丁，全都因為一份砂糖和香料而改變了。鬆糕、牛奶甜酒、奶黃和蛋糕都要灑粉——太多美味的力量，就在那磨碎的一小顆一小粒糖裡。當小茴香子或丁香嵌進了又淡又硬的黃金起司，並讓它香氣四溢時，東方和西方就相遇了。一盤豆子可以配上肉蔻（直到今日，安特衛普和阿姆斯特丹的人們都還這麼搭配，任何一種綠色的豆子在那兒都稱四季豆〔*sperziebonen*〕）；牙痛的折磨可以靠著一兩滴丁香油而減緩。

把這一切送進歐洲人嘴巴的，就是吉恩卡羅・阿法伊塔迪和狄奧哥・曼德斯，以及其他由他們花錢請來跑單趟的受雇合夥者。在安特衛普，人們好像彼此說好似的，把他們這整個社群稱作「葡萄牙族」（Portuguese Nation）。這族群的商人致富得太快，導致在里斯本和安特衛普，整條街道都得拿來蓋他們的貨棧和住所（有時候就是同一棟建築），然後必然地以一層石造的富麗堂皇來裝飾門面。一五三一年，全世界第一間股票交易所（Bourse）開幕，用以集資進行商業投資、交易債券、期票、期貨、匯票；而他們就在這柱廊嶄新的交易所裡掌管了主要空間。浮誇的奇普多普區（Kipdorp）——他們商業地盤所在的街道——被稱作「葡萄牙人的地方」。狄奧哥的房子是一間座落於平等幾何式庭園內的都會皇宮，有六十戶人家的商人宮廷——他們的表親堂親、事務員和祕書、僕役和廚子（大部分是葡萄牙人）讓屋內熙熙攘攘。想像一下那些畫作和地圖、大理石地板、檀木會議室、格子天花板、牆上的壁氈和土耳其地毯、錦緞花布窗飾。

串起這史上第一個真正全球貿易網的安特衛普新基督徒，坐在一個完美商業回饋迴路的正中心。就像奧格斯堡（Augsburg）的福格家族（Fugger）一樣，曼德斯家族一開始經營提洛（Tyrol）的銀礦和銅礦，儘管他們住得離礦產地比較遠。但和那日耳曼家族不同的是，他們同時也有亞洲供應商的網絡。在《開羅藏經庫》（*Cairo Geniza*）這座中世紀文件寶庫內保存的書信，描繪出一種圖像：猶太人至少從十二世紀以來就牢牢站穩在印度烏木海岸，並將勢力遙遙伸進內陸。[6]在中世紀，貿易路徑穿過了印度洋來到波斯灣，然後走陸路前往埃及和地中海。但自從葡萄牙艦隊現身後，貿易路線就開始全球化，而那個最零散分布於全世界、但文化卻最緊密的社群，就恰如其分地能取得最大利益。對猶太人和他們的改信者後代來說，離散的不幸又再一次轉變成貿易機會。其中曼德斯家族所處的位置，又特別適合在金融與商業相會處進行緊密聯繫兩者的工作。

這個家族企業的資本滿到可以撐起那些週期性船隊：那些印度貿易商會想用香料換取的，就是這些金銀。當馬拉巴爾（Malabar）的胡椒在里斯本卸貨時，正式來說，它是皇家壟斷的財產，但當他們急需買家、而葡萄牙王室又不管市場時，皇家獨占又有什麼用呢？一個海上帝國不可能得來便宜，若是要在印度邦主與穆斯林君主交戰不停的地帶，用要塞和貨棧來保護帝國據點，那就更不便宜了，而王室長期以來又都處於資金緊迫的狀態。阿法伊塔迪和曼德斯家族便在此處，把貨物從他們手中拿了過來。有時候他們會提供預付；其他時候，皇室得等到安特衛普那邊成交，才能拿到自己的那一份入帳。不管怎樣，胡椒和香料貿易的收入後來占了葡萄牙皇室收入的四分之一。但處理貨物的商業公司支配了貿易條件，付出低價買進，把大批貨物運到法蘭德斯，以高價賣出並囊括了大筆差額。因為與皇室直接往來的另一項好處是獲得獨占權，所以這個聯合企業就可以藉由押住商品不進入國際市場來操控價格。接著收益就可以轉換為日後航程所需的金銀硬貨幣，所以這批好運艦隊又繼續揚帆再揚帆，航向那看起來應該不落的東方旭日。

在舊基督徒宮廷和國庫這邊看來，這些安排絕對是好壞交半的福氣。新基督徒定期為軍隊的支出挹注貸款，不然的話這些軍隊有可能會自行去取得他們自認為應得的利益，並在停留時於該處犯下尷尬的大罪（他們攻陷羅馬時的情形，就極端地證明了這一點）。但這惹毛了一直缺錢、卻又總是在挖東牆補西牆——或者說，和新基督徒簽約替日耳曼人付帳——的皇帝查理五世。在一連串無盡的債務連鎖中，每件事都彼此相扣，而且不管怎樣，最後總是會流到那群新基督徒，以及他們的豪宅、貨棧、船隻、他們大量的金銀財寶，還有他們裝滿施惠文件的房間；在舊基督徒的眼裡，他們迫切需要這些人的力量，但對他們而言也是蠻橫而危險。一同被困在這充滿野心與開銷的迷宮中，債權人和債務人可說同時既強大又無力，永遠都在製造連結然後脫鉤。貪婪讓王子們對新基督徒的可疑行徑睜一隻眼、閉一隻眼。因宗教虔敬而發動的攻擊，還有教士們的嚴厲譴責，定期地讓他們回到交戰狀態。接著，就會有指控、逮捕和沒收充公，暗中或者非暗中的威脅，即便尼德蘭（Netherlands）並沒有宗教裁判所。但對這些暴發的猶太富豪來說，這些皇族就是有辦法把他們的生活搞得夠艱難，以至於他們還是會勉強掏出另一貨車的黃金，好讓生意回復到老樣子。戴上狂熱者的面具，是很普遍的勒索方式。

在葡萄牙，查理的妹夫約翰三世想要把這門敲詐生意推至它的合理結果。如果他最終能說服法爾內塞教宗保祿三世（Farnese Pope, Paul III，此人並沒有太熱中於這個想法）把宗教裁判所延伸到自己的地盤裡，那最有錢的葡萄牙新基督徒就會被揭露為宣揚猶太教的異端，並因此喪失財產和性命。同時，約翰非常清楚這會是一網打盡的手段。因此，他苦思著何者能對他最有利：沒收曼德斯家族的財產，或者讓它永遠為自己效命。沒有這些的話，他經常吃緊的國庫，就會任憑更嚴苛的日耳曼人和義大利人擺布了。當這一切都說定且做下去之後，或許該做的，就是把他們留在身邊嚴加看管。因此，一五三二年，他發布了一條針對新基督徒的皇家法令，禁止他們離開王國，甚至連去亞速群島或非洲大西洋岸外島都不行，違者將處死刑。任何協助他們離開的基督徒，特別是海上船隻的船長，一旦被發現也會承擔死刑。五年後的一五三七年，查理和以前是匈牙利攝政者、現在是哈布斯堡尼德蘭統治者的妹妹瑪莉，在他們處理馬拉諾的定期軟硬搖擺之中，允許他們重新從葡萄牙移民至法蘭德斯。但新基督徒社群的領袖可沒有天真到認為，這次重啟的務實手段會持續下去。那麼，就掌握機會吧。趁皇帝或國王還沒改變心意，（又或者更糟的情況，）趁宗教裁判所還沒抓走自己和自己的大筆財產之前，趕快把年輕女性從里斯本弄出來。

但只有在絕對不將自己或貨品進一步向東帶入鄂圖曼土耳其這敵對領域的前提下，葡萄牙新基督徒才能依新規定的許可前往安特衛普。光是有這種通敵的想法就已經讓查理怒不可遏。但是，那條通路當然就是曼德斯兄弟在宗教裁判所逐漸逼進時，所計畫的長期目的地。於是，一場貓捉老鼠的遊戲就開始了。查理和瑪莉只能自己去回應那些基督徒法蘭德斯商人社群（他們交易的是服裝和其他大宗商品，而新基督徒在這一塊和他們沒有競爭關係）的焦慮，說失去胡椒、香料和砂糖會是帝國的一場經濟大災難。但對於統治者們來說，他們也要考量身為基督徒的職責，尤其如果胡椒商人真的是逃脫的異端猶太人的話，就更要緊了。三不五時，那把懸在這些猶太人惡名的硬脖子上的劍會越來越低，直到一大筆錢給出去，讓劍重新舉高一些。這是一種勒索，卻是皇室為上帝所行的敲詐。

有時候他們做這事還滿享樂的。當語無倫次的傲慢猶太「使節」大衛・哈─魯本尼，和自命彌賽亞的所羅門・摩柯兩人，不約而同在雷根斯堡現身於主持帝國會議的查理面前，查理可能就下定決心，覺得自己受夠了這些偽基督徒的無恥造假。後來狄奧哥・曼德斯的家遭到搜查，並發現了希伯來文學，且被鑑定為《詩篇》（*Psalms*）。這個指控可說再嚴重不過──祕密信奉猶太教；使改信基督徒者再度改信；「對上帝及皇帝的大不敬罪」；突然變得冒犯的貿易寡占；還有最堪稱惡兆的，煽動猶太人逃往鄂圖曼統治的薩洛尼卡。狄奧哥否認了一切，除了與土耳其人貿易，還有協助猶太人前往威尼斯和安科納。

和新教徒和土耳其兩面開戰的查理五世，並沒有做道德判斷的心情。但是，儘管狄奧哥的無罪抗議沒什麼效果，在他妹夫的地盤葡萄牙響起的警鐘，迫使查理必須重新考慮。狄奧哥被捕的當下，船上載的香料還沒在安特衛普的市場賣掉，因此，有進帳才有錢的葡萄牙皇室，也就還沒能拿到他們的那份收入。金錢供應凍結對查理有立即而劇烈的影響；如果他得為福格家族履行的義務有任何差錯，他施行作戰的能力就會立即大打折扣。逮捕像狄奧哥這麼有力的新基督徒商人，其連鎖效應足以讓帝國解除武裝。

查理皇帝的家人比皇帝本人更清楚地看見這點，尤其他們會是最先感受到資金用盡的人。約翰三世和他的皇后卡特琳娜（Caterina，也是查理的妹妹）就焦狂地對查理表達抗議。最初，促使他們提出抗議請求的，是來自資深合夥人，也就是在里斯本的大哥法蘭西斯科，他當時正盡其所能地確保他在安特衛普的弟弟能獲釋。約翰寫信給皇帝，在信中稱法蘭西斯科、這位他特別喜歡的馬拉諾為「今日最重要、最不可忽視，且貨品供應最足的商人」，而他「不管從哪方面來說，總是服務不遺餘力又十分令人滿意，使我最為感激，且我有理由給予他善意和恩惠，好令他高興」。[7] 國王和皇后都請求皇帝發揮影響力，確保狄奧哥和他的「權利」獲得公平尊重的對待，並進行適當而公正的調查。言外之意是，「宣揚猶太教」的罪名是沒有根據的，而這在某方面來說算是真的，但在其他方面來說就不是了。這是令人訝異的一刻：人人都知道葡萄牙王渴望將宗教裁判所引進他的地盤，但他居然盡自己一切所能，去捍衛一名受指控的馬拉諾的利益，而在那些信中，不只提到了此人的新基督徒名字，甚至還包括他古老的猶太家族名——邦維尼斯特。約翰對狄奧哥・曼德斯瞭若指掌，但因為沒錢，也就不得不如此。其他沒錢的皇家同路人也跟進了，其中值得注意的是英格蘭的亨利八世（Henry VIII），在一五三二年那時他還是個好天主教徒，其政府也仰賴曼德斯家族銀行業務所提供的定期貸款。湯瑪斯・克倫威爾（Thomas Cromwell）待在安特衛普時，曾與狄奧哥和「葡萄牙民族」往來過，他後來在一五三三年成為財政大臣，也對於公司可能崩解一事表達了泛泛的驚愕。

所以查理收斂了。被瑪莉和（貪心程度一如偽善的）皇帝所強索的狄奧哥釋放價碼高達五萬達克特黃金，且要預先付款。這講白了就是贖金，而且確實有效。狄奧哥根本還沒被正式關進監獄就被釋放，但在家族圈裡，他被捕的震撼——了解到就算是他們之中最有勢力的人，還是可以在一瞬間被打倒——將永遠不會被遺忘。在里斯本，法蘭西斯科開始思考那些不該思考的事：把資產和人員一點一點地移到更安全的地方——或許威尼斯，或者（因為其致命風險而不能說出口的，）甚至更東邊，整個遠離基督教，會不會對公司和家族更保險？即便像是這樣的一個嘗試籌劃，就已經充滿了風險。到時候，落在這些新基督徒上的最嚴重控訴，會是比「宣揚猶太教」更重的「資助及煽動土耳其人」。而且，還有什麼資助會比全世界數一數二的財富整個向東遷移來得更有效呢？但在法蘭西斯科謹慎行事的心中，他早就已經在路上了。現在是一五三四年，而他感覺到死期將近（最終證明，這感覺有其依據）。必須要做詳細的準備規劃。因為在葡萄牙法律下可行，他便將龐大產業的一半都留給了二十四歲的遺孀；遺下的三分之二又給了他們的女兒布麗安達。剩下的則是拿來舉行一場與法蘭西斯科的財富權力相稱的葬禮。幾個月後，當那場葬禮實際進行時，如果最糟的情況發生，且新登基的國王約翰因為不再需要對馬拉諾低聲下氣，而重新開始把宗教裁判所帶進葡萄牙的話，一切都已經準備就緒了。

現在這件事會不會發生，就要看查理五世能給教宗保祿三世多少壓力。跟克勉七世一樣，保祿並不急著要把壓力施加於這些過去對他以及他的財寶有利的新基督徒。但一個不耐煩的皇帝就是個有威脅的皇帝，而且查理自命為世界基督教戰士的想法，也隨著一場場戰事而越來越膨脹。一五三五年，他在北非外海對上海雷丁．巴巴羅薩（Hayreddin Barbarossa）的海軍；此人率領的是一支奉蘇丹之命在君士坦丁堡造船廠訂製的戰艦隊，到當時為止都還十分致命，但最終查理獲得了大勝。基督徒大軍獲得的意外大獎是突尼斯，或者說攻陷後殘留的突尼斯；而這樣的喜悅，讓皇帝進入了徹底的十字軍模式。開創基督教黃金時代、或許還加上奪回耶路撒冷的夢想，都在他心中波盪。羅馬這邊開始有了來自帝國的壓力，要求交出葡萄牙新基督徒。最後，保祿三世感受到無法言說與不祥的威脅，他同意了。一五三六年五月二十三日，宗教裁判聖理部（Holy Office of the Inquisition）正式於葡萄牙成立。四年後，里斯本將會以一如往常的節慶熱情，見證境內第一次的信仰審判。活人肉體、死人骨頭，甚至缺席審判者的肖像被焚燒，到十八世紀都還會定期發生。焚燒肖像如果不是代表批准了沒收財產的權利，看起來可能就像一種沒意義的可笑表演。

當另一種警訊讓局勢加速時，曼德斯家族的警戒移民計畫也已經準備好了。約翰三世為了確保不管曼德斯家族在葡萄牙宗教裁判所發生什麼事，他們的財產最終都會落進自己的手中，因此向法蘭西斯科的寡婦貝亞特麗斯建議——強烈建議——把她的女兒，小小繼承人布麗安達帶來宮廷，由卡特琳娜皇后當監護人來養大，並嫁給某個既是完美無瑕的舊基督徒、又是貴族出身的人士。如果真如所願，身為新一代新基督徒洗不去的汙點，就可以從世襲中洗去了。即便假裝受寵若驚，曼德斯家族還是激動不安。先不說他們對不可逆轉的基督徒化所抱持的厭惡，這之中還有物質面的事情可以思考。氏族內婚姻始終是控制共有財產的最佳策略。一個曼德斯家族的人在教堂嫁給另一個新基督徒來維持公開表象是一回事；去祭壇跟一個古老家族的舊基督徒結婚，完全是另一回事。目前別無他法。小女孩、她的母親和阿姨——曼德斯家族的女人——得要離開葡萄牙，而且得快。

一五三七年，夏風吹拂的海上，那些馬拉諾姊妹們穿梭各個港口，不停轉換身分。在船員間，她們是貝亞特麗斯和布麗安達．德．路那；但在甲板下，當周圍沒有外人在聽時，她們會以日後終將接受的猶太名字自稱：葛拉希亞（Gracia）和雷娜（Reyna）。在馬拉諾的世界裡，不管外在有多少裝扮掩飾，忠於本名都事關重要。邦維尼斯特家族的祖先在西班牙以「曼德斯」的姓氏受洗的同時還是拉比，其中最偉大的舍謝特．本．以薩克．本．尤賽夫（Sheshet ben Isaac ben Joseph）——這是博學虔信者的綽號——是阿拉伯研究學者、醫師，《塔木德》、《妥拉》和哲學的詮釋者。法蘭西斯科、狄奧哥和岡薩羅的曾祖父，亞伯拉罕．邦維尼斯特，一路晉升到成為「Rab de la Corte」，或是「卡斯提爾宮廷拉比」，對皇室負責管理王國的猶太社群，收取及分派稅金，並掌管整個領域的財務。他的後代貝亞特麗斯．德．路那可能就是以偉大的托雷多貴族阿瓦洛．德．路那（Alvaro de Luna）來命名；此人是猶太人的保護者，但自己後來也失去了皇室的恩寵。

邦維尼斯特家族的盛名代表著，在一四九二年，猶太人被逐出的那一年，他們可能就是那六百個在葡萄牙獲得慷慨定居期限的卓越家族之一（同時有超過十萬個同樣信仰的同胞只獲准停留六個月）。[8]這並沒有使他們免於一四九七年的葡萄牙強迫改信行動，但高壓統治的事實加上曼紐一世承諾二十年內不干涉新基督徒，兩者合起來代表馬拉諾的雙重忠誠一直存續著。用白雞肉做的香腸會拿來冒充豬肉（時至今日，里斯本還是有這道稱作「馬拉諾香腸」的菜）；週五晚上或許可以變一下裝；大膽一點的可能還可以找到一個方法，用糖果點心和拉迪諾語（Ladino，或稱猶太—西班牙語）的歌曲來慶祝普珥節，即所謂「以斯帖的盛宴」。上述這些都沒有一個等於猶太教，但這確實呈現了某種頑強留存的猶太人生活。在接下來的幾個世紀裡——在比曼德斯／德．路那的女人們此時被困在洶湧大西洋上所感覺到的，還要更自由或更受限的各種情況下——無數的準猶太人、看狀況的猶太人、半調子的猶太人、懷舊的猶太人、不太嚴守教規或不守教規的猶太人，藉由選擇或違背他們的意志，來切斷《妥拉》對他們的命令，並將活出猶太人歷史的未來篇章。在禮拜儀式間，一路看望丈夫法蘭西斯科遺體安息的貝亞特麗斯—葛拉希亞，在丈夫改葬於俯瞰耶路撒冷的橄欖山上之前，自己是不會先安息的。

貝亞特麗斯—葛拉希亞和布麗安達—雷娜兩人，從里斯本到倫敦、從加萊（Calais）到安特衛普的旅程，並不是只有以哩數來計算。不論兩名女性和她們的侄子過著新基督徒生活時對自己的猶太歷史知道多少，他們都即將進入一個得全力擁抱、又得危險抱住的世界：這個世界裡，救援者和引路者都暗中存在著。由於地理上相近，倫敦和安特衛普的社群以一種互相推拉的關係共存。當法蘭德斯的壓迫變緊，人和資本就搬回到泰晤士河；等到英格蘭那邊出狀況，就像接下來一五四二年將發生的情況，就會出現逆流。當德・路那姊妹抵達倫敦時，她們發現那裡的雙重生活就跟自己在里斯本熟悉的一模一樣。[9]白天和商人、朝臣與貧窮貴族往來生意時，這個大約七十人的小社群在公開場合必須是「葡萄牙人」，因為有一條起自亨利四世（Henry IV）的法令「焚燒異端」（De haeretico comburendo）明定，任何基督徒進行猶太教活動都將處以死刑。[10]所以就和在里斯本一樣，儘管她們只和社群內的人士結婚，她們還是會先在一個教區教堂舉行典禮。在這種雙重生活的精神中，後來成為敦士坦・阿涅斯（Dunstan Anes）或稱「阿美斯」（Ames）的襲薩佛・阿涅斯（Gonsalvo Anes），就有一個在葡萄牙文裡普遍意指「約翰之子」的姓氏，但對知情的人來說，這個姓就暗指了「anusim」——希伯來語中所謂被迫改信的猶太人。在伊莉莎白一世（Elizabeth I）統治期間，這家族的名稱變成了「阿米斯」（Amis），敦士坦（Dunstan），這位高級雜貨商，有一個在紋章院（College of Heralds）註冊的盾型徽章，並且被描述為皇后家內的「伙食管理員及批發商」。[11]但他們的地位總是不穩。一五四二年，有一些「葡萄牙」商人因為涉嫌祕密維持猶太人身分而被捕，而且儘管沒人被處決，他們的財產還是被沒收了。此外，儘管人人提防，戴帽遮掩的人們還是在週五晚上敲了敲倫敦塔附近路易斯・洛培斯（Luis Lopes）的門。在這個祕密、臨時的猶太會堂裡，人們點上蠟燭，喃喃地吟誦禱詞。

當兩姊妹抵達時，保護英國馬拉諾的是都鐸政府最剛愎自用的化身——湯瑪斯・克倫威爾，一個徹頭徹尾的倫敦人。他最早和「葡萄牙人」有所接觸，是在一五一四年左右（第二次）前往安特衛普的時候，也就是曼德斯家族在當地創辦公司的兩年後。他握過他們的手，交換了合約，在他們家中受到親切的款待，並察覺到他們擁有最好的醫師、書籍和食物。他們很自然地有了交易往來。未加工的英國羊毛送到法蘭德斯並做成絨面呢；胡椒被運了回來，進入了肉食中。隨著他和他的皇家主子亨利野心變得更大，「葡萄牙人」便能為他們效勞。當金衣會（Field of the Cloth of Gold）❶上的亨利八世甚至連賣弄騎士精神和摔角都能勝過法蘭索瓦一世時，實際上是誰在替整場會面付錢呢？不是諾里奇（Norwich）的自治市民或者德文郡（Devon）的仕紳，這倒是很確定。相同的例子還有剛誕生的皇家海軍，一支商業艦隊的起頭，還有要塞和閱兵裝甲。而且到最後，用來支付興建英國眾多偉大大教堂和修道院的猶太錢，反而得以讓政府下令將它們毀滅。

「葡萄牙人」的連結不管是神學上還是財政上都是不可或缺的，所以，有些在布里斯托、南安普敦和倫敦做生意和行醫的人顯然也是在海外有學術人脈的拉比，這一點也會對整體的連結有所幫助。亨利八世為了要和阿拉貢的凱瑟琳（Catherine of Aragon）離婚而準備的各種證據，就是基於他讀到了《妥拉》中禁止和兄弟的寡婦結婚一事。確實，在《利未記》（*Leviticus*）第十八章第十六節處有這樣的禁令❷；但，就如《妥拉》的慣例，國王，他的大臣湯瑪斯．摩爾（Thomas More）和克倫威爾發現《申命記》第二十五章第五節又有矛盾的禁令——如果死去的兄弟無子，經文會要求和死去兄弟的寡婦結婚❸。令人生氣的，這個就是凱瑟琳和亨利的哥哥亞瑟所遇到的狀況。改信的新基督徒似乎就正是能在這種麻煩的狀況時幫上忙的人，透過他們得以動員眾拉比，來做出能滿足皇家所需的裁決。但是，當都鐸派往威尼斯去募集這種意見的特使企圖尋找肯定方人士時，他也難堪地對上了堅持反對觀點的當地拉比。這個私密的倫敦社群最不希望見到的，就是一場牽連

---

❶ 譯注：一五二〇年，亨利八世和法王法蘭索瓦一世於法國巴蘭蓋姆（Balinghem）進行一場排場盛大的會面。
❷ 譯注：「不可露你弟兄妻子的下體；這本是你弟兄的下體。」
❸ 譯注：「弟兄同居，若死了一個，沒有兒子，死人的妻不可出嫁外人，他丈夫的兄弟當盡弟兄的本分，娶她為妻，與她同房。」

到皇家離婚的《塔木德》辯論，所以它試著不接觸這場詮釋之戰。

貝亞特麗斯和布麗安達即將要發現救援者。其中一人——一個商人兼拉比，獨眼的安東尼奧・德・拉・隆尼亞（Antonio de la Ronha），被人描述為「神學大師」（代表他管理照料這個社群）——在一五三二年設局抓住狄奧哥・曼德斯的掃蕩中，於安特衛普被捕。隆尼亞並沒有受到懲罰，而是來到倫敦，並在此成為移民連鎖中的另一個可靠連結。當安特衛普的情況變得危險時，這支地下軍的另一名步兵克里斯托佛羅・費南德茲（Cristoforo Fernandez），把自己配置在英國港口——除了倫敦，還有南安普敦和布里斯托——來警告前往法蘭德斯的旅行者，去的話可能會不安全。在英國上陸並安全轉移到倫敦的話，當地的救援者就會提供住所並保護他們。他看起來雖然可能危言聳聽，但隆尼亞擔保了他們能夠從葡萄牙帶來的任何貴重物品，也發現到這些東西換成匯票在安特衛普出清後能有多少價值。

德・路那姊妹在倫敦待了一陣子的事實（現在很難再去推斷確切待了多久，但絕對有幾個月）顯示，儘管移民安特衛普的禁令取消了，情況依舊危險。貝亞特麗斯和布麗安達會穿越英吉利海峽前往加萊，然後乘包廂馬車到安特衛普。一旦安全抵達，他們會把自己弄成無瑕有德的基督徒貴婦人。然而，和倫敦不一樣的是，她們在法蘭德斯的港口可以走到陽光下。在那裡，她們發現了另一個也學會同時過兩種重疊生活的社群。他們會讀到由基督徒丹尼爾・邦伯格（Daniel Bomberg）所發行的希伯來文書；如果有必要的話，他的出版可以由舊基督徒神學家和哲學家持續感受到的興趣，來證明他的發行有正當性。但在隔牆沒有耳的地方，他們將會發現邦伯格也處在救援者的世界裡。其他待在兩種文化中的人，將會在曼德斯家族這邊現身，或許是在人們偷偷烤逾越節薄餅，或者符合猶太潔淨教義的屠戶把肉送過來時現身：狄奧哥・皮雷休（Diogo Pires）——「皮洛斯・路西塔尼斯（Pyrrhus Lusitanus）」，詩人兼翻譯者；還有一個醫師團體，成員都是基督教世界和猶太教世界的中間人。[12]這些醫生中最著名的是「阿馬特斯・路西塔尼斯（Amatus Lusitanus）」，統治者瑪莉的醫生。身為改信基督者「約翰・羅德里格斯・德・拉・卡斯德拉・布朗哥」（João Rodrigues de la Castela Branco），他畢業於薩拉曼卡大學（Salamanca University），但和眾多其他人一樣，也為了躲避即將到來葡萄牙的宗教裁判所，而先搬到了安特衛普居住。他就是在那裡開始從事出版工作，並進行血管系統的解剖研究，並終將辨認出靜脈瓣膜。在有數個植物園的安特衛普，他也得以把來自亞洲和美國的藥用植物混種，包括胡椒、肉桂和薑。可以設想這位醫生當一個曼德斯家族成員就跟當起基督徒一樣好，儘管那些不充足的證據可能讓人懷疑，他這時不稱自己為「阿馬特斯．路西塔尼斯」是因為他的姓氏一度是「哈比布」（Habib），也就是「深為人愛的」。

問題一如往常地在於，在哈布斯堡家族財務上的不可或缺，是否保證他們免於嚴密審查。一五三二年的那場驚魂，或許可證明答案是否定的，但至少他們確實活過了那次。七年後的一五三九年，情況看起來一切都好。布麗安達和狄奧哥大張旗鼓地在天主教聖母主座大教堂結婚了。他們的女兒一年後出生，以阿姨的名字命名為貝亞特麗斯，並正式公開受洗。為了感謝狄奧哥對皇家及這座城市的特殊效力，他和他的家屬特別獲准在私設的禮拜堂做禮拜。暫時，沒有人會太急切去打聽祈禱者實際上到底是什麼人，就算打聽了也無妨，因為後來宗教裁判所獲得的證據明顯顯示，這地方其實是一個雙用途的禮拜堂，希伯來文中稱為「塔非拉」（tefillah）的猶太禱告，並以西班牙文朗誦。曼德斯家族的女人甚至得以成為加爾默羅會（Carmelite）的修女，一種可以彰顯出她們對信仰虔誠的興趣的姿態，但比較可能是為了和改信基督教的家庭的女孩展開聯繫（這一點又是宗教裁判所宣稱屬實的紀錄）。

沒有人覺得這會長久下去——對猶太人來說，安全的避難所始終都是臨時的。那些警醒人的悲觀並沒有放錯地方。一五四九年，新基督徒將會被逐出他們送上大量財富的城市。半個世紀的宗教暴力、戰爭圍攻和大屠殺將接連到來，讓任何在遠方觀望的猶太人都不舒服，即便又一個帝國的沒落會一如往常地追加在耶利米（Jeremiah）、但以理等人的預言文書上。有些曼德斯家族的大人物會在還可以的時候就逃出去。阿馬特斯．路西塔尼斯搬去氣候更宜人的費拉拉，在那裡他可以對十二具遺體進行公開解剖，並出版他的血管醫學大作。接著他就將沿著整條救援者路線走——去威尼斯、佩薩羅、安科納，最終抵達薩洛尼卡，在那裡編排並出版了他動人的重寫版〈希波克拉底誓詞〉（Hippocratic Oath），要求醫師對待貧富應一視同仁，並於一五六八年在瘟疫中死去。

他離開安特衛普的第一步是在一五四〇年，這個社群在那年又因為另一件事而人心惶惶。一名護送者，葛斯帕．羅貝茲（Gaspar Lopes），狄奧哥的男性親屬，被米蘭的審問者逮捕，並在拷問下轉為告密者，背叛了救援網絡並透露給宗教裁判所。一如往常的金錢危機促使瑪莉和查理採取其他方法（無疑惹惱了聖理部）；但這次的警示實在太緊急，迫使狄奧哥採取預防措施，從倫敦召集救援者（包括安東尼奧．德．拉．隆尼亞）前來安特衛普討論緊急狀況。很明顯的，現在三十歲的貝亞特麗斯，被當成了可信任的人，並被判定為有能力管理她和女兒手上占曼德斯家族一大筆的財產。

這樣的信任對這位改信的寡婦而言並非不尋常，畢竟在拉比和非猶太的法律中，她都可以被當成亡夫遺留財產（也包括嫁妝）的主人。貝亞特麗斯在這案例中不尋常的地方是，曼德斯家族的男人們信任她能掌管的這一筆錢實在太大了，總共約有多達六十萬達克特的家族資金。我們永遠無法知道的是，貝亞特麗斯和她妹夫的關係到底是怎樣。有些歷史學家相信，狄奧哥原本有意的是她而非她妹妹，儘管事情就像亨利八世可以證明的一樣，小布麗安達的實際情況有可能以利未法的方式排除了這種可能。但這時候，有些奇怪的事情在這對姊妹間發生了（至少之前沒發生過）。一直到最近，人們還是以文藝復興時期的淑女和蕩婦的形象，來把這對姊妹描繪成相反的人。因為有一種長久以來的傳統都把貝亞特麗斯─葛拉希亞當成「eshet chayil」，也就是無價的「才女」化身，因此布麗安達就跟著成了另一種，在許多歷史中被描述為更漂亮、更固執任性、甚至充滿仇恨的女人（儘管這描述更符合猶太童話兩姊妹故事的需要──一個聰明樸素、一個美麗壞胚子，而非事實如此）。[13]

貝亞特麗斯和狄奧哥並沒有成為夫妻，而是在另一種意義上成為了夥伴：共同掌管一筆排名全世界前幾名的巨大財產。狄奧哥應該有在記帳的謹慎天性上啟蒙了她（密帳和財產；可以在歐洲各處想要前往的補給站結清的匯票；必要時所需的隱形墨水；進入某些特地關卡的密語──未來的幾個世紀裡，另一個猶太金融統治家族集團會將這些全數採用）。

所以，一五四三年當輪到狄奧哥・曼德斯重病命危時，他將財產管理甚至還有三歲女兒都託付給嫂嫂，而非自己的妻子。狄奧哥這個冷酷的客戶，先是為了自己的婚姻而忽視了一個德・路那，然後又更過分地以直接違反的方式推翻了他與太太在遺產上的婚前協定。或許他後悔了自己先前的選擇。長期以來，一直有人假設他判定自己的太太不適合託付財產，而且他有充分的理由。但就算布麗安達真有哪裡不好，三弟岡薩羅也從來都沒察覺到，因為當他在一五四五年死去前要立下自己的遺囑時，他欣然將他財產的一半平分給兩姊妹。不論怎麼看，狄奧哥的決定對其遺孀布麗安達都是傷人的侮辱。事實上，她現在等於是她姊姊的跟班或者受監護人了。布麗安達不會乖乖接受這種侮辱。

相對的，貝亞特麗斯則是重生為財產的遺囑執行者，讓她成為全歐洲最有錢的女人。完全了解這件事的查理和瑪莉——始終試圖在「與阿法伊塔迪家族及曼德斯家族維持夠甜蜜的關係，好讓他們及他們的錢都穩如泰山」和同樣迫切的「獵殺異端」之間取得平衡的兩個人——逮到了一個能將她的財富用於他們自身利益的方法。當這筆財富必須要寫成一張尚未決定「有什麼東西是合法欠給最高領主」的所有權證書上時，有那麼一刻，財寶是屬於他們的。但在某些時候，那些債務會被免除。兩名寡婦不論展現出什麼樣的基督徒式虔誠，都不可能會接受嫁給某個來自皇室圈裡的人，但貝亞特麗斯即將踏入適婚年齡的女兒，或許可以和一個對皇室徹底忠誠無疑的舊基督徒配對。他們找到了一名候選者，法蘭西斯科・迪阿拉貢（Francisco d'Aragon），皇帝自己的私生子，因此他自己的財富完全仰賴哈布斯堡家族。一旦談定，婚姻將會使小布麗安達手上屬於曼德斯家族財富的一大部分，都進了皇帝那不論怎麼裝滿都依然空虛的財庫。而且即便是頑固的曼德斯家族，也絕對不會拒絕和哈布斯堡家族聯姻。

但他們拒絕了。貝亞特麗斯之前就已經拒絕過葡萄牙阿維斯（Aviz）王朝的求愛；比其更龐大的哈布斯堡家族碰上了同樣的拒絕。與皇室連結的意義小於自己家族的完整，也就是她和她猶太家族的祕密羈絆。貝亞特麗斯察覺到公然表達怠慢的危險，因此一拖再拖。當瑪莉要求拜訪，好提起貝亞特麗斯那適齡女兒的問題時，她被（數度）告知，很遺憾的，貝亞特麗斯身體不適。這場病似乎久久難癒：「她母親以生病推辭拒見。」瑪莉寫信給哥哥說：「而她很有可能還會故技重施。」[14]在盛怒中，其他類型的壓力加了上來。安特衛普新基督徒和逃脫網絡受到了更緊縮的壓力。新抵達的人遭到逮捕、下獄拷打。但曼德斯家族卻冒起更大的風險，在他們戒備森嚴的自家門內藏匿逃亡者。對瑪莉而言，由於擔心來自安特衛普的葡萄牙新基督徒全面出走，她克制自己不要再度關押曼德斯家的成員。但一切都走在刀鋒上，岌岌可危。

該走了。貝亞特麗斯接管了家族企業的安全管理，而且早就以謹慎而火急的方式，清算了安特衛普的生意。可轉讓的庫存品被裝箱送往巴伐利亞入倉，由生意夥伴看管。他們也畫出了一張地圖，標記了家族搬遷時可以沿路收到的大筆債務。眾多業務部門以多種方式移到了眾多地方，換成商業票據、硬幣或存貨，不管換到任何地方，曼德斯家族都能處理。等到了必須行動的一五四五年春天時，貝亞特麗斯已經養成了一種每年前往亞琛（Aix-la-Chapelle）造訪水療場的習慣，所以跑這一趟並未顯得哪裡不尋常。當皇家政府明顯意識到曼德斯家族並非朝北行，而是朝南——先是去了貝桑松（Besançon），然後去里昂並穿過隆河河谷，也就是明顯要往義大利的路——的時候，瑪莉不僅因自己過於天真而生氣，這些人在她眼中認定的放肆背信更令她憤怒不已。這些滿肚子祕密的猶太人展現出來的就是她一直懷疑的模樣：一群屬於騙子支派的族人。瑪莉相信，這種忘恩負義甚至擴大到借錢給哈布斯堡家族的死敵——法國皇室，而這是一個並非全無事實根據的謠言。

曼德斯家族是公開表明了的猶太人。狄奧哥死後也聲稱自己始終是猶太教徒。他們的資產（包括債權）現在可以立即地充公了。貝亞特麗斯和布麗安達遭到傳喚出席審判，但當這些命令發布時，這對姊妹還有女兒都已經在威尼斯，安全地逃出了哈布斯堡的掌心。貝亞特麗斯和約翰．米格斯（一五三七年當他十二歲時就出海旅行過，現在這個年輕人已經在這家族的強大情報智囊中占了一席之地）所計算的是，就算哈布斯堡出來逮人，他們的復仇總是可以收買，唯一的問題是價錢。令人驚愕的是，約翰自願前去布魯塞爾和瑪莉談這件事；這樣的匹夫之勇也將在他未來漫長而不可思議的生涯中，成為他的個人標記。第一次會議並不順利。約翰聲稱，他的伯母們並未如公眾所譴責的，在威尼斯以猶太人的方式生活，相反的，她們過著「好基督徒」的日子。她們唯一犯的錯是沒有獲得妥當授權就從安特衛普出發。而且說到底，她們是葡萄牙國王的臣民，而不是受（哈布斯堡）皇帝支配。但這些都是狡辯而已。約翰知道關鍵在於：要多少？

如果知道約翰．米格斯和奧地利及波希米亞的馬克西米利安王子（Prince Maximilian of Austria and Bohemia）曾是同窗之友，對於他的厚臉皮就不會那麼訝異了。他們的私交厚到足以打通到他的哈布斯堡親屬，也就是查理五世。第二次與瑪莉會面時，約翰——發揮了那已經成為了可觀的外交天分，一半充滿魅力，一半藏著威脅——企圖把貝亞特麗斯受指控為祕密猶太人的免除價格砍到三萬達克特。這項協議讓瑪莉苦惱，她認為自己的哥哥被騙進了一場爛交易。但還有另一輪針對新教的戰爭在火線上，而三萬達克特就是三萬達克特。不管能從曼德斯家族擠出什麼來變成火繩槍、大炮和騎兵隊，都能讓戰爭產生勝利和失敗的差別。皇帝（一如往常地）心想，只要再一戰，基督的政權就將光榮地落入他手中，而這一套骯髒的遊戲也終將成為過往雲煙。

即便在名字讓人錯亂的「老猶太隔離區」（Ghetto Vecchio，有這名字是因為它蓋在舊鑄工廠上頭，實際上這個加蓋區比「新猶太隔離區」還要新）裡有更寬敞的住所，暫住威尼斯不受干擾的兩姊妹仍不打算被關在猶太隔離區裡。獲准住在老猶太隔離區的，是從土耳其來到威尼斯的猶太人，他們因此被稱作「黎凡特」（Levantine）——從這個跡象可以看出共和國正快速拓展與穆斯林帝國的商業往來。但是，德．路那姊妹還沒準備好以猶太人的身分站出來。他們的教友在那兒得要戴的紅、黃色帽子，可絕對不是曼德斯家族的風格。此外，她們得以搬動資本的合法地位，仰賴的是持續假扮的基督徒身分。貝亞特麗斯暫時維持基督徒身分，把家族搬進了人們可以想到的最豪華居所：新建成的葛利提宮（Palazzo Gritti），就座落於威尼斯大運河壯麗的彎曲處。

有段時間，兩個女人可能住在同一個屋簷下，但沒多久狄奧哥的遺產引起的不快惡化為徹底不合。貝亞特麗斯懷疑妹妹可能試圖推翻遺囑，便先發制人。一五四六年春天，她在威尼斯展開訴訟程序，以重申她對妹妹和外甥女財產的監護權。[15]最終證明這是錯誤的一步。一年後，法院判決廢除了遺囑，將個人資產還給了布麗安達，讓貝亞特麗斯掌管剩下的家族事業。貝亞特麗斯現在被下令要將高達三十萬達克特的錢委託威尼斯財庫保管，其中有一筆要持續為了她的外甥女而接受托管，直到她十八歲為止。

事情還沒結束。在資金可以被拿走前，總是比妹妹快一步的貝亞特麗斯，計畫搬到一個可以將她無法同意的威尼斯判決重新上訴並推翻的地方。這個新目的地是城邦費拉拉，位於威尼斯西南方六十哩處，由埃斯特王朝統治，而他們的公爵艾爾柯雷二世（Ercole II），已經很清楚表達自己未來必會殷勤對待。對曼德斯——邦維尼斯特家族來說，舉凡在某處生活變得太困難，總是會有另一個統治者準備好對他們的百萬財產給予溫暖歡迎。而且埃斯特王朝長期以來都把錢投資在歡迎流離失所的猶太人身上——不論是公開身分生活，或者半路改信的馬拉諾都很歡迎。埃斯特希望猶太人能把他們在波河上的城市變成北義大利的安特衛普兼亞得里亞海海岸貿易的轉運點，並把這個落後地方變成當代商業中心，和佛羅倫斯一較高下。早在一四九三年，艾爾柯雷一世就歡迎了二十一個家庭，他們都是前一年西班牙驅逐猶太人的受害者。[16]他們獲得了無限期的居留權以及宗教自由權，在基督教歐洲世界裡，沒有別的地方有這種自由的款待。妻子「法蘭西的勒內」（Renée of France）是新教徒（並以邀請約翰・喀爾文〔Jean Calvin〕來宮廷一事考驗丈夫的寬容度）的他，又在一五三八年發布專門特許，延長了這些權利。但他所做的遠遠不只是為失根猶太人提供庇護。他明確表示，如果任何在費拉拉的新基督徒要回去改信猶太教，他的法律不會阻止，那些新改信的猶太人也不會被宗教裁判所騷擾。費拉拉本來就已經有一間給德意志來的阿什肯納茲猶太人使用的會堂；接著又興建了另一間給西班牙和葡萄牙來的賽法迪猶太人使用，在官方的保護下，那些會去其他屬於拉丁基督教歐洲的地方干擾猶太人崇拜的擾人修士，在這裡都不能對那些會堂發表什麼改信的訓斥。就在城牆外，如猶太法律所要求的，埃斯特家族批准了一個地點讓猶太人有了安眠的感覺——他們的墓地（也就是小說家喬爾喬・巴薩尼〔Giorgio Bassani〕向費拉拉猶太人命運致敬的震撼人心作品——《費尼茲花園》〔*The Garden of the Finzi-Continis*〕的開幕場景）。

身為盧克雷齊亞・波吉亞艾爾（Lucrezia Borgia）之子的艾爾柯雷二世，表現得像是一位考慮周到的人文主義者以及藝術贊助者，並以這些藝術品在自己的宮廷裡炫耀。為了符合他喜歡向人炫耀的合理性，以及符合經濟上的利己主義，他提議接收那些在不那麼開明的統治下受苦的猶太人。一五四〇年，他接納了從哈布斯堡統治的米蘭所放逐的猶太人。被那不勒斯放逐的賽法迪猶太人，接著也在費拉拉落腳，包括薩繆爾・阿布拉瓦內爾和妻子貝文妮達，就是替大衛・哈─魯本尼那趟落空的葡萄牙冒險做了一面精緻錦旗的人。薩繆爾死後，這位寡婦就以不輸貝亞特麗斯・曼德斯的心力來管理自己家族的財富。被稱讚為另一個女子力量美德典範的貝文妮達，不只對於阿布拉瓦內爾的金錢和商業有責任，也因為她是她公公──唐・以薩克・阿布拉瓦內爾（Don Isaac Abravanel）龐大藏書的管理人，這些藏書一路從西班牙搬到葡萄牙、然後又遠遠向東搬運至此，其珍貴的核心書籍不可思議地保存了下來。就跟這些藏書一樣，貝文妮達・阿布拉瓦內爾本人也是一連串口耳相傳記憶的最後傳人，繼承了自從一四九二年的悲劇──唐・以薩克徒勞無功的辯護、他對斐迪南二世（Ferdinand II）與伊莎貝拉一世（Isabella I）的憤怒抵抗──以來，直至十六世紀中期的冒險與轉機。像她這樣的人有某種文化上的淒美，讚賞了艾爾柯雷的天然貴族氣息。

新基督徒和歷經苦難的猶太人會走在一塊，從來都不是什麼一拍即合的事。在威尼斯，那些住在猶太人隔離區裡的人，和那些不住裡頭的馬拉諾，是存在於不同世界的兩群人，即便他們到頭來都還是會葬在麗都（Lido）的同一個墓園裡。懷疑和公然敵意，積壓已久的怨懟，讓某些正統派的人面對改信者那種能有選擇的回歸原教，產生了不一樣的態度。這些人可以用成人割禮這種最激烈的方式，來證明他們的悔悟、他們的回歸。對這種折磨最能認同的受割禮者，就是那些自己動刀的人，像是蓋布瑞・安立奎斯（Gabriel Henriques）這名馬拉諾，他在術後成為了猶太人尤賽夫・薩拉沃（Joseph Saralvo）。薩拉沃身兼金匠和割禮高手，不知疲倦的他據說光在費拉拉就幫八百名男性行過割禮，但這種創紀錄的熱情猶太化引來葡萄牙宗教裁判所的注意，因此，一五七八年的反宗教改革（Counter-Reformation）把宗教態度寬容的費拉拉都捲進去之後，就迫使埃斯特的阿方索公爵（Duke Alfonso Este）逮捕薩拉沃，將他送往羅馬，並立刻活活燒死在鮮花廣場（Campo de' Fiori）上，使他成為猶太史上唯一公開殉教的割禮師。[17]

是可以理解，眾多拋下自己真名和基督教信仰的人並不願意做這種激烈的手術。約翰・米格斯和他的兄弟伯納多要到君士坦丁堡才行割禮。許多在費拉拉的人比較想一步步謹慎回歸猶太教——尤其是因為，他們和非猶太人平日做生意還是比割禮更輕鬆許多，就好像叫「戈麥斯」會比叫「利未」來得輕鬆一樣。而費拉拉的出版社，在發行這種要顧及心靈中途狀態的聖書上，也是十分獨特。人們都覺得身兼印書商和出版商的亞伯拉罕・烏斯奎（Abraham Usque，一度叫作杜阿爾特・皮聶爾〔Duarte Pinhel〕）和印刷藝術家約姆・陶伯・阿提亞斯（Yom Tob Atias，一度叫作傑洛尼莫・瓦加斯〔Jeronimo de Vargas〕）會對此比較同情，但他們同時也是創意無窮。《每日禱告書》（siddur），包含了每天必須的禱詞——例如每日肯定上帝為唯一的「示瑪」（shema）；給逝者的禱告「卡第緒」（Kaddish），其中保存了猶太認同的關鍵標記——這本書是以拉丁字母標音拉迪諾語的方式印刷出來；然後他們又印出使用希伯來文字的拉迪諾語；最後，他們才出了語言文字都是希伯來的版本。那些書因此能夠形成一種分級重新認識宗教的課程。一五四九年，安特衛普的「葡萄牙族」得在一個月內永久離開荷蘭時，已經安全抵達費拉拉的親戚們，應該會很慶幸自己抓對了時機。

秉持著上述分級逐步重浸猶太教的精神，烏斯奎和阿提亞斯出版了第一本拉迪諾語猶太《聖經》。[18]西班牙本來就有譯成猶太—西班牙語的《聖經》，但在費拉拉《聖經》之前，都只使用希伯來文字。離開伊比利亞半島兩個世代後，許多被迫改信的人已經完全不熟悉希伯來語。猶太社群大可聳聳肩回應說：「真慘，那去學啊！」但烏斯奎—阿提亞斯的回應，卻是藉著更周到、更精良的出版品，來連結歷史現實和日常語言的活力。問題很簡單，而且那是一個接下來五百年都還沒消失的問題：「猶太人後裔會不會對猶太教無動於衷」，以及「能不能找到什麼辦法，在不損及文本和信仰核心的情況下歡迎他們回來」；也就是在不擱置問題的情況下改變猶太教的態度。最激烈的人不管什麼翻譯都會反抗，特別是因為費拉拉《聖經》用了一種詩意的方式在使用拉迪諾語，既不是日常生活的對話腔（如果那樣的話，確實會很震驚），也不是希伯來語的直白照抄。然而，接下來各路猶太人都開始與翻譯的挑戰搏鬥，而且不只在宗教上。另一位也姓烏斯奎，但名叫薩洛門（Salomon Usque）的人，住在安科納時，獨自把佩托拉克（Petrarch）那種最精練的義大利詩意風格文字，翻譯成西班牙文。費拉拉《聖經》的一些印刷本包含了一段獻給他們可敬的恩人——埃斯特艾爾柯雷二世的話，而且是要滿足那些想要有猶太《聖經》的風味、卻又不會讀希伯來文的非猶太人的使用需求（儘管是猶太—西班牙語）；其他的版本則是過頭地致謝了葛拉希亞．那希（Gracia Nasi），失根者、貧困者和受恐怖威脅者的保護人，也就是貝亞特麗斯現在的稱呼。

發行日期——一五五三年——意義實在是太深長了。討論反宗教改革嚴重性並將內容正式化的特倫托會議（Council of Trent），已經開了整整八年了。受了查理五世那麼多壓力，卻仍迫切希望讓猶太人免於流放、讓新基督徒不用受宗教裁判的教宗保祿三世，在一五四九年過世，接下來先是由醜聞纏身的同性戀教宗儒略三世（Julius III）繼任，接著是只當了三週的才祿二世（Marcellus II），最後才讓強硬的戰鬥派保祿四世（Paul IV）接任。中世紀時，人們曾把《塔木德》妖魔化成記載猶太人過錯的真實邪惡《聖經》，如今這種行動又延長了壽命。一五五三年八月，一場主教會議以瀆神為理由禁止了《塔木德》，並下令將其焚毀。[19]其他希伯來文書籍則是從今以後必須送審。一個月後，在猶太新年的第一天，《塔木德》複本被載往鮮花廣場的一個巨大火堆上焚毀；那是個讓人深刻受創的時刻，以至於日後在羅馬將以一年一度的齋戒來紀念。另一個義大利城市也奉命跟隨。波隆那、拉溫那（Ravenna）、佛羅倫斯、曼托瓦和烏比諾（Urbino）都執行了沒收充公和焚書的命令，甚至在比較寬容的費拉拉，以及希伯來文出版的中心威尼斯都發生過。

基於猶太文化性（Hebraism）來與基督徒有所交集的趨勢，如今正在倒退。一年年下來，擁有祕密猶太認同變成一種風險越來越高的賭注。令人震驚的是，曼德斯姊妹都準備利用這些翻新的恐懼，來處理家族財產。一五五一年，布麗安達因為懷疑貝亞特麗斯打算把所有資產都搬到君士坦丁堡（事後證明她沒猜錯），便向威尼斯官方告發她姊姊。貝亞特麗斯反過來控訴妹妹，因為有個叫崔斯坦．達．柯斯達（Tristan da Costa）的人——這個表面上是新基督徒但眾人皆知的祕密猶太人——就住在布麗安達在威尼斯的屋簷下，所以她一定也是一個行猶太教者。起爭論的這兩人被十人團召來共同出庭，並提出了各種惡毒的控訴和反控。因為貝亞特麗斯家中被派駐了守衛，避免她出發前往，所以他們應該有充分的證據認定她是有打算要做什麼。但貝亞特麗斯要做的就只是等下去。兩年後，也就是在猶太新年焚毀《塔木德》的一五五三年，她展開了行動，帶著她的女兒、沿著她家人計畫多年的路徑：先去安科納，沿路確保資產，然後到亞得里亞海另一頭的拉古薩，最終，在蘇丹子民的主動協助下，抵達了君士坦丁堡。

布麗安達和她的女兒留在威尼斯，過著表面的基督徒生活。但這個也叫貝亞特麗斯的女孩現在十三歲了，正是該結婚的年紀。她的媽媽並不是傻子（從來都不是）。她很清楚自己的女兒對長期奢侈浪費的義大利貴族來說是多麼有吸引力的對象，而這股吸引力，便是她在威尼斯對抗浮濫審查時的安全網。然而，當壓力到來且其中一邊真的認真起來時，布麗安達——秉持家族的習慣——擔心這最終會讓家族財產分裂，更別提她有一種不亞於她姊姊的、與猶太人命運深刻而祕密的聯繫。所以布麗安達另外策劃了逃脫計畫，是直接從義大利喜劇挪用的想法。她英俊的侄子約翰．米格斯現在二十多歲，會去讓人們知道，他被這位青春美女迷住了，渴望到決定和她私奔。接著他會在一場基督教儀式上娶她，並以最戲劇化而無法否認的方式宣告（或演出）不可逆轉的成婚，以斷絕她和任何其他人結婚的可能。事實上，藉由圓房成立的婚姻狀態是《塔木德》裡准許的一種可能，所以接下來發生的是一場反過來的、猶太風格的羅密歐與茱麗葉，在那之中，家長才是指揮者，而不是禁忌戀愛中的傻情人。演員事先就排演妥當，而且真實地演了出來。為了避開僕人們的視線，貝亞特麗斯夜晚溜出了宮殿、踏上一艘貢多拉船，由他愛人的兄弟伯納多把船撐過運河的漆黑河水。要這些男生戴那種威尼斯面具可能太過頭了，但披肩、低簷帽和佩劍都有準備好。偷偷逃出威尼斯之後，這對情侶在法恩札（Faenza）被捕。但約翰應該是靠著那張嘴擺脫了麻煩，因為這對情侶並沒有被監禁，反而被帶去拉溫那，並在那裡真的做了什麼結合，有可能是在見證人面前公開進行，也可能是私下圓房。

布麗安達這位戲劇女王為此竭盡全力，徹底扮演好抓狂的母親，瘋狂地哀求男方歸還被拐走的女兒。拉溫那的官方便合情合理地把落跑新娘送回威尼斯，而新郎則是正式遭到共和國長官放逐，若膽敢回來，則將被「吊在聖馬可廣場的兩根柱子之間」。表現得幾乎不像個亡命者的約翰，直接去羅馬見教宗，要求支持這段婚姻，但教宗並沒有認可，而這可能就是他們當初的打算。

至於那個十三歲的女孩對這整件荒唐事有什麼想法，我們永遠無法得知。她已經結婚了嗎？她是貝亞特麗斯，還是該叫他尤賽夫？）是她的恩人，還是為了某些高深的家族陰謀而奪走她處女身的男人？約翰（她是不是葛拉希亞？她是基督徒，還是猶太人，還是兩者都是？不管有多少風險，回到威尼斯後，她和她母親應該就是繼續過著她們那種祕密猶太人的雙重生活，並在一五五五年因為「宣揚猶太教」而被押到十人團面前。她們和布麗安達的大管家兼醫生、新基督徒崔斯坦・達・柯斯達一起遭到訊問。接著，母親和女兒做了某件不尋常的事。在經歷了這麼多年的推拖敷衍和假裝之後，且在達・柯斯達自己都試圖保護她們而發誓說「雖然他自己確實是祕密猶太人，但兩位女性的基督徒身分千真萬確」之後，布麗安達和她女兒不只承認、還以極大的熱情聲稱，自己實際上是猶太人，而且希望能按照「摩西的規律」生活，而且只希望能去猶太隔離區和她們的猶太人同胞同住。這一反曼德斯家族慣例的驚人遁詞，是吐露真實的一刻。然而，這之中應該有某種已經和威尼斯談好的協議，因為，儘管這段證言讓審判方別無選擇，只能將她們定罪，但她們的處罰卻只是放逐，而不是任何更嚴苛的東西——而這還是發生在教宗的地盤上再度開始有信仰審判的時期。「好了，先生們，」據報告，布麗安達以她一貫令人不安的直率口吻問道：「錢打算怎麼辦？」

神奇的是，錢也就跟著她一起回到了費拉拉，在那裡，母女兩人公開採納自己的猶太姓名和身分。當這位美麗的、機巧的、聰明的母親於翌年過世時，她的名字是雷娜・邦維尼斯特。

到了一五五八年，兩年前那個午夜的擺渡人伯納多・米格斯，在那位失去母親的青少女——現在名叫葛拉希亞・拉・奇卡（Gracia La Chica），也就是「小葛拉希亞」——此時所居住的費拉拉現身。伯納多是從君士坦丁堡而來，也就是他和兄弟約翰、伯母貝亞特麗斯（她也叫葛拉希亞）一起結束旅程的地方。這兩個男人已經行了割禮，並恢復了他們祖傳的姓氏「那希」。現在叫作薩繆爾・那希（Samuel Nasi）的伯納多・米格斯，向五年前他協助綁架、如今已十八歲的女孩求婚。過往已成雲煙，薩繆爾和葛拉希亞在一五五九年以猶太儀式成婚。為了紀念這一刻，費拉拉有名望的獎章雕刻家兼模具大師，帕斯托里諾・帕斯托里尼（Pastorino Pastorini）打造了刻有夫妻人像的單面紀念章。但只有妻子那面以希伯來文寫著猶太名字的紀念章，有保存到今日。

不過，這對新婚夫妻要住哪裡還是不清楚。允許布麗安達和女兒回到費拉拉的條件是至少待在那邊六年。顯然跟他哥哥一樣是好外交官的薩繆爾・那希，打算談出一個出口。一五五九年，兩人搭船前往君士坦丁堡，然後再也沒有回來了。

這個家族的男男女女撐過了監獄的恐怖、無止盡的船隻與加蓋馬車的往返、和武裝的粗暴人士相遇，全都只為了一件事：看守曼德斯—邦維尼斯特的錢；不論那是利己還是利他，他們終於開始把它視為以色列的盾。兩名姊妹無論差距多大，都共享一種認知，認為上帝為她們保存下這筆財產，是有讓她們做貴族式的自我沉溺以外的用意，那就是慈善的資金：「Tzedakah」這個字代表「公正處理」，這個字同時包含了「慈善」，還有「正義」（tzedek），這個字和「Tzedakah」有著同樣的字根。她們身上擔負著無數沒那麼幸運的人的命運：那些活在恐懼中，害怕被叫作異端、害怕因為在週六換了件醒目的衣服，或者在齋戒日忍著不吃飯，而被拖到折磨人的審問者面前的那些改信者。她們身上擔負著逃出生天的機會，一趟新的出埃及記。她們也擔負著公開猶太人身分的遭遇——始終遭到威脅、辱罵、公然羞辱、貼上身分標籤；關進猶太人隔離區，遭到殘酷對待或者毫無緣由地下獄；遭到搶劫，扔回來時只剩身上的衣服。如果她們不出手，還有誰能出手呢？還有誰能打開那些基督教歐洲奢華浪費統治者的大門？還有誰有那種臉皮，去跟世俗或宗教的法庭打交道；

誰能直視國王和教宗的雙眼，同時腦子裡清楚地知道，他們紋章上的光輝是用新基督徒的黃金支付的？還有誰那麼清楚要怎麼爭取拖延時間、冒風險、準備閃人，還每次都比那些希望猶太人受傷的人快一步？而他們會知道這一切，是因為困境與培養。在君士坦丁堡將成為尤賽夫．那希（Joseph Nasi），並當上蘇丹顧問的約翰．米格斯，畢竟是畢業於魯汶大學這個天主教虔信者的溫室。就跟所有居住在各種不同世界的人們一樣，他立刻就徹頭徹尾地了解了基督教宇宙：了解其神學和哲學，其儀式和敬重之事，其圖像和灑水儀式，聖人的一生、奇蹟和殉教者的清單。但當約翰．米格斯這樣的馬拉諾有能力時，就會把猶太生活的習慣戴起來，就像他們從未脫除一樣：無數世代的哲人賢師留下的「亞卡達」（aggadah，典故）和箴言，盛宴與齋戒的美麗曆法；安息日燉湯和逾越節薄餅；《妥拉》的禮拜儀式和吟唱之中的詩意。以這一切方式來生活，帶給他們無比的文化多面性，即便說，這也一而再、再而三地使他們陷入致命危險。

《塔木德》裡有一段動人的文字，要求有志改信猶太教的人接受一段嚴肅的警告——若要成為猶太人，他們將會和一群痛苦既無邊且顯然不會太快結束的人同命運，直到所有的猶太人都堅定不移地遵守《妥拉》教規為止。如果在這樣堅定的警告後，他們還是堅持不退，那他們就不應該再被拒絕了。接下來就沒有人可以說，沒人警告過他們。回到祖先信仰的馬拉諾或許不曾需要這種警示。他們之中有許多人可能會納悶，他們不都看過宗教裁判所那樣憑一丁點「宣傳猶太教」的蹤跡就四處無情獵捕的事了，還會有比這更糟的嗎？回答就是，是的，有可能。但還是來吧。

這便是從尤賽夫斯（Josephus）開始動筆的那第一本猶太史書章節（而不是一代代虔信者的系譜傳承）中的悲劇歡迎。一五五三年，也就是焚燒《塔木德》的那年，薩繆爾．烏斯奎的《給以色列苦難的安慰》（*Consolação as Tribulações de Israel*）在亞伯拉罕．烏斯奎（未必有親戚關係）和約姆．陶伯．阿提亞斯忙碌的費拉拉出版社出版。這本熱切動人的長篇大作，既不是用希伯來文，也不是用猶太—西班牙文，而是用葡萄牙文寫的，原因就如書名頁所公告的，這樣做的首要目標，是為了服務那些回歸自「葡萄牙流放的紳士們」。這本書就像它的首要讀者一樣，是一種文化混合體——重寫的《聖經》、米德拉什式的經文自由詮釋、摻水的尤賽夫斯——但也是（也更不可思議的是）一段文藝復興的田園歌。書中，在那種猶太人不太常做的鄉間樂園野餐上相會的三個人，分別是「Ycabo」——元老雅各，也是他「子孫」苦難的主要敘述者——安慰者「Numeo」和空想家「Zicareo」（分別借用了先知那鴻〔Nahum〕和撒迦利亞〔Zechariah〕，但顯然改得不夠多）。為了讓故事說服人，烏斯奎把他們安排在一個伊甸園式的風景中，就好像他一心一意地沉浸於但丁、佩脫拉克和維吉爾（Virgil）的詩中，形成一篇有著「烏鶇低語、夜鶯顫著迷人曲調，還有幼鳥飛進林間尋找遮蔽炙熱處的聲調，使美妙旋律四處繚繞」[20]的猶太牧歌集。那是一個溫和芳香的樂園，畜群低頭吃草，他們的牧者飯前飯後都會放鬆一下——放鬆的方法是摔角、比賽彈弓來喚醒內心的大衛，並「丟棍子」（閒混）直到「仰望滿天星斗入睡」。

然而，無法一直這樣下去。天空陰沉下來。獵人開始進場。這一切都會讓任何一個看著逾越節《哈加達》（*Haggadah*）的賽法迪猶太人感到熟悉，因為在《哈加達》中，獵犬和獵人會追擊他們倒楣的猶太仇人直到毀滅。[21]所以牠就來了。一隻蒼鷺試圖逃出鷹隼的攻擊，但在一場鳥類大戰後，成為獵食者的受害者：猶太人的蒼鷺之歌。快速跳過經文，然後接下來的各帝國盡力做著壞事；滅絕的行動讓早期以色列歷史的奇蹟都黯然失色。「我們從（《出埃及記》第十七章何烈山上的）沙漠磐石中喝到的水，巴比倫人讓我們帶著血嘔吐出來。他們從我們的內臟拉出我們吃過的甜美的神聖食物和細嫩的鵪鶉肉，上頭全都沾滿了膽汁。」救贖被逆轉了過來。雖然作為一個帶來恐怖和奇觀都一樣在行的文字娛樂者，烏斯奎的本事已經綽綽有餘，但折磨還是接二連三地到來。聖殿裡的至聖所（Holy of Holies）被描述為擁有文藝復興時代室內裝飾所具備的全部快樂及嚴謹：沒有門的入口，樣式像是「人的肩膀」，上頭是「人一般大小」的葡萄串，還有五十五腕尺長的幕簾，蓋住以「非常白的亞麻染上雪青色——天空的顏色，還有深紅和紫色，做成的亞麻布」[22]所搭的至聖所。

不管寫的形式是文藝復興式的詩文，還是寫成經文的悲嘆與猶太歷史，烏斯奎的作品讀起來都十分動人，即便內容裡的苦難遠遠超過慰藉，達到了一種程度，讓美國偉大的猶太史學家薩洛．巴倫（Salo Baron）在解析中抱怨，烏斯奎這種悲哀不止息的故事寫法變成了「催淚歷史」的樣版。但這樣處理並沒有阻止這本書在半隱半現的馬拉諾社群中快速廣泛地流傳。就算是哀嘆詞，這也是非常優美的哀嘆詞，而且並非毫無一點希望，且無論如何都讓徘徊者感覺到，自己的經驗是如何和千年的猶太史有系統地結合起來。一五五八年，有個湯瑪斯・費南德斯（Thomas Fernandes），對指控他在布里斯托祕密守著猶太教的宗教裁判所說出真話，說他從身為新基督徒的外科醫師西芒・羅伊茲（SimaÕ Roiz）那邊取得了「一本印刷書，談以薩之子遭遇的麻煩，他們在流浪的王國和城市四處離散，但他們不能失去信心，也不能氣餒，因為主會解救他們並把彌賽亞送給他們，而他們必須活在希望，而上述的懺悔者相信，這本書是從義大利送到英格蘭港口的」。[23]

烏斯奎完全知道這群準猶太人的遷徙世界，也熟悉曼德斯—邦維尼斯特姊妹的遷徙經歷；他不只追蹤她們的路線，還在安特衛普和費拉拉替她們工作。就像她們一樣，他也生長於來自西班牙的家庭——或許是來自東北方的威斯卡（Huesca），才有他這不常見的姓氏——並在一四九七年強迫改信。在他的敘述中，那些「孩子被從父母懷裡拉走，並送到聖多美島嶼上被「巨大蜥蜴」（鱷魚）生吞活剝」的場面，有一部分是誇大，但也包含了他小時候可能經歷的恐懼，或許是聽了某個故事然後嚇得發抖。在他那本尋常猶太人殉教列傳的核心，是家族的毀滅：寧願上吊也不要改信的夫婦，他們在自己的送葬隊伍上被刺死在矛上；絕望而從窗戶跳出去的人；在猶豫是否改信受洗的遲疑者注目下，被焚燒屍體（焚燒屍體本身就已經是褻瀆）的人；里斯本死去的兩千人中，包括那些被姦殺的年輕女孩，那些頭被砸爛在牆上的嬰孩（這在我們的故事中不會是最後一次出現）。

當「野蠻怪獸」宗教裁判所終於到了葡萄牙時，烏斯奎就像曼德斯姊妹一樣去了英格蘭，並顯然是充分了解當地人的偏見，促使他發表了一種英國版的反猶太暴行錄。烏斯奎的內容並沒有緊貼大規模處決、暴徒橫行和驅逐出境的真實歷史，而是發明了一段充滿想像靈感的文章。英國國王在海邊搭起了兩個大帳篷。一個裡頭有十字架；另一個則是律法卷軸。猶太人被親切地邀來做選擇。他們很自然地選擇了手抄的《妥拉》，但通往帳篷的入口的寬度只能讓他們一次一個人通過。一進去，他們就會很快地被一個藏著的劍士砍頭。不過一片幕簾分隔，他們就連同屍首分身都被丟到海裡。[24]

雖然他使用了所有的資料，來自猶太人或非猶太人的相對可靠和相當想像的來源，但烏斯奎的作品好讀的祕訣在於，他寫得彷彿自己親身見證那些中世紀悲劇、屠殺和自殺，一部在他血脈中流動的猶太歷史。似乎他在流浪中攜帶著這一段歷史，緊貼著雇用他的曼德斯家族成員所經過的路程。在英格蘭之後他去了安特衛普，在那邊替變化莫測的布麗安達打雜為生。在安科納，他自稱為商人，並和兩個保證提供一千把劍身但最後失約的劍匠起了爭執。[25]一個有軍火庫的猶太人！當他們終於交貨時，烏斯奎認為品質太糟糕，而把它呈上了法院。到了費拉拉他又再次替布麗安達工作，而這人可是曾經為了欠薪吵架而把他監禁起來的人。後來又來了「好姊姊」貝亞特麗斯—葛拉希亞，她把烏斯奎放了出來，雖然前提是他要同意為「瘋妹妹」簽一份文件——一個他只能憤恨吞下的條件。這就是烏斯奎所描繪的圖像，一五四九年末，費拉拉突然（事後證實是暫時的）放逐他們；因為人們認為馬拉諾帶來了降臨那城市的瘟疫，老弱者與嬰兒必須在死亡之夜離開家園，而他有可能親自經歷過這段折磨。《安慰》一書是獻給「傑出的葛拉希亞．那希女士」，當時她正住在加拉塔（Galata）眺望金角灣（Golden Horn）的大豪宅，而且毫無疑問的，她有獲得一本。她已經一手掌控兩姊妹流傳的故事，並在自己的腦海中，以及在所有書寫她的人的腦海中，成為了終極的猶太女富人，或者像烏斯奎在詩意般的異想天開中所稱呼的：「我們每個人身體裡的心臟。」

在全書最後登場、以祝福來平衡痛苦的「Numeo」（也就是那鴻）所列出的祝福者中，葛拉希亞排名第六。而烏斯奎也可能前所未有地，以白話來質問一個未來世世代代無辜受苦的猶太人會想問的問題：為什麼是我們？這一切悲慘是為什麼？這一切仇恨是為什麼？老早就由《聖經》先知給過、並由《塔木德》及其後賢人一再重複的答案，只是累積成最冷漠的可能安慰。猶太人身上發生這些事，是因為他們自己從金牛到希律王以來，犯下的那些狂妄自大頑強的過錯，那種走偏的不義之舉。那些毀滅和痛苦都由上帝選做懲罰工具的帝國來具體施行。

但接下來，烏斯奎藉由那鴻安慰者之口，說了一些在猶太文學中相當嶄新的東西。他說，我們的悲劇的核心，我們的流亡，施加在我們身上使我們以恐懼和灰心漫遊於世的懲罰，其實是偽裝（而沉重）的祝福。因為，藉由「把你們分散到所有人中，祂讓這個世界有可能毀滅你，因為如果一個歐洲王國起身反對你要置你於死地，另一個在亞洲的國家允許你活下來……如果西班牙人在西班牙焚燒你們、將你排除在上帝意旨之外，這是要你們在義大利找到某人歡迎你們，並讓你們活在自由中」。[26]這種給予流離的撫慰，也會在此後的眾多世紀持續迴響。至於另一個無盡反覆的問題：「這什麼時候會結束？解脫和彌賽亞的救助者何時會現身？」烏斯奎有另一個很當代的回應：很快就要停止了，因為上帝手上已經沒有國家可以把你們送過去了。你們已經抵達了世界的邊緣，不管是在伊比利亞半島的邊緣、非洲的沙漠或亞洲的海岸。很快的，就算麻煩仍在，回頭的時刻都已經到了，從世界的邊緣向內到中心，到耶路撒冷以及其荒地，這地方如果不是像書開頭那樣回復為田園牧歌，就是回復為一個充滿「高大美麗的雪杉、芳香優美的金合歡、桃金孃和蒙福的橄欖……大群的駱駝會幫你遮蔽，而米甸（Midian）和以法（Ephah）的單峰駱駝會從示巴（Sheba）而來，帶來黃金和焚香」。[27]

在這驚奇之前，想想其他撫慰和祝福：費拉拉那「安全而平靜的港口」，那個「你可以脫下你穿著的沉重斗篷、把你的靈魂穿戴上真正自然的打扮」的地方；還有鄂圖曼土耳其「像一個廣大遼闊的海，由我們的主以祂慈悲的木杖打開，就像摩西在出埃及時為你們做的一樣……在那裡，自由的大門總是廣開，讓你們可以從事你們的猶太教……你們可以在那裡恢復你們真正的人格，轉換你們的特質」[28]，讀者應會察覺到，這些是葛拉希亞・那希女士去的地方，而對烏斯奎來說，她是最偉大的生時祝福：她是米利暗（Miriam）、底波拉（Deborah）、以斯帖（Esther）和友弟德（Judith）；不僅僅是家族中的完人，也是強大猶太女性的縮影，英勇、聰明、有智慧。她是終極的救援者，對於失根者、流浪者，還有那些被奪去宗教、家人甚至一切的人來說，也是拯救者。

這位多次走在生死一線間的當代猶太女族長，先是在烏斯奎的書上現身，然後是以貝亞特麗斯—葛拉希亞這個人物留名。但她不只是猶太人苦難和恐懼的溫柔女性治療者而已。不可忽視的她是一種形象化身（不管那形象看來如何，必然會一直是她的印記，伴隨著她直到永遠），是摩西預言中那隻「在她幼鳥上空盤旋、伸展開她的翅膀，把牠們提攜上高空」的鷹；而且她也還不只如此。烏斯奎曾把猶太歷史的悲慘描寫成像是活在永冬之中，而其他地方的人享受著春天的祝福。相反的，葛拉希亞這位穿著裙子的彌賽亞，則是溫暖的源頭。因為她始終是「一個美麗的夏天」。[29]

第三章

Chapter Three

娛樂家

當牆上燭臺裡的蠟燭被捻熄，而那些藏在側房的蠟燭點起時，魔術就開始了。猶太人里奧聶，魔法的製造者，確保這些動作都慢慢地做，讓街上市場裡的喧鬧聲都逐漸消失。朦朧昏暗讓那些到處亂轉的脖子、群眾的匆匆一瞥都停了下來。平日的曼托瓦就這樣消失在黑暗中。[1]現在所有的眼睛都聚焦在臺上任何會出現的景象，光線亮到足以看出動作，但又不穩到只要哪個流浪漢掃過燈前時就搖晃起來。通常，那光線會落在一個空蕩的廣場景上，只有一面紀念堂的柱廊正面立板，立在舞臺遠端。一排排房屋從舞臺的每個側面往這開闊廣場延伸過去，並根據塞巴斯蒂亞諾・塞利奧（Sebastiano Serlio）立下的戲劇觀點定律來繪製，也就是最靠近舞臺的最高處，一階階往布幕降低，產生一種狹長街道的幻覺。接著會有一個唸開場白的人從其中一個側邊現身，或者就直直走過暗下來的劇院再走上臺；他會大聲地以華麗的臺詞，解釋這齣劇的緣由以及那些高雅觀眾的愛好。一旦他講完，甚至有時在他講完之前，演員就會從左右的入口登場，對著彼此和場內所有人說話。在舞臺上他們會站在特定的偏位上，好讓自己同時能被聽到、看到，依照語勢要求來轉換他們的重心。里奧聶・德・索米・波塔里奧聶（Leone de Sommi Portaleone），或者像宮廷裡所稱呼的「猶太人里奧聶」（Leone Ebreo）——演員、製作人以及兼任各職務——會站在側邊或者劇場後端，捕捉第一波嬉笑聲，或計算著人們聚精會神的沉默有多密集，然後會隨著表演開始施展魔力，而試圖稍微放鬆一下。[2]

如果里奧聶有辦法的話，他就會想把他的演出放在一個專用會場內；如果能放在一整棟專用建築裡，那就更好了。一五六七年，身為曼托瓦奇觀大師一員而享有名聲的他，向古里埃摩公爵（Duke Guglielmo）及宮廷請求，准許他為了演出來尋找並裝設「一個空間」，一間常設劇院，其中的演員會是專業演員，由門票收入支付酬勞——這是一種前所未聞的想法。不過這並未獲准。官方認為，這樣的建設會招來民眾失序，像是一年到頭的狂歡嘉年華。九年後的一五七六年，詹姆斯・伯爾巴格（James Burbage）以大舅子約翰・布瑞恩（John Brayne）提供的資金援助，在倫敦城牆外沒有管轄權的肖迪屈（Shoreditch）區、一塊曾經是修道院的位址上，蓋出了那樣的一間劇院。付了一分錢或兩分錢的消費者，踏過原野來到劇院大門前，而商業劇場就這麼開始了它偉大而美麗的生涯。

伯爾巴格的劇場沒辦法符合曼托瓦人的需要，因為那是露天開放空間，演出會由白日長短決定。而在里奧聶全心投入編劇技巧細節的《四段對話》（*Quattro Dialoghi*）中，他在第三段就明白表示，他要透過精細校準的照明效果來操縱表演情感與情緒，因而需要室內可控制的黑暗，來讓他的魔術盒發揮威力。但他能要求的不多。他還只是猶太人里奧聶。這個猶太人已經獲得一些恩惠了。他已經不需要在外套上貼那塊黃色補丁，或者戴紅帽子；宮廷會對他的作品嘖嘖稱奇，要求再多演一些，還試著不去理會他所說的，安息日和齋戒日等猶太節日都不會有表演一事。但總會有那幾個時刻，當那些好心微笑的人會很堅持地表示，如果受洗的話事情會簡單不少，這時候，里奧聶便會想起那些不利自己的條件。最偉大的舞蹈指導、伊莎貝拉．德埃斯特（Isabella d'Este）的個人舞蹈老師，佩薩羅的古里埃摩（Guglielmo of Pesaro）就改信了。然而，里奧聶是波塔里奧聶家族的一員。他的高祖父是稱號「世界奇蹟」、神聖羅馬帝國皇帝腓特烈二世（Frederick II）的醫生，卻始終虔誠不變。里奧聶也不會辜負期待。他會咬住那些慣常的羞辱，並再次把它們吐出。一五六二年，他的贊助人、慷慨睿智的切薩．貢札加（Cesare Gonzaga），認為里奧聶會是他剛創辦的「昏頭學會」（Accademia degli Invaghiti）的一個正式創辦會員，這個學會是由三十位藝術愛好者兼專業者所組成。這學會不只榮獲教宗的豁免權，還獲得一項榮譽，就是把每位成員晉升到爵士地位。但因為未受洗的猶太爵士可說是難以想像的荒謬，也因此里奧聶要加入會非常困難。七年前，保祿四世才特別禁止任何基督徒稱任何猶太男女為「先生」或「女士」，更別說爵士了。但貢札加知道，在戲劇製作上，曼托瓦沒人比得上猶太人里奧聶，所以他設法讓他成為學院祕書（scrittore academico），一位權力擴張的祕書；不管里奧聶覺得這冒犯了什麼自尊或產生什麼疑慮，他還是勉強接受了。

里奧聶．德．索米是我們僅知的、無須辯駁的第一位猶太劇場人。羅馬喜劇演員亞理托勒斯（Alitorus）、堪稱尼祿（Nero）劇場上的現代美國知名演員澤羅．摩斯泰爾（Zero Mostel），讓皇帝的妻子波派亞（Poppaea）

仰慕他的才華洋溢，但同時他也被被羅馬悲劇大師——如賽內加（Seneca）和尤維那利斯（Juvenal）——所揶揄，甚至連那些會安排出怪誕醜化猶太人角色的喜劇作家——普勞圖斯（Plautus）和佩特羅尼烏斯（Petronius），也會嘲弄他。而波派亞這名因壓抑不住的情慾而成為傳奇的人物，竟喜歡上他和他那可笑地行了割禮的猶太身分（verpus，亦指陰莖），又引起更多舞臺後的竊笑。儘管說，里奧聶會舉一個與其說生猛、不如說很有想像力的例子，說摩西是第一位悲劇作者，他會在受盡折磨的經典英雄劇、也就是約伯的故事中做出預測，說約伯會因他無法控制的折磨而受害；即便如此，拉比猶太教還是長期厭惡著戲劇。（這種詛咒的歷史很長。當我的父親這最想擁有劇院生涯的人，錯誤地向他父親尋求祝福時，我的祖父說，一個悲劇的沙馬人〔Schama〕將不會在自家屋頂下受到歡迎。亞瑟在家族長的嚴苛下低頭，日後一輩子後悔著他的屈從。）

然而，從以前到現在，拉比對戲劇的敵意一直有個例外：普珥節的表演。這個慶典慶祝以斯帖皇后把波斯猶太人從一個企圖滅絕他們的陰謀中拯救出來，並向壞人哈曼（Haman）雪恨，而這就是猶太的嘉年華。幾乎什麼事都可以做。早春的亞達月（Adar）裡會有那麼一天，所有的樸素，包括令人生畏的樸素宗教衣裝，都被丟到了一邊。人們不會停止喝酒、跳舞和歌唱（雖然還是按性別分隔）；孩子們穿戴舞會衣服，造型通常出自《以斯帖》（*Megillah*）書卷的角色。在會堂讀這卷經書提到惡人哈曼的名字時，就會被旋轉響板的響聲淹沒。在那些數不清的世紀裡，在整個猶太世界中都會有厲害的業餘表演者，以以斯帖的故事為中心演出，但常放肆地渲染而超出《聖經》文本，甚至加入取材自猶太人多災多難事件的即興短劇。這種演出傳統幾乎可以確定要回溯到中世紀。最早留存的文字記載，是一首由波蘭猶太人「什切布熱申的剛普列希特」（Gumprecht of Szczebrzeszyn）所寫的意第緒語詩篇：當這本書於一五五五年出版時，這城鎮的名字本身在威尼斯的阿什肯納茲猶太人之間就是讓人舌頭打結的笑話。而普珥節的表演也漸漸受到非猶太人的歡迎。一五三〇年，一個威尼斯劇團在貴族觀眾面前表演以斯帖戲碼，此後基督徒拜訪猶太人隔離區觀賞春季表演，就變成普遍活動。猶太復仇劇，特別是當劇中有那種不可抗拒而危險的猶太女人（可能但不一定是由男性演出）時，通常會獲得觀眾讚賞。曼托瓦的貢札加宮廷其實委託了一個猶太劇團演出一場友弟德與赫羅弗尼斯（Holofernes）的劇；然而，那故事所描述的、一個巴比倫將軍被誘人的猶太女英雄搞到在性交後睡著而被砍頭的劇情，在婚禮宴會上演出似乎不太吉利，除非說有人刻意把新娘比擬為非凡的悍婦，而新郎可能會整夜都不敢捻熄蠟燭。

比較常見的要求是猶太喜劇。兩個「ebrei istrioni」——「演過頭的猶太人」——「索利和雅各」（Solly and Jacob），或許是我們所知的第一對戲劇搭檔——接受費德里高・貢札加（Federico Gonzaga）侯爵的預約，演出一場一五二〇年的婚前慶祝典禮。一年後，「演過頭的猶太人」搭檔成為了曼托瓦日常生活的固定班底（這當然不意外），每年都在公爵的宮廷上演出。關於猶太人演出的動力（尤其是演出喜劇的動力）在哪兒，其實沒有什麼謎團。[3]幾個世紀以來，猶太人都是人們的笑柄，而且大部分的玩笑都十分惡毒。在遊行中攜帶的耶穌受難繪畫和木雕裡，猶太人都被呈現為討厭的怪人。在羅馬嘉年華的反猶太笑鬧劇（giudate）中，會要猶太人演出各種羞辱諧仿比賽；健康的人被跛子背著賽跑，讓群眾哄堂大笑。在十六世紀初，反猶太笑鬧劇被幾位比較同情猶太人、不想激發暴動的教宗禁止，例如利奧十世和克勉七世；但到了本世紀後期，由反宗教改革揭開的新恐懼——當猶太人被關在特定的區域，強迫戴上辨識用的帽子和徽章——氣氛下，非人化的反猶太笑鬧劇又恢復了。縱使明天是悲劇，今晚還是演喜劇！

當時，是一段猶太人擔任喜劇作者而非戲劇素材、是娛樂者而非「拿來娛樂」的時光。但不管在猶太人隔離區內或外，如果他們想進入周遭的文化世界，能做的就只有這檔事。這就是十六世紀在義大利城市開始發生的事；好比在費拉拉、曼托瓦和威尼斯，還有那些不把猶太人當成文化痲瘋病人那樣唯恐避之不及的基督教卡巴拉主義者中心。一場重大的雙向交流正在發生，似乎預見了十八和十九世紀德意志猶太人將發生的事情。基督教學者和神學家學起了希伯來文，而猶太人則開始精通拉丁文和義大利文。一旦他們這麼做，文藝復興探究事物的那種冰冷的現實主義，立刻讓猶太人開始在它的視野裡提出更多樣的問題，也更勇於懷疑。

在費拉拉，亞撒利雅・德・羅西（後來和里奧聶交好，並受到他的支持）一輩子的研究生涯都在學識的宇宙中吸收，大部分都來自於非猶太的資源。他的《眼中之光》（*Meòr Enayim*）——建立在至少二百五十本這類的作品之上，包括傳統考古學、歷史和哲學——把《塔木德》中某些最離奇的篇章交給了博學的當代懷疑論。羅西說，持續相信拉比與賢人們說的那套，所謂「皇帝提圖斯（Titus）其實是因為毀滅耶路撒冷遭到天罰，而被蚊子一口咬進腦中而死」，就跟只相信小孩子亂講一樣。還有太多這種被玷汙的前因後果，需要從猶太智慧的巨大鎖鍊上解開。

這一點很難被那些謹守著「奇聞趣事完全不可能與《聖經》詮釋、法律判斷共存」傳統的人所同意。但生活就只是這樣的一種混雜，不會順從於古典主義者最愛的類型統一性。所以這些戲劇攻擊了防守方，攻擊了文化上的畏縮不前。猶太人幹嘛要對那些不分異教徒或基督徒的古典哲學家言聽計從？何必要獲得他們的同意來去認真看待他們自己的神聖文本？這就類似於三個世紀前，哲學家摩西·邁蒙尼德（Moses Maimonide）融合古典論理與猶太傳統的行動，所招致的回應：批評者指控他抱持著「有可能從異教徒的希臘哲學中學到什麼」的錯誤想法，而玷汙了猶太教的純淨。

這些在十六世紀當代起步時獲得了新力量的猶太史問題，從來都沒有遠離過。猶太教是一種自給自足的文化，還是一種開放文化？它是超然於時間或者有歷史特色？《妥拉》、《聖經》、《塔木德》，以及著魔般評論這些經文、然後又反過來被評論的大量解釋性文本，是否足以在引領真正的猶太生活上自行其是？而那樣的生活在融入非教徒文化後是否必然會被稀釋而妥協，或者因它而深化且更豐富？

這些多年不斷的問題，就是這個寶貴但虛偽的義大利黎明時分，為「猶太人如何過生活」——他們讀什麼、他們如何穿衣、他們吃什麼、他們該對誰說哪種語言，他們該做什麼工作——開展出的實際意涵。為了滿足人們對猶太醫師的需要，猶太人獲准入學帕多瓦、比薩、佩魯賈（Perugia）、西恩納（Siena）、帕維亞和費拉拉的醫學院。但一到了那邊，許多人便利用他們全新獲得的自由來學習各種開拓視野的哲學、法律，甚至神學。他們常常帶著回不去的好奇心和貪婪的求知慾，返回他們的社群。曼托瓦也不是例外，而其中一個領頭的普羅文扎利（Provenzalis）家族，就是在那邊因為這些問題而分裂的。他們一個祖先的族長，那不勒斯的雅各．本．大衛（Jacob ben David of Naples），是世俗學問批評者中最不留情的一個，而在曼托瓦，摩西．普羅文扎利拉比（Rabbi Moses Provenzali）則是會咒罵亞撒利雅．德．羅西與外國史的不當往來。但他的兄弟，大衛．普羅文扎利拉比（Rabbi David Provenzali）和它的兒子亞伯拉罕（不必說，他也是個醫生），則是抱持相反的觀點。一五六六年，他們會發行一本新形態學校計畫書，其整體關鍵在於融合猶太和非猶太學問，在不犧牲核心傳統的情況下，打開猶太青年的心智，讓他們接納其他智慧世界。學生將會研究《塔木德》與希伯來書法，但他們也會學習拉丁文和義大利文、修辭學和天文學、數學和邏輯，並在醫學上打好基底。即便在最後這一個學門上，改革派的普羅文扎利還是野心十足。這些準備成為醫學生的人，理所當然地要做臨床訓練，要伺候的不只是猶太醫生，也有基督徒醫生，而這在比較保守的地方可說是前所未聞的恥辱。誰知道他們可能會在這種來往中染到什麼東西！

波塔里奧聶家族把年輕的里奧聶（在他的拉比圈和家族圈中被稱作「猶大」）送去心胸開闊的大衛拉比那邊接受初級教育，而不是託給嚴苛的摩西拉比。所以，他的終極目標就不會是擔任見習的《妥拉》抄寫員、然後精通運用希伯來書法。「索米的猶大」沒有什麼機會一輩子當一隻駝背的地鼠，整天對著文本眨眼睛。希伯來字母不只有用，而且也有魔力。《創造之書》（*Sefer Yetzirah*）這本深受卡巴拉主義者（在曼托瓦有很多這類人）喜愛、也是最早的猶太神祕文書，讓上帝自己一直從那些文字創造宇宙的實體。一本十七世紀初、由他們的親戚亞伯拉罕．普羅文扎利（Abraham Portaleone，當然是醫生了，不然呢？）的作品，描述他的親戚里奧聶發明一種新的製墨法，或許用的是胡桃木而不是膽汁。[4]他的希伯來文字會比較黑、比較硬，不知為何，也比較有力、比較耐久。

這還不夠。詩意的衝勁煽動著。二十歲時，（正順利地要成為里奧聶的）猶大變成了文豪，寫下《女人的盾》（*Magen Nashim*）；在這篇五十節的詩中，他自己扛起了責任，要捍衛另一性別的力量和榮耀。一名女性捍衛者和女性誹謗者（想必都是男的）進行文學較量，在希伯來和其他眾多語言中，都是一種由來已久的類型。里奧聶寫下《聖經》典故女性這種尋常典範，就只是為了立刻轉往當代反思，明白地堅稱沒有必要永遠援引底波拉和路得（Ruth），因為有太多當代典範，不只是女性典範，而是猶太人勇氣與思想豐富的典範——舉例來說，無以倫比的貝文妮達．阿布拉瓦內爾，大衛．哈—魯本尼那面偉大錦旗的製作者、她亡夫遺產的管理者。本著老套競爭的精神，里奧聶本身遭到了尤賽夫．法諾（Joseph Fano）的挑戰，他委婉地指控對手寫這些幼稚詩只是為了討好女士們和拍宮廷馬屁，而這兩個可能都是真的。但法諾與里奧聶的此消彼長，卻是和上述爭論無關，而完全是因為表達形式：里奧聶把義大利八行詩（ottava rima）一節節散置在希伯來語的詩句間。這小子居然兩種都會寫！曼托瓦猶太人之中比較時髦的人注意到了這點。他爸爸的朋友魯文．蘇蘭（Reuven Sullam），猶太劇團年度表演的其中一個製作人，就很愛這作品。魯文的太太，漢娜．德．列帝（Hannah de Rieti，比薩受人尊崇的拉比葉歇爾．尼西姆的女兒）愛這首詩愛到她堅持要出版這首雙語詩。被感激所壓倒的里奧聶將完成的作品獻給她——其致敬詞已經走在調情的邊界了。

把這些都放在一起，你就會看出，那些心胸更開闊的北義大利猶太人在年輕的猶大—里奧聶身上看到什麼：一顆明日之星、一位作家，甚至是一名能為當地公司爭光的演員，一個可以讓基督徒正經端坐、看看生氣勃勃的傑出猶太人能做什麼的人——讓他們笑、哭、思考！而里奧聶本人現在則是著迷於「過著一種文學生活，但仍然符合猶太規矩而無可指責」這種令人陶醉的可能，使他寫出了某種空前之作：全希伯來語喜劇。而那也不只是什麼普珥節表演，而是一齣真正的劇場作品，史上第一部猶太劇作。

雖然我們無法確定《婚約喜劇》（*Tsahot Bedihuta Deidushin*）到底有沒有上演過，但它確實應有演過。曼托瓦有現成的觀眾，整個城市習慣了猶太演員。如果有上演的話，就會在其中某間較寬敞的私宅演出，而像這樣的私宅很多，且很可能還有樂器演奏和聲樂舞蹈相伴。[5] 他一共十一冊的劇作都在一九〇四年都靈大學（Turin University）的一場火災中佚失（外加四冊詩集），只有這齣劇的手抄本命運不同，保留了下來。這齣劇以尋常的、用來討好觀眾的寓言序曲開場。智慧——里奧聶詳細說明道，穿著色彩繽紛的戲服（不是那種讓人聯想到猶太哲人的昏暗衣服）——清楚表明了，接下來的演出要對那些嘲笑猶太人語言無能、缺乏文學所需水準的人提出回答。智慧說，這離題了，因為被其他語言看作價值連城的，其實「對我們來說」只不過「微小有如鞋釦上的光澤」而毫無價值。但反正我們還是會秀給你們看。

表面上以古代希頓（Sidon）為場景，這齣劇撩起的是古老的、普世的執著：愛、婚姻和錢。里奧聶知道貪婪猶太人的粗糙刻板印象已經在非猶太人戲劇中出現了，因此他從猶太人著作中重拾了那種唯利是圖的太太和不老實的律師角色，而那將更好笑、更強烈，也更哀傷。這齣劇的劇情不是什麼經典之作，但也沒比此類型的眾多一般喜劇遜色。男孩和女孩（分別叫葉迪狄亞〔Yedidiah〕和布魯莉亞〔Beruria〕）瘋狂地相愛，而婚約也已經擬定簽署了。幸福快樂的日子就在眼前招手。但接著，男孩的有錢父親，跟其他猶太人一樣為生意走遍各國的肖洛姆（Sholom）過世了，人們才驚恐地發現，他並沒有把所有財產留給兒子和其他預期繼承者，而是給了他抓來當奴隸的僕人夏沃（Shovel）。新娘的父親陷入困惑痛苦。一方面這場婚姻將使他女兒注定過著艱困的生活；另一方面協議卻已經講好了。然而，他的太太底波拉（Deborah），很清楚該要做什麼。「窮人跟死了沒兩樣。」她伶俐地聲明。當她先生抗議說這違反了合約時，她做出了聽在猶太人耳裡並非完全陌生的過度反應：「要我把她交給那樣的男人，我還不如親手掐死她或者把她丟到海裡算了。」

悲慘之中，心急如焚的求婚者向「強丹大師」（Master Chamdan，貪婪大師）求助，此人不用說自然是一個律師兼拉比——不只是那種普通律師，而是狡詐的《塔木德》漏洞審視者。嗅到這能分得一定比例嫁妝的他，想到了一個計畫，仰賴一種對猶太婚姻（nissuin）的極廣義詮釋，也就是任何婚禮中的第二階段（第一階段是訂婚）。猶太婚姻會有一個在篷蓋（huppah）之下的完成儀式，接著會有一段時間讓新娘、新郎獨處。這個強烈的意涵是，這會是代表結合儀式徹底完成的圓滿時刻。貪婪大師這個不完全抵觸《塔木德》的想法是，既然訂婚合約是真正的婚約，那需要完成的就只是這個性交的行動，所以，他勸告道：逃跑吧，私奔吧，就去行動吧。女方怎麼會介意呢？你們早就屬於彼此了。這麼一來丈母娘不管有什麼跟新郎交換的計畫都已經太晚了。

這適時地在舞臺外發生了，儘管快樂的葉迪狄亞發表了一段令人喜愛的初體驗焦慮證言：「在那每一刻，我的腰都抖動著，以免我失去我的靈魂，或者避免我因愉悅和放肆而遭遣責，因我的狂喜超越了我最狂野的想像。」儘管葉迪狄亞的情感對象也和他一起顫動，但他仍因為強姦而得接受審判。審判他的是猶太人之中一種等同於伯爵、公爵和國王的人；在文藝復興的劇碼中，這類人會審判錯誤、糾正誤解、揭露造假、讓壞人驚慌狼狽，並確保最後一幕是永遠過著快樂的日子。在里奧聶的猶太劇中，這個莊嚴化的角色是充滿智慧的拉比阿米泰（Amitai）——真實的發言者。因為原本的訂婚還是有效（儘管財產不幸地都消失了），而且因為未婚妻看起來就是心甘情願地想要圓這個房，所以葉迪狄亞獲判無罪。接下來，就是一旦檢驗過遺產中的細則後，任何半夢半醒的觀眾都會了解的急轉直下。葉迪狄亞雖然被取消了繼承權，但他們還是准許他從父親的財產中只拿一樣東西走。唉呀。一巴掌打在額頭上。葉迪狄亞選擇了……那名奴隸！因此那個自以為了不起的夏沃的財產，這下又變成自己的了。從此過著幸福快樂的日子。除了夏沃以外，他在最後一幕被剝下了華麗衣服，穿回奴隸裝，痛苦地評論著對財產的異想天開，如果有人能理解他在說什麼的話。

前述是一個簡單的摘要。在依循規矩的古典五幕戲中，里奧聶發展了一個又一個的旁支劇情，塞進了過多的角色：冒失講著真話的男女僕人在那邊說笑、喋喋不休的人、蠢人、利慾薰心的無賴、沒骨頭的窩囊廢、不及備載。這是一齣可愛迷人的劇，也是猶太傳統和義大利喜劇的真摯交織；但混血兒不算數。真正的猶太戲劇還得再等兩個半世紀才能成熟——那時候會以意第緒語，而不是希伯來語重新出現。

儘管一個訂婚的喜劇，並沒有開啟一種新的猶太表演文學，但卻捧紅了作者。里奧聶・德・索米（毫無疑問是在魯文・蘇蘭的幫助下）首度發明了猶太劇場人這種職業，也就是「戲劇大師」（maestro degli spettacoli）。里奧聶和眾多未來追隨者不同的地方，在於他那兩部分的身分認同還是維持不可分。他並沒有為了舞臺放棄社群，他反而成為社群面對貢札加宮庭與政府的代言人。當曼托瓦那些依循教義的潔食屠宰者對需要羊腿的非猶太教徒抬價，而被控在大齋期期間圖利時，是里奧聶跳出來論稱這項指控不公正。當地絲織工和攤販行會企圖把猶太人屏除在交易圈之外時，里奧聶也對這案子提出爭論。

這些都沒有妨礙他成為一位大膽的製作人—劇場經理。在一五六五年左右（這段期間，他夢想著在自己的劇場裡有著永久的空間，有專業的夥伴和會付錢的顧客），里奧聶寫下了他的《四段對話》。他選擇的對話體，是作品中唯一依循慣例的東西，而且即便那樣，說真話的角色「維迪西奧」（Veridico），不言而喻的，還是里奧聶自己的聲音。劇院裡曾經有過許多作品，未來也會有很多，但里奧聶的書，是第一本——也是幾個世紀內唯一一本——在搬上舞臺的具體戲劇細節中，將所有詩意與哲學思考立基於戲劇的書。書裡有對亞里斯多德的慣例致敬，但這本書預言到今後所謂現代戲劇的地方，是里奧聶的自然主義。確實，這種自然主義和他為幻想及魅力所做的設計共存，也跟他向傳統樸素田園詩的致敬（那種尋常的仙女遇上牧羊人的戲碼）共存，但是，里奧聶在第三與第四段對話裡概述的戲劇方法，幾乎從每個面向來看，都是想要將本劇自然化、人性化。他解釋，他想要達到的效果，是騙觀眾相信「為他們重演的這幾集看起來都是真的」，就跟他們可能在街上或家裡發生的事情差不多。這種非強迫的自然主義，這種「表演是生活的延展而非分離」的可怕想法，恢復了戲劇讓人驚喜的可能性——這是種戲劇張力的關鍵元素，因為，如果觀眾事先就知道每件事會怎麼揭露，那麼那些「全都會看起來太明顯，而且像是個愚蠢謊言」。所以演員不能用崇高的、浮誇做作的、很演員的腔調講臺詞，而是要像日常生活一樣地對話。按照這種方法，當劇情突然高漲或急速飆往極端激情時的衝擊力就更強了，因為這是在藉由讓觀眾信服的男男女女之口來說出其遭遇之後才發生的事。要達到這一點，在這幾條線之間發生的事，也就是動作的肢體語言和面部表情，就幾乎和文本一樣重要。里奧聶最喜歡的明星，羅馬人弗拉米尼亞（Flaminia the Roman）就證明了，這並不是什麼超乎大部分演員能力的要求。她就能將所有她最喜歡的非強迫自然主義美感全都擬人化，「因為她在臺上實在是太棒了，對那些聆聽她的人來說，他們似乎看見了真正的情節在他們眼前揭露，因為她隨著每次環境的變化，就改變了姿勢、聲音和神色」。顯然是她的頭號粉絲里奧聶可能覺得弗拉米尼亞在曼托瓦無法因為這樣的變化演出而獨受矚目，是因她與死對頭維琴察（Vincenza）的勾心鬥角，而此人正好是公爵的愛人。

了解里奧聶，就是去聆聽一個真正的演員／劇場經理／導演——同時也是大衛・蓋瑞克（David Garrick）、馬克斯・萊因哈特（Max Reinhardt）和布魯克斯・阿許曼斯卡斯（Brooks Ashmanskas）及其徒子徒孫的宗祖——的聲音，並明白了解他的工作常規。他說，表演時分可不是燭火般的瞬間閃亮，大部分仰賴的是苦練。如果你要效果出來，就什麼都不能忽視。先搞定這件事，最關鍵的決定——表演的選擇——否則你可能餘生都會悲嘆一個衝動決定的結果。選擇演員時要廣泛而睿智，「因為實際上有好演員會比有好劇本還重要……我們看過多少次爛劇因為演得好而被觀眾喜歡，而演得爛的好劇本相比之下又只有幾次呢？」[6]一段可愛的文字得要把演員找來做第一次通讀：「我讓他們全部讀過劇本，甚至連那些出場一下的小孩子都有人教他們劇情，或者至少他們參與的那部分劇情，將他們必須模仿的角色特質烙在他們心中。」[7]接著，里奧聶說，把那些放掉吧，在彩排開始前記住並內化劇本。對於現代任何一位戲劇導演來說，這聽起來都很尋常熟悉，但在十六世紀中看到這種事被人闡明出來，卻是十分驚人。在文藝復興時期英語戲劇的檔案中，沒有一種像這樣的內容。

在每個舞臺上，里奧聶都在思考「這要怎麼讓觀眾信服」，有完沒完的獨白對觀眾來說太過頭了，而且又可笑到脫離了維持正常的行為。要確保整場演出唯一的「室內照明」就是立在廳後方的幾根蠟燭，這樣才能讓舞臺照明最受注目。使用對透視感最極致的專注力來設計場景，好讓觀眾可以用舞臺上看到的那一小片看板推想出一整座城市。不要讓透視太銳利，免得當演員上臺時突然看起來像一個侏儒城鎮間的巨人。為什麼要戴上那麼強迫讓角色性格僵硬的面具，而排除掉可用面部表情來展現的情緒變化？畢竟，肢體語言就跟口白一樣重要。避免不和諧的不合時代服裝。不要讓古人穿十六世紀的衣服：藉著古典建築裝飾和雕像上的大量證據，來把古典風格弄對。不要被顏色慣例困住。為什麼老人總是要穿白色，而妓女就是要穿黃色？用一下你的想像力；想法要五彩繽紛，而且要想想演員的身體（他補充道，應該總是要苗條才行）與他們衣裝之間的關係。在鄉下演出時「用肉色緊身衣蓋住表演者的腿和手臂，如果表演者年輕英俊，那讓手臂和腿露出來也不會不妥，但腳絕對不行……他必須有一件輕便的襯衫並在上頭加兩層獸皮……至於仙女，她們應該要穿裝飾精美的衣服……有袖子的，而且我習慣在上頭加一點漿，所以當上面繫了珠寶或顏色鮮美的絲帶時，衣服就會以一種令人飽覽的優美方式膨脹起來」。[8]

當演出需要時，就在舞臺效果、小道具和額外設備上孤注一擲吧。你在用表演呈現田園詩嗎？用花朵和小樹裝飾舞臺，把兔子和鳥兒帶上來，不用擔心牠們會竄到哪裡去。把觀眾直接帶進鄉下；把你的小茅屋好好弄對；讓演員走過及膝的草地野花間。

戲劇之王里奧聶是如此說的，但他的戲劇經營技巧並不限於演戲本身。人們預期他的作品要提供音樂插曲，包括由里奧聶設計、並由偉大的猶太舞蹈大師以薩西諾（意指「小以薩克」）．馬謝拉諾（Isaachino Masserano）所排演的舞蹈動作。接著就有食物，在天氣冷的那幾個月裡於隔壁的大廳供應，或者在春夏時露天進行。（所以說，戲劇野餐這種活動，並不是從格林德伯恩〔Glyndebourne〕起頭的。）既然身為里奧聶，這就永遠不會只是一般的伙食問題。相反的，這是一個身歷其境的機會，用餐流程和服務生也會安排符合演出的動作。如果有一個了無生趣的修道院主題，食客會發現自己突然被穿得像僧侶的男孩包圍；他們會送上裝滿籃子的水果給假的修道院女院長，而她接著會在觀眾拿到任何食物之前，精心地在他們面前為飯菜祝福（並邀請食客加入）。如果表演有著航海主題，就會有味道濃厚的漁人用網子送上有魚的菜色，他們穿著的頭巾和綁腿也跟真的一樣。這些身歷其境的插曲，也有可能搞得非常古怪。被腳步靈活的舞者（比較多是演員兼服務生）帶進場的活生生動物，會在觀眾之間跑跳，使現場成了一種可愛動物區——之後這些動物被煮熟的親戚才會上桌。小心會有號角爆響，因為那會招來獵人，帶來他們的打獵場景。在某個客人的膝蓋上會被甩上「野豬的頭，另一客人則是野兔，還有其他人則是鹿的屍體等等」。[9]

像里奧聶和馬謝拉諾這樣的猶太人，利用自己在曼托瓦這座歡愉成癮之城的地位，來成為自身社群的捍衛者和良心。當有麻煩事情造成威脅時，里奧聶可以直接告狀到公爵那邊。社群的這種頭頭裡，他是我所知第一個不是拉比或醫生的人。他就只是個同樣身為好猶太人的劇場人，並在一五八五年，用他自己的資金做了許多好猶太人會做的事：為擴大的社群蓋一間新的會堂。即便曼托瓦的猶太人還是得忍受黃標記的侮辱，但顯然是欣欣向榮。一五八八年的一份普查記錄了各行各業的龐大多樣性，而這一直都是社群健康的象徵：雜貨商和印刷商、搬運工和僕役、金飾工和染布工、皮貨小販和演員、客棧老闆和醫生、賣絲織品的商人和書本裝訂工。一個全新的猶太區在古老市中心的南邊座落下來並興盛發展。這地方與那種猶太人（至少在檯面上）只能從事金錢借貸和破衣服交易的狹窄猶太隔離區相比，彷彿是完全不一樣的世界。

但這個當代猶太創造力的第一個溫床，就跟接下來出現的都一樣，也是一個愚人的樂園。一五九二年，也就是里奧聶六十多歲死去後，又過了二十年，古里埃摩公爵的兒子文森佐（Vincenzo），這個曾經把劇場人捧上天並豁免他不用戴黃補丁的人，這個雇用了猶太作曲家薩洛蒙．羅西（Salomone Rossi）和他稱作「歐羅巴夫人」（Madama Europa）的歌劇歌手妹妹的人，強制要曼托瓦的猶太人住進猶太隔離區。[10] 猶太人與其非猶太贊助人之間自然形成的文化和諧所創造的成就，面對淵遠流長的偏見和狂熱，總是脆弱不堪。

十六世紀後半，在曼托瓦之外，共享文化的障礙變得可怕而難纏。保祿四世在一五五五年一上任就公布的教宗詔書〈因為這完全無意義〉（Cum nimis absurdum）❶，一開頭就說猶太人因為集體罪惡而注定要「永久遭奴役」。都有這種罪了，還外加利用了基督徒的縱容，他們居然還有膽居住在基督徒之間，甚至是在城市中最棒的地方，還在教堂的旁邊！保祿挑起的是一種從黑死病以來，針對猶太人帶來實體汙染的偏執妄想，雖然古老但強烈。特別是難以和基督徒女性分辨的猶太女性，還會腐壞年輕或成年男性的肉體，並且——因此就斷言了——會散布梅毒，一種格外骯髒的猶太陰謀。所以就有需要強迫他們戴黃帽子（之前是紅色的，而且不是所有猶太人都得要戴）。任何一種可能汙染基督徒的交流現在都遭到禁止。所以猶太人不再獲准賣食物給基督徒；也不能雇用他們當奶媽（乳房汙染顯然會是一種雙向過程）。猶太醫生禁止看基督徒病人，免得他們把有害的東西放進他們的身體裡，而猶太人也不可以雇用基督徒當家僕。他們並沒有接受他們該做到的屈從，反而傲慢地企圖掌控同一批基督徒，所以現在他們非常需要知道，自己其實沒那麼重要。羅馬的猶太人隔離區因此誕生了，原本稱作「獸欄」（serraglie），而且在任何方面來說都比威尼斯的前一代來得殘暴。將近有四千名羅馬猶太人立刻被勒令拋下他們在里帕區（Ripa）和特拉斯提弗列區（Trastevere）住了好幾代的房子和街區（羅馬猶太人社群的歷史遠比基督徒社群還要久遠）。他們被趕進一個一平方哩的地方，接下來每個春天臺伯河氾濫時，那裡都會塞滿骯髒的泥巴。在這種對未來納粹德國猶太人隔離區做出恐怖預言的地方，猶太人在教宗的命令下，要自己監管自己的監禁。他們不允許擁有任何土地以及所有其他形式的不動產。此後他們唯一的生計就是來自典當、放款和賣破衣服。再也沒有一個基督徒會去稱他們為任何一種社會的高階人士。

不用說，這些殘暴限令最終證明是很難強迫推行的，從禁止猶太醫生就開始了。當保祿四世在一五五九年死去時，他的離世獲得猶太人歡欣鼓舞的慶祝，他們滿心期待他的繼任者會廢除詔書。庇護四世（Pius IV）確實疏緩了一些最嚴苛的拘束，但被圍起來的猶太人隔離區本身還是存在，黃昏時大門依舊會關上。堅決要對猶太人強行最泯滅人性行為的詔書精神也還在，以便說服他們說，一旦他們看見了自己這條路的錯誤並受洗，他們的生活每天都會有所轉變。[11] 一五五六年，二十五名馬拉諾在安科納的大批群眾面前因為「宣揚猶太教」而燒死的回憶，成為了猶太殉道典範中一段片刻而永久的歷史。在比較不狂熱的庇護四世之後，接著的是激烈恐猶的庇護五世（Pius V），他在一五六九年放逐了教廷領土內所有城市裡的猶太人，只有已經有猶太人隔離區的羅馬和遭受恐怖統治的安科納例外。

❶ 譯注：此標題取自訓令開頭。

庇護五世對於「自己的教宗職責，就是開啟等待已久的猶太人大規模改信時刻」的堅信，其實被下個世紀的所有君王和教宗所繼承，他們都致力於讓猶太人的生活能多糟就有多糟，好說服他們承認自己的錯誤。一波驅逐潮接踵而生——在哈布斯堡家族之下的米蘭，在熱那亞共和國（Republic of Genoa）還有麥地奇家族之下的佛羅倫斯。

這股新難民浪潮有不少地方可以去。在托斯卡尼，利佛諾成了他們的新住所和貿易據點，他們就那樣留下來一直到法西斯年代為止。位於托斯卡尼濱海石灰岩露頭之上的皮蒂利亞諾（Pitigliano）有一個更老的猶太居住點，受到當地的雇傭兵隊長統治者所幫助，但到了十六世紀，也一樣因為流放迫害的外來者而增加人口。當時興建的典雅猶太會堂，現在還立在原處成為又一個紀念碑，紀念著一群挺過數個世紀、直到被戰爭和種族屠殺追上的人群。

隨著宗教裁判所一五四七年開始在威尼斯運作，實際上就只剩下曼托瓦和費拉拉還是猶太人和非猶太人（如果他們都選擇要的話）可以共享同樣實體空間和文化的地點。但是，一五七〇年十一月費拉拉遭遇了一場駭人的地震，美麗的城市有一半被夷平。大約兩千次的餘震持續了好幾個月。公爵阿方索二世請求教宗庇護五世協助重建費拉拉，但對方告知，他和他的城鎮之所以會有困頓降臨，是因為他放任猶太人。除非他採取比照羅馬和教宗國對付猶太人的措施，否則還會有更多災難接連發生。這位阿方索拒絕行事，並把所有將自然災害和費拉拉猶太人聯想在一起的概念都斥責為荒謬無稽之談。

在曼托瓦，儘管里奧聶的劇院欣欣向榮，貢札加王朝面對沉重的改信壓力，也不是那麼可靠的猶太保護者。雖然里奧聶沒被干擾，也持續完成一部又一部劇作直到過世，但另一位在貢札加宮廷文化圈的猶太人，亞伯拉米諾・利未・達阿爾帕（Abramino Levi dall'Arpa）——豎琴手兼歌手——就被持續且惡劣的改信活動鎖定。[12]「小亞伯拉罕」來自一個顯赫的樂手、歌手世家，從他祖父亞伯拉諾・利未・達阿爾帕（Abramo Levi dall'Arpa）起家至今，他是整個家族中被貢札加家族所喜愛的第一人。里奧聶要古典主義者接受「摩西是第一個悲劇演員」可能會有困難，但在文藝復興時期的義大利，把大衛王封為《詩篇》的作者以及七弦琴和豎琴之王，卻是人們普遍接受的說法。貢札加宮廷可能在利未的精湛技藝中看到某種《聖經》音樂家的轉世，但耶西（Jesse）的兒子大衛王，也是基督的先祖。把後來的七弦琴手和豎琴手說是基督徒而非頑劣的猶太人，在當時是比較妥當的。亞伯拉米諾當時似乎已經和駝背的古里埃摩公爵親近到（或者說不管以什麼方法讓自己地位穩固到）可以招來旁人要求他改信的壓力。亞伯拉米諾有一次以演出人員身分前往公爵的一場露天宴會時，面對了公爵門下的理髮師、弓箭手加上牧師，一起和他激辯猶太教的愚鈍，以及透過基督受難獲得救贖的必要性。不置可否的亞伯拉米諾接著被帶去了教堂的管風琴閣樓，公爵的孫子正在受洗，然後他又聽了一頓保羅派的訓斥，說為什麼受洗讓割禮顯得多餘又有害。這種改信勸說活動變得太激烈，激烈到有一次亞伯拉米諾的叔叔薩繆爾和曼托瓦的猶太大賢人猶大·莫斯卡托（Judah Moscato），因為害怕最糟的狀況發生，而急忙衝到了豎琴手的家裡，來強化他的決心。鼓吹改信者還繼續擴展策略。他們相信在基督徒的桌間用餐，會代表進入不可逆轉的改信階段，因此提供亞伯拉米諾食物，全部都被活動參與者忠實地記錄下來：「再烹調式起司（ricotta salata）、起司通心麵、水果派……烤餅，全程在宮廷裡烹調……這表明了一種成為基督徒的傾向。」[13]但除了廚房和餐具（對最正統派的教徒來說是個公認的問題）外，這份菜單上根本沒有什麼違反了猶太潔食（kashrut）的食物規矩。所以再一次的，促成改信者又失望了。在盛怒中，古里埃摩下了毒手，不只抓了他的豎琴手，還連他叔叔薩繆爾甚至猶大·莫斯卡托都抓了起來，並拷問他們使其屈服。亞伯拉米諾持續抗拒，但當他聽到隔壁牢房傳來老叔叔的激烈呻吟後，他終於投降並受洗。這些全部都發生在一五八七年，接著到了八月，古里埃摩在戈伊托（Goito）的田莊裡即將要死去。據說在最後一刻，他要求如今叫作伯納迪諾（Bernardino，這名字是由公爵選的）的亞伯拉米諾為他演奏，這樣的話，他的和弦就會是他離開前最後聽到的聲音。他以伯納迪諾這個名字再度出現於新公爵文森佐的檔案中，但在一五九三年，一封由公爵祕書所寫的信中，寫了「猶太人亞伯拉米諾」，也就是他本來的名字。一旦當了猶太人，終究……

儘管文森佐公爵英俊得有如米開朗基羅的作品，跟他駝背的父親一點也不像，但他確實有繼承貢札加血統裡那危險的不可預測性。一開始文森佐對猶太人十分仁慈，藉著強調猶太孩童至少要雙親之一的點頭允許下才能受洗，公然反抗教廷與皇室聯手的大規模改信活動。似乎都還沒有在作曲者兼表演者薩洛蒙・羅西的身上施加壓力，要他放棄他那認為自己（一如先前里奧聶那樣）堅決投身的信仰。確實薩洛蒙會繼續替教堂和猶太會堂兩邊同時寫音樂，他的〈所羅門之歌〉（*ashirim Asher Lishlomo*，一齣根據自己名字與《聖經》名字所命名的演出）會是第一首替猶太所寫的對位法禮拜樂——而且，就如我們接下來看到的，也恰好會是引發瘋狂爭論的理由。[14]

對那些較小城邦國家的小領主來說，這是很艱難的時刻。若想在勢力更強大的帝國強權間不居劣勢，貢札加和埃斯特宮廷就需要別種的猶太天才。他們確實在亞伯拉罕・柯洛尼（Abraham Colorni）——這個被教士兼作家托馬索・佳索尼（Tomaso Garzoni）稱作「當今所有義大利人中最有名之一」的人——身上，找到了一種天才。如果里奧聶被譽為一種魔力的大師，那麼比他年輕二十歲的柯洛尼，就可說是另一種魔術的法師：只是說，是致命的魔術。[15]他不是第一個以武器成名的義大利猶太人。在十五世紀後半，主要是替埃斯特家族工作的薩洛蒙・達・塞索（Salomone da Sesso），就被尊為儀式刀劍的名匠而受人欽羨，其中有許多兵器精細地刻上了神話場景。但達・塞索是一名藝術家；柯洛尼卻是死亡專家。他最早是在一五七〇年代現身，替埃斯特宮廷擔任各種武器的發明家，那些武器是連達文西都從來沒想像過的：能夠在重新裝填前擊發十回的自動鈎槍；在瞬間轉換成槍之前還可以由軍樂隊演奏的假樂器；可以拋過河岸的折疊橋（比活動便橋還早了四個世紀）；給痛風或其他不方便的指揮官用的武裝輪椅，除此之外還有太多太多。埃斯特家族對於機槍的原型大為讚賞，因而訂了兩千支，而且有一些充分的證據顯示確實造了不少出來，然而應該沒有哪個樣本有留到今日。

對那些義大利小小宮廷來說，有些東西甚至比這些創意驚人的武器還要來得有用，而那就是創造這些東西的巫師。柯洛尼最大的發明就是他自己：魔法師、鍊金術士，以及特別重要的，玩戲法的人、騙人的手法大師。義大利的猶太人是以紙牌設計者和玩家聞名——而這是賭博的黃金年代。發明出那些騙倒眼睛的驚人紙牌花招的人，就是亞伯拉罕·柯洛尼。那時候，他也同時成為了一個通曉暗術、獨門知識的娛樂家，一個當槍匠的卡巴拉主義者。而柯洛尼終生堅持身為猶太人的事實只是替他的傳說增添了一章，就像許多世紀以來，人們都認為猶太人是神祕知識的保管人一樣。柯洛尼聲稱自己精通的其中一個奧秘是逃脫術，所以當波蘭人抓住了神聖羅馬帝國皇帝魯道夫二世（Rudolf II，他自己就是鍊金術和玄妙事物的熱中實踐者）的弟弟的時候，阿方索就很自豪於派遣柯洛尼去策劃脫逃。這件事實際上有沒有把柯洛尼的神力逼入難關，已經無從得知，因為這位大公在和平協議後就獲釋了；但皇帝對他的這種仰慕，使這位猶太人足以留在布拉格將近十年。在那裡，在一個卡巴拉興盛的社群內，柯洛尼研究著萃取硝石和製造火藥的新方法，而那時候基督教帝國也正試圖防止中歐被武裝強大的土耳其人鯨吞。令魯道夫高興的是，柯洛尼從最大到最小的東西都能做，還想到了至今還沒有人想過的暗號和密碼系統，有一些他發表在自己的祕密書寫技法手冊《暗筆法》（*Scotographia*）裡。對他的仰慕者來說，他不只是機械和智慧奇觀的發明者：他還是某種猶太魔術師，一個柯洛尼會樂於以他第二本書《所羅門的鑰匙》（*Solomon's Key*）來好好發揮的角色；已知這本書的內容裡，對於據說興建了第一聖殿所用的共濟會祕密知識，有著古老的著迷。即便是最理性的人也接受了這套法術——也就是說，如果我們把拿破崙當作一個最理性的人的話。因為他在聖赫勒那島上的藏書，就有這本魔法猶太人著作的法語譯本。

或許拿破崙在他的海上監牢裡希望學到一些脫逃的藝術。柯洛尼被魯道夫借出去——當初是說只有幾天——給另一個獻身於神祕學問的人，司徒加特（Stuttgart）的符騰堡公爵弗利得里希（Duke Frederick of Württemberg）。然而，儘管魯道夫阻止了他的家用巫師回到費拉拉或曼托瓦，弗利得里希卻又把柯洛尼留了下來。生氣的魔術師決定罷術，而被以「傲慢地不照命令產生奇觀」為由入獄。監牢位於弗利得里希最牢不可破的要塞裡。當然呢，柯洛尼就像水霧一樣地消失了。一旦符騰堡的人們克服了他們驚訝且欽佩的情緒，追捕犯人的喊叫聲就響了起來。沒有被柯洛尼的逃脫術逗樂的弗利得里希，把人派到歐洲的天涯海角去追捕他，但柯洛尼早就回到了他出生的城市，在充滿音樂的曼托瓦之中和猶太人們在一起。有那麼幾年他傳達了想要回去的心願，因而向文森佐公爵送上無所不有的小機械和發明，包括一臺可以在他的教友薩洛蒙・羅西和歐羅巴夫人備受仰慕的宮廷音樂會上演出的樂器。一五九七年，他因熱病死於曼托瓦，而這是一種被湖和沼澤所包圍的城市裡始終存在的居住危害。

三年後，另一個猶太人在曼托瓦因為魔術而成名，但這次她的名譽完全是個悲劇。一六〇〇年四月二十二日，在猶太善男信女正要前往里奧聶・德・索米的猶太會堂的安息日早晨，七十七歲的友弟德・法蘭謝拉（Judith Franchetta）被當成女巫燒死。她被控對一名屬於聖文生會的前猶太修女下咒，企圖使她回頭改信猶太教。有數千人前來觀看猶太女巫的火刑，其中還包括文森佐公爵本人和第二任妻子——麥地奇的艾蓮諾拉（Eleanora de Medici），以及伴隨她的一位奧地利公主。這也算是一種猶太人給予的娛樂。

> 孩子們替自己在扶手間找到位子，廣場上的群眾擠到都沒辦法轉頭：大約有一萬到一萬兩千人。猶太女人友弟德的四肢用繩子綁在木做的火刑柱上……由三個來安撫她的猶太人點燃。（當火焰延燒時）兩個人立刻跑開，但第三個人太老又太專注在工作上，使他幾乎和她一起留在火焰中，如果不是其他人拉著他下半身把他拖出來的話就死定了。綁著她雙手的繩子燒穿了，因此還活著的她舉起了右手想要護住臉。但這沒什麼用，因為她迅速掉進了火中而死去。[16]

一六〇二年，也就是兩年後，在自由的曼托瓦，七名猶太人被指控拿基督教尋開心的莫須有「嘲笑」罪，因而遭到拷問和吊刑，屍體被馬匹拖過卵石路時四分五裂。十年後，曼托瓦成為最後一個把穿黃色補丁的猶太人趕進猶太隔離區的義大利城市。

第四章

Chapter Four

夜鶯時代

The Story of the Jews

有一段時間，猶太人的餐飲服務提供了不少生意機會。每個週五下午，接在穆斯林的祈禱後，但在猶太安息日之前，從佩拉（Pera，現稱貝伊奧盧〔Beyo lu〕）區內的猶太大人別墅來的車馬隊，就會把整車的精品送到托普卡匹皇宮（Topkapi Palace）。[1]安坐在絲綢墊子上，黃頭髮的蘇丹塞利姆二世（Selim II），殷切地等著中國瓷器盛來的好菜：用玫瑰水和糖烤的鴿肉美食；鵝肝配科林斯（Corinth）的葡萄乾，還有（畢竟是）得由猶太人說了算的香料；此外還有一些東西只保存在帶著懷舊廚藝的廚房裡，來自帳篷和牲口和小馬比賽的土耳其舊時光；酸奶酪和雅夫卡（yufka），包著抓飯的未發酵麵皮。新風味則有一整列「zeytinyagli」的拼盤，名稱來自菜中使用的橄欖油（另一項猶太人的進口貿易），並以冷盤上桌——醫生說，這是用來調節在濕熱夏天會冒出的黑膽汁。

從猶太人那邊取得食物不是什麼簡單的事情。這個皇宮，也因此代表整個鄂圖曼帝國，都是圍繞著提供飲食這一行蓋起來的。蘇丹的第一個義務是國家人民的飲食供應，先從他宮殿裡的僕人（在十六世紀中有五千人），然後軍隊，然後在遭遇困難時，還要養活一般民眾。公共救濟廚房是鄂圖曼帝國城市的標準設施，以至於猶太慈善活動的一個符號，變成了替自己社群服務的類似廚房所使用的機構和資金。托普卡匹皇宮的廚房是蓋來處理盛宴用的，特別是像割禮這樣的王家重要場合，但每次款待使節時，宴席都會在分開庭院的柱廊入口之下排開。從金角灣或者博斯普魯斯海峽那邊的大小船隻甲板上看去，托普卡匹皇宮在天空裡的輪廓是被十個穹頂建築和皇家廚房的眾煙囪所構成，就跟皇宮清真寺一樣突出，也幾乎一樣神聖，因為它們象徵了蘇丹對他臣民肚皮的溫柔照顧。[2]那些圍繞著大巴扎（Grand Bazaar）的大量倉庫（khans）塞滿了麥子跟稻米，受到小心戒護和管制，那些穀物可以賣出的價錢也有嚴格控管。在皇宮內，蘇丹超過一千位的廚子，像軍隊一樣地組織起來。然而軍隊，卻又是繞著食物供給組織起來，至少精英的耶尼切里軍團（Yeniceri，由帝國征服的基督徒家庭中挑選出來的奴隸兵）是如此。飢餓可以像槍擊一樣致命。劍和肚皮的關係可以在軍階的名字上看得出來。軍團上校稱作「湯廚」（corbaci），穿戴湯匙以代表名譽，塞在他們像無邊帽一樣的高帽上，而那是薩洛尼卡的猶太工匠織的。尉官則是「廚師」（ousta），軍校新生會被指派提供烹飪燃料和清洗善後的榮譽工作。很明顯的，每個軍營（orta）之中最有價值的所有物，並非戰鬥步槍，也不是加農炮，而是大鍋：湯和飯的仁慈提供者。土耳其士兵不滿的第一個徵兆（會定期反覆發生）會是對蘇丹的食物嗤之以鼻。當不滿蔓延成徹底叛變，這種武裝起義會被稱作「翻大鍋」。

更廣大區域的效忠帶動了這個以大眾肚皮組成的國家。但在龐大宮殿集團——它裡頭就等於一個城邦國家——裡面，忠誠也是隨著是否餵飽而來來去去。托普卡匹裡面的食物國是分工勞動的經典之作：宮殿實習騎士和另外五千位僕役雙方各自分開的廚房，還有一間專門服務蘇丹的大廚房（kusane）。每一間都有一個主廚（agha，和軍事指揮官的名稱一樣）掌管，這人通常是一個監督眾多部門的宦官：替冰凍果汁保管冰和雪的人、家禽員、酸乳酪員、銅壺員、糖果點心員、烤架人、專精鑲嵌芝麻的環狀麵包（semit）的烘培師、醃漬物員，還有肉乾（bastourma）保存員。

當時，猶太大人的行動盛宴可以冒犯到不少人。但塞利姆二世對於那些謠言和威脅都視而不見。蘇丹的臃腫本身就是一種形式的宣傳，因為那合乎「統治者應該向全世界展現其肉體繁盛」這一點。然而，在大巴扎被稱為「醉鬼塞利姆」就是嚴重很多的問題，因為這就意指猶太人真正的天賦，在於伴隨著食物送上來的酒，而蘇丹對於白葡萄酒、麝香葡萄酒和馬爾薩維葡萄酒、加里波利綠酒和西班牙式釀造的愛琴海「典型」（tipico）紅酒、或者克里特島加蜂蜜的「坎迪亞葡萄酒」（vino de Candia）的無法抗拒，已經讓他成為猶太人尤賽夫的俘虜。而《可蘭經》禁止飲酒是無可爭辯的。同樣的，沒有人可以假裝說，胡言亂語的作家的酒興詩意始終不是阿拉伯與波斯文學的奇觀之一。每一位蘇丹對於禁酒的管制都有不同的觀點。塞利姆的父親蘇里曼曾經嚴苛不可妥協，不只禁止了葡萄酒，甚至連賣給非信徒的交易都禁了。加拉塔（Galata）——住滿了熱那亞人之類的外國人的殖民地，位於金角灣的北岸，當初是蓋來當作遠離義大利老家的人的家園，還有廣場和鐘樓——的整排酒店，都在法令下摧毀了。比較寬容的塞利姆恢復了對非信徒的葡萄酒交易，並以很高的索價把「管理中心」（muqata'a）這個壟斷特許權給了猶太大人。唐．尤賽夫（Don Joseph）也經營著關稅收入，即便他同時把地中海的葡萄酒出口到貨源不足的摩達維亞和波蘭貴族手上。

這個「偉大的猶太人」曾經叫作約翰．米格斯，就是一五三七年和兩位伯母——貝亞特麗斯和布麗安達．德．路那，一起搭快船前往布里斯托的那個二十歲年輕人。現在他是愛琴海上遍布島嶼和城堡的帝國拿索斯（Naxos）的公爵——米洛斯（Milos）、帕索斯（Paxos）、帕羅斯（Paros）、安提帕羅斯（Antiparos）、安德羅斯（Andros）、聖多里尼（Santorini，本身就靠著火山土壤生產好酒）的島主——並在他自己的人民之間被稱作尤賽夫．那希公爵（Don Joseph Nasi），君主。蘇里曼的內閣總理留斯坦．帕夏（Rüstem Pasha）以前會聽取他的意見，而現在，穿著裝飾黑貂皮的絲綢衣，在兩名騎馬護衛的伴隨下，他通過「高門」（Bab-I-Ali）的院門時，手臂不必被守門人護住，就能下馬走過鑲嵌寶石的人行道，穿過養馬場和皇家烘培坊，從一列列靜止如雕像般、包著頭巾、跨在裝飾亮麗的馬上的騎兵之間穿過，而來到議會廳。他在那裡會走到一片像紅海一樣分開的金衣縷海面前；年輕的奴隸見習騎士，他們的頭髮剃光，只留下一撮「松鼠尾」垂到脖子；一百個聾啞人，手套包著的手腕上站著老鷹；另外一百個健壯的矮人舞著和他們一樣大的彎刀。這片金海突然靜了下來，平靜到只剩光還在衣服上閃動。如果有什麼說出來的話，靠的就是手語（ixarette），宮廷上的第二語言。只要真的發出一丁點聲音，就算只是悄悄話，也會遭到司儀仗的嚴厲譴責。蘇丹自己也會想要模仿一尊活雕像，偶爾用他柔軟肥胖的手做一些動作，或者玩著中指上一顆鵪鶉蛋大小的鑽石。

在（一週四次的）謁見場合，猶太大人可以提出實際建議，可以透過內閣總理提出，或者直接在宮殿的第三內廷殿裡的請願間（這房間有更多黃金裝飾在天花板、牆壁上和王座上）對蘇丹提出。在那邊，他對戰爭和外交、對天主教國王們的軍事布署、威尼斯人的戰術、法蘭德斯反抗的未來、稅收的健康還有財源的狀況，他都可以大膽地提出看法。

回到他稱作「我們那美景宮殿」的地方，唐．尤賽夫便把自己關進他那不輸給威尼斯任何貴族的書房，或者漫步到那間留給埋首於希伯來手稿的抄寫員和點燈人工作的書房。穿著拖鞋、袋狀褲子、迎著金角灣微風的僕人和奴隸，在他走過他的御花園時伴隨著他。他會從有扶手欄杆的露臺上觀看他的卡義克（cayiq）船正航向博斯普魯斯海峽入口處，給人檢查船上貨物。在他以及蘇丹的名義下，他們會搜索貨艙、仔細觀察申報清單、收取費用，並在批准時增加收費。不管對猶太大人或者喜歡他的蘇丹來說，這都不是一種能獲得人望的手段；但塞利姆對巴扎傳來的四處埋怨充耳不聞。他仍然堅信，在他與弟弟巴耶濟德（Bayezid）那場致命的繼承權鬥爭中，如果不是有尤賽夫・那希大手筆投資的友情，他是贏不了的。他可以靠著這猶太人，讓自己的飯鍋又滿又熱。所以每週從猶太人別墅的進貨同時勾動了塞利姆的胃口，以及他的恐懼。這食物保證不會有他眾多敵人可能偷運進廚房裡的毒。而且如果真的發生這種不幸，總是還有另一位猶太人在；摩西・哈蒙（Moses Hamon）是他的醫生，據說他的藥櫃裡有全帝國最多樣的解藥。

哈蒙本身就是一個神奇人物：拉比學者、學術的資助人、希伯來文和拉丁文的出版者，還是黎凡特（Levant）一間大圖書館的館長，同時也是名醫。一四九二年當穆斯林國在西班牙的最後一塊領土落入卡斯提亞（Castilian）「十字軍」時，在格拉納達出生的他才兩歲。但在成長期間，他的阿拉伯語就跟西班牙語、拉丁語和波斯語一樣流利。自從君士坦丁堡的征服者穆罕默德二世統治以來（或許比那還要更早），鄂圖曼帝國就有一種由猶太人擔任蘇丹御醫的傳統，因為猶太人不像穆斯林那樣可能會被不滿的對手雇用，或者像基督徒那樣有很多報仇的理由，蘇丹相信他們既聰明又安全。鄂圖曼帝國的第一位猶太御醫是加埃塔的賈可波（Giacopo of Gaeta），後來改名為亞古柏・帕夏醫生（Hekim Yakub Pasha）。但哈蒙這一族卻維持了自己的信仰。摩西的父親尤賽夫・哈蒙（Yosef Hamon）曾是一四九三年最早從西班牙抵達君士坦丁堡的猶太要人之一，並為巴耶濟德二世、塞利姆一世和蘇里曼大帝效力。他們照料他們的疼痛和痛苦、他們隨季節變化的食慾和慾望，還得與蘇丹一起在戰場上共行，在有需要時擔任他的外科醫生。穆斯林對猶太人騎馬的正式禁令，到御醫這邊就放棄了。到了蘇里曼的時候，托普卡匹宮裡已有四十一名猶太醫生，相對的，穆斯林醫生只有二十一人

——人數多到必須要特別成立一個協會來把他們組織起來。[3]能夠一個人當面見到蘇丹的尤賽夫・哈蒙，變成了一個君士坦丁堡賽法迪猶太人的非正式代表，同時，摩西覺得自己有資格把蘇里曼的注意力轉移到施行在猶太人身上的不公不義。當地官員總是在進行一些小小的敲詐勒索，此外，從基督徒那邊學來的惡劣誹謗偶爾就是會沸騰起來，控訴猶太人為了烤逾越節薄餅而亟需血液，竟跑去謀殺幼童。[4]

是摩西・哈蒙主動出手把探子送出去完成最大規模的馬拉諾追捕行動的：目標是把曼德斯家的人帶到土耳其來。醫生自己就和法蘭西斯科・曼德斯有關聯，而且被當成這個盛大擴張家族的一員。經過哈蒙的事先簡報後，卡維斯（caus），也就是皇家特別代表被派到威尼斯，去看看這項活動要怎麼在最低的風險下完成。慎重判斷是非常重要的，因為日後在君士坦丁堡會被稱作「小姐」（La Senyora）的女人——葛拉希亞・邦維尼斯特女士，當時的身分還是貝亞特麗斯・曼德斯或者貝亞特麗斯・德・路那，還在假裝過著道德良善的天主教生活。即便當布麗安達因為賭氣而告訴威尼斯政府說，她信猶太教的姊姊打算一路搬到土耳其的時候，葛拉希亞還是演起了一場義憤填膺的大秀。

即便如此，在一五五三年春天，她還是抵達了蘇丹的城市。安德列斯・拉古那（Andres Laguna），這個土耳其人抓住的西班牙囚犯，報告說：「有一名極富有、自稱貝亞特麗斯・曼德斯女士的葡萄牙小姐，帶著四十名騎師和四架凱旋的馬車進了君士坦丁堡，車裡都是女士和侍女。她帶來的家室沒什麼不合乎西班牙公爵水準……宮廷上的人都對他們表達了尊敬。當她還住在威尼斯的時候，她已經和偉大的土耳其人❶安排好，她不需要特權，唯一的例外是讓她的家室可以穿威尼斯服裝，搭配三角胸衣和頭巾。她獲得了這些，若她還要的話，必定還可以拿到更多。」[5]令拉古那震驚不已的騎師部隊之所以必要，是因為葛拉希亞選擇從拉古薩（土耳其的附庸國）走陸路，而這中間的地帶是土匪的天堂。但毫無疑問的，葛拉希亞女士也想要在公眾間創造一個威風凜凜進城的風光場面，就好像她確實是某種皇后似的。其他目擊者輕易地因為猶太人的放肆而感到憤恨；奧格斯堡的銀行家、福格家族的經理人漢斯・丹萬（Hans Dernschwam），形容她是個「老太太」（即便她才四十三歲），活在「奢華浪費之中，有著許多僕人，兩個還是從荷蘭來的」。[6] 葛拉希亞確實帶了兩名二十年前在安特衛普當女主人時服侍她的女性。

摩西．哈蒙曾經希望，葛拉希亞女士和她家族連串小心經營的最後一步，會是讓他的兒子（尤賽夫，當然也是醫生）和她的女兒雷娜，也就是君士坦丁堡最有錢的女繼承人結婚。但一如往常，曼德斯—邦維尼斯特家族考量的是鞏固家產，而不是分散出去，這代表雷娜就只會有一個理想丈夫，那就是尤賽夫．那希自己。尤賽夫．那希在私奔拉溫那時，也一度娶過這新娘的表妹，也就是布麗安達的女兒小葛拉希亞，但這事並不妨礙現在這樣的結合，因為那次他們逃離的是一場基督教的儀式，因此在猶太法律中沒有地位。在城市生活中，在宮殿別墅的宴會是重大事件，奢華到足以贏得那位確保自己會在那裡的法國特使的仰慕。

只有最傑出、最有錢的猶太人住在加拉塔，讓自己穿著舉止更像義大利人而非土耳其人。五萬人中的多數住在金角灣兩側的擁擠區域，有一些在哈斯柯伊（Hasköy），這也位在北側，但完全不像加拉塔的別墅那麼時髦；更多人住在西南側繁忙的艾米諾努（Eminönü）、希魯克吉（Sirkeci）、塔塔卡勒（Tahtakale）和馬穆德．帕夏（Mahmud Pasha）街道。在那裡，他們住在不大的木造危宅，始終避不開廚房和動物的味道。君士坦丁堡少數那種有院子的街區，是特別為那些薩洛尼卡和賽拉耶佛的紡織工匠蓋的：很快就壞掉的多層公寓。但更常見的是那種最簡單的一房或兩房猶太住家；一間房用來工作，另一間用來做其他所有事。猶太人所在的君士坦丁堡是一個工匠的世界——錫匠和敲銅人，染布工和鞣皮工人，串珍珠鍊子的人和印書工、麵包師傅、刀匠、槍匠、做剃刀和鏡子的人、上釉彩的人和裁縫匠。但也有猶太人往更遙遠的地方打滾：當漁夫、當牛羊販子從巴爾幹半島帶回動物和原毛，從安納托利亞帶回、以安卡拉命名的安哥拉毛料；肥皂、刀具和鈕釦小販則待在簡陋的根據地。在他們之上則是穩固的批發商、零售商和商人階級，賣起東西一如在全穆斯林世

❶ 譯注：即蘇丹。

界各處販售種類無所不包的日用品那樣。也有金匠、鍊金工和試金者，精手貴重珠寶和普通珠寶的商人、地毯商，還有毛料交易商，交易「蘇非」（suf）這種軟安哥拉山羊毛纖維，以及亞特拉斯（atlas）這種編好的、或有如絲綢的羊毛。他們在大巴扎裡擺出緞子和絲綢、項鍊和臂飾。在巴扎的其他地方和外面，猶太人就在穆斯林商店旁一起販賣乳酪和香料、鹽醃鯡魚和藥草。

但他們是一個被語言、習慣和歷史記憶所分隔的社群。有數千人每天講葉文（Yevanic）希臘語，他們是拜占庭帝國統治下君士坦丁堡的猶太後裔，通常都還住在同一個街區裡。鄂圖曼入侵並在一五四三年征服君士坦丁堡期間，他們明顯拒絕來自拜占庭統治者的支援（就算不至於支持土耳其，至少也被當作中立），避開了被當成活逮奴隸的命運。猶太人對君士坦丁堡淪陷的反應中，最有影響力的例子，就是克里特拉比艾利亞・卡普沙利（Elia Capsali）的鄂圖曼人史，這本書是在甘地亞（Candia，現稱伊拉克利翁〔Heraklion〕）寫成，這地方在一五二三年還是威尼斯的領地。[7]卡普沙利是一個文筆很好的作者，但在猶太史學史的黎明時期，他很自然地會把他的故事寫成《尼希米記》（*Nehemiah*）和《以斯拉記》（*Ezra*）的二度降臨。因此穆罕默德二世就成了新的居魯士，被上帝所選出來，成為祂用來懲罰殘暴希臘人的工具。相對的，鄂圖曼的君主則是「邀請」了被征服的拜占庭（在巴爾幹半島及周邊島嶼）猶太人前往他的新首都並在那兒繁盛起來，「每個人都在他的葡萄樹和無花果樹下」。猶太人在這個問題上別無選擇。他們並沒有獲得仁慈的邀約，而是立刻被成千成百地拔離居住地，強迫重新定居在君士坦丁堡。[8]通常他們得面對搬遷期限，若不遵從，在那之後有可能會被處以死刑。這種「放逐」（surgun）一如其名，在鄂圖曼帝國是慣例行事，而長期來看的結果，則是在君士坦丁堡創造出興盛、組成極其多元的社群。但那在當時就算不構成實際上的創傷，也不代表不會深深地令人不安。卡普沙利筆下的故事，就彷彿這裡發生的事情正好和伊比利亞人被放逐的狀況相反，然而，如果你是奉命要搬去一五二三年征服的羅德島的薩洛尼卡猶太人，或者是一個住在布達（Buda，今布達佩斯西半部）的匈牙利猶太人，然後在一五二六年被當作「有用的殖民地居民」被帶上土耳其船隻，移民到不知哪裡的地方的話，你可能會很難區分土耳其和伊比利亞半島的情況有什麼差別。當卡普沙利把一份給伊比利亞人的「請帖」歸功給巴耶濟德二世這一位蘇丹（也就只有這一位）的情況下，我們不清楚猶太人會獲得什麼樣的歡迎。巴耶濟德重新施行了有關整修損毀猶太會堂以及建造新會堂的伊斯蘭舊禁令，還有其他眾多施行於猶太人的、更為壓迫的條款，好比說，明確的衣裝識別。

在他的後繼者——塞利姆一世和蘇里曼大帝——的統治之下，這些限制再次鬆綁，然而在鄂圖曼法律下，因放逐而來到城裡的移民若想住在其他地方，卻沒有自由遷徙的權利。但來自各地——安納托利亞、瓦拉幾亞（Wallachia）、阿爾巴尼亞、色雷斯、海上諸島——的羅曼尼歐猶太人（Romaniot，希臘猶太人），還是蓋起了自己的猶太會堂和各自社群內的社會機構。這些社群各自形成自治政府的這種作風，意味著一旦這些說猶太希臘語的人定居下來，就會大幅保留他們原本的交際圈、自己的猶太會堂，也只會接受自己的猶太法庭審判，依照自己的風格來烹飪，並唱自己的歌。他們在重要問題上也通常會意見不合；比如說訂婚夫妻在婚宴前、篷蓋儀式和宣讀婚姻合約之前，允不允許（甚至能不能有機會）有性行為並同居。多數羅曼尼歐社群的拉比尊重訂婚（kiddushin），婚姻的構成行為。當未婚妻遭到未婚夫遺棄（可能是懷孕了）時，不可免的問題出現了；而當雙方來自不同風俗的社群時，更會磨擦出火花。[9]

當五萬到六萬名賽法迪猶太人分成兩波來到——第一波在一四九二年之後，第二波則是在一五三〇年之後走了義大利的葡萄牙脫逃網絡所形成的——之後，那些羅曼尼歐社群內的差異，就有了程度不一的重要性。[10]這批新來的人口說葡萄牙語或拉迪諾語，而且，那些一、兩個世代居住在費拉拉、威尼斯和曼托瓦等避難地帶的人，則是連義大利語都會說。雖然希臘社群很清楚西班牙猶太人的文化光彩，也尊重他們的學問，但近距離接觸時，他們還是覺得哪裡不同。對許多說希臘語的人來說，賽法迪猶太人帶給他們一種難以忍受的文化優越臭味，在他們得以直通鄂圖曼宮廷、而且法律地位被當作「自由前來者」（kendi gelen）之後，這臭味只是更強。在一、兩個世代裡，他們甚至連穿著都變了，炫耀地穿起了西班牙卡配隆尼（caperone）羊毛大衣，還拒絕了官方規定猶太人必須戴的黃帽子。[11]就像羅曼尼歐一樣，五花八門的賽法迪猶太人維持著自己老家的特質生命，所以就有了克羅多巴（Cordoba）猶太會堂、格拉那達猶太會堂、托雷多猶太會堂、加泰蘭和普羅旺斯，而它們每一個又再次細分成永久的猶太人和後到的馬拉諾。

鄂圖曼帝國正是因為開放地款待了那麼多種猶太人，而成為最用力檢驗、最激烈爭論「猶太認同」這個古老問題的地方。幾個世紀以來，宣稱《聖經》之後的權威都是拉比和《塔木德》智者盜用自《妥拉》而來、因此一概不承認的卡拉派（Karaite），堅稱他們才是唯一真正的猶太人，是摩西律法的追隨者。相反的，其他所有人都將他們斥為異端詐欺猶太人。但在埃及、美索不達米亞和北非，他們的人數和影響力都還是很大。現在除了卡拉派—拉比派的戰局，又加入了在基督教內活了好幾個世代的馬拉諾地位迫切爭論。他們的婚姻合法效力是什麼？割禮有強制性嗎？來自各個拉比的疑難解答（Responsa）判斷，一如往常地滿天飛，不同的猶太人將合乎一己偏見的判斷視為最終回答。有一些崇高而意義重大的嘗試，為這些分歧帶來某種程度上的一致。一五四七年，一本多語書寫的、有著猶太—希臘文、拉丁文和希伯來文的《摩西五經》（*Pentateuch*），由艾利澤．本．革舜．松奇諾（Eliezer ben Gershom Soncino）在君士坦丁堡發行。率先印刷希伯來語文章的就是他們的家族，他們還從倫巴底區內的松奇諾鎮發源地那邊，把他們可搬動的鉛字運往了法諾（Fano）、布雷西亞（Brescia）和薩洛尼卡，最終抵達君士坦丁堡，並在中途每一站都印刷出版。除了《塔木德》和《聖經》的書籍外，也有松奇諾版本的佩脫拉克作品和查理五世最愛的讀物，騎士哥德小說《高盧的阿瑪迪斯》（*Amadis of Gaul*）。從一五〇四年開始，有一陣子，猶太出版社是鄂圖曼土地上唯一在運作的出版社，因為他們在不可發行有害之阿拉伯文版本的條件下獲得了許可。而且當拉比們想要把一團亂的猶太人用一種核心通則團結起來時，他們求助的也是這些出版社。這無論如何都是尤賽夫．卡羅的野心；他生於葡萄牙，最終定居於薩洛尼卡，他靠著把自己大量匯整的律法和儀式典範——《尤賽夫家》（*Bet Yosef*）——提煉成他稱為《擺設桌面》的這本猶太律法摘要，企圖讓不可能發生的事情發生。這本書的企圖，是在眾多不同的傳統和慣例之上，創造一個無可爭論的一致尊崇性，而且不可思議地成功了。直到今日（或者不管怎樣，對我而言，至少到一九五〇年代）猶太兒童還是會被召來坐在桌邊，並仔細思考書中的課題。

拉比的這種和諧姿態固然很好，但他們得要和羅曼尼歐、賽法迪猶太人各自講述的過往故事爭辯，而他們口中的故事和拉比們的有相當不一樣的色彩。儘管希臘的講故事者已被迫拔根，但他們仍依附著自己生活了好幾個世紀的黎凡特舊世界。而且就像卡普沙利一樣，他們過了一或兩個世代，仍然能夠從歷史的觀點把他們的移民和演變看作一種有益的事。他們在乎的只是存續。整個十六世紀在人數上都是小眾的賽法迪猶太人，有那種詩人和史家的技巧，把猶太故事定為「葛魯須」（gerush）：一種流放和拔根的循環，其中羅馬的離散只是第一回，而伊比利亞半島的放逐只是最近一輪的創傷。賽法迪猶太人在鄂圖曼帝國布爾薩（Bursa）城興建的第一間猶太會堂，就叫作葛魯須。[12] 如果猶太歷史有一個崇高而無上的意義，那就應該是關於葛魯須：崩解與遊蕩。甚至這兩個猶太方言都以相對的方式運作。羅曼尼歐這種希臘猶太語是持續性的語言；拉迪諾語——用土耳其語文說寫的西班牙腔——在定義上則是盼望一個失落家園的語言。他們就如尤賽夫・亞魯肖米（Yosef Yerushalmi）所說明的，是活在流放中的流放。[13]

有一些時刻，這種分裂的感性會造成實際損害。葛拉希亞女士抵達君士坦丁堡不久後，就知道了庇護五世的詔書對安科納新基督徒所產生的效果，他們之中的多數人利用了自由港的地位和黎凡特地區交易，以跟隨他們在那邊的兄弟，並回歸猶太教。但教宗詔書的暴行，現在把那些安科納猶太人當成了叛道異端，而送進了宗教裁判所的掌心。馬拉諾信仰審判的受害者之中，有一個是曼德斯—邦維尼斯特家族在安科納的代理人雅克博・摩梭（Yacobo Mosso）。在害怕與憤怒之中，葛拉希亞女士展開了猶太史上自從對抗羅馬以來，第一個有組織的反擊行動。但葛拉希亞女士採用的方法，正符合她管理人力金錢上的資深經歷——也就是經濟戰。自認為官方代表的她，以驚人的自信行動，對安科納提出了全面杯葛，很清楚該港作為交易轉口港，仰賴著與東方的生意。建立了這個攻擊計畫後，接著她要求君士坦丁堡、薩洛尼卡、哈德良堡（Adrianople，現稱愛第尼〔Edirne〕），還有鄂圖曼世界裡所有猶太人生活中心的拉比（她把君士坦丁堡的多數拉比都召喚到了別墅，並斥責了一番），在猶太會堂宣讀這條款，並下令他們的會眾留意這項禁令。商人並沒有被要求放棄他們的事業，而是被要求把生意轉移到佩薩羅，這地方位於更遠一些的海邊，但不在教宗權力的管轄範圍內。

雖然來自女士的帝國命令讓拉比們驚慌失措，大部分的拉比還是按照吩咐做了，但不是每個人都喜歡這樣。特別是羅曼尼歐—希臘社群認為，葛拉希亞女士挑起的戰爭是賽法迪的戰鬥。私底下，他們對於這些一度是新基督徒的人抱持強烈的保留態度。有些人悄悄抱怨這種讓行動不太妙的高壓手段，因為只有滴水不漏才有可能成功。兩年來，葛拉希亞女士持續進行著這項計畫。安科納的碼頭和倉庫都空了；它的貿易經濟蒸發了。蘇里曼本人在摩西．哈蒙和葛拉希亞女士的鼓動下，寫了封信給教宗，表明了如果人身豁免權和財產沒有恢復給「黎凡特人」的直接後果。蘇丹答應，如果教宗同意做這件事，那麼在蘇丹國土內做生意的基督教商人就會相對地獲得最慷慨的待遇。信中提議，如果不要的話，那就不要了。猶太社群內對禁令的主要反對者——覺得自己被活動所害，而且已經受夠了別人一再強調他們的服從是對殉道馬拉諾之回憶的義務——開始徵求有力的代言人，包括約書亞．松奇諾拉比（Rabbi Joshua Soncino）。到了一五五八年，活動在兩頭同時遭到破壞，而終於崩潰。

對於女士來說，這是難以吞下的苦藥。畢竟她那定義不清的權力還是有極限的。就像過去和未來眾多自封的猶太大善人一樣，她幾乎確定地覺得自己被人差勁地利用了。當需要資金來贖海盜抓的人時，他們都來找我，她抱怨道。當他們蓋醫院、蓋猶太學校、做新版本《塔木德》需要錢時，他們都來找我。當我需要他們的時候，我又得到什麼了？同一時候，她正在君士坦丁堡、薩洛尼卡和士麥那（Smyrna，現稱伊茲密爾〔Izmir〕）蓋猶太會堂。為了這些工程，她定下了一個絕對的條件，就是這些會堂必須同樣歡迎所有猶太人，不分語言、背景和禮拜儀式風俗。這些和葛拉希亞女士有關的會堂，有一間被火災、地震和殘暴戰火損害多次後，今天還能在伊茲密爾魚市場後面的窄巷裡找到。一扇矮門打開，通向一片美麗無比的花園庭院，裡頭種滿了無花果樹和檸檬樹。它主要由美國資金裝飾得十分優雅的內部，是乳白色、藍色和金色的合奏，拱出摩爾人式的拱門，還有加座墊的座位以賽法迪的風格圍繞在邊緣。但會堂中還印記著女保護人的痕跡，或者，至少對她這份慷慨還有做一點答謝的地方，就是那間畫上精美田園景色——鹿躍過低矮的山丘，雕像的鳥兒拍翅啁啾——的女性專用邊座。在伊斯坦堡內的巴拉特（Balat）老猶太區裡，還有另一間會堂阿席拉（Ahira），也經歷時間和歷史的試煉活了下來。雖然現在的建築結構是十八世紀留下的，但裡面被賽法迪社群稱作特瓦（tevah）的讀經臺，據稱歷史更悠久，是夜鶯時代的倖存者。以一種集合回憶的形式裝飾起來的讀經臺，形狀就像快船或者挪亞方舟的圓形船尾（特瓦也意指方舟）。讀經臺本身安置在高處，讓《妥拉》的讀者就好像是一名舵手（從很多方面來說他也確實是），滿載著翻騰的希望航行著。

葛拉希亞女士的肉身將在君士坦丁堡止步，但還有另一段旅途會迷住她的精神。一五五三年，當她和她女兒正在往土耳其邁進時，她死去已久的先生法蘭西斯科・曼德斯的遺骨，先前從他們在里斯本的基督教墳墓中移了出來，並運到威尼斯，目前正送往耶路撒冷重新安葬。這也是她的一個精巧騙局。基於希望在威尼斯向遺體送上深摯景仰的願望，葛拉希亞獲得了葡萄牙教會的准許。但真正的目的地是橄欖山。

一五一六年，巴勒斯坦被鄂圖曼帝國從馬木路克兵（Mamluk）手中征服了過來，對於救贖和歸還的興奮期待，蔓延在鄂圖曼帝國的猶太社群間。艾利亞・卡普沙利頌揚著救出巴勒斯坦的塞利姆一世，告訴猶太人說：「我們活在一個能於以色列土地上聽見夜鶯歌曲和班鳩啼聲的時代。」[14] 但是要到一五三〇年代，蘇里曼承諾重建耶路撒冷城牆的時候，這位最偉大的蘇丹，看起來才像是猶太人的第二居魯士那樣的閃閃發光：既是重建者，也是救難者。這種轉型中也有新的尼希米（Nehemiah）們涉入，他們不再是國王的酒政，而是蘇丹的造幣廠廠長。令人容易搞混的是，有兩個猶太人都叫作亞伯拉罕・卡斯特羅（Abraham Castro），一個在大馬士革和特里波利（Tripoli），另一個在開羅和亞歷山卓，兩個人在供應重建城牆和圓頂清真寺花磚所需的歲收貸款上，都有著關鍵地位，也都在耶路撒冷（其中一人在那裡有資產）監督計畫完工。[15] 兩名卡斯特羅和蘇里曼在耶路撒冷的總建築師，穆罕默德・賽勒比・阿・納加什（Mehmed Calebi al-Naqqash）在一五三五年和一五三八年間打造的，便是我們今天所謂的「耶路撒冷舊城」：石灰牆上發光的環狀帶；七道城門（有些在《聖經》和古典時代就開始蓋了）；三十多座塔和槍眼；兩座大清真寺座落在各自的平臺上；此時所提供並用上的圓頂清真寺正面花磚，還有希律聖殿西側圍牆都保留了下來。[16]那時候，耶路撒冷有約百分之十的人口——可能一千六百人——是猶太人，許多是工匠，而新猶太時代在城市中曙光乍現的可能性，吸引了更多人前來。然而，耶路撒冷對伊斯蘭而言的核心意涵，對那裡的任何一種猶太持續復興都造成了阻礙。穆斯林宗教權威疑心重重，而散布猶地亞山丘（Judaean Hills）的貝都因人又更可疑了。一直都有謠言說，猶太投機冒險者、蘇丹錢袋的搬運者，可能想要侵占城市並玷汙聖地。[17]

然而，巴勒斯坦還有另一個地方，其散發的猶太救贖神祕氣氛強得幾乎像耶路撒冷一樣，但完全沒有同等的風險，那就是加利利（Galilee）。畢竟，在第二聖殿毀滅後，接著就是拉比猶太教的嚴酷考驗了。《米示拿》（*Mishnah*）的編輯是在塞佛瑞斯（Sepphoris）開始，而被稱作「猶太公會」（Sanhedrin）的法庭已經搬遷到提比利亞（Tiberias），這兩件事都發生在公元二世紀。那裡的山丘和湖泊沾染了猶太教重生場所的詩意想像，棕櫚樹長在水邊。到了十六世紀初，那裡除了廢墟、瓦礫和一座古代猶太會堂的遺跡之外，實際上已經沒有任何提比利亞的東西遺留下來，倒是會堂的石造建築上還有壯觀的五芒和六芒星雕刻。一整個世代的卡巴拉主義者導師在一五四〇年代前往的，是西北方二十五哩山坡上的采法特（Safed），面對貝都因人的暴力，他們希望在那裡能獲得更大程度的保護，因為這時候，鄂圖曼官方又同時放棄了耶路撒冷和大馬士革。

沒過幾年，采法特美麗山丘的街道和房屋，已經擠滿了年輕熱心的卡巴拉主義者，這些人不想和久居此地、說阿拉伯語的木斯塔阿拉比（Musta'arabi）猶太人有往來，反而讓自己和著有《底波拉的棕櫚樹》（*The Palm of Deborah*）和《石榴果園》（*The Pomegranate Orchard*）的多產作家摩西・柯多貝洛（Moses Cordovero）這類新智者有所聯繫。兩本書都把古典卡巴拉主義者論文選集，和提升至開悟所需的冥想步驟新指引編在一起。一如往常，假的墓穴又被作為崇拜的焦點，這一次是在離采法特市中心幾哩外的美隆（Meron），據說是西門．巴爾．尤海（Shimon bar Yochai）的安息之地，在人們的想像中，此人是公元二世紀建立起卡巴拉基礎的卡巴拉主義者。《創造之書》（*Sefer Yetzirah*）確實有可能是在二或三世紀編成的，但卡巴拉有系統而偉大的文本——《巴席爾》（*Bahir*）和《光明篇》（*Zohar*）——是到後來在十三世紀才被雷昂的摩西（Moses of Leon）等人彙編起來的。但毫無疑問的，這些密書，對於那些既不滿足於《塔木德》律法的學術審問，也不滿足於和《聖經》明文詮釋的一代代猶太人，持續發揮著一種不尋常的魔力。

在充滿希望的夜鶯時代，如果你還年輕（或者老了也行），你怎麼可能不沉浸於十個質點（sefirot）——每個都有數字上的性質，無限的「無止境」（Ein Sof）透過這些特質顯現，天與地的宇宙也從中組成。在最頂點的是皇冠（Keter），不可名狀的、無止盡而不可成形的存在，超乎意識領悟。接著，智慧（Hokhma），慈悲（Hesed），強大的力量（Gevurah），美麗（Tiferet），勝利（Netzah），榮耀（Hod），基礎（Yesod）；還有兩個女性的存在，孕育理解的子宮（Binah），還有神聖的榮光（Shekhina）。當它們只是在這樣一種歷史中列舉出來時，它們看起來不過是尋常的神祕虛無的東西，始終是制度化的神學和律法的前驅而已；但這真的低估了卡巴拉宇宙學，或者至少可說，是低估了它長久以來的訴求。畢竟，這門學問在搏鬥的問題，和庫姆蘭（Qumran）那個熱心的共同社群絞盡腦汁思考的問題是同一個——要怎麼解釋宇宙的起源，和失序邪惡的持續存在？一種可能可以操縱或者無限闡述的「數祕術」之發展，並沒有從當代哲學跟科學兩者與宇宙起源的交集中徹底消失。

生於耶路撒冷的艾薩克．魯利亞（Isaac Luria），在《巴席爾》和《光明篇》的幫助下，在尼羅河的一個島嶼上多年深思這類問題，最終於一五六九年在采法特師承了摩西．柯多貝洛，並最終取代他，成為一門新形上學知識的源頭。根據他徒弟哈伊姆．維托爾（Hayim Vital）的報告（大師自己不願把它用白紙黑字寫下來），魯利亞把一種較早的觀念「金臧」（tzimtzum），亦即「無止盡」在創造之後退縮成為一個越來越收縮的空間地帶：

一個熵的黑洞，一個最初的虛空，所有的光線和物質進到裡頭都崩潰了。而從那個非空間裡，可以產生出創造的力量。然而，這個過程本身不是一個逐漸的演變，而是一系列光與蒸氣、足以碎裂物質的光束的爆炸噴發。只有透過緩慢的修復（tiqqun，或者我們可以翻譯為「冷卻」），地物質才可以構成起來。

這一切是否讓采法特的卡巴拉主義者成了宇宙大爆炸論者、駭人的當代天文學預告者呢？不，但這確實讓他們不只是單純受迷惑的神祕主義者，在加利利的星辰下強力呼吸，直到天國的戰車出現。雖然歷史學家們對於從西班牙到葡萄牙這段創傷的放逐、還有宗教裁判所的迫害，給予新卡巴拉主義造成什麼樣的鼓舞仍有爭論，但魯利亞的天才是把「金臧」變成了上帝的放逐或疏離；會被某種回歸（tshuva）、某種世界的重構修補。形上學來說，這個舉動把猶太人的離散從懲罰變成了上帝自己同時在體驗的流浪。先是包裹起來的虛空，然後是光芒的爆發。

在一個不那麼讓人眼花撩亂的層面上，大約千人的卡巴拉主義者把自己變成了一個真正的社群：交換密集冥想的新方法，讓他們或許能把天上的戰車——梅卡巴（merkabah）抓進那個把夢與詮釋連結的最高天領域。[18]傳承約瑟族長的精神，柯多貝洛和魯利亞是有名的夢與異象解釋者，其中又以後者更有名。許多代的人們似乎在山坡頂稀薄的空氣中一起談心。自從一千多年前，西門．巴爾．尤海和他的同胞拉比們，洗亞拉比（Rabbi Hiyya）和何賽拉比（Rabbi Jose），會具體現身，遇上了似乎是要問格言問題的消瘦騎驢者——「誰是飛在空中的巨蛇，牙齒間有一隻螞蟻？」或者「誰是極其美麗的處女，盲目的，身體藏了起來又出現？」答案：當然是《妥拉》，只能在她獻身的愛人前一眼一眼地揭開。在《雅歌》（*Song of Songs*）和中世紀希伯來詩歌傳統中的神聖愛情，會一而再再而三地出現。不可求得的光榮處女出現時，被監禁在一個沒有門的塔上，挑戰所有要找路進來的來訪者。他們失敗了，例外的只有一個貧窮的年輕人，他發現了最細微的裂縫，不管怎樣都足以讓他看見四十天、四十夜的處女。被他的奉獻所打動，女孩把一切都對他敞開，就像是《妥拉》和質點的神祕對那些最致力奉獻於解謎的人所做的事情一樣。

他們蓋了一道牆來保衛小鎮不受伺機的盜匪侵襲，還雇用了守衛來成立巡守隊伍（同一批守衛偶爾會勾結小偷，來勒索或搶奪卡巴拉主義者）。據土耳其官方報告，人們蓋了至少三十二間的猶太會堂，其中許多的內部都漆上了天藍色——向上的卡巴拉所喜愛的顏色——而冥想的強度會被聖歌的幸福感加強。柯多貝洛開創了一種令人喜愛的慣例，就是在迎接安息日的週五晚禮拜前在山頂草地漫步，而所羅門・本・摩西・阿卡貝茲（Solomon ben Moses Alkabetz）就是為了那小小的樸素儀式而譜了〈來吧我心愛的〉（Lekha Dodi），像迎接愛人或新娘一樣地迎接安息日。在全世界各地響著的猶太儀式讚歌中，這一首至今仍被傳唱。

但采法特並不只是一個作白日夢的地方。它靠著進口巴爾幹羊毛原料、在本地的輪子和織布機上紡出產品，以快速成長的紡織工業來支持自己；而完成大部分工作的，是一群被擋在全男性宰制的卡巴拉主義文化大門外的女性。這不只是家庭小工業。采法特的紡織加上薩洛尼卡更蓬勃的工業（這時候等同於全帝國紡織城的三分之二），都是整個鄂圖曼帝國毛紡織的主要支柱。[19] 這可能是讓葛拉希亞女士和尤賽夫・那希構思起「一個下至提比利亞湖畔的新猶太城鎮」這種想法的微型經濟。雖然他們支持卡巴拉主義者的出版工作，但他們倆都不傾向神祕主義。他們心裡想的是新穎許多的東西：一個自給自足的微型城邦國家，可以接收那些逃離迫害的人，特別是來自義大利的人——但當然還是在土耳其的管轄下。新的提比利亞會是自治而自給自足的。它會是某種真正重大事物的幼苗。一五六〇年，葛拉希亞——以她傲慢的風格——向蘇里曼的內閣總理留斯坦・帕夏請願釋出省內土地和資產，而這立刻獲准了。接續歷任的非猶太統治者們會相信，把大量猶太人重新定居在形塑他們宗教和文化的土地上，會同時滿足他們自己和他們帝國君主的利益；而蘇丹和內閣總理會是這種周而復始循環的起頭者。

身為原住民的阿拉伯人一直無法共享這種熱情。「彌賽亞時代將從回到提比利亞開始」這個古老猶太智慧，和「猶太人回到聖地，尤其是回到加利利，將會預告伊斯蘭的末日」這種很普遍的穆斯林恐懼正好不謀而合。盜賊入侵、搶劫和攻擊引發了鄂圖曼帝國的懲罰，以及護牆的興建。沿著海岸的石造建築街區被回收來做普通程度的防禦工事以及新房子。葛拉希亞女士送上了激勵和資金，而尤賽夫，則是透過尤賽夫・伊本・阿德烈特（Joseph ibn Adret）這位使節，帶著土耳其皇家詔書，來處理政治和行政問題。羊毛和靛青色染料為了紡織製造者進口，而桑葚樹則是為了一個剛萌芽的加利利絲綢工業而種植。在一個慈善的政治行動中，有一些利潤被指定給餵養大馬士革窮人的救濟站使用。

這是「猶太家園在巴勒斯坦重生」這種古典夢想的序幕——這重生之地同時也是受壓迫者的避難所，也是一個道德與社會轉型的地方。對於一塊不健康荒漠的空談，轉而變成看起來準備要實現的極樂花園，湖邊長著無花果樹和椰棗樹；水上的漁船越來越多。「加利利有著猶太家園」的奇蹟消息，開始向外遠播。在坎帕尼亞大區（Campania）裡靠近那不勒斯的小鎮柯里（Cori）那邊，當地的醫生兼拉比馬拉奇・戈里柯（Malachi Gallico）就是從卡巴拉主義者的表親艾莉沙（Elisha）那邊聽聞了提比利亞的消息，便在他們的猶太會堂召集了族人來開會。[20]受到那場集會中聽到的事情所鼓舞，社群決定全體移居到提比利亞。為了籌措把他們全部弄到威尼斯並搭上尤賽夫・那希的船所需的資金，柯里的猶太人製造了一本關於他們困境的口袋版歷史。這本小冊子接著被兩名「大使」，麥可・本・阿倫（Michael ben Aaron）和尤賽夫・本・米拿現（Joseph ben Menahem）兩名拉比，帶去義大利各地，甚至以外的地方，提供人們支持這份資金的理由。心酸而充滿淚水的這封信列舉了他們在壓迫的教宗下衰落至「一堆白骨」：

> 現在把我們圈在各自居住的地方還不夠，還讓我們被牆壁包圍……所以沒有人可以再走向他的鄰人……規範實在太嚴格，導致我們無法從事任何交易，不管是食物或新衣服，我們甚至也不能以手工業度日。更甚於此，非猶太人對我們的態度也是從善轉惡，說他們不能以任何方式給我們任何協助或提供家務。從這些災難降臨在我們身上開始，我們就已經淚水盈眶……現在當柯里的人群之埋怨和苦難都已高漲時，來到我們面前的那人宣布了好的趨勢……我們說起那希，這位大聖人的榮譽和榮光、恩典……流

放間的中流砥柱……因上帝所為而被給予提比利亞土地的尤賽夫大人閣下……我們得知許多人已經啟程跨過海洋……有人和我們說，他尋找的是猶太人工匠，好讓他們定居下來並在健全的基礎之上建立家園……聽到這一切，我們開始齊心一意地前往猶太會堂……並在那裡決議，要去提比利亞住在萬能上帝的羽翼之下……因此，各位慷慨大人的慈悲子弟啊，幫助窮人從流放中以正義走向我們的土地，並讓正當的道路成真。[21]

沒人知道柯里的猶太人最後有沒有抵達他們珍愛的目的地。夜鶯由悲鳴的鴿子繼承。儘管提比利亞當地蓋了一間房子，人們快樂地期盼葛拉希亞女士的光臨，但她從未來到。從一五三七年狄奧哥·曼德斯獲得特許的快船所開始的、這段人生丕變的長程冒險，到了一五六九年，便在加拉塔的柏樹枝和絲綢中結束；當時，金角灣在君士坦丁堡史上最酷寒的冬天中結凍了。顫抖的住戶們沒有留意用火，大火災因此橫掃了整座城，吞沒南岸的猶太區。當火災的難民獲得收容，而且靠著城中偉大的保護者給予食物和避難所的時候，信仰所達不到的事情——讓羅曼尼歐和賽法迪猶太人集合在同一個區域——在一五六九年的都市煉獄中辦到了。

鄂圖曼帝國的猶太人從來沒有這麼把尤賽夫看為真正的「那希」：守護者君主。蘇里曼大帝漫長而龐大的統治，在一五六六年九月外西凡尼亞（Transylvania）的又一場圍攻中來到盡頭。摩西·艾摩斯尼諾（Moses Almosnino）唸了給逝者的禱告（Kaddish），並把蘇丹的名字加進了另一篇哀悼的禱文中，稱讚蘇里曼是一個「牧者」，第二個摩西：這是第一次為非猶太人君主做這件事。在王位繼承上，感謝尤賽夫的支援，塞利姆唯一的麻煩對手，他的弟弟巴延濟德，已經在幾年前就被搞定了。當塞利姆從君士坦丁堡騎馬出發（非常罕見地可以看見他和軍隊在一起的場合之一），在耶尼切里軍團的菁英士兵的歡呼中成為新蘇丹時，他讓他身邊的猶太人當上皇家男性隨扈（muterferik），又新近授予納克索斯公國（the Duchy of Naxos）。這讓尤賽夫·那希成為納克索斯東側開採礦物的首要獨占者——那種礦物就是金剛砂，有磨損力的氧化鋁，又叫作「剛玉」，而這種剛玉從當時到現在，都是美甲師不可或缺的工具。既然尤賽夫也控制了聖多里尼的火山浮石貿易，而他（除了其他業務之外）也就是整個鄂圖曼帝國世界的化妝品供應商，而化妝品則是帝國精緻生活的必要日用品。不用說，猶太人在君士坦丁堡（就和之前在義大利一樣）是被當成最罕見、最異國的化妝品及香水之供應商。

但尤賽夫的商業帝國遠遠延伸到了金剛砂和藥膏之外。他控制了從科林斯附近礦場的明礬生產，而他的商業版圖更向北延伸到遙遠的波蘭和立陶宛，進入了猶太人從十三世紀以來就一直移入的這些地方。來自北方的黑貂皮是會選來做高檔長袍和外套的裝飾，而在一五六九年的冬天過後，博斯普魯斯海峽上再也沒有人會質疑這種東西的需要。那一年，塞利姆的大軍在圍攻阿斯特拉罕（Astrakhan）時失利，只讓尤賽夫「藉由從波蘭進口穀物和鐵礦側翼包圍基輔國」的策略更為急迫。而波蘭的蜜蜂在這種新的商業連結中也參了一腳，因為蜂蠟和蜂蜜都有很大的需求。克拉科夫（Cracow）這邊很清楚，如果波蘭王齊格蒙特（Sigismund）想要和蘇丹協商，他就得透過尤賽夫·那希居中代理。從保留至今的、那些過度諂媚的國王信件中，這位猶太人被致敬到好像真的是國王的君主弟兄一樣。尤賽夫如果這樣想，或許是可以原諒的。畢竟他站在一個全球交易網的中心。從荷莫茲海峽（Hormuz）送到他手上的波斯絲綢，還有更遠方的印度送來的香料和染料；甚至中國明朝的陶瓷，而在那裡都還有另一個遙遠的猶太人世界。

尤賽夫手上這些富麗堂皇之物、他和蘇丹的親近（而且也親近了後來成為塞利姆妻子的奴隸妾努爾巴努〔Nurbanu〕），還有他掌管稅收者的地位，都勾起了他的政治野心。有別於他的對手、同樣有智慧的波士尼亞高官穆罕默德·索庫魯（Mehmed Sokollu），尤賽夫生命的廣度——從里斯本到學生時代和哈布斯堡家的馬克西米利安鬥過劍，還有從安特衛普的曼德斯家登上威尼斯和他在愛琴海上、正好就在東地中海海軍大爭權的中心的封地——都給了他全方位的策略視野。就像走遍四海八方的猶太人一樣，他一眼就看穿了戰火交鋒的世界。在他那對鷹眼中，天主教世界所有的新侵略都給了他反擊的機會。荷蘭背叛西班牙的行動（其中以發生在安特衛普的最為暴力），就是這樣的一種機會，而尤賽夫用他在法蘭德斯和英格蘭的舊關係來與奧蘭治親王聯繫，並給予他激勵。同時，說阿拉伯語的摩里斯科（Morisco）人——穆斯林中等同於馬拉諾的人、勉強被迫改信者——在格拉納達發起反抗，又給了尤賽夫更進一步的希望，認為好戰派基督徒那堅硬表面上的裂隙還可以再拉開一些。

這樣就只剩最關鍵的威尼斯。直到一五六七年，共和國才撤銷他連夜帶走小葛拉希亞所判決的死刑。世故老練的尤賽夫不會把這放在心上，儘管說，當土耳其人於一五六九年突擊燒毀威尼斯軍械庫時，人們普遍認為是他之前受共和國羞辱而懷恨報復。為了鄂圖曼的政策，當然是要把個人情緒放下。鄂圖曼內閣總理索庫魯傾向於諒解，要不就是與威尼斯全面結盟，在地中海直接面對哈布斯堡家族和法國的威脅。但相信威尼斯海上力量已經逐漸衰落的尤賽夫，卻採取了更投機而對抗的看法。首要的目標是威尼斯支持的賽普勒斯（Cyprus），但他相信此處已經唾手可得：這裡是龐大財富的來源，也是明顯的戰略要地。一五七〇年，一場爭奪島嶼控制權的戰鬥開打，雙方勢均力敵，但最終由土耳其人獲勝；然而這場勝利立刻揚起一波危險的謠言，說發動這場戰役是為了讓尤賽夫成為賽普勒斯之王，進而把他的島國變成猶太人共和國。

為了串連反威尼斯戰爭，尤賽夫把經濟戰爭拉到了法國。這會給外人一種形象，認為他是在追求一種維護他自己利益的策略，因此同樣也使他處於易受攻擊的立場。法國的船隻在博斯普魯斯海峽和其他土耳其港口被擋了下來，貨物遭到沒收充公；這種行動實在太過於挑釁，以至於蘇丹被迫否決這種做法。但傷害已經造成了。尤賽夫這種強大自信的策略，唯一成功的地方就只有把意想不到的結盟帝國戰力，也就是威尼斯和教廷團結起來。他們團結在熱那亞人喬凡尼・安德烈亞・多里亞（Giovanni Andrea Doria）指揮的龐大艦隊下，而他於一五七一年在勒班陀（Lepanto）對上了同樣壯觀的鄂圖曼艦隊。尤賽夫・那希歡迎這場海軍大戰，但餘生將為此後悔。土耳其艦隊在大屠殺中徹底遭到摧毀，從此在地中海上再也無法向西擴張力量。艦隊在愛琴海上的勢力很快就恢復了，但尤賽夫・那希的影響力並沒有。當蘇丹心不甘情不願地從揮霍無度的無精打采中打起精神來時，他信任的就不再是猶太人，而是波士尼亞人了。

尤賽夫離開博斯普魯斯海峽，往上搬到了奧塔科伊（Ortaköy）的一間新皇宮，在那裡他持續發布公爵號令，儘管說他再也沒能踏上自己的希臘島嶼領地。在更遠處，猶太人的加利利開始令人憂心。采法特（以及薩洛尼卡）的紡織工業是其自身成功的受害者。飆升的需求，讓原毛和染料的價格高到即便製為成品也沒有競爭力的地步。在采法特和提比利亞，猶太城鎮裡的人身威脅變得更嚴重。當地守衛勾結了貝都因人，又搭上對猶太人在加利利復興一事始終不妥協的基督徒僧侶，使這個城鎮難以安居。

尤賽夫大公現在對這件事一籌莫展，所以他也就只能盡自己所能了。他不時就會收到乾果貢品和克里特島的葡萄酒，這些都讓他在漫長的夏日午後感到愉快。他花了更多時間在書房和圖書館裡，並被猶太和基督教學者雙方的虛幻占星咒語所鍛鍊，並在參訪美景宮殿時和後者滔滔爭辯，辯到他的口譯以薩克．昂肯內拉拉比（Rabbi Isaac Onkeneira）得哀求他自己把反駁寫下來。其他人也是來來去去：特別是詩人、知道他對古籍上癮的稀奇書卷獵人、請求提供資金贖回被海盜抓走的猶太人，或者請求他協助維修猶太會堂或修道院的人。

到了生命盡頭時，必死的命運已經征服了馬拉諾史詩的偉大朝代。他的兄弟薩繆爾在一五七四年過世，同年在托普卡匹皇宮，一場因燒烤廚房的油盤灑落而引發的火災，燒毀了皇宮第二殿的一大部分。雖尚未有「翻大鍋」出現，但這仍被視為壞預兆。幾個月後，（在市集的謠傳中）喝得爛醉的塞利姆在浴室地板上滑倒，沒多久就因為熱病而死。生命最後一刻仍待在費拉拉的布麗安達─雷娜，也早已遠去了。一五七九年，已經看過也做過太多、自己的一生就是一篇猶太人歷史的尤賽夫，也加入了這份死亡名單。在忿忿不平的人們之間有一種謠言說，在尤賽夫的晚年，他出人意表地試圖和西班牙國王腓力二世（Philip II）和解，甚至說他試圖悔過並重回教會；但他的猶太回憶錄作者不假思索地否定這種卑劣傳說。像尤賽夫．哈─柯恩這類對尤賽夫．那希感激不已的歷史學家，把那希頌揚為最偉大的偉人，聰明、強大而全知，而且考量到新《聖經》的誇張法，這些說法並非完全錯誤。畢竟，他曾經是猶太脫逃大師、貿易之王、猶太研究和文學的族長；而且要不是放錯時代的話，他甚至有可能和葛拉希亞一起被稱作第一批錫安主義者。但他犯錯的地方也是錯得離譜，而且在非猶太人的心裡也留存下一份相反的傳記：放肆、冷酷無情、傲慢、唯利是圖的猶太人。某個叫克里斯多福・馬羅（Christopher Marlowe）的人，受某種異常的勇氣所吸引，不久後將會採用尤賽夫大公的歷史，並將其轉化為惡魔的形象——《馬爾他的猶太人》（*the Jew of Malta*）劇中的主角巴拉巴（Barabas）。那是尤賽夫一生的醜化版：自大的暴發戶希伯來人，被輕蔑所激怒，而展開了窮兇惡極的龐大陰謀卻毀了自己，是由劍橋出身的智者施行在猶太人身上的老套庸俗心理補償劇。

尤賽夫的遺孀雷娜（葛拉希亞的女兒，小時候叫布麗安達的時候，曾和當年十二歲的約翰待過同一艘里斯本的船）比他又多活了二十年，也是這一脈強大睿智而堅毅的猶太女性中最後的族長。許多博學而虔誠的作品與評注都向雷娜致謝，並向她頌唱著一如她不凡母親的感恩。她是他們的撒拉、他們的拉結，他們的米利暗。為了榮耀她家族的回憶，雷娜持續興建醫院、學校和猶太學校（yeshivot）；穿著黑絲綢衣拜訪窮困的病弱者，偶爾啜飲一小口亡夫的葡萄酒，在花園庭院裡閒晃度日，而且幾乎絕對有花時間陪伴托普卡匹宮裡最後一批有權勢的猶太女性。

那些猶太女人，是唯一一批獲准隨意來去後宮的蘇丹臣民。確實，她們的來來去去，就是她們對這群稱作「皇太后」（valides）的妻妾們能產生影響力的理由。她們被稱為「kiras」（來自希臘語的「女士」），後宮和大巴扎之間的猶太中間人。有一連串的皇家女性——蘇里曼的許蕾姆（Hurrem）、塞利姆的努爾巴努和穆拉德三世（Murad III）的薩菲耶（Safiye）——都是從抓來給蘇丹生後嗣的奴隸妾。到了時機適當時，她們就成為了統治者的妻子，接著在他死去時達到了皇太后的地位。性別上不再有威脅的女性族長，開始在皇宮發揮重大影響力，尤其當蘇丹在軍事活動（或者幾乎任何其他公眾活動）上都選擇自我隔離在托普卡匹宮內時，她們偶爾連在政策上都能發揮不少影響。（這種快樂的監禁生活中有個例外，是打獵，儘管連這種活動都是在皇宮庭園內安排的；此外還有金角灣內的船隊，以及割禮日的遊行。）蘇丹變得更加與世隔絕，宮內女人就更往這真空中移動。塞利姆整晚待在後宮，而不是回到蘇丹在皇宮男性區的住處，就是權力中心已經移往後宮的徵兆。努爾巴努和薩菲耶成為建設項目的資助人，項目還包括了她們自己住所的擴張，直到她們的住所有如隱藏在皇宮內的微皇宮，還有自己的會議廳。她們也是清真寺建築群和皇家公共浴室的資助人，以及公共救濟院和醫院的捐助人（特別是在耶路撒冷）。到了該世紀末，回應大使並直接寫信給外國領主的，已經不是蘇丹，而是她們。至於猶太「女士」以及另一個邊緣團體——後宮裡的黑人宦官，則是她們的左右手。

在許蕾姆、努爾巴努和薩菲耶的妾身歲月中，她們全權仰賴「女士」來提供她們華美的服裝、閃爍的珠寶和稀罕的香水，以及她們前景所仰賴的化妝品，以及當她們生病或不孕時所需的藥物。但「女士」們憑著她們的四通八達，不只是在後宮裡晃進晃出，她們也花了不少時間在那裡擔任夥伴和顧問。她們教那些妻妾刺繡（一門猶太特長），並把她們的要點祕密傳授出去。

當皇家女性也需要知道蘇丹給她們的珠寶禮物有多少價值時，唯一能讓她們知道好價錢的管道就是猶太女性。有鑑於穆拉德三世有四十位妻子和無數小妾，一輩子當她們與外在世界的中間人其實是很划算的。幾個世代以來，從這些生意中拿取回扣的「女士」，自己變得極其富有，還獲得了日後能保留給其家族的免稅特權。關稅和包稅都落入了她們的懷中，也因此吸引來可以預測的嫉妒和敵意。

已知的第一位「女士」是斯川吉拉（Strongilah），後來改信更名為法第瑪（Fatma）且長壽善終。她的後繼者以斯帖．漢達利（Esther Handali），珠寶商的寡婦，維持篤信猶太教，並且在塞利姆不幸死去後，成為新皇太后努爾巴努的閨蜜兼顧問。在一五六九年的慘烈大火後，她接續葛拉希亞女士成為護族之母，並像她一樣自掏腰包為貧窮猶太女孩提供嫁妝、把衣服披在孤兒和窮孩的背上、資助虔誠奉獻者和猶太學校的獎學金。

當以斯帖在約莫一五七〇年代過世之後，她又被愛絲佩藍薩．馬爾奇（Esperanza Malchi）取代，她和下一任皇太后親近到可以在一五九九年寫一封非正式信函給年老的伊莉莎白一世。西班牙這個共同威脅把英格蘭和土耳其連接起來，而且關係越來越近。雙方的商人都獲得了特別條款，儘管說便宜的英格蘭細平布其實對猶太人在薩洛尼卡和采法特製造的產品造成嚴重侵害。一五九三年，雙方有一次交換了珍貴禮物——金縷衣和鑽石（皇太后和「女士」知道老皇后喜歡什麼）以及華麗甜美的祝福。因為相信精細複雜的設備能夠贏得土耳其人的心，一個精細至極的漂亮機械管風琴被運上了船，船上還有它的打造者湯瑪斯·達蘭（Thomas Dallam），負責避免它在長途旅行中散掉，但還是失敗了。經過修理後，這臺機器在穆拉德三世的後繼者穆罕默德三世（Mehmed III）面前的演出超乎所有人的意料，特別是風琴箱上頭成群的機械烏鶇和畫眉啼著歌、從冬青叢飛起的模樣。[22]

一五九九年十一月，在英格蘭大使出發時，薩菲耶又加送了一份禮物給伊莉莎白：一條腰帶、一件長袍、布與金絲的方巾，還有「珍珠和紅寶石串成的項鍊」。但接著自稱「於法和於民族之希伯來人」的愛絲佩藍薩，開始辦起正經事：

> 陛下身為尊貴無比之女士，我斗膽向您提出以下請求，即在您的王國內能夠擁有的面孔所需之各式各樣蒸餾水以及手所需之散發香味的油。若能承蒙陛下透過我的手將此送給我最穩重的「皇后」（皇太后），作為她不希望透過她人送交之女士用品，將使我感激不盡。同樣的，若有您王家適合我家小姐地位之女士羊毛或絲織品，陛下若樂意送出，我家小姐喜悅將多過任何更有價值之物品。我已無須再補充，只祈禱上帝賜您戰勝敵人，以及願陛下繁茂喜樂。一五九九年十一月十六日寄自君士坦丁堡。您謙卑的愛絲佩藍薩·馬爾奇。[23]

信中語調有某種完美到不行的輕鬆愉快：點綴的外交辭令變成了兩位老女人互通的購物單：愛絲佩藍薩和伊莉莎白，猶太人和女王。我們只能想像對草案細節很講究挑剔的榮光女王會有什麼反應（前提是有人把這封信給她看）；但就像所有的「女士」一樣，愛絲佩藍薩顯然是習慣仗勢欺人（英國大使描述她是「矮胖的楚布金〔trubkin〕」）。而且就像通常會發生的事情一樣，當皇太后「翻大鍋」的時候，她就會付出代價。一六〇〇年的一個早晨，人們發現「女士」四肢的一部分，被釘在那些平常從她和薩菲耶獲得影響力、官職和財富的人的門上。前一天，她被忿忿不平的西帕希（sipahi）刺穿心臟；他們是蘇丹的貼身騎兵侍衛，怪罪她促成的貨幣貶值使他們的報酬縮水。第二天，愛絲佩藍薩的長子被殺，和母親一樣被斷手斷腳，好幾塊身體被拖到她的遺體旁邊。小兒子眼見母親和哥哥的屍體擺了好幾天無法下葬，便立刻改信伊斯蘭教。「女士」的各種地產、資產、財物珍寶——謠傳有十萬達克特——為蘇丹所沒收。

「女士」們的支配結束了，而曼德斯—邦維尼斯特家族的最後一人，現在已經是老太太的雷娜，則是身為半隱居的醫院、救濟院和猶太學校的贊助人就已心滿意足，並忠實地保存著她自己見證的偉大史詩歷程。往下穿過金角灣，猶太人繼續在巴拉特和艾米諾努存活下來，還在和彼此進行快樂無意義的爭論，爭論誰是較優越的禮拜儀式，或者哪種逾越節的食物最棒：義大利的、希臘的、薩洛尼卡的、迦太蘭的、葡萄牙的，還是哥多華的？而且他們仍然一如往常地，忙著把眼鏡推到眼睛前檢查珠寶；用柔軟拇指的凸出部分撥弄著絲綢，測試其精緻度；用銅皮包他們的鍋和碗；把一根指頭戳在不可理喻的喊價者的胸口；小心謹慎地檢查來自會堂女用邊座的年輕人，來替他們的撒拉或以斯帖或米利暗尋找一個合適的丈夫。在訂婚之前，會有一個辦給不分老少女人的聚會。接著就是婚禮，「一個歡樂時分，一個揭露坦白的時分，然後在新娘面前唱歌跳舞，而群眾以及眾多老少男人會開心愉悅得像是發了一筆大財似的」，宴會會持續好幾天，會有很多坎迪亞的蜂蜜酒，會有為新娘新郎特地寫的歌，而如果你夠好運的話，你甚至可能雇用我們所知的第一位猶太婚禮歌手，亞伯拉罕．申杜爾（Avraham Shandu），讓他來從謝洛摩．本．馬札托夫（Shelomo ben Mazaltov）的歌本中表演一些流行的曲目：〈從岩縫裡出來吧我可愛的鴿子〉（Come out of the Cleft of the Rock my Lovey-Dove）或者〈給雌鹿的歌〉（Song to a Doe）。假設那裡有一場羅曼尼歐與西班牙猶太人的結合（而這種事並非前所未見），那麼就會有來自兩邊傳統的音樂：有小提琴、有鼓，或者桑圖爾（santur），一種像揚琴的樂器，有土耳其豎琴，有烏德琴。如果天如人願，一切順利的話，懷孕五個月後的另一場宴會，會跟著來慶祝第一次分娩前的尿布剪裁。更多禮物；更多葡萄酒；更多音樂；更多玩笑話。

廣大的世界轉變了；博斯普魯斯海峽在夏季發著光，在冬季憤怒著。英國的老皇后和不可取代的西班牙國王都死了。〈感恩讚美歌〉（Te Deum）頌唱在教宗和宗教裁判者的棺材邊，同時在君士坦丁堡和薩洛尼卡、開羅和亞歷山卓、阿德里安堡、布爾薩、大馬士革、巴格達、阿勒坡和耶路撒冷，猶太人持續活著，擔心著他們的作坊和倉庫，在週五煎魚，披著祈禱圍巾前後搖動，並存筆錢給他們的女兒辦嫁妝，給自己在墓地裡留個位子。這也發生在繁忙的士麥那港口，在接下來幾個世紀的某個時刻，不知道從哪來的沙馬人開始在那裡買賣刨成片狀的肉桂卷，每個的形狀就像是《妥拉》的經文卷軸。

第五章

Chapter Five

音樂與哀悼

The Story of the Jews

I 里奧聶

沒有什麼比看著自己的孩子死去更糟了，除了連看兩次以外；而這就是里奧聶．莫迪納（Leone Modena）的遭遇。是不是因為死亡天使於十七世紀初展開翅膀覆蓋在威尼斯之上，其實並沒有什麼差別；它散播天花、鼠疫、熱病來獲得收成，流出多到數不清的疫病，使得一具具屍體得用船運過潟湖抵達猶太人在麗都的掩埋地點。社會史學家錯了。從來沒有哪個文化能坦然面對孩童的死亡，不論死有多頻繁都不可能。即便是大家族裡或朋友間的嬰孩死訊都撕裂著里奧聶。當一個十四個月大的孫子去世時，他哀悼著這個嬰孩曾是「我每日的喜悅」。而到了必須書寫他自己的二十六歲兒子末底改（Mordecai）的死亡時，他已經不太能好好運用詞句了。「我的內心痛苦糾結；我的心房與我一同悲泣。」他能做的，就只有在一生的經歷中，尋找可能導致上帝帶走他兒子的罪過。[1]會不會是他的賭博習慣——這種從十二歲開始就被人們痛斥、但還是變成一種癮頭的惡習？或者是因為他允許，甚至是鼓勵的鍊金術最終導致了末底改的死？

在他的叔叔示馬雅（Shemaia），也就是莫迪納家的當鋪老闆「被鍊金術所吸引」、不幸被惡人所騙之後，他應該會學聰明一點才對。那些人承諾用鍊金術讓示馬雅的金銀加倍，而說服他把自己的財寶都拿給他們，在那之後，他們其中一個人把劍刺進他的肚子。義大利到處都是這種扮成人的惡魔。但這之中的哲學，在猶太人的學術和生活實踐中有著深厚脈絡。有些人相信摩西自己就是第一人，而且和采法特的偉大卡巴拉主義者哈伊姆．維托爾一樣，寫下了一本鍊金術的實作詞典。[2]里奧聶以「追趕愚笨」為人所知，被羅馬的醫生亞伯拉罕．迪．卡梅奧拉比（Abraham di Cammeo）慫恿。[3]除了講道、教課、翻譯和寫作外，里奧聶還賣護身符，保平安和提神的都賣，而這些符的力量原理則要連結到更偉大的藝術。所以當末底改放棄學習《塔木德》和《妥拉》而返家，整個人「苗條、身上毛髮茂密，掛著小圓鬍，不快樂也不難過」而且「總是對雙親尊敬」，並問說他能不能學習博學教士朱塞佩．格里羅（Giuseppe Grillo）的技藝時，里奧聶並沒有禁止。是末底改啊，他的長子，他的「天使」；他什麼都不可能拒絕他。天曉得他身為父親，是不是沒有什麼實質的東西可以給這孩子。

有一段時間，末底改的工作雖然慢，但進展得不錯。他在老猶太隔離區的一間房間弄好了他的鍊金室，並成功地把九盎司的鉛和一盎司的銀變成十盎司的「純」銀，品質好到可以賣到好價錢。這可是奇蹟啊！這對父子怎麼可能不受鼓舞呢？但他應該是大意了。這間鍊金室太窄，密閉到不安全。「所有從事鍊金的人，當銀和金在火中融化時，必須小心他們用的那種烈性藥物，並遠離這當中的煙霧，」哈伊姆．維托爾警告過：「最要小心的是水銀著火時的煙霧，因為如果那進入了你的鼻子，那就是致命毒藥，因為那是用升汞（氯化汞）做出來的。」[4]但末底改需要各式各樣的危險物質：硃砂、銻和最致命的「雄黃」：白色砒霜。里奧聶忽視所有應該要令他警覺的徵兆，而折磨著自己。一六〇五年，當時末底改還是個肺部容易發炎的孩子，因為費拉拉的惡劣空氣而病到無法參加普珥節，對他來說是非常不開心的事。[5]十年後，在所有收穫節中最令人開心的住棚節（Sukkot）宴會上，末底改開始吐血。他放棄了這門工作，但傷害已經造成了。在這幾次嚴重的失血期間，他只能做些「輕微的活動」，而這種出血疾病也來得越來越頻繁。每個月的復發變成每週一次的恐慌，然後到了一六一七年的逾越節，已經每天都會發作，令他家人十分驚恐。看起來沒有解方。到了一六一七年秋天，十一位同時有基督徒和猶太人身分的醫生被找來，但都束手無策。末底改哀求里奧聶，去向老師父格里羅要一些他祕方裡的祕藥；但里奧聶認為這位老鍊金術師才是邪惡的源頭，並害怕某些奇怪的藥只會讓症狀惡化，便拒絕執行，直到末底改大限將至。到那時已經太遲了。里奧聶開始做起充滿個人罪惡感的夢。其中一個夢裡，他的兒子現身並告訴他，他在猶太人隔離區外租了間房子。「跟我說在哪，我會去見你。」里奧聶說，但夢中的末底改回答，他不會跟他講，因為他不再在乎有沒有父輩拜訪。有時候末底改會恢復精神，能夠去猶太會堂聽他父親講道。但到了十一月七日，「他躺著等死了三個鐘頭，然後在第九時（凌晨三點），他的靈魂歸還了當初給予的主」。[6]「而末底改的離開，把我遺棄在痛苦的谷底和絕望的深淵」。[7]

里奧聶瀕臨瘋狂邊緣。猶太人隔離區裡的每個人都認得他。他是義大利猶太會堂裡一位固定的講道者和領唱者（chazzan），也會去其他會堂；他教小孩，不分猶太教或基督徒，還為許多不精通禮貌用語的人書寫各種語言的正式信函。在七天的哀悼，也就是「坐七」（shiva）期間，會看到沒有盡頭的訪客列隊前來安慰。但為你自己的小孩做逝者禱告的痛苦，卻是比日日折磨更痛苦三倍的事。「慈悲的上帝會將記憶銳利的部分從心中帶走」的傳統，並不適用於他身上。「當他的死對我而言已不再生疏時，我卻一天也沒有再向前進，就好像他的屍體依舊躺在我面前一樣。」就在那悲痛深淵中，里奧聶．莫迪納拉比開始寫下他的自傳。過去是有過各種可靠或不可靠的旅行回憶錄——例如艾爾達德．哈達尼（Eldad Hadani）、土德拉的班傑明（Benjamin of Tudela）、《塔克摩尼之書》（*The Book of Tahkemoni*）中的盜匪浪漫小說，全部都在文藝復興時期的義大利出版——還有弗拉維奧．尤賽夫斯（Flavius Josephus）從小時候到羅馬生活的簡短自傳式概述也被出版了；但里奧聶的卻是第一本真正的自傳，而且至今仍是最鮮活動人的一本。里奧聶寫道，他曾想要寫《葉胡達．阿里葉的一生》（*Yehudah Aryeh*，又名《猶大．理奧》〔*Judah Leon*〕，而阿里葉在希伯來文中同時可指獅子和里奧）給「明朗的面孔像我一樣」且是「我眼中的蘋果和心中之根」的長子，好讓他對自己的起源、漂泊、信仰和性格有所認識。現在末底改走了，他的目的也更強烈了。現在這本書成了某種由他給其他孩子的慈父禮物，包括兩個男孩以薩克和西布倫（Zebulun），以及兩個女兒黛安娜和以斯帖。把追憶轉化為文章，本身就需要一種冷靜的方法來跳出哀傷。儘管是這麼說，但他還是只能衝刺寫作，在六個月的期間內完成。除了自傳以外，以及在每天為逝者禱告之餘，里奧聶也寫下禱詞的小冊子，還有給朋友的安慰詞，讓他們帶去那些生病命危者的家裡和床邊。

這自傳有時候可以當成不幸的虛構故事來讀，起於重擊費拉拉的那場地震，當時他媽媽還懷著他，所以他幾乎是被大地的震動拋來這世上。相對的，「我，苦澀而衝動的里奧聶」是在威尼斯出生，屁股先出來，然後臉朝前地在這世上誕生，是個不祥的開端。但接著，熱情的占星家里奧聶堅持，眾星座始終與他的家人交戰。雖然他承傳自一個學識、虔誠和物質都豐富的統治家族集團，但一段失明的日子讓他父親無法工作，而失去他的財產。這個家族在世上一落千丈，此時很明顯的，里奧聶得要用他所有的才能來幫忙支撐家族。幸好當時那些天賦的範圍不同凡響。這個小子是個早熟的希伯來學者，並像吹笛子一樣在猶太會堂內講道，但他在音樂上也有所造詣，因而獲得了唱出他小小心聲的機會。他就是那個朗誦詩歌、口技神奇的里奧聶。早期他同時被非猶太人和猶太人所寵愛，所以成為了打零工的家教、講道者和譯者，只要有人付錢就做，骨子裡徹底是猶太人，但精通非猶太的世界。然而眾星辰拒絕與他連成一氣；在那些喜悅之中，麻煩自己找上了門來。

他和一個表親以斯帖談成了親事。這招來了幸福，尤其是因為這場婚姻可以把里奧聶弄出蒙塔尼亞納（Montagnana）這個小鎮，這裡讓這個坐不住的年輕學者兼教師感覺被關了起來。訂婚已經說定了，婚約也擬了，而婚禮，也就是「huppah」，則是安排在一五九〇年六月，在七七節（Shavuot），也就是五旬節宴會前後。親朋好友在威尼斯相聚準備慶祝。新郎十九歲；新娘再年輕幾歲。但當里奧聶和家人在大日子來到的不久前抵達時，「我們發現新娘臥病在床。大家都說沒什麼大問題，就只是一點小小的下痢，她很快就會恢復了。但她的病情卻一天天惡化，直到她性命垂危。然而她卻有著獅子般的心，並不害怕。」[8]在以斯帖死去的那天，她把新郎找來，用雙手抱住他，並在眾人的驚愕中吻了他，希望能在死前經歷身體之愛的接觸，她說：「我知道這是大膽的舉動，但在我們訂婚的這一年裡我們從來沒有碰過彼此，甚至連我們的小小指頭都沒有接觸過。現在在死亡的這一刻，我有了死的權利。我不能成為你的妻子，但既然上天是這麼命令的，我還能怎麼辦？」

「安息日新娘」隨著夜晚到來，而真正的新娘則離開了這世界。失去新娘的新郎在悲傷與恐懼中崩潰，以斯帖的家人們也是；然而在她下葬之前，他們就已經恢復到能提出建議：由她妹妹來替代。「就是個一樣好的女孩」。人還是要實際一點。畢竟，親事就是親事啊。即便里奧聶自己如此痛苦，他還是被強逼到在全然的「尷尬」中，同意接受這個替代家人。兩週後，他和亡妻的妹妹瑞秋進行了婚禮。

「葉胡達．阿里葉的一生」可以感覺像一聲拉長了的嘆息，不時被古怪的嚎叫聲打斷。有什麼好事發生（出版了一本書）過後沒多久，痛苦就會馬上來刺傷他——有一次還真的就是用刺的，他踩到一片尖銳的金屬，因此得在床上躺兩個星期。但在這些呻吟之間，也有片刻的喜悅：孩子們誕生了，也活了下來，他的名氣也開始傳遍威尼斯甚至城外。最早一批能在猶太世界內外都通行的印刷書裡，就有一本是他的書。里奧聶因為身為講道者的名氣，足以讓猶太人隔離區外、威尼斯外、義大利外的基督徒也來聽他講道。這是有意達成的目標。里奧聶擁有最受歡迎的基督教布道者之一——阿斯蒂（Asti）主教法蘭西斯科．帕尼葛洛拉（Francesco Panigarola）——的布道集並好好研讀它，而且他還試著把一些他自己的風格，嫁接到猶太傳統「德魯許」（derush），也就是《聖經》文本和《塔木德》上的評注之中。[9]他自己的講道書《猶大荒漠》（*Midbar Yehuda*）明白地表示，他也把一種古典修辭學的研究帶到了他設想為說教藝術的內容裡。

威尼斯的猶太人隔離區在他有生之年裡成為觀光勝地，而人們都跟參訪者說一定要來看、來聽、來見里奧聶。[10]並不是每個人都因為他們所見，而被拉到了猶太人的信仰這邊。許多旅者都會特別注意到（去猶太會堂的基督徒都會如此）集會的噪音，從講道拉比的「咆哮」、「口吃」到「重複著冗長乏味的含糊不清，還有會眾持續的喋喋不休」。[11]對行腳各處的教士薩繆爾．珀爾夏斯（Samuel Purchas）來說，猶太禮拜儀式的肢體語言、上下左右擺動、過於做作的手勢，都是猶太教諸多錯誤的一種徵兆：身體的各種勢態掩蓋了信仰的空虛。[12]對許多人來說，這全都太過火了：莫測高深的胡言亂語、戲劇化的喧鬧不休、一切的呆板沉重。但其他人，特別是那些聽取里奧聶那種古典式編排的「親基督教式布道」的人們，則保持了開放態度。而看到威尼斯那五間慈善之家（scuole）的極少數人，則覺得那是惡魔與它們的活人共犯所居住的地方，而這跟中世紀基督教歐洲的普遍反應一樣。

猶太人就行走在威尼斯人之間。猶太人隔離區的橋樑和大門只有到黃昏才關閉。白天猶太人出去工作，幾乎什麼都做，當醫生、舞蹈老師、絲綢販、還有借錢給人；同時非猶太人也進來猶太人隔離區當搬運工、乳母、烘培師、剪羊毛工、剪裁工、染布工和製革工，和猶太工匠們一起工作。就算在猶太人隔離區的狹小空間內，都有一個猶太人的宇宙：來自德語世界的阿什肯納茲人；來自伊比利亞半島的「波內廷人」（Ponentine，西班牙—葡萄牙人）；「黎凡特人」（可能是土耳其的羅曼尼歐人或者土耳其的賽法迪人，也可能是摩洛哥人）；黑猶太人（猶太人中的摩洛人〔moro〕、摩爾人，通常是前奴隸，可以輕易地使奧賽羅也有猶太人身分，因此把兩齣莎士比亞的劇併成了一齣）。被呈到宗教裁判所（在威尼斯這裡有一種相對溫和的變體）的案子，可以確認出有不少基督徒男女和猶太男女緊密共事的時間多於法律允許，即便是在大門和橋樑關閉之後也是如此。確實，他們之中有些人根本就住到裡頭去了。在檢驗薇拉莉亞・布魯格那雷思齊（Valeria Brugnaleschi）這位醫師寡婦，還有她女兒思普蘭迪安娜（Splandiana）的女巫嫌疑時，逐漸顯露的事實是，這兩個女人在猶太人隔離區待了兩年，教導七、八十名女孩；裁判所還發現她們吃煎魚和逾越節薄餅，這是在地化的明確徵兆。在暴怒中，薇拉莉亞厚顏地向檢驗者表示，猶太人隔離區的生活教導她，猶太人遵守起自己的法律，遠比基督徒遵守自身法律來得真心誠意；但這樣的魯莽發言，等到後來發現她邀請猶太人到她在聖若望及保祿廣場（Zanipolo）那邊的家，為了向他們求取「魔法」之後，就幫不上忙了。若放眼望向社會更下層的話，還有水手喬喬・馬雷托（Giorgio Maretto）被人目擊出現在眾多猶太婚禮和割禮上；此外就跟常去猶太人隔離區的女性一樣，他明顯很享受著符合猶太教義的潔食，特別是串烤雞——他還直接在街上啃著走。喬喬還向猶太女孩求愛，但他聲稱，目的只是讓她受洗。然而，有些證據——像是有報告指出他戴上黃帽（但他說，只是個玩笑）——主張，這個所謂「勸人改信」的行為，方向其實是相反的。[13]

威尼斯的人們之所以能夠逐漸——而且並非完全——發現猶太人是人類同胞，是因為幾個世代以來，共和國都在與反宗教改革的歷任教宗極權進行對抗，特別是反抗他們將「剝奪人性」制度化。威尼斯的猶太人隔離區和羅馬的同個地方並不一樣；這邊並不是一個實體絕對隔離的地方，威尼斯的猶太人也不是只能做賣破衣服和放貸之類的賤業。大部分的猶太生活都存活於非猶太的世界裡（雖然說也有不少爭執）。普珥節時，猶太人和非猶太人一起歡笑享宴。非猶太人聆聽（義大利語的）猶太音樂與詩歌，會走進猶太人隔離區和里奧聶・莫迪納這樣的人談論哲學。

而里奧聶就是為了那些猶太人隔離區外、來自威尼斯甚至國外的感興趣者，寫下了第一本猶太信仰、儀式和實踐的詳細導覽，內容從割禮、葬禮到哀悼日，明確以非猶太人為目標對象。事實上，這本書就是給異教徒的《擺設桌面》。一六一二年左右，英國大使亨利・沃頓（Henry Wotton，應該讀過了克里斯多福・馬羅和莎士比亞各自筆下的馬爾他猶太人和威尼斯猶太人）向里奧聶提議，去為詹姆士一世（James I）寫一本這樣的手冊；這位國王已經託人製作了一本新的《聖經》，而且也以對希伯來有興趣聞名。但要到末底改死去之後的悲傷日子，里奧聶才認真開工。雖然此書的手稿版本為人所知，一部分被古物收藏家兼法學家約翰・塞爾登（John Selden）所挪用，全書卻要到一六三七年才以印刷本首見天日。由於這本書是在里奧聶未先知情下於法國出版，他有一陣子害怕那些影射羅馬教會的地方會讓他惹上麻煩。他們嚴格禁止猶太人發表任何可能被當成在貶低或甚至懷疑教會與其教誨的評論。

如果基督徒開始用稍微細緻一點的觀點來看猶太人，那麼，當這種視線被導向那些在廣場上擦身而過、或坐在猶太會堂女性專用邊座的猶太女人時，原本的觀看就變成了興奮的注目。一六〇八年，不屈不撓的旅行者湯瑪斯・科里亞特（Thomas Coryate）給威尼斯的猶太女人最高的恭維，讚揚她們可和阿爾比恩（Albion，大不列顛島的古稱）的玫瑰相比，寫道：「我看到了許多猶太女人，其中有些是前所未見的美，且她們的衣裳、金鍊子和嵌著珍寶的戒指是如此豔麗，我們那些穿著有如侍女帶大的公主們才穿的奇異長拖裙的英格蘭伯爵夫人們，鮮少能超越她們。」[14]基督徒這種死盯著對方的眼神是很貪心的。這種眼神看向猶太女人時，要的是一切：狂暴友弟德的性魅力；異國情調裡那難以求得的渴望；還有以斯帖，那位雖然意志堅強卻在非猶太國王前俯首稱臣的皇后，所具備的貞潔順從。不意外的，就是在這種時候，這兩位女性都成為了基督教藝術的普遍主題，繪畫的藝術家包括桂爾契諾（Guercino）、阿特蜜希雅・真蒂萊希（Artemisia Gentileschi）和多美尼奇諾（Domenichino）。[15]狐狸精和改信者的形象，都使猶太女人抓緊了基督徒的目光。

II 莎拉

這件事要花一點時間來吸收。當莎拉・柯比亞（Sarra Copia）——十八歲、金髮（就跟威尼斯多數的女人一樣；其中有些人靠著祕書中的染髮配方，有些則不）、聰穎，在猶太人隔離區結婚生活——讀了一首叫作〈以斯帖女王〉（Esther the Queen）的史詩後，她認為這本身就是一首讚美猶太女人的讚詩。更奇怪的事情發生了。普珥節的戲劇通常是猶太人和基督徒摩肩接踵的第一個地方，因為後者會來到猶太人隔離區來看表演，或者讓猶太人在他們的貴族大宅裡演這段。《以斯帖記》成為了他們共享的故事。一度因流產而幾乎死去的莎拉復原後，她既認同這位女角，同時也仰慕那些符合她期待、描繪出猶太女性足智多謀的英雌畫像的基督徒作者。莎拉是如此地著迷，以至於她在一六一八年春天直接寫信給作詩者安薩爾多・賽巴（Ansaldo Cebà），表達上述那番仰慕，把他和荷馬相比，並企圖進一步認識他。她陷入了狂熱迷戀中。她對賽巴說，她每天晚上都把詩篇放在枕頭上。他五十三歲，是一名兼攻文學的退休外交官。這種青春仰慕的直線攻擊逮住了他的注意力；讓他既快樂又不安。

日後賽巴會寫道，莎拉・柯比亞有幸得到「高貴的心靈、慷慨的心腸、靈光的智慧」而且「更超乎所有其他美德的，就是繆思女神的優雅」。[16]所有那些代表賽巴去看她（因為他從未親自去）的人，都確認了她的美姿美貌（bella figura）。她顯然曾經是她爸爸賽門・柯比亞（Simon Copia）特別喜愛的孩子，舉凡是一個住在猶太人區內傾向對外交流地段的女人該學的東西，他都讓她學到——包括音樂。她表演英雄詩篇的即興詠嘆調，甚至可能自己用弦樂器伴奏。[17]同樣對詩歌和音樂有興趣的里奧聶・莫迪納是這個家族的友人。莎拉的先生雅各，來自志趣相投的薩蘭（Sullam）家庭：這家庭來自法國西南方雷斯卡雷特（L'Escalette），是有教養的銀行家族；這地方的人曾歷經一四九〇年代最後幾次放逐的苦痛，現在則是飽學的虔誠人士雲集。莎拉的公公，摩西・薩蘭（Sullam）在曼托瓦掌有大權，而那裡則贊助並保護著自己的猶太樂曲家薩洛蒙・羅西。雅各追隨父親進入銀行業，只是他是在婚前就來到威尼斯、還是結了婚所以才來，就不知道了。

莎拉不只是被溺愛她的父親養成一個心智獨立的年輕女性，他也期待女兒成為非猶太人鄰居眼中最好的女性。賽門・柯比亞成立了一間非正式的「學院」，就位於猶太人隔離區的自家內；這種猶太區像香菇一樣在義大利各城市萌芽，而這一區則是互相同理的基督徒和猶太人可以混合來往的地方。年輕貴族以及期待有所發展的詩人、歌手和音樂家，會從城市各處來到猶太人隔離區，並花時間在這聆聽、背誦，並仔細思考棘手的哲學問題。賽門死後，還很年輕的莎拉擴增了學院並開始寫詩。十七世紀還有其他猶太女詩人，但，就像羅馬的底波拉・阿斯嘉來里（Debora Ascarelli）一樣，她們只限於把希伯來禮拜儀式上的禮拜詩翻譯成韻文而已。[18]莎拉比較大膽。當她第一次熱切地接觸安薩爾多・賽巴時，她在信封裡裝了一首詩，開頭第一句就是那厚顏到可愛的引言「美麗猶太人」（bella Ebrea），暗指了賽巴的那首〈以斯帖女王〉，就好像一個人心中同時存在的皇后和仰慕者，正在爭奪他對文學不朽的主張。

這類以詩表達的頌讚文其實多到不值錢，但這篇的熱情讓賽巴大吃一驚，更別提這篇還是來自一位年輕的猶太女性，明顯就是一個活的以斯帖。這樣的序曲有些特質——既厚顏又端莊、既早熟又貞潔——讓他覺得出乎意料地驚悚。這不是他這年紀預期要發生的事。他頂上光亮、鬍子灰白，雖然說在兩人魚雁往返的高潮時，莎拉稱那些頭髮為珍貴的銀色。她知道自己在幹嘛。退隱於熱那亞、符合一個虔誠的自稱詩人形象的賽巴，正在替自己的最後時光作準備——但後來發現的結果是，那一天比他理想中屬意的日期還要早很多。莎拉洋溢的愛慕突擊、圍攻並入侵的，就是上述這種淡泊一切的退隱狀態。

誰能抵擋呢？不管他可能採取什麼樣的保留態度，賽巴最後都照樣回應了，以柏拉圖式愛情的慣例來處理，好保護雙方免於危險的不忠，但又在瞬間、相互的熱情傾瀉中，以每一封信（一度週週來回）測試理智關係的界線。一開始，賽巴可能想從他們的書信往來中開展某種文學活動，完成一次出版——基督徒男性和猶太女性之間的這種活動可是頭一次。但他只有五十三封信和一些莎拉的詩篇一起保留下來。賽巴在回信給她的過程中，詳細地回溯了她寫了什麼給他，讓留存下來的書信往來不只是單方內容而已。[19]

屈服於突然湧現的情感，灰髮的退休老人和新的以斯帖鼓動著彼此。從一開始，賽巴就和莎拉說，他願意「與妳的靈魂造愛」。其他時候他稱她為他的小姐，而自己則是她的僕人，這可能既是一種雇傭關係的形象，或者也可能不是。在他們建立關係的早期，他對她說過「妳因我愛妳而感到的欣喜，應該不會比我感到的多」，因為她常用「閣下」之類的頭銜連番轟炸他，而「在妳所知的愛人中，沒有人在用頭銜的」。自始至終，他那挑逗的玩笑都假裝成一種範圍可從滑稽到毛骨悚然的閃爍羞怯。他說，他能了解，這種不情願令人熟悉，因為「就我所知，妳又年輕又美麗而我兩者皆非……然而如果因為妳善意中的特殊恩澤使妳仍希望與我造愛……讓我們一起……維持充滿愛情的端莊得體，並把『閣下』這種表達辭令，留給那些靠著空虛字詞喚起人們偉大感的悲慘人物」。[20]他們的基督徒—猶太人愛情遊戲在危險的邊緣上演出，對於那些心靈處於此般熱烈激情狀態下的所有同路人而言，可說同樣刺激（或許甚至更刺激）。到了結尾處，一六二〇年十月，賽巴將變得絕望（他將在一六二二年過世）。「莎拉小姐，當時間來臨時，讓我們好好把握並真摯地造愛。」[21]他為「他們的存在終於在單一信仰中結合」所選擇的形象，是兩個人同房。

當這一切太過頭時，賽巴對自己說，這熱烈的情感、這突然點燃的灰色餘燼，不過就是牧羊人領著一隻走失的羊回到羊欄時心中的熱情而已。但這種假裝的自我欺騙通常都會消散。他向莎拉說，他和他最在乎的兩名女人相處的經驗都結束得很糟，一個拒絕了他，另一個則是太早離世。不管採取的是什麼形式，這次都是生命結束前最後一次的愛意奔放，而且就算其圓滿不是性的圓房而是精神的完滿，這仍會是一場心醉神迷的愛情征服。沒有一封給莎拉的信裡沒提到希望她改信的請求。在他對這從未親眼一見的金髮猶太女人的炙熱激情中，愛慾和救贖變得不可分辨。他們來來往往的交換中，不是只有文字，也有禮物，好比說她送給他的水晶高腳杯，就成為了發展色慾內心戲的機會：

雖然我拒絕
以我的口觸妳的水晶
莎拉，我並未，拒絕妳錯送來的某物
我的唇在發苦
苦於我無用地送入風中
那燒灼的聲音
只為求妳的救贖[22]

儘管他堅持不懈地請求莎拉受洗，她對身為寫作者的賽巴仍持續推崇。當他們書信往來的韻律被打破時，她變得焦躁、易怒甚至瘋狂。她會以禮物轟炸情人的方式昇華她的情感。某天會送糖漬或風乾的水果；另一天則是一箱灰鯔魚的鹽漬魚子（bottarga，猶太人是從吃的做起）；她自己的肖像；她繡上珍珠和金銀絲線花的梳夾套，又激起另一輪詩作，有些缺乏必要的屈就格式：「妳用妳的針法做出的這些白潔深紅花朵／妳讓玫瑰和百合發亮的這些光芒／呈現了妳自己臉上美麗的顏色而我看得太清楚。」[23]

雖然緩慢，但情慾盛宴中還是漸漸有了轉變。原本追求對方的仰慕者，在成為被追求對象的過程中積極享樂，並開始厭倦賽巴在愛情中退居角落時就持續眺望天堂。當賽巴講到他們將到來的融合時，他試圖耍一下筆墨，把她名字裡的「p」多加一個、稱她為「伴侶」（Coppia）的時候，莎拉則是又快又急地把那個她不要的中間字母去掉。接下來，不管是出於憤怒還是樂趣，或者兩者皆有，無敵的猶太人莎拉．柯比亞突然翻轉整個局面。你不會停止要求我成為基督徒，她說。你控訴我拒絕成為你在信仰上的同路人。但還有另一個方法可以讓結局圓滿。如果你變成猶太人的話怎麼樣？賽巴挺過了震驚和痛苦的微笑後，寫了回信：「是我要來威尼斯行割禮，還是妳該來熱那亞受洗。把妳的意願明白告訴我。然而想想，我沒有任何需要去流血，因為那對我有什麼好處？然而妳有很好的理由去尋找水，因為妳缺少它。」[24]對此，莎拉說，正好相反的，她自己可是在運河和潟湖水邊長大生活的。在某一刻賽巴退讓了：「這確實是一種造愛的新方法，屬於我們這種彼此尋求如此不同事物的新方法。我希望妳成為基督徒，而妳希望我成為崇拜偶像者。」[25]

事情沒有希望，但他並沒怎麼放棄。在他死前，沒有比這還令他更想征服的了。她越是強大，他就越是想像著，如果他能去看她的話，她會是什麼樣，寧願「讓頭髮堆在妳頭上……而不要讓它被妳那女僕的詭計分開並整理」。[26]

一六二一年，他們之間的關係開始走下坡。莎拉生了重病，然而賽巴並沒有像往常那樣殷勤寫信，反而幾個月沒寫一封。而這是一個莎拉必須仰賴真正朋友的時候，因為她被一宗公眾糾紛纏上，但與她在追求的事物無關。她學院的一位常客，學者兼教士巴爾達薩雷・博尼法喬（Baldassare Bonifaccio）在一次向「猶太女士示巴小姐」[27]的新年祝福中公然詢問，在伊甸園裡身體和靈魂一開始是否都為不朽。若靈魂仍然「順從於造物主」，則事情就可能還是如此。但一旦人墮落了，靈魂「透過罪而糟蹋」，身體毀壞而只有悔過能恢復靈魂不滅的能力，那她怎麼認為呢？莎拉以那種顯然是學院討論所習慣的機智風格回答；年不是新的一年這要再想想，然而我們會老，如此這般。但接著她以一種太現代而可能會造成一大堆麻煩的方式，回答了博尼法喬。如果原本住著它（靈魂）的形式注定不腐朽的話，確實是該去問物質（例如身體）怎麼可能會腐敗。但就如博尼法喬——而且甚至是基督教——所堅持的，答案不需要取決於墮落和透過認罪的救贖。不論身體或靈魂都不會苦於徹底滅絕。身體的俗世物質在死時分解但變為永久，形成新物質而靈魂同樣地在永恆中長存。但這否定了身體和靈魂、物質和形式的可分離性。物質的延續性，需要天堂製造具備永久不變性的形式。

不管是出於誤解還是有意操作，博尼法喬都反轉了莎拉的論點。他並沒有把靈魂的不朽當作物質存續的解答，他反而歸因於相反的、令她憤慨的觀點——如果物質和形式是一樣的，那物質就是終將滅亡的可腐敗之物。而且出於煽動的戰術（幾乎絕對是計算過的），他發表了他的控訴，說「在猶太人之中只有」莎拉否認了靈魂的不朽性。

因為起於刻意誤讀她的文字，這種非難可說劇烈到了極點。他們宗教寬容的條件，始終是猶太人不要說出激怒基督宗教教義的話，包括靈魂的不朽性。所以莎拉・柯比亞和她的導師里奧聶最不想要的，就是被指控贊同這一道異端學說。先不論這損害了他們在威尼斯的地位，「以血肉之軀做出的靈魂也會跟著肉體腐壞」的概念，就讓那些有殉道於宗教裁判所歷史的家族感到十分不舒服，而且也確實傷害了像里奧聶那樣因喪子之傷而苦痛的那些人。莎拉用她自己獻給父親賽門的不朽回憶聲明，反擊了博尼法喬的誹謗，聲明中說父親「雖然被奪去了短暫（生命）面紗，卻活在活著的靈魂之中，也將永永遠遠活在那裡」。[28]莎拉在這一份實際的表態中，表達了她信仰死後靈魂會「持續」那由她爸爸給她的「不可表達的愛」，並「會永久保存」。莎拉清楚自己會被指控說都是靠男人在挺她（特別是里奧聶），她因而費盡苦心堅持，這場反擊是她自己一手促成的。她說，如果她被允許獲得拯救，「那麼，拯救會存在於我已從中獲得一些豐碩收穫的智力工作中」。接著她動手對博尼法喬發動激烈攻擊：他對希伯來文的無知、足以令他誤解她的遲鈍愚笨，都不符合他自誇擁有的猶太教知識。她以一段清楚明白的證言開場，說：「巴爾達薩雷先生，人的靈魂，是不可腐壞、永垂不朽而為天所賜……這個事實對我而言是確信的、絕對可靠的、不可爭論的，對每個猶太人和基督徒而言也是一樣的。」[29]

莎拉現在開始知道，就算在智識上看起來像是情誼關係的，幾乎總是會崩解回一場要求她改信的戰鬥。在熱那亞，賽巴對他的朋友馬克安東尼奧・多利亞（Marc'Antonio Doria）以及當地貴族階級與教士的顯貴們談及他的努力；同時在威尼斯，博尼法喬正領導著企圖征服她的十字軍。這整個都變成了一部改信劇，而她是其中的大獎，而且即便年輕，她卻越來越被裝腔作勢所打擊。賽巴這邊是快要接近放棄，他的評論採取了一種暴躁惡毒的論調。她的丈夫雅各可能沒有袖手旁觀「大批有著特殊熱情的來往信件」，然而他之所以如此「這不是因為妳愛人做出的文字攻擊，而是因為那都來自於一名基督徒」。[30]這些臨別前的狠話使人煩憂。「讓我死吧，」賽巴最終寫道：「免於再被妳的信件所煩擾。」[31]而他就這麼做了，在之後的一六二二年，就在他們第一次通信的四年後。「在我們之間傳遞的對話，」他對某個外人說（對他來說，他們之間完全沒有隱密）：「足以讓一個人大笑，但結果卻是這樣，一如往常地讓人想哭。」[32]

靠著同時掌握住威尼斯的猶太圈和基督教圈的動向，里奧聶·莫迪納了解到，因博尼法喬一事遭控訴時才二十一歲的莎拉，被放在一個痛苦的位子上。她的寫作、她的名望，都被那些她恭迎到她家的人們變成了公共財產。里奧聶跟其中很多人都私下認識，也包括博尼法喬。而他可以說已經做了為她辯護所需的訓練，因為就在兩年前，他曾得要把一個葡萄牙裔的荷蘭猶太人烏列爾·達·科斯塔（Uriel da Costa，關於他的事情，之後會有更多介紹）逐出猶太教會，因為他明確否定靈魂的不朽性。雖然如果莎拉希望的話，里奧聶可能就會空出時間來幫助她反駁，但他知道，如果他這麼做，她會立刻被指控用她自己的名字宣告他的話語——而實際發生的情形就是如此。他樂於讓莎拉如願當一個當代獨立的以斯帖。里奧聶自己大幅改寫了一首關於以斯帖的戲劇化詩篇，那首詩本來的作者，是把佩脫拉克作品翻成西班牙文的薩洛門·烏斯奎。里奧聶把這首新詩獻給「莎拉·柯比亞小姐，猶太女子」——也就是說，給某個會好好維持這狀態的人。他以短詩引言，針對自己的寫作並不如她仰慕的賽巴作品那樣「以金線編織」，向莎拉道歉。他的改寫版本以「不裝腔作勢的態度」追隨著原劇，注定要為普珥節的娛樂所用。但他補充道，光是名字本身的力量，他就希望「妳會把這烏鴉當成一隻鴿子來接受」。[33]

III 里奧聶、薩洛門、席夢妮：面對世界

一六二二年，對里奧聶．莫迪納而言似乎是不錯的一年。他手上都是工作，猶太人隔離區內外都有。從來不缺徒弟，不只猶太人，連基督徒都有。他的布道內容不只能在義大利的大猶太會堂聽到，也出現在賽法迪猶太人的波內廷猶太會堂，然後又在老猶太隔離區裡一棟超群富麗堂皇的建築裡擴大音量。完成這項工程的建築工和石匠，來自威尼斯最偉大的建築師巴達薩列．隆格納（Baldassare Longhena）的工作坊，而這工作坊本身就顯示了猶太人和非猶太人在共享的未來中的相互信任。牆壁蓋著一層橡木鑲板；鑲嵌的大理石地板是如此的美，美到為了維持「只有上帝之手能產生完美」的傳統，必須刻意安排一塊缺陷在圖案結構中。你到今日還是可以看到。

這一年再過一陣子，在曼托瓦還會有一場大婚禮。莎拉．柯比亞的妹妹戴安娜（Diana），另一位美人——儘管這位比較可能常望著鏡中的自己，而不是思考哲學——將與編舞大師以薩西諾．馬謝拉諾的兒子結婚。為了避免在路上遭襲（事實上這一年後就會發生），里奧聶和他的同行夥伴將由武裝騎馬護衛保護。在曼托瓦時，里奧聶決定來和薩洛蒙．羅西談，他之前就鼓勵過他來為猶太會堂創作讚美唱詩，而這是一項驚人的創新。[34] 羅西的複調作品《哈希林．亞舍．利許末洛》（Hashirim Asher Lishlomo）是以猶太禮拜儀式中最熟悉的禱文和聖歌的字詞為題的三十三首歌——之中就有〈我們的職責〉（Aleinu）、〈升天之歌〉（Shir Hamalot Aleinu）、〈我們的上帝無與倫比〉（Ayn Keiloheinu）、〈永遠的主〉（Adon Olam）。儘管拉比們自從聖殿毀壞後，就一致同意禁止任何不合時宜的喜悅，但羅西和他的妹妹「歐羅巴夫人」，宮廷歌劇的女主歌手，完美體現了令人喜悅的聲樂能和正統派猶太教常規做法兼容並蓄（而且，里奧聶甚至大膽地希望樂器演奏也可以做到）。一六〇五年，費拉拉有一場恐怖的騷動，起因是某次有人企圖把創作曲目引入猶太會堂。年輕時就自彈自唱的里奧聶，被人問起他的看法時，便即時來了一段猶太解經：他說，第二聖殿毀滅至今已經一千五百年；人

們有足夠的時間來恢復《聖經》描述中原本所羅門聖殿的美與愉悅。那時候興起了一種時尚，就是重新去想像那間想像中的第一聖殿是什麼樣的建築、有什麼樣的裝飾，而薩洛蒙和里奧聶都同意，聖殿的每一處都能聽到由利未人以喇叭和合聲表演的音樂。現在里奧聶很確信——並以簡潔有力的語言這麼說——上帝不可能希望祂的崇拜被限制在哀悼中而被奪去了合聲，明明合聲只會讓崇拜者專注在自己充滿仰慕的獻身上，而不是使他分心。猶太人的合聲可以與上帝創造萬物的和諧共鳴。那這怎麼可能不令祂快樂呢？[35]

也要考慮別的事情。當非猶太人想要嘲笑猶太文化的下等時，他們通常都會指出這文化在音樂方面的貧瘠，尤其是希伯來語在歌唱用途上的不適任。讓他們在基督教婚禮、宮廷化裝舞會和娛樂時表演是一回事（而這就是他們實際上常演出的場合）；但他們寫起宗教音樂就是另一回事了。這種偏見是出於無知，以及數個世紀以來拉比禁止的結果。里奧聶可以理解那種單調的吟唱和那有時讓他畏縮的喊叫，為何永遠不會獲得（他口中所謂）「音樂學問」愛好者的欣賞。上帝值得有更美好的音樂。或許薩洛蒙和里奧聶知道十二世紀那位改信者歐巴提亞·哈哲（Obadiah Ha-Ger）的讚美聖歌？這位又稱「放棄信仰者歐巴提亞」的人，在沒有任何不尊重的前提下，譜了猶太的單聲聖歌，一首獻給摩西導師、激勵人心的聖歌。[36]當下（在這個曼托瓦還有宮廷作曲家克勞迪奧·蒙特威爾第〔Claudio Monteverdi〕，威尼斯則有喬凡尼·嘉布里耶利〔Giovanni Gabrieli〕的音樂世界裡）的挑戰，是採納牧歌（madrigal）和合唱歌（canzone）的慣用語法，讓它們唱出希伯來禮拜儀式中情感豐富的榮光。此外，原本因為猶太人隔離區門禁而被基督教宮廷表演機會排拒的猶太音樂家，現在正好可以來演奏新的聖樂。[37]如果這可以達成的話，那麼基督徒就會湧入威尼斯的猶太會堂來聆聽，就好像他們現在會去聽里奧聶的布道以及去普珥節的表演中歡笑一樣。

一六二二年一月，當他面對一群只能站著聽的集會會眾（其中多數包含了威尼斯貴族成員）時，這想法想必有從他思緒中經過。這些人都是來聽他講道，一如往常是用義大利語——這本身就是一個猶太教要向外面對世界的徵兆。那是里奧聶·莫迪納人生中的一個偉大時刻：如果有需要證明的話，這就證明了一個互相理解的共同社群存在。但他也相信，他現在是如此吃香，或許他有可能可以逃出無止盡的教學、寫信和賣護身符的苦工，並投身於更高層次的事務。「我格外高興，是因為學校學期結束了，而我也走入了我靈魂所渴望的自由中。雖然我兩手空空、欠債累累，我還是讚美永生的上帝。」[38]

喜出望外的是，他的小兒子西布倫——在某個向家族成員展示里奧聶對猶太會堂音樂之信念的場合中——唱了一段他爸爸特別為這場合寫的曲子。「聽者不住讚美他甜美的聲音。」那一刻的純粹喜悅讓接下來發生的事殘酷到難以忍受。

里奧聶和瑞秋在兩個女兒這邊看起來有多幸福，在兒子們這邊就有多不幸。末底改死後，二兒子以薩克也沒怎麼成為慰藉。寫到他時，里奧聶直說他花天酒地，沒有責任感，吵起架來太暴烈，以至於當以薩克前去阿姆斯特丹，然後從那去巴西一個荷蘭保護的猶太社群時，他並沒有哪裡不開心。而里奧聶的小兒子，他的西布倫，儘管繼承了父親的好賭習慣，但他還是愛著。西布倫常常交上那種會去惹事生非的損友，更別提欠債的事了。這些對他的雙親而言都是考驗，尤其是在威尼斯前幾大恐怖的一件謀殺案發生後，西布倫被召去法庭上作證，對犯下罪行的猶太匪徒沙貝泰．貝寧卡薩和摩西．貝寧卡薩（Shabbetai and Moses Benincasa，合稱「辛德里那」〔da Hindelina〕）提出不利的證言。對西布倫復仇的誓言傳到了里奧聶害怕的耳中。或許他們只是說大話而已。在公眾場合，在官方的注意之下，那些發誓要報仇的猶太人和基督徒現在都「和和氣氣」對西布倫說話。但到了一六二一年夏天，沙貝泰和西布倫打起了架，並很快就打到你死我活，因為西布倫並不是那種碰到挑戰會害怕逃避的人。沙貝泰揮舞著屠刀追著西布倫，一路追過了卡納雷吉歐區（Cannaregio）。突然西布倫看到了有個鄉下人帶著劍，就從他那兒奪了過來，轉身還擊，深深砍在攻擊者的肩上。沙貝泰跳進運河裡，撿回一命。

這場鬥毆事件嚴重到足以讓官方插手，要求息事。辛德里那再次假裝和好；但一六二二年春天，在逾越節晚餐的前一晚，當猶太人隔離區洋溢著酵母燃燒的香味時，八名匪徒尾隨西布倫到了「黎凡特人之家」。

嗅出大事不妙的里奧聶在街區裡到處跑，瘋狂地找著兒子。他找到他時，街上正巧有人喊著要找好夥伴西布倫一起出去打架。里奧聶似乎跟他兒子一樣被捉弄了。西布倫一從屋子裡出來就遇襲了，頭被痛打、喉嚨被猛砍。里奧聶只能呆立原地，無助地看著自己的兒子遭謀殺。西布倫剩最後一口氣前，哭喊了那一句父親從來都不想聽到的話：「父親、父親，我要死了。」[39]

「血像噴泉一樣噴出，他無法撐到家裡，在我舅子約哈南（Johanan）的家裡就不行了，願上帝保佑他……他在那裡倒在一張滿是血的床上。在醫生抵達前他就失血過多了。等到醫生抵達時，已經沒有足夠的血讓他活著，而他整個右半身都失去了知覺。」接著他失去了意識，勉強撐了四天後在逾越節時離世，下葬於麗都區，就在他哥哥末底改旁邊。

當他的棺木被抬走時，上頭放著的是他被血弄髒的衣物。那景象和我的哭聲以及我滿臉憂愁的妻子，讓每個人——甚至基督徒和土耳其人——都流下眼淚……和我兒子說過話的人，包括許多是他朋友的基督徒平民，沒有一個不哭泣的……他再十三天就滿二十一歲了，而且如此英俊。整個社群裡沒有誰像他一樣。他唱歌的聲音甜美得像天使。他理解力充沛且令人開心，又同時能寫作散文和詩歌；勇於戰鬥……唉。我總是告訴他：「總有一天你的心胸寬大會害死你。」他的勇氣和他使用的武器只會獻給神，因為他不能容忍對任何猶太人的貶低。[40]

這一番人物描寫可說令人心痛得栩栩如生：西布倫這把美麗的、銳利的、生氣勃勃的利刃，（包括他自己寫的）詩歌的吟唱者，猶太不義之行的快槍復仇者就這樣死了。

這離里奧聶為末底改「坐七」才五年。現在他的心神渙散，已經有讓他失去智識的危險。只有將兇手正法的決心讓他維持理智，因為他就是犯罪的最初目擊者。加害者全部遭到審判、定罪並放逐。任何在共和國領土上找到他們的人，都可以獲得一千達克特，並獲准砍下頭來領賞（在巴洛克時代的義大利是慣例的程序）。里奧聶和瑞秋讚美了威尼斯司法的堅定。

和末底改死後的餘波不同，里奧聶這次沒把他的悲傷帶到賭桌上。音樂拯救了他。一六二二年，薩洛蒙·羅西拜訪他，而這個作曲家的時機點並非偶然。十年前，他自己的曼托瓦猶太人社群被趕進了猶太人隔離區，限制比威尼斯任何運作的隔離區都來得嚴格。這兩個人想必是本著反抗和撫慰的精神，準備一起透過威尼斯的大家門第——布拉加丁（Bragadin）家族出版羅西的《哈希林·亞舍·利許末洛》。[41]因為預期猶太社群內關於「在會堂內演出什麼才適合」會有憤怒的爭議（這很正確），里奧聶會加上一六〇五年他替複調作品辯護的儀式解疑內容。接著這兩個人得在印刷上解決一個麻煩的排版問題，因為希伯來文是從右往左讀，但樂譜是反方向走的。里奧聶決定倒著印希伯來文，判斷這樣比較不會搞混，並（合理地）仰賴歌手對希伯來文字的熟悉度。最後在藝術水準上，這作品可能未達到羅西的同輩兼夥伴克勞迪奧·蒙特威爾第那樣的高度，但還是超乎尋常的美，是一場聲樂的狂躍。這三十三首之中，力道最強的是哀悼者的逝者禱告——不過，這首歌曲會給全體會眾在儀式的許多時刻吟唱。[42]羅西並非寫出深沉的哀悼；相反的，是一道和聲的光輝。但禱詞本身從來沒有提到死者，而是一段「頌揚、讚美、神聖化」上帝聖名的祈求。這不是跪倒在墳墓前，而是超越了這種行為，而且就因為這個理由，羅西的音樂仍是任何猶太作曲家筆下的樂曲中，最完美與相符的伴奏曲。

把這些歌唱給成分混雜的會眾，確實戳穿了「猶太教不配有里奧聶所謂的高級音樂（musika）」的謊話，而且沒什麼好反駁的。就有那樣的一群會眾在一六二九年集結在隆格納工作坊重建的波內廷猶太會堂內，要聽他講道。一開始先以本地話講道，而要討論的《妥拉》篇章在引用時，會以希伯來語講出然後再翻譯，這樣的慣例似乎是威尼斯的習俗，到了今日仍被幾乎絕大部分的極端正統派猶太會堂所遵守。里奧聶要會眾坐在美麗的會堂內緊緊關注他的演說，而十之八九會有一支合唱團唱著羅西版本的閉幕讚美詩，〈我們的上帝無與倫比〉和〈永遠的主〉來增色。宇宙之主，響徹運河。在一六二九年那一天聽這音樂的，有路易十三（Louis

XIII）的弟弟，奧爾良公爵加斯東（Gaston of Orleans），還有他浮誇的隨行人員。當義大利其他地方，特別是在羅馬，猶太人還被逼得讓天主教修士入侵猶太會堂，高談闊論要他們來領洗池的同時，在威尼斯（至少到那時候），法國最頂級的貴族，還有「最多基督徒之王」（法國國王的一個稱號）的臣子們，都乖乖坐著聆聽猶太人的歌聲。

一如這種漫長故事會有的情況，沒多久烏雲就密布了。一六二二年，曼托瓦婚禮的新郎新娘劃下了慘烈的句點——以薩西諾・馬謝拉諾的兒子，在一陣發瘋的嫉妒下，用一對剪刀弄瞎了莎拉・柯比亞的妹妹。一六三〇年，一隻奧地利軍隊在貢札加家族絕嗣之後的爵位繼承戰中，剷平了曼托瓦猶太人被趕進去的猶太人隔離區。生還者逃往威尼斯，但只發現他們被人們記憶中最險惡的腺鼠疫疫情爆發所追上。里奧聶寫道，有幾個月，儘管整座威尼斯城的人們都在恐怖悲慘中死去，猶太人隔離區似乎奇蹟般地擋住了疫情蹂躪；但最終猶太人還是感染了。禱告也不夠。其他的恐怖事件也接連到來。一六三六年至一六三七年，有些猶太犯罪幫派因為販賣贓物被捕；其他人則是賄賂官員；而整個城市和統治階級對猶太人隔離區的態度變化如此劇烈，劇烈到下令把猶太人整個從共和國放逐出去。作為答覆，威尼斯兩名傑出的拉比，里奧聶・莫迪納和西蒙・盧沙特（Simone Luzzatto）出版了兩本書，詳細描述說明了猶太教的傳統、教學和儀式慣例。兩本書都特別關注猶太人和非猶太人之間商業和經濟往來的倫理，關注所有猶太人所承擔的義務——在與非猶太人生意往來時還得特別遵守道義。[43]里奧聶之前寫給詹姆士一世的作品一開始是以拉丁文寫成，然後被翻譯成法文，再來是義大利文，並寄給了威尼斯政府，也因此是第一本以當地語文，特別寫給非猶太讀者的猶太教與猶太生活「導覽」。兩本書都是想化解在《威尼斯商人》（*The Merchant of Venice*）中，以猶太商人夏洛克（Shylock）來嘲諷的那種唯利是圖的報仇商人形象；莫迪納和盧沙特找到了一種比「如果你刺傷我們，我們不也流血嗎？」還好的方法，來主張猶太人擁有的普遍人性：不帶情感的民族誌。這兩本書說：我們就是這種人，我們就是這樣活。你來到了我們的會堂，就聽我們的話語和音樂，如果沒來的話，就來吧，跨越橋樑進入猶太人隔離區。

我們也都是威尼斯商人。

盧沙特走得更前面，甚至親自（帶著著作）去向共和國總督訴願，而這成功了。沒有驅逐出境了。威尼斯的商人們此後可以待在原地，一直到納粹把他們抓走，而納粹在優雅的費拉拉和充滿音樂的曼托瓦也做出了一樣的事。

但這操之過急了。兩位威尼斯偉大拉比的說明之作，加上羅西的〈所羅門之歌〉、莎拉．柯比亞的「學院」，和她即便面對文學英雄的甜言蜜語仍不變的勇敢，還有「猶太人里奧聶」同時演給猶太人及宮廷與市民看的兩手劇碼——文藝復興義大利的猶太人所創造的這些偉大序曲，全都加強了一種英雄信仰，認為有可能在不改信之下共存，有可能形成一個普遍的智慧之庫，甚至一個猶太與基督教文化的共同滋養。從這個意義上來說，猶太人現代性的歷史起於公爵和總督們的世界。

而這沒有讓里奧聶．莫迪納成為某種先鋒派的改革拉比。在他人生的最後幾年，他把自己視為摩西．邁蒙尼德的繼承者；此人是偉大的中世紀智者，一生嘗試融合《妥拉》的智慧和理性人文主義。里奧聶抨擊了卡巴拉和空想神祕主義，企圖克制自己的賭博習慣，但成果有限，並落入拮据之中。他僅存的兒子——流浪者以薩克，先是傳話來說自己突然致富，但接著又突然中斷聯繫，所以里奧聶擔心發生了最糟的狀況。他的太太瑞秋突然對他發火，毫不罷休而迫使他逃家。在她經歷中風又康復後，里奧聶（有點震驚地）寫道，雖然她身體的大部分都一直癱瘓著，但是，唉啊，她的舌劍砍起來卻是前所未有地銳利。現在照顧他的是第一任丈夫過世後再婚的女兒戴安娜，而這位祖父喜愛著他的孫子，雖說當這個孩子因為違反威尼斯審查法而入獄數月時，他還是嚇到了。一六四〇年，里奧聶擬了遺囑，並替自己的葬禮設下具體指示，告訴遺囑執行者要在他的棺材裡堆滿他所有的出版作品（而且還真的很多）。

一六四一年，點著四十根大蠟燭、符合賢人逝世排場的駁船，推開潟湖的暗水朝向麗都的墳地。儘管猶太人被要求把遺體埋葬在城牆外，但很明顯的，共和國市政議會要他們離得越遠越好。但很少人造訪的墓地是個美麗的地方，樹蔭垂掛，墓碑因為數百年歲月和來自亞得里亞海的海風而布滿痕跡。許多墓碑滿奢侈的，全部都有希伯來文的碑文，有些還加上義大利文、拉迪諾文或拉丁文。一面還留下來的石板牆，支撐著隔離區裡強大賽法迪人的最宏偉墳墓：他們的墓碑以紋章圖案、羽飾頭盔裝飾，這是威尼斯猶太人喜愛的精美紋章；而且每個地方都有猶太獅子，代表雷昂（Leon）的獅子，沒有一隻是代表聖馬可的飛獅。這些獅子替一個大部分死者永遠不會知道的世界帶來鄉愁——猶太人居住過的卡斯提爾和阿拉貢——但這世界保留在語言、食物和音樂上。而獅子們當然也指的是猶大之獅：《妥拉》經文龕（Aron Hakodesh）一旁兩腿挺立的守護者。有些墳墓上投有鴿子振翅，鹿兒競奔，熊群跳舞；也有花環和花圈、橄欖樹與沙崙的玫瑰，還有按慣例露齒、讓人不安的骷髏頭。

末底改、西布倫和瑞秋的墳墓正等著族長，最終他的身體也來到了那裡。一塊特別樸素的石頭標明了地點。不遠處是莎拉・柯比亞的墓，就在她父親賽門旁邊。那之外，在疾馳的雲朵下，是那一整片潟湖，延伸到天與水相融的那條無盡的邊際上。在那細細一條世界的邊緣上，猶太人會把他們的貨物和他們自己，用船運到某個遙遠的港口。他們總有些辦法，讓自己可以活在這世界的邊緣上。但對其餘的當代歷史而言，問題是在於，他們能不能快樂地活在這世界的中心呢？

第六章

Chapter Six

沒有痛苦的猶太人？

The Story of the Jews

沒有恐懼（除非贖罪日那一天背負著對造物主的責任站在祂面前）。沒有負罪感。沒有兇惡的匪徒聚集在街角。沒有等著跑路的行李。沒有眼神掃視時刻表。沒有哭號、咬牙切齒、絞著手、分離和嘶吼。那麼也就沒有猶太人了，因為並不存在那種災難不像影子般牢牢釘在他們身上的時刻。這樣一種地方會在哪裡？在夢中。但你也可以去中國看看。

耶穌會被當成猶太人時，感覺如何？耶穌會中國教區的最高階教士馬泰奧．里奇（Matteo Ricci）是覺得好笑還是驚嚇？這個錯誤發生在一六〇五年六月的第三週。明朝的北京，槐樹長出了整座羽毛般的茂密樹冠，茶房裡擠滿了吵雜的客人。在教區裡，里奇——中國接待主們都稱他為利瑪竇——迎接一位穿著絲綢外套、頭戴瓜皮帽的中年人拜訪。訪客自稱是艾田，來自四百七十哩外位於黃河邊的河南省開封城。開封是北宋首都，儘管宋朝消失已久，這城仍是百萬人的大都會。艾田說，在城中央土市集街和火神廟街交口的某處有一間「清真寺」，門邊有一對石獅子。當然，石獅子在中國並非罕見。但這一對卻是站著以紀念耶路撒冷聖殿的守衛獅，而這普遍呈現在離散猶太教的圖騰形象中。在那裡，開封猶太人（約兩千人）集結起來讀經，並唸出對宗教的奉獻。就跟任何地方的猶太人一樣，這些虔誠的信徒每天來這兒三次做早午晚課；沒那麼虔誠的人就是在安息日、週一和週四來，那時候會讀一部分的律法，然後還有許多人只是能來盡量來。艾田一直想來北京尋找一個不一樣而比較好的職位❶。他已經六十歲了，經歷了一輩子顯赫而辛勤的官位❷後，這是他應得的（他後來會獲得他本來想要的府學教諭職位）。但最近他得知北京現在有一小派夷人，就跟他同族人一樣，相信單一個看不見的上帝，因是聆聽（shema）之神而遵守著「道」。這些人只可能是猶太人。如果事情是這樣，那麼為上帝所祝福的重新結合就要到來了。經過了無數世代的分離後，來自中國外的猶太同胞終於要加入中國猶太人。他會是第一個體驗這份喜悅的人。

但這即將發生的一刻裡，有著一種悲喜交加的諷刺，因為利瑪竇自己也理解錯誤了。他認定，站在他面前的人必然是一名祕密基督徒，或者其祖先一度追隨過耶穌。無數中世紀旅行者都確認過中國有基督徒和猶太人，而穆斯林則是為數眾多。無可否認的，這似乎是一個與福音斷了聯繫的基督徒。但即便如此，上帝還是把他送來這裡了。這是施洗約翰的日子。而現在輪到里奇來當先鋒者了。他招待這位舉人到教區的八角形教堂，在那簡樸的祭壇上有兩幅畫，一張是聖母子，一張是施洗者。里奇神父跪在兩幅畫前，眼睛閉著。艾田不可能沒注意到，在畫前跪拜並非他自己這邊的習慣，但還是保持禮貌，並在某種形式上行禮如儀，並禮貌地補充說，這兩幅畫像極了利百加和雅各，而另一邊則像是毛髮濃密的以撒。利瑪竇明確指出這個不幸的錯誤，但同時察覺到，有什麼不大對勁。但當他的訪客把使徒與福音傳教士畫像上的人們當成以色列十二支派的建立者時，事情就變得更糟了。

漸漸的、令人窘迫的，真相大白了。這是一名中國猶太人，不知為什麼，既徹底是中國人，又徹底是猶太人。他的信仰是所謂的「一賜樂業教」（Yiselie），也就是「以色列」的華語唸法。多方博學的利瑪竇，很可能之前就聽過這種人的存在。馬可波羅在一二八六年就評述了他們的存在，可能是打聽自絲路商人。他甚至提到，在宗教寬容的普世合一主義精神下，忽必烈強調要遵行領土上各種信上帝者的節慶：包括基督徒、穆斯林和猶太人！而且有好幾個阿拉伯地理學家，特別是十四世紀偉大的伊本・巴圖塔（Ibn Battuta），都確認中國猶太人和穆斯林社群並存的事實，而這也是在元朝的時候。或許他們確實是從中亞一路這樣過來的？他們普遍使用猶太波斯語，同時也用華語，這代表他們在絲路上待了很長一段時間。

這令人失望，但不是徹底失望。全世界各地的基督教會都盡其所能地把猶太人引領向基督，因為一旦這件事發生，終結之日與耶穌再臨就不遠了。同時，在每個地方，人們也不斷在追捕著失落支派，那群沒有被

---

❶ 譯注：來參加會試。

❷ 譯注：舉人。

拉比和《塔木德》腐化的以色列人。哥倫布在第三趟旅程中，就想像自己正在靠近人間伊甸樂園，鼓勵後繼的西班牙美洲殖民地探險家去相信，他們遲早會遇見古代以色列人的後裔，並收攬他們。

所以利瑪竇沒有被一開始的誤解嚇到。艾田一年後又帶回更多開封猶太人的情報。一六〇七年，利瑪竇派兩名中國的皈依信徒向北派往開封，其中一人是耶穌會的世俗助手；他們帶著一封信要給亞比篩（Abishai）拉比，說人在北京的他，手上擁有對所有猶太人而言都寶貴無比的希伯來神聖經文；還有似乎比這更寶貴的《新約聖經》。當亞比篩拉比的回信抵達時，很明顯可以看出誤會還是存在。如果利瑪竇認為中國猶太人是可以返回福音的墮落基督徒，那麼這位拉比就是把耶穌會士當成某種古怪偏差、任性恣意的猶太人。他解釋說，他老了；利瑪竇或許可以來猶太會堂繼承他，雖然他得要戒吃豬肉。而他得要接受他對於彌賽亞的認知有誤；眾所皆知的，彌賽亞再過一萬年都還不會出現。雖然有這些互相誤解的喜劇成分，這裡頭還是有一絲堅持。一六一〇年，猶太人從開封前往耶穌會教堂，並接受（沒有豬肉的）筵席款待。

即便到了此時，利瑪竇想讓對方改信的希望都還沒有完全破滅。他的開封特使帶著《妥拉》開頭和結尾的複本回來，使用的是希伯來文。因為他們在此定居的時間十分古早，也因為他們和其他猶太人分開了太久，他認為，他們有可能還沒有被日後曲解的《塔木德》所腐化。[1]事實上，他們是前拉比時代《妥拉》宗教的活古董，比卡拉派信徒還要純正。《塔木德》取代《聖經》一事，使猶太人無法看見他們《舊約聖經》裡關於彌賽亞的預言已在《新約聖經》裡實現，長期以來這一直是基督神學家之間的一個信條。現在如果中國猶太人確實奇蹟地未受汙染，他們想必準備好接受救贖啟迪。如果可以從他們那裡獲得一卷《妥拉》卷軸，並和那些其他猶太人慣用的經文來做比對的話，他十分確信，那些不同之處會使他們相信，拉比們做了偽造增添。沒有那些阻礙的腐化，光芒將會照耀其上。

利瑪竇於一六一〇年過世。隨著接續其後的傳教士對開封猶太人、對猶太會堂和其生活世界有越來越深的了解，他們也就越來越不相信他們會立刻改信。因為他們可不是什麼等著被牽回羊欄裡的異人。事實上，他們完全融入了明朝的文化世界：居住國的文化和猶太（雖然不特別塔木德的）文化同樣深植於他們之中。

兩千名猶太人的社群在一個百萬人大城市裡只占一小塊，即便如此，卻是與眾不同。雖然寺內的四塊石碑中有一塊聲稱他們從漢朝就已經待在中國，但其他幾塊則顯示，定居發生在十世紀北宋宋太祖時期，這位皇帝出了名地對外國人和蠻族有興趣，並將開封定為首都。一一六三年第一座寺院落成，但在一如往常的火災和洪水後於一二七九年重建，然後一四六五年及一六四二年又各重建一次，始終在同個地點並遵照傳統的樣式。一七二二年另一個耶穌會會士替這座寺繪了圖，顯示它外觀上和任何寶塔都沒什麼區別。讓禮拜者脫鞋的獨立門廊，有三層彎曲山牆的屋頂在上頭，屋頂的每一邊都有樹，還有兩列圓柱。這一類寺廟都以皇宮為模型，接連以三重院子包住兩間構成會堂核心的樓閣。寬敞的大廳有八十呎乘六十呎。但這種和佛寺或孔廟相似的造型，並沒有讓這建築少掉一點猶太味。在耶路撒冷聖殿毀滅後，猶太會堂從此就遵循著周遭的文化風格，不曾有異。古典時代晚期的典型猶太會堂有石柱迴廊走道和馬賽克地磚；布拉格的中世紀猶太會堂是哥德式建築；托雷多兩間大猶太會堂之中，有一間以清真寺標準的摩爾式馬鞍型拱狀結構為傲，而在威尼斯重建的西班牙—葡萄牙猶太會堂，則會是巴洛克式的。因此，這間開封的神殿就是標準中國風建築。讓建築無論如何都還是猶太教建築的關鍵在於，這裡有沒有設計一個讓人默唸每日禱詞、閱讀《妥拉》的地方。

主禮拜廳的三個特色給了答案。第一個是「摩西之椅」（神奇的是，這也出現在人們所知最早的其中一間猶太會堂裡，位於敘利亞的杜拉歐羅普斯〔Dura-Europos〕，建於三世紀），人們會在那上頭讀《妥拉》，把卷軸靠在椅背上。拉比給予正式裁決的日子，他同樣會坐在摩西之椅上，頭上有個代表官方權威的篷蓋。接著，在同一座廳室的最裡頭有一個《妥拉》經文龕，社群的羊皮卷軸就保管在龕裡。上漆的美麗木製卷軸盒留存到了現在，就像其他開封猶太人製品一樣，保存在皇家安大略博物館（Royal Museum of Ontario）。[2]開封猶太人以五十四經文段落的循環閱讀《妥拉》，這又是另一個和波斯猶太人一樣的習俗。比這更戲劇化的是，在經文龕頂頭的牆壁上以金邊字寫著「聆聽吧，以色列人」的開頭幾行，上帝獨一無二的儀式性確認，每天早午晚課朝西面向耶路撒冷背誦三次，並明顯地寫在比讚美皇上的石碑的更高處。慣例的猶太人優先順序，尊敬老天爺（玉皇大帝）勝過皇帝，在開封顯然是不會起爭議的事。

開封的猶太人有自治權，同時讓拉比和第二個「精神領袖」、所謂的「滿喇」（man-la）來領導他們。跟中國的穆斯林一樣，他們不吃當地的主要肉食豬肉，也不吃貓狗。儀式屠宰師（shokhetim）提供合乎教義的肉類，也就是挑出腿筋的大腿肉（以紀念雅各在與天使角力時脫臼的大腿骨），所以在某些地區，猶太人被稱作「挑筋教」。他們在男嬰出生八天後行割禮，並保留了安息日，克制不做任何勞動並在每週五準備食物，就跟在薩洛尼卡、開羅、柯契（Cochin）或阿姆斯特丹一樣。他們頭戴藍帽但光著腳祈禱，而且常常在禮拜儀式中跪著，都是原本附加在猶太祈禱中的舉止，卻仍然保留在開封。這裡沒有人戴那種祈禱的披巾，也沒有經文護符匣，但有提到「適當調整服裝」，顯示有某種祈禱的儀式服裝。提柏留．魏茲（Tiberiu Weisz）可能有點過度樂觀地把一五一二年的碑文，翻譯為十八條每日三次禮拜中最核心的立禱詞（Amidah）。一四八九年的碑文具體提到，這些禱詞必然伴隨著有節奏地向「正道」跪拜，被全世界世世代代的猶太人所奉行。[3]祈禱前，他們把自己浸在洗滌罪行的沐浴（mikvah）中，並遵照希伯來月曆中的正確日期進行所有節慶。[4]在無酵節，他們吃甜羊肉湯作為他們的「苦食」來紀念在埃及的艱苦。（一篇最美麗的十七世紀逾越節《哈加達》，是以典雅的軟毛筆寫成，目前保存在辛辛那提的希伯來協和學院〔Hebrew Union College〕。[5]）他們在住棚節那天搭起帳篷；他們甚至以中國尋常的狂歡方式慶祝普珥節、以斯帖的慶典。贖罪日那天，他們「一日大戒，敬以告天，悔前日之過失，遷今日之新善也」。一六六三年第三塊碑文的非猶太立碑者，以一種世界各地所有猶太人立刻就能理解為真實的字眼，描述了齋戒：

> 故於秋末閉戶清修一日，飲食俱絕，以培養其天真。士輟誦讀，農罷耕耘，商賈止於市，行旅止於途。情忘識泯，存心養性，以修復于善，庶人靜而天完，欲消而理長矣。[6]

開封（此外在寧波、杭州和其他城鎮至少也曾有社群存在過的）猶太人徹底適應黃河河岸生活。儘管基督教的正統派堅持（最晚到一五五五年的教宗詔書裡還堅持），猶太人注定要永遠在世界各地被奴役、潦倒並無家可歸，以懲罰他們殺死耶穌的罪行，但他們顯然在開封生了根，也沒跟外界有什麼摩擦。他們沒有被拘束的牆壁圍起來，可以自由過著自己選擇的生活。如果他們集合在會堂，那都是為了在安息日和神聖節日時大家得要聚一聚之類的普通理由。他們也可以自由從事任何想要做的工作——一六六三年的碑文意味著，有猶太農人，而且皇帝確實有賜予他們田地，這又是一件基督教世界無法想像的許可。雖然有許多人是商人和店老闆，但也有其他人像艾田那樣被士大夫階級——掌管帝國的官僚們欣然接受；也有猶太兵、醫生、工匠、香料商、體力工和搬貨工，不意外的，也當然有絲綢商。艾田向利瑪竇描述了他那典型但日漸興旺的猶太家族。他是聰明人（chokhem），家裡鼓勵他去參加困難的科舉，考那些能獲取功名的四書孔孟等經典。然而，他悔恨地對面前給他看了本《聖經》的耶穌會士坦承，他因為念了那堆書，希伯來語變得不太行了。他不走科舉的兩個兄弟，都更能精通神聖的猶太語言。

在其他方面，開封猶太人也融入了當地文化而沒有犧牲自己的宗教認同。許多人納妾，行一夫多妻制，但這當然不違反《妥拉》（儘管從十三世紀開始，歐洲拉比就不同意這種行為）。他們的家世和南印度的猶太人一樣，是父系家世，同樣一如《聖經》時代。相對於基督徒和穆斯林社會中施行的殘忍禁令，沒人反對猶太人和非猶太的中國「侍女」共同生活，侍女要改信猶太教也沒人反對。這就像是路得（Ruth）遇上波阿茲（Boaz）的情況，而這種結合生下的孩子會被接納為純猶太人。

開封猶太會堂其中一塊石灰岩板上明顯歌頌的、關於《妥拉》倫理和儒家倫理的相似性，並不一定比希臘化的亞歷山卓或者奧米亞王朝（Umayyad）的哥多華（Cordoba）更淡化了猶太教。可以說（也確實有人說過），中國風味的猶太教儒化到認不出來，而他們的「道」，除了猶太人必然地被同化以及最後不可免地消失外，只是走向一無所有。但中國猶太人社群已經存在了至少七百年（這是假定「漢朝前期」甚至「周朝前期」這種年代推測只是傳說），而且還會再存續兩百年。可以說與在地文化的融合，翻轉了那種自我滅絕的推測，延續而非削弱了持久力。當然，儒教比較接近一種倫理系統而非神學，而且中國——這個給予佛道發展空間的帝國——從來不認為自己有在強行推動一個正式國教，這都對猶太人存續有所幫助。所有的宗派在中國獲得寬容的條件，是都必須祭祖，儀式是在廟裡的立地式香爐、或者神桌上的雕花香爐裡燒香。但開封猶太人在敬祖和祭祖之間做了小心的區隔，而焚香的義務，實際上和每年父母忌日得點蠟燭，或者宗教節日讀紀念禱詞（yizkor）的規矩看起來一模一樣。同樣的，無形、無面孔的超然猶太教上帝（在開封猶太人口中稱作「艾托諾伊」〔Etonoi〕或「由托伊」〔Yotoi〕，近似希伯來語意指「我的主」的「Adonai」）實在太像儒教宇宙論中非人形的造物力量，足以代表兩種儀式之間的一種自然親緣。由於察覺到神像在這裡的普及（尤其以佛教為甚），第一塊碑文非常努力地強調排斥偶像為猶太道的立基。誠然，儒教沒有那種像雅威一樣的嫉妒之神，穿越歷史促成朝代的興衰。但造物主的被動力量和采法特的卡巴拉上帝有著明顯的相似性，祂們都撤離到某些模糊的地帶，留下可以發想的虛空。

在四塊碑文紀錄的宇宙論和經文中，確實有些混合元素，足以讓拉比們因為其徹底離經叛道而震驚不已。其中一面碑文中，亞當這第一個人，被說是同一時代的初始巨人盤古，他分解的遺體創造了自然。但一如往常的，還有更驚人的補充。大洪水後補天的五色石，類似於上帝用來和挪亞立約、以避免另一場世界毀滅的彩虹。創世神話姑且不論，開封猶太人對他們宗教的了解，緊密地遵循希伯來經文。阿無羅漢（亞伯拉罕）在天空下深思，而且是猶太智慧的創始者，把聖約交給了以思哈戒（以撒）和雅呵厥勿（雅各）。乜攝（摩西）是師傅，律法之主，正教祖師。接著連傳三代後的偉大《聖經》傳人據說是藹子喇（以斯拉）——他也是「復民」，所謂「祖師之教，燦然而復明」，不管這典故是來自與他同名的《以斯拉記》還是來自《尼希米記》——由此可以假設開封社群擁有整部希伯來《聖經》，而且考量到亞比篩拉比曾試圖告訴利瑪竇，他很熟悉耶穌的著作——這裡的「耶穌」指的是《便西拉智訓》（*Ecclesiasticus*）的作者耶穌・便・西拉（Jesus bar Sirach）——我們可以知道，這群人至少也擁有一批次經。

猶太人與中國生活之間的和諧相處，都刻在這四片碑文上。它們各自都是立族（或重新立族）的憲章和歷史，即便它們在事件的日期上不一致。最早一塊紀念洪水後重建的碑文❸，強調猶太教與儒教共通的「天道」，並敘述了一段有著相互利益和溫和奇趣的立族神話。「（來者）進貢西洋布于宋，帝曰：歸我中夏，遵守祖風，留遺汴梁。」[7] 根據同一面碑文，皇帝藉由最重要的「賜姓」於猶太人，奠定了他的殷勤好客。因此「列微」（可能原本是利未）改姓李，此外還有各家姓氏——艾、金、高、張、石等等——這些全都成了猶太人的家世，並以此為中心組織生活：婚喪喜慶、扶老濟貧。希伯來語的名字與中文名字並用，而拉比被稱作亞比篩或非尼哈（Pinehas）——這跟每個離散文化裡會有的情況一樣，然而，賜予本地姓名作為一種接納對方的光榮贈禮，和（大部分在恐怖高壓統治下）把人受洗為新基督徒並改名，有著鮮明對比。那些中文姓氏的唯一教父，就是仁慈的皇帝。當皇帝把線香賞賜給「俺誠」這名猶太兵（可能也是醫生）❹以感念他有功於平定謀反，以及當皇帝正式准許重修會堂時，他所做的事，和基督徒君主們不假思索就決定的事情正好相反。中國皇帝並未讓這批永久異邦人身上那種刻板、危險、不可同化的形象長久維持下去，反而確認了中國與猶太生活可以自然相契。

一六六三年碑文的製作者，從撰文的士大夫到刻字的石匠，沒有一個是猶太人；這樣的事實，證明了前述的契合狀態。[8] 整篇碑文中的英雄——一位身兼軍官與博學者的猶太人——託人寫了這篇碑文紀事，文中他的身分是一個中國的尼希米，同時恢復了破敗社群的物質結構，並確保這件事永存於猶太人和異教徒的回憶中。這個首席作者、學者兼抄寫員李光座，確保了碑文有提及他研讀身邊那些猶太莫逆之交的著作，並以任何人讀了便懂的文字寫下他的紀錄：「今日經寺之修，其教中諸人之功不可泯也。」猶太者莫過於此。

❸ 譯注：明弘治二年《重建清真寺記》。
❹ 譯注：「醫士」。

這段歷史的關鍵劇，就是一六四二年明朝最後一位皇帝在位時（崇禎年間），李自成起義軍圍攻城市，使開封陷入販賣人肉的饑饉慘況。接下來發生的事情說法不一：有說是明朝援軍斷了黃河堤想淹沒圍攻方，也有說是李自成軍自己動的手。接著是洪災，據說三十萬人喪生，而整座城（包括黃河邊的猶太會堂）全被吞噬。猶太社群可能有高達一半的人口喪生，但在嚴苛的考驗中他們始終堅貞，直到一六四五年秩序恢復後，他們族人中一位叫趙承基的中軍守備，就成為了開封的尼希米。

> 修道路，成橋樑，招人復業。懼寺廢而教眾遂渙散莫復也，且不忍以祖宗數百年創守之業，而忽廢於一旦也，遣士卒晝夜巡邏以衛之。[9]

還有更有意義的：這段歷史描述了高選和李禎兩位年輕學者，去尋找被洪水沖走的「道經」卷軸和二十六本「散經」聖書。卷軸殘片在泥中跟著十本聖書一起找到了，並小心地由拉比和精神導師「滿喇」曬乾。接著這些殘篇重新修補，但那時候只有一部全經的可讀程度，能夠在臨時的聖所裡使用。一些留存下來的希伯來卷軸殘篇，確實顯示出與這歷史一致的水損痕跡。最終這些殘篇重新編成了十三卷，而聖所也在原地重建。洪水之後，得以重生；災難過後，救贖來臨。當捐助一大筆錢重建的趙承基，在山西歷經一戰後返鄉時，他發出一段《聖經》式的長嘆：「數百年創制之隆，於今得復睹其盛矣。」[10]

仔細想想，在把治理權交給有學識者，猶太和中國兩個文化間的相似性就看似明顯了。然而，在這世界上沒有別的地方像中國那樣地實踐這種制度。趙承基有兩個侄子，趙映乘（又名摩西・本・亞伯拉罕〔Moses ben Abraham〕）和弟弟趙映斗，兩人都在洪水之後的幾年中開始投入重建。他們兩個是科舉從官，但趙映乘考到了進士。藉此，他當上刑部郎中，後調往福建出任汀漳兵巡道按察使司副使，掌兵鎮壓起義的「匪兵」。剿匪成功、福建平定後，趙映乘興辦了一座讀書講經的學堂（頗有猶太作風），象徵著多年紛亂後首度有了真正的和平，「民間始聞讀書聲」。[11]

趙承基和兩位士大夫決定把這老舊傾頹的猶太會堂的立基給揭露出來。過世前，不到四十歲的趙映乘寫下了應該是（未能留存而無從得知，十分可惜）他自己的中國猶太史：《〈聖經〉紀變》。他弟弟寫了另一本同樣重要的猶太社群生活記《明道序》（一部序言就十章，而這在猶太宗教文學中很常見）。我們已無從得知，但這本書聽起來很像是開封版的邁蒙尼德《迷途指津》（*Guide for the Perplexed*）或者尤賽夫・卡羅的《擺設桌面》。

若調查猶太人在世界上其他地方的普遍際遇，會覺得開封社群能避開這些事實在是不可思議。在中國，猶太人並未受暴力迫害，也沒有被妖魔化，被指稱是殺了上帝的一群人。他們的會堂沒有被呼籲改信的高談闊論入侵。在有形的空間裡，沒有人把他們和非猶太人分隔開來，也沒有被迫在衣裝上穿戴羞辱人的辨認標識。他們沒有被迫從事最卑賤危險的工作，沒有被指責為貪婪或心胸狹窄，也沒有被描繪成吃人不吐骨頭的怪物或者可悲的上當者。

這種明朝風氣，也出現在三千哩外的另一個社群，而且就跟開封猶太人一樣，大部分的生活遠離恐懼。印度西南喀拉拉邦（Keralan）柯契舊城（柯契堡）裡，帕拉德西（Paradesi）猶太會堂的地板蓋著一層精美的藍白瓷磚（那裡也跟中國一樣，禮拜者顯然是光著腳祈禱，把鞋子放在入口處）。這些瓷磚可能是直接從中國運來，而明末的中國平底船可能還會繼續向西走；但這些東西更有可能是在一六六三年起掌控柯契的荷蘭人所進口的。那種中國—喀拉拉—荷蘭的連結，描繪了一種三方的寬容，在那之中，猶太人可以不用活在基督教歐洲的擾人恐懼循環中，並建立起家園。

帕拉德西猶太會堂依舊屹立在柯契港「猶太城」的大街尾，就靠近邦主們所在的禁宮，其鐘塔的各面牆上，一面題了希伯來文，另一面則是猶太—馬拉雅拉姆文（Malayalam）。陶製地板的中心立著一個橢圓形的讀經臺（bimah），被一圈優雅的銅扶手圍起來。柚木色的長靠椅和長板凳排在牆邊，而穹頂是用另一種熱帶木材刻的——我相信是檀香木。已經九十幾歲、自己就因「柯契最後的猶太人」而成為觀光焦點的莎拉・柯恩

（Sara Cohen），仍在巷子中間開著她的刺繡織品店，即便猶太匠人的其他絕活——裝飾金工——已經被本鎮居民取代了。在帕拉德西人之中，不管要做什麼儀式，都要靠著招募來訪者，以湊到宗教戒律所定的十名男性（minyan）才行。有許多個週五是達不到這點的。莎拉跟我說，即便如此，她週五晚上還是會去帕拉德西「哭一場」。有時候你就是逃不出哭泣的歷史。

但這是孤單和精神不再的眼淚。十七至十八世紀時，這裡沒有那麼多需要哀嘆的理由。帕拉德西人也是沙沙南人（Sasanam）的監護人，但這並非是社群有意如此；這是一個中世紀的友好宣言，就跟開封碑文差不多一樣公告於世。這份用當地的塔米爾文（Tamil）寫的卷軸，可以回溯至十一世紀，是向當時最有可能在柯契北方克朗干諾（Cranganore，現稱科東格阿爾盧爾〔Kodungallur〕）的猶太領袖尤賽夫．拉班（Joseph Rabban）宣告，猶太人有權在當地邦主的領地上定居。他們獲准進行宗教儀式，不應受到干擾；獲准興建猶太會堂、製造並使用大轎；可以為了名譽而在白日點燈，吹響號角並享受一定程度的免稅額。他們也很有可能獲得了墓地。刻有希伯來碑文的現存最早印度猶太人墓，可以回溯到十三世紀。為了顯示他獲得的官方授權，尤賽夫得到了克朗干諾邊緣安住萬南（Anjuvannam）區的包稅權，作為他和他社群的收入來源，此外還有「七十二間免費的房屋」。看得出來，邦主十分希望猶太人留在領土上。

隨著居住地和政治力量的變遷興衰，將馬拉巴爾（Malabar）猶太人沿著海岸推，最終推到荷蘭保護的柯契，他們的鑄銅權也一代代傳遞往不同的地方。在這樣的移動中，一如慣例地也帶來大量的源由來歷神話。有一些說法荒謬到有點可愛，好比說為了替所羅門的聖殿供應猿猴而前來此地；另一類說法，像是把印度猶太人源頭鎖定在一波伴隨第二聖殿毀滅而發生的移民潮，或者是一個聖湯瑪斯來印度尋找改信者時，有個猶太女吹笛手聽懂他講的希伯來語，就稍微不那麼異想天開了。但猶太人現身於印度一事，在中世紀有著豐富的歷史記載。九世紀的拉特納（Radanite）猶太商人足跡遠至印度次大陸，而《開羅藏經庫》則滿滿都是穿越印度洋到南阿拉伯、荷莫茲海峽、亞丁和波斯灣交易的商人們來回往返的文件。[12]猶太人的船會被吹離航道、被海盜擄獲、賺錢暴起暴落，也會在船身殘骸間溺斃（其中就有摩西．邁蒙尼德的弟弟大衛，這悲傷令他難以忘懷）。這些貿易者立足處的地方君主們絕大多數都是印度教徒，但那裡一直有與其競爭的龐大穆斯林人口，還有帕西人（Parsi）與本土基督徒，所以邦主們不太覺得得要強推宗教獨家代理權，而將猶太人矮化為一群「了不起是祈求者、最差是孱弱異類」的人。

人們認為馬拉巴爾海岸的猶太貿易商是相同的奈亞爾（nayar）商人種姓階級，處在一個逐漸理解到自身繁榮與遠方海上貿易有關的文化裡。就像開封猶太人那樣，他們適應他們所屬的母社會。因為猶太血統（跟在中國一樣）是父系的，當地女子納入後會改信，而好幾個世代下來，黑皮膚的馬拉巴爾猶太人就逐漸在身體以及其他特質上與周遭文化無法分辨了。又一次的，一種當地語言——馬拉雅拉姆語——和希伯來語及猶太形式結合，產生了一種猶太—馬拉雅拉姆當地語言。女人在社群生活中占有的奇妙位置，可能會讓歐洲猶太人驚慌失措：擔任歌手，演唱堂皇富美的猶太讚美詩；不戴帽子上街，然後跟她們的先生一樣，光腳掛著腳鐲去猶太會堂。跟在中國一樣，人們遵守安息日、齋戒與饗宴等猶太教實踐核心，但帶著一種自然發展而生的南印度變貌。結束贖罪日的「關門慶」隆重而充滿戲劇性，而在妥拉節（Simchat Torah），也就是「沉浸律法中的欣喜」的那一天到來時，猶太會堂會蓋滿茉莉花與社群女人繡的浮花緞子。人們做了一個可以移動的聖櫃，用來把律法卷軸裝起來，隨著鼓聲和銅管樂沿街走，和印度教神明象頭神（Ganpati）的儀式方法有點像；而到了一天結束時，聖櫃會被拆開，碎片會送進河邊或海邊的流水中，就像印度教的重生儀式。

並非所有的馬拉巴爾猶太人都是商人甚至是店老闆。許多被稱作「週六榨油工」——這名字其實來自於他們不工作的那一天，因此會讓人混淆——的人，是工匠，甚至農民、車夫、搬運工和船夫。他們大部分都集中在克朗干諾或周邊，而且在社群中被稱為「欣利」（Shingli）。但一三四一年貝里亞爾河（Periyar River）泛濫又淤塞後，港口失去活力，許多人便向南遷往柯契，儘管還是有足夠的商業活動留在克朗干諾，讓一些因西班牙驅逐而前來的新移民可以在這裡維生。當中許多人是來自伊比利亞、講拉迪諾語的賽法迪猶太人，其他則是來自印度洋的貿易世界：葉門、荷莫茲海峽和鄂圖曼土耳其；還有一些來自采法特跟耶路撒冷、阿勒坡和巴格達。這些人與渴望胡椒香料的歐陸地中海世界之間的聯繫，還有他們能把貨物送到里斯本跟安特衛普（其實就是送到曼德斯家族手上）的本事，讓他們達到一種近乎壟斷狀態的供應端，而這種壟斷將會在十六世紀初成為世界最有價值的商務。這些新印度猶太人的顯著，在以穆斯林為絕大多數的競爭者中，觸發了可以預期的回應；他們在一五二三年至一五二四年，連同卡利庫特（Calicut）的邦主，對克朗干諾社群發動了一次激烈的突擊，不分對方是「黑人」還是「白人」。

柯契的邦主此時便看到可以把帕拉德西、也就是外國猶太人帶到自己領土上的機會，而猶太會堂便在一五六八年落成，就離邦主的麻坦徹里（Mattancherry）宮不遠。但是，一如賽法迪猶太人抵達鄂圖曼土耳其時發生的事情一樣，馬拉巴爾和帕拉德西這兩個猶太社群並非活在共同世界，而是平行世界。他們過度忠實地複製了印度的膚色與種姓偏見，因而幾乎從不共享猶太會堂，不通婚甚至不共食。帕拉德西「白人」不會碰馬拉巴爾人屠宰的肉，就算後者再怎麼嚴守儀式律法都一樣。雖然早來的社群在儀式中混入了中世紀禮拜詩歌，晚來的帕拉德西社群不管是不是從伊比利亞半島來的，都會想像自己是來自一種更富有、更精緻的文化。

然而，他們確實有共同的威脅，就是葡萄牙基督教帝國。葡萄牙人才剛在印度西岸登陸、拿下果亞（Goa），接著他們就聽說了，有多少猶太人和可疑的新基督徒搶著去做胡椒和香料貿易。猶太人和隱藏身分的猶太人想必又會妨礙葡萄牙—印度帝國的兩項風險投資：為基督贏得身體和靈魂，為國庫贏得香料。在天主教修士（後來是耶穌會會士）和士兵的眼裡，猶太人實在過度猖獗，導致海軍元帥阿方索・德・阿爾布克爾克（Afonso de Albuquerque）去要求國王允許他「遇到猶太人殺一個算一個」。在葡萄牙開始採行宗教裁判所的九年後，裁判所也來到了果亞，讓當初請求的耶穌會神父們雀躍不已。第一間宗教裁判所立刻表明了誰才是最高層，把聖理部直接搬進印度統治者的皇宮裡，並強迫葡萄牙總督自己去找一個沒那麼氣派的地方。宗教裁判所到果亞的頭幾年，就逮捕了超過四千人，並以火刑殺了七十二人。

能逃的賽法迪人都從果亞逃到克朗干諾了，但總是帶著耶穌會會士和多明我會成員隨隊的葡萄牙軍隊，也拿下了這座港城，因此又有另一趟以柯契為目標的向南出走計畫。但他們就只比葡萄牙帝國傾壓的力量逃得稍快一些。最終，這股力量也抵達了柯契。然而宗教裁判所停在了柯契舊城牆外，牆裡邦主的管轄權持續保護著猶太會堂和猶太城鎮的住宅，但這只是因為葡萄牙算計過，和印度當地勢力達成權宜妥協，會比永久陷入戰事要來得好。緊鄰著麻坦徹里宮殿可說從未如此重要。

葡萄牙基督徒和他們放逐或強迫改信的猶太人，一起陷入了貓捉老鼠的遊戲。薩繆爾．烏斯奎的《給以色列苦難的安慰》把無止盡的失根描寫成尋找全新安全地帶的機會；隨著葡萄牙勢力在全球擴張，那些避難所將會變得極為稀少。但即便在逃跑，猶太人也沒有讓自己根絕於傳統伊比利亞文化（比德國納粹受害者否定歌德和席勒的情形還要多一些）。相對的，他們得利於自己掌握伊比利亞諸語言、義大利語、希伯來語和阿拉伯語的長處，在供應和需求間、在異國原料和歐洲消費者需求之間製造連結（也真的獲利頗豐）。王族在步步逼近的同時，也了解到這種離散的價值。為了自身貿易策略利益，國王偶爾會選擇對新基督徒那種可疑的宗教忠誠睜一隻眼、閉一隻眼。而且即便當教士和士兵決定隨心所欲地追捕猶太人，他們也不能確保每次都能迫使當地保護他們的勢力讓步。有時候那些在地統治者很珍惜猶太人帶來的東西。

在十七世紀的頭二十年，一群公然表明身分的葡萄牙猶太人以及回歸猶太的新基督徒，在西非塞內加爾海岸，建立起一個小而繁榮的殖民地。雖然在維德角和聖多美諸島上建立的葡萄牙勢力（現在已經是西班牙皇室的一部分）日漸突顯，但他們突然停下腳步、沒去全面征服非洲大陸，主要是因為塞內甘比亞（Senegambia）的沃洛夫（Wolof）諸王會是難以應付的對手。猶太人便擠進了兩股強權的間隙，並靠著販賣塞內甘比亞戰士王國用來維持自身統治所需的刀劍而賺大錢，往上游抓俘虜的突襲行動特別需要它們。[13]而猶太人則換得了隱蔽處、蜂蠟、象牙和奴隸。象牙和蜂蠟會送回阿姆斯特丹老家；奴隸則會送去加勒比海和巴西。

類似在印度和中國，他們與渥洛夫人的關係緊密到有些人會納非洲侍妾，甚至娶改信的非洲妻子，而這些混血孩子會被視為純猶太人。家系的父系規則再度能用於決定一個人「猶太」與否。歐非混血的猶太世代，男生全部行割禮，然後帶著與當地淵源的緊密連結長大。結果就是，當葡萄牙施壓要國王們趕走葡萄牙不要的競爭者時，他們反而遇上了意料外的頑強抵抗。

在西非，猶太人深知葡萄牙人會帶來麻煩，便著手對基督徒進行先發制人的反擊。[14]當葡萄牙人盯上了一群在「波提柯特」（Petite Côte，意指小海岸）沿岸若阿勒（Joal）鎮的猶太人時，他們的反擊是（在一個部分統治者是穆斯林的地方）把天主教徒形容成異教徒。其中一名葡萄牙人悲憤地記下，猶太人把他們形容為「拜棒子和石頭的人，而且只因為他們（猶太人）追隨穆沙（Musa），也就是黑人語言中的摩西，就企圖傷害他們；他們還進一步在（若阿勒）國王面前，把自己描述成跟國王等人一樣行割禮的新加入成員。」[15]波提柯特的猶太人也知道如何抓住部落國王們對於葡萄牙聲稱要「同時統治內陸、島嶼領土和沿岸城寨」的憤怒。當葡萄牙又遭到另一場報應的時候，有一名新基督徒（他們之中許多人在非洲重回猶太教，並在返回阿姆斯特丹時仍然維持猶太身分）在非洲諸王拒絕贊同葡萄牙人的放肆時，絲毫沒有隱藏他的快樂。

> 追隨摩西律法的人們來到這港口（愛爾港，Porto de Ale），並在此維持猶地亞的儀式典禮，而葡萄牙人企圖殺害和驅逐他們都是甘犯極大風險。因為國王站在猶太人這邊並告訴葡萄牙人說，他的土地是一個所有人都有權生活的市場。而沒有人可以在他手上作亂，否則他會下令砍掉那人的頭。如果他們想開戰就去海上打，不准在（他的）地上打。[16]

就算葡萄牙人成功地讓塞內甘比亞的猶太人日子不好過，本著烏斯奎那種可以無限自行調整避難地圖的精神，猶太人總是還有別的地方可去：荷蘭共和國。西班牙國王因為無法在北荷蘭鎮壓反抗，在一六〇九年與荷蘭簽下休戰協議，為期十二年，而且非常關鍵。喘息空間讓葡萄牙猶太人與新基督徒可以利用他們在新家、舊家之間的連結，直直穿越大西洋和印度洋獲取商業利益。一個社群得以生根，猶太會堂得以開張，有些塞內甘比亞的猶太人和他們的混血小孩也搬到了下一個耶路撒冷——阿姆斯特丹。其中一名猶太混血兒，摩西・德・美斯奇達（Moses de Mesquita）成了阿姆斯特丹葡萄牙裔社群的支柱，以通婚的方式把自己和親戚融入了荷蘭賽法迪社會的精髓中。

當荷蘭和西班牙—葡萄牙君主的敵對狀態在一六二一年恢復後，西印度和東印度公司的武裝貿易船隊，成為了葡萄牙這個短命霸權的首要威脅（而且最終除了在巴西以外全都獲勝）。在馬拉巴爾的海岸上，葡萄牙人固守著固若金湯的果亞以及柯契。果亞挺過了荷蘭人的攻擊，但一六六二年東印度公司在葡屬柯契發動了一場猛攻，而邦主錯誤地和荷蘭人同盟。預測荷蘭會獲勝並期待在印度沿海打造另一個耶路撒冷的猶太人——同時有「白人」帕拉德西和「黑人」馬拉巴爾——把他們的防守知識和錢都拿去支援圍攻者。立即的結果是災難。當葡萄牙人擋住了荷蘭人，他們便盡其可能地去殺印度猶太人，還焚毀了帕拉德西的猶太會堂。一年後，也就是一六六三年一月，戰爭的命運倒向另一邊，最終當荷蘭元帥接受葡萄牙總督正式投降的時候，柯契的猶太領袖也一同在場。

猶太人居住的柯契和喀拉拉邦其他小社群，將會在荷蘭人的統治下興盛。攻城結束的二十年後，摩賽・佩雷拉・狄派瓦（Mosseh Pereyra de Paiva）——出生自一個從事鑽石珠寶商、同時在阿姆斯特丹和蒙兀兒帝國的蘇拉特（Surat）都有根據地的賽法迪家族——來到柯契，並接受當地猶太人帝王般的連番娛樂款待，包括陸上和水上交響樂，裡頭就有銅管、弦樂器和鼓，還有安息日當天豐富而漫長的宴席。[17] 他寫道：「我們走進一擁而上的大群歡迎人潮中。他們列隊唱著歌，帶領我們走過一條大街，使我流下欣喜的眼淚。」[18]

當他必須搭荷蘭船離開（可能是要回蘇拉特，因為此人似乎從來沒離開印度）的時候，又遇上一大群擠在碼頭上的道別群眾，還擠進了無數的小船之間，船上的男女紛紛唱著讚美歌和印度猶太的歌曲。水上灑滿了花瓣。狄派瓦還寫道，儘管社群裡還是有些人在哀悼他們所愛的人喪生，但整個社群穿上了他們最棒的印度服裝，並再一次招待他一輪盛宴。他們為即將出航的賽法迪人帶來精挑細選的禮物，因為實在太讓狄派瓦歡喜，他甚至不知該怎麼表達自己對他們和那些淚水的感謝。社群的領袖哈罕（haham，也就是拉比）發表了簡短而充滿感情的告別致詞，並對他這位教友吟誦了祭司的祝福：「充滿了如此豐富的情感使得船長和我都哭泣了。我們接著便與他們離別，他們便返家，十分傷心。」[19]

翻開猶太歷史，其中並不缺少哭泣，所以能標出那悲傷至少苦中帶甜的一刻，是一件挺好的事。

第七章

Chapter Seven

同居

The Story of the Jews

I 寺裡的皇后

出發去見猶太人吧！時間是一六四二年五月的某個週四。在阿姆斯特爾（Amstel）河上，三位殿下和一位陛下在有篷蓋的駁船上坐成一排。春天日光在河面的泡沫上舞動。槳葉上下划動，避開了溺水犬隻的遺骸。在天鵝絨的篷蓋下，被人好端端伺候、坐在富麗堂皇大位上的，是奧蘭治親王弗雷德里克·亨德里克（Frederik Hendrik），荷蘭共和國（United Provinces of the Dutch）七個省的持地者（省督）：舉止有禮、整理得宜，而且以一位老指揮官來說，幽默感還算不錯。在他面前是孩子們，剛結婚的一對男女。其中兒子威廉還不到十六歲，嘴唇上面開始冒出一小撮君主會有的小鬍子。但這種成年的跡象在新娘身上就沒了，因為她才十歲。公主瑪莉，就是她媽媽——英格蘭與蘇格蘭王后亨利埃塔·瑪莉亞（Henrietta Maria）——的娃娃版；樂於助人又有禮貌的爵士安東尼·范戴克（Anthony van Dyck，宮廷畫家）為這位母親的眾多肖像給了奇蹟般的化妝修飾。母親和女兒留著捲曲髮型（coiffures frisées），深色捲曲的頭髮附在她們蒼白的前額上，整串奶油色的珍珠則分別掛在她們的喉嚨上。

珠寶吸引了這對母女來到阿姆斯特丹，來造訪賣珠寶的人們：猶太人。皇后是來典當皇冠上的珠寶，如果到了必要時候，她連現在戴著的都可以當。她的丈夫查理一世（Charles I）企圖推翻國會來自行統治，但失敗了。國王和皇后相信，與國會共治結果就等於被國會所治，所以他們現在認為，唯一能恢復王室大權的方法就是把鬥爭推向以力較勁——也就是以軍火一較高下。長老會那些愛爭論的蘇格蘭人正在抵抗皇家授權的公禱書，而查理得要在不仰賴西敏市（Westminster）那些敲詐鬼的情況下籌組一隻部隊；那些人可能又會向他要一份主權作為代價。他心裡頭覺得自己已經是他們的囚犯，如果要有效恢復正當權力，就一定得要讓皇后自由。瑪莉公主嫁給奧蘭治年輕親王，便是保皇派獨立的策略一環。兩人於一年前在白廳（Whitehall）的婚禮看起來前途光明、閃閃發光。一度屬於皇家的皇室徽章珠寶商，迪亞哥·杜阿爾特（Diego Duarte），曾經提供新娘胸衣上的四鑽簇鑲胸針；這些珠寶被范戴克繪製的新人雙肖像忠實地捕捉下來。一六三〇年代，當查理在沒有國會的情況下統治時，他賜給迪亞哥．杜阿爾特一間在倫敦的住所。他假裝自己是葡萄牙基督徒並未讓人起疑，但不意外的，在那虛心假扮的基督教虔信底下，他是個猶太人，姓阿伯利亞斯（Abolias）。在安特衛普，他的父親賈斯帕．杜阿爾特（Gaspar Duarte）是鑽石業的大師，在聖母主教座堂之前也偽裝假貌，以便保護他漂亮的房產——牆上擠滿了好看的佛萊明（Flemish，比利時近荷蘭一帶）畫作。

杜阿爾特一族的光耀顯赫超越以克拉來計算。他們服務荷蘭的好人家們，不分南北，（即便在激戰中）也不分新教徒或天主教徒。這個低地國此時仍分裂成兩半，但裝滿了鑽石，你就能跨越邊界。賈斯帕把他的幾個朋友看作是榮耀荷蘭的領頭人物，也是權力的行使者；沒有人比弗雷德里克．亨德里克的私人祕書康斯坦汀．惠更斯（Constantijn Huygens）更文雅博學；而在那些日漸茁壯且憑自身努力出頭的詩人、哲學家和贊助人中，還有一個是倫勃朗．范．萊因（Rembrandt van Rijn）。惠更斯曾是杜阿爾特在安特衛普的客人；而且因為被他女兒的甜美聲音迷住，他因此替法蘭西斯嘉．杜阿爾特（Francisca Duarte）安排前往荷蘭，並在詩人皮德爾．科涅里森．胡夫特（Pieter Corneliszoon Hooft）位於梅登（Muiden）的玩具城堡中，被他的圈內人譽為「法國夜鶯」（雖然她一點也不法國）。

杜阿爾特族人是惠更斯那類的猶太人：優雅、謙恭且會多種語言，可以放心地帶到斯圖亞特王室（Stuarts）和奧蘭治親王面前，而且他們保證可以假裝無關緊要地，最後順口提一下想提供珠寶給這些王公貴族。現在，一六四二年春天，亨利埃塔皇后的丈夫陷入困境，而她的肩頭壓力沉重，她因此需要進行反向交易，認為杜阿爾特必須提供資金，保護她的珠寶與同宗派的人安全才行。

皇后和公主新娘落腳海牙，和皇后的大姑伊莉莎白．斯圖亞特（Elizabeth Stuart）同住，而她也是一位打擾了別人的流亡君主。荷蘭還真能把她們集結在一起！亨利埃塔．瑪莉亞立刻找出有可能幫忙變現的珠寶商。首先是查理的珍珠鈕釦。「你無法想像，」她寫信給「心愛的」國王：「那些鈕釦從金飾中取出並串成一鍊有多漂亮，多到和我那漂亮鍊子上的一樣多。我向你保證，我毫不後悔就放棄了它們。」[1]下一批送走的就是那條「漂亮鍊子」和亨利埃塔・瑪莉亞的母親給她的一把金十字，而她正準備把一個紅寶石項圈給安特衛普的杜阿爾特家族；還有一條則用船載去丹麥。但在第一批成功後，皇后發現海牙的珠寶商失望地不願接受。他們的冷淡可能和皇冠珠寶的爭議狀態有關；國會堅持這屬於國家，而不是國王皇后私人所有。而國會在海牙也有自己的代表，其中有些人在珠寶預售展示時前來檢查。[2]因此得要去一趟阿姆斯特丹，猶太人在這裡切割、拋光、銷售從印度進口的粗糙原石。想必他們會樂於提供幫助。

亨利埃塔・瑪莉亞跟猶太人沒什麼芥蒂；頗相反的，她所生長的法國宮廷習慣了拉比醫生的存在，當傳統藥典讓大王失望的時候，他們的配方總因藥效而馳名。最無須辯駁的猶太人是費羅迪奧・艾利亞胡・孟塔爾托（Filoteo Eliyahu Montalto）。這位生於布朗庫堡（Castelo Branco）、在薩拉曼卡大學（University of Salamanca）受醫學教育的掛名葡萄牙新基督徒，就跟他那世代的許多人一樣，長久以來都祕密信奉猶太教。當他在利佛諾建議另一位年輕的新基督徒去「追隨好的道路」時，他的意思相當明顯。到了一六一一年時，他人在威尼斯，在那裡他可以公開坦白他信仰猶太教，聆聽里奧聶・莫迪納講道、聽薩洛蒙・羅西的聖歌，並在有護牆板的波內廷猶太會堂裡跟著上下左右擺動。里奧聶指派他的一名得意門生，掃羅・摩爾泰拉（Saul Morteira）來給孟塔爾托上希伯來語文課，一等到他精通，他便跳進了無止盡的《塔木德》評注之海。孟塔爾托因為寫了一篇精密光學分析的論文，聲望因而日增。好位子開始向他招手：有比薩、梅西納、波隆加的大學教職，但他都拒絕了，因為他不確定那些地方會不會讓他依循自身的宗教自由。有一次，法國皇太后瑪麗・德・麥地奇（Marie de' Medici）最寵信的康西諾・孔奇尼（Concino Concini）邀請他來當她的私人醫生；謠傳說，當他在場診斷時，在這著魔的年代，他可能把孔奇尼妻子李奧諾拉・多莉・加利蓋伊（Leonora Dori Galigaï）的痙攣和突發症狀，診斷為惡魔附身。孟塔爾托有足夠的信心堅持他自己的說法。在孟塔爾托死後六年，這段不尋常的協商紀錄公開了，內容中回憶道：「他承諾要來，但前提是不能期望他隱藏或假裝自己的宗教宣言，而得讓他去實踐猶太宗教……」而他清楚聲明，他在安息日做的任何診療都不能接受報酬。[3]為了避免他在巴黎感覺孤立，他的年輕導師摩爾泰拉跟他同行，並在所有和猶太有關的事情上擔任祕書和顧問。摩爾泰拉也要留意新基督徒在盧昂（Rouen）、波爾多（Bordeaux）和巴黎遇到的任何困難和威脅，以及在必要時拉好孟塔爾托的袖子；在他最終成為皇家委員會一員（他將加利蓋伊的抽搐診斷為癲癇發作，並提供了症狀緩解和鎮定劑，這一點顯然對此有所幫助）之後，委員會可是會注意到這些問題的！或許因為孟塔爾托自己和這股迫害力量建立關係，讓他有膽量（直截了當地用西班牙文）寫出一篇激烈的短文，來反駁基督教的錯誤（特別是基督是神降生的彌賽亞概念），而此時正好是反宗教改革的短文在大聲疾呼反對可悲盲目猶太人的時刻。孟塔爾托呼應著中世紀歷代在公眾爭論中為《塔木德》與《妥拉》辯護的人所說過的話，他問，基督來臨的時代怎可能是應許的彌賽亞時代，因為任何理性的靈魂都看得出世界正在變糟，而非變好。一個真正彌賽亞的統治，會在一波大合一的仁愛中，同時終結猶太人和異教徒的迫害。「而改革將不只限於以色列人，而是普世全人類共享，儘管以色列將是這改革的領導者。」[4]

在宮廷裡身為一個女孩的亨利埃塔．瑪莉亞，看著穿長袍、戴帽的猶太人行遍楓丹白露和羅浮宮。當孟塔爾托於一六一六年在路易十三某次出巡時因腦溢血而死，皇太后便下令，在摩爾泰拉從阿姆斯特丹出發抵達前，要將屍體防腐。當時摩爾泰拉搬到阿姆斯特丹成為了導師，在荷蘭的自由氣息裡教導那些重返猶太教的新基督徒。雖然猶太律法要求速葬，孟塔爾托卻沒有妥當的地點可以下葬，所以摩爾泰拉謹記著《塔木德》對這種困難狀況的特別豁免，並把遺體帶回了荷蘭，遺體在那裡可以安葬於奧德凱爾克（Ouderkerk）近期開幕的賽法迪墓地，這地方有個詩情畫意的名稱，叫作「生命之屋」（Beit Hayim），位於從阿姆斯特丹沿阿姆斯特爾河向上三哩。一面樸質而美麗、令人聯想起威尼斯那些精緻墳墓的墓碑立了起來。碑文刻著：「他對於以色列好像上帝的群山，願他的星光持續照耀。」雅各．范勒伊斯達爾（Jacob van Ruisdael）那兩幅奧德凱爾克墓地的畫作，就是以這道超自然的光照亮了陰森黑暗，而偉大的孟塔爾托之墓就在這兩幅畫的中央。亨利埃塔・瑪莉亞對於拉比醫生們的記憶夠敏銳，使她在成為英格蘭女王之後，也去找了像安東尼奧・德・維洛那（Antonio de Verona）這類備受推崇的猶太義大利醫師，並確保他們在牛津和劍橋獲得即使不夠友善也要有禮的招待。

猶太人讓亨利埃塔・瑪莉亞感到興趣的，還有其他事情——正如許多基督教歐洲王子偏好神祕啟發一樣。那就是卡巴拉傳統，它認為上帝是所羅門聖殿真正的設計者，而國王不過是執行指示而已。[5]她就嫁進了一個著迷於所羅門王傳奇的家族。她的公公詹姆士一世，就在白廳宮的國宴廳天花板上讓彼得・保羅・魯本斯（Peter Paul Rubens）把自己畫成智慧之王，王座也配上稱作所羅門式的螺旋狀柱子。《所羅門聖殿》（*Solomon's Temple*）和《示巴女王前來》（*The Coming of the Queen of Sheba*），是他們最喜歡演給來訪皇族欣賞的化裝舞會（雖然說一六〇六年那場不幸的表演中，示巴女王醉到吐在丹麥國王的膝上）。查理一世繼承了這種對所羅門的著迷。蘇格蘭和英格蘭常被比擬為以色列和猶大，一北一南，明確警告如果雙方各自像《聖經》王國一樣分裂不列顛，就會各自先後蹈入毀滅。與耶路撒冷聖殿的第一位石匠大師有關的卡巴拉設備，都放進了宮廷的化裝舞會裡。儘管猶太人在福音的光照下如此不幸、墮落，又任意盲目，皇后還是要求費羅迪奧・孟塔爾托這類的猶太人擔任深奧啟示的看守人。

說起來太美好了（Mirabile dictu）！有人通知皇后，在阿姆斯特丹猶太區裡蓋了一座相等比例的聖殿模型，這是精準地按照以西結（Ezekiel）和弗拉維奧・尤賽夫斯《猶太古代誌》（*Antiquities of the Jews*）所提供的細節打造出來的。不僅如此，那位負責的拉比還是康斯坦汀・惠更斯的希伯來文老師，而惠更斯可以擔保此人的學問足以堪任。亨利埃塔・瑪莉亞表達想去一探奇觀的願望。

總之，這群人都前往了猶太人生活和祈禱的地方：四個街區平方的都會島——烏魯彥堡（Vlooienburg）。位於南教堂（Zuiderkerk）東南的這一區，於一五九〇年代倉促地加進了城市的產業邊緣，容納前來的移民，其中許多是從法蘭德斯的戰場來的。阿姆斯特丹就是這樣長大的，把木樁深深打進泥中，在各處的平臺上弄出新的生活空間。因為周圍都是木材場，木頭隨手可得，讓這裡吵鬧不已而且生意興隆。烏魯彥堡是一個充滿聲音的港口：鋸開、磨光、裁切原木，以配合那些大大小小的船身；多虧規模經濟，這些船隻的組裝是如此廉價，讓其他國家的商船隊無法競爭。從斯堪地那維亞森林一路來到荷蘭的原木拼筏，在運河的終點載沉載浮，勉勉強強地靠著浮在水上的繩索圍籬固定在原處。人們的新癮頭——砂糖和菸草——在小店裡和空地上加工，甜蜜的芳香洋溢在早晨的薄霧間。烏魯彥堡是尋常的阿姆斯特丹；在各種意義上，都遠離前幾十年為了城市商人君主們打造的同心環狀優美運河。烏魯彥堡的房子是木造的，而不是磚造。冬天迎風的大街和小巷，所謂「steegen en slopen」，裡頭積滿了運河和河流溢出的髒水。然而，這裡也是一個只要在城牆與橋樑外走個十分鐘，城市景色就會變得溫馨樸實的地方。當住在這一帶的林布蘭・范・萊茵（Rembrandt van Rijn）需要暫離手頭那幅英雄豪莽的畫作（表面上是法蘭斯・班寧・考克特〔Frans Banning Cocq〕隊長那支民防隊的一幅畫，但實際上是展望一種理念，想像著一個喧囂而自由的城市❶），並休息片刻的時候，他有時會帶著素描板沿阿姆斯特爾河旁的小徑而上，拋開案主的期待，並在和紙上畫下幾條線，而那些線條將奇蹟般轉化為垂釣者的魚竿或者在灌木叢間依偎的情侶面孔。

皇家人馬所前往的，是已經清除了日漸增加的菸草叫賣者、阿什肯納茲猶太乞丐、且在「葡萄牙民族」的抱怨下降低了音量的烏魯彥堡街道。猶太人歷史上重大的時刻，準備要在木運河（Houtgracht）上的葡萄牙猶太會堂揭曉了。

整個中世紀裡，布道的修士、教會的高級教士和他們的皇家資助者，都可以在安息日和齋戒日裡自由入侵猶太會堂，強迫會眾聽他們高談改信。在某些宗教裁判所影響不深的地方，基督徒出現在猶太會堂就不再是恐怖的一天。在君士坦丁堡和威尼斯，猶太會堂成為來訪王族及其隨從的觀光重點。同樣也幾乎不變的，

❶ 譯注：本畫一般通稱為〈夜巡〉（The Night Watch）。

他們仰慕著女性專用邊座上的女人們，並譴責整場儀式裡始終停不下來的竊竊私語實在不得體。一六三〇年代來到阿姆斯特丹的威廉·布雷雷頓（William Brereton）就非常典型，抱怨猶太會堂裡根本看不出有什麼虔誠氣氛（好比說安安靜靜），而只是唱歌講話、一團吵鬧。即便如此，皇家人馬還是會去，這種層級的王族團體獲得猶太會堂正式接待，還是史上頭一回。所以，在這個絕無僅有的五月二十二日禮拜四，「《塔木德》、《妥拉》的神聖團體」（Kahal Kados Talmud Torah，葡萄牙猶太人現在這麼稱他們的會眾）不只迎接了亨利埃塔·瑪莉亞，還有奧蘭治親王本人，以及那對（相當）早婚的夫妻。過程中有一場隆重的祝福，屬於賽法迪人知名統治家族集團的約拿·阿布拉瓦內爾（Jonah Abravanel）專門為這場合寫了一首詩。接著，約拿的妹夫、在葡萄牙馬德拉島（Madeira）出生、並受洗獲名「馬諾埃爾·迪亞茲·索艾羅」（Manoel Dias Soeiro）的梅那賽·本·以色列拉比（Rabbi Menasseh ben Israel），上前朗讀他為省督寫的歡迎致詞。

儘管他們和他們的祖先都曾在伊比利亞教會和君王的手中受苦——有太多宗教裁判所的折磨和活生生的火刑、以及太多年活在逃難的恐懼中——阿姆斯特丹的賽法迪猶太人還是緊握著，甚至是固執地抓著他們的古老文化。[6]這位以阿姆斯特丹第一位希伯來文學（以及各種其他語言的當地作品）印刷出版商為最重要身分的講者，已經在基督教圈建立起一種典型的猶太人名聲：博學、高尚、好交際。這種形象甚至擴展到認識他的天主教徒。當時阿姆斯特丹的一位年輕人、日後會成為阿夫朗什（Avranches）主教的皮耶·胡埃（Pierre Huet），稱他「個性溫和、好相處、思考理性」（儘管他也錯誤地設想梅那賽沒被卡巴拉說服）。[7]當時偉大的人文主義思想家和作家們，如阿姆斯特丹學院（Amsterdam Athenaeum）的教授、修辭學家兼非官方城市演說家卡斯帕·范巴爾列（Caspar van Baerle）以及萊登大學（Leiden University）的傑拉度斯·沃希斯（Gerardus Vossius），都是梅那賽的朋友和通信人，也因此拉比還認真地希望能拿到學院職務來貼補他當拉比和教師的微薄收入。一六三二年，讓他成名的作品名稱是《安撫者》（*the Conciliador*），取自他的講道筆記，筆記內容調和了許多在《聖經》上發現的矛盾與不一致，以及在這調和中猶太人和基督徒的共同利益。[8]他在阿姆斯特丹的地位，使從曼托瓦來此的年輕猶太藝術家薩隆·義大利亞（Salom Italia）在一六四二年雕刻梅那賽個人肖像的時候，讓他霸氣地在橢圓形雕花裝飾裡頭擺出傳統歌頌傑出人士的姿勢，還在碑文中描述他為「哲學與神學」（philosophicus et theologus）。可能就是因為這個理由，梅那賽並沒有在自己的社群內獲得同等尊敬；畢竟在圈子裡，他就只是在「生命之樹」（Etz Hayim）學校教書，並擔任指點誰來開《妥拉》經文龕、誰在安息日讀《妥拉》的哈罕而已，他就靠著這兩份受尊重但薪水微薄的卑職勉強為生。儘管他的希伯來文出版眾多（或者說，就是因為出版了這麼多），梅那賽還是慘到只能勉強餬口，以至於在一六三九年到一六四〇年間，他考慮移民到猶太人欣欣向榮的荷屬巴西去。

然而現在，梅那賽·本·以色列這個臉色溫潤、亂剪的斑白鬍鬚尾端鉤翹、身型矮小肥胖的男子，可說是如魚得水。這番演講——這番〈歡迎祝賀〉（gratulação）——是以葡萄牙文的古典正式文法寫成，這點只會讓歌功頌德效忠對象的改變，顯得格外戲劇化。「我們不再把卡斯提爾和葡萄牙當作祖國，而是荷蘭。」梅那賽這麼聲稱：「我們不再伺候西班牙或葡萄牙王，而是以議會的諸位尊貴閣下以及陛下為我們的君主，並藉您們受祝福的貴手與寶劍使我們獲得保護。藉此，沒有人需要懷疑我們為何每日要向議會諸位閣下及陛下，以及這座世界聞名之都的尊貴總督送上祈禱。」

在木運河上的猶太會堂裡，那一刻應該有在信眾之間傳遞的強烈情感，其實很難重新捕捉。[9] 筆者在紐約的安全環境下書寫這段，很容易理所當然地認為，不用多久，一個西方社會就會提供某種避難所，讓猶太人可以自由祈禱而不需要被視為可疑、可笑或危險的人。就算是在荷蘭共和國，猶太人即便是本地的愛國者，讓他們做自己的自由空間也不會輕易或立即地開放出來。但這確實發生了。除非賽法迪猶太人（不管是為了生意還是家庭）選擇冒險返回拉比口中的「偶像崇拜之地」伊比利亞（因為有些人真的這麼做了），否則他們現在都會在始終忙碌的宗教裁判所勢力之外。梅那賽應該會本著個人的敏銳感受到這樣的福氣，因為他自己的父親就曾被宗教裁判所折磨過。西班牙和荷蘭之間八十年的戰爭還沒有結束，但不容異己的暴力威脅卻是越來越遠離共和國的心臟地帶。「荷蘭的自由」（Hollands vryheid），尤其是良心，接下來三百年還會繼續實踐其價值。荷蘭沒有猶太人隔離區，沒有招人仇恨的特殊標記或服裝（在穆斯林和基督教的領土上還是非常有效的）。把祈禱圍巾披在頭上的猶太人要把「阿門」（omeyn）喊多大聲都可以，因為珍珠般的荷蘭光芒盈滿了他們身上。不可免的，有些人稱阿姆斯特丹為新耶路撒冷。

這個新耶路撒冷還有一座聖殿要蓋起來——儘管只是一座一比三百的等比例微縮模型。在猶太會堂內，一連串嚴肅的儀式過後，亨利埃塔・瑪莉亞和孩子們（可能還有總督本人）走了幾百碼，繞過拐角抵達了短木運河（Korte Houtgracht），在那裡停在一間尋常房子前，牆上有塊匾說明他們「在所羅門王的聖殿」。他們在那裡接受另一位惠更斯友人的祝福，此人的打扮和城裡任何一個好基督徒都一模一樣——喀爾文派牧師穿的同一種圓盤帽；同樣普通的黑外套，上頭服貼著尋常的花邊和亞麻衣領；同樣修剪整齊的鬍鬚；亮得像顆釦子、人稱「天普羅」（Templo，意為「聖殿」）的雅各・猶大・里昂（Jacob Judah Leon），引領王室和朝臣們進入展覽會場。

天普羅是《聖經》的第一位娛樂經理人。此時他就在以色列人們的帳篷間——那些帳篷是多麼棒呀——而摩西（也有可能是亞倫）的權杖本身，就是天普羅自己現在手中這根可靠的指物棒的前身。天普羅自己也是成就他人所不能成者，上帝的氣息把力量給了他的靈感。他了解到，猶太歷史的天賦，在於其隨機應變。第一個會幕正準備要進行（而他也會將其重建）；第一個聖櫃是放在亂七八糟東西上的小櫥子，可以像那些拜偶像的異教徒的崇拜物那樣帶上戰場。所以他把他的聖殿模型做成可摺疊組合的，每個部分標上號碼並設計成方便快速重組的模樣。在海牙和哈倫（Haarlem）的仲夏聖約翰市集（Sint-Jan Kermis）上，他可以在一個大到足以把模型帶去的展場建立自己的名聲。平價的入場費讓人們得以一覽驚奇（因為，就算是一個上帝聖殿的建造者也需要麵包、湯和鯡魚）。接著——加碼的重點來了！——他會擺出附上的零組件：用銅製然後盡可能漆得像黃金一樣的七燈燭臺；無酵餅桌（漆法同上）；大祭司的禮服上還掛著胸飾，以飾鈕釘著四排各三顆寶石，每一顆都代表著以色列的一個支派；烏陵（urim，光、啟示）與土明（thummim，完全、真理），上帝會在贖罪日根據來年的運勢讓這兩者發亮；高而多層的纏頭式頭巾還有叮噹響的石榴鈴（rimmon）從長袍的摺邊懸盪下來。沿著天普羅的展覽牆邊排著的是手工上色的圖畫，畫著耶路撒冷的群眾擠滿了庭院大門。另一張畫展現了以色列十二支派集合，每個都以正確的排位順序處在荒野中：迦得和以薩迦（Issachar）、呂便和拿弗他利（Naphtali）、西布倫（Zebulun）和便雅憫。意指繁盛的東西接著就出現了。訪客們會目瞪口呆地看著聖殿的威嚴造型，其中最醒目的是，逐漸收縮的傾斜扶垛從外部支撐著聖殿主結構，沿續著原本山峰的向上傾角；天普羅接著會小小咳嗽一聲，要求安靜，然後開場。[10]

他的早年生活裡沒有太多跡象能看出他未來會成為那位偉大的經典主持人、那位說故事的神職人員。他的家庭追隨著其他眾多家庭走過的路，下決心擺脫伊比利亞的陰影，進入耶路撒冷的光明，而準備好冒著恐怖風險逃向移民之路。不知有多少勇者被追捕者的網羅所捕獲，但雅各·猶大的家庭運氣不錯。他們離開了科英布拉（Coimbra）附近的小鎮，在一六〇五年前後抵達了阿姆斯特丹的安全避難所。至少這男孩的雙親認為他（想當然地）是個希伯來語文的早慧天才，注定要成為知名拉比。但阿姆斯特丹的賽法迪社群似乎創造了太多這種神奇男孩，甚至用三間猶太會堂來分他們都還是僧多粥少。這家族因此繼續前進，先是去漢堡，這裡是重回猶太教的新基督徒可以選擇的另一個目的地。在這裡，雅各·猶大成為了希伯來語文教師，然後當二十多歲的他在一六二八年左右準備要回阿姆斯特丹時，卻接獲了在《塔木德》、《妥拉》裡遵守良好的紀律這項不受感激的任務：一手在軟鞭子上，另一手在《擺設桌面》上。十年後，猶太會堂的合併讓他成了冗員，但雅各·猶大的名聲卻已經響亮到足以在私人猶太會堂獲得職位；這間會堂位於澤蘭省（Zeeland）的米德爾堡（Middelburg），東印度和西印度公司的海軍部都在這裡。他可能是在那裡遇見亞當·波利爾（Adam Boreel），並開始與其共事的。

波利爾是那種先進新教徒的其中一人。相信「所有教會都未能純正重現基督福音的完美信條」的新教徒，人數在十七世紀快速倍增。這種不道德思想，讓他們失去了成為治理機構或者任何什麼的資格。擁有世俗權威而自命不凡是件有罪的事，這種行徑背叛了原本基督徒對權力的厭惡。唯有《聖經》的話才有權威。因此，波利爾的「學院」（college，他不愛稱之為教會）應開放給各式各樣的人：吵鬧和沉默的人；感情外露和內斂沉思的人。沒有任何教條會被認為太危險或太荒謬，以至禁止被宣揚。沒有任何意見會被簡化。同樣的，希伯來《聖經》，也就是《舊約聖經》不應（像天主教那樣）視為被《新約》取代的證據來閱讀。不，那是自有其價值的歷史，而且猶太人可以用他們特有的方式被認為是上帝的孩子。

對荷蘭新教徒來說，把自己當成被上天奇蹟從迷信偶像圖像的天主教手中救出的全新神選之人，是一件很平常的事：有許多大衛對上許多的歌利亞；被一個如神指派的領袖從束縛引領向自由。摩西不擅言詞；十六世紀的奧蘭治親王威廉一世（Willem I）就被稱為「沉默者威廉」。荷蘭對任何希伯來相關事物的著迷（烏特勒支〔Utrecht〕的希伯來語文教授約翰尼斯．雷斯登〔Johannes Leusden〕就說，共和國內的希伯來語法，比一年裡的星期數還多），也在一六二一年催生了世上第一幅同時為猶太人和讀希伯來文的基督徒所繪製的當代聖地地圖。這又是一幅跨宗教合作的成品，由製圖者亞伯拉罕．古斯（Abraham Goos）和他的猶太同行雅各．本．亞摩拉罕．札迪克（Jacob ben Abraham Zaddik）完成；後者提供了文字描述以及自畫像，漂漂亮亮地打扮成富裕的荷蘭公民，上頭還有目前已知在印刷品或繪畫上最早出現的其中一顆六芒大衛星。[11]

波利爾有意願接近天普羅這類猶太人，並不代表他放棄了要猶太人改信的使命，這一點跟他那年代的其他基督徒都一樣。但他相信，透過融入包括《塔木德》在內的希伯來文本，比較有可能實現這使命。和那些只是把聖書扔到一邊的人相比，猶太人對那些想閱讀理解各種聖書卻遇到困難的人，會有比較和善的反應。這種原則的建立，可以追溯到十三世紀，當時（通常是由猶太改信者領路的）多明我會和方濟各會（Franciscan）成員心裡抱持著差不多的目的，定期找上猶太人。但他們的調性卻是好戰而不兩立的。他們恐嚇、欺凌、訓誡猶太人，但像亞當．波利爾和約翰．杜里（John Dury）這類在荷蘭受教育、並想在倫敦成立猶太研究大學的人，就盡力以同情、博學的態度參與猶太教，作為一種完成他們使命、不可或缺的工具。說服的媒介是友誼，而同僚之誼就出現在互相尊重，有時比基督徒那方索求的更多。這種氣氛的改變可不是小事，因為猶太人將友善可親近視為不言自明的事。在今日一些最熱心的福音派美國教會中（盎格魯－荷蘭新教神學的一脈繼承者），情況依舊如此。

從澤蘭省出發的路通往聖殿山。雅各．猶大和亞當．波利爾選擇走向耶路撒冷顯現的路徑大不相同，但合而為一。千禧年信者波利爾相信，救世主耶穌的再臨和基督徒的千年和平是迫在眉睫的——大膽預測為一六五〇年代——而且會和第三聖殿的興建一同起始，因此就移除了猶太人改信的最後障礙。對雅各．猶大來說，彌賽亞會是人為而非天賜，但他會解放耶路撒冷，領導猶太人抵達他們脫罪後應得的錫安，並重新建造聖殿。因此雙方對於所羅門原型建築的尺寸、構造和裝飾都需要確切無誤的想法。他們求助於最有名的作品（在人人沉迷聖殿的時代，範本是不會缺的）：耶穌會會士胡恩．包提斯塔．維拉爾班多（Juan Bautista Villalpando）在該世紀初出版的書，而此書又成了萊登大學希伯來語教授康斯坦汀．朗培路魯（Constantijn L'Empereur）著作的跳板，他很明顯是因為「駁斥猶太人」而獲選這份教職。他們都使用了《聖經》，特別是《以西結書》第四十章第八節裡，一腕尺、一腕尺描述的導引。但經文被弗拉維奧．尤賽夫斯《猶太古代誌》中細節豐富的例子所填補了。和包括梅那賽．本．以色列在內的許多猶太人都有交情的朗培路魯，替《米示拿》（*Mishnah*）這本二世紀律法儀式慣例大全，出版了一本拉丁文翻譯的小冊，而這譯本（因為第二聖殿的毀滅相對的在印象裡還比較近）又提供了更多關於聖殿的細節。所以當波利爾和天普羅在寫作的同時，他們創造了一個《米示拿》的人聲版本（有辨認出母音並指出），所以這位飽學希伯來的基督徒和這位猶太人就可以大聲地把它講出來。一般人們都會假設，這種合作中的猶太人天真無辜，渾然不知他們基督徒同僚的勸說改信目標，因而走進了狡猾又突然的陷阱。但那只是罕見的情況，而且絕對不是天普羅和波利爾會發生的事。很有可能是，基督徒雖然謹慎不讓自己在地化，卻喜歡他們猶太合作者的自尊，甚至延伸至那些典型化的猶太人。

雙方之間就這樣破冰了。學術接觸有時候可以轉而拉近社會。喀爾文派神學家、巴塞爾大學（Basel University）的希伯來文教授，約翰尼斯・巴赫托夫（Johannes Buxtorf），因為一有機會就和猶太人密切來往，還在準備《猶太教會堂》（*Synagoga Judaica*）這本書時把拉比帶到家中商量，並針對《米示拿》、《塔木德》、甚至「塔庫姆譯本」（Targum）這種亞拉姆語的經文釋義詮釋等深奧文本問題，進行如癡如醉的討論，因而被該城官方傳喚。其成果是一本民族誌學的記事，書中巴赫托夫對於猶太風俗的仰慕，以及他對拉比釋義的雀躍，幾乎在每一頁上發亮，儘管說他的正式主旨應該是要揭露希伯來人的盲目粗鄙。在談及養育嬰孩兒童時，他實在無法控制自己不去報告賢人的觀點。哺乳的媽媽得要吃得好，母乳才會充足營養：「賢人們（chachamim）認為給你的孩子吃飽非常重要，這樣他們才會長得快而壯，好服侍上帝。上帝全心全力地供應所有生命所需，對一個女人來說也是如此。如果她給孩子足夠的食物，從不短缺，那她就走在上帝的道路上，因此她就有可能達到永生。因此祂給她兩個乳房而不是一個……阿布哈（Abba）拉比說，乳房位置靠近心臟，使孩子可以吃奶並與母親以心傳心。」[12]巴赫托夫從路德繼承來的那種對猶太人的惡毒仇恨和他實際發現的人性，在他心中交戰。這常常只是是否觀察他們日常生活的問題。查斯代拉比（Rabbi Chasdai）籌備安息日時負責切甘藍，而納曼拉比（Rabbi Nahman）打掃房子；這些（根據「沒有人可以自認優雅、富有或聰明而不幫忙」這個原則）景象很明顯地出於非正式的友誼關係。巴赫托夫一反所有更高的原則——也的確一反所有他著作裡的辯駁論點——被猶太儀式習俗所感動，注意到死者的拇指被折彎並以祈禱披肩的流蘇護好，藉此他會在整隻手比出「ש」（shin）字母的狀態下葬，而「shin」是沙代（Shaddai）——全能神的其中一個名字的縮寫。藉此，上帝會保護他在前往來生的路上，免於撒旦的詭計欺騙。對巴赫托夫而言，更好的是拉比觀察到一件事：人死時手張開顯示他們生命已盡，而嬰兒則是握著拳出生，抓緊了生命圓滿的本質，而這是他們還不想要放開的東西。

如果巴赫托夫這狂熱的對手能夠在各處被人性融化，那麼這時代的「哲學猶太教」會出現在新教國家的確是難得的現象，儘管受到路德惡毒的妖魔化。雖然目標確實依舊是大規模改信，但手段——友善深交——讓任務擱置下來，而對像波利爾和天普羅那樣的關係來說，工作情誼緩和了神學上的義務。

他們這部由天普羅隆重呈現給貴賓的大作，和過往的論文相比（至少對總督和威廉王子而言）有一個優點。它原本是以西班牙文寫成，但為了這偉大的時刻，而有了荷蘭文翻譯並即時出版。[13]接下來很快就會再有五種語言的版本，其中包括拉丁文和英文。關於所羅門王聖殿，以及公元前五世紀重建、並由大希律王完工而聲名大噪的第二聖殿，如果有人想要獲得定論，就得要去找天普羅。（可能因為天普羅的話語表達以及指揮棒，而）已經對此印象深刻的亨利埃塔・瑪莉亞也承認，在詮釋和學問上，猶太人是正確的。據天普羅日後聲稱，有某些時候，熱切的威廉小王子還提議在他的展場增添一座曠野聖所的模型，而且（更重要的）他會提供資金打造模型（這個模型按時完成了，儘管似乎不是靠這筆事先說好的補貼）。然而，甚至對那些無法親自來訪的人來說，手冊本身也是人人想要的。即便是巴魯赫・史賓諾沙（Baruch Spinoza）這位了不起的《聖經》懷疑論者（有時又是極端正統派的猶太人），都有收藏一本荷蘭文版。

即便如此，書仍不是重點，模型才是。全世界最富有城市的王公貴族前來景仰這座聖殿，包括貴族市長傑拉德・安地列茲・比克（Gerard Andriesz Bicker）和法蘭斯・班寧・考克特，也就是林布蘭一六四二年那幅曠世的群體肖像畫——〈夜巡〉中那隻鉤槍隊的隊長。作工精細的建築模型由安卓・帕拉底歐（Andrea Palladio）和塞巴斯蒂亞諾・塞利奧（Sebastiano Serlio）這些威尼斯的偉大建築師為這座城市所完成，而且自身就被當作藝術品——大師傑作——看待；但這些模型主要是為了鑑賞家和建築師自己的需求而造。[14]天普羅的模型也是為了吸引公眾，而他還在手工上色的海報上宣傳。這個硬塞進他自家普通大小空間內、二十呎乘十呎的模型堪稱奇觀，上色後被置放在挑高的平臺上，就好像在聖殿山頂一樣。仰慕的訪客可以想像自己走過其中一扇宏偉的大門，靠近外牆（這建築殘存的西邊區塊，幾個世紀以來已經因為成為猶太人前來哀悼埃波月第九日〔聖殿被毀日〕的地方而聲名大噪）；進入女人殿（Court of Women）；進入教士殿（Court of the Priests）；最後，因為天普羅和波利爾設計了可移開的屋頂，人們得以進入至聖所，這個只有大祭司（hacohen hagadol）在贖罪日當天才能潛入的地方。

這還不是全部。視察行程完畢，也在模型上添加了不少東西後，付了錢的參訪者會被帶去看宗教儀式物件的重建，包括座落在曠野中的四角獻祭臺，還有以色列人的雕刻版畫。最後這一項也是個重要課題（其實沒有一個不是），因為人們認為千年和平王國即將到來的一個跡象，就是失落支派從山姆巴提庫河外的堡壘中現身。所以人們會特別關注牆上的呂便人。雖然皇家一行人對於天普羅展覽的想法並沒有留下紀錄，其他不久後來此的人，特別是充滿《聖經》思想的人，就說出了他們的仰慕。約翰・杜里至少又回阿姆斯特丹兩次，第一次來時還是個保皇黨員，第二次於一六五〇年代回來時就已經進入護國公時期（Protectorate），要替奧利佛・克倫威爾（Oliver Cromwell）執行任務了。「我所看到的這些部分，」他寫信向他那學識淵博的朋友薩繆爾・哈特利布（Samuel Hartlib）說：「在那些值得注意的希罕珍品和古代遺物之中，沒有什麼能與其相比。」[15]

抵達荷蘭共和國的新移民經過一、兩個世代，開始感覺安全以及（一般來說其實是）成功富足之後，他們便允許自己相信，一位奧蘭治親王參訪他們的猶太會堂並獲得老一輩會眾的歡迎，外加由一位賽法迪拉比導師向皇后和年輕王子展示所羅門聖殿，會是這世上最理所當然的事。猶太人和荷蘭人能互相契合可說是天注定。他們都有擺脫崇拜偶像之暴君的立族史詩；他們都相信自己獲上帝揀選，他們奇蹟般的解放救贖史都一定是全能神的特殊安排。荷蘭共和國在這種誓約與撫慰的編年史裡，始終是行於迫害之海上的一艘救命方舟。阿姆斯特丹就是「那地方」（Ha-Makom），猶太人被一隻攝理之手帶到這裡，就跟雲火柱一樣讓人確信，那是他們終於能感覺安全的地方。所以，一段由生動時刻和典範角色（牧羊的拉比；嫉妒的猶太美女；一個祕密猶太人的集會跌跌撞撞地公諸於世）所構成，飽含軼事的「抵達荷蘭」經文，就這麼一代代傳承下來，並由多產的詩人兼歷史學家丹尼爾・利未・狄巴里歐斯（Daniel Levi de Barrios）在十七世紀晚期賦予權威形式。[16]三個立族故事都有一些事實基礎，但其中為人珍視的是詩意的修飾。

原本的拉比顯然是一位摩西．摩西．烏利艾爾．哈利未（Moses Uriel Halevi），住在埃姆登（Emden），荷蘭格羅寧根省（Groningen）北方港口的德意志對岸。埃姆登和法國的聖讓德呂茲（Saint-Jean-de-Luz），還有盧昂和漢堡，是祕密猶太人在逃出葡萄牙與西班牙時，可以找到家園的幾個地方之一。當一艘被吹離航線的船在埃姆登附近把新基督徒放下船、而哈利未看出了他們想要公開以猶太人身分生活時，他告訴他們，在阿姆斯特丹有個社群祕密實踐著禮拜儀式，並告訴他們去那邊和同胞團圓。一顆定居地的種子就這樣種了下來，而摩西則跟著他的信徒們去了阿姆斯特爾河。但紀錄文件比這些口頭傳述講出了更平庸、甚至到有些差勁的故事。阿姆斯特丹法庭紀錄中的摩西．烏利艾爾．哈利未並不是那種預知未來的解放者，而只是一個普通的贓物販子，因為收受贓物、非法行割禮、使用菲利浦斯．約斯頓（Phillips Joosten）這個假名行事而被捕。在獄中被審問時，摩西／菲利浦斯承認自己私下遵守猶太儀式，屠宰並提供潔食肉品。但事實並非他原先擔心的，這段自白並未使他遭受更嚴厲的處罰，更別說放逐出城了。法律文字最終以從輕處理的方式結案，對於那些在一五九〇年代和十七世紀初期一直在祕密信仰猶太教的新基督徒小型社群來說，是一個滿有應許的徵兆。獲得緩刑後，摩西．烏利艾爾．哈利未還真的成為這剛萌芽社群的族長。當第一間猶太會堂在一六一二年開幕時，安息日讀物用的就是他自己的《妥拉》卷軸。

立族神話的第二個英雄是瑪麗亞．努涅斯（Maria Nunes），是跟她弟弟一起從葡萄牙送到阿姆斯特丹的。故事說，途中她的船被英國武裝民船逮住了。被帶到倫敦之後，這位黑眼美女讓所有人為之側目。一位偉大（但沒有名字）的貴族深深為她動心並懇求她嫁給他，沒有什麼故事比這更迷人了。但瑪麗亞．努涅斯生來不是為了穿大蓬裙的。她抗拒這完美轉折的十四行詩，和那懇求的合唱曲。當然，這位美女理當要無情的❷，但如果有著異國情調就不一樣了。有人請伊莉莎白女皇幫忙湊成這件事。女王為了對瑪麗亞一視同仁，便找

❷譯注：〈無情的美人〉（La Belle Dame sans Merci）是一首十六世紀的法文詩，被濟慈改編為民謠。

她來一起搭皇家大馬車，並請她留在英國。但不管對方有多大權威，她對所有的訴求一概充耳不聞。比某郡公爵的高高在上還要更重要的是，不可抗拒的祖先宗教在拉著她。拒絕了伊莉莎白的奉承後，瑪麗亞再度上船前往荷蘭，並嫁給她的賽法迪訂婚者。這段故事——先不論皇家涉入和貴族的求愛——也不全然是傳說，而女皇有一位馬拉諾醫生有可能從中促成了雙方的介紹認識，但一如在猶太人歷史中常見的情況，真相其實遠比無稽之談來得更加引人入勝。

瑪麗亞的雙親因為宗教裁判所而入獄。為了避免同樣的命運，瑪麗亞假扮男裝被帶上船，被英國人逮到時還像一個沒長鬍子的年輕男子。瑪麗亞・努涅斯真有其人；她和同是馬拉諾的羅貝茲・荷曼（Lopes Homem）於一五九八年在阿姆斯特丹舉行的祕密婚禮，也同樣有真實紀錄。但讓傳說有些不順的是，事實上這位丈夫到了一六一二年便回到里斯本；成為宗教裁判所熱切贊助者的腓力三世（Philip III），還在宮殿接待他，而他可能從此再也沒有回到荷蘭和他的嬌妻身邊。[17]

接下來，就有了意外曝光的那一刻。在抓出阿姆斯特丹祕密天主教非法聚會的巡邏中，一名城警（schout）發現了一間擠滿祈禱者的房間。但那天是贖罪日，而且這些人不是天主教徒，而是猶太人；真是讓每個人都鬆了一口氣呀！據說城警對猶太人們說，無論如何都要繼續祈禱，但務必要為了最高貴的阿姆斯特丹城和偉大善良的統治者們，向以色列的上帝祈禱。第一批移民之中，有一個曼紐爾・羅德里奎茲・維加（Manuel Rodriguez Vega，現在人稱雅各・提拉多〔Jacob Tirado〕）站出來回應，談論他們的寬容態度能帶來正義和經濟利益。不管這個故事真實與否，雅各・提拉多也是真有其人。

這些「抵達荷蘭」的浪漫故事都有一種多元主義的氣息：對全世界的貿易和語言保持開放態度的兩群人群之相遇。商人科涅里斯・皮耶特森・胡夫特（Cornelis Pieterszoon Hooft）闡明了這種只在荷蘭才是常態、在別的地方都不會有的事：「這些地方、尤其是這座城市的本質，主要是因為貿易和船運急迫需要人們友善，而得以在上帝的恩澤下存在。」[18]這種獲利與殷勤之間的一致，最終將能夠延伸到航遍全球的猶太人。

接著，就有了在宗教狂熱高壓政治下受苦的共同經驗。猶太人和荷蘭新教徒都普遍擁有的宗教裁判所回憶，就不是什麼虛構傳說了。荷蘭起義抵抗西班牙的當代史所留下的印痕，將信仰審判銘刻（這並非譬喻）在歷史記憶之中，就像重新成為猶太人的新基督徒也會在信史中強調這點一樣。他們兩群人都有自己狂熱崇拜的殉道者，也有殘酷刑罰的受難者：這些受害者都扮演了把故事重述給一代代子孫時，令他們熟悉的角色。一六一二年發行的多德雷赫特（Dordrecht）《殉道者之書》（*Martyrs' Book*），和猶太史從《馬加比一書》（*Books of Maccabees*）以及第一次十字軍東征的自我獻祭傳說以來的殉道敘述，有著驚人的相似處——特別是在貼身描述無辜婦孺遭受身體暴力一事上。阿姆斯特丹一本以西班牙文和希伯來文印刷的祈禱書，改編了莊嚴的紀念禱詞，來納入人們記憶中那些在伊比利亞半島宗教審判中活活燒死的特定家族成員，就很像現在同樣的禱詞中，通常會包含對納粹大屠殺受害者的哀悼。但阿姆斯特丹的禱詞裡，卻透露著激情的復仇。「願祂以其萬能之手，從祂的敵人那討回他／她的血仇，並讓仇敵得到報應。」[19]這一點荷蘭人也能輕易理解。作者胡夫特妻子的祖母，就在他那血腥的紀錄《在安特衛普的西班牙暴虐》（*Spanish Fury at Antwerp*）中，被選錄為其中一名受害者；他和其他人形塑第一代自由荷蘭人意識的文字，都充滿了遭到妨礙的婚禮和被刺穿的嬰兒。

所以，一五九八年當偉大的法理學家胡果．格勞秀斯（Hugo Grotius，他自己的《低地國反抗之歷史紀事》〔*Annales et Historiae de Rebus Belgicis*〕就對這些磨難和解放的歷史有所貢獻）特地提到那些逃避宗教裁判所侵入他們宗教、而來到阿姆斯特丹的「葡萄牙人」，「偏好此處勝過所有其他城市」，就不是芝麻小事了。在這些集體自我描述的紀事中，人們總認為殘忍行為是崇拜偶像帶來的結果：淪為圖像的奴隸，而非順從上帝純全的話語。對於一五六六年開始在法蘭德斯境內毀壞繪製圖像來起義反抗，或是把共和國內的教堂洗白、清除聖像的荷蘭新教徒來說，天主教是一種勉強自己基督教化的異教。而「偶像崇拜之地」是阿姆斯特丹的賽法迪猶太人警告不准返回、甚至為商務前往西班牙時，所使用的標準用詞。

這些沒有一個能保證帶來完整而有原則的宗教寬容。[20]將荷蘭七省結合起來反抗西班牙的烏特勒支同盟

（Union of Utrecht）條約第十三條，承諾共和國會保護「良知自由」，但這被理解為意圖在保護異議基督徒。而一五九〇年代第一批抵達阿姆斯特丹的少數家庭，當時表面上是基督徒（新基督徒）；因此他們早年就那樣偷偷摸摸地存在於那裡，在烏魯彥堡的私人住家裡進行崇拜，改用「菲利浦斯·約斯頓」之類的荷蘭假名或者保留葡萄牙時期的受洗名稱。阿姆斯特丹在接納猶太移民上的小心提防，鼓舞了荷蘭其他城鎮試著以宣揚自身的歡迎來搶先爭取他們：一六〇四年有阿爾克馬爾（Alkmaar）、一六〇五年有哈倫、一六一〇年有鹿特丹。這些城鎮高官的思維通常都是赤裸裸的經濟實用主義。鹿特丹的高官毫不掩飾「邀請葡萄牙民族的商人前來住在城內，給予一些特權和自由以促進商業貿易，是相當有用的」[21]的想法。離開西班牙和葡萄牙的猶太人，對這兩個荷蘭想與其一較高下的商業帝國，有著其他人無法望其項背的熟悉度，不論從西非到印度、巴西都是如此。他們會說那些語言；他們在伊比利亞還是有聯繫管道。當曼紐爾·羅德里奎茲·維加來到荷蘭時，他隨身帶著生產蠶絲和進口砂糖的經驗，還有在安特衛普、盧昂、阿姆斯特丹、巴西和幾內亞都有基地的兄弟網絡，以及在埃姆登、威尼斯、摩洛哥和但澤（Danzig）的進一步生意往來。[22]

欠缺寬容精神的腓力二世死去，讓壓力稍微舒緩了一些。一六〇一年，腓力三世的首席大臣萊爾馬公爵（Duke of Lerma）向能夠付出十七萬克魯扎多（cruzado）高額費用的新基督徒，提出移民的特准權利。一個更有影響力的轉折點，就是荷蘭共和國和西班牙在一六〇九年簽下、將會持續二十年的停戰協定。這段空檔是讓荷蘭賽法迪社群得以誕生的形塑階段。因為自稱「葡萄牙民族」（Portuguese nação）的人現在可以安全地自由往返旅行，便有數百個新基督徒家庭把握了珍貴機會前往阿姆斯特丹，而且一旦到了那邊，就公開成為積極實踐信仰的猶太人。到了一六二〇年，可能將近有一千個這樣的人住在烏魯彥堡和北邊的街道，那條終將被稱作「猶太大街」（Jodenbreestraat）的聖安東尼大街（Sint Anthonisbreestraat）。到了一六四〇年，已經有兩千名賽法迪猶太人，以及至少一千名來自德語和波蘭語地帶、比較貧窮的阿什肯納茲猶太移民。

然而，就像其他荷蘭城鎮的市民一樣，阿姆斯特丹人與其說知道自己想從這戰後共和國獲得什麼，不如說更清楚自己不想獲得什麼——也就是西班牙的天主教高壓政治。當公民試圖回答「這場戰鬥究竟是為了什麼」時，新共和國的自由通常成為一個爭論戰場。在荷蘭，一場漫長、艱苦而沒人服氣的爭論，把自由派人文主義者分成兩派，一派相信國家政權（不管是天主教或喀爾文派）無權指揮或禁止宗教，一派則是希望確立改革派教會為國教。儘管堅守喀爾文主義的政黨在一六一八年剝奪了「雷蒙斯特朗派」（Remonstrants）的權力並處決了他們的領袖奧爾登巴內費爾特（Oldenbarneveld）而獲得一場勝利，但這場勝利卻從沒有關鍵到讓它們獲得宗教獨霸，更不用說制度化的宗教統治了。令這一派人士跌跌撞撞的阻礙，是來自本地居民對王權的狂熱依戀，而這是起義反抗西班牙集中獨裁的一股巨大動力。但喀爾文派的修辭力量仍然靠著講道的神職人員在每週日大量轟炸，還有像亞伯拉罕・柯斯特（Abraham Coster）的《猶太人史》（*History of the Jews*）之類的書，又再一次重述了一大串猶太人的過錯和他們對福音的侮辱，藉以阻止人們對猶太會堂展現寬容。那些更為堅定的講道者主張，如果這種聲名狼藉的事情有機會實現，像那樣不虔誠的地方就應該限定只閱讀《聖經》。

改革派教會的敵意，代表移居此地的猶太人能做出的最佳期望，就是實質上的宗教寬容，而不是某些作為保障特許狀的官方正式公告。在東道主的退縮和質疑中，猶太人在荷蘭這個基督教共和國裡逐步發展自己的生活模式。但如果端出來的東西就這樣，考量過整個歐洲還有的其他選項之後，猶太人還是會接受的。視若無睹的慈悲還是慈悲。一六一四年，阿姆斯特丹的猶太人在烏魯彥堡的第一間猶太會堂公開祈禱。另一方面，同樣一六一四年，法蘭克福有位自稱「新哈曼」的薑餅烘培師文森・費特米屈（Vincent Fettmilch），率領一票反對法蘭克福猶太巷（Judengasse）和裡頭那些猶太會堂的行會會員，殺害了幾名祈禱者，並導致了一場大遷徙。在日耳曼世界的許多地方，德國的新教徒抱持了馬丁・路德對猶太人的暴力蔑視——將猶太人定義為活惡魔。相反的，在阿姆斯特丹，企圖滅絕猶太人的敵人成為了那裡的平凡惡棍。在雅各・雷比烏斯（Jacob Revius）和約翰尼斯・瑟沃特（Johannes Serwouter）的任何一齣劇裡，都可以在臺上看到哈曼，在劇中總是被描寫成殺人惡棍，其實演得差不多就是荷蘭反抗軍的大反派——阿爾瓦公爵（Duke of Alva）。不管之中有著多偏離的想像，親和力和好奇心還是取代了仇恨和疏離。

即便寬容和神聖之間有著平衡，荷蘭統治階級之間開始說起一些基督徒地方法官很少（甚至沒有）說的、和猶太人有關的事。胡果・格勞秀斯聲稱，既然猶太人選擇了阿姆斯特丹當作逃離宗教裁判所的避難處，他們應該也能獲准公開地定居在那邊。格勞秀斯曾受教於喀爾文派的神學家法蘭索瓦・杜強（François du Jon）；此人又稱弗朗西斯庫斯・尤尼烏斯（Franciscus Junius），其家族曾經直接感受到狂熱盲從的打擊。他的父親遭到天主教好戰分子殺害，而尤尼烏斯自己才剛被威廉一世任命為牧師，他的這位英雄就在臺夫特（Delft）的王子宮（Prinsenhof）的樓梯上，遭到另一名天主教殺手擊殺。無怪乎那之後尤尼烏斯聲稱：「沒有人該因為他的宗教而被滅絕，因為信仰是上帝的禮物，所有人天生都是同胞。」經歷了一段大部分是在逃避被捕的流浪生活之後，他最後在萊頓大學任職教授，成為寬容人文主義的明燈。他最有名的徒弟格勞秀斯，在一六一五年至一六一九年間寫了一份談著人文主義寬容的「進諫」，但沒有被政府正式採納。他寫道，有一種包含所有人的「自然群體」，尤其猶太人更包含其中，因為「耶穌以肉身降臨」的對象，就是他們的先祖。格勞秀斯更徹底地敘述猶太人受虐的歷史真相：「人們知道他們是怎樣在各處被虐待的。在默許之下，甚至是在官方許可之下，他們受到嘲笑、奚落、推擠、痛打、被丟東西。」格勞秀斯自己並沒有完全擺脫古代的偏見。他能夠一邊懇求人們同情，一邊後悔一開始准許猶太人進入共和國，並像是老生常談一樣地重複表示，人們已知猶太人會造成基督徒的傷害（在那些自認為有資格與猶太人友好的當代典範人物心裡，「猶太人是因為經歷世世代代的虐待才變得有害」的這種假設，將會成為標準文本）。格勞秀斯自己優雅地解釋道，他們各種為害社會行為的成因，可以在他們被迫淪落進入的環境之中窺見，這迫使他們得以高利貸維生。因此，解決方法也同時得從社會和政治面下手。他們應該「要獲准自由居住在他們生活的城鎮並能夠自由貿易、做生意和生產貨品，和其他市民公民一樣享受自由、豁免權和特許權利，而不用負擔任何特殊稅和貢品」。當然，接下來就是所有事後彌補的資格條件。為避免荷蘭被猶太人占滿，必須要有些人數限制：大部分城鎮兩百個家庭，或許在阿姆斯特丹可以三百個。但他在可否允許公開進行宗教活動一事上，態度就很明確了。為了禁止這種行為，或者進一步為了（像更狂熱的改革派人士所提議的）把崇拜限定於閱讀《聖經》，就必須要禁止猶太人過以前新基督徒那種不老實的雙重人生，或者得要讓他們滿足於一種沖淡到完全不是猶太教的猶太教。

有些人更向前再進一步。阿姆斯特丹學院的教授卡斯帕・范巴爾列，就替梅那賽・本・以色列的書《論創造之問題》（*On the Problem of Creation*）寫了一篇序言，文中採取了跨教派友好的原則（特別是在學者團體內），來達到一個鼓舞人心的結論。在一個充滿無情兇殘的宗教戰爭的時代裡，這已經是一般人所能設想出最近乎宗教多元主義的一篇文章了。「每個人都可以崇拜上帝。我們相信，不是只有某一段時期或某一類人才能虔誠。儘管我們對於這些事可能有不一樣的理解，但讓我們在上帝面前像朋友一樣活著吧。願博學的心靈在任何地方根據自己的信仰受人尊敬。這就是我個人信仰的總和。相信我說的吧，梅那賽！一如我是耶穌之子，你也是亞伯拉罕之子。」[23]

范巴爾列這種內含兄弟式信仰平等的友善態度，立刻引發了一場譴責風暴。對那些治理阿姆斯特丹的頑強有錢人來說，溫暖兄弟情的信念都很好，但是，如果推動得太用力，那種（從生意角度來說）比為原則而戰要來得好、但沒人會明說出口的暫時妥協，就有破局的風險。更好的方法應該是讓講道者自己去宣洩，對他們點頭贊成就好，然後大部分時候就當沒聽到他們說話。可以採取一些措施來限制猶太人的權利，反正沒有一條會嚴格施行。沒人打算設立一間荷蘭的宗教刺探裁判所。這種良性偽善，讓第一間猶太會堂出現在阿姆斯特丹。一六一二年雅各之家（Beit Jacob）的會眾要求允許在木運河建造一間巨大房舍，清楚表明要用來當作猶太會堂。最終證明這是錯誤的決定。恐懼的怒意瞬間從禮拜日的講堂內傾巢而出。為了緩和問題，城市的統治者擺出好基督徒的姿態，同時提供了一些辦法讓自己避免表達出不快。猶太人不能買這樣的財產？解答是從一個樣品房買賣人那邊租。對於猶太人放肆行徑的憤怒仍持續著，所以市議會又再一次故作姿態地跺腳，直截了當地聲稱這棟建築除了目前已受公認教會的儀式之外，不可進行任何儀式。一旦違反的話，處罰就是拆掉建築。有人告密說這些都是吹牛，因此雅各之家的長者也處變不驚。房屋繼續建造，而這間房子已經十分明顯會是猶太會堂；因為有人跟雇來的一個木匠漢斯・傑哈森（Hans Gerritszoon）說，他從週五到週六晚上都不用來。為了不挑動基督徒的敏感神經，對方也告訴他，禮拜日不要來。因為這樣，漢斯・傑哈森做起工來十分輕鬆，而阿姆斯特丹的第一間猶太會堂也如計畫開幕，接下來二十七年都會持續主持宗教儀式。從來都沒有人認真威脅他們去付違法罰金。在一個基督教歐洲大半都被互相毀滅的教條所分裂的時代，假裝沒看見的管理方式可能不是那麼糟的事情。

兩年過去，對猶太購買財產的反對聲量又進一步舒緩。獲取墓地沒有什麼爭議。猶太教指示墓園要在城牆外，而荷蘭人也確實不希望它們在城鎮範圍內。最早的墓園在阿姆斯特丹城外足足有三十哩遠。一六一四年，他們在離烏魯彥堡僅僅三哩的奧德科克（Ouderkerk）買了一塊土地，獲得批准並開張。猶太人就這樣，在沒有太冒犯東道主的情況下，一點一點地在阿姆斯特丹找到生存空間。日後，有鑑於「（相對之下）靜靜生存在阿姆斯特爾河上」這種了然於心的規矩，猶太人自治會對婚禮、歡慶普珥節，還有依循妥拉節「沉浸律法中而欣喜」的傳統而隨《妥拉》卷軸在街上跳舞等各種街上的吵鬧隊伍，都提出了警告。身為荷蘭作風的猶太人，就至少要努力清醒節制一下。

這樣的試驗期獲得成功，所以在這波由停戰所帶動的移民中，一船船抵達的馬拉諾沒有引起什麼新仇恨。一六一九年荷蘭國（省政府官方）和國會（共和國的立法機構）做了他們最在行的事：把猶太相關問題的處理責任，轉交給眾多地方市議會。在此三年前，阿姆斯特丹便允許猶太人申請並獲得公民身分（poorterschap），這在基督教歐洲的猶太人歷史中可是頭一回。

然而，那樣重大的讓步並沒有讓阿姆斯特丹的猶太人地位等同於基督徒公民，因為，和其他荷蘭人不同的是，他們不可以將公民身分自動傳給後裔，而是要一代代重新申請。如果循規蹈矩的話，就還是平等的。儘管如此，一六一六年的規範仍轉變了猶太人的生活，使他們在阿姆斯特丹（甚至是在荷蘭共和國的其他地方）

多半能幸運地靠人們不願意做的事情維生。這裡不會把猶太人限制在城市的特定區域。事實上，荷蘭國政府會插手各城鎮權利，不讓他們自行安排的唯一問題，就是禁止建立此類猶太人隔離區的條文，以及禁止任何招致不滿的服裝區隔。這些問題——猶太人住哪；他們如何現身於公眾面前——並非微不足道。可憎的歧視行為和都市內的監禁措施，過去曾強烈地維持著猶太人在他人眼中某種不能且不值得以禮相待的形象。公文並沒有完全擺脫中世紀傳統的威脅和警告，而被包含在被冒犯的喀爾文教士的請求中。猶太人必須避免以文字或言語中傷侮辱基督宗教（這並不像人們猜想的那樣只是形式問題而已，因為宗教裁判所的慘痛經驗，確實使猶太人之間一種成熟的反基督教爭論因應而生）。他們從來沒有試圖改信，也克制自己不要和基督徒有性關係。這兩道命令都遭到忽視。已知有一些案例是基督徒的男女僕役改信猶太教，以準備和雇主結婚。更不尋常的例子是，多明我會中西班牙公主瑪麗亞的聽懺神父文森特．羅卡莫拉（Vicente Rocamora）改信，並改名為以夏克．以色列．羅卡莫拉（Ishack Ysrael Rocamora），入贅托拉（Toura）這個賽法迪家族，開始從醫維生並養了兩個小孩，最終都不可免地隨父踏上同一行業。[24]禁止與基督徒有性調情一事甚至更為樂觀。持續有人向阿姆斯特丹的自治理事會（ma'amad）報告，不分老少的猶太人都和他們的僕役私通，而他們為此招來的也不過就是意思意思地被敲敲膝蓋❸而已。但城市的治安官也聽到懷孕的女僕們主張，那些被控造成她們如今狀況的猶太人應負贍養義務。造訪妓院（好比說十五歲的亞伯拉罕．佩索馬〔Abraham Pessoa〕，以及蓋布瑞．安立奎斯就被抓到只穿著內衣跟兩名妓女共處）普遍到只能招來別人翻白眼和自治會的罰款而已。

猶太人和基督徒在阿姆斯特丹的街坊間有共同的生活嗎？要找到隔離的區域實在太容易，特別就是在謀生這塊。一六三二年，為了回應對低薪、低價競爭的抗議，同時惦記著類似的抗議在德國曾經變得醜陋暴力，因此荷蘭猶太人被趕出了所有有行會組織的生意和行業。這代表了他們不得從事荷蘭工作人口所從事的絕大

❸譯注：比喻警告一下、輕輕懲罰。

部分職業。在一七九〇年代巴達維亞共和國廢止行會之前，都不會有猶太烘培師或者猶太裁縫，沒有女裝裁縫更是令人訝異。是可以網開一面沒錯。例如說，為了滿足基督徒人口對希伯來文學和各式各樣《聖經》的需求，且猶太印刷出版者就是如此地符合需求（偉大的尤賽夫．阿席亞斯〔Joseph Athias〕宣稱他四小時就可以產出一本《聖經》），因此，猶太人獲准進入這一行，就從非猶太人最喜歡的猶太人，梅那賽．本．以色列開始。然後很自然地，整個荷蘭共和國就像各地的基督教社團一樣，為猶太醫生而打破規矩。有一位本來是新基督徒的猶太醫生尤賽夫．布宜諾（Joseph Bueno），一六二五年就待在省督毛里茨．范．拿騷（Maurits van Nassau）的臨終病榻前，儘管省督是強硬的喀爾文派。布宜諾的兒子以法蓮．布宜諾（Ephraim Bueno）在波爾多求學，在阿姆斯特丹成為跨宗教的要人：詩人、哲學家兼博愛主義者，以及梅那賽的出版贊助者；林布蘭和他在萊頓的老對手揚．列文斯（Jan Lievens）都有畫過他的肖像。列文斯的以法蓮．布宜諾蝕刻版畫，移除了名人慣用的荷蘭帽，來露出下頭的小帽，使用了女帽來例證這個人所有撲朔迷離的快樂，以及他所體現的文化。

布宜諾是個特例。職業限制影響到其他猶太人，使他們移往生產菸草等各種因為太新而沒組織成行會的生意，還有那些已經站穩基礎能獲得原料的生意：喀拉拉邦的鑽石原礦和巴西的菸草、砂糖。這些算一算，沒有一個不使人賺錢。此外，高到不成比例的猶太人快速地轉往最新穎且（除了內規以外）無法可管的獲利邊緣地帶：證券交易。[25]猶太人的賭博癖可說是惡名昭彰。有些人認為他們在神祕數字學和神祕符號上的內行，或許讓他們比較快精通各種牌局（在義大利他們也印紙牌）。如果說，里奧聶．莫迪納這種訂立宗教規範的權威拉比都無可救藥地賭博上癮，是一件怪事的話，那麼這種特性的結合——聰明人（chokhem）和投機分子、賢者和愚人——在他們的世界裡也就不是什麼稀奇的事了。當實用的直覺技能搭配上幾個世紀以來展現的生錢才能，猶太人注定要成為大規模的證券經紀人，到了一七〇〇年已經握有阿姆斯特丹證券交易所百分之十的生意。第一筆不尋常的紀錄——雖然是以一種像猶太．亞哈吉里（Judah Alharizi）作品《塔克摩尼之書》（*The Book of Tahkemoni*）[26]那種老派中世紀猶太浪漫故事風格，所寫下的半喜劇、近詩意的胡鬧冒險題材——是由馬拉諾侯西・班索・德拉維加（José Penso de la Vega）所寫下。雖然這篇〈關於困惑的不確定〉（Confusion de Confusiones）不能跟紀錄文件混為一談，但也不能說徹頭徹尾的離譜。

在所有這些地方——鑽石拋光店、證券交易所、曬菸草場、藥房和出版社——猶太人會和基督徒一起工作並與他們每天接觸。但不管是賽法迪還是阿什肯納茲，他們大半的時間還是在社群內度過的。賽法迪的顯貴人士固定會在常任的自治理事會會面。帽子和菸斗會集中在鋪了毯子的桌面上，然後就開始討論常務了：家庭內的醜聞或者教義相關的醜聞；對於遺囑、婚姻、財產的爭執。經過深思熟慮，給予仲裁後，他們會走進濕答答的街道，對於自己妥當管理好信眾團體感到滿意。在他們自己的圈子內，轉動的是更廣大忙碌的社群事項，總是依著猶太曆的韻律前往安息日及節慶、大聖日（high holy day）及齋戒：合唱指揮者和《塔木德》、《妥拉》導師；潔食屠宰者、割禮者。最後一群人，一群非隨時都在職的拉比，在第一代賽法迪猶太人的生活中心裡特別忙碌，因為阿姆斯特丹有太多重新信猶太教的前新基督徒還沒行割禮。而且，正由於過程中染血的痛苦與身體劇烈的反應，割禮因而被當作斷然回歸的主要跡象。一整家從祖父到孫子的男性都在集體儀式中行了割禮，並在盛大慶賀下獲得了他們的希伯來名字，這樣的慶祝場面在羅梅恩・德・胡格（Romeyn de Hooghe）於一六六八年發表的知名畫作中有著壯觀的描繪。即便這些猶太人果斷地丟掉身上最後殘存的天主教部分，他們還是不經意地在心中保留某些觀念，將割禮視為一種聖禮，如果沒有這道手續，他們就會被屏除在來生之外。人們依字面意思來看待此事，至少已知有一個案例——史賓諾沙的祖父——是在死後行割禮，好換得自己在「生命之屋」的墓園埋葬。

荷蘭猶太人的內部世界是為了自身而組織起並自行治理的，但強行加上了端莊得體，就代表在場合需要時，它也可以很有自信地轉而向外，例如一六四二年五月歡迎一位王子和皇后的時候那樣。社群不知怎麼的，同時既自治卻又融入了荷蘭共和國的生活。那是因為共和國本身就是一個多細胞的社會政治生命體。這是基督教世界第一次讓生活其中的猶太人不成為醒目的外人，而只是另一個眾多微小宇宙中的其中一個；這些宇宙包括了門諾會（Mennonite）、路德宗和天主教等。因為就制度上來說，荷蘭共和國裡沒有哪一個教會是至高無上的，也沒有一個專制君主在國度內強迫他人效忠，也就沒有「荷蘭性」這種單一僵化的觀念，來把猶太人判定為不可吸收的異族。當時就只是一群利害相關的人集合在那裡而已。所以猶太人得以拋頭露面，並能夠實際過著公開的宗教生活，甚至更出乎意外的，比那些祈禱室還得祕密設置的天主教徒更公開。對猶太人來說，這樣的制度，不管有多不直接，都還是最安靜的一種革命：這是他們唯一能處理的一種方式，但不管怎樣，至少還算是一場革命。

在荷蘭，猶太人和基督徒以一種歐洲其他地方都難以想像的程度共享城市。如果多數猶太人住在城中某一塊，那是他們自己的選擇，而住在離猶太會堂走路不遠處，也一樣是選擇結果。他們也和其他阿姆斯特丹人接受同樣的法律（猶太人得要適應向地方法官登記結婚的這項法律要求）。這個歷史上的小小法律平權奇蹟，在一六二八年那時，讓大家族裡有人被宗教裁判所監禁折磨的大衛．古里艾爾（David Curiel）注意到。那年古里艾爾在阿姆斯特丹街頭被德國搶匪攻擊。發出一聲大喊後，古里艾爾的基督徒鄰居便跟他一起沿街追捕犯人，最終把他逮到。正義獲得了伸張。這名盜賊被吊死，而遺體則按慣例送到萊頓的外科醫師公會作公開解剖。絕對不合乎慣例，不合乎猶太人規矩的，就是邀請受害者參與解剖。這個故事變成了荷蘭猶太人記憶編年史中又一段懲惡揚善的經文。不過，儘管這個典範大半包含了殘暴行為和殉道者，這段當代的增添內容（今日殘留五篇手稿）成為了阿姆斯特丹猶太人的愉快敘事，加進了猶太會堂每年在普珥節閱讀的《以斯帖書》中。

以斯帖崇拜——幾乎跟對所羅門聖殿的崇拜一樣固著——洩漏了猶太人的歷史和他們現在相處的這個民族之間，某種真正的羈絆。希伯來《聖經》，也就是《舊約聖經》，對雙方的認同感都是至關重要的。荷蘭人在無數的歷史和布道文章中，都把自己形容為新的以色列之子，甚至是「被揀選的民族」（het uytvekorene volk）。亨德里克．霍爾奇尼斯（Hendrick Goltzius）所刻製的沉默者威廉正式銅板肖像，就很明顯把他呈現為一位當代摩西，《出埃及記》的場景填滿了邊緣的漩渦花飾。在別的場合，他被呈現為大衛；繼承他的毛里茨總督則是被畫成約書亞。偉大的詩人兼劇作家約斯特・范・登・馮德爾（Joost van den Vondel，他常常進出能見到法蘭西斯嘉・杜阿爾特的木登堡〔Muiden Castle〕）曾寫下戲劇《逾越節》（*Passcha*），描寫新出埃及的故事，從奴役束縛、經過考驗、邁往神聖的自由。

這種一致性制定下來，可說正負面並存。有一整套由卡洛・西古尼奧（Carlo Sigonio）在莫迪那（Modena，地名）創始、但在威尼斯及新教徒世界沸騰起來的政治理論，把西古尼奧口中的「希伯來共和國」當作一個法律共和國的模範。[27]在這個觀點中——舉例來說，在荷蘭人文主義者佩特流斯・肯尼烏斯（Petrus Cunaeus）於一六一七年所發行的《希伯來共和國》（*De Republica Hebraeorum*）中具體呈現出來——摩西是初始的民間立法者；但真正的立法者是上帝自己。格勞秀斯自己甚至支持「希伯來共和國」是所有可能的政治系統中，上帝表明偏好的那種。不存在於那個完美共和國的，是君主或教士統治階層。在這個觀點中，當以色列人被引誘進入君主政體時（即便說他們自己就是聖殿的建造者），他們就被逐出了上帝法則的正道。而大衛王的統治不管有什麼美德，他的罪過，特別是仗著賦予自己的皇室自由，而將拔示巴（Bathsheba）的丈夫派往戰場送死以奪得她，就是濫用王權的象徵。根據希伯來共和國的信奉者，猶太公會（Sanhedrin）的集會是一個「地方行政官職」或參議會，而以色列（彷彿從未離散）的十二支派，則被想像成類似荷蘭共和國那種結盟政治社會的典範。肯尼烏斯甚至打算用「主張希伯來政府有努力不要把哪一條教條和其追隨者捧得比另一條高」的角度來詮釋弗拉維奧・尤賽夫斯的《猶太古代誌》——因此撒都該人（Sadducee）、法利賽人（Pharisee）和艾賽尼派（Essene）都會以各自的方式，來接替成為荷蘭共和國境內相互爭奪的眾多新教教派的祖先。[28]

就是出於這個因素，阿姆斯特丹市議會那有如宮殿規模的新市政廳所訂製的圖繪裝飾方案中，才注定要特別畫出摩西。[29]畫家費迪南・鮑爾（Ferdinand Bol）有一張他的圖像，是他抱著兩片十誡的同時，憤怒地俯視下頭以色列人拜金牛的行徑（呈現在雕刻的飾帶上），現在依舊可以在市議員（wethouder）室看到。而且鮑爾的師父林布蘭在一六五九年前後完成的標準長度繪畫（在他所創造的眾多《舊約聖經》場景中，這張是其中最美的幾張之一），有可能是為了同一項土木裝設所畫的。[30] 一如往常，林布蘭不會遵循《聖經》人物固定的陳舊表達方式，而是偏好內在精神衝突的複雜性。摩西的表情表達了悲痛和錯愕，而且因為這是人類觀察之下的成品，而不是古老瘋狂的魔鬼研究，所以摩西頭上的角（在米開朗基羅設計的教宗墓雕上，就真的直接做了出來）就委婉地做成了拉比頭髮的那種毛茸茸鬍髭。林布蘭曾經和那些知道自己希伯來身分的人談過。十誡上的字（林布蘭畫中的字體比鮑爾畫中的字體更讓人能看清楚，可能是因為，把十誡展示在雕刻圖像上的話會太矛盾）是正確的。然後有些人要藝術家直接照字面畫出《出埃及記》第三十四章第二十九節提到的「凱林」的意義：摩西面對完上帝後，在下西奈山時臉上煥發的光。

這並非林布蘭唯一一次認真看待希伯來抄本、把它當成故事的推動力量，也不只是他畫中《聖經》片段的一種掉書袋注解而已。林布蘭比起同代的任何藝術家，都更是一名偉大的幻影劇作家、以及瞬獲天賜啟示的偉大劇作家：拉撒路（Lazarus）死而復生；會說話的驢對巴蘭（Balaam）嘶叫，要他在詛咒以色列人之前三思；天使以鐵腕介入，讓亞伯拉罕沒下手屠殺自己的兒子。但在他於一六三五年畫的〈伯沙撒王的盛宴〉（Belshazzar's Feast）上，打擾巴比倫王盛宴的戲劇推動者——因為使用聖殿的儀式器具而遭到褻瀆的這個推動者，搖晃了國王的餐桌，驚嚇了他的弄臣和交際花，甚至撼動了他的帝國——是一隻沒有身體的神祕人手寫在牆上的希伯來文字。那些文字構成了一種神祕不可解的亞拉姆語訊息——「彌尼，彌尼，提客勒，烏法珥新」（Mene, mene tekel upharsin）❹——林布蘭在畫中則是讓這些字直向書寫，而不是像希伯來文慣例那樣從右到左。他把這些字的最後一部分弄錯了，把長尾巴的最後一個「ו，ן」畫成了「ז」，但給他書寫指導的人有可能（但不保證）是梅那賽・本・以色列，而此人怎麼說都是一位希伯來文導師兼出版發行商，以及附近猶太會堂的哈罕。二十年後，這位藝術家將會替這位拉比的卡巴拉書籍《尼布甲尼撒像的光榮之石》（*Piedra gloriosa de la estatua de Nebuchadnesar*）繪圖，梅那賽會在書中重申：「有德行且心中牢記律法的非猶太人，將不會無法在死後獲得他的獎賞。」[31] 但即便是在一六三〇年代，梅那賽還是被深刻學問和預言直覺的混合物所吸引，那種令人睜大了眼睛的靈光一閃，也是林布蘭很喜歡誇大呈現的。

相似並不保證互相同理。鄰居可能會爭吵，而林布蘭想必也和菸草商人丹尼爾・平托（Daniel Pinto）為了共同物業界線上那棟建築物的噪音和開支問題起爭執（抱怨的是平托這一邊）。林布蘭家另一側的鄰居也是賽法迪猶太人——薩爾瓦多・羅德里蓋茲（Salvator Rodrigues），而這邊的關係似乎就平和許多。但唯一一次有主顧因為認為完全不像被畫者，而將肖像畫委託退回的情況，當事人卻也是有錢的猶太商人，迪亞哥・迪安德列德（Diego d'Andrade），他因為在畫作完成前不付款而使林布蘭憤怒不已（被畫的小女孩可能是迪安德列德的女兒，因此林布蘭的憤怒他不能過了就算）。當爭吵還在進行時，你只能希望這位藝術家不會對猶太人私底下碎碎唸。[32] 而這顯然沒有終結他和梅那賽的合作。

一六四〇年代，林布蘭迎合了賽法迪猶太人們逐漸增長的願望，他們自己很快就成為了收藏家和鑑賞家，讓人繪製或者蝕刻自己的油畫或銅板肖像。以法蓮・布宜諾，這位拉比和天普羅的贊助者，並沒有被林布蘭以比照他老主顧——商人兼詩人詹・希克斯（Jan Six）——的方式，畫成充滿思考與行動力的公民。林布蘭替以法蓮・布宜諾畫了一幅小小的頭部油畫速寫，這幅畫美到過了三個世紀以後，希特勒把它拿來放在預備於林茲（Linz）設立的元首博物館（Führer Museum）；那幅畫所屬的目錄名單倒很正確，是「猶太醫生」。比畫風不同更怪的是，繪畫和蝕刻銅版畫都證明了，是有辦法能在完全不呈現「冷漠」的前提下，處理猶太人的視覺形象。林布蘭完成的蝕刻版畫抓住了布宜諾走下樓的片刻。深思熟慮令他的眉間深沉。即便他正向下走進街上的世界，他仍迷失在某種沉思中。同時代表專業和責任義務的戒指，在他的手指上鮮明地點亮著。布宜諾是公民兼醫生，在病人的房間與世界緊迫的要求之間泰然自若，是運河上的邁蒙尼德。

❹ 譯注：「彌尼，就是神已經數算你國的年日到此完畢。提客勒，就是你被秤在天秤裡，顯出你的虧欠。毗勒斯（即烏法珥新的單數式），就是你的國分裂，歸於瑪代人和波斯人。」

林布蘭不像天普羅的朋友兼合夥人亞當．波利爾，屬於那種道德原則很強的「愛猶太人者」，他不會把猶太人看作什麼天賜異變的推動者。林布蘭最值得紀念的幾幅畫作——雅各祝福以法蓮（基督國度的金髮預言者）而非陰沉沉的猶太人梅那賽，逆轉了孫子的長幼次序——渲染了《新約聖經》勝過《舊約聖經》一事。但這並非像在說，《舊約聖經》自己沒有促使林布蘭產出許多力道最為驚人的歷史畫作：因聖殿焚毀而悲傷不已的耶利米（Jeremiah）；沐浴中裸體的拔示巴被大衛窺視，因而也被我們窺見；雅各與天使角力。當這位藝術家看著猶太人時，他的所作所為就如同一位選角導演，而非一個外行神學家。林布蘭整天與這些猶太人相處，畫下寫意及寫實的素描，在尋常荷蘭高帽子和賽法迪人的袍子底下——還有沒那麼常見的波蘭卡爾帕克（kolpak）軟帽、阿什肯納茲人的長外套與鬍鬚底下——看見了《聖經》人物的活生生後裔，並把這些人的故事充滿趣味地轉化為他筆下的圖像劇。

也有另一種阿姆斯特丹猶太人的面向，支持著林布蘭的關注：他們既是具公民心態的市民、又是世界漫遊者的雙重身分。從林布蘭破產時起草的、那份包括有日本甲冑、異國樂器和服裝的財產清單來看，他自己明顯就是一名安樂椅上的世界漫遊者。他在和紙上畫下自己的蒙兀兒式細密畫，畫出獅子、大象的速寫，並畫了許多包著頭巾、穿著絲質睡袍的人物（包括他自己）。他人格中的這種既在家也在外的十足荷蘭人面向，不可免地會把猶太人納入他那人間喜劇中的四海兄弟一員。雖然林布蘭．范．萊茵這輩子從來沒有去到共和國以外的任何地方，但他可能曾經是基督教歐洲所出過最不狹隘的藝術家。

而且，他住在那裡作那一行，實在不太可能沒注意到猶太人苦難流浪生活的最新一章：一六四八年，阿什肯納茲猶太人逃離波蘭境內、由赫梅利尼茨基（Chmielnicki）率領的哥薩克人（Cossack）所發動的兇殘大屠殺。生還者歷經艱辛折磨，前往歐洲少數幾個有機會被當人看待的地方。然而阿什肯納茲猶太人多年來已經大批來到阿姆斯特丹，而且有別於改採荷蘭服裝的賽法迪猶太人，他們依舊穿著自己的波蘭風格衣服：闊邊扁帽或者高軟帽。儘管十名男性所聚集的「猶太會堂」冷酷而花俏，比較像天普羅所設計之聖殿的一個角落，而不像烏魯彥堡的木造建築，林布蘭創作阿什肯納茲猶太人的蝕刻版畫，靠的仍然是直接觀察。即便如此，不管處理時心裡帶著同情心與否，蝕刻版畫上那些上年紀的、彎腰駝背的、狡猾碎嘴的猶太人都是刻板典型。林布蘭繪於一六四八年，也就是哥薩克大屠殺那年的〈年輕猶太人〉（Young Jew），又再一次的與眾不同，是在視覺上將猶太人還原到有人味的普通家族裡。沒有畫成一張正經八百的肖像，而是畫成所謂的「臉孔」（tronie）、角色研究，就更是動人了。但不像林布蘭筆下那種狂笑的莽漢或者憔悴的老人，此人美麗的頭像上沒有一絲戲劇化的風格。這不是臺前的猶太人。他反而是一位實際存在的猶太人。當然他確實有可能是從幾內亞海岸或巴西回來的混種猶太人。而且，儘管喀爾文派牧師的畫像或蝕刻版畫都是畫成戴小帽的模樣，但他們沒有一個人穿著開領的服裝，或泥褐色的羊毛外套及背心，也沒人有捲髮。這是烏魯彥堡街頭會遇見的流浪者的衣著習慣。

你可以發現，這種頭像是如何激發了日後所有「林布蘭同情猶太人」的浪漫謊言（尤其以德國為甚），然而這類傳說通常是起於那種研究鬍子老頭畫像的學術研究調查；那些畫作總是標記為「拉比」，讓有此一標籤的庫存日漸擴增。然而你的疑心得要到達盲目非理性的程度，才會去猜想面前的這些臉孔可能是（好比說）門諾會信徒之類的。我們恐怕永遠不會知道正確的答案是哪一個。林布蘭是不是把所有他想像中猶太人的長年憂鬱，投射在沉重的眼皮、淺薄的眼袋、滿是皺紋的額頭、多肉的嘴唇上？或者，是他自己透過繪畫的力量創造出那樣的畫面；畫中的背景和服裝緊緊粗略刷過，好讓臉部非傳統的美顯得更令人著迷？

這一點也不要緊。那道來源處通常神祕隱藏起來的光，打在那年輕猶太人發皺的白色衣領上，並照亮他面孔的一側。他的凝視並沒有直接與我們交會，而是略為偏低，完全不是要討好迎合，彷彿迷失在某些比討好還要重要太多的問題上：這星期《妥拉》閱讀的意義；蠟燭的價錢；妻子的咳嗽；上帝面對他禱告時那種令人費解的充耳不聞。沒有一個畫家詮釋沉思能畫得比林布蘭好。有很長一段時間，沒有哪個歐洲藝術家能找到一種方法來呈現猶太歷史的沉重，同時又被思考的光芒減輕。

II 走上邪路？

如果一六四〇年時，你想在阿姆斯特丹射殺某人的話，會有太多事情出錯，就算你心智正常也一樣；更何況烏列爾・達・科斯塔（Uriel da Costa）還不是這樣。[33] 四月的雨可能讓黑火藥受了潮；不論你從槍口看進去有多乾淨，槍管還是有可能在上次開槍就髒了，卻沒有清理；打火石可能沒好好打在活動蓋板上，所以沒辦法拉開火藥池；火花有可能往邊邊飛去，而不是跟槍口的火藥進行點火接觸。或者，這把狗鎖式燧發手槍可能如期運作，但你發抖的手會讓彈丸偏離目標。不管是哪一個問題，總之烏列爾那一槍沒有打死他的堂哥，或者如某些人說的，其實是他的哥哥，不論他到底是誰，烏列爾都責怪他阻礙了他的大好姻緣，在自治會上背叛他，讓他受到逐出教會的苦刑，他人還被丟到地板上，好讓會眾離開時可以踩過他。

他沒打中目標。他痛恨的親戚，他想像中造成他不幸的始作俑者，就這麼逃了。但烏列爾有替這樣的可能狀況作準備。復仇只是其中的一半。在任何呼喊聲冒出來之前，他早就已經回到了自己的屋內，用力關門鎖上。第二把準備好擊發的槍在桌上等著他。這次這把狗鎖式燧發手槍在他的太陽穴裡響起，而他就走了。

但他的故事還在。當人們找到他的遺體時，也找到了他的自傳，擺在一張桌子上，等著讀者來為他澄清。才過了四年，這本自傳就由一位路德會教士約翰・穆勒（Johann Muller）於一六四四年發行，手稿的一份複本也落入了他的手中。又過了四十三年，一本更多人讀過的版本才由雷蒙斯特朗派（Remonstrant）的教士菲利浦・范・林柏克（Philip van Limborch）發行。他發行這本書不是出於對悲劇的同情，而是某種似乎相反的動機。他藉此把慣例的口頭誹謗和偏執狂想再講一遍，一口氣控訴猶太人是「追逐名利的俗人」、「鐵了心要主宰他人」。所以，烏列爾・達・科斯塔這齣劇碼，假裝可憐地把心裡話說給信眾聽，就曝露了拉比們的偽善，他們對摩西律法的不忠，就是林柏克喜歡的。然而，烏列爾在成為林柏克手中反對任性固執拉比的辯論利器之後，他（特別是在後來幾個世代調整過心態的猶太人心中）反而成為了更超然的人物：猶太自由思想的悲劇英雄。

十九世紀的非猶太德國作家卡爾・古茨科（Karl Gutzkow）就將烏列爾的生與死轉化為通俗劇，該劇一經翻譯後，便成為中歐、東歐各地意第緒劇團的頭牌劇碼。沙勒姆・亞拉克姆（Sholem Aleichem）在他美妙而受人矚目的小說《流浪諸星》（*Wandering Stars*）中，就把這齣劇當成他筆下那巡迴劇團最喜愛的頭牌劇碼。傳奇就這樣烙印在人們心中。烏列爾死去，因此無論心胸刻薄狹窄的拉比們臉上的不悅有多深、詛咒辱罵有多暴烈，猶太人都得以自由思考並仍舊把自己當作猶太人。沒有烏列爾・達・科斯塔的勇敢率先，世俗猶太人的家系便會延續，巴魯赫・史賓諾沙就不會放膽思考並書寫他如今寫出的文字，那樣的話，這個世界就會不一樣，而且更沉重地正統。當然，真相是另一回事：真相更複雜，英雄氣息沒那麼重，更飽含神經兮兮的成分。不過傳奇和歷史也並不是完全脫節。

烏列爾出生時叫作蓋布瑞爾（Gabriel）；不論你是基督徒還是猶太人，這種名字都代表著一點意義。而他就跟葡萄牙眾多的改信者（他自己則是生於波多〔Oporto〕）一樣，兩個都信。在他的自傳裡，他把他父親描繪成一個真誠的改信者，一位崇高的新基督徒，並擔任葡萄牙國王的包稅商。他自己在科英布拉大學（Coimbra University）研究教會法，並在回到大學之前擔任大主教的祕書，同時接受那邊最傑出的神職人員——傳道者兼告解神父安東尼奧・赫門（Antonio Homem）的指導。但教導可能有過兩種。因為一六一九年，就在烏列爾偷偷離開葡萄牙的五年後，赫門就被宗教裁判所逮捕，被控主持祕密非法猶太信眾聚會，進行齋戒和餐宴。同時還被控雞姦並被宣告有罪的赫門，在五年後的一六二四年被懲以絞刑與火刑。烏列爾的自傳中聲稱自己在葡萄牙沒經歷過猶太教，然而他的家族中無疑有人信奉猶太教。一六二一年，他的妹妹瑪莉亞和她先生因為信猶太教而被逮捕，並向宗教裁判所宣誓作證，證明他們的母親布蘭加（Branca）指點他們為安息日穿著乾淨襯衫、點蠟燭、不吃禁忌食物——這些都是讓馬拉諾認為自己還是猶太人的尋常習慣，他們也相信有一天這些都可以坦蕩蕩地進行。表面上看來，牽連自己的母親似乎很無情，但當他們告發的人早就遠離宗教裁判所的實質勢力範圍時，對於被控訴的改信者來說，這就是普通的行為而已，布蘭加和她們家族大部分的成員都是這樣。所以即便蓋布瑞爾／烏列爾從事的職業是如此，他成長過程中似乎還是有可能祕密地接觸族人的歷史和宗教。

追求真正蓋布瑞爾的過程，並非直直朝耶路撒冷的中心而行。一六一四年，布蘭加就像其他眾多人一樣，利用荷蘭和西班牙休戰的喘息空間，把家人帶到阿姆斯特丹，儘管說未獲准就離開葡萄牙，在一六一〇年是嚴重的違法行為。她的兩個孩子留在城內，並立刻回歸猶太教並接受割禮，米蓋爾（Miguel）成了末底改，而約翰則成了尤賽夫。布蘭加、蓋布瑞爾／烏列爾還有他的哥哥——如今叫作亞伯拉罕的傑哥摩（Jacomo），則是繼續往漢堡前進。（如今是這個身分的）烏列爾在港口接觸了實際存在的猶太教真實樣貌之後沒多久，他就開始反對那種宗教，因為那無法履行他祕密奉獻於信仰的歲月中，所懷抱的那種崇高理想。他並沒有看到高尚的道德與靈性實現，只看到無足輕重的、機械的例行宗教儀式，內涵全失的拘泥小節，以及非理性的禁令。不甚懂希伯來文（甚至可能完全不懂），並沒有嚇阻他在才剛抵達漢堡不到一年的一六一六年，就針對拉比主導的猶太教以及整個非成文律法傳統展開兇猛抨擊。儘管烏列爾自稱他的覺醒是接觸阿姆斯特丹、漢堡猶太社群的日常行事所造成的結果，但他對拉比拘泥律法的抨擊，卻很有可能同時來自於基督教和猶太教傳統。「比較純粹的猶太教已經被《塔木德》主義者所腐化篡奪」的概念，在基督教（特別是新基督徒）的爭論中已經是陳腔濫調，但這也是界定卡拉派的標準。

警鈴大作，尤其是在烏列爾送出煽動文字的地點威尼斯。其中最為警覺的是開始負責遠距離監控賽法迪回歸猶太者再教育狀況的里奧聶．莫迪納。這些賽法迪人多半只在祕密生活的尋常習慣中長大；他們沒有任何希伯來語文知識，《塔木德》知識就更少了。如果他們在宗教重生時接受的猶太教必須要貨真價實，而不只是某種似是而非、方便移民的工具，那麼再教育就很關鍵了。像烏列爾．達．科斯塔犯的那種欺騙行為，得在疑慮尚未於馬拉諾之間蔓延時就連根剷除。但里奧聶會如此不悅，暗中還有另一個更迂迴的理由。因為，雖然烏列爾最震撼的主張——拉比主宰的猶太教和《妥拉》無關，而且《妥拉》很有可能不是出自一人之手

——和里奧聶的想法相去太遠，但他自己也在思考，對於信奉猶太教來說，什麼是不相干的、而什麼才是本質的。但他把這種思想革新假裝成別人的作品，說是一份一個世紀前寫下的原稿被放到他手上，並把它稱為《愚者之聲》（*Kol Sakhal*）。雖然《愚者之聲》大部分提出的就只是愚行——因為「不是每個人都是《塔木德》學者」所以縮短了的儀式——但里奧聶最不想要的，就是被揭穿他是一個向異端邪說打開大門的人。所以，面對烏列爾對拉比猶太教的謾罵，他就成為了正統派的打手。不在威尼斯時，烏列爾被判處開除教籍（herem）放逐，而漢堡的波內廷信眾則被要求比照辦理。34

表面上，開除教籍是無情的分離，一種去猶太身分的處分。被放逐的人就沒了擔任祈禱所需的「十人」資格。他的兒子不能行割禮；不管食物多潔淨，其他猶太人也不能上他的餐桌。這套放逐法讓受罰者不可能和他人有任何生意往來。但實際上，這種處分通常用來鼓勵有罪的一方悔改並回到信眾們的懷抱。當梅那賽·本·以色列在某猶太會堂裡，在那些拒絕稱呼他內弟為「先生」的人們面前大鬧（還有什麼能比這樣鬧更猶太的嗎？），他就被判處一天的放逐。另一方面，這種彈性鼓勵某些統治單位——特別是阿姆斯特丹的自治會——使用放逐來當作一種威嚇，嚇阻任何一種想得出來的違規行為，從通姦到攜帶武器進猶太會堂都算。

但這樣的勸阻並沒有如計畫般地對烏列爾·達·科斯塔產生效果。一六二三年，他和母親回到阿姆斯特丹，並迅速發行了一本更為煽動的小冊子，《檢驗偽裝虔誠的傳統》（*Exame das tradicoes phariseas*）。35這本書同樣隱約有種天主教的跡象，因為法利賽人（Pharisaic）❺徹底改造並扭曲了原本的希伯來先知教誨，長期以來都是教會的爭論基礎。而烏列爾則是反常地把他自己的觀點投射在撒都該人（Sadducees）——聖殿虔誠的保守當權派——身上，把他們看作是更古老儀式和信仰的守護者，儘管對於聖殿可能擁有所有事物的熱情，都讓他相信這是好策略。烏列爾再一次對他口中所謂拉比發明的習俗和儀式嗤之以鼻：好比說（因為要遵循曆法裡的

---

❺ 譯注：同時可指「法利賽人的」與「偽裝虔誠的」。

不確定間隔而）舉行游移不定的兩日節慶，而不是明確定義在《妥拉》中的一天節慶。更狠的是，他還批評了那些滋養了猶太人團結、每日聯繫猶太人與上帝交流的外在符號與習慣：男性祈禱用的披巾，還有每日都務必攜帶的經文護符匣。他（錯誤地）主張，經文上都沒有訓示要做這些事。烏列爾的批評者攻擊他這樣是假裝內行、有智識，太想嘲諷代代相傳的習俗，而他們這樣批評並非全錯。他確實自以為是文藝復興學問的繼承者，艱苦地與支持無知迷信的人搏鬥。

比挖苦攻擊傳統更有顛覆性的是，他在一本未出版的書中堅持主張，《聖經》裡完全沒有支持靈魂不朽信念的內容。靈魂和身體來自於同樣的物質成分，因此也會在同一時間逝去。烏列爾這段應該是在阿姆斯特丹（可能以文字發行的方式）大膽說出的先驗知識，在掃羅·摩爾泰拉的社群中引發了驚慌失措——他就是先前提到的里奧聶得意門生，於一六一六年把艾利亞胡·孟塔爾托的遺體帶去埋葬後，留下來成為當地三個猶太會堂之中「雅各之家」的哈罕。對摩爾泰拉和自治會來說，烏列爾的大騷動簡直是威脅要破壞阿姆斯特丹（實際上也等於是一六一六年規章頒布後的整個荷蘭共和國）容忍猶太人的基本條件：猶太人不得以言語或出版方式來冒犯任何基督教傳統。第一代荷蘭猶太人遵守起這套規矩可說是一絲不苟的。

現在他們得要去處理烏列爾·達·科斯塔的醜聞，而一六一八年的放逐，名義上仍對他有效。一如往常，第一個步驟就是善意勸導。但很快的，人們就清楚知道，烏列爾完全沒因此去反省自己先前「徹底反對靈魂不朽和復活承諾」等觀點有多冒犯，他反而把這些觀點化為《檢驗偽裝虔誠的傳統》的具體文字，更過分的是，他還以葡萄牙文寫成，好讓他的馬拉諾同胞更容易了解。烏列爾認為，說《妥拉》完全由摩西一人寫成或者出於至高靈感，都是很荒謬的假設。寫出這套律法的目的完全是一種政變，用來支持摩西的地位和他兄長亞倫的至高權力。摩西所做的，就是犯下「捏造」這種惡行。

毫不意外的，一六二四年這本書一發行，烏列爾就（毫無疑問地在阿姆斯特丹猶太人社群的催促下）被逮捕，入獄十天並處以三百荷蘭盾的罰金。他的兄弟支付一千兩百荷蘭盾的保釋金（不小的數目）擔保他日後的行為良善後，他才獲釋。官方下令沒收該書所有複本並公開焚毀。但有兩本不知怎麼地逃過了火刑；其中十八世紀在海牙拍賣的那一本，很可能就是傑出的學術偵探赫曼·普林斯·薩洛門（Herman Prins Salomon）在哥本哈根的丹麥皇家圖書館重新發掘出來的那一本。

為了矯正他惡意散播「錯誤的、不實且異端的意見」，漢堡的開除教籍現在在阿姆斯特丹也生效了。立即的效果是讓烏列爾和兄弟姊妹切離，他們現在有義務要和他斷絕所有聯絡。再也沒有家族聚餐或聚會；也沒有信件往來。但他的放逐有一個例外。現在改稱莎拉的布蘭加，表達出母親動人的溫柔和忠誠，於一六二七年公然挑戰禁令，準備去和他一起住在烏特勒支。她違反了放逐令中最明白可見的一道禁令，烹煮並吃了他兒子屠宰的肉品，還忠實地遵守他的猶太齋戒餐宴時辰，而不是官定的猶太曆法。這代表著，當所有其他猶太人禁食的那一天，烏列爾和莎拉都會在吃飯，而其他人過逾越節的時候，他們卻在攝取酵母。這些惡行讓如今上了年紀的莎拉有可能無法葬在「生命之屋」的奧德凱爾克墓地。但在莎拉這個案例中，一向強硬的摩爾泰拉卻準備把規則放寬。

莎拉於一六二八年過世，而且確實安葬在「生命之屋」。似乎很難想像烏列爾會不和兄弟姊妹們一起出現在葬禮上，而那一刻的情感力量也使他嘗試與社群和解。他要做的就只是收回他說錯的話，而他在這方面的努力也足以讓他回到城市；雖然他似乎有時候會使用「亞當·羅梅茲」（Adam Romez）這個假名。但烏列爾的回憶錄《榜樣》（*Exemplar*），卻描繪出充滿悲慘的模樣，像是他被控食用不潔淨的食物，比這更危險的是，他被控勸阻新進的改信者不要回歸到拉比猶太教。某種危機就要到來了。一六三九年有紀錄記載，他住在烏倫堡史提格（Vloonburgsteeg），離木運河剛合併的猶太會堂不遠，並把他的家當送到了他的同居女性迪格娜（Digna）那邊去；一名非猶太的菸草商，還有一名替露天馬戲團打造眼球、脖子和頭可以轉動的自動人偶的猶太機工匠，都目睹了這些行徑。

到了那年春末，烏列爾已經受夠了，而在猶太會堂進行了一次正式的贖罪儀式。儀式的程序就是令人受傷的公眾羞辱。悔罪的人得穿著喪事的黑衣，並在別人大聲讀出他的罪過時，舉著黑蠟做的細蠟燭，有如卡在生死之間。雖然說，若要實際執行規定的三十九下鞭打時，都會以鞭子或皮帶碰在他的裸肩上來模擬帶過，但官方確實有下令要這位懇求原諒者拜倒下來，讓信眾踩過他的身體。

他是在信眾踩踏他之後還是之前開始寫自傳，我們不得而知；但實際的書寫加深了他的絕望，到了最後一頁，烏列爾已經迷失在自我獻祭的念頭中。他發狂的心浮現了火藥和手槍。在攻擊猶太傳統的過程中，烏列爾還挖苦了不願被迫改信而決定犧牲自己與孩子、行「聖化上帝之名」（kiddush hashem）的歷代先人。他說，那些自殺行為是無意義幻想的產物，因為那種假裝可憐博取同情的靈魂不會獲得上天的歡迎；只有黑暗和化為塵土的命運在等著。但三度改變信仰的這種偽裝是難以忍受的。所有的跡象都顯示當他了結一切時，他並不抱著死後生命的希望。

烏列爾．達．科斯塔並不是一個知識淵博的人，但他在猶太歷史中體現的片刻是：現世的痛苦誕生與倉促死去，令人著迷地充滿爭議，理性地催促那些即便滿心懷疑、也還是希望繼續當個猶太人的猶太人。甚至連他與他母親的關係，都訴說著這種可悲的矛盾。即便是個極其鄙夷靈魂不朽概念、不屑死後生命概念的背叛者，他也不想阻止自己的母親，和那群死去時想像靈魂正直朝天堂花園而進的賽法迪人長眠在同一個墓地。當開除教籍出狠招時，它所造成的是奪去一個猶太人的終極聯繫感；不是切斷與摩西律法的聯繫，而是與家族的幸福滋潤斷絕。烏列爾失去了他的同胞，且無法在別的地方找到親屬關係。如他在自傳中所抱怨的，開除教籍阻斷了他與人連結的企圖，可能就是壓垮他的最後一根稻草。

即便遲鈍、幼稚、困惑而倔強，鬧得天翻地覆的烏列爾．達．科斯塔，還是開啟了某個不會隨著他自殺而結束的東西。在別的時代——我們所處的時代——他或許就能找到一間猶太會堂，能夠容納他所有懷疑、所有疑問，甚至容納他那一陣陣自尊受傷的憤怒。或許會有一位拉比（不一定是個大鬍子男人）讓他坐下、使他冷靜下來，並試著找方法來讓他繼續當個猶太人（因為他知道，這就是這個痛苦的人真正想要的）。

但在十七世紀的阿姆斯特丹，像烏列爾這樣的人應該看起來太像逾越節晚餐上的頑劣孩子：一個乳臭未乾的詭辯者，唯一的樂趣就是推倒無數世代的智者所累積起來的東西；輕視猶太人的犧牲；而且對把這些寫下來的希伯來文一無所知（尤其可能沒聽過精練的希伯來經典《米示拿》），用他自鳴得意的小聰明，來從頭開始訂定傳統猶太教。烏列爾已經很多次讓人忍不下去了。面對里奧聶・莫迪納（此人自己的儀式音樂就被控違反傳統），他威脅要以壞猶太人（顛覆那種透過啟示建立的官方權威時毫不遲疑）取代好猶太人（被非猶太人所讚美、常常造訪猶太會堂和沙龍）。社群的捍衛者想得越多，激怒他們的理由就以倍數增加。這個新人，這個偶爾當基督徒、忽然有天就表明信奉猶太教、隔天又用迫害者所有的古老花招攻擊猶太教、指控《塔木德》篡位甚至指控摩西是騙子的人，到底是什麼來頭？他憑什麼在那些已經抵達最終安定的殉道者墳上吐口水，憑什麼在他們被焚燒成焦骨飛灰的時候去吟誦示瑪（shema）？非猶太人在阿姆斯特丹賜給他們的小小喘息空間，憑什麼要因為他而陷入危機？這就是烏列爾・達・科斯塔的歷史意義。他是挑戰自由的最初考驗：如何讓那些異數避免離經叛道。接下來還會有其他這類的考驗。因為阿姆斯特丹一開始是世俗猶太人的培育溫床，接下來就會是實驗室了。

那個在《塔木德》、《妥拉》班上坐在長板凳上的大鼻子深色眼睛男孩，實在沒辦法透露出一丁點跡象，來讓他的老師提前稍稍知道說，巴魯赫・艾史賓諾沙（Baruch Espinosa）最終會成為一個比烏列爾・達・科斯塔更危害團體的大麻煩。他的父親，麥可・德・艾史賓諾沙（Michael d’Espinosa）是生意人，從西班牙和葡萄牙進口乾果和堅果：馬拉加的葡萄乾和無花果，阿爾加維（Algarve）的杏仁，以及更遠方田園收成的橄欖油。身為雅各之家猶太會堂的一員，麥可在社群中備受尊敬，而足以出任猶太會眾管理者（parnas）；擔任這個十五人管理委員會的代議成員（包括來自三間猶太會堂的代表，直到一六三九年會堂合併為止），要負責治理社群事務，並代表社群面對阿姆斯特丹攝政者。麥可也是負責社群內當鋪管理的一員，以及《塔木德》、《妥拉》管理會的成員，後者管理社群內所有的學校，包括他那聰明的兒子巴魯赫從七歲到十四歲就讀的學校。巴魯赫會在那裡獲得優異的希伯來閱讀知識，學習《妥拉》，並學習以西班牙文解釋每週讀物的要點。我們不清楚他接著有沒有繼續進入更高階的班級，但很有趣的是，如果他有進到第五段——研讀《擺設桌面》——的話，那他的老師就會先是梅那賽·本·以色列，然後就是天普羅。就算巴魯赫沒有成為飽學的「bokhurim」（意指「年輕學生」，多數會經過訓練來成為拉比）的一員，他無疑還是會沉浸在猶太文學中，而他日後將會在這個領域訓練出他的批判視野。[36]雖然巴魯赫可能在十四歲就離開了「生命之樹」，好去幫忙他父親陷入困境的生意，但他似乎還是參加了某一個每週為一般成年信徒所開的學習團體，也就是掃羅·摩爾泰拉的「妥拉皇冠」（Keter Torah）。有可能是在幾年後，當摩爾泰拉得知他以前的學生史賓諾沙（Spinoza）明白地主張，《妥拉》並非起源自神、對摩西的尊重不應該高於穆罕默德或耶穌、整個拉比猶太教通往的救贖之路都是假的（也就是說，的確沒有救贖也沒有靈魂的死後生命）的時候，他的憤怒才促使他對史賓諾沙發下了兇狠度不遜於給烏列爾·達·科斯塔的逐出會堂令。[37]

一六五六年七月二十七日，自治會宣告了這項開除教籍的決定。或許可說，幸好身為自治會一員的巴魯赫父親麥可已經過世，因此當巴魯赫與家人及以色列信眾的關係遭冷酷斷絕後，他已不須再煩惱兒子的未來命運。就在一年前，巴魯赫還在替他父親誦讀給逝者的禱告，並支付公共及慈善稅——雖然說，用來幫助財務困難者的慈善稅額若是處於規模下滑，就代表著整個進口事業幾乎已經要垮了。為了逃避一旦清算之後要負的債務，史賓諾沙竟然趁著年齡許可的範圍內（二十三歲），使自己成為監護人董事會（Board of Guardians）底下一個受監護的孤兒。法定年齡是二十五歲屆齡，所以史賓諾沙這種容易看穿的逃債策略完全合法，但這確實引發了不少憎恨。[38]

在給史賓諾沙的開除教籍令中，自治會表示「知悉巴魯赫·史賓諾沙之邪惡看法與行徑……已有一段時間」，並曾嘗試勸阻他發表會受譴責的意見以及傷風敗俗的行為（可能是招搖地違反安息日規矩和猶太飲食規定

〔kashrut〕）。巴魯赫的家人退縮了。他的母親黛博拉・漢那（Debora Hanna）於一六三八年過世，當時他才六歲，而巴魯赫因為成年而被剝奪了自認為應繼承自她的遺產，就明顯成了一個爭論的焦點。他的父親、他的繼母（麥可的第三任妻子）還有他的姊姊米利暗都一年隔著一年地過世了❻。和英國開打的海戰，則讓進口生意變得比平常更艱難。英國的武裝民兵船和巴巴利（Barbary）一帶的海盜，奪走了裝滿葡萄酒、橄欖油和乾果的船隻，而這些貨物都是史賓諾沙進口生意的主力。雖然巴魯赫試著在父親過世後讓公司撐了將近兩年，但重到扛不住的債務還是弄沉了整個事業。[39]當荷蘭在巴西的最後一個陣地勒西菲（Recife）向葡萄牙投降後，又斷了史賓諾沙一項商品的供應，也就是砂糖。巴西的馬拉諾返抵阿姆斯特丹，其中許多人陷入困頓，在社群間蔓延開來的恐懼讓自治會感覺到，必須要更警覺地牢牢盯住那些異端。馬拉諾的忠誠很難明確證實，而且烏列爾的災難也顯示，這些人可以輕易地被衝動的異端學說帶入歧途。現在可不是在基督徒眼中讓社群留下壞名聲的時候。而年輕的史賓諾沙就是這樣的一個威脅。

這場危機顯然不是突然到來的。開除教籍寫到：「自治會的大人們藉由多種手段和承諾，盡力扭轉他走的邪惡方向。但已無法糾正他惡劣的方向，反而得到日益嚴重的情報，得知他施行並教導的恐怖異端邪說，也得知他過分的行徑，且由於有眾多值得信賴的目擊者……他們對此事的真相變得深信不疑……他們決定上述之史賓諾沙應遭會堂放逐，並逐出以色列人群。」[40]接下來的話，就比前面三十八個案例（包括烏列爾・達・科斯塔）所受的任何禁令都來得更極端。名字意義代表「受祝福者」的巴魯赫，現在成了受詛咒者。[41]

> 奉天使之裁決以及聖職者之令，我們在上帝的同意下放逐、詛咒並譴責巴魯赫・德・艾史賓諾沙並將其逐出會堂……他日當受詛咒、夜當受詛咒；他躺下時當受詛咒、起身時當受詛咒；他出門時當受詛咒、

---

❻譯注：分別是一六五四年三月、一六五三年十月、一六五一年九月。

入門時當受詛咒。上帝不會饒恕他，反而是上帝的憤怒和他的嫉妒將焚毀那人，而所有寫於此書的詛咒都將降於他，而上帝將把他的名字從普天之下抹除。而且上帝將比照所有寫於這本律法之中的詛咒，將他從所有以色列支派分離而回歸邪惡……沒有人該和他以言語或文字聯繫，或給予他任何好處，或和他待在同一屋簷下，或待在他周遭四腕尺以內，或閱讀任何由他所編排撰寫的論述。

事情怎麼會到這個地步？當史賓諾沙在一六五六年夏天被驅逐時，他還沒有發行任何東西（這和烏列爾就不同了）；但當他於一六六〇年左右開始解釋他的觀點時，他確實承認那些都是「長期思索」的產物。期間多長很難講，但一六五五年一個抱持著同樣懷疑的猶太人抵達了阿姆斯特丹。丹尼爾（或者胡恩）・德・布拉多（Daniel/Juan de Prado）比史賓諾沙大二十歲，是一位醫生兼詩人，高大、黝黑、滿臉鬍子，而且據目擊者所言，他有個「大鼻子」。他和史賓諾沙在同時就讀掃羅・摩爾泰拉的妥拉皇冠學校時相遇；拉比對《塔木德》的闡述，只會增加兩人私底下想要否定這一切的共同衝動。當他們彼此慫恿的同時，第三名同是馬拉諾移民反抗者加入了陣容：丹尼爾・李貝拉（Daniel Ribera），他才剛滿懷著異端疑義放棄了天主教會，現在已經準備好要把他們牽扯進他新發現的猶太教中。

史賓諾沙的著作裡有一個司空見慣的說法，就是方濟各・凡・登・安登（Franciscus van den Enden）在他位於辛赫爾運河（Singel）上的自家開設的拉丁文學校，讓他掉進他對《妥拉》和《塔木德》的「異端」反抗。凡・登・安登的放蕩不羈和自由思想都讓他惡名昭彰，而史賓諾沙則是在一六五七年至一六五八年左右和他搭上線。史賓諾沙有可能住在他家，至少可以確定的是，史賓諾沙有出演凡・登・安登所製作的泰倫提烏斯（Terence，羅馬劇作家）劇作。不過，並沒有可靠的文件記錄史賓諾沙在接受禁令的那幾年有與安登拉近一點，更別說他已經是勒內・笛卡兒（René Descartes）心物二元論的信徒。這段時期，史賓諾沙的反信仰導師們都是與西班牙和葡萄牙關係密切、且曾經是改信者的猶太人。繼承烏列爾・達・科斯塔眾多異端邪說的布拉多，很有可能成為這位博學年幼者的非正式導師。一六五九年八月，兩位（友善）的目擊者——托缽修會修士多馬斯．索拉納．伊．洛布雷斯（Friar Tomas Solana y Robles）和米格爾．貝雷斯．德．馬德蘭尼亞上校（Captain Miguel Perez de Maltranilla）——在馬德里的宗教裁判所上作證，表示前一年同時見了布拉多和史賓諾沙。[42]在描述中，他們兩人密不可分，有著一樣的意見，並同樣因為認定摩西律法不實，而苦於同一種被放逐於猶太社群外的命運。何謂「不實」，似乎很有可能是史賓諾沙後來在《神學政治論》（*Tractatus Theologicus-Politicus*）發表的爆炸性論點，也就是《妥拉》根本應該被理解為政治建構行為而非一種啟示。[43]同樣咄咄逼人的是一種承自烏列爾．達．科斯塔、且由布拉多和史賓諾沙共有的堅持：「靈魂死於體內，且除了哲學的上帝之外，並沒有別的上帝。」前一年，也就是一六五八年，布拉多和李貝拉才被十位青少年（其中有一個把自己描述為「詩人」的雅各．平那〔Jacob Pina〕）指控，向他們宣導不道德的觀點，包括摩西是「男巫」；他起草的律法只是用來讓他自己和亞倫獲得好處；神的一道旨意涉入人類世界的虛構故事；世界的古老遠比《聖經》所主張的還要久遠；以及由拉比規定的儀式是如何的無意義，而且作為一種確保死後生命的路徑可說毫無價值。這些青少年甚至指控布拉多和李貝拉鼓吹他們把劍藏在袍子底下進猶太會堂，在那裡「反叛」更多可笑的律法，做到以死威脅拉比的地步。最後這項有可能只是玩笑，但也可能不是。

當時，丹尼爾．布拉多率領著一群由粗暴的無信仰者所組成的激進團體，這群人加入了「猶太歡宴之王」（Jewish Lords of Misrule）這一群由年輕男孩組成、易受煽動的追隨者。無信仰者的譁眾取寵方式，是可想而知的非常稚嫩：安息日當天擺明了在街上抽菸；大吃禁忌食物；在猶太會堂的前院（有時甚至在裡頭）大吵大鬧。布拉多這套反抗的不成熟之處，不會和史賓諾沙那種一絲不苟的哲學思考混為一談，但一樣無可否認的是，有一陣子，在開除教籍之前和之後，史賓諾沙都和這一幫目中無人的傢伙稱兄道弟。或許可以料想到，到了逐出會堂的時候，布拉多由於當時的年紀以及一種危險的領袖魅力而成為了頭目。同樣也能料想到，他會第一個栽跟頭。一六五六年七月遭威脅逐出會堂後，他整個人心神困頓，懇求自治會撤銷禁令。阿姆斯特丹不缺猶太醫生，所以他穩定的病人客源被切斷後就等同於完蛋了。所以有那麼一刻，他登上了讀經臺，搥胸公開認錯，「撤銷他的邪惡看法」。然而，那是一段短暫的贖罪。一六五七年二月他遭判禁令，這一次被問說，他有沒有可能其實完全不想離開阿姆斯特丹，若是這樣，自治會或許可以出錢讓他快一點上路。

為了避免社群在攝政者面前的地位遭到滋事分子危害，先行把他們趕出阿姆斯特丹成了最急迫的優先事項。把丹尼爾．李貝拉弄走甚至可能更迫切，因為他還兼任教師，也得要考量到那一群自治會眼中可能最容易受影響的可憐學生。然而，李貝拉似乎根本沒等到自己被下令或要求離開，而是先自願離開了，前往布魯塞爾和他擔任騎兵團軍官的哥哥同住，而且很有可能就這麼回歸基督教會了。

史賓諾沙的內在氣質完全不同。最早為他作傳的人有一位是尚．馬克西米連．流卡（Jean-Maximilien Lucas），他主張，自治會在下達正式禁令後，向阿姆斯特丹的攝政者請願，將這名背叛者立即逐出城市。當然他們大可主張，史賓諾沙的不敬（其中一部分是否定靈魂不朽）不僅威脅到猶太會堂，也會威脅到教會。但這條走政務委員會的途徑並沒有成真。到最後猶太社群沒有人做出這種陳述來趕走史賓諾沙。相反的，儘管當初詛咒得那麼暴烈，猶太社群似乎是盡了全力地給他錢要他表現端正，並偶爾花時間在猶太會堂露個臉。無論如何就是要保持平安無事。然而，就如史賓諾沙自己後來所寫的，他沒興趣過偽善的生活。

和哥哥蓋布瑞（Gabriel）斷絕後（雖然蓋布瑞還是繼續把他們的進口公司叫作「班多與蓋布瑞史賓諾沙」〔Bento y Gabriel Spinoza〕），他離開了烏魯彥堡，但仍十分醒目地留在阿姆斯特丹。史賓諾沙並沒有搬進孤立思索哲學的陰暗中——情況正好相反。不管他有沒有和凡．登．安登一起待在辛赫爾運河上的拉丁語學校，他確實有跟他以及一群充滿活力的懷疑派學者、思考者和談論者混在一起。他也可能參加了那些來自亞當．波利爾的阿姆斯特丹「學院」的人所舉行的會議，且在這種場合下，他並非沒有可能遇見林布蘭，這個和他一樣正經歷財富崩盤的人。這就是他和這群志趣相投的思辨者之間一輩子緣分的起頭。史賓諾沙最終啟程，先是去萊茵斯堡（Rijnsburg），幾年後去了福爾堡（Voorburg），並開始當磨鏡片工，這段期間他都在尋找專心思考哲學所需的安靜，希望不受打擾，但事實很明顯的是，這兩個地方都很靠近大型的學術、宗教和政治中心，因為這三個都是他全神貫注關心的核心主題。萊茵斯堡離萊登和城內的大學圖書館及課程都只有幾哩遠；而福爾堡離海牙也差不多近，而史賓諾沙會在那裡找到惠更斯家族。康斯坦汀．惠更斯的兒子克里斯蒂安．惠更斯（Christian Huygens）從事的光學工作應該激勵了史賓諾沙嘗試這一行；他寬恕了史賓諾沙令他不悅的殷勤，但提到他時始終明顯地不稱呼名字，而是稱他為「福爾堡來的猶太人」。克里斯蒂安的哥哥小康斯坦汀（Constantijn Junior）似乎就比較歡迎他了。但班尼迪克（Benedict，現在史賓諾沙用以自稱的拉丁化名字）是個不知疲倦的通信者、哲學伴侶尋求者和信徒鼓吹者，渴望在棘手的認知難題上與人互相交流。

被開除教籍之後，史賓諾沙在阿姆斯特丹可能待到了五年，並在這裡開始為這整個培育他長大也因此激烈改變他生命的宗教文化，制定出一套否定的道理，但他不是在自行強加的孤立沉思中開始的。在他的第一本作品《知性改進論》（*The Treatise on the Emendation of the Intellect*，在他二十幾歲時就寫成），他咄咄逼人地反駁了任何宗教的啟示經文，稱其為「虛構」。但他的論文開頭是對有價值生命的通盤思考，更確切地說，是思考死亡的無意義：

> 當經驗告訴我社會生活中周遭一切尋常事物都是虛幻無謂的，且眼見所有讓我恐懼的事物，除非我心靈受其影響，否則本身不含善惡，我終於決意提問，是否有某種強而有力的想法……可以排除其他一切，獨自影響心靈；探究事實上有沒有任何東西，一旦發現且獲得之後就能讓我享受持續而至高的幸福。

接下來就是熟悉的列舉一覽——人文主義觀點中，無法通往這種幸福的錯誤道路——名聲、財富、肉慾之愛、榮譽——在邁蒙尼德的《迷途指津》（史賓諾沙想必就學時就知悉並領悟了這本書）中，對這些錯路就有一段知名的蔑視：「人們尊為至善的東西——財富、名聲和愉悅——太容易讓人心智混亂，不該被看作有什麼好處。」一名聲讓追求者隨旁人眼光而活；追求財富的上癮足以毀滅人生，而肉慾歡愉只是次日懊悔的起頭罷了。他寫道，他總算發現多數人認為自己要的所有美好事物其實都會導致死亡，而他自己則是在終將一死的邊緣，「就像一個病人與致命疾病拔河」，除非他「為了某些善」而放棄「某些惡」。喜愛容易消亡的事物是大錯，因為那樣的行為保證了永久而自我毀滅的心神不寧。「但去愛一種永恆無限的東西，得以用喜悅全面滿足心靈，而且本身不參雜任何哀傷，因此極其值得我們以全力來渴望並追求。」

那個偉大的東西——無限、不可改變、崇高無意識的自然規律——早就已經在史賓諾沙的視野中，甚至早至一六六〇年或一六六一年就已浮現，儘管到那時候為止，那都還只是個從他銳利智慧的地平線上稍稍瞥見的一點直覺概念而已。如果那些自我澄清的初步鍛鍊——有如拋光鏡片般使其自身透明——哪裡聽起來有些熟悉，那是因為這種鍛鍊不只要歸功於一種「奉獻於精神啟蒙而非尋常滿足的虛幻世界」的悠久古典傳統（源自柏拉圖與亞里斯多德），也要歸功於一種以略同方式定義有價值人生的猶太傳統。早至九世紀，美索不達米亞的「學院長薩迪亞」（Saadia the Gaon）就堅持，針對《妥拉》內前後矛盾的解答，不能沒有道理。在十一世紀，身兼詩人、哲學家及拉比的亞伯拉罕・伊本・埃茲拉（Abraham ibn Ezra）就已經察覺到《妥拉》中有些加筆、重複和竄改，證明了摩西不可能一手寫下全書，並因此質疑起那些更不真實的聳動奇蹟，其文字描述有多少真實性；其中他最偏好的部分，就跟史賓諾沙用來證明《聖經》虛構本質的文字是同一段：艾城戰役（Battle of Ai）在約書亞戰勝之前，日頭在天當中停住。但史賓諾沙對一趟啟蒙智慧朝聖的描述——逐步剝除下等的滿足形式，並以心靈察覺到自身與不變宇宙的合而為一，進而達到頂點——可能幾乎是直接來自於邁蒙尼德的《迷途指津》中神祕而激動人心的片段（而邁蒙尼德的這部作品又深深源自希臘哲學家）。幾乎是這樣。邁蒙尼德的論理路徑停在純真信仰前；上帝的終極不可知。[44]一如亞里斯多德宇宙觀的絕大部分，整個世界被分成不可觸、抽象的本質，和物質創造出來的實存，自然是在後者的較低領域中被發現出來的，其雄偉的結構和秩序隱約模糊反映了一個正在組織中之想法的莊嚴性。臉孔散發燒灼光芒的摩西，僅僅獲准一窺上帝的背影，由他傳遞至《妥拉》和希伯來經文的神寫律法只是那道光的殘渣，為了人世所訂立，並要讓以色列的子民一代代遞下去。

但對史賓諾沙來說，天上的理解和地上的理解應該沒有區別；沒有理由（除非是那種未經省察的、畏畏縮縮的敬畏）要做出這種區分。儘管他會向學生們教授笛卡兒的哲學和認識論，他也不會贊成這位法國哲學家的心物二元論。他整個支持一元論。一旦繼承而來的虛幻和迷信所造成的喧囂都清除、一旦先知的預視可以被看作靈感想像的產物，因而放棄一種下等的知識而屈服於自然科學探究之後，就可以視出於無因的上帝如創造出來的自然總和。努力不屈的心智，不需要去假設有一個不疲倦的干涉主義者上帝，就能夠理解自然中完美環環相扣的品質和運作——好比說行星的運行或者結晶的對稱。真正的上帝不多不少，就是這個運作中的自然宇宙，一個運行不受人類作為影響的系統；不會去在乎「罪」的概念（這明顯是人創造的），更別說任何指定出來的救贖之路。這個後來被史賓諾沙稱作「上帝或自然」（Deus sive Natura）的東西，在道德上處於中立，完整而自給自足，不需要歷史或道德來指揮。祂，和它，就是存在而已。

接著，這個「上帝或自然」得是普世的，而非任何單一宗教主張下由它們獨占啟示意義的財產。這是否代表說，他在理解上的丕變就徹底（比任何逐出會堂令都還要關鍵徹底地）剝去他身上任何能被描述為猶太人的特質？這是不是代表史賓諾沙對這世界的重要性，是取決於他死時（就任何有意義的意義上而言）是一個猶太人？由於猶太人認同在十七世紀已為人正式了解，所以答案應該得是肯定的。因為分享史賓諾沙這種一體適用的「上帝或自然」的前提，就是要拋棄所有「一個直接對祖先或先知說話的擬人上帝」、「一個對以色列子民做出特別聖約、給予他們一套律法讓他們建立起以色列生活之道的上帝」之類的幻想（在他認定中，這全都是幻想）。不管那套律法有什麼好，那都得是對所有人好才行。但摩西和那個不論他是誰但後來寫了《妥拉》的人都僅僅主張，從「承諾他們若遵守《妥拉》，他們創造的政治社會就會挺過去」這個意義來看，《妥拉》是猶太人的獨特所有物。他們直接由上天所賜的那種起源，就是一種圖方便的寓言，修剪到只需「幼稚」的希伯來文理解水準就夠，而且還必須得要確保他們的團結力才行。

啟示經文的天賜權威一旦被棄為（或至少被放逐到）下等知識，世世代代的智者與拉比所提供的整套龐大的注釋超架構（就這一點來說，還包括基督教的宗教學者和神學家）就變成累贅了。到底哪一種行動讓猶太人有資格擁有死後生命、哪些踰矩行為危及死後生命的資格，都是完全無關緊要的；在史賓諾沙主義者的心中，那種「一位審判的上帝於猶太新年把某些人而非其他人寫入生命之書」的形象，不過就是把那個推動自然、並將自身抽離世間運作的本質上無形存在，以幼稚方式擬人化，並畫成諷刺畫裡的冒牌貨。

另一方面，先不論史賓諾沙對解釋宇宙的方法，並非完全不像卡巴拉主義者的宇宙學要素（同樣假設有一個抽象而中立的神，在「金臧」〔tzimtzum〕內被移到一個有創造力的虛空中），比較精準地說，史賓諾沙放棄的是猶太教這個宗教。對「千禧年」這個所有猶太性所在的觀念來說，放棄了它就意味著改信了其他體系的一神論信仰。在史賓諾沙之前，一個猶太人思考者就算想擺脫宗教文學字面解釋或《聖經》字面閱讀，也沒別的方向可走。現在史賓諾沙就在沙漠中創造了這樣的一個理解綠洲。「世俗猶太人」，這個用來描述眾多猶太人選擇的詞，或許太像是個矛盾修辭法❼，因為它似乎還比較接近史賓諾沙反覆且猛烈反對的那種無神論。史賓諾沙並沒有認為宇宙是物質機制自行產生的作品；相反的，它本質上具有運作天賦，就等同於事出無因的上帝。但是，這種體會很難被人領悟為一種「猶太人理解了之後還能是個猶太人的境界」，代表著他過了好幾個世代、甚至好幾個世紀以後，都還不會有追隨者。事實上，史賓諾沙一直要到像艾爾伯特・愛因斯坦這樣的科學家出現，才有了追隨者；這些科學家清楚明白地自認猶太人從來沒有捨棄猶太歷史，也同情無神論的乏味、聽不到「圈內的音樂」（愛因斯坦如此鄙視地形容）；但一九二九年當愛因斯坦苦惱於自己的上帝信仰時，他解釋道：「我相信史賓諾沙那種將自身顯現在世界規律和諧中的上帝，而不是那種忙於人類命運和行為的上帝。」

然而對於史賓諾沙那年代的大多數猶太人來說，這是不夠的。這位哲學家等於是在要求他們放棄千年來讓他們面對無止盡迫害、屠殺和壓迫時團結在一起的東西：他們由天賜的歷史約定感；他們透過一度詩意而倫理的文體所進行的自我創造；他們在聖曆中一年年反覆的、或者立為律法的信念；在難以置信的折磨中，相信到最後上帝為他們和整個世界安排的大計畫將會實現——彌賽亞終將到來——而獲得安慰。如果那個面目不清的真實，只會告訴他們一切歷史都是四不像、幻影，只會說他們其實融入於全體人類、不好也不壞，也要面對主宰所有其他人的同一種自然定律，又告訴他們根本沒有選擇正直或邪惡生活的那種自由意志假象的話，他們憑什麼要為這種真實而把一切都拋下？

當然，如果別人有想到說，從科學或哲學的角度來看，猶太人就跟其他在太陽月亮底下的人都一樣，那會是很好的事。但在荷蘭以外的地方，甚至在荷蘭裡面，這種說法只有極其些微的證據。所以這樣當然不夠。

《神學政治論》裡有一段，無意地揭露出面對猶太同胞，和與其共享《聖經》豐富想像力的基督徒時，史賓諾沙的訴求在精神上的乾涸。為了證明生於經文的知識是種低下而不可靠的秩序，史賓諾沙指出，在《列王紀》中假託為所羅門所提供的、第一聖殿的大小測量（其後在人們最愛評注的《以西結書》裡又大幅修飾）不該被認真看待，因為所羅門王並沒有能讓那些尺寸足堪可信的數學學問；那些數字只是對一個圓的直徑和周長之間關係的初步理解而已。因此史賓諾沙抨擊了兩種「輕信」的形式：一種是快速累積的原始共濟會口頭傳說，那種從上天和文化中得出的建築工程學，當然還有另一種，就是蜂擁前往烏魯彥堡他老家附近那座天普羅模型的群眾。但他們還是照去不誤。

---

❼ 譯注：指「世俗」和「猶太人」兩詞連用，簡直像是一種矛盾修辭法。

III 猶太人在美洲！

科迪勒拉山（Cordillera）上的風暴正在加劇。一列列垂著雨水的烏雲籠罩在一隊沿山道緩慢行進的騾子上。來自葡萄牙費洛爾鎮（Vila Flor）的安東尼奧・德・蒙德西諾斯（Antonio de Montezinos），正帶著他的貨物從新格拉納達（New Granada）西北部進入基多省（Quito）的火山高地鄉間。一陣惡意的狂風領在傾盆大雨頭前吹來，從斜邊追上了隊伍，把布袋、箱子和動物全部吹下斜坡。隨著暴虐的風雨收手，印第安腳夫拚了命地盡力收拾。之後，在夜營裡，蒙德西諾斯聽見腳夫們詛咒他們的壞運氣，並咒罵那些操壞他們的西班牙人。騾子的飼主，又稱「卡西薩斯」（Cazicus，老大或隊長）的法蘭西斯科・德・卡斯提歐（Francisco de Castillo），已盡其所能地幫他們打氣，提醒他們休息的那一天要到了。但腳夫們回答說，他們根本就不配休息，因為他們落入西班牙人手中的悲慘下場，是上帝在懲罰他們虐待其他人，還有那些「最為無辜」的人們。蒙德西諾斯拿了乳酪、麵包和幾碗凝乳給法蘭西斯科，同時斥責他居然講西班牙人的壞話；對此，法蘭西斯科倒是突然想起，若真要說起西班牙人加諸在那些無助者背上的無數邪惡，他嘴巴講的恐怕連一半都還不到，但他們的受害者並非不會復仇。在一名「不明人士」的協助下，印第安人將會一報還一報。[45]

那些「最無辜的人」是誰？當蒙德西諾斯被印度宗教裁判所❽監禁，躺在卡塔赫納（Cartagena）的牢房裡時，這問題煩擾著他。他從山上旅程中回來才沒多久，就因為祕密「信猶太教」而被捕，而這差不多就是真相，因為，雖然他花了不少工夫表現成一個無瑕疵的新基督徒，但他也是亞倫・利未（Aharon Levi）。自從哥倫布的航程——特別是第三次（尋找地上樂園）——開始，長久以來對失落部族的搜尋，就加入了美洲地理。[46]真實性有疑的第二以斯拉紀（second Book of Esdras）被看出有暗藏的證言，顯示被驅逐的古以色列人被送到了世界上最遙遠的地方，包括了「遙遠的諸島」，很快就讓人想到加勒比海。從這個方向來推測的是另一位同名的安東尼奧・蒙德西諾斯（Antonio Montesinos），他是利馬的多明我會修士，在一五一一年斷然表示「印度❾大陸和島嶼上的印第安人……是希伯來人，失落十支派的後裔」。[47]包括他在內，在西班牙征服的美洲地帶，有眾多作家和旅行家也得出這個結論，但通常沒有很有說服力的根據。在法蘭西斯科・洛佩斯・哥馬拉（Francisco López de Gómara）所著的《印度群島歷史》（*History of the Indies*）中，他表示，印第安人的鼻子大小很明顯看得出一定是繼承自古以色列人。像巴托洛梅・德拉斯・卡薩斯（Bartolomé de las Casas）這樣精明老練的評論者，也認為「古巴」這個詞來自希伯來語的「kova」，指頭盔或帽子。還有梅利鐸（Meridor）主教迪亞哥・德・蘭達（Diego de Landa），在一五六〇年代發誓說，在他猶加敦教區的年長印第安人有「從他們祖先聽說，這片土地以前是被一個來自東方的種族占據」。許多支持猶太美洲人的理論家主張，這些人是從東北亞遷徙過來的，到達一片從中世紀就被稱作「亞澤勒斯」（Arzereth）的土地。他們跨越了一段通過之後就淹沒的陸橋而來（這倒和史前人類真相有些吻合），或者，如這位猶加敦主教所相信的，「上帝造了十二條跨海大道把他們送來」。他說，如果這是真的，「那麼如此一來所有印度群島上的居民就都是猶太人的後裔」。[48]這就好像是說，全能之神為他們這基督帝國所定下的偉大歷史計畫內有著猶太人，但西班牙人於一四九二年的放逐行動卻把他們趕了出去而自毀長城；而在美洲發現原本的古猶太人，就把猶太人再度帶回了那天賜的計畫中，又免去了實際上真的得和他們住在一起的不便之處。

這樣一來，就不難看出為什麼亞倫・利未即便備受淒慘折磨，也要去從他的拷打者那邊搶走這個印第安以色列人的故事，並發展出另一種美好不實際的故事；故事中印第安人詛咒西班牙的野蠻行徑，而來自受壓迫猶大民族的他，將會直接與失落支派面對面。他一再地仔細審視那些誘人的細節。埋怨不停的腳夫們把那些飽受委屈的人稱作「未知者」，不只藏匿在森林的茂密處，甚至在無法通過的河流的另一端，難道是「熱

❽ 譯注：當時的印度包括西印度，即美洲。
❾ 譯注：指西印度群島。

帶的山姆巴提庸河」嗎？在他十八個月的監禁中，狐蝠懸掛在審問房後頭的樹上，他就像是搔著已鑽進皮下的蛆蟲那樣地，對這件事憂心忡忡。若他能活著走過這段考驗，他就要回到山間國度去尋找隱藏的人們。不然他不可能心靈平靜。

蒙德西諾斯於一六四一年九月一獲釋，幾乎就立刻向內陸出發。在有橋跨過馬格達萊納河（Magdalena River）的河港翁達（Honda），他在嚼著古柯的翁達伊馬（Ondaima）印第安人之間找到了老搭檔嚮導，法蘭西斯科「卡西薩斯」，以三西班牙銀圓（piece of eight）的通常價，同意和蒙德西諾斯回去內地。這趟旅行將改變蒙德西諾斯的一生，而他這趟旅行的報告將驚動起猶太與基督教世界。

在路上的某個時分，這位改信者揭露自己是利未族的亞倫·利未，並戲劇化地聲稱：「我的上帝是Adonai（我的主），其他一切都是謊言。」法蘭西斯科看起來並沒有很訝異，但問了這猶太人，他是不是準備要更深入內陸，前往謎團的核心。導師和追隨著的角色就這麼顛倒了過來。「如果你有心追隨你的領導者，」法蘭西斯科對他說：「你就會知道任何你想知道的事情。」但他也警告蒙德西諾斯，他將只能吃烤玉米，且必須服從嚮導的指示，不得挑剔。他們再次出發前，蒙德西諾斯被下令拿掉並丟棄所有看得到的異教標記——劍與帽子——並把他的靴子換成亞麻布粗線便鞋。不會有騾子、不會有腳夫，就只有他們兩個人，帶著爬上斜坡、穿越沼澤河流所需的打結繩子、手杖和鐵抓鉤。

兩人向西進入雲深處，走了一個多星期，在安息日休息時，各種沒見過的生物發出嘰哩咕嚕聲，打破了林間的寂靜。在一條「有如斗羅河（Douro）一樣寬廣的」無名河流（可能是亞馬遜河支流，甚至亞馬遜河本身）河岸，他們停了下來。「你應該能在這裡見到你的同胞。」法蘭西斯科這麼宣布。河對岸立刻出現了濃煙，當它向上飄離時，蒙德西諾斯看見一艘三男一女划著的獨木舟朝他們而來。這些人「不知怎麼地被太陽烤黑了；其中有些人髮長至膝，其他就像我們平常的髮型。他們身形俊敏，裝備齊全」。他們穿著白衫和長襪，同樣白色有如特本⑩那樣的頭飾，則纏在他們頭上。[49]那女人離開船，用一種蒙德西諾斯無法理解的語言對法蘭西斯科說話，但他們之間不管說了什麼，對其他男人來說都很心安，因為他們上前並把嚇到了的蒙德西諾斯抱進懷裡。女人也做出一樣動作，那之後蒙德西諾斯就看著法蘭西斯科屈伸低頭向這群人鞠躬。就有如儀式中一樣，其中兩個人站在蒙德西諾斯的兩邊並背誦了（他發誓這是真的）希伯來「聆聽」的第一行，每日的禱告誓詞，也是任何猶太人眼見驚奇或恐懼時，都會本能地想到的字句：「聽啊！以色列！主是我們的神，主是獨一的。」他們透過法蘭西斯科的翻譯，加上舉起手來數手指，告訴蒙德西諾斯，他們是亞伯拉罕、以撒、以色列（雅各）和呂便的子孫。接下來他們那種奇怪而正式的朗誦發言，對蒙德西諾斯來說有一種神祕而隱喻的腔調，就好像出自少數先知之口。「他們之中有心和我們同居的人，我們將給他們好幾個地方。」「約瑟住在海中央。」「有一天我們會齊聲『叭叭叭』（Ba-ba-ba），而我們將出來，有如從我們大地母親發出去一樣。」他們接著表示會送來十二個「有鬍子且擅於書寫」的人。

因為確信找到失落古以色列人而志得意滿的蒙德西諾斯，想要進一步了解這些希伯來印第安人，但他能得知的就只有重複的那幾句老套言詞。連續這樣三天之後，他的不耐煩壓過了一切，因此做出了一個很得罪人的嘗試：奪走他們的船，打算划去當初他們來的那頭河岸。那是一場苦戰。蒙德西諾斯掉進河裡，不會游泳的他要不是被「同胞」救助的話就溺死了。被這種衝動草率所冒犯的法蘭西斯科告訴蒙德西諾斯，他得讓部落的人們用他們自己的方式、在自己選擇的時間裡講他們自己的故事，並警告說，如果他壓迫或威脅他們的話，他們只會以迎合他的謊言回應。所以蒙德西諾斯忍住自己的不耐，而到了要離開的時候，那些希伯來印第安人還送給他回程途中需要的所有東西：肉類、衣服和牲口。

「你的同胞是以色列之子，」法蘭西斯科在他們漫長的歸途中對他說：「被上帝的旨意帶來此處，為了他們，上帝施展了眾多你不會相信的奇蹟。」根據他從他父親和他們從他們父親繼承而來的傳統，這些呂便

---

❿ 譯注：伊斯蘭包頭巾。

人遠在他的國人前來開戰並把他們趕進山林之前，早早就定居在此。經過了眾多徒勞的追求，他們的魔法師、蒙安人（Mohan，南美當地人們對神話傳說中虛構神仙人物的稱呼）承認他們錯了，而那些人的上帝，儘管表面上看起來相反，卻是無所不能的。有一天他們會現身，把西班牙人和他們的罪惡從這國度趕出去，並像過往一樣掌管這國度。同時，他們的同胞也會全副武裝，從世界的這一頭到那一頭紛紛現身，並建立起一個正義的國度。那一刻，他們將會是「世界之王」。因此，有一個印第安魔法師說過，你們最好和他們接觸，並等待解脫的那一天。因此，每個人才會期盼著訊息和傳達訊息的使者。

在翁達，法蘭西斯科又帶了另外三個希伯來印第安人去見蒙德西諾斯，當他一跟他們說他是來自利未族的利未時，這些人就用《聖經》式的神諭回答說：「有段時間你會看見但不知道我們。但我們都是上帝唯一喜愛的同胞。至於這塊土地的話可以放心，因為我們統治印第安人。當我們了結了邪惡的西班牙人之後，我們將在上帝援助下帶你們脫離奴役束縛，不容懷疑只能相信不會失信的祂將依照祂的諾言幫助我們。」

這就是蒙德西諾斯於一六四四年春天在阿姆斯特丹的房間裡，和梅那賽．本．以色列詳述的神奇故事，一位公證人全都寫了下來。蒙德西諾斯在城中待著的六個月裡，他又把這故事跟自治會成員講了一遍。另外在一封寫給一位義大利通信者埃利亞斯．佩雷爾（Elias Péreire）的信件中，他又把更詳盡的細節編進早就五顏六色的繽紛故事中：他待在呂便印第安人的茅屋村裡，注意到茅屋的距離是根據社會地位排序；他「睡在他們的懷中，和他們一起吃喝」，而他們跟他說，他們在這裡已經定居了兩百五十年。

聽他說故事的人會在懷疑和興奮之間拉扯，是可以理解的情況。來自葡萄牙改信者世界的人不可能聯想不到一個多世紀前，呂便人大衛那段警世的歷史。當他發現故事的細節不太可信，蒙德西諾斯的舉止或者家系又看不出有什麼詐欺或投機分子的跡象。他並沒有要錢，就只是要求相信。「在我面前，」梅那賽寫道：「以及在數位有身分的人面前，他莊嚴地發誓所言一切屬實。」三年後在巴西，蒙德西諾斯又在過世的床前重複了這段誓言，而梅那賽在他重現這整個故事的書中補充道：「（這誓言）就發在一個最好不要發假誓的時刻。」[50]而且，梅那賽草擬了彌賽亞曆。一切都算到一六四八年，也可能是一六五六年或那幾年附近。在彌賽亞能出現並奮力著手其救贖工作之前，猶太人必須實現「散布於整片大地」一事，一如《申命記》第二十八章第六十四節（耶和華必使你們分散在萬民中，從地這邊到地那邊，你必在那裡侍奉你和你列祖素不認識、木頭石頭的神。）和《但以理書》第十二章第七節（我聽見那站在河水以上穿細麻衣的，向天舉起左右手，指著活到永遠的主起誓說：「要到一載，二載，半載，打破聖民權力的時候，這一切事就都應驗了。」）所預告。現在已知在中國、印度和灼熱的衣索比亞都有猶太人，現在只剩美洲得要有古代的遺流放者現身，這個預言就可以徹底實現了。梅那賽．本．以色列希望蒙德西諾斯的故事是真的。

然而，他想得越多，夾雜進來的懷疑也越來越多。但這個故事實在是太聳動，變得在阿姆斯特丹廣為人知，因而脫離了梅那賽，衝進了抱持千禧信仰的新教徒心中那股跨越大西洋的執念裡。大規模改信猶太教的條件，是猶太人散布全球，所以美洲猶太人就是好猶太人。麻薩諸塞（Massachusetts，今日麻薩諸塞州前身）普利茅斯殖民地（Plymouth Colony）的一位前總督愛德華．溫斯洛（Edward Winslow），曾公布兩名清教徒傳教士給印第安人的信件，推測他們因為有「猶太」祖先而較容易接受福音。很快的，一位有時在海牙擔任瑪莉公主的附屬教堂牧師、現在（暫時）是共和派人士、籌劃倫敦猶太研究「學院」並打算讓梅那賽．本．以色列擔任教授的英荷血統牧師約翰．杜里，便寫信向梅那賽詢問，他對失落猶太支派在美洲的這些分支有什麼看法。梅那賽費盡苦心堅持，儘管猶太人可能曾是美洲的「第一批發現者」，並在那裡留下了定居地，但印第安人不應該和古以色列人混為一談；另外，那裡能發現的，頂多也只能有失落支派的一部分而已。[51]但這些都無法阻止杜里的朋友，諾福克的講道者湯瑪斯．索羅古德（Thomas Thorowgoode）興奮而快速地於一六四八年發行了《猶太人在美洲！或者美洲人就是那族的可能性》（*Jews in America! Or Probabilities that Americans Are of that Race*）。在一切擺脫控制並成為改信主義者的資產之前，梅那賽發行了一本書，企圖修正以色列失落支派的地理歷史：《以色列的希望》（*Mikve Israel*），一開始是猶太西班牙文，後來是希伯來文，接下來分別是拉丁文、荷蘭文和英文。[52]梅那賽解釋，這本書是古以色列人分散的地名詞典，而這分散並非全部同時發生，而是有連續階段，直到最後拓展整個地表，從《聖經》上所謂「沿海的眾島」（他解釋為西印度群島和美洲），一直延伸到波斯、印度、衣索比亞、「韃靼利亞」（Tartary）和中國。那就好像梅那賽乘著天使的翅膀而升，從高處看著猶太人離散的全貌，召喚從但支派的艾爾達德到加西拉索．維加．德．拉．印卡（Garcilaso Vega de la Inca）的全世代旅行者，來為他擔任這場分散的報告者。對於山姆巴提庸河的存在他毫不懷疑，也不懷疑有那個沙漏⓫，裡頭的沙子自己搖動運作了六天，但在第七天拒絕報時。他自己的父親就聽說過有一個跑過里斯本大街小巷的人，向鬼鬼祟祟的改信者們展示他的山姆巴提庸河沙漏，好讓他們知道什麼時候要關店過安息日。他繼續，前往不久前的過去，以及利瑪竇看見艾田、並發覺他和一群中國猶太人生活在一起的那一刻。有些時候，古以色列人在北韃靼利亞流浪，並穿過了一座連接亞洲與美洲大陸、但從此就依天意淹沒形成亞泥俺海峽（Straits of Anian）的大橋（有別於他的人類學認知，他的地理學到頭來倒是沒那麼天馬行空）。

薩繆爾．烏斯奎和他那本《給以色列苦難的安慰》是對的。流散並不是只為懲罰；那也使以色列派及猶大派得以活到他們可以重聚的那一刻。按照梅那賽和他作品的英文譯者摩西．沃爾（Moses Wall）那套令人喜歡的說法，就是「如果主履行了祂說過的有關災難的話語，那祂也會履行熱誠篤信的那一番話」。而這兩人的合作本身就有重要的意義，因為沃爾是一位熱切的基督教千禧年信奉者，而梅那賽知道，他手上這套「猶太人幾乎散播到了全世界」的消息，對非猶太人來說，就是在宣告立即改信。另一方面，他毫不懷疑這些消息預示救贖的彌賽亞終於要出現了。還需要完成的，就只剩下把地圖上最後兩塊空白處塗上猶太的顏色。

有兩個這樣的國家：北方的斯堪地那維亞土地，還有早了三百五十年、在一二九〇年就把猶太人放逐出去的國家：英格蘭。[53]在《猶太人的辯白》（*Vindiciae Judaeorum*）這本寫於一六五六年、針對那些藉文字流通於英格蘭的恐猶太誹謗做出嚴詞糾正的著作中，梅那賽解釋了他是怎麼下定決心前往英格蘭：

在主對於猶太人民的復興和重返故土所承諾的一切完成之前，我們族人的先行散布於全球，是必須履行完成的狀況……我以為到了（《申命記》和《但以理書》所提到的）「地上的末日」來臨時，這座島嶼上的人會了解……我並不知道，但通常以自然手段運作的主，把我設計出來可能就是為了讓這篇作品產生出來。因此我做出這番提議，以所有狂熱感情全力投入於英國，恭賀他們在這一天享受的榮耀的自由。[54]

一六五〇年，梅那賽將《以色列的希望》英文版獻給「英國國會以及國務院」，相信英國轉型為神聖共和國後，將更能接受他的使命。「君主政府現在改變為聯邦體系，古老的仇恨……也會轉為善意；那些對待如此無辜人民的……嚴苛的法律，將會大快人心地廢除。」[55] 一六五〇年也是荷蘭省督威廉二世（就是一六四二年拜訪猶太會堂、娶了查理一世女兒的那位王子）企圖以軍事力量對阿姆斯特丹施展其意志，卻死於天花的那一年。這個在北海兩側而言都很急劇的變化，應該使得梅那賽相信，議會制度的英國聯邦會更改過往施加於猶太人的霸道行徑——也就是被之前金雀花王朝（Plantagenet）那位（自許）擁有「溫柔之心」和寬容子民的殘酷暴君艾德華一世（Edward I）所驅逐。新聯邦裡熱切的基督徒自己說的也是差不多的事。新模範軍（New Model Army）中最有口才的傑出牧師休伊・彼得（Hugh Peter）就是一位盟友，並在行伍間散布了愛德華・尼可拉斯（Edward Nicholas）所寫的一本小冊子《為了猶太人和所有以色列子民之榮耀國家而致歉》（*An Apology for the Honourable Nation of the Jews and all the Sons of Israel*）。國會軍司令部似乎仁慈地包容了這件事。一六四八年，由住在阿姆斯特丹的尤瀚娜・卡特萊特（Johanna Cartwright）和兒子埃貝聶澤（Ebenezer）所提、要求重新定居的一份請願書，被送到了新模範軍軍官委員會，而該會下令將它印出來，作為他們對此事件的立場聲明。梅那賽的譯者摩西・沃爾和國會與軍隊的菁英們都很熟；例如亨利・范恩爵士（Sir Henry Vane）、沃里克伯爵（Earl of

⓫ 譯注：見第一章。指裝有該河砂礫的瓶子。

Warwick）、奧利佛・克倫威爾，和娶了克倫威爾堂妹的奧利佛・聖約翰（Oliver St John）。[56]梅那賽不可能對這片友善的聲音充耳不聞。其中最清楚而溫暖的聲音來自亨利・傑西（Henry Jessey），這位處處出沒、希伯來《聖經》不離手的浸禮宗傳教師，是一位驅魔者、熱心於為女性抹膏油⑫，每週六都維持安息日作息，還發行了一本書叫作《葉胡達與以色列獲救贖之榮光》（*The Glory of the Salvation of Jehudah and Israel*）。[57]梅那賽很清楚，希望猶太社群重生於英格蘭的瞬間熱情，大部分都是被千禧年派和改信主義者的動機所驅動，其中一個被驅動的人就是約翰・沙德勒（John Sadler），克倫威爾的私人祕書，他是這麼寫下的：「我越是思考目前隨著這世界而來（這片刻他正處於千禧年的思緒中）並降臨於他們身上的偉大變化，我對於他們全體就更會公正而慈悲，而且如果我能的話就保持普遍的溫和，當一個被愛所淹沒的基督徒。」[58]梅那賽在阿姆斯特丹聽到了幾乎一樣的說法，或許這種相似性，使他輕忽了這偶然的警訊，並沒有保持他應該要有的警戒心。一開始，技工會議（Council of Mechanics）決議，所有宗教都會在聯邦裡獲得寬容，「土耳其人、羅馬天主教信徒和猶太人都不會例外」，但接著又多想了想，發布了澄清，把許可僅僅限制在基督教區內。[59]梅那賽將會發現，神聖的英格蘭在猶太人問題上並非意見一致，並分成是因為希望猶太人立刻改信而想要他們回來的人，以及無論如何都不要他們在這裡的人。

如果基督徒們不是都確定要猶太人回來，那麼，已經批著新基督徒外衣、在倫敦以交易鑽石、珍珠維生，或者透過與伊比利亞半島的連結，將其枝脈伸往遍布加勒比海各地英國資產的少數猶太家庭，也會擔心身分被揭露而焦慮不已。斯圖亞特王朝政府對他們閉著的那一隻眼，允許他們在自家小心做禮拜。對許多人來說這已經很夠了。他們想像著，若讓他們的法律地位變成重大政治問題，可能會危害當下寧靜平和的狀態，恐怕會因非法居留而遭監禁，然後第二度被英國帝國驅逐出那些攸關他們利害並已獲居留權的地方（好比蓋亞那）。

但猶太人們的命運變成了國家的生意。據梅那賽所述，一六五一年，克倫威爾的堂妹夫奧利佛・聖約翰以及其他「好幾位顯赫人士」，造訪了亨利埃塔．瑪莉亞皇后九年前造訪過的同一間猶太會堂（但她如今已遭罷黜），並受到「盛大儀式及熱烈鼓掌」的歡迎（無疑的，他們就跟所有的貴客一樣，也被帶去參觀了天普羅的展示品）。克倫威爾把聖約翰派往荷蘭擔任協商團隊的領隊，目標是要促成兩個共和國的結盟，合為一個無敵的泛新教徒帝國。在克倫威爾過頭的政治宗教想像中，「共和國聯盟」（Union of Republics）在荷蘭這邊要取得非洲和亞洲，而英國則要從伊比利亞那些羅馬天主教徒手中，從南到北地拿下新世界。這是無國王的聯邦起步時所流傳的無邊際想像，這也讓猶太人具有的新魅力顯而易見：實用主義和預言能力合於一身。另一方面，荷蘭人則是比較腳踏實地，穩穩站在他們奪回的自由土壤上，一塊也不打算退讓給克倫威爾的夢想。荷蘭人一如往常且又有些不坦白地，轉而提議成立跨越北海的自由貿易聯盟；當英國正為了擴大通往英國諸島的海運比例而開戰時，這樣的同盟正是荷蘭人想獲得支配地位時，在經濟上所配置的布陣。共和國政府可能為了信仰一事而怒氣沖沖，但它並不愚蠢。它被狡詐的荷蘭人攻其不備而憤怒，敵意隨之而來。接著就展開了一場為期兩年的慘烈海戰，直到英國和荷蘭以密集火力將彼此打進耗竭與經濟災難，同時還讓他們共同的敵人——西班牙人，有了喘息空間。

在聖約翰的來訪後，梅那賽獲發一份安全通行證；這是一個明確的徵兆，顯示英國來的訪客們已經正面地考慮著重新定居的可能性。但英荷戰爭使得任何實際行動都暫停下來，特別是因為和北海兩頭都有聯繫的賽法迪猶太人被懷疑是雙面間諜。猶太人在英國的大計畫看起來受了挫，主要籌劃者也受到打擊。自己在非猶太人和在猶太同胞間的名聲好壞如此不同，令梅那賽感到十分痛心，因而想在其他地方尋求支援。但在瑞典也沒有猶太人！倒是身為女同志、不拘男裝、盡情馳騁、閱讀扎實、多才多藝、感性善變的瑞典女王克里斯蒂娜（Queen Christina of Sweden）對此表示有興趣。[60]梅那賽之前就為她的圖書館提供過希伯來書籍；此外，

⓬ 譯注：指發掘女性在宗教信仰中的知識地位。

驚奇到只會發生在歷史而不是故事中的是，一六五四年，當克里斯蒂娜遭罷黜後住在安特衛普的幾個月裡，他就這麼不可思議地住在她隔壁。她的住所屬於德黑拉斯（Texeiras）這個賽法迪人的統治家族集團，他和皇后都熟悉這一家。所以皇后的一邊是梅那賽，另一邊是以薩克・拉・培亞雷（Isaac La Peyrère），「前亞當派」（pre-Adamite）世界的理論家；這派理論認為，人類早在亞當和夏娃之前就早已存在。這位拉比、皇后和《聖經》考古學家之間的對話，天啊，只能留待想像了。雖然說克里斯蒂娜已失去權力，但話多而悅耳、態度謙恭的梅那賽，仍舊在與她互相結識時侃侃而談，談出了一個野心勃勃的計畫，計畫中他將成為她的首席圖書管理員（不用說，她當然也是一位千禧年信徒），打造一個通曉多種語言的拉比學士帝國，填補她離開王座後所留下的空缺。這個夢想實在太難以成真，難到在這幾年充滿期待的想像後仍無法開展。

但預兆並非總是充滿希望。一六五四年八月十二日，就在克里斯蒂娜沒了王位、只能自食其力的兩個月後，一場日全蝕籠罩了全歐洲。散布惡兆的人們在阿姆斯特丹和倫敦的街頭上大聲疾呼，讓上回在一六五二年類似的「黑色星期一」後失靈的世界毀滅預言，獲得了第二次機會。這次他們有了一堆災難可以疾呼。在巴西，荷蘭的最後一個陣地勒西菲落入葡萄牙之手，代表那精力無限的怪物——宗教裁判所的歸來，且因為巴西猶太人那麼熱切地從荷蘭勢力中獲益，宗教裁判所伸過來的爪牙恐怕也只會更銳利。一波無依無靠（但聯繫密切）的賽法迪猶太人湧入了阿姆斯特丹和米德爾堡，加入了貧困的德國難民，還有一六四八年哥薩克人反猶迫害（pogrom）之後至今持續前來的波蘭—立陶宛難民。太多人擠進狹窄的烏魯彥堡小街區，使得猶太長者主動考慮要把難民重新安置到其他地方：加勒比海，那裡的古拉索（Curaçao）和蘇利南很早就已經開始有人耕種。但賽法迪猶太人也同時望向英國在大西洋裡尚未過度遍布的屯墾地：可以去有現成奴隸的巴貝多（Barbados）；還有去美洲大陸。沒什麼人注意到，猶太人在北美的真正歷史，其實起於人們登上曼哈頓島的新阿姆斯特丹，還有另外兩艘船載著巴西來的賽法迪移民，在紐波特（Newport）普洛威頓斯莊園（Providence Plantation）的錨地靠岸。其中第二波登陸希望更濃厚，因為這個殖民地的開創者羅傑・威廉斯（Roger Williams）

堅持，既然所有地表上的教會都是天上獨一無二教會的不潔化身，所以沒有一個教會有權根據他們自己想像的靈光來主宰，或者說實際上不管怎樣，就是無權做主。威廉斯，又一位希伯來語專家（不像他在新阿姆斯特丹的同行對手彼得・斯特伊維桑特〔Pieter Stuyvesant〕），特別喜歡經文中的人物，並將自己看作摩西一類的人。[61]

歷史的長流帶著這些脆弱的希望之船向前進。英荷之戰一結束，兩個新教徒共和國就能夠把注意力轉移到天主教諸帝國。在巴西及其他地方失去財物的賽法迪貿易商，可以向荷蘭和英國雙方請求恢復所有權。其中一名商人，梅那賽的姻親曼紐・馬丁尼茲・多米多（Manuel Martinez Dormido，又稱大衛・阿巴伯內爾〔David Abravanel〕），在一六五四年秋天和梅那賽的兒子薩繆爾一起來到倫敦。翌年二月，貧困但雄心壯志的多米多向護國公克倫威爾請求在英國居住及貿易的權利，以及協助讓他拿回在巴西失去的產業。令人驚訝的是，儘管正式來說，多米多來自一個就正式來說公開身分仍屬違法的社群（即便這身分已是公開的祕密），且當時還不是英國臣民，克倫威爾還真的代表他寫了封信給葡萄牙國王！[62]這不可能代表官方的姿態冷淡。多米多的這條途徑，預計是要先替更大的計畫試好水溫，而克倫威爾本人可能也鼓勵他這麼做。

到了一六五五年夏天，梅那賽基於從他兒子獲得的報告，決定使用從一六五一年以來每年核發給他的安全通行證。然而，薩繆爾給他父親的情報卻並非完全可靠。該年春天，他聲稱在牛津大學獲頒博士頭銜，就我們所知甚至可能真的屬實，但文憑本身卻是假的。這樣的事情會讓一位父親先是開心而後傷心，特別當這位父親自己就是醫生時更是如此，就像梅那賽的情況一樣。但當梅那賽從米德爾堡出發，被一整群在巴西失去財產家園而此刻滿懷希望的猶太人送別時，那真是充滿了被沉重歷史推著走的感覺。他甚至向他的族人發表了演說，強化了那種天時地利下時局將有所轉變的感覺。一二九〇年的恐怖放逐會被抹消。一位國王做下的事會被另一位國王的執行者所撤消。

九月，他抵達了倫敦，就在猶太新年前，還帶了另外三位拉比：巴西難民以薩克・阿伯阿布・達・馮賽卡（Isaac Aboab da Fonseca），狂熱的摩爾泰拉的副手；還有拉斐爾・蘇比諾（Raphael Supino），以及一位阿什肯納茲裔的拉比。因為那裡至今還沒有猶太會堂，這群人得要在多米多那類人租的房子裡祈禱。希望能做一番大事、期待重新定居的賽法迪商人們——安東尼奧・羅布勒斯（Antonio Robles）、安東尼奧・費南迪斯・卡瓦哈爾（Antonio Fernandes Carvajal）、梅那賽的兒子薩繆爾和其他至今過著祕密生活的人們——會組成儀式所需的十人團。他們的禱詞想必混合了大聖日的沉重莊嚴和少許樂觀氣息。在英國的這一年，會不會就是《生命之書》（*the Book of Life*）將把我們寫進去的那一年？梅那賽知道，對他的東道主而言，猶太人是實現更宏大基督教劇碼的必要工具。如果他們這樣的錯覺為巴西的流離失所者提供了一個休息之地的話，他會允許他們有這種善意的錯覺。他的彌賽亞曆再次修訂至一六五六年。為什麼他不能是那個加速履行但以理預言的人呢？

〈謙卑的發言〉（Humble addresses）要給護國公陛下聽，然後對外發行，好同時贏得政府和人民的支持。梅那賽牢記著那位警覺的聽眾，拋下《以色列的希望》裡頭那種得意洋洋的彌賽亞口吻，改為一種更為小心論理的途徑，不過他還是確保內容包含了《但以理》十二章的小節，並加入了一段證詞，說「在彌賽亞來臨並恢復我們的民族之前」，會依舊存在的「只有這座可觀而偉大的島嶼」。另外在證明「一個奇怪的民族，在一群原居民所住的土地上受他們愛戴」（忠於統治者並對其有利）這種尋常論點的時候，還加了一個奇怪的要素，那就是「血統的崇高」；這古怪的要素，卻是出自那種最終產生了猶太人放逐令的、很伊比利亞人的執念。[63]梅那賽的主要任務是說服共和國的統治者，猶太教對共和國不構成威脅；他的人民可以同時是好猶太人，也是忠誠的公民。梅那賽假設，猶太人在新教徒主導的荷蘭共和國獲得公民身分的成功經驗，可以毫無困難地在新教徒英國共和國複製一次。既然他能在木運河的猶太會堂將那套花言巧語施予亨利埃塔・瑪莉亞（或許，其實是個尷尬的回憶），他便希望能用同樣的態度，以同樣的愛國自豪和感激之心，向護國公致意。因此就有了「謙卑的發言」（恭聽聖訓）這種明智的姿態。他心想，要求「許可興建一間自由公開的猶太會堂，讓我們在那裡頭每日呼求主、我們的上帝」應該不算太過分吧。

接著，帶著精明的勇氣，梅那賽直接處理了有害的夏洛克⑬遺產：沒根據但深植於社會的不公正，幾個世紀以來這種不公正的觀念把猶太人描述成不擇手段的放債者和卑劣罪犯，基督教經濟上的寄生贅物。在〈謙卑的發言〉中的「猶太民族是多麼的有益」，對存在的猶太人賦予他們客居社會的所有福分進行全面調查，範圍從義大利到土耳其與漢堡，還有北非的巴巴利國家。但梅那賽藉著宣告「商業經營可說是猶太人的適當職業，是已經確認的事」，展開了他那簡略濃縮的猶太社會學（堪稱猶太社會學的開端）。梅那賽完全沒有採取守勢並表達歉意，反而寫道，猶太人的興旺是上帝的慈悲，顯示雖然祂「把他們從他們自己的國家驅趕出去」，但他們卻沒有被放逐到祂的「保護」之外；「必然地激起一個人的能力和勤勉」。梅那賽接著又論稱，自從他們離開「他們自己的國家」（這是他明顯再三反覆的用語），遭禁止耕地或者「像是受雇之類」，他們就別無選擇只能徹底投身於「從事商業以及新發明，幾乎沒有民族能出其右。所以觀察到他們不管住到哪裡，交易馬上就會開始興盛」。倫敦城的商業社群都很熟悉的利佛諾，就是被引用的首例；但他還可以輕易地繼續列舉費拉拉、薩洛尼卡、士麥那和君士坦丁堡為例。梅那賽或許因為牢牢記得那些貧窮的阿什肯納茲猶太人、那些哥薩克人反猶迫害底下難民們的名聲，所以他苦心強調賽法迪猶太人是任何有商業帝國野心的民族的龐大資產：「對各種金錢貨幣、鑽石、胭脂紅、靛藍、康釀克油（Wine Oyl）和其他各地提供的高價商品，都有著極佳的知識；和語言相通的朋友及親人特別有來往，他們確實以一般生活所必須和用來裝飾文明地位的物品，大幅滋養了他們所居住的異族土地和國家。」[64]言下之意就是，猶太人身為國際貿易者，會把英國帶入新的全球經濟中，不論是亞洲、黎凡特還是大西洋都行。但就業的連鎖反應也會對國內有益：在「眾多種類產品的產出及出口」都增加時，「為了（例如）羊毛、皮革、葡萄酒、鑽石珍珠等珠寶之類的所有技工所付出的大量原料」代表著，猶太人的存在會是經濟的助益而非損害。接著，〈謙卑的發言〉還無恥地呼喚當時「真正的商業通往和平」這種老生常談，主張這也會是猶太人的定居與生意帶來的效應。

⑬ 譯注：指《威尼斯商人》中的夏洛克。

最後，梅那賽正面處理了長久以來針對猶太人最情緒化的指控：只效忠彼此，而非接納他們的國家。相反的，從曼托瓦到巴西，一個又一個地方，他們都以他們的鮮血和財寶證明了他們對君王的忠誠不移。每個安息日，他們都在猶太會堂裡祈禱「所有國王、君主和他們所管轄的共和國……到先知和《塔木德》編撰者約束他們的那個職責，都一切安好」，就如《耶利米書》第二十九章第七節命令他們：「我所使你們被擄到的那城，你們要為那城求平安，為那城禱告耶和華，因為那城得平安，你們也隨著得平安。」梅那賽堅持，人們都不該去假設，猶太人被逐出西班牙和葡萄牙是因為什麼實際上的不忠誠而非遭到汙衊或不實誹謗。接著梅那賽・本・以色列以一丁點像他這麼文雅的人都不可免的純正賽法迪虛榮心，再度堅持猶太人的「高貴性」，雖然在這議題上他很有分寸地推薦懷疑者閱讀亨利・傑西的作品，還有愛德華・尼可拉斯的《為了猶太人和所有以色列子民之榮耀國家而致歉》。

〈謙卑的發言〉這篇針對所有中世紀英國遺留之尋常誹謗、不公和恐懼（包括貪婪的高利貸和殺嬰習俗）所採取的先發制人攻擊，是一次精湛的演出，再次試圖讓基督徒以理性和歷史史實來看猶太人。接下來幾個世紀（甚至到現在）還會有更多類似的努力，而這些努力（至今）實在太常遇到同樣的結果：充耳不聞、視若無睹，還有新仇換舊恨。梅那賽採用的理智語調（相較於一年後《猶太人的辯白》那段嗆烈的開場）是他被共和國內的希伯來學者圈，以及那些相信「互相了解終將促成改信」的人所構成的和氣圈子所接納的效應。像傑西和沙德勒，或者國務院裡抱著同情心的成員——克倫威爾本人、國務卿約翰・塞洛（John Thurloe）、約翰・藍伯特（John Lambert）及愛德華・瓦雷（Edward Whalley）等將帥——雖然是不錯的朋友，但人數不多。然而，眾多傑出人士卻是絡繹不絕地前往梅那賽在河岸街（Strand）新交易巷（New Exchange）對面的寄宿所拜訪他，增強了他的樂觀期待。科學家羅伯特・波以爾（Robert Boyle）和他姊姊拉內拉赫女伯爵（Countess of Ranelagh）一同前來。未來將成為英國皇家學會第一任事務長，也是科學發表須經同行審查的制度創始人——亨利・歐登柏格（Henry Oldenburg），也敲過他的房門；也有像俄萊斯・艾文斯（Arise Evans）這種比較瘋狂的人，這名來自威爾斯的千禧年信徒，完全無視政治警告，企圖讓梅那賽相信彌賽亞確實即將到來，而祂的名字是查理・史都華二世（Charles Stuart II），斷頭國王[14]的兒子。亞當・波利爾，天普羅的合作人兼阿姆斯特丹「學院」的創辦人也前來致意，還有拉爾夫・卡德沃斯（Ralph Cudworth），劍橋大學的希伯來文教授，身為新柏拉圖主義者同樣也對卡巴拉感興趣。他們討論起創作一本多語言的新《聖經》計畫。一切都非常令人振奮。

但那些愉快論理和互相同情的字詞騙了人。梅那賽和三名拉比住在樂觀的密封罐裡。出了河岸街和白廳的外面世界，言語就非常瘋狂。猶太人、猶太人，那些猶太人打算以他們的不義之財來買下聖保羅座堂（St Paul's Cathedral）；還有博德利圖書館，裡頭都是那些希伯來經文；他們會拿到整座賓福特村（Brentford）來裝他們倫敦貧民窟的人；他們正在追根究柢找出奧利佛・克倫威爾的大衛血統，來確保他是他們的救贖彌賽亞，又或者他們認為他是「約瑟那一系」來的彌賽亞；他們前來替英國行割禮，以他們惡名昭彰的強大魔法來給英國下咒，把基督教孩子送入他們的邪惡王梅那賽領土上那隻摩洛（Moloch）的血盆大口裡。其中最發狂的，是威廉・普林（William Prynne）寫作發行的《短篇抗辯》（*Short Demurrer*）；這位偶爾擔任律師的辯論老手，在查理一世政權時期被控煽動詆毀，兩邊臉頰因此被烙了「S」（seditious，煽動）和「L」（libeller，詆毀者）這兩個大寫字。因為身為代表英國自由的英雄，對於那些自認為捍衛自由的人，特別是對克倫威爾來說，普林就成了肉中拔不掉的刺；因為普林懷疑他覬覦王位，而他也沒猜錯。還有誰比那些無所不在又好行小惠的守財奴——那些拍權力馬屁的猶太人，更能打造出一張克倫威爾的王座呢？普林把梅那賽的〈謙卑的發言〉那套文質彬彬的歷史紀錄甩到一邊，熟背了英國中世紀那套針對猶太人的古代控訴，內容從殺童到貪婪敲詐都有，並得出一個結論：放逐是舊君王掌權下少數提出的好事之一，甚至說不應該廢除，無論如何一定要追加國會立法。

[14] 譯注：指查理一世。

護國公想的可不是這麼一回事。穩坐白廳內準君王大位的奧利佛．克倫威爾，雖然瞧不起那些民間領袖小心眼的吹毛求疵，但也同樣留意自己不要顯露出專制之相。所以，當傻驢們開始嘶叫時，他知道摀住耳朵是不可取的。一如往常，有問題就要想辦法。一六五五年十一月初，他把這件事送進國務院解決：承認猶太人是否合法；如果合法的話，在什麼條件下他們能獲准在共和國內居住及進行交易。一個（來自十一人委員會的）七人下屬委員會被指派出來進行商議，在那些牧師、司法人員和將帥之中，克倫威爾還盡量多安插了同情派人士進去。然而這種門外喧鬧聲的集合，讓感覺到自己接了燙手山芋的議員，盡其快速地把這案子推到白廳裡一個更能綜合審議的單位，一個從全英國選區選出的二十八人會議，在接下來這個月裡辯論這問題。不論是議會或者是會議，都沒有直接聽取梅那賽的言詞，儘管說至少有一次，他提到自己被護國公本人「客氣地款待了」。細節無從得知（特別是宴席的安排，因為梅那賽本人一直嚴守潔淨飲食的戒律）；但沒有一個史學家會去假設，出身如此相異——一個葡萄牙馬拉諾和一個東盎格利亞清教徒——因為對希伯來的熱情而搭上線的這兩個人，到了這天賜良機時，想法還會不契合。

然而，面對問題這幫助不大。亨利．傑西在白廳會議的口述紀錄確認了一種可能性，就是那二十八人分成了三派：希望看到猶太人立刻獲得承認（顯然是少數）的一派；那些僅限於最嚴格條件下鼓起勇氣接受的一派；還有顯然聲量大而有力的一派，不管出於神學、商業或民族的理由，都不接受這種可能。各路傳教士都相信，猶太人的存在對好基督徒來說，是包藏禍心又充滿危險誘惑；倫敦商人們則是日漸歇斯底里地高喊，猶太人會偷走他們的生意。有一些聲音為梅那賽打氣。法官代表們聲稱，阻止廢除一二九〇年的皇家驅逐令其實沒有法律基礎；接著，情況就變成了「施加於皇家驅逐令上的限制有可能獲得承認」。但要這種情況成立的條件門檻看起來會高不可攀，而且更糟的是，那些梅那賽以為會擁護他的人，其實支持那些高門檻。在所有人之中，約翰．杜里就放話說，那些只能自救的可憐猶太人，在他們的民族「設計」中就是無可救藥，或許最好的辦法就是讓他們離遠點。據說企圖收容反對者的亨利．傑西，提倡把猶太人限制在「衰落的港口和城鎮」，藉此來考驗梅那賽所謂「猶太人不管住到哪兒都會是商業復甦的萬靈藥」的主張。

克倫威爾對此表達反對。在這樣的情況下，倫敦會失去成為阿姆斯特丹真正對手的機會；葡萄牙猶太人手上雄厚的資本、智慧和企業，還不提擴展他神聖帝國的資金，也就全部白白流失了。賽法迪人卻不會隨之停步。十二月十八日，就在他的將帥們試圖廢止的耶誕節前一週，在最後一場也是唯一一場公開的會議上，克倫威爾從愁苦的沉默中爆發了。他說，這會議是「一片喧鬧不和諧」。他本來希望從傳教士們的意見中獲得清晰論點，但這遲遲未發生。如果真如他們所主張、想望與期待的，猶太人的改信是萬能天神的設計所促成的話，那麼，假使這些人沒有實際存在於福音傳遍的這塊土地上，這件事要怎麼達成？到底要怎麼辦？至於對倫敦商人，他說：「你們說他們是最狠、最讓人瞧不起的一群人。那就這樣吧。但如果是這樣的話，是什麼成為了你們的恐懼？你們怕的會不會是這些卑劣可鄙的人其實能在生意和信譽上，壓過世界上最高貴可敬的英國商人？」[65]克倫威爾接著說，既然會議無法解決問題，到頭來還是得由他的國務院來擺平。

梅那賽有過的任何希望，到了一六五六年就全部被國務院自己對於白廳辯論的報告駁回。雖然這報告沒有打算反轉「重新定居屬合法」的決定，但這決定卻被充滿險惡敵意的證言所包圍。「梅那賽・本・以色列代表其族人的動機和依據……要求他們獲准進入這個共和國，或者要求任何基督教民族接受他們，我們都認為非常不道德。」接下來是一段有著古老偏執的過時不公正禱文。「他們以宗教誘惑這民族的危險非常大……他們為實踐其宗教而有的會堂或任何公開聚會，都不僅止於本身邪惡，對其他基督教教堂而言也是非常可恥的。」他們的婚姻與離婚習俗不正當且是不良示範。出於對贖罪日晚間解除人與上帝誓約的開場儀式「所有誓言」（Kol Nidrei）的長久誤解，人們指控猶太人會藉儀式把所有契約歸零。而他們光是出現，就會毀壞倫敦的貿易。如果不是克倫威爾政府中的某人，可能是約翰・賽洛，修改了這份報告，增加了（假定居留法律問題以利於猶太人的方式獲得解決後）用於猶太人的限制條件——不得從事公職、不得擔任基督僕人、不得在週日工作等等——的話，這本來會是破壞性的打擊。這份報告也完全沒有提到他們可能會住在哪裡或從事什麼職業。

幾個月過去了，沒有進一步行動。克倫威爾回到了他沉默寡言的黑幕裡頭。梅那賽放棄了那篇他期許成為新生猶太社群律法綱領的宏大宣言。但一場與西班牙的戰爭，間接地提供了另一段不一樣的序曲。當一艘船和船上屬於賽法迪商人安東尼奧．羅布雷斯（Antonio Robles）的貨物因為名義上是西班牙籍而遭到扣押，這場查封就給了羅布雷斯理由，請求政府基於該船其實並非西班牙籍而是屬於「希伯來民族」的理由釋放該船。梅那賽的名字也在請願書中。事實上，這就讓四十幾個直到那一刻之前都還在當新基督徒的家族明白現身。實質的困境，產生了一個梅那賽所有訴求基本上都達不到的效果。這份請願書請求給予居住安全、獲准取得土地安葬，並進行商業貿易。

為了確保這件事不發生，人們發行了新的恐慌小冊，其中特別值得一提的是亞歷山大．羅斯（Alexander Ross）的《看待猶太人宗教》（*View of the Jewish Religion*）。當威廉．普林在《短篇抗辯》的第二版中把他的猶太犯罪與反社會清單擴張，重複他先前替十三世紀最初放逐政策辯護的辯詞後，所謂的短篇，也就變得沒那麼短了。這一波新的有害思想，加上先前國務院報告章節中列舉的不公正傷人回憶，都促使梅那賽打破他的自制作風，進而於一六五六年四月發行了《猶太人的辯白》作為反擊；這本作品的用意，是一口氣駁斥所有直接針對他們族人的最惡劣誹謗。對於猶太儀式、傳統、習俗和準則的解釋，則是由里奧聶．莫迪納在義大利發行，他原本受託寫給詹姆士一世的《希伯來儀式》（*De Riti Ebraica*）才剛有英文翻譯，是由他要好的同輩西蒙．盧沙特拉比所完成。梅那賽的文章同時援引了這兩部作品，但他顯然把「偉大的解釋者」中的第一人——弗拉維奧．尤賽夫斯，其作品《駁阿皮翁》（*Against Apion*）企圖打破羅馬帝國世界中所謂「猶太貪婪」或「綁架陰謀」的誹謗和謠傳——看作是真正的祖師爺。因此，梅那賽以冷靜的憤怒開場，直接抨擊延續中世紀「血祭毀謗」這種可惡謊言的人們：

我只能傷心哭泣，並以悲痛不已的精神，哀嘆某些基督徒對生活周遭離散而受苦的猶太人所做的那些奇異而討厭的推測，說（當我下筆時仍顫抖著）猶太人習於慶祝未發酵麵包的佳節盛宴，是用某些他們為此殺害的基督徒之鮮血發酵；即便，誹謗者自己就曾以最野蠻殘酷的方式屠殺過他們。或者說得好聽一些，就是發現了一個人死了，就把那屍體弄得好像是被猶太人闖進屋裡或庭院裡殺掉，畢竟眾多地方都已證明他們有這樣可悲的前科；然後他們便以不受控制的憤怒和激動，指控無辜猶太人是這最可惡事件的犯人。有時候犯下這種可惡的邪惡後，他們會從而藉機實行他們對他們（猶太人）的殘忍行為。[66]

他接著繼續談，他可以凝聚多少耐心來提醒基督徒讀者，《聖經》中有一條禁令是「猶太人無論如何都完全禁止食用任何一種血……如果他們在一顆雞蛋中找到一滴血，他們就會依禁令丟棄。如果吃一片麵包時碰巧接觸到任何來自牙齒或牙床的血，就要把那血削去並清掉」。因為情況就是這樣，由《妥拉》下令並由《擺設桌面》這本遵行指南補強：「怎麼可能會有人被說動，去相信他們會做出吃人血這種更為可憎的事？」此外，《十誡》中反對殺人的戒律「是道德命令。所有猶太人不是只限制不得殺害他們所住之處的其他民族，更在感激的律法下愛這些民族」。他繼續表示，在他所住的阿姆斯特丹，「我持續地看見……大量而良好的一視同仁，許多兄弟情誼的交流和各式各樣的相互友愛。我也再三看到，當一些佛萊明基督徒掉進我們所謂佛蘭堡（烏魯彥堡）區的河流時，我們的族人躍進河中幫助他們，把他們從死亡中救出」。

依循同一條脈絡，梅那賽接著引述耶利米給受監禁之以色列人的建議（建議以色列人，雖被抓來這城市，但仍去祈禱這城的福祉），來證明身在各國、世世代代的猶太人，都會把「我們活在其保護下的王子或地方官」納入祝福禱詞。他詳細講述了一段歷史，是關於「血祭毀謗」以及仍讓猶太人受害的不公道迫害，是怎麼源起以及散布的。一六三一年，當某教堂裡一個裝有聖餅的銀盒子遺失時，人們的指頭就恣意指向「我們民族的年輕人（可見是一位改信者），名字叫作西芒．皮雷修．索利斯（Simao Pires Solis）」，他當時為了見一位小姐而從不遠處經過：

便遭到逮捕、監禁並嚴刑折磨。他們砍掉他的雙手，並在沿街拖行後燒了他，一年後，一名在絞刑架底下的竊賊才坦白，說他是怎麼偷奪了裝聖餅的神龕，而不是他們燒掉的那個無辜可憐人幹的。這位年輕男人的兄弟是一名修士，是了不起的神學家和講道者；他現在以猶太人的身分住在阿姆斯特丹，並自稱為艾利澤．德．索利斯（Eliezer de Solis）。

梅那賽從控訴改為解釋，專注於猶太教之中有可能在新教徒英國激起同情共鳴的架構準則。猶太人是第一個放棄崇拜畫像的民族，他們是如此嚴苛地避免畫像，以至於如果有人經過外面有畫像的教堂，同時腳下不巧有刺刺穿了他們的腳底，他們也不會彎下腰來把刺拔出，以免被認為是對畫像鞠躬。然而在亞洲，帝王底下的臣民傳統上會接受其律令，而去親吻他們這位恩人的畫像：

> 我們應該感謝其話語和祂天賜的戒條……以色列人堅守的宗教信條是，有一位最為單純統一的上帝；永恆不朽、無影無形，藉由所有先知之首摩西的手，將成文律法給了他的以色列人民，祂的天意就是要照管祂創造的世界；祂留意所有人的所作所為並獎賞或懲罰他們。最後有一天彌賽亞將前來聚集所有分散的以色列人，不久後所有死者便會復生。

梅那賽聲明，猶太人的禱詞是為了全人類，而且儘管埃及人在以色列人身上施加了重擔，他們也不應被憎恨，因為《妥拉》有言：「你在他的地上做過寄居的。」猶太人的商業交易中，和異教徒打交道要公正，戒律規定永遠不得詐騙或侮辱有生意往來的任何人。同樣的，他們也不得攻擊東道主的宗教，也不能在他們之中尋求改信猶太教者。

梅那賽文章的結尾談到，面對那些由一代代容易上當的人所流傳下來、加諸於他同胞的詆毀，所有企圖破除這種詆毀的人都有一個共同的希望：如果用理性檢驗，那麼那些仇恨就會消失，猶太人將會被當作和任何其他人都相似的男女，保存在他們信仰的古老、持久和堅忍，還有所受痛苦的獨特殘暴中。若面對誹謗高舉真相，那麼仁慈的正義必定會完成，並讓那些對政府這邊已絕望、而準備離去前往義大利或日內瓦的猶太人，得以再次考慮去留。「我竭盡謙卑地向極其榮耀的英國請求，願意不帶偏見與狂熱地持平閱讀我的論點，有力地向您們的君王推薦我。」

梅那賽這最後一聲高呼，以及這第一次企圖以理性和史實克服反猶太的高貴嘗試，並不是不可能造成一些改變。翌月，法官們對羅布雷斯要求歸還財產船隻的請願，回覆了支持的裁決。而且，在克倫威爾仍舊沒有關鍵發言的情況下，其他多數人也沒有出聲。一六五七年，猶太人在倫敦東區的麥爾安德（Mile End）買下了首個墓地計畫所需的土地，而這也留到了現在，就在麥爾安德路瑪麗王后大學（Queen Mary College）的土地內。但墓園開得不夠快，無法納入梅那賽那年死去的兒子薩繆爾，而他的死對這位父親是壓倒性的災難。薩繆爾曾希望，無論如何都要葬在荷蘭家鄉。他那遭悲傷痛擊的父親——雖然贏得了某種勝利，但並不是他熱切渴望的那種根本的大勝利——帶著兒子的遺體，回到澤蘭省的米德爾堡；他從那裡帶著如此高昂的希望出發，已經是兩年前的事了。他讓薩繆爾在那裡安息，兩個月後，已經生無可戀，且彌賽亞又不合理地遲遲未在指定的那年現身，因此他也離去，前往天堂樂園。他的遺體、遺物被人帶往奧德凱爾克的生命之屋，安置在他父親旁邊。

沒過多久，英國也成為了猶太人可以種下一點東西的花園。儘管孜孜不倦的恐猶者又出新招，企圖反轉既定的允許居住決定，但這件事還是成真了。克倫威爾才剛死，有同樣效用的訴願就送交給他兒子兼繼承者理查（Richard）。當受保護國被復辟的帝王制取代，且諸多政策行事跟著轉彎後，有人又向查理二世（Charles

II）抗議，要求撤銷篡位弒君者⓯所做過的事。但這位國王不為所動。共和國猶太人已經存在一陣子了，況且查理在海牙也受過保皇派猶太人的支持。這些支持者一路相伴始終不渝，而且（某方面來說確實）從未同意過梅那賽求助克倫威爾的這條路。查理二世完全沒回應恐猶訴願，反而支持先前的決定，甚至還將其擴張到包含對猶太人性命財產安全的正式保護。不久之後，曾經把仇恨喊得震天價響的倫敦社群，一如梅那賽所預測，認定猶太人是資產而非負擔。梅那賽的侄子多米多，成了第一個加入皇家交易所（Royal Exchange）的代理商，該所還特地豁免他不須按慣例在《新約聖經》上發誓。安東尼奧・卡瓦哈爾在克里丘奇巷（Creechurch Lane）的租屋，也就是賽法迪猶太人私下作禮拜的聚會處，現在成了猶太會堂；而當一間更大的會堂於一七〇一年在貝維斯馬克斯（Bevis Marks）開張時，還把原本的狹長橡木椅搬了過去，藉以虔誠地紀念這個社群是怎麼回到倫敦的。我每次坐在上頭，都會想起梅那賽，他樂觀中帶著的深刻寬大，還有他淨化人心的熊熊怒火。

⓯譯注：指克倫威爾。

第八章

Chapter Eight

王冠

I 幻影們

古以色列人能迷路到哪邊去？根據羅伯特．波爾特（Robert Boulter）這位頻率與千禧年信徒的最微小信號都能完美偵測的情報員兼印刷商所言，他們到亞伯丁就停了下來。[1]

一六六五年十月的第三個星期，一艘前往阿姆斯特丹的船被壞天氣吹離航道，而進了蘇格蘭的港口。發現貨物只有米和蜂蜜很怪，但沒有比船索似乎是扭起來的白緞子更怪。在大帆上有一段紅色的銘文聲明：「這些是以色列支派」。一位蘇格蘭的「語言教授」前去和這些藍外套上有黑條紋的船員們對話，但他幾乎無法從他們那種彷彿拆解過的神祕希伯來語中弄懂什麼。

那年秋天，當班尼迪克．史賓諾沙正在替他「幼稚迷信」的論理上刀鋒時，他拋下的阿姆斯特丹社群正充滿著奇蹟，這些奇蹟並非每個都是由瘟疫的瘋狂所釀成的。人們收到來自摩洛哥和利佛諾的信件，證實了和猶太人有關的神奇事蹟。來自商人、拉比和醫生們的報導，在開羅和薩洛尼卡、布拉格和威尼斯、盧布林（Lublin）和曼托瓦之間交換，全部都報導著好消息（雖然有著稍微不同的細節）。以色列支派出動了！他們來自高加索的群峰之外，來自安納托利亞和波斯，來自阿拉伯半島和非洲（或者其中之一）的沙漠荒原。一隻有時候據說是由一位叫耶羅波安（Jereboam）的統帥領導（有時候又不是）、人數超過百萬的巨大猶太游牧部落，只裝備著弓箭、長槍和讚美詩，就已經打敗了穆罕默德蘇丹的軍團。土耳其人以大炮和火槍朝以色列人射擊，但整排的炮火只是反彈在自家倒楣的炮手身上。那些蘇丹禁衛軍只能既困惑又害怕。麥加遭到圍攻。朝聖已經取消。被驚慌擊潰的鄂圖曼帝國君主表示，只要以色列人為信徒留下麥加，他願意給他們亞歷山卓或者突尼斯。在大西洋另一端的波士頓，因克里斯．馬瑟（Increase Mather）根據某些以色列正返回他們祖先的土地的情報，來向他的群眾布道。在非斯（Fez），有人說有一大群以色列人正朝內陸前進，前往一座高聳的沙丘，準備打穿一條隧道進入祕密地窖，裡頭放著一支銅管喇叭，一旦吹響，聲音就會響遍全世界。聲音一響，大地就會搖動，而世界上所有爭吵的宗教以及它們互搶地盤的禮拜堂，都會崩為塵土。互相敵對的信徒，會在萬能的上帝和祂的戒律下團結挺身而出。「會發生一場全世界所有民族的全面大集結，就在一片會是錫安的牧地上，所有的紛爭在那裡都會止息。」[2]

人們會被這些消息打動，不只是因為容易上當和無知而已。經過了一六四八年和一六五六年的連續失望後，博學者就徹夜不懈地在燭光下重新計算千禧年曆。一六六四年的彗星出現後，接著在倫敦就發生了瘟疫，然後沿阿姆斯特丹運河種植的整排路樹又大批同時死去。英國和荷蘭又再度爆發戰爭。而一六六六年這數字就有著惡名昭彰的惡魔含義，因此就會是預告末日的一年，又或者是一六六七年。彼得・賽拉琉斯（Peter Serrarius）——有著千禧年信徒性格的瓦隆人大臣，又是希伯來語學者兼梅那賽・本・以色列的朋友——基於來自某個利佛諾猶太人的情報（此人則說情報來自亞歷山卓的熟人），深信自己很快就會看到末日，並和他的眾多聯絡人表示，猶太人圍攻麥加，還有以色列奇蹟大軍的刀槍不入，都是確認的事實。[3]從一六六五年最後幾個月到翌年的這場冬季裡，瘋狂持續堆疊。滿載猶太人的一支八十艘船艦隊，顯然正在從印度航向巴勒斯坦的航道上，替大規模出走至以色列做好準備。然後又有一支包括護衛在內的一百二十五艘救贖船隊，在阿姆斯特丹裝運完畢。猶太人的敵人已經顫抖個不停了。迫害過猶太人的德國人和哥薩克人將會為了他們對手無寸鐵的無辜猶太人所犯下的姦淫擄掠，而被血腥征服。天上的諸國充滿期待地搖晃著。一道道閃電顯露出天空中的怪獸。一如先前所預言的，摩西之子跨越了山姆巴提庸河；呂便人、迦得人、西布倫人等等皆大批列陣，邊行進邊唱著讚美詩。

這一切都只意味著一件事：彌賽亞終於即將現身，而出於大衛一系的猶太之王，將領導族人凱旋返抵耶路撒冷。（由出身於約瑟、「殞落於戰鬥者」一系所代表的第二彌賽亞之身分，則是在充滿希望的人們間引起意見不一。）聖殿將再次屹立，一如阿姆斯特丹的聖殿所描繪的模樣。在布拉格，所羅門・摩柯之袍，那件在褪色的絲質上危險地繡著神祕文字的袍子，從它安放的平卡斯猶太會堂裡被拿了出來，在猶太區的街道上繞行示眾。所羅門曾是先驅者。上帝已經等了一個多世紀。但現在，祂得要派出國王。

內森．艾利亞胡．阿什肯納茲（Nathan Eliyahu Ashkenazi）甚至早在跨過他的門檻之前，就知道這位彌賽亞王者的身分。一六六五年，內森二十二歲，是一位勤勉好學的猶太學校學生，因為自己強行的齋戒而骨瘦如柴。生於耶路撒冷的他後來搬去了猶太教信仰、學術和希伯來文詩都很興盛的納佳爾（Najar）王朝城市加薩（Gaza）。內森也是卡巴拉主義者，具有前個世紀那種釆法特的原野漫步者和占星家風格，而這種傳統風格的影響力正日漸增加（雖然或許沒有像他們這一派的歷史巨擘哥舒姆．舒勒姆〔Gershom Scholem〕所聲稱的那麼普及）。[4]內森就跟他那世代的許多人一樣，在《塔木德》的拘泥主義下顯得難以駕馭。《擺設桌面》的注釋（Gemara）和講評並不足以滋養他轉動不停的想像力。他拉長了的齋戒，加上其後數天的完全孤立，使他進入了強烈的恍惚狀態。在一次這樣的深化幻想中，內森達到了高超神視的境界，以至於在長達七天的宇宙懸浮中目睹了造物的一切，並在自己的《創造之書》（*Book of Creation*）中描寫下來。隨著他進一步升入了諸星之海，天國的戰車——卡巴拉文本《光明篇》（*Zohar*）提到的神之戰車（merkabah）——進入他的視線，上頭出現了某人美麗溫和的臉孔。話語不自主地從他口中冒出：「夏布臺．茲維（*Sabbatai Zevi*）是他的名字，而他將對敵人哭吼。」[5]內森回到地表時，覺得自己遇上的是馬吉德（maggid）：這名善良的聖人用了他的唇舌來講出神諭的真理。

在加薩的猶太社群內，內森早就因為靈魂療癒者的身分而頗有名氣。他的天賦是辨認出個別人士的特定過失和疑慮，找出他們心中那些導致病痛苦惱的汙點。內森會診斷出問題並開立處方，通常是一套他自己為個案所寫的贖罪禱詞，搭配上一段嚴苛而加長、有如他之前強迫自己去做的那種齋戒。贖罪式的屈辱會帶來療癒的啟發。這就是「修復」（tiqqun），這種來自卡巴拉主義者宇宙學的原理，可以將困在世間物質粒子內的生命火花從物質的牢籠中解放出來。

宇宙是這樣的話，人也是一樣的。開給人們治療心靈疾病的苦行和淨化，會讓那股生命能源自由流動，而讓身體和靈魂再次完整。內森推測，一六六五年早春前來見他的那個高大、肥胖、臉色紅潤的絡腮鬍男子，就只是那種受苦的患者。他暴烈的情緒起伏（在狂躁和深鬱之間的典型雙極搖擺）是自身意識內某種恐怖混亂所導致的症狀。這名患者期望能夠治癒。然而他卻從這位年少者這邊得到了天啟，說他，夏布臺．茲維，一位幫英國商人在港市士麥那當代理的羅曼尼歐猶太人的孩子，事實上是人們所期盼的彌賽亞。據說聽到這個消息時，夏布臺笑了，承認連他自己一度也這麼想過，但這種深信已經沒了。不過既然學識淵博的這位年輕卡巴拉主義者如此確信，那麼，那些從夏布臺年輕時就開始纏著他的影像和聲音，便化為一瞬間的自我認可。到了希伯崙（Hebron）——這個曾有阿姆斯特丹商人亞伯拉罕．佩雷拉（Abraham Pereyra）興建過一間猶太學校的城市時，他所有的懷疑便都遠去，而該學院的主事者梅爾．海牙．洛夫拉比（Rabbi ben Meir Hiyya Rofe）成為了率先熱中於這主張的其中一人。當他們約莫在七七節前後返回加薩時，夏布臺的精神狀況使他從瘋狂的欣喜落入毫無知覺的深淵。當他因此喪失行為能力時，有「加薩諸位學者」陪伴的內森則是被什麼附身，開始前後亂步，憑記憶背誦整段《塔木德》，並下令要許多人唱特定的聖歌。這件事發生時，據說整間房間充滿了某種香氣，味道不尋常且美好到其中一些夥伴離開房間去尋找其源頭，而沒有發覺那是從內森身上發出來的，而此時他開始跳舞，撕開他的衣服直到身上只剩內衣。他先是高高跳起，然後又倒在地板上動也不動。[6]在那些擔心內森的人看來，他似乎是沒了脈搏。人們宣布他死亡。一塊布蓋上了他的臉。不過，過了一陣子，人們又聽見布底下傳來低沉的聲音，當布拿掉之後，人們又聽見了另一聲馬吉德式的訊息：「照顧一下我深愛的、我的彌賽亞，夏布臺．茲維。」那個聲音說。沒過多久，內森就為夏布臺抹了油，並宣布他「夠格成為以色列之王」。

說真的，這彌賽亞還真有點廢。當他還沒長大，住在士麥那這個鄂圖曼帝國繁忙港城的時候，還是個獨來獨往的人。他的母親克拉拉在他六歲時過世了。在他名氣最盛時，他還會命令朝聖者去參訪她的墳墓，顯然他一生都對於她的離去有著強烈感觸。約莫在她死去的同時（仰慕他的作傳者後來是這麼聲稱的），「Shekhina」（意指上帝存在所含有的女性特質）的女性光芒，也以一把火燒掉陽具的方式，造訪了這個小男孩。他的前兩段婚姻都沒有成功。他的生日是埃波月第九日（Tisha B'Ab），也就是第二聖殿被毀日，猶太人會以哀悼的莊嚴齋戒來紀念，但根據哲人所言，那天也是彌賽亞將會誕生的日子。這可能很早就暗示了他的天命，因為夏布臺固定會違反禁止說出上帝名稱的禁令，大聲地在大眾面前按拼法「ＹＨＷＨ」直呼上帝的四字神名。在這些行徑之間，夏布臺會在海中進行儀式性的浸禮，於是便會有一個矮胖男孩在鹹鹹的海浪中上下浮動，為了自己的潔身淨罪而喃喃自語。多年來，他就只是一個偏執的麻煩人物，遵循著神祕主義者的三步驟：齋戒、恍惚、隱世。但夏布臺的爆發情感開始讓拉比們感到厭倦，或許也讓人覺得允許他留在士麥那會太危險。流浪比較適合他。他便起程去了薩洛尼卡，再來是耶路撒冷，並在那裡住進一間單人牢房一樣的房間。他走進猶地亞沙漠尋找古代洞窟的陰暗深處，在那裡與聖約的天使交談。

被夏布臺惹毛的耶路撒冷拉比們，把他送去埃及替他們的猶太學校募款。他的情緒在開羅有了一波高潮。這個廢人變成了令人著迷的人，吸引了拉斐爾．尤賽夫（Raphael Joseph）的注意。此人是包稅主兼財主，才剛成為社群裡的頭人（chelebi）。身為卡巴拉主義者，夏布臺的神聖令拉斐爾．尤賽夫感受到的，與其說是畏懼反感，更應說是受其吸引。既然他膽敢做那樣的事，說上帝的名字卻沒被擊倒，那麼在那之中必定有點東西！在開羅的時候，夏布臺結了第三次婚。之前那兩次沒什麼間隔、婚配對象姓名至今不明的婚姻，都因為無法提供物質滿足而以離婚收場。[7]然而，最新的這一位新娘到頭來證明是比較能撐的。這位莎拉（Sarah）是一六四八年殘暴屠殺的遺孤，被一個波蘭天主教家庭收留（有些紀錄說是一個貴族家庭），並在教會中長大。據說美麗非凡的她，本來應該是要嫁給她恩人的兒子，但在婚禮前夕，她死去的父親造訪她，向她揭露她真正的宗教信仰，並（根據一份紀錄所言）命令她前往翌日會有個人下葬的猶太人墓地。等莎拉察覺時人已經到了那裡，全身幾乎一絲不掛（或者就是全裸，不同來源有不同說法），只蓋著她父親給她的獸皮，那上面還出現了以神祕文字寫下的訊息，說她會成為彌賽亞的新娘。她認真看待這件事，而成為了女先知，並在利佛諾反覆公開聲明她的天命。反對夏布臺的人，在這本自傳中加入了她人盡可夫的習慣，有些說是為了愉悅，有些說這也是為了營利。聽聞這女人要成為自己新娘的決定之後，夏布臺實在看不出這件事有什麼理由不該成。她違反規矩的行徑很有可能只會讓這種可能性更引人入勝。先知何西亞（Hosea）不就被勸過「你去娶淫婦為妻」？他們便按時在開羅結婚了。評論者對於最終是否有某種圓房形式完成並沒有一致意見，儘管從莎拉之後生下兒子來看顯然是有的。但和夏布臺精心策劃的「在有著裝飾的棚架下與《妥拉》結婚」儀式相比較的話，這至少算是有所改變。

把這個人變成彌賽亞的是內森；那個有「狂喜式推廣」和「神祕感捏造」這兩種天賦的內森。在夏布臺應該還沒降世之前，內森就聲稱「發現」了一篇古代默示錄文字，在幾個世紀以前就預言了救贖者夏布臺・茲維的到來。不用說，那當然是他自己（在所羅門・摩柯那些精神混亂的韻文的鼎力相助下）動筆寫的，他甚至過分到去損壞紙本表面，好做出古董般的外觀（這種事有著良好的先例。《列王紀》和《歷代志》就有猶大王約西亞〔Josiah〕統治時期的祭司在翻修聖殿時，在壞了的建築結構上「發現」古老的《妥拉》文字）。在內森的默示錄中，一位活在十三世紀德國的「亞伯拉罕拉比」做了個夢，夢中一個聲音宣告了未來夏布臺的誕生，而這位身為真正彌賽亞的夏布臺會「征服活在河流間的巨龍」（這是對埃及法老的標準詩意影射）。（儘管有那些武裝的以色列人，）勝利將會在不用「手」的情況下獲得，而是用吟誦和唱歌，而那會建立起一個直到時間終結的王國。一位「有如磨亮的黃銅」的男子現身，接著在後的是一隻雪貂和變色龍，然後第二個鬍子男人，這次彌賽亞自己會自誇有一根一肘半❶的陽具（這會讓異教徒好看）。這位天才用一把槌子敲碎了山，然後掉了進去並消失。不用害怕，黃銅男子說：「你將會看見他的力量。」

事實上，這些夢幻的畫面並不會比《聖經》裡某些更狂放的預言書——好比說《以西結書》——或者《以諾書》（*Book of Enoch*）之類的仿《聖經》作品來得更極端。在一個極端畫面充斥的時代，它們能施下魔法；然而，最後會成為哥舒姆・舒勒姆口中所謂信仰者的「每日常見之物」，而能夠被發行、翻譯、並在全歐洲以

❶譯注：四十五公分到六十五公分。

夏布臺派占多數的那些猶太會堂內給教士們誦讀的，卻是一封一六六五年十一月至一六六六年秋天期間，內森寄給埃及頭人拉斐爾．尤賽夫的長信。這封信裡又有一個更為精細複雜的卡巴拉，加上一份未來彌賽亞年分的年曆。讚美詩帶來的勝利將是如此的確鑿，讓蘇丹都會淪為夏布臺的副官和總督。一旦彌賽亞認定了第三聖殿在耶路撒冷的確切位址，並找回「神聖紅母牛灰燼」這種高級的潔淨之物之後，聖殿就會重建。夏布臺留下他的忠實僕人統治國度之後，就會退到山姆巴提庸河外幾年，回來時再帶著他真正的新娘——復活摩西的女兒利百加。他會騎著天上的獅子而來，那是一隻套著七頭巨蛇作為轡繩的野獸，而當「各民族看見他時，都將倒地跪拜」。

這些大部分本來都該被當成瘋狂而丟到一邊，但其光芒是來自應許之地：來自加薩、阿勒坡、希伯崙和（斷斷續續地來自）耶路撒冷；也可能不是來自應許之地，就如亞設．來姆連因．羅伊特林根和大衛．哈—魯本尼的情況一樣，來自德國和北義大利，又或者來自非洲阿拉伯世界的神祕地理學之中。分別長於言語和行動的內森和夏布臺，可說是強而有力的幻術搭檔。兩人（特別是內森）都充分沉浸於傳統文本和卡巴拉經典，而能將各種符號、預兆和象徵整理為一整列預言，特別是在基督徒和猶太教世界都充滿熱切期盼的一六六〇年代。這一切就足以讓資深的拉比，以及從波多里亞（Podolia）到埃及各猶太社群的有權有勢之普通信眾，都深刻地改變立場。如果開羅的拉斐爾．尤賽夫或者亞伯拉罕．佩雷拉（在阿姆斯特丹和希伯崙各有一間猶太學校的創辦者）這些人都成為熱情的門徒，而後者甚至還賣掉了大批房產和財富來加入彌賽亞的傳教工作，那還有哪個更不夠猶太的人敢不同意呢？

哥舒姆．舒勒姆主張，因為卡巴拉成為了當時的標準猶太教，猶太世界因此準備好能接受夏布臺這樣的奇人。但還有從里奧磊．莫迪納開始到漢堡的雅各．沙斯波塔斯拉比（rabbi Jacob Sasportas）的另一派聲音，他們就算不是真的反對（他們相信牽扯上異端說法的）卡巴拉魔法，這些最清晰的聲音也保持了最警戒保守的態度。里奧磊．莫迪納的訴求曾經是訴諸理性與《妥拉》來往，而不是訴諸恍惚的不確定性。應該要像邁蒙尼德教導的那樣，以及更之前的九世紀美索不達米亞「學院長薩迪亞」的巨作《信仰與主張》（*Beliefs and Opinions*）所教導的那樣，把上帝作為理性智慧的源頭來崇拜。[8]祂的律法應該使人邁向具體實現的世俗生活，而不是原始宇宙學的一場啟發。但內森自己就浸淫於邁蒙尼德的學說中，並清楚知道在《迷途指津》之中，超自然的冥想一直伴隨著理性思考。在任何情況下，卡巴拉的精靈一旦放了出來，就不能再塞回瓶子裡了。畢竟，《塔木德》是一個推論推理所構成的龐大帝國，而且得要信任和成文律法權威同時獲得的口述律法權威。所以，為何不去假設，《聖經》顯而易見的意義只是一層薄膜蓋著更為深刻的知識，而人可以靠著集中而有紀律地沉思其符號層級結構，來了解這個知識本體？言詞，以及構成言詞的字母，傳達了比較輕薄的意義和更為深刻的真相。基督徒、穆斯林和古典學者，那些柏拉圖的熟讀者，都相信他們可一步一步地被引領至超自然的智慧；那麼猶太人為什麼不行呢？

毫無疑問的，許多卡巴拉主義的新加入者和專精者，都比較傾向把彌賽亞的靈光——自由飄浮於《妥拉》和《塔木德》等正式律法外的神祕真理化身——罩在夏布臺身上。但雅各．沙斯波塔斯——他從漢堡前往倫敦擔任剛萌芽社群的拉比，但因為瘟疫吞沒英國而只能回到德國城市——這位卡巴拉主義者，在夏布臺身上看到的並不是化身的體現，而是神祕現象的粗俗心理變態之一面。就是這種粗俗化讓咒語靈驗。卡巴拉更高階的宇宙學和複雜的象徵手法，就是徹底失落在夏布臺所吸引的這一票廣大猶太人手上。他的支持者有一大部分仍是會去會堂的猶太人，對他們來說，哈拉卡的律法主義在一天又一天、一次又一次的安息日之間奉行下去固然不錯，但不知為何，就是不合乎他們的猶太生活和記憶中，那種命中注定的感覺。[9]彌賽亞填補了這塊心靈真空。畢竟，信奉夏布臺的猶太人不是唯一有這種想像畫面的群眾。即便在他們那時候，就已經有人注意到猶太人和貴格會（Quaker）信徒的想像畫面有相似之處。貴格派先知詹姆斯．內勒（James Nayler）模仿耶穌騎著驢進了布里斯托，聲稱自己是猶太王，也只是不久前的事情。而每一件事情都揮之不去的影響，是一六四八年波蘭與烏克蘭的大屠殺殘暴經驗。確實，夏布臺派歇斯底里事件最盛行的核心地帶，有一些也是猶太人在歐洲最能安居的城市——阿姆斯特丹、漢堡、威尼斯和薩洛尼卡——但來到這些地方的，卻是飽受重創的貧困生還者，來時除了連串惡夢外一無所有（根據估計，那幾年波蘭和烏克蘭的猶太人有百分之九十不是被殺就是被迫逃離）。夏布臺的妻子莎拉就是其中一個身心受創卻仍活著的人，極度渴望復仇的彌賽亞。對於迫切的受害者和接待他們的東道主城市來說，魔術般勝利地回歸耶路撒冷的這種願景——以及迫害者遭受報應的願景——本身就足以讓他們簽下去，加入彌賽亞的大軍。

在阿勒坡，當內森和夏布臺穿過哭叫的、拜倒的、詠唱的、跳舞的群眾時，他們了解到彼此是多麼的互補。內森有著文辭、意義和預言。不擅言詞的夏布臺專精於神聖戲法，也是違反禁忌的大師，很能體會造反抵抗的刺激感（因為他自己就體驗過），不只把那當成一種祝福來傳給他人，也把這當成自己面對咆哮群眾的一種職責。在耶路撒冷時，即便穆斯林有對猶太人騎馬施以禁令，他仍騎上一匹馬，並像約書亞那樣繞著城市跑了七圈，彷彿就是要用意志力讓蘇里曼的偉大城牆在他的魅力下傾頽，藉以主張他超越了世俗約定。但他的反戒條行徑，卻是對準了奠基於一道反常悖論——「違反《妥拉》的行動中，有著《妥拉》的實現」（bittulah shel torah zehu kiyumah）——而存在的整個拉比和《塔木德》權威結構。他在士麥那的那些不成熟的大膽行動——大聲唸出上帝四字神名卻沒有因為褻瀆上帝而被擊倒——現在成為他崇高地位的跡象。當夏布臺公然主張摩西律法的贅冗，他的追隨者便在新啟示的聖餐儀式中彼此分享。齋戒（除了贖罪日以外）變成了慶祝重建聖殿的慶典。有些飲食戒律（這又是另一個理性主義懷疑派最喜歡的目標）可以丟到一邊，夏布臺演出吃了禁止食用的包腎脂肪（heleb）。他把自己包在君王身分的服裝裡——綠色絲綢製成，神僕則是把綠緞帶別在外套上來模仿——或者頭上蓋著祈禱披肩巾，華貴地騎馬行進（而這想必也很需要技巧）。在接受了彌賽亞的頭銜後，他告訴內森說：我將會以在我看來正確的方式處理以色列。他越是大膽，他就變得更可信。

在士麥那的光明節時，夏布臺的自我信念轉為狂妄自大。有另一場正式與《妥拉》結婚的婚禮，在婚禮棚蓋下舉行。參加者以排列隊伍的方式進入猶太會堂，有人拿著裝滿花和糖果的花瓶領在隊伍前頭。隊伍中男女性都有，都奉命前來參與朗誦會。挑選過的拉比拉著他長袍的摺邊。他的雙極性格，完美地符合人們想像中，彌賽亞的暴烈性格會流露出的任性印象。在那裡有著唱著甜美聖歌的歌手夏布臺；有著暴怒復仇的駭人怪獸夏布臺。他的一位祕書薩繆爾・普利摩（Samuel Primo）寫道，沒有什麼行動能比在猶太會堂本身領域內攻擊任何膽敢表達不相信的人，還能讓安息日更為神聖化的。他的追隨者中最狂信的那群人裡，有許多人在義大利和荷蘭真的就這麼做了。

唱著美妙曲調而身驅肥胖的國王可以變成暴徒。在士麥那的光明節時，夏布臺得知葡萄牙猶太會堂是個懷疑論者的巢穴。這地方的顯赫人物，商人哈伊姆・班尼亞（Hayyim Peña），十之八九會拒絕讓他進入。為了測試反抗力道，夏布臺老大隨身帶了一群吵鬧而激憤的追隨者來到大門前，並用斧頭砍出一條路進去。先前才差點被擁護夏布臺的暴徒殺掉的班尼亞，從窗戶撤退出去。當他回到家之後，他極為驚愕地發現他兩個女兒改信成了女先知，沉溺於幻想錯亂並對著父親大喊「王冠、王冠」。「當消息傳出去，每個人都急著想聽那兩個女兒的預言，即便除了她們之外到處還有很多先知。因為每個人都想確認哈伊姆・班尼亞的女兒是不是真的在預言夏布臺・茲維的事情。」[10]

在葡萄牙猶太會堂內，安息日儀式變成了震撼奇觀，彌賽亞展現出他對所有傳統禮節的不在乎，無懼於會眾反對，任意按照自己的好惡來修改他們的律法和習俗。他宣布，十八次祝福的立禱詞，這套每次（早晨、下午和晚上）進行儀式時的沉思骨幹，是多餘的。「聆聽」就夠了。接著，夏布臺大步走向聖櫃，用他的手杖猛敲櫃門，就好像要命令它服從。現在《妥拉》，這新娘，就是他的了，但反之並非如此。他並沒有引用經文來誦讀每週的應讀分量，而是拿出了一個磨破了的「五之一」（chumash，書籍版本的《妥拉》）並零星摘錄著讀，突然迸出他最喜歡的拉迪諾浪漫歌曲〈梅莉西爾達〉（Meliselda）的合聲，然後又把鄂圖曼帝國的「諸王國」分封給他的追隨者，就先從他的兩個兄弟艾利亞和尤賽夫開始。

跨越一六六五年與一六六六年的冬天，夏布臺的事蹟快速在離散的人們之間流傳，讓各個社群紛紛陷入混亂爭辯。幾乎每個主要核心地點都發布了激烈的指責，但沒有一個地方有質疑者占到上風。被圍攻的信眾會首和社群長老所能做到的極限，就是試圖假裝穩健中立。但同時，他們大部分的信眾，都在內森的指令下，投身於發作式的悔悟。在義大利，劇場自從猶太人里奧聶以來就是猶太人合法的享樂方式；此時觀眾們居然同意放棄演出，也放棄化裝舞會和普珥節的舞蹈。從羅馬到阿姆斯特丹，猶太人最出類拔萃而風靡的擲骰子與玩牌，也被人們捨棄。不分窮富、愚智的人潮湧入了猶太學校，導致校內必須增添長椅來容納他們。在許多地方，悔罪者和狂喜者爭著要贏過彼此。齋戒延長到了有危險性的一次兩三天，且每週重複一次。在費拉拉，這樣的程度對某三名猶太人來說甚至還不夠，他們在連續六天六夜的齋戒後死亡。[11] 冬天本身變成了一個自我羞辱的鬥技場。雷布・本・歐澤（Leyb ben Ozer）這位阿姆斯特丹阿什肯納茲社群的公證人寫道，波蘭有男男女女把自己浸在冰層下；還有人在雪中裸身滾動，一次就是半小時。這種折磨通常發生在漫長的夜晚，因為內森的祈禱很明確地意圖要在半夜誦唱。悔罪要求痛苦。有些獻身者把熔化的蠟淋在身上；還有些人用帶荊棘的樹枝鞭笞自己，直到血肉模糊。但悔罪最有價值的手段是蕁麻。那些最認真於悔罪的人把一條條刺人的蕁麻綁在身上，前後來回繞，然後穿上緊身羊毛衣來加重痛楚。這種狂熱造成的結果是蕁麻短缺，迫使悔罪者得從遙遠的荒野和森林尋找供給，或者付出高昂的價錢來把它們運來。

阿姆斯特丹，這個繁榮的、安全的「神聖團體《塔木德》、《妥拉》」葡萄牙裔社群，就被這股狂熱弄得天翻地覆。社群裡的拉比分裂成兩派。以薩克・阿伯阿布・達・馮賽卡成了狂熱的夏布臺派，還有從摩洛哥來到荷蘭的阿倫・薩法蒂（Aaron Sarphati），以及賽法迪社群內的領唱者和社群內最聰明的幾個學者，像是和史賓諾沙學習同一套《塔木德》、《妥拉》的以薩克・那哈爾（Isaac Nahar）。主要反對者是雅各・沙斯波塔斯，他深知自己是一二六三年巴塞隆納辯論會上《塔木德》的偉大守護者、迦太蘭人納賀蒙尼德（Nahmanides）的後人，並對所有在街上和猶太會堂裡的載歌載舞感到驚駭不已。「律法的卷軸跟著那些美麗的裝飾品一起被人拿出了聖櫃，沒人擔心那些異教徒的嫉妒和仇恨可能造成的危險。相反的，他們公然地公布消息，並將報導通知那些異教徒。」[12]他從漢堡開始，猛力抨擊這些缺德而受騙的人們，但在一六六六年夏布臺變節去信奉伊斯蘭教之前，他的呼籲幾乎沒有成效，因為大部分的阿姆斯特丹猶太要人，好比說砂糖巨擘亞伯拉罕·佩雷拉之類的要人，都是狂熱的夏布臺派。雅各·沙斯波塔斯在埃波月第九日遇上了低點，當時信眾們正在慶祝已經變成盛宴的齋戒，正大口享用食物和葡萄酒。想要跳舞的人是如此的多，多到連夏布臺派都得把讀經臺上鞭笞自己的人數限制在一次十二個。反對者能做的，頂多就是當人們（不只在安息日，也在週一、週四）為彌賽亞夏布臺·茲維朗誦禱文時，刻意招搖地離開猶太會堂。因為害怕報復，懷疑者被脅迫噤聲。當一位知名的懷疑者，商人阿拉提諾（Alatino）——他痛斥信眾，大罵：「你們都瘋了！預兆在哪裡？先知以利亞該帶來的消息在哪裡？」——在某個交易所待了一早上，然後在洗手和吃麵包的間隔中猝死後，那些膽小的人就打從心底學到了教訓。[13]

在這個最商業化的城市裡，猶太資產開始殺到最底價清算。猶太人遭到禁止，不得購買其他猶太人為彌賽亞出清的折扣資產而從中獲利。在日耳曼領地上，市民和農民都渴望逢低撿便宜，靠著自己來讓日常暴力產生的大規模遷徙加速發生。這沒什麼關係：反正到了以色列的土地上什麼都會拿到。同時，社會階級和風俗都消散了。單身漢娶了沒有嫁妝的新娘；有錢人把那些勤奮好學的窮困者帶來家裡。另一方面，運輸工具的挑戰持續把有錢人從那些排隊等候的人之中分類出來。以五萬荷蘭盾賣掉自己不動產的佩雷拉，要把自己和家人弄到威尼斯，並（不管是為了什麼理由）在那裡原地不動直到彌賽亞崩盤粉碎他的夢想，其實並沒有什麼困難。沒那麼有錢的猶太人你推我擠地想要找到生路。在東歐，特別是在立陶宛，有一個《聖經》注釋的古老傳統說，當彌賽亞時刻來臨時，準備好的信者會發現，上帝會把祂的子民用雲朵運到以色列。暗中得意的基督徒和反對信奉夏布臺的猶太人都報告說，輕信謠言的猶太人裡有許多人直望著天空。有一位懷孕的太太，擔心她的身體狀態沒辦法挺過前往耶路撒冷的長途旅行，但在丈夫再三保證雲朵運輸會讓她一路輕鬆之後，便被安撫了下來。在希臘的阿爾塔（Arta），另一個猶太人在嘗試跳往雲朵時從屋頂上跌下來，摔斷脖子而死去。

這很荒唐，但並非不能理解。因為在這短暫的時期中，狂熱者之間有一段社會交流，一群覺得最安全的避難所始終只是臨時落腳處的人之間，也會有一個充滿狂熱希望的陣營。夏布臺主義是投降宿命論的反面，對不幸災禍的無止盡逃避。這是衝向贖罪的奔跑；對錫安的呼喚。這之中的即興本質，那種對戒條震撼而刺激的違反舉動，搭配上不屈不撓的自我洗滌，產生了一個文化人類學者所謂的「中介空間」（liminal space）：一個過渡地帶，裡面所有東西都可以重製再造。許多猶太人——不只是烏列爾·達·科斯塔、丹尼爾·德·布拉多、還是巴魯赫·史賓諾沙——顯然都覺得，猶太的再造時刻即將到來。一個痛苦和歡欣的狂熱宗教、一種集體的雙極精神狀態是怎麼占到上風，其實並沒有那麼難了解。

這種事該要結束，也確實在蘇丹穆罕默德四世（Mehmed IV）的土地上結束了——如果按照那種不切實際的說法，他的士兵理當要在以色列人的長槍和眾人齊唱之下倒地才對。在阿勒坡獲勝之後，內森和夏布臺便分道揚鑣，各自去散布話語。在追隨者的簇擁不放之下，夏布臺離開了家鄉，並徹底迷上了他自己的神話，而在一六六六年三月搭船前往君士坦丁堡。根據他的侍僧所言，多虧了神祕火柱一再出現，在危機時保護他，他的船才沒有在巨大風暴中失事。但這道火柱未能保護他不被逮捕、不被帶到內閣首相阿夫美德·喬浦琉留（Ahmed Köprülü）面前遭審問入獄。原本的瘋狂欣喜這時轉為憂鬱。彌賽亞面對捕捉者的無能，雖然令君士坦丁堡、哈德良堡和薩洛尼卡（以及得知消息後的士麥那）的猶太人們驚愕無言，但他們仍然推論，這都只是整個彌賽亞大局的一環。或許被俘和受苦都只是救贖和復活的開場而已。

喬浦琉留認為，一旦這邊釋放彌賽亞，就等同於穆斯林對執迷猶太人的一次進攻，因而把愁眉苦臉的夏布臺載上船，穿過馬摩拉海，送到位在達達尼爾海峽邊固若金湯的加里波利要塞。他的策略是藉由澆熄熱潮（而不是處決出一位殉道烈士）來降低危險。在加里波利要塞那邊，他並沒有將夏布臺關在君士坦丁堡那種恐怖地牢裡，而是讓他要什麼有什麼，除了自由以外。奢豪的飲食，華美的地毯和窗簾，全都任憑他享受。前來拜訪的朝聖者——像是來自波蘭的調停者末底改拉比（Rabbi Mordecai the Mediator）和責難者以賽亞大師（Master Isaiah the Reprover）——看了彌賽亞吃飯的豪華金銀器皿都驚嘆不已，而那些在夏布臺唱著愛歌伴奏的土耳其音樂家和歌手，也讓他們大飽耳福。夏布臺的信徒確信，他們的王沒有在君士坦丁堡被處決，要不就是奇蹟，要不就是蘇丹和他的弄臣知道自己面對的是何方神聖而不敢下手，因為不管他死在何處都將從墳墓中復生並戰勝他們。但加里波利的監禁不但沒有終結席捲歐洲、非洲的彌賽亞狂熱，反而讓這股熱潮在一六六六年春夏達到新高點，特別是在夏布臺自己又從情緒低潮回復到熱情奔放的高潮之後。不只庫德斯坦猶太社群出現了夏布臺派的熱情示威，在葉門，人們幾乎要給自己招來又一場南阿拉伯定期發生的大屠殺。在波蘭，太多人帶著夏布臺．茲維的畫像穿過街道，威脅要挑起一場針對天主教徒的攻擊，而國王揚．卡齊米日（John Casimir）不得不禁止人們公開展示這類畫像，同時對攻擊猶太人的行為提出嚴厲警告。

對於前往加里波利的朝聖者來說，去哪兒都不算遠，走多久都不算長。對他們而言，他現在是埃米拉（Amirah）——希伯來語「我們的主和王，願他的威嚴頌揚」的字首合詞。有時候會有上百人，甚至上千人一起站在聳立於愛琴海岸高處，被改名為「力量之塔」的要塞門前，希望能窺見他們的主。那些有所準備的人，還真的成功了。他們獲得的獎賞不只是一窺夏布臺宮廷的奇觀，更能夠看見那個人，看他不知怎麼地，比起自由胡言亂語時，更輕易就融入了他身為俘虜角色的氣息。來自烏克蘭、由拉比率領的代表團向他詢問，這是否讓他聯想起一六四八年至一六四九年大屠殺的恐怖，以及那些死去的受福殉道者。但夏布臺的回答，就只是指向他桌上打開的那本記載那段歷史的書。接著他問候了拉比的父親近況如何。既然是問起一位八十歲老先生，回答也不出乎意料：他很虛弱，埃米拉能否幫忙讓他更為硬朗，然後再活久一點點呢？夏布臺拿了一片糖給了拉比並告訴他，這會讓他父親好一些，然後又拿了條織上金絲的圍巾和一件外套給這對父子。即便夏布臺有那麼多荒唐的噱頭，他確實似乎仍有片刻是以療癒者兼君主自居。無怪乎許多在加里波利見了一面後回來的人都宣稱，主的面孔散發著一股超自然的光芒，強烈到沒有一個僅為肉身的猶太人可以在不燒傷的狀態下直視他。這段時期裡，四面八方的猶太世界紛紛以意第緒或者猶太西班牙文、葡萄牙文或義大利文或希伯來文寫著紀念他的詩篇。甚至連蘇菲派的德爾維希（dervish，托缽僧）們，都被他的神祕威嚴傳說激起好奇心而前來致敬。

如此被囚禁在加里波利宮廷的夏布臺，早早就下了令，除了塔慕次月（Tammuz）十七日以外，他出生的埃波月第九日也都要從齋戒改為盛宴，並指定了用什麼歌曲和餐宴來慶祝。讓喬浦琉留改變心意的，可能就是這場在全歐洲爆發的失序歡慶；尤其在土耳其境內的，可能影響特別深。九月中，夏布臺被帶到了蘇丹最喜歡的夏日度假地哈德良堡。現在事情就有點急了，夏布臺渴望已久的會面困擾著他，並改變了一切。穆罕默德四世從一個凹室的格子窗看著夏布臺面對著哈德良堡的省長（kaimakam）——謝赫伊斯蘭（sheikh al-Islam）兼知名宮廷講道人，穆罕默德．凡尼先生（Mehmed Vani Efendi）。夏布臺已經得知他會是蘇丹弓箭手的目標。如果他真如自己所宣稱的是彌賽亞，他就能毫髮無傷地以身體彈開箭矢，所有人便會承認真相。但如果他拒絕測驗，他就會被帶去架在托普卡匹宮門外的釘樁上（另一份不同的紀錄中，用來威脅他的處決在城裡遊街，身上插著火炬一路燒著他的肉）。

當然還有第三種選擇，而夏布臺很快就採用了，他把帽子一甩，然後（據某些人說的）在腳底下踩，同時披上皇宮看門人（kapici bashi）的白色長巾——可是極大的榮耀。來自大衛一脈的彌賽亞現在成了「穆罕默德先生帕夏」。一個銀錢包是他的了，還加上一套符合他新信仰和階級的服裝。阿夫美德．喬浦琉留和蘇丹知道，他們把威脅了結了。

然而令人驚訝的是，當這狼狽的消息傳到他的追隨者陣營裡時，反而受到許多頑固不信者的歡迎。人們說，夏布臺沒有背叛信仰，而是升上了天，只留下軀殼被白長巾包住頭。或者說他（暫時地）遁入了庫利佛特（qelippot，字面意義為「殼」，意指逆卡巴拉的邪惡之樹）的黑暗領域，以便打敗它而保存最後的神聖火花。或者，他只是在面對蘇丹時假扮成忠誠的穆斯林，意在準備接管他的政府。或者說，他其實是做了身為彌賽亞王會做的事，好避免猶太人遭到全面大屠殺，所以這件事也就不那麼莫名其妙了。或者，他就只是消失到了山姆巴提庸河之外；總是、而且永遠有這一招。精明的阿夫美德・喬浦琉留決定反對任何一種對大批信眾的集體懲罰，儘管說有一些鼓吹運動的領頭拉比遭到圍捕。內閣首相和蘇丹就只是讓一切自然幻滅而已。就大部分狀況而言，熱潮確實同時在鄂圖曼領地及歐洲幻滅，這種消退造成了沉重的打擊。這場背信事件的餘波裡很奇妙的一點，並不是信仰的消散，而是有多少人還在固守他們的獻身。回到阿姆斯特丹之後，不承認錯誤的亞伯拉罕・佩雷拉與其他不悔的夏布臺擁護者（包括當初的一位領唱者）繼續在私人住所會面，並為他祈禱祝福。更令人驚訝的是基督徒的堅強不屈信念。有一位基督徒女性成為了夏布臺派的女先知，並拒絕放棄主張。至於瓦隆人大臣彼得・賽拉琉斯，這位幾乎與這場大戲中所有人——梅那賽・本・以色列、約翰・杜里、巴魯赫・史賓諾沙——都是朋友的人，在生命中的最後幾年投身於翻譯內森的信仰，並在將近九十歲時，獨自前去拜訪在哈德良堡的夏布臺，但在路上死去（這可能會讓他避免些許失望）。

夏布臺知道有這種情況，並藉由在哈德良堡過著雙重生活來鼓勵這情況發生。他變成了某種像是穆斯林馬拉諾的身分——他會老實地造訪清真寺、出席週五的祈禱，並聆聽伊瑪目講道——但據許多人報導，他也同時持續在每週五晚上點蠟燭並盡可能地遵守安息日。最後他還是疏忽過了頭，在一六七三年被人指責，行為若非侮辱伊斯蘭，就是叛回原教。原本這種指控可以讓他立刻被處決，把他和他的公然信奉者逐出教會的拉比們應該會為此感到高興。但喬浦琉留再次決定採溫和手段，把「穆罕默德／夏布臺」放逐到阿爾巴尼亞的某個偏遠地區；他在那裡又和另一位年輕女性結婚之後，於一六七六年過世。

然而，「夏布臺暗中持續身為夏布臺」的概念意味著，就算來自猶太神職人員的指責和驅逐對他襲捲而來，到一六七〇年代都還有不少人持續相信他。其中一個人就是加薩的內森（Nathan of Gaza），他即便淪落到過著漫遊在猶太社群間偷偷摸摸尋找信仰者的流浪生活，也不改其志。他兩度造訪哈德良堡，和他那位轉業成皇家看門人的彌賽亞重逢，而他可能好好地說服了內森，說他自己在穆罕默德先生帕夏的面具下，依舊是那個夏布臺・茲維。在威尼斯，內森允許人們編出一份他有意承認自己受騙犯下愚蠢錯誤的「自白」，但那份自白實在太沒說服力以至於無法取信於人。糾纏他的力道如此兇猛，證明他對自己仍身處危機的焦慮感並非空穴來風。批評者中一個最兇猛的是尤賽夫・哈里維（Joseph Halevi），他就描述內森是一個「無腦少年，宣稱自己是先知還不滿足，還將那個曾經是夏布臺・茲維的粗俗瘋癲惡人抹油封聖為以色列王」。[14]

關於彌賽亞本人則有更為惡毒的說詞，一部分是為了阻止更多先知萌芽，因為候選者非常多，其中最有望的是亞伯拉罕・米古爾・卡爾多索（Abraham Miguel Cardoso）；當夏布臺出現時，這位從醫的改信者住在利佛諾，而他的姻親姊妹同時能看見幻覺並展現奇蹟，治療他的白內障和她自己變形的肢體。雖然背叛宗教，卡爾多索的記述——包括一個例子是，他三歲女兒詳述彌賽亞的影像，還告訴爸爸說她全部都是從「你頭裡的那個人」聽來的——卻都是有創造力的故事，除此之外，還有其他不少類似的（雖然敘事的水準沒那麼好）。對於救贖和恢復的渴望集中於一名彌賽亞，這樣的情況在接下來的幾個世紀也沒有逝去，而對於所有正統派捍衛者的咒罵（例如雅各・埃姆登〔Jacob Emden〕就把夏布臺稱作「巧舌如簧的無賴……雙爪一抓就抓下了獵物……就像一名蕩婦對每個路過的人張開雙腿，還和公驢交配」）來說，猶太教的神祕衝動力量也從來沒有消失。

不過，也有悲傷的場景。日記作者「哈梅恩的格拉克」（Gluckel of Hameln）的岳父，一位深信者，就為了準備前往聖地的旅程，把一桶桶亞麻布和乾燥食物運到漢堡。背叛信仰發生後的三年裡，他都拒絕把桶子打開。「三年來桶子就這樣備在那邊……同時，我的岳父等待著出發的信號。但至高上帝不因此而悅。」就算是梅乾、乾豆子和香腸也不可能永久存放。只有到了腐敗食物快要把保存良好的亞麻布弄髒了，老先生才同意把桶子撬開，裡頭的彌賽亞夢早就生蛆爛成一團了。[15]

II 日常的勝利

在烏魯彥堡的猶太街坊（Jodenbuurt），生命的脈搏仍在介於艱苦義務和夢境迷幻之處持續跳動：無邊帽和籃子，魚市（Vismarkt）閃耀的光芒和證券交易所的喊叫聲；高帽子和發出細微摩擦聲的絲綢；鐵箍和箱蓋，雪茄菸的菸蒂和沾著丁香的指甲；猶太新年早晨羊角號的雙聲響打擾了南教堂（Zuiderkerk）的報時；靴子在滿是沙塵的猶太教堂地板上拖曳的步伐，駁船裝滿了裹好的遺體，沿著阿姆斯特爾河而上，前往他們安息的「生命之屋」。生命也在這裡上演著猶太家庭裡的儀式劇碼：猶太教割禮（brit milah）；只有畫像中最老的人還記著來自西班牙和葡萄牙的成年男子決定為了聖約而動刀是什麼光景。離哈德良堡的背教事件已經過了兩年，而如今已經變成是這件事重要得多：猶太割禮師占去了中央舞臺，就跟法蘭斯・班寧・考克特隊長一樣；驕傲的父親，還有那仍在剛分娩的四柱床上的哺乳母親；大一點的孩子動來動去想要玩耍；白鬍子的拉比擺出家族長的姿勢；或許那就是哈罕，那位幾乎眼盲的老人以薩克・阿伯阿布・達・馮賽卡他本人；先前信奉夏布臺主義造成的難堪，到了這時候似乎已經像惡夢一樣遠去了。而在這張畫的背景裡有另一個細節不明但要素精彩的故事：非猶太人和猶太人之間的合作。是某個猶太人（有些人認為這猶太人是摩西・古里艾爾〔Mozes Curiel〕，社群裡最有錢而傑出的人物）委託人畫了這張畫當作家族紀念物；非猶太人則是羅梅恩・德・胡格，那時代最有天分的圖像藝術家，當時還是個正要起飛的新人，但正因為成為省長威廉三世的諷刺兼論戰者而邁向名利雙收，而當王子成為英國國王威廉三世時，他也增加了皇家紙上頌讚者的這個頭銜。[16]

這是這（在猶太歷史編年中）一整片如此奇觀裡的平常片刻：業主和藝術家的自然契合；一個猶太儀式和齊一的荷蘭服飾的自然契合，若不是有朝割禮者放刀的盤子比出勝利手勢，不然猶太人和任何其他的阿姆斯特丹人可說毫無不同。在阿姆斯特丹賽法迪猶太會堂裡，十年間有過兩種奇觀：對巴魯赫・史賓諾沙所判處的開除教籍，還有在埃波月第九日的舞蹈上，有阿伯阿布和薩法蒂兩位拉比在旁邊拍手。這兩個景象各自邁向未來，造就出現代世界裡的猶太人。那些從阿姆斯特丹伸出的公路盡其可能地彼此拉大距離分開；一條路是通往反對奉行教條法律、以歷史觀點看待《聖經》和《塔木德》、猶太會堂停車場式的猶太教、針對不同宗教信仰的結合做一個普通的修理訂正；另一條路則是深入神祕的核心，一種閉上眼睛、向後搖動、自我清償的全心投入（kavanah，在祈禱時將心靈與感情全然融入的態度），獻身到了最大極限，直到排除一切僅剩吟誦的字詞，或者低聲喃喃的祝福，或者字詞之間的出神狂喜。

但在阿姆斯特丹也還有第三條路：日常之道，退回到了週週月月年年的韻律裡；安息日；數著歐麥（Omer，古代的體積單位）；住棚節時棕櫚葉搖動，普珥節時孩子們唱歌。某個從基督教以來就逃離了猶太人的東西此時開始了，而且不知怎麼的，在荷蘭共和國裡達成了：一種普通生活的表象。到了一六七〇年還有了更多：更多錢、更多乞討、更多石頭在有錢人的屋子前，其中有一些被移出了大街，移到了內阿姆斯特河（Binnen Amstel），或者在貝爾蒙特「男爵」的例子中，甚至被移到了紳士運河（Herengracht）五百八十六號。會客廳（saal）裡有了更多音樂，牆上有了更多繪畫；更多食物、更多葡萄酒、更多假髮、更多詩篇、更多表演、更多義大利舞蹈大師和法國歌獨唱會；有了更多種語言的更多書籍，還有多上更多的猶太人：兩千五百名賽法迪猶太人和一千八百名阿什肯納茲猶太人。

而這就給了會堂時機。所以，就正好在史賓諾沙終於（但匿名地）出版了他的《神學政治論》──書中認為，要是有那麼一個上帝的話，祂就只會是自然早就決定的那個計畫而已，不多也不少；祂不在乎罪惡和美德、懲罰和獎賞、猶太人的律法或大屠殺，甚至說完全不在乎猶太人──的同一時間，阿什肯納茲和賽法迪猶太人都覺得，自己的禮拜堂應該要夠大夠美，要足以彰顯他們在阿姆斯特丹不可抹滅的地位。有意以建築形式作為宣言來駁斥賽法迪那種高高在上態度的阿什肯納茲猶太人，便從一個在這全世界最美城市裡修築過東教堂和其他紀念碑的石匠大師家族中，選用了埃利亞斯・鮑曼（Elias Bouwman，這個姓的意思就是「建築師」）。但鮑曼卻是在另一位更令人敬畏的人物的監督下工作：那人便是丹尼爾・史托伯特（Daniel Stalpaert），眾多教堂以及東印度公司大型倉棧的建造者。不用說，這只會刺激賽法迪人超越他們。一六七〇年十一月二十三日，以薩克・阿伯阿布・達・馮賽卡在木運河上的猶太會堂裡布道，呼籲提供資金興建新禮拜堂。光那一場演說，他就募得了四萬荷蘭盾——將近總成本的一半。那時候日子就是這麼好。不落人後的，來自德・索托（de Sotto）家族的另一位貴族同意在有償付時程表的條件下，追加高達十萬荷蘭盾的資金。然而，如今已被鄉間別墅、銀行戶頭滿滿的百萬富翁貴族所擠滿的自治會，拒絕了他的提議。被阿什肯納茲人的傲慢所羞辱的自治會，選擇了在史托伯特底下工作的同一支鮑曼團隊，來超越對手社群。新猶太會堂是否要在舊會堂原址有過一些討論，但他們取得了一張在米德爾運河（Muidergracht）的重大土地合約，就在「痲瘋屋」（漢生病療養院）的對面，離阿什肯納茲的大會堂（Grote Sjoel）一百碼左右。這場競賽有點粗野，但這兩座猶太會堂將會成為阿姆斯特丹猶太人的雙聖殿。

工程於一六七一年開始，但很快就因災禍中斷；一六七二年——所謂的災難年（rampjaar）——共和國遭遇了英國艦隊和法國路易十四大軍的意外雙重攻擊。法國的入侵是如此突然而恐怖，以至於只有開堤製造防守洪氾才沒讓國家整個被征服。海牙的暴徒殺害了作為代罪羔羊的大議長約翰・德・維特（Johan de Witt）和他的哥哥科尼利斯（Cornelis），還沿街展示殘缺的屍體並叫賣挑過的屍塊。曾在一六四二年拜訪老猶太會堂的省長孫子威廉三世，是這場混亂的受益者；他接管了共和國，擔任了首領和大元帥，而且，在猶太銀行家等人提供的借貸和軍需物資的幫助下，阻止了入侵者的進攻。羅梅恩・德・胡格以歌功頌德的海陸戰印刷圖，和被宗教審判狂熱占領的烏特勒支、聖約翰教堂（Sint Jans Kerk）變成了天主教主座教堂的宣傳印刷圖，一起慶祝這場勝利。德・胡格在葡萄牙猶太會堂（Esnoga）就職典禮上寫的其中一首詩就挑明了說，猶太人「在塞納河或太加斯河岸」尋找避難處將徒勞無功，投靠認可猶太人宗教的「阿姆斯特爾河上的城市才是明智之舉」。

免於宗教迫害——幾個世紀以來歐洲的禍源——的自由，到了那時在荷蘭已經稀鬆平常。即便如此，當猶太會堂的興建工作在又一次的挫折（於一六七四年八月一日突然侵襲該城的猛烈颶風）後重新開始時，人們若是在這個天主教和門諾會信徒（如果教堂本身開放的話）還得把自家教堂迎街面偽裝起來、私下進行禮拜的時分，看見了從城市大片建築中立起的兩棟猶太會堂，心中絕對會驚訝無比。相對的，猶太人自信到不只以想像中最大的規模來蓋會堂，實際上還對此吹噓，引用了一些文字來指引他們蓋出比周圍任何建築都還要高而巨大的禮拜堂。中央區（就跟聖殿本身一樣）藉由獨立於整列低矮建築圍出來的院內，而突顯出它的宏偉。它們共同形成了一個完整的社群：兩名會堂司事（samasim）、兩名領唱者（chazzanim，儀式自豪之所在）的住所，「生命之樹」的教室，一間寬敞而美麗的圖書館，給自治會用的幾間會議室以及給到來信眾的洗滌場所。

進入葡萄牙猶太會堂本身就是讓自己沐浴在光線之中，而這也是這地方和中世紀以避難和安全為優先所興建（但通常沒用）的猶太會堂、那種小小歌德式空間顯著不同的地方。這裡的屋頂有一百呎高，能放上三排窗戶，方方正正地立在底樓和頂樓，照亮了女性專用的邊座。在那之間是高聳驚人的拱形窗戶，前後牆有五面，側面則有七面，讓光線流進內部空間，非常類似最宏大的喀爾文派教堂。會堂的尺寸之大也是空前的：一百三十呎長、一百呎寬，底下的男士區可以容納一千兩百人，而上頭兩邊的女用邊座則可容納四百人。會堂落成的布道文中就有一篇宣稱，葡萄牙猶太會堂只比維拉爾班多所描繪、由天普羅所製作模型的所羅門王的聖殿小一點。[17] 裝著《妥拉》卷軸的「聖盒」和「聖櫃」（heichal）都用橡木製成，蓋著薄薄一層巴西紅木（pernambuco），在荷語中稱作薔薇木（palisander）或者「sakkerdan」，是摩西・古里艾爾供貨且捐贈的所有木材中最細緻、最昂貴的一種。有雕刻的原件是用結實的紅木做的，而在聖櫃上，它們被拿來雕成科林斯式柱，在戒條碑文旁邊立起來。密集叢生的枝狀吊燈上，點著八百根蠟燭。

一六七五年八月二日週五晚上，所有的蠟燭都為了葡萄牙猶太會堂的落成而點燃了。全阿姆斯特丹的人都來到了米德爾運河上這座壯觀的建築物：不只是城中的猶太人，還有這城市的傑出顯赫人士：市長們、市議員和城警。那一晚是安慰安息日（Shabbat Nachamu）之夜，埃波月第九日齋戒後一整週「安慰」的起頭；那時也會詠唱著《以賽亞書》第四十章的韻文——「你們要安慰，安慰我的百姓」（Comfort ye, comfort ye my people）。落成儀式進行了八天，天數就跟馬加比一族（Maccabean）將神殿從希臘化異教中解放出來後所做的淨化一樣多。沒有人能忽視曆法和歷史上的象徵手法。這種當地的救贖時刻，並不是非要有個彌賽亞才行。

社群裡的卓越人士聚集在新的自治會會議室，他們把《妥拉》卷軸帶到那裡，並容光煥發地穿著繡著銀線和金線、覆蓋著的王冠和尖頂飾物的斗篷。阿伯阿布老先生有幸帶領持有第一份卷軸的隊伍，而其他人則是遵守精準嚴格的秩序：學校官員和「視訪病者」（bikur holim）這份傷病基金的管理者，接著是社群裡的長者（velhos），每個人面前行走著一位挑選過的信眾成員，手上舉著點燃的蠟燭。他們穿過庭院進入葡萄牙猶太會堂並繞行三圈，銅製吊燈反射著燭光。當聖櫃的門打開時，信眾可以看見另一個華麗景觀：燙金的皮革包覆著內側牆面，深紅的花朵圖樣印在表面，據說是賽法迪人隨著源自路西塔尼亞（Lusitania）的記憶一併帶來的傳統。哈罕講了第一場布道；接下來幾天裡還會有七場，包括針對祈禱之力量、宗教和諧和的荷蘭自由（vryheid）的專題演講，還有一場演講野心勃勃地把上帝作為天地建築者的成果，和社群打造葡萄牙猶太會堂的成果互相比較。在落成儀式上，人們說出了一段稱作「shahachiyanu」的，對新房舍、新一季和新奇觀的祝福。接著人們唱出了由沙洛摩・凡・拉斐爾・科洛內爾（Salomo van Raphael Coronel）譜曲的〈上帝將統治〉（yimlokh），然後是〈大衛的讚美詩〉（mizmor le David）。

在古里艾爾的要求下，德・胡格替這偉大的一幕畫了一幅畫，包含了整個隊伍，並小心地忠於每個建築細節。但在聖櫃之上，他放入了一個暗喻的元素，證明了這個社群此時在這個大城市和這個（畢竟還是一個基督教共和國的）國家裡的自然地位。其中的一邊是共和國以及〈阿姆斯特丹少女〉（Maid of Amsterdam）的擬人化人物和各自的紋章；另一邊則是猶太會堂的擬人化，到目前為止，這人物都還是個標準的基督教傳統圖像元素，意指著固執盲目。但到了這一回，聖櫃旁邊跟著一個人物——亞倫，拿著一卷打開了的《妥拉》卷軸。這上頭的拉丁題詞寫著：「道德良心的自由是共和國的主體」（Libertas Conscientiae Incrementum Republicae）。這種價值的活生生證據居然是猶太人眾家族，這一點已經超乎驚訝可言。

在接下來幾年中，為了滿足任何一個想要了解真相的人，以及那些沉醉於描繪自身儀式習俗之藝術品的猶太人，作者完成了一整套把猶太人和猶太教的神祕感都去除掉的作品。〈逾越節晚餐〉（The Passover Seder）畫中的人們是在慶祝這一刻，而不是營造出邪惡陰謀的場景（因為在歐洲其他眾多地方，「血祭毀謗」還是相當盛行）。配有哭泣哀悼者的奧德凱爾克婚禮和葬禮，在描繪時沒有了那種梅那賽・本・以色列嘗試去除英國人對猶太人最差勁的想像時，所無法避開的防衛心。習慣畫教堂內部畫像的藝術家伊曼紐爾・德・韋特（Emanuel de Witte），在某些時候也畫了三張葡萄牙猶太會堂內部，至少有一張是要給猶太主顧的。[18]至於他畫的教堂內部，德・韋特倒是稍微放縱了一下。打扮入時的女性在樓下閒逛並社交；作為標準陪襯的那一隻狗，即便是在葡萄牙猶太會堂的範圍裡，還是做著狗會做的事。自從現代觀光客比起過往參拜者更將葡萄牙猶太會堂列為必經之處以後，這個畫面可能也成為了眾多旅遊景點之一。一直都有人向自治會投訴說，有信眾會突然從座位上跳起來，歡迎非猶太訪客來到這美麗的地方。這樣的互相親近會在荷蘭世世代代維持下去。葡萄牙猶太會堂和阿什肯納茲會堂是街坊、城市不可或缺的一塊；等到一九四〇年納粹開始圍捕猶太人時，非猶太的鄰人、碼頭工人和其他工人會甘冒生命危險進行罷工，就是因為這個因素。

只有一位身為固定班底的阿姆斯特丹賽法迪猶太人在這一切當中缺席了，雖然在某種意義上來說，他可以說以建物代表其身分，而算是在現場：那就是天普羅雅各・猶大・里昂。人們討論了由雅各・德・蓋爾茲（Jacob de Geurs）為天普羅新作的一張美麗手工上色圖像；在所羅門上帝之屋的外牆上占最主要位置的弧形扶垛後來也重做了，儘管說最後是以低調且裝飾性為主，並設在葡萄牙猶太會堂外牆貼到地面的地方。[19]天普羅看到那些石塊最後做成這樣子應該很滿意，因為，就算說他的名聲沒下滑，他的時運多少也走了下坡。他繼承梅那賽・本・以色列的工作，一直在「生命之樹」學校教書勉強維持生計，但從許多學徒選擇找別人修私人課程的情況來看，他的心恐怕並不在此。所以一六六一年相關單位禁止他在週六開放聖殿模型給人付費參觀，也就不難理解了！[20]他逐漸開始在阿姆斯特丹以外、在共和國以外的地方尋求他人注目——以及酬勞。

他最後出版的作品是一本西班牙語版的聖歌：適合國際間的賽法迪猶太人社群。而他可能也察覺到，北海的另一頭，特別是倫敦那些皇家學會的會員們，對他那聖殿模型的興趣更為強烈。一六七四年，他的希伯來語老徒弟、如今已經七十幾歲但仍有勢力的康斯坦汀・惠更斯，寄了一封介紹信給克里斯多佛・雷恩（Christopher Wren）這位對聖殿生意很有興趣的多產模型師。信件請求雷恩安排在皇家學會成員、坎特伯里大主教和查理二世面前，讓模型和模型作者露面。[21]天普羅便和家人一起啟程前往英國，出席並展示他的模型，據說在學者、科學家和公眾之間都引起了轟動。事實上，這有可能刺激了以薩克・牛頓開始著手一個重大而歷時多年的所羅門聖殿計畫，而這導致他寫出一本關於《聖經》腕尺的學術出版品，評論了以西結的描述；這套想法甚至發展為一種持續撐到一七二〇年代的執著，那時候又有另一個由格哈德・肖特（Gerhard Schott）製作的模型在倫敦展出。[22]一六七五年夏天，基於不明原因，天普羅一個人回到了阿姆斯特丹，但有可能是覺得自己大限將至，而希望能在奧德凱爾克的「生命之屋」結束，而他確實在那年七月一償心願，距離他藉由模型給予不小貢獻的葡萄牙猶太會堂正式開幕，只差了幾個星期。

模型本身還留在英國，據報導到了一六八〇年仍在展示。從科學家羅伯特・虎克（Robert Hooke）留下的紀錄得知，他和以薩克・牛頓有對此進行過漫長的討論。[23]在下一個世紀的中期，這模型深受英國共濟會成員仰慕，畢竟他們的整個狂熱崇拜都是奠基於聖殿謎團。一七七一年海牙的一份報紙報導模型在當地展示，從那條布告的結尾寫到「任何有興趣者都可以購買這座聖殿」，明顯可以看出有意出售。但顯然是沒有買家，因為一七七八年它又回到了英國，被一位M・P・狄卡斯特羅（M. P. Decastro）所有，還附著一本新版的英文版天普羅著作，名為《偉大榮耀所羅門聖殿之正確描述》（*An accurate description of the grand and glorious Temple of Solomon*）。從荷蘭到英國，不時都有充滿猜測的筆記標明這座聖殿模型的所在，但它如今已從人們視野中消失了。如果有人能在某塊防塵布底下找到它，並把它帶回阿姆斯特丹——那座對打造者來說無論如何都是心中耶路撒冷、心中「那地方」（Ha-Makom）的城市——那將會是一大善舉。

第九章

Chapter Nine

心靈相會

The Story of the Jews

I 廢墟

等到拉比把《妥拉》卷軸帶進法蘭克福會堂婦女區的時候，信眾便知道有什麼事即將發生。十分令人震驚——但他可是虔信者猶大（Judah Ha-Hasid），正直令人崇敬，所以沒有人想到要阻擋他。當時是一七〇〇年，而且是大安息日（Shabbes Hagadol），逾越節前的最後一個安息日，預留給最重大發言的那一天。站在讀經臺上，即便纏繞著虔信者猶大的祈禱披肩上滿是皺摺，他也沒感到不高興。他說，你們要準備好，末日要來了；隨之而來的會是彌賽亞（Moshiakh）。夏布臺（願他的名字被遮蓋住）曾經是一次詛咒，也是一次考驗。這次不一樣了。他以最極致的小心謹慎翻閱月曆，所以不會有誤。他們應該要贖罪，並跟著他前往以色列的土地，至高無上的應許在那裡終究會實現。時間地點就是今年的耶路撒冷，不會是明年。那裡已經買好了一棟將要作為錫安之地的猶太會堂；房子也準備妥善要來迎接他們。所以來吧。

有些人聳了聳肩、翻了翻白眼。但其他人任由興奮感掌管自己。假設這位大師（rebbe）真的是先知、是使者好了。法蘭克福有什麼那麼美好，值得他們應當留下來？確實，猶太人已經一直在那邊生活了好幾個世紀，但現在人們會看到什麼？一個人群密集處、一個糞堆、一六一六年規章允許的最高上限——五百個家庭塞進了法蘭克福猶太巷（Judengasse）；有兩千、三千人。他們乞求皇城的長者允許給予多一點點喘息空間，但全都徒勞無功。猶太區就是猶太區。猶太人禁止在週日離開、不准上公路、得圈在他們那由髒汙困境組成的狹窄街區裡。隨著他們人口增加，法蘭克福猶太巷每一邊的房子都又從中切分，在街上形成了四排的出租住宅。唯一還能加蓋的方向就是往上，所以房子就往上蓋了起來，同時往外推出一些，到頭來那些以木材支撐的外延結構凸得實在太超過，幾乎要和對街的碰在一塊。一年年下來，下方街道的亮處逐漸在陰影的遮蔽下消退。緊密感應該是催生了警戒心。任何在頂樓的人想要亂搞，不用多久整個猶太巷的人就都知道了。當女人們在週五下午把燉菜拿到烘培師們的爐上，拉緊的百葉窗就會將隨口胡扯化為實話，以及意第緒人們突然群起的點頭稱是。緊密感催生醜聞，但也催生疾病。法蘭克福猶太巷的音樂是咳嗽。裡側房間的空氣幾乎完全不流通。但新生命仍以快過死亡的節奏來到。因此這想必是上帝想要的結果。

接著，猶太巷裡便有更多嗷嗷待哺的嘴巴要餵飽。僅允許五百個家庭的規章同時阻止他們從事任何受行會控制的職業。所以在猶太區以外，就不能擔任工匠，甚至從事零售業。影響一如往常地遍及各層面，但人們還是可以靠著販賣衣服、穀物、蠟維生，此外就像任何地方一樣，可以從事賣舊衣、借貸和典當。此外也有肉鋪和屠宰業、割禮執行人、媒人、「學習之家」（beit midrash）的老師，以及總是在街角像疹子揮之不去的乞討者（schnorrer），噁心。但即便是他們，在這國家裡也比乞丐猶太人（Beteljuden）高一等；這種人形成的大軍，跟吉普賽人差不到哪裡去，但更可鄙、更危險；無家可歸、無法無天、汙穢、發臭、令人生厭，滿身是傷，身上掉著破布，眼盲者拄著拐杖跌跌撞撞；其他人從一地拖行到另一地，總是比那些確保他們遠離自己城鎮的看守者還要快一步。狗兒吠叫並猛咬向他們的腳步，直到他們融進了森林或沼澤為止。被逼到最後絕境時，乞丐父母會把小孩賣給任何願意的人，讓他們把小孩拿去當僕人，猛力刷洗他們，並送他們去工作。但接下來永遠不會知道下場會怎樣。一七七三年，有一位律師替一名謀害買主的十五歲少女辯護時，描繪了她的貧窮困境。她只是那些乞丐猶太人的一員，在公路上跋涉、背上負著包袱，和牲畜沒什麼不同。[1]

所以又是同個問題——拜託啊，法蘭克福猶太巷有什麼好的，足以讓他們不往錫安前進？也還有另一個理由，可以讓法蘭克福猶太人假定自身命運恐怕不會太快改善，至少在阿什肯納茲猶太人圈裡不會。在虔信者猶大發布消息的同時，約翰·艾森門格（Johann Eisenmenger）的兩大冊論述《除去猶太人的面具》（*Entdecktes Judenthum*）的第一刷也問世，出版地點就在他們居住的城市。這套書以博學的假面示人，所以可說更為惡毒。艾森門格是一位真正的希伯來語學者，是海德堡（Heidelberg）的大學教授，一直孜孜不倦地鑽研《塔木德》和《米德拉什》，想從猶太人自己的口中尋找出他們是撒旦產物的證據，證明他們確實無可救藥地投身毀滅基督徒和基督教信仰。要是基督再臨，他們將會急切地再次釘死他。儘管拉比們有明言不要改變信仰，但阿姆斯特丹三名基督徒改信猶太教的案例早在一開始就激發了艾森門格的怒火；而這部著作在回收利用了所有猶太殺嬰相關的最詭異誹謗之後，得出的結論就是，並沒有與那些人共處的生存之道。他們是人類汙染物，會走路的感染源，兩腿走的害蟲。因此埃及人當初把他們趕了出去，因此現在必須要把他們趕出基督徒社群，只留下最貧窮低賤的職業給他們，而且將猶太會堂關閉。這其實就是把保祿四世在一五五五年發布的教宗詔書〈因為這完全無意義〉那套老論點放到巴洛克時代重講一遍而已。儘管猶太人以及將其儀式與宗教人性化的荷蘭基督徒繪者，都做了那麼多努力，艾森門格還是以自從馬丁・路德以來最全面徹底的方式，將猶太人妖魔化。

那麼，幹嘛不走呢？法蘭克福的一些猶太人開始準備出發。他們賣掉了不動產與財富。隨便都能買到一兩間房，而出走熱潮產生了一如慣例的買方市場。來自波蘭的虔信者猶大現在繼續上路，把他的言論散布到布蘭登堡（Brandenburg）、薩克森自由邦（Saxony）、波希米亞（Bohemia）、摩拉維亞（Moravia）。[2]一小隊追隨者投身於苦行儀式，甚至比夏布臺・茲維那時候還要極端。他們尋找著冷到彷彿春天還沒來的池塘，整個跳進裡頭直到身體發青，在後悔中顫抖。他們遵守著虔信者的命令，而放棄了他們的床鋪。能禱告學習的時間，為什麼要睡覺？如果他們非得小睡片刻，就該在地板上或石板地面上。真正的悔改需要的睡眠不會多於一週兩天，進食也不需要那麼多，當然不會有來自動物的食物，不管是肉或奶都不行。如果是逾越節的話也沒差，他們的乾薄餅上面不會有奶油。飢餓是幻覺的侍女。

在橫跨德語區和遠東的廣大地帶，形成了一群有志於前往錫安偉大旅程的朋友（chevrah）。其中有些身處於人口最稠密城鎮的成員，還指派了使者前往阿什肯納茲猶太人的世界。在虔信者的副手哈伊姆・梅勒克（Hayim Melech）的組織和籌劃下，他們在他們的猶太同胞面前穿著白緞子袍現身，募集希望與金錢。等到他們準備好（一半從威尼斯，一半從君士坦丁堡）出發的時候，這個「朋友圈」已經有一千七百人。因為有人生病或者在前往錫安途中清醒過來，人數開始減少：但即便是那些在一七〇〇年十月抵達的千人，也還是在一瞬間讓耶路撒冷的當地猶太人口倍增。個性謹慎、長期貧困的當地人懷疑這會不會又是一隊彌賽亞朝聖團，因而一邊嘆息、一邊再度勉強接受前來的熱中者。他們一看就知道會有麻煩。

抵達耶路撒冷六天後，虔信者猶大死了。他沒有生病。他也沒有老到很誇張。現在他也加入了夢想差一點就能實現的虔信賢人行列，其中最重要的一員，據說是他祖先的拉比，摩西·本·納賀蒙（Moshe ben Nahman），又稱「納賀蒙尼德」（Nahmanides），一二六三年巴塞隆納爭論之中的猶太教擁護者。新的會堂位址，很靠近中世紀的「拉班（Ramban）洞窟」，而這裡保存了人們對納賀蒙尼德的追憶。現在族長和先知都在死後世界重聚，虔信者猶大留下的一小批群眾則是由於至高上帝難以理解的反覆無常，而在困難絕望中搖擺著。

接下來的故事就可以預期了。痛心轉為焦慮；匱乏啃噬著空空的肚皮。他們的眼窩開始因飢餓凹陷，並感到害怕。孩子們哭啼不止。哈伊姆·梅勒克變成了僅剩頭銜的王者。人們開始負債，土耳其官方強徵的稅瀕臨期限卻無法交付。責罵或下獄都沒辦法把錢從他們身上甩出來，因為本來就沒有錢了。很多人想辦法回到法蘭克福、布拉格、波森省（Posen）和布列斯勞（Breslau）。其他人則是按兵不動，改信伊斯蘭或天主教，端看誰最能拯救他們。會堂則是破敗失修而化為廢墟，要到一百四十年後，才有一支全新的虔誠錫安主義者大軍在十九世紀中將它重建並復興。那間稱作「廢墟」（Hurva）的猶太會堂，在一九四八年的戰爭中被約旦軍隊再度徹底化為廢墟。最新版的會堂則是最近才剛開放；然而在這同時，占據此地的超極端正統派以及因被排除在外而憤怒的「當代」（沒那麼超極端的）正統派之間仍有激烈爭議；當然，上述兩方和耶路撒冷巴勒斯坦人也是爭端不斷，後者眼見新猶太會堂在耶路撒冷舊城中心興起而憤怒，並相信那是在聖殿山上蓋起第三聖殿的陰謀一環。

在以色列還有其他君主，但一七〇〇年那時，他們也被廢墟所包圍。約莫在虔信者猶大帶領千人前往錫安的同時，薩繆爾·奧本海默（Samuel Oppenheimer）在維也納農市（Bauernmarkt）的漂亮住所，被人拆得七零八落。由激憤工匠所組成的暴民群體，在一名刀劍製造者和掃煙囪工的帶領下，痛斥猶太人將維也納人逼到絕境。奧本海默——這名「宮廷猶太人」（Hofjude）——已經接管了整個帝國和皇帝。他駕著四匹馬拉的車子到處逛，他的紋章畫在馬車的鑲板上，但同時老實的基督徒卻挨餓著。更糟的是，謠傳說猶太人和土耳其人結盟。所以，傲然聳立於果菜攤之間的奧本海默住宅，就這麼被洗劫一空，討人厭的金盤子和銀燭臺都被拿得乾乾淨淨。笨重到車載不走的掛毯和帷簾就被割破、撕碎，給沾滿泥濘的靴子在上頭跳舞。瓷器被砸在蕪菁間整個摔破。奧本海默的葡萄酒，順著那些在鍍金框鏡子前做鬼臉的暴民咽喉流下，而那些鏡面早就布滿敲破了的裂痕。

施暴的對象本人很快就從一個專為這種狀況打造的隧道逃出。狂怒息止後，奧本海默的主顧兼過去的靠山——神聖羅馬帝國皇帝利奧波德一世（Leopold I），確保了刀劍製造者和掃煙囪工有被吊死。這不是說他極其關心猶太人，而是說失序有一種擴散的方式。激烈的農民暴動不過一年前才發生過。他們拿法蘭克尼亞（Franconia）鄉村地帶的猶太人出氣，但你也無從得知這種事要到哪邊才會結束。帝國軍需承包人（Oberkriegsfaktor）奧本海默可不是傻子。他知道刀劍商和掃煙囪工只是易於解決才首當其衝，那些現在假裝要執行正義的人，其實也參與過這場犯罪。這場暴動的時間點可不是巧合。人們得要償還他已經付給他轉包者的款項，而欠了他一大筆錢，有二十萬弗羅林（florin）。議會的先生們是不是認為馬匹和馬車、黑麥、小麥和碾好的麵粉、大炮和火藥、滑膛槍和騎兵步槍、榴彈和彈丸、外套、帽子和靴子都是樹上長出來的？如果皇帝要和路易十四年年開戰，總有人要供貨，而他已經這樣幹過了。現在他依照合約約定，向皇室請求報償。但財政部長聳了聳肩，舉起他空空的手掌說：不好意思，但戰場上還有部隊，而他連一個多餘的零錢都沒有。啊，那就是未能履行，那就要拒絕往來了。同時他們控訴猶太人進行兩面交易，還真是奇妙的巧合。他之前就遇過這種事了。十年前，有人欠他高達五百萬的債，他們也兩手一攤混過去。跟那時一樣，會有耳語傳開，說轉包者會孤伶伶地被扔下，證券交易所會出現一陣不小的恐慌。於是奧本海默就和之前一樣，直接寫信給皇帝，但回信卻告知他，一切都誤會了。猶太人欠整個王國債，而不是倒過來的情況。薩繆爾的敵人無處不在。痛恨猶太人的科羅尼西樞機主教（Cardinal Kollonitsch）並沒有原諒他自己的天主教銀行家組合破產的事。對奧本海默宅邸攻擊的用意，是要教訓、提醒他，如果自以為是的猶太人還敢抵抗，日子只會更難過。他早就知道待在奧地利的監牢裡是什麼感覺，因為才在三年前，他和他兒子艾曼紐（Emanuel），才因為遭人誣陷企圖謀殺他的對手詹森・維特海默（Samson Wertheimer）而被捕。

一如人們的彌賽亞希望反覆落空，奧本海默的廢墟也是一個猶太人的老生常談。巴洛克時代的宮廷猶太人只是某種中世紀開始的景況之最晚近模樣。透過長距離、以家族成員延展的貿易連結，猶太人得以獲得珠寶或香料這類小體積、高價值的商品，而能把它們帶進市場獲得大筆利潤，進而累積資本。基督徒借貸者的高利率，以及教會正式反對的利息制度，都幫助他們在借貸業的競爭中占到優勢，這反過來又使他們能向有利可圖的包稅和關稅提供最即時的稅收。然而這之中有不可預料的風險。他們從反覆的經驗中知道，只要對那些負債的統治者有利，他們的債權隨時可能會被拒絕履行，他們的財產隨時可能會充公，他們或他們的繼承人隨時可能會遭剝奪權利或者入獄。然而，他們還是持續提供服務，因為每出了一個（等到身為他靠山的公爵死去後，他便在符騰堡眾人的歡欣鼓舞中被吊死，上等的錢幣和獎章隨著這猶太人頸子上的絞繩而搖動）猶太人蘇斯・奧本海默（Suess Oppenheimer），就代表有更多個銀行家和鑄幣者成功度過性命危機而暴富。甚至連沒那麼成功的人，都享受到了居住旅行的特權，也有可能藉著加重於低階猶太人的稅收，來獲得自己的免稅額。

王族們的需求──軍隊、城池和宮殿──從哥德世紀到巴洛克世紀都沒變。但那些需求的規模就不一樣了。到了十七世紀中，奧地利和西班牙的哈布斯堡家族終於放棄了一個世紀前查理五世展開的活動，也就是摧毀新教徒的異端邪說，以及在對抗土耳其的十字軍大旗下重新一統基督教世界。到了一七〇〇年，早就沒有人還在想像那種教派的重新統一。但基督教派系的內戰，在被武裝重商主義取代之前，幾乎沒有停止過。它的成立前提是零和賽局宏觀經濟學──在無限彈性成長之神前來宰制世界之前，競爭性資產增長所進入的最後一階段。根據一六五〇年至一七八〇年這一百多年內的主導觀點來看，世界上的財產量有一個固定量，若無法在必要時使用先發制人的力量來讓占有比例最大化或增加，國家就會倒大楣。財富有可能聚集在人口、土地、奴隸、資本、黃金、船隻、商品、礦產、產品之上。掠奪式的王朝——瑞典人、普魯士的霍亨索倫（Hohenzollern）、波旁王朝——專注於它們的競爭對手，準備好對弱者或者容易受驚的一方發動突擊。不孕的皇后們預告著王位繼承的戰爭到來，每個大玩家提出了代表權。行動就是力量。呆坐原地就是緩慢死去。

巴洛克時代的軍備競賽就因此展開了，而帳單則是非常誇張。路易十四的偉大軍事工程師沃邦（Vauban）對防守建築工程做出了轉變，然而，牆壁前所未見的厚實而難以穿透的箭頭狀稜堡，就要價不菲了。面對這種防守，攻擊方則是設計發展出怪物般的攻城大炮。軍隊擴張到原本的三、四倍；戰船和武裝在舷側火力上你追我趕地競爭著。這一切都正好發生在連續數十年的戰爭使領土退化成燒焦廢棄地帶和半毀城市的時候，代表著以往一向可靠的團體——保稅的農民階級和他們的地主——滿足不了所需的稅收。而高貴「身分地位」的人若是不想把資源給國王或侯爵、讓他們在戰國群雄間發揮力量的話，他們便會採取一種討厭的習慣，就是使補給緊縮的狀況惡化。那群可以堅守信念並斷絕王族資金的貴族，腦海中始終有著「如果王族有意的話，便可能使用他的火力來把他們打到無政治能力」的概念。一個急切於親自擊倒凡爾賽的統治者，加上一整串重型大炮，能做的還是只有那麼多。然而沒有了鍍金和精銳部隊，他將無法堂堂正正地直接面對他的對手。

這時候猶太人就進場了。進場的是奧本海默，或者是他們在大臣官署裡稱呼的「薩繆爾O」（Samuel O），然後是神聖羅馬帝國皇帝利奧波德一世的財務行政長官（Hofoberfaktor），然後是頂級軍需承包人。進場的還有，阿姆斯特丹的商號「馬查多與佩雷拉」（Machado and Pereyra）；該公司提供的服務，就如同當初威廉三世在一六八八年入侵英國時，以及其後在波因河（Boyne）對抗他岳父詹姆士二世的愛爾蘭法國天主教聯軍時，所提供給他的服務。接下來進場的也正是時候：在西班牙王位繼承戰爭（Spanish Succession）對抗路易十四的戰事中，資助馬爾博羅公爵（Duke of Marlborough）的所羅門・梅迪納（Solomon Medina）；克里維斯（Cleves）的岡佩茲（Gumpertz）家族，他們是布蘭登堡選帝侯兼普魯士公爵、霍亨索倫家「大選侯」（Great Elector，腓特烈・

威廉〔Friedrich Wilhelm〕）之下的宮廷猶太人兼鑄幣大師；然後是布拉格的以斯帖（本家姓舒爾霍夫〔Schulhof〕）的兩任丈夫，以色列．阿倫（Israel Aaron）和約斯特．萊布曼（Jost Liebmann），他們滿足了普魯士王腓特烈一世（Friedrich I）的珠寶癮頭，以及他對各種壯麗奢華物品貪得無厭的眷戀；還有貝廉德．雷曼（Berend Lehmann），他替「強力王」奧古斯特二世（Augustus II the Strong）在德勒斯登（Dresden）那間令人瞠目結舌的茨溫格宮（Zwinger）買了單，還附有洞室、浴池、大量浮誇的雕像；還有更多人不及備載。[3]在猶太人給予資金下，把自己的戰爭延續到如此漫長的王族，包括了路德宗的普魯士人、喀爾文派的威廉以及神聖羅馬帝國的利奧波德。日耳曼諸國處境艱難的財政首長會偏好猶太人而非瑞士人或胡格諾派（Huguenots），有著五花八門的理由。利率釘死在不超過百分之六，還可以進一步壓低。本金償還能展延到堪稱慷慨的特長期限，甚至到永遠不還。他們有一種很便利的習慣是「彼此不合」，所以一方的拒絕會是另一方的機會。而且，透過他們的長距離網絡，有時候是家族網絡，有時候只是透過遠方阿什肯納茲社群裡的同路人以及從烏克蘭到丹麥的港口，和別人相比，他們更能在臨時通知之下就供應荷蘭衣裝、波希米亞硝石和波蘭穀物等大批軍需。

在一七〇〇年的好運用完之前，薩繆爾O反覆地援助哈布斯堡皇帝。一六八三年卡拉．穆斯塔法（Kara Mustafa）的鄂圖曼帝國部隊兵臨維也納城下時，他的服務就產生了反抗與慘劇的天壤之別。曾被公眾斥罵、並以天主教銀行家組合取而代之的奧本海默，在神選資金無法支付的時候履行兌現。他那大膽的肖像畫裡有一種對自我推銷的驚人研究，在猶太肖像研究之中可說史無前例。站在畫裡的可是了不起的突圍者，一位拉比和陸軍元帥的交集，指向了他所掌管的一切：火藥和迫擊炮、滑膛槍，以及畫出來最厚顏的——通常只有帝王才戴的那頂頭盔，以及一張帶有哈布斯堡家族雙頭鷹徽章的紙。

但畫中的吹噓因為功績而得償所願。薩繆爾O動員了河筏和駁船船隊來運送部隊，調派家畜和大炮沿多瑙河而下，抵達被圍困的匈牙利要塞。浮在河上圈起來的牛羊和家禽，在到達軍團餐盤肉叉的路上沿河嘶吼鳴叫。軍寨和營房獲得了麵包、彈藥和繃帶的補給。軍刀、滑膛槍、加農炮和手槍、火藥和子彈、緩發引信和短引信，甚至火柴和導火線，全都像是用了魔法一樣地突然出現了。一六八三年二月的某一個星期內，奧本海默的兒子設法弄到了一百五十四馬，到了三月又多生出五百匹。光是送到林茲（Linz）大寨的榴彈，就有兩萬六千顆。每艘五十名船員以上的奧本海默船隊巡航南北海域，直到找到需要的東西為止。更重要的是，他能夠弄到最珍貴的商品，真正決定戰果的東西：燕麥。沒有燕麥，就沒有騎兵隊。沒有燕麥，就沒有拉大炮的貨馬車。沒有燕麥，大軍還不如投降回家。確實，當奧本海默的燕麥供給因為下游承包的延誤而不穩，使他不得不立刻在尋常供應商以外之處尋找貨源時，整個帝國軍師的推進就停滯了。最後總算產出了一萬五千配克（peck）的量。再怎麼精心策劃的計謀也會因為燕麥需求而崩盤。

到了法國國王取代鄂圖曼蘇丹成為首要敵人時，把猶太錢考量進策略盤算已經成為一種慣例。不管教會有多不安，也不論皇帝自己確實也感到不安，皇帝的大元帥歐根親王（Prince Eugene of Savoy）仍很清楚，當小氣的英國國會拒絕補助他時，他總是可以依靠猶太人。當西班牙王為繼承戰爭在一七〇一年開打時，奧地利政府再次向奧本海默求助，且他也再一次施恩於他們。當他於一七〇三年死去時，他的前任雇主和過去的次要合夥人——後來又變成致命死對頭的詹森．維特海默，便取代了奧本海默。奧本海默的兒子艾曼紐勉強維持家族生意，直到政府慣犯的不守信用搞垮了他。當他在一七二一年過世時，他的遺孀被禁止自動繼承他的居留權，而被下令立刻離開維也納。

眼見這位老主顧的一路興衰而冷靜下來的維特海默，對於軍方合約感到緊張。但如果他要保有皇家恩寵，那些合約就是不可逃避的東西。在委任書信的描述中，此人「勤勉不屈、辦事有效、忠誠無私」，真正的含義是，只要帝國處於戰爭狀態（而且似乎會永久處於這種狀態），就可以仰賴此人預先支付一百萬弗羅林。[4]身為匈牙利埃施特哈齊（Esterhazy）王朝（根據地在艾森斯塔特〔Eisenstadt〕，位在維也納南方四十哩處）的私人銀行家，維特海默為自己營造出廉正管理的好名聲，更重要的是培養出「生出現金」這種不敗的能力。他被公認為匈牙利、摩拉維亞和波希米亞的首席拉比以及一名犀利的講道者，而這兩個事實不知怎麼地被轉化成他在經營上的正直名聲。他的生意龐大繁多。他在謝班堡（Siebenburg）開挖鹽礦，並在巴爾幹半島壟斷菸草生意，在哈布斯堡眾皇帝間實際上成為了一人國務院。他們可以仰賴維特海默支付外使館的支出，但到了要媒合一場外交聯姻而需要昂貴嫁妝時，或者讓皇后擺脫慣例的債務糾纏，以及幫皇帝加冕典禮的煙火、音樂和遊行隊伍買帳時，他也會去依靠合適的幫手。當查理六世（Charles VI）在一七一一年繼承哥哥約瑟夫一世（Joseph I）成為神聖羅馬帝國皇帝時，維特海默和他的兒子便受邀參加祝宴。畢竟，錢是他們付的。同樣的，這就有點意思了：這兩個猶太人穿著他們的拉比黑絲綢裝和無邊小帽，就那麼立在珠寶的海洋、成串的蕾絲，還有四千位貴族的佩劍、手杖和羽毛帽間。

維特海默在維也納、布拉格、法蘭克福和艾森斯塔特逐漸被人們視為蘊藏智慧以及現金的寶庫。其分量之多，足以讓利奧波德皇帝將一幅穿著皇袍的肖像贈送給猶太人，表達屈尊施捨的感激姿態。這張畫可能讓詹森・維特海默有了效法的念頭，確保肖像中的自己要有拉比的長袍和鬍子，還拿著一封信。事實上，他已經成為了流放者領袖（resh galuta）、君王（nasi）和守護者（shtadlan）這類長久傳統的繼承者——也就是猶太人艱難時刻的守護者，而艱難時刻對猶太人來說始終都不遙遠。奧本海默曾試圖用他的財務優勢來壓制艾森門格的《除去猶太人的面具》，但率先打贏這場仗的，是更有交際手腕的維特海默。但這本書在德國讀者間是如此廣泛受歡迎，以至於到了一七一一年還在柏林再版。[5]

儘管有那些週而復始的驅逐出境、虐待和攻擊事件，維特海默仍相信哈布斯堡帝國裡會有猶太人的未來。當猶太人在一七〇八年的仕紳造反事件中被依法驅逐出艾森斯塔特之後，維特海默說服他們回到城中，還在自家內蓋了私人猶太會堂給他們使用。這座會堂在一七九五年的火災中受損後，又於一八三〇年代以節制的古典風格重建，到今日都還能看到。一九三八年十一月，當先前德奧合併（Anschluss）所產生的眾多奧地利狂熱者，教唆發動「水晶之夜」毀掉城內主要猶太會堂時，維特海默會堂不知怎麼地逃過一劫，可能是因為它在老房子的一樓。但它裡面的會眾就沒能那麼幸運地躲過這股惡火。現在，這地方的功能是憑弔消亡的虔誠信仰：奧地利猶太博物館（Jewish Historical Museum of Austria）。[6]

在猶太世界裡外，維特海默都被公認為「猶太皇帝」（Kaiser der Juden）。這可不一定是稱讚。那些在宮廷和教會高層的人正嘲笑著他的自命不凡，並痛恨著他的權力。雖然他們自知只要動動筆桿就能把他拉下臺，但他們也知道這是不智之舉。那些敬畏的外國使節們，在謁見王者之前踏遍的林蔭大道、獵場行宮和成排的謁見廳，都是用他的荷包支付的。

在少數開放給猶太人的帝國城市中，猶太人對於詹森．維特海默有著更複雜的想法。他們尊重這位拉比兼銀行家，但對於他一人獨享特權卻是嫉妒又時常怨恨。然而他們知道，他們沒有了「宮廷猶太人」就萬萬不能。一旦受保護的猶太人獲得了哪位統治者的好感，這股好感就會延伸到少數獲准住在柏林或布達佩斯、維也納或布拉格的有用猶太人，但通常他們會被課以懲罰性的特殊稅收，且不得從事大部分的職業。所以那些宮廷猶太人、城裡的封建擁護者，便以仁慈專制者的姿態來傾壓他們的教友，有時候出手還太過火。一六八四年約斯特．萊布曼獲得執照，得以在他宮殿般的房屋裡興建柏林第一間猶太會堂。從一六七一年以來，猶太人就獲准住在城內，但不准興建任何公開禮拜的場所。但一年前來自維也納的驅逐行動，促使「大選侯」思考著，若讓某一戶猶太人有權在家中開設私人會堂，或許能將猶太人吸引到他的城市。幾乎就在萊布曼利用這項准許的同時，一個敵對派就大聲質疑，為什麼自己這派就沒有同樣獲得特權。他們的？我死也不要這樣。競爭者之間的長期不合變得過於激烈，以至於官方得要介入來平息紛爭。一七〇二年，萊布曼過世後，家族企業的管理權就落到了未亡人以斯帖手上，而她就像那時期的眾多女性一樣，是一個難對付而活躍的家族企業管理者，早就習慣跟先生去萊比錫市集，更別說進行艱難的討價還價。當以斯帖得知了由馬庫斯．馬格努斯（Markus Magnus）所策劃、已經是第三個打造全社群公共猶太會堂的計畫時，她並不開心。她用盡了全力，企圖使普魯士的新君主腓特烈．威廉中止這個計畫，但因為霍亨索倫家族有著痛恨父親的傳統，又因為腓特烈．威廉特別鄙視他的父系先祖腓特烈一世——也是萊布曼珠寶生意的第一位顧客——因此這位新君主拒絕阻擋公共猶太會堂的興建。相反的，他還期待成為那間會堂的皇家保護者。

一七一四年，以斯帖在悔恨、破產和繼承人互揭瘡疤的紛爭中過世。公共猶太會堂在海德路特巷（Heidereutergasse）蓋了起來；該處鄰近許多有錢柏林猶太人所居住的斯潘道街（Spandauerstrasse），但也很靠近一間教堂。安放奠基石的時候，獻給國王的特殊禱詞被刻進了其中一塊石磚上。兩年後，在一七一四年的新年那天，猶太會堂就在這位以易怒而惡名昭彰的君主保持了好脾氣而欣然出席的情況下開幕。會堂外觀看起來雖然十分古典，由身為基督徒、也裝飾過路德宗柏林德國新教堂（Neue Kirche）的木工大師麥克．肯梅德（Michael Kemmeter）所設計的內部，卻是以美觀大方的規模所設想並完成的。那麼，就如同埃利亞斯．鮑曼的葡萄牙會堂取材自高聳透光的阿姆斯特丹教堂，這間猶太會堂近似於一間德國新教徒禮拜堂，也就不意外了。[7]柏林禮拜堂的造型修長、高聳又沐浴在光線下；和日耳曼及波西米亞中世紀那種最在乎隱蔽樸實、最希望在充滿敵意與疑心的城市裡保持謹慎低調的洞窟式穹型禮拜間比較下來，可以說完全相反。[8]海德路特巷猶太會堂就是刻意要讓人印象深刻。十根鍍金的銅枝狀吊燈從離地四十呎高的天花板垂吊下來。它的窗戶遵循新教徒巴洛克風格，做成修長的拱型。女性專用邊座有雕工精細的欄杆屏風，讓女士們可以從中俯瞰儀式，還有她們因為趕時髦而戴上假髮的丈夫們。一從街上進來，人們的眼睛就被帶領著穿過列隊行進用的空間，《妥拉》也是在那裡被人帶向聖龕，飛升到兩層樓高並湧現出圓柱、檐口和破掉的山形牆。一個落差不小的兩段式階梯，讓那些上臺去讀經文的人獲得了儀式的榮耀：聖龕櫃門的開啟，或者舉起手抄的《妥拉》，一種對自身重要性的戲劇感受。它也把一種對於自己在社群內尊卑排行的強烈感受，授予那些把登臺的榮耀指派給他人的人。

毫無保留的大手筆「強化神聖律令」（hiddur mitzvah）；這律令是從《出埃及記》第十五章第二節的一句呼喊「這是我的神，我要讚美祂」經過《塔木德》解釋而引申出來的「讚頌」，意指「把神聖物體美化」：要有最漂亮的祈禱披肩，雕工最精美的讀經臺欄杆等等。因為打從古典時代晚期以來，只要有猶太會堂，捐獻者的名字就會出現在地板和牆壁上。現在，這些名字被織進了花紋綿密的織錦緞聖龕簾幕上，或者織在《妥拉》的罩幕上。雖然猶太文化已經有受人敬重的金匠傳統，但對於珍貴儀式物件的需求量，還是高到讓一些基督徒工匠大師早早獲得了委託，來製作部分鍍金的《妥拉》胸盤、皇冠和建築尖頂飾；好比說法蘭克福的耶利米・佐貝爾（Jeremiah Zobel）、奧格斯堡的麥提亞斯・沃夫（Matthias Wolff）以及紐倫堡的約翰・康拉德・魏斯（Johann Konrad Weiss）等。最終，在義大利北部和德國，猶太工匠得以專精於興盛的銀器工藝，並製做出嘆為觀止的妥拉皇冠和《妥拉》卷軸上的「林蒙」（rimmon，意指石榴）尖頂飾，或是用來捲繞以斯帖的普珥卷軸的圓柱型櫃子——通常刻著她經文中的場景——安息日祈禱儀式的酒杯以及象徵安息日結束的「分離」（Havdalah）儀式所需的香料盒；這些都具體呈現了社群的共同榮耀。你的聖櫃裡有越多卷軸越好，每個都昂貴地裝飾起來。[9]

這些德意志、波希米亞和匈牙利境內重生社群裡的長者，處在他們自己以及基督徒鄰居所共有的講究禮節態度中，應該會覺得很自在。雖然他們絕對忠誠於猶太傳統，但其公共團體制度通常都模仿或者反映了德意志城鎮的行會成員制。[10]所以，舉例來說，他們的喪葬協會（chevrah kadisha）在把死者帶去城市邊緣外的墓園安息地時，就會按照《妥拉》和《塔木德》的指示來籌劃出繁複的流程，然後會以裝飾華麗的、刻著他們名字或葬禮場景的銀高腳杯或共飲杯來紀念他們的共同情誼，而每位職員都會在一年一度的餐宴中拿這些杯子交飲。[11]

所有這些引人注目的典禮儀式——讀《妥拉》的臺座布置、大人物（groyse makher）快樂的自視甚高——馬上就會讓現代猶太人感到熟悉，除了那些極端正統派社群的人以外；在他們那裡，東歐哈西迪派（Hasidic）小城（shtetl）的禁慾苦行傳統仍然處於支配地位。但德國阿什肯納茲社群的大業，就是起始於對猶太巴洛克文化的這番大張旗鼓、大肆宣揚。因為宏偉建築、奢華織品、閃亮銀器而喜悅的普魯士、波希米亞和摩拉維亞阿什肯納茲猶太人，忍不住開始相信自己正要鴻圖大展。然而到了一七四四年十二月，當哈布斯堡的女皇瑪麗亞・特蕾莎（Maria Theresa）草率下令所有猶太人在一月底前離開波希米亞和摩拉維亞之後，這股運勢就戛然而止。

這條法令就像重槌一樣砸在布拉格的三萬猶太人頭上。他們是十六世紀偉大祖宗的後人：那些偉人包括了興建過兩間猶太會堂和一間市政廳的末底改・麥瑟爾（Mordecai Maisel）；還有猶大・本・勒夫拉比（Rabbi Judah ben Loew），神祕的「馬哈拉」（Maharal，「我們的老師勒夫拉比」〔Moreinu Ha-Rav Loew〕的字首縮寫），他不停運轉的腦袋中產生了魔像（Golem）的傳說，還能與魯道夫二世（Rudolf II）討論有關卡巴拉的思考。他們的印刷社產生了第一份刻印版的安息日《哈加達》。他們生產出書籍、銀器、音樂、哲學，還有錢。他們在十七世紀中，不知怎麼的，還撐過了與基督徒的慘烈戰爭。一六八九年，一場失控的大火燒毀了大半個猶太舊城。慢慢地他們開始重建，用石塊取代早先易燃的木造建材。為了遵守市政法律，他們街區的街道改得更寬、更直。這樣就再也不像猶太人隔離區了。

此時逐客令就來了；當他們情勢正好而自信滿滿時，這有如一記警鐘，讓他們知道自己隨時可能成為王宮恣意行事下的受害者。就算女皇的新皇宮「美泉宮」（Schönbrunn）是由她親自冊封爵位並（很尋常地基於她方便）許可進入財務委員會的賽法迪猶太人——阿奎拉男爵（Baron d'Aguilar）所資助完成，事情也沒有差別。有差別的地方是，在戰爭期間，猶太人曾和一七四四年短暫占領過布拉格的普魯士部隊有生意往來。[12]

事實上，在這場戰役中，布拉格、波希米亞、摩拉維亞等各鄉鎮的所有其他人也都幹了一樣的勾當，但只有猶太人單獨被挑出來接受殘酷的懲罰。瑪麗亞・特蕾莎自己的恐猶症不僅老舊過時，而且根深柢固。「她見到猶太人時的那股厭惡，」英國駐維也納大使湯瑪斯・羅賓森爵士（Sir Thomas Robinson）寫道：「過於強烈而無法隱藏。」參訪普萊斯堡（Pressburg，現稱布拉提斯拉瓦〔Bratislava〕）的時候，她因為要把大馬車駛過滿是猶太人的街道而驚恐不已。她一抵達布拉格，下的第一條令就是猶太人永遠不准出現於皇宮周邊任何地方。女皇對於追擊猶太人是如此熱情，甚至向義大利統治者主動提供不請自來的協助，來幫他們把領土上的猶太人趕走。

執行的行動十分無情。根據一七四四年十二月十八日的法令，波希米亞的猶太人有六週的時間來了結他們的生計、把房子賣掉或直接捨棄，然後離開王國。法律進一步強調，到了一七四五年一月三十一日，任何猶太人都不得出現於波希米亞。全部的人都被丟進了中歐的冰天雪地裡。「我們這些可憐人該怎麼辦？」社群中的長者在一篇給全歐洲教友的、令人心碎的訴願書中如此寫道：「老弱婦孺無法行動，尤其現在又是在這種酷寒天氣中，而且……許多人已經被剝奪到只剩襯衫了。」[13]布拉格的長者們向那些猶太人或許能發揮影響力的政府請求斡旋。「看在那九間美好猶太會堂的分上出手吧；看在我們那些有聖人安息的墓園的分上出手吧，為了我們這三、四千名因為罪而身處危機的人們出手吧。」

值得慶幸的，至少其中有一些政府，特別是荷蘭和英國政府，確實透過他們駐維也納的大使向帝國政府表達了失望之意。據說喬治二世（George II）聽了摩西．哈特（Moses Hart）以及公爵地（Duke's Place）猶太會堂的顯赫者詳述情況後，深深被遭驅逐猶太人的處境所打動。這位國王指示湯瑪斯．羅賓森爵士去向女皇要求，最起碼將法令延後到天氣轉好再執行。這項抗議達到了延緩一月大限的功用，但到了春芽萌發時，驅逐制度還是復甦了。整個晚春和夏天，布拉格的猶太人悲慘地離開城市中的家園，丟下他們的漂亮房屋，以及空蕩的猶太會堂。一則無情的謠言說他們帶著門窗離開，希望有朝一日能重返家園。如果那是真的就好了。另一封來自遭驅逐者的信，尖銳地寫出他們「在一個又一個城鎮間遊蕩……疾病傳遍整個鄉間，直到他們進了傳染病院，因為猶太人不准帶著病人進入任何城鎮……許多人死在車上和路上，而那些活下來的人，在抵達那地方（痲瘋屋）的時候幾乎都只剩一口氣，很高興自己能找到墳墓」。[14]

到了一七四七年，這個曾是歐洲前幾大繁榮的猶太社群，不管在實體上還是社會意義上都已經毀壞了：房子裡能被搶的都搶光了；其他人就只是殺進來破壞一番；猶太會堂遭到洗劫。儘管外國政府做出抗議，卻沒怎麼能夠改變女皇對猶太人或法令的心意，雖然說，當英國大使威脅要中斷所有對哈布斯堡軍隊的財務支援，她倒是有專心應對。但說動瑪麗亞・特蕾莎允許一小批挑過的猶太人（付出一如往常的不合理高價後）在一七四八年回來的，倒不是來自布拉格非猶太人市民對於崩盤經濟的抱怨。隨著奧地利王位繼承戰結束，其他人也跟進，然後慢慢地，正如慣例地，猶太人找到了一條修補財富、文化和性命的方式。一七五四年的第二場大火讓一切耽擱下來，但在接下來的十年裡，猶太會堂得以重建並以猶太—洛可可的風格重新裝飾。麥瑟爾立在老新猶太會堂（Altneuschul）旁邊的市政廳就是這類建築中的一棟，現在則是獲得了一個有漂亮人形牆的巴洛克鐘塔，而這也是參訪觀光客察覺到的、有關猶太人存在的布拉格的第一件事。這鐘塔著名的是掛著兩面時鐘，一面有羅馬數字，指針往正常方向移動；而另一個則是刻著希伯來數字，走著逆時針方向，回到未來。布拉格的猶太人不管在別的地方還有學到什麼，他們現在知道，兩面下注是一個好主意。

II 走在庭院中

一本書的重新出土能不能觸發一場文化革新？如果是中世紀醫生兼哲學家邁蒙尼德的《迷途指津》的話就可以。原本以阿拉伯文寫成，後來由薩繆爾・伊本・提邦（Samuel ibn Tibbon）翻譯成希伯來文的這本書，很快就遭到最嚴苛的拉比舉發，痛斥它居然把希臘邏輯學使用在完美呈現的《妥拉》上。這些批評使此書遭禁，在某些地方甚至遭到焚毀。藉著提邦的翻譯版以及一本十六世紀初期的拉丁文譯本，《迷途指津》還是倖存了下來。[15] 幾個世紀以來，希伯來文出版者都會迴避《迷途指津》，然而對於那些拚了命說服自己「信仰和理性可以兼融一致」的猶太人而言，這本書依舊是指標之作。這樣的邁蒙尼德信徒認為，可以一邊懷疑太陽是不是真的因約書亞的命令而停到他擊敗亞摩利人（Amorites）為止，一邊保持對《妥拉》猶太教的忠誠。事實上，追隨邁蒙尼德讓他們確信，推理能力提升了他們的信仰，而不是背叛信仰。任何要緊的事情都可以透過理性解釋。對也好，錯也好，在《迷途指津》喜愛者的心中，這部作品都把機械式的順服與深思熟慮的猶太人區分開來。然而，對那些沒讀過的人來說，這本缺德的書是在散播懷疑思想，是邁向被他人同化的第一步。不管管這本書實在很危險。二十五歲的立陶宛猶太人肖洛摩·約書亞（Shlomo Yehoshua）為此吃了不少苦頭。一七七八年，他來到柏林，希望能成為又一個有著哲學思想的醫生。當他在羅森泰門（Rosenthaler Gate）那邊的一間「裝滿病人和一群下流烏合之眾」、關在那用來給觀察者宰割的濟貧院時，有人盤問起他的意圖，而他犯了一個大錯，告訴測驗他的拉比說，他正在完成一本有評注的新版《迷途指津》。他幾乎完全沒有克制自己接觸到真正猶太哲學時的熱情。他寫道，那一刻的發現，只能「和一個飢餓已久的人突然遇上一張滿滿的餐桌而暴烈貪婪地襲捲食物，直到撐壞肚子也不停的那種程度相比」。[16]

然而，這位年輕人並沒有獲得預期的表揚，反而被痛罵了一頓，然後被踢出大門。柏林的猶太人社群不要異端者。因為被拒絕而大吃一驚的肖洛摩，又因為救濟院的一位監督者逼著他出城門，又變得更為悲傷。

> 我趴在地上開始痛哭。那天是禮拜日，許多人一如往常地到城外走走。多數人沒有留意像我這樣的一個愛哭鬼，但有些有同情心的人被這一幕打動，並問我哭號的原因。我回答了他們，但一半是因為我無法理解的口音，一半是因為我的話語被啜泣打斷，他們無法了解我在說什麼。

這一番歇斯底里讓監督者放下心防，把這淚眼汪汪的年輕人帶回去讓他苟延殘喘一下，他因為絕望而引發了一場猛烈的熱病。肖洛摩顫抖個不停。但一等到症狀平息，這名恍惚遊蕩的危險概念散播者，又連同他的顛覆手稿一起被丟回路上。多年後他回來時，他已經很確信有一種遲鈍的專制制度正在統治猶太教徒，而他將永遠不會向愚昧可怕的一方屈膝。身為這制度所宣告的「迷信」敵方，他現在把他心目中英雄的名字加在自己上面，以所羅門·邁蒙（Solomon Maimon）這個名字，開啟今後戲劇性十足且備受折磨的餘生。[17]

讓他在羅森泰門惹上麻煩的那一本《迷途指津》，應該就是一七四二年在耶斯尼茨（Jessnitz）出版的兩冊四開版提邦翻譯本，也就是打破數世紀以來該書隱身局面的第一套現代版本。這套書是在摩西・班傑明・沃夫（Moses Benjamin Wulff）這位薩克森—安哈特（Saxony-Anhalt）宮廷銀行家所成立的希伯來文出版社印刷。耶斯尼茨離隔壁城鎮德紹（Dessau）很近，而那裡有一個活躍成長的阿什肯納茲猶太人社群。[18]當地的拉比是大衛・法蘭凱爾（David Fraenkel），他在沃夫的自家會堂裡講道，而且這個人很難被指責抱持普遍懷疑論。法蘭凱爾選的評注領域是耶路撒冷《塔木德》，這版本在拉比評注圈中，和比較被廣泛追隨的巴比倫《塔木德》相比，是比較次一等的。到了和聖殿犧牲有關的問題時，法蘭凱爾心想，耶路撒冷的全文應該比較接近原始儀式的回憶。這樣的信念使他開始針對一些微不足道的訓示進行討論，包括與動物犧牲相關的「五祭」（korban），以及哪一種汙點可能會排除掉某些獸類，而哪一種則不會。如此無法自拔的苛求考究，被認為是嚴肅的《塔木德》主義者的標記。然而法蘭凱爾同時也是一名堅定的邁蒙尼德信徒。《迷途指津》重新問世的三年前，他還在耶斯尼茨的出版社監督出版了一本新版的邁蒙尼德《《妥拉》解析》（*Mishneh Torah*），也就是他的猶太律法摘要。那是替《迷途指津》這個更大膽的計畫先測風向。

說巧不巧，德紹拉比有一位年輕徒弟的好奇心正火熱：他是摩西・孟德爾頌（Moses Mendelssohn），一個矮小、熱情而渴望的男孩子，是當地猶太會堂裡《妥拉》抄寫員兼司事門德爾・海曼（Mendel Heimann）的兒子。法蘭凱爾快速給了他初期的宗教教育，也把邁蒙尼德的作品介紹給他。隨著這孩子更渴望學習，他那位除了供他學習還得要餵養更多張嘴巴的窮困父親，也就變得更窮困了。所以當大衛・法蘭凱爾收到來自柏林的通知，要去就任他所能想像到最高的位子——海德路特巷猶太會堂拉比的職位，並要為快速擴張的社群成立猶太學校——的時候，讓門德爾的兒子跟他同行，就似乎是個好主意。這位拉比可以敦促這孩子的學業，履行他的承諾；做父親的這時怎麼會擋著兒子呢？柏林不只代表著宗教教育的另一章，甚至有著更誘人的意義：透過社交連結而提升自己。摩西的母親，貝拉・蕾切爾（Bela Rachel），將會特別清楚這一點，因為她有一邊的血緣來自十六世紀偉大宗教學者摩西・以色列斯（Moses Isserles），另一邊則是和摩西・班傑明・沃夫有家族淵源。她有可能是用沃夫的名字摩西來替兒子命名，而他就是在這孩子誕生的幾天前過世的。在家族傳說中，沃夫在自己與競爭者——約斯特・萊布曼和以斯帖・萊布曼兩人的衝突中敗下陣來而被逐出柏林。有一段時期，情況悲慘到可笑的地步時，彼此的反感惡化為兩個宮廷猶太人之間全面的扯鬍子大戰；原本這都還可以當成一場難忘而可原諒的小衝突，問題是這門毆居然發生在普魯士財政總監的家裡。被認定為有罪的一方，而被趕出城市與普魯士王國的摩西・沃夫，反覆請求讓他返回柏林，因為德紹實在小到令他覺得龍困淺灘，但不管怎麼試，他都失敗了。如果這位大人物自己沒辦法回到城市，那麼至少法蘭凱爾這樣的弟子能在那裡露個臉也好。

強悍的以斯帖・萊布曼過世後，沃夫還留在城內的人際連結讓法蘭凱爾拉比更容易返回柏林。大衛・法蘭凱爾的姊妹夫維特爾・以法蓮（Veitel Ephraim）也有幫助；他是一位令人敬畏的財主，全德國土地上最了不起的宮廷猶太人。法蘭凱爾是透過他才拿到自己的職位。維特爾・以法蓮就跟他的先人一樣，是以霍亨索倫家族的珠寶商起家，繼續擔任普魯士王家的鑄幣者，還資助腓特烈大帝於一七四〇年對哈布斯堡西利西亞省（Silesia）發動那場未宣戰但狡詐有效的攻擊行動。腓特烈不怎麼在乎猶太人，不管他們多有錢、多有學識都一樣。他和有陣子擔任他家庭智庫的伏爾泰（Voltaire），可能會一起因為他們那些人的耗費而暗自竊笑，因為這位哲學家表面上是寬容態度的倡導者，其實對猶太人有著狠毒的厭惡。但有鑑於腓特烈高漲野心之中的眼界，他也只能勉強接受猶太人即便不合意也不可或缺的事實。維特爾・以法蓮和他的夥伴丹尼爾・伊特吉格（Daniel Itzig）藉由普魯士國家軍隊的緊迫需要而獲利，特別是隨著七年戰爭（一七五六～一七六三）而爬至高到不尋常的權力地位上。維特爾・以法蓮以君主般的作風住在他位於斯潘道街的家中，不久之後還將會在施普雷河（Spree）邊的造船工人大街（Schiff bauerdamm，離柏林劇團〔Berliner Ensemble〕現在的劇場不遠處）給自己蓋一棟避暑別館。他在那裡種植溫室柑橘及桃子，還能望著滑翔的天鵝們。伊特吉格甚至更浮誇，把哥本尼克街（Kopernikusstrasse）上的一整排房子敲掉來蓋單一間大豪宅，魯莽地以「皇家」來描述，還以備有私人會堂、帶管浴室和演奏室而自豪。為了勝過夥伴，他讓景觀設計師黑德特（Heydert）設計花園，在那裡頭，一千棵果樹的果園會於柏林的五月時節繁花盛開，同時悲痛的鴿子猶太地在枝頭上悲泣。沒過多久，伊特吉格將會在隔壁打造乳牛場，裡頭有給他兒子以薩克・丹尼爾（Isaac Daniel）的閣樓；這個兒子以盧梭推崇的田園風格來形容的話，就是定期的鄉村派人士。如此的方便呀，一個都會裡的農場，就這麼每天直接把奶油和鮮奶油送進伊特吉格的潔食廚房！但都市裡的牧牛者人數還比不上一整支由假髮師兼理髮師、裁縫、馬車夫、馬夫、男僕、左馬馭者、樂師、家庭教師和祕書所組成的大軍。跟奧本海默和維特海默那一代不同的是，他們老一代的人會確保肖像畫師有把他們呈現為拉比的外貌，但丹尼爾・伊特吉格和維特爾・以法蓮會刮鬍子，還戴著擦好粉並弄捲的套頭假髮跟綁帶假髮，再於絲絨縫上細細的一縷金絲——活脫像是當代猶太人的模樣。[19]

這並沒有使他們無宗教信仰，更別說自負市儈了。有一些宮廷猶太人是了不起的書籍手稿收藏者，其中的佼佼者就有詹森・維特海默和薩繆爾O的侄子大衛・奧本海默（David Oppenheimer），後者還自誇收藏了四千五百本書和七百八十份手稿。但即便是維特爾・以法蓮和丹尼爾・伊特吉格都很確定，別人比較是把自己看作會走路的錢袋。他們的藏書不只跟猶太傳統的寶藏（包括那兩部《塔木德》、《聖經》正典評注、邁蒙尼德、亞伯拉罕・伊本・埃茲拉、薩繆爾・烏斯奎、艾利亞・狄美迪哥〔Elia Delmedigo〕及梅那賽・本・以色列的著作）相疊堆在一起，而且也和異教古物及當代新視野的無窮智慧相疊：像是萊昂・巴蒂斯塔・阿伯提（Leon Battista Alberti）的繪畫和建築、牛頓的《自然哲學的數學原理》、萊布尼茲（Gottfried Wilhelm von Leibniz）的道德哲學、約翰・洛克（John Locke）的理解論。他們的家具已經鑲飾得十分優雅，但維特爾・以法蓮希望這些精神上的家具木工，能夠在社交層面上成為他固定裝置和配件的一部分；而且，就跟任何一位尋找著哲學名家的開明專制君主可以依附到腓特烈陣營或凱薩琳陣營那樣，宮廷猶太人也在物色著新銳的才智之士。

還會有哪個猶太男孩比來自德紹的年輕神童孟德爾（Mendel）更符合這種美好的期待呢？就連他渾圓的肩膀和側凸的脊柱，也都能當成那種會趴在書上的真正學者象徵。名氣在柏林召喚著！保持健康，然後帶好運上路（Zay gezunt en zol zayn mit mazel）。當那男孩拋下自己的家和德紹之後，馬上就回歸了現實。法蘭凱爾拉比可以搭馬車出發；摩西．孟德爾頌走了八十哩，試著不要被當成睡在最便宜客棧和出租房間的乞丐猶太人，而把他的臉從醉漢和女孩們那頭別開。但到了最後，他站在了城門前，那扇由猶太人自己巡守、根據他們喜不喜歡你的模樣來決定要不要讓你進去的大門；剛過成年禮的男孩摩西，不只是相貌平平，還完全符合非猶太人憑空捏造猶太人時所輕蔑想像的形象：又矮又黑、鷹勾鼻加駝背。如果你得要預言誰會成為歐洲最出名的猶太人、成為第一個因知識而最受非猶太人喜愛的猶太人，你一定不會想到這個現年十四歲的摩西．孟德爾頌。但儘管他根本不可能進入「受保護的猶太人」這個特權階級，來自新拉比的推薦信就足以讓他通過大門。他將成為這宗教服務志業的一名食客，跟其他人一樣，去留只能看「受保護的猶太人」和城市官方願意與否。

一到柏林，摩西得要住在一間陰暗、空無一物又滿是洋蔥、甘藍菜臭味的小房間，靠著教更小的小孩成文《妥拉》（*chumash*）維生。對於那些只會在家裡或街上聽到意第緒語的人來說，成文《妥拉》就是他們的希伯來文字啟蒙。重新堅持希伯來文，有紀律地理解其文法並沉浸在它的豐富詩意中，未來將矛盾地成為現代猶太學術的支柱。但一個抉擇很快就會出現在年輕的孟德爾頌面前：他的餘生，是要被已知的方法和無止盡複述的文字所侷限，然後把他的一丁點斤斤計較加進了《塔木德》底下已經堆積如山的吹毛求疵之中，還是要踏出侷限之外，進入智慧的未知之地？若要大膽一躍，他會需要非猶太語文能力：拉丁文、希臘文、德文、法文，新思想的混合通用語言，可能還要會英語來閱讀霍布斯、洛克、萊布尼茲、牛頓、孟德斯鳩和沙夫茨伯里（Shaftesbury）。

摩西．孟德爾頌自行學會了上述那些語言，多半是靠著查字典以及逐詞比對。他實際生活的世界狹小，但他的精神世界已經拓展到超越任何曾經在德紹有過的想像之外。但他不是一個孤立的探險家。哈斯卡拉運動（Haskalah）——一九五〇年代時希伯來學校教我的猶太啟蒙運動——的故事，把這位深知自己彎曲脊樑、背負著《聖經》律法賦予者和中世紀哲學家名號的年輕人摩西，描述成新猶太思想觀念的唯一創造者，一位獨行英雄。但從施姆爾．凡納（Shmuel Feiner）、大衛．魯德曼（David Ruderman）、大衛．索金（David Sorkin）及當代研究猶太啟蒙運動的歷史學者大軍所發現的結果來看，其實摩西他是和一整個世代的人一同行動，他們渴望的都是一種不論贊成或反對者都諷刺地稱為「現代智慧」（chokhmot）的思想。有一些「現代智慧」的新擁護者，早就已經在柏林的猶太人小圈子（在十萬人城市中的兩千人圈子）裡讓自己發揮影響力，並擔任了讓摩西．孟德爾頌心安的導師。[20]

其中兩名「現代智慧」擁護者，一位年紀較大，一位稍微年輕，可以說天差地別到了極點。[21]以色列．本．摩西．哈勒維．札莫斯克（Israel ben Moses Halevi Zamosc）從烏克蘭南部最深處的加利西亞（Galicia）來到柏林，那裡是「哈西迪猶太教」（Hasidism）這種情感狂熱教派的搖籃。不過，以色列．札莫斯克的熱情卻屬於古典的邁蒙尼德思想——數學和哲學——而他需要逃到柏林來沉浸其中。維特爾．以法蓮把他帶進來，當作自己創辦的「學習之家」（beit midrash）的教師。這樣的款待獲得了成果。在孟德爾頌抵達的兩年前，札莫斯克就出版了關於《塔木德》天文學和幾何學的研究作品，這又是一次企圖將拉比傳統拉進科學合理性的艱難嘗試。

環環早已在相扣。有錢的貴族雇用了拉比，拉比鼓勵那些傾向科學的教師和邁蒙尼德研究學者，然後年輕聰明的候選者就前來進入他們的小圈圈。

摩西．孟德爾頌接觸「現代智慧」的第二位導師，來自於一個截然不同的社會圈。靠著自身努力致富的阿倫．岡佩茲（Aaron Gumpertz），出身於一個宮廷猶太人家族，這個統治家族集團崛起於普魯士領土西方外緣的克里維斯，不管在地理上還是文化上，都接近荷蘭共和國。當霍亨索倫勢力在大選公之下大肆擴張時，一群含冤下獄的岡佩茲家族成員獲得了統治者補償的柏林鑄幣廠職位。但岡佩茲的弓上還有另一條弦，想當然的，就是醫藥。醫生—外科手術執行管理委員會（collegia medico-chirurgica），尤其是柏林的委員會，有開放給接下來會從哈勒大學（University of Halle）或奧德河畔法蘭克福（Frankfurt an der Oder）大學畢業的猶太人。

阿倫的一位叔叔摩西・薩洛蒙・岡佩茲（Moses Salomon Gumpertz）在成為布拉格猶太社群的醫生之前，就是在一七二一年從後者畢業。[22]

幾個世紀以來，猶太人的心靈在《妥拉》和《塔木德》的禁錮外，一直都還能靠醫學來開展廣度。[23] 諷刺的是，猶太醫生在哈里發和國王宮廷內享有的好名聲，其實是仰賴著一種假設，認為猶太醫生不知怎麼地得到了他人不可及的祕密知識；然而真相是，他們是敏銳的觀察者、診斷者、解剖圖繪製者，幾乎總是跟隨著希臘和阿拉伯前人的腳步。但那些猶太醫生（例如阿姆斯特丹的以法蓮・布宜諾）也常常同時精通猶太傳統，以及數學、哲學、天文學和醫藥學。從文藝復興時期的帕多瓦，也就是他們開始和非猶太學者教授接觸的地方開始，他們就將所學帶回了自己的社群，並藉由將醫學經典翻譯成希伯來文，或者透過他們自己的原創貢獻（通常是像眼科或消化道這類猶太人長期關心的專精領域），來將所學傳入自身文化裡。他們之中有許多人特別熱中於對抗民俗醫學：魔水和護身符據說可以治療癬病（一種災害）或者緩和嚴重的痔瘡。新教育書籍最美到不尋常的部分，就是《托比亞斯之作》（*Maàseh Tuviyah*），一七〇八年由托比亞斯・柯漢（Tobias Cohen）於威尼斯發行。

柯漢家族來自波蘭，而托比亞斯的祖父和父親都當過醫生。托比亞斯從一六七九年開始在奧德河畔法蘭克福大學接受醫學教育，但當遇上仇猶行動之後，就搬到了普遍氣氛較有同情心的帕多瓦大學。接著，他這個阿什肯納茲猶太人，就在鄂圖曼帝國的地中海賽法迪猶太人社群裡過起了流浪生活，先是在哈德良堡，然後到君士坦丁堡，在那裡依循哈蒙家族的傳統，成為連續五位蘇丹的宮廷醫師之後，抵達了耶路撒冷並在那裡過完餘生，因此把祖先從巴勒斯坦遷徙到波蘭的移民歷程反著走了一遍。托比亞斯的作品企圖在世界的背景下剖析猶太人心靈，從宇宙四元素到生物學原理，整個穿透了知識架構。依照這方式，他便從「神學」開始，接著前往天文學（身為哥白尼熱切支持者的他，得要處理遠遠早於哥白尼的拉比正統性）。接下來是數學、解剖學、衛生學、性病（特別是梅毒）、醫藥植物學，最後才是研究人類性質，而形塑年輕的阿倫・岡佩茲學位論文基礎的，也是這一門科目。

對托比亞斯・柯漢來說（而且他是教士這一系的柯漢族人顯然很重要），醫學與自然科學跟猶太教並不是只能二選一，而是猶太教裡「造物主之獨一無二與其造物之無比精巧」這套核心信仰的活性延伸。因此，早在哥特佛萊德・萊布尼茲和克里斯蒂安・沃爾夫（Christian Wolff）定義出「自然宗教」之前，他其實就已經踏進去一半了。「至高無上者的天才同時顯現在成文與不成文律法字句中，以及在自然世界裡透過理性探查來辨明解析便可發現的現象」，這樣的公理同時在猶太及基督教啟蒙運動中，都成為了偉大的明言真理。史賓諾沙最出名的就是將神性與自然等而視之，但那個「上帝或自然」在其後的運作中就沒再出現，也不在乎其運作之後果，尤其沒在乎人類。對克里斯蒂安・沃爾夫和托比亞斯・柯漢這類人，還有他們的讀者阿倫・岡佩茲和摩西・孟德爾頌來說，造物的精巧以及治療這些造物身上疾病的可能性，都是上帝存在而非缺席的證明（儘管也有那一切定期毀壞祂成果的邪惡和災禍）。拉斐爾・利未（Raphael Levi），這位在萊布尼茲位於漢諾威（Hanover）的家住了六年的門徒，就聲稱自己研究了天文學並撰寫著作，好讓自己更加理解「造物主的偉大以及天國的精湛」。[24]萊布尼茲之家（Leibnizhaus）保存了一張可愛的利未肖像畫，他雖然面容和藹地和羅盤、望遠鏡及地球儀一起入畫，卻穿著教士學者的衣裝，同樣表達了信仰與科學之間並不強迫的兼容並蓄。

在這現代世界裡，稱為符合宗教的也意味著是符合科學的，在此光照下，從各種意義而言，一位哲學博士也是一位疾病的醫治者。獲取世俗知識並不一定會流失信仰，但這種行動確實會預設以懷疑態度來看待一些仍盤踞在受蒙蔽心靈的非理性「迷信」。這些猶太追尋者通常會呈現為一種古老的、兼容多樣的猶太學問保存者模樣，而這種學問已被《塔木德》主義者的詭辯壓榨乾枯。福而特（Fuerth）拉比之子摩西・斯坦哈特（Moses Steinhardt）曾評論，「我們從（學問的）最高頂峰掉到最深深淵」的這種衰敗，「使我們成為羞辱的對象，被所有民族所愚弄」。他的解方是「把所有人類智慧，所有哲學科學和上天的科學，都填滿筆記本」。而斯坦哈特則署名為「工程師、天文學家、哲學家，漢諾威拉比」。[25]

有時候，這種再次點燃的學習渴望，真的會讓人很有感覺。日後會在老家法蘭克福的猶太醫院當醫生的亞舍·安謝爾·沃爾姆斯（Asher Anshel Worms），還是學生時就夢想著要編一本希伯來文的自然與道德科學大辭彙。他最初的熱情是在代數（沒多久之後是西洋棋），早在一七二二年，他都還沒畢業成為醫生，他就發行了第一本當代希伯來文代數課本。在沃爾姆斯熱過頭的想像中，代數是敘事者歷經船難後，被沖上某個荒島時所發現的「美麗處女」，「臉朝下貼著地表」。[26]她是不是也遇到了船難？安謝爾陷入了戀愛。安謝爾非常非常興奮，繼續要把他的求生技巧應用在這位順勢面朝下的代數女士。「我把她吞下的水弄了出來，以油和香水抹在她身上，直到她身體裡有了生命氣息。」代數為了適切地感謝甦醒之恩，而把她隱藏的深度揭露給她那樂不可支的救命恩人，因為「現在我可以走在活命的土地上」。

正如施姆爾·凡納精彩收錄的那句話一樣，世俗知識的魅力常常有如性誘惑一樣地遭到抗拒。海烏姆（Chelm）的肖洛摩拉比寫到，他的心渴望「智慧的欣喜」，他的「小指頭輕輕地觸碰著自然的科學以及在那之下的那些」，後來才振作起來回到《妥拉》懷抱，把讓自己通曉禁忌啟發的那種愉悅感降低為「次要之事」。[27]然而，有時候對醫學的追求又讓人幾乎就不經意地打開了通往危險知識之門。阿什肯納茲猶太人世界的偉大拉比權威——雅各·埃姆登拉比（Rabbi Jacob Emden），在阿姆斯特丹的生意失敗而沮喪之後，開始喝茶——一壺接一壺地——來給自己帶來一點點愉快。被不間斷的丹寧酸和咖啡因洪流淹沒的他，泌尿系統開始造反了。「我的血液變成了水，所以我的尿像噴泉一樣噴出，而我實際上得要每分鐘排尿，造成我私處嚴重疼痛……我每走一步都需要掙扎一番。」[28]對於一個回答問題得要持久耐心思考的拉比來說，這不是好事。在試過各種包括禱告在內的方法而沒有緩解之後，可憐的雅各拉比求助於「由某位奔特凱爾（Buntekel）醫生所寫的異國醫書」。他是這麼說的，因為荷蘭醫生柯里尼斯·龐特克（Cornelis Bontekoe）的知名論文其實遇到各式各樣的病都建議喝茶。不管怎樣，埃姆登一旦踏進了異國智慧的領域後，就有什個東西在他心中深處擾動，他便從焦慮的自我保護，變成了對所有現代、古代知識都充滿飢餓的人。「我完全不知道非猶太人文學，雖然我們總是有興趣學習有關其他民族的世俗問題，他們的宗教信仰、倫理道德、個性和歷史，我們的宗教文學沒有提供資料的所有那些事實。」最起碼，埃姆登認為，如果他和他們的理解有著共同點，他駁倒懷疑者時的武裝會裝得更好。無法付錢請私人導師的他，請一位基督徒僕役來幫助他讀懂德文字母，從字母繼續到詞、句子和整本書。他繼續用這一套方法學會荷語和拉丁文，然後（因為到了這時候《創世紀》顯然不夠用了）開始了解到：

根據他們的文獻，我們地球出現的原因是起自行星的運動。那一些在我們的文字中有提及到這件事的文獻，描述非常簡短。再一次的，我很熱切地想認知自然世界：礦物的特質和植物與藥草的特定性質。而我最渴望學習一些醫學相關知識，（以及）在其他歷史事件之外，君王們的難題和他們的戰爭。我想要了解新地理發現、海洋、河流、沙漠，還有其他民族的工藝和藝術。[29]

埃姆登對世俗知識的這種百科式的渴望是有策略的，以便強化《妥拉》周圍的圍牆。在他的自傳中，在他描述了自己對現代知識的愛好之後，他還確保加上了「我小心翼翼地不去深入全面地學習任何這些主題」。但雖然他的目標是廣泛、淺薄、有挑選過的可開展學問，他還是不得不以一種暗指參孫謎語的方式坦言，「不過，在幾種情況下，我從強者身上萃取甜分，並且用我的手獲取他們內在的蜂蜜」。

對於其他內心沒那麼衝突的人來說，「追求新學問」本身就成了目標。精通新學問的智慧提供了一種雙重和解的可能：在科學與猶太教之間調解，還有在那些能以共同知識為基礎、進行學者對話的猶太人與非猶太人之間和解。這就是摩西．孟德爾頌的導師阿倫．岡佩茲所遇到的情況。[30]當然，一開始他是試圖討好父母。他的母親期望阿倫成為拉比，所以他在以色列．札莫斯克和大衛．法蘭凱爾的猶太學校裡投注了不少時間。另一邊，他的父親則是希望他成為醫生，所以他進了奧德河畔法蘭克福大學，於一七五一年當他二十八歲時畢業。這使他成為普魯士第一個合格的猶太醫生。但岡佩茲更極度想要的，是成為自史賓諾沙以來第一個被非猶太學術世界所認真看待的猶太人。他一邊鑽研自然宗教的理性神學（萊布尼茲和他的弟子克里斯蒂安．沃爾夫的著作），一邊（為了確保無誤而）鑽研上述學者的對手，也就是自認為牛頓信徒的人的辯論術。他的德語和法語（腓特烈大帝在波茨坦〔Potsdam〕所集結的智者們所使用的交際語）都很流利。他也充滿自信，認為自己的口才能夠打通顯要們的大門。一七四五年，他找上了皇家圖書館館長阿爾讓侯爵（Marquis d'Argens），此人是國王請來的人才，多產而（很難理解為什麼）知名的哲學小說作者，其中最有名的一部是《猶太人信札》（*Lettres Juives*）。

讓岡佩茲獲得信心去毛遂自薦擔任祕書，或者說抄寫員，或者說幫侯爵打雜的動力，應該是阿爾讓侯爵這本書的表面主題。此書標題上的「猶太」其實是阿爾讓侯爵想像出來的假貨——瀕臨誤入卡拉派異端的拉比、利佛諾的商人、旅行者——都被賦予有些異國的名字，而且沒有一個人的文字敘述有提升到矯揉造作的水準之上。虛構出天真外來者的驚訝或厭惡，來使歐洲人重新思考自身文化的古怪和不公義，這種逆殖民招數的先驅是孟德斯鳩的《波斯人信札》（*Persian Letters*），這本書裡也有一個假猶太人。阿爾讓侯爵知道在文字中套換猶太人就能保證暢銷，因為這會打中類型目標。所以，當一個真正的樣本，一個沒包特本（頭巾）、沒穿卡夫坦（鄂圖曼普遍的長袍）、但假髮粉飾得體的猶太人出現在他的寓所時，他可能覺得滿好笑的；一個幾乎可說教養很好的傢伙，前來告訴你，世事總出乎你意料。岡佩茲是個討人喜歡的奇人。這人可以像鸚鵡一樣，拿出來炫耀對答如流的能力。

然而岡佩茲夠認真，或者是夠好用，因此過了兩年後，阿爾讓侯爵便把他推薦給（普魯士）皇家科學院的院長總監，另一位叫作皮埃爾—路易．莫佩爾蒂（Pierre-Louis Maupertuis）的法國人；他是一位數學家、文人、牛頓物理的死忠支持者。由萊布尼茲建立的當權正統派，提出的論點是保證當今世界是所有可能出現的世界中最好的一個（因為一個仁慈有創造力的自然上帝怎麼可能會選擇其他的呢？），但這讓莫佩爾蒂憤怒不已，而他大半輩子都拚了命在怒罵這種想像力薄弱的自鳴得意；一種無疑受到（在國王請求下於一七五〇年前來的）伏爾泰影響的英雄式壞脾氣。莫佩爾蒂是一個行動科學家。為了證明牛頓根據物理法則所主張的「地球並非完美球體，而是兩極較平坦」為真，他前往拉普蘭（Lapland），在不理不睬的馴鹿之間拿出他的量桿，直到完全證明符合他的想法。莫佩爾蒂就跟他反覆無常的君主一樣，沒有輕易被字面上的討好所打發。然而，和國王不一樣的是，他發現有聰明細心的猶太人可以在機智的對話中不落下風，而阿倫・岡佩茲就是其中一人。

這些非猶太人之間比劃的第一手經驗對他大有助益。到了一七五二年，他才將近三十歲的時候，就已經是猶太醫生，講授結構解剖，揭露托比亞斯・柯漢竭盡全力製圖標示的體內各腔室。他成為柏林知識分子團體的一員。在那裡，他會出現在他協助成立的摩亨街（Mohrenstrasse）「週一俱樂部」的會議上（不用說，一開始是在每週四召開會議）。他在那裡和卡爾・菲利普・埃馬努埃爾・巴哈（Carl Philipp Emanuel Bach）、哲學家約翰・喬治・蘇爾澤（Johann Georg Sulzer，他曾經把兩片金屬放在舌頭上，透過唾液啟動充電，而差一點不小心發明出電池）、統計學家約翰・彼得・紏斯米希（Johann Peter Süssmilch）及劇作劇評戈特霍爾德・埃夫萊姆・萊辛（Gotthold Ephraim Lessing）這一類人啜飲咖啡（這是他的新癮頭）。[31]這群人彼此交換想法時，跨越了宗教的分界：萊辛是路德派牧師的兒子，蘇爾澤是天主教徒；但跨越宗教的沙龍，還是得要有一個有風度且擅表達的猶太人才得以完整。事實上，一七四九年當萊辛開始寫《猶太人》（*Die Juden*）這齣劇，想著的就是這個猶太人；四年後這齣劇發表後，便開啟了他的文學生涯。這齣劇也開啟了一個太容易忘記但應該得要記住的現象：德國的挺猶太風潮。

萊辛因為在極致敏銳的心思中蘊藏文學魅力而出名。《猶太人》之中有滑稽的討好要素（假鬍鬚、傻笨的酒醉僕人），但整齣戲的目標是宣導。他寫道，這齣劇是「認真反思這一民族承受的可恥壓迫後的結果，在我看來，基督徒必須以尊敬態度關注他們。在過往時光裡，這民族產生了太多英雄和先知，但今日人們懷疑他們之中有沒有一個誠實的人」。萊辛用帶諷刺的冷眼觀察這瘋狂現象。他了解猶太人。他住在斯潘道街附近，離海德路特巷的猶太會堂不遠。岡佩茲會去那邊，他的門生孟德爾頌也是。

《猶太人》是萊辛和岡佩茲密切往來後的第一個成果。劇作家的首要目標，是讓觀劇者以及聽聞本劇的更廣大群眾對自己的偏見感到羞恥，同時對艾森門格那本影響力深遠的《除去猶太人的面具》所扎根的惡意中傷感到不屑。這是一齣獨幕劇，劇情到了尾聲還會猛然一轉，讓論戰點更強烈。

一位帶著女兒旅行的男爵，遭到一幫有鬍鬚的下等人襲擊洗劫，從外觀和粗俗的口音來看，他們注定要立刻被當作在德國（以及英國）天生有著竊盜和各種無恥奸狡惡名的猶太人。事實上那些小偷是男爵自己的僕人，包括他的資產管理者。一位不知名的旅者前來救援，猛擊了惡人，然後在混亂的打鬥中，搶匪的鬍子掉了下來而露出真面目。一股感激之情促使男爵把女兒嫁給這位英俊的救星，因為她似乎也迷上他了。這名如此高貴、如此英俊、如此無私的模範頭號英雄親切有禮地表達他對於這舉動的感激，但婉拒了好意，因為他聲稱自己（觀眾倒抽了一口氣）是猶太人！刻板印象遭到了反轉。顯然非猶太人總習慣地把下等惡徒歸為猶太人，但真正的猶太人和最寬厚的基督徒卻是難以分辨。這名猶太「旅者」甚至對錢不屑一顧，挑戰了刻板印象。對於無法成婚感到失望的男爵，請求陌生人幫忙處理財富，因為「我寧願窮而心懷感激，而不要富有卻不知感恩」。猶太人再度拒絕他，因為「令我高興的是，我先祖們的上帝給了我比我所需還多的」。「若每人都像你一樣，」男爵高呼：「那麼猶太人該有多可敬呀。」猶太人便回擊：「若所有人都像你一樣，那基督徒該有多值得敬愛啊！」

男爵給予的恭維也是問題所在，因為這不知情地加強了萊辛企圖導正的那個刻板印象。珍珠落在土裡只會讓土看起來更髒。需要的不是令人驚訝地發現的特例，而是認知到普通猶太人就是他們的男女同胞。即便如此，也有人堅決否認有勇敢、無私、聰明善辯的猶太人。批評家約翰・大衛・米凱利斯（Johann David Michaelis）就令人難堪地把這英雄貶為萊辛在感情用事下想像的虛構物。他承認，這並非全然不可能，但也非常不可能為真。劇作家以一張王牌回應——沒有一個這樣的猶太人，因為就有兩個。其中一個把自己的痛苦和憤慨寫給了另一個，也就是他的朋友岡佩茲，而萊辛便把這信件和聯同他自己的抗辯發行出去。這憤怒不已的作者是二十四歲的摩西．孟德爾頌。「這是多麼過分的藐視！」他寫給岡佩茲：「基督徒中的下等人總是把我們看作天生的渣子，人類之中的痛處。但面對一個有學之士，我會期待他更公平一些……一個正直的人怎麼可能會粗魯到去認定一整個民族裡出不了一個正直人。」最後的熱情一擊，打中了他那一代的思想者最在乎的事情，被孟德爾頌留到了最激勵人心的結尾：「不要否定我們擁有美德，那備受壓迫的靈魂中唯一的美德，被遺棄的人民的唯一避難處。」[32]

決定接下挑戰，來把一個例外的天啟擴大成一種心智全面翻轉現象的人，是接收這封慘痛信件的岡佩茲，而不是寫信者；不過要成事，他可能還是得找上萊辛這個有意願的合作者。從萊辛開始寫作《猶太人》到發行的這段期間裡，他在荷蘭及英國等地旅行，並觀察到人們對於各自的猶太人群有兩種非常不同的態度。在阿姆斯特丹，他看到這地方的猶太人似乎和他們的基督徒東道主（至少在十八世紀可能的極限範圍內）和平共處（即便說還是有人抱怨波蘭移民的貧窮、乞討和迷信）。但萊辛在一七五三年到達英國的時候，正好碰上了人們以歇斯底里來回應「猶太議案」（Jew Bill）的通過，這種大眾狂熱實在太激烈，迫使佩勒姆（Pelham）政府撤銷議案，即便其範圍適中，僅限定於讓國會請願的私人團體免除審查法（Test Act）——也就是要正式宣稱效忠於基督教聖公宗。萊辛聽聞了各種荒謬的偏執想法，好比說「猶太人買下了聖保羅座堂要把它改建成猶太會堂」，也看到了各種荒誕不經的諷刺漫畫，描繪英國正處在割禮師的刀下。

一七五三年，萊辛和岡佩茲（由醫生領銜）起草了一份提案，要求給予猶太人完整的公民權利，不是只授予依財富或學識差異，從這邊那邊挑出來的「應得的」猶太人，而是給全體人民。[33]這份請願是以匿名的方式發行，首度以充分有力的論證，來提出「猶太人的落魄處境，是迫害者強加在他們身上的社會條件所造成的結果，而不是某種天生特質」的論點。雖然伏爾泰（從一七五〇年以來在柏林，短暫擔任腓特烈大帝的智慧天賦招牌）有把猶太人算進他的應寬恕名單，但他相信，他們在內心深處還是有一些不可改變的討厭之處。但十八世紀的思想家中還有一些人——孟德斯鳩和亞當・福格森（Adam Ferguson）及坎姆斯勛爵（Lord Kames）等蘇格蘭作家——堅持文化是他們的環境的產物；這環境不只包括地理和歷史，也包括制度上的條件作用所產生的長遠影響。如果窮困的猶太人淪落到要乞討、偷竊，從事買賣舊衣服之類的難堪交易，一種同時迎合且防衛的被動積極作為，那是因為幾個世紀以來他們都被趕進了猶太區，強硬排除在所有「老實」的交易和手藝之外，排除在學校和大學之外，排除在擁有專業和土地財產的資格之外，加上艾森門格書卷中重申的殺害孩童瘋狂謊言——這些都自然地扭曲毀壞他們的社會行徑，且必然地把他們能獲得的規矩指引，僅限於拉比所提供的內容。就如孟德爾頌簡潔的說法：「你們把我們的雙手綁起來，然後控訴我們不去用。」把猶太人從（自己和反猶太者的）偏見中解放，把他們從社會經濟限制中釋放出來，拓展他們的教育，他們就會像任何別的公民一樣自行端正規矩。雖然這份提案將會成為到這世紀末的猶太解放老生常談，但這其實早在一個世代前就（即便謹慎地匿了名但也）第一次明確地開始著手了。

雖然沒有等同孟德爾頌的智慧，也不能說是學識豐富，但阿倫・岡佩茲才是猶太啟蒙運動大膽冒險的先驅，是說服有同情心的異教徒關注這項事業的人。有可能是岡佩茲把孟德爾頌介紹到週一俱樂部，因為卡爾・菲利普・埃馬努埃爾・巴哈和整個「博學咖啡屋」（the Learned Coffee House，由該團體在某建物裡每週租借一次的兩個房間，成員會在那邊閱讀報紙和期刊，也包括他們自己供稿的報紙和期刊；他們也在那邊玩「taroc」，一種一疊七十八張、以塔羅牌當人頭牌的古老牌戲）都認識他。但這並沒有抑止爭論。「真是完美，」岡佩茲在一場牌局上滑稽地喊著：「三個數學家連二十一都數不到。」咖啡屋文化的另一個主要產品——西洋棋，則是已經風行，有一些大師正使用著博學醫生亞舍・安謝爾・沃爾姆斯所寫的第一份當代遊戲指南。房間裡還設了一張撞球臺，而玩遊戲收的適當費用可以幫忙支付房租。那裡會持續供應咖啡，每個月還有一次演說；認真的內容包裝在知識娛樂的輕裝裡。一七五五年五月，出版商弗列德里希・尼可萊（Friedrich Nicolai）提到他聆聽了瑞士偉大數學家李昂哈德・歐拉（Leonard Euler）朗讀一篇有關撞球的論文，叫作〈論水平面上雙球之運動〉（On the motion of two balls on a horizontal plane）。自從拉比們宣告絕對遵守猶太教潔食規範後，人們便吸了鼻菸，抽了菸斗，喝了大量咖啡（其實拉比中也有很多人嚴重上癮）；而且當一個異教徒帶頭時，他們甚至連在安息日都在喝，其中喝最兇的就是猶太人。[34]

年紀輕輕的、來自德紹的摩西・孟德爾頌加入了這個令人陶醉的團體。他的溫文魅力（實在太不像猶太人，他們在背後喃喃嘀咕著）、他那總是愉快而清楚表達出來的無邪老實、他那溫和的自我嘲諷（就比較像猶太人了）、他那難以置信的閱讀廣度、他那無師自通的多種語言、他思緒的清晰，還有某種沒有人能確切說出來、但當代的智慧和心靈總是在尋找的、某種像是人類聖杯那樣的東西：他毫無差錯的正派，都始終如一地讓他的學友們留下深刻印象。他就如他自己形容的，只是「ein Mensch」（德語：一個人；意第緒語：一個正直有榮譽心的人）。但還真是個人物！他和萊辛、弗列德里希・尼可萊以及岡佩茲組成了一個心靈相契的四重奏，並且意識到，儘管岡佩茲與萊辛有出過相關的小冊子，但他們比較多是直接獲得信仰自由，自己帶頭支持信仰自由行動就比較少了。不像那些總在閃避猶太人、一輩子也沒碰過一個活生生猶太人的法國哲學家，「咖啡、蛋糕和康德（他雖然曾在論文比賽中敗給孟德爾頌屈居第二，但他在柯尼斯堡還是錄取了猶太學生）」的世界，始終是一個混合複雜的社會。

摩西・孟德爾頌的文章在一七五〇年代開始在德國出現，為他帶來好奇的眼光，也幫他的文名推了一把。然而，純文學和他出版的《哲學反思》（*Philosophical Reflections*）並不足以維生。在柏林的第二個十年，他替一位猶太絲綢商艾薩克・伯恩哈特（Isaac Bernhard）擔任記帳；腓特烈大帝十分希望能把此人加入他的普魯士資產清單。孟德爾頌也擔任伯恩哈特孩子們的家教，同時以一種完全讓人回想起（與他同名的）摩西・邁蒙尼德那樣的發牢騷方式，煩惱焦急著自己永遠缺少時間去追求上帝為他準備的工作成果：讓自己心智完美的那種幸福感。即便如此，他在語言上的進展——特別是拉丁文和法文——卻是非常驚人，四重奏的另外三人也鼓勵孟德爾頌把法文作品翻譯成德文出版，藉此增進兩種語文能力。盧梭的《論人類不平等的起源和基礎》

（*Discours sur l'origine et les fondements de l'inégalité parmi les hommes*）在這一類別裡算是一個初步嘗試的強力選擇，尤其是因為孟德爾頌本身就有很顯著的「正直的人」（honnête homme）特質。一七七〇年代的畫家畫出他的肖像時，不管是有意還是無意，他都採用了「單純德行之人」會穿的那種樸素、有點貧乏的普遍棕色服裝，而他因為這種形象而為人所知的程度，就和另外兩位有此德行形象的大師一樣：也就是班傑明・富蘭克林和盧梭。因此他不只成為了「聰明的猶太人」也成為了「好猶太人」。就跟其他人一樣，孟德爾頌被安排飾演虛榮風氣的解方，特別是因為他將宗教信念和哲學詭辯真正地做了調和，達到了一種嘲諷者認為不可能或者絕對是騙人的程度。

這樣子，反而很自相矛盾且一遍又一遍地，讓他再度想起那另一個他認為錯誤地被控「從理性中斷絕信仰」的猶太人：巴魯赫・史賓諾沙。很明顯的（尤其是對孟德爾頌的朋友來說），孟德爾頌認同且支持這位同樣預料到自己猶太哲學家使命、最後卻認定該使命是矛盾修辭的「墮落」猶太人。顯然，當戈特霍爾德・萊辛把他這位朋友稱作「第二個史賓諾沙，除了（史賓諾沙）他自己犯的錯誤以外都一模一樣」的時候，意思是在恭維孟德爾頌自己的內在思想。[35]當摩西越了解史賓諾沙，越了解「驅逐」這個古老詞彙以狂暴地反覆詛咒而展現的殘暴猛烈，越去想像他獨自一人在海牙的閣樓頂，越是深刻閱讀他的作品，他就越渴望能夠在他死後，將他帶回他們的陣營中：徹底地將他感化為一個猶太人。有些重要的問題，他從來都沒有克服。摩西卡在了他原本的同名者身上，不可動搖地相信律法確實是在山上由上帝所給予的。他也始終認為《出埃及記》就是歷史事實，從不作他想。但他對於史賓諾沙主張「律法的給予必須在其時空下的脈絡中理解，而且其用意是為了統治一群被逐出家園的難管教人群」卻完全不覺得震撼，或者「不猶太」。不過和史賓諾沙不同的是，他相信這一個制定律法的史實性，並沒有在環境改變後就變成了冗餘之物。孟德爾頌也把西奈山上這段啟示劇碼的意義重要性降到了次等，因為他和《神學政治論》的作者都同意，把律法——或者將律法作細節延伸的社會倫理——假想成可以只為了單一群人的好處而授予下來，是很荒謬的事。在這著眼點上，頒布律法的起源要和頒布律法的目的區分開來；一個是有特定對象的，一個是普世的。孟德爾頌相信，以色列人是受安排來管理一個給全人類普遍實踐的倫理系統，而不是獨占這個倫理系統。啟示分殊各異；理性則和解為一。這就是問題的核心。

重新猶太化的史賓諾沙，成為了孟德爾頌所希望達成的大半事情的試金石。他想要一個從防禦性中解脫的猶太教——人們已經太常提到《妥拉》的《塔木德》「圍牆」。雖然絕對不是要反駁《塔木德》，但孟德爾頌相信，經過適當的理解後，律法的倫理核心就不需要圍牆，確實它應該是某個可能可以讓猶太人和基督徒團結為一的東西（他應該不會介意那時候那種「猶太—基督教傳統」的陳腔濫調）。孟德爾頌也不知道，為什麼《聖經》的造物記載一旦以寓言辨識的方式來解讀後，就必然要違背「上帝作為宇宙自存之創造者」的這種想法。但和史賓諾沙等自然神信仰者不同的是，孟德爾頌不認為那是「神存在於世」的終結；相反的，他追隨著萊布尼茲和沃爾夫的想法，假設神性可以在自然中的每日現象裡讀出，從一朵花苞的綻放到太陽的落下。和猶太教講道以及大多數會堂禮拜的一般要旨相反，孟德爾頌的猶太上帝不是懸在高空的審判者，始終監視著準備懲罰那些惡習難改者，不論那人是單獨一人還是處在諸國眾城之中。孟德爾頌的耶和華帶著一種十八世紀的微笑。既然祂在地上那些造物的存在意義是要為了愉悅和幸福，且祂的矯正方式更接近於一位天體園丁，那麼祂怎可能不定期修枝除草以確保鮮花綻放？

孟德爾頌在一七五八年成立並編輯的（短命）希伯來文週刊《道德傳道人》（*Kohelet Musar*），內容上有意地證明自己的刊名為虛，不過有一點例外，就是文體響應了原本那位「傳道人」（也就是《舊約聖經》、《傳道書》所指的那位「傳道人」）的猜疑戲弄語調。雖然那本智慧之書的基調，是面對人類處境而產生的一種箴言式陰鬱，但孟德爾頌卻是在教人細細品味地上的世俗生活，一種在他想像中上帝想要人們去享受的愉悅。[36] 孟德爾頌特別以一種從中世紀西班牙詩人以降就在猶太傳統中不常見的熱情洋溢，來歌頌自然世界的美。猶大．哈勒維（Judah Halevi）的哲學《庫札里》（*Kuzari*）以及他的一些詩篇，被當成一種博學讀物主題並帶回到刊物中，而孟德爾頌相信，那一代中世紀人充分利用了一種生命力十足而充滿彈性的希伯來語（這一點是正確的）；這種語言也是《聖經》撰寫者所使用的工具，但在幾個世紀無止盡的注釋評論中乾涸。那麼，孟德爾頌重新喚醒猶太愉悅的舉動，就符合他所謂「希伯來文可以重返其吟遊光采，並再一次同時成為形而上啟蒙與世俗韻文的載具」的信念。

希伯來的上帝通常被說成是一個高高在上的建築師，偶爾才被人格化為初始的藝術家，但如果是真的，那麼祂的創作類型就是地景，而祂的傑作就是自然世界充斥的壯麗。事實上，上帝是一個園丁，而當孟德爾頌漫步在他出版商朋友尼可萊的真實花園中，或者當他在伊特吉格和以法蓮滿是沙塵的林蔭路上享受散步時光的時候，他堅信，欣賞自然之美不僅不是一種對《妥拉》不朽教誨的分心，反而更是一種接近造物之莊嚴神祕的方法。

孟德爾頌給猶太人一道快樂的准令。當他以《道德傳道人》編輯身分回應一位寫信給雜誌的虛構讀者時，他聲明道：「自從我成為一個人之後，我就將快樂帶入我的心中。黃昏時我逗留在快樂中，日出時逗留在歌聲裡……我拜訪我的同伴，讓他們喝下加香料的葡萄酒和石榴果汁……我們在葡萄園中醒來，住在各村莊中。快樂在我們的腸子裡像水一樣流動，在我們的骨頭裡像油一樣流動。」[37]在《道德傳道人》評論「看見春天第一片花時吟誦一段禱詞的義務」的一期裡，孟德爾頌狂放地寫著：「原野上的花苞、花朵把喜悅和無邪的快樂給了所有看到的人。但眼睛看著它們的美時卻無法接受這些感受的填入。因為，只要一個人凝視著它們，他的靈魂就會在它們的好之上增添滿足，而將不會後悔他心中的這種快樂。他的臉將有如油般發光。他將會以精神的力量在成排的脆弱花朵間來回走動，而他的眼睛將會看見上帝賜福給他的善與祝福。」[38]

一七六一年春天，他經歷了一次個人的開花綻放。孟德爾頌從漢堡寫信給萊辛時說，他會去劇院看戲並和學者們見面，然後害羞地坦承：「這想必會讓你覺得奇怪，但我犯下了在第三十個年頭墜入情網的蠢事。你會笑我嗎？儘管笑吧，當你三十歲時也可能碰上。」[39]至於戀愛的對象，他以一種滑稽和自視甚高的笨拙混合寫道：「怎麼看也不美且怎麼樣也不博學，即便如此，她那獻殷勤的愛人還是對她印象深刻，深刻到相信他可以和她快樂地一同生活。」他沒有說的是，芙蘿美特・古根漢（Fromet Guggenheim）的曾祖父是農市傳奇領主、最偉大的首位宮廷猶太人——薩繆爾・奧本海默。但在失勢死去後，奧本海默剩下的財產已經到了別的地方，所以芙蘿美特只獲得了普通分量的嫁妝。但這還是出於真愛的婚姻。離開漢堡後，他寫了封情書給她，聲稱「就連我從妳那偷來的吻都混雜了苦味，因為我們別離的逼近，讓我內心沉重而無法享受一切」。[40]

不在身邊的時候，摩西每週寫兩封信給芙蘿美特；在他們（翌年舉辦在漢堡）的婚禮前，他甚至告訴萊辛說，他把他這位生氣活潑的新娘當成是一個夥伴而不是恭敬順從的太太。「我希望她不只能分享我的快樂與生活，更能與我有共同的想法。」他自願擔任她的哲學問題家教，而當他替絲綢公司出差時，也確保「醫生先生」（也就是岡佩茲），「就我經驗所知從未對教學工作說不的那位」會持續指導。沙夫茨伯里、洛克，這些固定班底也被送到她那邊去。孟德爾頌很崇拜丈夫和父親的這種角色，為了他們十一個月大的女兒莎拉的死感到痛苦悲傷，也從來沒有忘記她的忌日懷念儀式或者失去她的痛苦。為了成為好公民，他會稍微修飾一下自己，停止跟隨流行虛華，但也不顧拉比的譴責，戴了那時期流行的假髮（Stutzperrucke），並把他的鬍子重新剪到了只有山羊鬍。

不久後（可能是在一七七四年），芙蘿美特和摩西帶著一面聖龕簾幕（parokhet）出席猶太會堂，那面簾幕是用她的婚禮禮服做的（按習俗有時候是會這樣），白色的絲綢繡著春天的花卉：紫羅蘭花和丁香水仙、鬱金香、藍色的藍盆花和深紅的芍藥、康乃馨、雛菊、沙崙玫瑰和山谷百合。他們的名字也用金絲並排繡了上去，大小相等、同樣顯著。每次聖龕的門為了律法讀書會打開時，漢堡的猶太人就可以飽覽這一整片花樣豐富的草本邊飾。

到了七年戰爭尾聲的一七六三年，在霍亨索倫所統治的柏林城裡，孟德爾頌不管在猶太人或者基督徒之間都出了名，而且自信到（或者說魯莽到）曾經為國王所寫的一小冊詩作評論，而那個任務當時似乎會是終極的金杯毒酒。他給出了沒有一絲指責的明褒暗貶，但用了個方法巧妙迴避了品質問題——他假意地抱怨皇帝因為選用法文寫詩，而剝奪了自己土生土長的皇室德語天賦！在戰事興衰期間，柏林的猶太人都維持了熱情愛國心，而孟德爾頌和其他人還創作了禱詞在猶太會堂裡朗讀，以祝福國王的健康與凱旋。他的回報是終於獲頒受保護猶太人的身分，加上永久居留權，不過這些權利並沒有擴及妻兒。但當他在阿爾讓侯爵的提名及同儕們的踴躍投票下被選為皇家學院的成員時，國王卻在此時介入否決了「猶太人摩西」的任命。

一七六七年，孟德爾頌關於靈魂不朽的論文《派頓》（*Phaedon*）——以柏拉圖對話式寫成，但有一個刻意現代化的十八世紀蘇格拉底——造就了一場難以置信的出版大捷，第一週就賣出了三千本，德文版很快就再版四次，並翻譯成其他眾多語言。這本以優雅的文字寫成的書，展現了孟德爾頌面對每一種涉獵之文哲類別皆能適應的驚人能力。到了一七六〇年代末，他已經達成了不可能：持續遵守猶太教，並實踐一位《聖經》飽學學者能做的事，但同時又徹底參與當代最熱烈問題的大辯論：自然形態從簡單趨於複雜並終結於人類的「存在鎖鏈」（Great Chain of Being）；道德和數學科學之間的關係；美學的不可或缺，但仍繼續進行《詩篇》和《傳道書》的新版德文翻譯和評注。

這一切的名氣讓他成為了改信機會主義者的矢的，其中最為堅定的是瑞士神學家約翰・卡斯帕・拉瓦塔（Johann Caspar Lavater），他在一七六九年準備了一場知性伏擊。拉瓦塔身為「科學」面相學（藉此可以從面部特徵演繹出個性）的發明者，他也非常欣賞日內瓦科學家兼哲學家夏爾・博聶（Charles Bonnet）的古怪研究。博聶聲稱他從解剖學上發現兩個腦的存在（一個掌管靈魂，另一個掌管身體）。但他也論稱，因為存在於記憶永續的真正不朽，不能單獨用理性理解，因此造物主委任了救世主透過啟示來宣告之。拉瓦塔興致盎然地把他認為基督教義無可辯駁的「科學性」真實地翻譯成德文，並將出版品獻給孟德爾頌，要他反駁其論點。這樣的題詞接著成為了最假惺惺的恭維，因為拉瓦塔堅持，如果孟德爾頌覺得自己無法駁倒博聶，他就應該去做那「謹慎、對真理的愛和正直會命令你做的事」——如果蘇格拉底讀了這論文並發現無可辯駁後就會做的事」：言下之意就是，改信真正的教會。[41]

摩西．孟德爾頌知道在這個難解的小小心智遊戲上押了不少注，他的朋友們從萊辛到岡佩茲也都知道，並對於拉瓦塔的詭計感到不悅。這種不悅的核心，是他們在一個分享相異信仰的團體中進行一場當代實驗時，所根據的那套規則。幾個世紀以來，基督徒不分天主教徒、新教徒的希伯來文學者所展現對猶太人的同情心，都是基於「猶太人遲早要改信皈依基督的福音」。但就算這樣的結果有可能會讓萊辛快樂，他仍然自豪於能和孟德爾頌及岡佩茲成為朋友而不須強迫他們放棄任何信仰。他和受啟蒙的猶太人及基督徒都認為，人類進步的整條軌跡，是朝向差異信仰在共享社會中共存的和諧化。這無關乎基於「把猶太人吸納入基督教」這種傲慢而生的非自然相吸引。拋開「猶太人的完整公民權是以成為基督徒為條件」的原則，開創了當代西方的多元主義。

深深被冒犯——特別是因為對方假設他會軟弱到接受拉瓦塔這種「致敬」而受寵若驚——的孟德爾頌，克制自己不要發火。他不會去讀博轟的著作，也不會彷彿自己是某個中世紀拉比中了辯論圈套那樣地，藉由發起對猶太教的全面辯護來自貶身價。他說，他不會屈尊跟那些對拉比學問一知半解、出產「垃圾」文摘的人交流辯論。他反而會自滿於點出基督徒勸人改信的熱情有別於猶太人怯於改變信仰的論點。「我們不會把傳教士送到印度群島或格陵蘭，把我們的宗教傳給那些遙遠地方的人們……把我養大的神之宗教教導我，地上的所有民族只要按照理性的規律過活，就有可能達到永久的幸福，那是實踐美德，而那也是上帝，出於特殊的原因將某些特定的責任專屬地加諸……我們民族。」[42]三年後，他把友善共存的原則又設得更慷慨了。「我十分好運地，擁有眾多並非因為我的信仰而結交的優秀朋友。我們忠誠地彼此相愛，雖然我們懷疑說，若論起宗教我們會抱持完全不同的意見。我享受他們陪伴的愉快，令我高興且受益無窮。我的心從來沒有偷偷地對我小聲說：那樣的可愛靈魂迷失了真是可惜！」[43]

可以預期地，孟德爾頌對拉瓦塔的憤怒回拒，在柏林那些深信猶太人都在會堂裡詛咒基督、中傷教會的人之間，點起了反猶辱罵的大爆發。出於某些理由，〈我們的責任〉（Aleinu）這篇接近禮拜儀式結尾、而且要短暫屈膝跪拜的禱詞，在那些目睹者的謠傳中，變成了基督教屈膝禮的一種拙劣模仿。所以，一如孟德爾頌的一貫作風，他拚了老命去概述猶太人該要稱許基督教創始者的事情。再一次的，他從容不迫地充分利用了它。在他那個猶太人與基督徒相濡以沫的咖啡屋圈子裡，無疑的，猶太人能毫不費力地把耶穌的善稱讚為道德的導師。如果他在法蘭克福的猶太區或者布羅德（Brody）的小巷裡聽聽看人們關於這主題的意見，可能會聽到更粗魯的說法。孟德爾頌堅稱，猶太人接受了耶穌教誨的倫理核心，也接受了他這一生與他講道內容中那種鼓舞人心的純真。但憑著這一點，他們否定了耶穌死後才以回顧方式投射在那種純真上的特質。耶穌從來沒有主張與上帝擁有同等的神性；他從來沒有要求獲得崇拜，一生中也沒有展現出一丁點推翻祖先宗教的跡象，畢竟他自己親身實踐著那種宗教。這樣的觀察結果，沒怎麼能平息柏林的反感。隨著這種反感越演越烈，孟德爾頌遭到他的一位仰慕者艾爾坎・赫茲（Elkan Herz）詢問，他是否後悔捲入拉瓦塔所發起的糾紛。相反的，孟德爾頌說：「我還希望我牽扯更深。感謝上帝，我對此毫無悔意，也完全不在意那些針對我所寫的胡扯。」[44]

然而這樣的爭議還是可能會造成損耗。一七七一年三月的一個早晨，孟德爾頌醒來發現自己張不開眼睛，也說不出一句話。他的四肢拒絕聽他的指令移動，而不久前他才剛經歷了一次灼熱的背痛，就好像「著火的棍棒」在刺他的脊椎。芙蘿美特找來了他的醫生，馬可斯・赫茲（Marcus Herz），而他宣布病因是「腦中血液阻塞」。這個公認簡短倉促的診斷已經盡量表達了樂觀，但赫茲以及提供了類似判斷的非猶太人醫生齊默曼（Johann Georg Zimmerman），描述的可能都是一場小型的中風或者「內出血」。一場更大的病情最終會在將近十五年後殺了孟德爾頌。雖然孟德爾頌毫無疑問是辦不到，但赫茲還是要他的腦筋動也不要動：不准讀書寫作，這對孟德爾頌來說等於是慢性死刑。病人不可以吃任何肉，也不能喝葡萄酒或咖啡，但獲准喝檸檬汁。要用芥菜籽和芥菜膏藥皮洗腳底，外加指定在耳朵上放水蛭。如果這是猶太醫學所能做的極限，那麼進步空間還很大。過了一年左右，症狀稍微減輕，但孟德爾頌很怕再度復發。然而，他不會在深思中結束他的生命，即使說，花幾個下午耗在一點輕鬆的哲學上、把一部分的《聖經》翻譯成德文、或者寫寫信，都算是在跟死亡賭博。幸運的，發作的間隔變得越來越長，但從來沒有真正消失過。

當孟德爾頌已經康復到可以考量自己的現在和未來時，他做的事情卻是和退讓相反。他寫道，不管他還剩下多少年，他都希望奉獻於他那六個孩子的未來福祉乃至於他的整個民族。因此，他就這樣從哲學兼評論家（而且到一七七〇年代，他已經是非猶太世界的寵兒）轉而成為公眾行動者；他族人的保護者兼調停者。在孟德爾頌接納這個角色之前，成為這種「守護者」（shtadlan）、這種像是中世紀猶太總督角色的資格，其實是一大筆錢，如果可以的話，再牽連上宗教學問，約略就像詹森．維特海默那樣的人。孟德爾頌沒什麼錢，但有很深厚的宗教學問，而且在這之外，他還有語言和智慧本錢來向開明專制君主的宮廷進言。

就是在這樣的能力中，他獲得了來自梅克倫堡—什未林大公國（Mecklenburg-Schwerin）猶太人的一項請求，希望他向那邊的公爵說情；因為當時有誤將活人下葬的案例引起人們恐慌疑慮，公爵便從善如流，禁止死去當天立刻下葬的這種猶太慣例。來自什未林的請願起初在一七七二年到達了政教派支柱——雅各．埃姆登拉比那邊，他坦承沒有和非猶太人協商這種問題的德語能力，便把問題丟給了孟德爾頌，並假設他能夠不惜代價地捍衛《塔木德》定下的傳統慣例。但令埃姆登驚恐的是，孟德爾頌可沒有這樣做。他說，什未林的猶太人太大驚小怪。當日埋葬的習俗，可以追溯到猶太人死後得葬在墓穴並要有守墓者駐守三天的遠古時代。現在情況不一樣了，活埋是真的有可能發生。公爵的禁令並非無道理可言，而猶太教最重要的就是理性。孟德爾頌利用他的影響力和公爵政府策劃了折衷方案，方案中只要能先提供有法律效力的死亡證明書，在這條件下就可以持續猶太人的習俗慣例。但這並沒能阻止（曾經很崇拜孟德爾頌的）埃姆登寫信給孟德爾頌，譴責他居然膽敢為了向非猶太風俗讓步而無視傳統義務。不久後，《塔木德》就會在「理性」的戰車車尾沿路拖行；孟德爾頌應該要為此感到羞愧。但摩西沒有感到羞愧。他感到憤怒，接著就是一場憤怒的觀點交流，而雙方都不打算打退堂鼓。

這個駝背小個子從來都不是自私自利者，但他還是接受了偉大名聲。猶太人們早就在傳說他是另外兩位摩西的後繼者：埃及王子摩西，以及擔任哈里發及伊斯蘭大臣的醫師邁蒙尼德。當德勒斯登將近一半的猶太人口若是無法繳納強加於他們的沉重人頭稅，就要面臨立即驅逐的威脅時，他們前去委託求情的那個人，就是他們的摩西。一七七六年孟德爾頌出訪時，居然在薩克森選侯國被迫要繳交牲畜和猶太人在境內移動的人頭稅（Liebzoll），此時他便親身感受到了他們所受的屈辱。六年前，他被召喚到腓特烈大帝那巨大的巴洛克石柱宮殿無憂宮（Sans Souci）時，就見過了選侯的一位大臣費里休（Fritsch）。這是普魯士國王恭維又同時侮辱猶太人的方法，很經典的腓特烈式戰術。費里休曾去參訪波茨坦的宮殿，並向國王提到說，他會從那裡去柏林，見見每個人都在談論的那位鼎鼎大名的孟德爾頌。腓特烈卻提議把那個猶太人找來宮殿，所以他就來了。

召見令在住棚節，也就是會幕之宴的期間抵達，而指定的時間就落在聖會節（Shemini Atzeret）這個禁止搭車旅行的神聖節日。但那一刻實在太吉祥，以至於遵守《塔木德》的人們通融了規則，而這也不是第一次了。只要孟德爾頌在大門前下車，並走完到皇宮入口的剩下路程，這一切就符合戒律。他當然被守衛攔了下來，在回應他是誰的詢問後。有人提到了他的名聲。哪邊有名？守衛問。「以行魔術聞名！」（Ich spiele aus der Tasche!）孟德爾頌咆哮回去。這一段插曲立刻成了朗朗上口的故事，波蘭裔的德國藝術家丹尼爾．何多威也斯基（Daniel Chodowiecki）還做了一張士兵遇上猶太人的小小版畫。

他就這麼走上了大車道和巨大石階，走在有著三美神的圓頂之下，進入了鋪滿白色大理石和紅色碧玉的大走廊，從地板掛到天花板的鏡子捕捉著這個小個子穿著他最好的黑絲綢外套和長筒襪的身影；直到國王的豪華寓所，而當然的，裡頭不會有腓特烈，君王沒有出席，留下薩克森的大臣在那種情況下盡其有禮地來接待孟德爾頌。

幾年後，孟德爾頌透過弗里切（Fritzsche）找到了某個對德勒斯登猶太人困境有同情心的人：一位馮．法巴男爵（Baron von Farber），他對這位男爵解釋了一場驅逐中的殘暴震撼意味著什麼：

仁慈善良的上帝啊！這些可憐人和他們無辜的妻兒能去哪兒？使他們失去財產的國家把他們扔出來之後，他們能到哪兒去找到庇護？對一個猶太人而言，放逐是最艱苦的懲罰。這還不只是驅逐出去而已，它從以前到現在都是一種消滅的行為，將其從上帝的土地上根除，在每一道邊界上被武力所驅離。難道人只因為信奉不同的信仰且因不幸而落入貧困，就算無罪，也非得要苦於這種最為艱苦的懲罰嗎？[45]

他個人的命運現在不可逃避地與他的族人綁在一起。會去找孟德爾頌尋求智慧和支援的主要是所謂的「有錢人」（gvirim），也就是那些擁有房產和馬車車隊的銀行界和商界仕紳，就因為他是用「心智」做成的，而不是錢。對那些相信心胸狹隘的宗教已毒化世界的人來說，他所改信的那種開闊寬容態度，還有那些不屬於他信仰的內容，都替理智可以壓過偏見的那條路做出了證明。一七七九年，未來只剩兩年可活的萊辛出版了《智者內森》（*Nathan the Wise*），主角是一個沒怎麼掩飾、實質上就是孟德爾頌的人物，跑到了十字軍時代的耶路撒冷，並在基督徒、穆斯林（包括薩拉丁〔Saladin〕）和猶太人之間調解，他們每一個人都糾纏在家族史之中。但要到萊辛死後，該劇才第一次演出，還遭到基督教批評，指控其貶低教會。在那樣的時候，孟德爾頌卻因為偏見者和受啟蒙者之間的距離遙遠而沮喪不已。但在受教育者的小圈圈裡——不管是在作家圈、政治改革圈或者聖職圈——他都縮小了猶太人和非猶太人之間的空隙。這多半應該要歸功於萊辛這類同情心強到不尋常的人物在回應孟德爾頌時，始終抱持的那種熱切態度。但他們就是這麼做了，而那些跨越宗教藩籬的友誼可說是空前的溫暖和親密。這很重要，因為十八世紀對友誼概念有著盲目崇拜，把那當成最為真誠的人類羈絆；超越了有著世俗複雜的愛情，甚至超越了父母連結著孩子的愛，因為那仍受疏遠和死亡的支配。因為猶太人和基督徒交朋友並保持友誼，本身就是一種革命性的舉動。

到了一七八〇年代，在孟德爾頌五十幾歲的時候，他不只為了猶太人的利益而發起行動，也是想透過促進猶太人的福祉來進一步造福人類。有那麼多邪惡在世上遊蕩，就是因為無心繼承而來的仇恨；也是因為沾滿血跡的謊言故事。就像天曾降大任於猶太人，要率先跳出來保護未來將會由普世實踐的倫理準則一樣，現在猶太人所受的待遇，就是在試煉文明的仁慈寬容程度。先把自己的同胞看作人，然後再看作猶太人，以及去了解他們完全有能力來做任何基督徒承擔的事，這些行動都不僅僅是要終結希伯來人所受的壓迫，也是要終結所有其他人的盲目。

他並不缺少開展這事業的機會。一七七九年在亞爾薩斯（Alsace），一位尖酸的恐猶律師，還正巧叫做法蘭索瓦·赫爾（François Hell，姓氏拼法恰巧同「地獄」），出版了一本小冊子，回收利用了艾森門格對猶太人的指控：犯罪謀殺的案件、以生物學來說只可能淪為狂熱罪犯的事實。這回他們首度被控打造「國中之國」，但不會是最後一次。赫爾的解方很簡單——實體滅絕，或者如果政府覺得太怕事的話，就進行大規模的永久驅逐。孟德爾頌收到了來自史特拉斯堡（Strasbourg）的軍隊承包商赫茲·瑟夫·貝爾（Herz Cerf Berr）的求助訊息——此人已經傑出到能從路易十六政府獲得單一品項的全面特權。忙著翻譯和編輯的孟德爾頌雇用了一位三十歲的普魯士政府官員，克里斯提安·威海姆·多姆（Christian Wilhelm Dohm）；他知道這人同情猶太人，便由他來準備一本摘要，用來解釋說，幾個世紀以來受的迫害才是猶太人落入底層的原因。如果他們淪為小販、賣舊衣服和從事金錢借貸業，那是因為所有其他維生的管道都在他們面前封住了。

多姆幫忙了，儘管這份即時送到法國最高行政法院的摘要，並沒怎麼能改變亞爾薩斯和洛林（Lorraine）猶太人的情況。至少他們的敵人赫爾遭到逮捕，儘管被捕的罪名並不是希望猶太人大量死亡。但在孟德爾頌的鼓舞下，這位被打動的普魯士人因此寫了一篇更長、更有證據支撐的摘要，詳細列出了猶太人受的迫害，並堅信他們擁有普遍人性。他們不比任何其他人來得更道德腐敗，也和任何人一樣擁有當代公民的資格。他們是他們悲劇歷史的產物。把那些壓迫在他們身上的障礙和排斥拿掉，基督教世界便能立刻看到他們能夠成為工匠、農藝師、事物生產者，而不會人人都是大金主或小財主。

普魯士還沒準備好聽取這樣的話，更別說遵行多姆的社會樂觀主義。儘管有孟德爾頌造成的這一切紛亂（或者說，就是因為他造成的紛亂），年邁的國王完全沒有跡象要放棄他對猶太人的厭惡，不管他們留鬍子還是戴塗粉的假髮都一樣。但結果證明是有一些君主和多姆有一樣的假設：瑞典激進的國王古斯塔夫三世（Gustav III），以及哈布斯堡家族的奧地利皇帝約瑟夫二世（Joseph II），而他的母親就是一七四四年將猶太人從布拉格逐出的女皇瑪麗亞・特蕾莎。在多姆論文問世的同一個春天，約瑟夫頒布了「宗教寬容特許」（Toleranzpatent），又稱「宗教寬容令」（Edict on Toleration），列舉了可以用來實現大規模改造的措施。這文件最有可能是由約瑟夫麾下具有遠見的大臣約瑟夫・馮・松南非爾斯（Joseph von Sonnenfels）所起草，他雖然是一位拉比的孫子，但改信了天主教。宗教寬容令在啟蒙運動的社會工程中，是一個激進的實踐。所有對猶太人參與貿易、工業甚至農業的阻礙都遭到廢止，一併解除的還有只向他們徵收的重稅。這道令還沒能給予帝國內猶太人完整的法律平等及公民的權利，而且事實上還對帝國某些地方的居住限制做出重申，但它確實把猶太人從一群無法自保、總是在統治者的異想天開中容易受傷的群體，提升到了一種準公民的地位。

為了要符合當代的智慧，改變的巨大動力源會是教育。猶太人本來就已經獲准就讀帝國境內的高等學校，但約瑟夫讓他的全體臣民都有義務接受基礎教育，也包括猶太人。他在這之中提供了一個選擇。如果猶太人選擇了基督教學校，他們就不用接受改信的宣教，而「現代科目」——語言和數學——會將他們轉變成帝國的「有用」臣民。但如果那些學校會令人反感的話，國家會提供有教師教授當代科目的猶太學校。

在孟德爾頌的圈子裡，有些人的觀點是把教育看成一種解放。丹尼爾・伊特吉格的女婿大衛・弗立德蘭德（David Friedländer）於一七七八年就在德國開辦了第一間猶太「免費學校」，校內同時有教授宗教和世俗科目。但沒有人比拿弗他利・哈特維希・維斯里（Naphtali Hartwig Wessely）更熱中於教育改革；他在有許多重要書籍出版的同一年，也就是一七七九年，製作了《和平與真實的詞語》（*Words of Peace and Truth*），一份改革猶太課程的大規模計畫。維斯里並非提議廢除傳統宗教授課，只是想在教授宗教時一併引進數學、科學、歷史和地理等當代世俗科目。但他為兩種教學在校內並存的正當性進行辯護的方式，卻替他招來了正統派拉比捍衛者的惡言相向（特別是警覺性很高的布拉格首席拉比以西結．藍道〔Ezekiel Landau〕）。在維斯里的觀點中，《妥拉》有兩種：「上帝之《妥拉》」（*Torah Hashem*），戒條和教導的傳統主體；另外還有「人之《妥拉》」（*Torah Adam*），而讓拉比大為驚恐的是，他提議後者至少應該要放到和前者同等重要。看法與他一致的松南非爾斯以及維也納改革派聽到這種說法應該覺得悅耳無比。對最極端的正統派拉比來說，維斯里現在已經魔化為「邪惡之人」和「猶太教之敵」，是一個把《妥拉》和《塔木德》跟非猶太人學問的狂妄戰車綁在一起的人，是一個偏好「行為規範」勝過神聖經文的人，而且一旦想法實行，他更會是個將未來世代推上文化自滅道路的人。[46]

孟德爾頌之所以倖免於拉比方的全面譴責，是因為人們都知道他是一個嚴守教規到無法指責的猶太人；他確實曾論稱，嚴守《妥拉》是猶太認同的關鍵本質。當他和尼可萊及萊辛相度時光時，從來沒有一丁點不合教規的食物曾經穿過他的雙唇。他和芙蘿美特不折不扣地遵行安息日，並因為一家人聚在桌邊而欣喜不已：蠟燭、鹽巴、麵包、葡萄酒、祝福、紅潤的臉頰和「餐後感恩禱告」（birkhat hamozen）情感洋溢的聲音，是孜孜不倦的芙蘿美特所精心策劃的家中場景。與孟德爾頌一家度過安息日，被人們視為猶太田園生活的形象，進而遠近馳名。他們的大門對那些被拉進家人圈的訪客敞開，在週五晚上或者週六下午，他們會加入孟德爾頌針對當週選定的《妥拉》段落所進行的不中斷討論會。當所羅門．邁蒙回到柏林時，他希望孟德爾頌能針對自己對康德哲學的批評給點意見。但當邁蒙抵達孟德爾頌家的門檻並往內一瞧時，他傻住了。那是一個資產階級式的家，文化、蛋糕、咖啡，帷幕和小地毯，蓋著錦緞的扶手椅；笑聲、互相逗弄、激昂的對話。他自己呢？始終是個學生，一個腦中都是意見看法的無名小卒。這場拜訪是一場錯誤，在情況更惡化前應該要走了。但此時那個有鷹勾鼻的小個子男人出現了，謙恭有禮地引他進門，向人們介紹他，好心地招待他。這樣的歡迎令邁蒙感到心裡溫暖；他開始散發自信快樂的光彩。這是所羅門．邁蒙多變無常人生中最美好的一刻，僅次於康德（即便在邁蒙冒昧批評時仍）恭喜他看出自己的哲學研究破綻的時候。

但孟德爾頌並不是一直都保持樂觀。一七八一年，萊辛的逝世留下他一人孤單難過。當人們指控他死去的朋友多少有在追隨史賓諾沙——這個認為上帝只是自然的泛神論者（名字比較好聽的無神論者）的時候，孟德爾頌為了證明萊辛的清白，而開始糾纏於一段漫長艱苦的爭議中。孟德爾頌的孩子裡有兩個早夭得過於殘酷：孟德爾（Mendel）還是個六歲男孩時就死了，另一個女兒莎拉更是只有十一個月大。最糟糕的事情莫過於替自己的孩子唸逝者禱告。他的健康無法預測。他每晚把自己放在萬能上帝的手中睡去，不知道早上會不會在癱瘓和痛苦中醒來。至於所有藉由約瑟夫的寬容令和多姆對解放運動的論述所體現的重大改變，孟德爾頌則是對這雙方所呈現的猶太未來樣版都感到不對勁。在皇帝對均一化的著迷之中，孟德爾頌嗅到了一個偽裝起來的改信計畫。儘管約瑟夫二世始終把「有用處」掛在嘴邊，而且對僧侶和耶穌會會士有著毫不掩飾的厭惡，但他畢竟還是神聖羅馬帝國的皇帝，而那些以德文和代數授課的基督教學校，恐怕也不可完全免於進行傳統受洗活動。

儘管多姆意圖良善（誰會懷疑呢？），他說的一些東西就算不是冒犯，也是十分笨拙。要使猶太人更「有生產力」沒什麼不好，但為什麼他要去假設，基於某種理由，做生意不如做一個工匠、農夫或製造商來得「有用」呢？難道他都沒想到，孟德爾頌自己就是那樣的一個商人，在他的雇主與夫人一起死去之後接管了伯恩哈特家的絲綢生意？說到底，生產商品卻沒有商人來把它們運到國內外市場，到底有什麼好處？擁有以家族及公司擴大形成的舉世無雙網絡、精通無數語言、腦中天生畫好異國供貨和都會市場連結地圖的猶太人，是國際貿易流動的管道。他們就在世界各地的港口和市集上：波爾多、利佛諾、的里雅斯特（Trieste）、薩洛尼卡、突尼斯、亞歷山卓、馬德拉斯（Madras，即清奈〔Chennai〕）。他們每年就都在萊比錫貿易展覽會（Leipzig Fair）上購買波蘭的黑麥和俄羅斯的皮毛，並賣出瓷器和葡萄酒；他們就在印度買下鑽石原礦，賣出地中海的珊瑚。

在一個自由的經濟系統中，他們就會跟任何一個在土地或織布機上勞動的人一樣，被當作「有生產力」的人。

然而更麻煩的是，多姆的措施中提到，即便在併入境內的設施時，猶太人也獲准能保留自己的法庭，有權力驅逐違反社群規範的成員。不管孟德爾頌喜不喜歡，他始終都遠離不了巴魯赫·史賓諾沙的幽魂。他說，真正的宗教寬容應該延伸到那些被視為異端者、局外人甚至無神論者的人；也就是包含任何看法的任何人。既然那些不同宗教的人永遠不會同意，那就沒有誰有權利把他們認為罪孽深重的人罪犯化，也無權把他們判定為背教的人而放逐出去。如果在財產問題上，猶太社群成員偏好猶太法庭做出的裁判而非公民官方的結果，那案子就有可能交由猶太法庭來審理。但他們再怎麼樣都沒有權利去裁定讓某人遭社會遺棄，造成他在社會經濟上遭到隔離。「理性的禱告院不需要關著的門。因為它的用意不是要保護裡頭的任何東西，也沒有要反對任何外面的人進入。」

這些話出自孟德爾頌替梅那賽·本·以色列於一六五六年發表的那本深刻動人的《猶太人的辯白》所寫的德文翻譯版序言，而史賓諾沙也是在那一年被阿姆斯特丹的賽法迪猶太人社群驅逐，並遭到雪崩般的詛咒活埋。梅那賽這本對英國偏見做出大膽反擊的小冊子，是針對漫長、非理性、暴力的仇猶歷史所做出的報導。現在，（特別是因為波森省和華沙的血祭毀謗案例，而）深知最醜陋的誹謗尚未止息的孟德爾頌，把這段慘澹的歷史更新到了此時此刻。他寫道，很久很久以前，人們說猶太人「玷汙了聖餐儀式的聖餅，刺穿了耶穌釘上十字架的圖像，讓它們流血，偷偷地將兒童行割禮，肢解他們，就因為我們在逾越節時需要血……現在時代不同了。那些中傷不再有同樣的效果。現在我們被指控的是對於所有事物的『迷信』和愚蠢，還有缺乏道德感、缺乏好的舉止態度；無能從事藝術、科學和有用的職業……以及無法抑制自己詐騙、放高利貸和犯罪的傾向」。[47]

隨著猶太人被全面融入公民社會的可能性逐漸出現，對猶太人攻擊的力道也增強了——不是用街頭上從未停止的辱罵，而是來自受啟蒙者的帶刺文筆。約翰·大衛·米凱利斯，也就是之前懷疑萊辛《猶太人》劇中那名好猶太人的真實性，進而開啟了孟德爾頌生涯的那位評論者，現在則主張猶太人一旦要被融入真正統一的共和體時，摩西律法本身就會是他們無法克服的屏障。他們的安息日意味著他們無法回應國家的戰事徵召；他們著迷於回到錫安，意味著那永遠會是他們的效忠首選。攻擊的陣線接著開始針對個人。另一個辯論者以讓人想起約翰・卡斯帕・拉瓦塔的術語，質問孟德爾頌，他怎麼可能有辦法讓他假裝的自由主義和他宗教裡不理性的蒙昧主義達成一致。如果他在一種理智的教條下真心相信自然宗教，那唯一合理的行為，就是在池水聖禮中接受必然不可避免的事。

在一聲沉重的嘆息中，孟德爾頌接受了回答的責任，因為猛烈炮火只是碰巧掃到他，其實大半是針對猶太教和猶太人。他的回應論文《耶路撒冷》（*Jerusalem*），又稱《論宗教力量和猶太教》（*On Religious Power and Judaism*）在一七八三年發行，當時離他過世還有三年。他有什麼選擇呢？除了他不然還能靠誰？這篇堪稱十八世紀自由主義最了不起成就之一的論文，分成了兩部分。在第一部分中，他把當初在梅那賽・本・以色列《猶太人的辯白》的序言裡忍住沒講的事情全講白了；他主張，任何國家所持有的、用來確保總體良善的權力都不該給予宗教。孟德爾頌一路追溯霍布斯和洛克，從他們的學說來思索，當人經由一個自然狀態進入君權契約時所代表的含義。但他的結論卻堅持，使用國家力量逼促宗教壓迫，不只是一種篡位，也是一種對上帝的冒犯。「不要獎勵並懲罰任何教條……不要讓任何人篡奪到任何一種只屬於上帝祂自己的權利。」[48]在一個公平理性的社會中，可以說就是教會和國家的完全分離，才能保護自由良知所不可或缺的善。

接著，孟德爾頌得要話鋒一轉，來替他自己對猶太教的忠誠做出辯護，也要針對猶太教被控「無法與國家社會共同利益相容」這一點做出辯護。因此，這又是另一場關於「猶太教在尤賽夫斯、里奧聶・莫迪納、西蒙・盧沙特和梅那賽・本・以色列的精神中展現的真正特質」的初級教學。這些事情得要重複說明多少次呢？孟德爾頌說，猶太教並不是基於啟示，而是基於律法：戒律，「人生的規矩」。在西奈山上的顯現給了戒律一道神聖的靈光，但最重要的，它們是一套生活的指引，而不是救贖的神學，它們本身更不帶有任何一種教義。《妥拉》的戒條裡沒有哪一條在實際上需要某一特定類型的信仰證言。在歷史上有一小段時期，猶太國家的確和摩西宗教有所聯盟，但那已隨著聖殿的毀壞而終結，如今那些律法和道德指引，是讓猶太人之所以為猶太人的本質。而那之中並沒有什麼東西有辦法讓那樣一個嚴守教規的猶太人，無法同時在他居住的地方成為一位正大光明的公民。在一個好比荷蘭共和國那種宗教寬容社會裡的生活經驗，就充分證明了這一點。如果國土保衛需要的話，一個好猶太人完全有辦法服兵役。

那些律法只是為猶太人定的，因此就沒有什麼義務要將它們強加在任何其他人身上。因此，事實上，猶太教是人們能想到的宗教中，最不具強迫性質的一種。但其實踐仰賴於更總體的原則——要在與文本的無盡口語對話中被發現出來並再三思量：一個倫理的普遍核心，所有人都可以使用。自由的人如果被充分說服的話，可能會同意那些倫理，但猶太教並沒有什麼教條主義。當基督教要求無條件屈服於相信救世主基督、相信其犧牲的救世意義，以其作為將世人從原罪中解救出來的唯一途徑時，《妥拉》卻根本沒有明確地要任何人去相信任何神學。孟德爾頌主張，最終而言，啟示除了被當成建立道德準則的故事背景外，猶太教其實對它毫不在乎。猶太教甚至抱持著一種胸襟開闊的概念，認為在上帝授予摩西律法之前，人們其實就已經知道有一組倫理存在。那些遵守（據說是）上帝給予挪亞的道德指示，也就是包含倫理準則的「挪亞律法」——拒斥異教偶像崇拜、信仰單一上帝、可怕的謀殺等等——的人，並不會被拒於天堂的大門外，反而也會有一份「來生」。因為，他激昂地問，慈愛的上帝怎麼可能會給予一套律法，是注定要絕大多數人類毀滅的呢？

這種倫理共存對孟德爾頌來說是不可或缺的，因為他個人的啟蒙運動經驗實在是有太多社群交流了。作為交流堅固基石的友情——或者法國大革命的立法者會說的，博愛（fraternité）——讓人們即便在許多重要事項下相異，仍能在互相理解下團結一氣。「週一俱樂部」或者「博學咖啡屋」就是他心中一整個政治社會的樣版。在那裡，在牌友和撞球臺、音樂和期刊之間，他可以好好地隨便和誰討論爭論任何想到的事情，而沒有義務要在討論最終沒有結論而得結束時，把對方的腦袋打到開花。這樣一個有多樣表達空間的地方，是孟德爾頌心中猶太人唯一能真正興盛茁壯的地方，因為這裡代表著他們可以持續奉行他們的宗教，不被宗教或政治的多數派威脅，也不會惹來不忠誠的指控。自由多元主義是唯一可以真正有益於猶太人的系統。但他們會轉而回饋，因為這個新的賜福對雙方都有作用：這是唯一一個也會對全人類有益處的系統。

所以，如果猶太教的律法裡沒有什麼內容會讓其實踐者遠離公民社會組織的話，為什麼人們卻都要猶太人放棄他們的戒律來當作核准加入的代價？人們總是反覆重申，因為保留那些儀式跟習俗，會觸犯公民團結。真的嗎？替小孩行割禮？吃的肉要符合潔淨規範？妥拉節當天在自己的會堂裡圍著經文卷軸跳舞？孟德爾頌寫道，如果，什麼都不管了，別人就是堅持這種不可相容性，那猶太人最好是放棄公民聯盟，而不是捨棄他們父執輩所走的那條路。[49]

在一個傑出的結尾中，孟德爾頌做了一個了不起的辯論大轉彎，回到了他原本最深信的那件事，那個對猶太人來說最重要、因此也對全人類最重要的事。他思考著，「團結」到底有什麼珍貴的，得總是要讓它壓倒多元的主張？不同的信仰（尤其如果它們奠基於互相排外的啟示上）將永遠無法讓自己融入某些假裝或者臨時權宜的禮讓社會之中。「如果你在乎真正的虔誠，就讓我們別在上天的計畫和目的明顯是多樣時，假裝一致同意。」[50]為什麼不接受多樣性，並把國家角色限縮在確保不可解的紛爭不會達到身體傷害的地步？寬容多樣之外的另一個選擇，是為了團結而行高壓強迫，而這肯定會通往失敗，一條教條的說服力才是創造一個持久信仰社群的唯一方法。

此刻如果這些聽起來都像是老生常談的虔誠，以前的話可不是這麼回事。《耶路撒冷》踏在洛克和自然神論信仰者約翰．托蘭德（John Toland）的步伐上——而且與湯瑪斯．傑佛遜（Thomas Jefferson）幾年前在維吉尼亞聯邦宗教自由法草案中說的話相當一致（而孟德爾頌不太可能知道有這份文件）——是西方自由主義承諾保護自由良知的經典證言。它的書名就相當顯著。就像威廉．布萊克（William Blake）的詩一樣（指〈米爾頓〉這首詩的一段被改編成讚歌〈耶路撒冷〉），孟德爾頌的《耶路撒冷》是一個屬於未受囚禁心靈的耶路撒冷。針對米凱利斯指控「對錫安的渴望讓猶太人成為一群永遠不忠實的人」，他回應道，並不可能實際上返回巴勒斯坦。比這更要緊許多的，是在此時此地以一種避開了實質的方法，打造一個耶路撒冷：一群不相像的信仰在一致同意共存必要性的共識下，所建立的營地。那是和平聖殿真正存在的地點，唯一一個重要的地點。猶太人能在宗教自由庇蔭下茁壯的地方，全人類也同樣能在那裡繁盛。

就算到了我們當前的世界，這個宗教不寬容在各地藉由武裝而再度兇殘起來的世界，孟德爾頌的論點都維持著驚人的中肯。那些論點依舊能夠指引方向，因為，有別於伏爾泰對同個主題的苛刻批評，孟德爾頌的論點是起於對宗教的愛而不是輕蔑，因此接受了全部的人類精神需求。「只要不干擾公眾的平和，並誠實地遵守公民法律，就讓每個人都可以說出他所想的，以他自己或他先祖的方式向上帝祈求，並在他認為可以找到的地方尋找救贖。不要讓任何一個人成為他人心思的搜查者，以及思想的審判者。不要讓任何一個人去設想一種權利，是上帝單獨替他保留的。」《耶路撒冷》就跟孟德爾頌那一代從那不勒斯到威瑪、從亞當．福格森到詹巴蒂斯塔．維柯（Giambattista Vico）、約翰．戈特弗里德．赫爾德（Johann Gottfried Herder）的所有最偉大著作一樣，在其論點中也有一點社會人類學，特別是在討論語言起源和符號本質的時候。「必須在其他同樣激昂的教條之外，找到一個可以自由表達的地方，而不是把世界重新想像成一個屬於懷疑論者的快樂遊樂場」，是孟德爾頌所受挑戰的範圍，這個範圍在接下來幾個世紀都沒有消除。只有到了政治理論的層級時，它的論點才會有可能看起來像是自明之理。對於除此之外的世界來說，從那一天到現在為止，它們始終是一個烏托邦的白日夢，或者一個討厭的、有威脅性的異端邪說。隨便問一個開羅的科普特（Copt）基督徒或者一個曼德勒（Mandalay）的穆斯林就好。在啟蒙運動者的預想中，在所有當人類向光明邁進時不會倒退的眾多進展——根除文盲、愚昧、迷信、貧窮和疾病——之中，「世界上多數地方無力創造宗教自由社會」會是最令他們厭惡的事。

隨著孟德爾頌年紀增長，他開始因為在打造並存和諧的耶路撒冷時，遭遇了無法克服的困難，而變得煩惱重重。他身體的痛苦似乎隨著世間的痛苦而潮起潮落。當他有辦法的時候，他就會自己去公園和花園，聞聞當初繡在芙蘿美特新娘禮服上、現在裝飾著《妥拉》聖櫃的那幾種芳香花朵。他在那裡和芙蘿美特漫步在小徑上，或者帶著書坐在涼亭裡。那條離開德紹的長路又把他帶了回來，而且總是帶回到「語言」，這也就是為什麼他在《耶路撒冷》中嘗試解決其起源和含義。能夠以相同或接近相同的輕易度在不同的語言中轉換，就是解決差異的關鍵。戰爭的相反是對話。誤解的調解者是翻譯。那麼在猶太人面前的語言之道就很明顯了。為了保持對《妥拉》的堅定，他們必須一次又一次地體驗希伯來語的力道和詩意之美。但在他們鄰居的世界裡行動，他們就需要德語。兩者皆非的意第緒語，只會使他們被遺棄在無人之地，永遠分離、永遠無所掩蔽，在那些不小心聽到行話的人眼中永遠是異族。確信如此之後，他便開始了他的事業，打造一道從他們宗教的語言通往他們社會解放的橋樑。

後來被人們稱作《評論解經》（*Bi’ur*）的這本書，是《摩西五經》（也就是《妥拉》）的高地德語翻譯本。但為了易於翻譯，這本書是以希伯來字母寫成，而不是用中世紀伊斯蘭世界猶太人以希伯來字母寫某些阿拉伯語的那種方式。一開始是給孟德爾頌子女當作教學工具的這本書，企圖重新取回被基督徒希伯來文學者翻譯成德文的經文。想要再現孟德爾頌自己精通德語的方法，不論是當初還是現今，都是美妙但奇異的一件事。在孟德爾頌自己心中的週一俱樂部裡，隨著他靜悄悄地默唸他（以及他請的家庭教師所羅門．杜伯諾〔Solomon Dubno〕和赫茲．洪堡〔Herz Homberg〕）寫過的東西，一切似乎不成問題的悅耳，是心靈和口語的真正相契。畢竟，如果德意志—猶太文化想要好好創造出來的話，就得要有個開始。「（希伯來拼音）Bereshit, bara Elohim et hashamayim ve’et ha’aretz.」、「（德文）Im Anfang schuf Gott die Himmel und die Erde.」——起初，神創造天地。

但在悄悄讀著時，這些字母卻響起了一首歌，它們形成的字詞又唱出了很不一樣的另一首曲調。

而且有時候字詞會不規矩。一七八〇年的某個夏天傍晚，孟德爾頌和他的家人出門漫步在柏林的夕陽餘暉中。歐洲的猶太家庭不管是在維也納、布拉格、巴黎還是布達佩斯都會這麼做，從以前到現在都如此。但在這個傍晚，在城市裡待在家中的安寧滿足，就像是一塊玻璃般碎了。孟德爾頌一家人被一群扔石頭辱罵的年輕人攻擊。整條街此起彼落地響著：「猶太人、猶太人、猶太人。」[51]驚恐的孩子們轉頭問父親，他們做了什麼壞事而要落得這種恐慌。「是的，親愛的爸爸……他們總是在街上追著我們，咒罵我們，猶太人！猶太人！光是身為一個猶太人，他們就有充分的理由來咒罵我們嗎？」在寫給一位天主教聯絡人提及有關這次遭遇的信件中，孟德爾頌坦承，在那一刻他無言以對。他沒辦法對他受驚而困惑的孩子說出一句安慰的話，而他們全都還會長大，用自己的方法來對抗這個難題。他自己只能低聲說：「人們啊人們，你們何時才會收手？」

很難過的，答案我們都知道。而孟德爾頌在這絕望的一刻，當然也知道。在一封寫給約翰·喬治·齊默曼，這位試圖治療孟德爾頌痛苦癱瘓定期發作的瑞士醫生的信中，他思考著：「我們只夢想著啟蒙，並相信理智之光會把世界照得如此之亮，亮到謬見和狂信都不再能看見。然而當我們現在從地平線的另一頭來看，夜晚已經帶著所有的鬼魂和惡魔降臨了。比什麼都可怕的是，邪惡是如此的活生生而有力。當理智就只是在說的時候，謬見和狂信都在行動著。」[52]

第十章

Chapter Ten

沒有鬍子的猶太人

I 鬥士和粉絲

即便是把對手痛打到頭昏眼花，再對著雙眉之間能使人暫時失明的一點送出迎面一擊，或者對準腹部凹處的標記來一記催吐拳的時候，丹・門多薩（Dan Mendoza）的面孔還是有一種天使般的異樣可愛：修長的睫毛繞著他棕色的眼睛；有如邱比特之弓的嘴唇；一大把深而捲的頭髮，留長了又修剪得巧妙，用黑絲帶繫在頸子上。有一天，那樣的垂髮髻會成為他的禍根。他因為太漂亮而難以被人認真看待。而且他也太矮太輕：五呎七吋，且僅僅一百六十磅，體重跟個學徒差不多。但當他在拳賽脫下衣服時，粉絲就看見那英俊的面孔立在公牛一樣的頸子和木桶一樣的胸腔上，而這應該就能警告任何對上他的人，讓他們知道自己可能很難全身而退。然而，驕傲的拳手們還是一個接一個地，看著眼前的丹，卻只看到一個來自麥爾安德的髒兮兮猶太小惡棍在那邊冒險賭運氣。來啊，一個希伯來人能把人打到多痛？結果呢，其實還滿痛的。就如《拳擊人》（*Boxiana*，又稱《古今拳擊概貌》〔*Sketches of Ancient and Modern Pugilism*〕）的作者皮爾斯・伊根（Pierce Egan）在幾年後所回顧的，門多薩立定了「一個從來沒有被懷疑過的底力；並掌控了一種偶爾會失控的氣勢」。[1]沒有底力（能接受懲罰並從中猛一拳回擊的堅毅精神）也沒有氣勢（持久力）的話，就算可以精通世上所有技巧，你還是會日漸下滑。但丹不僅兩者兼具，有的比別人更多，因為他被認為是拳賽中最乾淨俐落的阻攻者，以及最快速的進攻者。[2]其他人或許可以打出更暴烈的一擊，但是丹卻可以用自己的硬拳阻止他們，就好像讓他們打中石頭，然後他的反擊又會快速到從接二連三的猛打，變成單一節奏的火炮齊射。[3]如果你沒有防衛，懲罰你的那道反擊，那道你幾天後都還會有感覺的反擊，就是「門多薩」，又稱「斧劈」或「大斧」：突然以對角線向上（或者很罕見地，向下）的手指關節猛擊。要做到這些動作，你不只手腕和手肘間要相當強硬，肩膀也要異常靈活。試試看模仿一下「門多薩」，最好是對著空氣揮拳，這樣你就知道我在說啥了。那些被劈的通常都假裝一臉驚訝。當然也會有那些人認定「門多薩」只是典型的猶太賤招：下賤又骯髒；但當時他們就是會這麼說，不然咧？

一旦改信了這名猶太人的拳技，那些追著他的拳賽跑遍全英國的粉絲中，就有一大部分人開始以賭注對他投以信心。接著他們在丹身上獲得豐厚的利益，並跟著一起雄壯地呼喊：「門多薩萬歲！」對猶太人來說，讓他們族人中的一個接受歡呼而不是被石頭或咒罵聲襲擊，是種難以置信的新鮮感。所以，他們一邊不太相信自己如此好運，一邊也跟著頌揚他們的這位英雄。到了十八世紀晚期，有八千名猶太人住在英國，其中一千人據說曾到過唐卡斯特（Doncaster），參加他第三次，也是他最後一次與理查德・亨弗瑞斯（Richard Humphreys）的偉大惡戰。他們在勝利後呼喊著：「丹尼爾，丹尼爾，永垂不朽！」（Daniel, Daniel, vekhayam!）

不管怎樣，門多薩算是活得夠久，至少能在五十二歲時出版自己的回憶錄，是史上第一本運動員回憶錄，但他在很多事情上也是史無前例。在他之前，沒有一個猶太人有被皇家馬車載去溫莎城堡和喬治國王交談，而且那麼的容易，就好像他們是老夥伴漫步在城堡的露臺上一樣。[4]在門多薩之前，其他的猶太人自傳都是拉比、哲學家，或者里奧聶・莫迪納和所羅門・邁蒙這類有思想信仰者所獨占的領域。先前唯一的明顯例外，也只有哈梅恩的格拉克的回憶錄是明顯的例外。[5]但不是所有自古到今的猶太人都認為他們的命運是被哲學所行使的權威所主宰（不管這有多令人遺憾也一樣），而在漢諾威王朝之下，世俗、狂暴、貿易火熱的英國特別是如此。並不是門多薩盲目愚昧；其實正好相反。皮爾斯・伊根承認，門多薩「聰明而愛說話」，以布勞頓拳擊規則（Broughton's Rules）對鬥士的要求來說，這可是很特殊的個性。[6]門多薩喜歡把自己想作是一個「拳擊教授」，才二十幾歲就創造了一個自衛的「學院」。他的第一本書《拳擊技藝》（*The Art of Boxing*），就是要獻給「他的學者們」。雖然赤手拳擊常被指控為「粗鄙邪惡」，但他相信這是一種科學，只要適當地分析、理解、學習，就一定能勝過身高和體重的先天不利。[7]所有想追隨他範例的人一開始都會接觸他的這番教導，而這樣的人有很多，尤其是倫敦的猶太人。一個又一個的猶太拳擊手——「荷蘭人」山姆・艾利亞斯（'Dutch' Sam Elias）、艾利沙・克拉布（Elisha Crabbe）、阿比・維拉斯柯（Aby Velasco）等不及備載——都是他的徒弟。

但在他的回憶錄裡，都是他因為身為猶太人而被招惹、被侮辱及攻擊的例子，而這就是門多薩選擇這一行的最強烈動機。他保證不是第一個用某種比理性憤慨更實際的方式反擊恐嚇的猶太人，但他絕對是第一個把這寫下來的人。精通「門多薩」的人不再被當成軟柿子；他們已經屈身拖行了幾個世紀。「在一個猶太人臉上吐口水，一手賞他耳朵一拳，另一手給他兩毛五，」一本流行小說中的一個角色，反映了當時普遍的想像而這麼說：「他便會把這侮辱放進口袋並感謝你。」[8]不過有了丹之後，你可能就得料想，面前這猶太人可能會擺出戰鬥的姿勢。

一七六四年，門多薩出生時，英國猶太人還沒有誰能忘記十一年前，當英國政府試圖寬大通過一項猶太人歸化法案時，所迎來的偏執仇恨。那法案遇上了一連串充滿惡意的荒唐行徑。許多諷刺和誹謗主張，猶太人這種根深柢固的「古老腐敗」幫兇，已經賄賂了佩勒姆政府。下議院和上議院之前顯然是為了選舉資金而甘願被行割禮。有一張諷刺漫畫描繪知名的法案支持者威廉・卡爾巴特爵士（Sir William Calvert）居然在聖保羅座堂的階梯上被行割禮！然而，英格蘭古憲法「堅定不移」。哈哈哈。猶太人可是惡名昭彰的剝削者，不管是指剝包皮還是削錢。每個人都知道猶太經紀人掌握了股市，儘管說經紀人的人數被限制為十二人。現在他們會把每個郡都買下來了！他們就是蝗蟲，爬來爬去的恐怖蟲群，遇上什麼都吃乾抹淨。而且就像害蟲一樣，他們在他們臭烘烘的身體上帶著感染物。「我實實在在地相信，」一本典型的小冊子裡寫道：「如果歸化法案一旦引發第二波這種蝗蟲蟲潮前來定居在城裡，我們就會染上他們常在君士坦丁堡得的那種瘟疫或疾病。」[9]倫敦的首長克里斯普・加斯科因爵士（Sir Crisp Gascoigne）警告，這措施將「嚴重傾向於使基督宗教蒙羞」。在你發現以前，大教堂就會變成猶太會堂，而聖保羅座堂和西敏寺的墓穴會裝著「拿答・以薩迦爵士」和「巴蘭伯爵閣下」的遺體。在一七五三年的蓋・福克斯之夜（Guy Fawkes Night），原本要拿來燒毀的火藥陰謀家肖像被換成了一個猶太人偶，有著鷹勾鼻和鬍子，像是模仿西班牙信仰審判一樣，在篝火上燒成了灰。「我恨每個猶太人／相信我我不騙人」是朗朗上口的順口溜。反猶太人者的一種想像是，猶太人偷偷渴望著、並狼吞虎嚥著他們假裝厭惡的豬肉。諷刺漫畫上畫著豐滿的猶太女人，胸脯從領口溢了出來，油膩膩地向前傾身去親一隻小豬，也就是英國版的「猶太母豬」（Judensau）——來自古早德意志那種描繪猶太人吸肥豬乳頭或猛吞豬屎的圖像。一七五三年及接下來的幾年中，出現了隨機強灌豬肉的案例。人們突然撲向走在路上或坐在酒館裡的猶太人，把他們綑在柱子上，拉開他們的嘴巴塞進滾燙的燻豬腿和培根。「拿一點豬肉／插在叉子上／然後給個猶太小子，給個猶太人。」[10]（有些酒館店主只提供豬肉品項，表達反猶太愛國主義。）在威爾斯中部，阿伯加文尼（Abergavenny）和克里克豪厄爾（Crickhowell）之間的路上，人們找到了小販強納斯．利未（Jonas Levi）的遺體。他整箱的器皿都被洗劫一空，頭顱則是被打碎；骨頭的破片散落在剩下的遺體旁邊。[11]還有其他的謀殺案，有些發生在猶太人跟水手作買賣的海軍海港。這種通常轉化為隨機對路過猶太人臉上吐口水或扯猶太人鬍子的瘋狂仇恨風氣，一直到門多薩的時代仍頑強地存續。法蘭西斯．普雷斯（Francis Place）這位激進的裁縫，就記得「當人們看見猶太人在街上，那就是突擊的信號。我看過許多猶太人被追逐獵捕、又踢又打、被扯鬍子、然後甩巴掌，而且在街上這樣野蠻地被攻擊，都沒有路過的人或警察保護……連狗都沒這麼慘」。[12]

有一個作者寫道，如果你去倫敦的猶太區，你會發現「摩西的追隨者是天堂的蒼穹下最骯髒下流的人」。[13]羅伯特．騷塞（Robert Southey）記得，在復活節的週日，在某些學校的遊樂場上，你可以聽到男孩們快樂的歌聲：「基督復活了／基督復活了／所有猶太人必須進監獄。」有些侮辱回收利用了中世紀的迫害，鼓吹向猶太人強徵懲罰性稅金，以懲罰他們的放肆冒失。一七七五年，一個向首相諾斯勳爵（Lord North）請願的人，就深思熟慮到足以向首相明白表達說，他「不是為了根除他們（猶太人），但勳爵大人，這保證將很公平，只是讓他們為他們」現在所享受的「那種特殊的恩惠，付出一點代價」。[14]多數的英國人以高傲的不解來看待猶太人的宗教儀式，但其他人會再更過分一點。「那些有臉稱作宗教儀式的東西，其本質裡有某種可恨之處。」激進的威廉．科貝特（William Cobbett）在他眾多反猶太的憤怒文章中的一篇裡這麼寫道。[15]其他人想要強制推行黃徽章，或者以前艾德華一世下令配戴的古老兩片式白徽章，因為最危險的猶太人就是那些看起來不夠希伯來的——不是那些蓬頭垢面、毛髮叢生的叫賣者，而是那些沒鬍子、下顎光滑，一看還以為是基督徒的人。另一方面，儘管他們再怎麼假裝客套，如果你看得夠仔細，就一定能分辨出來。有一些固定的破綻。「你第一眼就能分出猶太人，」漢諾瓦廣場聖喬治教堂（St George's Hanover Square）知名的福音派傳教師威廉．羅梅恩（William Romaine）寫道：「看他的眼睛。你難道沒看見那底下有一種預示著罪惡和兇殺傾向的惡意漆黑嗎？你總是能靠這個面具辨認出猶太人，它把如此死青的神色裝在他的整個外觀上，使他臉上就帶著足夠的證據，讓人們確信他就是個把人釘上十字架的人。」

沒有人這麼說丹．門多薩的臉，或者當著他的臉這麼說，尤其在這張臉變成英國最有名的臉孔後，就更沒人敢了。一七八〇年代晚期到一七九〇年代，到處都看得到這張臉：在大啤酒杯和茶壺上；鼻菸盒和玻璃酒杯上；在海報和歌本上。而且這遠離了諷刺漫畫家所喜歡的那種怪誕可笑的猶太尋常模樣：長髮、大鬍子、嘴邊油膩膩、鷹勾鼻。[16] 雖然說就算是他的能力也無法徹底成功，但至少有一陣子，門多薩把商人夏洛克頂到一邊，成為了猶太人的典型。他不是那種卑劣的放高利貸者，不會弓著背走過他的記帳桌，邊說著「我的好傢伙」說到你死，邊折他的指關節，打量著你和你的錢。門多薩和夏洛克唯一共通的地方就是，面對指責自己、背叛自己、辜負諾言的人毫不留情。他可是說到做到的丹．門多薩。

在他之前，沒有哪個運動員能夠掌控自己的外在形象，將其以創意十足的方式行銷出去，並讓「猶太人門多薩」從一個用來表達驚訝與鄙視的用語，轉化為追星的讚美；事實上，他還創造出第一場全面進行行銷的運動名人狂熱崇拜。當有文字描述他是「最閃耀奪目的一顆星」時，也是史上第一次將「明星」的比喻用在運動員身上的案例。[17] 雖然門多薩並不特別嚴守教規，甚至遠離了自己的猶太身分，但他反而將其轉變成一種行銷資產，尤其是在對上理查德．亨弗瑞斯、「屠夫馬丁」（Butcher Martin）或湯姆．泰恩（Tom Tyne）這類英國人典範的時候。而且他的話語力道幾乎不輸給他的赤手空拳。他把媒體當成鋼琴來彈弄，把比賽催化為有戲劇張力的世仇對決，讓對手跟著跳進來：有如通俗舞臺劇中漫不經心的臨時演員。他們的信件往來會刊登在報紙上。大眾會選邊站，然後買票進場。門多薩打敗的對手成為他的信徒後，有些會被雇用來當助手或「持瓶人」（bottle-holder，指副手），所以拳擊臺邊的全體人員就有如兩軍對陣。當他們的英雄被攻擊或者（在他們看來）被判決虧待的時候，他們隨時都準備好要大幹一場，接著就如旁觀者歡心期待的，去展開一場「附加賽」。沒有人比門多薩更了解「英國大眾」這群新生的貪婪野獸，是多麼需要血淋淋的奇觀，而且更需要扣人心弦的故事。雖然以一個打拳的猶太人來說應該是不可能，但他已知道自己擁有鼓動人心的力量。丹．門多薩以他那套瘦骨鐵拳的套路，成了又一位完美的猶太故事敘事者。但他也察覺到他打開了嶄新的一章：會還擊的猶太人。

門多薩生長的倫敦猶太圈，就算以漢諾威王朝時代的標準來說，還是一種極端社會文化。在底端是步履維艱的叫賣小販大軍；另一端，則是有錢人。像桑普森．吉登農（Samson Gideon）和戈德史密德兄弟（brothers Goldsmid）這些權貴，都是趁著國家和諸多帝國及歐洲勢力各處競爭、軍事後勤長期缺乏資金的時機，從事起公債投資而致富。但他們也在資本市場內兼任股票自營商、證券交易的有牌經紀人，以及成為強納森咖啡屋（Jonathan's Coffee House）的常客；他們會在那裡交易八卦和股票預測，甚至到了安息日當天也照去不誤；早上他們才出席了公爵地阿什肯納茲人的大猶太會堂（Great Synagogue）或者貝維斯馬克斯的葡萄牙會堂的儀式，但接著他們就去了咖啡屋，因此讓拉比們十分憤怒。[18] 跟著他們的還有佛朗哥（Franco）、卡斯特羅（de Castro）、法蘭克（Frank）和普拉格（Prager）家族等鑽石跟珊瑚商人，他們在馬德拉斯安排購買代理人（通常也是族人）負責進口原石。一如絕大多數的亞洲貿易一樣，他們買賣時很難找到什麼日用品是印度人想和他們交換的。通常這代表他們得運金條過來。但這些鑽石貿易商試圖獲得一種印度南方供應不足的東西：紅珊瑚（Corallium rubrum），小叢大枝的都要。種姓制度中高階的印度教徒在脖子、手臂和腳踝上掛著紅珊瑚項鍊，在逝去親屬火葬時放在他們身上，以確保平安通往來生。[19] 每年春天，上百艘船隻從馬賽、利佛諾、那不勒斯和科西嘉啟航前往北非海岸。他們在離岩礁一段距離的安全處下錨，同時，搭小艇的潛水少年工開始採收價值連城的水底枝葉。能收到六千至八千磅的珊瑚就算是收成不錯，然後這些原料就會被帶去利佛諾的市場，那裡有興盛的猶太社群，會把大部分商品用船運到倫敦，繼續前往外地交易鑽石。大多數從印度（後來多從巴西）進口到倫敦的鑽石原礦，會先送到阿姆斯特丹和安特衛普拋光，並在運回城市零售之前以玫瑰式、檯面式或斐路契（Peruzzi）等方式切割。但東倫敦有一些拋光師和切割師在同一間公司裡統包了進口、切割和出售，好比亞伯拉罕・利未（Abraham Levy）、利未・諾登（Levy Norden）這些「富有又不容忽視的珠寶商……在惠勒街（Wheeler Street）、白教堂（White Chapple）都有鑽石工坊」。[20]

這些有錢人中，有一些老派人士繼續住在他們位於主教門（Bishopsgate）和寬街（Broad Street）的商會和倉庫上頭。他們定期現身於阿爾德門（Aldgate）附近、公爵地的阿什肯納茲人大猶太會堂（倫敦的大型猶太會堂之一，一七六〇年代由老喬治・丹斯〔George Dance the Elder〕增建至富麗堂皇的程度），或者賽法迪人的貝維斯馬克斯猶太會堂（一七〇一年開幕，外部有所掩飾，但裡面仿製了阿姆斯特丹的大葡萄牙奇觀：暗色的鑲嵌版和銅製的枝狀大燭臺）。他們前來參加儀式，戴著三角帽和假髮；年輕男人勉強地放棄禮用佩刀並以木製品代替，而這件事經過一些爭論後，由拉比根據哈拉卡而獲准為可允許之事。沒辦法亮出那些假刀的話，他們在前往集會所時，就有被攻擊的風險。這裡的猶太社群也採用了離散在歐洲其他各處的社群所實行的同一套上流義務：他們替窮人蓋了一間大小中等的六張床醫院；成立喪葬基金；設立有一丁點現代指南課程的希伯來學校。當喬治三世在一七六〇年繼位時，兩個猶太社群合併成立了一間「眾議院」來與政府交涉，並藉由向新君主給予正式祝賀來就職上任。

有一些大人物追求更時髦、更多綠蔭的住處。丹尼爾・狄福（Daniel Defoe）在一七二二年的《英格蘭東部諸郡遊記》（*Tour through the Eastern Counties of England*）中寫到，「猶太人選定高門（Highgate）和漢普斯特德（Hampstead）興建鄉村別墅」，有些人則是在西區（West End）和馬里波恩區（Marylebone）新建的廣場周邊地帶買下房子。到了一七六〇年代，那些在頂端的人大膽南進到里奇蒙（Richmond）、泰丁敦（Teddington）、埃爾沃斯（Isleworth）、摩特雷克（Mortlake）和特威克納姆（Twickenham）等河岸小村。當來自巴勒斯坦猶太社群、尋求財物支援的使者尤賽夫・哈伊姆・阿蘇萊（Yosef Hayim Azulai）抵達倫敦，試圖逐一探訪有望資助者的時候，有人便以猶太人表達遺憾的一貫方式，對他聳聳肩、雙手一攤，並告訴他，唉呀可惜了，他們全都「去了鄉下……去照料他們的花園了」。時髦的建築師排隊等著去興建盎格魯—帕拉第奧式（Anglo-Palladian）或者羅伯特・亞當（Robert Adam）風格的別墅，包括縮小版的圓形大廳；還有圖書室收藏著威廉・錢伯斯爵士（Sir William Chambers）的《中國建築設計》（*Designs of Chinese Buildings*）或者柯倫・坎貝爾（Colen Campbell）的《英國建築》（*Vitruvius Brittanicus*），有波普（Alexander Pope）跟德萊頓（John Dryden）的著作，也有邁蒙尼德和孟德爾頌。在一個美好的夏天傍晚，猶太仕紳們會漫步到河邊沙地小徑，會有一對小狗在他們膝邊蹦跳；他們會把一點鼻菸丟在他們的解剖鼻菸盒（anatomical snuffbox）上，也就是食指、拇指之間到手腕前的一個小小凹槽上，深深地往鼻孔內一吸，然後隨著刺痛的愉悅浮現，他們開始探索蜿蜒的河流：他們那宜人的泰晤士河。一切都很理所當然。當鑽石商人雅各・普拉格（Jacob Prager）那位自己舒舒服服地住在阿姆斯特丹的女婿，前來和雅各的兄弟葉希爾（Yehiel）同住在他位在克萊普頓（Clapton）的房子時，他發現自己處在一首高貴的田園詩中，被侍者、貼身男僕與園丁圍繞。雅各寫信給他兄弟說，儘管那個孩子回去了，但「他腦海中會充滿英國的氣息——他會講起的就是你有多富裕、多有影響力、生活有多舒適快樂……世上的誰都不能相比」。[21]但在鎮上這邊，拉比們則是對時髦猶太女人可恥放肆地「裸露到了乳溝……從前到後都敞開無遺」吐露了不快。長年任職於公爵地猶太會堂（也長年苦不堪言）的首要拉比哈特・萊昂（Hart Lyon）就寫道：這種打扮的「整個目標」，就是「不要看起來像個以色列的女兒」。[22]

不過，對於貴族本身來說，去河邊不應該被當作是放棄祖先信仰。確實有一些儀式——在猶太新年午後，把麵包放在水上帶走罪惡不潔的淨化儀式（taschlikh）——是泰晤士河的鄰近性可以派上用場的。而且，儘管新的郊區住所讓他們如今實在不可能步行到城鎮猶太會堂，但他們多數人會在自宅內打造私人祈禱室，到了新年時，會從那裡頭傳出一聲號角，嚇到航過河上的船員。他們充分把握了他們的周遭環境。班傑明．戈德史密德（Benjamin Goldsmid）的家自誇有三十個臥室，每間都有提供用水，而且還有大量的藝術收藏，包括魯本斯和安東尼．范戴克的新潮作品，也有古典的聖約題材，但也有一間很不錯的私人猶太會堂。他們的餐桌提供了滿滿的食物（絕大部分是潔淨的，但並非全都是）；他們的寫字臺和大衣櫥都鑲嵌得十分美觀；他們馬車上的欄杆裝飾浮誇，他們的舉止毫無瑕疵，他們的酒窖滿到令人羨慕。由學院大師繪製、大小尺寸達到男爵等級的戈德史密德家族肖像，從牆上注視著。這一切都該遭天譴地華麗。當班傑明舉辦了一場大宴會，來慶祝他朋友、海軍中將霍雷肖．納爾遜（Horatio Nelson）在尼羅河的勝利，整個社交圈都爭先恐後地想獲得請帖。當他的兄弟亞伯拉罕（Abraham）搬進他自己的大別墅「莫登小屋」（Morden Lodge）時，他辦了一場三百人的盛宴。攝政皇太子（Prince Regent）喬治四世（George IV）自然是受邀來賓，按慣例，身後拖著一長串隨行的紈褲子弟、浮華子弟和花花公子。

不管他們是形式上維持了猶太身分還是捨棄了嚴格遵守的信仰，這些貴族都和非猶太的鄰居朋友打交道。泰晤士河猶太人的妙語如珠，他們女人的善聊不拘小節，都有趣到能讓草莓山（Strawberry Hill）富豪霍勒斯．沃波爾（Horace Walpole）認為，把這些奇妙的猶太人加進晚餐陣容會增添社交色彩和機智活力，因而邀請他們來晚餐。當這些猶太人費心搞笑時，還真是有趣呢！唉呀，人們恐怕都快原諒他們那套迷信有多粗野了；如果他們堅持為了奉行某個莫名創造出來的約定，而把刀劃到自己小孩的包皮上，人們也會心想，那是他們自家的事情。

至於英國首相、也是霍勒斯的父親羅伯特．沃波爾（Robert Walpole）喜歡找來作伴的河畔猶太人，是鑽石商阿隆．法蘭克斯（Aaron Franks），他所屬的家族是個勢力橫跨大西洋的統治家族集團。他在紐約的侄子摩西．法蘭克斯（Moses Franks）在一七六〇年代初期來到倫敦，很快就成為了阿什肯納茲貿易社群中的人物，以及一七六六年重建公爵地的主要捐款人。不久後，摩西·法蘭克斯自己也成為了泰丁敦一間備有大馬場的豪華別墅「格羅夫」（The Grove）的主人，並和太太，也就是阿隆的女兒（也是約書亞·雷諾茲〔Joshua Reynolds〕盡全力把她畫美的）菲拉（Phila）搬了進去。一七七四年十一月，阿隆在位於埃爾沃斯的家中，安排公爵地大猶太會堂的領唱者邁爾·萊昂（Myer Lyon）演出室內吟唱，而他們就在這兒遇見了霍勒斯·沃波爾。化名歌劇歌手「邁可·里奧尼」（Michael Leoni）的萊昂在社交圈中很受歡迎，而在那個十一月的晚上，他也讓來自各方的賓眾心滿意足。「我聽著里奧尼，」（通常難以被打動的）沃爾波寫道：「覺得這歌聲比我所聽過這百年來的樂曲都還要讓我更愉快。」萊昂／里奧尼演唱的韓德爾（George Frideric Handel）歌曲和詠嘆調「充滿憂鬱」——人們認為猶太表演者想必會有這種特質。雖然心中滿是歌聲帶來的感受，沃波爾還是加了一句說，他「以一種純粹簡單的風格」演唱，「不會像走鋼絲那樣讓人痛苦」。

邁爾·萊昂於一七六七年從法蘭克福前來擔任公爵地的領唱者，一做就是數十年，同時也在歌劇界和劇場界有著傑出生涯。他是倫敦表演者次文化的典型人物，企圖無怨無悔地維持猶太人身分，但又想要在劇場的大眾圈裡找到一席之地。他在大猶太會堂的職位有個條件，是要維持嚴守教規的猶太人（yehudi kasher），所以不會有週六演出（直到傍晚安息日結束為止），也不會以豬肉派來慶祝。就跟門多薩一樣，他很清楚如何把他的猶太身分轉化成文化資本，所以他以精巧的裝飾音而受人仰慕，不論是粉絲還是批評者都假定，那是他領唱花招的一種延伸（但他們應該是沒猜錯）。舉凡人們要求、就能衝上一層又一層八度音直到假音的他，藉此開發橫跨猶太到非猶太的崇拜群眾，在安息日和至高聖日期間，成群結隊地前往公爵地聽他表演。其中有一位聖歌譜曲者湯瑪斯·奧利佛（Thomas Oliver）因為太受〈至高無上的永生上帝〉（Yigdal Elohim Chai）所吸引，而將這首歌改寫成〈亞伯拉罕的神〉（The God of Abraham Praise）給教堂使用。在《古今聖詩》（*Hymns Ancient and Modern*）中，譜曲人依舊標記為「M·里奧尼」。[23]

萊昂也收徒弟，訓練他們替猶太會堂演出，如果有前途的話，也同時訓練他們上劇場舞臺。他的得意門生是孤兒約翰．布拉罕（John Braham），據萊昂說在街上找到他時他還在賣鉛筆，後來被他訓練成猶太會堂合唱班的高音部（meshorrer）。一七八七年，布拉罕才十三歲時，萊昂就在自己於柯芬園（Covent Garden）進行的慈善演出中讓他首度登臺，全心全力演唱湯瑪斯．阿恩（Thomas Arne）的〈士兵，因為戰爭的警訊而疲憊〉（The Soldier, Tir'd of War's Alarms）。萊昂移民到牙買加擔任金士頓（Kingston）猶太會堂領唱者（他的歌劇腔已經上不去了）之後，布拉罕就轉由亞伯拉罕．戈德史密德照顧，並付錢讓他修習閹伶維南奇歐．羅奇尼（Venanzio Rauzzini）的課程。那時候他已經變聲，並成為一位夠格的男中音，足以和最優秀的歌手共事，並為最優秀的人獻唱：王族、上流社會，以及拿破崙．波拿巴和霍雷肖．納爾遜。在他的全盛時期，他的身價在都柏林高達十五場兩千鎊，而他於一八一一年在《納爾遜之死》（*The Death of Nelson*）之中的演唱實在是太動人，導致納爾遜的情婦愛瑪．漢米爾頓（Emma Hamilton）情緒崩潰而昏厥，得讓人抬出屋外。這也可能是謠傳。雖然布拉罕和一個非常不猶太的女性南希．斯托瑞斯（Nancy Storace）搞上，但他似乎並沒有改信，到了某些特殊場合，例如婚禮的時候，可能甚至回頭去唱他的老本行讚美詩，好比〈所有誓言〉。就跟門多薩以及門多薩之後的所有職業拳手一樣，布拉罕很清楚意識到人們就是把他看作猶太人，而他也從來不掩飾。都有人針對他發行嘲笑的反猶太詩文了，他怎麼有辦法躲？「他的聲音和評價全得去贖／贖他那堆甩不了的討厭」，一首典型的作品如此押韻。甚至連雷伊．杭特（Leigh Hunt）這種冷靜的仰慕者都認為，他歌唱的那種「鼻音」特質可以歸因於「道德，甚至有錢的因素」。[24]

舞臺劇猶太人——有如諷刺畫那樣掰著指關節的騙子——是一種低級喜劇裡的標準面貌；但舞臺上的猶太演員，卻在橫跨喬治王時代的整段娛樂文化中，讓自己留下了強烈形象。始終不變的，猶太藝人樂於接受在眾人期盼眼光下演出的機會，同時把非猶太人心中的刻板印象扭轉回來，並停止了粗俗的自我嘲諷。漢娜．諾沙（Hannah Norsa）比誰都了解倫敦的下層生活，並成為了第一個演出約翰．蓋伊（John Gay）《乞丐歌劇》（*The Beggar's Opera*）劇中角色波莉．皮強姆（Polly Peachum）的演員，也是史上最有名的一個；她從她父親在柯芬園的酒店「潘趣碗」（Punch Bowl）那裡，獲得了演技裡的真實光彩。身為大老爺贊助者——首相羅伯特・沃波爾的情婦（因此常常被人用麥基〔Macheath〕的劇情來嘲笑❶），也不損及她的事業。猶太魔術師也受到歡迎，而沒有一個比得上名字取自費城的雅各・費利德菲亞（Jacob Philadelphia）；許多魔術師都是被馬戲團經理菲利浦・阿斯特利（Philip Astley）雇用的。[25]但雅各・「傑米」・迪卡斯特羅（Jacob 'Jemmy' Decastro）卻是英國劇場第一位偉大猶太喜劇演員，如果有需要或手頭緊的時候，也準備好幫阿斯特利先生的圓形劇場（Astley's Amphitheatre）或者他卑屈欺騙的中國皮影戲（Ombres Chinoises）秀，兼做一些扮小丑的工作。迪卡斯特羅透過演藝事業讓猶太人獲得進展的方式，會在接下來的幾個世代中屢見不鮮，一路直到音樂廳、廣播和電影院的時代。[26]他是一個來自杭斯迪屈街（Houndsditch）的倫敦東區賽法迪猶太男孩（跟門多薩一樣），有一個在貝維斯馬克斯當看門人的叔叔，還有一個滿心強烈拉比思想的父親，確保雅各接受經典注釋教育，對於他的舞臺工作十分輕蔑。但青春期的雅各深深愛上了英國文學、辯論和戲劇之美，因而存錢準備去見大衛・加里克（David Garrick）這位在他心目中結合了這三項藝術的人，只要他可以的話。十五歲時，他組織了一間普珥節戲劇班，而且因為在喜劇這塊表現太出色，使他在所有的猶太大家族中都很受歡迎，甚至包括一些非猶太的豪門。儘管有這麼早慧不羈的天分，年輕的雅各真正想要的，是在隨便哪個馬德拉斯鑽石貿易家族中的一個好職位，但在這個願景無法實現之後失望不已。所以他退守到能讓每個人咯咯笑、鼓鼓掌的天分裡。傑米・迪卡斯特羅是一個天生的模仿家：模仿名人的搞笑演員。他幾乎誰都可以學，但他的特長還是學喜劇演員湯姆・威斯頓（Tom Weston）。當傑米開始用威斯頓的聲音說「老天啊他真是討厭鬼」的時候，彬彬有禮的觀眾就笑到形象全失，以至於如果威斯頓沒空或別人請不起他的時候，傑米就會被請來代班扮演他。有那麼一陣子，「迪卡斯特羅・威斯頓」好像比正牌的還要好笑，令這位喜劇演員不怎麼高興。而傑米的弓上還有其他弦，

❶ 譯注：此指在《乞丐歌劇》中，波莉偷偷嫁給了強盜頭子麥基。

沒有一條特別精巧，但都很有娛樂價值。他可以很猶太地使用顫音，或來一段義大利的假音，雖然不太像樣，但觀眾都知道那是里奧尼或布拉罕。他成了阿斯特利圓形劇場的固定班底，並接連和他們家父子一同巡迴，當然也被亞伯拉罕・戈德史密德找去做晚餐後表演；每當這位才藝收藏家需要為他的朋友納爾遜將軍或者威爾斯王子來一點上好的娛樂，他在莫登小屋就正好有最棒的音樂家、歌手、喜劇和悲劇演員可以隨時供他調用。

還有其他方法取悅非猶太人。像亞伯拉罕・羅貝茲・德・奧利維拉（Abraham Lopes de Oliveira）這樣精湛的銀匠，跟他在馬德里當銀行家的新基督徒祖父才差了兩代，就被金匠公會排除於正規職業之外，大部分時間都只能為猶太會堂工作，替手抄的《妥拉》提供精美的皇冠和頂端裝飾。但奧利維拉終究時來運轉，接受委託製作精心鍛造鏤刻的盤子，給即將來訪的倫敦市市長當年度禮物。在市長日當天，可口的賽法迪甜食會在奧利維拉的盤子上堆得像金字塔一樣——愛之蛋糕（bolos de amor），只用一滴柳橙花水來調味的小小愛情蛋糕；油炸甜甜圈（rosquilha），有時候佐以茴香酒，有時候沒有；奶酪塔（quejados），還有融化的杏仁蛋白膏（masapoin）——全都來自賽法迪甜食女王萊昂諾爾・瑪萊（Leonor Marais）的奢華廚房。[27]

不可免的，一定會有一些猶太人對務實的領洗池感興趣，特別是「鹿園」（Deer Park）猶太人。畢竟，他們很難不注意到，那種有土地但已拿去抵押而處境難堪的階級，對於透過通婚獲得猶太金錢援助一事抱持開放態度。其模式很熟悉：第一代維持原本的口音以及希伯來的知識（有時候甚至以祖先的語調發行博學的評注），以意第緒語或拉迪諾語記帳或傳寫商業通信，有時候甚至還留著鬍子。他們的生命，就這樣被最後的家族所在地風俗所影響改變：漢堡、阿爾托納區（Altona）、阿姆斯特丹或法蘭克福。但到了下個世代，鬍子、口音和任何本來還殘存的區隔形式衣裝全都不見了，男女族長接受了融合，儘管不一定樂見其成。桑普森・吉登農假設，在詹姆斯黨（Jacobite）叛亂入侵的時候付出一百萬的高價以及另外一筆適時的三十萬英鎊，使英國可以參與奧地利王位繼承戰爭，而讓喬治二世擺出德廷根（Dettingen）戰役勝利者的姿態，這樣的代價足以讓他成為準男爵。然而，儘管有這樣的人情，上流社會看著吉登農，只覺得他是個來自證交所的粗俗股票經紀人，完全不把他當回事。儘管吉登農展現出那樣的態度，又堅稱自己實際上不是猶太人歸化法案的支持者，他還是發現自己被畫成了荒誕的諷刺畫。一張反政府的圖片「猶太人占優勢的好會議」（The Good Conference with the Jew Predominant）畫出吉登農說著大舌頭的破英語：「情愛ㄉ（刻意拼錯）男士各位們，我的好朋友們，這ㄍ四我的族人為了這筆大恩惠收集來的錢鮑。」[28] 但吉登農的榮譽只延長了一個世代。父親知道自己得要做什麼，所以，他兒子的受洗便使其後代沒過多久就升到了準男爵。成為了埃爾德利閣下（Lord Eardley）的小桑普森．吉登農娶了一個本國家世系譜無可挑剔的女生，於是就在沒有更多輕舉妄動的情況下，曾經是猶太人的他便遁入了穿絲絨衣的有土地上流貴族階級。

漢諾威王朝時代的英國屬於一個有錢人的寡頭政治，而且儘管各郡對於「和野心勃勃的希伯來人一起參與獵狐活動」這種令人討厭的展望抱持著掩鼻而過的態度，喬治王時代的社會終究還是有少數黨派不作此想，而在最後終於對有猶太起源的人敞開大門，並假定他們「之中比較好的人」會來到領洗池邊做出得體行為，同時，在銀行裡增加一點甜頭。一個接一個的機構甚至對只在名義上改信的人也開放了。到了十八世紀的最後二十五年，那些生下來是猶太人的人，出現在倫敦考古學會（Society of Antiquaries）、皇家學會、倫敦皇家內科醫學院（Royal College of Physicians）、牛津大學、美生會（Masonic lodges，一個社會連結的關鍵地點）等地，或者暗中擔任愛爾蘭政府的政務委員、律師學院（Inns of Court）的高階律師和皇家海軍的高階軍官。他們和漢諾威時代的文化領頭者友好往來，例如大衛．加里克和威廉．賀加斯（William Hogarth），而他們的肖像則是由頂尖高手所畫，其中包括了皇家藝術研究院（Royal Academy of Arts）的連續兩位主席，約書亞．雷諾茲（Joshua Reynolds）和班傑明．韋斯特（Benjamin West）。

就跟在其他地方與其他時代一樣，猶太醫學能比猶太金錢結交到更多朋友。以薩克．紹姆貝格（Isaac Schomberg）——從祖父、父親到兄弟都是醫生——是大衛．加里克的醫生，而且也因此是加里克在一七七九年逝世前最後見到的人。據稱，這位偉大的悲劇演員看著他的猶太醫生及朋友，並說：「雖是最後一人，情誼卻不是最少。」就以一個快要死去的人來說，這聽起來諷刺警世到有點可疑。人們認為有替以薩克畫了一張親切、有同情心肖像的湯瑪斯．哈德森（Thomas Hudson），是為了報答他給的醫療服務才畫下這幅作品。以薩克以「靈魂的溫暖寬厚」而聞名。然而，邁向為人接受的路始終複雜。以薩克的父親梅爾．洛夫．紹姆貝格（Meyer Löw Schomberg）出生於符騰堡的維茲堡（Vetzburg），有個也是醫生的父親，毫無疑問地鼓勵了梅爾像其他德意志的猶太學生一樣，得以在大學學習醫學，而他就讀的是基森（Giessen）的路德維希亞那大學（Ludoviciana，今日的基森大學）。接著，梅爾醫生開始遊走阿什肯納茲世界，在施魏因博格（Schweinsberg）和梅斯（Metz）行醫，一七二二年在倫敦落腳。如果他的英語不好（幾乎可以確信必然是這樣），他還是可以靠公爵地多數會眾使用的猶太德語，也就是意第緒語，來勉強撐過去。當他擔任醫生，為倫敦市和東倫敦占最多數的阿什肯納茲窮人服務時，這種語言能力就成為了他這第一份工作中的重要資本。然而，這不是梅爾．紹姆貝格（他現在這麼稱呼自己）會想要定下來的工作。公爵地裡家境比較好、被（英語大幅進步的）醫生的博學所吸引的猶太人，幫忙將他介紹給倫敦市裡的商人，而紹姆貝格也有他自己擴大事業的策略。一位觀察者勉為其難地表達了對他的讚美，說他「說話流利，有著討好人的風度」，有勇氣做出一些別人在英國這一行裡從來沒做的事：租了一大塊地，然後在某些日子裡，開放參觀並準備豐盛食物招待。「所有的年輕外科醫生都被邀請過去，並以毫無差別的禮貌相待；這表面上很像是友誼的表達，但在實際上意味的就是他們必須推薦他開業。」[29]人們認為這種完全不顧慮階級的熱情好客不妥當到令人吃驚，但仍準確地達到預期效果。紹姆貝格的事業一路拓展，到一七四〇年時，一年可以賺四千堅尼（guinea）。他於一七二六年成為皇家學會成員，一七三〇年成為美生會「天鵝與大酒杯屋會所」（Swan and Rummer Lodge）的正規會兄弟一員，並在四年後成為大管理人（Grand Steward），因此獲得了更廣泛的病患交際圈。當然，美生會的崇拜奠基於他們對所羅門聖殿建築的儀式化著迷，這對他的事也有幫助。梅爾和他太太瑞秋（Rachel）有七個兒子和一個女兒蕾貝卡

（Rebecca）。他們身為倫敦中產專業猶太人的生活應該會十分美滿。

然而不知為何，實情並非如此。梅爾和一位醫生同業——賽法迪猶太人雅各·德·卡斯特羅·薩米恩多（Jacob de Castro Sarmiento）宿怨已久；因為某些理由，他無法忍受此人，並積極地想要擊倒他，便公然控訴他的對手錯誤開出含鴉片的處方，以及其他各式各樣的不當醫療。他把這個爭辯立場傳給了他的兒子以薩克，而和皇家內科醫學院進行了二十年的艱苦爭執。許多知名人物並不在乎以薩克沒有大學認證，仍然前來向他求診。

另一個兒子，拉爾夫（Ralph），成為了一個深深埋在他父親身邊的眼中釘。他在「商人泰勒學校」（Merchant Taylors' School）這間少數在十八世紀短暫收過猶太男學生的地方接受教育後，變成了一個放蕩揮霍的人，並被他父親打發到歐洲的幾間學院，並在那裡繼續浪費梅爾慷慨的零用錢，每年有一百英鎊。[30]詐騙自己爸爸還不夠的拉爾夫，其實還試圖在停發零用錢的時候控告他。在命令下倉促從歐洲返家的拉爾夫，立刻去了斯卡布羅（Scarborough），那裡沒有猶太人，但有他們家族認識的蕭（Shaw）醫生，被受託盯好這個敗家子。拉爾夫一聽說有這道管理，就搬到了更遙遠的莫爾頓（Malton），直到他再一次把所有支援全部耗盡。

拉爾夫表達了懊悔，並企圖和梅爾和解，向他請求是否還有可能讓他回到倫敦，（跟他的另一個兄弟一樣）來當個民間公證人。到了這時候，這位父親也沒辦法再拒絕這兒子了。他不只同意了，還把他安插到皇家交易所旁邊的一間公司，再派給他一位合作者，但這人立刻就開始抱怨拉爾夫怠職到了可恥的地步。就在那之後不久，拉爾夫就宣稱公證這份工作完全不適合他。在梅爾以父親的怒火全力向他施壓之前，拉爾夫就搭船跑去了巴貝多，成為某大農場家族的家庭教師，但仍然為梅爾已不堪其擾的財庫帶來沉重帳單。當這一頭的信用額度也到底了之後，他又回到了倫敦，而且，儘管他浪蕩依舊的生涯讓亨利·菲爾丁（Henry Fielding）筆下的英雄人物都顯得安穩，他還是企圖向一位倫敦富商的女兒伊麗莎白·克勞徹（Elizabeth Crowcher）求愛並求婚。這種時候（就和眾多猶太第二代一樣），趕快跑一趟洗禮或許能使他贏下這一局，讓他往教堂婚禮之路邁進。但是拉爾夫到底有沒有受洗，我們完全不清楚。如果他已經不再是猶太人的話，他為什麼會在亞伯丁（Aberdeen）的馬歇爾學院（Marischal College）進行他最新的生涯計畫——成為像他兄弟以薩克和他父親一樣的醫生——呢？因為本著蘇格蘭啟蒙運動的精神，也確實是為了體現其自由主義，馬歇爾學院成為英國第一間收猶太醫學生的學院。修了函授課程之後，拉爾夫在一七四四年獲得了醫生資格。重新打造出來的這位拉爾夫．紹姆貝格醫生再度出發，前往大雅茅斯（Great Yarmouth）行醫，樹立自己的地位。接下來與他個性不符的這幾年裡，他和伊麗莎白生了足足十個小孩。一如他受了洗的弟弟——在聖保羅書院（St Paul's）念書後展開傑出的海軍生涯，而被送往聖羅倫斯灣戰役（St Lawrence campaign）與詹姆斯．沃爾夫（James Wolfe）並肩作戰的亞歷山大（Alexander）——拉爾夫還沒想到要改名，就經歷了這條英國化的道路。他就只是鄉下醫生紹姆貝格。當然這身分值得尊重的平凡，偶爾會讓他徹底焦躁不安，而他就會假借做礦泉療養或者照顧礦泉療養病患的名義，動身前往巴斯（Bath），其實是要充分地享受那邊的社交生活。顯然他不是那裡唯一的猶太人。「現在的巴斯完善而傑出，」拉爾夫開心地寫信給他稱呼「曼尼」（Manny）的好朋友伊曼紐．曼德斯．達．柯斯達（Emanuel Mendes da Costa）說：「約克公爵王子殿下的出席對這兒一點貢獻都沒有。我並非無事可做。這裡可是有好多以色列孩子呀。」[31]但偶爾回歸社會的遊樂，似乎不怎麼能夠滿足拉爾夫想要來點小小惡行的癮頭。他樂於規劃的、在潘柏恩（Pangbourne）的退休生活景象，是那種過度關心身體健康的鄉村紳士，兼職擔任醫生，有著溫暖而正直的精神，就像湯瑪斯．庚斯博羅（Thomas Gainsborough）那張全身肖像畫中的他一樣，拄著手杖、站在某片橡木林中的空地上。但根據某個對定居農村的猶太人可能不全然友善（或者，至少對這個猶太人不全然友善）的消息來源指出，他在主日教堂募捐時偷錢，被人當場抓到。

伊曼紐．曼德斯．達．柯斯達自己在法律上也遇到嚴重的問題，但那是在他成為認真可敬的自然科學家而出名之後。[32]就跟紹姆貝格家族一樣，達．柯斯達是猶太人二代，有意識到自己家人經歷過的路程（葡萄牙和荷蘭），也很清楚達．柯斯達這一門的榮耀。但和梅爾．紹姆貝格不同的是，伊曼紐的父親在一次魯莽的商業投資中遭逢失敗。這場不幸促使他的兒子們思考在英國社會安身立命的方式，不過採取的方法倒是各有不同。伊曼紐的弟弟、後來自稱菲利浦的雅各，企圖和一個有錢的財產繼承人表親凱薩琳・達・柯斯達・維拉雷聶（Catherine da Costa Villalene）私奔。當她駁回這個想法，雅各居然賤到去告她違反合約！[33]另一方面，伊曼紐則是變得對化石十分熱中，累積了大量的樣本收藏，並對地殼成形的爭辯——火成論（Volcanism）和水成論（Neptunism）支持者，針對地球最原初的時刻，地質上的火和水何者較為關鍵進行爭辯——做出貢獻。同時也涉獵古希伯來史的伊曼紐，對各式各樣的主題產出了可觀的短評，足以讓他同時獲選為皇家學會和皇家考古學會的成員，而這兩地都是喬治王時代倫敦的博學守護神。對這群科學界的貴族仕紳來說，這個猶太化石學家——以及《化石自然史》（*A Natural History of Fossils*）的作者——憑著自己的本事成為了迷人又令人好奇的人物：一個對自己的宗教保持忠誠、然而又以科學精神投入造物史的猶太人。任何針對他猶太特質開的玩笑，通常都還滿溫和的。當他受邀替里奇蒙公爵的花園打造化石洞穴時，東道主打聽了他停留期間的餐飲安排，認為「難不成連奇切斯特（Chichester）的龍蝦都是可能讓較軟弱者上鉤的引誘物吧」。可能會有其他食物也「會被你所屬的民族所厭惡」。但他受啟蒙的同伴，接著說出了真正動人的一番見解：「我們都是這世上的公民，會不帶厭惡與偏見地看見不同的風俗和口味，正如我們有不同的名字和本質。」[34]

能在科學和學術夥伴之間擁有好名聲，似乎讓伊曼紐頗為滿足的。但他總是有一點拮据，或者，以他自己的評判來看，覺得有一點受委屈。他的太太是一個混血（Pardo），然而是從家族裡沒那麼有錢的那一頭來的，而他一貧如洗的父親責怪伊曼紐和他兄弟大衛（David）不求上進，所以他們可能要在他們老爸的垂暮之年給他一些協助。「我沒有一個兒子，」這個老兒童憤恨地抱怨：「會伸出援手。」伊曼紐和大衛沒有「遵照他的建議去找上有財產的太太，而他光是想到他們會讓多少乞丐降臨到這世上，就十分震驚」。她們找到對象的時候，「你們全都年輕又健康，沒有父親、母親或姊妹要供養，只有你們自己而已」。

伊曼紐對此充耳不聞。他已經對化石難以自拔。他的收藏越多，可以出版的學術筆記就越多；從海內外自然科學家博得的仰慕和興趣越多，學術聯絡的網絡就可以一路從瑞典伸展到法國。偉大的博物學家布豐伯爵（Comte de Buffon）很清楚知道他；林奈（Linnaeus）也是。他和埃夫伯里（Avebury）與巨石陣（Stonehenge）的考古學家威廉・史都庫里爵士（Sir William Stukeley），以及八十多歲的偉大醫生兼科學家漢斯・史隆爵士（Sir Hans Sloane.）都有私交。靠著這些英國科學大老的善意和支援，伊曼紐得以競選皇家學會的書記一職，如果得到這個職位，就能一併擁有離艦隊街（Fleet Street）不遠的鶴苑（Crane Court）免房租住宅，以及五十英鎊的薪俸。一七六三年春天，這位新任的書記兼圖書館長搬進了鶴苑。四年後，有人揭露伊曼紐・曼德斯・達・柯斯達藉由把正式成員（將會費全數繳清）誤報為非正式成員（逐年付清會費），蓄意挪用學會資金，一邊收取不當款項，或者更有可能是把這當成無息貸款。當一位成員抱怨他的名字被刊登在錯誤分類上的時候，這個弊案才曝光，然後經過了（慣例的）難以置信的憤慨之後，伊曼紐被送到了皇座法庭監獄（King's Bench Prison）。這種正好和「只追求學術而公正不阿」的典範相反的人，證明了那種雙面撈錢的醜陋刻板形象是真實存在的。這對猶太人來說絕對不是好事。

令人震驚的，這件事對伊曼紐・曼德斯・達・柯斯達來說其實沒那麼糟！他失去了整批珍藏、大部分的藏書和所有的贊助人及同僚，但就是那種不可抵擋的、坦率的自我信念感，以及應該是一種能獲得指引的天分，使得一條全新的大道在他面前敞開：貝殼。他成為了英國第一位偉大的貝類學者；「創新者」（coiner，也可指「偽幣製造者」）這個詞正是恰如其分。在皇座法庭監獄內，還有其他不知為何失寵破財的紳士淑女們，但他們都熱心參與達・柯斯達收費講授的化石與貝殼課程。他在監獄裡的班級人數在十五到二十人之間，就在有這樣持續的需求下，經過了四年，他已經可以付錢讓自己出獄。到了這時候，他已經有充足的材料可以撰寫著作，並在一七七六年出版他的《貝殼學寶典》（*Elements of Conchology*），並在兩年後，又完成一本科學愛國主義的筆記，《英國貝殼學》（*British Conchology*）。兩本都沒讓他賺什麼錢，但多少洗刷了自己的恥辱（尤其在海外），並再一次在自然科學界成為了大人物，增添了從瑞典到奧地利各外國學院的文憑；越遠離這難堪之地，情況就越順利。每個月在新月前的週一，他會加入自然史推廣學會（Society for the Promotion of Natural History）的討論。甚至說，當他面對林奈任意竄改他對女神黃文蛤（Venus dione shell，一種美麗的、帶有薰衣草粉紅的雙殼綱捲曲貝殼；林奈顯然很喜歡把這類雙殼綱的一部分命名為「老女人」〔anus〕、「子宮」〔vulva〕、「唇」〔labia〕）的解剖學描述時，他甚至還能保有某種道德正當性。被這種「下流」的命名方式激起強烈震驚的達・柯斯達，轉而建議改名為「斜面」（slopes）和「斜坡」（declivities）。拉比們想必都贊成。

拉爾夫和曼尼（以及就這一點來看，其他條件更好、教育程度更高，更時髦而自命不凡、穿著時髦衣服和蓬鬆假髮的倫敦猶太人——還不提他們與英國社會定期變來變去的關係）到底算不算是猶太人呢？或者，他們只是差一步還在等待著完全融入？儘管他們如此偏離嚴謹，這兩個老無賴確實自認為是猶太人。曼尼會定期地跟拉爾夫的妻子伊麗莎白點一壺壺「酸麵包皮」，而他應該是有教過她以他們猶太族的方式來浸藏食物。隨著秋天的神聖節日來到，曼尼會確定自己有祝賀人在大雅茅斯（但處在非猶太圈）的拉爾夫「猶太新年快樂」，雖然說這兩個人都不太可能去集會所聽號角聲。但曼尼會以他一貫的熱情確保自己有向伊麗莎白祝賀「耶誕快樂、新年愉快」，即便是在皇座法院監獄也一樣。毫無疑問的，他們是那種拉比會抱怨「他們比較喜歡耶誕節布丁而非逾越節薄餅」的猶太人。因此，以在立陶宛或波蘭那種嚴格從字面遵守律法的地方（先不考慮誰有資格判定遵守哪些「字面」，因為猶太人通常沒有資格）所盛行的高標準來看，曼尼和拉爾夫絕對是離經叛道。

對於某些猶太教的捍衛者來說，連鬢鬍子的事情可不是平凡小事。一個人選擇留滿臉的鬍子或者保持光滑的下巴，就是在對世界說，他率先想要的是不是走進這個世界，或者說猶太人是否奉命要讓自己抱持區隔差異。那些被召來讀《妥拉》的英格蘭猶太人（尤其是要求那些娶了基督徒妻子的人前來時）所展現的隨便態度，令赫希・勒溫拉比（Rabbi Hirsch Lewin）震驚；他因此公開表示，刮鬍子本身就違反了《妥拉》的基本原則，還把所有關於英格蘭半調子的猶太人該知道的事都告訴你。弗他利・法蘭克斯（Naphtali Franks）是跨大西洋統治家族集團的一名成員，而他媽媽伊莎貝爾（Isabel）已經警告過他，在倫敦的那些親戚有什麼散漫德性；他的事業在那裡成功開展，也維持了猶太人身分，娶了一個表親，並成為公爵地的一位大權貴；但他剃了鬍子，戴了袋狀假髮，而且不管從哪邊看，都跟這個社會經濟圈裡的其他人一樣。當人們問哈特．萊恩拉比（Rabbi Hart Lyon）為什麼要離開公爵地，他回答說，因為這就是他在猶太會堂這麼多年來第一個被問到的宗教問題。千真萬確的是，不論這情況是怎麼發生的，英國猶太人社群就是很少被猶太人自己內部、或者猶太人與非猶太人的激烈哲學爭論所撕裂。邁蒙尼德並沒有常常在咖啡屋的瞎談中徘徊不散，橫掃東歐離散猶太人的哈西迪派和彌賽亞派猶太教的狂潮，到了英國海岸也變成了涓滴淺灘。這不是代表說猶太會堂裡面都沒有紛爭，但裡頭的紛爭通常是家裡面或者鄰居之間會吼的那種，而不是據理爭辯。一個典型的事件是，在閱讀《以斯帖》卷軸時，當提到普珥節的惡人哈曼時，（通常是由格雷格木製響板敲出的）爆響喧鬧聲變得太狂暴，導致貝維斯馬克斯的官員把值班人員叫來，逮捕最過分的違規者。違規者之中，有一個年輕人是費塔多（Furtado）家族的人，雖然他可能屬於後來為了這場近乎暴動的事件道歉的那群人，他們的父親以薩克（Isaac）還是趁機公開譴責猶太會堂是偽善者的巢穴。「我確實拋棄了你的猶太教……你那有關來世的固有感性與原則，並把我抽屜❷的鑰匙給了你，來把我自己從如此無宗教的團體中分割出去……你因為驕傲而過於膨脹。」他接著繼續說，他們引以為傲的猶太窮人醫院只有六張床，實在令人憤怒；多半而言，治療病人的是藥劑師而非醫生；到了逾越節的時候，他們得吃的就只有薄餅。在他這罵到令人稱奇的退出聲明（可說是一種反向的逐出教會）尾聲，費塔多確保自己的文章有附帶提到太太莎拉（Sarah）「也希望從你們的團體中退出」。儘管如此，暴躁易怒的以薩克．費塔多至少在社會上還是猶太人，替東區的某些貧窮人興建住屋，並確保自己最後被葬在猶太墓地。那些最終禮儀通常真情流露。約書亞．蒙蒂菲奧里（Joshua Montefiore），也就是名氣更大的政治家摩西．蒙蒂菲奧里（Moses Montefiore）的叔叔——此人一生有過令人吃驚的殖民地冒險，企圖為王室將西非海岸上的博拉馬島（Bulama Island）殖民地化，並參與了從法國手上征服馬提尼克（Martinique）與瓜德羅普（Guadeloupe）的戰役——最終在佛蒙特（Vermont）的一間農場度過餘生。但在知道自己來日無多時，他以音譯的英文字母寫出了逝者禱告，好讓他並非猶太人的第二任妻子可以在葬禮上朗讀。

有一些反對拉比保守主義的爆發更是非比尋常。一七四六年，梅爾・紹姆貝格出版了他的希伯來文作品《一個醫生的信仰》（*Emunat Omen*）。書中令人難堪的批判，是針對正統派猶太教中拉比們由來已久的、過於小題大作的吹毛求疵，還有無止盡的學院鑽牛角尖，以及社群中堅分子的偽善。那些猶太會堂裡的大頭們批評他和他們的兒子們故意秀出那些木製劍柄，但那是一種必要的謹慎手段而不是輕浮無用的行為；然而批評者自己卻經常會有非猶太情婦，「就好像他們在毫無羞恥心的情況下履行著戒條……而且他們一邊在親密擁抱中與那些情婦居住生活，一邊拒斥那些潔淨的以色列女兒，即便他們是我們自己的血肉」。[35] 幾乎可以確定他指的就是尤賽夫・薩爾瓦多（Joseph Salvador），賽法迪猶太人社群的領袖之一，因為跑去光顧凱蒂・費雪（Kitty Fisher）和卡洛琳・路德太太（Mrs Caroline Rudd）等交際花而惡名昭彰。紹姆貝格的文章從辯論術轉往神學領域，援引邁蒙尼德在《〈妥拉〉解析》中的信仰原則，並主張大衛王已經將《妥拉》的六百一十三條戒條降到了不可少的十一條。紹姆貝格的大部分原則結合起來，共同形成了一種勉勉強強猶太化的自然神論；他自己（以及其他想法接近的猶太人）相信，這些原則讓他們更接近某種普世接受的啟蒙信仰。「一個猶太人的絕對優先責任是相信一位上帝，一位使我們眼前萬物存在的既存上帝。」[36] 這段聽起來像是始祖版改革主義猶太教的話，其實是一種告別的姿態，因為儘管梅爾和他的兩個兒子仍然忠於猶太教，但他其實鼓勵自己的兒子們，如果能拓展他們的未來，就往領洗池去吧。只有海軍軍官亞歷山大（後來會成為亞歷山大爵士）和以薩克——一個受洗了，一個沒有——實現了他的期待。另外，就像鐵了心的父母會做的一樣，他藉由把大部分的遺產分給這兩人，讓剩下的紹姆貝格成員只拿到一先令，來表達他的失望。無怪乎拉爾夫這傢伙會淪落到在主日教堂募捐時偷東西。

❷ 原注：指在猶太會堂裡發言者的座位底下。

II 柳橙與檸檬

「柳橙和檸檬」
聖克萊門特（St Clement）的鐘說
「你欠我五法新」
聖馬丁的鐘說
「你什麼時候給我？」
老貝利（Old Bailey）的鐘說
「等我有錢吧」
肖迪屈（Shoreditch）的鐘說[37]
「那是什麼時候？」
斯特普尼（Stepney）的鐘說
「我確定我不知道」
堡區（Bow）的大鐘說[38]

可憐的猶太人賣那些柳橙和檸檬。《湯米・桑布的好歌本》（*Tommy Thumb's Pretty Song Book*）裡這首童謠的韻律，畫出了他們生活的地圖。「聖克萊門特的」不是河岸街底的丹麥聖克萊門特教堂（St Clement Danes），而是順著泰晤士河繼續向下的東市聖克萊門特教堂（St Clement Eastcheap），猶太貿易商用船從利佛諾運來的一箱箱柑橘就在這裡卸貨。靠近聖馬丁——不是聖馬田教堂（St Martin-in-the-Fields）而是聖馬丁奧維治教堂（St

Martin Outwich）——的是放債者，已經獲得了買他們水果的必要金錢。他們最好賣得夠多，才能償還他的借款，不然他的爪子就會又狠又準地伸出去，那下場就是到新門監獄，那裡他們會聽到新門外聖墓山（St Sepulchre）沉重的節奏聲響，就在老貝利的正對面。那裡的出租房間——破爛房子和公寓大樓——都擠在以溝渠（ditch）命名的狹窄巷弄內：杭斯迪屈❸、肖迪屈、飛利迪屈（Fleetditch），倫敦最擁擠貧窮的幾個地帶。白教堂和斯特普尼——聖敦斯坦教堂（St Dunstan's）教區的行政區——已經有兩個世紀都沒變，擠滿了阿什肯納茲猶太人，將近五千人，來自波蘭和德國，有時候是經過荷蘭而來。但倫敦市貝維斯馬克斯猶太會堂的自治會紀錄顯示，也有來自義大利、摩洛哥和突尼斯的賽法迪人——可能有一千五百人左右——經由利佛諾或者阿姆斯特丹來到倫敦，專精乾製水果、柑橘和菸草。在倫敦市中心，賣柑橘的人會從聖瑪麗勒波教堂（St Mary-le-Bow）和市場街（Cheapside）開始劃出一塊地盤，大約在利德賀街（Leadenhall）、針線街（Threadneedle）一帶，或者在北邊高檔的芬斯貝里競技場（Finsbury Circus），也可能沿著坎農街（Cannon Street）向下走，穿過聖保羅和艦隊街一直到河岸街和萊斯特場（Leicester Fields）叫賣著自己的貨品，希望能把手上的東西全部在入夜前賣掉。很多人都沒辦法。法庭審理紀錄裡，滿滿都是另有謀生之道的柑橘販子，而那些謀生之道並不是通通合法。

街頭小販的生活從來都沒能接近泰丁敦、埃爾沃斯和羅翰普頓（Roehampton）的庭園。但他們之中有一些人（甚至許多人）可能在贖罪日或者新年的前夕，擠進了公爵地和貝維斯馬克斯。我們至少知道，有一個貧困但虔誠的賽法迪猶太人在貝維斯馬克斯和有錢人一起祈禱過，因為當他在猶太新年當天做這件事的時候，他的兒子亞伯拉罕卻企圖偷絲手巾和各種高級衣服，顯然並不擔心在嶄新的一年中被上帝從生命之書裡剃除出去。[39]這位虔誠的父親聽到他犯錯的兒子被點名逐出會堂時可能更為悲痛，但所有貝維斯馬克斯管轄範圍內的猶太人犯罪都會是這個下場。有刮鬍子的猶太人和沒刮鬍子的貧困猶太人之間的交集，除了在節慶與神聖

❸譯注：地名中的「ditch」就是溝渠。

節日當天，因猶太會堂擠滿人時的「接觸」之外，大部分就是透過慈善活動：比如說麥爾安德路上猶太人醫院（Jews' Hospital，實際上是蓋在斯特普尼的首間老人安養院）醫生或藥劑師的出訪活動，或者是在猶太人孤兒免費學校（一七三二年由公爵地的族長摩西．哈特成立，日後隨著人數增加，而在一七八八年搬到了杭斯迪屈街）的視察日。

絕大多數的言談用的是意第緒語和少量的破英語，雖然說從來沒有像最粗魯的諷刺漫畫或諷刺劇裡那樣破。想必認識傑米．迪卡斯特羅等猶太悲劇演員的德路理巷（Drury Lane）偉大低俗喜劇演員——傑克．班尼斯特（Jack Bannister），有一招特長是帶鼻音的猶太腔調，對那些哄堂大笑的觀眾來說永遠是不嫌誇張。基督徒偶爾會因為聽到穿著卑微、留著大鬍子或帶著帽子的猶太男女居然說著國王的英語，而不是發出習以為常的漱口音和刺耳短音，而感到很困惑。當塞繆爾．泰勒．柯勒律治（Samuel Taylor Coleridge）在一個沿街叫賣舊衣服者的下風處時，他問對方為什麼要用那種習以為常的喉音喊「Ol clo, ol clo」或者「O cloash」，而不能喊「OLD CLOTHES」（舊衣服），卻很驚訝地得到對方以標準英語回答：「先生，我是可以像您一樣說出『old clothes』的，但如果你每分鐘都要說十次還得喊一個鐘頭的話，就會像我一樣說成『ogh clo』了。」[40] 柯勒律治坦承，他震驚到追上那個賣衣服的老頭，並給他一先令表達屈尊施恩式的道歉。

倫敦的窮苦猶太大眾是各類二手商品的沿街叫賣者。傳統上這是他們唯一獲准的合法買賣，就跟猶太隔離區興起時在威尼斯的情況一樣。甚至在一些限制被廢除（在許多地方仍然還沒）之後，每日的舊衣服和男子服飾交易還是猶太窮人的主要行業。他們就是那群把麻袋掛在肩上的猶太人；早上袋子還空空的，希望到了下午過一半，就會裝滿準備好要賣的東西。但還有擁有無數個箱子的猶太人：他們通常是最近期才帶著新手小販的行囊到來、並被安置在公爵地或貝維斯馬克斯；他們在街頭交易闖出名聲的同時，每週或每月分期償還金錢。在他們用皮帶掛在脖子上的盒子（直至今日，世界上大多數地方的街頭交易都還是這樣擺）裡，裝的是鉛筆、封蠟、漂亮的楞杖頭、水晶鈕釦、縫針、別針和頂針、扇子、國王與皇后的粗劣肖像、草率上漆的小塑像、便宜的小飾物和珠寶、懷錶、偶爾會叫的咕咕鐘和風乾大黃——珍貴的萬靈藥，對便祕和其他腸內的鼓譟聲特別有效。這些家庭安頓好之後就得靠自己，不過因為兜售商品和賣舊衣都十分有地域性，所以在杭斯迪屈賣咖啡和摻水烈酒的店裡，普遍也會有親切的政務委員，會讓他們知道說哪裡不能去；或者，在一個叫賣仔同業過世之後，讓他們知道哪裡空了出來。

舊衣服日在天亮前就開始了。[41]大鬍子的猶太人會從杭斯迪屈、白教堂和麥爾安德的破爛房群間冒出，頭上那頂寬邊低垂的扁平帽子，是他們父親和祖父在布羅德或波森就戴過的。到了那一天結束時，那頂帽子上又會頂著其他要在舊衣市場（Rag Fair）上賣的帽子，所以這些人會在自己頭頂上頂著一棟層層相疊、搖搖晃晃的帽子塔穿過大街小巷。這些人也會披著土耳其長衫式的外套，不論晴天雨天都一樣厚重，其中有些還繡著黑線，並有那種老波蘭款式的縮腰剪裁。他們腳上穿著的帶釦鞋子不是靴子。如果他們把鞋子磨到連修補匠都沒辦法修，那麼，總是還有舊鞋子等著給他們換。有時候他們會獨自行動；有時候他們會讓太太跟著，她們身上穿著一層層圍裙和羊毛裙，皮帶上掛著用來裝貨的袋子；也有些時候還會跟著年幼的孩子，因為不管怎樣，八、九歲的男孩都該要開始跟著做生意了。

首先，是肚子的需求：來自當地小小不起眼商店的「清湯白水」咖啡；「兩便士仔」的麵包邊邊，如果運氣好的話還會浸在牛奶裡；而如果他們覺得自己有點錢，那麼就來一塊放冷了才吃的炸魚（在賽法迪猶太人帶來英國之前，這還是種沒人聽過的新鮮玩意兒）；在泰晤士河畔村落、西區以及東區廉價地帶，這是商人餐桌上的普遍佳餚。[42]對大部分舊衣物搬運者來說，那會是整天唯一的一餐，特別是因為大多數人遵守潔食，如果他們的路徑把他們帶到了西區或者東北倫敦，那裡就沒有人提供猶太食物了。梅爾．利未（Meyer Levy）自稱能「只靠油膩布料的味道」來撐過白天，不過其他人會帶一小盒茶葉，希望能找到一些熱水來弄一杯在中午喝。

這門生意有著強烈的地域性，每個人都遵守著自己的路徑——除非他們不這麼做，在這種情況下問題可能會化為惡言或拳腳相向。偶爾可能會有兩個舊衣收購者同意分享一條路徑和路上的收益，也就是所謂的

「rybeck」。黎明時分就可以看到川流不息的人們背著麻袋走向市場——比林斯蓋特（Billingsgate），全是滑溜溜的亮光，桶子裡都是魚內臟；史密斯菲爾德（Smithfield），染血圍裙的王國；利德賀掛滿獸皮的街道；還有紐蓋特（Newgate），那邊臭哄哄的飛利迪屈最近加了蓋，形成封閉下水道，並在上頭鋪整，以興建有拱廊的市場。在溫暖的日子裡，那些好人家會用有香味的手帕蓋住臉，並嗅著猶太柑橘販切成小塊的柳橙。在所有的市場裡，搬運工、包裝工都有圍裙、綁腿、鞋子要賣。但有一些從白教堂冒出來、才剛喝過一口晨間兌水白蘭地的散步者，會往東走去造船廠區——沙德韋爾（Shadwell）、沃平（Wapping）和萊姆豪斯（Limehouse）——在那裡，因為倒臥酒館地板上或妓女雙腿間而沒了錢的水手們，會在使人易怒的頭痛下，把行囊裡的東西賣給猶太人。[43]如果賣舊衣的人運氣好又老經驗的話，就知道哪個水手手上可能有一些偷偷從某個軍官的外套或帽子上割下來的裝飾綁帶。你可以整個早上巴望著這種黃金：再往東到伍利奇（Woolwich）的軍營，更多士兵、更多華麗的服飾——有一些是從死者那邊撿回來，然後被同袍收藏起來的。沿東邊路徑順著往下走，就擺著令人傷心的寶藏：遇難船骸，停泊在泰晤士河口（Thames Estuary）的監獄船，樂於助人的船長們讓罪犯的衣服待價而沽。囚犯會拿到其中一部分錢，不過是由買方所訂下的價，而且只能等船長和船員撈過服務費之後才能拿到。

至於從塔丘（Tower Hill）而下、沿坎農街入倫敦市的西邊路徑，會前往馬房和出租養馬場，那裡有住在馬上的馬車夫和他的家人們。這些是可以取得舊馬鞍、挽具、韁繩、馬鞭、馬靴和馬車燈的地方；此外還有最有價值的「玻璃」，來自馬車車窗，而且如果有需要的話，可以用白教堂能取得的切割用粗鑽石將其切割下來。有事業心的買家接著會前往西區的中等地帶：一段前往斐茲洛伊廣場（Fitzroy Square）和布魯姆斯伯里（Bloomsbury）的辛苦跋涉，但保證有希望能以瓷器、玻璃或小裝飾品，吸引到某個貿易商的太太，換來她深知丈夫不會想念的嚴重過時衣服。太太的女侍和猶太人之間不可免地會討價還價，因為就算是雜貨店老闆或染布師傅的太太，直接跟出身低賤的猶太人議價還是無法想像的。最後，會有後面的小路和僕人的出入口，通往西區有錢人和大人物的家：聖喬治教堂附近的漢諾威廣場（Hanover Square）；梅費爾（Mayfair）、卡文迪什（Cavendish）和德文郡（Devonshire）三個廣場。據說猶太人鼓勵那些男僕和太太的女侍偷他們男女主人的東西，但事實上，是那些被拋棄的時尚行頭需要有個地方去，而僕人很清楚什麼東西必須不再和主人相見。那些豪宅不太會清點手帕。裝進麻袋裡的有長筒褲和馬褲，過時的包包和綁帶假髮；手套和褲襪；甚至有多年沒穿的絲綢長袍。

過了中午一點，就到了走路回去的時候，西邊是從遇難船骸走起，或者東邊從河岸街；叫賣者之中有許多現在戴著兩到三頂帽子，行囊則是滿滿的；但是從來沒有滿到讓他們不去咖啡屋碰運氣，或者甚至再上街，去擋住某個他們認為可能樂於拋棄一兩件東西給他們的人。來自全城，來自萊姆豪斯和萊斯特場、來自托特納姆宮路（Tottenham Court Road）和格雷律師學院（Gray's Inn），多帽子猶太大軍就好像決心要去朝聖一樣，萬眾一心地匯聚在一個地方：舊衣市場。那就只是一個在蘿絲瑪莉巷（Rosemary Lane，現在的皇家鑄幣廠街〔Royal Mint Street〕，也就是卡布爾街〔Cable Street〕的接續）尾端的場子，在倫敦塔對著白教堂的那一頭。但這裡成為了城市景點之一。觀光客前來驚嘆不已，並被人用手肘推、被人忽視，或者被小孩子搶走手帕；那些小孩受過特別訓練，能在外套口袋裡，發現沒好好藏住的手帕所露出的明亮「Kingsmen」字樣。事實上，費金（Fagin）❹的小隊員並不是虛構的故事。在「生意興旺」的時候，也就是冬天的三到五點、夏天的四到六點，舊衣市場擠滿了超過一千名舊衣販子，他們通常就找塊地蓋上一塊亞麻布或毯子，然後把袋裡的東西清出來堆成一堆。在外圍的則是行家，經營的是定點攤位或者商店，買賣從假髮到眼鏡、從錶到帽子都做。但大部分的狹窄空間裡是吵鬧的市集，混雜著喊叫聲、戳來戳去的指頭、零零碎碎的交易；混雜的是各種辱罵和指控，通常足以越演越烈，促成又一場從鄰里告到地方治安官、要求舊衣市集關門的申訴。舊衣市場只有到了週五晚上和週六才

❹ 譯注：《孤雛淚》中少年扒手的頭子。

會安靜下來，因為，有別於那些連在安息日儀式之後都沒辦法完全遠離交易巷（Exchange Alley）的猶太好人家，交易舊衣服的人們對於他們的安息日（Shabbes）可說是敬愛有加：他們注重安息日的大塊食物和魚肉；還有蠟燭和沖淡了的葡萄酒；還有安息日的歌曲，以及把一星期的汙垢都洗掉了的孩子們。

僅僅在十九世紀的第一個十年，「舊衣服」（schmatter）的狂歡節就被大膽創業的路易斯・以薩克斯（Lewis Isaacs）所成立的「舊衣交易所」（Old Clothes Exchange）所取代；他是倫敦市最早超越一般賺錢人的真正的猶太生意人之一。以薩克斯眼光精明地買下了位在杭斯迪屈的整套菲利浦建築（Phillips Buildings）；這套建物位在卡特勒街（Cutler Street）和白街（White Street）之間，四邊用一道臨時圍牆圍起來，還有一小塊雨篷抵擋壞天氣。他收一個半便士銅幣的入場費，確保只有認真的「搶快者」——也就是中間人——可以入場，而圍起來的這塊地中間為了他們的方便，會設置成排的椅子和板凳。當交易進行時，圍繞在外圍賣派、炸魚和麥芽酒的人則是（多虧那些不怎麼擔心潔淨的人而）生意興隆。

有一件事情倒是從舊衣市場轉變到舊衣交易所都沒有改變的：分辨貨品來路合法還是不合法的困難度。只有少數買家會費工夫去問，儘管說法院開庭的文件是有寫到一些買家前來找「搶快者」時，就好像是把賣家當成是賣贓物的人那樣，很明顯地尋找著那些明知來源不合法的東西，而在被打發走的時候還表達出震驚的厭惡。這樣正直優秀的人物應該不是多數人。多數的倫敦人都知道在舊衣市場這地方，週一的買家就會是週二的收贓人。而且那裡有厚臉皮到出名的收贓人，好比「博雅德的舍伍德太太」（Mrs Sherwood of Bowl Yard），或者以賽亞・猶大（Isaiah Judah），永遠不會有人逮到他，因為那些繡著Kingsmen的東西或一整串戒指和錶，都缺乏來源證據。在舊衣市場和舊衣交易所都還存在的時候，曾經有以歐洲為目標的興盛出口貿易，甚至更遠至北非、美洲和加勒比海（這幾乎可以確定有和奴隸貿易掛勾）。在被穿到不能穿之前，亞麻布、圍巾披肩、領帶可以來來去去。另一位女性搶快者承認，舊衣販子買到東西再賣出去的間隔大約是五分鐘。[44]

有收貨人的地方，就永遠會有更多兇惡暴力的奪取者來供他們貨。而且他們的獵物還僅限自己人。有時候他們從高檔的叫賣者那邊搶箱子過來，而那些叫賣者自己的貨源就已經很可疑了。一七七八年，被搶走箱子的亞伯拉罕．戴維斯（Abraham Davis），就把可移動的、但物主不明的財寶列進目錄中，其中包括六十八支錶、三十只金戒指、三十個金帶釦（襯衫、鞋子和外套用的），以及許多銀器。[45]許多指控將全體猶太人等而視之，特別像是剪銀幣這件事，就是把中世紀反猶太人主義塑造的刻板印象再回收利用。舉例來說，人們有一種普遍的指控是，舊衣市集的賣家遇上不知情的消費者，會拿剪過的銀幣找客人錢來偷偷揩油。但毫無疑問的，確實是有一種猶太犯罪的次文化在倫敦市和東區運作著（和愛爾蘭的犯罪次文化並存且常常互相競爭）。每隔一陣子，就會有嘆為觀止的犯罪事件嚴重影響社群，而社群的捍衛者會十分害怕摩西．哈特和弗他利．法蘭克斯把猶太嫌疑犯的消息傳達給約翰．菲爾丁爵士（Sir John Fielding）——堡街（Bow Street）無所不在的治安官。一七七一年，丹尼爾．以薩克斯（Daniel Isaacs）這名猶太搶匪幫派（多數人是來自荷蘭）的一員，向菲爾丁坦承了他自己在卻爾西（Chelsea）一次竊盜行為出差錯後的內疚。以薩克斯轉為汙點證人，並希望，一旦他承認自己的事來幫忙逮到其他罪犯，公爵地仁慈的監督者便能提供他一些金錢上的支援。不意外的，他失望了。

這個案子吸引了倫敦的注意力，特別是因為幫派領袖是一個邪惡的猶太醫生利未．威爾（Levi Weil），是一個在萊頓大學獲得醫學學位、但找到了自己真正的天職，而和兄弟亞舍（Asher）開始搶遍英國住家的人。在一七七一年的晚春，威爾幫中的一人跑去窺查國王路（King's Road）上的一位寡婦——哈欽斯（Hutchins）太太的家，假借著去找某個屋主應該認識的人，而進入了房內。那是一個溫暖的六月夜晚。這群匪徒先是繞著「卻爾西花園」埋伏了一下，才走向哈欽斯家，找到門路闖了進去，把僕人綁了起來，把襯裙丟到一個女侍的臉上好讓她看不到他們的臉，然後就索取財物。其中有一個男僕掙脫了，就在這名勇敢的僕人和另一名女侍受了致命槍傷時引發了驚慌混亂，而威爾兄弟則從目睹家僕死亡而害怕不已的寡婦那邊，取走了六十四堅尼和一支錶。在以薩克斯向菲爾丁洩了密之後，犯罪分子便遭到逮捕，然後，在一七七一年十二月那場聳人聽聞、吸引嗜罪媒體的審判結束後，威爾兄弟和另外兩個人被處以絞刑。這時有大批群眾現身，其中也有不少猶太人。和紐蓋特那邊的隨獄牧師不一樣的是，監禁期間陪伴囚犯（並把他們從會堂驅逐出去）的拉比們，並沒有在最後一刻現身。這是一場讓人滿意的犯罪劇，但在宣布審判結論時，其實就已經有過驚人的一刻；在宣告完判刑之後，主持審判的刑事法院法官非常努力地恭喜所有猶太人（甚至是罪犯告密者以薩克斯），恭喜他們與官方充滿公眾精神的合作，並表達自己希望「沒有人會基於少數惡人而指責汙辱整個民族」。[46]這已經是英國人能做到的極致了。

III 先知丹

要讓丹．門多薩以掛在泰奔（Tyburn）❺的繩子上了結一生，其實不太需要花什麼工夫。當他是一個失業青年時，有人找他「從海岸那邊運送不太一樣的商品，而我為了這個目的而被配到了一匹好馬……就在我開始著手沒多久，就有人通知我，我是被護送走私貨物的目的所引誘；他們也同時告訴我，委託給我照料的東西，不管發生什麼事（就算危及自己性命）我也要去守護護衛」。[47]但他沒有要去碰那種東西，根本碰都不該碰，尤其是因為他知道自己並不總是能完全控制自己的警覺力量，儘管他發誓他始終不是殘忍無情的人。確實，當他看見亨弗瑞斯在他們的第三場以及最後一場比賽上被打得慘不忍睹時，一如人們都注意到的，他確保自己打敗的這位對手能保有一點點尊嚴，而不是（像他通常習慣的那樣）以明顯可見的鄙視來對待他。很難說哪天就必定會是哪種門多薩現身：可能是殘忍的拳手，也可能是猶太的騎士。他的沸騰點很低，他的重拳難以抵擋，更是以致命的計算來選擇瞄準目標。當門多薩的偉大生涯在二十四歲就已達到鼎盛時，他首度出版的奇書《拳擊技藝》，以診斷一般的冷靜精準（比起講師，他更像是醫生），向初學者解釋了不同的打擊在對手身體結構上會產生的效果。雙眉之間一拳，會帶來暫時的失明；左耳之下一拳，會讓腦中充滿血液，造成某種腦溢血；用力敲在太陽穴上，也就是「昏迷一擊」，真的就有可能致命；在「短肋骨」或是腎臟上打一拳，會「讓他飽受最嚴厲酷刑並短時間癱瘓」以及「瞬間排尿」而弄濕臀部，這通常是一種對對手有用的心理打擊。一拳重重擊在胃部的凹陷處，也就是腹腔神經叢（solar plexus），會引發嚴重嘔吐，但如果有人倒楣到被上述的拳頭打中（而那些可說是亨弗瑞斯的特長），事實顯示，可以藉由彎身的動作，將胸部彎到胃部上頭並用力深呼吸，來避免嚴重的傷害程度。[48]

《拳擊技藝》的最開頭，門多薩就開宗明義地指出，這些實際的建議並不只是要給職業或者業餘拳手，而是要給在一個危險都會世界裡生活的全體民眾。他明確把自己的作品稱為「自我防衛的技藝」；而且和十七世紀晚期的荷蘭摔角教科書作者尼可拉斯·佩特（Nicolas Petter，圖片由羅梅恩·德·胡格繪製）不同的是，門多薩的書是這類書中第一本用這種方式呈現的著作。他寫道，有人指控「會戰」——也就是赤手空拳的團戰——的實作是「近乎殘暴的流氓主義」，但這是誤解了它真正的目標，也就是促進所有公民的安全與自我尊重。

> 必須坦承……科學的知識對每個大丈夫而言是有用而必要的，就（只是）因為要在被侮辱的時候保護自己……甚至對一個性格最無害的人來說，認識這門技藝也不會毫無用處，因為這能讓他在走過大街小巷時感覺安全，而且，如果他沒打算要怨恨他人的侮辱時，他會因為想到自己有這能力可行，而能有滿足感。[49]

當然，門多薩想著的是倫敦特定的一群人，在他的想像中，那群人特別容易受口語或肢體的凌辱所傷：也就是他的自己人。雖然他的拳擊手冊裡沒有哪個地方特地把猶太人標出來，當作最需要反擊解方和反擊「技

---

❺ 譯注：此地以刑場和高聳的絞刑臺聞名。

藝」來對抗每日用言語肢體攻擊自己的人；但從他回憶錄裡提到的年輕時經歷，很明白能看出，這就是讓門多薩不只成為一個鬥士，也成為無力自衛弱者的導師之養成經驗。從《馬加比眾書》（*Books of the Maccabees*）的作者們到他出現之間，沒有哪個地方的哪個猶太人做過這樣的事。他說，他從父親那裡學到「真假勇氣」的差別，以及純霸凌和適當自衛的差異。沒有人支持「故作勇敢的性格，或者一個動輒爭吵而更令人深惡痛絕的人」；然而：

> 每次當我帶著烏青的眼圈或者任何受暴的外傷回家，我父親從來不會不嚴厲地詢問原因，當情況顯然是我有意地涉入糾紛時，也都會嚴厲地指責我，但另一方面，如果他發現我只是出於自衛或者任何正當動機而行動，他就會慷慨地原諒我並聲明，當我被不正義地攻擊時，他永遠不會運用家長的權力來禁止我自立自強地自我防衛。[50]

身為一個年輕小夥子，他已經常常惹上麻煩；但同樣的，也沒人比他更能敏銳感覺到猶太人挺身對抗恐嚇的需要。從某方面來說，在了解「猶太人的經驗可以運用到自身以外的其他人」一事上，門多薩和哲學界的兩位反擊拳拳手——梅那賽·本·以色列與摩西·孟德爾頌也沒有那麼不同。當門多薩主張他所聲援的特質（以他的情況來說，就是「堅決有力」的自我防衛和反擊的能力），不只對他的同類是必要的，乃至於對所有公民實踐也是必要的，這就很像孟德爾頌的信念，認為寬容自由的多樣性不只對猶太人好，也是對全世界有好處。

門多薩可能不是貝維斯馬克斯的每週班底，雖然老實說，我們也無從確認他就真的不是。他那對出身普通賽法迪家庭但不至於貧窮的父母親，十之八九應該很遵守教規，因為他們確保丹進了猶太學校，幾乎可以確定是摩西·哈特成立的免費學校；他在那裡學習了希伯來文和宗教文本。但是他的回憶錄明白表示，他也學好了英文以及其他「先進」的科目，好比數學。這種混合教育對於他的成名非常關鍵，因為這讓門多薩可以依自己的意志，帶著滿滿的自信心進入非猶太人的世界；事實上，可以說表現出一種在他那本書中每一頁都很明顯的敏銳控制力。不管他是否有維持信仰，門多薩的生命中沒有哪一刻不清楚認知自己是猶太人；確實，他整體的公眾身分和職業身分、他對於將自身技藝教授給其他年輕猶太人的決心，都是圍繞著這種猶太人認同打造出來的，而從這觀點來看，他就是那種不愧疚、非拉比猶太人的典範和先驅，比較像是自然神論者著作裡會標記的那種人。除了一小群學術圈以外，沒有人會那麼關注自然神論者的言論。但英國的每個人，從在溫莎的國王到伯蒙德（Bermondsey）的職業拳手，都知道猶太人門多薩。

從一開始，丹就有一些特質會讓那些不明真相的人猛烈攻擊他——或許是小男孩身上那副寬大肩膀帶來的一股傲氣——而他的學徒生涯，就是一系列為了面對蔓延霸凌而上的課程：第一個是他過了成年禮後，當學徒跟的那個玻璃工師傅的兒子；接下來是他替當地一間蔬果商工作時，附近「出於她的猶太宗教而」習於侮辱自家店裡婦女的無賴。[51]如果那個猶太人是小門多薩本人，攻擊猶太人就不是個好主意。在丹的諸多工作（茶商、賣糖果、賣菸草）之間，他曾有一次和一個親戚前去北安普頓（Northampton），有人跟他說那裡的工作可能比較有指望。他們從一間酒吧往城鎮走時，碰上了當地的惡霸，聲稱他「不爽看到這種傢伙在這地方晃」，而且「真可惜我們沒被送去耶路撒冷」。[52]在不可避免的「鬥毆」中，這個嘴炮王雖然是北安普頓最棒的空拳打手，但他還是吃盡了苦頭；在那之後對手的父親還真的把丹找了出來（至少門多薩自己是這麼說的），恭喜他把自己給不了的教訓給了他這不聽話的兒子。這兩個人被下令和好，他們也就握手言和了。現在既然大家都是這樣的好夥伴，這位北安普頓的爸爸就把他的房子提供給這對猶太表兄弟免費食宿，想待多久都可以。會不會好到不太真實？的確是會。

在這些早期的打鬥中，有一場改變了門多薩的生命。他在白教堂當茶商的時候，有天有個搬運工從碼頭那邊搬來一箱拖運貨物，丹跟平常一樣給了一品脫的麥芽酒和小費當作酬勞。通常事情就這樣而已。但不知道是什麼理由，那個搬運工發了脾氣、拒絕了麥芽酒，要求給更多錢並持續語帶威脅，以至於十六歲的丹決定跟他較量。他們脫掉衣服，在外頭街上用粉筆畫出的一塊擂臺內打了起來，雖然那個小子在體型、年紀和塊頭都被對方壓過，他卻讓魯莽的攻擊者吃了一場敗仗。一群群眾聚集了起來。他們之中，似乎是出於偶然的，有那位英俊而壯碩結實的理查德·亨弗瑞斯，當時他是英國拳擊魅力的完美典範，號稱「紳士拳手」，他的赤手空拳強過那一整群打鬥界的主要分子，包括退役士兵、水手、碼頭裝卸工和勞工。[53]但亨弗瑞斯也是自己生涯的精明經紀人，而他一看就看出了那股明星潛質；那種戲劇潛力；那種票房潛力。所以即便從沒看過門多薩打拳，他就自告奮勇擔任他的拳賽臨場助手。這個十六歲的小子狠狠把那大頭呆打到投降；蹦蹦跳跳，他的身體緊貼著地；讓他自己成為難以捉摸的目標；用手臂捕捉到對手的每一拳，並以亂雨般的拳頭奉還。隨著街頭快打一分分過去，亨弗瑞斯就越來越確信他望著的是未來；會有驚人的事情發生。他嗅到了奇景；他嗅到了錢。

現在還不是對這男孩下手的時機，這時他正從一整群反應遲鈍的重炮手之間打出一條路來，這些人通常是想要吵架的水手和造船廠工。事情並不是一直都如門多薩的預期。曾經有一段時間，他和他朋友遇上兩個女人在聖凱瑟琳碼頭（St Katharine Docks）打起來，她們抓彼此眼睛的同時還尖叫吐口水，還有一大群男的邊嘲笑邊歡呼。「我從來沒喜歡看見這種比賽，也因此就徒勞地去嘗試勸架。」[54]由於介入失敗，所以門多薩乾脆在其中一個女戰士身上下注，結果還贏了。輸掉一方的水手男朋友對此不太高興，所以第二場又開打了。幾天後，門多薩被一個流氓攔了下來，企圖替輸掉的女生和她男友報仇，而且還用上了棍棒。被打昏的門多薩，就被丟在那邊等死。這次重創只是激發了他的胃口，而他的膽大無懼，也從肯特路（Kent Road）一路被談論到牧羊人叢林（Shepherd's Bush），也在布萊頓到布里斯托的粉絲之間口耳相傳。亨弗瑞斯又把他找了出來。門多薩在受寵若驚之下（怎麼可能不會呢？）讓自己被收養了；被指導、被訓練、被贊助。門多薩心裡還是不太確定，能不能選這一行做下去。以前是有過猶太鬥士，特別是賽法迪猶太人裡比較有聽說，過去幾年在公眾間有名氣。《拳擊人》描述了「以薩克·毛夏」（Isaac Mousha，我懷疑他的真名應該是索莫哈〔Smouha〕）和亞伯拉罕・達・柯斯達（Abraham da Costa）在一七五〇年代對上難纏的傑克・「泥水匠」・蘭布（Jack 'the Plasterer' Lamb），但兩人都下場慘烈。不可免的，就有人在偷偷嘲笑「以色列支派」的敗戰。「他們極其失望地發現蘭布（也意指羊肉）一點也不像他們想像的那樣溫柔，而他們發現的方式，是由蘭布證明了他們不喜歡什麼東西——一塊最上等的豬肉！」[55]

門多薩可不會是這種方便的消遣：大膽到可笑的猶太人被打趴在地。亨弗瑞斯會成為他的推銷員和導師。他們對打，但點到為止。一回合又一回合的對打吸引了群眾，錢也跟著妥當，其中最大的一場就是對上以殘暴聞名的湯姆・泰恩。門多薩輸了，但從此之後要安排獎金達二、三十堅尼的比賽都不成問題，而這價碼才是打認真的比賽獎金。

導師和門徒之間出了問題，是在另一場比賽的準備期間。亨弗瑞斯安排讓門多薩在他朋友位於艾坪森林（Epping Forest）的一間房子練習。但門多薩很快就明顯注意到，這間房子是一間妓院；就算這只是漫不經心的失誤，但那種掩蓋不起來的資產階級自居正義特性，讓他面對這樣的羞辱忍不住大發雷霆。門多薩在羞辱中離去，而現在輪到亨弗瑞斯採取攻勢，特別是因為，和他的明星門徒分道揚鑣之後，他也就沒了那些因為他是門多薩推銷員才有的錢。所以啊，那個猶太小子自以為可以自立門戶了，是吧？好好打他一頓他就知道了。有需要的話他會自己出手。這是種最古老的體育故事劇碼，而這次要成真了。

不管是湊巧還是算計好的，他們兩個在阿爾德門的公狍鹿酒吧（Roebuck）對上了。在喝酒的人們（其中許多人也是他的追隨者和粉絲）面前，亨弗瑞斯要門多薩出來解釋。「在講了非常惡劣的話之後，他抓住我的衣領，狠狠地撕開了我的襯衫。」公狍鹿酒吧是亨弗瑞斯的酒吧，而門多薩不至於奢想過試著當下立刻把事情擺平。他告訴他這位過去的朋友兼新敵人說：「雖然方才我沒有選擇怨恨這侮辱，」——在拳擊手之間，「怨恨」（resent）就是把冒犯化為肢體接觸的關鍵字——「他應該可以確信我不會輕易地忘記這件事，也可以確定，毫無疑問的，我報復的那一刻終會來到。」[56]

亨弗瑞斯等著門多薩來以卵擊石；他假設會有代理人來制止他的行為。但事與願違。有一場比賽被安排在巴內特（Barnet）賽馬場，對手是一個名氣及難打度都排在全英國第二、僅次於亨弗瑞斯的拳擊手：來自巴斯的「屠夫」馬丁。門多薩花了二十六分鐘解決掉屠夫。不久前，亨弗瑞斯得花一小時又四十五分鐘才能達到同樣結果。還有更糟的是，這場打贏巴斯屠夫的知名勝利，讓門多薩淨賺一千鎊，而且身後還多了一整列追隨著大黑馬英雄的騎馬與馬車隊隨行隊伍，殿後的是大批群眾，喊著：「門多薩，門多薩，門多薩萬歲！」戰鬥猶太人的狂熱崇拜就這樣開始了，而這是攝政時代英國最不可能出現的熱潮。

對亨弗瑞斯來說，這實在很難為情，很不可原諒。唯一能阻止門多薩邁進的，就是讓他敗在自己手下；不只是一次征服，更是一次對這自以為是的小猶太人的教訓。兩邊開打的前奏，採取的形式是敵對的支持者之間的小流血衝突。戰火在倫敦街頭、市集和遊樂公園等地四起。棍棒鞭條在揮動；打破了的頭和流血的鼻子，港邊都是人們在跺腳。門多薩的公眾能見度讓他有一點點被名氣沖昏了頭，但也使他曝露在真正的危險之下。有天傍晚，和身懷六甲的太太一起漫步在佛賀花園（Vauxhall Gardens）的門多薩，被二十個湯姆・泰恩的手下所包圍（而他們是幫亨弗瑞斯幹活），並抓去鎖在一間房間裡。他跳窗逃脫，發現太太坐在一張長凳上，平安無事但嚇到眼淚直流。她懇求丹不要再打了，而被太太的乞求說動的他，承諾終結拳擊生涯——與亨弗瑞斯的帳算完之後就結束。可沒有碰上挑戰卻後退的道理。兩個人互相侮辱，並傳開來讓大眾的興趣隨之鼓動。先生，為什麼對我的名字放肆呢？亨弗瑞斯在另一間客棧與門多薩又如此相遇時這麼說（門多薩確信亨弗瑞斯是故意尾隨他的腳步進客棧，好激發大眾爭論）。你可能也會問我「先生，為什麼呢」，而如果你想要在此時此刻把我們倆的問題解決，我也悉聽尊便。客棧中庭拉出了擂臺，兩人脫了衣服，開打，幾分鐘後，門多薩就把亨弗瑞斯的一隻眼睛打腫。但這是亂打，替真刀真槍暖身而已。真正的激戰還沒到。

不管門多薩有沒有意圖引人注意（應該是有），他日日夜夜都受人矚目。他在卡佩爾柯特（Capel Court）首創的拳擊學院，名氣蒸蒸日上。商人、仕紳貴族，甚至有法律界的人都大排長龍等著他教授防身術，也是這一門男性技藝第一次風靡各界；暴力有了公民屬性。門多薩在戲院裡為了錢打點到為止的拳（直到他因為違反主宰舞臺的規章而被喝止），並舉辦展覽和演說，內容是關於在他想像中，過往至今各個冠軍選手的不同拳擊風格（包括亨弗瑞斯）。但接下來他就開始依照他在手冊中所推薦的方式，逐一進行認真訓練。門多薩開的每日菜單可以說精準而嚴密：每天鍛鍊，但絕對不要達到精疲力竭的地步。目標是規律，而不是強烈；力量和耐力要增強，但絕對不要以損失敏捷度為代價，所以要走路而不是跑步；洗冷水澡、用乾毛巾擦身體。早餐要少：喝酵素乳清而不是茶；一杯以水沖淡的葡萄酒。晚飯的話，燉煮牛肉和米，或者把「餵好的雞」用沸水煮到成膠狀在晚上吃；之後是一杯白葡萄酒；不吃任何讓胃負擔太重的東西；不喝烈的蒸餾酒；吃巧克力而不喝咖啡；不吃鹽；吃麵包乾而不是麵包；一點硬白奶油和烤餅乾。思考戰術；練習這些戰術。眼睛始終要把對手抓牢；判斷他的手與範圍以及肢體語言，這些會告訴你他拳頭的方向以及他的目標選擇。只有在你進行佯攻、想要在出拳選擇上騙到他的時候才把視線移開。[57]持續移動。讓對方持續失去平衡。用走的，不要用跑的。持續移動。

位在漢普郡（Hampshire）的奧丁漢姆（Odiham）是一七八八年一月的比賽地點。全英國人都知道這件事，所有熱中運動的粉絲都確保自己在現場：公爵們、各郡的爵士們、市議員、有錢的商人。前一天下了大雨，擂臺仍濕到危險。但傾盆大雨也停了，就好像上天也在看著似的。那一刻的劇碼令人無法抗拒。亨弗瑞斯是英國人的一朵好花；他活生生體現了「高貴出身不能和社會等級混為一談」的觀念，因為那是一種性格特質，其證明是寫在完美體態之中。和堂堂男子相對的是黑黝黝的猶太人，打贏都要歸因於他那類人的好品質：足智多謀、手段狡猾、活力十足。或許甚至連他知名的「底力」——那種被狠狠打中後還能回復、並連本帶利打回去的快速復原力與韌性——都可能會被說是他們那一族長久既有的特質，不然他們還有什麼別的方法能撐過幾個世紀以來的打壓？這些都使門多薩引以為榮。他的副手跟助手，以及他選的裁判都是猶太人：雅各斯先生、以薩克先生，還有一位摩拉維亞先生。在巨大的歡呼聲中，亨弗瑞斯爬進了高起的擂臺，因為長筒襪上裝飾著金線，而真的讓他輝煌無比。從來沒有這麼美的拳手。至於門多薩，據《拳擊人》回憶道，則是選擇了保守，只展現出「乾淨的外表」。大筆的賭金都押在亨弗瑞斯身上，但隨著一回合又一回合過去，冠軍知名的拳招卻似乎沒一拳對猶太人有什麼傷害，優勢開始轉移，而賭金也跟著跑了過去。濕滑的擂臺表面讓兩個人都偶爾站不穩，但亨弗瑞斯比較晃。在二十分鐘的記分時（每回合一分鐘），亨弗瑞斯抱怨他那迷人的緊身褲太緊，特別是塞進鞋子的部分，而停下來「換成素毛絨的緊身褲」。據門多薩說，這是他喘口氣的計謀，換衣服花了整整四十秒，比規則准許的要長。門多薩的一記「水平」出擊就在這時被亨弗瑞斯的一個助手在繩邊逮到。那樣的話就是兩次犯規。在門多薩的認知中，應該要給他裁決了。然而他卻做了他告誡徒弟永遠不要做的事：讓他的激情凌駕策略。他毫無耐心地企圖摔倒亨弗瑞斯，可能還帶了致命的攔腰抱擲動作。察覺到自己可以逮到門多薩失去平衡的亨弗瑞斯死命抓緊了擂臺圍欄，然後使出了投擲。門多薩頭部著地。更糟的是，一道強烈的痛苦穿過了他的「腰部」。一個腳踝扭傷了，搞不好情況更糟。他已經站不起來了。這一場完了。亨弗瑞斯立即寫信給他一個無法親自到場的贊助人，信上寫說：「我搞定了猶太人，而且健康良好。」

門多薩輸了這場打鬥，但沒輸掉整場仗，尤其是輿論戰更沒輸。一旦知道至少還有下一場比賽（亨弗瑞斯似乎很想要打），整個門多薩企業就開始動起來了。一張兩人舉拳相對的圖片——非猶太和猶太人——到了一七八八年時遍布了英國各地。像是丹・門多薩的角色在的柯芬園和德路理巷的舞臺上現身；討厭丹的歌謠正流行，特別是那些因為自大希伯來人落敗而神氣活現的人愛唱。希伯來人們則是為了他們的新馬加比而激情燃燒。

但他卻因為自己唯一一個孩子的死而受傷消沉。他在鼠蹊部的傷勢則是恢復得很慢，下一場比賽的訓練只能放緩。他也是夠謹慎而不會強迫進行的人。他明智的低調姿態，讓清楚這場比賽如今已超出了尋常運動員與粉絲的圈子、成為了某種全國狂熱的亨弗瑞斯，逮到了機會，在眾人之間稍微加點料，就讓整個公眾輿論翻攪起來。就在拳賽後沒多久，還在因為不允許的犯規而勃然大怒的門多薩，就被帶去見媒體，特別是在《世界》（*The World*）面前重述他對這場比賽的觀點。[58]亨弗瑞斯立刻回應了，以酸葡萄來譏諷門多薩，說什麼氣噗噗的輸家云云，並暗示他拿來延後下一戰的傷勢，是怯懦裝病者的可悲哀怨。門多薩公開了他醫生寫給他的信——醫師證明——又使他接受到更下流的指控。面對門多薩的傷勢，亨弗瑞斯嘲諷道：「為什麼會有人發誓看到三根骨頭跑出來……他的身體失調漸漸從那邊跑到了他的臀部，免得被不小心誤判成普通風濕病，那會和最難忍受的腰部痛苦一起復原，而我很清楚，只要他覺得方便，所謂腰部的傷就能一拖再拖。」[59]

第一戰結束六個月後，也就是一七八八年七月，當門多薩正在健身房進行一場對練時，亨弗瑞斯突然不請自來地現身，跟他平常身邊那些支持者一起大剌剌地坐在擂臺邊的位子上。因為獨子死去而穿著黑色喪服的門多薩，則是扮演了紳士方，親切地感謝亨弗瑞斯大駕光臨他的機構而使他備感光榮。但接下來亨弗瑞斯就攀上了擂臺，在他自己人的面前嗆門多薩遇到下一場比賽居然想落跑，或者說想一拐一拐地溜掉。門多薩便奉陪。現在他們是在對打，不過是用嘴巴。

門多薩：亨弗瑞斯先生，你別想說我會怕你。
亨弗瑞斯：感覺你似乎有點心悸呢。
門多薩：倒是先生你呢，好像不想跟那幾個找上你的人打呢。
亨弗瑞斯：別逃避問題。我就只想和你打。[60]

儘管有著衝動急躁的壞名聲，門多薩仍拒絕被慫恿到提前開打。他慢慢來。漸漸的，他的狀態回來了。有復原作用的飲食——麵包乾、凝乳和燉煮牛肉——幫助不小。上流社會也開始關注了。有個贊助人現身了：湯瑪斯·阿普瑞斯爵士（Sir Thomas Apreece），他自己也玩拳擊。還有來自劍橋、坎柏蘭（Cumberland）和約克的三位皇家公爵也感熱切興趣，三位都去過猶太會堂，也很合情合理的，都是去公爵地的猶太會堂。

一七八九年五月六日，當凡爾賽宮的法蘭西三級會議開啟了舊政權（Ancien Régime）的終結時，擂臺的革命則在英國展開。地點是亨廷登郡（Huntingdonshire）的斯蒂爾頓（Stilton），位於一位新加入的門多薩熱情支持者亨利．桑頓（Henry Thornton）的私園裡。人們對於宿怨復仇的興趣實在太高，高到得要專程蓋一個容納千名觀眾的競技場，這一千人都付出了半堅尼的巨款才能出席這場世紀之戰。一列列高低層列的廉價看臺為了容納蜂擁而至的人群而搭了起來。有鑑於上一場賽事的下場，優勢和大筆賭金都認定亨弗瑞斯會再度勝利，但這一次它們更快、更果決地轉移到了猶太人那邊。因為幾回合過去後，既驚人且明顯的是，門多薩給這位紳士上了一門拳擊課；特別是會令他在拳擊史留名的「乾淨截拳」（neat stopping）：那個逮住拳頭的猶太人。亨弗瑞斯打出的全力直拳越重，門多薩就越能正確無誤地用手臂擋下，並以猛烈的一連串反擊拳打回去，命中各處，但特別是對手那張英俊的臉龐，使它越來越慘不忍睹。目睹的人都知道他們在見證一個王朝的結束，以及另一個王朝的開始。

第二十二回合時，亨弗瑞斯「倒」了。規則是，如果拳手沒被拳頭碰到就這樣的話，就要判定輸掉拳賽。門多薩這一側同樣喊著。但再度起身的亨弗瑞斯堅持他有挨了一拳，比賽必須繼續。亨弗瑞斯這一側嘲笑對手，說他們主張了沒命中的犯規，好避免打下去。門多薩這邊憤怒地堅持，他們的人不應該重新開打；他已經贏了。兩個角落之間的爭論演變得太兇狠，幾乎要變成打群架了。但丹自己不希望他的比賽像以前一樣覆蓋著爭論的陰影，聲明自己準備好繼續打。在亨弗瑞斯又一次「倒下」之前，他們又打了三十分鐘，而這次他這邊不再挑戰裁定。勝利屬於猶太人。日後，在他的回憶錄中，門多薩記得狂野的歡慶酒會在公牛旅店（Bull Inn）一直進行到深夜，然後又是第二場宴會，直到最後，同時帶著一點自我嘲諷地，尋找著東道主紐伯瑞先生（Mr Newbury）家住哪裡的整幫人，完全迷了路，不小心走進了農家院子，然後掉進了「裝滿了大便」的坑裡，這是大部分運動英雄普遍會避談的糗事。但接下來，全英國都會知道，就整體來說，門多薩就是一位正人君子。

現在亨弗瑞斯和門多薩各贏了一場，第三場就該把事情一次了結。比賽安排於一七九〇年九月二十九日舉行，地點在唐卡斯特（Doncaster）。一場巨大而瘋狂的騷動在英吉利海峽的另一邊爆發了，但當時發表的文章很普遍地堅持，全英國人沒有一隻眼睛耳朵在留意法國的革命，因為人人都全神貫注於亨弗瑞斯和門多薩。比賽地點是在頓河（River Don）旁客棧的園子裡，一邊是建築，另一邊就是河流。河岸側被木樁圍了起來，但有幾百人靠當地船夫運了過來，沒過多久，所有的木樁都被擺平了。其他當地人在河中停下他們的船，下注的人只要談好價錢，就可以坐在高處最好的觀眾席看見比賽，跟停棲在枝幹上的大批烏鴉一樣。

到了這一次，亨弗瑞斯知道他唯一獲勝的機會，是一開始就要讓自己難以抵擋的猛拳命中對手，然後再一拳打中胃部的目標。但門多薩展現了他知名的「底力」，不僅收下了拳頭，還以猛烈力量回擊。才在第三回合，他就乾淨俐落地擊倒了亨弗瑞斯。第五回合，亨弗瑞斯打出了他以破壞力知名的胃部拳，但門多薩頂住了，並回敬令對手盲目的顏面一拳。他們一回合一回合持續下去，也越來越殘暴，亨弗瑞斯幾乎因為眼部周圍的傷而失明，他的鼻子斷了，臉上都是撕裂傷，上唇裂成兩半，還在猛烈出拳。門多薩則只是等著對手流失殆盡的體力來幫他了事；當亨弗瑞斯步履蹣跚、東倒西歪，然後又搖搖晃晃時，就彬彬有禮地把他扶起來，就像在攙扶戰場上受傷的同袍一樣，一個每個人都知道，既帶有某種寬大無私、但又摻入某種輕蔑意義的舉動。終於，門多薩把亨弗瑞斯放在擂臺的地板上，就好像哄小孩入眠一樣。

這當然沒有阻止某些寫起這場比賽的文章，從鄙視猶太人的弱小，轉而厭惡「猶太人的鐵石心腸」。其他人則是傳述或寫道，雖然局勢已經是科學壓過了優雅，但後者才美化了真英雄，儘管他被征服了。就門多薩而言，至少在他的回憶錄中，他（因為這時候可以，而）有向他的宿敵和過去的導師致上敬意，在他們的競爭之中，他始終表現得光明磊落（但競爭的當下，他就不一定都這麼覺得了）。

就跟總是會發生的事一樣，反覆的力量較勁終究會讓兩邊都精疲力竭。亨弗瑞斯再也不想面對門多薩了。

而且，儘管門多薩似乎處在力量巔峰，還繼續兩度打敗新進挑戰者威廉．瓦爾（William Warr），但很明顯的是，亨弗瑞斯這場漫長的史詩戰鬥影響了勝利者。一七九五年，他和約翰．傑克森（John Jackson）為了各兩百堅尼的酬勞開賽。事後使他惡名昭彰的是，當他們要打完時，傑克森抓住了門多薩的榮耀和快樂，也就是他捲曲頭髮上的長髮束，抓牢之後一拳又一拳地擊打他正面「直到他倒在地上」。[61]事到如今，他開始盡全力履行他對太太的承諾，尋找不那麼直接激烈的方法來發揮他的高超技藝。有更多劇場展示能讓門多薩描繪從古至今各個冠軍拳手的技術和風格，和他共事的還有一名雇來的過招夥伴陪他表演假拳，並在連續鼓聲中以他擺出的知名姿勢收尾。他的防身術學院搬到了自己的劇場裡，也就是河岸街的演講廳（Lyceum）。他的拳擊徒弟──其中不少人是猶太人，好比「荷蘭人」山姆．艾利亞斯，還有在比較好的幽默感之中被取了「猶太豬」綽號的「猶太仔」（Ikey）──都獲得了他們的初階指導。還有一個不是徒弟、但相當能算是門多薩派弟子的艾力夏．克拉比（Elisha Crabbe），輪到他的時候，綽號就變成了「猶太人」（The Jew）；他一路打到了那場在霍頓摩爾（Horton Moor）舉行的大獎賽，對手就是他導師的老對手兼敵人湯姆．泰恩，但他輸了。當時人們常常說：「猶太人證明自己是最引人注目的鬥士，但最後下手了結的多半是泰恩。」[62]

門多薩自己現在也在娛樂事業裡參了一腳，和阿斯特利馬戲團巡迴演出，應該可以確定有和傑米．迪卡斯特羅同臺過，甚至有陣子還和專業劇場公司合作演出。他參與的巡迴展覽，去過的地方有都柏林、愛丁堡、曼徹斯特、東盎格利亞（East Anglia）、西國（West Country）、愛克西特（Exeter）、普利茅斯（Plymouth）、布里斯托等地。全英國都想看那神奇的、「不是莎士比亞寫的猶太人」。因為，儘管人們對他的異國身分以及在比賽中使出「門多薩砍擊」等詭計有諸多影射（但還不到指控缺乏體育精神），門多薩卻沒有什麼紀錄，會讓他像是個處在正當英國社會邊緣、居心叵測的異邦人。國王自己和整個皇族都相信，正當英國準備（但不確定）要和革命法國軍事較量的此時，門多薩就是他們最歡迎的、那種愛國剛毅性格的人格化形象。根據門多薩所言，有一次他前往溫莎拜訪，在與皇族一派人馬的非正式對話結束、以及喬治三世對拳擊提出了很多「聰明的觀察評論」之前，長公主向這位知名的鬥士詢問，他能不能讓她的小孩打他一下，這樣他就可以說他的拳有打中過偉大的門多薩；面對這要求，丹微笑著答應了。史書沒有記載他是不是胃部遭到正中一擊，但如果是的話，他應該也是假裝痛到不行，來讓小王子大笑吧。

進入三十歲之後，神話開始把人拋到了後頭。在擂臺上令人敬畏的門多薩並不擅於做生意。他的債務開始累積，而他的冠軍光芒開始消退，發現自己無法滿足債主，因此，要養十個小孩的他，三度進了皇座法庭監獄，有時候還是他自己要求進去，好避免失去財產。他嘗試當酒館老闆，在白教堂自行營運「海軍上將納爾遜」（Admiral Nelson）；當那失敗之後又替治安官當準助手；當德路理巷劇院採取「新票價」引發較便宜的「舊票價」支持者的憤怒暴動時，他又擔任了打手。認出門多薩的舊票價暴動者，開始再次大聲喊起「猶太人」。

有時候他會重出江湖打個幾場。一八〇六年，在肯特郡的葛林斯特德格林（Grinstead Green），他和哈利・李（Harry Lee）這個像他一樣的老將，有過一場沒完沒了的艱苦交手。他們整整打了五十回合，已經半死但英勇不屈的李拒絕放棄而倒地。有些在場的新鬥士，例如亨利・「阿亨」・皮爾斯（Henry 'Hen' Pearce，人稱「鬥雞」）和約翰・葛利（John Gulley），猜測這場是兩人最後的告別戰，認為這是他們最後一次欣賞這位偉大拳擊手的機會。某方面來說，他們是對的，因為，當門多薩在五十六歲時，令人驚訝地和老對手湯姆・歐文（Tom Owen）於一八二〇年打最後一場苦戰時，那你死我活的賽況就只是新奇有趣而已。

已經夠了。在寫作回憶錄時，門多薩有機會再度經歷他從默默無名中崛起，到與亨弗瑞斯那幾場神鬼大對決的整篇動人史詩。「紳士迪克」投入裝填煤炭業，過著相比之下更幸福的中年安定生活。丹則是到了七十幾歲時，在他發跡的地方——從白教堂到貝夫諾格林（Bethnal Green）這一帶的倫敦猶太人區——結束了一生，並下葬在麥爾安德路上的葡萄牙墓地。在某個時刻，那邊的不少遺骨都遷葬到了艾塞克斯郡（Essex）某處，但原本賽法迪猶太人的埋葬址（現在就在倫敦瑪麗王后大學〔Queen Mary's College〕的前院），還有一塊寫著他名字的紀念匾。

雖然不能說完全和永遠（也沒有哪個凡人能做到），但他的確改變了英國人對猶太人根深柢固的偏見；儘管說，許多原本對猶太商人學士的怯懦文弱嗤之以鼻的人，現在倒是又開始因為他們主張「自我防衛」時的殘暴力量而討厭他們。相形之下，皮爾斯．伊根的洞察力就使他態度友善；他在著作中強調，門多薩十足驚人的地方不只在於連番勝利，更在於他獲得那些勝利的「方式」是什麼。「偏見頻繁地扭曲心靈，因此很不幸的，好的舉動會在連普通尊重都沒有的情況下被忽略；當那些舉動出現在任一個可能是不同信仰或膚色的人身上時，這情況就更嚴重了。」（像湯姆．莫利諾〔Tom Molineaux〕這樣的黑人拳擊手，此時正要追隨猶太人踏上擂臺。）「門多薩因為是猶太人，所以他就沒辦法像他勇敢的對手一樣，面對個人成功後排山倒海而來的期望時，站在一個令人們觀感良好的位置上……但真理高過一切，門多薩的人道精神從打鬥開始到最後一刻，都是顯而易見的。」[63]

門多薩很樂意讓自己被描寫成一個光明磊落的人，因為他這整趟冒險中的一個關鍵要素，就是向他的國人表明，一個猶太人也可以是一個英國「男子漢」；而許多人心中那種懦弱、無力、靠不住的猶太人形象離真實太遠了。只有英國這國家的運動成為一種職業並帶給大量觀眾娛樂，而門多薩也把自己視為一個純粹愛國男子漢的範例：少數國王和威爾斯王子會一致讚美的英雄。「我相信這不該怪我自負，」他在他回憶錄的序言上寫道：「但我實在忍不住問，有哪一個公開展演活動，能夠比亨弗瑞斯先生和我的比賽更讓人們的好奇心熱烈激動、讓全國的整體感受更為之興趣盎然？」[64] 讓法國人去疑神疑鬼地自相殘殺吧。他是英國的頂尖人物，而且也完完全全就是猶太人門多薩。

在英國，制度動得比態度更慢。繼一八二九年天主教解放法（Catholic bill）成功後，下一個企圖解放猶太人的嘗試，將會失敗。他們要站起來並進入國會，還會再等二十年。在門多薩還活著的時候，機會則是更小。擅於表達的、熱切反拉比的以薩克．德斯萊利（Isaac D'Israeli）認為，自己活潑開朗的兒子班傑明（Benjamin）

如果要成功的話，能夠受洗是最好的，但也明白表示，這孩子永遠不應該忘記他的本——而他也沒忘。梅爾・柯恩（Meyer Cohen）得到了同樣的結論，並用他基督徒太太的婚前姓自行改名，而成為了法蘭西斯・帕爾格雷夫（Francis Palgrave），英國國家檔案局（Public Record Office）的創辦人兼管理人，也因此成為英國歷史的回憶保管者（他的兒子編選了《英詩金典》〔*Golden Treasury*〕，為成千上萬的讀者定義了英詩傳統）。班傑明和亞伯拉罕這兩名戈德史密德家族的成員，在互不相關的兩場金融災難中，都在自己位於泰晤士河畔的豪宅中上吊離世，另一個家族姓氏——來自法蘭克福的猶太家族羅斯柴爾（Rothschild）則在此時全面興起，接管了他們在證券交易所的地位。

但在基督徒英國人和猶太人之間發生了某件事；某件和任何其他地方形成的迴異連結，甚至連宗教自由寬容的美國都與之相異。最終，發現這件事是什麼，將會改變整個世界的歷史。

第十一章

Chapter Eleven

公民猶太人

The Story of the Jews

I 聆聽啊，以色列人

一七五〇年一月七日，舒瓦西勒魯瓦（Choisy-le-Roi）。路易十五（Louis XV）把宮廷從冰冷的、回聲響盪的凡爾賽宮搬到與他更親密的塞納河畔城宅。這座宮殿充其量不過是被一個朝塞納河突出的亭樓連起來的兩個側廳，但這已經夠迷人了。就算在冬天，景色也令人平靜舒坦。大平底船橫過眼前往巴黎航去，載著原木或石灰石片的甲板顯得重心不穩。在上層的窗戶後頭，國王在王室情婦龐巴度夫人（Mme de Pompadour）的指引下，已經用藍色和白色的瓷器，和一張弓形桌腳、輕輕塗上金漆的寫字臺布置了各個房間；沒有什麼會讓精神變沉重。丹頂鶴在壁紙上滑翔而過，瘦骨嶙峋，腿拉得老長。在主顯節（Feast of Epiphany）之後，國王會回到宮廷，非正式地集合開會，雖然還是適當地展現周到的社交禮節。雖然他知道自己在外有著懶惰的惡名，「被喜愛的（le bien-aimé）路易」所過的生活，並不是完全被彈子臺、獵鹿和奢華大馬車所寡占。興致來的時候（比普遍想像的還要常發生），這位君王會是一個對科學充滿好奇心和精力的人。機械學的最新進展會為他那肉肉的臉帶來微笑，就和他看著眼前一位纖弱美人或者瑪莉．歐繆菲（Mlle O'Murphy）時咧開的笑容一模一樣。王家（Maison du Roi）輕騎兵上校、紹訥公爵（Duc de Chaulnes）米歇爾．達以易（Michel d'Ailly）很高興能迎合這種值得稱讚的學習胃口，因為這位軍官也是法國科學院（Académie Royale des Sciences）的院長。他也是知名的天文學家和自然學家，但在啟蒙時代，紹訥公爵最享有盛名的是精通光學。他設計了複合顯微鏡，其中一臺獻給了國王；而且他還（以可觀的花費）蓋了已知最大的玻璃球體靜電生成器。對於某些嫉妒的人嘲笑他，就那麼巧地在這種新發明過時的那一刻完成了這東西，公爵毫不在乎，並以自己那顆球體所放出的脈動光輝為樂。

但就和孔狄亞克（Condillac）強力主張的「我們只不過是我們知覺印象的總合」一致的，紹訥公爵最近開始對聲音產生了和光一樣的興趣。在這一個冬日，他為國王安排的消遣和一個聾啞人有關；猶太人恢復了他的聽力，而且更神奇的是，還恢復了他的說話能力。這個猶太人——你看著他時幾乎看不出——是個馬拉諾，雅各・荷德里格・佩雷爾（Jacob Rodrigues Péreire），一七一五年出生在葡萄牙的佩尼謝（Peniche）附近，同時受洗獲名法蘭西斯科・安東尼奧・荷德里格（Francisco Antonio Rodrigues）。在某個時候，商人和他的妻子，因為對葡萄牙特別積極主動的宗教裁判所感到焦慮，而向東越過邊界，搬到了西班牙。但在那位在家鄉名字是亞伯拉莫（Abramão）的商人死去後，儘管寡婦阿比蓋爾（Abigaile）小心翼翼地固定上教堂，西班牙聖理部還是盯上了她。在聖理部伸出爪子前，她就帶著四個小孩逃走了。

一七三四年，這個流浪家庭在相較之下風氣較為自由的波爾多定了下來，這裡有約三千名賽法迪猶太人以法國國王的「受宗教寬容」臣民身分居住著。好幾個世代以來，在太陽王的統治下，他們曾經得要假裝是新基督徒，盡量不被基督教會的嚴密審查找上麻煩。但自從路易十五批准了一份專利特許之後，不可免地自稱「葡萄牙民族」的人，就獲准能公開在猶太會堂裡做禮拜，也能將死者葬在自己民族的墓地裡，而不是只能占據方濟各會（Franciscan）用地的邊緣。[1]就跟在阿姆斯特丹一樣，賽法迪猶太人在自己的受洗名上面加上猶太名字，但並沒有取代掉前者。因此，這個商人家庭就變成了荷德里格・佩雷爾，而那兩個兒子也在二十幾歲時行了割禮。他們在波爾多加入的社群被後來的史學家歸類為「港口」猶太人（用來和「宮廷」猶太人區分，兩者英語又押韻）。[2]一如在利佛諾、的里雅斯特和倫敦一樣，他們的敏銳度掃向了海洋，而海洋為他們帶來了可在歐洲大發利市的商品：靛藍染料、稻米、砂糖，全部都由遭殘酷奴役的非洲人血汗所供應。也就是說，波爾多的賽法迪猶太人之中，有一些是靠著大西洋貿易賺錢：那些知名家族，好比格拉狄斯（Gradis）、費塔多、佩索托（Peixotto）。至於其他人就和倫敦賽法迪人一樣，則是從事股票經紀，有人賺、有人賠：他們猜測市價起伏，靠著支援他們的商業本票從事投機。但還有更多人一貧如洗，靠著酬勞低廉的公眾事業勉強維生。他們讓波爾多的葡萄酒合乎潔食教義，負責割除包皮、埋葬死人、透過《米示拿》的論點威嚇小孩子。如果不是社群裡的長者幫了一把忙，每年冬季恐怕都會有不少人撐不過去。在欠收的那幾年，濟貧資金的財產受託人亞伯拉罕・格拉狄斯（Abraham Gradis）幾乎得把救濟金發放給城內所有的猶太人。[3]

荷德里格．佩雷爾一家並不算是貧窮人家。他們曾設法把一筆可觀的錢跟著從西班牙帶出來，但他們的運氣並不到頂尖的好。在母親死後，雅各是願意來做生意扛下家計責任，但也得要能滿足自己求知若渴的心才行。他心中渴求的是科學：雖然最嚮往的是數學，但又大膽地想要上知天文、下知地理。佩雷爾就跟他之前眾多聰明的猶太年輕人一樣，一邊做生意，一邊獲得了醫學學位。但當他在倉庫數貨櫃或者痛斥病患的時候，他心裡有某個別的念頭，或者應該說，有另一個人正越來越占據了他原本專心的智力：他全聾的姊妹。

關於耳聾，已經有數量可觀的文獻，絕大部分來自西班牙和尼德蘭世界，因此對於一個年輕的馬拉諾來說是十分熟悉的。一六二〇年，胡安．巴布羅．波聶德（Juan Pablo Bonet）發行了第一本將一套手勢符號系統整理成典的書，書中每個手勢符號都代表一個字母，能讓聾人拼出整個詞句。人們認為他是從本篤會（Benedictine）僧侶巴布羅．本瑟．德．里昂（Pablo Ponce de León）替他自己的聾人學校學徒所創的世上第一套手語，來開發出一整套基礎手勢詞彙。有人提出可靠的說法，認為對口說言語有嚴格限制的修道院，是發明一套手勢語言的合理地點。

因為這種方法只能任憑聲音消失在聾啞人的語言中，所以住在荷蘭共和國的瑞士醫生約翰．康拉德．安曼（Johann Conrad Amann）才在十七世紀末出版了他的《說話的聾子》（*Surdus loquans*）。在英國，約翰．瓦立斯（John Wallis）曾經因為讓聾啞人亞歷山大．博珀姆（Alexander Popham）發展出語言能力，而聲名大噪。但讓佩雷爾注意到的，可能是一篇針對解剖及醫療文獻所發表、但更為不尋常的稿件。弗朗西斯庫斯．墨丘里爾斯．范．海爾蒙特（Franciscus Mercurius van Helmont）是佛萊明人，其出身地之文化仍保有強烈的馬拉諾元素；他是一個希伯來思想家，而且更值得注意的，他是一位卡巴拉主義者。《創造之書》讓范．海爾蒙特認識一種神祕幻想——世界是以某種來自希伯來字母的發音、基本到了形而上地步的方法所創造出來的。但范．海爾蒙特在一六六七年發行的《自然字母》（*Alphabet of Nature*）又向前了一大步。他從字面解讀《詩篇》第一百零三節「諸天藉耶和華的命而造，萬象藉他口中的氣而成」，認為希伯來語不只是上帝與亞當溝通的原始語言，上帝更專門為了希伯來語的溝通而設計了話語能力的解剖結構。因此，猶太人的語言就是基本的「自然」語言，因為這語言最初的表現——讓萬物的名稱得以形成——就喚來了自然萬物的存在（而不是像我們隨便想想的那樣，覺得因果應該要顛倒過來）。在一六九八年過世之前，范．海爾蒙特發行了關於《創世紀》的作品，主張上帝諸多名字之一的「以羅欣」（Elohim），如果能夠正確唸出的話，就真的會發響出神的特質：第一個字母「阿勒夫」（aleph），透過其形狀和聲音體現了永恆，依此類推下去。他相信，顎、小舌、舌頭、喉嚨和聲門，都是設計來發出希伯來語這種應該被認為是天生而普世的語言；不論從中發展出多少變異都應是如此。藉由舉證，范．海爾蒙特聲稱他曾經藉由指導病患如何正確發音希伯來字母、進而說出希伯來詞彙，而能使一個聾啞人在三週內開口說話。當然，這項奇蹟，只有使用猶太語言才能有效。

長大成人後回歸先祖信奉之猶太教的雅各．荷德里格．佩雷爾，自己就在學習希伯來文。當他發出他的「aleph-bet」（可說是猶太語的abc）時，儘管范．海爾蒙特的猜測看起來有多麼天馬行空，但（不論對猶太教或人類而言）「希伯來語是最基本的字母」以及「字母化為聲音的不可或缺性」，都令他無法擺脫。最嚴格的拉比觀點主張，因為聾子被他們自己的殘疾封鎖在閱讀律法之外，所以他們無法被視為真正的猶太人；有鑑於佩雷爾他姊妹的身體障礙，他可能會十分厭惡這個觀點。但儘管佩雷爾很看重波聶德發明的肢體溝通系統，他還是逐漸開始相信，任何只包含手勢符號、完全不打算誘使聾人打破沉默發聲的「聾人用語言」，都絕對不會是真正的解方。和僧侶不一樣的是，猶太人從來沒有發誓沉默過。他們的神聖義務是出聲。活著生為人，就代表著要聽到你夥伴的聲音。Shema Yisroel！聆聽啊，以色列人！大聲地讀出《妥拉》。自從先知以斯拉的日子以來人們都是如此。發出聲吧；發出快樂的聲音直通天主。說話說到你說不下去。不要理那沒用的shaaaah，那無意義的安靜噓聲。只有基督徒才會在他們的祈禱屋裡低頭閉嘴。我們呢，我們會反覆詠唱、會連珠般地說、會單音吟誦、會放聲大喊。先知他們自己為了全能的神爭吵起來，而即便我們不是先知，上帝也需要定期地聽到我們發聲。

從學習轉往教學的佩雷爾，決心要恢復聾人（包括他自己的姊妹）的人性，方法是讓我們有辦法聽見他們。他的第一項重大成功是一名十三歲的裁縫學徒阿隆・博馬林（Aaron Beaumarin），是一七四五年他在出差前往拉羅歇爾（La Rochelle）的時候認識的。一開始，佩雷爾用一個極快版的標記系統——他的「手語拼寫法」，方法是一隻手的手指快速地比成字母來拼出詞彙（據說他這招是從卡巴拉的「排列」〔Tzeruf〕學來的；在「排列」中，也會用手指動態來表達希伯來字母）。但在同一時間，佩雷爾堅持要把身體發音器官也從長眠中喚醒。事實上，他就是發明「聲帶」（cordes vocales）這解剖詞彙的第一人。可能是因為追隨范・海爾蒙特，以及閱讀「排列」的心得，讓佩雷爾使用希伯來語當作發聲器官的喚醒工具，但後來他慢慢地改成使用法語。由於那男孩是在使用法語時達到了飛快進展，促使佩雷爾搬往拉羅歇爾，好給予博馬林加強課程。隨著他的發音質量皆進步後，佩雷爾開始把指語的部分限制在最小用量，來鼓勵他發出聲音。經過了一百堂課程後，阿隆獲得了一千三百個能發音且能理解的詞彙量。接著他會和他的老師出席公開示範活動，並以慢但清楚的方式說出「夫人」、「ㄇ—ㄠˋ—子」、「你有什麼事？」。[4]

注目於這男孩與導師的人群中，有一個是阿齊・德埃塔維尼（Azy d'Etavigny），是「五大農場」（Cinques Grosses Fermes）——忙碌港口和海軍基地的稅務海關管理單位——的總管。他自己的十六歲獨子一出生就是聾啞人，而他把兒子拖去義大利、德國和法國各地看的醫生，都沒有辦法讓他打破沉默。這個男孩被送去諾曼第一個由耳聾老教士經營的機構，那裡唯一的語言就是手勢。一七四三年，他被轉送到奧格地區博蒙（Beaumont-en-Auge）的一間新學院，這間學院由奧爾良公爵成立，據說使用了更先進的方法，但毫無效果。佩雷爾會不會考慮收他為徒？看在三千法鎊（livre）的分上，他說他會。德埃塔維尼改變心意，把他帶回諾曼第，讓這小子在本篤會的修道院裡憔悴。這位父親和將來的老師安排了二度會面，而這次有了共識。佩雷爾搬到諾曼第，並在一七四六年夏天開始了他的指導課程。僅僅在幾天後，這位年輕人就能夠說「爸爸」、「媽媽」和許多此類字詞，也不是鸚鵡學舌，而是每個詞都明白了解自己在說什麼，令他父親震驚不已。這轉變太突然，讓這案例在當地聲名大噪。這男孩和猶太人在滿心狐疑的巴約主教（Bishop of Bayeux）以及一個醫師委員會面前現身。他在那裡背誦了整段句子，就好像是一個個都是分開的詞那樣大聲而確實地發出每個音節——「城，堡」、「船，隻」——但他全部都理解，也能夠讓聽者聽懂。當男孩被介紹給主教時，他大聲喊出「大人，向您問早」（MONSEIGNEUR, JE VOUS SOUHAITE LE BONJOUR）。懷疑這是按步驟演練出來的，男孩被詢問問題來測試他的理解力。主教，他是不是「壞人」呢？（狡詐的主教自己問道）「不！」那麼，年輕的德埃塔維尼啊，他是不是「壞人」呢？「不！」男孩回答，明顯看得出在憤怒傷心，此時他不再耳聾，更別說哪裡啞了。

佩雷爾的名聲快速在渴望新奇事物的法國散播開來。先是當地的卡昂美文學院（Academy of Belles-Lettres at Caen）檢驗了他的研究並宣告通過。接著在一七四九年，包括布豐伯爵在內、來自法國科學院的啟蒙運動要人也起了興趣，另外感興趣的還有科學院院長紹訥公爵，他自己的教子薩穆爾·德·豐特奈（Saboureux de Fontenay）就是一個先天的聾啞人。當公爵遇上佩雷爾——那時候佩雷爾已經在巴黎左岸的奧古斯汀碼頭街（Quai des Augustins）開業，兄弟姊妹也來幫忙——的時候，他認為他發現了一個創造奇蹟的猶太人，將上了鎖的聲音打開了的人。

因此就有了一七五〇年一月那次覲見國王的機會（與其說是覲「見」，英文的「audience」〔亦有「聽取」之意〕更是貼切許多）。早上，公爵帶佩雷爾和德埃塔維尼小弟一起出發。他們希望能獲得私下接待，但只能一直等候。幾分鐘的等待變成了幾小時。守時守信並不是這位君主的待人之禮。下午大約四點半左右，塞納河上的日光已映起一片粉紅，一大群戴著閃閃發光戒指、拄著手杖的人，這時聚集到了紹訥公爵和兩名隨行者等待的大廳裡；兩名隨行者樸素的一身黑，和那些滿身飾羽的聖靈騎士（Chevaliers de Saint-Esprit）形成強烈對比。路易國王此時駕到，隨行的還有龐巴度夫人和她那一整批死對頭，八名「女士」（mesdames，專指路易十五的女兒）中的七人。每個人都微笑了，特別是很享受這種繁文縟節的國王。在幾分鐘的形式問候之後，侍從和禮儀官在房間裡清出了一塊空間，然後，這次引介終於開始進行了。老師戳了戳他，男孩便盡了全力不讓自己嘴唇跟著身體一起顫抖，並開口說話。「陛下，我十分感激有這份榮幸能獲准向您發言。」國王點了點頭，再度微笑並轉身在房內各處走動。這是可以預期的事；但出乎預期的，是三不五時他就中斷了自己的巡視，回來找這個會說話的聾孩子，每次都問問這個、問問那個，並得到清楚的回應。最後，這個孩子為路易國王朗誦了主禱文，聽完後，國王望向佩雷爾並恭喜他：「太棒了；朕滿心佩服。」（C'est merveilleux; le roi est plein d'admiration.）這樣的恭維是真切的。國王零零星星地喜歡一些猶太人。如果沒有列夫曼・卡莫（Liefmann Calmer）這位可靠的家畜、草料和火藥供應商，他那批大軍要從哪裡來呢？在下一場結束後，他會讓卡莫入籍歸化，甚至在一七七四年對他成為子爵一事給予贊成！第一個，也是唯一一個猶太貴族。他很自然地覺得，佩雷爾也是貴族那一型的人。覲見過後的第二天，法王賞賜猶太人八百法鎊來繼續研究，後來這還變成了年度補助金。[5]

於是，獲得官方加持的雅各・荷德里格・佩雷爾成為了將聾啞人回歸人類夥伴的那個人。一七五〇年九月，紹訥公爵終於雇用佩雷爾來當他教子的導師。十五年後，曾於一七五一年一月（在他教父快樂地主持下）在科學院現身的薩穆爾・德・豐特奈，在《凡爾登報》（*Journal de Verdun*）發表了一篇頌揚的回憶錄（有一部分因素也是為了回應佩雷爾的對手「德・勒佩修道院院長」〔Abbé de l'Épée，本名夏洛勒・米歇爾・德・勒佩〕的批評；此人堅持手語優於發言）。薩穆爾・德・豐特奈寫道，在他十二歲被帶到佩雷爾那邊之前，字詞這種東西完全不在他的範圍內。這不只是說他無法聽或說；這更指的是他無法理解概念。佩雷爾改變了這一切，先是用「手語拼寫法」把他的手指變成筆，這不只包括字母和詞彙，更包括標點、抑揚頓挫；這都是語法和文法的標記。[6]在法國科學院正式測驗過佩雷爾和他的學生（現在還包括瑪莉・雷・拉〔Marie Le Rat〕和瑪莉・瑪華〔Marie Marois〕這兩個女孩）之後，也同樣對於他研究的完美有效給予了贊成觀點：「這就有如（聾人）靠著快樂的變貌從僅僅是動物的狀態轉化為人類。」[7]

現在不管是在聖傑爾曼（Saint-Germain）那喋喋不休的、愛說閒話的圈子，或者在那之外更廣大的學院科學圈，或法國省區的各俱樂部之間，雅各・荷德里格・佩雷爾現在都是人們固定會提到的人物。他是創造奇蹟的猶太人。迄今沒有猶太朋友的德尼．狄德羅（Denis Diderot），因為實在太震懾於佩雷羅的成果，而在一次薩穆爾．德．豐特奈的示範之後，就自己跑去寫了一本《聾人文字》（*Letter on the Deaf*）。尚—雅克．盧梭（Jean-Jacques Rousseau）、身兼數學家和探險家的夏爾．德．拉．孔達梅紐（Charles de la Condamine），還有布豐都成為了熱情的仰慕者。佩雷爾在其醫療能力之外，似乎還成了他們理想中的仁醫以及正人君子。近來，他在有明顯證據證明狀況有進展之前，都拒絕向聾人家庭收取任何費用。誰敢相信猶太人會做這種事？確實，他對於自己的方法非常保密，但那些方法明顯地對聾人非常慷慨，因為他的慷慨收費中，全部都保留了一個索價，就是給他們這位導師的強烈個人奉獻，並要成為他的支持者，來對抗外面眼紅的競爭。

因此，雅各．荷德里格．佩雷爾開始被人們拿來和摩西．孟德爾頌相提並論，不只是當成「有用猶太人」的典範，更是從殘疾男女中造就「有用公民夥伴」的創造者。因為所謂的公民身分，實在太仰賴聆聽、理解進而發聲。要成為這樣的公民，就得先有高過於「聾而被動」的素質，才不會只是任憑權威塑造成形。能聽、能說，就是能自由。樂於被如此尊重的佩雷爾，接著把注意力轉移到新的問題，也就是這成果對於他所入籍之祖國而言有何實用意義。沒有他不會解決的事：布干維爾（Bougainville）遇上的大溪地人語言；原本是給聾人使用、但後來在學校普遍使用的機械式計算機；如何在幾近風平浪靜的時候給帆船一些前進的動力；透過多種抽彩給獎的方式，來解決長年的政府赤字。他成為了「不可或缺的猶太人」：一七五九年成為英國皇家學會的會員；替國王和他繼任的孫子擔任譯者和口譯員。

在啟蒙運動者中，許多仰慕佩雷爾的人都假定，成為一個公認有天分的知名設計者，意味著他應該逐漸放棄了多數啟蒙法國人認定原始不理性的那個宗教。但事實上就偏偏不是這樣。相反的，佩雷爾企圖把他從非猶太人那邊獲得的公眾敬意，導引到某些可以幫助族人的地方。這種明顯高人一等的猶太人中，沒有人比佩雷爾更受非猶太人尊敬，所以，基於長久以來的「君王」（那希）傳統或者中世紀的「離散猶太人領袖」（resh galuta）傳統，佩雷爾便在皇家政府的見證下，正式被承認為賽法迪猶太人「一族」的「代理人」。毫無疑問的，那些相關的有力人士假定，在有財政和軍事危機時，佩雷爾有可能創造另一種奇蹟，快速地籌得必要的資金，來為國家的緊急需要效命，特別是在大西洋側造船廠的需求（而他到頭來也沒有完全讓他們失望）。佩雷爾複述著另一個波爾多人——孟德斯鳩倡導的那種老掉牙的樂觀虔信，也就是「一旦猶太人從行會的限制禁令束縛中解放出來，就沒有他們不能駕輕就熟的事情」，而在宮廷上強力主張讓他們的族人鬆綁——最後結果，是一場艱苦鬥爭。不管怎樣，一七七五年路易十六繼位時，他得以在一年後弄到一份專利特許，准許波爾多的「葡萄牙」猶太人可以前往王國內的任何地方並定居，而這可是一大改變。

但佩雷爾這一整套主張背後都有陰暗面，因為這只是為了他自己這族猶太人的利益所做，而且必要時，還會以損害說意第緒語、更為貧窮的法國東部阿什肯納茲猶太人，甚至傷及住在教廷飛地亞維儂的猶太人作為代價；這兩群人中有不少人搬到了波爾多，並仰賴當地猶太慈善事業而活，而令佩雷爾不悅。一七六〇年代，佩雷爾出於這種假想優越感而做了一次醜陋實踐，他真的向皇家監督官請願，為了社群長者的利益，要把亞維儂人從港口驅逐出去！

波爾多和阿杜爾河（River Dour）右岸的巴約訥（Bayonne）聖特斯普里區（Saint-Esprit，這裡的猶太人被限制在某種賽法迪猶太住區）都是港口鎮，而他們比鄰的圈子，則是那個賽法迪人離去、但其語言仍被人使用的圈子，儘管是以猶太化的版本——也就是拉迪諾語，這種充滿音樂性的語言——說出口。穿過法國前往最遠的邊界，會讓一個人來到東方的邊疆土地上，來到亞爾薩斯和洛林這兩個被路易十四征服並在和平協議中併吞掉的省分。隨著綿延山丘、葡萄酒、放牧的乳牛和工廠而來的是猶太人，他們待在那裡的時間遠比法國人還要長太多。到了十八世紀中期，他們已經有大約兩萬八千人，最多人聚集在梅斯（在王國內自成一省的「主教三城」之一）；其他人散布在亞爾薩斯省和洛林公爵領（一七三七年至一七六六年間，美其名地由路易十五的岳父斯坦尼斯瓦夫．萊什琴斯基〔Stanislas Leszczynski〕統治）內的八十個小鎮小村裡。法國西南部猶太人之間的差異是怎麼樣也產生不完的。雖然大部分的波爾多猶太人刮鬍子、戴假髮，但許多人（即便不是多數），包括某些最有錢的長者，就像阿什肯納茲人一樣，狂熱地虔信宗教。相反的，東邊的阿什肯納茲人就出了大人物。整個亞爾薩斯沒有人比瑟夫・貝爾（Cerf Berr）更令人敬畏；這位鋼鐵廠土地租借人住在史特拉斯堡（一三四九年在井水遭下毒的謠言恐慌高峰期間，有數千名猶太人在此遭到屠殺）一間展現宮廷猶太人氣派的豪宅，而這可是賞賜給那些國家認定為不可或缺者的特權。

亞爾薩斯省各小鎮裡的猶太人以馬匹交易（英語亦指「討價還價」，但作者強調此處是字面意涵）維生，也交易牲口和騾子，這又是另一個讓他們在後勤需求上舉足輕重的職業；也因此，當他們成為口頭或肢體攻擊的目標時，就會吸引官方的注意。更至關重要的是，他們之中有些人和梅斯及萊茵蘭（Rhineland）的阿什肯納茲猶太人有聯繫，讓他們能在收成短缺的年分進口穀物，而這情況似乎越來越頻繁。一如往常的，總有買賣舊衣服的、沿街叫賣的，還有必然會出現的當鋪和放債人大軍，各種大大小小麻煩事及悲慘遭遇的淵藪。對於當時猶太人以外的其他人來說，佩雷爾這種猶太人和梅斯那些猶太人的差別、甚至說他和瑟夫・貝爾這種人的差別，就是拉迪諾語和意第緒語的差異，即便瑟夫・貝爾屬於歷史悠久而富有的「意第緒德意志人」（Yiddish-Daytsh），跟中世紀德意志人根本相去無幾。但不知怎麼的，人們開始有了一種勢利眼的觀念，認為講猶太西班牙語的那些人，比東邊那些講話像在清喉嚨的傢伙更有可能講好法語。事實上，這兩種猶太人有很多一樣的困境和劣勢。除了絕大部分的交易活動和職業都被行會的禁令所封鎖外，這些猶太人還都得要付特殊稅。亞爾薩斯的猶太人每次想要出差去史特拉斯堡一天，他就得要付「人身稅」才能獲得這項權利，而很侮辱人的，就和把一頭豬運到城鎮所徵收的關稅一樣。呵呵呵，很好笑，對不對？（Ho-ho-ho, drôle, n'est-ce pas?）又一個徘徊在啟蒙時代的封建陋習。要結婚的時候，這兩組猶太人都一定要徵求國王的允許。這種有辱人格的要求是用來當作一種人口控制的手段。因為，在非猶太人的心裡，意第緒人像兔子一樣會生，如果允許他們不受控制地交配，很快就會把本土人口淹沒了。

不管賽法迪人怎麼看待，東部的阿什肯納茲人——特別是梅斯的這一群——相信自己就跟格拉狄斯一族或佩雷爾一族一樣，重禮節、有尊嚴，足以被視為有文明教養的一群人。而且以猶太教的角度來說更是如此。畢竟他們這一族研習《塔木德》的傳統，可以回溯到中世紀而未曾間斷，反而是那些伊比利亞半島的猶太人信仰已經失傳了好幾代，還得要重新受教才行。此外，在某些情況下，東部的阿什肯納茲人儘管被降格為「外人」，他們還是可以讓自己跟另一族一樣，徹徹底底地展現為法國人。在某些特殊的場合中，通常是有喜事的時候（遭人行刺的國王康復、法國皇太子誕生、皇室婚禮等），阿什肯納茲人不只會在他們的會堂儀式裡為皇室獻上特別禱詞，還會公開展現忠誠到所有對於忠誠的質疑全都噤聲的地步。瑟夫．貝爾為了娛樂大眾以及當地貴族，而在豪宅舉行盛宴和舞會，內容揮霍到讓非猶太人很難拒絕，雖然說第二天早上他們還是會對那些炫耀排場的猶太人發表一些沒禮貌的批評。但對於社群本身來說，這些盛宴是他們可以宣傳自己全心全意地身為徹底純正法國人的時刻。[8]

所以凱旋車就出來了，小心翼翼地按照羅馬原型複製，用皇家的藍白兩色花彩裝飾，並配上百合花飾。幾群猶太馬師在外頭跟著慢跑，坐騎——可不是那種老馬，而是馬房裡最俊俏的馬——穿著深紅和金色絲綢的馬服。在部隊中間高高坐在馬鞍上的是薩穆爾．利未（Samuel Levy），馬匹交易大師，沒有這個人的話，整個皇家陸軍團都只能在大炮後面慢慢走。召喚喇叭手和鼓手，還有那些刺耳的橫笛！讓這一番榮景遠播千里。在猶太會堂上灑滿百合花——法國王室的圖樣！攤開整面繡花罩毯；拿出用最精緻的石榴鈴尖頂飾裝飾的《妥拉》。舉起銀器，搖動那小小的鈴鐺。在那些凱旋門上掛出「國王萬歲，王后萬歲」的布條吧（因為路易國王和瑪麗王后萊什琴斯卡有兩度在大庭廣眾之下將恩澤施予梅斯的猶太人；他們還為了小皇太子打造了一個神奇的新裝置，一頭巨大的機械海豚，當它巡行街道，在鵝卵石路面顛顛簸簸時，會猛力地衝向一旁伴游的冒失小魚）。遊行隊伍就這麼沿著猶太街（rue des Juifs）走下去，而街上到了傍晚，就會有葡萄酒桶分派給人們來把酒杯裝得滿滿；隊伍接著走出居住區，進入了城鎮本身：在所有地方勢力和官方的地點停留。首先，會停在城堡前，然後獲得軍政首長的祝福；接著前往議會和法院院長站在一起，最後，而且最引人注目的，就是去主教的宮殿，一批事先選定、包括拉比在內的猶太人會和教會親王本人一起站在陽臺上。萬歲！現在誰還能說，猶太人不屬於梅斯？誰還會主張他們的忠誠總有一天有可能會分離？

顯然，有些人還是這麼說。因為一七二九年，就在王太子誕生的那一天，當隊伍回到猶太區，滿心期待明亮燈火、煙火和葡萄酒的時候，他們發現猶太街的大門關上了，把他們鎖在外面。慌張而憤怒的訊息火速傳給首長，然後他們就被放行了。但是慶賀的爆竹全都被弄濕了。這是有人在惡整嗎？還是一個用來戳破梅斯猶太人妄想的信號；用來提醒他們，到頭來他們還是關在柵欄的動物，要捉要放得看國王和好基督徒的恩典？或者，這是在指責他們張狂的表現？但就像猶太人常說的，無論如何，情況本來可能更糟的。據報，整條猶太街上有好幾個地方都發現了裝填好的火藥。一場無辜的煙火秀，還有觀賞的群眾，本來可能會被另一種爆炸所干擾。那會讓猶太人學會認分。

法國東部和西部的兩個社群，都盡其可能地想證明孟德斯鳩的論點正確無誤——移除了猶太人身上的阻礙後，他們看起來就會和其他人一樣。猶太教根本不該被詆毀成野蠻反社會的邪教崇拜，而是要被當成所有公民道德的源頭。但同樣真切的是，波爾多賽法迪猶太人之中的長者，包括佩雷爾在內，持續覺得自己在這些爭論中，被那些他們認為是「倒退」的態度以及阿什肯納茲的民風所暗中傷害。如今是啟蒙運動者一員的佩雷爾，對於伏爾泰惡意且強力地攻擊猶太教感到不安。那時候他的非猶太人朋友點出，伏爾泰攻擊《舊約聖經》以便貶低《新約聖經》（許多人現在仍聲稱是如此）。但好好讀過他爭辯內容的人都該看出來，他攻擊的既是猶太教，也是猶太人。猶太人就算運氣好到能再產出一個佩雷斯，伏爾泰仍然相信，以團體而論，猶太人就是被那些讓他們與基督徒分離、甚至和全人類分離的野蠻幻想書和怪異儀式所造就出來的，這是他們不可避免的事。除非他們全體同步拋棄猶太教，否則，他們最了不起也只能始終當個不幸的怪人，最糟的情況則是變成人人所不容的邪惡東西。

毫無疑問的，伏爾泰很討厭猶太人。雖然寬容的勝出已強烈反對他們數世紀之久的迫害，但他也同時大量吸收了經典的恐猶誹謗；這些誹謗經典最先是由文法學者阿皮翁（Apion）在亞歷山卓寫下，接著被塔西佗（Tacitus）、賽內加（Seneca）、尤文那（Juvenal）一幫人老調重彈：他們口中對全人類的敵意；他們綁架和殺嬰的傾向。伏爾泰顯然覺得其中某個古代仇猶太者的老生常談特別令他滿意，因為那戳穿了猶太人們自稱的《聖經・出埃及記》，也因此戳穿了整個猶太優越性的基礎神話——阿皮翁回收利用了埃及教士曼涅托（Manetho）所敘述的出埃及情況：以色列人被埃及人從尼羅河河谷驅逐出去是因為不潔，十之八九是某種部族內傳遞的痲瘋病，而不是某種由神所設計的掙脫束縛歷程。這讓伏爾泰得以譏諷，千古以來，最能區分猶太人的就三樣事：盲信、高利貸和痲瘋病。事實上，他們是會走動的疾病，被釋放到世界上。面對泰倫提烏斯（Terence）知名的那句諷刺詩「我是個人，人沒有什麼和我不同的」（Homo sum, humani nihil a me alienum puto），伏爾泰準備將猶太人當作例外。

這種論及他族人時的不理性，讓佩雷爾著實痛苦，促使他委託波爾多出生但住在阿姆斯特丹的以薩克・德・平托（Isaac de Pinto）針對伏爾泰的指責寫一份公開回應。在一七六二年發表這〈猶太人的致歉〉（Apologie des Juifs）之前，平托把原稿寄給了當時住在日內瓦公國費內市的伏爾泰。特別令摩西・孟德爾頌懊惱的是，這真的是一份致歉文，至少到了「平托促請伏爾泰，不要把阿什肯納茲人令人遺憾的社會民情和陳舊迷信，跟波爾多及巴黎那些受啟蒙賽法迪人的優越才能混為一談」的地步。來跟我們相遇，你就會看出我們就像任何其他人一樣，也確實就像你一樣，這是我們特別的請求。「我們不留鬍子，而我們的衣服和其他任何人都沒什麼不同！」兩種猶太人過著如此不一樣的生活，差異到被人們認為是兩個完全不同的「民族」。而這並不令人意外，因為他們傳承自完全不同的祖先。賽法迪人的世系要追溯到猶大一族古時候出走移民到西班牙那時。誰知道阿什肯納茲人從哪裡來的。如果他「這族」的人要和一個阿什肯納茲人結婚，那會被視為不幸之事，沒有比跟非猶太人結婚好到哪裡去。這兩個社群的成員都不准許自己跟對方被埋在同一個墓園，或者跟同一個屠夫買肉。

這種慘澹的、社群間的不公平策略造成了很多結果。如我們所見的，佩雷爾自己也無法免於此。在他（於一七八〇年）過世的三年前，他獲選為波爾多和巴約訥的猶太人註冊登記管理人，有權決定誰能去誰能留：是一個要做出社會公斷的不祥時刻。但平托（乃至於佩雷爾本人）確實也是真的想撐起這個更容於俗世而現代化（這可能不完全正確）的港市賽法迪人圈，作為一個「猶太人一旦給予機會之後（甚至連最不幸的東方阿什肯納茲人都）可以達到什麼」的模範。他們說，光看看阿姆斯特丹或倫敦就好。那裡的猶太人是商業帝國建設的領頭者；是財富的倍增者，不只是替自己、更是替他們各自的國家添財；現代性的預言者。猶太解放運動有一種普遍特性，就是把自己成為一名在充滿敵意的更廣大社群中尋求認同的先鋒菁英，而在自己人裡面去當落伍者的傳教士，當然不會讓這個策略變得更有效果。

不管怎樣，面對平托的論點，伏爾泰只回了最空泛的空話。他先是大力稱讚作者，對於居然隨便哪個猶太人都可以匯整出合理的論點而感到訝異，並對於自己羞辱了這個明顯產出了平托和佩雷爾的族群表達歉意。但如果平托想要被當成文明開化的人來看待，他就得遵循他的主張。「作一個哲學家」（Soyez philosophe），他回信寫道；大膽行動吧。離開精神的貧民區吧。或者，換句話說，去做佩雷爾沒做的事：拋下你那討厭到可笑的宗教吧。至於剩下的賽法迪人，伏爾泰對於他們租下了多少船，或者他們能不能引用普魯塔克（Plutarch）的句子，都不怎麼關心。他仍認為他們是卑鄙的人物；他們的商業敏銳頭腦更是卑鄙；這還是把他在倫敦和阿姆斯特丹被詐騙的第一手經驗委婉轉化後的用詞。在那些綁帶假髮之下，他們真的都是一個樣。其實伏爾泰寫「這些馬拉諾只要哪裡有錢賺就去哪裡……即便如此，在所有有史以來玷汙過地表的人之中，他們（全體猶太人）還是最糟的惡棍」，就是寫給平托、佩雷爾和格拉狄斯家族這樣的賽法迪人看。隨著伏爾泰年事漸長，面對猶太人的話題就更為錯亂，深信這些人在自己身上包裹了太厚的文化野蠻性，因而沒有資格被分類為人。一七七一年，在他寫的一封由邁密烏斯（Memmius）給西塞羅（Cicero）的信中，他讓一個「敘利亞人」替他發言主張：「他們是所有人中最傲慢無禮的，被所有的鄰居所嫌惡，總是搶劫他人或被他人所搶，不是土匪就是奴隸，不是謀殺人就是被謀殺。」「每個民族都有人犯罪，」他開始正常發揮地補充道：「只有猶太人會拿這來吹噓。」這問題並非起於社會結構，而是生物上的問題。「他們每個人一生下來心裡就都有洶湧的狂熱，就像布列塔尼人跟日耳曼人一生下來就有金頭髮一樣。如果這些人有天對全人類造成致命危機，我一點也不會訝異。」[9]「在不得體的捏造事實上，在惡劣的行徑和野蠻未開化等方面，」他憤怒地大罵：「你們超越了所有民族。你們活該要被處罰，因為這就是你們的命。」在接下來幾個世紀裡，渴望接下伏爾泰這挑戰的人將絡繹不絕，其中包括許多品格高尚者。

II 你是來自民族的嗎？[10]

算了。來點出乎意料的東西吧：裝飾用的猶太人，整屋子的裝飾用猶太人，像醒目地畫在「猶太人遊戲的新組合」（Nouvelle Combinaison du Jeu du Juif）的圖片上：這是始終受歡迎的「猶太人遊戲」（Game of the Jew）的一七八三年全新版本。[11]在這圖版遊戲最早於奧格斯堡生產的舊版本裡，他們就沒那麼討喜了；裡面的「永遠的猶太人」（Eternal Jew）呈現出來的模樣，常常是整個人全神貫注在金錢中，露出那種擲骰子扔出一個通殺而喜不自勝的表情。但這是啟蒙時代，所以遊戲得要改變面貌，而中間那格——也就是所有玩家開始遊戲的起點格上的猶太人，就會改穿上各種討喜的衣服，從過時的毛皮裝飾波蘭軟帽，到寬邊扁帽，甚至街上每個人戴的三角帽（到這地步就姑且假定那還是猶太人吧）。他們的長外套有著不同的顏色，而其中有些猶太人看起來肯定非常討人喜歡：健談、合群、好聊天。也沒有猶太人在數他們搶來的東西。不，這裡他們（當然是）在玩「猶太遊戲」，而且看起來欣然地要討價還價，所以，當然就沒什麼冒犯意味。別去管說當你扔出兩個六的時候，遊戲說明會告訴你，你會「待在猶太人的雙手中」，然後你就會困坐在他的懷抱裡，直到你扔出讓你重新上路的放行點數組。

這個遊戲比起早先版本還有一個進步，現在每一個格裡的裝飾圖案不是猶太人的糟糕習俗，而是一些根本和猶太人無關的消遣活動（除了一種普遍當真的說法：畫著有錢猶太人養基督徒情婦）。現在，整個版面上呈現了遊戲和消遣，大部分內容都很粗俗，畫風也保證很粗俗。走到「蹺蹺板」那格，上頭玩蹺蹺板的低胸女孩把自己甩到了獻殷勤者的懷抱裡，然後你就被扣掉一個代幣。六號呢？捉迷藏（扣掉四個代幣），圖中那些要被抓的人在矮樹叢裡面緊緊抱在一起，讓抓人的找不到。扔出七的話，你就會停在「盪鞦韆」，贏得一個代幣，圖中有一個飛高高的美人，被一個下賤的、拋媚眼的辮子中國佬投以讚賞。猶太人同樣成為了畫中的人物點綴，滑稽歌舞中的龍套，像印度人或大溪地人或愛斯基摩人那樣的壁紙和布料印花，敵意逐漸排解消散，變成只是會以長筒望遠鏡檢視的民族圖像奇觀。然而，他們到底提供哪一種消遣，從「猶太人遊戲」的遊戲版面圖像上就可以看得很清楚；圖中那些跑來玩遊戲的猶太人，頭頂上懸著的布條寫著這段韻文：

一個漂亮猶太女
勾引到來是多麼的甜美
為了溫柔熱情啊
人會多麼樂意地改信。[12]

但是，到了革命前夕，事實就證明了更嚴重的芥蒂從未泯滅。一七八六年一齣不一樣的諷刺劇開始四處巡迴：《一位公民針對梅斯猶太人的吶喊》（*Le Cri d'Un Citoyen Contre les Juifs de Metz*）。作者化名「富瓦薩克—拉圖爾」（Foissac-Latour），但十之八九就是尚—巴提斯特．烏貝爾．杜巴耶（Jean-Baptiste Aubert-Dubayet），一名駐防城市的騎兵隊軍官。他這部既道貌岸然又栩栩如生的惡毒小作品，描述駐紮城市裡成群的無辜年輕士兵遭到猶太暴民襲擊，這些猶太人渴望把錢借給他們，來支付他們時髦生活所需。除了一個騎兵中尉倖免外，其他人都被拐進了高利貸的蜘蛛網，向一整片奢侈放蕩棄械投降，並成為了無情猶太人的獵物。因此，駐紮在那國土邊界的法國男子氣概之花，就會為了骯髒利益而被榨乾，而整個王國的捍衛者也就這樣被奪走了。[13]但那時候猶太人哪管什麼法國與法軍的榮譽？誰都知道，他們效忠的就只會是他們自己而已。

《吶喊》的類型屬於「感性」（sensibilité）：無辜者被惡劣自私者所誘惑的虛構故事。一七八〇年代，這種感性到處都是：在舞臺上，或在兩年一度沙龍的感性派繪畫上，而在盧梭令人落淚的《懺悔錄》（*Confessions*）於一七八二年出版後，這也成為了政治修辭學的腳本，一場唯利是圖的狡詐與田園的樸素所進行的戰鬥。在這種社會虛構故事中，猶太人不是唯一被冠上反派角色的社會類型；但在東法國，他們成為了妖魔化行動的選定目標。一七七八年，伏爾泰死去的那年，上亞爾薩斯就爆發了暴力騷亂。一個駭人的消息散布在省內的猶太人之間，說人們正計畫在九月三十日贖罪日傍晚，當所有人手無寸鐵地在猶太會堂集結進行開場儀式「所有誓言」的時候，對他們發動一場大屠殺。多虧政府即時採取喝止手段，這件事並未發生，但社會戰爭讓傷口無法癒合。多年來，欠猶太金主錢的農民主張他們不斷遭到煩擾，即便早就付清了債（金主根本就沒比他們的欠債戶好到哪裡去，但他們仍然是當地人購買種子、牲口等貨品時，唯一可以貸款的對象）。人們揮舞著借款收據，證明農人被無情的、說謊的猶太人所緊追。只是說，當一位皇家派來的調查者前來檢驗發現的紀錄時，卻發現這些借款收據——共兩千張——都是偽造的。其實是有一個偽造借款收據的小產業，共謀的偽造者有三十幾人（其中包括兩個猶太人！），三名犯罪分子因此罪遭判處絞刑，十五個人終身待在罪犯船，另外十個接受漫長刑期，其他的則送進監獄。

而亞爾薩斯的律師法蘭索瓦·赫爾就是在這時候，於一七七九年出版了他的《一個亞爾薩斯人對當前亞爾薩斯猶太人事件之觀察》（*Observations d'un Alsacien sur l'Affaire présent des Juifs d'Alsace*）。[14]赫爾自己家裡就被搜出一批假收據，因此真相更有可能是，他在這個犯罪圈的策劃中參了一腳，目的是開展自己的猶太制裁者事業。赫爾以「攻擊就是最好的防守」為原則來行動，承認技術上來說偽造確實是犯罪，但沒有什麼比關注猶太人放高利貸之惡更至關重要。在法國，不可讓瑣碎的事實打亂衷心熱誠的恐猶心態，已經是根深柢固的傳統。那個世紀初，赫歇爾・利未（Hirschel Levy）即便有壓倒性證據證明他完全沒涉及一樁搶案，他仍然在科爾馬（Colmar）遭到處決；為了這個訴訟案件，他的遺孀和家人花了二十年想證明他清白，但仍徒勞無功。

就跟「富瓦薩克—拉圖爾」一樣，赫爾很清楚如何拉動浪漫世代的心弦，同時指控猶太人有敵意地追獵易受害的對象。他感性的敘事中，描述了猶太人誘使正直的家庭負債累累而毀滅：那些指關節扳得作響的傢伙對上苦工之子；母親們被迫行乞，嬰兒死在小床上。猶太人現在正在殺人吸血，不是像中世紀誘拐兒童的傳說那樣真的去殺人吸血，而是間接地透過經濟吸血手段。這種概念的更新，並不代表法蘭索瓦・赫爾放棄了古代的那種相互指責，這種互相指責在當代的恐猶之中還能找到一席之地。赫爾重彈了基督教的老調，說猶太人因為殺了救世主而遭天譴，只能永世流浪，做盡不可寬恕的罪行；血確實沾在了他們和他們子孫的身上。十八世紀或許是人口流動加速的年代，但那之中的流動有好有壞。猶太人的流浪屬於壞的那一類，因為他們除了自己的部族團體以外，從不把哪個地方稱作真正的家；自己部族是他們唯一效忠的對象。一七六九年，夏爾—路易・李謝修道院長（Abbé Charles-Louis Richer）就提醒他的讀者：「猶太人是所有基督徒天生而不共戴天的仇敵。把他們當成該處死的褻瀆者和偶像崇拜者，是基督徒信仰裡的原則，而且面對他們，要盡其可能地造成他們的傷害。」[15]因此，猶太人沒有辦法對居住地周遭的人們施以善意。不管他們去哪裡，他們都構成了「一個民族內的民族」。赫爾自己會成為「真正民族」的民眾領袖之一，因為在他因偽造案一事遭到短暫放逐（和他在多菲內〔Dauphiné〕的姻親們一起流放）之後，他在一七八二年就回到了亞爾薩斯，成為被壓迫者的捍衛者。一七八七年，他參與了企圖改革的「顯貴會議」（Assembly of the Notables），並被選進了日後成為國民議會（National Assembly）的「三級會議」（Estates General）。

這完全是個壞預兆。在「民族到底確切是什麼」和「民族可能要怎麼重構」的問題上，法國的命運準備要轉向了。第一個例子是，這個新「民族」要以政治和法律的手段打造出來。法國將會使用任何所需的強制力量，來打造出一個統一的、同質的民族國家，擺脫多重團體、多重法律秩序和多重管轄範圍所造成的陳舊不統一。所以，如果猶太人還要頑固堅守他們傳統的社群自治權，就一定會妨礙他們融入這個新聯合起來的「國家」（patrie）。語言是塑造一個新法國的另一個關鍵要素。一七八九年時，絕大多數住在「六邊型」❶裡的普通人不說法語，而說布列塔尼語、普羅旺斯的奧克語（Langue d'Oc），或者各自說著從法蘭德斯到庇里牛斯山的無數種當地方言。那麼，就這方面來看，東邊說意第緒語的人也不例外，但他們的語言和外觀上那種難以抹滅的異樣感，讓那些猶太人成了測試案例，一邊測試這個革命民族所承諾的同質性，也考驗它碰上自己判定為無前途人種的那群人時，還有沒有「革新再造」的能力。

這個問題幾年前就已經提出了，在一七七四年，當時有一個年輕的梅斯律師皮耶—路易・拉可特（Pierre-Louis Lacretelle，日後他會繼續成為革命法國的國民立法議會〔Legislative Assembly〕的一名委員），從希望在洛林開店的猶太人那邊，收下了一篇簡短聲明。他們堅稱，一七六七年的一份皇家敕令鼓勵「外國人」成立有利可圖的事業，凌駕於行會施行於任何零售和批發事業的古老禁令之上。猶太人依此行事並展開貿易。當地警察強烈打壓他們，但他們拒絕停步。他們找上拉可特，並請他代表他們在南錫議會（Parlement of Nancy）發言。接受懇求之後，拉可特就聞到了公眾關注的機會。那一類案例對於前仆後繼想要成名的年輕律師們來說，可說是天上掉下來的良機，是政治雄辯的訓練溫床。他主張，這些猶太人絕對必定是「法國人」，因為他們的事業長久以來都立基在王國內。因此，為了鼓勵「奮發與才能」而訂立的法律，範圍也涵蓋了他們。猶太人在勤奮精神、智能和「資源豐富性」方面的名聲沒有爭議；但拉可特也敏銳地察覺到，他要繼續推進這個論點，就一定會遇上充滿疑心的敵意。就和眾多自命為猶太之友的其他人一樣，他承認，他們似乎不管賺了多少錢，還是對錢上了癮，但這應該要被理解為歷史壓迫下不可避免的結果。其解方是移除所有有關他們居住的限制，並著手制定一個逆專區化措施。猶太人應該要散布到法國各城鎮和農業省分，不應該繼續遭限制居住。一旦他們和法國的「榮耀」有所接觸，他們自己就會變得值得尊敬。但能變成真的法國人嗎？是可以到一定程度的，法官先生。「如果我們無法待他們為同國人，」拉可特聲稱：「那麼我們至少待他們為人吧。」毫不猶豫駁回猶太人案子的最高法院法官，對於猶太人自己的辯護律師所表達的明顯保留態度，可說了然於胸。另一方面，拉可特則是在知名的刊物《知名案件》（*Causes Célèbres*）上發表了他的答辯。他成了一號人物。要搏版面的話，猶太人總是很可靠。

十年後，梅斯皇家藝術與科學學院（Royal Academy of Arts and Sciences in Metz）舉辦的、做什麼可讓猶太人「更有用且更快樂」競賽的參賽者，產出了他們的「猶太人與公民身分相容挑戰清單」。其中最嚴厲的幾條，喋喋不休地批評猶太人無可救藥的不誠實和放高利貸；而其中比較友善的建議——克勞德—安托萬・蒂埃里（Claude-Antoine Thiéry）律師和亨利・格來瓜爾（Henri Grégoire）教士的貢獻——即便描述猶太人為卑劣人渣，但也假設他們「重生」之後一切就會改變，如果強迫他們就讀非猶太學校的話，效果就更好了。但也有些人相信猶太教裡有一些固有價值——當然，並不是《舊約聖經》裡的「純」猶太教，而是取代它的《塔木德》版本——確保了猶太人會永遠是外國人。許多最殘酷的加害者小心地不要批評到卡拉派，因為只有他們是只遵守《妥拉》律法、拒絕接受拉比權威的猶太人。這是一張安全牌，因為法國境內根本看不到卡拉派。指控《塔木德》篡奪正統地位，是一種老調重彈，可以追溯到中世紀的爭辯，是對經書本身一無所知的結果，或者是那些身為希伯來文讀者、熟悉拉比正典，卻做出偏差選擇所造成的結果。猶太人對於「拉比猶太教鼓勵反社會反倫理行為（還不提對基督徒的仇恨）」這種指控的回應——特別是由皇家圖書館希伯來文專家以色列・博納德・瓦拉布雷格（Israel Bernard Valabrègue）寫的生動案例——很有耐心地企圖去除啟蒙運動者的錯誤想法。寫得有如「一位大人」（Un Milord）的瓦拉布雷格指出，《塔木德》根本不是鼓勵不正當的行徑和放高利貸，因為闡明生意中的倫理準則早就超出了它的範圍，尤其當任何合約的當事人有非猶太人時更是如此。他更費

❶ 譯注：指法國領土。

盡心力讓讀者了解到，因為猶太教假設來世有一個地方讓非猶太人贊同「挪亞」律法、十誡的核心，所以猶太教其實比堅信「只有透過基督才能通往救贖」的基督教更有包容力。面對那些希望讓猶太人「有道德」的人，瓦拉布雷格堅持，任何正直而清晰的猶太人都知道，那已經是那些啟蒙運動者想要打造的道德完美宗教社會。猶太家庭，不管多麼貧窮，都是正直的，且貞潔而忠誠，仁愛而節制。一個正直的公民做到這樣還不夠嗎？

因為法國人對於自己的新國家會是哪一種社會形態，本來就有著嚴重的分歧，所以猶太人能否以公民身分毫無困難地融入這新生的政治民族，就變成了更複雜的問題。少數推動現代化的人把信念寄託在貿易和商業上，因此並不會排斥以薩克・德・平托那套猶太人顏色無常的不幸比擬：到哪裡就換上什麼顏色。融入背景有助於交易運貨，商業就是需要變色龍。另一方面，他們還在這上頭東跳過來、西跳過去。所以或許他們是什麼就自稱對什麼忠誠的行徑，就只是機會主義者而已。就這觀點來看，猶太人據說比摩西律法更嚴守的獲利鐵律，就總是會取代他們對家園的依戀。他們真正的家園就是彼此。

對於更龐大而有影響力的經濟寫作者團體來說，商業上的身分變化多端並沒有讓猶太人更有成為法國人的優勢。因為他們主張，真正的經濟價值絕對是蘊藏在土地裡，而不論是法國西部或東部的猶太人，沒有一個是以耕耘維生的。所以，重農主義者中那些即便支持農業卻也要推廣猶太人事業的人就主張，猶太人與土地的斷絕關係僅僅是啟自於聖殿毀滅之後。在那之前，猶地亞也是有過農人的，更別說軍人和工匠，都是值得尊敬的職業。迫使他們轉投放貸事業的因素，就只是流放和基督教壓迫而已。他們所認識的猶太人——在衣索比亞、波斯、印度和巴勒斯坦——也有人在當陶匠、皮革工、紡織工和金匠；此外也有人告訴他們，在波蘭和立陶宛，猶太人還從事農牧業。一個世紀後，「復興失落的猶太田園生活」真的會成為某種法式妄想，同時出現在巴勒斯坦和世界上其他地方，而且有一天還會真的實現。但在一七八〇年代，要把他們當成正在投資精密施肥及播種機的著重改良派農民，需要很強的想像力。當那些身上錢足夠、並吸引到正派人物的猶太人想要買土地時，他們就遭遇到了堅決反對的強烈聲浪。一七六七年，由國王准許歸化法國籍的軍火承包商列夫曼・卡莫（猶太名為摩西・艾利澤・李普曼・本・卡洛尼姆斯〔Moses Eliezer Lipmann ben Kalonymus〕），企圖透過一個白手套，花一百五十萬法鎊買一個諾曼男爵爵位；但當真正的買家揭露時，那層障礙就立起來了。對當地教會來說，猶太人有權利把司鐸職任命給財產地位相符的人，是難以容忍的事。儘管如此，列夫曼・卡莫還是成為了亞眠子爵（Viscount of Amiens）暨皮基尼男爵（Baron of Picquigny），但後來他的繼承人不巧遇上那場解放猶太教友們的大革命，反而被剝奪了頭銜。這位猶太子爵於一七八四年過世，他的三個兒子並沒能繼承他的財產地位，其中兩個反而在斷頭臺下喪命。[16]

所以，一七八七年成功解放新教徒之後，當更偏自由派的大人物們選定猶太人作為下一個偉大計畫——「公民地位教化」的目標時，他們通常都十分懷疑，聲稱做這種嘗試可能是蠢事。一七八八年為此成立了委員會，由偉大的法理學家兼自由派啟蒙主義者拉摩瓦尼雍・德・馬勒澤布（Lamoignon de Malesherbes）所主持，並向來自波爾多的代表——亞伯拉罕・費塔多（Abraham Furtado）和薩洛門・羅貝茲—杜貝克（Salomon Lopes-Dubec）——諮詢要完成哪些事；但明明是啟蒙運動靈魂人物的馬勒澤布，本身卻又是另一個假定猶太人分離性已無可救藥的賢達人士（「他們成了一股獨立於世上其他人之外的勢力，而且恐怕很危險」）。那麼，他這委員會經歷了審慎思考、最後卻得不出什麼結果，也就不意外了。

但在一七八八年至一七八九年的冬天，那場自一六一四年以來首度舉辦的三級議會選舉中，什麼事情似乎都有機會；甚至連長期遭到壓迫賤斥的人變成投票人，都是可以想像的事情。猶太人之友相信，歷史性的一刻即將到來。亨利・格來瓜爾，是在梅斯論說文比賽因表現傑出而被評審特別挑出來的三人之一，在一七八九年二月寫了封信給瑟夫・貝爾，興奮地向他說，不要猶豫不決。「難道你不應該和你們族人商量商量，好讓你們的民族可以主張擁有公民權利和福利嗎？」[17]這並非完全是白日夢。在波爾多，有產的猶太人獲准投票給選舉人，選舉人便會繼續選出該城第三等級（Third Estate）的代表。大衛・格拉狄斯（David Gradis）自己就獲選成為了這樣的一個選舉人。在東邊，希望和緊張在人們心中交戰著，因為他們擔心，加入民族的代價有可能是失去社群自治。兩邊的猶太人都希望能特意選出基督徒代表，來替他們的利益及顧慮代言。

然而，「cahiers des doléances」——每個村莊、城鎮和行政區所草擬的怨言陳述——所描述的法國東部情況卻和這不一樣；在那裡，目標不是要解放猶太人，而是要從猶太人中解放出來。有些人想要興建可封閉的猶太隔離區；其他人想要放逐；幾乎所有人都要求限制婚姻和人口數。這也是法國大革命的成果。到了一七八九年二月，這些怨言就和往常的情況一樣，對猶太社群的實際攻擊皆留下了紀錄。這只會讓猶太人自我防衛的需求更為迫切，不論言語還是肢體攻擊皆是如此。一七八九年四月，瑟夫．貝爾寫信給雅克．內克爾（Jacques Necker），也就是提議用三級議會來讓國家信用合法化的法國財政總監，信中表示他的族人應該要有一些發聲權利：「正義、人道和國家利益都對猶太人有所影響。他們可以在沒聆訊的情況下就遭到譴責嗎？」[18]

當興奮的期盼遇上了偏執的焦慮，結果就是大恐慌（la Grande Peur）。造成興奮的，是選出來的三級議會所召開的會議，以及接下來合併成國民議會；會中，拋下了各自聖職的教士和貴族，與三級議會的代表們一同構成了全新的、有獨立主權的立法機構。但從一七八九年晚春到初夏的這段時間，整個法國瀰漫著謠言，說宮廷裡蘊釀著武裝反革命，並由瑪麗．安東尼（Marie Antoinette）王后和國王的弟弟們所帶頭。在巴黎，這謠言造成的結果，是七月十四日那天一場以巴士底監獄淪陷收尾的武裝集結。然而，在外面的鄉村地帶，謠言變成了陰謀論，說堅決拒絕終結領主制的貴族們，動員了所有的「土匪軍」屠殺善良愛國者。儘管許多人聲稱有看到這種土匪軍團，但那完全是大眾想像的幻影。然而，人們認為這些幽靈是和其他為數眾多的反動代理人一同利用夜晚行軍；不用說，那之中想必會有猶太人，至少在法國東部一定有。當他們要燒毀莊園的各種清冊時，武裝分子也把欠猶太人的債務紀錄丟進了火裡。從放火燒毀城堡開始，這種汙名烙印就被帶往猶太人聚居的南郡（Sundgau）和洛林等地。房屋和猶太會堂遭到洗劫。這場恐慌實在擴散得太廣，以至於有大約一千名居住在受影響地帶的猶太人逃出國界，來到了巴塞爾。[19]

在這整場從波爾多、巴約訥和亞維儂遍及到南錫、比斯桑（Bischheim）和梅斯的騷動中，猶太社群的領袖們拚了老命地想證明他們是愛國好人、效忠於國家。許多人志願加入了公民民兵，在巴黎和一個接一個的城鎮鄉村裡，都成為了新政體的武裝捍衛者兼推行者。但由於猶太人的地位仍未定，也由於「民族內的民族」這種疑心實在太根深柢固，對於那些說著不同語言的猶太人疑心更重，因此，儘管不到絕大多數，但還是有許多國民兵的隊伍對於接受猶太人入伍一事表現出退縮的心態。就算那兩個分別與猶太社群比鄰相接的外國——西班牙和普魯士統治的萊茵蘭——都認為革命政體推翻波旁君主政體不合法，而一致火速聲稱自己是革命政體之敵，也無助於法國猶太社群的處境。這種時候，除了邊界村莊裡那些在前線兩端都有親戚家族的猶太人之外，還有誰會是裡應外合間諜的最佳人選呢？就算把那些公開聲稱死命效忠國家的猶太人武裝起來，也是愚蠢至極的行為。即便如此，還是有一些直轄市裡的猶太人獲准參加國民兵，他們也報以熱血。阿倫・沃爾姆斯拉比（Rabbi Aaron Worms）甚至堅決到剃光了鬍子讓自己可以參軍，並為了符合這股新精神，而把自己的兒子亞伯拉罕帶出了猶太學校，並讓他去猶太解放者們一直催促他們去的「有用交易」那邊當學徒。那些被禁止的人，則是捐獻「愛國捐」（dons patriotiques）來抵償他們被排除在國民兵之外的情況；如果法國要打革命戰爭、抵抗內外敵人，就迫切需要這筆捐獻。猶太人身上的銀製鞋釦一馬車、一馬車地送到了地方財庫，他們也因為愛國熱誠而受到表揚。

被滔滔不絕的雄辯浪潮帶動的國民議會代表，競相表達自己有多麼熱愛這國家新生的團結。（有一些）天主教的教士裝模作樣地擁抱了新教徒；冷眼旁觀的革命前貴族孤芳自賞地讚美自身領主權的終結。如果您樂意的話，就稱我為平民吧！隨著八月一天天過去，國民議會接著開始辯論那一份最能夠為這一切定調的文件；不只是定調了新法國，也定調了整個新時代，同時也定調了人性的重生；那些繼承而來的、無憑無據的傳統所形成的束縛，被人民意志的槌子斷開。《人權和公民權宣言》（*Declaration of the Rights of Man and Citizen*）即將誕生。伯尼費斯・路易・安德烈・德・卡斯泰朗（Boniface Louis André de Castellane，當時的一位前貴族）曾明言：「沒有人應該要為了他的宗教觀點而被侵擾。」說得太棒了。所以，不要再有作賤他人的差別稅制，不要再有職業限令，或許也不要再有拒絕他們的城市？然而，不管是在巴約訥和佩雷奧拉德（Peyrehorade），亞維儂和聖讓德呂茲（Saint-Jean-de-Luz），卡龐特拉（Carpentras）和卡瓦永（Cavaillon）、薩爾路易（Sarrelouis）、比斯桑、沃爾夫斯海姆（Wolfsheim），南錫和梅斯，不同類別、不同語言、不同衣裝和〈永遠的主〉唱法不同的猶太人都在懷疑著，成為公民到底是意味著什麼。那個世界會有多新穎，而他們在那裡頭還能繼續當猶太人嗎？

代表們被送到凡爾賽宮，國民議會正在那裡進行中。八月二十六日辯論的最後一天，五百名巴黎猶太人——其中有些人是議會成員深知的人物——所派出的代表，直截了當且明明白白地說明了他們的期盼與希望：「我們要求和所有法國人服從一樣的法律；一樣的警察；一樣的法庭；因此，為了公眾福祉及我們自身福利，始終服從於共同利益的我們，在此放棄過去一直擁有的、選擇自己領袖的權利。」[20] 那是充滿樂觀與勇氣的屏息一刻。巴黎的猶太人宣告，他們準備為了依舊茫茫然的公民新世界，拋下長久以來始終帶給他們保護與限制的自治體制。從今以後，他們就不再有那間一直裁定著死者兄弟該不該娶遺孀、仲裁著無止盡遺囑嫁妝爭論的猶太法庭；也沒有人來收社群稅；也沒有對不聽話者發落處罰的懲戒委員會；也沒有人監督男孩子都必須鑽研《摩西五經》（*chumash*）和《革瑪拉》（*Gemara*）。這一切的慣例，如今是不是要為了那個不管在教育、法律和誰欠誰錢等面向都有自己的一套、但尚未成型的「公民國家社群」而拋下？巴黎人和波爾多人要回答「是」比較輕鬆，因為過去幾個世代以來，賽法迪人的民事爭端就已經是在皇家法庭而不是拉比法庭尋求判決，尤其當猶太法庭的判決對他們不利時更是如此。洛林的猶太人也是如此行事，只是說沒那麼普遍，在亞爾薩斯又更少了一些。但對於阿什肯納茲猶太人來說，快樂的期待上卻蓋上了一層憂慮。現在他們想住哪兒就可以住哪兒是吧？很好啊，但除了自己人旁邊，他們還會想住哪兒？你們需要戒律規定的十名男性，不是嗎？你們需要墓地、割禮者、儀式屠宰者吧？你們還是需要彼此。國家真的會照顧那個被獨自丟在舊時代與病痛中的莎拉大媽嗎？非猶太人的教職員會不會灌輸小孩子「別尊重猶太教的想法」，來從中造出（上帝不容啊）一些小小史賓諾沙呢？但事情進展得太快，正義和自由存在的片刻恐怕稍縱即逝。必須得要發表某種明確的聲明，免得革命直接輾過他們。巴黎的阿什肯納茲猶太人決定先假設自己被包含在聲明之中。「我們從今以後確信，在這個帝國，在我們的國家中，人的資格給了我們公民的資格，而公民的資格把我們的權利給了我們，以及所有其他構成社會的成員。」同樣的，來自南錫的一位菸草商人貝爾・以薩克・貝爾（Berr Isaac Berr）清楚理解到，宣言讓所有活在法國的人「自由而平等，遠遠勝過任何在筆記中表達的東西」，且因此「出於普遍的要求，我們決定謀取公民的資格和權利」。對大衛・康采姆拉比（Rabbi David Sintzheim，瑟夫・貝爾的妹夫）來說，自由代表遷徙到史特拉斯堡的自由，或者是讓他的親戚當零售商的自由，但這也代表了可以自由選擇要不要延續拉比法庭、社區幹事，為學校、墓地和貧病收容處募集修繕費。當他在《人權宣言》公布五天後這麼說的時候，甚至連他在亞爾薩斯的自己人裡頭都引起了不安的騷動。或許，這不是提出特殊請求的時機。呂內維爾（Lunéville）和薩爾格米納（Sarreguemines）的猶太人領袖和拉比的觀點分道揚鑣，並和比較勇於拋開舊制的巴黎人民站在同一邊。賽法迪猶太人領袖嚇到了，憂心阿什肯納茲猶太人的保守主義會連累到他們自己冀望的平等公民權。猶太人並沒有手挽著手並肩邁向光明自由；一如往常的，他們推擠著彼此，互相叫喊，用忿忿不平的異議指頭猛戳對方。

國民議會裡自封為猶太恩人的人們，從容地壓過了爭論吵雜聲。對他們來說，這是一個原則問題，而不是人民的問題。先不論猶太人對這問題的複雜感受，他們的公民資格有無，就嚴峻考驗了革命的民主包容性；考驗它對古老、惡性的宗教差別待遇有多不在乎。革命本身一再告訴自己，自己是一場再生的練習，是把身上這層繼承而來的傳統習俗皮囊蛻下來的一次行動。從今以後，再也沒有什麼事能光憑「以前一直都是如此」這種簡單敘述，就來主張其中具有合法性。「一直如此」是個監牢，它拘束人們行動的障壁已經和巴士底一起敲垮了。而且有誰比猶太人更迫切、更理所當然地該從陋習和不公義的監牢中解放出來？他們過去是基督教迷信的長期受害者，永遠注定要為他們的罪行受罰；得在無家可歸和各方追趕的情況下流浪，在教宗殘酷的訓諭和暴君的敕令下，與他人區隔分離。如果有哪一刻能消除這樣的不公不義，能重新讓猶太人與人類大家庭重聚，那麼那一刻如今就要來到了。猶太人之友察覺到東部省分的代表堅決地仇視解放運動，而在八月，他們成功地擱置了「猶太人可否納入《人權宣言》」的問題（並希望永久擱置）。不過，這個爭論已經不再不切實際了。因為猶太人的房子正遭到洗劫；男男女女在街上遭到攻擊。必須要立刻採取措施，來把新政府的保護延伸到猶太人身上。

但羊角號在呼喚著。這一切熱切期望所投注的對象，回到了他們的猶太會堂，回到呂內維爾，回到卡瓦永，回到波爾多，回到薩爾路易去過宗教節日。然而，一旦十月開始慶祝妥拉節（Rejoicing of the Law），作戰計畫就重新啟動了。他們的領袖把他們的演講和小冊子帶到了國民議會座落的騎馬廳（Salle du Manège），也就是杜樂麗（Tuileries）的舊馬術學校。十月十四日，貝爾．以薩克．貝爾當面向議員們說了話。他說，他的族人想要的，是「人們把我們視為兄弟，以及改正那些奴役我們的不名譽制度」。全廳聽者帶著慚愧的尊敬陷入一片沉默。一小波同情心捲過了整個房間。這是個猶太人？什麼，沒鬍子，講話沒有含糊不清？貝爾．以薩克．貝爾既不像是那種會帶穿著光亮的一家人在聖安德烈藝術街（Saint-André des Arts）上趴趴走的賽法迪暴發絲綢商，也不像是住在聖馬丁運河（canal Saint-Martin）和聖但尼街（Saint-Denis）附近那些骯髒頂樓的阿什肯納茲舊衣破布商。貝爾．以薩克．貝爾就只是口才好、態度謙和，跟他們自己人裡面最優秀的人一樣。代表們實在太受他的言詞打動，以至於要求這位阿什肯納茲代表在他們面前再待一陣子。友愛之心就這樣爆發了。新教徒牧師尚—保羅．勞布．聖—德田（Jean-Paul Rabaut Saint-Étienne），藉由批判「宗教寬容」這個想法是高傲到可恥，而一口氣超越了所有人。他大吼道：「我要求勒令禁用這個詞」來用於「代表某個值得同情事物之意」。

這些都不保證猶太人公民身分的問題會解決，甚至不保證這問題會被重新帶進議會裡，雖然多數的亞爾薩斯人和洛林人是這麼預期的。所以國民議會裡那些說話有分量的人在猶太人問題上插了嘴：有前任主教塔列朗（Talleyrand），還有通曉哲學的律師馬克西米連．羅伯斯比爾（Maximilien Robespierre）——後者比前者更為熱心。其中最有影響力的是米拉波（Mirabeau），他也是革命前貴族，他帶著他的貴族統治從三級會議出走，並加入了第三級❷，也因此創造了新的君主國家。這位「如雷貫耳的演說者米拉波」、「魅力的浪子米拉波」、「人民的聲音米拉波」（他自認是如此）也是少數本身實際上就認識猶太人的代表之一。身為一名自己造就的變節邊緣人，他認為他了解全體邊緣人。而且此外，米拉波對溫暖夥伴和現金的長期需求，肯定會把他送往倫敦和阿姆斯特丹。但米拉波這個滿是想法和學識的人肉百科全書，遇上一群啟蒙哲學家的時候，自己也會曉得。所以他在柏林被摩西．孟德爾頌豐富的才智和友善的開放態度所動搖。他發表了一篇對孟德爾頌過度恭維的讚美，在眾多讚美上又錦上添花。是孟德爾頌這個範例，讓米拉波認識了一種可能性：其實猶太人沒有理由不能一邊保有宗教、文化和社群認同的基本特性，一邊又徹底成為新國家的公民。這和伏爾泰所堅持的「接納猶太人的條件就是他們放棄與眾不同的猶太生活」觀點正好完全相反。

米拉波把這種信念帶往國民議會，向律師安德理安．杜波（Adrien Duport）堅稱，保留猶太人宗教法庭和其他社群機構，應該不妨礙公民身分的完整實施。有鑑於革命走到了那一刻，正好在清算所有據稱妨礙「體現於國家之真正公眾主權」的基督教機構，因此從哲學上來說，這是一個困難的狀態。但那時候，在米拉波大部分的思緒中，有非常寬闊的社會想像。他反對掌權正統派敲定的那種不可分離而完整統一的民族定義，主張最幸福的社會，其構成分子是一個個只要認清自身權利界線就不會威脅公眾利益的小社群和自行結合的組織——例如俱樂部、共濟會、學院、辯論圈。事實上，他是比較盎格魯那種的自由派。而且一如往常的，他的說服力被他的慾望（肉體慾望和政治慾望）所損害，而這致命地妨礙了戰略紀律。這位新世界民眾領袖米拉波，也是惡習難改的陰謀者米拉波。這讓他在猶太人眼中成了利弊各半的人物。

最後，在十二月的最後一週，支持度穩定增加、但始終不確定自己是否占多數的同意者大軍，出手把猶

---

❷譯注：指神職、貴族以外的其他所有人。

太人問題提交辯論。即便到那時候，這意向還是走後門送進去的。和「猶太人應有平等權利義務」的主張綁在一起的，還有其他因本身職業性質在社會和道德地位上的不可靠，而注定不能入選公民和軍方官職的五花八門團體。所以，一七八九年十二月二十一日，猶太人加入了有演員及死刑執行人的申請人列隊中。兩天後，米拉波聲稱：「在教堂裡的人是天主教徒，而在猶太會堂裡的人是猶太人，但在所有的公民問題上，他們都是同一種宗教的愛國者。」

但米拉波不是代表猶太人發言的頭號戰將。跟隨他而來的是又一個前貴族，史塔尼斯拉斯·德·克勒蒙—托內爾（Stanislas de Clermont-Tonnerre），他提出了一份動議草案，要把所有防止「非天主教徒」完整行使公民權利——包括投票權和就任公職權——的阻礙措施全部廢止。因為新教徒兩年前就已經獲得了這些權利，法國的穆斯林又少得可憐，因此沒有人被這種混成用詞騙到。亞爾薩斯科爾馬的代表、也是猶太解放運動的死對頭尚—法蘭索瓦·盧貝爾（Jean-François Reubell），中途打斷了克勒蒙—托內爾發言，直接打開天窗說亮話。「你是指猶太人吧？」他大聲問道。「是的。」回答也一樣直截了當。克勒蒙—托內爾在這議題上的明白立場從那時候起更加引人注目，因為，在同一年稍早前針對「猶太人是否應由國民兵保護不受暴民侵害」的辯論中，他曾說過，儘管起因來自於基督教壓迫，但猶太人被仇恨是「應得的」。相比之下，現在他宣告自己完全認同被迫害者。「我像他們一樣思考，」克勒蒙—托內爾說：「他們不相信自己是公民。」盧貝爾再度回擊，這就替接下來幾天會接連進行的艱苦論戰定了調。那個常見的反對意見被提了出來。莫里修道院長（Abbé Maury）說，猶太人跟尚未放棄效忠前君主的丹麥人和英國人一樣，沒什麼資格成為公民。南錫主教德·拉·法黑（de la Fare）會提供「保護」和「宗教寬容」，但無論如何他都不會支持平等公民權。

從某些方面來說，克勒蒙—托內爾不像是真正的支持者，但某方面來說又相反。他的父親是波蘭國王的侍從，因此他全名最前面的斯拉夫名字就十分正派，畢竟路易十六的祖母（也就是故王后）的原名，就是瑪麗·萊什琴斯卡。這個與波蘭的連結，代表他們家族在隱沒入普魯士、奧地利和俄羅斯君主的國度之前，必定認識舊王國內的有錢猶太人。而且克勒蒙—托內爾來自一個古老的軍人家族，這對於猶太人的當下和未來來說，意義非常重大。這身分給了他第一手消息，足以得知王軍為了在戰場上獲得行動效率，到底欠了猶太承包人和供應商多少錢。史塔尼斯拉斯的祖父是法國元帥，而他自己也在皇家納瓦拉（Royal-Navarre）軍團的胸甲騎兵團擔任上校。猶太人加入國民兵的獲准權，就正好在這時期成為整個法國的爭論議題，兩邊的支持者在「可否信任猶太人」以及「猶太人會不會勾結同說德語的外國人」等問題上意見分歧。他們會不會也是謀取暴利的人，在卑鄙的投機買賣中藉由蓄意讓糧價居高不下，來暗中破壞革命？但克勒蒙—托內爾無視這一切說法。關於猶太人披上戰袍為新法國效勞，他看不出有什麼要質疑的。確實，他也強調說，他收到來自某個猶太人的一封信，此人已經是一個國民兵的士兵了。國民兵是由公民民兵和前王軍單位所構成，七月時他們一同為了革命征服了法國。

克勒蒙—托內爾把重擔放到了解放運動的敵人身上。因為宣言有意放諸四海通用，「它看起來會沒什麼還能爭辯，而不公不義會在法律語言面前噤聲」。然而，有某一群權利獲得承認的特定公民，卻遭遇了針對他們所進行的騷擾、排擠、反抗，理由完全是因為他們的宗教。克勒蒙—托內爾接著將話鋒轉移到啟蒙運動的典範人物——米爾頓（Milton）、史賓諾沙、洛克、伏爾泰——並就良心的部分，像他之前任何一位見證歐洲道德誕生的人一樣，明確清楚地表達論點。幾個世紀以來，基督教世界的形象被自己以宗教教條之名犯下的迫害所醜化。天主教徒和新教徒野蠻地逼人懺悔而互相屠殺。更糟的是，基督徒還使世世代代的猶太人承受了折磨和潦倒，讓他們注定要永遠為了讓耶穌遭釘死的罪而受罰。在自由和人道的拂曉日光下，這些現在都要終止了。國家力量的手從今以後會永遠從針對靈魂的疑心中抽出。

> 沒有人該因為其宗教信仰而受迫害。法律無法影響一個人的宗教。它不得掌控一個人的靈魂。它只能影響他的行動。當行動不傷及社會時，它必須保護之。上帝容許我們定下道德規則，但除了祂以外，並

沒有給誰立定教條以統治良心的權利……讓一個人的良心自由，使得以各種方式引領一個人通往天堂的感情與思想不構成犯罪，讓社會根據社會權利的損失程度來進行懲罰。21

當猶太人頑固拒絕接受基督福音時用來懲罰、拘束和壓迫他們的所有古老教條理由，都是某個過時神學政權中不足以信的殘留物。現在，這個公正建立起來的國家有兩個選擇：以某種強制的「自然宗教」取代舊基督教政治組織（這確實將會以羅伯斯比爾那套自然神信仰獨裁政權的面貌實現），或者「每個人都應獲准擁有自己的宗教信仰」。更進一步的，沒有人可以因為行使這份自由而被排除於任一種公職外。在這新制度下，「每個宗教都要證明一件事：它遵守道德。如果有個宗教要求偷盜放火，那麼就不只要拒絕給予其信奉者公民資格，還要剝奪他們的法律保護。這樣的顧慮不能用在猶太人身上」。

克勒蒙—托內爾接著開始直接處理那些論稱「猶太教天生就反社會不道德」的人。他堅稱，這些全都是愚蠢謊言，因為任何對猶太教有一點了解的人都知道，那就是一個社會道德的宗教。「人們對它們的指責很多。最嚴重的堪稱不公正，其他就都只是似是而非。」面對那些把猶太人和搶奪剝削劃上等號的人，尤其在亞爾薩斯和洛林的人，克勒蒙—托內爾反駁，「他們的律法裡沒有下令放高利貸剝削，他們之間禁止有息借貸」，至於向其他人索取的利息，也嚴格受限於《塔木德》定下的倫理規範。更「有用」的賺錢活口方法，長久以來都禁止讓猶太人參與，以至於「只能靠錢而活的人，若不讓錢更有價值就不能活……總是不讓他們擁有任何其他東西的人，就是你們」！讓他們擁有土地「以及一個國家，那他們就不會再放貸了。這就是解方。至於他們的『不愛打交道』，則是過度誇大了。真的有這回事嗎？先不管這個，從這一點你們又能得出什麼結論」？他們不想跟我們結婚。好啊，不行嗎？「有哪一條法律規定我要和你女兒結婚？有哪一條法律規定我要跟你一起吃野兔肉？這些宗教特異之處毫無疑問會消失，但如果它們真的挺過了哲學的影響和成為公民和合群人士的喜悅而留存下來，那它們也不違反法律啊。」

這一刻似乎十分微不足道；那人是如此堂皇地咬文嚼字；他的見解是如此平庸，甚至陳腐。表現得很特立獨行、穿成這樣或那樣、在不同桌吃飯，本來就該在法律保障之內。然而從來沒有一個非猶太人有在哪邊想過要這麼說（美國那邊的制度可以拿來比較，但美國的猶太人口和亞爾薩斯或洛林的阿什肯納茲猶太人相比，只是小巫見大巫）。新生法國的猶太人可以既現代又在語言和外觀上和其他法國人一樣難以分辨，就跟貝爾．以薩克．貝爾一樣；或者，他們想遵守隨便哪一套宗教習俗而顯得獨特且「奇怪」也沒關係，還是沒有什麼地方妨礙到他們的公民權利。唯一對他們的要求就是，在民事上他們得放棄自己猶太法庭的司法約束權。那是加入自由平等公民國家的代價。但這樣被納入並沒有什麼好害怕的。一個輝煌的命運正等著他們：就是信仰著猶太教的法國人。他們得要接納這命運，雖然說，得接受他們的國家現在是自由人的法國。接著，克勒蒙—托內爾就發表了那有名的構想：「猶太人作為一個民族不應享有任何權利……而作為個人應享有所有權利；有人主張說，他們這群人不想成為公民……（然而）每一個人都想成為公民。如果他們不想要這個，那他們必須告知我們，我們便迫不得已得要驅逐他們……（因為）一個存在於民族內的民族對我們的國家來說是不可接受的。」

有那麼一瞬間，熱切的友愛之握為了「驅逐」這個詞，又縮回去變成了拳頭。但隨著克勒蒙—托內爾駁回了自己的用詞疑義，氣氛又再度緩和下來。他說，怎麼樣都看不出批評者歸咎於他們的公民粗暴性，也看不出已經伸出來的博愛之手，有任何縮回去的跡象。相反的，由於任何這類跡象都不存在，他繼續說道：「猶太人必須假定為公民……只要他們不主動拒絕成為公民，法律就該承認那些不過是被偏見所拒斥的事物。」國民議會已經習慣克勒蒙—托內爾針對形形色色事物的漫長專題演講：包括退伍老兵的權利、國家財政狀態等等。以一個軍人而言，他嘮叨到惡名昭彰。他這場諷刺劇的最後一個下臺動作，想必是要坐下的動作提示吧？顯然不是。有人以為他正要坐下，接著在一片悶聲的牢騷中他又站了起來，彷彿他突然又想到了什麼額外的要事一樣。他又繼續講下去。面對看似難以戰勝的法國東部反對派代表，擱置猶太人這檔事的壓力逐漸增加：在計算好的漫不經心中，讓案子死掉。克勒蒙—托內爾一想到這就憤怒不已。這問題不應該以「手頭上有更緊急重要的問題」為藉口被擱到一旁。哪有什麼比這更重要的。他堅持，這件事考驗了革命造就新公民國家的能力，不能夠有耽擱。「針對猶太人的這個狀況，你們有必要說清楚。讓你們全部保持沉默是惡中之惡。那會是明明見到了善事卻不想去做；明明知道了真相卻不敢講出來；最後，就會是把偏見和法律送上同個王位，把錯誤和理智送上同個王位。」

他的雄辯一開始徒勞無功。南錫主教確保用他自己教區內的真實故事來打斷他的話：夏天，人們想要洗劫猶太人的家園時，他擔心最糟的情況發生，而跑去規勸他們，而他們全部告訴他，猶太人壟斷了穀物市場；他們總是獨來獨往；他們的家園太大、太豪華；他們幾乎要掌管整座城市了，而如果您，主教先生，要死掉了的話——但願別這樣啊，他們也會弄個猶太人來頂你的位，因為他們最終會占有一切，這注定會發生的。所以，主教繼續說道，他自己是本著猶太人的最佳利益在這邊說，解放猶太人會引發恐怖的大災難，災難中猶太人會被毀滅殆盡。他是可以不用良心不安，但如果他們自以為是地堅持自己的「權利」，那麼，以他自己來說的話，他就不會去為這種下場負責；這下場可怕到他無法想像……[22]

動議提交出去，然後輸了，但票數差距極小：四百零八對四百零三。即便如此，猶太人還是十分沮喪，而他們的失望並沒有展現出他們最好的一面。一週後，來自南錫的貝爾．以薩克．貝爾和一個也是來自洛林的年輕代表雅克．高達（Jacques Godard）約好，要他持續在國民議會上針對這議題施壓。但波爾多的賽法迪社群領袖對於這次慘痛的失敗，下了不同的結論。他們（基於某些理由）相信，是阿什肯納茲人在社群自治上的含糊閃躲，使大家落得這樣的結果。完全樂於拿自己的古老社群地位來交易完整公民權的他們，被阿什肯納茲人緊抓舊制度的決心所妨礙了。現在他們別無選擇，只能和那些在解放運動中自成累贅的人斷絕關係。波爾多的代表一抵達巴黎，瑟夫．貝爾的豪宅舉行的會議上便有了組成統一戰線的最後一次嘗試。有一些歧見是弭平了，但這兩個團體從今以後便分道揚鑣。[23]波爾多猶太人火速拜訪有影響力的同情者，包括拉法耶特侯爵（Marquis de Lafayette）、西哀士修道院長（Abbé Sieyès）和《巴黎報》（*Journal de Paris*）編輯多米尼克—約瑟夫．

加拉（Dominique-Joseph Garat）。阿什肯納茲人無法說服應針對本問題向國民議會報告的、無所不在的塔列朗，去跟議會講明「任何改變都會是施行於全猶太人」這一點。年輕的高達寫了一百頁的〈立足法國之猶太人請願書〉（Petition of the Jews Established in France），但到一七九〇年一月二十八日，也正好是塔列朗提出本議題的那一天才亮相。他很奇妙地將立足點倒退回舊政權的法令，僅僅主張法國諸王頒給波爾多猶太人的專利特許已經足以使他們被當成完全的公民。格來瓜爾此時插嘴，要求將這樣的認可也延伸到法國東部的猶太人，因而引來了接二連三的反對聲浪。接著，就是針對「宣布波爾多及其他西南城鎮（佩雷奧拉德，以及巴約訥附近的聖特斯普里）、東南城鎮（亞維儂、卡龐特拉、卡瓦永）的賽法迪猶太人完整公民權」一事進行投票，至於阿什肯納茲人那邊則是交付委員會。賽法迪人在他們漫長的戰役中成功被認可為公民猶太人，但為此，他們和阿什肯納茲同胞在進步的列車上脫了鉤。他們這麼做，就強化了所有關於新猶太人和舊猶太人、好猶太人和沒那麼好猶太人、與人共處的猶太人和封閉自處的猶太人等等的刻板印象。當時來說，那是賽法迪猶太人所贏得的一場汙點勝利。

這次投票也把巴黎猶太人——聖馬丁的鈕釦製造者、裁縫、屠戶和烘培師——排除在公民地位之外，雖然說多數人正是革命主張要解放的「人們」。高達、國王圖書館（Bibliothèque du Roi）的館員札金．赫魯威茲（Zalkind Hourwitz）以及鑽石商人雅各．拉札德（Jacob Lazard）把這件事放在心上，和市鎮（Commune，指巴黎市政府）發起了一個為巴黎猶太人發聲的活動，接著便可以進而延伸到法國其他的猶太人。高達在一場市長西爾萬．巴伊（Sylvain Bailly）也有出席的會議中，主張國民兵的行伍裡有一百名猶太人，「這些人是我們的兄弟，這些人是我們的武裝夥伴」。他的口才很有傳染力。市鎮主席米魯修道院長（Abbé Mulot）忽然綻放一股友愛的欣喜。「你們的宗教觀點，和我們身為基督徒所抱持的真實，兩者之間的距離並不妨礙身為人的我們朝你們靠近，而如果我們互相相信彼此犯了錯……即便如此，我們還是能夠友愛彼此。」[24]接著經過了幾週的密集宣導後，大部分的行政區代表開始動搖，但不是所有人；不可免的，有一些人依舊認為猶太人是他們之中的「外國人」。而且不管市鎮或巴黎人的觀點是什麼，他們從來都沒有強大到足以克服阿什肯納茲解放運動反對者一碰到這議題在國民議會上出現——確實每個月都會出現——時，就出來阻礙辯論的障礙。

一直要到一七九一年九月二十八日，公民權才終於擴及到全法國的猶太人。在到達那一天的一年半之中，阿什肯納茲猶太人自己逐漸分成了現代派和傳統主義派。他們一旦可以住在史特拉斯堡，有不少年輕的現代派就參加了國民兵，並被市長狄特里希（Dietrich）接納。一七九〇年二月，「憲法之友協會」（Amis de la Constitution）——也就是所謂的「雅各賓派」（Jacobins），是來自巴黎的一個俱樂部，當時還只是個溫和的革命論壇——投票接受猶太人成員。他們如今一反人們口中的種種形象，可以善於與人來往了。在南錫、史特拉斯堡和梅斯的猶太人開始嘗試過著法式日常生活，而不是意第緒式生活。他們熟記了所有權利口號，他們在村莊裡種下自由樹。猶太人得意地在帽子上裝飾三色帽徽，並在改短的外套上掛著肩帶。在巴黎，他們的愛國主義醒目到市鎮得要為他們的公民權主張作擔保。

幾個月過去了。人們用盡五花八門的方法來炒熱猶太問題。一七九一年一月，當亨利．格來瓜爾成為制憲議會（Constituent Assembly）的主席時，他僅僅要求教會委員會（Ecclesiastical Committee）的一名成員把議題交付議會。然而，儘管他身為猶太人解放運動最知名而善辯的推廣者，他在這個議題上卻沉默無聲。那是因為他顧慮到，自己和猶太人這棘手而無止盡的議題的關聯，會牽連到他籌劃的、能讓法國人同時是基督徒和愛國者的合憲教會。一直要到制憲議會的最後一個月——一七九一年九月——教會委員會才做出結論報告，從這一點就能看出，大多數人依舊鐵了心只想把時間耗到完。一個新的憲法準備要生效，隨之而來的會是一個新的國民立法議會。讓他們去勇敢迎戰吧。不過事情並不是這樣發展的，主要是因為另一個公開支持者安德理安．杜波的緣故。他堅持，最晚在九月二十七日前，也就是在國民立法議會成立的三天前，制憲議會不能在擱置這件未解決事件的情況下自行解散。

杜波說，他會長話短說，只會指出一個不正常的地方。憲法已經堅持，給予工作職位與否只能基於「才能和德行」，反過來說，不能因為人的信仰而拒絕給予工作。接著就是改變歷史的那四個詞。「Je parle des Juifs」，「我說的是猶太人」。因為憲法已經允諾他們自由進行宗教活動，那就沒有理由不給他們「積極公民」的地位，賦予投票權和就任公職的資格。當「無信仰者、土耳其人、穆斯林（本處按原文），甚至中國人」都已經獲得了這些政治權利，猶太人就不能是唯一例外。但這個不一致的情況只要一被提出，就會不斷地遭遇休會。不能再這樣了。因為，不糾正這個醒目的不正常，事實上就會造成違憲。

杜波把「得展現自己不會違憲」的責任，丟到了那些對猶太人權利抱持敵意的人身上，而這樣靈機一動的策略立即引發了鼓譟。即便如此，他的這個舉動還是打動了大多數人。第二天，前布羅伊公爵（Duc de Broglie）提出修正案，建議應要進行「施行積極公民權利」所需的邁向公民之宣誓，以視為全面放棄所有先前的社群自治和裁判權。毫無疑問的，他預期那些隸屬於這種自治的猶太人聲音會認為這代價太過分而反駁這項條件。但這樣的聲音並沒有出現，至少在政治舞臺上沒有這種聲音。

事實上，情況正好相反。來自南錫、兩年前曾經在國民議會上發言的貝爾·以薩克·貝爾，現在發表了一封信，並在整個法國東部散播流傳；那封信把一七九一年九月二十八日的措施當作一種來自萬能上帝的救贖來歡迎，祂選擇透過法國人來代表祂行事。他主張，從聖殿摧毀時就開始的悲劇，就將以這措施達到彌賽亞式的最終結果。這篇通知的語調有如「derasha」，也就是希伯來語中的一場布道或一段共同的祈禱詞，這種形式使得通知內容得以在猶太會堂的儀式中讀出，好讓阿什肯納茲之中最正統派的那群人安心，使他們認為只要宣誓忠誠並告別古老的自我統治，他們就沒有背叛他們的律法和傳統。畢竟，是有可能同時成為好猶太人和好公民的。

> 使我們處於受辱狀態的遮羞布被撕開的那一天終於來到了；我們終於取回了十八個世紀以來從我們身上被奪走的那些權利。這一刻，我們是多麼虧欠我們祖先之上帝的慈悲啊。

現在，多虧了上帝和國家的主權，我們不只是人以及公民，更是法國人！喔仁慈的上帝呀，祢使我們發生的改變真是快樂。直到不久前的九月二十七日，我們是這龐大帝國的唯一居民，似乎注定永遠活在奴役屈辱中，但在接下來那天，二十八日，對我們而言永遠神聖的那一天，祢驅使了法國留芳百世的立法成員。（上帝）選擇了富足的法國來在權利上恢復我們，並引發我們的重生，就如其他時刻祂選擇安條克（Antiochus，安條克四世）和龐培（Pompey）來羞辱並奴役我們……我們突然免於成為卑微奴隸、農奴、一個在帝國中隱忍並受苦的人種，一瞬間成為了祖國的子民，在那其中承擔共同的義務並分享共同權利。[25]

貝爾．以薩克．貝爾預期他的阿什肯納茲同胞在大步邁入完整平等公民身分時所抱持的緊張，因此催促他們「在所有與我們精神律法毫無關聯的公民和政治問題上」，放開自己「與『自治體』、『信眾群體』等狹隘精神之間的羈絆；在這些事物中我們得僅僅以個人身分出面，因為法國人只受真正的愛國主義和國家共同利益所指引；並要知道如何為了保衛我們的國家而犧牲自己的身家財產」。但當貝爾．以薩克．貝爾鼓吹猶太同胞邁向公民的同時，他其實很擔心，如果他們一口氣大量成為公民，而且心中熱情勝過理解的時候，他們對法國其他地區會有什麼影響。又有猶太人為了其他族人規不規矩而難為情啊！所以他勸他們，要為自己贏得參與公眾及政治集會權利感到高興，但在自己的法語有進步、現代教育已經讓自己準備好面對公民責任之前，先等一等、不要馬上實踐權利。他甚至把赫茲．維斯里（Herz Wessely）提倡教育改革的書以法語版發行。「我們的母語得要是法語」（而非意第緒語），猶太人必須精通，而且不只是那種和非猶太鄰居交際時不得不用的「笨口拙舌」。他們也必須從事社會自我轉型。讓猶太鐵匠、木工、靴匠出現吧！「如果我們可以在每種職業上都成功養出一個能夠精通技藝的人，接著他又能收學徒、培養學徒，這樣的話我們漸漸就能看到猶太工作者藉由正當的自食其力，而努力獲得應有的尊重。」

要在這解放的一刻看出貝爾・以薩克・貝爾心裡在想什麼其實不難。取得想要的東西時，務必小心。想像一下俱樂部、投票處、國民兵之中都擠滿了大群的教友，叫喊並衝來撞去。所有的好事都會前功盡棄啊！首先，給別人良好印象。這要花時間。事實上，他不需要這麼擔心，因為在新憲法的條款中，行使積極公民權其實要求一定程度的財產和稅務資格，而大多數的法國東部阿什肯納茲猶太人根本窮到不符資格。

儘管有這一切的但書和愧疚的緊張焦慮，這一刻仍是偉大的一刻，而貝爾・以薩克・貝爾把這一刻說成是出埃及、又說成是馬加比起義，也算是說對了。如今，在猶太人面前——不單指法國國土，而是當這個「偉大國家」把邊界推進義大利、德國、荷蘭境內，又繼續向外推的時候——就潛藏著一種可能會發生的未來；他們可以同時身為猶太人，又完全身屬家鄉的一部分，而沒有任何衝突疑慮。真的是讚美萬能上帝、讚美法國！

III 死亡的民主

革命給的，革命又自行取走。徹底沉浸在公民新世界，並毫無防備地曝露在公民政治之下，同時帶來了風險和機會。一七九一年，在廢除舊天主教會的過程中，波爾多的革命委員會決定關閉所有的教堂墓地，而這就不是個好預兆。從此之後，新教徒、天主教徒和猶太人就沒有各自的埋葬地了。大家都會共用一塊安息之地，死亡也將會有民主。所以，雅各・荷德里格・佩雷爾為自己社群的猶太人在城鎮外爭取來的墓地，也跟著關閉了。

當革命因為外國入侵的威脅及威脅之後的成真而突然變得更激進時，就連最知名的猶太事業支持者也幫不了什麼忙，他們自己都遭遇了失敗。米拉波、杜波和克勒蒙—托內爾都因為支持君主而受到連累，特別是在路易十六和瑪麗・安東尼王后試圖逃出法國，接受王后之兄、奧地利皇帝利奧波德二世（Leopold II）的保護之後，他們更是難以脫身。他們圈子裡有許多人因為疑似涉及國王逃亡一事以及其他皇室復辟陰謀而遭逮捕，或者乾脆就自己先逃亡了。他們大部分人都曾經是貴族，這一點現在在他們的政治透明與誠信上又蒙上一層懷疑陰影。杜波被關進監獄，並將送上斷頭臺，但因為和雅各賓黨人的私交，讓他有夠長的出獄時間能穿過瑞士國界逃亡。米拉波原本該面對跟宮廷玩雙面手法的下場，但在那之前他就死了。一七九二年八月十日，一場巴黎的暴動，在省區武裝國民兵的增援下，唱著鼓動憤怒的新國歌〈馬賽曲〉（其實是在瑟夫・貝爾所居住的史特拉斯堡所譜的），入侵了「君主立憲」所在的杜樂麗宮，殺死了駐守的瑞士衛隊，並宣布終結君主政體。任何與君權政治有關的人現在都成了標靶。解放運動的演說家、前伯爵公民克勒蒙─托內爾，就是其中一個。被人認出來之後，他就被嚎叫的群眾一路追進家中。門被撞開，他們攀上巨大的階梯進入一樓的藏書間，在他的書堆中找到他，便把其中一扇優雅的窗戶打開，並把史塔尼斯拉斯・克勒蒙─托內爾扔了出去，讓他在底下的鵝卵石上砸破頭死去。

法國猶太人，除了那些長居或者後來搬到巴黎的人以外，全都是邊境人，這代表說，當戰事在法國東邊以及（一七九三年一月起在）西班牙邊界上爆發時，他們對於交戰中的法國來說既很有用、又很可疑。提供馬匹、乾草和燕麥之類的動物草料，還有穀物運輸，都是許多亞爾薩斯和洛林猶太人的營生手段，所以軍隊常常會找上猶太人來獲得這些不可或缺的補給。瑟夫・貝爾的兒子們自己就是「採買理事會」（Directoire des Achats）這間採購公司的一員，在那些如今正對著普魯士、奧地利前線的城鎮上，為當地軍隊和平民代理採買。同時，猶太馬販和穀物採購者使用的資源，出於慣例會在邊界的另一頭，而且通常會跨過萊茵河，尤其又以穀物採購者更明顯。當他們要進行必須的採買旅程時，他們有可能會（而且動輒會）被控遷移出境，而這會演變成致死的叛國罪。某種程度上來說，瑟夫・貝爾幾乎全家族都處於這種狀態，除了偏激的孩子馬克斯（Max，也可能叫「Marx」）以外──因為他自己就成為了好戰分子，畢竟這類家族裡總會出幾個這樣的人。瑟夫・貝爾死於一七九三年，但因為羅桑維萊（Rosenwiller）墓地關閉並遭破壞，墓碑遭砸毀並改寫上「死亡是永恆的睡眠」

之類的盧梭式愚蠢之陳腔濫調，他的遺體只好偷偷運出並下葬在殘骸之間，直到自一七九五年起公開行使宗教儀式再度合法為止。同一時間，他熱情堅毅的女兒伊芙（Eve）為了叛國出境的控訴而得替自己辯護，她指出，自己隨著身為德國猶太人的丈夫前往法蘭克福，是早在革命開始之前的事，而她沒有一天不以最熱切的心思關心她真正故國的福祉、安全與幸福。

公民猶太人能夠拿去保衛國家的所有財產——要注意到，他們在緊要關頭時無法或不願捐產報國，會是反對他們解放的主要說法——現在幾乎都可以看成是一般所說的雙面刃。他們的猶太—德語口音以及他們對東部邊界地形的瞭若指掌，既是對法軍的必要助力，也可以是猶太人資敵的一種方式，端看人們怎麼認為。他們長期掌控穀物供應，甚至連令人絕望的短缺都可以當成意外好運，又是投機買賣和哄抬價格的完美機會；而在亞爾薩斯和洛林，會說「一日猶太人、終身猶太人」的也不會少。在對史特拉斯堡強徵的五百萬法鎊特殊稅中，光猶太人付的就有三百萬。雖然他們需要前往各處來獲得軍隊所需的補給，但在一七九三年十一月，一位革命政府的訪問代表卻提議不准發行護照給猶太人，並假定任何不肯表明自己和非猶太女性結婚的猶太男人，都要自動視為嫌犯。在刀口上吐出一大筆贖金，依舊不能保證人身安全。瑟夫・貝爾在六十七歲那年過世前，曾經被押到監獄去，地點可能是已廢棄的史特拉斯堡耶穌會神學院，與他一起的還有其他亞爾薩斯社群領袖：薩洛門・利未（Salomon Levy）、亞伯拉罕・卡恩（Abraham Cahn）、梅爾・維帖耳（Meyer Veitel）、以薩克・雷瑟（Isaac Leyser），還有一個梅爾・德雷福斯（Meyer Dreyfus）。一七七二年起就住在巴黎，但在荷蘭、法蘭克福和瑞士都有生意往來的波拉克（Polak）家族，全體遭逮捕下獄並接受使人驚恐的審問，如果最後不是一連串證詞證明他們的愛國行為，進而使他們獲釋的話，他們幾乎就要被定罪並處決了。

「你是來自民族的嗎？」（Êtes-vous de la nation?）就不只是法律細節問題，而是生死問題。入侵和落敗會代表大規模報復的到來。先下手為強變成了當時的規則；「他們」待在巴黎各監獄中究竟是不是在等待外國人來放他們出去對付敵人，或者他們是不是普魯士的精銳部隊，都不用管。第五縱隊似乎無處不在。在法國將軍們——迪穆里埃（Dumouriez）、拉法葉（Lafayette）——變節之後，任何人都有可能是帶著帽章假扮革命者的叛徒。事實上，有一些猶太人的確是和敵人有所聯絡。列夫曼・卡莫（維持亞眠子爵的頭銜於一七八四年過世）的一個兒子，路易—班傑曼（Louis-Benjamin）就（毫不辯解地）招認在迪穆里埃變節之後曾替他和王后傳信，而在一七九四年上了斷頭臺。他的哥哥兼（已不存在的）貴族財產之共同繼承人，安托萬・路易—以薩克（Antoine Louis-Isaac），則是走了相反的激烈革命道路，但在被指責「實施恐怖行動」之後也死在斷頭臺上。所有在邊界上靠戰爭軍需賺錢的猶太人都成了嫌犯。控訴和反控訴層出不窮，特別是當那些將軍有前貴族身分，彷彿一隻手綁在背後、似乎與敵人有通信的時候，情況更為嚴重。猶太承包商指控庫斯地努將軍（General Custine）和溫普芬將軍（General de Wimpffen），接著也被他們兩人反控。在那種氛圍下他們居然沒喪命，實在是令人驚訝。

西南部的賽法迪猶太人也沒有逃過危機，雖然危機樣貌並不相同。一開始，猶太解放運動似乎快樂地實現了。一七八九年他們進行了投票，並在同一年參與了選舉人團，部分人加入了國民兵，而處境較好的猶太人則依憲法獲得了選舉權。某種意義上來說，他們確實真正地解放了，因為他們所面臨的危機和非猶太人面對的一樣；在一場今日愛國主義到明天可能突然就變成叛國的革命中，做出冒險的政治抉擇。在波爾多，處境較好、教育程度較高的賽法迪人，也就是那些遊走在音樂會、圖書館和學院的猶太人，因為早就是城鎮事業的一部分，且現在又可以就任公職，使他們和這座港城的利益站在同一邊；而當巴黎革命變得更好戰而偏向中央集權時，這座城市就變成了反對派。當這種反對意見表現為譴責巴黎革命政府的草率政權「比宗教裁判所還糟」的時候，他們便以「吉倫特派」（Girondins）的名義遭到逮捕，被他們反對過其司法權的特別法庭審判，並在一七九三年送上斷頭臺，當時還唱著〈馬賽曲〉。一七九三年秋天，雅各賓政府以暴軍姿態在波爾多（以及里昂和馬賽）現身，他們是自由的敵人而不是捍衛者。一場武裝擁護聯邦黨的行動被煽動起來，公然反抗巴黎。

在聯邦黨起義的高峰時，人們成立了一個「公眾委員會」（Popular Commission），實際上是波爾多的採購和保安單位。其成員都是知名的猶太人，其中最顯要的就是亞伯拉罕·費塔多（Abraham Furtado），以假名「吉倫特（Gironde）的費塔多」給人們簡潔瀟灑的印象，一旦派上用場（踢了一腳），就像他的同伴一樣飛奔起來。他一個人就是一部賽法迪人遷徙和啟蒙運動的歷史。他這個祕密維持猶太人身分的家族，躲過了一七五五年的里斯本地震，當時亞伯拉罕的母親漢娜·費塔多（Hannah Vega）被人從瓦礫中拖了出來，自己跟肚裡的孩子都奇蹟地無傷。一家人先是搬去了倫敦，亞伯拉罕在那生下之後，全家又去了巴約訥，他便在那裡長大，後來改落腳於波爾多並在那裡致富，而足以成為該地那種善心又高談闊論的商人一員，以他來說，就是一種時髦但很不猶太人的農業改良嗜好。

在佩雷爾死後，費塔多成為了一七八八年馬勒澤布舉辦的猶太委員會上向他提出意見的社群領袖之一，在一七九〇年的解放運動後，更成為當地革命要人，嶄新公民愛國波爾多的一根支柱。一七九三年他和薩洛門·羅貝茲—杜貝克在其實是動員反抗機構的波爾多「公眾委員會」有了一席之地，而且在城市抵禦來自巴黎大軍的行動上是個關鍵人物。

有證據顯示，費塔多有看出大事不妙；他也警告說，武裝反抗有慘烈風險。在他的辯詞中，他日後會主張他是以該城忠誠官員的身分坐鎮委員會，而不是反抗軍。即便如此，如果波爾多和巴黎軍打輸的話，他還是注定會慘遭連累，而實際結果就是如此。當一名報復意圖猛烈的「奉命代表」——公民委員伊沙波（Ysabeau）——所率領的大軍殺進來時，費塔多和羅貝茲—杜貝克都在擁護聯邦叛國者的黑名單上。羅貝茲—杜貝克繼續逃亡，在某一刻他的兒子——被稱作「崔德利」（Tridli）的薩穆爾被抓去當人質，直到他父親自首為止。費塔多的第一直覺——投降——顯得勇敢而天真，是他一個朋友告訴他，他這樣會把自己的性命交到「視正義如無物」的人手上，他才卻步。[26]他也逃亡了，在朋友和貧窮親戚之間來回躲藏，通常被關在牆後面的小空間裡，只有一個窺孔讓他看見同志被抓去斷頭臺。露宿在郊外鄉村，得知聯邦擁護者被獵巫、被逮捕、在革命特別法庭上被簡易審訊，最後集體處決的消息後，費塔多試圖重新專心致志於充滿啟蒙運動樂觀精神的世界，翻譯阿庇安（Appian）的羅馬內戰著作，直到作品內容與法國景況的類似令他無法忍受，然後他便全心沉浸於盧梭、布豐，以及本土英雄孟德斯鳩——他曾經承諾過，會有（尤其是猶太人能夠有）比過去所發生的一切都還要更美好的未來。接著在他的祕密日記裡，就是但丁的恐怖和唐吉軻德的陰沉歡笑。「我根據我的幻想打造了一個智慧的世界，並根據我的意志來讓裡面充滿了人。」在那個世界裡，每個人都是成為了公民的同志，而猶太人是這世界的幸福受益者。當借來的書沒了之後，他開始徹底活在自己的心智裡，編了一個雅各和拉結的愛情故事。他的藏身處越狹窄，他難以平靜的心思就更無邊無際。吉倫特派的人雖然體面卻衝動；無套褲漢（sans-culotte）階級和即將來到的一隊隊軍人是肉慾驅動的蠢人；羅伯斯比爾是怪獸；接替他的拉康姆（Lacombe）更糟，打算屠殺城裡所有商人，因為任何身上有錢的人，沾染上貿易的人，都會假定為叛徒。革命是正在沉沒的遇難船隻，所有的乘客不管怎樣都死了；一個民主共和國（這也是盧梭的假設）只有在小社群裡才能實現；或許是要在他自己的小社群裡？有段時間他考慮過自殺——幾乎可說是蔓延在革命交戰雙方的一種瘟疫——但他不知怎麼地設法等到恐怖統治結束，在那之後，他完全成為了另一種政治演員。

革命解放的激憤政治能量，變成了中央集權派（穿戴新法國帽章的舊政權）和亟欲分權的地方派之間的角力。大部分的當代法國史都是從這場競賽中開展的。讓問題更混淆的是，最極端的地方派居然矛盾地成為中央集權派的盟友。因此，原本巴黎之於波爾多是什麼樣的存在，如今波爾多之於其他地方社群也就是同樣的存在，而這些地方社群還包括了巴約訥附近的聖特斯普里區（已重新命名為「尚—雅克．盧梭」〔Jean-Jacques Rousseau〕）。因為巴約訥座落於西班牙邊界，在一七九三年成了戰爭前線；而對試圖翻越山區邊界的流亡分子或者間諜、雙面諜來說，這裡都是會合點，而他們之中有許多人是基督教會遭到廢除的無悔信徒，所以有一批「尚—雅克．盧梭」的猶太人被召集起來，自願為共和派的狂熱行動擔任眼線。他們之中有許多人——好比說狂妄的尤賽夫．伯納爾（Joseph Bernal），因他最後的定居地而被稱為「美國人」——確實成為了熱切的好戰分子，配置在監察委員會和革命特別法庭中。這些狂熱者把名字從以薩克、摩西和莎拉換成了布魯圖斯（Brutus）、維吉爾（Virgil）和艾洛蒂（Élodie）。[27]

貝爾．以薩克．貝爾欣然接受可實現猶太解放的解放法才過兩年，就在猶太人應該能「同時信仰祖先的宗教並身為一個法國公民」的同時，恐怖統治前所未見地，把這個預想變成了一個殘酷的玩笑。一七九三年晚秋，接連發起的「去基督教化」行動關閉了法國的教堂，並宣告公然信仰「迷信」的活動為違法。這同時也代表要全面去猶太化。一間接一間的猶太會堂遭到關閉，希伯來語演說遭到嚴格禁止。在史特拉斯堡之類的大城鎮，甚至還有焚書；這不是新時代的黎明，而是倒退回中世紀法國的迫害。儀式用的器皿，尤其是銀製品——燭臺、《妥拉》尖頂飾和《妥拉》讀經棒（yodim）——被沒收熔掉，但也有不少被人冒死藏了下來。在梅斯，《妥拉》捲軸有如公開儀式般地遭到焚毀。「高明騙子（摩西）的律法會拿來做成敲倒新耶律哥城牆的大鼓。」主持這場褻瀆活動的官員堂皇地宣告。[28]在上萊茵省產葡萄酒的鄉間城鎮里博維萊（Ribeauville），有個傑索．雷曼（Jessel Lehman）保留了一本祕密意第緒語日記，描述了一些想像自己能在革命後享有安全的猶太人，是遭到了什麼樣的精心羞辱。任何保留舊「迷信」的跡象都會被宣告為反革命。留鬍子的人會被帶出來公然剃鬍；有些人晚上從床上被拖下來，送到愛國的剃刀前。女性因為戴猶太式假髮（sheytl）而被捕。割禮被宣告為違反自然的罪行，並遭到法律嚴禁。因為共和國曆的週休日公告為第十天（decadi），週六的安息日和基督教的禮拜日都被宣告違法。任何疑似穿著好衣服的猶太人，更別說聚在一起禱告的猶太人，都會被當場逮捕。在巴黎有祕密禱告用的地窖，禱告時會派一名信眾穿著工作服，刻意在院子裡幹活給外人看，以免有人起疑。在南錫，雅各賓派的強硬施政者聲稱猶太人應該要強制和非猶太人結婚，以證明他們的愛國。也有些傷心欲絕的事件：有些孩子的出生晚於訂婚但早於公證結婚，好比喬戴爾（Judel）和艾利亞斯（Elias）．薩洛門的嬰孩就被奪走，接受了革命洗禮之後再也沒還給他們。

這樣的惡夢持續了幾乎兩年。當殘暴而混亂的「去基督教化」活動被羅伯斯比爾的「至上崇拜」（Cult

of the Supreme Being）取代後，對猶太人宗教活動的禁令仍維持原狀。在梅斯，最大的猶太會堂被拿去關動物：養馬用於戰場、養牛供應肉奶。[29]在雅各賓政權倒臺後，深受重創的猶太社群在一段漫長痛苦的歷程中重建起會堂，並在少數宗教器物沒有被熔掉或毀壞殆盡的地方把這些器物取回。一七九五年五月三十日通過了一條法律，讓自由行宗教習俗和良知行為再度合法。但還要好幾個月後，半毀的大型建物才獲得妥當補償。牛馬繼續待在打碎了的長椅和板凳間，在會堂的地板上拉屎拉到一七九五年十二月最後幾天。但有另一間由梅斯猶太女性所使用的猶太會堂並沒有被毀得那麼徹底。就在那裡，在九月七日那天，梅斯的拉比和領唱者們——再度獲准公開他們的真名，而我們都知道他們的名字：奧立．拉札德—卡漢（Olry Lazard-Cahen）、薩洛門．萊可（Salomon Raicher）、諾東．亞各．愛米里克（Nathan Jacob Emmeric）、薩穆爾．拉洛斐（Samuel Lerouffe）、尤賽夫．賓恩（Joseph Bing）、拉札德．諾東—卡漢（Lazard Nathan-Cahen）和摩伊茲．皮卡爾（Moyse Picard）——在猶太善男信女面前舉辦了一場小小的集會，在會上宣布猶太教在阿什肯納茲人的梅斯重生。[30]

IV 好的那份

過了第二或第三個城鎮——安科納、雷焦（Reggio）、莫迪那——之後，那些奉承開始令人生厭了。被猶太人稱作「好的那份」（Chelek Tov）的將軍今年二十六歲，在灰色小坐騎上英姿煥發。僅僅一個月內，他就摧毀了一個帝國的戰力，他的士兵到哪裡都自給自足，被粗野的崇拜所突襲，在他們跨過阿爾卑斯山之前自行享用了他答應給他們的禮物。這些人拿走了銀盤子、畫作、成綑的絲綢、女孩子，只要他們有興趣喜歡的都拿。接著將軍把一張賠償金的帳單給了平民們：現購現付的解放。流著汗、戴著三角帽微笑的貴族們，把大箱子抬到廣場有柱廊的那頭，交給坐在支架桌前的將軍副官兼記帳員。但同一批賢達們搬出了彩帶、旗幟、古老的瓶子，這些東西還因為在修道院地窖裡藏了太久而沾滿灰塵；還有市長們，三色的帶子別在他們的外套上，他們發表天花亂墜的演說，讚揚解放者和即將到來的自由平等政權；眼眶裡溢著快樂的淚水，雙手十指交叉上下抽動的他們，沒有想到自己能活著見到這一天，邊倒抽氣邊哭的模樣有如拙劣演員——反正他們本來就是。大喊大叫的年輕「賈可比尼」（Giacobini）冒失地向將軍致意，就好像他是他們的兄弟一樣；小孩子追著行進中的人馬奔跑，興高采烈地喊著，就好像他們再也不會感覺到學校老師的棍子打在他們坐不住的屁股上一樣。到了晚上，每個人都繞著自由樹（Liberty Tree）跳舞，在劃出弧線的煙火之下，所有的聲音和光亮中都沒有受傷的尖叫聲。將軍讓手下們狂歡一個晚上，很清楚下星期總是會有下一場戰鬥；奧地利人不會毫無尊嚴地讓步，不管他們的白衣步兵部隊被撕裂多少次，不管他們疲憊的、困惑的、被羞辱的指揮官們多麼常想起他們對上的，是這世界上未曾有過的新東西：一頭傑出的怪物。所以情況就這樣繼續著。死去的戰馬倒在金鳳花上，被嘴尖爪尖的烏鴉所撿食。農民在破曉前出來翻撿死者的外套，他們仰天的面孔上，血還是黏呼呼的。麻布袋替野戰炮擋住了春雨，同時，人們又能聽見一場慶祝勝利的活動在廣場上開始準備了。

在他們自己隔離區裡的猶太人，將會等待著「好的那份」，義大利文的話就是「Buona Parte」（波拿巴，即拿破崙的姓）；他們的大衛，他們的馬加比，搞不好甚至是他們的救世主。他不怎麼在乎猶太人，這也就是說，他對他們既不特別輕視也不特別溫暖；他就只是對他們無止盡的熱情毫不關心，而當他們提高聲調時，會稍微分神一下（未來幾年，他的態度會從漠不關心變成毫不掩飾的敵意）。但那些警告說拉比有多狡詐、小販有多卑劣的人，那些看著長袍猶太人從美茵茲和科布倫茲（Coblenz）的猶太巷跑出來、當自己袖套被猛力拉了幾下時就縮起來的人，顯然從來都不知道有義大利城鎮的猶太人。在這裡，他們勉勉強強算是文明的。在莫迪那，「波拿巴」聆聽了公爵銀匠梅瑟．佛米吉尼（Moisè Formiggini）的一段漫長演說；這人除了作銀匠外，還有其他眾多特長——書商、商人；他打扮整齊漂亮，說著雖然生硬但無瑕疵的法語——而他的父親貝內德托（Benedetto）和祖父勞達狄歐（Laudadio）早就已經是大人物。[31]像佛米吉尼這一類的人，根本不需要私人教師來教他們什麼是當代世界；在那些仍被鎖在昏沉沉鄉村氣息的城邦國家裡，他們自己就是走在當代世界前頭的先鋒。在那些當地君王有鼓勵、或者至少不迫害的地方，他們成立了公共圖書館和閱讀俱樂部，讓唯利是圖的波格賽家族（borghese）和奢侈嬌嫩的小宮廷關心起拉．美特利（La Mettrie）和盧梭；而且，儘管他們和摩西宗教有所聯繫，他們還是引介了無神論者德霍爾巴赫（d'Holbach）。當法國拿下了波隆那、皮亞琴察（Piacenza）、曼托瓦和托斯卡尼人的繁榮港市利佛諾時，當地同樣自由的猶太人也給予了類似的歡迎。不過在費拉拉，長者們居然拒絕了他們的自由和平等，因為這也代表著拋棄他們的舊自治。

在安科納，宗教派和現代派都加入了歡騰之中。拉比們整個人放了開，手舞足蹈，而其他的猶太人不分男女，都唱起了他們的〈海洋之歌〉，宏亮到好像被擊潰的不是奧地利人而是奴隸主法老王；就好像將軍是他們的摩西。但這可是兩個半世紀以前，猶太人在教宗和宗教裁判所的命令下被活活燒死的那個城市。安科納的猶太人可是有漫長的回憶；他們知道，事情的變化並不多，只要還是教宗的領土就不會有什麼變化。就在他們准許自己稍稍感激一下似乎有意減緩居住限制負擔的教宗——克勉十四世（Clement XIV）的時候，一七七五年就來了庇護六世（Pius VI），就跟他討厭猶太人的前輩們一樣固執到殘暴。庇護六世熱切地回顧過去的暴行，迫不及待地想要促成大規模改信。在十八世紀的最後二十幾年裡，整個從安科納到馬凱（Marche）和溫布利亞（Umbria）的教宗國內，啟蒙運動就好像從來沒發生似的。一部四十四條的猶太人法令，就把所有古老的痛苦和羞辱全都勾了回來。官方嚴格強制施行黃標章識別制度；猶太人再一次從賣衣服以外的所有交易和職業中拔除。安科納禁止他們教音樂和舞蹈，而這是他們的特長之一。法令也禁止持有（更不用說出版和購買）希伯來文書籍；由警察（sbirri）發動的警力突襲，整車整車地把書卷、書冊帶走，可說是一種文化上的死刑宣判。晚上離開猶太人隔離區變成了死罪。猶太人全體不得擁有馬車，這也當然代表著帶著黃標章的猶太路人，會成為搶劫、攻擊和辱罵的輕鬆標的。孤兒從他們的保護人那邊被拐走，養大成基督徒。如果那些小孩被藏了起來，警察就會抓人質，從尖叫的猶太父母手中把嬰兒搶過來，直到猶太社群把藏起來的孤兒再一次送去教會。若有誰想嘗試阻撓宗教法令施行，都會面臨將整個猶太隔離區焚毀的威脅。[32] 這就是地獄。

所以當貝爾蒂埃將軍（General Berthier）的軍隊於一七九八年二月拿下羅馬，並讓庇護六世成為階下囚時，城內的五千名猶太人是有十足理由打從心底高興的。猶太人隔離區裡種起了一棵自由樹。黃標章從他們的外套上撕了下來，並換成了三色圓章。新成立（且短命）的羅馬共和國，其國民兵向猶太人敞開大門。「波拿巴」的名字，在猶太會堂裡成聖。他的士兵在鮮花廣場上接受歡呼的同時，嘴裡還嚼著猶太菜薊。猶太隔離區外側房子朝外（而被教廷下令用磚塊或木板封起來）的窗戶，此時也破窗而開。羅馬的猶太人終於可以看見光明——但就看見了那麼一會兒。

如果義大利的軍隊想要覺得自己有一點歷史目的，而不僅僅是把「大民族」（Grande Nation）擴大而已（然而這就是後來的情況）的話，那它們必然已在一七九七年七月十日的威尼斯找到了。因為，有什麼能比廢止猶太隔離區更打動人心地，宣告一個時代的結束和自由政權的起始？事實上，在奧地利領土隨著閃電般快速的義大利戰役結束，而落入波拿巴雙手的這段期間，他都是自己擔任至高無上者來操弄著權力鬥爭，交替地挑撥並威脅對手。在攻陷倫巴底（Lombardy）和米蘭之後，與奧地利使節的會談中，他表明了他樂於取消威尼斯的陸地區支配權，同時允許該城即使在奧地利和法國支配的陰影下，仍然維持自己的自治。但胃口會隨進食而擴張。當威尼斯談判代表來到奧地利境內的格拉茲（Graz）見他時，他要求終結參議院、十人團，所有的舊機關。出於恐慌，少數殘存的戰艦中有一艘居然在潟湖口對著法國船隻開火。一場名義上的戰爭宣布開戰，雖然說法國又花了兩個月才占領了城市。七月七日，一個臨時的「代議政府」在威尼斯大議會（Consiglio Maggiore）內宣告成立，而新的官方宣布，三天後猶太隔離區將不復存在。[33]

七月十日，猶太人的自由在一個數世紀以來彰顯其反面的地方，開啟了新的一幕。新成立的威尼斯國民兵中，有一名叫作皮爾．吉安．馬利亞．德．法拉利（Pier Gian Maria de Ferrari）的軍官；就像他名字那樣地有貴族氣質，而且在這名字通常伴隨而來的革命政治下，他也成了演藝經理。三位來自愛國社（Patriotic Society）和猶太隔離區古老家族的公民猶太人——丹尼爾．利未．波拉科（Daniel Levi Polacco）、維達爾．德安傑利（Vidal d'Angeli）和摩西・迪・大衛・蘇蘭（Moisè di David Sullam）——和法拉利一起坐下來，仔細討論這場得要井然有序、但又能讓大眾自由歡慶的儀式。他們也得讓威尼斯其他地方、或者那些地方中確定是同情（或者至少不敵視）猶太人的部分也參與其中。會有一名可靠的教士以及從他信眾中挑選的成員；會有來自威尼斯軍械庫（Arsenale）的造船廠工人；來自臨時新政府的要人。

在一個夏日午後的五點，白日炎熱消解退散的完美時刻，穿著制服的守衛，在威尼斯頂尖軍樂隊、外加大鼓隊和手鼓隊的領路下往猶太人隔離區前進，由吉安・馬利亞作總指揮。一路上，不停地有人從百葉窗裡探頭探腦。遊蕩街頭的小孩子們跟在隊伍尾巴。縱隊在通往「新隔離區」的其中一道大門前停了下來，整條路徑的最後一段，排滿了義大利和法國士兵；是同樣戴著三色帽的同志們。縱隊繼續向前進入廣場中心，那裡排滿了更多的衛兵，「大批集結起來的愛國社成員，還有從每扇門裡湧現的眾多男男女女」。[34]蘇蘭、德安傑利和波拉科從人群中走了出來，面對宣讀猶太隔離區廢止令的官員。接下來的這一刻，其象徵意義遠比一切都來得深遠。四道大門的鑰匙交給了法拉利，而他接著則把鑰匙轉交給負責拆毀大門的威尼斯軍械庫工人分隊。「現場所有人歡呼著『自由』，不知疲倦地把那些鑰匙在地上拖行、讚美著重生的每一分每一秒；他們有多滿足而喜悅，實在是難以表達。」接著砍劈的工作就開始了，直到每一道門都被打開。「在大門被弄倒的那一刻，男男女女不分彼此的愉快舞蹈在廣場上東奔西轉……拉比們也一樣，穿著摩西信仰的服裝，跳著舞，激發出來的活力甚至更旺盛。」

這是兩個附近教堂的教士們現身的信號，這又使大家多拍了好幾輪的手；接著當然就是演講，最後被歡迎威尼斯軍械庫工人的鼓譟聲所淹沒；這些工人帶著舊大門的殘塊，殘塊大到可以安放在廣場的石板上、再敲碎劈裂成更小的碎片。一場火葬開始了；人們弄出了一堆火，並把威尼斯猶太人的限制丟了進去。有人跑去砍了卡納雷吉歐花園的一棵樹，帶到廣場中央當作自由樹。樂隊開始演奏，人們重新跳起舞、繞著裝飾起來的樹，樹頂上裝飾著一頂自由帽，是一個女人從頭上摘下來放上去的，拿掉帽子的她甩出了整頭的頭髮。

隨著暮色降下，整個「舊隔離區」街道上最美的猶太隔離區建築——波寧提納學校（Scuola Ponentina），西班牙和葡萄牙裔的猶太會堂——耀著光彩。威尼斯猶太人的喜悅，終於真正地不受拘束了。他們想去哪兒就去哪兒、想做什麼就做什麼。

直到，他們再度不自由為止。一七九七年十月，在共和國最後一任總督所居住的別墅，帕薩里安諾的馬寧別墅（Villa Manin in Passariano），波拿巴簽署了《坎波福爾米奧條約》（Treaty of Campo Formio），確立了法國在整個北義大利的勢力，只是以新成立的奇薩爾皮尼（Cisalpine）和利古里亞（Ligurian）這兩個「雅各賓」共和國，在名義上小小遮掩一下而已。但在條文規定下，威尼斯歸還給了奧地利的哈布斯堡帝國。有一些舊的限制又重新施行在猶太人身上，特別是經濟和商業方面的限制。這想必讓猶太人心裡大受打擊。但大門倒是再也沒有重新蓋起來；猶太人隔離區的宵禁從此不復存在。而當拿破崙統治的「義大利王國」在奧斯特里茲（Austerlitz）戰役後成立時，因威尼斯也包含其中，猶太人的所有公民權利也就再度得以執行。

對於義大利其他地方的猶太人，特別是對羅馬和教宗國內的猶太人來說，軍事強權的來回搖擺，讓他們朝不保夕而害怕不已。當初他們公然擁戴法國解放就必須付出代價；在被教會動員起來、對抗無神論雅各賓黨人及其法國守護者的「瑪莉亞萬歲」（Viva Maria）農民暴動中，猶太人便為了他們當初站錯邊而飽受殘酷苦難。新自由的黨羽——作家、演員、主政的委員會——立刻遭到審判處決，但人們也對猶太區發動了火爆襲擊；古老的仇恨重新點燃；猶太人再度被控謀殺幼童。光是在西恩納（Siena）的猶太人攻擊事件就有十三人喪命，不過，也有一些地方像皮蒂利亞諾那樣；在這個托斯卡尼濱海石灰岩露頭上的城鎮中，市民其實違抗了那幫農民，並保護了長居此地的猶太人及他們美麗的猶太會堂，避免其遭到毀滅。[35]

那時候的「波拿巴」是猶太人的解放者，還是只是一個騙人的投機者，害猶太人走錯了路、掉進折磨他們的人手中呢？整個德意志、特別是東歐的拉比們，花了十年爭論拿破崙對猶太人的意義。但每當他們幻想破滅，拿破崙就提供他們足以懷抱希望的新理由。一七九八年，拿破崙打了人生至此最驚人的一場豪賭，把一隻軍隊帶往埃及；他滿腦子都是亞歷山大大帝和凱薩的歷史，船隻則是載滿了東方的博學之士、地理學家和工程師。他在金字塔前摧毀了一支馬木路克部隊，費盡心力地和伊瑪目打好關係，九月甚至和兩名在官方報告中被誇大描述為「大祭司」的開羅拉比會面。在已經十分興奮的猶太人想像中，這似乎代表著耶路撒冷就是下一個目標；甚至聖殿的重建都有可能是計畫的一部分；全能的上帝選了一個科西嘉將軍來擔任救世主。先別去管（懷疑者所指出的）這位救世主偏愛豬油和血腸這回事；除了上帝之手以外，還有什麼能解釋這樣的軍事奇蹟呢？

隨著戰事從埃及朝東北進入巴勒斯坦，各種謠言和傳說開始四處亂竄。一份刊載於《寰宇箴言》（*Moniteur Universel*）、發自君士坦丁堡的報導指出，波拿巴將軍「邀請了亞洲、非洲的猶太人相聚在他的旗幟之下，以重建古耶路撒冷」。[36]顯然他已經把武器分給了他那些甚至連現在都威脅著阿勒坡的猶太部隊。約莫同一時間，一七九九年二月，一位在法軍服役的愛爾蘭軍官湯瑪斯・柯貝特（Thomas Corbet）也有差不多一樣的想法。他是經歷了聯合愛爾蘭人會（United Irishmen）起義瓦解，以及法國一七九五年入侵愛爾蘭失敗而活下來的其中一人；此時他在寫給波拿巴在督政府的支持者保羅・巴拉斯（Paul Barras）的信中建議，指揮官們應該召集一些「最有價值的猶太人」，也建議大規模動員人力和金錢來解放他們的祖先之地，藉此把全世界超過一百萬的猶太人和自由的「大民族」事業聯繫起來。愛爾蘭人在最西邊，猶太人在東邊，這樣的話還會有什麼閃失呢？

這全部都是空想。就算巴拉斯有讀到柯貝特這篇熱情的大計畫，他也是什麼都沒做，而且將軍自己顯然也是不太可能有聽說到這件事。一七九九年春天那時，他心裡有別的事情。確實，他那批最遠都已經抵達拉馬拉（Ramallah）的手下，當中有許多是渴望向耶路撒冷行進的（根本就是當成一趟傳說中的武裝朝聖之旅），但戰略卻不這麼認為。霍雷肖・納爾遜已經在阿布基爾灣（Aboukir Bay）把法國艦隊轟得粉碎，阻止了來自埃及的增援。拿下並堅守加薩、雅法（Jaffa）和阿卡（Acre）作為英國封鎖下的另一條門路，是比較重要的事情，但這時候的法軍正因為黃熱病和瘟疫而日漸衰弱。在那種會讓他做過頭的、偶爾會顯得殘忍的憤世嫉俗所驅使下，這位將軍放任手下自己去等死，或者自己全力設法回國，而他自己則出發去追求他的政治前途。

然而，在急速擴張的偉大法國境內，猶太人仍持續頌揚他，視他為代表彌賽亞希望的人物。一八〇〇年，倫巴底境內雷韋雷（Revere）的以薩迦・卡爾皮（Issachar Carpi）仍然以埃及戰役的奇蹟為生。他以《聖經》的方式把拿破崙形容成一個當代摩西，「將他的手伸過海平息了波浪」並「像老鷹一樣飛翔」到了法老王的土地。[37]在其他希伯來文讚頌中，波拿巴變成了摩西，也變成了大衛。有時候頌詞和禱詞還一模一樣。[38]將拿破崙號召的猶太人集會官方紀錄進行編整的第歐根尼・塔馬（Diogène Tama）就在那邊高聲唱著說，一八〇六年召集顯貴會議的命令，「會將我們已在我們的威武皇帝、我們的現世上帝形象上所看到的美好信念，世世代代傳遞下去」。

如果是這樣的話，上帝和祂最新的這位僕人，對法蘭西帝國的猶太人恐怕就沒那麼滿意了。因為現在已是皇帝的拿破崙，就是在奧斯特里茲戰後返鄉途中造訪了史特拉斯堡，才會決定動手對付猶太人。在城中，人們圍著拿破崙，憤恨地抱怨猶太人放高利貸的事，而他全都信了。事實上，拿破崙越是涉入其中，就越明顯相信了絕大多數前革命時代的傳統謊言，也就是那些對阿什肯納茲猶太人根深柢固的偏見，以及那些始終反對解放的人在演講著作中發表過無數次的謊言。他們是「民族裡面的民族」，而且永遠會是如此；他們除了下流地借錢敲詐之外什麼都不會；他們吸光了正當公民的血；而他們的怪癖——特別是只在族內通婚——就是他們從來不真心覺得自己是真正法國人的證據。面對那些想聽的人——甚至包括最高行政法院（Council of State）裡頭，那些對拿破崙有著極其強烈且粗魯偏見的人——他用老練的伏爾泰式用詞，說猶太人是「地球上最可鄙的人」。顯然他和他施政圈裡最反動保守的成員有著一樣的觀點，認為解放這些人、讓這些人成為公民是錯誤的，因為他們已經群起淹沒了整個法國東部。「猶太人所做的邪惡事情，」他對著震驚不已的委員會大吼：「並非來自個人，而是來自這些人的性情。」[39]拿破崙並不支持全面推翻一七九一年的解放行動，而是主張給猶太人緩刑，進行一個讓他們改變行徑的集中計畫；除了人口和婚姻控制雙管齊下，還禁止他們從事任何交易或商務；針對積欠猶太人債務的人施以延緩履行令（一八〇六年五月實施）；以及由國家控管拉比，確保對帝國的忠誠觀念有灌輸給猶太孩子：換句話說，就是退回到舊政權時代某些限制最為嚴格的方向去。

為了這目的，「顯貴會議」——約一百名猶太要人的集會，拉比和世俗人士皆有，都由各部門長官指派——於一八〇六年八月在巴黎召開。召集的形式聲稱是鼓勵而非打擊士氣。「接觸到來自其他民族的輕視，卻不乏接觸王室的貪婪，」召集文字聲稱：「他們至今尚未接受到公平待遇。他們的風俗和行事讓他們一直遠離社會，並因此反遭排斥。」雖然給顯貴們的「指示」承諾，這場會議可以有最自由的討論，但實際上根本就不是這樣。會議成員得要回答皇帝提出的一組特定問題，反映了他所鍾愛的執念；所有問題都是在他的假想中，猶太宗教和行事確實與拿破崙法律相衝突的地方。最高行政法院和宗教部（Ministry of Religion）的成員得要無時無刻地出席，約束了這些大人物聚會時的行事作風。

那麼，猶太人真的是法國人嗎？他們有把法國人當作他們的同胞嗎？那婚姻怎麼說？他們是不是擁護多配偶制？（這個問題居然可以被列入，就說明了這番審問有多粗魯。）猶太人會離婚嗎？（革命使離婚合法化；但拿破崙又把這改了回去。）那放高利貸呢？他們是不是真的禁止對彼此這樣做，但如果是非猶太人的話，就准許甚至鼓勵這麼做？

這是拿破崙式國家霸凌的典型做法。此外還有其他笨拙的措施。在巴黎市政廳（Hotel de Ville）後面的廢棄修道院所進行的顯貴會議就任會面，是安排在安息日的週六。當有人提醒會議召集人這一點時，就遇上了官僚主義的冷漠不在乎，強烈主張這批人有意冒犯。事實上，沒有什麼會阻止顯貴人士在清早禮拜之後前往就任會面並聆聽演講，假設他們能走到那邊的話。有些人搭馬車過去，可能包括了亞伯拉罕・費塔多；他現在比較有起色，儘管他常常成為人們私下批評的對象，批評說他唯一研讀過的一本《聖經》是來自伏爾泰的。

甚至在第一個說教的字眼被講出來之前，那一刻就已經讓法國猶太人有了分歧；而且就好像為他們的公民好行為定了個價格。但沒有人像費塔多那樣會說拿破崙式的語言，因而備受信任地獲選為顯貴會議主席，也有一部分是因為了解到，不管能對「偉大的保護者」講多少多麼誇張的話，只怕都還是不夠的。但憑著全能上帝之名，他會試試看。因此「他高貴的心，就算是片刻，也不可能想出一個沒有大幅改善我們處境的主意……這個曾經從派系分裂的狂熱中、從血腥無政府的恐慌中拯救了帝國的天才守護者……陛下開啟的事業，便是最令人稱奇的人所期望能達到的事業，此人的功績始終都會記載於歷史中」。然後如此如此這般。

緊張氣氛立刻就把正統派和沒那麼正統派的人區分開來，後者中就包含了所有為了猶太解放進行過革命鬥爭的老兵們：費塔多，如今已經成為了一個熱心、甚至可說奉承諂媚的波拿巴主義者；貝爾．以薩克．貝爾；還有負責編輯答覆的大衛．康采姆拉比。他和他的同僚們盡其所能地回應了問題，同時為拉比猶太教和《塔木德》的正當性辯護，始終以過度浮誇的方式讚美這位新摩西／大衛／所羅門王的仁慈、寬宏大量和智慧，來替自己的回應開場。

在原本革命時期針對解放的辯論中，這些問題就已經被吵過不知多少次，也確實有太多同樣的猶太領導者涉入其中，就算他們已經厭倦得要重複回答一樣的答案，也沒什麼好責怪的。但在奧斯特里茲戰役後形成的世界裡（在這世界裡，法國已準備要再度造成毀滅性打擊，而這次遭殃的是耶拿〔Jena〕的普魯士軍），看起來似乎沒有什麼能阻止拿破崙或者拿破崙帝國的擴張，在鼎盛時期一路從漢堡延伸到庇里牛斯山，而如果把衛星王國也算進去的話，就是從波蘭一路到那不勒斯。

為什麼它不應該長存？至少不該短於它自許為其當代分身的羅馬帝國啊。所以，那些自認為正在替自己「信奉摩西宗教的法國人」身分建立合法地位的顯貴們，就算十分清楚大家在進行商議時，有無數的政府官員正看著自己的一舉一動，但還是認真地看待著自己在這邊的工作。在司法制度中，他們竭盡所能地替猶太教的核心價值辯護，把這些價值轉譯成想必會讓掌權者滿意的安全牌忠誠。多配偶制已經是過去的事了；可以離婚，但要民事審判接受才行。至於跨族婚姻，這隻在拿破崙的帽子裡嗡嗡叫的大蜜蜂，他們則是稍稍放寬了一些說法，堅持只有禁止和「七個迦南族（Canaanite）、亞捫人（Amnon）和摩押人（Moab）及埃及人」通婚，雖然「我們不否認拉比的意見是反對這些（混族）婚姻的」。理由是，只有在有訂婚典禮的情況下，這婚姻才會被視為有效，而且「如果雙方都不視此儀式為神聖的話，這婚禮也無法完成」。換句話說，非猶太人的另一半得要改信，但顯貴們自己可沒辦法這麼說出口。

至於放高利貸的部分，以色列的律法有區分慈善貸款所需（無利息）和比較自由的商業借貸，而不是區分成對猶太人或非猶太人的借貸。所以猶太人只跟非猶太人收利息的謠言，根本就沒有事實基礎。最重要的是，「在猶太人的眼中，法國人是同胞而不是陌生人。當以色列人形成了一個固定的獨立民族時，律法明定一條規則，要他們把陌生人當成兄弟……『所以你們要憐愛寄居的，因為你們在埃及地也做過寄居的。』……當他們住在同一片土地上，被同一個政府、同一套法律所統治保護時，他們除了把他們當成同胞外，還會有什麼想法？當他們享受同樣權利，有著同樣要履行的義務時，怎會別做他想？」[40]

但即便在顯貴們完成了任務之前，拿破崙就決定他要用虔誠的假象，而不是任何一種政治發言，來迫使猶太人遵守國家契約。自從拿破崙在（他定期擄為階下囚的同一個）教宗庇護七世（Pius VI）主持下於聖母院加冕，他的鼻子對於神聖義務的香氣就再也無法滿足。於是就有了他的措詞：「陛下的意思是，由不得那些可能拒絕成為公民的人抗辯；會讓你們完全享受你們的宗教崇拜，並全面享有你們的政治權利。但相對的，陛下要求一個宗教宣誓，要嚴格遵守在你們的回答中立下的原則。」[41]別在乎哲學，那沒用的理智範疇。反而是宗教的偉大奇觀，把普通人和非凡的人都吸引到了其權威的源頭，或者說，他開始相信事情是如此（羅伯斯比爾在生命的尾聲時，也堅信差不多一樣的事）。拿破崙察覺到，只有效忠的文件搭配拉比的許可，才會對跑猶太會堂的阿什肯納茲人產生影響，他這樣的觀察當然也沒錯。因此，必須要召來一個新的敬畏對象，其有約束力的發言能和古老的摩西律法有一樣的權威，使其能確實地和它們相輔相成。

於是，一八〇七年（也是和沙皇亞歷山大在尼曼河〔Niemen〕上訂下條約的同一年）二月，在巴黎市政廳會面的「大猶太公會」（Grand Sanhedrin），就確認了拿破崙至少為半個世界的王者。正如他的加冕典禮洋溢著一種對查理曼大帝劃時代加冕儀式的精巧影射，以及對於自己地位可比歷史重塑者奧勒良（Oriens Augustus）的自我吹噓，大猶太公會也弄得彷彿自己是原版公會（在聖殿被摧毀的下個世紀，為了重訂猶太教常規而召開）的真正重生。拿破崙，這個賣弄學問的古文物研究者，在監控所有細節的過程中滿心喜悅且如魚得水。到目前為止，會有七十一個人。他們會被安排坐成一個半圓，根據年齡排序，全體都重複著原本的場面安排。而最重要的是，他們會訂立治理當代猶太人生活的交換條件：不受干擾的自由宗教行事；平等享有權利和法律保障，條件為接受拉比如今得是一個全面正常運轉的國家部門單位，而他們的會眾無條件地就是忠誠的法國男女。面對這要求，穿著訂製黑絲袍和三角帽（因為精緻高級的衣服是拿破崙統治時期的特點）的這七十一人欣然地贊成了。「借助於那經由古老慣例及神聖律法而歸屬於我們的權利……我們在此虔誠地命令，在民事與政治上的所有事務全面遵從國家。」[42]

接下來，是另一個帝國的特點：才剛給加入者協議、協定和合約，就把它撕毀。所以在一八〇八年就頒布了一套命令，其中最後的部分在猶太社群裡以「無恥」著稱，因為任何平等對待猶太人與其他法國人的故作姿態，到了這命令底下都成了空話。儘管顯貴們和猶太公會說了那麼多廢話，突然間，猶太人——或者應該說只有阿什肯納茲猶太人，因為賽法迪人融入法國已經到了一種可被接受的程度而獲得認可——遭受了社會經濟上的假釋，令人想起歐洲舊政體之中最可憎的歧視待遇，但還追加了現代化社會工程的扭曲。為了避免猶太人集中於都會，亞爾薩斯和洛林不允許進一步定居，像史特拉斯堡和梅斯這種大城市更是不行。為了「鼓勵」猶太人經濟多樣化以及農業活動和手工藝活動之利益，他們在進行任何交易或生意或隨便什麼之前，都得要有部門長官發的執照。如果他們被冠上了絲毫「放高利貸」的嫌疑，那份執照就會宣告無效。公證人得要監控所有借貸行為並給予借貸證明。而且，又有人立下了一個差別待遇，很快就被那些在巴黎報名參加神聖儀式的人察覺到，而在一個能量壓倒地取決於戰事常態化的國家裡，這差別待遇又顯得特別殘暴：只有猶太人被徵召入伍時，不允許花錢找人替代，這和帝國裡任何其他人都不一樣。這又是另一個法國皇帝與俄羅斯沙皇共同的偏見：到頭來，若以民族情操教育的功能來說，軍隊還是比拉比在他們的宗教法院裡能想像的任何東西還要來得可靠。

V 安息日燉菜

但接下來，歷史開始嘲笑著那些大計畫。

一八一三年春天，當別列津納河（Beresina）上的冰融化，而大陸軍（Grande Armée）陣亡者零零碎碎的遺骸浮上河面時，蓋布瑞．薛梅克（Gabriel Schrameck）被哥薩克人抓了起來。他曾經是被徵召入伍的猶太兵之一，進的部隊也可以讓他發揮專長：也就是裁縫。畢竟要做、要修、要改的裝飾綁帶和好看的外套褲子有那麼多。若要比閱兵的美觀，沒有哪隻軍隊比得上大陸軍。他們帶著軍人的容光在殺戮著。但隨著戰情逆轉，縫補丁就變成了時尚。能重新使用的一定都會用上：把死者的帽子從彈片穿透處重新縫好；從屍體的雙腳拔下完好的靴子。當時有太多的工作要做，不過蓋布瑞．薛梅克就跟軍中眾多的其他猶太人一樣，總是在想辦法（就和皇帝懷疑猶太人會做的事一樣）一邊履行軍中義務，同時避免自己違反了安息日的規矩。

但到了一八一三年秋初，那些焦慮——如何當個好猶太人和皇帝麾下的好士兵——似乎已經是遙遠的過去，已經只是夢想。軍中裁縫蓋布瑞．薛梅克自己都穿著補不好的破布，而抓住他的斯拉夫人是全世界出了名的討厭猶太人。他衣衫襤褸，身體被痛苦以及在俄羅斯大雪中如地獄般的撤退所帶來的凍瘡所侵蝕。現在他人在一度是拿破崙盟友「華沙大公國」（Grand Duchy of Warsaw）的波蘭。許多猶太人都在這國家當過官。現在他們和這國家都一起消失了。

蓋布瑞·薛梅克唯一能想著的，就是他號叫的肚皮。哥薩克人給了他抹了脂肪和豬油的麵包，但即便窘迫至此，他還是不能也不打算大口吞下不合戒律的食物。還不如就在這鵝群和黑麥群立的原野中死去吧。他在日記中寫道，如果他忠於《妥拉》，「上帝就會有心救你」。但他知道，收割時分意味著這是以祿月（Elul）。猶太新年和贖罪日神聖宗教節日（Yomim Naroim）接著要到了。他怎麼有辦法遵守下去？[43]

接著，有天早上，在某些村莊、某些猶太小城，那些和蓋布瑞·薛梅克自己在亞爾薩斯住的小村沒多大不同的地方，有人施捨了他。就算那不是上天對他痛苦禱告與喃喃自語的回應，就算那不是兩角扣在稠密小樹中的公羊❸，但至少，確實是有人給了他一點東西：

> 這個村莊的人前來看我們，其中有許多年輕的女孩和男孩。他們聽說過有法國的俘虜，便好奇地想來看看。在那些人之中有猶太人。他們穿著他們最好看的安息日衣服來看我們。我光著腫脹而滿是凍瘡的腳，悽慘不已。但因為我看到一個年輕女人對我們有同情心（rachmones），所以我對她說話。我告訴她我也是猶太人，問她有沒有什麼辦法可以讓我們得到一點點食物，我甚至願意付點什麼給她。她說好，便回家拿了一個裝滿了粗粒小麥粉和肉的燉鍋過來，還是熱的。她餵了我兩匙這食物。但我真的沒辦法吃太多，因為我的胃已經在飢餓中嚴重縮小了。我把一些食物留給其他俘虜，然後離開去嘔吐。接著我問那女人我欠她多少，但她拒絕了說：「這沒花到我什麼錢，而且現在是安息日，不管什麼事都不能收錢。」

❸譯注：指亞伯拉罕通過上帝考驗後的情況。

這就是一切的結果：解放運動的史詩淪落為衣衫襤褸的餓鬼，極度渴望從那些慣常生活沒被哲人傲慢辯詞所干擾的猶太人那邊，拿到一點點同情心。蓋布瑞．薛梅克，這名裁縫、帝國兵、公民猶太人、充分獲得應有權利者，此時還剩下的形骸，以一種他自己都沒有完全領略的方式，不知怎麼地回到了家，迎向了一鍋熱騰騰的安息日燉菜——那道他小時候狼吞虎嚥的安息日燉菜，迎向在他身心痛苦之下、無法吞嚥下去的，那悔憾的一口。

第十二章

Chapter Twelve

在此定居

The Story of the Jews

I 波多里亞之石

令人目瞪口呆的事情是，它們看起來依舊如此有存在感：東歐無數個世代的猶太人。即便連納粹也殺不掉死人，所以成千上百的、其中許多雕刻著鳥獸、手與皇冠的猶太墓碑，就對泯滅做出了公然抗拒。有太多感嘆小城終結的書，都哀悼著一種消失：上百萬人就這樣化為塵土。他們怎可能不化為塵土呢？然而在那些墓石之間有著新生命；普通但難能可貴的重生。那些鎮名總與德國發動反猶迫害時的夜裡哭喊聲一同響起的烏克蘭城鎮——別爾基切夫（Berdichev）、日托米爾（Zhitomir）、捷爾諾波爾（Tarnopol）、基希涅夫（Kishinev）——都再次有了猶太人，在裡頭祈禱著、唱著、吃著、閒聊著、學習著、爭吵著。在敖得薩，這個從那群耀眼的意第緒語作家和首批錫安主義者興起的時代至今，熟鐵陽臺始終維持同個姿態突出於街道的城市裡，如今有三萬名猶太人。到了週五晚上，麻花串狀的大塊哈拉麵包（challah），因為抹了蛋黃而透著光澤，就擺在一碗碗鷹嘴豆泥和肝肉泥旁邊。手風琴昏沉地開始演奏；一個古老的派對開始在桌上快樂地碰撞起來，活過古拉格滅絕和紅軍戰鬥的倖存者唱起了《屋頂上的提琴手》（*Fiddler on the Roof*）的歌曲，同時骨架粗壯的青少年跳起了以色列霍拉舞（hora）的大圈圈。在別爾基切夫，一個年輕的哈西迪派拉比，在蘇聯的同化和家族的漠視下恢復了他的猶太教信仰，他玩弄著自己鬍鬚上的捲曲，並帶著一種兩百五十年前哈西迪派創立者會認可的不諳世故微笑，堅持「萬物皆有神聖性，無一例外」。

無論如何，除了博物館、紀念碑、大屠殺紀念日、紀錄片、哀悼音樂之外，在阿什肯納茲猶太人的記憶庫中，至少還有一些其他東西令人情緒澎湃。這也不能太誇大。在猶太人傳統中與呼吸（neshama）以及情感（nefesh）一同構成靈魂的生命之息（Ruakh），被血所淹沒了。因為在敖得薩，每一間點亮了的猶太會堂，都還有著聶米羅夫（Nemyrov）的記憶；一九四一年六月二十六日和二十七日，德國士兵在烏克蘭法西斯民兵的協助下，把一千五百個猶太人趕進了大猶太會堂，並在牆邊將他們全數射殺。在兩年前，一九三九年九月德國部隊入侵波蘭的最早一波行動，就包括了把該地的木造猶太會堂焚毀，並逼迫已經因剃鬍和痛打而苦不堪言的當地猶太人，一邊看著輝煌建築在火中崩毀，一邊唱歌跳舞——快點快點（HOP-HOP SCHNELL）。有時候，讓那些看熱鬧的武裝者皆大歡喜的是，他們還會強迫猶太人親自點火。在比亞維斯托克（Bia ystok），猶太人甚至自己都被推進了火裡。就這樣，十八世紀歐洲最美麗的一些建築，就和在裡頭唱歌的人們一起灰飛煙滅了：有四層屋頂相疊的納羅夫拉（Narowla）猶太會堂；普熱德布日（Przedborz）猶太會堂，有著由葉胡達．萊伊布（Yehuda Leib）繪製的明亮壁畫，有琴狀雕刻的天花板和彩色玻璃，全都化為白灰；波格列比謝（Pohrebyszcze）猶太會堂，其精美的大燭臺是波格列比謝的巴魯赫（Baruch of Pohrebyszcze）用收集來的廢銅碎片製作，花了六年才完成的；有著魯賽尼亞式洋蔥型圓頂的庫爾尼克（Kornik）猶太會堂，是由拉斯科（Lasko）的西列爾．便雅憫（Hillel Benjamin）所建造的。[1]少數建築物能倖存，是因為德國人興致好，把它們轉作公廁、畜舍和妓院使用。在琴斯托霍瓦（Czestochowa）的猶太會堂，年輕猶太女孩日復一日地遭到強姦及性虐。

但撐過這一切的會堂多到令人驚訝。遍及烏克蘭西南部的磚石造猶太會堂（自從聖殿毀壞以來，第一個由猶太人打造的堅固防衛建築），完全不辜負所謂「堡壘猶太會堂」的這個歸類。德國人在一九三九年和一九四一年各拆了一次，才把普熱梅希爾（Przemysl）大猶太會堂的裡面大部分拆毀，但到一九五六年共產黨政權下令整個拆除為止，該建築的外殼還是屹立不搖。其他在十六到十八世紀末之間興建的堡壘會堂，至今仍在原地，處於從徹底荒廢到全面重建的各種狀態：在索卡爾（Sokal）、杜布諾（Dubno）、博列霍夫（Bolechow）的會堂，有著粉紅色山牆的若夫克瓦（Zhovkva）會堂、紅磚的烏格尼夫（Uhniv）會堂、有角塔的薩達哥拉（Sadagora）會堂，還有最壯觀的一座會堂，以威風的立方城堡外型，座落在古波多里亞邊境城鎮薩塔諾（Satanow，烏克蘭語稱薩塔尼夫〔Sataniv〕）的山坡脊上。

薩塔諾的第一間石造猶太會堂，是在一五六五年興建的，用來防禦韃靼人和莫斯科人（Muscovite）的突襲。一個世紀後，哥薩克反抗者丹尼爾．尼柴（Danko Nechay）燒毀了城鎮，包括猶太會堂的內部，同時他還忙著屠殺猶太人和天主教徒。當反對波蘭皇室的起義衰落後，城鎮的北端就蓋起了一座城堡。同時，原本的祈禱用石屋被大規模擴大並強化，其後便合情合理地被稱為「大猶太會堂」。薩塔諾的會堂就跟它在波多里亞的姊妹堂一樣，底端是露出半窗的地下室，上頭還有兩層樓。但定期發生的攻擊，特別是由馬背上的非正規軍——被稱作「海達馬卡」（haidamak）的土匪兵——所發動的突擊，使猶太人同意，他們需要用某種比全心奉獻還要強大的東西來保護他們的祈禱。海達馬卡的突擊因其殘酷而令人喪膽。薩塔諾的會堂就跟其他地方一樣，最上頭的平屋頂牆面打穿了許多槍眼，讓火槍可以直接對攻擊者開槍，甚至連輕型的火炮都可以。整修建築的人在屋頂上找到炮彈殼碎片，即明白地顯示，一直到第一次世界大戰為止，薩塔諾猶太會堂裡的人是既能聽見祈禱聲，也能聽見各種武器的炸響。

至於堡壘猶太會堂裡面的模樣，可說是和人們想像中典型小城鎮會堂會有的那種簡陋小空間有著天壤之別，薩塔諾的會堂內部空間非常大。一如波多里亞和沃里尼亞（Volhynia）的典型風格，薩塔諾會堂內有四根大柱，頂住高聳的拱型天花板。十八世紀中期最後一次擴建時，女性們放棄了自己分離的、自由站位的祈禱室，而重新進入了會堂內，更常在半遮蔽的邊座區祈禱。為了容納她們，天花板被挑高，並朝外壁挖出一個圓型凹面或者分成好幾級的燈籠型天窗，窗裡側通常有繪製圖樣。光線會落在一個精緻的中央讀經臺上，它本身就用華蓋遮蔽著，像個會幕、亭子或者皇冠一樣，用肋狀的、拱型的、鍍銅的支架構成，並掛著枝型吊燈。就跟猶太人所在的東歐其他地帶（從立陶宛到加利西亞[1]）一樣，也會有較小的私家會堂遍布城鎮中。在哈西迪派的早期日子裡，那些會因為大喊大叫、狂熱翻跟斗而讓老一輩皺眉頭的內行人，會聚集在這樣的小房間裡。但到了猶太曆上最重要的幾個場合——逾越節、住棚節、新年和贖罪日，薩塔諾的猶太人會走進他們在山丘上的大會堂，在那裡，《妥拉》聖櫃會以猶太洛可可風所能提供的最好條件來裝飾。彩繪的獅鷲將牠們長滿羽毛的翅膀伸向一片天藍的底色，濃厚的藍色甚至到最為毀壞的日子裡都還能看見。在獅鷲之上，高過十誡石板之處，一個複雜而優雅的垂花飾與卷軸裝飾向上連到一對獅子身邊，兩獅中間拿著妥拉皇冠——唯一對猶太人而言有重要意義的皇冠。

如果不是一個基督徒鄰居伯利斯・斯洛波狄紐克（Boris Slobodnyuk）展開了一段漫長、不屈不撓的一人計畫來阻擋「人民推土機」的去路，這一切的華麗壯觀在一九七〇年代可能都要倒下了。隨著戰爭結束、從蘇軍退役，伯利斯就回歸了薩塔諾的低矮山丘，回到他在猶太會堂對面的家。「我一直覺得它對我而言的意義就跟對猶太人一樣。」他說。在會堂的會眾變成了貝爾賽克（Belzec）滅絕營煙囪噴出的濃煙之後，伯利斯就覺得，他得責無旁貸地成為會堂的保護人。有一個哈西迪的傳統主張，如果需求實在是十萬火急，一個人就應該站在猶太會堂內一塊特定的石板上，並奮力「與萬能上帝交流」（devekut）。當伯利斯的太太因癌症快要死去時，他進入了廢墟，穿過荊棘，並站在了石板上，盡全力召喚求情的魔法。癌症無情地擴散，但伯利斯覺得他應該拯救薩塔諾的猶太會堂，就算其咒語無法解救妻子也一樣。這在絕望中給了他希望，而且，某種程度上，後來也給了他平靜。他感覺到，彷彿這建築物，就算已經毀壞成破殼，依然像他說的一樣，「是個鄰居」。所以，伯利斯・斯洛波狄紐克阻擋了那些推土機，並死纏著官員，持續整理文獻資料，直到文物保存者、歷史學家（以及終於等到拉比）返回薩塔諾。伯利斯看著學生們連根清除掉荊棘叢，封好屋頂和牆壁的洞，修復並重排磚牆，貼回灰泥畫，小心翼翼地修復嚴重受損的粉飾灰泥。獅鷲、獅子和獨角獸都重新現身了。隨著薩塔諾受公眾注目，以及烏克蘭制定了體察猶太人回憶的政策，伯利斯就成為了當地的英雄人物。轄區高官吞著怒意吹捧著他，並在自鳴得意的慶祝儀式上，把官方的文化功績證明書頒給他。伯利斯喜歡回想一切不可思議，當他談起這些事情時，他的金牙在餘暉中還發著光。

跨過茲布魯奇河（Zbruch）對面的山坡上，就是安葬了上千名薩塔諾猶太人的墓園。[2]沿著路上坡，就會看見一波又一波的墓碑或站或靠，歪歪倒倒地致著意。在草綠的山坡上，一個石造的小動物園在褪色的薄霧

❶ 譯注：此處的加利西亞，並非是西班牙的加利西亞。

中秀著身上的五顏六色。前往這種城鎮的旅行者曾提到，在哈西迪派的文化征服之後，有些波多里的墓碑被畫上了明亮色彩；但如果薩塔諾的情況是如此的話，烏克蘭的氣候早就把顏色都侵蝕殆盡了。然而，碑上還是有令人振奮的盎然生機。熊為了葡萄而攀爬；三叉角的雄鹿耙著地表，怒目盯著入侵者；一條繞成圈的巨蛇吃著自己的尾巴；一頭獨角獸把自己的角猛力撞向一頭驚愕獅子的咽喉。釘在時間之輪上的三隻野兔追著彼此的尾巴。墓地裡的喧囂持續不止；那是一整個猶太人的共和國；那些自大狂（groyse makher）、真正的大人物，安置在最顯著的位置；沒沒無聞的人們擠在後排。在山坡脊上的利未區裡，大罐大罐的水自己倒了出來。分散在普通以色列人之中幫了他們一個忙，教士（cohanim）張開了他們的手掌，拇指的碰觸形塑了蝴蝶的祝福。在希伯來語中，這樣的地方一般被定名為「生命之屋」，而薩塔諾的猶太人圈子就在你身邊處處人聲在長滿芥末色、毛茸茸苔蘚的石灰層底下輕聲嘀咕竊笑。氣象學、地質學和政治上的大變動，讓這些石板東倒西歪，就彷彿猶太人們陷入一場爭執而傾壓進彼此的空間裡。你小心翼翼踩在他們之間，並偷聽他們說話。所以拉比覺得自己墳墓上會有篷蓋嗎？這是什麼，某個「公義賢者」，不介意我問一下，這又是誰說的？法比許（Farbish）嗎？他跑去華沙了，這位大爺。有人看到他在咖啡館之間閒蕩；他和他那些鬼主意，都是那些地方對他做的好事；還不是夾著尾巴回來了。普羅特尼克，你猜他怎麼著，他喝酒喝掛了；他好像是什麼客棧老闆的，被自己弄的劣酒害死了，願他安息；還有他那個吉泰爾（Gittele），眼睛跟小刀一樣，看著你就剝你一層皮，請原諒我講話不敬。

你找到了回到旋轉野兔的那條路。牠們有些怪怪的，但如果你不把指頭放上去，就察覺不到哪裡怪怪的❷。三隻野兔圍成的圓圈裡雕進了三隻兔耳。這塊墓碑的雕刻者打造的兔子側面是如此精巧，讓每隻兔子似乎擁有完整的全身樣貌。這種野兔不只一次出現在薩塔諾的墓園裡，但和獅子、熊以及公鹿不同的地方在於，他們並不是猶太墓碑圖樣的標準特徵。許多動物象徵的是人名。如果死者叫赫希，就刻一隻雌鹿；如果他是阿里葉或葉胡達，就給他一隻獅子。其他則是有《聖經》或《米德拉什》的典故。有時候它們是用來替代仍然禁止出現在葬儀藝術中的人類形象，只是說除了人類之外，幾乎所有其他的東西都准許出現。[3]約書亞派去應許之地並帶著水果回來的探子，是用兩隻漫步的熊取代；這兩隻熊攜帶著一根水平的桿子，上頭垂掛著一串葡萄。銜著桃金娘枝的鴿子表達了挪亞洪水退去時的救贖。但旋轉的野兔比較容易在中世紀法國和英國西部教堂裡發現，在那裡，這種兔子畫被康瓦爾礦工稱作「錫礦工兔」。野兔甚至可以在絲路沿線的佛寺牆上找到，而牠們的動作實在是像極了濕婆（Shiva）轉動火輪的手臂。

所以野兔從某個別的地方跳進了薩塔諾，可能是某個很遙遠的地方。畢竟，這個城鎮是一個貿易和創意的交會點，就座落在聶斯特河（Dniester）畔林木茂密的地帶、喀爾巴阡山脈的隆起處、紅俄羅斯（Red Ruthenia）的黑土肥沃平原和東邊的聶伯河（Dnieper）盆地之間。十八世紀末，當加利西亞西邊的領土在瓜分波蘭的過程中被哈布斯堡奧地利帝國奪去時，薩塔諾就成為了帝俄極西的邊界城鎮之一。這城鎮離東南邊土耳其與摩達維亞—瓦拉幾亞的邊界也不遠：那是一個有著七月桃、羅姆音樂的世界；還有煙燻五香肉——他們稱作「巴斯托馬」（bastourma），我們稱作「帕斯脫拉米」（pastrami）。不意外的，薩塔諾立刻轉型成一個沙皇政府試圖不讓猶太人進入的走私者樂園。如果有人把那奢侈的墓地、墓地上那種石刻的盛宴，還有山坡上壯觀的城堡猶太會堂，外加某個生氣蓬勃的市場（十三個猶太店主共用一間木板屋頂建築）的存在紀錄全都放在一起思索，很明顯就會發現，薩塔諾就跟東歐猶太人所在的無數類似城鎮一樣，完全不像《屋頂上的提琴手》裡想像出來的、有著一頭乳牛的破爛小鎮「安納特夫卡」（Anatevka）。但話說回來，送牛奶的泰維（Tevye），以及有著「低矮又搖搖欲墜」、「屋頂一半埋在地上」的「小泥屋」，還有一大群可悲的貧窮猶太人住在窮困至極的街上「像桶裡的鯡魚裝在一起似地」，除了反猶迫害到訪之外，整個隔絕於非猶太人世界的安納特夫卡鎮，又都是十九世紀末沙勒姆．亞拉克姆（Sholem Aleichem）撰寫的生動虛構場景。[4]他和另一位描寫出想

❷譯注：「put your finger on」的雙關語。

像中猶太城鎮模樣的偉大意第緒詩人——門德烈・莫伊賀・斯佛利姆（Mendele Moykher Sforim）——都是在一個與史實保持實質距離和時間間隔的位置（通常是都會區）進行寫作，而且在他們寫作時，俄羅斯的「猶太人定居地」（Pale of Settlement）也開始受到人口減少、經濟機會緊縮和頻繁暴力攻擊的傷害。認為自己擺脫了猶太小城窒息狹隘氣息的作者，將「猶太小城以殘破廢墟為最明顯特徵」的形象，反投射回他們筆下的猶太城鎮上。他們人在敖得薩或紐約德蘭西街（Delancey Street），坐望著面前震動作響的路面列車，抽著來自俄羅斯的香菸，同時腦海裡滿是遠方山羊的叫聲和贖罪日的懺悔哀痛聲。他們還沒意識到自己做了什麼，就已經創造出一個幻想的安納特夫卡，異想天開的程度堪比來自維捷布斯克（Vitebsk）這個大都市的畫家馬克・夏卡爾（Marc Chagall），從他夢裡所召喚出來的任何幻想。

猶太小城的現實狀態，在十八和十九世紀初並不一樣，不過客觀來說，至少在人群的面貌多樣和社會的詩意上是一樣豐富的。[5] 首先，就如以色列・巴爾托（Israel Bartal）和格爾紹・亨德特（Gershon Hundert）都有注意到的，敘事者口中的猶太小城被縮小了，縮小成一個常民小村，容納了一組可掌控（且可預測）其行為的角色：拉比、火柴匠、屠夫、自我壓抑的神祕主義者；還有尋常人。可能有幾百人，全部是猶太人，他們在那裡祈禱、抱怨、散播八卦、打鬼主意、吟誦歌唱。是有這樣的地方。但十八世紀時，住在波蘭和立陶宛，以及之後在奧屬加利西亞及俄羅斯定居地的大部分猶太人，都生活在薩塔諾這種真實城鎮裡的人群之間，一個群聚人數至少有三千人，而且通常會比這還多。[6]

到了一八〇〇年，奧屬加利西亞的布羅德已有八千六百名猶太人——將近城鎮居民的百分之七十。在過去波蘭立陶宛共和國（Polish-Lithuanian commonwealth）的領地上，那幾百個人口從三千到五千人的城鎮裡，猶太人至少都占了一半；通常是比波蘭人還要大宗的團體。那是他們的地盤。一七六四年時，光是波蘭就有七十五萬名猶太人；到了一八〇〇年，波蘭立陶宛共和國境內有一百二十五萬人；到了俄羅斯革命時，光是在猶太人定居地裡就有五百萬人。

而且他們並不像在基督教世界的眾多其他地方一樣；他們並沒有過著偷偷摸摸的日子。他們明顯可見，甚至（如旅行者常常抱怨的，）無所不在、想避都避不掉。在維也納，利奧波德城（Leopoldstadt）的主要猶太會堂必須要和街邊的建築門面一致，入口如果不藏起來就要低調。在薩塔諾和其他波多里亞、沃里尼亞與基輔州的城鎮裡，壯觀的建築毫無歉意地立在教堂旁邊或對面，有時候還眺望著同樣由猶太人主導的市集地。到了十八世紀末，他們已經占了波蘭百分之七十的都會人口。

自從十三世紀猶太人首度被允許進入波蘭以來、且想必是自從他們的第一份特許權狀發布以來，他們就可以住在任何想住的地方（除了華沙等少數皇家重鎮以外），並從事任何想做的工作。波蘭史上第一個猶太隔離區是納粹在一九四〇年引入的。在梅德布日（Mezhybozhe，現稱梅德日比日〔Medzhybizh〕）這種大一點的城鎮裡，兩千名猶太人至少有三分之一有基督徒鄰居。這裡的猶太人是有專長的手藝——舉例來說，製帽——但猶太人不僅沒被限制只能做傳統工作，而且還獨步全歐洲，可以（且真的有）組織一個保有自己全部習俗儀式的行會。在利維夫（Lwów），猶太金匠以製作——並炫耀——他們的盤子而出名。[7]猶太人在波蘭商業經濟的中心地位，讓他們成為其他波蘭人無法避開的存在，無論波蘭人實際感受有多複雜。不論是擔任市場端零售商，或者是擔任中長距離商人；猶太人來回穿梭在黑海經摩達維亞—瓦拉幾亞向北至烏克蘭、立陶宛和波羅的海的路上，每天都在和非猶太人交易。他們（有男有女）從較小的城鎮駕著車進入鄉下購買農產品，並把衣服或者鏡子、針線、別針、蠟燭或刀具賣給農民。在比較大的城鎮裡，他們可能會在蓋住石造商店街的木板屋頂下開店，或者在木造棚子或流動貨攤上叫賣。會有農民帶魚、乳酪、亞麻和獸皮來，他們則會把玻璃器具、陶器、手套、帽子、銀製帶釦、毛邊外套、蠟燭、鏡子賣給他們。在文尼察（Vinnytsia），有二十四個這樣由猶太人經營的固定商店，還有三十九個流動貨攤。在沒那麼大的圖利欽（Tulchin），則是有六十間石屋商店和八十五間木造商店。[8]

波蘭立陶宛共和國的猶太人不管從哪方面看，都沒有身陷泥淖。無數的人們不止息地向前走：乘著四輪運貨馬車、郵政馬車或者直接騎馬。猶太人是馬上的民族，即便他們是騎在非猶太人製作的馬鞍上。我的母親深情地說起某個立陶宛的叔祖父，聲稱他在巡迴馬戲團裡可以無鞍騎馬。猶太人也是水中蛟龍，沿著聶斯特河和維斯瓦河（Vistula）流域的廣大盆地駛著淺水船和木筏。駁船和木筏的船長每四個就有一個是猶太人，而他們的船員也是。[9]如果意第緒語是貿易猶太人的混合通用語言，那麼對更多更為野心勃勃、足跡更遠的人來說，那就不是他們的唯一語言了。他們和他們所居住的社會聯繫太深，使他們別無選擇，只能學會一些波蘭語、德語、俄羅斯語、烏克蘭語。像托考伊（Tokaj）貿易商「博列霍夫的柏爾」（Dov Ber Birkenthal）這種更愛冒險（並留下一本珍貴無價的回憶錄）的人，可能到了匈牙利語時會卻步，但他已經會了拉丁語、德語、法語和義大利語，在自己的生意裡，這些語言都用得上。十八世紀的旅行者固定都會提到雇用猶太人當翻譯，因為沒有別人能在這種諸多交雜的語言中展現身手。

沒有什麼東西是他們不買不賣的，不論來自四面八方：鹽和硝石；精美的白棉布、平紋紗布、細亞麻布、塔夫綢、亞麻布、染色的山羊絨和多彩花緞；穀物和木材，蠟和獸皮；鐵和銅；風乾的土耳其桃、無花果、柳橙和杏仁，巧克力和乳酪；蛋白石和毛皮；糖、薑、香料、魚子醬和干邑白蘭地；墨水、羊皮紙和紙；香水和藥水；帶釦和皮帶；刀具和男子服飾用品；中國茶和土耳其咖啡；琥珀和鐵製品；焦油和煤炭；靴子和緞帶，小孩的手套和黑色羔羊皮；巴爾幹半島的菸草和來自各地的葡萄酒（都是特產）；苦艾酒和白蘭地，水果伏特加和蜂蜜酒；護身符和萬靈藥；書本和拉比與哥薩克人的肖像複製品，是朋友還是敵人他們不會太操心；微縮的蝕刻板畫（當時正在流行）；陶器和白蠟器皿；哞哞叫著的角牛、整群的綿羊和山羊，然後，猶太人連養肥了的公母豬都賣，地點比你想得還多——好比杜布諾（Dubno）和羅夫諾（Rovno）。[10]畢竟，他們自己又不用吃牠們。把猶太豬販加進《屋頂上的提琴手》的刻板印象，並糾正猶太小城裡猶太人的慣例面貌，應該是沒什麼問題的。

當然也有傳統的維護者（雖然，你可以是一個《塔木德》的聰明人〔chokhem〕，同時仍經營一間酒吧，只要別在安息日做生意就好）：屠夫和行割禮者和領唱者和希伯來學校老師，還有那些只想不被別人打擾，好用餘生天天獨自研究《塔木德》文中高深莫測之不朽精華的人。但另一方面，還有其他的猶太人。他們是毛衣加工者和石匠；運貨馬車夫和旅館馬夫；眼鏡師和理髮外科醫生；銀行家和鑄幣工；印刷工和書商；士兵和音樂家；製帽匠和金匠；紡織工、刺繡工和染布工；珠寶商、鐘錶匠和上釉工；木材商、鋸木工和油漆工；走私者和偷牲畜賊，騙子和仿冒者；還有一門行業根本不用再加進去，那就是外科醫生和藥劑師。這些藥劑師（aptekarz）會賣苦艾治你反胃、賣溫啤酒混牛屎治疝氣，而當你慘到罹患一種把你的頭皮變成一大把茂密糾結又油膩的頭髮之恐怖疾病「波蘭辮子」（Plica polonica）時，還會賣給你用風乾水獺皮磨成的粉末。[11]猶太人也是工業家，租賃並經營著博赫尼亞（Bochnia）深入地下的鹽礦，以及立陶宛龐大的林木資源。而他們也是牧者和農人。波蘭的猶太人和歐洲其他地方都不一樣，他們在一五九二年齊格蒙特三世（Sigismund III）的特許條款之下獲准租賃，有時候甚至獲准持有自己的地產，他們可能接著會出租給佃農，或者自己直接和猶太或非猶太勞工一起耕種。行經立陶宛的教士威廉・考克斯（William Coxe）驚訝地看到他們在田野中「播種、收割並堆起乾草」並從事「其他畜牧飼養的工作」。[12]在十九世紀初被沙皇趕到那邊的猶太農人，到了一八五〇年時，已有一萬五千人在赫爾松省（Kherson）的土地上耕作。一個世紀前，所羅門・邁蒙的祖父海曼・尤賽夫（Heiman Joseph），在尼曼河附近租了一些農場，以及一間水力磨坊、棧橋和橋樑（維修狀況並非總是良好）、碼頭和一間用來儲存貨物的貨棧，就在從柯尼斯堡（Königsberg）而來的河道上。[13]他的兄弟們擔任他的佃農；他自己不只顧牲畜，也顧蜂箱。

蜂蜜是用來釀酒的，因為在身為一個虔誠的農夫之外，海曼・尤賽夫（就跟鄉間小鎮的眾多猶太人一樣）也是旅館老闆、兼做釀酒和蒸餾酒。從波蘭大亨們——海曼・尤賽夫的拉齊維烏家族（Radziwill）地主，其他地方則還有布拉尼茲奇家族（Branicki）、波多茲奇家族（Potocki）、扎莫厄斯基家族（Zamoyski）、但賓斯基家族（Dembinski）、魯伯米爾斯基家族（Lubomirski）、波尼亞托夫斯基家族（Poniatowski）、恰爾托雷斯基家族

（Czartoryski）和（薩塔諾的）謝尼亞夫斯基家族（Sieniawski）等等——把造酒、賣酒的專屬權租給猶太人的時候開始，他們就寡占了整個產業。在一個大概有兩到三千名猶太人的中等大小城鎮裡，如果有五十間酒館、全部由猶太人經營，且同時當作旅舍、釀酒室和蒸餾室使用，並不是什麼不尋常的事。扎莫厄斯基家族的地產上有三十八間蒸餾所、一百零一間旅舍和一百四十間酒館。[14]在許多這類城鎮裡，你很難找到一個猶太人完全沒有以任何一種方式和酒業沾上邊，就算只是靠著經營一間路邊旅館賣飲料（或者香腸）來貼補貧乏的家庭收入的人都免不了。

這不是種閉門造車的文化。猶太人湧向了市集，抽著菸，聊著八卦，並把小男生、小女生們派出去拉扯路過客人的袖子。他們也沒有都穿得像烏鴉一樣。波蘭是少數幾個沒有由教會或國家強制推行猶太人衣裝準則的地方，也不用別上羞辱人的標章或識別物。買得起毛皮絲綢的人，就可以穿著炫耀。加利西亞的市集女性（通常是誰家的太太或祖母）主持著店面和貨攤，她們戴著黑絲絨「王冠」，帽邊用閃閃發亮的水晶和假珍珠串纏纏繞起來。像卡曼涅茨（Kamenietz）的麥可・柯馬諾維奇（Michael Kolmanovich）這類比較有錢的猶太人，穿上「波蘭裝」（à la polonaise）的時候並不孤獨；那是一種長袍（kantusz），有著袋狀的袖套蓋住了一件藍紫色或藍色的襯衫，而在他穿著的袍子上，他的儀式用流蘇會優雅地縫在外套底部的一角。他那位和他一樣屬正統派的太太，穿著紅裙和一件深藍絲絨的短上衣。甚至連祖母都用毛皮裝飾和彩色蕾絲來讓她的長袍和外套更為光鮮。[15]這些手頭寬裕的猶太人，不管手上有多少珍珠都不夠。當葡萄酒商「博列霍夫的柏爾」的房子在一七五九年夏天被土匪洗劫（當時他出差了）時，他們從他太太莉亞那邊奪走了兩條珍珠項鍊——四件長袍中的一件，另一套五件中的一件；還有「價值不斐的美麗頭飾；十個配有高貴珍罕鑽石的金戒指」，以及屬於他小姨子瑞秋的珠寶。[16]而且，雖然柏爾家族確實富裕，但他們並不在波蘭猶太頂級富人之列，一個可能屬於首富等級的人，是利維夫的阿布拉梅克（Abramek of Lwów）。宮廷藝術家克里斯多福・拉德奇威洛斯基（Krzysztof Radziwillowski）曾在皇家委任下，於一七八一年為他女兒莎卡（Chajke）留下了肖像。[17]莎卡身上的裝飾珠寶多到令人驚訝，令她光彩奪目。四條雙帶珍珠鍊從頸部掛到胸襟，其中兩條還掛著巨大的黃金墜飾，裡頭鑲嵌著肖像。還有更多的珍珠鍊用來當頭飾的滾邊，頭飾不是黑的，而是用白絲精細地織成條紋。她的長袍用的是濃密的玫瑰色花緞絲，而她深色的眼睛，用一種自信望著藝術家、國王和我們，那種自信實在太直接，而近乎是一種樂趣。

雖然還是有著定期的血祭毀謗和天主教推行的改信運動，但至少在猶太人的歷史裡，他們總算有一次活得好像他們不是受壓迫的少數人——事實上也不算少數了，在許多城鎮裡根本就是多數。「他們到處都是」——是旅者們來到捷爾諾波爾或者快速發展的加利西亞城鎮布羅德，並發現這些地方看起來就像純猶太城市時，會脫口而出的評語。安德魯・亞歷山大・柏納爾（Andrew Alexander Bonar）和羅伯特・莫瑞・麥奇恩（Robert Murray M'Cheyne）在布羅德找到一百五十間猶太會堂（有些當然相當小），但發現當地只有兩間天主教堂時，他們十分震驚：

> 這裡看起來是個全猶太的城市，而零星四處出現的少數非猶太人在猶太群眾中顯得不知所措。猶太男孩、女孩在街上玩著，猶太男僕傳遞著訊息，猶太女人是門前、窗前唯一能看到的女性，而猶太商人則占滿了市集；當我們在一條條街上晃來晃去時，滿目盡是男人戴的高頂毛帽、女人戴的華麗頭飾和男孩戴的小圓絲絨帽。猶太女士倚在陽臺上，貧窮的老猶太女人坐在攤位前賣著水果……在「巴剎」裡他們賣著獸皮、手工鞋、陶器。

各種年紀的女人坐在她們的店鋪前，或者戴著她們乳白色的珍珠在街上走著，「彷彿她們是遭拘禁也不滅風采的皇后」。[18]

當蘇格蘭軍醫亞當・尼爾（Adam Neale）被派到君士坦丁堡的英國大使館的路上，經過加利西亞和波多里亞的時候，他觀察到「旅行者常常留意到，波蘭現在似乎是歐洲唯一一個有讓受迫害猶太人獲得任何大型且永久之居住地的國家」。[19]尼爾並非猶太支持者。他把波蘭鄉下那種非蘇格蘭的懶散，歸咎於他以為是邪惡猶太人寡占造酒業的情況：把茴香和葛縷子加入原本燙傷咽喉的純酒使其變得可口，將波蘭農民誘導至令人呆滯的成癮狀態。但如果對蘇格蘭醫生來說，他們是惡魔，那他們也是英俊的惡魔。尼爾坦承：

（猶太人在波蘭立陶宛共和國）享受的自由和公民權，似乎對這種族的體質和面相產生了一股強大的效應，給予他們一股在其他國家我們可能找不到的尊嚴和能量。穿著拔至腳踝、有時候還裝飾著銀搭鈕（裝飾性的鉤環鈕子）的長黑袍的男人們，頭上戴著毛帽，栗色或紅褐色的捲髮從前面分開，並優雅地以捲曲螺旋狀落在他們的肩膀上，大幅展現出男子氣概之美。

尼爾深受震撼，甚至把那些猶太人和達文西或卡羅．多爾奇（Carlo Dolci）的畫作相比。「當我注視著一個希伯來村人的雙肩，一顆頭呈現那些面相學的特性時，一種不由自主的驚懼不只一次地纏住了我……我時常聯想到救世主的抽象理想容貌……在女性美上，女人們也同樣出眾，但其他國家的猶太女人也不乏美貌。」[20]因此，基督教對於俊美猶太人的幻想，不可置信地是在波蘭和烏克蘭的阿什肯納茲猶太小城開始想像的。

東歐猶太人的一切從來都沒有靜止或狹隘過，甚至連《塔木德》學習也是。在那條不停朝下一道地平線邁進、並始終依市集曆法律動的貨物兼思想鏈上，他們不分貴賤，都是人身做的可動零件。長距離移動的猶太商人，在基輔、德勒斯登和（最重要的）萊比錫等國際大市集裡都是標準的固定班底。典型的一個人物就是納坦．諾塔．本．哈伊姆（Natan Nota ben Hayyim），人們預期他每年都能把裝滿四十輛馬車的俄羅斯紫貂皮和狐皮送到萊比錫的米迦勒市集（Michaelmas fair）。布羅德的商人在萊比錫是如此遍布，以至於他們只為了一陣子要定期用一次，就在那邊蓋了間猶太會堂。[21]在四輪大馬車和駁船的全盛時期，一種季節性的文化快速地在這些市集周圍發展開來，直到鐵路隨著到來；而那些試圖避開扒手，卻不怎麼迴避教友、同胞甚至親戚開的限時營業酒館的猶太人，就跟其他人一樣，熱情地投入了這種文化中。在別爾基切夫，他們對著馬戲團的空中飛人歡呼叫好，在華而不實的賭場失去一袋袋的茲羅提（zloty），在波蘭劇院裡又哭又笑，瞪大了眼睛看著世界風貌全景秀（Cosmorama），或者在活鴿子和兔子餵給纏成一團的蚺蛇時抽了口氣。[22]但如果一位貿易商不願意在家庭或猶太會堂缺席太久，他可以在小很多的半徑範圍內工作，但仍然得將他的貨物從這市集運到那市集，因為沒有一個猶太小城會沒有一個或數個市集，通常是很多個。光是博古斯瓦夫區（Boguslawl），一年裡就有一百一十六個這樣的小集市；薩塔諾每個月都有一個。

像博列霍夫的柏爾所出身的家族，就會在兄弟之間分配旅途，雖然說，讀過他回憶錄的人會有一種印象是，會在採買旅程中把他帶上路的父親猶大，為博列霍夫的柏爾立下了一種典範，使他只會仰賴自己的嗅覺，來找到手頭上那些派頭十足的顧客所無法拒絕的葡萄酒。他自己就定期進行探索，向西進入匈牙利的「小山丘」（Hegyalja）地帶，在那裡跟希臘—外西凡尼亞商人購買珍貴的「馬斯拉斯」葡萄酒（不情願地買下次級的「突發」〔Ausbruch〕葡萄酒來壓艙），熟悉了匈牙利綠油油的平原、喀爾巴阡山脈上危險的土匪出沒路徑，還有他瞭若指掌的烏克蘭河流盆地。如果他派別人去做的話，通常會出問題。在一趟採買旅程中，他哥哥阿里耶．萊伊布（Arieh Leib）抱怨他拿到沉澱物太多的葡萄酒。柏爾告訴他，用亞麻袋當過濾器，葡萄酒就會恢復琥珀般的清澈。雖然葡萄酒是他們財富的基礎，家族事業還是多樣化地開展。他們把長角牛和獸皮運到法蘭克福市集，來交換德國的花俏商品回家鄉販售。在其他旅程中，他們用船沿維斯瓦河而下，把鉀鹽和木材運給在但澤（Danzig）等待的出口商。

在這個長距離拖拉、車運、筏運的世界裡，提供基礎設施的是猶太人。當屬於什拉赫塔（szlachta）貴族階級私產的木造城鎮被燒毀時（不管是意外或者是遭非正規騎兵毀壞，這種事都常發生），猶太人就會籌錢並進行重建，通常會把木造結構換成昂貴許多的石材。他們修補了最崎嶇慘烈的道路和腐朽的危橋。當一個小鎮準備要迎接「海達馬卡」的一場攻擊時，猶太人會提供武器並積極主動加入防衛。這當然代表，如果那些城鎮落入了土匪手中，他們會是第一批為了貿然反抗而賠上性命的人，特別是當波蘭軍人消失在滾滾沙塵中、甚至加入了哥薩克非正規軍的時候。他們的大馬車通常用來當作服務站：彎掉的車軸、扭曲的輪子和破損彈簧的修補者。有些人除了比較樸素的雙輪或四輪運貨馬車之外，甚至還會建造並裝修大馬車。就像那些朝東遠行、穿過千金榆和樺樹樹林、翻過肥沃高原的人會發現的，如果你想要一臺四輪雙座的篷蓋馬車，或者一隻強悍的馬隊，你去找個猶太人跟他問就好了。如果你需要一個馬夫，那也是個猶太人。猶太人會計畫路線，好比說從布列斯勞到雅西（Jassy），而且在物色哪間客棧旅館比較好的事情上，是可以信得過他的（當然是猶太人的比較好）——並把最差的旅館介紹給窮人，這是事先就必須要有的重要智慧。一個猶太人會告訴你可以在哪裡換馬、找馬廄、給馬找吃喝的東西——同樣的，那會在另一個猶太人開的店。可能是他表親；或者是他姻親？還真巧呀！

那些滿身塵土、因漫長路途而疲乏的旅行者，會跳過較高級酒館的鍍鋅大門而進入鄉下，馬隊會在那裡跟馬車分開，並被帶到馬廄那邊喝水、吃燕麥。一支全新的馬隊正等著繼續上路。如果旅者先前利用了付費諮詢的聯絡鏈，那他的信件、包袱甚至匯票都會在那邊等著，因為酒館也有郵局和小型銀行的功能。隨隊者會帶來談論商業或政治的報紙，所以他就可以對軍隊的動態、河海船運狀態、天花疫情都掌握到最新資訊。酒館的食物就實在是有待改進，尤其當我們的旅者是從法國或義大利啟程的情況。運氣好的話，他可能會吃到河裡的鱸魚或湖裡的梭魚，而後者的泥濁味，會因為還有茴香和葛縷子調味的醃甘藍或醃黃瓜當配菜，而稍微可口一點。在有野味的鄉村裡，可能會有（潔淨的）林鴿，而每個地方都會有鹽醃牛肉和香腸。要小心水果伏特加，並盡量完全避免白蘭地，除非你想要不舒服又被洗劫一空。如果你要過夜，你會被安排到一樓位於入口柱廊兩邊的其中一間大房間裡，房間大到可以容納至少一個荷蘭式火爐、一張床和一面鏡子。在這些住處裡，天花板會塗著灰泥；地板是石頭做的，可能會蓋上一兩層地毯或者至少鋪些稻草，還有充足的窗戶透光透氣。屋主和他的家人——所謂家人的範圍通常非常廣，還包括他女兒們的先生們以及他們的孩子，而兒子們的太太小孩就沒那麼常見——會住在二樓分隔開的十來間房間裡，靠著面對街道的較小窗戶採光。猶太人多半早婚（女孩十六歲結婚很常見，訂婚可能早至十一、二歲），所以在家長有義務照顧新婚夫婦一段時期（kest）的習俗下，他們會搬進來和姻親們住好幾年。再上一層樓，是僕役的住處，許多人要共用更小的房間。冰冷的地窖用來儲藏冬季要用的食物，那些無所不在的醃製品、但也是阿什肯納茲廚房的主菜：煙燻魚乾、香腸、鵝油脂凝肉、酸奶油、軟硬不一的乳酪、一桶桶葡萄酒、一箱箱土耳其黑菸草和圓桶子裝的大麥伏特加。[23]比較大、比較好的地方會被茅草蓋的外屋所包圍，有需求就向外加蓋——馬廄、倉庫和修車店（而在波蘭的馬路上，會有小店和攤販、釀酒房和蒸餾房，還有按常規訂製的住棚節棚子〔sukkah〕——一種為了秋天住棚節所搭建的、屋頂可拆卸的棚子）。

對猶太人來說，就算只是釀造讓人拉肚子的有渣麥芽酒跟蜂蜜酒，或者蒸餾品質低劣的白蘭地，酒館也是忤逆猶太會堂的存在，但也因此同樣成為猶太社群生活的一個中心。而且那種地方也是猶太人和基督徒時常相伴的地方。一度有人猜想，特別是非猶太人會猜想，猶太人旅館主人號稱的適度喝酒是有某些可疑的地方，他們的飲酒節制是讓基督教酒徒失去能力的陰謀一環，是企圖要讓基督徒成為猶太人的奴隸。這是一種自古以來的疑神疑鬼，可以追溯到中世紀時期的幻想，認為猶太醫生和銀行家透過大量施以藥物和酒，來把非猶太人擺布於指掌間。人們猜想，鄂圖曼帝國的塞利姆二世就是這樣變成了尤賽夫·那希的工具。但有很多軼聞的證據指出，波蘭立陶宛共和國的猶太人並非始終是節制的楷模。哈西迪派的拉比會縱容甚至鼓勵節慶飲酒，是眾所皆知的事。哈西迪派的「創立者」以色列·本·艾利澤（Israel ben Eliezer）的追隨者，認為他在升天的路上能夠把海量的酒類喝光，卻沒有一丁點醉或者至少疲憊不堪，就是他身上的一種神聖特徵。另一位知名的哈西迪派拉比，利亞地的施諾·札爾曼（Schneur Zalman of Lyady）把蒸餾酒（通常是伏特加）形容成「地上的葡萄酒」，就好像它是某種得要吟誦祝福的東西，就跟安息日的那杯葡萄酒一樣。[24]不出所料，狂喜的哈西迪派的對手們，嚴格的《塔木德》主義派「反對者」（mitnagdim）和思想先進的「啟蒙者」（maskilim），都把哈西迪派神祕的顯靈時刻譏諷地諧仿成喝醉後的妄想。別爾基切夫的利未·以薩克（Levi Isaac）被批評者說是「喝掉了一整條河」。而「盧布林的先知」（Seer of Lublin）這位拉比對著一面打開的窗向外小便，然後「在解放完之前」摔了出去，「那條肉都還在他手上」，並摔進了一堆排泄物裡的故事，變成了人們最喜歡挖苦哈西迪派愛喝酒的笑話。不過哈西迪派自己倒是把這個情節重新加工成一個描述「智慧遠見之墜落」的精巧寓言。[25]

如果酒館主人碰巧很喜歡自己的烈酒，那麼負責顧吧臺記帳的太太和女兒們，就非得要確保自己能隨時隨機應變（在猶太人的生意中，女人是一個不可或缺的部分，有時候母親們甚至自己上路去市場和市集，並帶著女兒隨行）。但比較大的酒館，例如位於沃里尼亞地區波利茲（Poritzk）那間迎街面有二十一呎高、還有鐵門的氣派大宅「貝里西·柯瓦的店」（Beirish Kova's），便是一間門庭若市的多用途設施，裡面滿滿都是旅行中的商人、酒店職員、士兵和下級官員，繁忙到得要有人全職來經營管理。[26]在這種常常會獲得「小鴿子」這類名字的房屋裡，人們會催生婚姻、配對佳偶；人們會玩起紙牌和撞球；人們會下注並清算賭盤（這是酒館裡的大宗生意）；人們會把藥品提供給那些疲憊不堪的人；人們簽定借貸和生意合約，蓋印並見證；婚禮娛樂讓猶太人和非猶太人一同享有，因為沒有比東歐揚琴名家（cimbalon）和小提琴名家（後來這種樂風被稱作「克萊茲默」〔klezmorim〕）更好的樂師，尤其是那些從樂風的心臟地帶——瓦拉幾亞和摩達維亞一路朝西北來到此的名家。真工夫的「弄臣」（badkhan）會試試看他的笑話，歌手和提琴手可以在此試演，而那些在熱起來的氣氛中混進更高檔階級之中的士兵、走私者和偽造者，若是有女人相伴，也是很常見的事。[27]

偶爾就會有穿著靴子、裝著馬刺、前去打獵或者從獵場回來的貴族，突然進入這些酒館。所羅門·邁蒙不只是親眼看過一回而已，而是兩回。當他還是個小孩時，一位拉齊維烏家族的公主，在打獵的中午休息時刻，和她的侍女們來到他祖父的酒館。這個小子「著迷地盯著人們的美和邊緣裝飾金銀蕾絲的衣服；這樣的飽覽仍無法滿足我」。「傻小子，」他的父親說：「在來世，公主（duksel）會替我們顧火爐（peezsure）。」小小所羅門瞬間替這位被迫要幫他們這些人生火的美麗公主感到遺憾。[28]多年後，當他和太太住在他難纏岳母的酒館裡時，不速之客又以更戲劇化的方式造訪。拉齊維烏家族的族長本人，也就是卡羅二世・史塔尼斯瓦夫・拉齊維烏（Karol II Stanislaw），一萬名私人軍的總司令，一個爛醉奢華的笑柄，從附近涅斯維日（Nesvizh）城裡他那棟黃色巴洛克宮殿出發後，在前往米拉尼（Milhany）的路上經過了這裡——跟著他的還有慣例的機動隨行隊伍，六十輛四輪大馬車，戴著假髮塗了粉的玩具兵，有步兵部隊、騎兵部隊、炮兵部隊、擔任親衛隊的射擊軍（streltsi）、鼓手、喇叭手——黑人小侍童、男僕、廚師和餐車；他因為喝了匈牙利烈酒而疲憊到了極點，而且立刻就需要一張床，就算無法達到皇室標準，亞麻布沒換，而床墊「爬滿了蟲子」也不管。[29]當殘酷無情的黎明來到時，總司令完全不知道自己怎麼會在酒店裡；但他並沒有拿猶太人來消除宿醉（這可是一位會把砸爛猶太會堂當成打獵後首選娛樂的貴族），他反而決定要充分享受這個地方。他下令在原地辦一場即席盛宴。「在這間牆壁黑得跟煤炭一樣又沾滿油煙、椽木只用原木尾端撐著、窗戶只有爛玻璃破片和包著紙的小條松木窗框的慘淡酒吧裡——在這間屋子裡，皇族們坐在骯髒的板凳上面對著更髒的桌子，給人用金盤子送上了最上等的菜餚和最美的葡萄酒。」

這是一個立陶宛式的一時興起，但對於卡羅二世・拉齊維烏這種臥在天鵝絨和毛皮裡，感傷著老規矩、舊日子、獵野牛和打韃靼人的貴族來說，猶太人是上百年老景的一部分。以某種奇特的角度來看，他們確實屬於此。所以，那些貴族就算是喝醉了咆哮說他們被猶太人吸乾了，他們還是大方承認，自己不能沒有他們。這種認可，使他們在整個十八世紀中，當遇上更反猶太人寄生蟲的教士和都會公民，要他們逼猶太人大規模改信或驅逐出境的時候，通常（雖然不必定）會採取抗拒態度。[30]當利維夫主教揚・斯卡拜克（Jan Skarbak）為了猶太人人數大幅增長而憂心焦慮時，他於一七一七年給教區居民發了一封公開信，抱怨他們的人數「連根拔起了基督徒但（他們）卻被我們的貴族所保護」的時候，抗議聲只得到充耳不聞。其他對教會而言不像話的事情——如猶太慶典在基督教大齋期（Lent）舉辦，有時甚至公然慶祝；或基督徒樂手參與猶太樂隊；或猶太人雇用基督徒僕人等等——貴族們也一樣全都忽視。當一位主教因為某些想像受到的冒犯而擅自查封一間猶太會堂時，權貴們便下令讓它重啟，不然結果自負。這些權貴和猶太人的「四地委員會」（Council of the Four Lands）有生意往來（此外，還包括其他地方委員會以及其代表或猶太仲裁人〔shtadlan〕），直到該會在一七六四年廢止；他們同意猶太人和非猶太人的法律爭端不得在沒有請示拉比法庭的情況下解決，另外在這些地方的城鎮中殺害猶太人會被視為死罪。一七四六年，在若夫克瓦（Zolkiew）這個由波多茲奇家族管轄的城鎮中，一名磨坊主謀殺猶太人被判有罪後接受絞刑，他斷掉的頭還被釘在牆上，作為對犯罪分子的警告。

這種關係是誕生自實用需求，而非互相同理，雖然說這也不妨礙真心相對的時刻偶爾出現。猶太人是在十三世紀時，為了逃避德意志領土上的暴力迫害，而首度成群來到波蘭和立陶宛。其他人則是自古定居於高加索西部和黑海一帶眾鄉村的猶太人後代，當韃靼帝國邊界向東撤退時，便發現自己身在斯拉夫人征服的土地上。[31]猶太人之所以會被邀請去定居在那些被征服的土地上，原因就跟中世紀晚期和文藝復興時期打動了所有野心勃勃皇族的理由是同一個：提供物資資源，成立戰士王國，同時殖民那些擊敗對象所撤出空下的土地；另外就是一個普遍的常言之理——不管猶太人身上有什麼討人厭的特質，要在尚未被長距離貿易接觸過的領土上植入商業時，就可以仰賴他們；或者換句話說，猶太人創造城鎮。但波蘭這個天主教國家與眾不同的一點，就是教會對猶太人的反對聲音，很少能夠推翻經濟上的投機主義。從十三世紀猶太人開始集中定居的時候，波蘭君主就拚了命地提供誘因。一二六四年率先發出邀請的「虔敬公波雷斯瓦夫」（Boles aw the Pious）就明白表示，猶太人可以過著公開禮拜權不受侵擾且保持社群自治的生活。接著在一五六九年，隨著立陶宛大公加入波蘭王國，盧布林聯合（Union of Lublin）成立，這裡跟西歐反宗教改革下的壓迫狀態一比，就顯露出極為明顯的反差。一個關於起源的寓言使拉比們意識到「定居於此」（Poh-Lin）這個詞意味著，這個國家是獨特地有希望。實際情況並不是如此，但這種樂觀是可以理解的。和其他由基督徒或穆斯林主導的世界有著天壤之別的一點是，他們獲准攜帶武器。他們免於支付許多稅目，但統治者相對地要求他們為皇家財庫生出一筆年度款項，金額則是由他們的「四地委員會」委員代表透過協商後確定。委員會接著會進行聚會，在各轄區之間分配稅額，並把收稅的責任移交給地方委員會。

權力去中心化，對猶太人來說是有益的。在荷蘭共和國，這讓他們可以利用特定城市和省分提供給他們的機會。一場出價搶人戰爭——就好像鹿特丹和阿姆斯特丹發動的那一場——對他們百利無一害。波蘭立陶宛共和國是一個僅有其名的王國。其真正的統治者，是擁有土地的權貴所統治的二十幾個王朝。他們在波蘭眾議院（sejm）選出君主，在那邊，只要有一個代表提出否決權，就可以阻撓君主的任何一項行事。許多統治者對於自己所屬王國的不在乎，也就是從此而來。在一場從一七三三年開始的艱辛繼承戰爭後坐上王位、身兼薩克森選王侯（Elector of Saxony）的奧古斯特三世（Augustus III），在他在位的三十年中，只有三年真正花在波蘭立陶宛共和國上。相對的，那些貴族就真的是自己土地的統治者，是大量且分布廣泛的封建土地之主，但對猶太人來說更重要的是，共和國內半數以上的城鎮也都是他們的私產。會產生這種違反巴洛克時代所有建國規範的權力極端下放，是因為土耳其人、韃靼人、莫斯科人、瑞典人等勢力不斷前來波蘭這個過度擴張的國家，想從中奪走一塊塊領土，因此，波蘭國王只能用這種方法來維繫足以抵擋上述勢力的軍事聯盟。唯一的防禦方針就是要讓大貴族們開心，那就代表著要活在他們過度擴張的權力之下。到最後，這種分治政策對貴族以及他們理論上打算支持的君王而言，都會是自取滅亡的手段。在一個軍隊以指數成長，且提供給他們的資金得靠中央集權官僚制度來籌措的時代，波蘭的反常制度注定要使其落入更強大鄰國的手中。當包括君王在內的波蘭統治階級總算醒覺於這致命弱點，並企圖改造其架構來維持獨立時，它已經遭到掠奪成性的鄰國以軍隊欺凌，同時它們還算計著怎麼維持波蘭的弱點。波蘭更強硬宣告主權的舉動，觸發了一七七二年和一七九三年兩波像是在嘲笑這舉動一般的協同瓜分，讓波蘭被普魯士、哈布斯堡奧地利帝國和韃靼俄羅斯所鯨吞。一七九四年爆發了最後一場不可為而為的反抗，徹底終結了自由波蘭。

對於波蘭立陶宛共和國的一百二十五萬猶太人來說，瓜分後的前途將是一片茫茫。但波蘭立陶宛共和國在早年的好日子裡給了他們做出一番事業的機會。幾個世代以來，猶太人成為促使權貴們打造一切富麗堂皇的人。其中有些人，好比思慕哲羅・伊克洛維茲（Szmujlo Ickowitz）還真的擔任官職，成為安娜・拉齊維烏（Anna Radziwill）的「掌櫃」。波多茲奇、布拉尼茲奇、扎莫厄斯基、恰爾托雷斯基等家族生活的奢華揮霍，到頭來還是無以為繼，但仍以富麗堂皇的風格度過了一個世紀左右，而這都要感謝猶太人。當伊麗莎白・謝尼亞夫斯卡（Elzbieta Sieniawska）覺得缺鑽石的時候，她就會去找摩西・佛提斯（Mojzesz Fortis）補充。偉大的統治者都保有一支由外國雇傭兵指揮的私人軍隊。人們都知道他們的坐騎是歐洲最健壯的獵馬。他們打造或者重新打造富饒到驚人的宮殿。沿著他們無止境長廊的一面牆看過去，上頭有著眼珠突出的牡鹿被狼吞虎嚥的獅群所擒；留著連鬢鬍子的祖先們坐在尾毛修剪過的公馬上，怒目盯著入侵者，在另一面牆上，挑高的窗戶望出去是榆樹林蔭大道；邊緣都是燈心草的池塘塞滿了猛烈拍動的鯉魚。室內管弦樂隊在他們的客廳裡演奏；他們的小丑在劇院裡讓全場喝采，同時公主們搧著她們的低胸裝。在他們的筵席桌上，有著通常是法國來的點心製造者所做的主裝飾。一頭狼露著牠的牙齒，或者一隻誇耀著羽毛的孔雀主宰了整張桌子，同時高腳杯裡裝滿了「博列霍夫的柏爾」手頭上最棒的托考伊葡萄酒，映著燭火而波光粼粼。

這帳單分量不輕。波蘭的宮廷生活可以（也差不多就是）由他們眾多地產上收成的穀物之收益所支持，只要歐洲其他地方的穀物短缺就沒問題。猶太人會把黑麥和小麥送到市場上，荷蘭人便會把大量的剩餘農產以船運到飢餓的西方。但到了十八世紀，儘管整個歐洲人口都增加了，那些貿易模式卻逆轉了過來。英國和德意志某些土地上的生產力有所進步，就意味著需求縮減和價格滑落。土地的營利急需重新估算。隨著國際穀物市場萎縮，過剩的黑麥專門被國內的穀物酒產銷方收走，因為馬鈴薯釀伏特加的時代尚未迎接黎明（雖然也不遠了）。猶太人又再度上場，來把單種耕作的不利條件轉為驚人商機。他們不只付錢簽下租約，壟斷了謝尼亞夫斯基或布拉尼茲奇家族土地上，以及扎莫厄斯基或波多茲奇家族城鎮內的酒類產銷權，他們還真的會為了特權而爭相競標抬價。這套全新的、以全體酩酊大醉為基礎的穀物貨幣化體制，事後證明了是極為了不起的成功。很明顯的，光是產銷酒類租約的收益，就占了權貴們地產收益的一半以上，所以樂隊就可以繼續演奏了。玩具兵大隊繼續遊行；對野牛和牡鹿的大狩獵慢慢穿入了林地；枝狀燭臺在黎明時分熄滅，而窗簾則是小心地分開，同時男僕們踮著腳尖，輕聲走過仍癱倒在地的前輩們。在大波蘭（Polonia Magna），一切都本該如此。

權貴和猶太人基於利害關係的通婚有了枝繁葉茂的結果，至少人口統計學上是如此。猶太人的人口從十六世紀初期的五萬人左右開始，以猶太信史以來空前的規模加倍增長。[32] 一六〇〇年時有大約八萬到十萬人，到了十七世紀的最後三分之一時，這數字又加了一倍，然後又在接下來的這個世紀幾乎又再加三倍，以至於一八〇〇年時，光是波蘭就有七十五萬名猶太人（還有二十五萬人在立陶宛）。儘管有天花肆虐，歐洲每個地區的人口在十八世紀幾乎都快速增長，但猶太人的自然增加率卻是大幅超越了非猶太的波蘭人。當人口歷史學家躊躇不前地得為這驚人的人口爆炸指出一個最主要原因時，他們大部分都將人口增長歸因於阿什肯納茲猶太人的早婚慣俗，可能還要加上性成熟年齡的降低，而這通常和營養改善有關（雖然說，水煮鯉魚、醃鯡魚和加入蛋的哈拉麵包等飲食習慣居然成為一場人口統計革命的根源因素，這一點會讓人斟酌再三）。很明顯的，十八世紀波蘭立陶宛共和國的阿什肯納茲嬰兒死亡率出現了大幅滑落。社會史學家猜測，這種家長對新婚夫妻的初期支持（kest），以及該家庭所提供的護理照顧，可能對這種現象有所影響。雖然橫跨整個波蘭立陶宛共和國的猶太人社群慈善活動紀錄明確顯示，有大量猶太人活在嚴重的貧困中，但他們的人口大幅增加，最後居然沒有導致那種一個世紀後實際上在烏克蘭發生的大規模貧窮化，仍舊是相當不尋常的事情。

耐得住時間考驗的「會眾」（kehillah）社會制度必定也有幫助。儘管主宰社群的團體（kahal）是一種地方寡頭政治，幾乎一定包含了社群中條件較好的成員，但這並不會妨礙它認真承擔自己的責任。它確保病弱者和貧困者會受到照顧，儀式屠宰者、會堂事務員、割禮者和領唱者都能各司其職。因為這種、那種不幸而在一個個城鎮間流離的人，會期望能在新的住所或庇護所找到按慣例會有的地點：或大或小的猶太會堂；希伯來學校和學習之家；一個可以為苦衷和爭執做出判決的拉比法庭。

這不代表說猶太小城能夠免於種種爭端和打擊。而這類打擊中最慘痛的一次，是在十八世紀中來到波多里亞，並幾乎把波蘭猶太人整個擊垮了。

II 蘭茨科羅納的狂暴一夜

一七五六年晚春抵達薩塔諾的旅者，會發現自己身處在令人寒毛直豎的醜聞風暴之中。「審判院」（Beit Din）——區域內的拉比法庭——就座落於大猶太會堂內，調查著一些報告；報告指出波多里亞，尤其是這地帶的偏僻角落，充滿著夏布臺派的祕密成員：假彌賽亞，夏布臺・茲維執迷不悟的門徒。這種狂熱崇拜教並沒有隨著它的浮現而死去。夏布臺於一六七六年死去時，他第四任也是最後一任妻子約基別（Jochabed）聲稱他的靈魂——指的就是本質的夏布臺——已轉化為她的弟弟，雅各・格里多（Jacob Querido）。承下「雅各・茲維」這個名字的格里多，成立了登梅（Donmeh）宗派，表面上是穆斯林，但持續讓狂熱崇拜的道義和儀式維持下去：以夏布臺的律法替代摩西的《妥拉》，刻意違反舊戒條來顯示這些戒條的多餘無用。登梅在薩洛尼卡有數百名信眾，其中有些人——好比說哈伊姆・梅勒克——是從一七〇〇年和「虔信者猶大」一起去了耶路撒冷、此後意志消沉的人群中招募而來的。格里多在前往麥加的朝覲途中過世之後，他的兒子比利迦（Berachiah）便聲稱自己是最新的轉生者，在薩洛尼卡主宰了登梅派。

而雅各・萊伊博維奇（Jacob Leibovich），這個本來應該無足輕重的波多里亞車馬隊旅者，就是於一七五〇年左右，在那裡和登梅派的夏布臺信徒有了接觸。他的父親、似乎曾經是火源保護者的萊伊布（Leib），對於「罪」有他自己的非正統觀點。當有人跟他說小雅各在安息日跑去游泳的時候，他問這孩子是否真的如此。只是去漂著，他得到這樣的回答；這樣嘛，這位放縱的父親說，那就完全沒罪。當雅各還是小孩的時候，萊伊布帶著家人跨過邊界，進入了鄂圖曼帝國統治的摩達維亞—瓦拉幾亞，所以這孩子是沿著夏布臺教生存的路線圖長大的：士麥那、索非亞（Sofia）、薩洛尼卡。長大成人後，雅各已經陷入得夠深，而會去馬其頓的史高比耶（Skopje）參訪「加薩的內森」的陵墓；讓土耳其人都知道他是「雅各・法蘭克」（Jacob Frank，西方人雅各〔Jacob the Westerner〕）；一七五二年成婚後，他就開始確信自己毫無疑問的是夏布臺最新的化身。一七五五年，雅各・法蘭克穿過邊界進入波多里亞，和追隨著接觸。

他恰巧在危機發生而人心惶惶的時候抵達；當時其中一位最受人尊敬的拉比權威，雅各・艾姆登（Jacob Emden），正公然指控另一位同樣顯赫的約內森・艾貝舒茲（Jonathan Eybeschutz）暗中是夏布臺信徒，證據是，有人通報後者有分送可疑的護身符，而這是異端邪說的鐵證。雖然艾貝舒茲那時否認了，這件事卻應該是真的，但並非自然就證據確鑿。護身符是「實作卡巴拉」的固定特色，可以治療陽痿、不育和大部分會讓你不舒服的東西。但在法蘭克抵達這裡製造出麻煩之前，四地委員會都拒絕接受雅各・艾姆登所要求的，發起行動來根除猶太會堂內的夏布臺信徒。相反的，委員會準備讓地下的夏布臺教派維持現狀，而不是冒著讓社群分裂的風險。

但到了一七五六年一月底，位在摩達維亞邊界的小鎮蘭茨科羅納（Lanckoronie）就出了一件事，排除掉以權宜方式解決這事的可能。一月二十七日到二十八日的那個夜晚，某間房裡的某人從蓋住窗戶的窗簾縫隙看出去，看到包括雅各・法蘭克在內的十二到十五個人，在進行夏布臺的儀式，唱著歌、跳著舞。許多在許久之後寫出的記述指出，唱歌和舞蹈只是最不嚴重的部分。僅僅在四年後就寫出此事的雅各・艾姆登，還以一種公訴人的語調，寫出了更繽紛的故事。但他的記述，可以從一位當地基督教權威在這可恥事件發生僅一年後所寫下的記述佐證。他們描述那位當地拉比的太太，就像坐在王座上一樣，半裸或者全裸（端看哪份記述寫的），頭上戴著妥拉的皇冠。有時候圍著她繞圈跳舞的男人們會停下來親她的胸脯，稱她為他們的門框經文盒（mezuzah）——固定在猶太人的門柱上，裡面裝著《妥拉》經文的微縮書版。這段儀式顯然是根據夏布臺自己與《妥拉》惡名昭彰的「婚禮」而行；他是於光明節期間，在士麥那一間猶太會堂的篷蓋底下宣布了這場婚禮，在典禮中他確實按照字面說法，進行了猶太人與《妥拉》的神祕「婚禮」。在猶太會堂閱讀《妥拉》手抄本之前和之後的流程中，按慣例是要用禮拜者身上祈禱披肩的穗，觸碰被蓋起來的卷軸並親吻它。在蘭茨科羅納，「《妥拉》新娘」已被實際上的新娘所取代，雖然說她已經和拉比結婚了。雅各·法蘭克的作風是把內容從詩意轉變為實體。有些報告還聲稱，這些密教信徒還在頸子上掛了十字架。

這個醜聞立刻傳遍了猶太社群。這有一部分是艾姆登搞的，因為被四地委員會的自滿所激怒的他，開始向基督教教會說明一個論點，就是這兩個宗教都面臨了一種來自不道德地違反「自然律法」的普遍威脅。這樣對教會開誠布公，就會帶來慘烈的下場。當下，地方權威人士被找來，並逮捕了夏布臺信徒並送進監獄。身為鄂圖曼帝國的臣民，法蘭克本身獲准遣返出境。這件駭人聽聞事件的發生地——蘭茨科羅納的所屬轄區拉比，也就是薩塔諾的首席拉比，被要求前往該地調查，但他以病推辭，並派諸長者中的一位代替他前往。在調查審問行動開始揭露整個涵蓋波多里亞的夏布臺信徒網絡之後，薩塔諾的審判院便召集起來，開始審判這個異端的嚴重程度和範圍。

它聽取了二十七人的證詞，其中大部分是證人而不是被控的夏布臺信徒，但後者之中有一些坦承了驚人的罪過。巴斯克的薩穆爾（Samuel of Busk）承認在逾越節期間吃豬肉和麵包夾乳酪，因此是圖謀多重違反猶太潔食規定以及食用無酵餅。其他人據說食用了牛脂和禁止的腱子肥肉——這些都是他們部分效忠夏布臺的象徵。而那還不是最糟的。最特別的邪教犯行與性有關。有一些案子是在宗教研習廳裡公然自慰（蓄意洩精在猶太律法裡被認為是比通姦更嚴重的罪過。拉比們為了夢遺——keri——是無罪或者有罪而煩悶不已）。法蘭克的追隨者物色月事來潮的女人，特別是已和別人結婚的女人，來與她們性交。據說他們聲稱和女兒、媳婦甚至母親亂倫都是可以的。最普遍的案例是丈夫把太太提供給陌生人來當「待客之道」。一位自願和陌生人上床的女人，就提到了她丈夫因為她沒有經他明確准許就這麼做的怒氣。在一七五六年六月中訴訟程序結束時，透過將這群惡人逐出會堂，其中最戲劇化的是給予羅加京的尤賽夫（Joseph of Rohatyn）的懲罰，居然和烏列爾・達・科斯塔一樣——鞭笞三十九下並躺在猶太會堂門檻，好讓會眾可以盡興地踩過去。他遭下令跟那位在他指引下與陌生人上床的妻子離婚，他的孩子被宣告為雜種，而他自己遭到流放，被當成流刑犯送進荒野。

一切都以極快的速度風聲鶴唳。被猶太會堂侵擾而十分難受的法蘭克信徒，效法雅各・艾姆登，呼籲基督教教會介入干涉。他們重述了中世紀修士（他們之中有許多是改信了的猶太人）的那種控訴，說拉比猶太教用《塔木德》篡奪了《妥拉》的真正權威，並針對他們自己和「《塔木德》主義者」之間的爭論，向天主教聖職人員中最恐猶的一員，卡梅涅茨主教米可瓦伊・丹包斯基（Mikulaj Dembowski）上訴。在一份由鼓吹改信派神職人員強力背書的文件上，法蘭克信徒提議將他們自己版本的猶太教和基督教融合起來。他們陳述，上帝可以被理解為有三個不可分割的本質；而且可以化為人類的形體。既然彌賽亞已經來了，那猶太人便是在徒勞地等待祂，而耶路撒冷直到歷史終結前都不會重建。樂於利用法蘭克信徒提議的丹包斯基，同意進行一場辯論，並於一七五六年九月於卡緬涅茨（Kamieniec）進行。有四十位拉比被召來出席與十九位法蘭克信徒辯論，他們之中有些人是從薩塔諾來的。陳舊的控訴又被回收來再度使用：拉比們捏造了一個假的「口頭律法」，而他們這些「反《塔木德》主義者」，即便堅持《妥拉》其實到了彌賽亞來臨時就會成為多餘之物，卻才是摩西的真正傳人。丹包斯基不令人意外地宣告法蘭克信徒是辯論的勝方，並宣稱在蘭茨科羅納和薩塔諾揭露的事件，是拉比們和長老們捏造的惡意誹謗。這時候輪到拉比們被鞭笞了。猶太人被下令交出手上所有有問題的《塔木德》和相關著作的所有複本，而且就像四個世紀前發生的一樣，那些書被公開處決執行者焚毀。

丹包斯基在一七五七年十一月過世，法蘭克信徒瞬間就失去了靠山。他們之中許多人倉皇地消失在邊界外，而傳統拉比制度與權威看起來好像會完全恢復。這樣的逃過一劫最終證明是來得太早。另一個痛恨猶太人的教會人員卡耶坦・索提克主教（Bishop Kajetan Soltyk）發布了一份文件聲稱，「猶太人進行人祭」的這項指控不僅是真的，而且這還是猶太人（指反《塔木德》派）第一次明確地證實了這一點。令人毛骨悚然的，法蘭克信徒就是這麼作證了。四年前，索提克藉由在日托米爾精心策劃的一場血祭毀謗的審判，而成為了教會統治集團的重要勢力；而審判的結果則是十一名猶太人遭處決、十三人判處強迫改信。之後，人們開始質疑起索提克個人的忠誠度，但法蘭克信徒對《塔木德》派拉比的攻擊，把人們的目光焦點從那些懷疑引開了。國王奧古斯特三世開始介入其中，頒布了一份有效期三個月的安全通行證，發給了雀躍不已的雅各．法蘭克，他便和一整隊追隨者返回波蘭。

他們下的賭注還會繼續提高。因為在卡緬涅茨的時候，法蘭克信徒把自己表現成第三條路——也就是展現出他們這一派的猶太人會接受，自己主張的某些教條是真正猶太教和基督教所共享的——而現在他們明確地表態說，自己是有可能改信基督教的。他們要求的，就只有在身為基督徒的同時，或許能持續穿著猶太服裝，留腮鬍和邊落，並遵守週六為安息日的規矩；這都是一些可能會在教區內令人皺眉頭的事，而實際上可能真的就是。來自法蘭克信徒的第二波懇求內容中，甚至還包括了（到頭來會是）基督教指控猶太人的罪行中最惡毒的一項：《塔木德》實際上要嚴守教規的猶太人在儀式上使用基督徒的血。這份惡劣至極的文件立刻就被翻譯成波蘭文並分發了兩千份。第二場辯論便於一七五九年夏天在利維夫主教座堂（Lwów Cathedral）召開。

葡萄酒商「博列霍夫的柏爾」就這樣在此時，駕車駛入這可怕的惡夢。他和他家人才經歷過一段糟糕透頂的時光。在他前往華沙出差的時候，最殘忍的一群「歐皮里茲尼基」（opryzniki）歹徒——馬背上的亡命之徒——騎進了博列霍夫，鐵了心地掠奪整個城鎮，也就代表洗劫了猶太人。一如往常的，猶太人進行了一場英勇的戰鬥，而雙手各一把槍的那夫曼拉比（Rebbe Nahman）在被斧頭砍死前，殺了其中一名土匪，還打傷了另一個的腳。柏爾的太太莉亞和小姨子瑞秋就是在這場突襲中，被奪去了她們的珠寶。在殺害了那些反抗或拒絕帶他們去拿財寶的人之後，歹徒們放火燒了博列霍夫，並裙襬飄飄地騎出了鎮，因為他們都穿戴著女人衣櫥裡能找到的最精美衣裝。腳受了傷的土匪還穿著柏爾他兄弟那件繡著銀線的祈禱用長袍，在受害者的傷口上增添羞辱。其他祈禱服裝被拿來作旗幟，當他們駕馬飛奔時，旗子就在他們的馬鬃後頭飄動。

這已經夠糟了，但現在柏爾發現自己正處在一齣公眾劇碼裡，處在一段折磨神經的場景中央。被指派承擔「駁斥血祭毀謗及其他法蘭克信徒與基督徒聯合指控」這項重責大任的該區域首席拉比，哈伊姆．哈柯恩．拉帕波特（Hayim Ha-Cohen Rapaport），是柏爾的老朋友，而波蘭語流利的柏爾也願意幫他口譯。實情最有可能是，柏爾想到讓拉比引用柏爾最喜歡的來源——英國天主教徒韓佛瑞．普里東（Humphrey Prideaux）在一七一六年的著作中極力主張的，不論怎樣找都沒有證據顯示猶太人的宗教要求他們灑基督徒的血。窮兇惡極誹謗的堅持不懈，有段時間讓柏爾憂心不已。強烈反猶太的教士兼神學家（Jacob Radlinski）所寫的波蘭文書籍《真相……據薩穆爾．拉賓所言》（*The Truth...according to Samuel Rabin*）的新版本，重述了所有的古代汙衊誹謗，並在一七五三年首度見光，立刻就大受歡迎。「那本書，」柏爾寫道：「滿滿都是錯誤和可恥的謊言，不值得寫下來或引述給有能力講理的人。」柏爾說，他們用瘋狂錯亂的謊言「汙衊並誹謗猶太人和我們神聖的口頭律法……我內心悲傷地讀著，但我也得到了他們教條內的眾多知識……他們所相信的寓言和奇蹟……那一類始終不存在的東西。」[33]

或許，哈伊姆．哈柯恩和柏爾認為，最好是把夏布臺信徒從猶太教主體切除，讓真假猶太人之間不會混淆。但那樣的結果（也是雅各．艾姆登擔心的），已經被法蘭克信徒自己想要接納十字架的渴望所預料到。最緊急的任務，是反擊一個由猶太人自己對血祭毀謗所做的明顯認證。一個透過華沙教廷大使進行的、像是「夏布臺異端邪說是對所有自然律法和莊重形象的不道德威脅」以及「猶太人血祭儀式傳說是卑劣的捏造」這一類的上訴，確實有了效果。或者，可能是負責翻譯的葡萄酒商的介入，以及他可觀的閱讀廣度產生了成效。因為，雖然法蘭克信徒再一次被利維夫主教判定為無辜，但血祭的指控倒是被宣告無以對證。但即便如此，那位拉比還是得忍受法蘭克信徒對他大吼：「償命，血債血還！」[34]

這場內戰只會有一個戲劇般的結局：近一千名法蘭克信徒在利維夫主教座堂叛教。雅各．法蘭克本人在其他地方由一位代表他教父的代理人受洗，而國王也在場。一開始，就像夏布臺的穆斯林歲月一樣，人們以王侯般的等級慷慨對待他，但隨著他改信的真誠開始啟人疑竇，他就被帶去琴斯托霍瓦——聖母瑪利亞狂熱崇拜的中心地，而他將瑪利亞神祕的聖潔轉移到他女兒艾娃（Ewa）身上。其他在利維夫改信的人受到了讚揚，甚至被封為貴族。但對於波蘭立陶宛共和國的猶太人來說，自願叛教是非常慘痛的打擊。接下來還會有更多震撼。一七六四年，四地委員會遭到廢止。四年後，哥薩克部隊再一次背叛貴族，屠殺了烏曼（Uman）的猶太人，不論逃跑或沒逃的都不放過。「他們把整座城鎮裝滿了屍體，」一名嚇壞了的觀察者寫道：「市集的深井塞滿了死去孩童的屍體。農民們洗劫並殺害猶太人及他們的孩子。」[35]

一七六八年的大屠殺令人熟悉，但一七五九年利維夫主教座堂大規模叛教的奇景就不是了。在翌年，也就是一七六〇年，於波多里亞城鎮梅德布日過世的卡巴拉主義者、醫療者兼神祕預言家以色列・本・艾利澤——被稱為「善名之師」（Baal Shem Tov）——據說因此心碎而亡。不管這件事真實與否，善名之師顯然相信，把夏布臺信徒從猶太教切割出去，是不必要的災害；他們或許會被帶回原來的宗教。他怪罪那些長老、那些拉比，還有委員會；他們全都有錯。如果猶太人要堅忍過去，如果猶太教要繁盛，就不應該墨守成規到這麼死板。精神應該和律法一起主宰。造物主給予的肉身，應該要快樂地擁抱，而不是被苦行禁慾的辛酸所折騰。相當令人震驚的是，在接下來半個世紀裡，這種信仰開始鼓舞了猶太復興的一個偉大運動：哈西迪派。剛告別一場威脅的拉比傳統捍衛者，如今又準備要面對下一個，但這個因為不受任何異端指控所影響，而顯得更難應付。[36]

III 穿著白緞衣的男人

他們不像其他猶太人。他們不像其他拉比；他們之中有些人甚至根本不是拉比。但他們有一種天賦，是尋找那些當最初的容器被打破、降下的光芒被困在克里佛特（qelippot，指「表皮」或「外殼」）之中時，從上落下來的神性火花。那些猶太人之間總是有施魔法的神祕主義者，他們以祕密而深奧的方法來理解這個世界和其造物主。他們的視力能穿透長距離，所以能在毗鄰的房間裡看見最偏遠的地帶。他們能驅趕那些溜進男女身體並長住在內的惡魔。一旦他們把惡魔從虛弱的人身上趕出去，他就會雄赳赳氣昂昂，而那些痛苦扭動、無法生育的女人則會結實累累。莉莉絲（Lilith）那無法抗拒的惡臭、那「下了毒的茉莉」，就會消失；就算是一塊年年始終貧瘠的田地，結果也會是一樣的。一棟房子也有可能讓惡魔從煙囪或玻璃窗上最細微的裂縫進到屋裡頭。全權在握的拉齊維烏家大掌櫃思慕哲羅．伊克洛維茲，在跨進他蓋在立陶宛的嶄新宅第的門檻前，會把人在梅德布日的以色列．本．艾利澤找來，趕走任何居心不良的鬼魂，並宣告此屋已宜人居。[37]「名師」長途跋涉前去親自進行預防性驅魔，但當這樣的旅程無法成行時，他可能會送一個護身符或給予指示。扎莫希奇（Zamosc）的「名師」約珥（Joel），就這樣指導一位沒有小孩的丈夫弄來一把確知殺過人的劍，然後在週二或週五的黎明時分，把一顆蘋果切成兩半。一半要給他的太太，另一半自己吃掉，之後他們就會受到果實的祝福。一切都要靠這位大師（Baal），來操作構成「無所不能的上帝、本質、無限者」名字的字母，藉以讓重組的過程產生療效。這項工作十分危險，除了祕傳知識的守護者之外不准任何人進行。所以這些治療者被稱作「名師」（Master of the Name），而以色列．本．艾利澤這位最有聲望、最受人尊崇的神聖操縱者，死後則是被稱為「善名之師」，或者以猶太人會對崇高逝者使用的字首縮寫，稱他為「巴謝托」（Besht）。

雖然巴謝托被尊為新哈西迪派的創立者，但在他有生之年，他可沒察覺到自己有創立出什麼。[38]這種特性會流傳給他的門徒，以及門徒的門徒，最後這群人會在數十年後把他創造奇蹟的智慧故事編選進《讚美巴謝托》（*Shivhei Ha-Besht*）一書中。他有比尋找使徒更重要的事情要做，但梅德布日確實有一群神祕主義者聚集在他身邊。以色列．本．艾利澤顯然感覺到世界的重量用力地壓在猶太人身上，就像是脖子上的一塊磨石一樣沉重：血祭的恐怖謊言，瘟疫的爆發和戰爭。他確切知道的是，如果他們無法用什麼方法來幫助生命力解放，把「謝奇那」（Shekhina）這種神聖的女性精神力量帶入備受折磨的猶太人面前、來減輕他們的重擔的話，他的天賦就沒有價值。他並不是從任何美麗堂皇的感受中認識到這一點，而是從一種不可逃避的責任感、一種有遠見者的重大責任中察覺到這一點。只有透過像他這樣的人，豐富（shefa）才能從天而降並傾瀉而出，作為他受苦受難的同胞的慰藉。

一七五二年以色列・本・艾利澤寫信給他的內兄革順・庫特沃（Gershon Kutower，此人五年前就去了以色列地）說，在猶太新年前夕，他一度飛升進入了天上領域。[39]在那裡，他看到了一大群屬於在世者或逝世者的靈魂在來回猛烈搖擺，次數多到難以計算。他看到被迫改信的人被帶往暴力的終點，以及給予他極大快樂的事物，儘管說後者他不太能解釋是什麼。一開始他猜想，這種暴漲的幸福感是他很快就會從地球出發前往來世的一個跡象，但有個誰跟他說，不，他應該要留下來，因為他在上下界的「合而為一」實在是讓高高在上的祂們引以為樂。飛升期間的兩次重大接觸，讓他了解到自己為什麼會如此欣喜若狂。第一次他在邪惡陣營，也就是邪惡的薩邁爾（Sama’el）祂本人這邊；祂策動了改信者的殘暴死亡，並被巴謝托問到為何要這樣，而他不太老實地回答（但祂畢竟是在邪惡方），這樣的話正直的人就能透過他們的自殺，去把聖名神聖化。善名之師接著越升越高，直到他「一步步地」抵達了彌賽亞的頂峰皇宮。那個不可逃避的問題提了出來。「為什麼要這麼久，而且已經太久了吧？」「當你的《妥拉》被傳遍整個世界的時候，」彌賽亞說：「那時我就會來。」——是個不完全令人滿意的回答。

一直要到一七八一年，這封信才以《神聖書信》（*The Holy Epistle*）為名發表。早在那之前，善名之師的先知名聲就已經被他的兩名門徒——波隆涅的雅各・尤賽夫（Jacob Joseph of Polonnoye）和梅澤立奇的柏爾・本・亞伯拉罕（Dov Ber ben Abraham of Mezeritch）——建立起來。哈西迪派的書籍是在一七七六年第一次見光，但要等到一七八〇年現身的雅各・尤賽夫著作《雅各・尤賽夫一生》（*Toledot Yakob Yosef*）問世，哈西迪派新性情的真髓才被陳述出來，因為他聲稱這是巴謝托心願。假如和「全心投入」（kavanah）有牽連的話，祈禱最終還是比研讀來得重要。心智很好，但靈魂才是本質；讓它對上帝敞開吧。因為要記得，上帝存在於整個宇宙中；

最微小的角落和隙縫充滿它的存在。而且，那確實可以免於憂鬱以及引發憂鬱的肉體苦悶。飲食不要超過《妥拉》的要求。謝奇那即便在流放時，也是帶著喜悅而非悲傷在走著。我們的身體不是像某些人所認為的，是靈魂的監獄，會一直被打擊耗損直到牆壁太薄而讓靈魂可能出竅為止。事情根本不是那樣的，巴謝托這麼認為。上帝是為了生命的愉快才給了我們身體。接納，而非拒絕我們的肉身，才是通往上帝賜福的道路。

這是絕好的消息，而後來所羅門．邁蒙會很需要。長久以來，他都希望能從猶太教裡得到一些比曆法或遵守儀式之類還要深的東西。他渴望的信仰，是一種在哲學上能比「持續墨守成規鑽研《妥拉》與無數《妥拉》評注」所提供的貧乏食糧（「舉例來說，一頭紅母牛可以有幾根白毛卻仍是一隻紅母牛呢？」[40]）更為豐富的信仰。如他寫進回憶錄的，他是在那個時候「前往『M』朝聖（梅澤立奇鎮）」，並見到了穿著白緞袍的男人，被巴謝托收作傳人的門徒：布道師（Maggid）柏爾。

一七九〇年代，所羅門回顧了四十年前他所受的早期希伯來學校教育。「教育造就個人」是當下啟蒙運動擁護者——所謂的「啟蒙者」心中普遍的信念，但這並不是他在立陶宛的童年經驗。這更令他苦惱，因為真正啟蒙他學習的那道光，是在他自家的書架上微微地亮著的。但他的父親打算讓他兒子成為一名拉比，並反對所有可能讓所羅門偏離那條路的、任性不羈的文學。禁書總是讓人難以抗拒，所以這個七歲小孩只要一有機會，就會站到椅子上，把希伯來文的文章從架上拉出來。這些被禁止的東西很難被看作是什麼吹響反抗號角的內容，但它們仍然使讀書這行為，成了一種有別於「囫圇吞棗地背誦《摩西五經》一段文章」（這是在猶太兒童宗教學校〔cheder〕大半時間在做的事）的體驗。這些書中有歷史：通俗化的希伯來文版尤賽夫斯著作，被稱作《尤希本》（*Josippon*），裡頭充滿了英雄人物的血跡；十六世紀布拉格學者大衛．岡斯（David Gans）的編年史，書中除了猶太事件外，也介紹猶太以外世界發生的事件。也有岡斯的天文學著作，以及同一脈的其他著作，而就是這些書合起來一口氣讓小小所羅門立刻看起星星——不只是把星星看成一種天文模式和預兆，也看成停止在天空中的實質物體。而接下來那些書裡就有數學算式，既美又深奧到難以言喻，進而「在我面前打開了一個全新的世界」。41

因此，回到地表，也就是位於密爾（Mir）鎮上、距離涅斯維日的家族農場有四哩的猶太兒童宗教學校，就更令他沮喪了。他的第一任教師是一個教室虐待狂，會為了最微不足道的藉口責打他的小小過錯，而且如果家長貿然抱怨的話，他亂打起家長也毫不遲疑。第二任教師不那麼像怪物，但還是符合邁蒙描繪的冷酷畫面，「一間被煙燻黑的小屋，裡頭到處都是孩子，有些在長椅上，有些就坐在光禿禿的地上。老師穿著骯髒的上衣，坐在桌子上，在他的雙膝間抱著一個碗，用一根像海克力士之棍那樣的大杵，在碗裡把菸草磨成鼻菸。」在房間的四個角落裡，小班長要孩子們把《摩西五經》從希伯來語翻成意第緒語，同時滿心盼望把那些學生從家裡帶來的食物包裹偷來吃。那裡不只沒有解釋或說明，也完全沒打算傳授希伯來文法，也沒有增進詞彙的字典。當這些孩子正準備要敞開心靈時，心靈就被這裡關上了。

不久以後，當整個家族衰敗，所羅門就被迫得要成為那些無意義機械練習的共犯，當一個猶太農民的家庭教師，過著條件惡劣的鄉下生活；住在一間單人房——

> 裡頭同時得要用來坐著、吃喝、學習和睡覺。想想這個房間被猛烈地加熱，而到了冬天濃煙一如往常地被風雨吹了回來，直到灌滿整個地方令人窒息。在這邊，發臭的髒衣服和其他骯髒得洗的東西掛在橫跨房間的幾根桿子上，好用煙燻來殺掉害蟲。那裡掛著要燻乾的香腸，而它們的油脂一直不停滴流到底下人們的頭上。那裡立著幾桶包心菜和甜菜……有人在這房間揉麵包、煮東西、烤東西，乳牛也在這邊擠奶。42

在渴求知識與自覺的所羅門．邁蒙看來，他真的是陷入低谷了。事實上，他接下來還會有更糟的嚴峻考驗，包括逐漸累積之下會讓他企圖自殺的絕望感——想當然的，因為手段拙劣而沒成功。但有了香腸油脂滴在他頭皮上，他倒是準備好要接受某種救贖的啟蒙。所以，當有個認識的人跟他提到一個傾向卡巴拉主義的猶太新教派（他會錯誤地把這教派描繪成「祕密結社」，但其實教派的存在一點也不祕密）時，他便特別留意。

卡巴拉的神祕主義，特別是十六世紀由以薩克・魯利亞（Isaac Luria）的弟子摩西・柯德貝洛（Moses Cordovero）推廣給大眾的版本，並沒有因為在采法特的追隨者減少、整個從提比利亞消失，而徹底地離人們遠去。猶太神祕主義者的偉大學者哥舒姆・舒勒姆聲稱，卡巴拉神祕主義的文字著作——在其頂端的就是《光明篇》——在十七世紀，特別是在夏布臺・茲維改信伊斯蘭教之後橫掃了猶太社群，或許是有點誇張的說法。[43]但毫無疑問的是，當《塔木德》研究變得更故步自封且吹毛求疵時，閱讀那些自稱解開文字表面意義背後更深層意旨的著作，就有了超凡的魅力。對那些困在文字苦工與吹毛求疵之中的人，這種著作向讀者打開了一種新的生活方式。光是看著卡巴拉主義的文本——它們被渲染成裡頭彷彿有著宇宙圖像、易位字謎、漩渦、網絡、音韻模式，彷彿解開了詞語還原為字母及音節組合，並被再造為一種魔力啟發——就已經是令人興奮的經驗，是一種就算最終沒有把世界再造成無盡寶箱，也已經激動讀者內心的文字鍊金術。然而，是有辦法同時沉浸於卡巴拉、但又不排拒《塔木德》研究。卡巴拉最先是一種探討「創世的動力持續影響現世經驗之方法」的宇宙學；而《塔木德》探討的就是這以外的每件事。然而，十八世紀後半，要優先選擇前者或後者，卻代表了一種對於自己是哪種猶太人的絕對抉擇。

在近二十歲時會炫耀著「夠硬的鬍子」的所羅門・邁蒙，還不太確定要怎麼選。但最終他認為，即便有這如此沒完沒了的別緻巧思，《塔木德》的注釋還是沒有意義；它「達不到終點」。雖然他自己是這樣一個智識上的徘徊者，他仍抱著「能達到快樂的目的地」的希望活著，而那目的地會是可靠、有證據的自然知識，以及對於知覺工具的掌握。從這觀點來說，他確實無愧於他這名字所代表的典範人物——邁蒙尼德和巴魯赫・史賓諾沙；只是他的觀察力沒那麼統整、沒那麼強壯，對自己發掘的成果沒那麼有自信。但他對猶太學術的要求（且在那個時候還無法發現）是，它要揭露事物的真正本性、揭露世上有什麼事物，以及不要為了研究行動本身展現的一點機靈就沾沾自喜。他也懷疑人們從事《塔木德》研究，通常只是把那當成一種贏得社會尊敬、名望和官職的手段。

因此，所羅門．邁蒙在要他朋友解釋「新哈西迪派」的「祕密結社」的運作原則之後，就決定自己去親眼目睹一番。他很喜歡他所聽說的「一群人一起否定不屈不撓禁食的必要性」，因為他已經受夠了一輩子帶著肉體所給他的屈辱。而且很顯然的，與其他半隱藏的團體不同的是，協助他融入的人使他得知「任何感覺到一股想完美無缺的慾望、但不知道如何滿足這慾望的人……唯一能做的就是向群體的高階者要求，而他就因此成為了一員」。[44]不過，對於據說是獲得充分意識生命神聖性的條件：要求人在祈禱中消滅自我，所羅門更是感到懷疑。但他朋友解釋說，《列王紀下》第三章第十五節「彈琴的時候，耶和華的靈就降在以利沙身上」的真正含意，和乍看正好相反。他是當樂手不再是主動彈奏者、反而成為樂器（哈西迪派最喜歡的一種比喻）的時候，才承受了神靈。這種文字遊戲就會讓所羅門開心。

家教的學期一結束，他就動身前往沃里尼亞的梅澤立奇，柏爾．本．亞伯拉罕就是在那裡建立了第一個哈西迪宮廷。一七六〇年，以色列．本．艾利澤死後，新方向的領導權很快就傳給了他的兒子，但這個角色的負擔似乎太重，因為他辭去了職位，接著就落入了柏爾．本．亞伯拉罕，由身為大弟子的他來承擔「馬吉德」的角色。「巴謝托」沒有講道。在他死後沒有布道文可以出版；就只有描述他行為的故事，從一地前往下一地，離開一個困擾的靈魂邁向下一個困擾的靈魂。但柏爾就不太常在這條路上。據說年輕時他禁食實在太劇烈又太頻繁，導致身體都受了損。確實，一隻定期會跛的左腳，就算不到無法成行，想必也很難旅行。所以日後有可能成為哈西迪信徒的人會成群前來見他、聽他布道，因為人們知道那些布道是奇蹟；那是為所有聆聽的人解開隱藏意義、打開真相之屋的鑰匙。所羅門加入了這群人。

整星期大半時間都隔絕在個人冥想中的馬吉德在安息日現身，企圖造成一場有戲劇效果的露面。「最後，那位偉大的人以令人敬畏的模樣出現，穿著白色綢緞袍。甚至連他的鞋子和鼻菸盒都是白的，在卡巴拉信徒間，這是代表恩典的顏色。」馬吉德簡短地感謝所有在場的人，接著就開始用餐，而那一餐是在一種令人不安的、猶太人不會有的沉默中完成，就好像他們是僧侶一樣。餐後，那位白衣人打破沉默開始唱歌，手拍著額頭並呼喚每個新來的人的名字並指出他們的故鄉，即便沒人預先提醒他這些人會來。這就已經讓人印象深刻了。新來的人被叫到時，會喊出《妥拉》的一句詩回應，而馬吉德每一次都會即興做出一小段完美的布道，同樣的，他也沒有事先知道對方會選哪一句詩。「還要更不尋常的是，每一個新來的人都相信，自己從那句詩所換來的布道的一部分，發現了與自己精神生命的事實有著特殊關係的某種事物。面對這種情況，我們當然是震驚不已。」[45]

如果那都只是表演戲法，那確實有產生效果。但在團體裡待了一陣子後，懷疑的感覺，不論多麼微小無價值，都還是潛入了所羅門．邁蒙難以悅服的內心。馬吉德的即席講演和侍僧的文本選擇，兩者之間看起來不可思議的契合，有沒有可能其實是做了一點點事前研究的結果？而那從未減輕、強制的歡樂裡，有一些東西開始令人難受。當一位同伴宣布（跟其他同伴一樣、被他所遺棄的）太太生了一個女兒時，這位剛做父親的人並沒有獲得「恭喜」（mazal tovs）的祝福聲，反而換來哄堂大笑，然後再來一個責怪他沒能生兒子的笑話。令人敬佩的，所羅門因為這樣的歡樂而感到不舒服。「我不會再繼續待在這裡了。我尋求更高階者的祝福。下定了永遠放棄結社的決心，我離開了這裡並回家。」

所羅門．邁蒙的生命方向會轉向北方和西方：前往柏林的啟蒙運動，以及前往柯尼斯堡，和摩西．孟德爾頌和伊曼努爾．康德會面。在這些經歷之間，他始終都讓自己當起流浪者；有些時候還真的當起了乞討者，帶著一口罐子和一根破手杖，裹著發臭的破布艱苦入睡，同時貶低了自身和道德，面對神智不清和抑鬱的一再發作。

如果在所羅門．邁蒙的想像中，被他遺棄在梅澤立奇的哈西迪派始終都會是那樣的狂信祕教，那接下來的三十年，就會證明他的想像錯了。從馬吉德死去的一七七二年開始，一連串等同於猶太禁令的措施，使得哈西迪派像野火一樣從原本的核心地帶波多里亞和沃里尼亞向外延燒，燒遍整個加利西亞和烏克蘭，滲入了整個猶太人所在的東歐，甚至連有維爾那（Vilna，今稱維爾紐斯〔Vilnius〕）的「老師」（Gaon）艾利澤・本・所羅門（Elijah ben Solomon）在那裡死硬批評的立陶宛也一樣。這場對猶太文化最令人震驚的征服持續到了十九世紀，而且毫無止盡，橫跨過猶太人所在的整個俄羅斯，進入巴爾幹的摩達維亞—瓦拉幾亞，然後從一八八〇年代開始，隨著猶太小城的移民跨越大西洋。當我寫到此處，望著哈德遜河（Hudson River）時，我都可以辨認出紐約州羅克蘭郡（Rockland County）的哈西迪猶太小城。不論是二十和二十一世紀的世俗主義，或者甚至是猶太人大屠殺的煎熬，都殺不掉哈西迪派。大屠殺後，猶太教的一個最驚人的現象，就是哈西迪派的人數增長，不論在以色列或以外的地方都在發生，多到得要在信徒前往「公義賢者」（zaddiks，也就是哈西迪元老）❸墓地朝聖的旅途沿線蓋起臨時城鎮。二〇一四年猶太新年前夕，估計有五萬名多半來自以色列和美國的哈西迪信徒（全為男性），集結在他們的公義賢者——一八一〇年死於烏曼的「布拉茨拉夫的那曼拉比」（Rebbe Nahman of Braclav）——的墓前。

那些覺得每個猶太人的邊落都一樣的非猶太人，會以為哈西迪派等同於嚴守教規的猶太教派，或者會時序錯亂地把他們當成「極端正統派」。但情況並非如此，而且從來都不是如此。哈西迪派的宇宙學，有太多承襲自采法特的卡巴拉主義者——特別是關於「來自被困在克里佛特（外殼）的基本物質中的造物神聖火花的救贖」——而這給了布魯克林的哈西迪派一些和瑪丹娜（Madonna Ciccone）相似的地方。但對於十八、十九世紀東歐的阿什肯納茲猶太人來說，特別是對那些成群湧至哈西迪派大旗下的年輕人來說，「新的」哈西迪派對於他們要如何在生活中實踐猶太教，有著具體而實用的意義。

最基本的，它教他們重視祈禱勝於學習。哈西迪派從以前到現在都不反對學習研究——在耶路撒冷哭牆邊的簡易修道院裡，就能夠同時看見兩種活動一起進行。但對哈西迪派的早期世代來說，讓所羅門・邁蒙擔憂的，是完全專注於「全心投入」（kavanah）外加神祕的自我消解，那會讓全世界都能領悟到神聖的實在。

當那種提高了的敏銳感受性最活躍的時候，特別是在夜禱的時候，哈西迪信徒會體驗一種有如出神的狂喜狀態，任何其他現世的體驗和這種狂喜相比都會平淡無味。如果那樣的狂喜狀態消退，還可以透過來回的、呼吸急促的、自我催眠的言語，來促發「全心投入」狀態，而得以回復狂喜；邁蒙評論這些僅僅是「機械性的」幫助，但事實上這些行動是同時以肉體和自我消解的方法，來讓祈禱者在迷幻中進入超乎肉體的精神啟示。當哈西迪派進化之後，劇烈的身體甩動引發了爭議。雖然有人說這是巴謝托所推薦的，但普日蘇哈的西姆查·布寧拉比（Rebbe Simcha Bunim of Przysucha）不同意，說真正的「全心投入」得要放棄身體的興奮感受，因為身體只應該被當成「一綑麥稈」，被祈禱中的靈魂拖在後頭。[46]但那些甩動者占了上風，而且至今仍如此；因為身體動作變成了精神體操，以身體運作的方式來產生奉獻式的強烈感受。翻跟斗，這項一開始屬於哈西迪祈禱（特別是在普珥節和西赫妥拉節等歡慶之日）標準特色的動作，也沒能歷久不衰。頗為震驚的批評者把這些神聖特技描述成「扮小丑」，而哈西迪信徒則辯稱，在空中翻轉臀部並非不敬之舉，其實正好相反：這代表在上帝面前捨棄了俗世的虛無。

這一切都是集體進行的，越多人就越快樂，因為集體約定——群眾帶來的極樂幸福——就是哈西迪派的核心，至今仍持續如此。哈西迪派彰顯了一種猶太教，既拒絕了孤獨悔過的苦澀、也否決了苦求匱乏的精神。波隆涅的雅各·尤賽夫就寫道：

> 過去人們認為對上帝的妥當服侍在於學習、禁食、哀悼。當普通人發現他們無法走上這條途徑，他們就會生氣失望，認為他們因此失去了永生……而這就將憤怒和失落帶到了世界上……直到哈西迪派發覺這是錯的，並指導了一條正確途徑，也就是同情心的途徑……一個人不需要奉獻出所有的時間來研習《妥

❸審訂注：「zaddiks」的意思是公義之人，在哈西迪教派裡指群體中的賢能者、足為楷模者，他們也多具有拉比教師的角色。

拉》，而是應該要和其他人類互相牽連。一個人這麼做也還是可以……履行「時時刻刻意識到上帝之存在」的戒條。[47]

當然，這一切和傳統《塔木德》、《妥拉》研究的核心，也就是心智的技巧鑽研，有著明顯的對比。那些歡欣鼓舞的噪雜，也和《塔木德》、《妥拉》學習廳的喃喃低語有著天壤之別（不過，低語也是會因為爭辯而響亮起來）。哈西迪派喜歡援引《詩篇》第八十九篇提到的狂喜音樂，特別是第十五節：「知道向你歡呼的，那民是有福的！耶和華啊，他們在祢臉上的光裡行走。」那「歡呼」現在遠遠超越了只是唱歌，而是會突然感嘆呼喊出來，更重要的是，嚴守律法的猶太教的儀式，會從這時候開始，加入了有節奏感的大量拍手。

這一切發生在宗教儀式中的過度狂歡舉動——身體狂喜造成的抽搐；祈禱凌駕於研讀之上；靈魂凌駕於心智之上；夢幻視覺凌駕於學術爭論之上；神祕的自我抹消；欣喜若狂的集體歡愉——都可以在其他盛行的宗教狂熱中見到。這些現象也出現於美洲殖民地的「大覺醒運動」（Great Awakening）、英國衛理宗的宗教熱忱、德國新教虔敬主義、俄羅斯「舊禮儀派」（Old Believers）的突然蓬勃發展之中；甚至連穆斯林主宰的土耳其和波斯，也在蘇非派（Sufi）的再度流行中看見了一樣的現象，而這一切都是在差不多的時間上發生的。哈西迪派的歷史學家很快就強調，沒有任何證據證明這些不同的教派有過直接接觸或交流。然而，儘管看起來的確是如此，但十八世紀中期到晚期顯然是發生了什麼事，而產生了這種足以相比的現象。那件事就是人口學。孩童死亡率滑落，很有可能讓年輕人（不分男女）的人數，和其他年齡層的人口相比增加得更多。但既然已知猶太人人口是以遠快過非猶太人口的速度在增加，那麼其結果就是出現大量難以駕馭的年輕人：而這正是哈西迪派招募大兵的泉源。

我們無法確認早期哈西迪派的年齡分層，但目睹教派突然遍地開花的目擊者所提供的傳聞證據，描述了大批的年輕人成群、或者真的「飛奔向」（這也是一種哈西迪派儀式）公義賢者們的「宮廷」。當「日達喬夫的赫希」（Hirsch of Zydaczow）來到一個小鎮時，在摩西・桑波爾（Moses Sambor）的描述中提到：「希望能捕獲一丁點神聖火花的教徒們奔跑著歡迎他……年輕人像箭頭一樣飛馳而過。」[48]太多哈西迪派的自我展現：強烈的情感；對視覺顯現的堅信不疑；身體反應的傾瀉；對行走的迷戀崇拜（使自己類似於「謝奇那」神力的徘徊流亡）；疏離猶太法庭、學校或團體等傳統社群機構；為了一個全新的、創建於傳統秩序之外的真正猶太教而振奮——以上這些都明顯地太符合古典心理學中的年輕人文化，彷彿不從這角度來看就不對似的。如果問說，有什麼東西毫無疑問的，是一種坐立不安的、漂浪的、豐沛的年輕現象，那恐怕不是革命，也不是搖滾樂，而是追隨哈西迪派。艾利澤・本・所羅門對哈西迪派的譴責會變得那麼激烈，正是因為他認為，如果大量年輕人可以把卡巴拉通俗化，變成一種不發達的情感泡沫而非一種嚴守紀律的科學，猶太教的未來便會瀕臨危機。[49]用奉獻來取代分析研究律法，就像是可怕的背叛。毫無疑問的，他和其他苛刻的批評者，好比馬庫夫的大衛（David of Makow），都認為哈西迪派是某種夏布臺派的變體，並假扮成虔信者，應該要在開花結果成真正的異端邪說前，就先從萌芽處捏爛。在馬吉德死去的一七七二年，「大師」（Gaon）在維爾那取得了拉比的職權許可，發布了一道逐出教會的禁令，實際上可說是等同於「開除教籍」。

但將哈西迪派邊緣化成一個非正統派兼異常邪教的任務，卻因為任務本身完全依賴於嚴守教條，而出現了困難。和夏布臺派不同的是，哈西迪派不是刻意要違反律法給人看的那種人。相反的，他們反而遵守傳統虔信，舉例來說，他們會指控他們的屠宰者在刀鋒的銳利度上標準馬虎，並拒絕他們提供的肉。（有鑑於對轉生的信念，撕開牲畜而產出不合教規食物的鈍刀，會讓牠的靈魂之血（nefesh）無法進入上帝創造的、可能最後會是猶太人的另一個生命裡！）[50]哈西迪派也不會被控背離律法；他們只會用難以駕馭的熱誠，外加展現沒完沒了的喜悅到令人不悅的地步，來遵守那些律法。從利亞地的施諾・札爾曼拉比前去拜訪維爾那的「老師」，討論彼此教派相異之處時遭到他當面拒斥，就可以看出維爾那大師的惱怒。「如果有人說了某件事而你相信那不正確，你會怎麼辦？」大師先是這麼說，然後才替他的暴怒辯解；「如果你還持續用一種快活的態度對他說話，你就是欺騙了他們，因為你心裡很清楚那個人錯了。」[51]

他這樣侮辱一個哈西迪領袖也沒用，因為還會有千千萬萬個領袖陸續在他們的地盤上出現。他們有如難以瞄準的活動標靶。善名之師於一七六〇年過世；馬吉德則是於大師譴責他的一七七二年隨善名之師而去。

但在一七八〇年，另一位感召力十足的巴謝托門徒，波隆涅的雅各．尤賽夫（人在沃里尼亞），出版了第一本真正的哈西迪派書籍《雅各．尤賽夫一生》，而這一舉從此一發不可收拾——而且至今如此。希伯來文學的印書商和出版商，好比說斯拉武塔（Slavuta）那對大膽經營的夏皮拉兄弟（Shapira brothers），就很快察覺到，當人們對卡巴拉著作彷彿有無止盡的需求時，他們可以在出版品內加入故事和傳說這類全新體裁，主角則是宛如聖人的奠基世代——如巴謝托和馬吉德，畢竟他們本人從來沒發表過著作。但令保守者悲痛的是，口頭傳說很快就變得跟律法一樣重要了。一八一四年，《讚美聖名之師》（*Shivhei Ha-Besht*）會將巴謝托尊封為創教者，並編選他的著作和言論，但這本書同時也把馬吉德訂定為他的真正傳人，也就因此有了領導的世系傳承。王朝統治對哈西迪派而言有多重要，從這之後，就一如該體制對波蘭人而言有多重要。

關於哈西迪派的崛起契機，已經有太多太多的學術著墨了。哥舒姆．舒勒姆論稱，哈西迪派崛起是夏布臺．茲維垮臺引起的反應，同時也來自於一六四八年至一六四九年哥薩克人大屠殺所帶來的痛苦刺激。然而，從這兩件事發生到真正屬於哈西迪派的文學、宗教儀式誕生，中間相隔有一世紀，這就讓此教派的萌芽期拉長到難以置信。面對這問題，有人反過來指出，哈西迪派是起始於一個社會復原的時刻。善名之師也不是一個反對專橫寡頭團體的猶太窮人擁護者。他所定居的波多里亞地帶梅德布日鎮，並不是什麼宛如死水的小村莊，而是猶太人所在的波蘭之中，最大也最繁榮的一個城鎮；在他的一生中，他對於扮演窮苦人守護者一事，可說一點興趣都沒有。應該要說，他擁抱的是當權者的恩寵，也不分猶太人或波蘭人。

但這又有可能過度修正了。如果年表又往前移個幾十年的話，那麼哈西迪派就毫無爭論的，確實是在一段痛苦的時期生根。巴謝托自己也了解，他那神祕的獲得神選經驗，和那幾次向他展現新事物的飛升經驗，其背後的全部意義就是竭盡全力與苦難搏鬥。在十八世紀的最後三十幾年中，一連串苦難痛擊了波蘭立陶宛共和國的上百萬名阿什肯納茲猶太人。動搖社群信念的不是夏布臺．茲維，而是雅各．法蘭克，因為他那上千名改信者於一七五九年發動的大規模背叛是自願的，這是波蘭教會永遠不會讓猶太人忘記的盛大奇觀。九年後，一七六八年在烏曼發生的大屠殺是真正的駭人聽聞，而當俄羅斯哥薩克人三不五時出現在最終被瓜分的波蘭境內已成為了一種生活現實，暴力就可能在任何一刻朝猶太城鎮襲來，因為可以掠奪的東西就擺在那兒。猶太世界的暴力崩解，讓人頭稅就算不是完全收不到，也是更難收到了。到了一七六三年，四地委員會已經積欠國王兩百萬茲羅提，每年還有二十萬的利息。委員會的基本功能崩壞，就移除了它存在的理由，尤其是在國王斯坦尼斯瓦夫．波尼亞托夫斯基（Stanislaw Poniatowski）對於貴族們的忠誠度感到心慌的時候，更別說還有那些掠奪成性的鄰居在虎視眈眈。一七六四年進行了一次人口普查（對猶太人來說從來都不是好事，不過歷史學家倒是很感激），政府便根據結果，對估稅及收稅取得了直接控制。沒了四地委員會，躲在它們羽翼下的宗教統治集團一見光，就成了企圖永久維持現狀的寡頭政府，為了保住權力而聽任政府吩咐辦事。猶太小城的反抗者要求選舉而非由指定代表加入「團體」。在某個城鎮，一幫年輕人在一次猶太會堂的儀式中罷黜了團體，並在被拘留的時候表演了一場嘲諷的假葬禮。拉比得把當地警方找來恢復秩序，把那些以下犯上的小子牢牢釘在椅子上。隨著波蘭立陶宛共和國在一次次瓜分中一片一片地消亡，猶太人發現自己也隨著地域而分裂；先是被四個國家分割（包括殘存的波蘭），接著在一七九七年後又分成三塊——普魯士、奧地利和俄羅斯，每個國家對於怎麼對待猶太人都有自己的一套看法。現在待在奧地利人稱作「加利西亞」的布羅德市阿什肯納茲猶太人，以及待在俄屬波多里亞薩塔諾鎮的阿什肯納茲猶太人，嚴格來說，要把對方視為外國人，但不知怎麼的，旺盛發展的雙向走私流通居然緩和了這種疏離。

引領著入侵和解放潮流（有時候兩者是同一件事）的革命戰爭和拿破崙戰爭，只是加快了碎裂的過程。說波蘭語、受貝瑞克．喬瑟佛威奇（Berek Josielowicz）指揮的「已啟蒙」之華沙猶太人，形成了一支大軍來防衛城市，抵擋蘇沃洛夫元帥（General Suvorov）的俄軍來襲，並預謀在他們的要塞——華沙布拉格區（Praga）周邊——進行堅強抵抗。那時候人們還相信，法國風格的解放運動可以為猶太人打造一個權利平等且有愛國義務的新世界。隨著拿破崙法國勢不可擋地向東壓迫，並成立「華沙大公國」（Grand Duchy of Warsaw），儘管人們都曉得法國對境內猶太人強加了什麼樣的束縛和輕蔑，那些希望還是跟著重新點燃起來。然而，當哈西迪派或者非哈西迪派拉比會面討論危險的「歸順何方」問題時，多數人，包括施諾·札爾曼拉比都果斷堅持，走法國風格公民權的代價會是失去猶太傳統，所以他們便把希望寄託在沙皇這邊。這場豪賭最終證明正確無誤，儘管只有猶太人單方面對對方有所感激而已。

就算是（或者說尤其是）對始終清楚自己有多脆弱的猶太人來說，需要歸順的這件事還是深深傷害了他們。獻給荷蘭共和國奧蘭治親王、獻給波旁王朝歷王及其後法蘭西共和國和拿破崙皇帝的諸多禱詞之精心細緻，並沒有削弱他們的真誠。沒有講明白的契約，是以保護來回報那樣的歸順。所以，當一個在東歐的政治歸順選擇變成一場冒險賭注時，這個選擇反倒可以交給身兼布道者、仲裁者、預言者和奇觀創造者的正派哈西迪族長，也就是身為保護者的「公義賢者」。在一七九八年出版《諾姆·埃利梅萊赫》（*Noam Elimelekh*）的「萊扎伊斯克的埃利梅萊赫」（Elimelekh of Lezajsk）是第一個如此描述自己的人（他自己在十一年前就已過世）。在那本基本上都在評注《摩西五經》的著作中，有著對於「公義賢者」這個角色的解釋：奧秘真相與解方的保管者、隱藏意義的點明者，但也是一群信眾的服務者和指導者——不可或缺的管道，只有透過此人才能讓上帝的子民接觸到來自祂的一個只可片斷理解的設計。在哈西迪派的注釋中，《哈巴谷書》（*Book of Habakkuk*）聲稱「義人（zaddik），一個正直的人會因信仰而活」的關鍵一節，會因為動詞的更改，而隱隱約約地從個人天命被轉換成政治使命。「yihyeh」（活）這個動詞，變成了「yehyeh」（使其新生、給予生命），因此授予公義賢者透過其信仰（emunah）把生命給予所有追隨者的角色。[52] 從豐富（shefa）這個意義上來說，「生命」正是十八世紀末所匱乏的。那麼公義賢者就比較不是一個魔術師，而是幸福的宏觀經濟學家、生命的賦能者，把寶貴的素材引導給世俗的追隨者。但套用一段馬吉德教誨選集中的用詞，那仍然讓他成為「這個世界的基礎」。[53]

這樣描述的話，凌駕猶太社群的新權威，就變成是圍繞著公義賢者這個人物來具體化。「人們總是假定有許多（但其實不多）公義賢者（埃利梅萊赫的弟弟「甘諾皮利的祖沙」〔Zushya of Zanipol〕是另一個知名人物）」的這個事實，代表他們可以提供去中心化的領導，來主宰過去曾是老家的一大片領土。因為在一七九五年之後，波蘭就不在了；它殘餘的部分被俄羅斯所併吞，而傳統的「會眾」團體則是遭到了殘暴施壓。

十九世紀初期的「哈西迪派傳說」文學，第三代福音主義（evangelism）的產物，推廣了一種由巴謝托諸傳記所開創的樸素簡約神話。這種文學的典型是以故事描述一個人，看見祖沙拉比生活的樸實謙遜，而把一點錢偷偷塞進他裝經文的袋子裡，卻驚訝地發現做了這件事之後，他自己的錢居然增加而不是減少了。然後他就會以為，如果他可以捐獻給更大的臺柱——馬吉德本人——收到的可能還會更多，於是就下了更大的注。不用說，當他這麼試了之後，相反的事情就發生了。跟祖沙抱怨的時候，他遭到了譴責。當你不為自己而給予時，你是受到祝福的；當你開始想尋求報酬，祝福就消失了。[54] 由這些小小的說教、寓言和軼事所構成（通常以辛辣的幽默增添一點風味）的豐富劇碼，和公義賢者們基於肖像畫而為人所知的那種傳統面貌，一起在數個王朝更迭間確立了自己的地位。直到俄羅斯政府禁止之前，那些文字和圖像都不是很貴，所以很快就成為哈西迪派獨特的民間文學，一種平民主義的聖典，且仍然以這種形式在美國、以色列和歐洲等地同時以希伯來語和意第緒語旺盛發展。這些內容會時常類似《米示拿》和《塔木德》裡的敘述式、亞卡達（典故）式的段落，而不像最艱澀的卡巴拉那樣進行抽象形而上的空談，其實並不是巧合。不論是碰巧、出於直覺還是經過計算，哈西迪派文學讓自己接近天國的同時也貼近地面；以安撫而非威嚇的方式啟發人。它不搖指頭，而是眨眨眼睛。而且就算它轉變成更像老師的態度，公義賢者中最有手腕的人還是會確保他們的訊息可以輕易連結到每個人的經驗，而能在最令人不解的時候具有解釋的能力。舉例來說，布拉茨拉夫的那曼拉比就聲稱，每個靈魂都是由好與壞的成分所構成（這就以一種讓人回憶起最早期猶太二元論的方式，解釋了世界上為何會出現糟糕的事情）。

是有那些少數——惡者（rasha）——徹底縱情於邪惡面；也有讓自己的生命成為了善惡衝動戰場的大多數人。只有極少數人——公義賢者——能夠把世上徹底惡的物質引到身邊來，然後靠著奉獻的力量，以及他們找出上帝火花的能力，而將基本物質昇華轉變為善和滿足。當失落、恐怖、困惑層出不窮，當驅逐、掠劫、人身攻擊的幽靈四處出沒，有著崇高強大吸引力的公義賢者，身為一股巨大難以估量力量的活人避雷針、身為驚人奇蹟創造者，就注定要有無窮的吸引力。

基於同樣的理由，會如此讓不分傳統主義和啟蒙者的批評人士如此憤怒（尤其是後者還盡了全力要讓猶太人疏遠這些「幼稚魔法」）的，就正是公義賢者所自命的「世界基礎」身分。但對務實者的狂熱崇拜，根本比不上人們對魔法權威者的驚懼。朝聖者還是持續前來，展現他們的歸順，並相信他們進入了神聖的國度。偶爾會有哈西迪派的公義賢者真的前往了巴勒斯坦且至少待了一陣子，好比說布拉茨拉夫的那曼；但多數人刻意培養出一種觀念，即他們自己的宮廷就是一個個小耶路撒冷。據他們說，大衛王在聖櫃前跳舞，就是他們自己歡慶音樂的原型。他們居住地的中心，他們聚集追隨者來學習和祈禱的小祈禱室（kloyz），是諸多神聖處之最。一位偉大公義賢者的宮廷能靠近聖殿的距離，就和多數人能靠近的一樣近，但這樣也就夠了。「當一個人來到盧布林，」雅各．以薩．霍羅威茨（Yakov Yitzhak Horowitz，也就是「盧布林的先知」）的一名仰慕者寫道：「他想像著自己就在以色列之地；學習室的庭院就是耶路撒冷；學習室本身就是聖殿山；（公義賢者先知的）寓所就是（聖殿的）門廳；迴廊是聖殿；而他的房間，就是聖中之聖。謝奇那本尊透過他的喉嚨說話。」[55]

被仰慕者和徒弟所圍繞，被敬畏的年輕人所追隨（真的就是在街上被跟著走）的十九世紀初期，公義賢者行事可以逾矩，且其展現的那種神聖大搖大擺會讓巴謝托和馬吉德都嚇一跳。魯任（Ruzhyn）公義賢者以色列．弗萊德曼（Israel Friedman）就蓋了一棟新巴洛克風的宮殿住所；養了一隊四匹白馬（有人說六匹）來拉他的大馬車；小心翼翼地培養了一個王侯般的隱密生活，只有少數人可以見到他本人；而就跟他的祖先「博列霍夫的柏爾」一樣，盡可能地享受沉默的用餐。亞歷山大．柏納爾說，他移動時的隊伍有三臺四輪大馬車，以及幾百臺較小的貨馬車和幾千名信徒結隊跟隨。當他在這種出巡中落腳客棧時，著迷崇拜的學生們會獲准在窗外踮腳尖，看一眼公義賢者的睡姿。這種王侯風格替公義賢者們樹了不少敵，導致其中兩人最後被殺害。一八二二年，以色列．弗萊德曼在沒什麼證據的情況下被控為從犯，並在俄羅斯的某監獄關了將近兩年。當他出來後，他跨過邊界，進入奧屬加利西亞邊陲的布科維納（Bukowina）地帶，來到薩達哥拉，他的宮廷在那裡重建得更壯麗，還配有塔樓和城垛，一側是公義賢者的房間，另一側則是大猶太會堂。奧地利官方很快就察覺到，圍繞著魯任公義賢者的宮廷而快速成長的服務經濟，已經把一灘死水般的當地變成了一個活躍興旺的城鎮，並抗拒著來自邊界兩側同時要求關門的命令。

利奧波德．范．薩克—馬索克（Leopold von Sacher-Masoch）在一八五七年來到薩達哥拉時，目睹了公義賢者絢麗奪目的宮廷，但讓他特別注意的，是宮廷裡的女人。

> 我們上了樓梯，經過一間前廳，發現自己處在一間大房間裡，裡頭的宮中女士們，也就是公義賢者的妻子和兒媳，女兒和甥姪女，全都集合在這裡。我覺得我彷彿被帶到了君士坦丁堡蘇丹的後宮裡。這些女人全都很美麗，至少堪稱漂亮；她們全都用她們大而黑的柔和雙眼，驚訝而興味盎然地看著我們；她們全都穿著絲綢的晨衣，以及絲綢或絲絨的卡夫坦，鑲邊是昂貴的毛皮：黃和粉紅的絲綢，綠、紅、藍的絲絨，松鼠皮、白鼬皮、貂皮和黑貂皮。女人們綁著有珠寶的頭帶，女孩子們帶著珍珠編的長束髮帶。[56]

紅磚塔樓至今仍保留下來，只是說薩達哥拉拉比們的寶座現在在以色列。以照片記錄這些社群遺民的克里斯帝安．赫爾曼（Christian Herrmann）表示，該建築物已經撐不下去而塌陷。手邊可沒有伯利斯．斯洛波狄紐克來當修復英雄。「豐富」繼續上路，往下一處前進。

IV 男孩們

一八三五年的某個冷天，一名年輕、非婚生、姓氏還有冠上「赫茲」（herz）來代表他那壞爸爸的心肝就已經算是不錯了的私生貴族，意外碰上了一群穿厚外套的小男孩。亞歷山大·赫爾岑（Alexander Herzen）準備要開始在俄羅斯東北的維亞特卡（Viatka）服流放之刑；這地方離他的犯罪現場——出席一場音樂會，會中的樂手兼作曲家米哈伊爾·索可洛夫斯基（Mikhail Sokolovsky）一如往常地唱了一些對沙皇陛下尼古拉一世（Nicholas I）不敬的改版歌曲——可說十分遙遠。對皇帝祕書處第三部來說，索可洛夫斯基的音樂會是惡名昭彰的煽動叛變者聚會處。但如果想在惹是生非者變得太危險之前就先抓出來對付的話，這音樂會就很有用了。不知天高地厚的小雜種赫爾岑就給他去維亞特卡吧。

二十三歲的學生看著那一群小男孩，心中有著疑問。他們看起來一點也不好，其實應該說半死不活的，嘴唇發白，凹陷的眼睛周圍發青，可能是因為得了熱病而膚色鐵青吧，他這麼想。有一個官員領著他們。「這不是什麼能講的事，」他回答赫爾岑的詢問：「別問；問了你會傷心。」有那麼一下子，是的確會。

「你知道嘛，」官員繼續說道：「他們弄來了一群有夠慘的八、九歲猶太小男孩。他們是要把他們弄去海軍還是哪裡的，我也無可奉告。一開始命令是說把他們帶去彼爾姆（Perm），後來事情有變，我們改成要把他們帶去喀山（Kazan）。把他們交過來的官員說很可怕，那事情就這樣了；三分之一會被丟在路上（官員指了指地上）。會抵達目的地的不到一半。」

得了瘟疫嗎？赫爾岑問。「不，不是瘟疫，但他們就只會像蒼蠅那樣死掉。你也知道，猶太男孩體弱多病就像剝掉皮的貓一樣；他不習慣一天走在泥巴裡十個小時只吃餅乾，也不會習慣沒爸沒媽沒人疼地被丟在陌生人裡頭；總之呢，他們就會一直咳一直咳，咳到墳墓裡。那我問你，這些小孩對他們有什麼用？他們能對那些小男孩做什麼？」

等待著馬車把他們帶到離猶太人定居地內老家數千俄里（verst）遠的男孩們，排成七零八落的行列。他們是被徵召來的「軍區兵」（cantonist），十八歲以前得待在軍校；之後，還要在俄羅斯陸軍或海軍服二十五年的兵。「那是我看過最可怕的景象。」赫爾岑握緊了拳頭寫下：「那些可憐的、太可憐的孩子。十二、三歲的男孩或許還有點可能活下來，但八歲、十歲的小傢伙……就算一筆純黑的顏色，也沒辦法在畫布上畫出那種恐懼……那些沒人照顧、沒人好心對待的病孩，就那樣曝露在北極海直吹來的狂風下，往自己的墳墓裡走去。」[57] 赫爾岑跌坐回自己的馬車上，淚水潰堤而出。

今後，他會繼續以這種富同情心的劣勢主義者身分，貫徹自己的創作生涯；至於看見這群半死不活的猶太小孩而在他心中喚起的恐懼，則是他那種衝動人性慷慨的典型特徵。不過，儘管說一八二七年至一八五四年間，這樣被徵召入伍的七萬人之中確實有五萬人未成年，但這些人若如赫爾岑所描述的那麼年幼，也是滿不尋常的情況。十二歲是選進軍中的法定年齡；這已經夠殘酷了，不過麥可・斯坦尼斯拉夫斯基（Michael Stanislawski）還有找到（至少）一個案例是五歲就被拉走的。一八二九年的軍隊包含了一些乳牙掉了的孩子，所以，即便當年負責登記註冊的辦事員也推斷，那些男孩不可能大過八歲。[58] 這種極端的未成年人，在他們的登記註冊表上都按需要增報了年紀，好讓他們達到法定的十二歲。

沙皇（他在一八五五年的駕崩，引發猶太社群一陣歡天喜地）並不是什麼窮兇極惡的怪物，但他確實是專制獨裁的社會工程師。當俄羅斯在一七九七年獲得了波蘭立陶宛共和國剩餘領土的絕大部分之後，也獲得了大量的猶太人口；一八一五年時，他們在整個帝國的四千六百萬總人口中，已經占了一百六十萬人。雖然他們現在被限制在猶太人定居地裡，人們還是認為，這麼龐大的人口不能放任他們在帝國內形成一個語言和歷史風俗皆與眾不同的分離集團。早在一八〇二年時，亞歷山大一世（Alexander I）就建立了兩個「猶太生活組織委員會」（Committees for the Organisation of Jewish Life），一個在華沙，一個在聖彼得堡。兩個都遵照奧地利皇帝約瑟夫二世於一七八九年發布的敕令，特別是敕令中關於開放世俗國立學校給猶太孩童的部分，只是說，等到這個社會轉型的程序完成時，它們提供給猶太人的公民解放，還是會離完全給予有一點差距。當同樣的提議於一七九〇年在波蘭的辯論中再度提出時，一名忿忿不平的反對者說，在猶太人擺脫掉自己惡名昭彰的痲瘋病和疥瘡，並接近於真正的人類之前，這件事根本不該考慮。亞歷山大改革時代所開始的法規，是每次有哪個政府問起「猶太人要怎麼辦」時的固定答案：世俗教育，有必要時強迫實施，外加一點點猶太宗教教育，兩種都要有國家監督；祖國的國語教學；或許還要把猶太自治的舊制度了結掉，尤其是猶太法庭。有時候，這樣的建議來自猶太人自己（且歐洲到處都會這樣）。亞歷山大一世的委員會的主要人物，來自波多里亞的權貴亞當・恰爾托雷斯基王子（Prince Adam Czartoryski，少數被沙皇所信任、或者至少有讓沙皇喜歡的波蘭人），和來自薩塔諾、他習慣稱作「親愛的門德爾」的子女家庭教師——門德爾・雷芬（Mendel Leffin）討論過所有這類問題。[59] 亞歷山大的改革（如果能夠有序地實行的話）可能像約瑟夫二世一樣包含了兵役問題，因為人人都知道，要被當成一個同胞子民，不可或缺的條件是報效祖國的義務。在波蘭，猶太人服十年的役就有資格獲准成為公民，而這種承擔是俄羅斯人都望之卻步的（在尼古拉的制度下，猶太人不管服了多久的役，都沒有資格成為軍官）。

但亞歷山大的改革動作非常謹慎。「猶太人隔離地」，這一大塊從基輔省一直延伸到波羅的海、由他分派給猶太人的土地，不應該被理解為某種把阿什肯納茲猶太人趕進去關在裡頭的臨時拘留區，或者大型猶太區的概念。這塊地就只是和烏克蘭—波蘭—立陶宛猶太人（不論為何而）長期定居的土地重疊而已。確實，考量到莫斯科和聖彼得堡（即便不多）的俄羅斯商人對於與猶太人競爭下的未來所表現的驚慌，猶太人確實不被允許居住在那些大城市裡。在華沙，他們的居住區還要更小。但即便是那種時候，還是有一些顯著例外。加入行會且為數不少的商人，可以前往大城市參加市集，還可以在那邊待六個月。從其他觀點來說，在俄羅斯新制度底下的猶太人有其他地方都得不到的權利。舉例來說，他們可以在居住地內成為市議會成員——這個措施引發的驚慌是如此之大，使得人數遭到了限制，而且他們是和非猶太人分開來選舉的。

亞歷山大推行的其中一塊社會工程始終沒有成功。一八〇四年，為了回應「猶太人藉由主宰烈酒業，而讓農民衰弱於酗酒貧困中」這種早就預期會有的怨言，當局通過了一條命令，禁止猶太人釀造、蒸餾酒類，以及在鄉村經營酒館或旅館。因為對不少猶太人來說，即使製造或販賣伏特加並不是首要維生方式，他們還是得靠住宿業賺錢，所以這項措施若推行的話，便會斷了他們的大半生計。有一陣子，猶太人好像被人從他們世世代代唯一熟悉的農村世界硬趕了出去，然後被送進了波多里亞和立陶宛的城鎮，並在當地已經很緊迫的經濟上添加負擔。然而，這樣的動盪最終證明只是暫時而已。許多在俄羅斯瓜分國土後就更根深柢固於家產的波蘭立陶宛貴族，就明白地表示，把猶太人移出烈酒事業會對他們自己和政府都造成大量收益損失，因為這群寡占承租人所提供的資本，不管用什麼來取代，都無法達到和原來一樣的高度。即便這條於一八〇四年訂立的法律有正式書面記載，還靠著一八一七年另一條「完全禁止任何猶太人進行烈酒交易」條文獲得補充加強，但由於貴族們的抱怨有著充足的說服力，使得這兩條規定幾乎沒怎麼在推行。未來的幾個世代裡，「猶太旅館老闆地窖裡擺著伏特加」仍然都會是猶太人隔離區內的特色景觀。甚至到了十九世紀晚期，住在立陶宛考那斯（Kowno）城外農村地帶那邊的我外公一家人，除了拖拉木材業之外也積極從事烈酒交易；這門事業先是有一個人把它轉型成蘇荷區的酒吧，然後第一次世界大戰之後，又改成替渴望氣泡飲品的倫敦人進口粉紅香檳，而在那時候他們就把自己的名字英國化，變成了史壯沃特（Strongwater）。

專制獨裁的社會計畫於一八二五年尼古拉一世繼任王位後重新開始。猶太人被遷移出村莊，並逼進了內陸城鎮。一八四三年，一道表面上是要打擊走私的法律，下令驅逐俄奧或俄普邊界起五十俄里（約五十三公里）內所有城鎮裡的猶太人，而這傷害到了薩塔諾。接連好幾個世代，山坡上的薩塔諾成為了鬼鎮（但不是永遠）。猶太人早就已經被下令要取適當的姓。在尼古拉繼位那年爆發貴族的十二月黨人（Decembrist）起義，讓嚴肅的年輕君主確信，整個俄羅斯需要充滿愛國心、宗教和效忠沙皇的規範準則。範圍便包括了尼古拉口中稱呼的「zhyd」（猶太人）。他對那些人沒什麼好看法，雖然他帶著一副驚奇的模樣承認，這群人在一八一二年法國入侵時意外的十分忠誠，「甚至冒著生命危險相助」。不過，在他的日記中，基本上他還是回歸了那種反猶太的陳腔濫調。「他們用他們的把戲掏空了單純的民眾……他們知道如何欺負欺騙那些單純的民眾，把還沒播種的夏季小麥，當作借貸的抵押品帶走……他們是真正的吸血者，緊緊叮著已經在衰敗的省分並將其消耗殆盡。」[60]這些社會弊端有許多解方——把猶太人轉投入農業（原本西伯利亞被認為是裡想地點）並不讓他們接觸借貸——但尼古拉相信，最有可能成功的治療方法，會是兵役。

他相信他這樣做是對祖先彼得大帝（Peter the Great）的緬懷尊崇，因為彼得大帝也相信軍隊可以作為施行社會教育的學校；但尼古拉更是因為眼見一支列隊前行的大軍而欣喜若狂，而他的夢想裡充滿了閃亮如電的軍刀，和雷聲隆隆的大炮。其他可以用俄羅斯道地方法來好好磨練的人——舊禮儀派、虔敬派、韃靼人等——也會被推進行伍之中。不過首先，用來測試的人口得是猶太人，又尤其因為他們人數眾多。在這個將於一八二七年成為法律的計畫概要中，他安排了一名可以信賴的顧問，也就是皇帝祕書處第三部的頭子（因此不會心軟）——尼古拉．諾沃希里策夫（Nicolai Novosiltsev），但讓沙皇訝異的是，他居然跟他說這不可行、不人道，而且這種疏離手段有可能造成危險。雖然尼古拉希望這種長期服役，尤其是年輕人服長役，可以讓人比較容易改信，但他沒有傻到（也沒有殘酷到）會把改信當成整個計畫的一切。他和他父親都讓猶太人留在自己的「會眾」組織內，由「團體」所治理，也確實讓他們的公開禮拜自由成為了一項絕對權利。他甚至有辦法不覺得哈西迪派的虔信行為徹徹底底冒犯他。所以有人推測，除非宗教主動干涉了軍中職責，不然少年兵其實是獲准信奉他們自己的宗教的，而軍校生更是想必如此。某些宗教節日時他們可以放假；逾越節晚餐可以各自吃薄餅來過節；安息日他們可以不用做某些工作。這都很好，諾沃希里策夫回答，但因為他們是要送到離居住區幾千俄里外的地方，他們要怎麼找到潔淨的肉？主持儀式的拉比和領唱的人要去哪兒找？他斷論，那是給絕望者的解方，而絕望的人成不了好兵或者忠誠的士兵。但尼古拉硬幹了下去。

當人們得知這個消息，隔離區內的猶太小城紛紛爆發了恐慌。（來自奧帕圖夫〔Opatow〕）的阿普特拉比（Apter Rebbe）坐在高腳椅上，把他的信眾召來進行悔改的禁食，因為只有猶太人的罪才會招來這樣的一種壓迫（以及其他所有壓迫）。每個可以想到的調解求情方式，人們都試過了。猶太人能不能用集體稅（自古以來面對〔通常是為了強迫他們改信而實施的〕嚴刑峻法威脅，都是用這一招解決）解除徵召？不行（雖然當局允許個人找人頂替，只要對方也是猶太人就行）。但各地隔離區還是紛紛湊起了錢，希望能夠買通任何改變沙皇心意的人。這也徒勞無功。家長準備好把孩子藏起來，因為，不是說自己主動把孩子推向一種遠離家和會堂、而有可能改信基督教的生活，就近似於殺了他們嗎？當局表明，如果抓到任何人藏匿孩童，就要接受令人喪膽的嚴厲懲罰。有種普遍的說法是，父親們會在自己孩子身上弄一點小傷讓他們躲過徵召；但因為服役的體格要求並沒有下限，所以這樣也沒用。況且，沒有父母會對孩子做這種事。隨著猶太人屈服於這個命運，他們的請願就變得更絕望而可悲。有一個來自維爾那的請願聲稱：「我們只向你們乞求讓我們的孩子不要被禁止遵守他們教義的儀式，好讓他們對規律的遵守成為服役時使自己更強的手段。」[61]

猶太兒童和青少年被徵兵一事，已經成為了一種普遍記憶，能和「在埃及為奴」、「安條克四世的褻瀆神聖」、「宗教裁判所」並列為猶太人所承受的極大惡行之一。一九五〇年代長大的人，如果問一個立陶宛裔的老祖（zeyde）或者老太太（bubba）說，他們的父母為什麼要在十九世紀末期來英國的話，他們會說「躲組織的人（khapper）」，就是那些晚上會把小男孩抓去軍中和領洗池的擄童者，即便這樣的恐怖早已遠去。就如麥可・斯坦尼斯拉夫斯基和約哈南・彼得羅夫斯基—修特倫（Yohanan Petrovsky-Shtern）所揭露的，真正的歷史更為複雜而令人不安。沙皇對猶太人可能抱持著往常的可笑偏見，但他並沒有打算強行推動猶太人改信正教會。猶太軍校生確實有被布道，也有三到二分之一的人最後改信了，但軍中的新基督徒猶太人所受到的對待，和信猶太教穿軍服的猶太人並沒有什麼不同。尼古拉一世的首相帕維爾・基瑟列夫（Pavel Kiselev）寫道，他希望軍中經驗能在俄羅斯基督徒和俄羅斯猶太人之間產生「和解」效果，並移除「塔木德式的」迷信；他這麼講的意思是，要打進猶太人心中他認為是「分離性」的性格，以及非猶太人對那群怪人所抱持的不信任。讓沙皇相信就算沒有動用強制力，猶太人改信也遲早會成真的要件，就是猶太人服役的長度，以及更重要的，把小孩子從層層包圍、說意第緒語的小城圈裡移出。

這種態度根本沒辦法讓尼古拉一世顯得有惻隱之心，而這些小小軍區兵所體驗的更不是一場野餐。猶太人的役期遠遠長過舊禮儀派和其他非本族俄羅斯義務役的役期；毫無疑問的是因為，沙皇認為他們是更難收服的倔梆子，而他的想法確實沒錯。因為尼古拉一世假定福音的訊息比較可能對未定型的年輕人有效，所以徵招的年齡也訂得比其他族群來得更低。那群生病的孩子抵達軍校之後的初體驗可能會令他們受創。那些被認為身上有體蝨或者任何哪種感染源的小孩，會被塗滿硫磺和焦油，或者甚至表面上用來消毒的雞屎溶液。當他們被送進蒸汽室或者公共浴室時，他們會被固定在滾燙的頂層架子上來殺光身上的害蟲。[62]

但也有人嘗試做出真正有同情心的舉動，回應了諾沃希里策夫引起的那種顧慮。雖然在赫爾岑那次悲劇的相遇中沒看到家長，但其實家長有時候是有獲准陪孩子走這一趟漫長而艱難的上學路。當條件很糟糕的時候，會向外通報的是俄羅斯官員，所以和赫爾岑對話的那名悲傷的官員，從同情心和無可奈何的淡定看來，很可能不是虛構人物。不論是針對軍區兵預校生和服役中的猶太兵，讓他們可以遵守禁食、遵守節慶（甚至安息日）的種種安排都已經實施了。也有拉比被找去軍營來帶那些儀式；軍營也留出了儀式用的房間；也提供了蠟燭、葡萄酒和祈禱披肩。彼得羅夫斯基—修特倫就注意到，這時候俄語中出現了「sykois」（來自「Sukkos」——阿什肯納茲口音的「Sukkot」，也就是住棚節）還有「roshachanu」（來自「Rosh Hashanah」，猶太新年）這些新詞，最早就是出現在陸軍和海軍。葉卡捷琳堡（Ekaterinburg）、圖拉（Tula）和特維爾（Tver）為猶太士兵蓋起了會堂（在克隆施塔特〔Kronstadt〕則是為水手興建）。在其他地方（好比說比亞維斯托克），一個叫作「信仰捍衛者」（Guardians of the Faith）的組織，提供禮拜集會用的公用房間；此外更重要的，安排了由猶太人家庭提供的臨時膳宿。

那麼，誰要為所有年幼孩子的入選負責？令人痛苦的答案是：負責提供軍區兵配額的「團體」，也就是組織該團體的猶太人自己。社群裡有幾類人可以免於徵兵：拉比和一個領唱人，以及所從事之工商業能被分類為不可或缺的人。赫爾松和其他地方的農人也受到保護。但遲早還是得做出挑選。由「團體」所進行的、關於指派來做這骯髒工作的「受託者」的討論，應該就是在那時候進入了它們的地獄深淵中。有人可能曾說過，那不是我們的責任，因為我們的罪，這邪惡才會強加在我們身上；但那也不一定，現在我們有責任要盡力思考怎麼保護我們的人民。第一個他們會想到那些不能走的人：有嬰兒和幼兒的年輕父親；此外，還有從事的工作在小城裡不可或缺的人。身為人，「團體」的家人們也不要把自己人送上船。接著指頭就指向了人們相信或許可以犧牲的人，很自然的，就是窮人、病弱者和年輕人。察覺到自己小孩可能會不保的焦心父母，會在來不及之前把小孩藏起來，那時候「組織的人」，組織所雇用的綁架者會把他們揪出來，或者在夜深人靜時把他們抓走。七歲那年就在普沃茨克（Plotzk）被人抓走的以色列・艾托可維茨（Israel Itzkowitz），描述的就是這樣一種創傷、暴力的分離：孩子們身上被丟了一件羊皮外套，然後就被裝上大小貨馬車，加入那一整條朝東方或北方行進的運男孩車隊。

艾托可維茨繼續敘述了一個充滿叫罵和痛打、到了某種程度之後會讓小男孩願意受洗的煉獄。但他會撐過這些虐待，直到看見尼古拉一世的繼位者亞歷山大二世（Alexander II）將未成年徵召定為非法，並將孩子們送回父母家裡（不管那還能不能達成）。不過，對於艾托可維茨回頭信猶太教，以及堅持要被當作猶太退伍軍人看待的這類恢復身分行為，正教會都拒絕承認。目前最佳的證據顯示，徵召兵的死亡率和改信率，都沒有赫爾岑所預期的，或者猶太人普遍記憶所假設的那麼慘。然而，還是有那五萬個男孩：這些娃娃兵——穿著羊皮外套，又瘦、又怕、又咳著，在操練時試圖把來福槍扛上肩並固定在上頭——並不是傳說。

嚴格訓練並不是唯一把猶太年輕人鍛鍊成俄羅斯人的方法。此外還大幅強制進行了某種意圖使文化轉型的措施。猶太人從此被迫要以德文、波蘭文或俄文書寫商務、法律和民事文件。一八三六年起發動了將希伯來文書籍送交國家審查官（這些官員全都得是能讀懂希伯來文的改信猶太人）的大規模行動，而所有位在斯拉武塔和維爾那、服務全東歐的阿什肯納茲猶太讀者——包括書架上還有四、五本書的旅館老闆、有七十或一百本書的拉比、可能還有更多書的城市商人——的出版單位，都得強制關門。就連服裝儀容都要規範。當局宣告公共場所戴圓盤帽違法，其他認定為猶太習慣的物件也包含在內。但哈西迪派猶太人則是以採用波蘭─俄羅斯商人的服裝來回應；在傳統圓頂小帽（yarmulka）上加戴黑色狐皮的大圓柱帽（shtreimel），穿著聖彼得堡商人那種有長授帶的黑外套和白長襪。到現在他們在耶路撒冷和其他地方都還這樣穿，而被人們想像成猶太人的獨特服飾；但也因為這樣的打扮已經好幾個世代都沒變了，所以還真的成為了猶太特色。長邊落和落腮鬍也被宣告違法，但沒有人真的打算去雇一個剪刀糾察，所以這條規則差不多就是被忽視了。

學校教育是主戰場。總是有積極現代化的猶太人就跟俄羅斯的教育部長們一樣，渴望否定哈西迪派對猶太授課的獨霸。他們的任務不是清除傳統猶太學校教育，而是打造出與其並行的空間，以教導能使猶太人成為有用（又是這個詞）於沙皇之臣民所需的現代知識。哈西迪派的網絡散布得越廣，東歐啟蒙運動的擁護者就更下定決心，要確保猶太小城裡的孩子可以接受到現代學門：俄羅斯語言，或許還有德文，以及數學和俄國史。一八二六年在嶄新的港城敖得薩，就按照上述的方針成立了一間師範學校；接著在基希涅夫成立了一間，一八三八年在里加（Riga）又成立了一間。最熱切擁護新式教育的人之中，有不少人（好比說所羅門．邁蒙）進行了一場從猶太小城到柏林的教育之旅，好讓自己沐浴於德意志改革之下，進而相信，宗教和世俗教育完全有可能在小男孩的心智中共享同一份時間和空間。

在謝爾蓋．烏瓦洛夫（Sergei Uvarov）──尼古拉一世的教育部長，職業是古典主義者，傑出但不正派──就任時，現代化支持者就找到了一名熱心的贊助者兼合作者。他們的計畫是把全俄羅斯的猶太人教育都交由國家監督管理。從此，兩種老師會在同一個屋簷下工作：會繼續教宗教文本的猶太老師；以及會教新科目的老師，猶太或非猶太人都有可能。那些還想要去找拉比的也可以，但要在國家監督管理的神學院。然而，世世代代住在隔離區的猶太人從此還是會長大成真正的俄羅斯人，像任何人一樣，順從烏瓦洛夫打造出來的、呈現在獨裁政治、宗教、國籍之中的民族意識。

為了要達成這項改革，烏瓦洛夫知道自己會需要溫和派的拉比來撬開反抗者的大門。有一個人選很明顯能執行這忘恩負義的任務：二十三歲的里加學校校長，馬克斯・李連塔爾（Max Lilienthal），他在慕尼黑受教育，就算不到傲慢，也堪稱自信滿滿。他在德國教書並講道，有著期望猶太人精通啟蒙主義的語調。在與烏瓦洛夫密切進行了五週的討論（這本身就是明著通敵的一刻）後，李連塔爾獲得任用，來擬定教育改革的計畫。但當李連塔爾把計畫提給維爾那的拉比們時，他立刻就被當成了異國間諜，而他的計畫也被當成了以改信基督教為目的的特洛伊木馬。繼續巡迴各處向哈西迪派拉比掛保證的時候，他便被捲進了猛烈的仇恨浪潮中。在明斯克（Minsk）他遭遇了連番辱罵、詛咒和炮轟。即便他揚言不同意就直接找國家力量強制實行措施，也沒什麼效；哈西迪派仍舊疑心重重；支持現代化的「啟蒙者」則因為他竟然向傳統派提案，也覺得遭到他冒犯。

但在一些地方，他的想法得以生根：在東南烏克蘭的「新俄羅斯」（New Russia）地區，在基希涅夫，以及最重要的，在敖得薩。在那裡，在哈西迪派的老地盤之外，新式學校比較有機會能被人接受。移民湧入這些城鎮，俄語很快就和意第緒語一樣，成為教室、咖啡館、店家裡使用的語言，而讓拉比們恐慌不已。而且也終於有了給猶太女孩的學校，教導一些刺繡以外的東西。年輕男性刮掉了鬍子，然後前去敖得薩。年輕的太太們拒絕剃頭，並拉著丈夫前去敖得薩。發生了什麼事？拉比們怒罵：「地獄之火會燒遍敖得薩方圓七里。」但更多人聽著的是唱著「活在敖得薩有如神仙」（lebn vi got in Odes）的魅惑歌聲——然後背棄了猶太小城。

人們多半認為馬克斯・李連塔爾根本不是真正的拉比，而是一個只有名字還留著的叛教者。當教育法案於一八四四年通過時，他人在柏林，正要和一位來自開明家庭的好女人結婚。他沒有要回俄羅斯，但也沒有要原地不動。他正在尋找其他地方，在那裡，或許你可以當一個好的德意志拉比，不用去聽別人整天又喊又唸，說「你要帶猶太人進基督教教會，你的名字就會從異教徒名單中抹除」；那是個沒有一切口頭譴責和瘋癲愚蠢的地方；而那地方，就叫作紐約。

第十三章

Chapter Thirteen

美國人

I 給烏利亞一間房子；給挪亞一艘方舟

烏利亞・菲利浦・利未（Uriah Phillips Levy）正在進行飛升（aliyah）：也就是讓自己上升到一個聖地。進行崇拜的地點是一間在維吉尼亞州的房子，座落於夏洛蒂鎮（Charlottesville）東邊五哩處一座矮山丘的上頭。設計這間房子的是無師自通的建築師兼屋主，湯瑪斯・傑佛遜（Thomas Jefferson），企圖讓這間房子（在某方面）近似於伯靈頓勳爵（Lord Burlington）在奇西克（Chiswick）的豪宅，而那棟建築（某方面來說）又是以安卓・帕拉底歐在維琴察（Vicenza）郊外打造的別墅「圓廳別墅」（La Rotonda）為模範。身兼屋主與建築師的傑佛遜，這位普遍認為（就算不到全美國，至少也）是全維吉尼亞共和國最博學多聞的人，應該也知曉這段歷史。維特魯威（Vitruvius）的《建築十書》（*De architectura*），古典建築風格的《聖經》，就在他的藏書裡。因此，建築物磚造的正面就裝飾了一個有柱、有山形牆的門廊，上頭又搭起了一個扁平了一些的圓頂。柱廊通往一間天頂高聳的門廊。但和先祖們那種尋常的走廊不同的地方，在於牆面上掛著各式各樣的美洲原住民物件，其中許多是由西部探險者路易斯與克拉克（Lewis and Clark）送給傑佛遜的。向訪客打招呼的，是麋鹿的大角、柱牙象的骨頭和大角羊的角。也有印第安人的盾牌、箭和刀子；一個曼丹族（Mandan）的水牛皮袍，用動物的腦髓汁鞣過皮，展開後用曼丹族和蘇族（Sioux）的戰鬥場景圖，以及用豪豬的刺所做出的精美毛管織品（quillwork）來裝飾。烏敦（Houdon）本人製作的伏爾泰半身塑像放在底座上，從一個用軟木做的古夫王金字塔頂端對著下方微笑著。但用不著誰來提醒大家這裡是傑佛遜的「印第安廳」（Indian Hall），大家就會自己了解到，這空蕩的房間，就和傑佛遜於一七七六年寫下的文字一樣，本身就是一部《美國獨立宣言》。印第安廳是其收藏家的古玩間，不過卻是那位宣告了「美國」這個現實奇觀的收藏家。

這房間是在自誇，但不是粗俗的那種。傑佛遜精心設置這間叫作「蒙蒂塞洛」（Monticello）的房子，方位上能讓夏天的微風吹進來，內裝則是要平衡兼顧華麗和節制。那是一個共和主義者的別墅；一個讓身心能夠以計算好的和諧來運作的避難處，適合給一個仍是（也始終是）教育家、哲學家、園藝家兼政治家的退休總統使用。這一切刻意計畫的優雅所仰賴的一百四十名奴隸，除了家僕，都住在果園之外更低處的「桑樹街」（Mulberry Row），因而超出了視線之外。還有一群農場工人住在更遠的沙德維爾農場（Shadwell Farm）。

到了此時，也就是一八三四年，蒙蒂塞洛已經成為了一位猶太人——美國海軍上尉烏利亞・菲利浦・利未——的財產（不包括奴隸，因為一八二六年傑佛遜死後他們就被賣掉了）。[1]周圍鄰居並非都十分樂見此事。很快的，有關貪婪猶太人的小聲抱怨，就在夏洛蒂鎮的各店家間出現。人們說，有個噁心的利未人假裝要幫助貧窮的傑佛遜・藍道夫（Jefferson Randolph）一家人取回這棟財產，但其實背地裡一直策劃著詭計，要在他們眼皮下以低價把這房產搶走。當他們自己的資金短缺時，這以色列人就像個猶太人會做的那樣，發動了突襲。「蒙蒂塞洛現在屬於一個利未人了，」有人帶著明顯的厭惡寫道：「還向愛國的美國民主共和黨人索價二十五分錢的入場費。」

這是誹謗的謠言，但相傳了一個半世紀之久。不管怎樣，烏利亞・利未花了自己一萬美元買下的，可不是什麼便宜貨。到了一八三四年那時，這棟傑佛遜曾在此沉思、耕作、策劃政治、創辦大學、接待高人、對著疑心重重的鄰居逞威風的房子，這個他口中世界上唯一能真正讓他快樂的地方，只是一片廢墟而已。當傑佛遜在一八二六年七月四日，恰巧也就是《獨立宣言》批准的五十週年那天死去時，他的負債已達到十萬七千美元之高。

最新的這位主人是一個外觀好看、臉龐寬闊、頭髮深黑的男子，臉上有著抹蠟而光滑的絡腮鬍和堅毅的軍人風采。他接收了那些破掉的窗戶，以及已部分坍塌的門廊屋頂。有些圓柱像是酒醉一樣以欲墜的角度傾斜著。其他東西已經徹底損壞了，碎片散在雜草叢生的紅土上，就好像某種對帝國命運發出警示的畫像。傑佛遜的大量植栽——漿果叢的苗圃，為了利用石造護牆所提供的保暖而設置在那——也全都不見了，那些無花果樹，那些種滿蘆筍和朝鮮薊、紫茄子、白茄子、花椰菜、苦苣、海芥藍和芝麻（因為湯瑪斯・傑佛遜會自行製作芝麻醬和冰淇淋）等新蔬菜的實驗園地也一樣。不見的還有路易斯與克拉克從西部遠征帶回來給他的黑婆羅門參塊莖；墨西哥辣椒；還有十五種英國豌豆——就是這種熱情驅動了維吉尼亞州年度豌豆大賽的創立，這個比賽是要看看哪一個當地種植者可以第一個為春季的餐桌帶來美好的收成。有著十八種珍稀蘋果品種（包括紐頓實生果〔Newtown Pippins，又稱翠玉蘋果〕、可口香〔Spitzenburg〕、賀伊斯野蘋果〔Hewes Crab〕）和三十八種桃子（包括印第安血桃〔Indian Blood Cling〕、奧德米臣〔Oldmixon〕等等）的果園，也都衰敗了，樹幹被蟲蛀得千瘡百孔又脫了皮。這片伊甸園落入了一片透不過氣的雜草海，剩下的部分被野葡萄的卷鬚勒到窒息。但上尉看見的卻是發黃的玉米桿子上竄動的尾叢，還有許多死掉一半的桑樹，那是蒙蒂塞洛前任主人徒勞執著於產絲業的遺物；如今，它們如紙一般的樹葉也投降般地垂下了地。

建築物的第一個買家，是夏洛蒂鎮當地的藥師兼平信徒傳教士詹姆斯·透納·巴克禮（James Turner Barclay），此人還有其他強烈熱中的事物，包括電力，以及他相信能證實字句為真的《聖經》考古學。把蒙蒂塞洛賣給烏利亞·利未的幾年後，巴克禮會前往巴勒斯坦，騎著騾子和駱駝沿救世主的軌跡而行，並出版了《大君之城，耶路撒冷的過往、今日和將來》（*City of the Great King, Jerusalem as it Was, Is and Is to Be*）。六百頁的內容和七十張版畫，會讓他得到那筆蠶寶寶拒絕給他的小小財富。他自己的家人則是把蒙蒂塞洛視為最龐大的白象[1]，所以當他求售時，利未只花了比巴克禮原來買價還少三千美元的錢就把房子買走了[2]。

屋裡，外殼光亮的甲蟲匆忙竄過塵土。傳說中的「書房」裡，書架上空無一物。一八一五年，傑佛遜把自己的龐大百科文庫捐獻出來，組成了國會圖書館（Library of Congress）的核心。但當他試圖把自己的一份手稿檔案出售時，卻沒有人要買。一八二七年，在他死去的一年後，拚了命想至少償還一部分家族債務的傑佛遜女兒瑪莎·傑佛遜·藍道夫（Martha Jefferson Randolph），以及他的兒子、地產遺囑執行人湯瑪斯·傑佛遜·藍道夫，拍賣了任何有機會能不讓債主找上門的東西。因此利未始終無法擁有那些優雅的家具；那些家具是由傑佛遜親手設計，雖然是由他那些後來也被拍賣掉的奴隸所打造的（利未自己也會買下二十個）。他也無法擁有傑佛遜手上三名英國人——法蘭西斯・培根、以薩克・牛頓和約翰・洛克——的油畫；傑佛遜認為他們是有史以來最偉大的智者，是自由美國在智識上的教父。

「滴答。」有一個引人注目的東西，在所有盪著回音的空虛和灰塵之中屹立不搖——傑佛遜別出心裁的七日鐘，靠著滑車和壓鐵塊的組合來運作；運作時，那些鐵塊需要落到的位置實在太低，發明者還得在地板上開洞來配合鐵塊的落差。在他娛樂國內各界大人物以及前來參訪「蒙蒂塞洛智者」的愛國觀光客的那間客廳裡，山毛櫸木與櫻花木做的漂亮鑲花地板，在灰塵遮蔽之下仍然保持完整。因為巴克禮認為木製地板不值得費力撬開賣掉，而在遺棄中倖存下來。

當烏利亞・利未取得這房子時，這一切的破敗都沒有澆熄他的情感熱度。對這位當時四十出頭的海軍軍官，以及幾乎他所有的猶太教友來說，美國憲法讓這個獨立的美國成為當代世界裡第一個真正的「避難聖所」。當華盛頓和傑佛遜於一七八九年為了全力鼓吹通過《權利法案》（*Bill of Rights*）而造訪羅德島（Rhode Island）的紐波特（Newport）時，他們被摩西・塞夏斯（Moses Seixas）當作解放者和守護者來熱情接待。華盛頓和藹地答謝（雖然利用了塞夏斯自己說過的話來稍稍挖苦了他），稱讚了「一個絕不制裁偏執信念，也絕不協助迫害的政府」。[2]然而被美國猶太人普遍視為居魯士大帝再世的，卻是身為維吉尼亞宗教自由法（Virginia Statute for Religious Freedom）撰者、因此也間接成為禁止國會立法訂立國教的《憲法第一修正案》（*First Amendment*）撰者的傑佛遜。不論在總統任期還是在那之後，他都是那個從社群長者們繼續獲得桂冠和頌揚的人；那些長者了解到，自己在美國獲得的平等不只包括自由信仰，還包括一種世界上其他地方都不給他們的權利：從事任何所選職業（包括公職在內）的不受限權利。一八二〇年七月，當雅各・德・拉・摩塔（Jacob de la Motta）醫生

---

❶ 譯注：指無用之物。

❷ 譯注：另有資料顯示，從原價七千五百美元殺價到兩千五百美元。

把自己在薩凡納（Savannah）新猶太會堂落成典禮發表的華麗講稿複本送給傑佛遜（以及詹姆斯．麥迪遜〔James Madison〕）時，這位退休總統則是把美國的天命頌讚為猶太人解放者來回敬。「這令人滿足的想法，」傑佛遜寫道：「令他心中興奮——他所屬的國家率先向世界證明……宗教自由是面對宗教分歧最有效的止痛藥……而復興猶太人也令他開心，特別是恢復社會權利；他更希望能在科學界取得一席之地，作為在政界同樣進展（取得一席之地）的準備。」傑佛遜的意思當然就是：把你們自己教育好，公職就有可能開放給你們。然而，猶太人普遍理解中的「美國承諾」，是可以追求任何能力相符工作的不受限自由。聯盟裡幾乎所有的州（至少在形式上）都廢止了任何一種進入公職前的宗教考試。只有在一八二二年至一八二八年間的馬里蘭州，為了確保平等權利能伴隨著平等義務職責而來，而引發了醜惡的小爭執。畢竟，猶太人曾經加入了愛國民兵組織為美國獨立奮鬥。所以，為什麼不應該有猶太美國兵、猶太美國水手，以及猶太美國軍官呢？

烏利亞．利未的生涯就測試了那種樂觀的主張。他待過雙桅橫帆船、單桅縱帆船和雙桅縱帆船，包括火花號（Spark）、賽恩號（Cyane）和一五八號巡邏艦（Gunboat 158），曾經駕船穿越淺灘、岩礁、風暴與戰鬥。他曾被英國人抓住（很客氣地把他拘留在德文郡的阿什伯頓〔Ashburton〕），也曾在大西洋上追擊過奴隸商，並巡邏過突尼斯海灣。[3]

現在他已自行任命為蒙蒂塞洛重生的辦理人。首先，烏利亞要讓房子可以住人。他修好最大的一口井，最凝事的荊棘也都清理乾淨，就可以設置堪用的菜園和玫瑰叢。印第安廳和會客室重新粉刷裝潢，而不知怎麼逃過拍賣命運的烏敦真品伏爾泰半身像，也重新修復並清理乾淨。同樣在一樓的傑佛遜臥房，利未也試圖把它恢復到能認出是這位退休總統需要男僕千遍一律替他換上晨衣的那幾年模樣。經過兩年的徹底整修後，蒙蒂塞洛終於準備好迎接它最嚴苛的檢查者：利未的母親瑞秋。一八三六年春天，烏利亞把她和他還沒結婚的妹妹愛蜜利亞（Amelia）帶來這邊，安排她們在他返回海軍值勤時看管房子。於是在那裡，就有這三個猶太人沐浴在維吉尼亞州的陽光下：穿著高領海軍外套的上尉，六十七歲、十個孩子的媽媽瑞秋，穿著有輩分的猶太女性會穿的黑絲綢衣；還有她那從小就跛行的女兒，都仔細檢查著他們的新房子。

愛蜜利亞今後也是終生未婚。一八三九年母親死後，她繼續待在蒙蒂塞洛，執行她哥哥指派給她的別墅女主人工作。被烏利亞埋葬在蒙蒂塞洛的瑞秋，在美國獨立初年是紐約的大美人。由瑞典畫家阿道夫・烏魯利克・偉特繆勒（Adolf Ulric Wertmüller）於一七九五年前後，也就是瑞秋與麥可・利未（Michael Levy）結婚八年後所畫的肖像畫，畫的有可能是她婚禮上的穿著。輕如絲的薄紗從她背上垂下。她的頭上戴著一頂花朵裝飾的帽子，而那些花朵原本是懸掛在她結婚時頭上那頂棚蓋的四角支柱上。她身上的平紋紗布衣，在胸部底下以繡花精美、鑲著珠寶的飾帶繫緊；這種飾帶在土耳其和馬格里布的賽法迪猶太人社群裡很常見。

瑞秋・菲利浦・利未（Rachel Phillips Levy）自己的血流中帶著猶太流浪的綿延史詩。她的外曾祖父狄奧哥・努涅茲・李比耶羅（Diogo Nunes Ribiero）過去在葡萄牙是馬拉諾：一位住家在塔霍河畔，地窖裡有祕密會堂的宮廷醫生。就跟眾多馬拉諾一樣，他太常鋌而走險，將改信的同胞帶回祖先的宗教，終究被宗教裁判所正式告發。努涅茲連同太太和子女都遭到逮捕入獄，肉體遭到一貫的酷刑折磨；其中一個女兒就是瑞秋的外祖母西坡拉（Zipporah）。努涅茲靠著一種就算說像《聖經》故事也不為過的外力介入，而躲過了更多折磨。大裁判官突然因為膀胱阻塞而痛不欲生，折磨人的就這樣遭到了折磨。只有猶太泌尿學可以解救他的痛苦。在手術成功之後，努涅茲醫生和家人就被送回塔霍河畔的家裡，但條件是要讓兩個來自聖理部的監視者全天駐守在那邊，確保他們維持適當的基督徒舉止。這等於是軟禁，但即便如此，努涅茲一家還是在一次大膽豪賭中逃脫了。一七二六年他們受邀登上一艘來訪的英國船隻，欣賞那種在英葡《美修恩條約》（*Methuen Treaty*，內容是關於以葡國葡萄酒交易英國紡織品）奠定的好日子裡很尋常的娛樂。但不尋常的是，這艘事先以優渥酬勞安排好的船突然啟錨，載著猶太人和那兩個暴怒而無助的監視人沿河而下，進入了大西洋。

這艘船的目的地是倫敦，在那裡和兒子們一起行了割禮之後，狄奧哥・努涅茲就成了薩穆爾・努涅茲。貝維斯馬克斯的長者當時正以金融的方式參與詹姆斯・愛德華・奧格爾索普（James Edward Oglethorpe）成立新殖民地「喬治亞」的計畫（一開始是打算安置獲釋的、改正了的罪犯），而這計畫想必激起了這位醫生的熱情。一七三三年，就在奧格爾索普自己和第一批殖民者一起出發的五個月後，「威廉與莎拉號」（William and Sarah）載了四十二位猶太人（其中八個是賽法迪猶太人），也是人數最多的猶太屯墾團，前往美洲。努涅茲一家就在那之中。「薩凡納被猶太殖民者擠滿」的這種預想讓奧格爾索普大為恐慌，而拒絕讓他們登陸。但天命再一次以精準無比的時機介入了猶太人的利益中，同一時間在脆弱的殖民地內施下了黃熱病和體內「血痢」的疫情爆發。熱病的受害者中有薩凡納唯一的醫生，詹姆斯・考克斯（James Cox）。就跟在葡萄牙一樣，在祈禱不靈驗的地方，醫學會占上風。努涅茲一行人立刻定居下來，又替幾個月後第二艘載著猶太移民的船隻擺平了通路。努涅茲利用賽法迪人在巴西、西非和加勒比海長年累積的熱帶醫學專長，無私地照顧病人。痙攣打顫的「mal-air'ia」（古義大利文的「瘴氣」，也就是瘧疾）病人向醫生求取採自金雞納樹的解藥「奎寧」，當奎寧沒有的時候，就用大花四照花的樹皮。他們從努涅茲那邊拿到吐根作催吐劑使用。苦於氣喘和肺病的人會拿到曼陀羅花的處方。那些輕視汙衊猶太人的人，倒是都很樂意接受治療。

很快的，住在薩凡納的猶太人就多到可以成立自己的猶太會堂，以他們的英雄梅那賽・本・以色列那本彌賽亞小冊，將其命名為「以色列希望」（Mikve Israel）；想當然的，信眾在那時的針鋒相對中，分成了賽法迪派和阿什肯納茲派。但最後發現，不一致其實是最小的問題。一七四〇年，一支來自佛羅里達的西班牙部隊在聖西蒙斯島（St Simon's Island）登陸，準備進攻喬治亞。宗教裁判所就這麼突然踏上大門口。包括努涅茲這一幫人在內的薩凡納賽法迪人匆忙收拾細軟，再度遷移到查爾斯頓（Charleston），然後又到紐約，而醫生就在那裡平靜地結束一生，也見到了女兒西坡拉和西利斯・以色列猶太會堂（Shearith Israel synagogue）的領唱人大衛・馬查多（David Machado）結婚。

如果嬰兒的高死亡率是十八世紀美洲的生活現實，那麼賽法迪人已經盡了全力以增產來擺脫它。西坡拉・努涅茲和大衛・馬查多的女兒利百加，屈尊下嫁給一個把姓氏英化成菲利浦斯（Phillips）的積極大膽德意志猶太人之後，給他生了二十一個孩子，其中四個活過了嬰兒期。丈夫約拿斯・菲利浦斯（Jonas Phillips）最早是在查爾斯頓替一個猶太靛藍染料貿易商工作，接著搬到紐約時跑去當儀式屠宰者，另外從事一些商務生意。遇上眼睛烏黑的利百加時，他可說是棋逢對手。帶著馬拉諾的過去，以婚姻加入一個巨大的賽法迪家族幫，讓約拿斯藉著入贅成了賽法迪人，將他連進了記憶的金鏈子中。利百加還記得她的母親西坡拉（他們一趟趟旅程的口述歷史家）像女先知亞拿一樣默唸著禱詞，來紀念宗教裁判所的受害者，而時鐘就這樣敲了一個鐘頭過去。

約拿斯不喜歡令人焦慮不已的悲嘆過往；他反而期盼著一個猶太人可以在這新國家做什麼事。他不再割斷雞脖子，轉而從商。利害和信念都使他成為英國繁重商業規則的反對者。他加入了「不輸入活動」，當英國軍人占領紐約，他說服信眾把西利斯・以色列猶太會堂關門，並整個搬到費城，而約拿斯到了那邊就加入了民兵。家庭幫的其他眾多成員服役於愛國者（Patriot）陣營。曼紐爾・菲利浦斯（Manuel Phillips）是陸軍軍醫；拿弗他利（Naphtali）是家族中成為軍需官的其中一人。當戰爭結束後，約拿斯想要確認他們的功勞，能夠和新共和國的其他公民獲得同等的待遇犒賞。當制憲會議（Constitutional Convention）在費城召開時，他送了一封信息，極力呼籲會議確保「每個人根據自己個人良知和理解來崇拜萬能天神的自然而不可剝奪權利」。

不過，會去考驗「不管怎麼選擇，他們都可以同時身為美國愛國者與美國猶太人」這種進一步假設的，會是約拿斯的外孫。

對烏利亞來說，挑戰從十歲那年他逃往海上時就開始了。猶太男孩不會這樣做，尤其在一八〇〇年的費城更是不可能。有一個太順暢而真實性可疑的家族傳說，說這個放肆的船上童僕跑去跟沿海商船船長說，兩年後他得要回家才能趕上他的成人禮。他確實回到了家，那時候他的父母麥可和瑞秋確保他至少有受少量的正式教育，以及獲得船用品零售商的學徒經驗。但大零售店不等於船運貨物。烏利亞在碼頭邊閒晃，下錨的商船桅杆在誘人的風中嘰嘎作響。最終他獲准就讀海軍學校，學習海員技能和航海技術的準則。然而，當烏利亞十七歲左右再度出航時，他並沒有像班上大部分人所期望的，走著邁向軍官的路而成為海軍軍官後補生，而是跟著下級水手——水手長和大副——共事，一路做到成為領航員（sailing master）。如果你需要一個幫手把你的船安全駛過風暴，或者事先預測無風海域，或者導引一條避開岩礁和海盜的航路，那麼，那個腦中航海圖就跟真地圖一樣滾瓜爛熟的人，就是猶太水兵烏利亞。

然而，並非對每個船上的人來說都是如此。對許多人來說，烏利亞是雙重的怪人，而軍官起居室裡的生活也保證讓他清楚知道這一點。他是一個有野心要成為軍官的領航員；此外他又是一個猶太人。而在那之外（也可能只是人們謠傳），他無法與他人為善。就算他有收起自己的猶太身分，他的同僚恐怕也沒讓他藏住。身為利未，一波波起於反猶太暗流的輕蔑辱罵浪潮不停向他打來，那股暗流是如此深而強大，是任何憲法修正都無法驅散的。所有猶太人的刻板印象——小心眼、習慣於自己做作的道德優越（特別是當烏利亞發起一次反對鞭刑的運動時）、擺出傲慢架子、自認高人一等與眾不同——在美軍戰艦的狹隘營房裡更被放大。人們常說，利未以易怒而惡名昭彰。人們指控他不了解船上的規矩。在利佛諾，他看到雅各・傑克森（Jacob Jackson）被判處用九尾鞭打一百下，當人們砍斷繩子從格子板上放他下來時，全身已經體無完膚。這樣的痛苦烏利亞永遠無法忘記，那之後他也永遠無法理解水手說他們「寧願背被打爛，也不要慘遭烏利亞想到的替代懲罰所羞辱」。特別令他們痛恨的是他的「飛馬」，這種裝上馬具的古怪新發明，會把犯人持續吊在後桅上四十呎的高處好幾個鐘頭。他的想法是以他人的嘲笑讓犯者就範，但能掌握嘲笑優勢的是猶太人。當烏利亞把焦油沾在一個船上童僕的屁股上，並把鸚鵡羽毛插在上頭而不是鞭打他的時候，他可能覺得那樣的處分就類似於上課時用教鞭打（但比較溫和）。但船上童僕的屁股，其實在海上生活中有某種不能提也不能公然做的特定消遣用途。所以人們會認為，若要論利未對約翰・湯普遜❸的羞辱有多殘酷，那麼就算把他剝皮，程度恐怕也比不上那種滑稽的展演。同樣的，烏利亞那份記載著犯人名單的「黑名單」，以及把這份名單貼出來公告的行動，也沒有被當成什麼仁慈正義的表現。

一八四〇年代，烏利亞熱切推動的反鞭刑，最終在十年後達到了廢除實施的結果。然而，他出於道德而展現出來的對人的厭惡感，卻在那些覺得「聽從自大偽善猶太仔的命令有點不自然」的群眾中，樹立了一些敵人。「難對付」是人們常常用在他身上的一個詞。不論船上船下，衝突都一觸即發。其中第一場也是最嚴重的一場架，發生在一八一六年；當時在費城舉辦的一場舞會上，烏利亞漫不經心地踩到當時服役於噴火號（USS Spitfire）的波特先生（Mr Potter）的腳。他立即道了歉，但被認定為缺乏誠意而不恰當。只有決鬥能獲得滿意結果。面對波特一連串失手的槍擊，烏利亞以對空鳴槍回應。但他的對手拒絕打消念頭，並重新裝彈。不再想坐以待斃的烏利亞認真地瞄準，一槍就殺掉了對手。這樣的事情不應該發生。

打鬥之後，接著還有軍事法庭，一共六場。通常利未都是被判有過失責任、免除職務、解除任命，而在其中一次極端不公正的判決中，根本就將他變成了船上的賤民，判處他必須單獨進食，船上其他人都不得靠近。有一次開庭，還企圖以能力不符、性情暴躁而不適合海軍服役為由，把利未徹底從軍中開除。然而，不管是哪一次，都有船上的同僚給出反駁證詞來助他免罪。他們說，利未是可靠的領航員、可敬的軍官，深受船員信任。海軍部長習慣上都會推翻軍事法庭的裁定，並下令海軍恢復利未的軍階和軍職。當有人發起運動、鼓吹當局讓他永久不得晉升艦長時，總統約翰．泰勒（John Tyler）還得出面干涉來表達支持晉升。

烏利亞即便被誹謗偏見包圍的時候，也拒絕放棄他的愛國信念，認為只有在美國才可能讓他成為利未艦長。他也認為，為了這份解放的贈禮，他要感謝一個人。一八三二年十一月，他寫信給前東家、費城的一位造船者約翰．庫爾特（John Coulter），提到：

> 我認為湯瑪斯．傑佛遜是史上最偉大的其中一人──《獨立宣言》的作者，同時也是完全的民主主義者。他堪稱是上百萬美國人的啟發。他費盡心力塑造我們的共和國，使在其中的人不會因為宗教而無法

❸譯注：指該童僕。

投入政務或事務工作。他是高貴之人——然而在華盛頓首府中卻沒有雕像。為了以微薄之力報答他對宗教自由的堅定支持，我個人準備設立一尊傑佛遜像。

烏利亞．利未因法律爭議而休假的期間，前往了歐洲旅遊。在巴黎，他找上了當代最受人景仰的人像雕塑家，皮耶—尚．大衛（Pierre-Jean David），人稱大衛．德昂傑斯（David d'Angers），他從一八二六年起就在法國美術學院（École des Beaux Arts）教學。大衛十分多才多藝：他為巴黎先賢祠（Panthéon）的人字牆提供古典人像；為凱旋門創造的人像則灌入了浪漫能量。他做過巴爾札克（Balzac）的頭像，拉法葉的全身像；那麼，還有誰比他更能實現烏利亞的夢想呢？雖然說「拉法葉讓烏利亞有了買下蒙蒂塞洛的念頭」的這種傳說並不可信，但這兩人是有可能見過面，因為拉法葉有把湯瑪斯．沙利（Thomas Sully）的傑佛遜肖像借給大衛作為雕塑參考。

正如藉由重建蒙蒂塞洛而開啟美國國內歷史保存活動的人是猶太船長一樣，他也是第一個想像國會大廈的圓形大廳要以偉大建國者裝飾，而使這地方變成美國眾神殿的人。面對如此重要的計畫，利未在材質上不想用大理石而要用銅，因為這種媒材或許比石頭冰冷的質量更能展現民主的動能。在製作人像的整個過程中，烏利亞事必躬親：一直留在巴黎，檢查大衛的小模型，要求製作一個青銅色的石膏複製品（後來送給了紐約市議會，現在仍安放在會場內），並監督整個鑄造過程。

結果想必讓他開心：這新作品大幅改進了沙利僵硬的繪畫。雖然大衛受的是新古典主義的訓練，有一段時間在安東尼奧．卡諾瓦（Antonio Canova）位在羅馬的畫室工作，但他的招牌絕技其實是浪漫感性。藉著讓傑佛遜擺出立式平衡（contrapposto）的姿勢，大衛讓這個人像有了一種運動感，以符合他出了名的思考不懈。他的一隻手握著鵝毛筆，指著另一手拿著的《獨立宣言》。利未有充分的理由可以去假定，一八三四年三月當他把銅像捐贈給國會、並建議將它安置在國會大廈的圓形大廳裡時，人們將會對他抱以源源不絕的感激。

但尷尬的狀況接踵而來；客套地感謝，但很明顯的是偏向冷淡的態度。對於一個平凡公民，且還是猶太人，來告訴他們該去尊崇哪個建國偉人、該要怎麼去尊敬，這在國會裡引發了正反不一的想法。當人們得知把這禮物捐贈給「公民同胞」的烏利亞，還將自己的名字刻在底座上，他們的眼睛就瞪得更大了。議長寫信給利未表達感謝，但另外（有些沒禮貌地、唯恐他以為國會成員會對此舉感恩似地）提到，他僅僅是在預測立法團體的想法。維吉尼亞州代表威廉・塞格（William Segar）說，如果國會希望擁有這樣的一尊銅像，國會「毫無疑問地會自己弄到一尊，而不會弄到去欠任何普通公民的人情」。有些人認為銅像比不上大理石像；其他人則說，在尊崇較無爭議的華盛頓之前先尊崇傑佛遜並不得體。儘管有上述這些保留意見，一八三四年六月，兩議院還是共同決議收下了銅像。

利未曾希望把這銅像放在圓形大廳；國會則想把它放到戶外，安置在大廈東邊的廣場。它似乎被從一個地點轉移到了另一處，把圓形大廳留給喬治・華盛頓像搬進去，就彷彿美國第一任和第三任總統並不想在同一個空間下受人景仰（這一點很有可能是真的）。一八四七年，這尊銅像被美國總統詹姆斯・波爾克（James Polk）整個從國會大廈移出，並安置到白宮的前院，銅像表面飽受華府特區的氣候侵蝕，尊嚴則被停靠的鴿子所踐踏。在尤利西斯・格蘭特（Ulysses Grant）個人的第二任總統任期時，他決定將銅像移出白宮庭院，好讓位給噴水池，但由於其後續安排實在太不明確，導致烏利亞的弟弟約拿斯開始打算取回銅像。要到一九〇〇年麥金利（McKinley）任職總統期間，銅像才會回到國會大廈圓形大廳內的國家雕塑廳（National Statuary Hall），直到今日。

對利未禮物的冷漠回應、傑佛遜銅像的來來去去，以及更為赤裸的、夏洛蒂鎮一帶的人們針對利未一家看管蒙蒂塞洛一事所發表的仇恨評論，都曝露了美國自由主義在論及猶太人時的極限。烏利亞被當地一名叫喬治・布拉特曼（George Blatterman）的人稱為「很猶太的猶太人，而且非常不受歡迎」；其他人則對於猶太人接下傑佛遜火炬表達了徹底厭惡。當猶太人們繼續挑戰傑佛遜式的真平等公民權承諾時，他們將面對的失望不僅會類似，甚至還會更糟。退回原點的結果並不意外：一個移民共和體注定要掀起本土主義者的敵意，也必定不會只限於猶太人，而是包括天主教徒、愛爾蘭人、義大利和波蘭人。更了不起的是，猶太人居然可以過分到假定每一條路都可以自由地任他們走；居然可以假定他們被賦予的權利會和其他任何人都一模一樣。

但無論如何，這就是烏利亞的表哥末底改·挪亞（Mordecai Noah）所相信的。他生長在約拿斯·菲利浦斯位於費城的擁擠大家庭裡，吸收了祖父那種「一個自由的美國預示了猶太人歷史新紀元」的信念。一八一八年，當紐約新蓋好的西利斯·以色列猶太會堂舉行祝聖時，末底改所發表的說教式演講，就與他祖父的務實樂觀有所共鳴，但他自己又加上了一些更有預言意味的說法。毫無疑問的，美國是世界上第一個真正自由的國家：「普遍寬容、思想開明、真正宗教與良善信仰等等的明白實例。」[4]在他們回歸祖先土地之前，這種對所有信仰的善待、這個可以讓不同宗教和平相鄰共存的國家的成立，就是讓美國成為猶太人「天選之國」的性質。

到了一八一八年，三十幾歲的末底改成為了美國猶太人的非正式民眾領袖（至少他自己這麼認為）。他是靠著刻意選擇一種公眾且政治的生活而做到這一點；並以一種在猶太史上十分新穎的浮誇自信來過這種生活。通常，離散中的猶太人會彼此告誡，應該要小心政治和公眾發言的兇險暗礁；他們該過的最佳安全生活，就是遵守戒條、致力於生意、服侍病弱者、照顧貧窮同胞並保持低調。不這麼做的話，一旦政治風向（一如往常地再度）轉變，到時就不只是個人遭難，也是讓整個社群曝露於危險中。

但對於末底改和他那類猶太人來說，那些都是在舊大陸才要有的不安與躲避。美國是民主國家；身為一個充分愛國的美國人，就意味著（也確實必須要有）積極公民身分。猶太人曾經為獨立戰鬥；為了投票權而戰。現在他們應該要毫不畏懼地使用這項權利。這時候猶太人就該像這喧鬧共和國裡的其他人一樣發出聲音來。而就末底改和菲利浦斯這一幫人而言，應該是要由傑佛遜的民主共和黨人（Democratic-Republican）來率領他們的忠誠。他們的對手，聯邦黨人（Federalist），對於猶太人加入公眾圈的態度似乎就冷淡一些，那就更別說讓猶太人競選公職了。猶太人應該要在「人民」的這一邊。

末底改是菲利浦斯家收養的孤兒（他妹妹友弟德也是），家裡總是擠滿了小孩。到了要看看他的人生該怎麼走的時候，約拿斯打算讓他成為一個有機會做點「有用事情」的猶太人榜樣。那些不喜歡猶太人的人，總是抱怨他們擠在沒有生產力的職業裡；那好啊，就讓末底改當一個工匠吧。據說他跟著一個費城的木雕工和鍍金工。但不管是法式木皮加工或金葉片，末底改都不想做；他比較想像眾多教友一樣，肩著小販的包袱，用雙腳或車運著一整批針線、鏡子、平紋布和印花布，上路叫賣。

但末底改真正想要的是身在紐約，在那裡，他可以接近劇場的浮華生活。在紐約，他在聖約翰街（Johns Street）四處晃蕩，希望能拿到免費票券，並開始亂寫一些不成熟的劇本。他發展出一種初步的想法，認為美國生活本身就是一種社會劇場。「我渴望一齣以青澀愛國主義完成的國家劇。」他試圖加入一間小戲班；在《七巧板或時髦浮誇》（*Trangram or Fashionable Trifler*）上反覆閱讀劇本；他甚至打算想讓他早期的一個劇本《蘇連多要塞》（*The Fortress of Sorrento*）出版，即便該劇並沒有實際演出。[5]後來，當他在一八二〇到一八三〇年代比較有名氣的時候，他便會寫出好幾齣氣蓋山河的美國歷史劇，來描述約克鎮（Yorktown）的關鍵決戰，有些根據史實、有些憑空杜撰；也有獨立戰爭和一八一二年戰爭的戲劇，其中也有像《她會是軍人》（*She Would be a Soldier*）那種讓女角當家的劇本；也有那種「無私美國人的支援讓希臘成功獨立」的愛國空想劇。

末底改的劇本根本沒有莎士比亞的味道（在獨立後的美國，這是每個人的首選），但這就是他的打算。他相信，對莎士比亞的崇拜摧毀了美國精神的獨立性，把它囚禁在舊英國的形式和規範裡，他們的語言和文學現在就應該從中解放出來。幾乎是同樣的情操，鼓舞了挪亞·韋伯斯特（Noah Webster）；他編纂《韋氏辭典》的一部分目標，就是要擺脫「詹森博士（Dr Johnson）以及他對優秀英文的定義」那一類的沉重權威。

要展現愛國的方式不只有一種，而末底改則是毫不遲疑地探索任何出現的機會。他的舅舅拿弗他利·菲利浦斯，是紐約主要大報《公眾廣告報》（*Public Advertiser*）的編輯，是共和國在前數十年裡成為記者的猶太人之一；據喬納森．薩爾納（Jonathan Sarna）指出，當時做這行的猶太人其實多到驚人。末底改就曾經用「木里．木拉克」（Muley Mulak）這個騙不過人的化名假裝成土耳其人，替以薩克．哈爾比（Isaac Harby）在查爾斯頓辦的那份短命報紙提供文章評論美國的不可思議。而卡多佐（Cardozo）和塞夏斯家族幫，還有柯漢以及利未等家族，都有人在新聞界謀生，正如一世紀後他們會湧向錫盤街（Tin Pan Alley）一樣。美國猶太人對於報紙這一行的崎嶇顛簸已經準備妥當。末底改那一代有許多人都有文化素養，不過這種素養是培育自街頭智慧，不論是街坊八卦、或者地方政治及國家政治裡的拳腳相向，他們都能與其合拍對味。而且，雖然多數美國人想要尋找家園和宅地——他們自己的那一塊土地，但猶太人的家卻常常就在郊外公路上。要在銷售包裡面拿到單面印刷品和報紙實在是太簡單，特別是因為小販都知道（搞不好比那些盎格魯—蘇格蘭裔或者德裔的新聞記者還清楚），報紙也是一種店鋪，一個賣東西的點：可以賣家庭日用品、花俏衣服、農具、成藥、尖銳的意見，以及最重要的，低級趣味。等到輪到末底改當上《國家倡議報》（*National Advocate*）的編輯時，除了無聊的資訊欄位外，他還會在內頁裡裝滿滑稽諷刺畫、笑話和辛辣的故事。

身為猶太公眾人物而不悔的末底改，對於替自己和同胞大吹大擂完全不感到害羞。這同樣也是一種美國作風。在西利斯．以色列猶太會堂（以及在查爾斯頓那間以薩克．哈爾比「改革派」猶太會堂）裡，禮拜儀式除了希伯來語也採用了英語，正好能讓猶太人與美國同胞更為緊密。克羅斯比街（Crosby Street）猶太會堂的講壇，開始開放給末底改這類非拉比講者來發表比較像是公眾演說的講道，當時那不僅是一種授課，也是一種主要的娛樂形式。他的「演說」被發行在末底改的數份報紙上（因為只要倒了一間他就再開一間）。許多演說是關於當前議題，還有猶太人現在要怎麼生活在當代世界中。這些演說就開啟了當代猶太政治。

正面面對世界的美國猶太人不但投身於公共爭論，甚至選邊站。在費城，他們支持賽門．史奈德（Simon Snyder），他的支持群眾是在德意志社群而非盎格魯社群。就全國而言，拿弗他利和末底改堅定站在傑佛遜繼承者這邊，也就是說支持詹姆斯．麥迪遜和詹姆斯．門羅（James Monroe）。但末底改對美國政治運作的聰慧早熟，使他知道他可以要求回報，特別是在劣文發行和舞臺劇都不足以維生的時候。

那領事如何呢？猶太人自告奮勇在遼闊的世界上擔任領事，負責推廣生意並保護海外公民的這種傳統，可以回溯到數個世紀以前。他們曾經效力於基督教和伊斯蘭國家，擔任戰略和商業情報的報告者。他們精通許多語言。他們的血親姻親早就遍布在有用的地方。在美國人之中，猶太人似乎同時具備四海為家和熱情愛國的性格。那麼，還會有誰比他們更適合在海外為國旗效命呢？臉皮過人且從不吝於表達主張的末底改寫了封信給國務卿門羅，表示若讓他擔任領事，「將能向外國勢力證明，我國政府並不受他們因宗教區隔所設限的官員委任所控制」。

末底改先是應徵了里加領事的職務；他知道拉脫維亞和立陶宛的阿什肯納茲猶太人所在的廣大腹地，就座落在尼曼河上游，但他當然也知道，這塊地就處在未來法俄兩帝國軍事目標全面交鋒的戰略邊界上。但他卻被送到一個可能會令他那賽法迪猶太人脈更有用的地方：北非的「巴巴利諸國（Barbary States）」。突尼斯和阿爾及爾海外航行的武裝民兵船，洗劫著地中海上的美國船運。他們奪得的獎賞，成了摩洛哥省督（bey）和阿爾及爾總督（dey）收益的極大部分來源；而美國人則是遭到挾持以換取贖金。在傑佛遜總統任內，這衝突上升到成為一場一八〇一年至一八〇五年間的小規模惡戰。但儘管美國戰艦和海軍陸戰隊發動了懲罰性突擊，固執的武裝民兵船主還是繼續挾持歐美人當奴隸。已知北非港口有為數不少的猶太人，其中勢力最強的巴庫利（Bacri）家族幫在他們實際上未從掠奪中獲利時，還能發揮一些影響力。就在海峽的另一邊，英屬直布羅陀的猶太人——卡多佐家族，也能夠提供必要的指引。

所以一八一三年，末底改擔綱了目前為止他最炫的舞臺角色：猶太老美進了海盜王子的宮殿（這個海盜王子按慣例，應該是剛殺了他的死對頭）。[6]末底改穿上「一件從衣領到下襬全部包金的外套」，以出眾的模樣現身，低身鞠躬並親吻了統治者的手。但當他離開了統治者的巢穴之後，他發現了更不尋常的一件事：一個有三萬人的猶太社群，和那些穿著禮服大衣蓬蓬裙的、住在紐約、查爾斯頓跟費城的以色列人相比，說有多不像就有多不像。這些猶太人住在狹小巷弄裡那些塗著石灰和白塗料的泥屋裡。情況比較好的人，家門口會通往樹蔭濃密、掛著茉莉的庭院，金剛鸚鵡在垂掛的樹枝上嘎嘎叫，玩賞犬在沙發床上打瞌睡。他們是包稅商、鑄幣者，滿足統治者無止盡寶石需求的珠寶商。最貧窮的人則是做著他們幾個世紀以來做的事：敲打銅片、趴在古老的凹陷臺子上做手鐲跟戒指，把皮革鞣軟做成拖鞋，然後擠在那些賣眼睛骨碌轉的變色龍和發亮小刀的攤販旁邊，把拖鞋叫賣出去。

不分貧富，突尼斯的猶太人每年都得要支付人頭稅（jizya）來確認他們的低等納貢地位，還要面對一年到頭的種種羞辱。猶太人不能走過清真寺、不能騎馬、不能蓋醒目的猶太會堂。他們的服裝上禁止有明亮的顏色。在街上或者露天市場裡，男人得穿黑外套和拖鞋，女人則是暗青色。但末底改·挪亞領事邀請顯貴們慶祝華盛頓誕辰的時候，他們卻亮麗奪目地前來。豐滿的女人「穿戴著珠寶和織金錦緞……她們露著腳」但穿著「琥珀拖鞋」，她們茶色的腳踝繞著金銀飾品。這位年輕的美國人眼花撩亂，迷失在對這些馬格里布同宗的浪漫同情中，因為他們做著在紐約無法想像的事，但又似乎是更古老猶太風俗與感性的殘存者。在安息日到來前的週五下午，女人們會前往他們的墓園——樸素無裝飾的石塊原野、模樣符合孩子逝去時小小年紀的孩童墓地——小心地拭去任何弄髒墓碑的汙物。接著，她們坐在墓石邊和死者說話、低語嘆息。手指在胸前揮動，或者手心向下朝著他們失去的心愛。當日影拉長、該要準備安息日的時候，女人們會手觸墓碑，隨即舉到雙唇上道別。[7]

正當末底改覺得他的任務順利妥當、俘虜也贖回的時候，國務卿詹姆斯·門羅那邊寄了一封信來。他並沒有因為他的服務而獲得預料中的感激，相反的，那封信息裡反而是用三兩句話就把他免職了。門羅解釋，考量到當地統治者令人惋惜的偏見和看法，猶太人擔任那樣一個實在沒有為政府利益服務的職位，其實並沒有很明顯的不利之處，但後來卻有人說末底改的領事支出報帳方式裡有違法之嫌。他勉強承認這說法並非毫無誤解，他也把這樣的打擊當成是對他自己尊嚴和同胞的汙衊；這個令人沮喪的徵兆顯示，面對猶太人時，美國人並沒有他想像的那麼寬宏大量。

這樣的不平促使他變成了一個不可指責的、無可辯駁的美國人。回到紐約後，他寫下並製作了更多有愛國情節的戲劇，成為了《國家倡議報》的編輯，並在一八二〇年成為了市裡的治安官。他（僅僅是半開玩笑地）認為，如果有一個猶太總統，難道不是件好事嗎？末底改以一種所羅門王般的盛大姿態如此想著，並行動著。當一場黃熱病的瘟疫侵襲城市時，他打開了監獄的大門，讓犯人逃脫了必死無疑的病刑，一個人負起危機解除後任何一個人未能回來的責任。整體來說，這樣的人道姿態並沒有替他贏得好感，而當他參與一八二二年的重選時，由《紐約先驅報》（*New York Herald*）編輯詹姆斯・戈登・班奈特（James Gordon Bennett）動員的恐猶抨擊，便全力朝他而來。在班奈特的報紙篇幅中，他是「猶太的挪亞」，或者更直接就叫作「夏洛克」，出身於一個習慣侮辱救世主、無可救藥地貪婪、又令人痛恨的墮落種族。就連最低等的基督徒，要被一個猶太人下的命令處以絞刑，都是難以想像的事！末底改則是回應班奈特說，會想要那麼多絞刑的，實在是一個相當糟的基督徒。但這樣的中傷奏效了；他在選舉中落敗。

就這件事而言，末底改從國外聽來的事情，並沒有對於「猶太人即將迎接獲得接納的新時代」的前景產生鼓舞的效果。在德意志的三十六個邦裡，猶太人正為了拿破崙獨攬大權時頒布的自由化法規所獲得的眷顧付出代價。解放法令遭宣告無效，對於職業和居住的限制令再度恢復。在某些邦，買賣牲口和兜售叫賣的老本行也遭到禁止，猶太人則是被送到職業學校，訓練做一些之後多半也不會讓他們從事的手工業，這尤其要歸因於行會無法平息的敵意。其他地方的情況則是相反，他們必須受舊限制支配、被重新送回街頭上，但被限制在他們以前獲准叫賣的地方。一八一九年，一波暴力行動向他們襲來，先是在巴伐利亞發生，擴散到美茵河畔法蘭克福、萊茵蘭，甚至北至漢堡之遠。猶太人之友和有嫌疑的改信基督教者是受到監視的人，但一如往常的，攻擊行動是打從心底地不分青紅皂白，通常是最窮的人受到最沉重的打擊。有人遭到痛毆甚至遇害，暴動者在旁觀者的冷漠注視中從事著骯髒活兒時，大喊著：「Hep hep!」學生們解釋說，這句口號代表的應該是第一次十字軍進行恐猶大屠殺時喊出的喊叫聲：「耶路撒冷淪陷了！」（Hierosolyma est perdita）這句話同時可以解釋為讓猶太人永劫不復，或者收復聖城的決心。在浪漫時代德意志基督徒復興運動的熱情中，這句口號飄盪著邪惡的中世紀回音。

這醜陋的喊叫聲傳過了大西洋，恐怖的傳說隨著一波波德意志移民到來。替重建的薩凡納猶太會堂寫下讚美詩的女詩人潘妮那・莫伊斯（Penina Moïse），對「Hep hep」這麼說：「若你是那受壓迫種族的一員／回溯我們一生能至巴勒斯坦／勇敢渡過大西洋吧／希望廣闊而錨已拉起／西方的太陽會為你的來日鍍金。」但當末底改再三被指責為「夏洛克」的時候，他開始覺得那種「壓迫」就算是在美國這個大避難處也可能會出現。他仍然緊抓著祖父約拿斯・菲利浦斯的觀點，認為美國是猶太人的偉大希望和庇護所。但或許現在應該要來找一塊也許能讓猶太人自治的土地，一個美國境內的避難之處，不論多小都行。他不是唯一抱持這種想法的人。還有些人希望更多猶太移民來到美國，這些人通常來自於福音派的基督教「復原主義者」社群。他們之中有一個叫作W・D・羅賓遜（W. D. Robinson）的人，在一八一九年出版了一本「回憶錄」，鼓吹在西部邊疆，介於密蘇里河和密西西比河之間的某處，創造一塊專屬猶太人的領土。他堅稱，所謂猶太人因族性而厭惡農耕，是明顯不正確的說法。任何讀過《聖經》的人都知道，他們是牧者和耕作者。「讓一塊肥沃的土地給他們，還有怡人的氣候」，讓他們免於迫害之手所及，他們就能證明自己是徹徹底底的開拓者。有了善意協助和投資，「我們應能看到猶太農耕順著美國的森林散布開來，猶太城鎮村莊沿著密蘇里河和密西西比河岸開展」。[8]

末底改從德意志猶太人「文化協會」（Kulturverein）獲得的詢問，鼓勵著他自己的猶太美國領域想像。「文化協會」是一群創立了「猶太研究」（Wissenschaft des Judentums，範圍大部分為歷史學、語文學和哲學）這門新學科的歷史學家，其中主要人士為李奧波德・尊茲（Leopold Zunz）。但末底改在興高采烈中，誤把他們對猶太裔美國人生活的全面好奇，當成是大規模移民的預告。為了這樣的大出走，得要找到一個猶太家園才行！紐約州北邊、水牛城附近的尼亞加拉河（Niagara River）上格蘭德島（Grand Island）的一萬七千英畝優質土地，末底改認為能夠作為「以色列族和猶大族」在美國的「立基之地」。移民大軍會湧進這艘美國的避難方舟，而他們將和末底改認為是失落以色列支派後裔的大湖區印第安人聯合起來。印第安人的和平菸筒儀式會用德國人的海泡石菸斗來抽！一八二三年，公理會牧師伊森・史密斯（Ethan Smith）的《希伯來人觀》（*View of the Hebrews*）又再次回收利用了這個老故事，而且他完全不孤單。一八二四年，末底改說服了夠多的熱情慈善者，來以一萬美元買下格蘭德島上二千五百五十五英畝的土地。一八二五年九月十五日，他策劃了一場浮誇的儀式，還包含一位賽內卡族（Seneca）酋長的出席，替這全新的猶太裔美國人「庇護所」揭幕。身為這充滿希望一刻的創立者，末底改・挪亞把這地方稱作「亞拉拉特」（Ararat）。

土地上的施行措施，是末底改最奢侈過分的表現。他計畫要再度召集有七十位長者的「大猶太公會」，並在他們的集會中讓自己被指派為「以色列的統治者兼法官」。為了做到這一點，他需要一件有如教士的長袍，但他想到的最佳範例是一件從當地戲班借來的理查三世戲服。這不是個好預兆。缺了臨時的會堂，末底改只能在水牛城福音派聖保羅教堂的講道壇上講著一日的光輝，在遠離尼加拉瀑布的地方頒布猶太人的法令。亞拉拉特是為他們所有人而存在的。要進行一場全世界的猶太人人口普查；要徵收四謝克爾（shekel）的「人頭稅」來支付猶太自治政府的支出。一夫多妻制（就算在穆斯林的土地上都不是猶太生活的主要特色）要立刻廢除；從今以後婚姻中的雙方都需要針對他們入籍國的語言展開識字教學。亞拉拉特種下了一顆種子，但什麼收穫都沒有。比起格蘭德島，（當時還沒有全數抵達的）猶太移民比較想去紐約、費城和辛辛那提。購買土地的成本仍是負債狀態。很快的，尼亞加拉河畔的美國錫安菸斗夢就遭到棄置，只留下些許基石，來憑弔沒能向上搭建的樂觀未來。

末底改回到新聞和政治圈，成為了安德魯・傑克森（Andrew Jackson）的支持者，費盡千辛萬苦獲得了待遇優渥的城市測量員職位。他勾搭上日漸高漲的本土主義，這對於一個自封為美國猶太人領袖的人來說，不是一個很體面的位置。但他打算讓自己在美國文化界有名到足以和菲尼莫爾・庫珀（Fenimore Cooper）以及華盛頓・歐文（Washington Irving）相提並論，而且他為了同胞的福利，試圖利用權謀來炒出這樣的名氣。一八三〇至一八四〇年代，他都忙著成立慈善協會，為了受同化威脅的猶太年輕人教育籌劃一間希伯來大學，因為美國自由的一個結果，就是每三對夫妻就有一對是跨族群婚姻。

末底改反覆傳達給美國猶太人（也確實是要傳給全世界教友）的訊息就是，他們需要掌控自己的歷史天命。這個集體的自我解放包括了受壓迫者回到古代的祖先之地（一個已經在基督徒「復原主義者」之間盛行的願景），對這群受壓迫者來說，實際地在巴勒斯坦重建錫安，是通往普世救贖和救世主回歸途中的必要一站。不過當末底改堅定地仇視傳教行為的同時，他還是把「回歸耶路撒冷」甚至「建造第三聖殿」描述為基督教和猶太教的共同利益。對於第三個一神教❹，他當然沒什麼要說的。他越來越把自己包裹在他那兩個名字的表面之下：末底改，將猶太人從被仇恨驅使的災害中解救出來的人；還有挪亞，經歷大洪水而得救的人群之首。

II 自立謀生

成群的猶太人往反方向移動著，朝西往美國，而不是朝東往巴勒斯坦。在一八二五年之後的半個世紀裡，美國的猶太人人口從五千人增加到了二十五萬人。[9] 這之中有人口統計上的奇特現象：一開始，辛辛那提的猶太人社區是由來自英國德文郡和漢普郡（樸茨茅斯〔Portsmouth〕、普利茅斯、愛克西特）的人定居形成的。到了馬克斯・李連塔爾前往那邊當拉比（從他過去在俄羅斯擔任改革前鋒的職位到這裡，可是非常長的一段路）的一八五五年，那裡已經成為了一個德裔猶太人的小城，以擁有第一份為猶太女性發行的德語報紙《底波拉報》（*Die Deborah*）而自豪。此世紀中期的龐大移民，絕大多數來自三十六個德意志邦：南邊的巴伐利亞和符騰堡；萊茵蘭巴拉丁（Palatinate）區域的小鎮小村，好比說靠近沃爾姆斯的阿本海姆（Abenheim）；還有來自更東邊、在拿破崙戰爭後就還給普魯士的波森一帶舊波蘭領土；還有一些也是來自薩克森—安哈特那一帶，類似瑙姆堡（Naumburg）那樣的城鎮，甚至可以遠到哈布斯堡統治的波希米亞和摩拉維亞那邊。

「Hep hep」和其餘波，動搖了自由解放的信念。到了一八四八年至一八四九年的德意志革命時，希望還維持生機；猶太人明顯地參與了這場革命，但當他們被擊潰時，他們就揚帆西去。那股推力促使都會區的猶太人自行離開家園，但大部分向外移居的人不是記者或律師，而是從事叫賣或牲口馬匹交易的鄉村猶太人（Dorfjuden），而促使他們遷移的不是政治自由主義，而是經濟上的絕望，因而把家人拋在後頭，直到他們更深刻認識了美國的狀態為止。促使猶太人往海港移動的，是飢餓的一八三〇和一八四〇年代裡的人口增加、低下所得和更少工作機會所帶來的壓力；此外，原因還包括他們感受到的一種緊縮感，就是別人永遠會設下卑劣的限制，來讓他們的可移動範圍達不到叫賣所需要的距離，更一定會讓他們在被逼著去的職校所學的職業中（煮肥皂、染布、手工編織）無法有好表現。包括漢堡、不來梅，甚至是利哈佛（Le Havre）、利物浦，以及鹿特丹（即便此地以酒館內的詐騙者而惡名昭彰），都是他們的上船處。

受夠了緊閉的大門、吠叫的狗和仗勢欺人的警察！受夠了週五晚上在清湯裡滾動的孤單湯糰！空氣（Luft）和空間（Land）是他們在追求的，可以呼吸的空氣，可以在上頭漫步、自由做買賣的土地，可以在上頭做猶太人該做好的事。所以（特別是在一八五〇年代），當更多有受教育的德國猶太人來到美國城市（特別是芝加哥這種中西部的活躍城市）的同時，許多鄉村猶太人走向美國仍在推進的邊界：前往南邊阿拉巴馬州的紐奧良和蒙哥馬利（Montgomery）；前往阿帕拉契山脈那幾個州裡的路易維爾（Louisville）和曼菲斯；前往西部河流盆地的蒸汽船站，好比說聖路易；最大膽的，就是一路前往猶他，以及科羅拉多、內華達和加利福尼亞等州的採礦城鎮。在鐵路時代之前，許多人不會去忍受費時數月又危險的西部馬車路，而是選擇走南方路線，穿

❹ 譯注：指伊斯蘭教。

過熱病蔓延的巴拿馬地峽，然後搭船上航西岸舊金山。被黃金誘惑，或者被某城鎮讓一個人白手起家發大財的故事所吸引的人實在太多了，因為到了一八五〇年代中期，舊金山已經有龐大的猶太人社群。[10]很自然的，這座城鎮不會只有一間猶太會堂，而是有兩間吵來吵去，分別是伊曼紐爾（Emanu-El）和西利斯．以色列猶太會堂，分別屬於德意志人和波蘭人、改革人士和傳統人士，每間都有自己的割禮者、儀式屠宰者、墓園、慈善組織，有一陣子還有各自印刷的期刊發行。

猶太人在美國境內移動著，把他們在德語世界鄉鎮城市過的那套流動生活移植到美洲大陸上。在這個世界裡，法妮．布魯克斯（Fanny Brooks，舊姓布魯克〔Bruck〕）可以在一八五三年和先生尤利烏斯（Julius）一起加入四輪馬車隊伍；這位其實是她親叔叔的丈夫，以前曾經在布列斯勞附近的弗蘭肯斯泰因（Frankenstein）那邊當過紡織工、製革工人和小販；當他們涉水弄濕了，他會把她的衣服晾在外頭的灌木蒿上；她可以聆聽在營火邊唱著的法語歌曲，驚嘆著某一天迎面而來的大群黑壓壓水牛，又或者驚嘆著出現在騾運隊伍一段距離外的窮困印第安人——當時那隊伍正踏著沉重的步伐，以一天十三哩的速度，朝著懷俄明州的拉勒米堡（Fort Laramie）前進。[11]

在這群流浪的猶太人中，最為英勇以至於有如戲劇的，莫過於巴爾的摩的藝術家所羅門．努涅茲．卡瓦廖（Solomon Nunes Carvalho），他被軍人兼探險者約翰．查爾斯．弗萊蒙（John Charles Fremont）招募來當攝影師，而這場於一八五三年至一八五四年的冬季進行的西方遠征，最終將成為他第一場也是最後一場的悲慘之旅。深陷於落磯山脈及腰大雪的卡瓦廖把銀版照相盤包裹妥當、洗淨拋光，並用水銀加以顯影。[12]有時候這支二十二人、包含德拉瓦州印第安偵察兵和墨西哥人的隊伍，會連走好幾天沒東西吃。當一行人慘到得把瘸了腳的矮種馬殺來吃掉的時候，卡瓦廖已經餓到在某天早上把馬屍割下來的生肝直接吞下去，但看到烤豪豬又猶豫不前，因為那看起來太像豬肉。情況極端艱困的時候，弗萊蒙甚至要全體隆重發誓，就算接下來情況再糟，再怎麼樣也都不能吃彼此的肉（當時就他們所知，其他遇難的遠征團體就有過這樣的行徑）。卡瓦廖奮力通過結凍的溪流，或者有時候嘗試騎馬涉水，但有一次身下的座騎沉到水底，讓他摔進了冰冷刺骨的水流中整整十五分鐘。長了凍瘡、徒步艱行又嚴重脫離主隊伍的卡瓦廖，精力和生命似乎都要到了極限；於是他坐到了一個大雪堆上，「我的腳歇在已經走掉的人的腳印上……我把我太太和小孩的小畫像拿出來，想再看他們最後一眼；他們可愛的笑臉喚醒了能量之火……我還有點活著的目標；我的死亡會為那些只能依靠我支撐的人帶來沉重的痛苦悲傷」。當他來到了最後絕境時，他開始背誦《詩篇》。雖然苦於痢疾和壞血病，指頭裂開受到感染，卡瓦廖仍設法以蹣跚步伐硬撐到了摩門教的小鎮帕羅宛（Parowan），並在那裡接受照料，恢復健康。「當我進入希普（Heap）先生的房子時，我看到三個美麗的孩子。我摀住雙眼哭泣，因為我忍不住想著自己還是有可能恢復並回去擁抱自己的孩子。」在鹽湖城時，他和忍住不試著要他改信的楊百翰（Brigham Young）成為朋友。他們針對《聖經》和一夫多妻制進行了漫長的討論。再回到巴爾的摩並成為猶太社群的臺柱之前，他在有一個猶太小社群的洛杉磯成立了一個青年希伯來慈愛組織（Young Men's Hebrew Benevolent Association）。他替弗萊蒙遠征拍攝的銀版照片交給了攝影師馬修・布萊帝（Matthew Brady），但除了珍貴的少數幾張（包括一張夏安族〔Cheyenne〕村落的照片）有留存之外，其他都在大火中損毀了。

投身於美國偏遠地帶的猶太人，並沒有太多人像卡瓦廖走得那麼遠。但還是有不少人被牌桌上的慘劇或者被金山銀礦中一夜致富的渴望所慫恿，而大膽從城市啟程。眼睜睜看著自己在舊金山碼頭邊的服飾攤子，在一場該城頻繁發生的火災中焚燒殆盡的亞伯拉罕・亞伯拉罕生（Abraham Abrahamsohn），就是眾多被迫轉行去挖礦的其中一人。[13]一位來自波森的朋友給了他鐵鎬、鏟子、掏盤、靴子和藍色羊毛襯衫，他別無選擇，只能「硬咬下酸蘋果」❺，看能不能在礦場那邊賺夠錢，好回到那個音樂、賭博和胸脯上戴著小花、「棕皮膚、黑眼睛的墨西哥女孩」都令他十足著迷的城市裡。在某個靠近比佛頓（Beavertown）的地方，亞伯拉罕・亞伯

❺譯注：德國諺語，指咬緊牙關面對。

拉罕生學到了在西部生存的一課，在他與九個夥伴紮營的地方，驚險地躲過營地旁一隻睡在橡樹洞裡的憤怒灰熊的攻擊。整個晚上，郊狼都在狂吠長嘯。他很快就發現礦場的藏量並不豐富，一整天掏洗獲得的錢根本不夠買麵粉、鹽巴、牛肉和讓身心不分離所需的烈酒。是的，是有那麼些時候，亞伯拉罕生會躺在柔軟芳香的紅杉針葉鋪好的土地床上，領悟到西部的真諦，就如「毛茸茸的鷓鴣鳥咕咕叫著穿過灌木叢，而雲雀展翅向上飛進美麗的藍色天空」。但苦工卻是殘暴而徒勞的。搬礦也沒有比挖礦好到哪裡去。「唉，我真想念我在德國的點心店啊。」三個月持續不懈、疲憊不已的勞動只讓他拿到四十元。他放棄了。在沙加緬度，他當起了裁縫，然後，因為被要求挨家挨戶找縫補工作而發怒，進而自行開業，生意順利穩當而能回到舊金山，並發現那裡已經有猶太人靠著當割禮者而過著不錯的生活；這樣的事實令他震驚，因為在過去的國度裡，割禮是無酬的工作。雖然亞伯拉罕生不是那個進行了著名的三胞胎割禮，而在報紙上造成社會轟動的人，但他卻在約莫一年內做了太多割禮而再度換行，這次進入了飲食界。有一段時間，亞伯拉罕生以那種加州的大搖大擺風格當著碼頭邊一間餐廳的老闆，餐廳裡裝飾著花俏的桌子和有鏡面的牆壁，手下有三個法國女服務生、一個中國廚師和一個洗盤工，直到一場嚴重的大火災再度讓他逃不掉地燒毀了一切。逾越節彷彿出於必然地救了他一命，他便轉行去當烘培師傅兼賣逾越節薄餅。但亞伯拉罕生確實嚐遍了加州生活的酸甜苦辣，接著就來到了這一天——他聽說澳洲是下一座金山，他便前去航運公司弄了張船票。

被黃金迷了心竅的亞伯拉罕生，是一個急性子的猶太人。其他人聳聳肩、好整以暇地到處叫賣；靠著緩慢沉重地拖拉鈕釦和蝴蝶結度日。[14]所有日後（特別是在美國內戰期間交易商業票據之後）會成為戈德曼（Goldman）、賽里格曼（Seligman）和雷曼（Lehman）家族生意的大筆財富，全都起自於一個裝滿了別針和針線的包包。來自萊茵蘭、亞爾薩斯或巴伐利亞某個小城的某個人，或者某個家族，找到了一個同鄉，便從他那得到了第一個包袱：除了針線、鏡子和蕾絲、平紋布和肥皂之外，還有一兩張便宜的裱框畫：這些東西可以把一間有冒煙爐灶但快要散掉的房子變出住家的外觀。一開始，那個背上大概有一百五十磅貨物的小販先是巡了自己的地盤一圈，留意那些惡犬，然後逐戶逐門地敲。如果他說服力夠而能存下不少錢的話，就能有一頭騾子和運貨車，或者至少給座騎配個掛在鞍具兩側的皮袋，能夠減輕他肩上沉重的負擔。運貨馬車可以讓他多帶好幾樣貨；他的販售範圍也可以擴張。如果這一切順利的話，他便終於可以升級到馬匹和四輪馬車，而這就能讓他除了賣擦亮爐用的粉之外，還能直接賣爐子以及農夫太太會想要的家庭用品：桌椅、地毯、窗簾，都是一些讓人更能忍受大草原上或山谷裡寂寞生活的東西。因此，成為美國邊界上一種固定熟悉風景的，就是那無數的猶太人。他們破爛的英語和他們的顧客一拍即合，後者往往帶有挪威、義大利、波蘭腔，或者濃濃的愛爾蘭土腔。意第緒語碰上了巴伐利亞德語，就足以好好相處做買賣，或許還能一起喝杯淡茶，甚至分一丁點黑麵包，或者一片奶油圓蛋糕（Gugelhupf）。小販和顧客知道彼此的回憶世界：鐘塔和酥皮卷。有些時候，特別是在天氣不好的時候，如果他們幸運的話，他們可以找到一個好客的顧客，對於收留猶太小販一晚毫無疑慮。到了早上，小販會提議報答他的善意，通常對方也不會拒絕，所以就會有個玩具或小裝飾品留給農夫的小孩。偶爾這種在巡迴販售中拉起的關係會永久固定下來。自己的內兄在芝加哥經商的馬可斯・施匹哲（Marcus Spiegel），就在俄亥俄州的貴格教派農耕地上分配到一塊地盤。在他所停留的諸多家庭中有一間哈姆林（Hamlin）家，他在那裡陷入了愛河，而對方回報他的溫暖也實在是夠充足，因為農夫的女兒卡洛琳最後改信了猶太教。[15]在施匹哲來回做買賣的期間，以及後來當他加入聯邦軍（Union）的大陸軍（Grand Army），在俄亥俄志願軍（Ohio Volunteers）服役時，他會寫下充滿熱情的信給他的「耶胡迪」妻子，提醒她讓家裡合乎猶太戒律，做安息日和逾越節晚餐，並把小孩帶去猶太會堂。

這種故事只會發生在美國；全世界沒有別的地方的猶太人在融入東道主文化時，會這麼不受治安監控和社會仇恨所限制。會導致這樣的小小奇蹟發生，是因為這國家除了美洲原住民之外，幾乎所有人都是移民民族。

昨日的小販想要成為明日的店老闆，那至少能算是普遍的夢想，另一個難以在舊大陸實現的抱負。但美國沒有行會。在橫跨大陸的萌芽城鎮中，沒有自古以來就可成為鎮裡烘培者或裁縫的家族權利。當新來的人抵達時，這裡已經有了社會樂觀的動機，因為那些也從一個包袱起家的眾多堂表兄弟、叔叔舅舅、內兄內弟，現在已經站穩了零售業：賣乾貨、咖啡、茶、布料、馬蹄鐵、釘子、木材、種子和麵粉。一八七六年，有人要馬克斯．李連塔爾在舊金山替侄子主持婚禮，他便從辛辛那提搭火車一路沿著聯合太平洋鐵路（Union Pacific）到全線尾端，也就是猶他州的奧格登（Ogden），然後轉乘中央太平洋鐵路（Central Pacific）穿越內華達山脈（Sierra Nevada）。[16]一路上，在穿過愛荷華和內布拉斯加，翻越懷俄明州的洛磯山脈時：

> 在所有我們停留的小地方……我們都發現了我們的猶太同胞……只要那裡有一排那種木造鄉鎮商店，我們就會在招牌上讀到我們教友的名字──柯恩（Cohn）、利未還有一大堆以色列名字到處展示。不管在哪裡遇到他們，他們都會驕傲地謹守他們對列代祖宗的信念，這讓我打從心底興高采烈。雖然他們隱居在遠離任何猶太宗教機構的沙漠中，但他們還是盡其可能地遵行安息日和宗教節日。

一路上，穿著沾滿灰塵工作服的猶太人紛紛歡迎著，就如他們會在舊大陸迎接「公義賢者」那樣。他的旅程成為了大開眼界的一堂課，讓他知道，包括李連塔爾自己家人在內的猶太人，能夠在美國西部達到什麼樣的成就。在沙加緬度，他自己的兒子菲利浦就晉升到盎格魯─加利福尼亞銀行（Anglo-California Bank）的出納長，得意洋洋地領著他爸爸繞著火車站巡視，並「把我介紹給一群在車站等著我們那輛火車到來的百萬富翁……整群人裡既有猶太人也有非猶太人」。李連塔爾搭乘渡輪，在城市輪廓中看見了薩特街（Sutter Street）上艾曼紐會堂那一百六十五呎高的雙尖頂「以及雕刻在中間的十誡」，有那麼一刻，他相信自己真正抵達了黃金打造的避難所。許多來自巴伐利亞、波森、亞爾薩斯或者萊茵蘭的其他人也有同樣的想像。到了一八七〇年，加州已經有了一萬名猶太人。

他們之中，有些人複製了在德意志的生活，但是加大了規模並更為自由。以薩克・史東（Isaac Stone）來自巴伐利亞某個鄉村地區，但要到了他來到加州時，他才能轉職成為酪農兼舊金山的牛乳供應商，雇用瑞士的擠奶工，在離城市幾哩的圈欄畜舍照顧一百七十五頭乳牛。猶太人在美國西部工作的多才多藝，不只在舊大陸難以想像，甚至搬回美國東部來看都顯得不可思議。一八六二年在康斯托克礦場（Comstock Lode）的中心──維吉尼亞城擔任帶槍警長的馬克・史特勞斯（Mark Strouse），也是該鎮及採礦營地的肉品承包商。然而，提供潔淨的牛肉和家禽，並沒有阻止史特勞斯擁有養豬場，畢竟整個西部都是以培根肉為基礎打造的（美國內戰期間，兩邊陣營裡的猶太軍人都和他們的非猶太同袍吃一樣的伙食，而那幾乎都會有培根）。[17]但西部不遵守教規的猶太人常常為正統派的人騰出空間、共同打拚。亞隆・弗洛許海格（Aaron Fleishhacker）在內華達州卡森市（Carson City）有一間生意興旺的服飾店，他和他的兩個兒子若以嚴格定義的安息日守則來衡量，恐怕就沒那麼猶太人；但那些遵守戒律的人會集合在他店樓上的房間裡祈禱。在蓋好猶太會堂之前，屋子樓上的房間通常都是十名以上的男性會眾早晚唸禱詞的地方。[18]

拉比和領唱者往往都另有高招。原本來自洛林留茲海姆（Luxheim）的丹尼爾・利未（Daniel Levy），在舊金山德裔猶太人的艾曼紐猶太會堂裡當講師，他也曾在阿爾及利亞的歐蘭（Oran）當過猶太人的學校老師（因為抨擊拿破崙三世〔Napoleon III〕而坐了一下子的牢），此時一邊在舊金山男子高中（San Francisco Boys' High School）教書，一邊崛起成為舊金山最能言善道的猶太記者。維吉尼亞城有位會在主持儀式時隨身帶槍的年輕拉比赫曼・比恩（Herman Bien），他同時也是作家和樂師，但並非每方面都成功；在一八六四年內華達州加入聯邦之後，他還當選卡森市議員。[19]亞欣（Ashim，或 Aschim）家族從事乾貨銷售，但同時也賣其他東西：其中有一個叫巴魯赫、外號「巴瑞」（Barry）的，被薩繆爾・克萊門斯（Samuel Clemens，當時正在邁向日後的馬克・吐溫〔Mark Twain〕）發掘了他在速記抄寫上的熟練。馬克・吐溫當時得要針對內華達領地會議（Nevada Territorial Assembly）寫報導，巴瑞因此被這位作家雇用來提供會議紀錄。

對於大膽而別出心裁的人來說，西部為猶太人提供了一種靠靈機一動而累積資本的機會。即便人們對於礦場主和鐵路有著根深柢固的反對，工程師阿道夫・蘇特羅（Adolph Sutro）還是一路挺進，在內華達山脈底下挖掘出一條宏偉的四哩長隧道，來把康斯托克銀礦場內阻礙礦石開採搬運的大量積水排乾。啟用之後，蘇特羅的隧道一天可以排掉三百萬至四百萬加侖的積水。雖然最終會有更強大的泵浦取代隧道的功用，但蘇特羅看準了時機，在情勢還大好的時候賣掉了自己的股份，並把這些錢換成了舊金山城內和城外周遭的地產。到了一八九〇年代，他成為了美國各主要大城市選出的第一位市長。[20]

猶太人在西部採礦業的出現，至少產生了另一個重大的商業革新。這個革新始於一項知名的簡易粗布裁縫工作。一八七〇年十二月，內華達某個臃腫大塊頭礦工的妻子來到了雅各・戴維斯（Jacob Davis，出生於里加附近，時名雅庫布・猶非斯〔Jakub Youphes〕）在維吉尼亞城的店鋪，抱怨她丈夫的工作褲老是裂開。戴維斯的主業是替中央太平洋鐵路的工人提供馬車篷頂、帳篷和馬穿的罩衣，但人們都知道他也能簡易弄出幾條臨時的工作褲。給這所有工作用的布料，要不是十盎司的棉粗布，就是九盎司的藍色丹寧布，由舊金山的列布・史特勞斯（Loeb Strauss，這時候自稱李維〔Levi〕）提供給他。根據戴維斯的說法（如今已成為權威說法），他望了望散落在他工作臺四周、通常用來穩定帳篷和馬車布頂的銅製鉚釘，然後那個改變現代世界打扮的想法就出現了——鉚釘為何不能用在工作服的口袋和接縫上呢？可以，而且也就這麼用下去了，不久後，所有鐵路工人和礦工們也都希望這麼辦。翌年，戴維斯做了兩百條褲子，卻還是供不應求，他的供應商史特勞斯先生也跟不上需求。一八七二年，戴維斯寫下了那封知名的信件，要求史特勞斯申請專利；作為回報，他會與他合夥生產並在所有的收入中獲得一部分分紅。然而，專利局基於美國內戰期間生產軍靴時已經使用鉚釘為理由，駁回了第一次的申請，但一八七三年五月的進一步申請就成功了，然後牛仔褲（「jeans」這個英文詞來自法國水手的黑話「Gênes」，在法文中指「熱那亞」，因為這地方的人已經穿了好幾個世紀的藍色帆布工作服）就問世了。

向西部前進，讓猶太女性在需求浮現的時候成了生意人。她們之中有許多人以美國獨有的作風，重新定義了何謂「豪勇女人」（eshet chayil）——這個在《箴言》和猶太傳統中被當成典範的形象。[21] 穿過了北美大平原和洛磯山脈、正前往猶他的法妮・布魯克斯，察覺到馬車上的太太們不只是輪流領著騾隊，而且還（作為例行公事地）隨身帶好左輪手槍並知道如何使用。後來她驚訝但不太高興地發現，人們認為不分男女都應該做到這一點，她便適時地有樣學樣。到頭來，女人在西部落腳後，在養家餬口上常常會是比較可靠的那一方，並在加州和其他西部各地及各州申請許可，憑自己的本事進行貿易。因此，本領高強的卡洛琳・坦能沃德（Caroline Tannenwald）便在普萊瑟維爾（Placerville）經營「圓篷」（Round Tent）這間商場，服務幾哩內所有的採礦營地和大牧場。而在舊金山這個狂熱流行戴帽的城市裡，裝在奢華帽邊、帽頂上的絲綢花朵、荷葉邊、蝴蝶結、珍珠母飾釦、金屬飾片永遠供不應求（特別是鴕鳥羽飾），法妮・布魯克斯因此成為了最成功的女帽商。當艾曼紐・布洛克曼（Emanuel Blochman）在舊金山經營他的兒童妥拉學校，然後接連嘗試以烤逾越節薄餅、釀潔淨的葡萄酒、酪農和編輯《集錦週報》（*Weekly Gleaner*）維生卻接連失敗的時候，他的妻子南奈特（葉泰爾）・康拉德・布洛克曼（Nanette〔Yettel〕Conrad Blochman）正靠著她經營成功的女帽店（安息日和其他節慶時公休），把哈拉麵包送上了餐桌。當她丈夫又在另一項事業上失敗時，南奈特把他塞到了女帽店櫃臺後頭。[22] 其他的同行，好比說莎拉・羅伊亞（Sarah Loryea）就知道，只要銀礦城鎮建立起來，就會有時髦帽子的需求，所以她就在卡森市和維吉尼亞城開了店，趁著機會把華美的瓷器和玻璃器皿賣給正在找頂帽子的顧客。其他人則是發現了童裝這塊有利可圖的專區，便把小孩的燈芯絨褲和外套跟著特地為媽媽剪裁的套裝一起販售。在銀礦城鎮，猶太女性也以經營招待所、當旅館老闆和餐廳老闆等工作起家：卡森市的瑪蒂妲・亞欣（Matilda Ashim）、尤里卡（Eureka）的莎拉・勒文索（Sara Leventhal）和蕾吉娜・默克（Regina Moch）。在酒吧她們得要強悍，面對帳本又要小心仔細，但默克特別得要面對挑戰。一八七九年一場火災燒光了她的旅館和餐廳，奪走了她丈夫的性命。蕾吉娜為此悲嘆，守了七天喪，接著就在確保有好好宣傳到的同個月內開幕了新建的店面。[23]

許多方面來說，美國最深遠的轉變是進行在猶太女性身上。對於先是從英國、然後從德意志來的這幾個世代來說，「豪勇女人」仍然代表傳統的「家中女祭司」這種持家理想典範。但在一些有名的案例中，這種習俗擴張成了不停歇的社會積極精神，並成為一種新形態猶太生活的榜樣。在男女分席席位被家庭包廂取代的改革猶太會堂中，猶太女性自然就有了機會能參與慈善制度。但新猶太女性的最知名典範——費城的雷貝嘉・格拉茨（Rebecca Gratz），卻把猶太社會服務工作當成一種強力的解藥，用來解決她擔心會從內部傷害同化運動的革新猶太教。[24]她認為，不幸的貧窮和無知，使得猶太人（特別是猶太女性）被貌似和善的傳教士當成了容易下手的傳教獵物。所以格拉茨以身作則地成為了一個社會慈善和教育的支持者，成為照料鄉村猶太人的賓州貴族。

格拉茨能夠做到這一點，是因為她的家境不錯：家中有土地投機者和商人；有一群兄弟，其中許多人跨族結婚，這個事實只會強化她的決心。她擁有所有應該能讓她成為完美改信對象的特質——她長相姣好、精通寫作，是跨海寫作圈的一名聯絡員和朋友：華盛頓・歐文、法妮・肯布爾（Fanny Kemble）、教育家瑪莉亞・埃格沃斯（Maria Edgeworth），以及葛莉絲・阿奎拉爾（Grace Aguilar）這位多產的盎格魯—猶太小說家。雖然在社交場合或私下都有人對她獻殷勤，但她下定了決心要維持單身並專心致志。在照顧完中風的父親之後，她協助成立了一個非宗派的費城「女性組織」，來協助貧困的婦女和女孩。接著是孤兒院，始終由格拉茨一手掌控。沒多久之後，她就致力於替猶太孤兒和陷入不幸的年輕女性成立類似的機構。接著成立了教育年輕人的希伯來學校；儘管學校有這名字，但幾乎完全以英語授課。她還把一對教師姊妹西姆查・佩索托（Simcha Peixotto）和瑞秋・佩索托・派克（Rachel Peixotto Pyke）找來，替學生撰寫教科書。

抵抗著同化、改信和婚姻市場，貌美而固執虔信的雷貝嘉・格拉茨，是非猶太人編起猶太故事時最完美的題材。美國頂尖的肖像家們——吉爾伯特・斯圖亞特（Gilbert Stuart）跟湯瑪斯・沙利——排隊等著正確畫出她那眼睛深邃、頭髮烏亮的模樣，其中有些成功地把她畫得美到遙不可及。雖然實際上沒有任何根據，但並不難看出為何會有一種傳聞，說華特・史考特（Walter Scott）是以堅毅不搖的格拉茨為形象，來創造《艾凡赫》

（*Ivanhoe*，又譯《撒克遜英雄傳》）中的雷貝嘉——這位在英語小說史上第一位被描述出有同情心一面的猶太人。

猶太女性給人們的這種既有異國魅力、又不知怎麼地很有美國味的浪漫色彩是如此之強，還使得一位文化界名流、一位以社會道德以外的形象而聞名的女演員，居然誇張到替自己創造了一個猶太人身分。艾達·伊薩克斯·孟肯（Adah Isaacs Menken）真的很認真看待自己新誕生的民族認同，以至於表明了自己的猶太家世，也學了希伯來語，還寫了猶太文化歷史相關的詩和短文發表在刊物上。[25]當她三十三歲那年在巴黎倒下時，她還派人去請拉比來，並確保自己能被埋在拉雪茲神父公墓（Cimetière du Père-Lachaise）的猶太區。

當她和以薩克·孟肯（Isaac Menken）結婚時，艾達在她的名字裡加了一個「h」，讓它比較有希伯來味。但她其實是一八三五年在紐奧良或者附近出生的，可能是天主教家庭，也可能是獲得自由的黑人父親和克里奧爾人❻母親的孩子。她好幾次聲稱自己的父親是一名馬拉諾猶太人。艾達一直以來的目標是成名。有一陣子她是美國酬勞最高的演員，雖然說她會懷疑這並不完全是因為她口中生動的悲劇（而她也沒猜錯）。她的美貌出色而大膽豔麗，曾經嘗試在美國南方的劇場中朗讀莎士比亞（褒貶不一），然後搭上了來自辛辛那提一個有錢商人家族的音樂家孟肯。身為丈夫、行銷和經紀人，以薩克帶著艾達一起回到俄亥俄州，想讓她博得夫家人歡心，而她便在那裡學會了猶太教儀式以及基本的希伯來語。這段婚姻沒能走下去，但艾達的猶太女性身分，即便經歷了一連串婚姻（其中包括一位重量級冠軍拳擊手），仍然保留了下來。在幾任丈夫之間，她曾經和一些人有過緋聞（搞不好有丈夫的時候也有），其中包括了走鋼索藝人查理·布隆丹（Charles Blondin），以及年紀大她兩輩的大仲馬，也因此惹怒了小仲馬。在百老匯演出由拜倫的詩〈馬捷帕〉（*Mazeppa*）改編的音樂劇時，她把全戲高潮處那個綁在馬背上的假人偶，用穿著近裸戲服的自己來替代，讓演出座無虛席。「本來要演男主角，最後卻盡其可能地來展現女性特質」的這個困惑事實，只是讓演出更令人興奮。管理者聲稱，某天晚

❻譯注：在紐奧良一帶，這個詞指法屬路易斯安那的移民以及混血者的統稱。

上至少有九名聯邦軍的將軍來到劇院裡，欣賞那看起來有如全裸的美女被綁在馬上。

儘管艾達像彈豎琴那樣撩撥大眾，把捲髮剪短、從她邱比特弓一樣的嘴裡吐著煙圈，她卻不僅僅是第一個猶太性感女神而已。惠特曼和梅爾維爾都鼓勵她一展文學抱負；狄更斯和史溫本（Swinburne）都認真看待她，而且，她出於古典猶太式悲劇訴求而取名《不幸》（*Infelicia*）的詩選，收錄的一百首詩也並非都那麼糟。有幾首詩具有一種以充滿官能的電力，像她的偶像惠特曼那樣地運行著自由詩，突然跳出了言談、吟頌和咒罵。甚至在艾達抵達巴黎、並在那裡因癌症或肺結核（或同時罹患兩者）而過世前，她應該就已經知道了戲劇界的第一顆偉大猶太巨星——拉結的完整歷史；而她自己在戲劇事業上的竄紅，也預告了戲劇化力量未來的終極化身（雖然她和這化身的表演天分實在無法相比）——也就是莎拉．伯恩哈特（Sarah Bernhardt）的登場。在艾達的文字作品中，她常常把自己呈現為受苦以色列族的女兒，一位被送來對反猶太者施展復仇的滅絕天使。這一方面的她表現得夠成功，而能讓美國改革派猶太教的大族長，以薩克．梅耶．懷斯拉比（Rabbi Isaac Mayer Wise）在《以色列人》（*Israelite*）發行她的作品。但就氣質而言，她和行善的雷貝嘉．格拉茨是兩種相反的猶太女性。艾達這人愛找麻煩、危險，幾乎有點邪惡，渴望為猶太人戰鬥，且並不介意有誰知情。

以詩來說，沒有艾達不想翻過的山巔。〈友弟德〉（Judith）是一首混合了一劑強烈偽色情的尖叫、歌劇式煽情的狂詩；整首詩有如十九世紀的服裝照，全都是肚皮上閃閃發光的珠寶，弄髒了的大彎刀和失神突出的眼球。「我把你裝滿寶石的頭，還有你白森森的雙眼，還有你嘶嘶作響的舌頭和塵土混在一起」，她對以色列敵人，訴說這段殘忍而愉快的潑辣宣言：

> 我不是等著親你外套折邊的抹大拉。
> 現在日正當中。
> 我額頭上寫著什麼看不見嗎？

我是友弟德！

我等著我那顆赫羅弗尼斯的頭！

在自知死去的最後顫抖觸發之前，我會向你展現附在無神雙眼上的烏黑長髮，及尋找著聲音而張開的大口，及灼熱散發血氣的強壯喉嚨，當血流下我的裸身並弄濕我冰冷雙腳時，那會以狂野難言的喜悅令我激動！

在艾達的寫作中，還帶有一種明白可辨的女性主義自體解放的調性，這種調性和她的猶太身分結合為一股遭受雙重虐待者的憤怒。或許就是這種調性，引領了美國猶太圈邊緣的炫目先驅，深入了這個潛藏憤怒的深淵。歐內斯廷・羅斯（Ernestine Rose），這位捨棄所有信仰與外族通婚的德國拉比女兒，就是整群美國女性主義創始軍的一員——「演說的女皇」。在一次集會上，雖然她不信神，她仍明白地把女性在男性主宰世界的雙手中那段漫長受苦的歷史，和猶太人所受的壓迫連接起來。

而這也是艾達・孟肯用她自己的語言再三說過的事。在她最扣人心弦的一首詩〈聽啊以色列〉（Hear O Israel，這標題取自每日告白信仰的「聆聽」第一行）中，在先知者與智慧書《所羅門智訓》的風格下，她變得幾乎有如在冥想，而她的語調成了《聖經》般的懺悔：

我的淚曾對我如此重要，日夜皆如此；
而深紅和美麗的亞麻在敵人陰暗的營中朽壞。
我以赤足和遮住的頭向你歸來啊，以色列！
我用麻袋布綁著我衣服的摺邊。
我以橄欖葉裝飾我胸襟的邊緣。

但在最後的篇章中，這首詩面向外側，對著壓迫者，把自己收攏成一聲為她同胞喊出的反抗戰嚎；這一聲嚎叫，將響徹下個世紀的猶太大災難：

我們以色列之子，不會像被痛打的獵犬一樣，
爬向你們正用鐵腕挖出的狗窩般的墳墓！
以色列啊！從時代的蟄伏中起身，用自己的腳滾過地獄，從這些暴君中間開出一條路！
允諾的晨光在此；而上帝——喔我族的上帝在呼喚！
堅定持續——堅定持續！

儘管滿溢著惠特曼風格，儘管出自一名有著莎士比亞妄想的女藝人之筆，美麗的艾達．伊薩克斯．孟肯的重擊憤怒中，卻有某種東西真正且不吉利地命中了現代。到了她抵達歐洲、巡迴各地自行推廣文學戲劇事業的時候，一種起自於一八四四年阿爾豐斯．圖斯內爾（Alphonse Toussenel）所出版的《猶太人，當代的君王們》（*Les Juifs, rois de l'époque*）的新反猶主義，已經在文化中悄悄徘徊。新大陸應該是逃脫了這種舊大陸的頑強疾病才對。但接下來艾達在自家美國，不用花多大力氣去找，就會察覺到這種傳染病在某時某刻已經飄洋過海的跡象。

末底改．挪亞這類猶太候選人，不是只有在選舉活動中才會在競選演說裡被人講成夏洛克。一八五五年，聖塔克魯茲（Santa Cruz）一名當上了加州眾議院議長的檸檬種植者威廉．W．史托（William W. Stow），對於一名猶太貿易商路易斯．舒瓦茲（Louis Schwartz）拒絕參與史托希望定為加州法律的「週日停業」❼，表達了極力反對。史托的憤怒，足以激怒一群被醜化為社會經濟寄生蟲的人：

我對猶太人毫無同情心，且若我能有權的話，會推行一道規定，不只把他們從我們郡裡清除掉，甚至是從整個州裡消滅！我支持推行一項高到（讓猶太人）沒辦法再開一家店的猶太稅。我們共和國體制的基礎存在於基督教安息日和基督教信仰。猶太人必須加入多數人。他們這一等人來這邊只是為了賺錢，一旦賺了錢就會離開我們國家。[26]

史托有著成為州長的野心，且因為一八五〇年代的政治氣候有那種「一無所知」（Know Nothing）的排外主義傾向（和反猶太相比，甚至更反天主教），他很有可能是覺得自己這樣猛烈抨擊能夠獲得一些公眾影響力。如果他真的這麼想，那他應該很快就被他演說所迎來的鼓譟所糾正了，來自沙加緬度眾議會的其他非猶太人尤其反應甚巨。這些人在舊金山、洛杉磯、史塔克頓（Stockton）和沙加緬度認識的猶太人，不只是小商人或小店家，而是市議員、兼任老師和市內要人的拉比，尤其是像當時擔任該州最高法院法官的所羅門・海丹費爾（Solomon Heydenfeldt）這一類的法界人士。這些人裡沒有一個符合議長描繪的惡毒猶太形象。《沙加緬度民主州日報》（*Sacramento Democratic State Journal*）的報導指出，馬林郡（Marin County）的H・P・A・史密斯（H.P. A. Smith）先生說：「他不相信沒有公眾意見支持的法律，且認為如果法案通過的話，嘲笑的目標就會直指該法。」但史托的攻擊，促成了美籍猶太人史上第一波針對偏執看法的熱切明確反擊。出生在萊茵蘭的諾因基興（Neuenkirchen）的以薩克・李舍（Isaac Leeser）是猶太教現代正統派民眾領袖、費城的資深領唱人，以及《猶太人與摩西律法》（*The Jews and the Mosaic Law*，一八三三年出版）的作者，他便在自己的月刊《西方與美國猶太人倡議》（*The Occident and American Jewish Advocate*）中，把猶太人的目標主張，和自由宗教寬容以及美國憲法連結在一起。

---

❼譯注：在基督教休日當天，關閉商業區。

各種狂熱如今是每日常見之事；一般人未能注意到……而這種奇怪的昏頭狀態有時候會突然暴動起來……我們可以輕易地想像，那些一知半解的人，或者那些屬於特定宗教主義者階層的人，會急著想實踐各種放縱言行，也會盡其所能地訂立法老王式的法律，就算直衝著以色列的子民也在所不惜。仇恨和自己不一樣的人是普通老百姓的天性，但一個主持協商議會的官員不應該過分到忘記本分，而使其情緒發言如此違背選出他就職的憲法。這樣的人不應以其惡名甚至惡行流傳；徹底健忘是他應得的評判。[27]

擁有耶魯法學學位的賽法迪猶太人亨利．J．拉巴特（Henry J. Labatt）雖然來自查爾斯頓，但也是加州法律的權威，他便在與以薩克．梅耶．懷斯拉比一起編輯的《以色列人》中直接對付敵手。拉巴特也是希伯來青年辯論協會（Hebrew Young Men's Debating Society）的主席，而他此時便把他的文筆炮火轉向了威廉．史托：

任於眾議院領頭一職的議長先生，您應該不想用惡名昭彰且居心不良的謊言來讓我們的立法機構和國家蒙羞……您說：「他們來這賺錢就走。」您是否都不知道，搭著一艘艘汽船前來把加州當成家園的家庭有多少？您是否都沒看到，為了家族禮拜而在我們的大城市建起的磚造猶太會堂？您是否忽視，那些把慈善之手伸向喪親同胞的常設慈善協會？如果您不知道這些事實，那您就是無知到可鄙，如果不是的話，那您就是嚴重區解了事實，令您不配主持的議院蒙羞。

接著，在一個會被平等對待的國家，流浪的猶太人便會像其他任何人一樣深深地落地生根。此外，拉巴特堅稱，猶太人絕非擁有史托偏見中那種可恨狡詐的性格，相反的，沒有哪個移民團體在道德上比猶太人更正直；接著，他在猶太人明顯缺席的那份應受譴責者清單上，又加上了最後一個類別，用來痛擊史托議長這類人。「他們有蓋酒店來毒害人民嗎？當然沒有……他們有擠滿您的監獄或者用刑事審判來增加本州稅賦的負擔嗎？當然沒有；他們又不是搶匪、掠奪者或者主要政客。」

猶太憤慨的爆發可能一時讓威廉・史托難堪，有可能使他付出了落選州長的代價。但一八五八年，有一條禮拜日遵守法通過了（過程中沒有任何反猶太演說）。史托的生涯順風了。他接著繼續成為該州的政治法律領袖之一，今日在金門公園（Golden Gate Park）裡，仍有一片天鵝翩翩滑過、讓情侶在舊金山的溫柔中相擁的平靜湖泊，便是以他的名字來命名紀念❽。

到了美國內戰前夕，美國境內的猶太人已經有十五萬人，或者說全國人口的百分之〇・五。就如拉巴特在這次反擊的最後所指出的，難以預測的恐猶爆發至少有一個優點，就是警告猶太社群要對抗驕傲自滿。為了回應這些詆毀偏見的爆發，美國猶太人首先發現了他們的政治聲音。為了回應「美生會」這一類兄弟會排除猶太人的行動，而於一八四三年在紐約成立的組織「聖約之子會」（B'nai B'rith），如今變成了準備好與反猶主義一爭勝負的組織。

但就連聖約之子會都不可能預料到，一八六二年尤利西斯・格蘭特將軍的「十一號命令」，立即就將所有猶太人逐出他的軍事管轄範圍，涵蓋了從伊利諾州一路南至肯塔基州廣大地帶的「田納西軍管區」（Department of Tennessee）。這道命令表面上的因素，是猶太人進行的貨品走私（特別是在北方工業城鎮裡能高價出售的棉花）違反了對抗美利堅聯盟國的經濟戰。是有一些猶太人涉入這些非法交易，但就如誰都想得到的，其實走私者和黑奴販子絕大多數都是非猶太人。然而，格蘭特十一號命令的問題並非出於此，而是其中的用詞立刻使一群靠著共同回憶來界定自己的族群，想起傷人的中世紀放逐、西班牙和葡萄牙殘暴的大規模驅逐，以及最近期的、十八世紀令他們強迫離開布拉格和維也納的法令。命令指出，如果對合眾國犯下商業叛國行為，要怪的就得是以不明不白而惡名昭彰的猶太人。或者，就如格蘭特的命令所言：

❽ 譯注：指金門公園內的史托湖。

> 猶太人，身為違反美國財政部訂定之每一條貿易規定的人等（class）……自收到本命令之二十四小時內，將驅逐出軍管區。駐地司令官將務必確保所有此類人等獲得通行證並被要求離開，而任何在此通知後返回者，將遭逮捕並關押，等待機會以囚犯身分遣送出境。[28]

有段時間，格蘭特被他判斷為「在打敗邦聯軍的難熬戰事中進行經濟破壞」的行動所激怒。可能只有五千人左右的猶太人住在南方並效忠南方，但那之中有些人，好比說傑佛遜·戴維斯（Jefferson Davis）的內閣祕書猶大·菲利浦·班傑明（Judah P. Benjamin），就非常引人注目。[29]其他人，好比說薩凡納的詩人潘妮那·莫伊斯，就狂熱地效忠南方軍；還有許多人明明人在北方堅定支持聯邦軍，卻對廢奴主義冷淡甚至不友善，好比說以薩克·梅耶·懷斯。但當莫里斯·拉法爾拉比（Rabbi Morris Raphall）在紐約的一場布道中以希伯來《聖經》來證明蓄奴正當時，他立刻就遇上了廢奴派猶太人的猛烈炮火反擊。有些人的抗議還要更進一步。一八五三年夏天在芝加哥，麥可·格林包恩（Michael Greenebaum）發動群眾阻止相關單位藉由惡名昭彰的「逃亡奴隸法」（Fugitive Slave Act）來逮捕一名逃脫的奴隸。[30]對於最為堅定的猶太廢奴鼓吹者來說，演講、寫給編輯的信或者支持林肯競選都還不夠。一八四八年，曾經參與革命派的匈牙利學生軍團（Hungarian Student Legion）戰鬥的奧葛斯特·邦代（August Bondi，出生時原名安舍〔Anschl〕），在該年年末為了逃脫反革命的回擊，而攜家前往美國。在紐奧良，他看到奴隸遭粗暴對待，身上只披著破掉的咖啡豆袋；在加爾維斯敦（Galveston）的情況更糟，奴隸每天早上都被皮鞭痛打。「我本來可以和全德州最美的女人結婚，」他這麼說，但她是奴隸主且「我父親的兒子可不能是一個趕奴隸的監工」。在堪薩斯這個自由州，他被恐嚇要該州成為挺蓄奴州的「邊境惡棍」（Ruffian）幫派分子打了一頓，房子還被燒掉。邦代可沒有不把這當一回事，他加入了約翰·布朗（John Brown）的非正規廢奴軍，在波特瓦特米（Pottawatomie）攻擊惡棍幫並殺掉十二人，還在黑傑克戰役（Battle of Black Jack）抓了四十八個挺蓄奴者。當邦代真的結婚時，對象是海莉耶塔·愛因斯坦（Henrietta

Einstein），知名猶太廢奴主義者的女兒。在效命堪薩斯志願軍時，他以猶太的口吻迎接公布《解放奴隸宣言》（*Emancipation Proclamation*）的新聞：「不再有法老王；不再有奴隸。」[31]而那些先前保持中立的猶太人（且是民主黨而非共和黨員），在戰爭中也轉變為廢奴主義者。在內戰前與廢奴無瓜葛的馬可斯・施匹哲，也到了改變心意的一刻。「我支持擺脫蓄奴制度，」他寫信給太太卡洛琳提到：「從今以後，我不會再發言或投票支持蓄奴制度……這不是一個倉促草率的結論，而是深深確信的事。」[32]

換句話說，猶太人的意見和行動，沿著國家其他的界線而分歧：而這也是他們有多融入美國生活的一個標記。但為北方聯邦軍戰鬥的人遠比替南方邦聯軍戰鬥的人多，多到得需要（經過一些阻礙之後，也終於獲得了）他們自己的隨軍教士。

無論他們對解放運動感興趣或冷淡以對，格蘭特命令中「此類人等」這個可恨用詞所暗指的集體罪惡之意，在一八六二那一年嚇壞了美國猶太人。尤其是因為有罪的定義是：任何「猶太父母所生之子女」。一八六八年，當格蘭特競選總統時，遭到了猶太人的群起圍攻；這些因回憶而不願諒解的人鼓吹他們的教友投給民主黨，儘管說還是有許多人對共和黨效忠。格蘭特自己公開承認，十一號命令並不正當，或許是受到良心發現的影響，他指派猶太人擔任像是華盛頓領地（Washington Territory）的州長或者亞利桑納州印第安事務局局長等公職。

格蘭特的良心發現，幾乎可以確定和他了解到的一件事有著密切關係——猶太人過去為了他個人對他父親傑西的恨付出代價。辛辛那提——中西部猶太人的家園，和以薩克・梅耶・懷斯和馬克斯・李連塔爾的拉比轄區——是尤利西斯・格蘭特的出生地（更不用說他那匹馬的名字了❾）。但這裡也是傑西・格蘭特（Jesse Grant）和一個猶太製衣家庭——亟需棉花的麥克（Mack）家族——有非正式合作關係的地方。老格蘭特想像著，

❾ 譯注：即「辛辛那提」。

和麥克家族的人一起拜訪一趟自己兒子的總部，或許能說服這位將軍同意給予有利條件，而他也會因為有這樣的影響力而獲得適當報酬。傑西並不知道，尤利西斯．格蘭特已經被他早就稱作「饒不了的討厭鬼」的那些猶太人惹得越來越毛，也已經在講著要將他們「清出軍管區」。傑西帶著麥克家族的人不請自來地出現在兒子面前，讓將軍超出了容忍極限。

還好，那種「被放逐的數千名猶太人成群結隊走向鐵道終點，踏上馬車和船隻」的奇景並沒有真正實現。在十一號命令下達的三天後，邦聯軍一場出乎意料的攻擊占領了聯邦軍在聖泉（Holly Springs）的基地，並切斷了聯絡，讓多數軍區幾乎不可能執行這道命令。即便如此，自認擺脫了基督教歐洲數個世紀以來種種殘暴壓迫行為的美國猶太人，卻沒有打算要容許這些殘暴壓迫在美國重新現身。來自肯塔基州帕迪尤卡（Paducah）、人就在驅逐事件立即施行地帶的西薩．卡斯卡爾（Cesar Kaskel），拍了一封電報給林肯總統，聲明所有忠誠的猶太人「被這沒有人性的命令嚴重侮辱傷害，實行該命令會是對憲法的最惡劣違反」。

忙著準備解放奴隸宣言的林肯，並沒有看到卡斯卡爾的電報，他對格蘭特的命令也完全沒有了解。但他確實同意親自見卡斯卡爾，這要感謝約翰．愛迪森．格里（John Addison Gurley）的介入；他是在一八六二年的重選中落敗的前國會議員，但他長久以來都是總統的盟友。當林肯了解了命令的內容之後，他表達了自己的驚訝乃至於不悅，並表示如果這樣的東西確實已經執行的話，就必須要立刻撤回。而他可是說到做到。

並沒有足夠的時間來了解，把猶太人全體概稱為「此類人等」的十一號命令，能否適用於服役於聯邦軍的數千名猶太人。他們之中有一名服役於俄亥俄騎兵隊第五步兵團（5th regiment, Ohio Cavalry）的軍官菲利浦．特朗斯泰（Philip Trounstine，後來會在科羅拉多州的丹佛市擔任消防隊長）因為實在太害怕這條命令，因而在即便命令撤銷的情況下，還是辭去了軍職。但其他軍人仍然繼續堅定地效忠聯邦軍，並以英勇而大放異彩。出生在什勒斯維希（Schleswig）、二十幾歲的年輕芝加哥律師愛德華．賽利格．薩洛門（Edward Selig Salomon）在伊利諾第二十四步兵團戰鬥；這個團的成員多半是德意志和匈牙利移民，以及一八四八年革命後逃出的前自由派革命分子，而那之中就包含了一個幾乎全部都是猶太人的連，由社群內的公眾捐獻來支付軍餉。在蓋茨堡（Gettysburg）的戰役中，薩洛門的坐騎有兩次中彈，「是唯一一個當李將軍（Lee）的槍響大作時躲都沒躲的士兵」。據卡爾．舒爾茨（General Carl Schurz）所言：「他站起來，抽了他的雪茄，然後用薩拉丁的冷靜面對加農炮彈。」薩洛門接替了在戰鬥中受傷的軍團指揮官，升為中校，並繼續前去面對戰爭中最殘暴的幾場戰鬥，如查塔努加（Chattanooga）和盧考特山（Lookout Mountain）。等到尤利西斯．格蘭特當上總統，他將會指派薩洛門擔任華盛頓領地的州長。

隨著血腥惡戰持續，馬可斯．施匹哲越來越堅信如此戰鬥的必要性。在一封一八六三年三月從路易斯安那寫給他姊夫麥可．格林包恩的信中，施匹哲寫下了一種在別處猶太人身上都無法想像會出現的熱情愛國詞語，就彷彿聯邦所追求的就和他們同胞所追求的一樣。他寫到，儘管他希望自己能回家見到在俄亥俄的太太和孩子：

> 在國家的敵人被征服並就範之前，我不希望（戰爭）結束。會可鄙無節操到對世上最棒的政府發動戰爭，並把隨時保護你我不受壓迫的那面旗子踐踏在腳底下的人，必須要讓他們學到，雖然這是個能安居樂業的高貴國家，卻也是一個在對其反叛時才知其強大的政府。[33]

身為一二〇俄亥俄志願軍（120th Ohio Volunteers）這個步兵團的軍團上校，施匹哲活過了維克斯堡（Vicksburg）駭人的屠殺，並看到該地的投降，卻在進一步進攻密西西比州的傑克遜（Jackson）時，因為自己人的炮彈導致鼠蹊嚴重受傷。躺在維克斯堡火車站等著被送回芝加哥時，無時不刻將小照片帶在身上的施匹哲，寫了信給卡洛琳：「家呀，多美的詞、聲音多可愛的詞……那個我知道我親愛的太太和小孩焦心不已地等著我的家。受著一切祝福的家：我在那裡很快會從我可怕的傷中痊癒。」但當他回到俄亥俄州的米勒斯堡

（Millersburg）時，卻被民主黨人和共和黨人雙方圍攻，要拄著拐杖代表他們發言。隨著馬可斯身體恢復，他便被拉回戰爭本身那致命的單純生死中。到了一八六四年四月底，他從太太那收到一封令他痛苦的信，說他們兒子在把手卡進印刷機之後，得要截去一根手指。他向他底下一位上尉坦承，他飽受「沒有好好對待」遠方家人的這種想法所折磨。雖然他無法穿著軍服「丟下我的子弟兵」，但他迫切期待著可以大步返家的那一天。然而，一八六四年五月三日，他的運輸船在紅河（Red River）遭到邦聯大軍伏擊。施匹哲的下腹部被來福槍打中一發，因為必然的感染而難逃一死。當馬可斯第二天死去時，手也受了傷的弟弟約瑟夫陪在他身邊。一直要到六月的某個時候，這個消息才傳到他太太那邊。七月，她生下了一個女兒，取名克拉拉·馬可斯（Clara Marcus）。一八六五年，她搬回芝加哥並住在她的猶太姻親圈子裡，仍然如馬可斯稱呼她的，是個好「耶胡迪」（猶太人）。

III　拔不掉的

美國處於和平的最後一個夏天，一八六〇年夏天，也是烏利亞·利未最後一次待在蒙蒂塞洛。他現在是海軍利未准將，美國地中海分艦隊的最新一任旗艦指揮官以及馬其頓號（USS Macedonia）的船長。烏利亞現在已經六十八歲，儘管有一些不太舒服（最有可能是因為克隆氏症發作），他卻感覺重獲新生。他的輕盈步伐起因於他和外甥女維吉尼亞·羅培茲（Virginia Lopez），也就是他妹妹法蘭西斯（Frances）的女兒結婚。一八五三年結婚的時候，維吉尼亞才剛滿十八歲，而他先生的年紀比她的三倍還略多。對那些從來不太喜歡烏利亞的人來說，這個不太體面的年齡差距是使他們無法忍耐下去的臨門一腳。有人對此竊竊私語，甚至建議提出法律訴訟來宣告婚姻因不適當的近親結婚而無效。但這些牢騷都沒有結果。在這最後一個夏天，一個宜人的夏天，在那場壞到出名的秋天暴風席捲維吉尼亞共和國（有如在預告未來還會更糟的惡兆）之前，准將和他調皮、年輕時髦的太太，還有上了年紀而跛腳的愛蜜利亞，享受著在蒙蒂塞洛的日子。傑佛遜那豐饒的花園再也沒能有一丁點恢復到最初的榮景，但一整片豐腴的玫瑰還是讓溫暖的傍晚香氣四溢。

秋天時，烏利亞和維吉尼亞回到了他們在紐約聖馬可坊（St Mark's Place）的家。多年來他都在購買房地產，隨著城市擴張而上漲的房價讓他家財萬貫。當他在一八六二年過世時，他的財產估計有五十萬美元左右，這就算不如亞斯特（Astor）或賽里格曼家族之流，也還是讓他成為相當富裕的公民。人們認為他的海軍時光現在應該絕對是被他拋在腦後了，但當戰事從薩姆特堡（Fort Sumter）開打時，烏利亞便匆忙前往華盛頓，去向林肯總統保證，只要派得上用場，他願意以任何方式效命，而且因為他自從一八一二年以來就忠誠效命於聯邦軍，因此他「不會是那個在危機之日拋棄它的人」。

他沒有得到機會。但在烏利亞過世前，他在遺囑中預先為蒙蒂塞洛做了安排。這地方將要交給「國家」來當作農場學校，照顧那些陣亡海軍將士留下的兒子。記取了傑佛遜像的命運，他加上了一條附文，如果國家拒絕了這份贈與，那麼這裡就會成為維吉尼亞的財產。烏利亞進一步詳述，如果國會和維吉尼亞都不要的話，那這裡就會交還給紐約和費城的猶太會堂。結果到頭來，這幾方（包括猶太會堂在內）都對這個贈與沒有興趣。當時，人們還不會覺得傑佛遜的房子——或者說當時不管是誰的房子，會是什麼需要交付國家信託，或者以總統可能會批准的方式用之於社會的紀念遺址。烏利亞自己的弟弟約拿斯將會對這份遺囑提出爭議，並纏訟十四年才讓遺囑失效，在這段期間內，這房子再度成為了蜘蛛老鼠的大旅社。修復蒙蒂塞洛最後成了約拿斯兒子傑佛遜．門羅．利末（Jefferson Monroe Levy）的一生重任，並花了他自己一百萬美元。

不管一八六一年到一八六二年的那個冬天，躺在紐約病床上的烏利亞想要的是什麼，答案都不那麼重要，因為在介於一八六一年八月和翌年春天的某個時候，聯邦政府聲稱蒙蒂塞洛是一個「敵對外人」的財產，得要暫時查封並出售。當烏利亞真的死去時，他得以免於被格蘭特的十一號命令震驚到。但他就算知道了，可能也不會多驚訝，因為才在幾年前，他自己就曾經和恐猶者打完最後、也是最激烈的一場戰鬥。

一八五五年，美國海軍決定重新檢查軍官的階級，來看看有沒有任何軍官（尤其是比較資深的軍官）因為任何理由而不適任。有鑑於晉升之路是被烏利亞這種長期服役的軍官卡著，所以這確實是有些道理在。但當那個後來被稱作「拔除委員會」的人選揭露時，烏利亞察覺到，（從十五人中）被選出的五名艦長，包括了幾個多年來一直特別對他有敵意的人。他知道自己會被他們圈選出來，不僅僅是被退休而已，而是被整個剔除於海軍名單。結果就確實是這樣。[34]

但烏利亞沒打算吞下這樣的恥辱。拔除委員會的決定已足以觸發一場抗議，使得相關單位得要設立調查委員會來重審拔除委員會的決定。為了獲得個人正義，烏利亞雇用了他能找到的最佳法律人，曾經任職於美國最高法院、當時是紐約大學教授的班傑明・富蘭克林・巴特勒（Benjamin Franklin Butler）。當烏利亞的案子於一八五七年十一月至十二月間呈到法院時，巴特勒和烏利亞已經有了二十六名證人的名單（包括前美國海軍部長、但更以歷史學家身分為人所知的喬治・班克羅夫特〔George Bancroft〕）來證實他的航海技能、為人正直和行動精力。證人中有十三人是與烏利亞共事過的軍官。他們也證明，對烏利亞的負面感受，特別是不讓他晉升為船長的打算，完全是因為他是個猶太人，而且（讓問題更複雜而嚴重的另一點），更因為他是一路從領航員階級往上晉升的。

在由巴特勒讀給法庭聽的這篇鏗鏘有力的證詞中，烏利亞把自己的主張，與共和國的榮耀及憲法的神聖性連結起來。證詞從一段響亮的宣言開始，是首度在一個自由政體內訴諸於正義和平等的原則性呼籲，這樣的呼籲將響遍世界各地，迴盪在該世紀末並繼續傳達到下個世紀，直到道德樂觀主義和社會的莊嚴性被一股龐大的仇恨瘟疫以及最終的滅絕之火所吞沒。

我的父母是以色列人，而我是在我祖先的信仰中培育長大的。為了追隨這信仰，我實行了一項權利，是由我原生的國家和合眾國的組織制度所向我保證的——一種由造物者賦予所有人的權利——一種比生命本身還珍貴的權利。但在宣示和實行這良知權利時，我從來都是承認並尊重其他人的同等自由。[35]

在這地方，烏利亞一定是想到了那些登上他船艦的人對他的看法——要聽從猶太人發號施令，感覺就是有點難堪。

「在早年，特別是我渴望上尉職的時候開始，以及在我獲得之後的許久，我都被迫要面對猶太人在如此漫長的歷史歲月中始終得面對的大半偏見和敵意。」在富蘭克林號上的餐廳裡，他們讓他知道，因為他身為猶太人所以「他們不想被弄到得跟他……這個不請自來的傢伙有接觸」。同樣的偏見也在一八二四年和一八四四年（這次一發生，泰勒總統便出面干涉）拿來對付他，而當時情況就跟現在一樣，對他不適合服役的控訴「毫無證據支持」。他引用了一段約翰·羅素伯爵（Lord John Russell）為支持猶太人有權以選舉進入英國國會，而在國會內發表的演說內容，其中有一段將美國列舉為完全解放的範例。當時他說：「對我們國家提供如此慷慨貢獻的作者並不知道，就算當他還在下筆的時候，就有那些在美國海軍裡的人，認為猶太人在軍中應不應該有宗教自由都還是個問題。」

把猶太人描繪為模範美國公民的模樣之後，烏利亞和巴特勒提出結論：

> 這是在您面前的案例，且在此觀點下其重要性不能過分誇大。這是聯邦內每個以色列族人的情況……在對憲法和聯邦的忠誠上，在低調遵守法律上，以及在對公眾責任做出貢獻的心甘情願上，他們無法被任何一部分的國民超越……他們裡面有哪個人成為過您國家或內政財務的負荷，想必很少見吧？他們全體對貿易活動……對公共財富量的貢獻是多麼大！這些全都要奪走法律保障嗎？當我們在憲法裡保留了我引用的那段言語時，事情是該這樣做的嗎？這是一種說給耳朵聽、但做起來卻破壞我們民族希望的言語嗎？流散全世界各地、望著美國感到前途光明的數千人猶大族和幾萬人以色列族——他們現在是否要

在悲傷沮喪中知道，我們同樣也沉入了宗教不寬容和偏見的泥沼中？而美國基督徒現在是否開始了對猶太人的迫害？

判決毫無疑問。烏利亞．利未復職了；過了幾個月，到了一八五八年時，他獲派指揮地中海分艦隊的馬其頓號。他帶了他漂亮的年輕太太隨行，而她在揚帆出海前，自己決定在船長室的門柱上釘了一個門框經文盒，毫無疑問的是所有當代海軍中的首例。在向南前往加勒比海並跨過大西洋的途中，馬其頓號短暫停留在波士頓旁邊的查爾斯頓海軍工廠（Charlestown Navy Yard），而猶太船長和他迷人太太的名聲甚至比他們還早就傳到了那邊。一大群要人排隊等著見他們，包括亨利．沃茲沃思．朗費羅（Henry Wadsworth Longfellow）；可想而知會對他們著迷的他，給了維吉尼亞和她丈夫一份他的〈生命詩篇〉（Psalm of Life）。「在世界這遼闊戰場，／在人生這野營露宿，／別像那啞而受人驅使的畜！／做個奮鬥沙場的英雄！」

這趟地中海軍務之旅並不吃力。在熱那亞和拉斯佩齊亞（La Spezia）有陸上娛樂活動；一身白棉布和絲綢的維吉尼亞在假面舞會上與年輕男人打情罵俏，而烏利亞則是讓人畫了自己的全身軍裝肖像，看起來老當益壯。終於，出了一個戴肩章的利未！歷史偶爾打擾了海軍的閒晃。加里波底（Garibaldi）入侵西西里，以及點燃反波旁叛亂的武裝起義，使該地區十分危險，也使利未獲命得要撤出所有需要離開的美國人。更東邊，在鄂圖曼帝國統治的巴勒斯坦和黎巴嫩，他奉命調查土耳其官方是否以十萬火急的效率，來追捕殺害兩名美國傳教士的人。在貝魯特，他和英國領事詹姆斯．芬恩（James Finn）在耶路撒冷見面；他雖然是「倫敦推廣猶太人信基督協會」（London Society for Promoting Christianity among the Jews）的一名忠誠宣傳者，但他把「使聖城的一萬名猶太人（此時是該地人口的多數）擁有祈禱、研究《塔木德》和依賴離散者救濟金（halukah）以外的生活」當成個人志業。芬恩在城牆外買了土地來打造一個稱作「亞伯拉罕號角」（Keren Avraham）的訓練農場，那裡也是一個肥皂工廠。當他遇見了著全套海軍服裝的烏利亞．利未時，他察覺到自己正看著某件猶太歷史上不尋常的事。「這位利未艦長（本處按原文），」芬恩在他的日誌中寫到：「我老早就想見一面的人，是我唯一聽過有猶太人指揮戰艦的例子。他是一個六十九歲❿、相貌堂堂、臉頰紅潤的老傢伙，有著令他看起來古怪的強烈猶太人特徵，帶著三角帽、肩章和鑲滿珠寶的老鷹鈕釦。」如果巴勒斯坦是一種應許之地，那麼美國應該就是另一種，因為「現在在我這輩子裡，我看到了一位來自猶太人的美軍軍官、海軍軍官兼文官」。[36]

一八五九年九月中，如今有資格稱作准將的烏利亞．利未，航往耶路撒冷。當他看見聖殿庭院西牆的時候，或者與在擠滿耶路撒冷舊城的賽法迪猶太人之中走動時，他沒有記錄下他的感受，但這兩件事誰都可以想像得到。能夠知道的是，在那裡的時候，他下令要手推車裝滿城牆外的土壤。馬其頓號的航海日誌著實地寫到，好幾箱土壤被運上了船。烏利亞的概念是，這些土必須帶回紐約並交給他的西利斯．以色列猶太會堂，好讓這些來自以色列地的土壤能夠分灑在逝者的棺材上。[37]當烏利亞自己在一八六二年安息，裹屍布包好的遺體放進了粗木棺材內，並深深埋在紐約的墓地裡時，那些土應該有幾把灑到了上頭。甚至晚至一九九〇年代，那些土都還有剩一點能用在葬禮上。

❿原注：其實那時利未是六十七歲。

第十四章

Chapter Fourteen

現代性以及其麻煩事

I 火車頭音樂

梅耶貝爾（Meyerbeer）正要踏上最後一趟火車之旅。這次不會有人付他的車費。過去他一直都是個旅行者。他母親在往返柏林和法蘭克福的馬車上把他生了下來。小時候，僕人們把他包在一具小馬車（stellwagen）裡，裡面都是黑菸草和昨日包緊了肉的香腸味道。當貝爾（Beer）家族搬到柏林斯潘道街（Spandauerstrasse）那家漂亮公館時，他的家庭教師——亞倫・沃爾夫索教授（Professor Aaron Wolfssohn），猶太啟蒙運動的重要支柱——以及他的鋼琴老師，法蘭茲・勞斯克（Franz Lausker）、卡爾・弗里德里希・策爾特（Carl Friedrich Zelter）和穆齊奧・克萊門蒂（Muzio Clementi）都會來到這裡。在他母親舉辦的晚會上，當柏林的文化與政治界名人滔滔不絕地說著自由、理性和國家的必要性時，有著紅潤臉頰和貼面小捲髮的神童雅各，被帶出來表演。在娛樂完後響起平淡的掌聲。他的父母親猶大和阿瑪麗亞（Amalia），帶著無可救藥的微笑，看著這孩子鞠躬，然後說「小子做得不錯呀」（schepped naches）。因為貝爾家族和宮廷有聯繫，沒過多久雅各就爬上了家族的四輪馬車前往夏洛滕堡宮（Charlottenburg Palace）表演。作曲家路易斯・施波爾（Louis Spohr）還記得，那個他替自己的音樂會雇來、總是「在一個過度擁擠的季節裡」證明自己頗受歡迎的「天才兒童」的其中一次獨奏會。[1]幾年後，雅各・萊布曼・貝爾（Jacob Liebmann Beer）和一個弟弟海因里希（Heinrich）一起被送到達姆城（Darmstadt），由固定出席眾歌劇（但沒有哪齣多受人尊敬）的老先生，佛格勒院長（Abbé Vogler）來教授作曲和風琴。他在那裡認識了卡爾・馬利亞・馮・韋伯（Carl Maria von Weber）。這兩個日後會互稱「兄弟」的人已經等不及要靠著佛格勒來更上一層樓。

軍隊在中歐來回穿梭，停下來互相殘殺，並稍稍掠劫。雅各母親這邊的祖父萊布曼・梅爾・沃爾夫（Liebmann Meyer Wulff），「柏林的克羅伊斯」（the Croesus of Berlin）❶，靠著把各種可與極其強盛的法國並駕齊驅的東西——穀物、馬匹、彈藥，事實上除了好的將軍之外什麼都給——提供給霍亨索倫家族諸王而致富。

一八一三年，當輿論喊著要為普魯士祖國戰鬥時，雅各的弟弟威廉（Wilhelm）就和許多猶太人一樣，回應了這樣的呼喊。擔心他正要綻放的鋼琴演奏大師生涯（韋伯還說，搞不好是歐洲最偉大的大師）得要妥協的雅各，認為最好避開會受傷的路。但早一步溜掉、躲開徵兵中士上門的行徑，卻讓他開始自我反省。「我怕這決定會暗中帶著一根日後終生毒害我名譽的螫刺，」他這樣跟沃爾夫索說。[2]在維也納，在拿破崙獲勝和拿破崙被征服之間，他結識了對他的才華印象不錯的施波爾，還有與前者印象相反的路德維希・范・貝多芬（Ludwig van Beethoven）。派雅各去打「大鼓」的貝多芬（這是否也是這老頑童惡名昭彰的玩笑呢？）抱怨，他打得既不夠用力也不在拍子上。這樣子的人不會有好結果。

貝多芬錯了。當法國的戰事蹣跚步入血腥終點時，雅各在作曲和樂手兩邊領域都已經名聲響亮。他當時正在二、三十歲之間，神祕、銳氣十足且認真。有些聽眾為了他的猶太外表而來，也有人為了他沒有那種猶太外表而來。他同時替猶太會堂和教堂譜合唱曲，但仍熱切追求著「歌劇」這個最高殿堂。他便帶著一臺專門訂做的可動式直立鋼琴繼續旅行，鋼琴的胡桃木琴蓋上還刻有他的名字。「我帶著流浪猶太人的不懈精神，」他寫道：「我走過一間接一間的博物館、圖書館、劇院。」[3]比較新一代的驛站馬車有鋼製的彈簧，堅固到可以讓樂器安然無恙，甚至當馬車辛苦爬上阿爾卑斯山或者向下駛進皮埃蒙特（Piedmont）的谷地時，都還可以讓作曲家在車裡打打草稿。雅各從來沒見過義大利的陽光，從來沒有讓自己的臉在這陽光的溫暖中烘烤，這樣的幸福感點燃了他的創作想像力。一八一六年，他認識了歌劇風格（也就等於其整體音樂風格）討人歡心的焦阿基諾・羅西尼（Gioacchino Rossini），認真的阿什肯納茲猶太人便跟這個歡樂製造者開啟了一段天南地北但情感深厚的五十年友誼。在威尼斯、克雷莫納（Cremona）、摩德納（Modena）和羅馬，「焦可摩」（Giacomo，雅各從一八一七年開始這樣自稱）卯足全力把義大利的輕快敏捷跳動，移植到他對壯烈主題的熱情中。

❶譯注：即呂底亞國王，到今日都還被視為有錢人的象徵。

但以這方式產生的作品——《羅米爾多與康斯坦沙》（*Romildo e Costanza*）、《塞彌拉彌斯的醒悟》（*Semiramide riconosciuta*）、《羅斯保勒的愛瑪》（*Emma di Resburgo*）——都是些沉重而非輕舞飄揚的歌劇。為了繼續向前，梅耶貝爾習以為常地向後回顧。一八二四年的歌劇《埃及十字軍》（*Il crociato in Egitto*）帶給他國際名聲，而該劇以最後一部分寫給閹伶演唱為特色。但他在音樂上有些雜食，這種習慣使得西西里民謠也跟著被寫進了他的歌劇，而跟宣敘調齊鳴。但聽眾渴望的，就是這樣的種類大雜燴，這樣厚顏的誇大歷史浪漫。懂得多國語言又在文化上多才多藝的焦可摩·梅耶貝爾，這位腳步不停歇的旅者，已準備好接受全歐洲劇場經紀人的挑戰。三種語言的劇作者們都找上了他。

他歌劇中的「龐大機械」（grandes machines）——描述被宗教戰爭分隔的愛情、從墳墓中爬起的殭屍修女，就跟現在那臺可以把名利雙收的梅耶貝爾從倫敦載到布魯塞爾、從司徒加特載到慕尼黑、從維也納載到威尼斯，讓他需要去哪就能去哪的火車一樣，強力、擠滿了人，又蓄勢待發。他的旅程通常是一拖數日，往返於他以《惡魔羅伯特》（*Robert le Diable*）在一八三一年創下最大成功的巴黎，以及他擔任宮廷音樂指導的柏林。因此，梅耶貝爾開始熟悉起列車時刻表，就跟自己寫的樂譜一樣熟；而且如果科隆的列車延誤使他注定要在漢諾威的側線上待好幾個鐘頭的話，他會躁怒起來。一八五五年一月就有一趟《冬之旅》（*Winterreise*）❷遇上停班，讓梅耶貝爾在前往柏林的四天旅程中又冷又不耐煩，所以當他到了波茨坦時，就不得不找一間旅舍過夜，第二天晚上才抵達旅程終點。創造力不知疲憊、肚子卻又因為一絲不苟的簡樸飲食習慣而餓到難受，但他在那段難熬的時間裡譜了一首二重唱。三月他前往巴黎，那些熟悉的車站，漢諾威、科隆、布魯塞爾又一站站地過去；到了四月，他又再次東行，受自己故鄉城市裡剛發芽的椴樹所歡迎。他太太米娜·摩森（Minna Mosson，也是他的大表妹）如果不做礦泉療養的話就會在那邊，因為她不想隔幾個月又搬回巴黎去。六月的時候，路程有變，他朝北走一條新開的、前往加萊的路，而能趕上前往多佛（Dover）那搖來晃去的定期客船。因為渡口的惡臭而窒息，又因為緊黏頭髮的潮濕煤煙而骯髒不已的梅耶貝爾，趕上了一班以每小時十三哩的速度猛力穿越威爾德（Weald）的快速列車，快到讓他有時間更衣，並在布幕拉起前抵達柯芬園。

一八六四年五月六日，最後的火車——黑色的火車頭、黑色的裝飾——在巴黎北站（Gare du Nord）等著把梅耶貝爾已無生命的遺體帶回柏林的家。在巴黎也是知名要人的羅西尼，從一段日子以前就開始擔心他朋友那自虐的工作習慣（和他自己在巴黎帕西區〔Passy〕玫瑰間的退休賦閒生活有著天壤之別）。梅耶貝爾會在親自主持排演時堅持對每個細節操心煩惱：演員、布景、戲服。這兩位劇作家此時都七十出頭，死亡不再只是大提琴部的旋律而已。一八六三年，羅西尼寫了一組室內樂和獨奏曲，出於一貫的可愛詼諧，將其稱作《晚年的罪過》（*Péchés de vieillesse*）。其中最野心勃勃的一段是〈小而莊嚴的彌撒〉（*Petite messe solennelle*），據說被拿破崙三世描述為「既不小也不莊嚴」。一八六四年，這首彌撒曲在路易．皮耶—威路斯（Louise Pillet-Wils）的旅館首度演出時，梅耶貝爾是在場的聽眾之一。十二人樂團加上四名歌手，由一名彈小風琴的十八歲天才兒童來領頭演奏；他想必讓兩位老人想起他們自己很久以前的早熟模樣。到了結尾時，全場站著聽完的梅耶貝爾，按捺不住激動而搖晃著身體，倒在羅西尼身上，向他傾訴著語無倫次而欣喜若狂的祝賀。大受感動的作曲者充滿慈愛地說：「請別這樣，這會傷害您的健康。」後來，他們兩人沿著林蔭大道走回家，羅西尼反覆勸告他要謹慎克制。梅耶貝爾不理會他的擔憂，第二天晚上又回去看了第二次演出。但一樣的，他在思考著自己這頭要怎麼收尾。一八六三年十二月八日，他在自己寫的每日禱詞裡又加上了一個附加願望，希望「一個慈悲的上帝許我一個溫和、從容而無痛的死，不要有恐懼和罪惡感……別讓我的死先經歷長而痛苦的病痛；願死亡來得輕柔、安靜而毫無預警」。[4]

上帝有在聆聽。一八六四年五朔節那天，人在巴黎的梅耶貝爾正在排演他無止盡地重演重修的歌劇《非洲女人》（*L'Africaine*，現在他稱其為《瓦斯科．達．伽馬》〔*Vasco da Gama*〕）。他又感覺到一陣腹腔不適，嚴重到

---

❷譯注：此處是以舒伯特的歌劇比喻梅耶貝爾的行程。

得找來醫生，醫生開了藥，並讓梅耶貝爾不覺得自己無法按計畫趕上明早的火車，前往布魯塞爾待一段時間。「祝大家晚安，」梅耶貝爾對全家人說。致命的一擊想必來得很突然。早上五點時，他痛苦不已；到了五點四十時，他就死了。

在接著到來的早晨中，因朋友身體不適的消息感到心神不寧的羅西尼，往蒙田大街（rue Montaigne）走去。當有人告知他梅耶貝爾的死訊時，他震驚到昏厥，一度倒地不起。羅西尼處理這種悲傷的唯一方式，就是寫下一首輓歌，和聲在極弱的鋼琴音、連續擊鼓和葬禮號中唱著「哭泣吧悲嘆吧崇高的繆思」。羅西尼自己會在帕西區再度過四年半的城郊寧靜歲月，直到自己也因肺炎發作而死去。

猶太教正統派的規矩要求遺體在三十六小時內下葬。但梅耶貝爾生長在一個思想屬改革派、並非總是遵守最嚴格哈拉卡的猶太家庭。梅耶貝爾關於身後事的指示遺言，就跟他的舞臺指示一樣嚴格。他得要擺著四天，臉不遮蓋，好讓那些想來致意的人如願。這會和傳統的探視期，也就是「坐七」相符，雖然說規定的七天縮短了。接著，他的遺體會被運到柏林施恩豪瑟大道（Schönhauser Allee）的猶太墓地，和媽媽阿瑪麗亞葬在同一座家族墓園中，就在他那兩個在襁褓中過世的孩子旁邊。

他的女兒們從巴登巴登（Baden Baden）匆忙趕來，他的侄子尤里烏斯也前來幫忙協助公開葬儀，並協助由作家特奧菲爾·戈蒂埃（Théophile Gautier）組成、負責公祭儀式的委員會在做任何安排時，都能取得家族的許可。整個歐洲都在哀悼著。人們普遍覺得世界因這位作曲家的死而突然變得更貧窮、冷漠而稀薄。「梅耶貝爾的死讓我哀痛不已。」（長年穿著寡婦喪服的）維多利亞女王在信中如此告訴女兒普魯士王儲妃維琪（Vicky），還加了一句：「我實在很欣賞他的音樂，你們親愛的爸爸也是。」[5]任何有一份心意的人——元首、君主、國王、皇帝，還有樂界、劇界和詩界同儕——都確保自己有即時表達悲痛。只有一八二七年貝多芬過世時有引發足以相比的遺憾蔓延。但梅耶貝爾的葬禮會略勝一籌，因為他獲得的葬禮不只有一場，而是兩場，分別在他漫長音樂生涯的兩個巔峰處——巴黎和柏林這兩座偉大城市各舉行一次。法國自從在一八四〇年拿破崙遺體歸還以來，就沒有出現過這樣的場面，但猶太人獲得這樣一場如此龐大、如此持久，如此正式辦理的公開典禮儀式，卻是頭一回。

緩慢移動的隊伍花了一個半鐘頭，從蒙田大道（the rue Montaigne）上的梅耶貝爾家移動到巴黎北站。六匹黑馬拉著靈車，一支帝國衛隊（Garde Imperiale）在一旁護駕，他們頭盔上裝飾著羽毛，胸甲光亮，小跑步的速度慢到讓扶柩人員（其實他們也扶不到什麼）——巴黎戲劇音樂學院（Conservatoire）和巴黎歌劇團（Opéra）的首長們，以及普魯士大使葛拉夫・馮・戈茲（Graf von Goltz）——可以全員拉著繫在棺材上的黑絲帶，而不至於失足。軍樂隊和歌劇樂隊都蒙住了樂器，演奏著緩慢的進行曲。碰巧經過的人，除非原本就知道，不然都會以為是哪個大將軍或者皇室成員過世了。然而，沿著蒙田大道和拉法葉大道（the rue Lafayette）前進的路程打斷了隊伍，斷送了大匹人馬全數抵達的任何機會，因為（據八卦說）重建巴黎的省長奧斯曼男爵（Baron Haussmann）發現自己的太太跟巴黎車站的建築師雅克・伊托爾夫（Jacques Hittorff）有染，出於報復，而用（今日都還存在的）層層街道網堵住了車站入口。[6]

取代了一八四六年較尋常的建物、且有著氣派正面的新車站，在那時候還沒完工。這壯觀宏大建築物的建設負責人北部鐵路公司（Compagnie des Chemins de Fer du Nord）理事長詹姆斯・德・羅齊爾德（James de Rothschild）❸，為了這位比他還出名的猶太人的葬禮，下令工程停工。[7] 如果這一套場景是在皇宮裡面，也不會比現在更莊嚴堂皇；事實上，這就是新工業時代的皇宮。沿線車站城鎮的擬人化雕像——盧昂、阿拉斯（Arras）、里耳（Lille）、布洛涅（Boulogne）——站在雕出來的石造壁龕裡——現在添上了寫著梅耶貝爾歌劇劇名的布條：《胡格諾教徒》（*Les Huguenots*，在巴黎很受歡迎，但在柏林因為宗教因素而遭禁）、《惡魔羅伯特》、《北方之星》（*L'Étoile du Nord*）。裡頭，伊托爾夫在石造門面上挖出的高聳拱型窗戶，引入了照亮巨大列車廳

❸ 譯注：屬於羅斯柴德家族的法國分支，因此此處以法語音譯。

的光線。在格拉斯哥鐵柱所支撐的圓切玻璃傘蓋下，立了一個多層的靈柩臺來放置棺材。高聳的結構以黑絲綢的包布覆蓋，包布靈柩臺每個角落的地方，都繡著巨大的字首「M」字樣，裝在鐵製三角架上的燃瓦斯葬禮火炬對著空中嘶嘶噴著綠色火焰，閃光倒映在屋頂的玻璃嵌板上。知道他的聽眾會很在乎，因此你的舞臺奇觀再怎麼做也不過頭，就好像這場在火車站裡的葬禮是梅耶貝爾的最後傑作，某個他可能會稱作「通往永生之前庭」的作品。當隊伍進入列車大廳時，由巴黎歌劇團和大教堂（這和他的信仰有些不搭）的成員集結起來的合唱團，會演唱他歌劇的一些段落。三名拉比會吟誦莊嚴的禱詞和給逝者的禱告。不用說，一定會有頌詞，一共五篇，一名接一名的顯貴吹捧逝者的天賦和無可質疑的不朽。最後致詞的是由自由派政治人物兼律師艾米爾・奧利維爾（Émile Ollivier），他謹記著梅耶貝爾的雙重國籍，稱讚他和他的作品繫起了德意志（或普魯士）和法國這兩個過去的敵人，讓他們從今以後在音樂和政治上都能和諧。然而，到了一八七〇年，會因為中了奧托・馮・俾斯麥（Otto von Bismarck）的詭計而不幸向普魯士宣戰，進而開啟一段漫長災難時期的，就是這位法蘭西第二帝國第一任首相奧利維爾。

在柏林，儀式若說有哪裡不同，就是比巴黎更費心。在柏林波茨坦廣場車站（Potsdamer Bahnhof），死者以及一路伴隨遺體的巴黎歌劇團團長艾米爾・佩蘭（Émile Perrin）和巴黎戲劇音樂學院院長丹尼爾・奧柏（Daniel Auber），由普魯士格奧爾格王子（Prince George of Prussia）和一群（猶太和非猶太皆有的）要人所迎接。在柏林施恩豪瑟大道墓園進行正式葬禮的那天，國王和皇后派了馬車來（這是代表有出席但不需實際親自露面的常用方式），而沿著林登大道（Unter den Linden）行走的隊伍甚至比巴黎更長、更慢且更壯觀，就好像法國和普魯士是在比賽誰才真正擁有梅耶貝爾葬禮的繼承權。

兩座偉大歐洲城市的日常交通為此停擺；宮廷貴族和音樂廳、學會、學院和歌劇團全都動員起來；活動中所有的刀劍鏗鏘、肩章滿身、馬蹄噠噠都是為了向一名死去的猶太人致敬，這可說是令人震驚的，甚至有點駭人聽聞。在梅耶貝爾成人禮的一年前，也就是一八〇三年，柏林正因為律師卡爾・弗列德里希・葛拉登瑙爾（Karl Friedrich Grattenauer）的小冊子《反猶太人》（*Wider die Juden*）而被整個煽動起來；這本小冊子在被重新恢復的審查制度禁止發行之前，賣了一萬三千本。提出「把猶太男性嬰兒的割禮改成閹割」時恐怕只有一半在開玩笑的葛拉登瑙爾，警告他的德國同胞，不要被「新」猶太人表面上很現代的模樣給騙了。他們或許把意第緒語換成了德語，把長袍換成了長外衣，還剃掉了鬍鬚，但在同化的表皮下，他們還是一樣的老猶太，熱中於為自己（也僅僅為了自己）奪取財富和權力，並策劃著支配一切的陰謀。[8]

梅耶貝爾是那一小群富有柏林菁英人士的一員，活在一個心理上反覆無常的世界；那個世界裡一下是展現教養的環境（豪宅、公園和花園、僕人、馬車、圖書館、沙龍、音樂），一下又是時時要小心提防的神經緊張（惡毒的小冊子、突發的暴動、處處能聽到的笑話嘲笑著說，把他們猶太東道主的沙發稱作「猶太沙發」的要人，剛剛還坐壞了那些昂貴家具）反覆變換不定。一八一二年，在一個自由主義化的政府之下，他們靠著一條解放令，表面上免除了居住和職業限制（一如往常，公職依舊受限），並獲得了當地的公民權。但他們有充分的理由知道，當軍事政治的潮流轉向時，那樣的自由化也可以轉向，且不只會發生在普魯士，德意志的其他邦也不能避免，而事實也的確如此。普魯士解放令頒布的七年後，暴民肆虐了德意志大小鎮，砸毀猶太人的店家和頭殼，大喊著「像個畜牲死吧猶太人」（Hep hep, Jude verreck）或者「猶太人給我進糞堆」（Hep hep, der Jude muss im Dreck）。

作為獲得公民權的條件而得按吩咐做到的事，猶太人也做到了，像是放棄一些舊規矩，甚至連猶太會堂裡的規矩都不例外。梅耶貝爾的外祖父萊布曼．梅爾．沃爾夫，彩票之王兼軍需承包商，就在柏林的自宅內蓋了一座私人猶太會堂，還供養了六個塔木德學生。但是他的女兒，後來改名阿瑪麗亞的瑪爾卡（Malka）以及她先生——製糖師猶大．赫茲．貝爾（Judah Herz Beer），心裡想的卻是斯潘道街上另一間不一樣的私人會堂：新式風格，有風琴、一個男高音領唱人，還有一支合唱團——雅各年輕時為這合唱團寫了一首「讚美詩」（cantatina），以及德語的講道，還有為普魯士皇家的福祉祈禱。史上第一首在猶太會堂裡演奏的風琴樂曲，最早是於一八一〇年在一間由銀行家以色列．雅各布森（Israel Jacobson）在西伐利亞（Westphalia）的塞森

（Seesen）成立的猶太貧童學校演出。[9] 一八一三年，雅各布森搬到了柏林，並確保那風琴曲和合唱曲能在他自己的猶太會堂中演出。新的音樂禮拜儀式是如此的成功，使得這儀式發展到超出了雅各布森能提供的空間，而這就給阿瑪麗亞和丈夫有了機會能毫無異議地主宰猶太禮拜的新風格。她也主持了一間美觀的沙龍，讓所有的要人都前來坐在她的猶太沙發上：包括了洪保德（Humboldt）一家人，浪漫派作家和哲學家如施勒格爾（Schlegel）、謝林（Schelling）和根茨（Gentz），還有阿爾尼姆（Arnim）等詩人。猶太教正統派人士認為這樣的改頭換面是改信的前兆。風琴令他們驚駭不已，因此他們向政府上訴，抗議貝爾家的猶太會堂違反了條例中說明的「柏林只能有一間猶太會堂」。他們的上訴成功，因此猶太的「仿人聲」（vox humana，專指管風琴中可以模仿人聲的音栓）暫時是平靜下來了。

即便如此，阿瑪麗亞與猶大．貝爾，在沃爾夫索的鼓勵下，仍然相信一個全新改革的猶太教會更有可能（而不是更不可能）讓猶太人從自己的家庭開始維持堅定信仰。當萊布曼．梅爾．沃爾夫老先生於一八一一年過世時，他的音樂家孫子向他母親鄭重承諾，自己絕對不會拋棄父祖們的信仰。他也始終遵守了誓言。

但孟德爾頌家族就不是如此。摩西．孟德爾頌子女們的悲觀主義證明了他深信的「能同時身為一個好德意志人和好猶太人」並不真實。其中只有兩個人，他的女兒蕾哈（Recha）和長子尤賽夫依舊維持猶太人身分，這結果對於他們父親的啟蒙多元論來說，是一個極其震驚的結論。尤賽夫的弟弟亞伯拉罕，也是他新成立的孟德爾頌銀行裡的合夥人，就等到父親過世了之後才讓自己小孩受洗，其中包括了費利克斯（Felix）和法妮這兩個音樂神童。不同於貝爾一家，亞伯拉罕．孟德爾頌和太太莉亞（Lea，來自同樣虔誠的薩洛門家庭）聽到了潛伏在禮貌表面接納底下的惡意伏流，並得出一個結論，認為如果猶太人要徹底成為德意志社會文化的一部分，光是刮掉鬍子、把日常用語從意第緒語換成德語並不夠。只有徹底放棄猶太教才有效。但就算亞伯拉罕的改信基本上是出於社會便利性，他談這件事的方式，特別是對孩子們談這件事的方式，卻奔騰著對他父親天真樂觀的殘忍反彈。他不會像父親一樣被騙得那麼慘。他寫道，孩子們知道「我在所有（宗教）形式上所標記的那一丁點價值。我完全沒感受到有什麼內在呼喚，要我為你們選擇猶太（信仰）這種最過時、陳腐、無意義的信仰，所以我在基督教這種大多數文明人所接受的較純潔宗教形式裡，將你們養大」。[10]

這種一刀兩斷的去猶太化，不可或缺的是姓名選擇。普魯士邦把採用姓氏定為行使公民權的一個交換條件，而亞伯拉罕和他太太希望他們受了洗的孩子能夠採用一些沒那麼明白是猶太人的名字（他似乎不覺得自己叫亞伯拉罕有什麼不利的地方）。他太太的弟弟雅各（Jakob）．薩洛門，在路易斯尼施塔（Luisenstadt）買了一塊地產，這地產原本是由一個叫作巴托爾迪（Bartholdy）的家族所擁有並取名，因此雅各就把這頭銜加到了自己的姓上。現在舅舅建議他的外甥和外甥女也比照辦理。他們的父親徹底同意。「一個基督徒孟德爾頌，」他堅持：「跟一個猶太教的孔夫子一樣不可能。」在一封寫給孩子的、有些虛情假意的長信中，亞伯拉罕試圖讓這個提議能和他父親摩西做過的事情相提並論：包括了改名、精通德語，以及融入一個和他所出生的、將人囚禁的正統信仰「截然不同的社群」。但法妮與費利克斯反駁了這個比擬。「巴托爾迪」法妮對她的兄弟姊妹們說，是「我們都不喜歡的名字」。[11]而且，雖然費利克斯已經夠基督徒到能寫出《保羅》（*Paulus*）這齣以這位終極的猶太改信基督者為主角的神劇，但他也熱中於他祖父摩西的回憶，而能確保讓一套七冊的摩西著作德文版全集於一八四三年至一八四五年間發行。費利克斯．孟德爾頌就跟他在英國認識的另一個改信者班傑明．德斯萊利（Benjamin D'Israeli）以及他的老師伊格納茲．莫謝萊斯（Ignaz Moscheles，此人也出於方便起見而改信）一樣，他知道他始終會被當成猶太人，尤其是他的熱情仰慕者、會描述他為「矮個子、黑髮、而且長得很猶太」的維多利亞女王。比這更不溫情的是，他的朋友羅伯特．舒曼（Robert Schumann）一邊得意於自己拉拔了費利克斯，但又在太太克拉拉（Clara）面前評論他，說「猶太人始終還是猶太人」。[12]音樂史學家一直反覆審視推敲著孟德爾頌的基督教信仰的強度與深度，或者他對自己猶太淵源的接納程度。他很有可能就像他的朋友海因里希．海涅（Heinrich Heine）一樣，煩惱不安。當有人評論他很像他的遠房表親焦可摩．梅耶貝爾的時候，孟德爾頌居然惱怒到立刻約了理髮師來改變這種印象。

對費利克斯的姑姑桃樂西亞（Dorothea）來說，拋棄猶太認同是不同形式的熱情。和猶太銀行家西蒙・貝特（Simon Veit）結婚後，她就當起了高級文化沙龍的女主人，但她比阿瑪麗亞有著更獨立的文化抱負。在其中一場沙龍聚會中，她認識了浪漫派詩人兼哲學家，也是路德派牧師的兒子卡爾・威廉・弗里德里希・馮・施勒格爾（Karl Wilhelm Friedrich von Schlegel）並迷上了他。一年後，他出版了《露心德》（*Lucinde*），這篇讚美了肉慾之愛與精神之愛結合的散文，很快就被認出來是在描繪他和桃樂西亞的關係。當她離開丈夫跟愛人在一起時，貝特打算以「不要和施勒格爾結婚」為條件，允許她留下他們的兩個兒子，但桃樂西亞不僅打破了約定，還以改信基督教繼續在傷口上抹鹽；一八〇四年，她先是聲明加入路德派，接著在四年後，又和施勒格爾一起信了天主教。被這轟然痛苦壓垮的西蒙・貝特認為，沒有什麼比維持和兒子們的家庭關係更為重要。貝特憑藉著一種善良基督徒和猶太人共有的傳統觀念——也就是這兩個信仰其實系出同源——寫了一封氣度開闊（或者癡心妄想）到有點驚人的信給他的兒子菲利浦（Philipp），來談談他受洗的事情：

> 我們別再談那個在我們之間作梗的事情了……我不會阻止你們兩個……如果宗教是由寬容所照亮；如果宗教應該也能夠與道德準則攜手前行，那麼它就不只不會造成傷害，甚至可能拉近我們，直到我們的宗教幾乎能攜手同行。因此，我親愛的兒子，即便我們宗教信仰不同，但只要在基本道德原則上同心，那我們之間就不再會有分離。[13]

在避免父子失和的迫切期望中，西蒙・貝特響應了猶太啟蒙運動中猶太—基督教和睦的看法，在這種看法中，每一方都會削弱自己的排他性，來建立一種「猶太人基督」的共同基礎。教堂和猶太會堂因此會是一家親，而西蒙和兒子們也是。然而這只是一個樂觀的妄想。這稍稍呼應了拉比和基督教神學家都因為希伯來語對自己的不可或缺，而建立起友誼的情況。但基督教神學家很少拋棄自己勸人改信的終極目標，對於十九世紀的猶太支持者來說也是如此。而這時候的基督教文化是浪漫好戰，而非進步普世。菲利浦・貝特和費利克斯・孟德爾頌最初是圖方便而成為基督徒，這能使他們成為德意志文化的棟樑。但他們看待基督教並非漫不經心，反而是投身其中；孟德爾頌讓巴哈在萊比錫聖多馬教堂（Church of St Thomas in Leipzig）擔任合唱指導時寫的聖曲重生，而他自己也寫下了基督教神劇。菲利浦・貝特不只是法蘭克福施泰德藝術館（Stadel Gallery）的館長，還替它畫了兩張精美的歷史壁畫，其中一幅是〈藝術透過宗教傳入德意志〉（Art Being Introduced into Germany through Religion），另一幅是〈聖波尼法爵將基督教帶入德意志〉（Christianity brought to Germany by St Boniface）。雖然貝特師承畫風複雜神祕的卡斯巴・大衛・弗里德里希（Caspar David Friedrich），但他畫風成形的歲月是和拿撒勒派（Nazarene）的畫家們度過的，其中成員包括了以恢復德意志歷史畫的「原始」基督教風格和本質為己任的約翰・歐佛貝克（Johann Overbeck）。

不過，對於那些懷疑者來說，改信者再怎麼樣還是永遠都不夠基督徒。起先會有海因里希・海涅這種最突出的案例；他表面上是基督徒，但著迷於「希伯來文化性」（Hebraism）以及想必沒有隨受洗而放棄的猶太人身分。對於最努力不懈的猶太抓耙仔來說，像貝特那樣假裝虔信基督教的是最危險的一群人，因為他們在教會裡構成了一個「種姓階級」。他們在忠心於新宗教的偽裝掩護下，悄悄從事一項藉由從內部「猶太化」基督教來反客為主的計畫。這說法和三個世紀前伊比利亞半島那些宗教審判者用來追獵改信猶太人的論點如出一轍。

隨著經歷過解放運動的猶太人湧入大學預科和大學，進入醫界、法界、商界、新聞界和劇場界，也進入了德意志上上下下的銀行、工業和鐵路業（並讓這過程在哈布斯堡的領土、加利西亞、波希米亞與在奧地利另一頭的匈牙利重複發生），新舊猶太人之間的猜疑就更為強化了。說意第緒語並遷移到柏林、布拉格、維也納、漢堡和法蘭克福的傳統主義者，因為其頑固愚昧而遭到攻擊。但那些穿著長外衣、坐著四輪馬車，被華格納（Wagner）帶著嘲笑地稱呼為「高尚猶太人」的人，卻因為提出了「自己應得到如真正德意志人般的對待（或者就事實來說，如普通人類般的對待）」那樣可笑的、無用的、可憐的主張，而遭到更暴力的攻擊。

你總是能從一個猶太人的調調中把他們認出來，華格納在他的論文《音樂中的猶太性》（*Das Judenthum in der Musik*）裡是這麼寫的：「聒噪、哮嗚、嗡嗡響的抽鼻子聲」，「徹底非人的表現」。這是因為，猶太人既然無根，和他們落腳處周圍的語言就不會有活生生的自然連結。他們以一種功能性的、機械的方式來採用德語（或者任何一種可能的語言），但這種令人不快的行徑不自然地把他們從一個文化的詩意深度中切了出去，並把他們與該文化的本質——也就是本土音樂——的所在地切割開來。

華格納的這番攻擊，是於一八五〇年以「K．自由思想」（K. Freigedank）的假名發表。他攻擊的目標是他認為主宰了德意志音樂界的兩個猶太人，這就是糟上加糟了：改信的孟德爾頌，和表明了當猶太人的梅耶貝爾。華格納對這位歌劇作者並非一直都抱持這種看法。十年前，梅耶貝爾熱切地支持華格納這位年輕德意志人，支持到讓他的《漂泊的荷蘭人》（*Der fliegende Holländer*）和《黎恩濟》（*Rienzi*）得以在巴黎歌劇院演出，而華格納則是以順服到神經兮兮的自貶口吻，來寫信給他。一八四四年元旦時，梅耶貝爾舉辦了一場盛宴來為《漂泊的荷蘭人》以及其劇作者慶祝，而華格納的話語也有一陣子很是諂媚。「當我想到這位對我而言比什麼都重要的人，我落下了充滿感情的淚水。什麼都比不上他重要，」他寫信給梅耶貝爾時說道：「我的頭腦與心靈都不再能任由我處置；它們是您的財產，我的恩師……我最能留下的是我那兩隻手——您是否願意使用？我了解到我必須成為您的奴隸、身體與靈魂。」[14]接著又是用比較不那麼神經的口吻說：「願上帝以喜悅充滿您非凡的每一天，並願您永遠不肩負憂煩……以上是您最一心一意的徒弟最熱切的祈禱。」

當華格納需要錢的時候，梅耶貝爾借錢一直都十分慷慨，直到某個時候他決定適可而止了，而這樣的拒絕可能讓華格納的態度從諂媚轉為自我厭棄，進而轉為憎恨他原本的這位導師。他會寫信給李斯特（Liszt）說，他其實並不真的痛恨梅耶貝爾，「但他極其令我厭惡……這個始終和藹可親而令人快樂的人，讓我想起了他假裝當我的保護人時，我生命中混亂甚至可說惡毒的那段時期；當我們被我們心底其實不喜歡的保護人愚弄時，那真是一段充滿勾結與見不得人的時期」。華格納其實有坦承，他轉而攻擊梅耶貝爾其實沒有什麼真正的理由，就只是一種面對虛假友誼時，出於本能的不忠實感（至少就他而言是這樣）。但這感覺在他體內沸騰著：「這種深仇在我天性中的必然，就有如膽汁在血液中的必要。」[15] 一直到一八五〇年，梅耶貝爾都還不曉得華格納的恨意如此炙烈。

但接下來，華格納深惡痛絕的與其說是梅耶貝爾這個人，還不如說是梅耶貝爾代表的症狀：音樂「猶太化」——他用這個來意指徹底的商業化——的化身人物。在華格納有生之年，音樂表演有了形態改變。過去數個世紀以來，請人來演奏歌唱始終是皇族宮廷和教堂的獨占特權，但如今不再是了。到了鐵路時代，音樂表演成了一種國際生意，而梅耶貝爾是第一個也是最成功的娛樂大師。現在城市中央蓋起了給付費大眾使用的寬敞演奏廳，他們現在可以享受幾個世代以前只有王公貴族教士能聽的東西。為了讓樂聲能繚繞在這些有許多孔洞的空間中，傳統樂器也用了工業世界生產的素材來調整，其中以金屬為大宗。古鋼琴（fortepiano）現在變成了平臺鋼琴，藉由強化了的鋼製骨架，澎湃的聲音會響徹演奏廳的每個角落。弦樂現在使用細金屬絲來讓音響效果最大化。許多樂器本身就是工廠製造出來的。浪漫派音樂的濃厚情感，其聲音的力道，都是靠著機器加工的現代化工法才得以出現。即便有些猶太音樂大師，好比說一八四五年首演孟德爾頌《e小調小提琴協奏曲》（*Violin Concerto in E minor*）的費迪南・大衛（Ferdinand David）仍在使用瓜奈里（Guarneri）的小提琴，但他們這類人在華格納或者舒曼的心裡，依舊會被聯想成一種帶原者，擴散著那種光澤過飽、低俗下流的現代感。

雖然沒有作曲家會比理查・華格納布署更龐大的銅管陣容，也沒有人比他更狂熱地將弦樂部變成主調大軍，但在一八五〇年時，就算是他試圖模仿並超越孟德爾頌和梅耶貝爾的時候，他還是讓大家知道，他痛恨音樂如今的模樣——在他轉個不停的思緒中，就是不停出鈔的機器。在聽覺販子的手中，這種音樂提供的就只有俗不可耐的娛樂，避免人無聊（Langeweile）的消遣而已。「那些身上的損傷正消耗著愛與生命的藝術英雄們，他們從悲慘了兩個千禧年的藝術之魔身上所奪走的東西，今天卻都被猶太人變成了一個藝術巴扎（Kunstwaarenwechsel，一個藝術商品市場）。」身為花俏的貨品，這種猶太人生產的奇觀只是華而不實，情感機巧不自然。那個「流行配置者（梅耶貝爾）」，自知沒有能力產出真正的戲劇藝術，「為巴黎寫作歌劇並把作品送到全世界巡迴，這是當今不是個藝術家的人賺取藝術聲望的最保險手段」。

只要國王和主教們繼續占守著音樂的門檻，猶太人就沒有立足之地。同樣的，華格納會在《紐倫堡的名歌手》（*Die Meistersinger von Nürnberg*）中歌頌的那種手工藝行會，才保存了一種真正處於德意志精神核心的高超技藝門檻。[16]猶太人的現金交易關係是他們的毀滅者，他們的死敵。現在保護那些傳統的屏障被拆了，戲劇音樂學院的大門也開了，像孟德爾頌這種也不過只是受了洗的猶太人，就可以假扮成基督徒，而且還扮得有模有樣，以至於能假裝成精神高貴、正統德國人巴哈的重生者。身為永遠的局外人，猶太人與他們出於功利目的而精通的語言，不可能有根深柢固的生命連結，但這就把他們從詩歌的主根上切了出來。所以，同樣的，猶太人缺少一種真正、本土、音樂的傳統，就代表著他們的作曲和演出都不會有深度。猶太人所擁有的就只有會堂音樂。此外，就會堂音樂而言，他在《音樂中的猶太性》中寫到：「聽見那種意念與聲音都一團亂的咯咯作響、約德爾唱法（yodel）和尖聲碎語、那種不用刻意醜化就已經最討人厭的音樂之後，有誰的心中不會充滿一種最強烈的厭惡感，一種混合了恐怖與荒誕的感受？」

華格納寫道，如果一個國家的文化本身健全，那它就能夠抵抗無根的、寄生的遊蕩外族部落入侵。但如今德意志的情況已經不是這樣了（或許別的地方也從來都不是這樣）。這個國家變得軟弱，無法抵擋寄生蟲占據身體，任憑它們吸食自己衰敗的身體而壯大。「當一具肉體的內在死亡已經很明顯時，外在因素便贏得了進據其內的力量，而這只會毀了它。那麼，這身體的血肉就確實地被分解為一個蟲類群集的殖民地。」

華格納的仇猶生物化，在他心中猶太人有如蛆蟲侵入「被蟲啃蝕的屍體」般的不可磨滅之形象，都不是什麼新鮮想法。這只是沿用了從《曼涅托》（*Manetho*）開始，將猶太人化為集體感染帶原者的那套古老惡魔學。

但把猶太人再造為侵略性外來物，被健康體魄所排斥的這種說法，則是大半要歸咎於十九世紀的動物形態學。新一波恐猶浪潮中最有影響力的人物阿爾豐斯·圖斯內爾，除了是政治記者以外，也是博物學者。出生於法國西部的他是在洛林長大；在這地方，認為猶太人是掠奪者和寄生蟲的這種慣習，經過了革命的種種變化後依舊存在，其實在新的世紀裡還更為強化。圖斯內爾在一八四四年出版的《猶太人，當代的君王們》就藉著把那些老班底——鐵路創業者、債券持有人和銀行家（特別是羅齊爾德）——說成是七月王朝（July Monarchy）的真正君主，而將原本的老套觀念重新現代化。國王路易腓力（Louis Philippe）、他的政府、立法委員，還有在《辯論日報》（*Journal des débats*）上對他們逢迎拍馬、粉飾醜聞的記者，全部都被猶太錢的暗中力量束縛了。

當然，這是標準的罵法。但三年後的一八四七年，圖斯內爾出版了《野獸的精神：法式獵捕和熱情動物學》（*L'esprit des bêtes. Vénerie française et zoologie passionelle*），在那本書中，動物王國被按照行為特質來分等，而這行為特質又銘印在牠們的解剖構造上。每一種動物類型都有相似人類的地方。不用說，猶太人就被描寫成有寄生蟲和食腐動物的特徵，靠著鮮肉或屍肉維生。很明顯的，他們就像極了一群兀鷹，啄著吞著腐肉，引人恐慌厭惡。「能讓這種鳥深深挖進死獸體內的、長而彎曲靈活的頸子，反映了放高利貸者（讀作猶太人）用來糟蹋受害者並把勞動者皮包裡最後一分錢都奪走的，種種老謀深算且迂迴不正的方法。」在浪漫主義的惡毒邊緣上，仇視猶太人變得生物學化了；非自然主義的人種科學。「他們像水蛭一樣攀附著我們」，狂熱的仇猶者喬治·馬蒂厄—戴倫威爾（Georges Mathieu-Dairnvaell）於一八四〇年代寫道，他們是「吸血鬼、自然中的食腐者」。

一旦生態動物反猶主義（以及想必然的撲滅蟲害結論）啟動，就再也停不下來。華格納的仇恨以此為食，並把一種猶太人在生理學上不潔、與健康天性脫節的想法，傳遞給未來世代。他們永遠會是賊頭賊腦的四處為家者，只有在都會擁擠公寓區的家裡，他們才能在像老鼠追垃圾一樣湧入城市的所有無根異族之中聚集起來。華格納早年的政治激進主義，就像圖斯內爾的社會主義一樣，讓他把猶太人跟難以根除的、有害身心的行徑連結起來：設計來詐取未察覺者、並讓他們破產的投機事業；以過高的條件貸款給國家，讓公眾成為他們的抵押品；用公眾財力資助、補助剝削人的工業和鐵路開發，好讓猶太人能拿走收益。在圖斯內爾於一八四四年發行那篇謾罵作品的一年前，青年黑格爾派（Young Hegelian）的成員布魯諾・鮑威爾（Bruno Bauer）發行了《猶太人問題》（*The Jewish Question*），哀悼於猶太人的解放。鮑威爾寫道，只有當猶太教不復存在，最好是從一個所有宗教都遭到消滅的國家內消失，他們才能與他們的公民同胞平起平坐。鮑威爾認為他們只有兩種展望：進行會徹底終結他們與眾分離之文化和宗教存續的「解放」，或者，就是他描述為「Vernichtung」的另一種情況，最好的翻譯就是「滅亡」。我們不用一路想到齊克隆B（Zyklon B）或者突擊隊（Einsatzgruppen）這些糟糕的念頭，應該就可以看出，針對這些明顯難搞的猶太人所開出的解方，早就已經促成了一種滅絕的話語，而這些致命的誇張修辭遲早會跳出言辭範圍，而進入實際行動的領域。

接著，就輪到特里爾（Trier）城拉比的孫子，卡爾・馬克思（Karl Marx），來做出他個人對極端恐猶言語的貢獻（表面上來看，是回應他的青年黑格爾派夥伴鮑威爾）。馬克思反對鮑威爾「由國家正式棄絕宗教」的這種果斷性。至於猶太人的部分，他主張，重要的不在於安息日儀式，而是他們如何生活以及何以為生，而那答案一直都是，錢。在這樣的深刻見解中，身為猶太人就是要去崇拜資本主義的金牛犢：這兩個習俗其實就是同一件事。在馬克思對「身為猶太人代表什麼」的分析中，有兩個獨特而兇險的面向。首先很令人震驚的是（且因為當時有猶太學〔Wissenschaft des Judentums〕學者海因里希・葛雷茲〔Heinrich Graetz〕和李奧波德・尊茲正在寫出第一批當代猶太史〔社會與宗教史〕，而更令人震驚），馬克思並沒有把他判定為「應受譴責的經濟實踐」的行為，認為是猶太人受到壓迫以及被強行限制從事卑賤職業的結果，反而認為那是猶太人根深柢固、難以糾正的習俗所導致的，所以中世紀的高利貸就變成了當代的邪惡銀行業。替「猶太教其實就等同於崇拜瑪門（Mammon，在《新約聖經》中意指貪婪）」這種古老誹謗披上一層當代偽裝的，就是馬克思。更糟的是——而且對未來很不吉利的是——馬克思與當代普遍想法的共鳴；這種左右派恐猶者共有的想法認為，猶太人不太需要解放，因為他們就是當代的主宰。「只要基督徒成為了猶太人，猶太人就（已經）解放了。」

圖斯內爾、鮑威爾和馬克思發表著作的時空背景——一八四〇年代中期的巴黎，是現代化仇猶的本源。就算有梅耶貝爾和孟德爾頌能享受他們的成功，這股毒流還是不受拘束地流向了年輕偏激的理查．華格納。日後，華格納的太太科西瑪（Cosima）會回憶道，華格納他希望猶太世界一點一滴地毀滅：先是將他們的慶典定為非法，然後關閉他們那傲慢跋扈、浮誇虛矯的猶太會堂，然後到了某個時候，就以大規模驅逐出德意志的方式把他們全部趕走。

為何會有這些發生在法國、德意志和歐洲其他地方的攻擊？一個答案是，這完完全全就只是，為了要進步。一陣接一陣地，高中、大學預科、大學的大門都向猶太人敞開。然後，長期立在醫學前的屏障最終延伸到了法律。當醫學變得更專業化時，猶太人就殖民了它的新省分：眼科醫學、呼吸器官疾病（工業時代的歐洲，呼吸相關的病人潮可說是永不停歇）。文化也整個開放，有男女演員（特別是國際知名的瑞秋），以及約瑟夫．姚阿幸（Joseph Joachim）、安東．魯賓斯坦（Anton Rubinstein）等演奏名家；隨著日報變成都會的大宗產品，猶太人也開始出版報紙並撰寫內容。工程或者工業化學這一類的工作，因為太新穎而還來不及立下限制，同時又需要有人供應科學靈感才華，因此就不會阻礙夠資格的猶太人進入；到了十九世紀，有了第二代夠格的猶太人時，人數就相當多了。從猶太區（儘管其中央依舊保留了巨大的猶太會堂）裡頭現身的猶太人，感受到了大都會生活的加速脈動，並知道如何讓流量增加：靠著旅館、百貨公司、休閒花園、演奏廳和劇場。某一方面來說，華格納沒說錯。弗洛蒙塔爾．阿萊維（Fromenthal Halévy）和賈克．奧芬巴哈（Jacques Offenbach）既不會為了他們的娛樂天性感到羞恥，也不會因為把這天性端出來賣錢而覺得慚愧。一窺紀錄可以發現，納粹分子因為發現約翰．史特勞斯（Johann Strauss）始終是個偽裝精良的猶太人而驚駭莫名，但反過來說，我們卻都不會太訝異。同樣的，猶太人成為了都會舒適撫慰感的即刻供應商：他們提供戶外煤氣燈和室內暖氣，提供紡織品和家具、女用胸衣和窗簾、帽子和男子服裝。他們是當代生活的劇場掌門人。

但他們也是銀行家（對於那些會去仇視心目中「當代生活下的猶太侵略」的人來說，這就是猶太人最明顯的身分）：據圖斯內爾的說法，他們是當代世界的新「封建領主」，又以羅齊爾德家族為最高君主。在這樣的觀點下，那些名義上的王位占據者，不管是叫霍亨索倫還是哈布斯堡，波旁還是奧爾良，都只是徒有其名的君主。資助其軍隊、資助其國家機構的統治家族集團，才是真正的主宰。曾經，猶太人提供了黃金或馬匹；現在他們支配了債券市場，靠著借出錢來（依照自己的選擇）支持專制君主，或者擔保路易腓力這類立憲君主的財政，而路易腓力就會以礦產或鐵路合約來回報他們。那麼，要把古老的偏見翻新成當代版本，就不是什麼難事了。中世紀的放高利貸者搖身一變，成了戴著高帽的銀行家，靠著提供或扣住資金，而真正能控制國家的命運，來決定要發動戰爭或締結和平。他們是安恩斯坦（Arnstein）和艾斯克雷斯（Eskeles）家族，貝德曼（Biedermann）、布萊希列德（Bleichröder）和赫希（Hirsch）家族。但能夠被描述為「效忠於自己統治家族集團為優先」的，還是財富維繫於國際經營，在倫敦、巴黎、維也納、法蘭克福和那不勒斯都有事業的羅齊爾德❹家族。他們透過婚姻把生意盟友納入家族幫中的習慣，只會強化上述的懷疑。當全歐洲的羅齊爾德家族因為一場大婚禮而在某一間豪宅中聚集起來時，喜帖發給了不分猶太非猶太的權貴集團大人物，整個盛大的社交活動在媒體上熱切地報導，不可免得就會讓人留下了新統治階級的印象，即便他們搬出猶太隔離區也不過就兩個世代前的事。

對於大多數的猶太人來說，羅齊爾德家族突然而超乎尋常的崛起，就是一種共享的驕傲與希望來源。但也有那些深思熟慮的人認為，在這種金融新領主登基的同時，必須要注意社會倫理。一代代的拉比們（好比說像馬克思在特里爾的爺爺）已經一而再再而三地指出了藏在《塔木德》中、關於社會和經濟活動中應遵守的倫理義務。但小冊子作者兼辯論者卡爾・馬克思和系統哲學家卡爾・馬克思有著不一樣的性情，如果有人指控第一種馬克思說他「把猶太教定義為拜金狂的時候，是在為仇猶者添加彈藥」，第一種馬克思將不會動搖。如果猶太人想要支持經濟正義，他就讓他們放棄猶太教吧。

並非所有的猶太社會哲學家都這麼覺得。其中有兩個人不僅也是生意人，而且有段時間和羅齊爾德家族共事，或者在他們底下做事；他們的看法就相當不一樣。然而，他們是佩雷爾（Péreire）兄弟，也就是那位一輩子都在努力讓聽障者回歸人類圈子的雅各・荷德里格・佩雷爾的後代，因此同樣的，將困難的經濟問題化為社會善行的方案也吸引了他們。[17]雅各・荷德里格於一七八〇年過世。他的兒子以薩克成為了佩雷爾方法的擁護者，把老雅各的「祕方」藏而不宣，隱密到就連聽障者治療都忽略了有這套方法。革命的暴力以及無止盡戰爭為波爾多賽法迪猶太商人社群帶來的損害，讓佩雷爾也成了受害者，雖然說最後帶走他的是一場瘟疫，時間就在他太太亨莉雅德（Henriette）生下第二個兒子的幾天前。那個依死去的父親命名為以薩克的男孩，以及他哥哥艾米爾（Émile），將會獻出他們的一輩子，來把資本主義制度和工業的未來變成（如他們所說的）所有階級的普遍「財產」。如果說，他們變得十分有錢的同時，又宣揚理念並實踐社會良心對銀行業一事有造成什麼差別的話，就是讓他們更加相信，他們自己是走在通往更公正的經濟未來之正確道路上；而這條路會預先制止階級戰爭的必然爆發。

從小沒有父親的艾米爾和以薩克・佩雷爾在努力求生中長大，仰賴著其他波爾多猶太人和親屬們的善心。他們的母親顯然也是一位商業創新者，她試圖靠著一間廉價男子服飾用品店的「公道價」（Au Juste Prix）來勉強度日。但她的生意失敗了，而她那兩個聰明的孩子，瘦小但好看的艾米爾和小他六歲的、和藹可親的以薩克，就被送到巴黎，在同樣也姓佩雷爾的叔叔、姑姑和堂兄弟的幫助下自力更生。印象中有加了香料的米飯，黑色捲髮上掛著絲綢緞帶的堂姊妹們，記得一半的拉迪諾歌曲；一種賽法迪猶太人家庭的感覺，身處在波旁復辟政府強加施行的、反啟蒙主義的耶穌會陰影中。拿破崙的宗教法院（Consistoire），由國家核准的猶太人治理機構，在復辟後維持了下來，但在一八一五年後又再次被封閉，不讓高等教育菁英學校的學生或老師進

❹ 譯注：羅特齊德、羅斯柴爾是各地不同的音譯。

入。

其中一個堂兄弟，奧蘭德・荷德里格（Olinde Rodrigues），特別因為這樣的不得其門而入而受到委屈。身為拿破崙學校引入之科學工程教育下的受益人，他本來希望這輩子能當個先驅數學家。當政府的反動措施斷了這條路，奧蘭德很自然地就把他的數字天賦轉投入銀行業，而富爾德（Fould，父親是猶太人，兒子出於便利而改信）家族和詹姆斯・德・羅齊爾德等猶太人已經在這一行做得有聲有色。但奧蘭德就跟艾米爾和以薩克一樣，二十幾歲、渴望著一種超過了發行債券、數著收益的社會未來。他成為了聖西門伯爵（Comte de Saint-Simon）的祕書，而此人夢想的就是這種現代新世界願景。聖西門的哲學統一了普遍認為不可調和的人類活動領域：宗教和技術。聖西門並沒有讓工業和科學作為一種無法避免的人類退化工具，他反而要讓它們用於普世社會的改進。他認為，這目標不會像亞當・斯密（Adam Smith）等蘇格蘭經濟學家所主張的，將透過眾人個別以自身利益為優先的獨立行動而實現，而是會透過另一種「聯合」的原理而實現。「聯合」和亞當・斯密比較珍視的著作《道德情操論》（*The Theory of Moral Sentiments*）中的治理倫理其實相去不遠。但在聖西門的手中，社會聯合的想法有實際的應用。這想法主張設立一種銀行和信貸工具，開放給勞動者、小貿易商和所有不分高低的經濟個體。因此，資本——尤其是繼承資本，原本困於「閒置」（oisif，這是聖西門最為詛咒的字眼）狀態，並注定要拿去補助、維繫無生產力怠惰行為的資金——現在將解放給所有希望能使其起作用的人。不分高低的勞動者，因此在一個刻苦實幹者組成的統一社群裡連結了起來。聖西門過世於一八二五年，在那不久之前，他已經在《新基督教》（*Nouveau Christianisme*）一書中詳細闡述了他鼓舞人心的哲學，而這本書幾乎可以確定是由他口述給年輕的猶太祕書奧蘭德・荷德里格所寫成。舊基督教無法實現其創立者的平等主義式憐憫，因此，它變得過時。現在唯一的真正宗教，是那個可以調和科技與有生產力者普遍需求的宗教。對社會主義和資本主義來說，那都是另一條路，而且（就接下來兩個世紀的各方面情況而言）並不像教科書所必然會假想的一樣，只是太天真或太烏托邦的一種哲學。

奧蘭德・荷德里格看見了那道光，甚至當他在銀行裡度日時，他都在向他的堂兄弟們述說這種新的福音。尤其是以薩克，他就這麼成為了一個全新全意的改信者。在地位堪稱族長的聖西門於一八二五年死去後，以職業大學工程畢業生為主的追隨者團體，開始公開發表其觀點，進行演講、發行期刊來推廣其哲學。在當時最受廣泛閱讀的報紙《全球報》（*Le Globe*）和《國家報》（*Le National*）上，佩雷爾兄弟同時在經濟和政治方面成為了活躍的記者和評論者。艾米爾和以薩克越來越把自己看作是一種在社會和倫理方面有所意識的新型資本主義者。這樣的意識觀念並沒有阻止艾米爾替詹姆斯・德・羅齊爾德工作。相反地，艾米爾可能懷有一種能夠從內部轉變這間銀行的想像；至少創造出一些不一樣的東西，而且不只從被債券市場驅動的羅齊爾德家族裡面來做，還要從「高端銀行圈」的高官那邊進行——好比說，宰制了金融市場、並在一八三〇年革命後也掌握了路易腓力「七月王朝」統治菁英的雅克・拉菲特（Jacques Laffitte）和卡西米爾—佩里埃（Casimir-Perier）。一切就從一間由債券提供基金的小投資銀行開始。

佩雷爾兄弟維持猶太人的身分；然而並不是謹守規矩的猶太人，就如他們那失望的母親從巴黎來住在兒子們那邊時，很快就發現到的——她立刻帶著高漲的潔淨之怒回到了波爾多。有些媽媽是無法取悅的，就算當兩兄弟毫無歉意地表明自己忠於宗教也是一樣。以薩克走得最偏，盡其堅決地奉行聖西門的經濟一神論，且已經是該教最狂熱的使徒，在公開演說中傳遞福音。亨莉雅德（Henriette）很有可能只聽到了「基督徒」而沒聽到「新」這個字。但佩雷爾兄弟從來都沒有改信。艾米爾堅持，雖然他不太常去猶太會堂，但他會維持猶太人身分，並照這樣把自己的孩子帶大。以薩克儘管有一陣子和聖西門一樣拒斥「婚姻」，不願對妻子施行制度化束縛，最後還是和他的賽法迪表妹瑞秋・勞倫斯・馮賽卡（Rachel Laurence Fonseca）結婚。一八二七年，當這兩個兒子的母親在奧圖伊（Auteuil）臨終時，他們都坐在床邊握著亨莉雅德的手，並跟著她，一起吟誦著逝者禱詞。[18]

一八三二年時，一切都變了。霍亂連兩年肆虐法國大半地帶，人們會把葬禮變成認識新朋友的地方。在那樣的一次埋葬某年輕聖西門追隨者的悲傷時刻，艾米爾和以薩克認識了一群來自路橋學院（Ecole des Ponts et Chaussée）的工程畢業生，他們共同著迷的是鐵路。五年前，第一條十四哩長的鐵製鐵路，在上洛林的東南地帶開始運作。但其目的僅限定於把聖德田（Saint-Étienne）的煤礦、砂石、礫石和石灰運送到一個在昂德雷濟厄布泰翁（Andrézieux-Bouthéon）的火車站。鐵路列車是用馬拉的，並沒有考慮用蒸汽火車頭，更別說載客服務了。當載貨載客的曼徹斯特—利物浦線在一八三〇年開通時，法國的工程師改變了主意。一八三二年，橋樑公路部（Department of Bridges and Highways）的部長巴提斯特．阿利西．盧格朗（Baptiste Alexis Legrand）展開了聖西門願景式的計畫：從巴黎放射出去的宏大鐵路網，把首都和里昂、盧昂等大城市連接起來，搞不好甚至可以遠至馬賽。時間距離的計算將會徹底革新。這會是法國史上第一個真正的全國市場。[19]

佩雷爾兄弟想到過去要花多少時間把人和貨物（梅多克〔Médoc〕的葡萄酒，還有他們家族以前交易的法國殖民地器皿）從波爾多送到巴黎，然後就看到了未來。他們提出了第一條路線——在巴黎和十三哩外的聖日耳曼昂萊（Saint-Germain-en-Laye）之間——差不多就只是初步展示鐵路載客的可行性和其他用途一樣。雖然工程師們以一種拿破崙式的想法，想像這將是國營企業，但佩雷爾兄弟則是著眼於私人資本和政府的合夥可能。國家會提供土地給鐵道，並提供資金支付建設與車輛成本；接著他們會自行經營業務。這聽起來像是粗魯地牟取暴利，但艾米爾想到的，是會因此找到工作的眾多人；還有更多人的生活會被這種新運輸形態所改變。鐵路將創造出恰如聖西門所預想的大眾「聯合」。如果佩雷爾兄弟從中賺到了幾法郎，那也不是什麼罪過。佩雷爾兄弟估計五百萬法郎可以把這計畫搞定，但認為政府公債是唯一可靠之物的詹姆斯．德．羅齊爾德，對此則是深深存疑。若不把維也納那位大膽投資的薩洛門（他是斐迪南皇帝北方鐵路〔Kaiser Ferdinand's Nordbahn〕的主要推動者）以及安恩斯坦和艾斯克雷斯家族的幾個猶太老班底算進去的話，整個羅齊爾德家族都是鐵路懷疑論者。在英國，鐵路熱潮爆發的中心，內森．羅斯柴爾（Nathan Rothschild，英語音譯）完全沒有參與早期的投資。

當詹姆斯終於被巴黎／聖日耳曼計畫吸引的時候，對他來說最有吸引力的，還是從升值股票賺錢的願景入眼，而不是什麼遙不可及（但有遠見）的宏觀經濟運輸。

佩雷爾兄弟在其他地方獲得了比較溫暖的接待：阿道爾夫・德艾須塔爾（Adolphe d'Eichthal，其家族一開始是賽里格曼〔Seligmann〕家族），還有富爾德家族，其中像本瓦（Benoît）就還是猶太人，而有些像阿席爾（Achille）就不是。而且身為商業經濟記者，他們還能恬不知恥地在七月王朝的自由派刊物報導上推銷自己的計畫。這就讓他們在法國眾議院找到了賭這計畫會成功的朋友。鐵路所需的土地取得了。巴黎端終點站在一個介於聖拉查大街（rue Saint-Lazare）和歐洲廣場（place de l'Europe）之間的地方動土，而艾米爾在那裡弄了一間簡易的木板辦公室，掛在建設地上頭，好讓他能視察每日進展。整個建設事業變成了驚人奇觀。雇用的勞動者有四萬人；整個計畫提前完成還低於成本。到了這時候，大銀行開始注意了。一八三七年八月二十四日，瑪莉—艾美莉皇后（Queen Marie-Amelie）在一場六百人出席的儀式上正式開通了本線。兩天後，當本線公開營運時，有一萬八千名旅客搭上了這二十分鐘的車程前往聖日耳曼（更確切地說，是去幾哩外的貝克〔Le Pecq〕，因為該鎮中心的坡度挫敗了工程師；還要再過十年，這個問題才會解決），帶著高帽、穿著長外套，戴著無邊女帽、穿著蓬裙的人們全部擠在一起前去郊外遠足。佩雷爾兄弟很樂意想像社交樂趣並非不能與收益調和，而兩者的合而為一會讓巴黎徹底改觀。他們並非完全錯誤。八月那一天的氣氛與其說是一趟旅程，還不如說像一場宴會。

巴黎聖日耳曼的效應卓然。鐵路的友方和敵方都宣稱，一個新時代開始了。當時人在巴黎的海因里希・海涅聲稱，這一刻對世界歷史的重要性，只有發現美洲大陸或發明印刷機能比擬。有人寫下歌頌鐵路驚奇的流行歌；紙板做的火車出現在綜藝劇院（variétés）的舞臺上。對有錢階級來說，佩雷爾的收支平衡表看起來希望無窮。六個月內，巴黎聖日耳曼的營運成本已經掉到收入總額的一半不到。而生存成長就帶來了競爭。現在有誰提到鐵路的話，詹姆斯・德・羅齊爾德打算微笑以對，但與佩雷爾兄弟結盟來把鐵路延伸到凡爾賽的時候，他就沒了笑容，因為他發現自己陷入了與富爾德家族進行的喊價戰爭。把艾米爾稱作「鐵路最高祭司」的海涅，現在把互相競爭的「鐵路拉比們」，比擬成在拉比猶太教黎明期爭論《妥拉》的希列爾派（Hillel）

和沙麥派（Shammai）。眾議院在判斷上比較自私自利，有種所羅門王的味道。連不勞而獲都不想被少找錢的立法機構和政府，授予了興建兩條鐵路的合約。佩雷爾—羅齊爾德線沿著塞納河右岸通往凡爾賽，而富爾德與他們的夥伴賽根（Seguin）家族則是走左岸。這樣實在是蓋過頭了。

接著意外發生了。一八四二年五月八日星期日，下午五點半從凡爾賽出發的班車，正要帶著七百七十名乘客返回巴黎。他們剛從國王在凡爾賽花園舉辦的一場公開宴會那邊過來。凡爾賽宮大水（grandes eaux）全部打開，噴泉和樂聲一起舞動。因為預期會有大批群眾想回巴黎，右岸線公司掛了十八個車廂，由兩個火車頭拉動。最後得知，這個點子很不好。就在列車離開貝爾維尤（Bellevue）站的幾分鐘後，前頭那個火車頭的車軸斷了。第二個火車頭撞向停下來的第一個，從上頭壓了過去，害死了添煤工兼工程師，來自英國的喬治先生。各節車廂在第二個火車頭後面堆了起來。兩個火車頭都著了火，火舌竄進了木造的車廂裡，讓車廂整個燒起來。因為去年有一名乘客跳車自殺過，所以公司把所有的車廂門都上了鎖（根據《鐵路時報》〔*Railway Times*〕的抱怨，英國的大西部鐵路公司〔Great Western〕也實行同樣的措施）。至少有四十名乘客死亡，多數是被活活燒死。車內的灼熱地獄實在太兇猛，以至於死者的殘塊是散落在車廂殘骸四處，多數無法辨認。遺體能辨認身分的其中一人是一位國家英雄：探險家兼領航員儒勒．迪蒙．迪維爾（Jules Dumont d'Urville），不過三年前，他才穿越了南極圈。以前待過「星盤號」（Astrolabe）的船醫，還有一位最近替他做過人像鑄型的顱相學者兼雕刻家，都指認出了他的頭顱。死傷者的哀號聲據說從幾哩外都聽得到。到場的國民兵盡了人事，而嚇壞了的國王則開放城堡給受害者使用。

就在幾個月前，眾議院才為了一份支配鐵路擴張的特許狀而有過一番爭論。本著當時的精神，國家會提供土地、補助金和車輛，而私人企業聯合（就像羅齊爾德—佩雷爾或者富爾德—賽根那樣）負責營運路線，而這就如圖斯內爾這類懷抱敵意的評論者所指出的，實在太順著私人公司的意。然而他的說法是，由人民稅金挹注的國家扛下了重擔，而猶太人卻拿走了利益。

不論是敵意還是意外，都沒有讓這場競賽慢下來。佩雷爾兄弟腦中有一個龐大的全國鐵路網，延伸到他們的家鄉波爾多，東南到馬賽，然後到里昂。詹姆斯・德・羅齊爾德則認為通往比利時和英吉利海峽諸港口（並連通到海峽渡輪）的北方路線更為要緊優先，這會把西北歐工業心臟地帶的關鍵點連接起來。據他們估算，只需要十四個小時就能從巴黎到倫敦（包括渡海在內）。一八四六年六月，六百位七月王朝最顯赫的名人出席了一場慶祝北部鐵路開通的盛大慶祝會。三個月後，一名途經英吉利海岸的駕駛把車速開到了允許的兩倍，達到了將近每小時四十五哩。列車在加萊海峽省（Pas-de-Calais）靠近方普（Fampoux）一帶跨過一道高架橋的時候出軌，使車廂插進了深水沼澤中。十四個人在殘骸中喪命。一名來自《北方評論報》（*Revue du Nord*）的記者寫到自己打破了車窗逃出，並試圖拉出溺水的同車乘客，但徒勞無功。

當然也有新教徒銀行家會大張旗鼓地參與鐵路開發，好比說日內瓦的霍丁格（Hottinguer）家族，天主教徒也不例外；但最被激怒的寫作者，還是把這場最新的慘劇幾乎完全歸咎於猶太人。圖斯內爾、社會學家皮耶・勒魯（Pierre Leroux）以及最惡毒的喬治・馬利・馬蒂厄—戴倫威爾（他的小冊子《羅特齊德一世、猶太人之王的警惕與詭異史》〔*Histoire édifiante et curieuse de Rothschild Ier, roi des Juifs*〕在方普慘劇發生後，幾個星期內就賣了六萬本）等人，還是用差不多的方法在責怪猶太人（你還是可以在亞馬遜書店的法國網站訂購馬蒂厄—戴倫威爾這本惡毒的反猶太小冊，由樺榭〔Hachette〕發行，而且毫無疑問的，許多享受這類東西的人會去買。我最近一次瀏覽那網頁時，上面還是有「aucun commentaire」〔沒有評論〕的顧客）。他們只在乎受益，砍掉了保護安全的地方。在普魯士這類正派體面的國家，國家會規範並營運鐵路；但法國不會，那裡的腐敗政權已經成了羅齊爾德家族和其他那些「猶大族和便雅憫族」的爪牙。除了慘劇以外，猶太鐵路（圖斯內爾就真的這樣寫）把他們的二等跟三等乘客裝在只用來運送牲口到屠夫那邊的車廂，最糟糕的還得曝露在冷天和風雨中，到處流傳著有人被發現凍死在車廂裡的捏造故事。圖斯內爾又寫道：然而不管猶太人在鐵路上的剝削有多冷酷無情，當一條新路線開通時，眾議院還是齊聲高唱「榮耀歸於猶太人」，然後容易上當的人們就追隨著他們的呼喊。

幾個世紀以來，猶太人就一直被視為無可救藥的蒙昧主義者——脫離其他人，自我封閉於冥頑不化的反社會拉比作風，而遭到貶低迫害。現在，他們卻因為相反的理由而遭到攻擊：他們太快出現在其他人的社會中，自認為是現代化的領頭者。社會學家皮耶．勒魯並不只有聲稱他們的解放運動不可取，甚至還說那其實很危險，「是所有我們社會犯的惡習中最該受譴責的」。就跟其他分屬左右派的人一樣，他希望能再次把他們關去他們的都市監獄裡。當初拿破崙拆下猶太隔離區的大門和圍牆，還真是犯了大錯啊！

儘管說選擇接受猶太解放運動並不是壞事，但接受解放的時機可說相當糟糕。因為這運動出現的時，啟蒙運動中的世界主義——這種四海一家的兄弟情懷，很不巧地也在這時候把它短命的小火光燃燒殆盡了。到了十九世紀邁向中期的時候，人們產生了一種夾帶歷史、宗教、自然與民族的好戰狂熱來抗拒機械統治，來反對一種似乎和猶太人恰巧相反的一種化身形象：一群不在乎國界的人（像是羅齊爾德那種統治家族集團），一個無處不在又不在任何一處的種族，因為現在沒辦法用衣服上的標記來可靠地辨認他們，至少在華格納式的耳朵能辨認出他們那醜陋、可笑的哮鳴、聒噪和抽鼻子聲之前，都沒有什麼辦法。現在他們靠著把古老的惡意包裝成當代的實用工作，進而熟練地把這種惡毒延續下去。勒魯就這麼把銀行業看作是一種近代形式的釘十字架之罪。

而在鐵路這邊，他們找到了他們用來統馭的完美工具。因為，鐵路畢竟是違反自然的。他們謀殺了空間；把眼界裡清澈的景觀變成了一團瘋狂亂轉的「萬花筒」。約翰．拉斯金（John Ruskin）說，旅行的無聊會隨速度等比例增加，而鐵路除了把人變成「活包裹」之外什麼都做不到。鐵路縮短時間、抹消距離，打亂了一種「處在某處」的感覺。海涅在一段他相當知名的描述文字中提到，多虧了鐵路，讓他在巴黎就能聞到柏林的菩提樹，並感覺到北海打在他的門梯上，此時他的這種興奮伴隨著灰心與懼怕。[20]鐵路讓你生病，擾亂你的神經，好讓你不可免地要去街角的猶太醫生那邊找處方。鐵路掠奪了那些與馱獸親密撫慰的人：再也不能倒摸拉車馬多賓（Dobbin the carriage horse）的鬃毛了。替換成鐵馬之後，不會有人去摸它的臉。有些批評者抱怨車廂使人不願來往，在那空間裡人們一直拿出掛著鍊子的懷錶，來看看火車有沒有準點，而那些車站又被盯著匆忙上班旅客的巨大時鐘所支配。其他人則是抱怨二等車廂的人際往來尤其多過了頭，或者至少是太擠而不舒服，迫使人得要吸同行者的大蒜口臭，或者得要摀耳朵不去聽醉到呼呼大睡的水手鼾聲。

整個世界都要下地獄了。顯然的，這全都是猶太人的錯。

II「我們是一個民族」

這只是非斯的又一場斬首處刑。一個來自丹吉爾（Tangier）的猶太女孩，十七歲，而且如每個人都注意到的，非比尋常的美麗；而據裁判官（qadi）的說法，她獲得了那位先知的訊息，卻又任性地不理會祂。對於這樣的叛教者應處以死刑，但摩洛哥蘇丹卻出於同情地給她最後一次重新考慮的機會，下令要行刑者用他的大彎刀砍到剛剛好，讓流出來的血能說服她改變心意。但刀鋒也沒有用。那個女孩死到臨頭也不改，在刀子下來時依舊喊著「聆聽」。女孩的父親撿回了她的頭身來下葬，把規定須付的費用給了蘇丹。

幾個月後，在一八三五年，聽聞了這場悲劇的作家埃烏傑尼奧·馬利亞·羅梅羅（Eugenio Maria Romero），在直布羅陀找到了女孩的兄弟。[21] 在直布羅陀巨巖下端某條小巷屋裡的小房間內，這位兄弟把完整的故事告訴了羅梅羅。這名基督徒被他聽到的故事深深打動，因而穿過了地中海前往丹吉爾，去聽西姆查和哈依姆（Haim），也就是女孩悲痛的雙親重述這件事。接著，羅梅羅把整個故事記錄下來，並在兩年後發表。

這個女孩的名字是索·哈崔爾（Sol Hatchuel），日光的擁有者。在與父母親吵過一架後（怎麼會有哪個十七歲的孩子沒經歷過這種事），她憤怒地離家去找同條街上的阿拉伯朋友，因為丹吉爾並沒有像馬拉喀什（Marrakech）或非斯那樣有猶太區（mellah）。索和她穆斯林鄰居的親近讓她的父母擔憂，並造成了那場爭執。這樣的憂慮事後看來是有充分的理由。當索拚命抱怨她父母時，她朋友建議她或許可以成為穆斯林展開新生活，擁抱真正的信仰更是特別的榮耀。對此警覺的索表達抗議，認為這代價太高，而且再怎麼樣她從來都沒有要離開原本信仰的意思。但命中注定的種子已經種了下去。由於把改信者拉進信仰堅定的一方是一大功績，這位朋友便向丹吉爾的帕夏報告說，其實對方已經在改信了。索便被帶到他面前，先是憤怒，然後聲淚俱下地抗議從來沒有這種事；她會繼續永遠地虔誠信仰她祖先的宗教。因為她實在太頑固而被關進監牢，她焦心欲狂的父母陷入絕境，接著她就被用皮帶綁在騾子上帶往非斯，接受審問，接受甜言蜜語哄騙，然後還被摩洛哥蘇丹本人威脅，一字一句清楚地告知她叛教的下場是什麼。直到最後一刻，索都堅稱自己因為從沒改信，也就沒有叛教過。但沒人相信她，而她的鮮血就這樣灑在非斯阿拉伯人區沾滿沙塵的麥稈上。

對摩洛哥的猶太人來說，索是「為上帝之名奉獻」（kiddush hashem）而死，像中世紀的十字軍殉道以及被宗教審判的信仰審判所屠殺的人一樣，名字將會成聖。[22]人們以猶太阿拉伯語和希伯來語來寫下傳說（Qissat）的哀歌紀念她，她的墳墓則成為了朝聖地點，而更不尋常的是，某些不得不佩服索的穆斯林也會來此朝聖。根據那位在《摩洛哥旅途回憶》（*Souvenirs d'un Voyage au Maroc*）中一再重述這個故事的作者馬克・雷（Marc Rey）所言，對羅梅羅來說，她遭到斬首，是馬格里布一帶阿拉伯人野蠻落後的驚人證據。阿爾及利亞已經是法國的殖民，不過摩洛哥要到一八八二年才會跟進。[23]

但歐洲似乎沒有人（不論猶太或非猶太人）知道索・哈崔爾的命運，更別說把她的故事改編成審判劇。羅梅羅的一百頁歷史最終無人翻譯，接著就絕版了。在《摩洛哥旅途回憶》中，這也只是另一個用來滿足異國生猛刺激情調的軼事。看了德拉克羅瓦（Delacroix）那幅揉合了柔軟肉體、裸露喉嚨和鋒芒畢露劍刃的畫作〈薩達那帕拉之死〉（Death of Sardanapalus）會激動不已的眾多藝術空想者，開始在黎凡特和馬格里布找起能與之相比的故事。其中一個人，艾爾弗雷・代爾登克（Alfred Dehodencq）之所以勝過其他多數困在畫室的東方愛好者，就在於他在一八五三年之後真的在摩洛哥待了好幾年。[24]他在那裡畫了索，她的襯衫在頸喉處敞開，穿著深紅衣的劍士狂躁地抵在她身上，同時，渴望著鮮血的暴民等待著致命一擊，用一種人們以為在中東市場或阿拉伯群眾中很典型的方式——翻著白眼、甩動著雙手。

但在一八三四年時，穿著長外套的猶太人並沒有很注意那些戴土耳其毯帽、處境（先不包括偶爾聽聞的謀殺案）怎麼看都很糟的猶太人。這些人大多數過著貧困、無知、尤其是憂心懼怕的生活。一直到今天都還有一種空想是，猶太人曾經在伊斯蘭世界裡有過一種和睦融洽的生活方式，直到後來無可挽回地被錫安主義和以色列的建國永遠改變了。確實，在十九世紀末進入二十世紀的開羅、亞歷山卓、巴格達和阿勒坡，是有一群猶太中產階級，其中多數人認同現代化力量，與穆斯林與基督教的公民同胞相鄰，並過著一種文化上生氣勃勃的生活。然而，這是殖民現代化的結果，而猶太人為了認同帝國而付出了沉重代價。在那之前的幾個世紀中，敘利亞、埃及、巴勒斯坦和馬格里布諸國的大量貧困猶太人在窮困陋巷裡過活，敲著金工或者販賣顏色鮮明的編織布料或皮貨。若他們的孩子能夠受教育，那就一定是在猶太兒童宗教學校，他們在那裡被教導死背吟誦《妥拉》，就像是他們的阿拉伯同輩在吟誦《可蘭經》的段落一樣。那一批孩子在街上偶然遇上穆斯林時都得要習慣被吐痰，或者當某人開心想丟石頭的時候被丟石頭。穆斯林世界的猶太人幾乎仍然沒有法律力量，被禁止在穆斯林法庭上為他們自己作證詞（這還是當他們被攻擊或搶劫時，唯一有機會獲得救濟補償的地方）。甚至在比較寬容的鄂圖曼世界，突然發生的財富翻轉——新起家的猶太放貸者和銀行家所發生的財產拋棄或司法謀殺——都有可能觸發暴力。公開處刑為猶太隔離區帶來暴民肆虐，而因為猶太人仍然禁止攜帶任何武器，有時候他們面對大規模的屠殺甚至毫無設防。當他們在街上被侮辱攻擊時，他們只得低下頭溫順接受，並在支付每年的非穆斯林人頭稅時，準備好接受可恥的羞辱。

波斯城市哈馬丹（Hamadan）通過了一條法令（雖然後來又廢除了），禁止他們吃新鮮（指過熟和弄髒生蟲以外的）水果，也不准在下雨天和下雪天離開屋子，因為不純潔的猶太人可能會攜帶某些玷汙了的雨水進門，甚至帶到那些信仰虔誠的人們面前。[25]猶太女性被禁止遮掩面孔，這樣才可以自動地被認定為不正派，其實就是被當成娼妓。如果一個猶太人膽敢在什葉派神聖的穆哈蘭姆月期間上街，就算是一下子，也有可能會因為褻瀆冒犯而被立刻殺害。在節慶期間，他們可能因為別人覺得好玩就被扔進蓄水池裡面。在那樣的時刻，平民老百姓的娛樂裡總是會有「煙火和猶太人」可用。一八三六年，在巴勒斯坦的英國旅者愛德華·蘭恩（Edward Lane）記載到，猶太人「整體承受著穆斯林最嚴重的輕蔑和厭惡……不管是面對侮辱，或者被身邊的阿拉伯人或土耳其人不公平地痛斥、痛打，他們幾乎從來都不敢回一個字……因為許多猶太人曾遭不實惡意指控，說他們對《可蘭經》和先知穆罕默德做出不敬發言，而被處死」。[26]

但歷史持續地（且到此時仍非常緩慢地）攪動著，終究將渴望現代化的歐美猶太人和他們在穆斯林世界的「落後」（這是當時普遍使用的名詞）兄弟姊妹同胞湊到了一起。汽船、開港、已經從維也納延伸到巴爾幹半島的鐵路，就跟銀行和船運公司的開業一樣，都助長了緩慢的連結。當一個地方發生了壞事，冒險犯難的猶太人就會找到另一個地方擺貨攤。隨著一場反猶太暴動而離開巴格達的沙宣（Sassoon）家族，就到達了英國統治的孟買。從一八二〇到一八三〇年代開始，有一群歐洲猶太人出於自身社群的經歷——先是擺脫了自古窮困的當鋪和賣舊衣等職業，接著進入了那些添加「有用」世俗課程的宗教教育學校，然後進入不需宗教考試的新式大學——因此希望東方的猶太人也能多少有同樣的進展。

其中更勇敢的人最終抵達了巴勒斯坦，尤其是因為基督教的福音派信徒已經先一步在討論把猶太人「歸還」到他們祖先的土地上，作為他們大規模改信以及基督再臨的先決條件。已知有數千名猶太人分布在耶路撒冷、采法特和提比利亞，大多數人過著無知貧困的生活，仰賴著離散者救濟金過活，但又永遠都會出席《塔木德》課程。如果那些猶太人能有辦法在信仰不需妥協的情況下被引入現代世界，那他們會不會更能夠承受得起傳教士的宣教呢？

當倫敦生意人兼治安官摩西·蒙蒂菲奧里和他那剛毅的妻子友弟德於一八二九年第一次造訪聖地時，心中想的就是這件事。途中經過開羅和亞歷山卓時目睹的骯髒貧困令兩人驚駭不已，因而使他們開始想像起一場社會轉型。一八三七年一場駭人的地震毀壞了采法特和提比利亞的猶太人居住地帶，房屋崩毀，殘骸從加利利的山坡上滾下，硬是突顯出自己的緊迫優先性。那些沒被埋在瓦礫底下的人現在沒有食物跟住所，還睡在露天的燈芯草蓆上。當全歐洲猶太會堂呼籲發起災難救濟的時候，這兩群來自截然不同世界的猶太人，便又再一次察覺到，雖然有那麼多差異，但雙方仍屬於同一個社群。而在倫敦、巴黎、維也納和紐約，猶太人開始發現，當他們遇上糟糕的事情時，他們在非猶太的世界裡也不見得沒有朋友。

像這樣的一件糟糕事情就發生在一八四〇年冬天。二月五日，在大馬士革一個自古以來就有猶太人定居、如今有五千人的社群中，有一個嘉布遺會（Capuchin）的男修士托馬索（Tomasso）和他的穆斯林僕人一起失蹤了。[27]據報最後有人看到他是在猶太隔離區，接著便疑雲四起，然後是來自基督教社群的指控，說這兩人被誘拐謀殺，好把血拿來做逾越節薄餅。血祭毀謗實在是很難安眠太久。該社群有三名拉比遭到逮捕，被上了鐐銬痛打，打到「他們都皮開肉綻的慘烈程度」，好逼出自白說那些血是用在逾越節儀式上，「對此，他們回應說，如果情況真的如此，那麼許多改信者應該都會把這樣的事實公開出去」。[28]在徒勞地尋找失蹤教士遺體的過程中，六百間猶太人房屋立即遭到拆毀。一名據說目睹了儀式性謀殺的猶太菸草商遭逮捕；為了要逼他自白（結果還是徒勞無功），他被鞭打到死在他的這場苦難考驗中。前來索回遺體的猶太人，碰上的最大困難是要將遺體淨化下葬，因為已經一片片分家的肉就這麼從骨頭上掉了下來。下一個面對這種無情對待的是一名理髮師。尖刺和釘子被刺進指甲底下，他的雙腳遭到鞭打，背上的皮都被河馬皮鞭剝了下來；他的鬍子被點火，點著了的蠟燭被推進鼻孔裡，而他的生殖器被扭到了快要爆裂的地步。在這個情況下，也就逼出了讓總督謝里夫帕夏（Sharif Pasha）滿意的「自白」。但是，一般總認為逾越節謀殺和放血行徑都不會只是單一猶太人所為，而是共謀，所以排在下一個的就是年長的安特比拉比（Rabbi Antebi），他被浸在快結凍的水裡，而當他浮上水面想吸口氣時，就拿石頭朝他的臉砸下去；在那之後他的生殖器也被砸爛了。但麻煩的是，這位拉比拒絕證實有血祭毀謗，反而要求一死。另一位拉比，尤賽夫．李格納多（Yusuf Lignado），在連續被打了十天的腳底之後死去，而本來人們還以為這樣的打腳刑求只要不眠不休地打個一段時間，就能把這個六十歲的猶太區看門人弄死。[29]七十名猶太人被捕入獄並遭到暴力攻擊，其中有些還是孩子。有人告訴一名母親，如果她不坦白的話，她從五到十二歲的孩子都會被殺掉。然而當法國領事拉蒂・摩頓（Ratti Menton）把這些事件稱為一場「駭人的事件」時，他口中的駭人指的是誘拐事件，以及猶太人很有可能涉及此犯罪。

但接著，一件不可思議的好事發生——正義的非猶太人現身，其中最有影響力的是駐大馬士革的奧地利領事；有別於他的法國同僚，虐待慘況和犯罪陳述的疑點重重都嚇了他一大跳，尤其是居然有可靠的消息指出，有人看到教士和僕人活得好端端的，還徒步離開了城市。在開羅的奧地利領事收到警訊，並立刻把一份質疑的報告傳回維也納政府，而在政府內，總理梅特涅（Metternich）正與銀行家薩洛門・羅特齊德（Salomon Rothschild）保持著友好關係。薩洛門連忙寫信給他弟弟詹姆斯，也是駐巴黎的奧地利榮譽領事；詹姆斯便開始籌劃一場在報刊上展現憤怒的公眾行動。祖籍卡龐特拉（Carpentras）的律師兼自由派政治家阿道爾夫・克雷繆（Adolphe Crémieux），在《辯論日報》上發表了一篇言詞有力而憤怒的文章，而且他很清楚知道，同是恐猶分子的極端天主教徒以及與「猶太銀行家」敵對的社會主義者，都會立刻大呼小叫起來，反對以色列人的力量。

一八四〇年五月五日，克雷繆參加了猶太代表局（Jewish Board of Deputies）在倫敦公園徑（Park Lane）總部的會議，來計畫一場有系統的活動，來要求釋放猶太監禁者、撤回中傷控訴並保護社群。會議做出了意識明確的決定，相當符合克雷繆自己的政治觀點——也就是，這是一個把猶太人的目標和世界各地自由主義的目標聯合起來的時刻。

採取了這重要一步的人們，就是盎格魯猶太世界的達官顯貴們：摩卡塔（Mocatta）和戈德史密德家族、柯恩和利未家族、蒙蒂菲奧里家族，當然還有羅斯柴爾家族。他們多半是傾向自由派的輝格黨人（Whig），因為早在十年前，在政治解放運動的最後一步——也就是讓猶太人以聲明放棄原宗教、表明信仰基督教為條件，而得以進入國會——拖拉不前的，就是托利黨人（Tories），包括了忘恩負義的時任首相威靈頓公爵（Duke of Wellington）。在猶太解放運動上發表了激昂的個人初次演說的，是他們黨內的明日之星，湯瑪斯・巴賓頓・麥考利（Thomas Babington Macaulay）。他們也支持了一個在英國各傳統機構內匆忙進行的社會自由化運動，並成為其受益者。在羅斯柴爾家族藉著出資而在擊敗拿破崙的過程中出了一份力（最主要是把黃金走私到歐洲的衝突戰場上）以後，倫敦就開始喜歡上猶太人了。曾經是羅斯柴爾家族員工及夥伴的摩西．蒙蒂菲奧里，就被選為僅兩名治安官中的一員。接著，摩西穿著他的治安官長袍、帶著潔淨的雞肉或著他最喜歡的白煮牛肉出現之類的故事快速地流傳開來，但總比嘲笑來得溫和。也有其他的入口：大衛．薩洛門（David Salomon）在沒有被要求發基督教誓言的情況下就加入了法庭；倫敦大學學院（University College）和其系所開放猶太人就讀；聖保羅公學堂（St Paul's School）、倫敦城市學校（City of London School）和伯明罕愛德華國王學校（King Edward's School, Birmingham）也接連跟進。

比這些機構開放更重要的，是非正式的社會融合，有時候是透過那些已正式離教，但即便身處英國文化中心也不掩飾自身淵源的人（反正藏了也沒意義）。憤而離開猶太會堂的以薩克．德斯萊利，在帶著兒子一起受洗的時候直接說出了自己的想法，認為猶太教和基督教根本上還是差不多的一個宗教，所以在領洗池那邊灑那一點水到底有什麼差別？一旦成了基督徒，兒子班傑明便在史考特《艾凡赫》中的猶太女性浪漫史中嗅出了商機，而開創出一整個「高貴猶太人／異國情調」的文學產業，並因此出名；一開始先是每天在鏡子裡參照自己，然後延伸到《唐克雷德》（*Tancred*）中充滿魅力的猶太女人艾娃（Eva），她吸引迷戀她的基督徒進入聖地裡的希伯來神祕深處，好讓他能夠從西奈山上的一位天使那邊獲得對宗教真諦的頓悟。

但改信不是名氣的必要條件。毫不後悔表明猶太人身分的葛莉絲．阿奎拉爾，其言情小說是維多利亞時代早期英國最賣座的作品。包括法國那魅力無法擋的瑞秋在內，猶太音樂家和演員都有熱情的追隨者。在內森和萊昂內爾（Lionel）位於古納斯伯里（Gunnersbury）的鄉村地產上，大群的獵物鳥在羅斯柴爾的槍下墜落。就像「全巴黎」（le tout Paris）❺想要出席詹姆斯．德．羅齊爾德在費里耶爾城堡（Château de Ferrières）舉行的宴

❺譯注：指巴黎的名流。

會上一樣，英國的流行社交圈也是如此。安東尼・羅斯柴爾（Anthony Rothschild）就忍不住吐苦水：「這些日子裡我們有的就只是爛醉的舞會而已。」一場羅斯柴爾家或者薩洛門家的婚禮本身就是一個巨大的社交場合，會在《倫敦新聞畫報》（*Illustrated London News*）上有著彷彿癡醉其中的詳盡報導。一八四五年，當伊莉莎・阿克頓（Eliza Acton）大受歡迎的烹飪書《家常現代烹調術》（*Modern Cookery for Private Families*）包含了一節專門講「外國及猶太烹調」的時候，某種門檻在那時候跨了過去。反映出非猶太人與猶太精英是在哪個圈子相會的這本食譜，裡頭的菜色多半是賽法迪猶太人菜，特別是那些展現「他們東方特色」的，以「碎杏仁和濃糖漿」為特色的菜。雖然把「猶太燻牛肉」描述為「擁有真正醃透的火腿好味道」並不是個好點子，但阿克頓喜愛著杏仁布丁、葡萄牙「喬利沙」（chorissa）香腸配米飯，以及用「新鮮橄欖油」煎的魚等各種賽法迪猶太人帶到英國的菜色。「猶太人吃飯時會有不少涼煎魚」，她在筆下想像著維多利亞時代的人進行飯前祝福儀式（kiddush）的景象，並建議道，鰈魚、鰨魚、比目魚和鮃魚都可以像她食譜上的鮭魚一樣，用煎的「並以均勻形狀擺在更大一塊魚肉的周圍，或者單吃也行」。[30]

當然，在遠離了伊斯林頓（Islington）、史丹佛山（Stamford Hill）和梅費爾（Mayfair，英國羅斯柴爾家族終於從倫敦城中的紐考特〔New Court〕搬到了這裡）等猶太華美地帶的地方，仍然有著貧窮、文盲、乞討和借款。但真正的盎格魯猶太中產階級也是在此時此地開始出現，這些人習慣了英國生活，而且從一八四一年開始，也有了他們自己的每週發聲管道，也就是《猶太紀事報》（*the Jewish Chronicle*）。

所以，當一場反對大馬士革惡行的大型抗議集會在倫敦市長官邸號召起來的時候，毫無疑問的，必會人山人海，而實際上也的確如此，也無疑地會有願意幫猶太人出聲的友人做出批判。這其中最為熱切的是愛爾蘭的「解放者」，天主教解放運動的偉大演說家，丹尼爾・歐康諾（Daniel O'Connell）。「人性的每個感受，」歐康諾大吼道：「都會和邪惡不正、兇惡殘忍的指控抵觸……真的有人低劣到相信（大馬士革猶太人）他們會在儀式中用到人血……在人生的每一種關係上，希伯來人不是都值得效法嗎……他難道不是個好父親、不是個好兒子嗎？」除了《泰晤士報》（*The Times*）異常差勁地認為現在應該是猶太人證明自己無辜的時刻之外，整個英國的媒體都跟進譴責，不只針對大馬士革的殘酷措施本身，也針對任何偏執好騙到相信那種古老誹謗的人。

活動獲得的反響讓猶太代表局大受鼓舞，而向外交大臣巴麥尊勳爵（Lord Palmerston）派出了一個代表團，企圖要求政府支持一趟任務，會見握有敘利亞司法管轄權的埃及統治者穆罕默德・阿里（Muhammad Ali），甚至見到蘇丹本人（十七歲的阿卜杜勒—馬基德〔Abdulmecid〕）。巴麥尊出於他自己的戰略動機而想在東方奏起序曲，還一度設想過讓猶太人回到巴勒斯坦，用來在該地孕育立場親英的現代化群體。不過大馬士革發生的事情，尤其是法國在這件控訴中的共謀讓他憤怒不已，也是無可置疑的。

有了英國政府的祝福，蒙蒂菲奧里和克雷繆就開始著手他們的任務。雖然他們秉持著猶太大人物傳統的行事作風，而在誰是領袖、誰是副手一事上吵了起來——摩西爵士擺出貴族架子，克雷繆因為風頭被搶走而憤怒不已——但這任務卻是驚人的成功。難以應付的老征服者穆罕默德・阿里熱心地接待他們（也惦記著自己的政治軍事利益），並下令立刻釋放猶太囚犯。在君士坦丁堡，與首相雷希德・帕夏（Recid Pasha）的會議最終反而更戲劇化。一年前，年輕的蘇丹才在首相的引領下頒布了〈坦志麥特〉（Tanzimat）御詔，把專制武斷到惡名昭彰的鄂圖曼帝國翻轉成一個自由模範：保障生命、財產和自由。克雷繆和蒙蒂菲奧里的來訪，讓雷希德・帕夏得以向世界展現甚至更自由的面貌。當時還有別處也爆發了針對「血祭毀謗」的迫害，尤其是在羅德島，有暴民攻擊了猶太區，而這個規模較小的仇恨爆發，讓蘇丹能夠針對這可怕的誹謗發布正式譴責，譴責其為明顯的謊言。「我們不能允許猶太民族（他們明顯清白而未犯下遭指稱的罪行）因為毫無真實基礎的指控而痛苦受折磨。」[31]一條進一步的敕令給猶太人與鄂圖曼帝國其他臣民同樣的權利，不再需要繳非穆斯林人頭稅，現存的居住職業限制也都鬆綁。很不尋常的是，僅僅在四萬法國猶太人因一八三〇年革命而正式解放的十年後，一場可以與之相比的轉型就已經在地中海的另一端發生了。甚至有暗示說，鄂圖曼帝國政府有可能支持猶太人移民到巴勒斯坦並進行經濟發展。然而，這些都沒有阻止敘利亞國防部長穆斯塔法・特拉斯（Mustafa Tlass）在一九八三年發行他自己那本關於大馬士革事件的書《錫安的逾越節薄餅》（*The Matzah of Zion*），書中他認定血祭毀謗是普世認同的真相。

歐洲轉動著自由的輪子，有時候往好的方向，有時候往壞的。一八四八年的幾場革命中，身處其中的猶太人有時被當成英雄，有時被當成目標。克雷繆參與了第二共和的臨時政府，在憤怒的群眾洗劫佩雷爾和羅齊爾德的一些鐵路火車站時，擔任司法部長。那年六月，這個討厭斬首的部長帶著宿命論的恐懼，旁觀中產階級國民兵的槍枝掃平了勞動者的起義。偶爾還是會為他們的聖西門理想講些空話的艾米爾、以薩克兩兄弟，現在讓他們的方案更具企業精神而非理想主義，並感覺到君主總統路易拿破崙（不久後就自稱皇帝）是信徒，而他也的確是。一八五二年，他們成立了土地信貸銀行（Crédit Foncier），同年又成立了他們最有名而創新的發明——動產信貸銀行（Crédit Mobilier），由公開申購配售來籌款的投資銀行。[32] 對於純聖西門主義者來說，這間銀行因為無法借錢給真正的小企業單位，反而為「大計畫」（其中包括更多通往土魯斯〔Toulouse〕並在西南進入西班牙的鐵路，以及一路通往比利時並貫通德意志到柏林的北方大鐵路，也就是梅耶貝爾搭了又搭的那條）籌措資本，而背叛了自己的原則。

一想到第二帝國的巴黎，你就會想到奧斯曼男爵，以及殘暴地從手工業所在的舊城區清出一條路來開闢的巴黎各大道。但這也是佩雷爾兄弟所造就的巴黎，他們興建了龐大的羅浮宮百貨（Grand Magasin du Louvre），雇用了兩千四百名員工，還有附近有著無數宴會廳以及蒸汽動力電梯的歐洲大酒店（Grand Hôtel de l'Europe）。這兩兄弟認為自己不比羅齊爾德家族差多少，而替自己在同條路的那頭買了一大間鄉村別墅，把詹姆斯男爵激怒到從今以後只想知道他們有沒有一蹶不振而已。而那確實會發生，就在他們將鐵路業和工業深入中歐（又和羅特齊德另一分支起衝突）而走過頭的時候。而巴黎本身則是會慘烈地淪陷，於一八七〇年落入一支又是由猶太銀行家——葛爾森・布萊希列德（Gerson Bleichröder）——所資助的普魯士軍隊手中。

對於日漸增加的仇猶者——好比一八七九年率先發明「反猶太」（anti-Semite）這個詞，來當作組織新政治勢力基礎原則的威廉・馬爾（Wilhelm Marr）——來說，這一切都是猶太征服歐洲的鐵證。他們販賣的現代化是假貨清單：低俗、商業的歌劇；百貨裡便宜花俏的差勁東西；輕蔑地輾過語言、領土和國家那古老神聖邊界的鐵路。每一件以神聖基督教而起始的不可侵犯之物，都被他們的邪惡貪婪所擄獲。

基督徒、民族主義傳統的反擊，不論是不是來自天主教報紙《天下報》（*L'Univers*）編輯路易・維尤（Louis Veuillot）的尖酸文字，都讓身為猶太人的現代化推動者有一點驚訝，至少是訝異於其暴力、激烈的強度。他們原本假定，這種古老偏執的力量遲早會讓步於現代的理性、實用；讓位給一種都會式、甚至世界主義式的存世之道；有一天會是巴黎，接著就是科隆。

然而，沾沾自喜通常會被恐懼和焦慮所打斷。一八五八年，本來應該是猶太人自由希望的勝利之年。萊昂內爾・德・羅斯柴爾（Lionel de Rothschild）曾經三度被選入國會，第一次是在一八四七年被選入英國下議院，但每一次上議院都阻擋了下議院通過的「猶太障礙法」，也就是讓他可以不用進行基督教宣誓便能就任議員的法案。到了一八五八年夏天，上議院的議員們終於同意，國會上下兩院的每個成員都可以採用自己的宣誓方式，所以羅斯柴爾就能夠「向耶和華」宣誓，並就職成為下議院第一位實質活動的猶太議員。

但每當有這樣的進展，就一定會有什麼來刺一下，讓猶太人想起自己的無助，即便是到了要保護自己的家庭不受以改信為名的綁架活動所侵犯時。一八五八年六月的第一週，在當時還是由教宗國統治的艾米利亞（Emilia）境內的波隆那，當地宗教裁判官的警力闖進了摩摩洛・摩塔拉（Momolo Mortara）這名猶太店長的家中。[33]他們說，他們是來找他的六歲兒子艾德加多（Edgardo），他們獲知了可靠消息，說一名過去在這裡的僕人安娜・莫理西（Anna Morisi）曾幫他祕密受洗。他們不顧母親瑪莉安娜（Marianna）的驚慌絕望，將艾德加多從她手中硬是搶走。當焦心如焚的父母去找當地宗教裁判官時，他告訴他們，一旦小孩受洗過就不能留在猶太人家門內由那偽教來養大。他會被帶去為了讓改信者居住及受教而成立的「新入教者之家」（House of

Catachumens），並會被好好善待。現在他的母親是天主教會，而他的父親就是教宗。

義大利這種基督教綁架猶太孩童的情況，雖然說普遍得有點過頭，但也並不稀罕。一八一七年在莫迪那，有一個三歲孩子就從他父母身邊被帶走。薩波里尼・迪安格伊（Saporini d'Angei）被帶走時才七歲，一八四四年，馬羅尼（Maroni）家的帕美拉（Pamela）被從文圖里娜（Venturina）和亞伯拉罕（Abram）手中搶走的時候才十九個月大。在每一個案例中，都是替雇主工作了只有幾天或者幾星期的基督徒家僕出面主張讓孩子受洗，就等同於發了一張綁架的許可證。這給了教會一個機會（尤其是摩塔拉這個他們反而得採取守勢的案例）來主張這又是猶太人的錯，錯在明明有正式禁止，他們卻還是雇用基督徒在自家工作。這確實是從十六世紀的教宗詔書〈因為這完全無意義〉頒布後就斷斷續續發生的情況。但既然有這麼多人需要這份勞務，天主教會通常是會睜一隻眼閉一隻眼。任何嫉妒眼紅的女性，或者相信自己能用受洗拯救猶太小孩不下地獄、反而保證能上天堂的女性（而且總是女性）有了可趁之機來行這灑水之禮。

確保摩塔拉綁架事件不會走不出當地的，是波隆那的小小猶太社群本身。是他們說服了摩摩洛跳過當地宗教裁判官，透過國務樞機卿焦可摩・安東內利（Cardinal Giacomo Antonelli）直接寫信給教宗庇護九世（Pius IX）。他們發現，教會法明確禁止父母未同意的受洗。雖然這番上訴為摩摩洛贏得了一次機會，能在新入教者之家和他被監禁的兒子進行一場心碎的會面，但梵諦岡卻完全忽視他們。

在庇護九世偽裝自由的任期起始階段，他其實去除了羅馬猶太人的某些最過分的羞辱：在嘉年華會期間進行「賽跑」的老老少少猶太人沿路被辱罵並丟擲爛水果，以及被迫要在自己的會堂裡聽取改信的布道。把這些取消掉的憐憫行為，讓庇護九世自認為是「猶太人之友」，但這些猶太人如今卻以這樣的抗議姿態，表現了令他難以容忍的忘恩負義。

但就像歐洲列強在土耳其及中東的未來戰略利益，讓大馬士革事件的抗議者把自身目標搭上更遠大的目標一樣，一個猶太小男孩的命運也點燃了關於教宗世俗權力的辯論怒火。從自由英雄到保守支柱的庇護九世，其人格特質又讓幾乎全西歐都在發生的爭論更火上加油。對於推動義大利統一的、有現代化自覺的世俗派政治人物（尤其是薩丁尼亞王國的政治人物）來說，教宗統治遠離梵諦岡的領土是嚴重反常的情況。如果波隆那沒有宗教裁判官，綁架艾德加多這種不自然妨害家庭不可侵犯性的事情就不可能發生。在美國帶起一波發自內心的反天主教浪潮、人在辛辛那提的以薩克・梅耶・懷斯拉比，其實主張摩塔拉男孩的改信只不過是教宗和他那「無魂走狗們」，也就是耶穌會裁判官們用來強施權力的託詞而已。[34] 甚至在信奉天主教的法國，拿破崙三世面對他自己的極端天主教徒，還是對於綁架行為的野蠻感到憤怒。皇帝收到來自駐梵諦岡大使的消息後沒多久，他就去和薩丁尼亞王國的首相卡米羅・加富爾伯爵（Camillo Cavour）見面來籌劃軍事戰略，未來這戰略會打破奧地利維持義大利現狀的保護力量，並創造一個新的義大利王國，在那之中教宗的統治權會縮小到只剩下精神領袖而已。波隆那將會在一八六〇年落入義大利復興（Risorgimento）軍隊手中，不過教宗國要到十年後才會消失，也就是頒布「教宗無誤論」（Papal Infallibility）這份教義的時候。聽到這消息時，威廉・格萊斯頓（William Gladstone）宣稱，因為這樣，天主教徒失去了「他們的道德和精神自由」。

因為艾德加多・摩塔拉而起的怒火，再次把一種施加在猶太人身上的錯誤變成了國際自由主義的審判劇。不過跟大馬士革事件不同的是，這邊沒有皆大歡喜的結局。當羅馬猶太人的領袖們去見教宗時，卻被狠狠訓斥了一頓，說他們冒昧地對世界各地宣揚他們想像中的不滿。面對一個為希伯來人做了那麼多事情的人，你們實在是忘恩負義啊！猶太人這樣指出錯誤，凝聚了人們的強烈情緒。不意外的，《義大利文明報》（*La Civiltà Cattolica*）等報紙嚴厲譴責猶太錢的厚顏無恥；祕密猶太勢力的邪惡交易。唯恐民眾忘記猶太人的本事，報紙提及了匈牙利統治的摩達維亞所發生的一件毛骨悚然的謀殺案，有人發現一具有多處斷肢與刺傷的孩童屍體。再一次地，渴望血液的烤餅猶太人遭到了控訴。即便孩子的叔叔在布達佩斯坦承犯案，假定他們有罪的暴民對猶太人和會堂的攻擊還是持續了很久。

這場悲劇雖然讓摩摩洛・摩塔拉傷了心也傷了荷包，但他從來沒有放棄讓兒子回到他猶太家庭的希望。

他行遍歐洲，發表心碎的演說，使那些戴高帽的老猶太人感動落淚。在倫敦，他向猶太代表局發表談話，促使已經七、八十歲的蒙蒂菲奧里以個人名義動身前往羅馬執行任務。但有如法老王的梵諦岡卻是鐵了心腸，而蒙蒂菲奧里獲得的消息，就只有那個男孩在信了新宗教之後有多心滿意足，以及他那聖父給的照顧有多溫柔。想見庇護本人遭拒的蒙蒂菲奧里，是由安東內利樞機主教以冷若冰霜的態度接待。

在巴黎，摩摩洛鼓動了依西多・卡漢（Isidore Cahen）做出結論，認為必須要有某種國際組織來捍衛猶太人。卡漢自己幾乎就是一個完美的「猶太自由主義中心信念」——全程參與國家文化並不會減弱對猶太教的忠誠——的人物形象。他的父親薩穆爾是在美茵茲長大，並藉由生產多冊的猶太《聖經》法語翻譯本（在對開的兩頁上，除了有希伯來文還有評注），而成為了法國的摩西・孟德爾頌。一八四〇年，他成立了《以色列檔案庫》（*Archives Israélites*），這份月刊以法文發行猶太歷史宗教問題的學術思考和文學思考，相當類似路德維希・菲利浦森（Ludwig Philippson）在德國發行的《猶太教綜合報》（*Allgemeine Zeitung des Judenthums*）之目的。

生長於解放世代的依西多，原本可以從查理曼中學（Collège Charlemagne）到高等師範學院（Ecole Normale）一路大放異彩，但他把所有時間都拿來追求猶太法學的深刻學問。被派去天主教的拿破崙旺代高中（Lycée Napoléon-Vendée）教哲學之後，一些心生不滿的宗教極端者明顯覺得一個嚴守教規的猶太人不適合待在這樣的學院裡，而將他解職。卡漢搬到了耶路撒冷，替《時報》（*Le Temps*）寫文章，但摩塔拉的案子將會令他特別有共鳴。一八六〇年，他與生意人兼社會改革者夏爾・涅特（Charles Netter）一同成立了「全球以色列同盟」（Alliance Israélite Universelle），而他早在危機高漲的兩年前就已經想好了這個名字。

這個名字本身就表達了一種反抗姿態，要對抗所有忙著揭露「猶太人反基督教歐洲之國際陰謀」的恐猶者。反過來控訴這些人的同盟大膽地聲稱，猶太人確實是一個民族，但他們的團結一致絕對不會危及他們對接納國的忠誠。[35]猶太人的國際目標不是創造一個羅齊爾德式的金錢帝國，而是以人性、正直和寬容為目標。對涅特和卡漢（以及一八六四年加入的阿道爾夫・克雷繆）來說，同盟也有一個社會和教育的任務，是要在不弱化猶太人傳統的情況下，使猶太人適應現代世界。他們開始成立學校，第一間於一八六二年成立於摩洛哥的得土安（Tétouan），在地點上可說特別有意義；然後接下來的其他學校則集中在正在進行現代化、因而歡迎他們到來的環境——土耳其。

那麼，同盟的成立意義可說是加倍重大。它終於把自由歐洲的數百萬猶太人和伊斯蘭世界的數百萬猶太人，以及羅馬尼亞等巴爾幹半島的猶太人連結起來，在最後一個地方，貧窮且教育程度低落的猶太人面臨了新迫害的襲來。以下是該同盟成立聲明所宣告的：

如果散布到全球每個角落並和眾多種族混合，你會以你的心持續連接著你祖先們的古老宗教，無論那連結有多脆弱……如果你厭惡我們仍承受的不公不義、重複謊言……被煽動起來的誹謗……如果你相信最古老而神靈的宗教必須守其本分並履行其任務，必須在正於世上運作的偉大思想運動中有一席之地並展現其生命力……如果你相信，被數個世紀苦痛壓倒的眾多教友可以恢復自尊，就像人爭取到自己身為公民的自尊一樣……如果你相信，見證猶太教的生存力量將榮耀你的宗教、將給全世界所有人的教誨、將是人類的進步、將是真理和普世理性的勝利……最後，如果你相信一七八九年的原則是無所不能的，享有絕對宗教平等的人民典範是一股力量……那麼全世界的猶太人來吧……把你的合作給我們，在每個地方為了解放和進步努力，支援所有因為身為猶太而受苦的人。

寫得很好。但艾德加多・摩塔拉長大後還是成了耶穌會成員，中東每幾年還是會有人聲稱遭血祭毀謗所害，而在歐洲，一百歲的摩西・蒙蒂菲奧里爵士會在自己位於拉姆斯蓋特（Ramsgate）的家中過世，死時清楚知道他的努力只完成了一半。所以，那些字句對猶太人的未來有什麼意義？

III 摩西的呼喚

摩西・赫斯（Moses Hess）注意到《奧格斯堡綜合報》（*Augsburger Allgemeine*）在提到梅耶貝爾的時候有些古怪的地方。只要一提到這位作曲家，報紙就會補上「實名雅各・利布曼（本處按原文）・貝爾」。這勾起了赫斯的痛苦回憶。他是在萊茵蘭的古老城市波昂（Bonn）長大的，而有了替尼古勞斯・貝克爾（Nikolaus Becker）的偉大抗法愛國歌曲〈守衛萊茵〉（Die Wacht am Rhein）譜曲的念頭。但貝克爾對他嗤之以鼻，讓他知道不可能讓一個猶太人來創作一首得要發自德意志愛國胸懷的曲子。[36]

就好像他還要人提醒似的！赫斯的年輕歲月，就是一段在猶太教與德意志之間的拉扯掙扎。他的父親走的是同化路線，在摩西只有五歲的時候就從波昂去了科隆，靠著製糖賺錢，就跟幫了梅耶貝爾父親不小忙的是同一種工作，只是規模比較小。摩西被丟給他的外祖父照顧；年幼的摩西帶著最深刻的感情記得，他是一位每當提到耶路撒冷和聖殿的毀滅時就會潸然淚下的拉比。摩西一輩子都會尋找著他自己的精神與倫理聖殿，但那不是拉比的學問和《塔木德》能帶他抵達的地方。被困在狹隘的教學方式中的他，開始痛恨起《塔木德》老師，形容他們是「非自然的人」（Unmenschen）。

他反而找到了社會主義，而他基於某種理由相信，這主義存續了猶太人之道，或者至少存續了赫斯心目中哲學英雄的其中一人——巴魯赫・史賓諾沙之道。他的第一本書激昂但不連貫地企圖把史賓諾沙放進猶太的人道傳統，而不是當作以直言駁斥幾乎整個猶太教的自然神論者。在史賓諾沙的觀念中，從狹隘拉比律法中解放出來的那位宇宙造物者，是猶太人赫斯自己想要成為的那一種猶太人，而赫斯出於熱情而在書中讓自己這位英雄反對起貧乏的個人主義。史賓諾沙這位終極的局外人，就這樣在赫斯的想像中，不太真實地成為了社群與公共生活的典型體現。

有了這種想法，除了前衛的新聞業之外還能去哪兒呢？赫斯便成為了《萊茵報》（*Rheinische Zeitung*）的編輯之一，而認識了特里爾拉比的孫子，也就是受洗了的海因里希．馬克思的兒子——卡爾．馬克思。這是壓抑不住的神意顯現——激動、仁慈，到頭來還是出於善心的摩西，迷上了堅決不屈、傲慢、極端自信，在科學歷史上堅持正確的黑格爾派。摩西就完蛋了。馬克思是「最偉大，當今唯一真正的哲學家……馬克思博士是我的偶像……綜合了伏爾泰、萊辛、海涅和黑格爾」。靠著馬克思使用赫斯的眾多想法和著作（而非相反的狀況），特別是在《共產黨宣言》（*Communist Manifesto*）裡的使用，讓這樣的迷戀得以留存下來。第一個講出「錢是當代宗教，使其數百萬奉獻者注定過著貧瘠異化生活」的概念的人，是赫斯而非馬克思。「錢是展現為數字的人類價值，我們受奴役的標記。」需要的是一場革命式的出埃及。有鑑於赫斯的背景，當他把資本主義形容成一種拜物邪教、一頭金牛犢時，他真的是這個意思——就和他能從中看出倫理準則的猶太教，正好是相反的東西。但馬克思卻拿走這想法並翻了一面，讓宗教變成一種輕蔑的隱喻，反而（惡名昭彰地）讓資本主義等同於猶太人（且只限於猶太人）。

赫斯在社會主義新聞業界遊蕩著，靠著爸爸製糖留下的遺產支撐。他的想法和文筆產生出越來越奇怪的書：關於世界歷史的狂放著作，一路追溯猶太民族精神到《聖經》時代，經歷羅馬的滅壞到離散，始終拚了命而不知怎麼地找到了另一條路，而抵達了消耗整個歐洲資源的機械論精神。他搭上了梅耶貝爾也搭過的、來回巴黎和德意志的火車，但不是同一個車等。他這一生都是徘徊遊蕩的「勞動者之友」，在巴塞爾和布魯塞爾、科隆、日內瓦和蘇黎世之間來回又回到了巴黎；將他滿是倫理學的共產主義版本化為言語和出版品。

接著，因為感受到這世上存在的「仇猶」這種私醜，赫斯做了某件很有感染力的事。他大部分的出版著作都把名字藏了起來。所以他曾經是「M．赫斯」、「摩里茲（Moritz）．赫斯」或者「墨里斯（Maurice）．赫茲」。現在，他對於猶太人的命運有了更深、更難以自拔的思考，因而聲稱「我將採用我的《聖經》名字，摩西」，還以他特有的古怪風格加上一句，「我只後悔我不叫作伊特吉格」。

他現在覺得，猶太教，尤其除去有害的狹隘之處（又特別是該教對異教通婚的嫌惡；他自己就和天主教徒結了婚）

之後，本質上就是世界的倫理。被道德正當傳統所支撐的猶太教和希伯來猶太文化是個人主義的解藥，因為「猶太教絕不把個人從家族分離，不把家族從民族分離，不把民族從人類分離，不把人類從生命與宇宙的創造中分離，更不把創造與造物之主分離」。用史賓諾沙的方式理解猶太教，就是人與人相繫的黃金之鏈。

從這個內在的啟蒙中就誕生了那本讓所有自以為了解赫斯的人大吃一驚的書；他放下自己高人一等的態度，自貶為前後矛盾到有點可愛的口沫橫飛共產主義老爹形象。這本書叫作《羅馬與耶路撒冷》（*Rome and Jerusalem*），而赫斯還加了一個顯著的副標題——「最後的民族問題」。

這本書於一八六二年在萊比錫問世，而毫無疑問的，摩塔拉的案件和現代化的仇猶集結勢力都在赫斯的全新傾瀉中起了作用。因為他得出的結論是，自由派的消除藩籬和同化實驗都失敗了；不管猶太人在政治社會裡的法定地位是什麼，不管在任何時間地點，也不管他們的法語、德語或英語可以多流利，他們都注定要被認為是外地人、格格不入者、異類。要解決這些因根深柢固的敵意而造成的苦痛疾病，不能靠同盟給的那個答案：讓猶太人適應現代世界的功課、教育、開拓屯墾地那一類的。正確的解答，是要率先了解到，猶太人算是一個民族。不管他們是否嚴格遵守宗教儀式，只要他們心中的某些東西傾向了羊角號的聲音和亞卡達的字句，意識到自己經歷了這麼多世紀的分離和迫害，而攜帶著一種身為猶太人而能生存下來的祕訣，那麼他們就是這個民族的人。而如果猶太人想要自由地成為猶太人，那這個民族就需要在政治和制度上有所實踐。這個民族自決不只需要把他們對居住國的應有忠誠脫鉤，還需要一個地方，讓新生的民族精神可以成形，而只有一個可能的地方，可以作為這再造轉型的試煉場：巴勒斯坦。

所以摩西便抬起頭，把眼睛從看不完的勞動者解放章程中別開，而隱約看見了耶路撒冷在遠方微微地發著光。

第十五章

Chapter Fifteen

轉捩點

I 哈伊姆・希布修許的失落[1]

大難臨頭啊！M・約瑟夫・阿勒維（M. Joseph Halévy）的行李箱未能抵達沙那（Sana'a），讓他苦惱到病倒在床上。在前往希拉茲（al-Hiraz）的旅途中，他為了躲過一群搶匪而把行李託付給一個僕人，那人向他保證會把行李帶到沙那。但想當然的，那人消失了，讓阿勒維如今身上沒有錢、衣服、書、咖啡皮、苦土、洋傘，或者可以抵擋沙漠沙丘上眾多蛇蠍的耐穿靴子。他本來應該會是第一個深入葉門內部的歐洲人。但現在他擁有的除了身上的衣服外，就只有來自亞丁首席拉比的引薦信，把他引介給那些（大多一貧如洗的）猶太人世居城鎮村莊裡的「謝赫」（sheikh）和拉比。這其中有一些猶太人的起源，可以追溯到五世紀的希木葉爾王國（Himyarite Empire），由於該國改信了猶太教，因此，阿拉伯半島上最強的國家，曾經有一百五十年是個猶太王國。[2]阿勒維前往葉門，就是為了要找出屬於這個前伊斯蘭古文化的碑文，並把它拓印下來。

當哈伊姆・希布修許（Hayyim Hibshush）親自造訪時，阿勒維還處在虛脫狀態。希布修許是一個銅匠，但也是個博學到會對非阿拉伯文書寫的碑文有興趣的銅匠。他也算是個有模有樣的神祕碑文收集者。和這些破損殘片比鄰而居的村民，抱著嫉妒的心情守護著這些文物。雖然這些碑文的意義含糊不清，但那些陶工和牧羊人都知道，移走這些石頭，就會為石頭被拿走的地方招致各種惡事。所以哈伊姆・希布修許聲稱是想從碑文上獲得魔法鍊金的治療物質，藉以平息當地人的疑心。然而真相是，乍看下只是個留螺旋長鬢髮（simanim）的虔誠葉門猶太人希布修許，其實有著承自邁蒙尼德的傳統，而自認為是迷信的懷疑論者，同時也是一個反卡巴拉者，是後來在葉門被稱作「知識世代」（Dor Deah）運動的成員之一。[3]

來自外國的阿勒維可以成為盟友。希布修許會自命為他的「dragoman」：嚮導、翻譯、抄寫員，替阿勒維找到安全路徑，前往他的首要目的地——北方的乾河谷城鎮奈季蘭（Najran）。據說，他寄了封信給這位還在生病的法國人，信封裡放了一份他的碑文拓印複本，作為他的資格憑證。這個戰術奏效了：他獲得錄用。

希布修許現在試著充分利用阿勒維的不幸。教授他不就老是要裝出一副耶路撒冷拉比的調調在鄉間遊蕩，好從他的教友那兒收集救濟金嗎？那好，如果他得當個乞討者的話，那他現在看起來就真的很像了。

約瑟夫．阿勒維需要一點指引。他是個出自東方的東方愛好者，生於鄂圖曼帝國統治的哈德良堡，就位於古代的歐亞交會邊界，博斯普魯斯海峽的西北方。隨著他的聰明天分綻放，他就往西北方遷移，先是去了布加勒斯特，然後去了巴黎；對於那一帶更為晦澀的語言，巴黎有著更為扎實的研究底子。一八六九年，他四十一歲，在阿拉伯半島和非洲之角的各種活語、死語方面，他都已經算是一位高手了。兩年前，全球以色列同盟派他出一趟探勘任務，到阿比西尼亞❶的貢德爾（Gondar）和提格雷（Tigray）省一帶尋訪法拉沙人（Falasha，在衣索比亞意指「流亡者」），來看看他們自稱為猶太人的主張有沒有正當性。同盟的主要角色是讓遍布各地的猶太人社群「再生」，尤其是分布在整片穆斯林土地上，從鄂圖曼帝國到落入法國手中的馬格里布地帶的猶太人。再生運動從當代世界所需的語言和技能教育開始。但同盟也開始有興趣聯絡最遙遠的猶太社群（另有猶太人在亞塞拜然、阿富汗和衣索比亞），並期望使他們返回猶太人的全球團結大神殿。這種想要收集四散部族、不想把猶太人和猶太教只當作一種歐洲文化來理解的渴望，已經持續了好幾個世紀，每個世代都產生了自己的彌賽亞地理學家。但是到了現在，那些古老的推力，卻和那些對人類文化演變及其語言分支樹有著當代科學思考的人種學家與語言學家所進行的探索活動牢牢地嵌合起來，並以鐵路和蒸汽船把新的探險者派到他們的探索領域去。

阿勒維就是這種田野工作者。他懂得阿姆哈拉語（Amharic），以及多數法拉沙禮拜儀式用來吟唱的古老語言吉茲語（Geʼez）。他對猶太人在泛歐亞非大陸上的離散十分有研究，而著迷於「大異其趣的文化表象下，是否有一個諸信仰的共同核心」這個問題。他告訴亞丁和沙那的拉比說「法拉沙人對於白人也能成為猶

❶ 譯注：今衣索比亞。

太人感到懷疑」而把他們逗樂了，而他在葉門的一個更遙遠的村落裡，還會再次體驗到這種懷疑論調。但他也告訴他的東道主們說，他是「來尋找他的同胞」，而誤導了他們；因為一開始，阿勒維在葉門的任務並不完全是為了普世猶太人。這任務有一個狹隘許多的學術目標。法蘭西文學院（Académie des Inscriptions et Belles-Lettres）委託他蒐集已知四散於該國、但據報在東北方乾河谷及城鎮仍保存良好的石碑和銅器金文。希木葉爾王國在那裡有多個要塞，但賽伯伊語（Sabean，這個名稱能同時讓猶太人與穆斯林聯想起示巴女王〔queen of Sheba〕）比那還要老好幾個世紀：不只是前阿拉伯，還是前希伯來的語言。哈伊姆・希布修許將會價值連城，不只因為他似乎知道哪裡可以找到常被拿來支撐傾頹泥磚牆的刻字石碑，也因為他的家族是富泰西（al-Futayhi）的後裔，那是阿拉伯猶太四大家族幫之一，而他們在葉門的蹤影可以追溯到伊斯蘭征服此地的幾個世紀前。[4] 但即便有這一切的家系血統和當地知識，阿勒維可能還是會把希布修許當作是個自命不凡的銅匠，但對於沙那和沙那周圍的社群來說，哈伊姆・希布修許是學識豐富的導師（mori），可不能被外國人當成兒戲，就算是猶太人也不行。

希布修許也是個足智多謀的人。在那位學者為之傾倒後，他提議從距離沙那四小時路程的蓋曼（Ghaiman）鎮開始搜索。他會盡其可能地拓印他能找到的所有碑文然後返回，並希望到時候教授能充分康復，好讓他們倆能一起開始探索反方向，也就是往北方走。在蓋曼鎮，「那個每塊石頭都喊著『我兩千歲了呀』的地方」，當地猶太人——銀匠、染布工、紡織工和鞣皮工——都會急切地向希布修許展現他們的石碑，就嵌在半毀的城鎮城牆上，因為他們相信「惡靈」就藏在那些無法理解的字母中。一但解密而真相大白之後，那些字母就會洗淨原本的黑暗力量，然後接著就是「以色列受苦的結束」。希布修許會是他們的救助者。阿勒維不知道的是，希布修許的反卡巴拉主義是反映了一個當下的迫切狀態。一八六五年，就在阿勒維抵達的四年前，一個自稱舒克・庫哈爾（Shukr Kuhayl）的假救世主，以他那製造奇蹟的狂信宗教吸引大量狂熱信徒，其後被認為是騙子，而在沙那的主廣場上遭到斬首，頭還被釘在其中一個入口上方。[5] 但葉門猶太人對救主的急切需求就是那麼固執，以至於三年後，一八六八年時，有一個應該是陶器工或是鞋匠的猶大・本・夏洛姆（Judah ben Shalom）也宣稱，多虧了先知以利亞，如今他便是復活而復原的彌賽亞，而他也贏得了大批群眾跟隨。這兩個偽彌賽亞知道，葉門猶太人習慣上都把一大部分的《聖經》記得清清楚楚，就算是那些小鎮裡的人也不例外；所以他們引用先知者和《所羅門智訓》（*Wisdom Books*）的各段落來預告他們的現身。不過，這兩個版本的救世主有一些不同。有別於第一版救世主是個流浪在社群間、過著禁慾貧窮生活的神祕講道者，第二版救世主舒克・庫哈爾二世（Shukr Kuhayl II，人們如今都這麼稱呼這位猶大・本・夏洛姆）想起了「加薩的內森」那種有組織力的天才，而在葉門的眾多社群裡成立了使徒基礎組織來徵收什一稅，以支持彌賽亞。這就為他提供了王公貴族般的生活。最為富庶的亞丁社群，據說把整個猶太會堂的金庫都送給了他。[6]

這一切——在埃及、孟買和巴格達設立了那些籌措基金的圈子；假造的世界末日日程表在四處散布；大規模悔改先於偉大的救贖到來，這樣的次序——會讓哈伊姆・希布修許灰心沮喪。他從自己的英雄邁蒙尼德獲得了啟發，而此人過去就和他一樣，認定自己的責任是要糾正那些輕易受騙者的錯信。那個對抗假彌賽亞的活動發生在七百年前，但在葉門，時間往自身裡頭崩塌了，而所有曾經發生的都仍在繼續發生。希布修許的戰鬥計畫是破除碑文上任何神迷難解的超自然力量，即便他自己也曾聲稱他可以解開那些碑文中的治療性質。

但他得要謹慎小心。那些提防著猶太人以彌賽亞之名造成擾亂的當地穆斯林，必定有可能會懷疑他不是來找解方，而是來找麻煩的。最好是不要吸引注意力。在蓋曼時，希布修許假扮成賣鼻菸的小販，跟他太太用一套祕密手勢來一同挑碑文。她會在頭上頂著一個籃子，混在採集硝酸鉀做火藥的婦女之間。把籃子放低是有碑文的暗號，也代表沒有危險，希布修許可以來拓碑。在祖家格（*Zugag*），他甚至還得更偷偷摸摸，把碑文用麥稈胡亂抄在手背上，一會兒之後再重新偷偷抄下來。他已經覺得自己處在一個陌生的國度了。但這並沒有阻止他快快地把當地清真寺內部巡一遍，如果不是他說服了憤怒的穆斯林說他知道古代埋藏的寶藏在哪兒，做這種傻事可是足以讓他被殺掉的。

各地的風俗讓徹頭徹尾是個沙那猶太人的希布修許感到困惑。在穆書那（Muhsuna），某位東道主的一位女兒脫下了她的褲子，並拿到他們剛用來吃飯的同個碗裡洗，另外做麵包的麵團也是在那碗裡頭揉出來的。他記得，在這些地方，評論一個男人「穿褲子」，是在指控他沒有男子氣概。

回到沙那，他很高興看到阿勒維已經能從沙發床上起來了。但就算當初沒人做出丟掉行李這種警告，希布修許還是對他們可能會招來的不歡迎感到憂心。對於葉門猶太人來說，現在的時局並不好。他們過去習慣遭受的惡劣羞辱如今變得更殘暴，咒罵得更大聲，偶然隨機出現的肢體攻擊現在連孩童都成了目標。這時有饑荒、有瘟疫爆發，還有（理由充分的）謠言說土耳其人會攻打過來，而他們後來確實在一八七三年征服了葉門。不用說，這樣的諸多困難會怪到猶太人頭上。希布修許後來寫道：「麻煩狀況極端到難以忍受。」日後將會在一八八〇年代集結起力量的巴勒斯坦移民活動，這時候已經開始了。為了要測試阿勒維的決心，希布修許告訴他有另一個「阿什肯納茲猶太人」訪客遭亂石痛砸，更糟糕的是，還有人拿死貓丟他。被打傷又被侮辱的阿什肯納茲人居然還有勇氣把貓朝人丟回去，而這樣的冒犯行為，如果不是審他的那個伊瑪目覺得這整件事有點好笑的話，他可能要接受身體刑罰、甚至是死刑。這可以說是九死一生，但希布修許將會發現，阿勒維這個人充滿著出乎他意料的十足老練勇氣，而且面對相似的羞辱他也毫不動搖。那好，但希布修許堅持阿勒維必須穿得像葉門猶太人一樣：稱作「quftan」的厚重羊毛腰帶，同時可以做披肩以及晚上用的毛毯；還要戴一種被稱作「lijjah」的奇特「quffaya」頭飾，一頂「跟木頭一樣挺」的帽子，上頭有黑白條紋的帽邊。無論如何，他的外貌不能有一絲可疑。

當他的身分一在當地猶太會堂私下揭露、消息又跟著傳開之後，當地的猶太人——光是在馬迪德（al-Madid）就有五百人這麼多——便想要見見這個阿什肯納茲人。希布修許跟他解釋說，人們普遍相信，歐洲人是來尋找但支派；人們認為這一派是在北方的山丘國度裡騎馬上下，是會帶著他繼續找到其他以色列失落支派的外圍以色列人。但阿勒維要的只是盡可能地收集賽伯伊語碑文，好讓他能為巴黎各學院的系統科學研究打下基礎。就這目的來說，他可說是極其成功。探索行動在一八七〇年收尾時，他已經獲得了六百八十五份碑文（雖然根據希布修許後來所言，他不知道為什麼忘了讚揚那位抄寫者所付出的一切勞力）。

他們別過頭避開熱風所掀起的沙塵、拍走咬到他們的蒼蠅，坐在驢子上沉重地向前行，還只能側鞍騎乘：這是猶太人唯一允許的騎乘姿勢。偶爾驢子會換成當地猶太人借的駱駝，好讓他們換換口味。希布修許討厭騎駱駝，討厭到常常乾脆自己光著腳走，並對那位歐洲人似乎沒覺得哪裡不舒服感到訝異不已。掛在那些動物腹腰上的厚織鞍褥，深紅的染色因沾滿沙塵而更深，卻沒能紓解背後的痠痛。所以在希布修許抵達蓋勒（al-Ghail）的時候，當他尷尬地打擾到一位正在洗頭髮的女屋主，而她依舊親切地用融化的奶油按摩了他發疼的腿，還給了他一罐油脂來潤滑頭髮和臉時，他實在是感激不已。

他們在位處高地的焦夫（Jauf）省村莊現身時，被男孩和青年人包圍，在他們的坐騎身旁邊跑邊呼喊。許多人留著在臉頰旁擺動的螺旋長鬢髮，上頭抹的油比希布修許還多，在沙那，留這種髮型比較不是為了遵守《妥拉》所禁止的「剃掉頭兩側的髮」，而比較是為了服從穆斯林所要求的，猶太人的外觀得要和別人差異到能辨認出來，才容易公然奚落。出於同樣的理由，猶太人也禁止穿戴任何一種會蓋住鬢髮標記的頭飾。不過向內進入沙那北方後，部族和猶太人的關係比較沒有那麼多敵意，而對猶太人的攻擊嘲弄也沒那麼勤奮不懈。在那裡，鄉村猶太人可以把《聖經》裡的戒律詮釋為「只有禁止推平頭的兩側」，因此允許鬍子和頭髮能有獨特的修剪樣式。還真是有益生活。

喬瑟夫．阿勒維這個眼皮塗上眼圈墨來增進視力（每個人都這麼相信）的假乞討者，在希布修許的帶領下到來；而這必然地在乾河谷地帶的各間小小會堂造成了騷動。他是不是又一個彌賽亞的使者？米爾（al-Milh）有一名一百四十歲但鬍鬚深黑、骨架結實的老人應該就是這麼信了，而這樣告訴他的小徒弟們。或者最至少的，他會不會是某個能在他們與歐洲教友之間擔任居中橋樑的人？因為，基於某些理由、在某些地方，在那些相隔之遠有如印度和加利西亞那樣的猶太人社群眼中，世界猶太人的統一會是他們得救的條件。那麼很矛盾的，這兩位全球以色列同盟使者兼教師的任務，也就是把「落後」猶太人帶入現代化自由知識世界，其實就被那些在接收端的人翻轉了，對他們來說就意味著一個包含全以色列族（有時候包括那些找不到的失落支派）的神祕教派即將出現。全球以色列同盟還沒來到葉門，但當地的拉比們已經從巴勒斯坦、埃及等地，尤其是巴格達—亞丁—孟買這條貿易連線，聽說了摩西．蒙蒂菲奧里爵士和羅齊爾德家族的成果。所以約瑟夫．阿勒維可以擔任使者，把他們和猶太大人物聯繫起來，進而把他們和遠在這片沙漠海洋之外、顯然正在發生的世界大事也連接起來。而這時候，正是歐洲猶太人了解到他們自身的不幸、痛苦和大量希望的時候。他們也望向耶路撒冷，即便他們祈禱的方位是西北方。

教授面對這樣的悲劇熱情可說無動於衷，對於從葉門帶話回歐洲的任務更是興趣缺缺。他就只是繼續做他的工作，同時試圖不要冒犯那些可能會有幫助的人。阿勒維會隨著希布修許來到那些分別屬於織工、皮革工、陶工和銀匠的、刷成白色的小小祈禱屋。即便是不比一個村落大多少的尼亨姆（Nihm）區，都有四間猶太會堂，如果他輕忽了任何一間，都會是種冒犯。當他到了猶太人會帶著嵌銀佩劍（畢竟他們是葉門的銀匠）的哈布（Khabb）綠洲時，他特別留意了這件事情。在安息日那天，他坐著吃了放在悶燒灰燼上石鍋裡的庫巴聶（kubaneh）麵包當早餐。那並不會太差——用餐結束時總是能喝到深濁色的咖啡，其濃郁是在巴黎甚至土耳其都無法想像的；還有一碟新鮮的椰棗，摘自乾河谷底下的椰棗樹上。牲口吃到了壓碎的果核。

偶爾因為阿勒維那麼穿著，會有人請他去作釋疑解答，就好像他是真的拉比一樣。在哈布，有人請他為一起案件作裁決：有一名男子，主張一名據其所稱在他四歲時就許配給他的女子是他的新娘。女方的家庭不承認有這樣的婚約，而在這位假拉比讓所有人冷靜下來之前，雙方已經是劍拔弩張了。在翠綠的奈季蘭，在那椰棗樹密到有點難在刺狀葉片間看到太陽的地方，他在他的東道主家直接發問，問起一個臉蒙上面紗的女孩——這在那邊並不尋常。對方告訴他，那女孩因為未婚懷孕而正等著被處死。心慌不已的他問那個叫作莎伊達（Sa'dah）的女孩，事情是怎麼發生的，而她回答說，之前她拜訪了一間患病者的家，去幫忙他太太做家事。就在她爸爸留她一個人在那戶人家裡的短暫時間中，跟那一家認識的六個年輕人來這邊過夜，而其中一個人強姦了她。她羞恥到無法大聲呼救，而這侵犯的結果就在她變大的肚子裡動著。這個悲傷的故事促使希布修許講了一個猶太知名美女的傳說（雖然完全沒幫到什麼忙）；那美女反抗了一名謝里夫的侵犯，把他鎖在一間小房間裡。在部族領主相聚來裁判之前，她發表了一篇激昂的演說，宣稱這樣惡劣的行為打從猶太人最初來到葉門至今都始終不為人知。判決判定處罰犯罪者，但處罰是砍殘他的牝馬而不是加害者。根據希布修許所言，阿勒維有被莎伊達的悲劇故事打動，但也沒有打動太多，以至於在他們離開後他就懶得回去，更別說想知道後來那個注定要死的女孩怎麼了。

希布修許開始覺得，阿勒維對他們國人的熱情就僅限於死了很久的那些人。他自己被阿勒維聲稱的那句「是來尋找他的同胞」所誤導，因為隨著旅途進展，他的好奇心開始消退，而他對他人糾纏的不耐則是日益增加。拉著他、要他關心他們的人實在太多了。

回到巴黎之後，阿勒維分秒必爭地在《亞洲學報》（*Journal Asiatique*）和《地理學會會刊》（*Bulletin de la Société de Géographie*）發表他的發現。在數份不同的論文中，他描述了城堡廢墟和清真寺的狀態，以及該地地勢。一八七九年，基於在阿比西尼亞和葉門的成果，阿勒維被任命為高等研究應用學院（École Pratique des Hautes Études）的衣索比亞語言教授，並成為亞洲學會的圖書館館長。以一個出身哈德良堡的猶太人來說，這可真是莫大的光榮。

哈伊姆．希布修許並沒有忘記或者原諒這種在他認定中是忘恩負義兼冷漠無情的態度。他自己是可以忍受教授沒提到他在復原賽伯伊碑文上的功勞。但他無法忍受的是背叛葉門同胞；他們開門迎接過那外國人，給過他錢、食物與親切招待。一八九二年，他寫了一封公開信表達這樣的失望。當阿勒維出現時，他燃起了一股希望，覺得終於有人可以充分地把葉門猶太人的苦難經歷呈現給歐洲的教友，畢竟這些人宣稱對他們的福祉有興趣。他應該要是他們苦難的代言大使，藉由這個代理者，他們的幸與不幸會成為猶太人的命運和歷史的一部分。而他也應該要是一個保護人們不受彌賽亞邪說誘惑的守護者。猶大·本·夏洛姆，「舒克·庫哈爾二世」，最終被揭穿面目而倒臺；他散盡財產，在一貧如洗及下獄後於一八七八年結束一生，但這並不是阿勒維這類人的功勞。這位學者甚至連希布修許最希望的一點都沒能履行：把教師送來，讓葉門猶太人進入啟蒙群體中，但又不放棄他們的傳統。他真是不要臉。同盟不是宣稱天下猶太人都是同個民族嗎？

看起來，只有在一定程度上才是這樣。然而，葉門猶太人怎麼有辦法知道，他們曾經相信是他們的使者、保護者和支持者的這個人，「會毫無疑問地打從心底忘記他們，並拋下他們任憑其希望粉碎」？

II　猶太人的圓頂

在十九世紀的最後幾十年裡，猶太人有不少情況會把自己的同胞排拒於一定的距離外。在維也納、布達佩斯、紐約、巴黎和倫敦，戴著高帽子和體面男裝的猶太人若看到有大鬍子和黑色長外套（kapotes），或者有大圓柱帽和邊落的人沿街走來，就會退避三舍。他們真的屬於同一個大家族嗎？移來的東方猶太人（Ostjuden），大聲講著意第緒語，做起事大剌剌，大喊大叫，指頭戳來戳去，有時候會讓穿著西裝背心和蓬裙，說著德語、英語、法語、馬扎爾語（Magyar）、俄羅斯語，閱讀普希金（Pushkin）和席勒的猶太人感到難為情。一八六四年，當普魯士政府把波蘭猶太人立即驅逐出國時，柏林猶太人的主要報刊《猶太教綜合報》裝作沒看見並守口如瓶。沒有人想要為惡劣的反猶醜化漫畫背書，但當這些坐包廂、聽歌劇的猶太人在利奧波德城和白教堂的時候，他們還是避著那些大蒜和鯡魚氣味。東方猶太人的粗野，可能對那些為了受社會尊敬、為了獲得法律地位解放而努力了太久太辛苦的「比較好的猶太人」造成負面影響。現在那些努力都被新來者的「落後」害到快要失敗了。在一場徒勞無功的止血嘗試中，倫敦的濟貧會（Board of Guardians）宣布，該會將只協助已經居住在倫敦超過六個月的移民。該會無論如何都不會提供現金，除非這筆金錢是被用於將新來者送回原出發地。「我們向在德國、俄羅斯和奧地利的同胞中每一個思想健全的人懇求，」濟貧會表示：「請你們放置障礙阻擋移民人潮，說服這些旅行者不要大膽地前來這片他們不熟悉的土地。」

這種恰如其分地出自「安居樂業」者的訴求，遭到了人們的忽視。猶太人正在活躍著。他們什麼時候不活躍？但從一八七〇年代開始，移民人數可說是達到天量。數以百萬計的阿什肯納茲猶太人離開了家園——一八八〇年至一九一四年間，光是俄羅斯和波蘭就有超過兩百萬人，還有十五萬人來自羅馬尼亞。理由有千百種：再度翻新的惡毒本土主義者攻擊；猶太人定居地的人口壓力；極其難熬且看似無法改變的貧困。一度只有四、五口要養的地方，現在都有了十來張嘴要吃飯。在那些水源汙穢、咳嗽帶血，甚至霍亂都沒有完全排除的猶太小城裡，誰曉得那些嬰兒是怎麼活下來的？瘟疫（白喉、猩紅熱、結核病）和饑荒肆虐於猶太人定居地，然而嬰兒還是不停生下來，且大多撐到了斷奶期。經濟混亂又加重了離開的壓力。在加利西亞，經歷了一八六三年夭折的波蘭起義後，貴族的地產作為懲罰而被俄羅斯政府拆散。有些猶太人曾經與什拉赫塔的貴族仕紳擁有長期（即便並不舒服的）往來關係，借錢給貴族來讓他們維持那種浮誇到不可能撐住的生活風格，並因此獲得包稅、租契和釀酒壟斷權；但如今他們失去了那些可靠的收入來源。在社會天秤的另一頭，曾經會在市集日買他們靴子和工作裝的農人，現在都搬去了工廠城市。現在，週日早上裝滿一車東西去賣，也不保證週五就能帶著足夠把哈拉麵包擺上安息日餐桌的錢回到猶太人小城。更多人接下了洗衣工、女人們做起針線零工。食物變得更貧乏：鯡魚、甘藍、乾麵包尾。少數人養動物，但乳牛的奶淡如水，羊隻骨瘦如柴，雞身上的髒羽毛比較多。那幹嘛不走呢？留在這裡是要為了什麼、為了誰？那個還把眼睛朝著天國、並承諾彌賽亞不久後必將現身的大師嗎？猶太學校那些上下擺動跳動直到景象出現在他們緊閉雙眼中的男孩們嗎？當村裡那個帶著報紙、有平整山羊鬍、抽著都是焦油的香菸，引用著萊蒙托夫（Lermontov）字句的啟蒙運動者在街角喋喋不休談起啟蒙運動的日子時，有人相信他嗎？

全都受夠了的那個早晨終將來到。人們的聲音越來越大；穿著兄弟姊妹舊補丁衣服、胸膛凹陷的孩子們在街角瑟縮著，而他們的父母用大聲的反問威脅著彼此：「做你的白日夢！」「又在說我做白日夢！你想怎樣？上帝會照料我們的！」「看看你的小孩！都瘦到皮包骨了！該照料我們的是你，不是上帝！」然而，利維夫、克拉科夫、華沙和基輔的工廠正在製造便宜的衣服、靴子和鞋子，這代表沒人需要修舊貨了。猶太人進入那些工廠或血汗工廠擔任裁切工、壓製工、女裁縫工、打鈕釦孔的人、捲雪茄或捲香菸工；進入悲慘的、挨著磚牆的、沒有新鮮空氣的小巷和公寓，其中二十個人會在小而令人窒息的工作坊從白天工作到晚上，和另外五個人一起回到狹小的房間，有些人得睡在地板上，嬰兒整個晚上都在哭。

如果克拉科夫、維爾那或利維夫太險惡，那麼維也納、柏林、華沙、布拉格和布達佩斯似乎能帶來不一樣的生活期待；在那之外，還有阿姆斯特丹和倫敦，更遠的還有被稱作「黃金國」（Goldeneh Medinah）的紐約、辛辛那提、芝加哥、波士頓；在那裡，一個人既可以回家過安息日，還可以花完一個裝滿美金的錢包。所以各家馬車便隨之啟程，歪曲的輪子像是喝醉了一樣轉著，在被一輛接一輛車挖出溝槽的路上搖晃前進。火車咔噠咔噠地駛過，裝滿了戴著流蘇的男孩子，當他們把頭擠到窗外時，邊落鬢角（payes）飛了起來；他們低頭躲開爸爸賞的耳光，妹妹們還掛在她們母親的羊毛大裙子上。在他們一旁、或者堆在車廂後面的，是捆在一起的鍋碗瓢盆、床墊枕頭，箱子裝滿了安息日拜訪問候時穿的衣服，衣裝中最重要的帽子，以及其他不管過什麼樣的猶太生活都必需的物品：燭臺；分離儀式用的香料盒；光明節的燈；一個銀製的祈福聖杯，有著波蘭式的雕刻工甚至金絲細工；一個逾越節晚餐用的盤子。

在沿路的中繼站上，尤其在波蘭加利西亞與奧匈帝國邊界上的布羅德，更是塞滿了大量從烏克蘭或比薩拉比亞（Bessarabia）一帶來此的猶太人。被移民淹沒的一萬五千名當地猶太人，反而藉著為永不止息的旅人潮提供服務，把這困境變成了轉機；而他們之中的資產階級——從事生意中間人或小銀行家的家族，則是搬到其他地方，如布達佩斯、別爾基切夫和敖得薩。馬車推車把街道塞得水泄不通。在布羅德的旅館裡（在漢堡和鹿特丹這些離境港口也都一樣），可疑人士在幾杯李子白蘭地下肚後，便作出空頭承諾。在煙霧瀰漫的木造房間裡，沒人說出口，大家就自己奏起了克萊茲默（klezmorim）；「弄臣」可能會講講看笑話；一個羅馬尼亞人會生出一副牌。但對移民來說，情況可能會很艱難。一八八二年，倫敦那邊發起了一次訴願活動，希望能幫助據說在布羅德挨餓的兩萬三千名猶太人。

如果他們沒死在布羅德，他們就會繼續前進；前往維也納，一八〇〇年那裡的一萬名猶太人口，過了一個世紀後變成了十七萬五千人；他們也去布達佩斯，而那些對於這十五萬猶太人（於一八八〇年代占了該市人口三分之一）毫不在乎的人，把這地方改稱為「猶大佩斯」。華沙和柏林（一八七一年時，後者只有三萬六千名猶太人口，但三年後，就變成了十四萬四千人）等城市，也因為這一波窮苦移民潮而改頭換面。

他們來自鵝群嘎嘎的生活，來自立陶宛和東加利西亞，來自製造奇蹟的哈西迪宮廷，點油燈的破敗小屋，沒鋪石磚的巷弄，被煤煙弄髒的酒店，破舊的白天市場；來自兒童宗教學校，那裡的老師愛他的鞭子一如喜愛《米示拿》，但就是沒那麼愛他的學生；他們一邊歌唱（shir）尖叫（schrei），一邊來到忙碌活躍的都會異世界：馬拉軌道車和林蔭大道，煤氣燈和玻璃牆面的百貨公司（其中許多間是由猶太人提耶茲〔Tietz〕和韋爾特海姆〔Wertheim〕所擁有，畢竟是在柏林），到那些炫耀著抹蠟絡腮鬍和光亮警棍的警察所巡邏的公園，到擦了脂粉的娼妓和衣著破爛的賣花女孩所充斥的窄道，到池塘和噴水池、劇院和酒窖，旋轉的華爾滋和銅管樂吵鬧的嗡巴聲響。他們如此震驚，但還比不上發現這些城鎮裡的猶太女孩的教育程度比男孩高時的震驚；她們整排整排地坐在醫學學校的板凳上，專心看著以細節圖樣闡明的解剖構造，或者在公共圖書館彎身看了好幾天的書；已經不會縫紉、做飯、祈禱的女孩們等著媒人（shadkhan）給她們丈夫，然後把猶太小孩生到這世上來，讓那些必然會來的迫害者大感不解。而且不只女孩子：還有婦女們，那些受夠了被歌頌為「豪勇女人」、價值勝過紅寶石的太太們。老早就受夠了那些什麼紅寶石的！猶太新女性根本不要那種口惠實不至的好料。她們要的是學習——以貪婪、著迷、擺脫束縛的狼吞虎嚥，把科學、藝術、哲學、數學這些智慧的氧氣大口吞進體內。困惑的新來者會看到，這些表面上仍舊自稱是猶太人的女孩，她們的頭髮別了起來，一條不聽話的捲髮從她們的寬邊帽上垂下來；她們在街上手挽著手大笑，大展四肢坐在公園板凳上，跟穿著過於講究的男生打情罵俏，或者（希望別這樣）獨自在以鏡為壁的咖啡館裡，翻著報紙（也是由摩塞〔Mosse〕和約斯坦〔Ullstein〕等猶太出版者所擁有）發出沙沙聲，同時一點一點地咬著蛋糕，並試著迴避仰慕者的眼神一瞥（那並不太難）。

大學、歌劇院、咖啡廳和劇場會不會使這些人永遠離開猶太教？只要新形態的大都會猶太會堂能挽救這情況，答案就是否定的。現在的猶太會堂已經遠遠不只是在裡頭祈禱與學習的屋子而已。那裡是都會猶太微型國家的中心，舉凡一個猶太人身心所需的任何一切東西，都涵蓋在它的全面治理之下。幾個世紀以來，猶太自治曾經就是指拉比法庭，有權仲裁財產、遺囑、婚姻和離婚的糾紛，核發屠戶和割禮者的許可並作檢核，嚴格看管殯葬儀式場地。在猶太人定居地，傳統、自治的信眾團體在國家的命令下遭到廢止；而在歐洲其他地方，猶太解放運動（一八六一年與一八六七年在奧匈帝國、一八七一年在德國）的受益者，現代化世界的權貴，接管了社群的領袖地位；其中有些人，第一批猶太男爵和騎士（nokh）——接管了商業領袖地位：例如埃米爾・拉特瑙（Emil Rathenau）等工業創業者（他確實是第一個「見光」的工業創業者，畢竟他開創的是電力工業，且前途也因此光明）；像是阿伯特・巴林（Albert Ballin）這樣的船東，他的漢堡—美洲航線，把大批猶太移民當成人而非牲口來對待；當然會有銀行家，分別經營德意志銀行、德勒斯登銀行和孟德爾頌銀行；然後在社會階層中下來一階的地位上，有醫生、工程師、新聞編輯和出版商，好比《法蘭克福報》（*Frankfurter Zeitung*）的利奧波德・松尼曼（Leopold Sonnemann），還有（因德意志人反抗而）為數不多的教授。他們一路登頂的行事作風，會如他們所願地，讓他們看起來像是自由化國家內的自然擴張，而不是在國家裡另外形成一塊令人起疑的飛地。就是他們強化了安息日早晨儀式的禱詞中為皇家君主祈禱的重要性——也同樣是他們，會常常在讀《妥拉》儀式結束後的關鍵時刻，頂著他們的高帽子，隆重地把禱詞說出，就彷彿自己剛從宮廷過來似的。

代替無所不知的拉比而現身的是委員會，每週在猶太會堂裡的會議室開會：代表董事會（就英國的場合）

緊盯著敵視行為，並有權在必要時代表向政府發言；濟貧會提供食物給貧困者。這樣的家長式制度是否要擴及大量前來的東歐猶太人，或者這種制度是否為「當地出生者優先」，常常是糾紛的來源。但這樣的機構一旦成立之後，就常常是由內部人們自身的殷勤動力所推動，即便那些做了捐贈的人會傾向於在城市裡和窮人保持距離。住宅區藉由帶著錢、時間和憐憫心前往鬧區，洗淨了自己的良心。所以醫院、「絕症者」之家和給食處大幅增加，同樣增加的還有為裁縫、木匠、鞋匠提供創業協助、提供金錢租用工具和材料的機構。最重要的是，可以讓孩子準備好能在現代而不一定是猶太人的世界裡工作的學校（不然他們就只能在兒童宗教學校裡死讀書）：商業學校、技術學校，甚至農業學校，教語言、數學和自然科學、文學和歷史的學校。這些學校創造的改變可說影響深遠。因為在很多人的記憶中，猶太人做的就只是研讀《妥拉》和《塔木德》、屠宰潔淨的肉類、沿街叫賣、賣舊衣服、裁縫衣服、製鞋、放款；舉凡任何人的記憶裡，猶太女人就是忙家務事跟煮飯，直到她們有老公，然後有自己的家。有了新的知識，他們現在什麼都可以做：新聞業、化學、詩作，甚至當兵。而且，到了週五晚上，只要他們願意，他們還是可以走進猶太會堂，歡迎加入安息日的新人。

關於猶太人在大都會可能可以獲得的地位，沒有什麼比新的特大猶太會堂表達得更樂觀了；這座建築規模雄偉，造型通常招搖浮誇，引人注目地立在城市中央而提出了一道聲明，宣稱自己就跟博物館、歌劇院、市政廳和大教堂一樣，是當代歐洲城鎮景觀的一部分。終於有一次，猶太人在視覺上的「可觀之處」，不再是那種由他人強行加上、用來侮辱猶太人或將其受害者化的手段了。這次是由猶太人自己所設計，要來當作文化自信的符號。當柏林新猶太會堂（Neue Synagogue）的長者察覺到龐大的黃金圓頂很難從奧拉寧堡大街（Oranienburger Strasse）的另一頭看到時，他們便要建造者把圓頂往前挪，即便那樣的話，這個黃金圓頂就不會加冕在主結構的頂上，而是前廳的上方。[7] 佛羅倫斯雄偉的大猶太會堂（Tempio Maggiore）克服這難題的方法是，讓銅製圓頂的大小不輸給布魯內萊斯基（Brunelleschi）打造的花之聖母大教堂（Santa Maria del Fiore）圓頂，同時在入口上方也蓋成一個半圓頂。[8] 這短暫振奮期內的猶太資產階級，變得很喜歡亂蓋圓頂。兩個讓人想起俄羅斯或希臘正教教堂的洋蔥狀的圓頂，疊在大到理直氣壯的布達佩斯多哈尼街猶太會堂（Dohany Street Synagogue）正面的兩座細長塔頂上；這間會堂是為了容納三千人而打造，而這個造型實在是太令人滿意，因而很快就被照抄到紐約中央會堂（Central Synagogue）以及捷克摩拉維亞城市比爾森（Pilsen，捷克文Plze ）的大猶太會堂。雖然一八八〇年比爾森只有兩千名猶太人，但這個社群在打算蓋出六十七呎高的洋蔥圓頂塔、讓建物比附近的聖巴爾多祿茂主教座堂（cathedral of St Bartholomew）高上許多時，並不覺得這有什麼大不了。但最後還是要等到比爾森的猶太人同意把塔高降低二十呎，這個計畫才得以放行。

對都靈的猶太人來說，兩個圓頂可不夠，他們便把數字加倍，讓建築物每個角都放一個：令人震驚的威尼斯—哥德、文藝復興和俄羅斯正教派的條紋色混合建築。不過，該建築最強烈的印象，按照十九世紀愛用的稱呼，就是「摩爾式」（Moorish），指的是一種仿伊斯蘭的風格，或者一種「仿不太像」的伊斯蘭風格。來者進入都靈大猶太會堂時穿過的三重馬蹄鐵拱狀門口，以及那上頭靠一根細長直櫺從中分開的中分拱頂窗（Ajimez），都絕對像極了清真寺。在一八六〇至一八七〇年代蓋起的、色彩最繽紛的宏大猶太會堂中（包括我自己去的、西摩地〔Seymour Place〕的西倫敦猶太會堂在內），有許多會把聖櫃安置在頭上有半圓蓬頂的壁龕裡，風格就很像把祈禱方向基卜拉（qibla）圍起來的窨殿（mihrab）。

對於一個如此渴望成為歐洲文化一環，並且終於享有了平等權利的社群來說，「摩爾式流行復興」乍聽之下似乎是個怪異的日常用語選擇，尤其是因為一個反猶者最愛講的抱怨就是：猶太人不管外表再怎麼西方，他們內心還是不可同化的東方「閃族」（Semitic）人，在基督教國家中不會有真正的地位。但同時在英國以及（某種程度上）在中歐，猶太人卻出於同樣的理由，而被喜好猶太者給浪漫化了。猶太人在文學上的典範形象，是一種創造出來的精神貴族階級，用來對比那種唯利是圖的功利主義，特別是地主階級那些不動腦的跑馬打獵等無益消遣（特別諷刺的是，這時候正好就是猶太大資本家們在羅斯柴爾家族的領頭下，開始學人家搞地產經營、培育名門純種、排打獵舞會等社交行事曆的時候）。然而，猶太流浪者開始出現在虛構文學中，展現出不一樣的浪漫，被賦予了出於離鄉背井而產生的特有尊嚴，取代了描繪著小販和小賊、小盜、指頭敲個不停的守財奴和肥胖當鋪老闆的尋常諷刺漫畫。迪斯雷利（Disraeli）打造了一整個專門的小說類別，著重描述一種渴望著錫安、道德高尚的猶太人，迷住了那些金髮的非猶太人，故事有時候就發生在聖地上[9]。狄更斯在《我們共同的朋友》（*Our Mutual Friend*）中，把《孤雛淚》（*Oliver Twist*）中醜怪的惡棍費金（Fagin）換成了神聖高尚的米拉（Mirah）和他父親。更值得紀念的是，喬治・艾略特（George Eliot）的《丹尼爾・德隆達》（*Daniel Deronda*）以編年史方式寫出了主角自我發現的漂泊旅行；這個虛構人物正派的本性和道德純潔，以及他的非英國氣質，都使他被認為是最新的一種不朽猶太人，在漂浪中並未墮落反而神聖化；而且，還有一根總是朝著耶路撒冷方向顫動的磁針。至於安東尼・特洛勒普（Anthony Trollope）作品《我們現在的生活方式》（*The Way We Live Now*）之中的奧古斯都・梅爾墨特（Augustus Melmotte），則是持續給商業惡行冠上了一個猶太種姓，而主角那種有如商人夏洛克式的自我毀滅，就只是讓與其相反的另一種理想——猶太人居於一個精神之美的宇宙中，對錫安的渴望啃食著心靈——更有吸引力。維多利亞時代的人真的會去聖地參拜，有一些是考古學家和攝影師，而許多人會很震驚地看到耶路撒冷和加利利的猶太人生活條件有多貧困，而他們總是會在前往第二聖殿的西牆時感動不已，這一點也是始終不變。當猶太人開始出現各種關於錫安重生的想法時，其實基督徒也開始想起一樣的事。

所以，路德維希・馮・費斯特（Ludwig von Förster，蓋了利奧波德城會堂和多哈尼街猶太會堂）這類建築師會在設計中採用了自己夢想的第一聖殿，或者會根據尤賽夫斯的史書，而用所羅門聖殿門廊中兩根二十七呎銅柱的名字「雅斤」（Jachin）和「波阿斯」（Boaz）來命名維也納猶太會堂的雙塔，其實都不是什麼太驚人的事[10]。當維也納這間聖殿奠基時，基石還附了一塊來自聖地的土壤。錫安已經在維也納、柏林、巴黎和倫敦重建（雖然帶了點摩爾味）[11]。

但因為雜食也符合潔淨的教規，所以沒有什麼可以阻止猶太會堂的內部也同樣被基督教大教堂的空間慣例所影響。教堂的聚焦軸是順著教堂正廳到祭壇，通常設計在交叉口的中心，也就是基督教核心神祕儀式的進行場所，但猶太教的神祕卻是集中在《妥拉》上：在於它安置於聖櫃中，以及在讀經臺上誦讀。傳統上來說，這兩個點實體上是分開兩處，而攜帶卷軸移動的隊伍是從聖櫃往讀經臺移動。但幾乎所有在十九世紀後半興建的猶太會堂，都把讀經臺直接移到了聖櫃前面，所以來回這兩個點只要走幾階樓梯就好了。不管是在讀經前或讀經後，攜帶手抄《妥拉》的隊伍，現在要繞著走廊並穿過整個猶太會堂的空間，男人和男孩子們推擠著走向蓋著布的卷軸，想要用他們祈禱披巾上的流蘇來碰一下，然後再收回來碰自己的嘴唇。

到了猶太會堂的中殿那一頭，提高起來的講壇變成了一個舞臺形狀，是燈光所集中的視覺焦點。就像在劇場和歌劇院那樣，這同時考量到了能見度和聲音效果。佛羅倫斯會堂的其中兩名建築師其實是工程師（第三位來自威尼斯古老統治家族集團的馬可．特列維斯〔Marco Treves〕是唯一的猶太人）。現代猶太人使用現代材料，但總是會把一種共同禮拜、一種收聚情感的經驗加以深化。建築會使用鐵柱，因為這樣才足以承載重量，同時尺寸上又維持修長，讓視覺的阻擾最小化。同時使用在女用邊座之下以及其中的同一種工業材料，打開了她們的視線範圍，而把任何會遮住視線使她們看不到的鐵欄杆盡量減少，也成了一種慣例。

聲音甚至更為重要。在猶太教裡，兩種發聲是頭一回共同構成了禮拜儀式：布道的拉比，他的精通言詞以及原文學識都令人期待；還有領唱者與合唱團那動人的旋律力量，他們把音樂的一股強烈起伏帶過了高聳的空間。演說和歌唱現在都從劇場式的讀經臺向上飄揚，同時奔向旁聽席上的女士和底下的男士，邀請他們進入禮拜儀式中。如今女人在立禱詞到了「神聖祈禱」（kedusha）的時候，可以跟著一起回應；可以跟著一起唱愉快的結尾歌〈我們的上帝無與倫比〉，這可說是空前。一個來自加利西亞或立陶宛的猶太小城、已經習慣了儀式就是拉比連珠炮全程領頭吟誦禱詞的新進者，如今身處在這些巨大而裝飾華麗的會堂內部時，曝露在講詞與歌曲改編到強烈藝術化的猶太聖歌劇中，會覺得自己好像出現在一個完全陌生的異教裡，只有「示瑪」和立禱詞中的希伯來語，以及《妥拉》的閱讀聲，會提醒他：這畢竟還是個猶太教儀式。

但那些戴著大禮帽、坐在信眾面前、有擋板阻隔的包廂座位上、彷彿自己是猶太人之主的那群人是誰？

難道說，現在尊重他人的準則已經不是神聖學識而是社交氣派了嗎？而且，那個戴著貝雷帽般古怪頭飾的人，下巴光滑得這麼驚人，怎麼還敢稱自己是拉比？從一八五六年起，利奧波德城會堂的那個拉比就會是阿道夫・耶林內克（Adolf Jellinek），來自摩拉維亞的他，是一個在猶太學校唸過書的男孩，曾經接受過熱切的宗教教育，也在萊比錫接受了強烈世俗化教育，而後者的內容包括了東方語言專門學科，如阿拉伯語和波斯語。[12] 耶林內克是猶太正統派和改革派這兩個交戰陣營間的一人橋樑；既是米德拉什和卡巴拉的學者，但也是正式辯論的大師，在他的講道中布署了吸引人的效果，因為實在太迷人，使得一本收錄其中最佳兩百篇內容的合輯，成為了十九世紀維也納猶太圈裡的出版大成功案例之一。耶林內克是徹頭徹尾的當代拉比，拒絕為了當代化而當代化，對於亞伯拉罕・蓋革（Abraham Geiger）這名沒有被《塔木德》奴役的《塔木德》捍衛者所支持的更極端改革主義，抱持著警戒心態。只要他覺得傳統過時或者不人道到站不住腳，他就會放棄這種傳統。「繼娶寡嫂」（Helitzah）這種風俗——也就是，如果一個人要擺脫「兄弟死後應娶其寡婦」的義務，女方就得要對著這個準丈夫丟鞋子——就被廢止了。對耶林內克而言，這完全不是真正的猶太教，他認為猶太教是以歷史的方式來理解，而不是將其視為永遠隨時間漂動的現象。

一如邁蒙尼德的傳統，耶林內克在拉比和教師之外還有一種公眾生活，於一八六一年參選了奧地利國會的下級議會，但並沒有獲選。他一方面明白地展現自己對祖國的忠誠，同時他又不妥協地堅持猶太身分，也因此他正是那位反覆譴責反猶太的皇帝法蘭茲・約瑟夫（Franz Joseph）心裡會留意到的那種猶太人。展現給耶林內克的尊重格外的不同凡響，因為他的弟弟賀曼（Hermann）曾參與了一八四八年至一八四九年的匈牙利革命，而在二十五歲時遭到定罪並處決。從阿道夫可以當一個雄辯滔滔的廢除政治犯死刑提倡者、卻又沒遭遇什麼下場的這一點，就可以看出他在自由主義政府裡（尤其是在皇帝面前）的地位有多高。

但另一方面，耶林內克家是以一個家庭體現了自由化中歐可能會發生的事情。[13] 阿道夫的一個兒子變成了海德堡大學的國際法教授；另一個則在維也納大學有個語文學教授（這是猶太人的一種專長）的位子。但第三個小孩埃米爾，可能是從他叔叔墨里茲（Moritz）那裡獲得了人生提示，此人靠著開闢維也納軌道電車賺錢（絕大部分直到今日仍在營運）。埃米爾．耶林內克（Emil Jellinek）從很早以前就明顯對學術沒什麼興趣，更不用說宗教生活了。先是常常在學校惹麻煩，後來又因為舉辦夜間火車頭競速被發現，而被某間（透過家族關係而錄用他的）鐵路公司開除。因為沒那麼需要外交能力資格而被派到摩洛哥的他，發現到非斯、丹吉爾和得土安更合他胃口，而出生在非洲的賽法迪猶太人瑞秋．高格曼．肯羅伯特（Rachel Goggmann Cenrobert）也這麼覺得，後來成為他的妻子。瑞秋和埃米爾決定給他們的女兒一個美麗的名字，叫梅賽德斯（Mercedes）。四年後瑞秋過世，埃米爾便回到了歐洲，在蔚藍海岸（Côte d'Azur）賣起了保險和股票證券，他的客戶來自於剛剛發現這地方的有錢人。他把他用這筆收入蓋的房子叫作「梅爾瑟迪斯別墅」。在蔚藍海岸上，埃米爾被一種有引擎的四人座馬車以及其發明者威爾海姆．梅巴赫（Wilhelm Maybach）吸引住。埃米爾找到了戈特利布．戴姆勒（Gottlieb Daimler），而把這整個開發團隊叫作「梅賽德斯」，把他自己的名字改成埃米爾．耶林內克．梅賽德斯，並開始和梅巴赫設計賽車。到了一九〇九年，他一年生產六百臺梅賽德斯車，可說是他那憂心忡忡的拉比父親所始料未及的未來。

隨著成功勢不可擋，埃米爾．耶林內克放棄了猶太教。但他的家人，最重要的是他的父親，對維也納的猶太人和猶太教有著深遠的影響。聖殿那兩人中的第二人，威風可也不輸耶林內克拉比。領唱者薩洛門．蘇澤（Salomon Sulzer）分別於一八四〇年和一八六六年出版上下冊的猶太會堂音樂選《錫安詩歌》（Shir Tzion），被從萊比錫到舊金山的諸多領唱者採納之後，在形塑阿什肯納茲猶太人禮拜活動的整體感覺上，做的可能比任何十九世紀的其他作品都來得多。是蘇澤讓儀式的某些時刻——〈錫安前行〉（Ki Mitzyon）、〈讓我們躺下〉（Hashiveinu）、〈我們的職責〉，安息日立禱詞的「神聖祈禱」——那些音樂性強烈的戲劇時刻，有了龐大的合唱來加強，以及給全體信眾回應的清晰拍位。但蘇澤的音樂——對華格納把唱詩斥為不過是花腔哭號的粗魯說法做出了反駁——傳出了眼前的信眾之外，進入了維也納更龐大的音樂世界。舒伯特寫了一首美麗的

〈感恩是好事〉（Tov Lehodot）給瑟騰史特騰巷（Seitenstettengasse）的猶太會堂，但是，是法蘭茲・李斯特這個對猶太人不友善的人，在前去聽了蘇澤唱歌後寫道：「一次壓倒性的靈魂與美學體驗……有個人似乎看見了讚美詩歌像是火靈一樣在高空飄浮。」

來聽蘇澤作品，聽聖殿裡的大風琴和大合唱，是那些搬出利奧波德城的猶太人（換成東方猶太人搬入）回來的一個理由。帝國的自由化改革、維也納那些思想現代的猶太人所能得到的文理中學和大學教育，也讓他們得以和醃漬物桶與小裁縫店稍微拉遠距離。那些和政府做生意的人——律師和銀行家——搬到了內城區（Innere Stadt），如今被環城大道（Ringstrasse）所包圍的維也納舊心臟地帶。但西格蒙德・佛洛伊德（Sigmund Freud）的父親雅各——出生於摩拉維亞，一名住在維也納的布料商人，精通德國文化；基本上是個新年和贖罪日才會現身的猶太人——在阿爾瑟格倫德（Alsergrund）這個從十六世紀就有猶太墓地的地方，和第三任太太，也就是西格蒙德的母親定了下來。混合了一部分大學校區的阿爾瑟格倫德成為了猶太商務和專業人士的大本營。到了一八八〇年，文理中學的學生已有三分之二是猶太人，而你傍晚在街上走著時，很難聽不到有人在練習貝多芬。

回到利奧波德城，來自加利西亞和猶太人定居地那些打扮傳統的猶太人成立了自己的家中小型會堂（shtiblach），就跟他們在斯特普尼和白教堂、包厘（Bowery）和德蘭西街，以及柏林的穀倉區（Scheunenviertel）做的事情一樣，打造了一個死守著習俗的世界，一個大城市中的加利西亞。在那裡，他們可以像過往一樣說著立禱詞：快速唸過十八句禱告，只會被讀經者背誦之中半喊式的「神聖祈禱」短暫干擾。他們不用聽講道，不用聽領唱人的聖歌。對他們來說，那些大殿堂裡的儀式（或者就這點來說，耶林內克在一八六五年搬去的瑟騰史特騰巷裡，那間猶太會堂裡進行的儀式）已經誇張到，搞不好維也納斯帝芬大教堂（St Stephen's Cathedral）的神聖彌撒都比這還像真正的猶太教。即便如此，在年度宗教活動中最莊嚴的時刻——在猶太新年或「所有誓言」儀式，當「全以色列人」據說都面對著上帝審判的時候——就算只是出於好奇，他們之中有些人確實會擠進大空間裡，然後「全以色列」（Kol Israel）這樣的理想，這樣的一個代表人物形象，就變得真實起來。所以，倫敦杜克街（Duke Street）的大猶太會堂，或者紐約鬧區壯觀的埃爾德里奇街猶太會堂（Eldridge Street Synagogue），或者巴黎拿撒勒聖母院街（rue Notre-Dame-de-Nazareth）上的猶太會堂裡，都洋溢著光采，充滿著歌聲，有著引導猶太人進入自我深究的哀求禱詞，有著構成了普遍記憶寶庫的讚美詩和歌曲，把活著的人和死去已久的鬼魂結合起來，而前途光明令人期待的孩子們站在他們的父母身邊。

如果都會大猶太會堂的內部設計，是想要給猶太人有團結一體的感覺（特別是在面對反猶太敵意的時候），那麼建築物外部的壯觀就是要面向非猶太社會。[14] 這種在歐洲文明世界中宣稱自己有權讓人見到而無愧於心的主張，是從兩個世紀前就在阿姆斯特丹堂堂地展開，但一六七〇年代的猶太會堂卻是當時的一個明顯例外。多半來說，建築物的正面會小心翼翼地藏起來；就算是在阿姆斯特丹這種屋頂絕對會露出來的地方，建築物的本體還是被庭院圍牆包了起來。當大部分的荷蘭設計都於一七〇一年轉移到倫敦貝維斯馬克斯時，倫敦的猶太會眾管理者確保這些設計有落腳在遠離街邊的庭院圍牆內。兩個世紀後，建築規劃顯得更明確有自信：高聳的正面直接對著街，或者更堂皇地後撤，讓前面擺出庭院入口，只以少量欄杆略作阻擋（當然，近日以來這些圍籬還靠著水泥屏障、金屬探測器和重武裝保安而強化了功能）。

但那些好日子裡的都會猶太會堂，其用意是要在大教堂面前頂住。它們必須有能接待總理、首相、皇族和國王的格局，而它們通常也確實夠格。柏林新猶太會堂落成典禮時，出席的有俾斯麥以及他的朋友兼銀行家葛爾森·（現在多了個）馮·布萊希列德，他的資金讓普魯士能夠打那場最終讓德國統一的戰爭。在倫敦，威爾斯親王和（地位更可疑的）巴西皇帝，是大波特蘭街（Great Portland Street）中央猶太會堂的訪客。皇太子魯道夫（Crown Prince Rudolf）在梅耶林（Mayerling）的愛巢裡自殺之前，也都是魅力十足、見多識廣的阿道夫·耶林內克的朋友。其中最為戲劇化的，就是皇帝法蘭茲·約瑟夫宣布，「在我的帝國內不容許迫害猶太人（Judenhetze）」。幾年後，他會把反猶主義斷定為「如今擴散到最高階人士團體的一種病症」。

皇帝一次對反猶太最直率的批評出現在一八八二年，可能就因為有這樣的批評，所以當耶林內克那位來自敖得薩的訪客李昂・平斯克（Leon Pinsker）醫生向他預告「反猶主義遲早會讓歐洲猶太人生活變得難以忍受」的時候，他覺得有點太誇張了。耶林內克認為，這種說法是來自俄羅斯的消息。沙皇亞歷山大三世可不能和公義賢者法蘭茲・約瑟夫相比。但他會清清楚楚知道，在德國土地上也是有充分的理由變得悲觀。當葛爾森・馮・布萊希列德被召喚到凡爾賽宮去處理從被征服的法國取得的戰爭賠款，而讓猶太人的被接納來到了無上的一刻時，其實這並未成為一種對未來可靠的預言。回到夏洛滕堡，德皇的宮廷神職人員阿道夫・史托克（Adolf Stoecker），仍然固定地在布道中談及猶太人殺害基督的臭名，以及讓他們永遠是德國外人的異類特質，因為缺乏大規模改信，因而始終無法真正融入民族主體。猶太解放運動是嚴重的錯誤，現在就是要反轉一切的時候。

仇猶的火焰燒遍了整個歐洲。一八七三年（在中歐尤其慘烈）的金融崩盤，被歸咎到猶太人身上，就如法國的動產信貸銀行倒臺，被強調為佩雷爾兄弟那些猶太罪犯對基督徒犯下的又一次詐欺行為。一八七九年，過去立場激進的無政府主義者兼無神論者，四任太太有三任是猶太人的威廉・馬爾，出版了一本小冊子《德國性戰勝猶太性之道》（*Der Weg zum Siege des Germanenthums über das Judenthum*），這個歌劇聽多了的華格納風標題就道盡了一切（華格納自己於一八六九年重新出版了他的攻擊文章，這次用了自己的本名，執著地認定猶太金錢力量杯葛他的歌劇或者中傷他的名聲）。[15]馬爾的攻擊有著強烈的社會要素。在他的想像中，「猶太性」既是那種挖出了德國手工業傳統圈之心臟的當代商業生活之有害風氣，也是一種對種族的形容詞。手工業會被犧牲給當代工業的莫洛克神（Moloch）❷，是起因於異國人出現在德國生活，也就是「猶太主義」，而唯一已知的解方就是「反猶主義」。因此，他的攻擊立刻就受到那些害怕自己在當代世界脫隊的人們歡迎，而在首賣時就賣了兩萬本，

❷譯注：即古代近東宗教中以兒童作為火祭品的神。

而發到了第十一版。比這還更危險的，是記者奧圖．格拉高（Otto Glagau）發明的警句：「社會問題就是猶太問題」（Die soziale Frage ist die Judenfrage），徵召了所有被當代生活的腐蝕所異化的人加入反猶太事業。他寫到，猶太人是「可恨的異類，不把哪裡當家，而且不管住在哪裡都缺乏所有對人民的理解感受」。[16]

都市猶太人賭了一把在現代化上，但現在他們面臨的攻擊是刻意返古、農村條頓且虛構神話的；在這攻擊中，他們獲派的角色是低於人類的哥布林，而德意志繁榮未來以及其存續的先決條件，就是無論如何都要把這種東西排除。馬爾明白表示，到最後只有一方可以贏得這場戰爭，而他作品的目的則是喊出戰鬥口號，並確保雅利安日耳曼人不會是被征服的一方。馬爾於一九〇四年死去前不久，突然徹底改變了想法，出版了《一個反猶太者的證言》（*Testament of an Antisemite*），並公開請求猶太人原諒。但這已經太遲了。他的「反猶太聯盟」（League of Anti-Semites）創造了一種新的政黨，而其毒效已經釋放到了德國民族主義的血流中。德國最傑出的東方學者保羅．德．拉加德（Paul de Lagarde），就把反猶主義描述為「我們民族運動的支柱……真正受歡迎之堅定信仰的最本質表現」。對於那些與中產都市唯物主義關聯最密切的人而言，致命無比的是反猶主義與政治參與的綜合關係，一種反資產階級自滿態度的刺激力量。換句話說，反猶主義是恢復民族健康的方法。當時，若要成為活力充沛的德國人，而不只是空談民族理想的話，就得要用力地、直率坦白地反猶太。

有一些新反猶主義的相關事物，幫助了原本停滯不前的宣傳用語。其中最棘手而致命的就是「猶太人是我們的不幸」（Die Juden sind unser Unglück），而這句警句更顯得致命的一點在於，這句話是由某個至今都不知道是誰、並暗藏在兩個新德意志帝國最高機構——柏林大學（University of Berlin）和德國國會大廈（Reichstag）——之中的人所發明來反猶太的。海因里希．馮．特萊區克（Heinrich von Treitschke）是一套多冊德意志歷史的作者，所以他不只是普遍受人尊重，而且在某方面是被看作為新民族的化身，而他也並不羞於接納這樣的角色定位。他以新認同的先知者自居，來著手評論海因里希．葛雷茲《猶太史》的第十一冊，也就是最後一冊。某方面來說，他們兩人的歷史著作可說是平行產物，但這樣的一種假想，會讓設想兩作完全對立不容的特萊區克驚駭不已。特萊區克在《普魯士年鑑》（*Preussische Jahrbücher*）這份政治評論月刊上所發表的評論最後一節，以及翌年他在小冊子《論及我們猶太主義的一句話》（*Ein Wort über unser Judenthum*）中，針對這最後一節所做的詳細描述，讓任何投身於民族事業的人，都能對反猶主義中的知性部分心生敬意。人是有藉口，至少有一個情感，去忽視流行中的反猶主義的粗劣部分，而他把這些粗劣部分歸咎於約翰．艾森門格等作者（他還誤以為艾森門格是猶太人，而這是普遍對他的中傷）。但在感嘆其粗陋的同時，特萊區克仍為普通德意志人民那健康的排斥本能感到高興。他們有察覺是什麼正在毒害國家，也有察覺到如果這毒害的歷史就是要得寸進尺的話，就有必要把它從民族血脈中清除。如果你是一名熱切愛國的德國猶太報紙編輯、生意人、律師或者教授（特別當你是教授）的話，你大可動動筆把威廉．馬爾和奧圖．格拉高貶為討人厭的記者。但特萊區克的恨意卻是臨門一擊，而對那些想要觀察評估他的人來說，他的恨意可說是糟糕的警訊。[17]

特萊區克是打從帝國的內心寫出這些文章。但像恩斯特．維加尼（Ernst Vergani）這類超越帝國邊界的泛日耳曼主義者，在堅信排除猶太人為民族重生之至高條件一事上，可能會更瘋狂。當（生長於猶太人占三分之一的利維夫，堅持德意志人和猶太人之間的問題是「種族的，是一個血統的問題……也只能由血統來決定」的）維加尼在奧地利議會呼籲發獎金給那些像比賽一樣射殺猶太人的人時，他可不是完全在開玩笑。仇猶的生物學化，先是在阿爾豐斯．圖斯內爾的書中闡明，然後在種族理論甚至流行病學登場的時候快速地來到。保羅．德．拉加德就寫到了德國的「去猶太化」（Entjudung），一次從政治體進行的向外分割。那不過是一個簡單的民族健康問題。既然印度—日耳曼種族和猶太人在生物學上不相容，後者就得「像害蟲一樣被壓碎。你沒辦法跟旋毛蟲和芽孢桿菌談判；你沒辦法培育旋毛蟲和芽孢桿菌；必須盡可能地全面快速消滅它們」。

雖然這些見解如此的病理學，但經過喬治．瑞特．馮．謝那勒（Georg Ritter von Schönerer）的作品詮釋後，它們只會變得充滿政治煽動性。謝那勒能夠自豪於繼承來的頭銜，就只是因為他父親有功於奧匈帝國鐵道而被封為貴族。小謝那勒在維也納羅特齊德家族下做事以及與其共事的經歷，也很有可能是他的憤怒源頭，尤其在一八七三年金融崩潰之後更是如此。但喬治也就是在那時候第一次回歸土地、研究農學、以農民的恩人自居，並開始抱怨那些應該要為災難負責的人，包括了那些應受譴責的猶太人。即便如此，有一段時間謝那勒有和猶太自由派政治人物合作，例如至少對追求積極德意志民族主義懷有熱情的維克多・阿德勒（Viktor Adler）。但當逃出一八八一年反猶迫害的俄羅斯猶太人抵達時，謝那勒的立場就快速地往極右傾斜，並把兩種形式的仇猶帶入了當代政治中：認為「猶太人摧毀我們的世界」的農民與手工匠所抱持的敵意，以及從未放棄「基督謀害者」這種古老厭惡理由的基督教敵意。[18]面對身兼雅利安與基督徒雙重敵方的猶太人，謝那勒不只要反轉其解放運動，還要把他們置於「特別法」之下。他本人因為脾氣差且冷酷，而難以成為群眾運動的魅力領袖，但他成功地使第一個表明反猶的政治人物當選，並進入奧地利議會。最不妙的事情是，謝那勒把對猶戰爭變成了他所謂的「民族意念的一根基柱」，並把反猶太聖戰描述成「本世紀最偉大的民族成就」。於這段期間出生（一八八九年）的阿道夫・希特勒，到頭來說出的那些話，其實並沒有哪些內容，是這批初代激進德意志民族主義反猶太分子的文字或演說沒料中的。

阿道夫・耶林內克不可能忽視這一切。一八八一年，他成為了最能代表維也納自由派猶太人之顧慮與意見的週報《現代報》（*Die Neuzeit*）的編輯。這份報紙已經辦了二十年，這段時間正好是奧地利自由主義短暫的好日子，而這份報紙被認為能把耶林內克滿懷希望的信念，也就是「帝國與猶太人相互依存的未來」傳達出去。該報共同創辦人兼前任編輯賽門・桑托（Simon Szanto）狂熱地把他認為是倒退正統派的人視為對手，而他的合夥人李奧波德・康波特（Leopold Kompert），透過自己描寫波希米亞猶太隔離區的小說，而使自己成為一道讓阿爾瑟格倫德和內城區的猶太人可以藉此自誇了解東方猶太人世界、但又不用太靠近其社會現實的中介橋樑（通常是一種感性的想法）。

不論是馬爾或德・拉加德所寫的文字，或者謝那勒所說的話，沒有一句不會給耶林內克充足的理由來改變《現代報》整體的樂觀調性。這是一種德意志的傳染病，會在仁君法蘭茲・約瑟夫所掌管的多民族帝國中失去其力量。但有另一名在維也納的作者讓耶林內克個人非常有興趣，而他對於中歐猶太人的未來，以及該說是所有其他地方猶太人的未來，都有一種完全是更為黯淡的觀點。就跟平斯克醫生一樣，佩雷茲・斯摩連思基（Peretz Smolenskin）也來自敖得薩，在正統派家庭中長大並轉投哈斯卡拉運動；他並沒有滿足於歐洲語言，反而著迷於賦予希伯來語新生命的想法，企圖將其轉變成一種真正的當代日常語言。斯摩連思基於一八六八年搬到維也納之後，耶林內克拉比幫他成立了期刊《黎明》（*Ha-Shahar*），支持這場重大的重生活動，並使其具體化。隨著對維也納猶太人的敵意緊跟上他們在世俗與教育上的成功，斯摩連思基開始無法相信《現代報》所倡導的博愛主義（Menschenfreundlichkeit）會成功。「不要聽那些人把這年代頌揚成一個彰顯人類正義與真誠意見的時代，」他這麼告訴追隨他的學生們：「那全都是謊言！」只要猶太人還否定自己身為一個民族的集體存在，就會成為國家與帝國那種無常善意的人質，這兩者都可能會被反猶太的力道所感染。

奧地利各大學的猶太學生，尤其是維也納大學那些被學生同盟（Burschenschaft）之類的兄弟會所排除在外的猶太學生，都關注著斯摩連思基這個陰沉但鼓舞人心的主題。當他們成了某些最惡毒凌辱的目標時，他們徹底了解到反猶太是一種特別存在於年輕人的意識形態。在斯摩連思基的導引下，其中三個人——墨里茲・施尼勒（Moritz Schnirer）、呂便・比爾勒（Reuben Bierer）和納坦・伯恩鮑姆（Nathan Birnbaum）——以「猶太人既有一段宗教史、也有一段民族史」為前提，組成了一個讀書會。在猶太人接納了自己的民族自我決定之前，他們只會跟過去多個世紀一樣，繼續當所有人的沙包。一八八三年，這三個人成立了第一個猶太學生兄弟會「卡地馬」（Kadimah）。想到這名字的是斯摩連思基，賦予了雙重的意義：「前進」以及「東行」。在東邊的可不是敖得薩，而是錫安。後來會發明出「錫安主義」這個名詞的，就是卡地馬共同創辦者的一員，納坦・伯恩鮑姆。

所以一八八二年，當某本內容和斯摩連思基所言雷同的匿名小冊作者——李昂・平斯克來訪問阿道夫・耶林內克的時候，這位拉比很清楚知道對方會跟他說什麼，並假定對方會闡述一種聽天由命的耐性。平斯克的學者父親是耶林內克的多年好朋友，而現在居然是這個已經中年灰鬍的兒子要來數落他，說維也納猶太人對於俄羅斯猶太難民困境的冷漠無視；或者，如果不是要講這話，那就是要講他們有意的遲鈍招致了應得的悲觀結論，以及要他們做一些不同於尋常慈善舉動的事。平斯克醫生打算請他支持農業殖民地的猶太人屯墾區，一個可以讓猶太人用犁和鋤頭自由地自力更生之處。莫里斯・德・赫希男爵（Baron Maurice de Hirsch）已經在阿根廷進行這種計畫；可是說真的，真的要搞出潔食的高卓人嗎？耶林內克很懷疑。不過，是背後更遠大的想法，也就是要他放棄城市猶太人的這種說法，令他苦惱不已。現在有對抗反猶者的戰鬥要打，他可不會隨便放棄。但你可以想像，公寓裡面享用著蛋糕和茶的人們此起彼落地爭相嘆氣的模樣。平斯克有點古怪地打破沉默，就好像這個拉比需要提醒一下他是誰：「我曾經和我父親來拜訪過你。」（這是將近二十年前，也就是一八六四年的事了。）然後是一段強化戲劇效果的自覺之言：「我十分清楚我看起來心神狂亂憂鬱，而且臉上有著強烈悲傷的痕跡……但你似乎也變了，不是在於你的外在面貌，而是你的內在性格。」平斯克指出，他看到的改變不全然是往好的那面。那是什麼——自滿自得？聽天由命？他要給他什麼：那些猶太人在哪兒都是自己家，是各自祖國的愛國好人之類的瞎扯？天曉得，連在俄羅斯他們都試過了，李昂，他自己，也試過了，在克里米亞戰爭中忠誠勇敢地服役於軍醫團。這沒能改變什麼。猶太人總是被當成有其他祖國的外國入侵者。猶太人需要的是自己的國家！平斯克拉高嗓門喊道：

> 讓我們可以活得像人的一塊土地。我們已經厭倦了被當成動物趕來趕去，被社會所拋棄，被侮辱、洗劫和掠奪；我們受夠了一直強忍我們心中激起的憤慨……受夠了一直對抗高於或低於我們的人都會施加的辱罵和折磨……我全心全意地對你說，我們要成為一群人，活在我們自己的國土上，建立我們的公民和政治制度……要成立一個國家，再小都行……幫我們這群受迫害的俄羅斯猶太人尋找一片可以像自由人般活著的領土。

但阿道夫已經花了一輩子，和那些堅持認定「猶太人是獨立於其居住國的另一民族」的猶太之敵爭吵。就如他對平斯克所說的，若要他同意這個前提，就是要他放棄他堅持並推廣了超過三十年的原則：也就是打造猶太人權利所奠基的那塊基石。他向平斯克坦承這是個令人擔憂的時刻，但也告訴他說，他的恐懼太誇大了，有組織的反猶主義——「長在（柏林）施普雷河畔的有毒植物」——並沒有深植於歷史的土壤中，因此只會是船過水無痕。

是這樣嗎？平斯克說。我來跟你講講敖得薩的事情吧。

III 美好的敖得薩

……黑土與黑海結合而生的愛的結晶，高山和深海，敖得薩。這個從齒間溫和地向外送的嘶音詞，一個太柔軟而聽起來一點也不俄羅斯的名字；但這也不意外，因為對韃靼人和土耳其人而言，這裡曾經叫作「哈西貝」（Hacibey），而且是要到一七九二年，那位西班牙—愛爾蘭裔出身的那不勒斯元帥荷西．德．利巴斯（José de Ribas）從鄂圖曼帝國那邊取得了這裡之後，才由來自德意志的俄羅斯女皇凱薩琳大帝（Catherine the Great）賜予希臘城市奧德索斯（Odyssos）之名。[19]在這一塊新俄羅斯之中，其實沒什麼俄羅斯成分。這個當地人喜歡稱為「小巴黎」的第一任市長是法國的黎塞留公爵（Duc de Richelieu），而為這城市帶來百呎寬大道與眾多雄偉石灰岩公共建築的，是薩丁尼亞出身的瑞士建築師法蘭西斯科．波佛（Francesco Boffo），他的名字是如此的難以抗拒，所以當揚科．阿德勒（Yankel Adler）這名少年拳擊手組成了一幫街頭惡棍「馬路流浪者」時，為了把他們的名號發揚光大，他們得稱自己為「波非」（Boffi）。

在敖得薩，你可以成為一種新的猶太人，這個地方每個人都在街上抽菸，而猶太女孩們則是由心無偏見（即便他不會說俄語）的拉比——西蒙．阿里耶．蕭瓦巴切博士（Dr Shimon Arieh Schwabacher）進行猶太成人禮。[20]歡迎來到未來的《塔木德》、《妥拉》：早晨讀《米示拿》，下午做金工，同時捲起袖套的拉比在午間祈禱（Mincha）之前做了一點點焊接工。「學習手藝，」他會說：「成為工匠吧！」不要再搞當鋪或者賣那一箱箱的舊衣服了。刨吧，銼吧，磨光吧！猶太人就這麼做了；甚至到今日，你都可以找到一些漂亮的人孔蓋上印著「Trud」，也就是敖得薩猶太工匠組織的名字；組織成員之中，有許多人是蕭瓦巴切博士工作坊的畢業生。蕭瓦巴切博士就是個為了新時代而生的拉比，對他充滿感激的信眾們如此認為。他不會俄語又怎樣。他們可以用意第緒語應付過去，況且，他的德語布道是個可以打盹或者抽菸的好藉口。這位博士兼拉比是一個有修養的人，如果有要求的話，可以用法語、波蘭語、義大利語背誦。你還能多要求什麼？在巨大、美麗又有著天籟般合唱曲的布羅德猶太會堂裡，阿里耶·蕭瓦巴切是一位理智的拉比，遭到冒稱有權做審判的非理性敵人們攻擊。

那些敵人確實有這麼做。在立陶宛，還有在別爾基切夫和日托米爾的猶太學校，蕭瓦巴切被譴責為滅亡的引路人；猶太人消亡的催促者。當猶太學校的年輕學生拚了命向南逃往最逸樂的奢華地帶（在一八六〇年代晚期立陶宛絕望的飢荒期間，他們逃得更兇）時，他們只能苦惱卻束手無策。美好的敖得薩在等著。把那裡譴責為「巴比倫」或者「索多瑪」只會加強那裡的吸力。拉比們怒斥那裡的燈光是用地獄的燈火點亮，但是，當大馬車抵達了有著一盒盒法國絲綢派、義大利葡萄酒和比利時蕾絲的地獄時，誰還在乎呢。終於有了港邊猶太人。向海洋敞開心胸，擺脫了猶太人被關在牆裡的那種古老感受——就算不是真的有被實體城牆關過，也會有一樣的感受。

來自猶太小城的逃亡者把肚子餵飽之後，將臉朝向了太陽。為什麼一個猶太人到了一個他可以溫暖肚膽（kishkes）的時候和地方，卻不能這麼做呢？當詩人雅各·費奇曼（Yakov Fichman）上了火車時，他「在一扇開著的車窗邊幾乎站了一整晚，呼吸著南方草原地帶那遼闊而深濃的芳香」。[21] 在黑海邊，冬天走得比較早。在五朔節那天，整座城市都在放假，金合歡綻放了黃色的花朵，而猶太人在沿著德里巴希符思卡街（Deribasovskaya Street）散步之前，可以鼻孔大開，好好地吸一吸令人陶醉的芬芳；或者順著波佛打造的大階梯（Gigantskaya）

的兩百級階梯而下，在九個平臺之中的任一個停下腳步來轉轉手杖，並向外看著那波濤起伏的海洋，對許多猶太人來說，可能是第一次望見這景色。就算是在陰天的早晨，柔和的波浪也灑上了一層銀色光芒。

猶太人在敖得薩的生活感覺徹底不同。兒童宗教學校裡那些一板一眼的、揮舞著鞭子讓男孩們死背《擺設桌面》的老師，現在被「俄羅斯學校」裡穿著背心的教師所取代；至於女孩子的話，穿著寬腰洋裝、頭髮別在後頭的年輕有主見女子，對著教室同學朗讀普希金和莎士比亞。花腔讓位給了布羅德猶太會堂的大合唱和風琴，而當初會成立這會堂，就是為了滿足來自布羅德這個加利西亞邊境城鎮、希望有間現代會堂——四個圓頂、兩道山牆——的猶太人們，而他們也如期獲得了這會堂，就座落在普希金站大街。會堂的領唱者教導歌劇和藝術歌曲，而在逾越節時，彼得．史托里亞斯基（Piotr Stolyarsky）的音樂學院學生（比如說歐伊斯特拉赫〔Oistrakh〕等）會準備成為猶太的帕格尼尼（Paganinis）。

到了一八七〇年，敖得薩已經有了五萬名猶太人，在這人口爆發的城鎮中占了四分之一；二十年後，到達十三萬人，占了全城三分之一，而且不是那種穿著黑長外套、留著大把鬍子晃來晃去的猶太人，而是下巴臉頰刮得光光，還抹著古龍水抹到皮膚發亮，或者是在穿著閃亮耀眼鞋子上大街前，會把小鬍子尖端抹好蠟的猶太人；戴著划船小帽的猶太人，戴著巴拿馬帽的猶太人，以及要感謝亞歷山大．策德包姆（Alexander Tsederbaum）的週刊《前導之聲》（*Kol Mevasser*，原本只是放在他那份希伯來報紙《倡議報》〔*Ha-Melitz*〕裡面的增刊），使得意第緒語驚人地成為他們政治、文學、詩歌語言的猶太人！[22]但如果你的讀者、作者和支持者的小小團體規定你做這些全都要用俄語，那麼你就會去讀策德包姆的《黎明報》（*Rasvet*）。推動俄羅斯化多年的官方，一向都不確定當俄羅斯化真的來臨時，對於猶太人和其他人是不是有益的。當策德包姆向審查單位申請時，一開始他只獲得了意第緒語而非俄語的發行許可，使他更強力地對單位持續施壓，直到一八五八年才獲發許可。但到頭來，賣俄語刊物就硬是比賣意第緒和希伯來刊物來得艱難，最後也只撐了三年，不過後來還有《俄羅斯猶太先鋒報》（*Vestnik russikh evreev*）接續下去。

你可以在敖得薩當一個海灘猶太人，在朗熱龍岬（Langeron）或者阿卡迪（Arkady）的休閒公園裡讓你的肺部充滿清新空氣，然後順著崖頂散步經過艾佛勒西（Ephrussi）或布羅茨基（Brodsky）家的名門別墅，從牆頭一窺花園內的灌木叢而嘖嘖稱奇——原來猶太人的園藝不是只有種馬鈴薯啊！不管多少人都可以隨時在有十五萬冊藏書的公共圖書館裡駐留。對猶太女孩和女人來說，這裡是像家一樣的地方，她們的胳臂可以靠在讀書桌上，把掛在鼻樑的眼鏡往上推推，然後沉浸於車爾尼雪夫斯基（Chernyshevsky）、皮薩列夫（Pisarev）、拉夫羅夫（Lavrov）和托爾斯泰（Tolstoy）的文字中。劇場猶太人（也就是大多數人）在阿奇瓦（Akiva）的餐廳第一次看到以色列．格拉德內（Yisroel Gradner）的鬼才，配合著令人噴淚的、蜜一般深厚的嗓音做著鬼臉的喜劇；而在那餐廳裡，亞伯拉罕．戈德法登（Abraham Goldfaden）那支才剛剛（這是據他所言）在布加勒斯特獲得大成功的意第緒戲班，從繩子拉動的簾幕後面現身，來演出他們的某一齣搞笑戲碼。當戈德法登搬到新城市劇場（New City Theatre）更高尚的區段時，就有了《傻子》（*Schmendrick*）等極為優秀的戲劇。開幕的時候，演員們會獲得全場狂亂的鼓勵，人們會拍手拍到痛。

到了夏天夜晚，朗熱龍的海灘上會有演出和音樂；水上的克萊茲默演奏，或者在庫亞利尼克海口潟湖（Kuyalnitzky Liman）一帶巨大木造劇場的戲劇表演。表演結束後誰會回家呀？該是在范康尼（Fankoni）喝白蘭地和咖啡，在贊布里尼（Zambrini）吃糕點，或者走進德里巴希符思卡街的甘布里努斯（Gambrinus）啤酒廳，在那裡，山德．佩瑞爾（Sedner Perel），別名「小提琴手薩莎」（Sasha the Fiddler），會像個瘋子一樣演奏，而所有那些來自培雷斯比（Peresyp）的粗魯男子會吼著、打著嗝，然後撲向酒女們。或者如果你渴望夜晚有個更甜美的結局，你可以往最靠近的街頭手搖風琴那邊走，他們會放出速度慢但節奏明快的華爾滋，會是敖得薩的風格，那種能讓你帶著女孩在星空下來一場溫柔搖擺的音樂。那些已經爛醉的人，會發現在不經意間，自己已經深入汙穢的摩達文卡區（Moldavanka）之中的可疑地帶，來到了約西亞．費爾德曼（Josja Feldman）開在格魯汗卡（Glukhanka）的妓院；在這條「聾人街」上滿是耳朵豎起的小賊，其中有些人是女詐騙高手「黃金手」宋卡（Sonka 'Golden

Hand'）的小兵，他們埋伏在巷弄和出入口，等著醉醺醺的蠢漢們手上的皮包和懷錶。那些帶著頭痛和空皮包醒來的人可以在以薩．所羅門聶維奇．以薩柯維奇（Isaac Solomonievich Isakovich）的澡堂療傷，在那裡，如果他們還有剩個七十戈比（kopeck）的話，還可以掛上水菸筒，痛飲一杯有治療效果的土耳其濃咖啡。

在這一切的都會狂歡之中，猶太人一直都和其他敖得薩人交流來往：希臘人、阿爾巴尼亞人、德國人、亞美尼亞人、亞塞拜然人、波蘭人、義大利人、土耳其人、喬治亞人，以及零零星星的俄羅斯人。雖然那裡有一些明顯的猶太區，但沒有哪個地方是純猶太的；甚至在摩達文卡區的破房堆裡，貧窮的猶太人也有搬運工當鄰居。全敖得薩都在同一個「英國」百貨購物，或者是去普里莫茲（Primoz）市場；他們都搭同樣的馬車列車；聽著同樣的音樂。

絕對不要把鄰居和朋友搞混。這種相鄰性、共享生活區域、共同工作玩樂的經驗，都沒有在二十年就要發生一次的猶太人攻擊行動來到時，造成一丁點差異。

一個外地人若來到了一個遭遇反猶迫害的城市——基輔、葉利沙維特格勒（Elizavetgrad，今克洛佩夫尼茨基〔Kropyvnytskyi〕）或敖得薩——會遇上雪片般的羽毛灑在街上、吹進水中，在海風中迴盪，而那都是一些東西被扯爛飛出的內裡：比如說猶太人的枕頭、墊枕、墊子、蓋被；攻擊者先以這些為第一批刺穿、撕裂、劈砍的目標，接著才把目標轉向硬的家具、玻璃製品、陶器、瓦器，然後就是在這些住家裡或者逃跑到半路的屋主了。接著，你的鼻孔會接受到房屋焚燒殆盡的臭味，而最窮困那群人的木造破房子就是最容易點著的。因此，有了羽毛和焦味，整個城鎮聞起來就像拔了毛、表皮微焦的鵝。但在街角感覺自己待宰的卻是猶太人，而孩子們則在遠離那些焦心長輩們的地方跑來跑去，從殘堆中撿出零星小物。

一八八一年五月的基輔是四天的恐怖地獄；位於聶伯河附近的波迪爾區（Podol）和波布斯卡亞區（Pobskaia）、屬於較窮猶太人的房屋遭到砸壞、焚燒及洗劫（然而，以色列．布羅茨基〔Israel Brodsky〕等高高在上的當地糖業大亨，就能獲得應有的警力保護）。其中大部分的猶太人，也就是說著意第緒語，通常穿著傳統服裝的人，在仇猶者眼中是較明顯的目標。但敖得薩的猶太人會以最慘痛的方式發現，就算穿著跟別人都一樣，又說著俄語，也沒有保護作用。事實上，敖得薩——在許多方面是新形態和諧猶太生活的典範——比俄羅斯帝國任何其他地方都還要常遭大規模暴動所害。世界主義可以收一收了。

經濟上的憤怒是一部分的原因（在基輔也是一樣）。當猶太人從一七九〇年代開始移入敖得薩、從其他猶太人居住地普遍的職業限制中解脫出來的時候，希臘商人社群在穀物交易競爭上開始憤怒不滿，畢竟那能賺一大筆錢。在拿破崙戰爭之後，西歐和中歐的穀物短缺，靠著來自烏克蘭黑土的供應獲得補充，使烏克蘭在短期內就變成了歐洲穀倉。天量的黑麥和小麥在沉重的牛車車隊運送下抵達這個港都，然後以船運往以西歐為首的目的地。猶太人靠著他們的國際聯繫，尤其是在利佛諾和倫敦等港都的人脈，而有了一個現成的推進貿易網絡，得以和希臘人競爭；即便希臘商人在各地同樣有商業移民社群，但羅特齊德家族規模的資本資源，也不是他們所能匹敵的。因此，艾佛勒西、拉法洛維奇（Rafaloviches）以及（又是）布羅茨基家族的財富迅速增加。他們又反過來把自己的辦公室裡裝滿教友：揀貨員、秤重員、品管員、貨棧事務員。他們就跟在孟買和利佛諾一樣，共同組成了一個海港進出口猶太人社群。

海上競爭並不受到希臘人歡迎，他們之中多數是碼頭工人和水手，但也從很久以前就是商人和船貨商。競爭變成了嫉妒，而嫉妒如果有個起因現身，就有可能變成暴力。那種起因幾乎始終都是一種宗教與民族情感的混合物，成分不安定到了危險的地步。當君士坦丁堡大主教格里高利五世（Gregory V）處決後的屍體被丟進博斯普魯斯海峽，被當成在一八二一年起義中抬頭的希臘人之「榜樣」時，整個愛琴海和黎凡特的希臘社群陷入哀痛與憤怒，並尋找起某個可以責怪及施以報復的對象。在敖得薩，在鄂圖曼帝國到處都有親戚的猶太人被視為準土耳其人，是貪圖方便下能夠輕易認定的惡人，因此希臘人鐵了心要幹下去。拉幫結派的希臘水手和搬運工拿起了棍棒、斧頭和鐵桿。教堂有為攻擊行動祈福的謠言，讓問題更加惡化。

一八二一年時，敖得薩只有三千名猶太人，然而能洗劫的猶太會堂卻夠多了。但是，首要的目標是住家以及附屬物件（從中世紀以來所有恐猶暴力都是如此）。要快速占領房舍並點火，要撞破門、敲碎玻璃、撕開羽毛床鋪、搶走銀器好帶來恐懼，其實都是夠簡單的事，然而在這些早期的「反猶迫害」（pogrom，在俄語中代表毀壞或毀滅，到這一刻為止都還是指軍隊入侵的行為）之中被摧毀的是一個想法：猶太人可以在某處有家的概念；他們有機會在國家裡得到一份和平的概念；他們可以安居在他們花了一輩子打造的家具之間，這樣的概念。敖得薩猶太人最普遍的一種職業，一直到羅馬尼亞人和納粹在戰爭中對他們進行大規模殺害為止，都是家具製造業：木匠、桌椅匠、法式木皮加工匠——供應大家輕鬆和舒適。所以折斷椅子、刺破沙發、扭斷桌腳都是在告訴那些自以為是的猶太人，他們永遠都不能坐在自己的屋裡，就算是在面向四海、陽光溫暖而讓他們自覺安全的敖得薩都不可能。

反猶迫害的間歇期變得越來越短。下一次爆發是三十八年後的一八五九年，一個「血祭毀謗」的故事觸發了暴力；再一次地，獲得希臘教會裡那些惡棍神職人員的縱容，並被船廠的希臘人所煽動。到了這一次，特別是在克里米亞戰爭之後，穀物大亨已經使自己成為了該城最有權勢（也最引人注目）的人。但就跟在基輔一樣，他們在普希金站和德里巴希符思卡的豪宅是獲得最多保護的房屋。

十二年後的一八七一年，反猶迫害又再度發生了；當復活節和逾越節日期近到讓基督徒的反感達到頂點，簡直就像猶太人無恥地用他們的「復活節」餐和喜悅來一次又一次地慶祝基督被釘死於十字架一樣。「猶太人為了某種宗教褻瀆而偷了教堂庭院圍籬上的一具十字架、惡搞了耶穌受難」的謠言，是這次暴力的觸發點。希臘和俄羅斯正教派教會在祈禱禮拜儀式上可說極其相似，而使他們有著共同的敵人，而這一次，當斧頭劈向住家時，木棍同時也搗在猶太人的肉體上，打在任何膽敢保衛家員或家人的男人身上。現在，痛打猶太人，留下流血的、重傷的，或者其中六起的死亡案例，確保孩子們有發出恐懼的尖叫聲，成為了反猶迫害式攻擊的一部分。遍布敖得薩各地大大小小的猶太會堂，現在變成了目標，而且因為非正式的猶太行會——從屠戶到裁縫到金工和銀行辦事員——也各自有自己的小會堂，所以能燒、能褻瀆的地方始終不會缺。標準的攻擊總是會先把《妥拉》卷軸亂撕亂割，然後才把它們丟進隨興升起的火堆裡。這一次，發生攻擊的居住區不分貧富，既發生在摩達文卡區，也發生在布羅德猶太會堂聳立的普希金站大街；普里莫茲市場的猶太攤位被掀翻，而澡堂也被砸毀。

俄羅斯非猶太圈裡的同情有限。因為，現在這鍋仇恨裡又加了一道因素而使其更豐富：陰謀論。（就跟十八世紀利維夫的情況一樣，）教唆者是一名改信的猶太人，雅各．布拉夫曼（Jacob Brafman），他把一八四四年被沙皇政府廢止的猶太社群治理單位「信眾團體」，變成了邪惡猶太祕密組織。據說信眾團體存續了下來，成了一種遍布各地、用意在反對教堂、國家和全基督徒的密謀單位。布拉夫曼曾為沙皇政府服務，在前教友們那邊當間諜，企圖索取那些尋常的祕密地下知識。當「革命分子正在破壞政權」的妄想開始集結力量時，「猶太人是俄羅斯社會中疏離到無可救藥的危險顛覆因子」的這種想法，在某些政府部門裡成為了標準心態。「分離性」這個罪名，一種直接針對猶太教徒的主要指控，就這麼巧妙恰好地轉變成了革命分子，然後就變得等同於叛國。猶太人過去精通又勤讀《塔木德》（在基督教魔鬼學中，一度擔綱了一種等同嘲諷和顛覆的文字），現在又對世俗的學門一樣認真熟練，又在新聞界和政治界以及哲學文學上表現突出；這樣惡名昭彰的事實只會強化警方的妄想。他們深奧神祕的宗教文本曾經是顛覆的經文，而現在他們融入並宣傳起無政府主義和社會主義，就標明了他們是母親俄羅斯以及全世界的敵人。布拉夫曼把全球以色列同盟的跨國干涉，點名為他論點的最明顯證據；他認為它表面上是要保護猶太人不受迫害，但其實是要為國際陰謀作為前線機構。那麼，當一名涉及了沙皇亞歷山大二世刺殺事件的革命分子——葛斯雅．格夫曼（Gesya Gelfman）——被認出是猶太女性時，這名君主慘烈的死法很自然地就可以（在公眾的水平上）被描述成猶太惡毒陰謀的結果。在那些相信繼位者亞歷山大三世（Alexander III）是（和猶太人共謀的）地主階級之友的農民口耳間，「猶太人殺死沙皇」是有如野火般散播的謠言。就算事實上新沙皇周圍都被他擺滿了知名的反猶太人士，且他還把猶太人描述為「可憎的」經濟掠奪者，也消滅不了這種傳言。

一波反猶迫害在一八八一年的復活節／逾越節期間爆發，又再度帶有某個半宗教的引爆點，所以被謀殺的基督和被謀殺的沙皇變成了「你知道是誰」下手的同一個受害者。在葉利沙維特格勒這類的城鎮，第一場嚴重的暴動發生在一個猶太人經營的酒館，當時一名醉漢和地主起了衝突，前者衝向街頭大喊，猶太人打算要殺了他。[23]烈酒是這事件爆發的爆裂物。俄羅斯復活節是為期一週的慶典，群眾可以擁有空閒時間並大量豪飲；伏特加和白蘭地就是第一批從砸爛的猶太酒店中搶出來的東西。特定的社會團體是突擊隊：討厭猶太市場小販的工匠，還有鐵路工人——他們相信，當他們要應付長時間低薪資的工作時，猶太人卻從不留神的旅客那邊偷走行李。因為他們可以隨時上車，他們要找麻煩就夠容易了。接著是從外地來葉利沙維特格勒或基輔過復活節的農民，而他們屬於一個古老的「猶太人去死」文化。

人們一度認為俄羅斯政府應該有煽動反猶迫害，來轉移人民對眾多損害俄羅斯之社會疾病的憎恨。然而，並沒有政府共謀的證據。有時候——舉例來說，一八五九年在敖得薩——如果不是哥薩克騎兵介入並逮捕了一些人，暴力情況可能還會更糟。而在一八八一年，雖然當地首長自己反猶，但由他布署的警察和部隊抑制了暴力。敖得薩那年沒有死人，基輔和葉利沙維特格勒也一樣。然而，有豐富的證據顯示他們反應過慢或者不牢靠。儘管許多人預測情況會失控，地方警力通常還是不足。面對葉利沙維特格勒的四萬三千名人口，警力只有四十七人，所以維持秩序得要仰賴部隊在場，然而在這一次他們被派往現場的時機完全錯了。但就算士兵們在了，他們獲得的命令通常是不得對暴民使用槍彈。這一點（以及對暴民的懲罰相對寬厚）向其他城鎮的煽動者發出了一個信號，說官方默許對猶太人的暴力，即便這並不是真的。

有時候，在接收端的猶太人，察覺到的是官方這邊簡直是一種滿足於殘忍的漠不關心。至於整體的態度是，猶太人因為他們的貪婪而自作自受。一八七一年的反猶迫害發生後，當蕭瓦巴切拉比去見敖得薩市長科策布伯爵（Count Kotzebue）抱怨缺乏警察保護時，他獲得了一陣粗暴的責罵，並告知他這件事是猶太人「開始的」。亞歷山大三世同意這些經濟方面的神話。這位沙皇雖然對於反猶迫害表示遺憾，但他預測，只要猶太人不痛改其邪惡的話，暴力就會持續下去。如果任何猶太人住在一八八一年至一八八二年的反猶迫害所恐嚇的南俄地帶，卻在安全方面還多少有期待的話，亞歷山大三世的新內政部長——打從心底反猶的尼古拉·巴甫洛維奇·伊格那提耶夫伯爵（Count Nikolai Pavlovich Ignatiev），就會讓他們立刻清醒過來。伊格那提耶夫經歷過漫長的軍旅和外交生涯，而他不會沒注意到，俄羅斯於一八七七年至一八七八年戰勝土耳其的勝利成果被猶太人迪斯雷利的匯兌套利所奪走。「他的」人民需要約束，需要矯正。

甚至早在反猶迫害浪潮於一八八二年緩和前（雖然說一八八三年和一八八四年還是有幾次爆發），伊格那提耶夫就已經頒布了針對猶太人的「暫行條例」（到後來幾乎是永久的），持續懲罰他們自身的不幸。近半個世紀多以來，他們的慘況都要怪罪於他們頑固的分離性。信眾團體的廢止，被國家指派的機構取代，以及俄羅斯學校的設立，是為了把他們帶入非猶太俄羅斯的世界，而在亞歷山大二世的推動下，成效實在是太好了。現在人們說，問題已經變成是猶太人（在說德語土地上）的侵入性。「暫行條例」是用來抑制而不是反轉這種觀念。俄羅斯農業區要再度把他們擋在外頭；叫他們給我回小城去！不准自由定居於郊區、不管選哪裡都不行，就算他們屬於亞歷山大二世許可的商業和受教育階級也一樣。實在有太多受教育的猶太人跑去惹麻煩，所以他們在高中、大學和工作的人數上會擺出慘烈的配額。猶太醫生被禁止雇用基督徒護理員，而為了平息暴動者其中一種最強的不滿，週日市集也從此消失。

現在警察有權可以拘留那些待在不該在的地方的人，而他們也就用了這份權力。莫斯科和聖彼得堡的夜間突擊，警察闖入猶太人的公寓，拳頭搥在猶太小城的房門上以確定猶太人有待在他們妥善登記的地點。到最後，就連這個也無法滿足俄羅斯都會去猶太化的反動驅策勢力。猶太商人和工匠出現在聖彼得堡，更尤其是在古老的首都莫斯科，不知怎麼就是一種對行會以及正教會不可寬恕的下流褻瀆。神聖宗教會議（Most Holy Synod，正教會的最高領導單位）的領袖，康士坦欽·波貝多諾斯切夫（Konstantin Pobedonostsev），渴望能把他們移除。結果一如往常地，災難發生在逾越節，也就是一八九一年的三月末。莫斯科的三萬名猶太人中，有兩萬人被驅逐；幾乎所有執業中的工匠人口加上店老闆及商人，都強迫非走不可。這條命令就在第一場逾越節晚餐後的次日早晨公布，當時猶太人正集合起來去猶太會堂。這首悲慘的出埃及變奏曲沉重地打在他們身上。不同的團體依照他們的居住時間長短被分批驅逐出去；最後進來的，第一批出去。然而，那些教會在那邊滿意旁觀的根除行動、恐慌的財產出清（動產不動產都賣）、那些結算資產，與其說是像出埃及傳說，還不如說是遭逐出西班牙的重演。家庭、生計、人命全都被這驅逐行動損害了。在狠毒行徑上變本加厲的是，那些無法按照警方要求即時賣光所有東西的人，會在家中遭到逮捕，並整群送到普通監獄去，有些年紀大的就在那裡死了。儘管徹底貧窮又曝露在刺骨寒冷中，被放逐者中的最後一類——那些已經在城裡住了二、三十年的人——選擇逃向布列斯特（Brest）車站的貨運車輛，而不是冒著被抓去監獄的風險。女人和幼童穿著破衣服，在恐懼中顫抖並死於失溫。更為諷刺的是，莫斯科市長決定把驅逐出境延後到寒流的最高峰過去後，但他的命令對許多受害者而言來得太晚。新聞報導點燃了從維也納到華盛頓的、習以為常的憤慨與哀悼；在華盛頓，總統哈利森（Harrison）和國會向俄羅斯大使表達了他們的厭惡（同時對於這件事讓兩國一向和睦的關係蒙上陰影感到遺憾）。但讓官方重新考慮的，其實是阿爾馮斯・德・羅齊爾德（Alphonse de Rothschild）拒絕訂購最新一期俄羅斯政府公債一事。來自羅齊爾德家族的壓力，當然只是讓反猶者確認了他們所相信的，猶太人就是敲詐勒索者。

無論如何，許多俄羅斯猶太人不需要這個最新的慘劇來說服自己說，公民平等、與其他俄羅斯人共同生活的夢想，就只是這樣而已。有些人認為在國內發生革命劇變之前，情況就只會是這樣。想要有一個猶太生活，你需要有錢有勢到連討厭你的俄羅斯都認為你不可或缺。所以那些引發了最強烈憤怒的人，那些自身成功讓舊家族與正教派教會說起「猶太征服」的人，是最晚才會感覺到壓迫刀鋒劃過來的人。

誰說在俄羅斯的生活很公平？或者就這點來問，哪裡的生活有公平過的？摩西・萊伊布・利里恩布朗（Moshe Leib Lilienblum）就沒這麼說。[24] 敖得薩讓他自由，但是就如他三十歲時在回憶錄裡慘痛的紀錄所寫到的，那是讓他自由得不快樂。但另一方面，利里恩布朗家是自古以來「悲情詩」（tsuris）的世代名家。這部回憶錄叫作《年輕之罪》（*Sins of Youth*），是在他於一八六九年在受啟蒙者的邀請下抵達敖得薩之後，不過一、兩年內寫的，所以他在立陶宛可能是以宗教改革者的身分逃過迫害的。利里恩布朗毫無諷刺之意地把他仍然還年輕的生命分成了「混亂」、「異端」和「絕望」：而第一部分的起頭，就從他還是個正統派猶太學校的小男孩（他後來會成為老師），懷疑起上帝存在的時候開始。更糟的是，那些疑慮啃噬他啃得最深的時候，是在宗教儀式曆中的莊嚴時分——猶太新年和贖罪日！他穿上苦惱的裹布就好像天生要穿它似的：苦惱中有他太太，當他們倆差不多還是小孩的時候就許配給了他；有她在無愛的婚姻裡生下的孩子。被迫住在岳父岳母家，利里恩布朗的幽閉恐懼症現在加倍了；而《塔木德》那種掐死人的緊握力道，因為家庭生活的窒息感而更用力了。

他開始發起《塔木德》的牢騷，即便他更深刻地研讀了那六十本《塔木德》，就好像他覺得自己錯過了某句會讓一切都有道理起來的名言金句似的。但那明亮的珠寶讓他摸不透。哈西迪主義的卡巴拉如果不是真的沒有意義，那就似乎是刻意要讓人難解了。然而，過去一千年來它讓眾多猶太人心煩欲狂的問題，如今也讓摩西．萊伊布．利里恩布朗苦惱著：上帝怎麼可能從無中創造宇宙：拜託，怎麼可能從「一個詞」？如果他不該去煩惱這種會讓每日工作（尤其是他在猶太學校的教課）小到微不足道的問題，那為什麼他會被授予推論能力？懷疑像是狗的利齒一樣深深咬進了他的脛骨裡，而且死也不放。對著自己喃喃自語變成了對朋友的嘮叨，然後化為文字寫給整座猶太小城，也就是烏克梅爾蓋（Wilkomir）；因為他的這份老實，他立刻就被貶為賤民：在街頭上被小孩喝斥；自己的小孩被欺凌並排斥；在安息日被譴責。眼見這種令人窒息的、缺乏思考的遵從正在徹底失去猶太人的支持，令他痛苦不已；明知道某些不在《妥拉》上的約束規範如果能做一點改變，這些人就可能保持猶太人身分，也令他十分的煩惱；這樣的念頭讓利里恩布朗又再次遭到了懲罰。他堅決主張自己的生活方式實在無法再更正統，卻還是徒勞無功；他明明從來都沒在吃過一餐肉之後的六小時內碰乳酪啊！他卻聽到有討厭無信仰的人嘲笑他。這實在難以忍受。

改革的出版品開始在敖得薩出現，而他便在那裡的「敖得薩猶太人推廣啟蒙運動協會」（Society for the Promotion of Enlightenment among Odessa Jews）找到了同情者，並從那裡獲得了教書的邀約。這對他來說是放下心中大石，但也是無所適從。身為一個利里恩布朗的族人，他很快就感覺到，比逃脫的喜悅更劇烈的，是烏克梅爾蓋的失去。包圍著烏克梅爾蓋、幾乎要悶死他的猶太小城，如今卻像一條舊毛毯般令他懷念。天氣雖然溫暖，但社會卻是冷漠的。快樂躲避著利里恩布朗；他很少假裝過去。他想念著他一度痛恨的東西：他熟知的人們所帶給他的緊密感。在敖得薩，你做什麼都隨自己便；就像一個旅客從馬拉軌道車下來一樣地來到敖得薩這地方。一起編輯策德包姆的刊物，某方面來說並不是一家人。摩西・萊伊布・利里恩布朗的腦中充滿了概念，但他的內心深處卻是空的。「我的心如木頭，」他寫道：「我二十九歲了，但老年已經降臨在我身上。我放棄了過著充滿活力生活的想法。我的雙眼因哭泣而沉重……我很失敗。」

但就在那時候，就好像總會有點什麼用似的，那首叫作反猶迫害的悲情詩，替利里恩布朗指引了一條路。在飛舞的垃圾、殘忍的喧囂，以及無處避難、目光無神而歪倒徘徊的猶太群眾中，他得到了一個淒慘的結論：無屋可住代表無家可歸，代表生活無望。當瘋狂猖獗時，他看到一個女人「衣衫破爛且爛醉，在街上跳著舞大喊『這是我們的國家、這是我們的國家』」。「我們能不能，」他反問：「不用跳舞，也不用喝醉，就說出一樣的話？我們不是只在這裡是異者，而是在全歐洲都是，因為到處都不是我們的祖國……在雅利安人中我們是猶太人，在雅弗（Japhet）的子孫中我們是閃的後代，在歐洲土地上是亞洲的巴勒斯坦族。」這種「東方主義」，是某些反猶者在他們街上又看到一間猶太會堂的圓頂時所發聲控訴的。政府很明顯地正在「蒐集猶太人有害當地人之活動的資料。那麼，我們就不是當地人了。」最好是以堅強意志和驕傲來擁抱差異，「而不是夢想我們會成為歐洲民族的孩子，有著平等權利的孩子，（因為）有什麼比這更愚蠢的呢」？

在該城的其他地方，李昂・平斯克醫生，也正要得出同樣痛苦的結論。雖然利里恩布朗和平斯克還不熟識，但也不太可能都沒聽過對方；不過，他們透過不同的途徑和不同的世界，卻都想到了那個（尚未叫作）錫安主義的東西。利里恩布朗他實在是太沉浸於拉比猶太教，甚至當他拚了老命地想要擺脫它的時候，傳統還是牢牢不放，緊抓著他那自我質問的思考習慣。平斯克家族則是定居已久的敖得薩人。李昂的父親是在新的希伯來學校獲得了一個同時教猶太和非猶太科目的職位之後，把全家從托馬舒夫（Tomaszow，現屬白俄羅斯）的猶太小城往南方帶去。這給了他一個機會來追求他自己的嚴肅學術熱情：中世紀卡拉派和亞述語發音化。在那樣心胸開闊的課程中受教，而且機會又終於來到，李昂注定了要去念——還會是什麼呢？——法律或者醫學；他嘗試了前者，最終落腳於後者。身為一個年輕的醫生，他盡了一切可能去表明他的無私愛國心。一八四八年至一八四九年，他自願直接診治霍亂病人，這是真正在冒著性命風險；六年後在克里米亞戰爭中，他甚至求取更大的危險，在致命斑疹傷寒肆虐的俄軍病房裡工作。

若要說有誰有理由去假定自己的猶太人和俄羅斯身分毫無疑問地是雙生成對的話，那一定就是平斯克；然而反猶迫害和官方對預防和糾正此現象的冷淡態度，都告訴他事情才不是這樣。他也震驚地了解到，敖得薩猶太人推廣啟蒙運動協會的樂觀主義只是無用的虔信而已。「有了教育以及猶太人和非猶太人之間溫厚的社會親密性就可以驅散仇恨」的這種陳腔濫調，只不過是空虛的安慰而已。反猶主義不是一個注定要隨現代化的征服而消失的時代錯誤；它就是現代化特色，就跟電力和鐵路一樣新穎而迎合未來。

這是因為，那是種心理疾病，一種可能無限突變的疾病。診斷者平斯克觀察到一種道德上的疾病轉移正在啃穿現代性的身體。他比所有評論反猶的猶太評論家要高明的地方，在於他了解到古代的想像是怎麼和現代的習慣共存；而他辨認出來的這種瘋狂，「一種魔憑妄想（demonopathy）」，則是對於鬼魂、喪屍的恐懼。猶太人以一種異類的存在，走過了非猶太人心靈的恐懼；這種異類存在既非完全活著、也非安然死去；既在那裡也不在那裡；狡詐、狡猾地，不怕那些以流放、改信或任何殘暴痛擊所進行的驅魔行動。更糟糕的是，他們一直以當代世界成功大師的姿態回來；資本主義的妖怪。這樣的恐慌，猶太人自己並非毫無責任，因為他們拒絕團結起來成為一個實際上可以辨認出來的民族存在，一個可以要求尊重的實體。相反的，他們反而把自己的命運交到了全能上帝手中，永遠卡在等待室裡，等著和約好卻從不現身的彌賽亞見面。同時各種打擊像大雨般落在他們的頭上。但是，「如果我們被不當地對待、搶劫、掠奪、凌辱卻不保衛自己，更糟的是我們把那看成幾乎是理所當然的結果……如果一拳打了下來，我們用涼水洗我們灼熱的臉頰以減輕痛苦；如果我們受傷流血，我們就敷上繃帶……那我們造就的模樣還真是可笑啊」。

只要有權者還是把猶太人視為眾多的個人而不是他們所屬的一個民族，情況就會一直是這樣；他們始終都會被當作乞討者或是難民來看待，「而哪裡是一個難民不會被拒之門外的避難所呢」？猶太人是這世上的終年難民，被粗暴對待，或者從桌面上把一點點公民權的屑屑揮下去給他們，因為這樣可以討好那些對他們有絕對掌控權的人。回應最先是喚醒睡著的集體存在精神，然後是賦予這精神一個制度現實。他認為，如此民族重生的基礎已經就定位了。現在的問題就只是說服維也納、巴黎、柏林、法蘭克福和倫敦的大人物，讓他們覺得需要在又一場可怕血祭毀謗出現之前，把慈善救濟品、教育方案和定期的公眾輿論動員等行動，轉換成一種直接為離散猶太民族服務的國際組織。就讓那些反猶者罵說，這又是那古老的猶太陰謀露出真面目吧；反正橫豎他們都是要這麼做的。迫切需要的是，給予那些永遠活在抽象空泛世界的猶太人一個踏實的、物質的存在。需要的就是一個祖國（homeland）。

李昂・平斯克的腦中有了這些革新原則在打轉後，他就決定上路，去向那些握有雄厚資本的猶太人詳細說明這一套主張。即便那時候正好是一八八二年復活節／逾越節，而南俄羅斯又爆發另一場反猶迫害的時候，他還是敲了敲拉比阿道夫・耶林內克博士的門。他在維也納獲得的冷淡接待，在柏林和法蘭克福再度重複，而令他氣餒。在巴黎，當反猶太文章帶著惡毒大放異彩時，他在首席拉比查多克・卡恩（Zadoc Kahn）那邊獲得了比較有同情心的聆聽，而卡恩希望把他介紹給一個可能把平斯克的概念轉化成可行現實的人：艾德蒙・德・羅齊爾德男爵（Baron Edmond de Rothschild）。很奇妙的是，也可能是因為先前太多無法分享他熱情的有錢猶太人已經讓他挫折太深，所以平斯克並沒有傻傻地空等另一個。

他只有在倫敦找到了某個會把他說的、他呼籲的事情當真的人：自由黨的南華克（Southwark）國會議員亞瑟・柯恩（Arthur Cohen）。儘管名叫亞瑟，柯恩卻是來自盎格魯猶太人「表堂親戚」的精英，他是摩西・蒙蒂菲奧里爵士的外甥，而身在他周圍，不可能對巴勒斯坦猶太人的命運沒有興趣。柯恩也是猶太代表局的主席，所以總而言之，就是那種可能會以一般同情心接待平斯克的英國猶太人，但最多也就如此了。但亞瑟・柯恩既非思想狹隘，也不會自負自滿。他的父親——同時有倫敦商人與買賣中間人身分的班傑明，把他送去一個法蘭克福的文理中學受教育，然後又送去了唯一一間自由錄取猶太人的大學——倫敦大學學院（University College London）。但班傑明認為，除了劍橋之外，沒有學校好到能匹配他這個展現數學天分的兒子。兩間大學拒絕了他之後，阿爾伯特親王（Prince Albert）才替亞瑟撬開了劍橋莫德林學院（Magdalene）的大門，這樣的恩惠讓這年輕人十分難為情。在劍橋大學，划船和打獵讓他遠離了進階微積分，而在一八五二年他成為了劍橋大學辯論協會（Cambridge Union）的會長。結果亞瑟在測驗中只獲得了數學第五高分，對他老爹來說是沉痛的打擊。但讓亞瑟平靜的心情進一步貶值的，是他被迫要等到一八五六年，待劍橋大學法案廢除了要向英國國教會宣誓才能畢業的規定，他才獲准畢業。

兩年後，萊昂內爾・德・羅斯柴爾（Lionel de Rothschild）按《舊約聖經》起誓，說出「耶和華作證，而我發誓」後成為國會議員。與羅斯柴爾家族也有關聯的亞瑟，則是在一八八〇年，隨著自由黨成功終結了歐洲最有名（但受洗過的）的猶太人班傑明・迪斯雷利（Benjamin Disraeli）所組成的政府後，而獲選為議員。一八八二年，當敖得薩來的那位消瘦憔悴的醫生平斯克向他述說他的想法時，他既沒有懷疑驚訝，坐在扶手椅上也沒有動來動去，更沒有那種平斯克已經沮喪地習慣的、含糊打發人的「呃哼」聲。過去可能認為自己就證明了猶太不需祖國的柯恩，認為平斯克的說法是正確的；事實上，這說法正確到使他催促平斯克盡快把這想法出版成書。[25]

平斯克帶著支持他信念的關鍵鼓勵回到敖得薩，並開始動筆並出版了《自動解放》（*Auto-Emancipation*）。文章作者的匿名和文章內容的響亮正直之間有種怪異的不一致，不過，總覺得痛苦不適的這位醫生（他將只剩九年可活）是希望把寫作者和其文章分開，避免在他決心要發起的運動中有任何主導地位。他總是說，是需要一個有魅力的領袖，但不是他。

摩西．萊伊布．利里恩布朗不同意。閱讀《自動解放》對他就有如領悟真義；過去在他狂熱心智中翻騰的所有爭論，在此書中有了一個撼動人心的聲明。任何拿到複本的其他人，也沒有誰認為這不是革命之作。在紐約，來自南俄的新聞打動了有錢的賽法迪猶太詩人兼隨筆作家艾瑪．拉撒路（Emma Lazarus），促使她熱情地回應了該作品灼熱的雄辯。「對活人來說猶太人是死人，對本地人來說是異地人和流浪者，對有產者來說是乞討者，對窮人來說是剝削者，對愛國者來說是沒有國家的人。」在利里恩布朗的推動下，平斯克從匿名中現身，把名氣當作使命一樣承擔，搬進了一間有新戰友的辦公室（現址如今還有一塊小匾紀念），他便在那裡開始著手組織一場運動，並以《聖經》中的辭藻，將運動命名為「錫安之愛」（Hovevei Zion）。

兩年後，一八八四年十一月六日，第一屆猶太人代表大會（Congress of the Jews）在波蘭—西利西亞地帶的城鎮卡托維治（Katowice）召開。很自然的，代表們都以互相爭吵表達了自己對於錫安的愛。平斯克做了開幕及閉幕發言，仍然打從心底不願取得任何領袖位置。他認為，某處應該有個潛藏的摩西正蓄勢待發。

愛錫安，以及把猶太人送去錫安土壤上耕作，都是非常好的事，可是錫安實際上到底在哪裡？在《自動解放》中，平斯克提到猶太人迫切需要避難所，對於正在面對最慘痛無情敵意的俄羅斯猶太人來說尤其是如此。他寫到，他當然完全不會去期待全世界的猶太人都移民去一個自治的祖國，而領土本身可以只是一小塊地，剛剛好能給予保障和自尊就足夠了。在這樣適當的定義下，它可以是一個美國境內的自治領地（雖然稍微比末底改．挪亞的亞拉拉特大一點）；或者鄂圖曼帝國東側安納托利亞的一省？但對多數愛著錫安的人來說，錫安只能有一個可能的地點，而那就是「以色列地」（Eretz Yisroel），語言和集體認同所成形的地方；以色列和猶太諸王可能已經消失於視線、但從未離開人們心中的那個地方；那個其實猶太人已在耶路撒冷占了多數的地方。

其實，說巴勒斯坦空無一物，是「一片可以給予無地之人的無人之地」的人，並不像人們通常聲稱的那樣，是第一批錫安主義者。剛剛那句話是一群美國傳教士早在十九世紀所下的評論。然而，就算你在這整群熱切急迫渴望錫安的人群中再怎麼努力尋找，你也確實都找不到「阿拉伯」這個詞，真的遍尋不著。

IV 卡特拉，一八八四

冬陽在卡特拉山（Tel Qatra）腳邊的村莊升起。尋常的合聲響起：公雞、驢子、山羊，偶爾還有狗。在村子邊緣，從橄欖樹林被可耕地接手的地方，一頭騾子和公牛裝上了一具輕軛的犁。屋裡正泡著今天的第一道茶；抵擋此季寒冷的好東西。

卡特拉所在的示非拉（Shephelah）地區，以低矮群丘把巴勒斯坦沿海平地和更陡峭、更多岩石、以石灰岩為主體的猶地亞分開。那裡的方型房子都是灰色的，當冬雨過後、簡陋的街道變得泥濘不堪之後就更灰了。房子樓下：一個壁爐，一張床，有時候還有一頭羊；房子樓上：一條地毯和一張更大更好的床。這是一個費拉（Fellah），也就是佃農的村落；以卡特拉這邊來說，居民是該世紀較早期從利比亞來的家庭。整個地區，也的確就是整個巴勒斯坦，滿滿的都是阿拉伯移民，其中許多人是易卜拉欣帕夏（Ibrahim Pasha）軍隊的後代；他們在一八三〇年代奉埃及的赫迪夫（Khedive）穆罕默德·阿里之命征服了這個地帶。一八四一年征服完畢後，許多軍眷就定居在巴勒斯坦。這裡的主要人口是當地的埃及人，但也有來自阿爾及利亞、摩洛哥的馬格里布人，還有索卡西亞人（Circassian）和波士尼亞人。同時，還有一些來自敘利亞和黎巴嫩的移民，包括了德魯茲派（Druze）和基督徒。那種「在猶太人於十九世紀來到之前，阿拉伯人的巴勒斯坦是一個亙古不變之地，同樣的原住民從遠古以來就住在同一個村莊，耕作著同一小塊祖傳之地」的假想，都忽視了上述這些人口變化。貝都因部落（在許多情況下也曾是軍人）——被定居的費拉（不公平地）稱作「沙漠製造者」——和耕作者戰鬥，也更激烈地與彼此戰鬥。三不五時的，貝都因人會帶著成群的駱駝突襲村落牧場，讓牠們吃草並迫使當地人來挑戰。他們為了牧草和水展開會戰。一旦他們的駱駝把草啃到快沒了，貝都因人就會拔營續行，留下費拉人束手無策。

就跟這一頭的世界的每個地方都一樣，這裡有遺跡。在每個山丘似乎都有遺跡（khirbet）的示非拉，村民已經習慣看到歐洲人，還有那些奇怪的美國人，下了馬，戳一戳、看一看那些塌下來的石塊，拿泥鏟或者小鏟子挖旁邊的土，然後跪下來拿起一把土用他們的指間篩過去。一具伸直了腿的三角架會出現，然後是巨大的相機，同時其他人把畫圖用的東西從扁平的帆布袋中拿出來，找到一塊扁平的石頭坐上去，然後開始素描：又有另一群人會忙著使用調查儀器，以步伐量出初步的測量數字。這些穿著熨平卡其短褲和長襪、臉色發紅的忙碌人士，是跟著來自雅法或拉姆拉（Ramle）的嚮導而來。但有時候他們會試試看自己講阿拉伯語，講得又慢又單調，不像利比亞或埃及口音的本地話那樣飛快。一八五八年後，當一道新的土耳其土地法要求土地所有權登記時，另一群來自雅法、耶路撒冷的測量鑑定人階級，又帶著他們自己的調查儀器出現了。費拉人知道登記接著就是徵稅，實際上就正是如此。每一項能徵稅的都徵了：牲口、作物、房屋，甚至蜂巢。

但最後一批來到的人，卡特拉的村民卻是毫無準備。光明節第二天黎明，兩個俄羅斯猶太人，自稱是「錫安之愛」，走進了村莊南邊的一塊曠野中，他們的手上滿是細嫩枝。他們把嫩枝放在地上，擺排成兩座小金字塔，每一座象徵著慶典的一天。一旦點上了火，這兩團篝火就成了一個特大號的光明節燈臺，火焰直直衝進了夜空中。幾天後，又有七個學生模樣的人加入，（簡單來說）包括了以色列．畢爾肯德（Israel Belkind）；他於兩年前，也就是一八八二年一月，在烏克蘭帶了十四個哈爾科夫大學（Kharkov University）的大學生到他家，然後，在一種只有二十歲的人在尋找使命感時才會激起的莊嚴中，他們組成了一支先鋒隊伍。這種自尊自重的團體不可能沒有一個字首縮寫名，因此在翻過《聖經》之後，他們以《以賽亞書》的一節來定名：「雅各家啊，來吧，我們要在（耶和華的光中行走）」（Beit Ya'akov Lechu Ve'nelcha）。因此，在稍微轉了一下字母之後，他們就成了「比魯」（Bilu）。平斯克鼓舞人心的發言還沒在敖得薩發行，但一八八一年的反猶迫害已經把火花甩到許多其他社群去，而它們又帶著炙熱的小小火苗，從這頭的定居地傳到了那頭的定居地，從柯福諾（Kovno，另稱考那斯〔Kaunas〕）到赫爾松。

追求立足之地（在此指真正實際的土地）並不是這些年輕猶太人所獨有的目標。俄羅斯的小麥田裡充滿著戴著眼鏡、聆聽著車爾尼雪夫斯基和托爾斯泰的空想家們，致力於用大小鐮刀來拯救國家和自己，並和長期陷入苦難的農民親近。出於一種半心半意的嘗試，俄羅斯以它自己那種社會福音模式，嘗試讓無可救藥的都會猶太人脫離他們的小貿易癮頭，而為赫爾松省的猶太人在離敖得薩不遠的地方建立了農業殖民地，結果可說是好壞參半。所以猶太人是可以鋤草耙地、擠奶打穀的。對「比魯」更有影響力的是兩名拉比鏗鏘有力的呼籲；一個是阿什肯納茲人，一個是賽法迪猶太人，分別是和茲維·赫希·卡立夏（Zvi Hirsch Kalischer）和葉胡達·阿卡萊（Yehuda Alkalai），兩個人都說希伯來語這種重生的救贖語言，兩個人都在布道中鼓吹回歸以色列土地。一成立後，敖得薩的錫安之愛就扮演了一種移民的情報交換站；而比魯在經歷了又一輪反猶迫害而加強信念後，準備以敖得薩為起點，搭船前往錫安。

所以他們就到了那兒，九個猶太農民，一起在木造的簡陋小屋裡發抖，皮上生著水泡，揮手趕著蟲子，雙手因為拔著茅草和紫花苜蓿、雜樹和蕁麻而皮開肉綻。[26]

事情並不像預測的那樣：橄欖和葡萄樹不怎麼夠，也沒看到什麼奶和蜜。原本的十四名比魯成員，包括面孔嚴肅（且很快就洩漏出自己不適合猶太農民生活）的畢爾肯德，在一八八二年的夏天抵達：那是蚊子的全盛季；這種昆蟲對錫安主義命運的影響，幾乎跟李昂·平斯克的話語一樣關鍵。一八七〇年由全球以色列同盟建立在雅法南邊一塊普通大小土地上的一間農業學校——「以色列希望」（Mikveh Israel），正等著接待第一批追隨者。這是由夏爾·涅特所經營的，他是少數在巴勒斯坦猶太耕作的早期階段中，把剛毅決心和實用智慧結合起來的人之一。[27]在認識了犁的哪頭是哪頭之後，比魯成員們就前往了里雄萊錫安（Rishon LeZion），這個名字

（錫安第一）有點搶過頭了，因為第一個屯墾地，其實是一八五四年在耶路撒冷城牆外山丘鄉村中建立的摩特札（Motza）。雖然這些最早期農場的土地是租給整個團體，但每名耕作者都要為自己的那塊負責。那是札爾曼・大衛・勒蒙亭（Zalman David Levontin）的點子，他是一位來自莫給勒夫（Mogilew）的猶太教信徒。遭受反猶迫害城鎮的難民慘況打動了他，使他推動了一項土地購買計畫；在獲得了一位有錢叔舅的投資承諾後，他在一八八二年夏天前往巴勒斯坦執行計畫。六名難民和另外十名屯墾者搬進了里雄萊錫安。幾乎是立刻的，針對屯墾地應該是由耶路撒冷還是屯墾者自己經營所爆發的激烈爭論，就讓屯墾地本身受到傷害。但和找不到充足水源供應相比，爭論其實算不了什麼。不到幾個月，里雄萊錫安的農人很明顯地就沒辦法成功了。他們活活被蚊子叮著，這還不提虻與沙蛭，而且連最少量的小麥大麥都無法收成，淪落到得要靠整盤馬鈴薯和小蘿蔔維生；在有人進駐不到一年後，里雄就遭到了拋棄。

這時能幫忙的，除了羅齊爾德之外還能有誰呢？特別是艾德蒙男爵——整個統治家族集團內，巴黎這一支的鐵路與銀行創辦人詹姆斯的最年幼兒子——據說他有興趣把猶太人重新移回巴勒斯坦。[28]透過首席拉比查多克・卡恩和涅特的居中協調，絕望人們的代表團來到了拉菲特街的豪宅，和令人敬畏的大亨見上一面。代表團包括了一名來自布羅德的拉比薩繆爾・莫西雷沃（Shmuel Mohilewer），他向男爵報告了自己城鎮的慘況，一如往常地擠滿了躲避反猶迫害的逃亡者。莫西雷沃對待這位偉大男爵的方式就好像他是一名流亡者領袖（resh galuta）似的（而這其實也沒太偏離現實），也獲得了他的支持，讓魯然尼（Rozhany）的幾組家庭得以移民。但最有效影響了艾德蒙的是約瑟夫・芬因柏格（Joseph Feinberg），他是屬於錫安之愛的一名化學家，在敖得薩的柴瑟夫糖業公司（Zaitsev Sugar Company）工作。在抵達里雄萊錫安之後，芬因柏格等了幾個星期，然後斷定這裡若沒有立刻獲得援助就會失敗。艾德蒙並不把這當成一種太早悲觀的跡象，而是做事實際的人的憂慮；這個人了解到，錫安如果要長出作物，需要的不只是愛而已。錫安還需要投資，好讓浮沙穩定下來、水井打通起來，然後——出於一種羅齊爾德的執念——把澳洲的尤加利樹種下去固定沙子。

艾德蒙願意提供必需的錢，條件是屯墾者得同意，要由一些經艾德蒙認定在技術上可讓這些播種社群生根的人來管理。他也發現，敖得薩這邊處理起遷移反猶迫害難民時表現不佳。有一船從羅馬尼亞出發的難民，遭到土耳其官方拒絕登陸，淪落到在海岸徘徊，幾乎沒有食物，而衛生條件甚至比食物還缺乏，最後才格外開恩獲准在雅法登陸，但也立刻就在那裡遭到了囚禁。當他們得到了答應給他們的那塊土地時，那塊地一如往常地混合了岩地和沼澤。羅齊爾德認為，這些狀況都需要改善管理，但也需要更遠大的視野。給了一點點投資之後，為什麼巴勒斯坦不能產出那些他覺得很有價值的東西：葡萄酒、絲綢、香水？《聖經》有明白講到，以色列和猶大曾經滿是葡萄園。為什麼它們不該重新出現呢？

精耕的西方農業——水利灌溉、輪作制、會翻動土壤而不是只用金屬釘把土耙出溝的上軛鐵犁、施肥，甚至蒸汽驅動的聯合收割機——其實最早是由來自緬因州和賓夕法尼亞州的美國傳教士引入巴勒斯坦，而且更不可思議的，最早的引入者還有德意志的聖殿騎士團（Order of the Templar），他們對於聖地的綻放花朵、結實累累，都抱有一種彌賽亞式的樂見其成。聖殿騎士們打算在雅法和海法附近打造殖民地，興建麵粉廠並鋪設道路。但一如往常地，隨著實驗而來的就是撐不了的債務使其瀕臨崩盤；不過艾德蒙·德·羅齊爾德對於當代猶太農務可能要在哪方面讓步，有他自己獨特的概念，也心甘情願資助這偉大的實驗，即便財務狀況已經不好了。[29] 歐洲訓練的骨幹專家立刻被派去視察村莊是否適合造酒、產絲甚至生產香水。有來自帕多瓦的養蠶專家，凡爾賽園藝學院（Horticultural School）的園藝師，在位於梅多克（Médoc）的羅齊爾德酒莊投入不少時間的釀酒專家，還有來自路橋學校的水利工程師。這整個都非常的拿破崙作風，農耕皇帝穩坐巴黎大後方或者在他位於費里耶爾（Ferrières）的城堡，不耐煩地等著結果，責罵每一個他認為阻礙成功的人並威脅說，如果敢對他那些管理人「不服從」而危及了「實驗」的貫徹，他就要撤資。對許多移民——除了來自俄羅斯，還有波蘭和羅馬尼亞——來說，在黃熱病、瘧疾和白蛉帶來的恐怖沙眼等諸多傳染病之外，現在又加了一個高盧猶太人責罵他們的生活工作態度，這實在是太過分了，所以他們出發，回到歐洲，或者去耶路撒冷（以色列・畢爾肯德在那裡當了老師），或者早早死去。夏爾・涅特自己在一八八二年底因為瘧疾而死。當里雄萊錫安在一八九〇年代可以獨立生存的時候，該鎮的兩名主要創立者，勒蒙亭和芬因柏格，都已經回俄羅斯去了。

但有些人即便葡萄園乾枯了（一八九〇年代早期，根瘤蚜和黴菌肆虐時情況非常悲慘）、蠶從桑樹上紛紛落下（樹倒是挺了過來），還是堅持到底。在卡特拉，有個小小猶太殖民地自稱蓋代拉（Gedera），然後就原地不動。阿拉伯村落帶著困惑與懷疑，看著那些猶太人抱著奇異的決心來向他們借犁和拖犁的牲畜，然後自己翻起土來。這不是猶太人幹的活，他們待不下去的。但當蓋代拉蓋起第一批石屋時，很明顯的他們是打算留下來，然後接下來猶太人做的事情在村裡點燃了糾紛。最憤怒的人說土地被奪走了，而他們被搶走了土地的使用權。法律上來說這不正確。成為蓋代拉的那塊地，是幾年前村莊放棄後歸還給土耳其政府的。會有放棄宣告，是因為地主要避掉發生在該地範圍內一場謀殺案的責任。移動卡特拉村的界線，把責任從他們的門口轉移出去，但同時他們還是像往常一樣，用這塊地放牲畜吃草。這個法律空白處，讓土耳其官方可以重新把這塊土地分配給隔壁的穆加爾村（Mughar），而他們又再賣給了雅法的法國領事，一位M・波利維耶（M. Polivierre）。最後，領事把它賣給了來巴勒斯坦擔任蒙蒂菲奧里基金會代理人的葉歇爾・米卡爾・潘斯（Yechiel Michal Pines）。

忠於蒙蒂菲奧里精神的潘斯，想要把巴勒斯坦的猶太人再造成工匠和農人，並在耶路撒冷浪漫地創造了一個「手工匠人回歸」（The Return of Craftsmen and Smiths）協會。一八八二年，潘斯遇見了將一生奉獻於再造希伯來語為日常普通話的艾利澤・本・葉胡達（Eliezer ben Yehuda），而看見了重生於巴勒斯坦之猶太社會的約略可能面貌，以及那聽起來會是什麼調調。但即便他使自己成為錫安之愛的贊助者兼捍衛者，並抓住機會買下卡特拉南邊的那塊地，他並沒有忘記阿拉伯人的感受。潘斯在他可以的地方，都試著為那些覺得被奪走工作用地的村民（儘管多數都有合法購買）找到土地賠償。有時候潘斯成功了，並將憤怒的情況平息下來；有時候他沒成功，好比說在卡特拉。

隨著第一個猶太村落在加利利——撒馬利亞（Samaria）的海岸平原和示非拉——出現，逐漸展露開來的，並不是「原本完好的農業被殖民入侵所打斷」這種情況。十九世紀後半的巴勒斯坦生態並不穩定，而且在該地的許多地方甚至是正在惡化。[30]那個世紀的大事件是一八三七年以加利利為震央的地震。毀壞的村落遭到遺棄，人口消失。濫伐森林造成的影響甚至更為劇烈。到一八四〇年代為止，沙崙谷地（Sharon Valley）絕大部分的土地都還長著地中海的乾燥櫟樹林。過了一個世紀後，大部分的森林都為了生產木炭和石灰窯而被剷平。土耳其為了建設鐵路所需的木材，把更多的櫟樹砍了。高地的表土遭到侵蝕；在比較近的海岸地帶，沙丘的界線向前推進到先前還能耕作的土地上。吹積的塵土堵塞了泉水流動，在原本有小溪流的地方產生了死水和沼澤。不同的移入人口有各自面對這些變化的方式。埃及貝都因人中說阿拉伯語的達邁爾族（el Damair）是隨著易卜拉欣帕夏來到這地區，他們搬到了胡澤拉（Huzera）沼澤邊緣，在那裡按照美索不達米亞的濕地阿拉伯人生活方式，養水牛並砍蘆葦為生。[31]

環境劣化產生了商業良機。當村民因害怕徵稅而選擇不向土耳其官方登記土地使用時，他們製造了法律真空地帶，並立刻被來自雅法和耶路撒冷的投機買家填滿，但買家中也有來自該地的更遙遠處。一群不在當地的地主階級在此崛起，幾乎全部都是基督徒和阿拉伯穆斯林；他們接著又把地產租給那些會帶來改善——最重要的是排水和灌溉系統——的人，資本隨之大量增加。這時率先進場的是美國人和德意志的聖殿騎士們，不久後接著是猶太人。

因此，就在一半由自己造成、另一半完全非己力造成的情況下，費拉人成為了佃戶，地主卻從沒在他們的平原、山丘和古地居住或耕作過。對那些犁田、徒手灑種、照料羊群給牠們吃草的人來說，只要自己可以繼續為家人和村莊供應生計，要追問到頭來是誰在賣地而誰在買地——是當地的大老爺（effendi）、土耳其人、法國領事還是耶路撒冷猶太人——已經是個完全不重要的問題。但這些有著雙重保險的年輕人並不是耶路撒冷猶太人，對於古老的、神聖不可侵犯的習俗都無動於衷。向來的常規規定，那些播種收成夏作的人，接著就有資格繼續在冬季耕作；而那些收割後的光禿禿田地一直都是給他們用來放牧的。但當地官方和猶太農人都有新的官版權利。即便在這個早期階段，就已經有仇恨爆發。猶太人把吃草的動物趕走，或者沒收動物當作「教訓」。被激怒的阿拉伯村民又以暴力攻擊回應，他們砸毀小屋、直接對人動手。而屯墾者又拒絕接受阿拉伯警衛按慣例會提供的「保護」而偏好自行防衛，又讓情況惡化。武裝阿拉伯人接著就讓猶太人親身體驗到拒絕那種保護的代價。到了那時候，在牧草戰爭和警衛遭拒這兩件事情上，阿拉伯人的情感都已經因為他們遇到的狀況而困惑、沮喪且受傷。「他們正展開武裝鬥爭，」錫安之愛在當地的代表寫信給人在敖得薩的平斯克：「不然他們要怎麼撐下去？」這是個好問題。

一八八七年春末，艾德蒙·德·羅齊爾德的帆船停泊在塞得港（Port Said）。他前來視察他的「實驗」結果，只是說他這趟旅程全程保密（至少他自認如此）。關於他這趟旅程中的所有通信，他堅持自己要被稱作「ＲＥＢ」（艾德蒙·德·羅齊爾德男爵縮寫的顛倒），彷彿這樣可以騙過任何人似的，或者該說，就彷彿還真有人在乎似的。鄂圖曼這邊的總督勞夫帕夏（Rauf Pasha），確實在一八八二年之後禁止了所有的猶太移民入境，除了帝國境內移動的土耳其臣民例外，但就算是他們，也完全禁止擁有土地。所以，土地的買賣得要透過當地的代理人。艾德蒙有留意不要損害到任何不穩的立足點，但他誇大了他到場時會引發的眾怒。對於賈法、耶路撒冷和加利利的土耳其人來說，其實也就是對於全世界的人來說，不管他們在他背後或在他離開後會怎麼講他，一名羅齊爾德家族成員的現身，就是一件大事，以及一次良機。

既然能逗得他挺樂，微服出巡也就持續了下去。從賈法開始，戴著巴拿馬帽，穿著難以挑剔的熱帶服裝的男爵，就和他堅忍不拔的太太阿黛海德男爵夫人（Baronne Adelaide）一同乘著包廂馬車，頂著酷熱高溫，任憑該季的第一陣坎辛風（khamsin，過了地中海稱作「西洛可風」〔sirocco〕）吹著灼熱沙礫打在車窗上持續旅行。在耶路撒冷，男爵就跟所有的偉大博愛主義者一樣，對於信徒們的貧窮和無知，對於他們卑微地仰賴離散者慈善救濟金、嘴裡又說著那些社會普遍篤信的「有用的貿易和手藝」，都表達了驚愕之意。他跑了一趟猶太人觀光路線：樂觀被認定是拉結之墓（Tomb of Rachel）的地方，這裡成了朝聖點，無子婦女尤其趨之若鶩；另外還有艾德蒙（毫不意外地）希望能買下的西牆。

當他參觀屯墾區時，男爵這邊占了上風。在里雄萊錫安——有人告訴他這裡成了造反者的巢穴——他對農人發表了傲慢的演說，並下令（他認為在巴黎會議中誤導他的）約瑟夫・芬因柏格離開村落。當芬因柏格表達反對時，艾德蒙對他說他從今以後「就是個死人」。芬因柏格之後會回應說，他後來適時地向天堂之門報到，但因為還活著而遭拒於門外。「想必哪裡出了錯，」芬因柏格跟天使們說：「我很確定艾德蒙男爵已經把我判死了啊。」對獨裁專制的慈善家來說，笑一笑然後撤回這句放逐令已經是容忍極限了。等到艾德蒙於一八九三年回到那裡時，芬因柏格就和眾多其他人一樣，已經主動離開了。

為羅馬尼亞人在撒馬利亞買的地，根據古代迦南與非利士人城鎮命名，而成了以革倫村（Ekron），但很快又為了艾德蒙的父親詹姆斯而改名為吉夫倫雅各（Zikhron Ya'aqov，「紀念雅各」之意）。他在那裡找到許多令他快樂的事：一整排潔淨的石屋，上好了瓦片和白漆就彷彿置身於朗格多克（Languedoc）或普羅旺斯，每間房屋都有小小的倉庫安置工具和役畜。葡萄活生生地長著；一間裝瓶廠已經蓋了起來，而村子中間則是一個裝飾用的噴泉，完全是羅齊爾德的風格。在他的管理者艾利・塞德（Elie Scheid）的指引下，艾德蒙為阿拉伯村民及其族長辦了一場宴席，慶祝他們參與了這個村莊的成功。就那麼一個晚上，猶太人和阿拉伯人在星光探頭的漆黑夜空下笑臉言歡。

V　迦得人回歸

霍拉肖・斯帕福德（Horatio Spafford）有十足的理由，把他那前往耶路撒冷的小小移民團體稱作「得勝者」（the Overcomers）。他和他太太安娜已經挺過了工作的痛苦，如果還有什麼更糟的話。身為一位成功的律師，斯帕福德投資了芝加哥的不動產，卻只能眼睜睜地看著那些投資，於一八七一年焚毀該城大半的火災中付之一炬。兩年後，安娜和他們的四個小孩出發前往一趟令人興奮的歐洲假期。在料理好一些不動產之後，霍拉肖也會去跟他們會和。但在旅途中，哈佛爾城號（Ville du Havre）卻被一艘英國船撞沉。安娜緊攀著一節船桅，不省人事地被救了起來。四個小孩都不見了。她悲慘地從卡迪夫（Cardiff）拍了封電報給她丈夫：「獨自獲救。我該怎麼辦？」

這不是個要誰回答的問題。安娜．斯帕福德又生了更多孩子，然而他們的性命彷彿被不安穩所詛咒；兒子小霍拉肖，四歲死於猩紅熱。這已經足夠使他們拋棄長老教會（Presbyterian Church），但沒拋棄掉希望。相反的，斯帕福德一家將會在聖地做好工作，期待能加快耶穌二次降臨。霍拉肖離開了芝加哥的法律公司，和兩個倖存的孩子以及十三名成年人移民到巴勒斯坦，來實現他們有如烏托邦的基督教使命。他們在耶路撒冷舊城靠近大馬士革門（Damascus Gate）的地方租了住處；以那裡為根據點，「美國殖民地」（American Colony）開始提供湯和蔬菜給窮困者。[32]

一八八二年逾越節前後，霍拉肖和安娜在某次傍晚散步時遇上了好幾個家庭組成的一群人，他們在城牆外的空曠地帶紮營。他們處於相當可憐的狀態：身上都是膿瘡和蒼蠅，許多人身體衰弱，而且所有人都縮在當成帳篷的破布底下。第一眼看去，他們好像是阿拉伯人，而他們確實也說著口音很重的阿拉伯語。但男人們長而油膩的螺旋狀邊落，還有女人不尋常的頭巾、長而厚重的羊毛裙和銀手鐲，都顯示實情並非如此。在翻譯者的幫忙下，斯帕福德一行人得知這些人是葉門猶太人。相信約定的時間已到，他們這些迦得支派的倖存者必須抵達耶路撒冷準備彌賽亞來到的瞬間。他們的奉獻和所受的折磨就跟猶太人的離散一樣古老。他們從他們在葉門的村莊一路行走，橫跨了阿拉伯半島，抵達了紅海的一個港口，在那裡為了通行至亞喀巴（Aqaba）而付了敲詐般的高額費用。其他猶太人警告過他們不要嘗試這段旅程，但他們深受信仰所支配。《妥拉》就在他們的腦中，每一行都記得清清楚楚。

但到了耶路撒冷，這都派不上用場。該城的修士徹底不接受他們自稱的猶太人身分。那種皮膚顏色，他們那種野蠻的穿著與講話方式，怎麼可能是猶太人？絕望而一貧如洗的他們，就在斯帕福德夫婦發現他們的地方露營，或者是在橄欖山（Mount of Olives）、汲淪谷（Kidron Valley）附近的石刻洞窟裡，就在那些哈斯蒙尼（Hasmonean）或羅馬時代的墓碑間待著。但安息日那天，他們會吟誦《妥拉》，因為沒有人能奪走他們的神聖記憶。即便猶太區裡的教士都聽到了他們說的希伯來語，他們還是稱這些葉門人為「阿拉伯猶太人」。而這可不是稱讚。

然而，一度是長老宗派的「得勝者」們相信這群「迦得人」（Gadites），便把他們帶了進來，先餵飽了小孩，接著就是成年人。對於耶路撒冷舊城城牆內的正統派捍衛者來說，這只是更證實了「這些人不可能是猶太人」的偏見，因為他們用了基督徒的蓋碗吃食。

這些迦得人留了下來。抄寫者從他們腦中的記憶寫下了聖書。其中一個受到斯帕福德夫婦喜愛、殘疾到兩手都不能用的人，是用腳趾夾住鵝毛筆來寫字。接著，又有數百人、然後數千人追隨著第一批人來到。到了一九〇〇年，葉門猶太人已經整整占了巴勒斯坦猶太人口的百分之十。他們興建猶太會堂並開始復興古老的銀工與金工技藝。他們把西羅亞（Siloam）那裡本來是臨時庇護所的地方，變成了卡法哈西羅亞（Kfar Hashiloach），他們自己的村落，裡頭還有給男孩讀的宗教學校。不論好壞，他們都成為了那種專拍巴勒斯坦人的旅行攝影師的旅行日誌中，會固定出現的人物。接著就會有那些陳腔濫調：女人們多美麗；孩子們多可愛；長鬍子的老人和拉比是多麼的有異國別緻感；音樂有多狂野；食物有多辛香；誰會想到如此高貴的一類人會是猶太人？最終，他們會大量成群地來到兩個俄羅斯男孩點起篝火的地方：蓋代拉。

拉回美國殖民地這頭，一位上了年紀的葉門拉比做了他該做的事：寫了一首療癒禱詞（mi sheberach）。「曾保佑我們父輩亞伯拉罕、以薩和雅各的祂，請保佑、守護並陪伴霍拉肖．斯帕福德與全家及一行人，因他憐憫我們的孩童幼小。因此願主讓他的每一天充滿公義……在他與我們的每一天裡，願猶大受助，而救者來到錫安且讓我們說阿門。」

第十六章

Chapter Sixteen

該是現在嗎？

I 電影裡的猶太人

那些電影，有角色和一段劇情的那種正常電影，當然呢，是從一個遭虐猶太人的故事開始。劇情裡什麼都有：上了銬的英雄，忠誠的勇敢妻子，堅毅果敢的哥哥，大鬍鬚的莽漢，一聲槍響，有人自殺。一個快樂的結局，應該是吧。而那多半全都是真的。

不管在哪兒，只要多功能劇院（Palace of Varieties）吹噓起湯瑪斯・愛迪生（Thomas Edison）的活動電影放映機（Kinetiscope），阿弗雷德・德雷福斯（Alfred Dreyfus）就是票房保證。在戴頭巾的靈媒之後，狗出來演了一段，福態美好的長袍女高音，在拋媚眼的喜劇演員下場之後，一面銀幕被推到了舞臺中央；燈光變暗，投影機的咔噠聲和呼呼捲動聲響起，而他就在那裡。匆忙地，一位高官要那年輕的上尉把什麼寫下來，然後他就洋洋得意地逮捕了大吃一驚的德雷福斯。他的書寫符合一份詳細記載陰謀的文件筆跡，那是派到德國軍方駐巴黎代辦（chargé d'affaires）刺探軍情的清潔婦兼特務在廢紙簍中找到的。叛國！被塞了一把槍來把自己的腦袋轟掉來代替面對（他們捏造的這一點）恥辱，但我們的英雄憤怒地拒絕了武器以及不公正的起訴。在另一卷一分鐘的影盤裡（很可惜已經遺失了），他在雷恩（Rennes）的軍事學校的庭院裡遭到「拔階」，他的佩劍（為了確保儀式照禮儀進行而在前一天先被鋸斷一半）在一名准尉的膝蓋上折斷（在這件事實際發生的一月五日，這位軍官是從最高大的一群人中挑出來的，好讓賣國賊看起來因為自己的罪行而縮小），肩章（同樣也是先拆了一半線）從他的軍裝上撕了下來。現在，他只是一個不忠誠的猶太人，只剩一身狼藉聲名。他失去了自尊的外在象徵，但沒有失去其本質。那麼再看一次吧（真的可以呢，就在 YouTube 上），他就在那兒，魔鬼島（Devil's Island）上獨囚的犯人，被八呎高的柵欄圍在裡頭。他被銬在自己的鐵床上，掙扎著抵抗這額外的折磨，雖然徒勞無功。但等等！還有希望！深愛著的妻子，意志堅定的哥哥，知名的作家，正不屈不撓地為了他的清白而努力。這之中有軍方的詭計在運作。文件有遭到偽造。掩蓋的手法遭到揭穿；因此獲准召開第二次軍事法庭。現在就可以看到德雷福斯在劇烈的暴風中登上了布列塔尼海岸，與他的命運交會！憤怒的暴風之後是充滿愛意的微笑。經過了四年的分離後，夫妻倆在滿是淚水的擁抱中重聚。但，注意了，邪惡在街上悄悄接近。碰！（這畫面是無聲的）一股煙冒起。仗義執言的辯護律師，拉伯里（Labori）大人的背後遭一名卑鄙的殺手槍擊，但仍勇敢地在法庭上戰鬥。當記者們聽說了這件事，支持與反對德雷福斯的記者之間爆發了口角。在雷恩的一間中學進行的審判，開始了（這段有雙倍卷數）。這真是滑稽！坐在高板凳上的軍法官，表達了一番完全沒道理、只為了挽回顏面的信念宣言。德雷福斯再次被宣告有罪，但有「減輕情節」。真的嗎？他不用在魔鬼島上終身單獨囚禁，只要服十年刑期。我們的英雄再一次被帶回監獄。不！這樣會害死他的。怎麼可能就這樣結束？

橫跨歐洲、大西洋的觀眾，都焦急渴望地，在任何能放電影影片盤的音樂廳、綜藝廳、露天馬戲場看這齣「真實生活」劇在他們眼前揭開。在電影攝影發明的僅僅兩年後，喬治・梅里愛（Georges Méliès）就已經徹底了解了電影新聞的即時感染力。那不只是讓歷史以一種繪畫或攝影都無法匹敵的活生生動感在你面前重演而已。電影新聞直接就把你放到現場；電影新聞告訴你什麼是重要的。一八九七年和一八九八年，梅里愛在他位於蒙特勒伊（Montreuil）的影棚拍攝了西美戰爭的藉口——緬因號（USS Maine）沉沒的重建畫面，並重演了同一場衝突中的交戰情況。戰鬥這一套實在太受歡迎，使他接著又拍了英屬印度的前線小衝突：長著一口耀眼牙齒的狡猾普什圖人，從紙板做的小尖塔後面跳出來，很有吉卜林（Kipling）作品的調調。為了滿足更在地的興趣，他以一八七〇年的普法戰爭來製造場面。但接著在一八九九年，梅里愛開創了一個日後將成為電影主流的類型：不公不義劇。

梅里愛那十二支一分十五秒的德雷福斯影片既會是個人信念之作，也會是精明的商業技藝。在他的堂兄弟阿道爾夫（Adolphe）——他屬於相信「德雷福斯洩漏軍機給德意志的審判是司法迫害」的那一半法國人——的影響下，他將工作目標轉換到有關這次訴訟的迫切問題上。這場起訴一開始就是愚蠢的錯誤，但接下來隨著真相逐漸為人所知（包括指認出真正的叛徒），這整件事就快速地變質為掩蓋手段，然後又變成了誣害罪行。不管軍方怎麼說，法國間諜在德國駐巴黎武官的廢紙簍中找到的文件筆跡和德雷福斯的筆跡就是不符。多虧了一份兩年後在報紙上刊出的比對，任何有長眼睛的人都能看出，那是別人的筆跡。真正的叛徒，斐迪南・瓦爾桑・埃斯特亞吉少校（Major Ferdinand Walsin Esterhazy），因為習於養情婦，而得不擇門路手段來取得金錢。不靠別人而富有的德雷福斯，就沒有這狀況（雖然他有賭馬的習慣）。人們發現埃斯特亞吉嘲笑法國以及法軍；德雷福斯對愛國的責任卻是堅強固執。一個人在世界上和軍中都是走下坡，另一個卻是步步高升。定罪因此毫無道理，除非軍方假定一名和參謀總部有關聯的猶太人（天生）會反常到遲早有一天必被揭穿是叛徒。[1]

雖然軍方高官因為埃斯特亞吉有罪的明顯證據而被抓住把柄，但他們拒絕承認自己出錯，更別說承認做出了壞事。畢竟，一個自以為了不起、又不可能真正效忠國家的猶太人，他的生命和自由，和神聖不可侵犯之機構的榮譽相比，又算得上什麼？最高領導層便堅持己見。當參謀總部情報科的領頭喬治・皮卡荷上校（Colonel Georges Picquart，跟德雷福斯一樣是亞爾薩斯人）發現真正叛徒的身分並拒絕隱瞞（即便他自己反猶）時，他卻沒有因為堅持而被稱讚。他先是被放逐到突尼西亞，然後當他堅持下來時卻被逮捕，被控洩漏軍事機密。

不公不義的共謀到頭來是自露馬腳。為了確保德雷福斯的罪名無可辯駁，陸軍部主計處的于貝爾－約瑟夫・亨利少校（Major Hubert-Joseph Henry）假造了第二封信——「小藍信」，指名歸罪於德雷福斯。但就如皮卡荷發現的，亨利根本搞砸了，用明顯不一樣的紙張拼出了這封「信」。要揭穿偽造根本就是小兒科。亨利遭到了逮捕入獄，並在獄中坦白後割喉自盡。下了這麼大賭注的埃斯特亞吉，如今名字揭露在德雷福斯事件的相關報刊中，他因此要求召開軍事法庭來洗清名聲，並先再度保證會獲得開釋，而結果也的確如此。

但所有想把這案子結掉、想讓德雷福斯在魔鬼島上受折磨、想把他關在牢房和柵欄圍起的四平方公尺小塊地裡、想讓他活活被熱帶疾病吞噬所下的工夫，全部都失敗了。一八九七年十一月，法國最知名的小說家埃米爾・左拉（Émile Zola）加入了這場論戰，針對這個案子發表了兩篇文章。第一篇的標題是〈猶太謬見〉（A Judicial Error），第二篇則是對〈法國青年〉（Youth of France）的呼籲。左拉正在把這個有失正義的單一案例，轉化為對民主正直和正義的審判。一八九八年一月十三日，喬治・克里蒙梭（Georges Clemenceau）用他《黎明報》（*L'Aurore*）的整個頭版，刊載了左拉寫給共和國總統菲利・福爾（Félix Faure）的一篇長信。這篇文章是對「有罪的人們」的猛烈指責。陸軍部長和陸軍司令部被左拉指為妨礙正義。左拉寫到，就只是因為德雷福斯是個猶太人，所以他才被指認為叛國者，而且只因為反猶主義的詛咒，所以這樣的指控才會有那一點可信度。至於在頭版上用力丟上一個大標題吼著：「我控訴……！」（J'Accuse...!），就是克里蒙梭想到的點子。

光是那一天，克里蒙梭就賣了三十萬份報紙。左拉送出了挑戰狀，煽動他的敵人來提出刑事誹謗訴訟。下個月，左拉在那種連他這位明星作家都有點動搖的巨大混亂騷動之中如願以償，他適切地被判有罪並處以一年徒刑。反左拉和反猶太人的暴動在法國的七十個城鎮爆發。[2]在南特（Nantes），三千名暴動者洗劫財物，威脅當地拉比並毆打店主；在昂傑（Angers），數千人連續橫衝直撞了好幾天。[3]在里昂、迪南（Dinant）、第戎（Dijon）和亞維儂也有類似的暴動。其中最暴力的攻擊事件發生在奧倫（Oran）和阿爾及爾，惡毒的反猶太者馬克斯・雷吉斯（Max Régis）煽動起一場針對該城猶太社群的全面反猶迫害。大批群眾在街頭遊行，唱著：

猶太人去死
猶太人去死
得從他們的大鼻子
把他們吊起來

同一年，再過一陣子，當法國反猶太聯盟（Anti-Semitic League of France）的創辦人愛德華・多魯蒙（Edouard Drumont）陷入財務危機時，雷吉斯擔保他會選上國民議會（Legislative Assembly）的阿爾及爾議員。當代的反猶主義現在流入了傳統伊斯蘭對猶太人和猶太教的輕蔑，並留存在馬格里布文化的血脈中，有著持續不散且惡質的力量。左拉對自己獲得的裁決提出上訴，但當他最後的努力也遭駁回之後，他便趕在被押送進監獄前匆忙離境，七月十九日出現在倫敦的維多利亞車站。他還要這樣流放幾個月後才會回國。再怎麼樣，在上諾伍德（Upper Norwood）跟亞瑟・柯南・道爾爵士（Arthur Conan Doyle）當鄰居度過一個灰濛濛的郊區冬天，還是比被關起來要來得好。[4]

左拉的聖戰並不是整場阿弗雷德・德雷福斯平反運動的開頭，而是其頂點；這一整段期間，德雷福斯的太太露西和哥哥馬蒂厄從來沒有一刻懷疑過上尉的清白。自從一八九五年一月那場令人傷痛的公開拔階之後，他們就盡了一切所能，透過傳統管道來避免這起案件塵埃落定。一八九六年，露西寫信給法國眾議院要求複審。當這條路走不通時，馬蒂厄找上了無政府主義猶太作家博納德・拉查（Bernard Lazare）幫忙，而他便率先把那明顯、但從未說出的真相公開發表出來：德雷福斯之所以成了另一個叛國者的代罪羔羊，就只是因為他的猶太性：

> 他是一個軍人，但他是一個猶太人，而他會被起訴是因為猶太人這部分。他因為是個猶太人而被逮捕，他因為是個猶太人而被審判，他因為是個猶太人，有利於他的正義和真相之聲都沒被聽見，而這無辜人士會遭定罪，責任就完全落在那些藉由卑鄙的鼓吹、謊言、誹謗來煽風點火的人。就因為有那些人，才會有這樣的審判，就因為有他們，光明無法到來。他們需要自己的猶太叛徒來取代傳統的猶大，也就是一名可以天天拿來想起，好讓整個民族始終籠罩於恥辱中的猶太叛徒。[5]

這全都是實話。記者兼小說家莫里斯・巴雷斯（Maurice Barrès）高興地承認：「我不需要有誰來告訴我為什麼德雷福斯叛國。我從他的種族就知道他有本事叛國。」[6]

其他人開始為了德雷福斯加入論戰。這些人包括了非猶太人，好比政治人物奧古斯特・謝赫—蓋斯特納（Auguste Scheurer-Kestner），而他的話特別有力是因為，他就跟德雷福斯一樣，來自現在被割讓給德國的亞爾薩斯；而且，這地方世世代代以來都是個假定猶太人無法忠誠愛國的恐猶溫床。但德雷福斯的整個家族史，就是一段長期肯定革命解放之承諾、始終肯定著「信仰以色列宗教之法國國民」這種身分認同的家族史。在一八七〇年的吞併之後，即便留在這片德意志新國土會比較容易維持原狀，但阿弗雷德的父親還是把他的紡織生意和家園都搬進了法國。那些加入了洗刷阿弗雷德罪名的猶太人也同樣都有一種熱切的信念，認為他們自己徹底屬於法國。約瑟夫・賴納赫（Joseph Reinach）這位迪尼（Digne）的國會議員，是愛國報紙《法蘭西共和報》（*La République française*）的編輯；他的考古學家弟弟薩洛門，雖然被多魯蒙叫作「來自漢堡的骯髒小猶太」，卻是羅浮宮學院（École du Louvre）的共同創辦人。他們的朋友查多克・卡恩首席拉比，是同化運動的支柱人物。

所以隨著德雷福斯的事情開始炒熱起來，問題也就變得比「猶太人所受的對待」還要大；應該說是「法國是什麼」的問題；是古老的傳統還是共和主義？在這個國家認同的問題上，整個國家分裂了，朋友之間產生了敵人，曾經是戰友一家親的人因此離異。從小時候就和丹尼爾・阿勒維（Daniel Halévy）是親密朋友的艾德加・竇加（Edgar Degas），變成了一個暴烈的反德雷福斯者，每天早餐時都要他的女僕茹伊（Zoé）讀反猶太報紙給他聽。身為猶太人卻畫下金融界陰暗面諷刺畫的卡米耶・畢沙羅（Camille Pissarro），和兒子路西安（Lucien）一起成為了德雷福斯的捍衛者。克洛德・莫內（Claude Monet）、費利克斯・瓦洛頓（Félix Vallotton）、瑪麗・卡薩特（Mary Cassatt）和愛德華・維亞爾（Édouard Vuillard）是挺德雷福斯派；皮耶—奧古斯特・雷諾瓦（Pierre-Auguste Renoir）、尚—路易・佛蘭（Jean-Louis Forain）和保羅・塞尚（Paul Cézanne）都是強烈反對者。作家們不再彼此交談，除非爭論互罵。夏爾・佩吉（Charles Péguy）、安那托爾・佛朗士（Anatole France）和猶太人馬塞爾・普魯斯特（Marcel Proust）都一致支持德雷福斯，而莫里斯・巴雷斯和李昂・都德（Léon Daudet）卻有著惡毒的敵意。[7]對其中一邊來說，傳統制度的神聖榮譽是至高之善，高於全體軍隊，而抱持此想法的人都團結在詩人保羅・德魯雷德（Paul Déroulède）的「愛國者同盟」（Ligue des Patriotes）之下。對於在人權協會（Société des Droits de l'Homme）的出版品中闡明信念的另一邊來說，革命才有了法國——共和國司法下公民的平等權利

——不然的話就什麼也不是。「這是犯罪。」左拉在他的吹牛大作中寫道：「是要毒害謙卑尋常人的心智，驅使反動不包容的熱情化為瘋狂，並躲在反猶主義的厭惡公憤中。法國這人權的偉大自由搖籃，若不能治好反猶主義，就會因此而死。」

激發史上第一位劇情式紀錄片導演之想像的，是一場作家同行之間的爭論。一八九八年在左拉熱潮達到頂點時，英國的 Mutoscope 與 Biograph 公司❶決定把惹人厭的反猶者亨利．羅什福爾（Henri Rochefort）和埃米爾．左拉的辯論對決變成真正的戰鬥。演出左拉和羅什福爾的演員用長劍互戳，劍刃衝突到難分勝負。先不論根本就沒這場決鬥（不像喬治．克里蒙梭跟多魯蒙就真的決鬥了）：這部片還是能被稱為「現實」（réalité）。但是，把這事件變成一場媒體革命的，是一八九九年夏天德雷福斯返回法國，在雷恩的軍事法庭進行二審這條爆炸性新聞。像（以諷刺漫畫家出道的）喬治．梅里愛這一類德雷福斯支持者，都注意到反猶者極其有效地利用了出版業的吸引大眾面向：有著整排整列怪物和受害者的怪誕諷刺畫。在那些報紙和雜誌上，當天主教為了在財務上擺脫（他們口中）羅齊爾德家族的箝制而特別成立的銀行「總聯合」（Union générale）遭逢倒閉時，矛頭又指向了你我皆知的那群人。「猶太人謀殺了總聯合」這種不言而喻的說法四處流傳。六年後，巴拿馬運河公司（Panama Canal Company）發生了可以與之相比的倒閉，並讓近八十萬投資者血本無歸時，人們也歸咎於猶太金融家的全球陰謀。事實上柯尼留斯．赫茲（Cornelius Herz）和雅克．賴納赫男爵（Baron Jacques Reinach）雖然沒當過主導者，但他們卻為批准該公司上市的國民議會擔任了金錢流通管道。涉及這場大崩盤的非猶太人比猶太人還多。但這有什麼差別嗎？賴納赫的自殺被看作他坦承了猶太罪名。

面向大眾的反猶大指揮家愛德華．多魯蒙，在總聯合崩盤的餘波盪漾中出版了他那本圖片觸目驚心的《猶太法國》（*La France Juive*）。這本書是所有恐猶仇恨悠久主題的大拼湊：弒基督者、經濟吸血鬼、低於人類、法國支配者，滴著黏液、吸飽受害者血液的爬蟲類。這本書第一年賣了十萬本，無疑是該世紀最暢銷的書，再刷了一百刷並翻譯成全世界各語言版本。遠在《我的奮鬥》出現之前，《猶太法國》就是寫給種族滅絕的邀請函。

但多魯蒙也沒辦法凡事順心如意。一八九二年，在德雷福斯案件的兩年前，他就已經警告說，任何軍中的猶太軍官遲早都注定要成為叛徒。但法軍中這樣的軍官有三百人，而其中有些人很放在心上，便特地挑了別人口中「猶太人太軟弱膽小而不考慮」的方式來挑戰他們的誹謗者——來場決鬥。一八九二年六月一日，克雷繆統治家族集團有一名成員，他在法國公眾生活的崛起可說象徵著猶太解放運動之成功——這位安德烈·克雷繆·德·弗阿（André Crémieux de Foa），就以軍刀和多魯蒙決鬥；在雙方負傷之後，決鬥遭到中止。對於結果不滿意的多魯蒙，找了個代理人，莫雷斯侯爵（Marquis de Morès），和另一個猶太軍官阿爾曼·梅耶（Armand Mayer）在大傑特島（Île de la Jatte）決鬥。莫雷斯這個人很特立獨行，曾經去美國企圖重拾自己耗盡了的貴族財富。他在北達科他州大膽投入農牧而有了夠好的成果，但當他試著直接垂直整合屠宰和包裝生意，然後被大量芝加哥包裝工阻撓時，他理所當然地把自己的失敗歸咎於營運美國經濟的猶太人。回到法國之後，他的目標就是把貴族重新定義為可以和猶太人較量的戰士。那麼，他最至少可以做到的，就是和這名一步登天的狡詐猶太軍官阿爾曼·梅耶決鬥。那不是一場公平的打鬥，因為梅耶的手臂已經在決鬥開始前受傷了，但梅耶很清楚此時畏縮會遭到什麼樣的詆毀，因而反常地繼續打下去。接著不到五秒，莫雷斯的武器就刺入了梅耶的肺部和脊髓，那晚梅耶便死在醫院。莫雷斯因涉及謀殺而被捕、受審然後宣判無罪。巴黎首席拉比查多克·卡恩主持了葬禮，但更驚人的是，有上萬人——有人說兩萬，也有人說十萬——前來參加葬禮，明白地宣示團結抵抗反猶者。

有一陣子多魯蒙和他的事業似乎處於挨打狀態，他的報紙《自由之言》（*La Libre Parole*）陷入了財務危機。那時候，德雷福斯簡直是天上掉下來的禮物。這家報紙先是爆料說有個邪惡的人是猶太人，然後接下來幾年

---

❶ 譯注：「Mutoscope」和「Biograph」都是電影放映機的早期別名。

又繼續大做文章，說猶太人本質上就是沒辦法忠誠。「猶太人是叛徒，我已經跟你們講了八年。」他得意洋洋地喊著。《自由之言》的文章此時大肆渲染地配上了整張反猶太的詭異動物寓言式圖畫：巨大的猶太蜘蛛用牠解不開的毛茸茸絲網，困住了整個法國；吸血鬼般的猶太人把他的爪牙刺入無助的法國受害者身體，鷹勾鼻、肥嘴唇的怪獸對著獵物流口水。基於那種把猶太人當成路西法幫兇的古老基督教惡魔學，猶太人現在被變成了撒旦般的陰謀家。他們的安息日儀式裡有祕密；他們的書籍充滿了咒語和害人詭計；他們的永恆獵物，就是無辜基督徒的性命。一八九四年十一月七日，也就是多魯蒙指稱德雷福斯為「叛徒」的十六天後，《自由之言》封面畫了兩個猶太人徒勞無功地試著洗掉他們雙手和衣服上的血。圖說寫道：「猶太人，你們不屬於法國，只有血（死亡）才能解決像德雷福斯事件這樣的背叛！」❷（Juifs, chez nous, en France, le sang, seul, lave une tache comme celle la!）[8] 這種幻覺場景與十九世紀末喜愛恐怖死亡的品味完全一致：怪物走在我們之間，穿著背心和高筒靴。在這些漫畫中也有一種強烈的惡俗氣息。左拉沒被畫成一隻豬的時候，常常被畫成下身裸露地坐在馬桶上、抓著一隻德雷福斯的小娃娃。在另外一張把左拉畫成豬的圖片裡，正把自己弄得一團髒的他，還把排泄物塗抹在法國地圖上。[9]

《我控訴》把這整個熱潮的不平衡狀態稍微推正了一些。但德雷福斯支持者的語調卻都太說教了。他們擅長那種論及公民正直德行的高傲訴求，那是革命的永恆精神。許多他們發表在報紙和期刊上的最早期訴求，都在迎合著受啟蒙者，也因此只有普通的聲量，雖然一陣子之後《哨音》（*Le Sifflet*）這類有圖像的雜誌，開始與它的同型對手《嘿，嘿》（*Psst...!*）競爭，以奪取大眾的注意力。但就大部分時候而言，支持德雷福斯的辯論內容都太文謅謅而無法產生震撼的影像，僅有的例外，就只有他們在攻擊政府辦公室內的蒙昧主義，還有當軍方的掩蓋手段實在是太惡毒到無法忽視的時候。

就跟法國多數人一樣，喬治・梅里愛最初聽聞德雷福斯的命運後不為所動，儘管說，這位猶太軍官在軍事學校慘遭免職卻仍維持尊嚴這一點，可說是不同凡響的劇碼。但在他的堂兄弟阿道爾夫說服他相信德雷福斯無辜之後，他就拍出了那些以大眾娛樂的說服力來助其一臂之力的一分鐘短片（尤其這些影片又可以單獨購買或者整套收購）。不管怎樣，猶太人和電影注定是要走在一起。

一八九九年八月至九月，梅里愛在巴黎郊區蒙特勒伊那間專門打造且有玻璃內牆的影棚中，拍攝了《德雷福斯事件》（*L'Affaire Dreyfus*）。他用新聞照片當作戲劇重建的基礎，並雇了一個當地的鋼鐵工出演被囚禁的英雄；梅里愛選他並不是基於什麼特殊演戲天分，單純就是因為他長得像阿弗雷德・德雷福斯。拍攝到一半時，這名鋼鐵工的下顎因為突然的牙齦膿腫而腫大，這代表梅里愛只能拍攝他臉還完好的那一側。即便如此，這些彷彿用巨型六十八釐米格式拍出的小小底片，在戲劇直接性方面可說十分傑出。梅里愛幾乎不用誇大什麼，就可以產生扣人心弦的動態歷史。他自己擔綱演出了拉伯里——德雷福斯的兩位審判辯護律師之一，也就是雷恩那名持槍暗殺者的鎖定目標。電影裡有人們看大眾劇時會渴望看到的一切：夫妻的溫柔、惡毒的陰謀、無人性的監禁、一顆堅忍不拔的明星。跟劇場不同的是，這影片可以帶著移動，也確實行遍了各地。從舊金山到敖得薩，這部片放了又放。海德公園會有那場抗議二審明顯不合理判決的大規模集會，就是因為群眾會從電影中認識德雷福斯。

德雷福斯的狂熱開始橫跨各大洲。路易・盧米埃（Louis Lumière）的一位攝影師法蘭西斯・杜布耶（Francis Doublier）在他的回憶錄中回想到，一八九八年他於烏克蘭旅行時，在（猶太人眾多的）日托米爾發現，前來聽他談《德雷福斯事件》的聽眾們熱切地希望看到情節在銀幕上演完。樂於幫忙的杜布耶便利用一些拍攝士兵的舊畫面假造了一段影片，假裝說那是德雷福斯故事的一部分，但不可免的，有一個當地的萬事通就指出來，說其中有一些據稱是當場實拍的鏡頭（例如免職一事），根本就發生在一八九五年第一臺電影攝影機出現之前。

對於在銀幕上看到德雷福斯的渴望，只靠梅里愛一個人是不會滿足的。約莫同時，夏爾・百代（Charles

---

❷ 審訂注：本句由臺北藝術大學林瓊華教授協助校訂翻譯，特此感謝。

Pathé）和埃米爾・百代（Émile Pathé）兩兄弟也開拍了自己的劇情式重建紀錄片。一九〇七年，他們以一部電影回顧了整件事，而該片的優勢在於，此時電影內容能包含德雷福斯洗清嫌疑和正式復職軍官一事，而後者就發生在十二年前見證他拔階免職的同一座軍事學校練兵場。比這更有革新意義的，是決定把真實而非演員放到大眾面前的英國電影放映機與傳說公司（British Mutoscope and Biograph Company）法國分部，所拍出的史上第一部位於現場拍攝的新聞短片。

重審的地點——布列塔尼的城市雷恩，擠滿了來自全球的記者和攝影師。露西和馬蒂厄・德雷福斯每天走路去探望重審前受監禁的阿弗雷德，讓一個堅守不退的放映機攝影師得到了寶貴的機會，拍到了人性化的鏡頭。但對拍攝來說，至高的聖杯獎勵，就是德雷福斯本人的一個鏡頭。因為害怕囚犯（在魔鬼島上受折磨而衰老許多）的模樣引發群眾憐憫同情，軍方用木板條擋住他牢房的窗戶。為了防止哪個堅決的攝影師企圖拍攝德雷福斯短暫的放風運動的片刻，他們把整個空間用焦油帆布蓋了起來。面對威脅不為所動，對於露西和馬蒂厄不希望被打擾的懇求也充耳不聞的，就是眾多攝影師中最大膽的M・奧德（M. Orde）；他用車運著他巨大的 Biograph 攝影機跑遍雷恩大街小巷，還安排把腳架高高立在某棟正對著德雷福斯監禁處的房屋屋頂上。有那麼短暫的片刻他獲得了回報，拍到了全世界引頸期盼的、那位悲劇英雄的一瞥。

那麼，在投影機的藍色煙霧之外，那些閃爍搖曳的影像揭露了什麼？咦，德雷福斯就跟別人沒什麼兩樣，他看起來甚至根本沒那麼猶太人。儘管有那些輕易就能取得的照片，這名「叛徒」的無數張諷刺畫，已經將他的模樣變成更符合反猶刻板印象的樣子了。人們都知道，所有的猶太人都有鷹勾鼻，所以漫畫中的德雷福斯也就配了一個。但這個人，電影裡的猶太人——還有流通全球的網點照片❸大雜燴裡的他——反而只有一個端正的鼻子，與他的勤奮、莊嚴舉止和夾鼻眼鏡十分搭配。像這樣證實他是尋常人類可說是時機正好，因為在左拉受審和偽造文書者亨利自殺之後的時期裡，爆發了一種遠超乎一般刻板印象而更接近當代病理學的反猶主義。多魯蒙在尋找影響大眾意見的機會時，他有了一個聰明的點子，就是把亨利的遺孀塑造成一位哀痛的女性，每一點都完全跟（在對面陣營裡以其堅定不屈而成為傳奇人物的）露西・德雷福斯一樣忠誠而委屈。當謝赫—蓋斯特納講話講過頭，主張亨利不是只掩蓋事實，更是埃斯特亞吉的狡詐共謀者時，多魯蒙便得到了一份意外的禮物。這樣的話，多魯蒙就可以發起公開呼籲設立「亨利紀念基金」（Monument Henry）：以一筆資金來支持亨利的遺孀，並用來支付洗刷死者冤屈的法律相關費用。

「亨利紀念基金」很快就吸引了兩萬五千名捐款人。多魯蒙公布了他們的名字，根據社會階級或職業——教會、貴族、軍方等等——排列，名字以外，還附上他們除了捐錢之餘還樂意發表的任何評論。那些評論，可說是對猶太人（常常被那些反猶者以「猶子」〔youtres〕或「猶仔」〔youpins〕這類黑話來稱呼）非人化的侮辱言語大清單。這種惡魔化的行徑實在太惡劣，促使挺德雷福斯的詩人皮耶・奇亞（Pierre Quillard）把這些話語逐字重印在自己的刊物上，用來在尚未決定立場的公眾間激發驚恐和羞恥心。為了跟上反猶主義的新詞彙，現在罵人的話有著那種尋常的生物學—動物學—細菌學的外貌。猶太人是「全球性的害蟲」、「商業上的根瘤蚜」，是猴子、蛇、禿鷹，造成潰爛的微生物、會走動的感染源。要保護法國不受這種寄生蟲感染，方法就是把他們全部趕出國家。一旦迫使他們穿上黃色的衣服並趕成一團之後，就可以把他們打發到他們「寶貝的猶地亞」，好比撒哈拉或者趕去魔鬼島。最好要有人起來組織一個大規模車輛動員，以滿足遣送猶太人所需。或者，如果到最後發現物流運輸太複雜的話，乾脆就把他們消滅掉——一旦找到便把他們人身消滅。

要怎麼處理掉這些骯髒的「猶子」，引來了五花八門的提議。可以把他們的嘴巴縫起來，把他們的眼睛摳出來，把他們的鼻子割掉或打爛，把他們的牙齒敲進去。可以把他們浸到熱油裡，給他們沖酸液，做成肉餡、白香腸（boudin blanc）、人百葉、肉醬，或者切碎給狗吃（前提是有哪隻懂得自重的獵犬願意吃）。可以讓他們流血、打到皮開肉綻、送上斷頭臺、在造玻璃的爐裡活活燒死，用番木鱉鹼或老鼠藥毒死；他們的皮可以鞣製後做

❸ 譯注：指報紙上的照片。

成戰鼓、靴子或者用來寫字的皮紙。因為他們那麼喜愛音樂，他們的腸子可以拿來做大提琴和小提琴的弦。一名驕傲地自認反猶太的醫學生，希望是猶太人而不是「某些無辜的兔子」可以拿來在他的解剖課上被活體解剖；但另一個醫學生寫說，他們的皮太硬、味道太讓人想吐，因而無法付諸實現。「我連一隻蒼蠅都不會去弄傷。」另一個醫學生寫道：「但我的確會說『猶太人去死』。」一位驕傲的母親寫到，她務必會讓她五天大的女兒賈梅茵（Germaine）日後長大成為反猶者。在武裝軍隊的這一塊，有一群自稱駐紮在祖國邊界的軍官表示，該團體「不耐地等待著下令，用毒害國家的十萬猶太人來試最新的大炮」。由反猶教團「聖母升天會」（Assumptionist）和其刊物《十字架》（*La Croix*）所帶頭的教士，以教區層級的水準，維持了比較端莊正派的論調。但當層級下降到一般社會尺度時，就會有那種即便說出「熱切希望滅絕」猶太人也完全不在乎的鄉村教士（curés de campagne），而且他們還常常把那種出於天主教式妄想而使他們恐慌的共濟會，也加進希望滅絕的名單中。「滅絕」這個詞彙，以難以令人寬恕的頻繁程度，出現在幾乎所有類別的評論中：包括了所謂的「高貴之人」、法律人、醫界、各種學校和大學，當然也包括作家。一名「土爾的密克隆」（Michelon of Tours）就高喊：「看到最後一個『猶子』嚥下最後一口氣，足以讓我們帶著徹底的快樂離世。」其他人說他們的捐款不只要給那位不幸的寡婦和紀念基金，而是要「買繩子來把所有猶太人吊起來」。

皮耶・奇亞顯然覺得，他重新刊出整波仇恨狂潮，便可以把那些立場未定的人推離仇恨方，而加入莊重正直的一方。他錯了。這樣的揭露只是讓惡毒者更開心。一場暴脹的感染把薄膜般脆弱的文明整個撕裂，並開始汙染當代的政治體。[10]

II 一道簾幕拉起

要讓猶太人的故事成為人性的故事，代價就是將一個銀幕上看到的戴眼鏡上尉被受害者化嗎？有幾張畫質粗糙的拔階照片保留了下來，是從那些把臉擠到庭院欄杆上的圍觀群眾背後拍攝的。這讓「觀望」跟拔階本身一樣，成為了照片的主題。莫里斯·巴雷斯，《我自己的狂熱崇拜》（*Le Culte du moi*）的作者兼《帽徽》（*La Cocarde*）的編輯，認為這樣的奇觀有比目睹斷頭臺處刑還要令人興奮的性質。當然，這種興奮的對象得是那個被免職的猶太人，而觀看這場面的緊張悸動，喚起了那種觀看猶太人被擊倒在地的古老傳統：比如說信仰審判；曼托瓦的燒女巫；羅馬的「猶太賽跑」；喊一喊、笑一笑總是有好處。英國攝影協會（British Photographic Society）一名評論該照片的作者，理解到這種新媒體有潛力產生間接且幸災樂禍的刺激感，而稱這張照片是「由逼真影像所提出的上訴」。[11]當然，這不會阻止照片流通出去，雖然說法國政府對於這類在公眾事件裡拍攝的照片所下的禁令，確保了照片不會在其價值最高的國家內被人複製沖洗。

一八九五年，在德雷福斯被關在魔鬼島之後，案件就沉寂了下來。在軍法部門之外並沒有人知道，他並未目睹那一份據稱使他有罪的「祕密檔案」，就已經被定罪了。然而，到了一八九六年末，隨著博納德·拉查那本言詞憤怒銳利的小冊子發行，這整個案子就開始變成了「事件」。一年後，左拉一加入戰場，這整件事就變得廣為人知，超出了猶太人的範疇，而變成了一段警世預言，警告著人們在下一個世紀會準備把什麼帶過來。民主的正直和發自內心的偏見之間、理智和熱情之間、正義和部族團結之間，是否會有一場戰鬥到來？左拉認為就是如此，甚至誇張到聲稱第三共和的存亡關鍵就在於認清並糾正反猶主義的不正。與此敵對的一方，例如愛德華·多魯蒙的看法當然完全相反：如果不處理猶太人——限制、移出、消滅——的話，就算不到全歐洲，至少法國也會完蛋。面對敵人而危在旦夕的是現代民族國家的性質：王朝帝國衰退最終崩毀後，會是什麼現身？繼承其後的國家會立基於道德規範或種族淵源，基於部族傳說或者法治原則？塑造那些國家樣貌的，會是啟蒙運動假想的公民平等，或者人種、血緣、地理和記憶的神祕共同體？在一封德雷福斯從獄中寄給妻子的心酸信件中，他對於強調理性而讓他一輩子以此為榮的啟蒙運動，將會被如此殘忍地丟棄而感到困惑。整體的爭論點比「猶太人能不能當真正的法國人？」（或德國人，或俄羅斯人，或英國人）更廣。爭論變成了關於根源的辯論，在這場爭論中，流浪的、四海為家、總是被人習慣指控為無根的猶太人，注定得要處在防守的一方。君主制的極端支持者李昂．都德就堅持，不管德雷福斯他怎麼說，他都「不是法國人」，而這個推想便延伸到任何一個天真地相信他無辜的人心中。巴雷斯打趣地承認了左拉為德雷福斯辯護時的真誠，但只是因為那樣的開誠布公曝露了一個棘手的事實，那就是左拉其實根本就不是法國人。巴雷斯自己出生在奧弗涅（Auvergne），但他的家族來自洛林，來自一八七〇年割給德意志的東方邊界縣區，而到此刻仍是文化戰爭的戰場。他寫道，有一道屏障把他和左拉分了開來。「那道屏障是什麼？就是阿爾卑斯山……因為他的父親和他那一脈的祖先是威尼斯人。埃米爾．左拉的思考方式就像一個被連根拔起的威尼斯人。」[12]

在巴雷斯這種極端民族主義者的心中，地理和歷史對猶太人而言是無關緊要的事情。他們唯一的家園是金錢領域。只要在金錢揮手的地方晃來晃去，他們就會找到彼此。因此，一個猶太人是沒辦法愛國的，因為愛國的前提是對一個特定國家有著根深柢固的連結。那麼，德雷福斯的罪行就是在自己生理上無法體現軍服象徵的忠誠時，卻穿著軍服。如果德雷福斯在他受辱的時刻，以他所能喊出的最大聲音來抗議，表達自己對祖國和軍方有著無懈可擊的忠誠服從，那麼在巴雷斯這類人的解讀中，也不過又是一個顯示猶太人擅於偽裝的跡象。掩蓋著後頭怪物容貌的這張面具，是反猶太諷刺漫畫家最喜歡的主題。[13]

但當他們在一八九五年一月五日那個灰暗的冬天早晨看到他本人時，並非每個人都覺得德雷福斯有戴著什麼面具。當他被拔階時，當群眾喊著「猶大」和「猶太人去死」時，他所展現的那種堅忍態度，似乎是出於自願的，而且事實上，還合乎人們對沉穩軍人的期待。德雷福斯的沉著，打亂了反猶者的預期。在他們的預期中，猶太人就算不是叛徒，也應該要神經兮兮、指指點點、焦躁不安才對。那麼，那個倒在侮辱中悔恨不已的廢傢伙去哪兒了？還有，為什麼德雷福斯沒有哭，反而能看到他在整整十五分鐘的折磨中始終乾著眼睛？更令人生氣的是，德雷福斯拒絕扮演被嚇到的墮落者。他抬頭挺胸，公然違抗要他好好安靜的命令，開口說出他的清白以及對法國和法軍的忠誠。當德雷福斯在戒護下離開練兵場，穿越一群嘶嘶地唸著「猶大」

的觀眾時，他甚至有那個膽子對他們說：「我不准你侮辱一個無辜的人。」

德雷福斯的堅忍，迫使不同情的觀望者必須改變方針，並把他的缺乏情感視為一種變態反常的徵兆。李昂・都德在重新引用圖斯內爾的侮辱動物學，稱德雷福斯為「黃鼠狼」之前，先把他描述成「僵硬人偶」。或者，他有沒有可能是石頭做的？《晨報》（*Le Matin*）的記者則是以非稱讚的口吻，把他描述成「活著的人像」。「他有任何感覺嗎？他會不會連意識都沒有？」其他人則是把這種非人的自我控制力歸因於德雷福斯的「日耳曼」性格。對巴雷斯來說，德雷福斯的「灰白」臉色，那種「叛國賊的顏色」讓他露出了馬腳，因為那是「猶太人隔離區殘渣」的灰白。其他人認為他們發現他有一點點跛。不過，中立派對於德雷福斯不尋常的沉穩有著不同的回應。其中一個人，維也納報紙《新自由報》（*Neue Freie Presse*，由猶太人莫里斯・班尼狄克〔Moritz Benedikt〕和愛德華・巴徹〔Eduard Bacher〕所編，但熱切地不支持德雷福斯）的巴黎連絡員寫到，進入庭院的時候，「德雷福斯像個堅信自己無罪的人一樣前行」，而且「這位遭拔階的上尉異常堅決的態度……讓許多目擊者留下深刻印象」。[14]

四年後的一八九九年，同樣一位記者，也就是西奧多・赫茨爾（Theodor Herzl）會堅持認定德雷福斯的案件是他的黑暗頓悟，讓他成為錫安主義者的瞬間。但這可能是他事後才產生的回憶。就如雅克・科恩伯格（Jacques Kornberg）和肖洛摩・亞維內里（Shlomo Avineri）注意到的，他當時的日記和通信中幾乎都沒特別提及這案子。[15]不過，對於許多在博納德・拉查向軍方強力開炮前都對本事件陰謀之深一無所知、也不知道背後是反猶主義在驅動的德雷福斯最激烈支持者來說，赫茨爾所說的這種體驗是真真切切的。赫茨爾其實有在一八九六年秋天見過拉查，並對他留下了好印象，然後在十一月時，便在公開發表意見前，在自己的日記裡寫到，事實上，德雷福斯很有可能是無辜的。[16]

對赫茨爾的錫安主義頓悟做出最關鍵貢獻的，到底是巴黎還是維也納、是因為德雷福斯事件還是反猶太基督教社會黨（Christian Social Party）的煽動行為？許多史學家的激辯就耗在了這些問題上。但這兩套劇本並不是非此則彼。一八九三年至一八九五年間，他經常來回穿梭於這兩個城市之間。有幾次的動機是私人因素。他和茱莉・那夏爾（Julie Naschauer）——某位以鑽孔排水機械、開井和泵浦事業致富的批發商的年輕女兒——的那段很不快樂的婚姻，很快就瓦解了。赫茨爾想要離婚，但為了不傷害孩子，他們決定分居而不是正式結束婚姻。一八九二年茱莉搬去了巴黎，赫茨爾的雙親也是。他的維也納生活圈，因此帶著大規模反猶主義興起的氣餒消息找上了他。赫茨爾出於本性以及其知性而無法信任民主，他相信民主是給煽動民心者的禮物，讓他們可以利用從一八九五年開始擁有選票的未受教育者。在維也納揭露的情況，也就是反猶主義從言語暴力變成了肢體暴力，只是強化了他的悲觀。街上不時發生砸毀玻璃、焚毀店鋪和隨機攻擊他人的事件。赫茨爾自己也體驗過；當時他正要離開一間酒館，此時有人對他大吼，說他是該死的猶太人。當時正要成為該城副市長的卡爾・魯埃格（Karl Lueger）以及他所屬的基督教社會黨，競選口號就是廢除猶太解放運動，並把猶太人徹底從帝國驅逐出去。這是那些把任何經濟困難都歸咎於猶太人的農民、工匠和小店鋪老闆想要聽到的。隨著反猶太的激昂話語變得一發不可收拾，曾經支持猶太解放運動的自由派人士開始避免對反猶主義作任何批評，就怕抗議讓他們掉票——而選票對他們來說很有作用力。

對赫茨爾來說，這實在是心寒不已。他已經得到了一個結論，就是猶太解放運動失敗了。該運動的承諾曾經是，當教育、居住和職業的障礙移除，當猶太人變得更徹底融入自由社會之後，反猶主義的根源動機——猶太人專注於金錢世界、猶太人和公民同胞的疏離——也會消失，而恐猶心態也將一併不復存。啟蒙運動會消除掉僅存的那一點古老偏見，像是弒基督者、謀殺兒童者等等。但這一切全都沒發生。每隔個幾年，血祭毀謗的控訴就會死灰復燃。一八八二年，匈牙利蒂紹艾斯拉爾（Tiszaeszlar）的猶太人被控殺害當地一名遺體在河裡被找到的女孩。她的母親歸咎於猶太人，認為他們為了血而殺她，而每個人都知道猶太人烤逾越節薄餅需要用到血，而匈牙利眾議院（Hungarian House of Deputies）的政客們又再三重複這項控訴，要求驅逐立法機關內的猶太成員。有十五名當地社群的成員，基於一個五歲猶太男孩的「自白」，而被控儀式謀殺。當囚犯獲判無罪而起訴被認定無證據時，匈牙利各城鎮爆發了反猶太暴動，包括赫茨爾小時候住過的布達佩斯。

但最讓赫茨爾擔憂的，是已同化猶太人的當代困境。這種猶太人越是融入各種生意和職業，他們激發的仇恨就越深。自由派人士，好比說在《新自由社》（*Neue Freie Presse*）處理他文稿的編輯們，或者查多克．卡恩和莫里茲．古德曼（Moritz Güdemann，在維也納繼承了耶林內克的位置）等現代化拉比，都在欺騙自己。如果少了某種集體轉型的激烈行動，反猶主義就永遠不會遠去。所以，一八九三年赫茨爾在維也納對抗反猶主義組織（Vienna's Defence Association Against Anti-Semitism）的週報上，以徹底的嚴肅態度，提出了他所能想到的最激烈變革：和教宗協商，來實現奧地利猶太人的大規模改信。此外，這過程不是要零零碎碎，或者祕密地進行，而是要慎重地像一場巨大的公眾劇那樣演出。會有一支隊伍在大白天前往斯帝芬大教堂，進行一場大規模受洗。只有到那時候，某種赫茨爾明顯渴望的同化承諾，才會付諸實現。他寫道，那會是「一次和解」而不是一次投降。赫茨爾以一種有違常理的方式，把出於自己意志而非強迫的改信，認為是一種讓猶太人獲得力量的行動。

他是不是瘋了？殉道者們的犧牲難道不是要避免這樣一種他毫不在乎的下場？他不是反覆地說，猶太人兩個千禧年的忍耐令他多麼的感動嗎？但赫茨爾已經受夠了犧牲，也受夠了在他推測中只是把集體自殺講得委婉一點的「聖化上帝之名」。還不如，活下去吧。一八九三年時，他自己和猶太教的接觸是微乎其微。他不會去猶太會堂，希伯來語他一竅不通。他相信，異族通婚可能是另一種把反猶主義的刀鋒磨鈍的好方法。雖然如此，猶太認同的牽引力還是很強大，而且深深刻在他家族的歷史中。赫茨爾家族原本是叫列布（Loeb）或者洛伯（Lobl），其根源是希伯來語的「心」（lev），經過了德語化而來。他們的祖籍是塞爾維亞的澤姆林（Semlin），如今屬於大貝爾格勒西北的一區，沒什麼特色，除了在十九世紀的前半出了一個強大的人物：波士尼亞的賽法迪人拉比葉胡達．阿卡萊，他把他的大半輩子，都奉獻於鼓吹猶太人大規模回歸巴勒斯坦[17]。阿卡萊從一八二五年起就在澤姆林，就跟赫茨爾的爺爺西蒙同一個時候；他先是當老師，後來又當了拉比，而且雖然他最初是用拉迪諾語來書寫文字，但很難想像洛伯（赫茨爾）家族會不曉得這個人的存在和名聲。阿卡萊詳述於「第三次救贖」中且被正統派視為卡巴拉異端邪說的個人信仰是，猶太人的回歸不需要等到彌賽亞的出現，而是等到其預兆即可；然後，因為根據他仔細看過彌賽亞曆的結果，吉兆的時代會從一八四〇年開始（在吉兆實現之前，這會持續一個世紀），所以相關工作必須立刻開始。當然，他那個世代還有其他的原始錫安主義者，如莫西・赫斯（Moses Hess）和茲維・卡立夏拉比（Rabbi Zvi Kalischer），但他們倆都不像阿卡萊那樣實際去過耶路撒冷。阿卡萊年輕時曾經在那裡學習，而當他想像猶太人回歸復興的時候，他在心中籌劃的除了是一場宗教的重生外，更有一塊實際的定居地，尤其是農業屯墾地。赫茨爾自己在一八九六年發表的《猶太國》（*Der Judenstaat*）中所詳述的主張中，有很驚人的比例，是早在半世紀前就被阿卡萊準確地預料到了，其中就包括一間用來取得可耕地產的土地銀行（Land Bank）、一間猶太股份有限公司（Jewish Joint Stock Company）、一個猶太貴族組織來擔任受信託人，以及向鄂圖曼帝國提議，協助該國經濟與通訊現代化。但阿卡萊堅決地認為猶太復興的語言得是希伯來語，而幾乎完全不會希伯來語的赫茨爾，則認為這樣的想法頗有東方奇趣；在他的假想中，如果要有一種權威支配的語言，那應該就是文明開化的真正語言：德語。

當整個家族因赫茨爾的姊姊突然死於傷寒而大為受創，接著從布達佩斯搬到維也納時，那一刻的赫茨爾本人有多猶太，是十分可疑的。雖然他們住的地方離菸草街那間巨大的改革派會堂不遠，但他的父母親並不是固定會去禮拜的人。年輕的西奧多被送去了一間由曾發表過著作的學者當校長的猶太小學，但他似乎已經在家進行了一種非正式的「禮儀式」，而不是在猶太會堂行成人禮。不管是在布達佩斯還是維也納，他身為猶太人所獲得的經驗，似乎大部分都是負面的：在學校運動場裡被吼著侮辱，在文理中學被偷偷恥笑。在一八七三年的維也納證券交易崩盤事件後，他會開始聽到那種說是猶太人（尤其是對羅特齊德家族）造成整場災難的慣例式抨擊，即便證券經濟人雅各・赫茨爾（Jakob Herzl）自己就是眾多受害的猶太人之一。

然而，這些事都沒有使年輕的赫茨爾不再相信自己能成為另一個成功的、能爬上高處的猶太人。在他研讀法律的維也納大學裡，他加入了「學術讀書會」（Akademische Lesehalle）這個辯論會，然後在奧地利的保皇派和話語越來越刺耳的德國年輕民族主義者之間布陣備戰。[18]雖然該社團按規定是要維持中立，但它還是不只一次邀請了反猶太頭頭喬治・馮・謝那勒來演講。該大學的其中一個劍術社團「艾比亞」（Albia）也收了赫茨爾。該社的入社條件是要先打一場，好在學生的臉頰上留下必要的榮譽傷疤；為了這個儀式，赫茨爾苦練了許久，但他認為自己表現得很不好。不過，這已經足夠讓他得到所需的那條傷痕。赫茨爾其實是可以加入「多瑙比亞」（Danubia）這種更忠於多民族帝國、也因此更受猶太學生歡迎的決鬥社團。但赫茨爾選擇了更積極德國化的艾比亞，也一併接受了三不五時的反猶嘲笑。他自己被（當然是諷刺地）稱作「加利利公爵唐克雷德」（Tancred Prince of Galilee），被當成這個歷史上「怪人」的一個範例；這個人物怪就怪在他是一位高而英俊的猶太人，也就單純因為這不刻板的反常印象，而成為娛樂作品的發想來源。所以，有一陣子赫茨爾就扮演著這個角色，帶著艾比亞的藍帽子、藍腰帶，大搖大擺地走著，揮動著他那根有象牙手把的黑手杖。他和男生們喝酒，和女生們胡來，苦於宿醉和淋病。但即便他演得這麼好，這個自稱「來自匈牙利的德國猶太人」，又盡了力不要踩進其中一邊的人，卻開始為了自己的口是心非而苦惱不已。有幾個德國民族主義兄弟會組織了一個聯合會來紀念近期過世的理查・華格納。赫茨爾對華格納沒什麼反感——相反的，他熱中於華格納——但他主張，該活動已經淪落至反猶主義層次，因而退出了艾比亞，把自己的藍帽子和腰帶交還。雅克・科恩伯格注意到，那場華格納紀念活動裡的演說，其實比較偏德意志民族主義而沒有特別反猶太人，至少跟赫茨爾入會那幾年來的一般情況相比並沒差多少。但聆聽自己內在聲音的赫茨爾，認定這已經反猶到足以離社了。

脫離艾比亞並非預示著他就會立即投身到猶太人自我防衛的事業上。接下來幾年，他都把時間花在從事法務上，先是在維也納，然後在薩爾斯堡，但又始終渴望著一種在他假想中、一個擁有猶太起源卻有日耳曼感知力的知識分子會有的文學生涯。在布達佩斯的時候，他和他姊姊辦過一份叫作《我們》（*Wir*）的雜誌，接著赫茨爾就逐漸把自己塑造成作家了。他在小說、新聞和劇場之間掙扎，但又希望有什麼辦法能三種都試試身手。他拋棄了法律，並開始認真地寫作，並過著一種浪蕩公子哥的生活。他會前往海德堡和巴黎旅行，會有好幾個夏天跟父母在湖邊的礦泉療養院度過，同時他古怪的文章會在報章雜誌上刊出，也會有女孩子相伴。據他的醫師文友亞瑟・施尼茲勒（Arthur Schnitzler）所判斷，那些人既有妓女、交際花，也有另一種相反的女性；被他盛讚為溫柔純真生命的年輕（有時候非常年輕的）少女。一八八九年，他就和其中一人結婚，也就是茱莉・那夏爾，而這可以預期會帶來慘烈的下場。

接著就有了劇作：不費什麼力就快速寫成、平淡而很好忘掉、但夠討好觀眾而能上演的輕喜劇；堪稱沒有音樂或舞蹈的輕歌劇。赫茨爾的強大野心是要讓他的其中一齣劇在維也納的頂級劇院——城堡劇院（Burgtheater）上演。若不行的話，在柏林獲得上演機會，也夠讓他跟在維也納一樣開心了。

但在阿弗雷德・德雷福斯被帶走的同一天，也就是一八九四年十月二十一日，赫茨爾在一種被他形容為創意狂放的心神狀態下，開始寫起一齣劇，其目的並不是為了娛樂，而是辯論。《新猶太隔離區》（*Das neue Ghetto*）有著大量在舞臺前進行的高談闊論，還有一個不快樂的、同化了的、向上移動的猶太律師叫作雅各・薩繆爾，而他和作者並非完全不相像。他想被徹底接納的夢想，被他內弟與典型飯桶貴族施拉姆（Schramm）所做的見不得人的交易所破壞。結果整個很糟。雅各那位非猶太的摯友和他絕交，而這始終讓他無法復原；不可免的，他在與施拉姆的決鬥中致命地輸了（赫茨爾對決鬥十分著迷）。[19] 在他那本從一八九五年春天開始寫起、並在其中擁抱著他所謂的猶太事業（Judensache）的日記裡，他把他開始察覺到同化徒勞無功的起點，定在閱讀歐根・杜林（Eugen Dühring）十四年前那本強烈反猶的論文《猶太問題》（*On the Jewish Question*）而大受衝擊的那一刻。杜林的書主張，讓猶太人有別於雅利安人的那種基本種族差異是永遠不可能調和的，不管前者披上了多少文化的假面也一樣。來自杜林——這名坦承相信社會羈絆是由「本能的道德同情心」這種猶太人並沒有的優點所產生、且形容自己是「現實主義者」和「社會主義者」（就跟亞當・斯密一樣！）的人——的指責，讓赫茨爾認清自己這一整套德國化的行為都是死路一條。「一年年過去，《猶太問題》始終緊盯著我、折磨著我，並讓我感到悲慘不已。」[20]

然而，到了一八九四年至一八九五年間，這個慘痛困境的解答，也只是剛開始在赫茨爾的心中具體成型而已。解答無疑就是為猶太人建立國家，建立一個他們可以掌控自己命運、且身為猶太人會是榮耀獎章而非恥辱的地方，才能給予他們自尊。當赫茨爾開始替他自己，也是替莫里斯·德·赫希男爵等樂見其成的猶太富豪草擬計畫的時候，（如果有的話）他也只是隱約察覺到眾多錫安主義的前輩，好比說莫西·赫斯、李昂·平斯克和錫安之愛。平斯克在一八九一年死於敖得薩，五年後當赫茨爾有空讀《自動解放》的時候，他坦承，他們的想法共通處多到讓他震驚。

赫茨爾沒有和錫安之愛成員或者（就這方面而言）阿卡萊所共有的想法，是他們的實用漸進主義，像是「一開始要先播種在巴勒斯坦的土地上（不論實際上或譬喻上都是如此）」、「有別於耶路撒冷和加利利那種幾乎只是宗教性存在的猶太社會，這裡的猶太社會，得要在對政治民族主義出現質疑前就扎根下來」等強烈的意識。赫茨爾對打造猶屬巴勒斯坦的漸進主義沒有興趣，一如他在歐洲對於猶太解放漸進主義沒有興趣那樣。他認為，這兩者都注定讓人失望，而且無法回應時間上的迫切性。猶太人正遭到痛打，他們的家園和店鋪遭到焚毀、砸爛。他很確定，不久前還有人殺人。赫茨爾在原始猶太主義著作中也加入了一種堅定信念（想必是源自於他對「解決猶太人」這類反猶太論調的熟悉），認為大批移民是可以賣給大國強權的。這種直覺對赫茨爾來說，不只是戰術上的想法，也是自然而然的想法。身為一個討好過各色各樣非猶太觀眾，甚至還有過推動大規模叛教這種念頭的已同化猶太人，他確實仍然希望有某種「和解」，就算不是命運上的趨同，至少也是歷史利益上的趨於一致。錫安主義得要在猶太人和非猶太人的眼中都一樣好。等到他跟德皇說他的解方會把過量的猶太人從德國「排光」的時候，他為什麼不會被德皇相信呢？等到他跟土耳其蘇丹阿卜杜勒·哈米德二世（Abdul Hamid II）說，若准許回到巴勒斯坦，猶太金錢便會將鄂圖曼帝國從歐洲債務控管委員會（European Debt Control Commission）解放出來的時候，他想像蘇丹應該會雀躍不已。

他準備讓所有人皆大歡喜！因為只有等到真的想當猶太人的猶太人都離開歐洲並前往其家園時，其他不想當猶太人的猶太人才肯定能同化成功。而赫茨爾顯然不相信的，是為「在猶太民族國家以外之處過著徹底猶太生活」這種想法帶來希望的離散多元主義。他認為，這種缺乏遠見的想法是在招惹麻煩。當赫茨爾碰見莫里茲·古德曼，這位成為錫安主義直言不諱的反對者、並要求（一臉輕浮不真誠模樣的）他「解釋」錫安主義的維也納拉比時，他批評這位拉比以一種高高在上的態度，對他講起猶太散播到全世界的「任務」以及拒絕放棄在家園中抵抗反猶主義一事。赫茨爾相信，這一切都是道貌岸然的自我欺騙，是假冒成自由虔誠態度的大規模自殺方式。

他已經受夠了低調的社會改革論。一八九五年的赫茨爾要把他的戲劇天分帶出劇場，進入有力人士們的會客室，但最重要的是把這天分用在那些喧鬧嚷嚷又嚇壞了的猶太人身上。他心中有一大部分信奉著華格納和尼采，因為他熱切地相信，不可預測的、做夢也想不到的變化，只會透過某些主動的意識喚起行動來使其發生。赫茨爾現在把自己塑造成猶太民族覺醒的劇作家。他花了不少時間在鏡子前琢磨形象、排演角色。服裝和肢體語言對舞臺劇演員和政治都是一樣重要。第一印象說了算，而他打算把有力人士們對於猶太人怎麼說話、走路、穿著、大笑的假想全部打亂。赫茨爾自己說的是一種類普魯士的標準德語（Hochdeutsch），沒有一丁點他所輕蔑的意第緒痕跡，但也沒有奧地利或匈牙利口音那種抑揚頓挫的柔和。這也是一種選擇。

這時候他的偶像是俾斯麥，他相信此人透過個人信念的力量以及戲劇天賦，獨自體現了民族成就。赫茨爾對他崇拜不已，因而寫了信給這位如今已金屬疲乏、退休無權的鐵血宰相，希望能獲得他對錫安主義的同情支持。但回信石沉大海。這實在也稱不上什麼意外之事。他們的立場天差地別，但既然俾斯麥的統一大業是由他的猶太銀行家葛爾森·馮·布萊希列德所資助，赫茨爾還是會納悶，為什麼同樣這筆錢不能有一部分來投入錫安主義計畫？不論有沒有俾斯麥，赫茨爾的優先考慮方案可說是極其膽大妄為：一種會擊倒唱反調者，並讓群眾激動不已的大膽放肆想像。赫茨爾相信，即將到來的群眾政治時代，在街頭大聲疾呼的時代，不論好壞，都會啟動有如閃電式的改信運動。新的政治是舊的宗教，只是庸俗化了而已。其流通靠的是啟示，而不是理智。不管是猶太人或非猶太人所抱持的傳統自由主義——這種會不辭辛勞算計得失、會神經兮兮擔心行動魯莽而敗掉選票的意識形態——都注定要讓位給更任由腎上腺素所操弄的群眾時代領袖魅力。如果猶太人還不下定決心跳進這危險而湍急的水中，他們之後就會被驟變的潮流吞沒。

赫茨爾在一股狂熱的信念中，把這一切——已構成了一張打造當代猶太民族認同的藍圖——全都潦草地記了下來。但他卻是以一種從此將自己視為重要人物的莊嚴態度，開始寫起這本記錄了自己堅信的歷史天命、自己堅信的「猶太事業」（Judensache）的日記：

> 過去有段時間，我都忙於一項無比宏大的工作。此刻我不知道我該不該進行到底。那看起來像是個偉大的夢。但有好幾天、好幾週，它在意識界線之外纏繞著我；我去哪裡它都伴隨著我，徘徊於我日常對話的背後，從我的肩膀後頭向前看著我可笑平凡的新聞工作，干擾我、使我陶醉。[21]

為了要說服那些掌握本計畫之生殺大權的千萬富翁，赫茨爾預料了已知他們會懷疑的地方，他們會以高姿態批評那些計畫的不切實際，會覺得他的傲慢，就像是一個典型的、面對金錢力量的冷酷現實卻（有別於他們而）依舊天真的知識分子。所以他寫了又寫；至少，他寫的東西裡關於開導那些有望贊助者的部分，有和那些自我澄清與反覆重述的文字一樣多。

第一號目標是莫里斯・德・赫希男爵，他曾用自己的財富成立了全球以色列同盟，把猶太人從俄羅斯和羅馬尼亞帶到巴勒斯坦，也送到美國、巴西和阿根廷；而在新大陸這幾個地方，赫希則希望能把他們轉型成農人和牧場主。赫茨爾以那種未來會成為他招牌的厚臉皮態度，寫了信給赫希，差不多就是在跟他說，他正在浪費自己的時間與金錢。他的眼界得要寬廣一點。他知道男爵會覺得他是在空中築樓閣的幻想家，但是，

「相信我，一個針對所有人的政策，尤其當這群人又散布世界各地的時候，就只有用如此飄浮空中、難以名狀的想法才可能實行。你知道是什麼造就了德意志帝國嗎？夢想、歌曲、空想之作和黑紅金三色彩帶——然後手腳快。俾斯麥只是搖了搖這種想像所種下的樹。什麼？你不懂什麼是難以名狀的東西？那宗教是什麼呢？如果你願意的話想一想，為了這種想像，猶太人兩千年來一路忍受了什麼」。[22]

所有的備忘錄寫作，都被來自赫希本人的一張便條所打斷；便條是要讓赫茨爾知道，六月初他會在巴黎待幾天，可以在愛麗舍街（rue de l'Élysée）二號「在家」接待他。

這聽起來像是個住家地址，儘管說是在巴黎最有錢的地段——這裡曾經是艾米爾・佩雷爾的財產。面對這種格局，赫茨爾實在沒什麼準備妥當。「這是一棟皇宮，」六月三日的會面結束後，依舊肅然起敬的他在日記裡如此寫下。他並沒有誇大其詞。赫希把三棟房子併在一邊，另外兩棟併在另一側，產生某種震懾的氣勢，但也同時使他成為那些抨擊猶太暴發戶的人的抨擊目標。多魯蒙過去在愛麗舍街二號有段好時光，說那道講究的樓梯大到可以讓整個軍團全體一起上樓都碰不到彼此。事實上赫希的財富可一點都不暴發，只是非常猶太而已。他和他太太都來自宮廷猶太人的綿長族譜。他的祖父曾因擔任巴伐利亞國王的銀行家而封爵，他的母親是維特海默家的人，而他父親則是在路易拿破崙底下把事業擴展到極大規模。莫里斯本人投入了鐵路、銅礦和糖業，並以此奠定了東方快車（Orient Express）的基礎，而這正好是三年後西奧多・赫茨爾邁向歷史時搭乘的列車。當赫茨爾在巴黎見到他時，他的身價高達百萬法郎。

理論上來說，赫茨爾是瞧不起慈善事業的，但當他走過無數間縱排相對的房間，走過一層層白色大理石樓梯，穿過模仿凡爾賽宮鏡廳（Galerie des Glaces）那樣一扇扇裝了鏡子的門（而凡爾賽宮就在赫希自己的波荷卡堡〔Château de Beauregard〕隔壁）時，他還是拜倒在這富麗堂皇之下。「天打雷劈啊（Donnerwetter）！」出乎意料的好品味！他盯著那些繪畫；他的手指滑過那上了金漆的洛可可椅子扶手。戴著假髮的奴才們勢利眼地盯著他。他這時意識到了自己的衣著；這是很常見的情況。這些全都令他生氣，讓他有了過度反應的傾向。當男爵從撞球廳走進來時，他讓赫茨爾感覺到他待會兒就要離開，只會給一點點時間來聽他怎麼說。這個自封為猶太人支持者的人打算讓他碰釘子。在開始發表之前，赫茨爾說，他想要確認男爵至少能給他一小時，不然這對話就沒有意義，對雙方來說都是浪費時間。這是那種有可能引起強勢方注意的大膽發言，雖說結果也可能相反；但多半是可以的。赫茨爾的打扮——卷卷的亞述人大鬍子、閃爍的雙眼、一種徹底的大模大樣，全部沉甸甸又很有戲地掛在他的瘦高骨架上——立即就讓赫希留下印象。但他的聲音語調應該讓上述印象大幅轉變；關於赫茨爾的聲音聽起來如何，除了知道是又深又低之外似乎沒有什麼紀錄，儘管說使用蠟的圓筒留聲機已經問世十年左右了。

赫希因為同意聽完赫茨爾的話，而獲得了他的讚揚，說「你是有很多錢的猶太人；而我是有靈魂的猶太人」，而他正在把錢浪費光。雖然說這話很沒交際手腕，但赫茨爾的計畫確實是苦戰。阿根廷的地產持有人拒絕把肥沃而水源充足的彭巴草原地帶賣給他，迫使猶太屯墾者搬到貧瘠的土地上，而那土地貧瘠到作物、牲口和希望都活不下去。蝗害和多種傳染病讓殖民地荒蕪，所以到了一八九五年，多達六千名左右的屯墾者移居到了布宜諾艾利斯等城市。[23]那些留下來的人持續需要提供資金。赫茨爾說，更糟糕的是，就算是大規模的良心慈善事業，仍會持續扶植削弱道德條件的乞丐主義（schnorrerism）：伸手乞討、不得不當乞丐的自我怨恨，那些施捨和拿錢的人之間不可避免的痛苦。相對的，他會提出一個計畫，讓人以尊嚴、集體榮耀和自食其力來取代依賴。計畫始於一個基本道理，那就是猶太人不管人在哪裡，都是單一個民族。在他們的祖先家園那裡給他們一塊地，來使民族意識穩固，接著就跟地表上所有其他人一樣，他們會贏得尊重，就從自我尊重開始。赫希怎麼可能不支持這樣的提議？但其必要條件是充足的資助，好說服蘇丹說，在巴勒斯坦境內允許並鼓勵這樣的一個家園會符合他的利益。作為交換，一筆猶太資金會紓解正壓垮鄂圖曼的債務重擔，並讓蘇丹恢復他原本的統治權力。額外的好處是，錫安主義者的計畫會成為引擎，推動奄奄一息的鄂圖曼帝國現代化。那一堆醫生、化學家和工程師可以把這事情搞定！

如果赫希贊助計畫，他不需要害怕猶太人的大規模移民會產生混亂，或者把猶太人推向社會主義和無政府主義；這兩人都很容易讓一八九〇年代法國的每個人想起炸彈爆炸。相反的，小心謹慎處理的遷移行動，會是一種預防革命失序的行動，因為這是一步接一步發生的，而且會由一個「猶太人協會」這樣的機關來管理。赫茨爾自己會負責建立這樣一個管理機關來因應變革，但接著他就會放手。男爵也不用去擔心說，整個計畫到頭來會不會是在服務赫茨爾的某種不應有的彌賽亞天性。

所以他怎麼覺得呢？赫希偶爾才會打斷赫茨爾滔滔不絕的豪語，並同意慈善事業如他所說有著不幸的效果，也同意乞丐主義確實有害——其在阿根廷所造成的傷害，其實不亞於維也納或巴黎較窮困地區的情況。但心靈相會之處就到此而已。民族計畫是危險的烏托邦主義：這會損害法國猶太人的地位，使他們要面對兩面效忠的指控，而這樣的偏見很不幸地在這時候越來越普遍。再會了。當赫茨爾走下赫希那軍團規模的樓梯時，不意外的，他腦中浮現一個「樓梯機智」（L'esprit de l'escalier）❹，想到了他如果要強化論點就應該要講的話。接著他就把那些話以簡略筆記、殘篇斷簡的方式來逐步詳盡說明，有一些還構成了寄給赫希的追加信件，還有更多最後是寫給了自己。他的計畫並不異想天開而是很實際，因為「我不在乎看起來像唐吉軻德」；猶太人還沒看出這怎麼能成功，是因為「他們還不夠絕望」；阿根廷是「微不足道的解方」。如此這般地寫個沒完。

隨著巴黎由春轉夏，而且讓赫希擔任偉大事業促成者的希望逐漸消逝，赫茨爾輾轉反側，寫信給俾斯麥，「大到足以讓我平緩下來或治療我」，但接著又不可免地去找赫希的對手——羅特齊德家族。他會「對羅特齊德發表一場演說」，對他們的家族會議成員演講，一開始先是戳破有錢人的驕傲自滿，說服他們同意反猶主義不是無關緊要的小缺陷，而是現在和未來的內心腐壞。他瘋狂地寫了又寫，連皇家酒店（Taverne Royale）的卡酥來砂鍋都寫，而且他寫得越多，他就變得越像是驚人的預言者，透過一片深色卻如冰一般透徹的玻璃看見了未來。他潦草地寫著，錫安主義若是要扎根，「我們就得要沉得更深，必須要更遭受侮辱、唾罵、嘲笑、鞭打、搶奪和殺害……我們最終必須落到底端，最底下的地方。這會有什麼樣的面貌，什麼樣的形式，我無法推測。它會是來自底層的一場革命式徵用，或者來自上層的反動式充公呢？他們會把我們趕走嗎？他們會不會殺了我們？我有一個合理的想法是，它會採用上述所有形式，以及其他未提到的」。[24]在法國，多魯蒙傾瀉而出的惡劣想法，讓赫茨爾完全不會懷疑，在一場浩劫中，第一批犯眾怒的對象會是銀行家和猶太人，羅特齊德家族在這種情況下就會是頭號目標。他的想像力擴大開來，再次有了驚人的預知先見。「在奧地利，人們會被維也納暴民所威嚇到親自把猶太人交出去。這裡你可以看到，暴民一旦養大了，什麼事都做得到。暴民還不知道這點，但他們的領袖會教他們。所以他們會把我們趕出這些國家，而在我們避難的國家裡，他們會把我們殺了。」

救贖只有一個。那就是家園。

這是日後會形成《猶太國》的起源；赫茨爾在一八九五年快結束時開始「日以繼夜」地寫，耗費精力的程度據他所言，「如果不是同時充滿至高幸福的話，那就只是折磨了」。要搭上羅特齊德家族比搭上蘇丹還難，但同個時候他也在其他地方等人上鉤。

倫敦是有向他開啟大門，但只開到一定角度。首席拉比赫曼．阿德勒（Hermann Adler，後來會成為反對者）把他引介給銀行家、股票經紀人兼白教堂選出的下議會議員薩繆爾．蒙塔古（Samuel Montagu）；他從一八九四年起被封為准男爵，是錫安之愛的忠實成員。到了蒙塔古的倫敦辦公室，赫茨爾先是坐在兩個胖大經紀人中間，然後在他家享用三個穿制服的男僕送上來的潔食餐，他們戴著白手套端出了烤麵球（kugel）。蒙塔古其實本來叫作蒙塔古．薩繆爾，是利物浦一名鐘錶匠的兒子；他告訴赫茨爾說，他覺得自己「與其說是英國人，還更像是以色列族」，而且願意去巴勒斯坦和他住在一起。赫茨爾儘管著迷於這位熱切的東道主，卻懷疑這可能只是在扯淡，而時間也終將證明他的猜測正確。[25]蒙塔古把他轉介給蒙蒂菲奧里，他又把赫茨爾介紹給

❹ 譯注：指過了回答時機才想到的好答案。

呂西安・沃爾夫（Lucien Wolf），然後他又將他聯繫上恩立奎（Henriques），再由他寫信引薦給亞瑟・柯恩斯（Arthur Cohens）。就這樣一個牽一個，只是說舉目所見就是沒有一個羅斯柴爾家的人。赫茨爾很快地察覺到，盎格魯猶太人的上層階級在錫安主義上看法有多分歧。家族和自己的親戚彼此意見相左。法蘭西斯・蒙蒂菲奧里（Francis Montefiore）是一名熱心的錫安主義者；但儘管摩西・蒙蒂菲奧里爵士在巴勒斯坦有所經營，他家族裡的其他人卻還是對錫安主義抱持敵意（或者說，就是因為他的經營才抱持敵意）。那些赫茨爾所稱的「大菜」（gros legumes，有時候他會說「大人物」）肯定會反對這種預先就假定了猶太解放運動，這個他們奮鬥了那麼久、那麼辛苦，而且最後終究獲得了勝利的運動居然面臨失敗的想法。他們如今明明想當什麼就能當什麼——法官、市長、國會議員、大學生、外科醫生、犬隻養育者、障礙跑選手、古物家——而且想住在哪裡就住在哪裡。在他們所擁有的各種徒具名義的官銜中，有一個反而是真正的首相：因為，現任首相和一個羅斯柴爾家族的人結婚了！此外還有沙遜家族（Sassoon），這個從巴格達某位有仇必報的統治者手中逃到英屬印度的統治家族集團，現在在大英帝國統治的孟買生根，並發揮其影響力，改變了整個大都會。如今那裡可是有一整層的猶太職務人（wallah）階級。那麼，現在他們是否該為了那些遇上零星迫害的其他猶太人，而讓上述這一切成就全部陷入危機，使自己曝露在分裂忠誠的指控下呢？有人開口要，他們都會給，不是都這樣嗎？過去他們確保一八九一年被草率逐出烏克蘭和莫斯科的受苦猶太人有受到照顧，而且暴行公開了、大使被責備了、信也寫給《泰晤士報》了。東倫敦現在擠滿了貧窮猶太人；而那些仇猶者，好比阿諾德・懷特（Arnold White）和他出身高貴的好友敦列文勛爵（Lord Dunraven），口裡正說著外來者氾濫：帶來疾病的人。國會裡也成立了關於外來者事務的委員會。所以現在實在不是讓別人對他們的絕對忠誠起疑的時候。

面對冷淡，赫茨爾在他能獲得溫暖的地方如願以償：在基爾伯恩（Kilburn）和卡迪夫。他在西北倫敦拜訪了那位在寫出《猶太隔離區的孩子》（*Children of the Ghetto*）之後、便以「猶太隔離區的狄更斯」而聞名的作家以色列・桑格威爾（Israel Zangwill）。桑格威爾是在斯皮塔佛德猶太免費學校（Jewish Free School in Spitalfields）受教育，然後進入倫敦大學學院，所以他是文學倫敦與倫敦東區貧窮移民猶太人之間的非一般連結，一個波希米亞調調的在地好鄉親（heymisch）。赫茨爾看了看桑格威爾桌上堆積如山的書籍和文件便喜歡上了他，雖然他也認為桑格威爾的猶太種族概念，被他自己「修長如黑人般的鼻子」和「羊毛般的頭髮」的事實所掩飾誤導，而這樣貌可一點也不像赫茨爾在鏡子裡看到的自己。

在卡迪夫，赫茨爾發現了一個更不可能出現的奇特現象：出生於浦那（Poona）的亞爾伯特・戈德史密德上校（Colonel Albert Goldsmid），自從發現自己隱藏的猶太身分之後，就花了一輩子在證明一個人可以一邊當一個英屬印度的主人（sahib）之外，也同時光明正大地當個猶太人。他是反面的德雷福斯，以他個人活生生地證明了維多利亞時代的英國有別於法國，一個人可以同時當一名軍官、一名紳士、一名猶太人和一名錫安主義者，但又不會成為反猶者的攻擊目標，至少，當阿諾德・懷特在不遠處也不會如此。

戈德史密德在火車站接到了赫茨爾，讓他上了小馬車，帶他前往位於城郊矮樹叢生地帶的「艾爾姆斯」（The Elms）。戈德史密德在那裡以一句練了很久、但依然很戲劇的話開場：「我是丹尼爾・德隆達。」就跟喬治・艾略特小說中的這位英雄人物一樣，他和他受洗的妻子也展開了一段探索之旅。他在行割禮後成為了正統派猶太人，接著成為平斯克「錫安之愛」的熱情支持者，在不列顛島上建立了前哨站；戈德史密德還秉持著偵查的精神，稱這裡為「帳篷」。當人們討論起「阿根廷或巴勒斯坦或可作為猶太國家母地」這議題時，戈德史密德對此毫無疑問，並根據經驗發言。他曾經和前往購買加利利猶太農業屯墾區所需土地的勞倫斯・歐力芬特（Laurence Oliphant）一同遊歷巴勒斯坦，但他也曾在阿根廷替赫希的馬背殖民者工作，並在失望中離開。赫茨爾非常高興能聽到戈德史密德說，對他而言，他始終堅信巴勒斯坦是猶太家園的唯一真正目標。就算這兩個人之中有誰在會面時提過阿拉伯人，歷史當然也沒記載下來。歐力芬特和戈德史密德共有的一種東方愛好者浪漫主義氣質，預先假定了屯墾地猶太人所啟動的現代化計畫，到頭來會由猶太人和阿拉伯人共享，而金錢和科技的浪潮會讓一切跟著水漲船高。他們談了許多土地和人民「改造重生」的事。[26]當然，對於戈德史密德這樣自認為是仁愛帝國主義者的人來說，當俄羅斯和德國像鯊魚聞血一樣繞著鄂圖曼帝國衰弱的國體時，錫安主義可以在這個位於埃及印度間的極關鍵地區協助英國的戰略利益，也不會對己身有什麼損害。

赫茨爾跟上校實在太融洽，以至於他在日記上寫道，他覺得他們簡直是親兄弟。但他就和桑格威爾一樣都是微不足道的人物，就算跟那些他指望能資助計畫的「侏儒百萬富翁」相比，還是極其渺小。在一場由「馬加比會」（Maccabeans）這個文化社會組織所主辦的晚餐中，他可以感受到他們的冷淡態度，就跟倫敦的綿綿細雨一樣沉悶沮喪，就只會澆熄火焰而已。就算他多半說德語（搭配一名口譯）或者法語也沒用。赫茨爾博士看起來還像有那調調，但開口就不像了。而他自己也會感覺到，自己是兩手空空地離開。至於政府那類的援助，他仍然堅定不移地相信，只有一股力量可以真正說服鄂圖曼蘇丹允許設立猶太屯墾區，而那就是德意志帝國，依舊是指引他方向的那顆星。

一八九五年底，赫茨爾回到了他的寫字桌前。他寫出的那一百頁聲明，或者該說是小冊、或者論文、或者宣傳小本子，不管別人怎麼稱呼，可能都比跑去跟大金主卑躬屈膝更有說服力。他終於在猶太中產階級讀者間得到了青睞，而或許就是他們的集體熱情，最終使這項冒險事業得以上路。赫茨爾並非有意要遠離他仍抱著指望的百萬富翁們。總有一天他們會看出，只有赫茨爾開創的原則能拯救前途越來越陰暗的猶太人，而且他們也會看出，赫茨爾早就想好了整個具體細節，從人要怎麼送到巴勒斯坦，要怎麼取得土地，要怎麼說服蘇丹政府，每件事都想好了；但當然有一件事例外，就是巴勒斯坦的原住民會怎麼看待這樣的計畫。

《猶太國》就這麼問世了。雖然本書標題一般來說是以英語翻譯的「The Jewish State」（猶太的國家）而為人所知，但雅克．科恩伯格卻很正確地指出，這標題其實誤譯了赫茨爾內心的真正想法，而那比較接近「猶太人的國家」（The State of the Jews）。這個差別不管從過去到現在都非常重要。一個「猶太的國家」預設了會在政治上實現《妥拉》猶太教，或者某種沒那麼直接的猶太精神宗教概念。那確實非常像是阿卡萊還有後繼的「文化錫安主義者」阿哈德．哈安姆（Ahad Ha'am）所抱持的理念。這和古老的彌賽亞救贖傳統，一同瀰漫了許多世紀。然而，儘管在東歐和俄羅斯，人們說到赫茨爾的名字時也是那樣的彌賽亞救贖論調，而且他又那麼目中無人地著迷於領袖魅力，但他還是徹底駁斥了這一類的自命不凡說法。他為猶太民族打造的國家，是要成為一個更世俗的、更實事求是的實體，一個猶太人終於可以按自己要求活著，說自己習慣的語言（雖然他覺得德語會比較好）的地方，一個會保護並讚賞猶太人之異質性而非齊一性的國家。當他聽到一位耶路撒冷的猶太醫生提及庫德猶太人、葉門猶太人、巴庫（Baku）的高加索猶太人，還有各色各樣猶太人的時候，他振奮不已。

這並不是說《猶太國》是平淡無味的文件而已。書中的大半部分，是讀者可以預料到作者會寫的那種純政治劇。赫茨爾先是採取守勢開場，就好像他已經知道那些批評者，特別是拉比們（其中多數人因為他的計畫而驚駭不已），會把錫安主義打為異端邪說，就好像是一個跟傳統一刀兩斷的同化派猶太人所思考出來的產物似的（到頭來，他對批評者的推測其實也正確無誤）。他們那種傳統裡，有一條明白的道理是，一個猶太國家的重生條件是要等到那無限期為人所等待的彌賽亞現身。至於赫茨爾，不用說，他當然不是彌賽亞。所以他費盡了苦心，把錫安主義呈現為「回歸故土」這種「沉睡蟄伏的想法」之覺醒，以及重新打造猶太國家，上述這兩者都是經歷多個世紀的離散卻仍持續不變的想法。不久後，他又重申：「猶太人歷史中的所有漫漫長夜，都在做著這個高貴的夢。『明年在耶路撒冷』是我們的一句老話。現在的問題，就只是要看看那個夢能不能轉換成活生生的現實。」[27]

但他在這本書開頭所展現的戲劇核心、那發自內心的一喊，是他對於「為何是現在？」的回答；而答案是，已經現代化的反猶主義所具有的粉碎力量、這種主義的行動從古早的惡魔化轉變成針對已解放猶太人的仇恨；還有猶太人的雙輸困境。

我們已經在各個地方老老實實地盡力將自己融入周遭社群的社會生活中，並保留我們父輩的信仰。我們不被允許這麼做。我們成為忠誠的愛國者也沒用，我們在某些地方的忠誠已經達到極限；我們和其他公民同胞做出一樣的生命財產犧牲也是無效；我們以科學藝術增進我們母國的名聲，或者靠著商業貿易來增進其財富，也是徒勞無功。在我們住了幾個世紀的國家裡，我們仍舊被斥為異族；但當猶太人在這片土地上受苦時，那些斥罵者的祖先多半都還沒定居在此。多數人或許能決定誰是異族；因為這情形就跟民族間關係中出現的每一個問題都一樣，是權力的問題。當我在此僅僅以我自己之名做出個人發言之時，並非要放棄任何約定俗成之權利。在一個從不知多久的過往至今都如此的世界上，力量壓過了正義。因此對我們而言，作一個忠誠愛國者已經無用，對那些被迫移民的胡格諾派也是如此。

赫茨爾接著以永恆不變的「猶太人的懇求」——「但願我們免受打擾」——來結束這一段著名的文字，但在最末端又加上他一針見血的一句不祥預言：「但我認為我們仍無法免受打擾。」[28]

至此都還在引言的《猶太國》，接著又來了一個急遽而出乎意料的大轉彎。赫茨爾的筆鋒一轉，變得有如社會學家。被赫希和倫敦大人物們的冷淡刺傷的赫茨爾，開始攻擊那些已經同化了的寬裕猶太人，先是針對他們害怕錫安主義危及他們身為本土愛國者的地位，然後又針對他們的慈善事業在面對上百萬人危機時展現出可悲的機能不全，而又以後者更為嚴重。當他再度聲明他最基本的（不久前才替維也納那些文藝公子哥作家發掘出來的）強烈信念，「我們是同一族人」的時候，是在指控那些嫌惡著猶太小城移民的「文明」猶太人。社會現實是一股巨大的騷亂，一股絕望者、驚懼者和悲慘者的浪潮，逃避著他們越來越常在當代世界中面對的殘暴和仇恨。「反猶主義一天天、一刻刻地增加。」他指出，小規模移民和殖民的贊助者會做這些事情，既是出於善心以及對全猶太人福祉和生存的擔憂，也是為了他們自己的方便。「我不認為某個誰會僅僅因為有趣而接下這件事，就好像他們從事貧窮猶太人的移民行動就跟有人沉溺於賭馬那樣。做這種處置要面對的問題實在太沉重又太悲傷。這些嘗試的可觀之處，是在於他們以小規模的形式，使自己當上了『給猶太人的國家』這個想法的實質先驅者。」但在他的評判中，那些計畫大部分都正在失敗，而時代所呼喚的——一個民族的全體大移民——也永遠不會單憑一個千萬富翁的計畫而實踐貫徹，不管他再怎麼博愛慈善都一樣。

《猶太國》枯燥的中段接著扳倒所有針對實際面提出的異議，並以孜孜不倦的細節詳述，來解釋要怎麼克服這些問題（一個由他的猶太人協會所運作的責任經營組織，一間銀行，改善當代通訊來讓先前難以想像的目標得以達成，政府渴望解決貧窮猶太移民問題的殷勤態度，已同化猶太人因為同樣的理由而放下心中大石，如此這般）。若用赫茨爾自己的話來形容，他自己的整體大方向，就跟那些被他（出於假想而）抨擊態度傲慢的人一樣，十足的貴族思維。不會有混亂、無政府狀態，也不會有暴力。他曾聲稱關心群眾福祉，卻無法信任他們輕信又善變的態度，因而對於民主有著疑慮。他偏好在新國家實施的政體是沿循古早威尼斯共和國的那種「貴族共和主義」。但猶太國家的捍衛者會照顧那些勞動者。這也無妨，因為先鋒移民會是缺乏技能的勞動階級，而他們會創造該國的基礎建設：鐵軌、道路、橋樑和運河、水利設施和新城市。他們會被一日七時的工作制所保護，而該制度的至高重要性會銘刻在國旗上，而國旗上不會有猶太教燈臺和大衛六芒星，而是七顆金色的星星在一面白色上，「象徵著我們純真的新生活」。

一旦這些普通工人把基礎設施完成，新國家就準備好要迎接專業人士：科學家和工程師，醫生和律師，作家和教授，藝術家和音樂家，所有覺得自己因解放運動的失望而感到挫敗、被反猶者控訴殖民他們母國文化的人。這之中沒有先鋒女權運動者，赫茨爾和藹寬厚地認為「我們中產階級的女兒們接著會嫁給這些有雄心壯志的人」。[29]

打造新國家所秉持的實驗精神，以及七小時工作制，不僅會讓這國家成為受迫害者的避難方舟，更會成為一個既為了猶太人、也為了「人性普遍善良」所完工的「模範國家」。這是赫茨爾動人（但又四海一家到了天真程度）的結論。在他理想主義的假想下，想要擺脫過剩的猶太人、又因為已解放猶太人玩過火而惡化的非猶太人國家，以及（客觀來說）猶太群眾的急迫需要，兩者會有一種互相契合；赫茨爾這種想法，反映出他自己那紛亂的性格中所有矛盾的慾望和執念。他嚮往變得更猶太人的那一部分特質，召喚了《聖經》裡古老的「將光施於民族」的概念。一旦迫切的緊急事項處理好，赫茨爾企圖為猶太人發明的倫理民族主義就會開始實行。當赫茨爾一如往常地遇上對方在不相信中帶著嘲諷的態度時，他會回到自己的內在信仰，也就是，每件會邁向衝突的事其實都可以和諧地解決。甚至反猶主義也是。如果人們說，好吧，你們的國家會是一個要持續努力很久的工作，那麼「在這同時，來自上千個不同地方的猶太人會苦於侮辱、窘迫、痛罵、毆打、掠奪毀壞和死亡。不；我們光是開始執行計畫，反猶主義就會立刻並永遠停下來……因為那就是和平的結局」。30

III 在先知的街上

這是一八九六年七月白教堂這邊一個漫長的夏日週日傍晚：裝了醃漬物的桶子，賣燻魚的人和廉價品攤位仍在忙著好生意。所有的事情和所有的人，能待在外頭的都已經在門外了——待在家裡太熱了。對於那些不介意為了更高深事物而流一點汗的人來說，商業路（Commercial Road）的傳單正在宣傳一場該晚在大艾利街（Great Alie Street）猶太勞動者俱樂部（Jewish Workingmen's Club）舉辦的「大聚會」。要對聽眾發表演說的，是剛與蘇丹政府會面後返抵的赫茨爾博士。在演講的一個小時前，當太陽還掛在冒著煙的白教堂上空時，有一大群猶太人聚集在俱樂部。在俱樂部的門內門外，朋友在人群中看到彼此的喊叫聲此起彼落。人們的手肘上都全副武裝，以不像東區的風格井然有序地排列。那裡也有女人，因為該俱樂部——禁止飲酒、禁止賭博——是這類俱樂部中少數鼓勵她們走出家門來這邊上課的其中一間。這裡甚至有男女各自的自行車俱樂部。腳踏車上的猶太人，這就真的是革命了。

赫茨爾要吸引聽眾並不困難。讓恐猶者驚駭莫名的是，到了一八九〇年，每三個白教堂居民就有一個是猶太人。反猶迫害後、從東歐湧入的人流，遭人指責讓裁縫和製鞋貿易陷入泥沼，並以血汗勞動壓低了工資。大部分的東區猶太人若不是生活貧困，就是相當貧困，還被「異族入侵」的敵人說是傳染病的帶原者，與犯罪脫不了關係。但經社會統計學者觀察並計算後，發現情況並非如此。猶太人不是任何弊病的指標；事實上他們的預期壽命，還比類似經濟條件下其他所有城市人口都要來得高。他們很少喝醉，甚至更少造成警察麻煩。當然總是會有害群之馬。但有鑑於他們住在擠到不能再擠的空間——在白教堂和斯特普尼的核心地帶，一英畝裡面有六百人——他們已經盡全力保持融洽了。他們的東區並不是開膛手（Ripper）鎮，而是拉比（Rebbe）鎮。

他們渴望知識。斯皮塔佛德猶太免費學校可以供應知識，但此外還有湯恩比館（Toynbee Hall）；也還有大艾利街的演講，就在那一條街上夾在三間猶太會堂之間的房屋內舉行。所以，這些來自麥爾安德、貝夫諾格林和多爾斯頓（Dalston）的人就這樣，沿著斯特普尼的路和另一條斯皮塔佛德的路而來，然後湧進了俱樂部。他們來自百分之四工業住宅（Four Per Cent Industrial Dwellings）、夏璐璐．德．羅斯柴爾住宅（Charlotte de Rothschild Dwellings），有些甚至來自「西姆查．貝克」．賽門（'Simcha Becker' Simon）這位黑麵包與貝果烘培師所成立的「貧困者臨時庇護處」（Poor Men's Temporary Shelter）。還有些根本不是勞動者的人，也受到聆聽赫茨爾演講的激昂感所吸引，而從麥達維爾（Maida Vale）、基爾伯恩和漢普斯特德的中產階級猶太會堂那邊搭著路面軌道車而來。[31]

歡迎赫茨爾的人山人海讓他驚訝不已；至於他開講之前的噪音就沒那麼訝異了。因為戈德史密德或蒙塔古這兩位以前的朋友都婉拒了，所以這場聚會是由哈罕，也就是賽法迪社群首席拉比——倫敦貝維斯馬克斯的摩西．賈斯特（Moses Gaster）來（盡可能地）正式開場。儘管赫茨爾無數次呼告著「猶太人民」、呼籲他們對抗大人物和銀行家的膽怯（在他看來是懦弱行徑），也威脅著要「鼓動群眾」，不過對他來說，那些人幾乎只是一個意識形態的抽象概念，一個譬喻。但這群人可不是什麼抽象人物。

赫茨爾希望蒙塔古、戈德史密德或那高貴文藝的「馬加比會」能在這裡看見並感受到那爆滿大廳裡的期盼壓力。從他們相互聯絡內容的那種言簡意賅來看，他們似乎對他和他的事業都冷淡了下來。赫茨爾知道為什麼。那是因為他批評了錫安之愛，以及該團體內博愛主義者們的麻木躊躇。可是，他們的「帳篷」就算再怎麼美好，又怎麼能跟週日晚上的白教堂現場相比呢？

這種快樂來得正是時候，因為《猶太國》在英國造成的立即影響其實十分令他失望。這本小冊子的內容摘要，是於不久前的一月時，在一篇為《猶太紀事報》所準備的英文版摘要中首度問世，雖然說該報編輯們反對其中心思想。該報邀請他投書，但他們只接受了少部分內容。五月發行的第一版英譯全文本，只印了五百本（德文原版則是三千本，也沒多暢銷）。當赫茨爾打聽英國的銷量時，對方告訴他，有鑑於人們對大部分猶太事物的敵意，書店只進了兩百本。當赫茨爾感覺沒希望時，他就會憂鬱地想像，這本他當初希望能點亮猶太世界的著作，最終將會是空歡喜一場。只有卡地馬的學生們和其他維也納的猶太人俱樂部似乎滿欣賞他的作為，並在他現身時起立歡呼。他陶醉於年輕人的讚美。

他們的歡呼聲（而非拉比和有錢人的不同意聲響），就比較能看出《猶太國》問世之後，時局是如何進展的。其實，某種有如神諭般的事情發生了，儘管說，那並不是赫茨爾那種習慣了媒體評論文化的維也納作家可以辨識出來的模樣。但那就恰恰好發生在赫茨爾急切需要它發生的地方：也就是東歐。一九四七年，第一屆錫安主義者大會五十週年慶在以色列展開；慶祝會上，在一八九六年時還是柏林高等工業學院（Technische Hochschule in Berlin）一名年輕化學學生的哈伊姆．魏茲曼（Chaim Weizmann），就解釋了赫茨爾的猶太人國家想法，是如何傳達給人們的。《猶太國》的意第緒語和俄文版本在一八九六年春末至夏天期間出版後，立刻就為讀者所理解領悟；接著錫安之愛的各支部和其他更晚才形成的錫安主義團體，都派出了遊走各地的解釋者，進入加利西亞、立陶宛和黑海沿岸烏克蘭等地的城鎮與猶太小城，針對該書要表達什麼、赫茨爾博士是何許人、錫安「大會」可能是什麼樣、錫安主意到底真正要什麼等等，發表即興談話。這些活動瞬間就獲得了反響，彷彿這又是幾個世紀以來的一次彌賽亞時刻：有如乾柴等待著火花。魏茲曼還記得，在一個靠近平斯克

（Pinsk）的猶太小城（可能是指他的老家摩托利〔Motol〕），在他解釋完之後，他問了一個小老頭說，他剛剛講的東西有什麼是他聽得懂的，老頭便回答：「都沒有，但有一件事我知道：如果這些都不是真的，你就不會這樣一路跑來這邊告訴我們了。」

儘管阿哈德．哈安姆尖酸挖苦地恭喜赫茨爾博士發現了猶太人以及猶太人的悲慘，但確實有一陣子是有過《猶太國》效應，就像是當初美洲殖民地居民讀到了《獨立宣言》，並從最基礎的層級了解到自己得要為了爭取什麼而戰；又或者像是在愛爾蘭那樣，當丹尼爾．歐康諾說出了受壓迫者的心聲（有那麼一刻，赫茨爾說他想要成為猶太人的帕奈爾〔Parnell〕）；又或者像是在印度，當甘地發言並苦行的時候那樣。使「猶太人的國家」這種想法的光芒照遍全歐洲猶太人的，是環繞這想法的光環、會讓「身為猶太人」成為一種模範而非麻煩問題的地方。

因此也就有了白教堂勞動者俱樂部裡所有向上仰望的臉孔，也就有了（在這種想法的咒語下）從多餘的「異族」變回真實猶太人類的人們，所抱持的一切期盼。赫茨爾不是彌賽亞——他為這種愚蠢念頭氣到毛髮倒豎；如果他能救贖耶路撒冷，也不會是在短時間以內，而是「足夠了」（dayenu），他的希望已經充足了的時候：在一個地方，有人喊著「猶太人」時是榮耀愉悅地呼喊，而不是恐懼辱罵地呼喊；在一個地方，人有任何形狀的鼻子（他還是很介意這點）、任何顏色的鬍鬚、膝蓋外翻或者內翻都沒關係；一個有共同尊嚴的地方。任何猶太人都能了解這一點；沒有哪個猶太人想著這件事時，會不帶一點欣喜雀躍。誰會去管那些大人物的害怕不安呢？就如（現在赫茨爾變得跟他熱絡起來）桑格威爾所言，蒙塔古這一類的正統派人士「要我們為了回歸耶路撒冷一天祈禱三次，但當我們真的計畫要這樣做時，他們卻都恐懼畏縮起來」。

大艾利街帶來的幸福感，只是讓赫茨爾更憂鬱地苦思每件他無法達到的事。他能跟群眾說什麼？他通常都會寫下一份小心翼翼的講稿。這一次，因為不期待有那麼多人來，他決定根據隨便寫下的段落標題來即興演講。他盡可能地裝作不在乎。發生在君士坦丁堡耶爾德茲宮（Yildiz Palace）的事情依舊令他感到痛苦。他曾經被那位有權勢又親切的中間人——奧地利駐君士坦丁堡大使館的波蘭外交官菲利浦．涅弗林斯基男爵（Baron Philip Nevlinsky）牽著走，而相信自己會親自獲蘇丹謁見。但他只有和老首相卡米勒帕夏（Kamil Pasha）進行了一連串對話，之後就再也沒有前進一步。對於以猶太人資金將處境艱難的鄂圖曼帝國從債務控管委員會的牢牢掌控中解放出來一事，首相本人是有意接受的。而他知道蘇丹也是這麼覺得。但當這個問題直接被提出時，阿卜杜勒．哈米德二世就很堅決了：赫茨爾或者真正在他背後的哪個猶太人，就好好留著自己的百萬人民吧。他無權讓出巴勒斯坦或任何其中一部分；那屬於為該地戰鬥犧牲的土耳其人民。

儘管失望，赫茨爾並沒有放棄說服鄂圖曼政府允許猶太人大規模移民至巴勒斯坦的希望。當然，一切都仰賴於男爵們願不願意拿出資本來參一腳，而在那時候，他們面對赫茨爾危險的烏托邦主義，多數人都抱持著敵意。就在白教堂聚會的一週後，赫茨爾前往艾德蒙．德．羅齊爾德男爵在拉菲特街的辦公室與他會面。當時他並不知道，自己仍以為是朋友兼支持者的亞爾伯特．戈德史密德，已經背叛了他。赫茨爾先前請戈德史密德寫了一封信給艾德蒙男爵作為引薦和背書，來在會前暖暖場。戈德史密德確實有寫信，但他並沒有給予支持，反而在信中警告對方提防「那名野人」和他的狂野幻想。發現了這件事之後，赫茨爾提到戈德史密德便稱他為「叛徒」。

即便不知遭到背叛，赫茨爾前去會面時就已經握緊了拳頭：採取守勢，鬥志旺盛，事先預想著最糟的情況。但可能因為在被領入男爵會面室之前，還得跟全球以色列同盟副主席納爾西斯．勒文（Narcisse Leven）進行預先會面，而使得他的態度變得更為惡劣。當他們終於面對面時，可說是一場體格上相反的人的相遇：赫茨爾——高大、陰沉、專橫；艾德蒙——時髦、整潔、優雅、理智上的敏銳，有著「快而警戒的動作」，穿著「一件在他消瘦身軀上飄動的白色背心」的「成熟年輕人」。艾德蒙把赫茨爾的話聽完——他早就已經靠著受他委託而預先提交的文章，而領略了赫茨爾計畫的精華——然後一如預期地，以一種雷同於赫希的懷疑論調、現實口氣做出了回應。宣告成立民族國家的時機不成熟到了危險的地步；這會在君士坦丁堡那邊拉響警報，讓目前緩慢穩定進行的工作陷入危險；一個人得要以實質的、具體的方式，從下往上打造事業。就算赫茨爾所承諾的那一切都實現了，有權有勢者確實都願意同意這個計畫，然後數千名貧困東歐猶太人也湧向了巴勒斯坦，那個國家怎麼有可能克服這樣的狀況？他們要以什麼賺錢養活自己，維持物質生活？艾德蒙說的有道理，不過他用了一個尖銳的小警句說了出口：「一個人的眼睛不應該比他的胃還大。」這促使赫茨爾開始說起「思想力量」這種他慣用的堂皇之言，到了羅齊爾德的耳中就聽起來像在威脅他：「你是整個計畫的基礎。如果你拒絕的話，我到目前為止所打造的一切都會崩潰碎裂。那麼我接下來就被迫得要用不同的方法行事。我會開始煽動大眾。」[32]艾德蒙拒絕給予支援，赫茨爾便不再考慮他，也再也沒見過他。日後會採取非常不一樣的途徑把艾德蒙帶回猶太民族家園計畫的人，是一名非常不一樣的錫安主義者——哈伊姆．魏茲曼。

這是個典型的「貴族階級搞得太貴族氣派」的案例。但想必是白教堂群眾與法國猶太貴族之間的驚人冷暖差異，加上《猶太國》所獲得的微弱回應，以及錫安之愛在他路上設下的障礙，促使赫茨爾具體思考起某種錫安主義的「民族大會」。這樣的大會會因為人的即時現場感（而非把事情寫在紙上）而充滿活力，也能把活在這廣大世界上鬥爭受苦的猶太人聚集起來。

赫茨爾並不是這個計畫的最初創始者。一八九三年，錫安主義者學生李奧．莫茨金（Leo Motzkin）所領導的俄羅斯猶太科學家聯盟（Union of Russian Jewish Scientists），曾經嘗試舉辦一場由全俄羅斯和波蘭各地城鎮與小城代表出席的會議，但由於缺乏資金和領袖而無法實現。但當《猶太國》開始在俄羅斯、羅馬尼亞和保加利亞的錫安之愛圈子裡，以紙本、演講或討論會等方式流傳開來後，錫安之愛的基層組織，就變得能接納某種統一聚會的概念了。一八九七年三月，來自奧地利、德國和俄羅斯的代表在維也納舉行了初步代表會，同意了一個大會計畫，條件是大會必須讓東歐猶太人的看法能夠完全在會議中獲得呈現。

然而，這場大會將會有明顯的德國口音（尤其是該會會議紀錄所使用的語言）。為了政治以及文化的理由，赫茨爾假定這場大會將要在德國的主要城市舉辦，應該會是慕尼黑。隨著法國和英國兩地躊躇不前，他便越來越堅定認為德皇威廉二世（Wilhelm II）會成為錫安主義事業的偉大促成者以及捍衛者。事後來看，這倒沒有乍看之下那麼不切實際。赫茨爾這一輩子都對德國有浪漫想像。白天他寫著《猶太國》，晚上他會去看《唐豪瑟》（*Tannhäuser*）演出。到了一八九六年春天，他則是開展了一種德國的新可能。英國駐維也納大使館教士威廉・赫克勒（William Hechler）在一個書報攤的桌上發現了《猶太國》，並把那一刻視為神的介入。赫克勒能通用兩國語言，可說是想像中最真正的那種盎格魯德意志人。他的父親在英國和德國的猶太人之中，都是一位積極的傳教者，其目標在於透過這些猶太人的改信，讓基督再臨的那一刻加速到來。但在那種可以追溯到人文主義教宗和荷蘭希伯來專家的舊傳統中，強迫威脅不會贏得改信，而改信也不會是基督再臨的絕對先決條件。然而，對赫克勒父子而言極其重要的，就是使猶太人回到聖地並興建起第三聖殿（小赫克勒認為是在伯特利〔Bethel〕而非耶路撒冷）。[33]

赫克勒在四月初找赫茨爾來會面。一切從此改變。甚至在赫茨爾抵達那棟望向席勒廣場（Schillerplatz）的公寓之前，他就已經聽見了管風琴的樂聲飄揚在春天的氣息裡。上了四樓，他看到房間裡有個臉色紅潤的蓄鬍紳士，藏書從地板排到了天花板，據赫茨爾所言，那些全都是《聖經》。沒過多久，情況就很明朗了，他把赫茨爾當成一個上天派來的先知；特別是從赫克勒興奮地展示他的巴勒斯坦地圖、一個所羅門聖殿的大聖殿模型、還有針對基督再臨時刻的精細計算（預計一八九七年或一八九八年會有大事件），都可以看出來。他所投身的戒律，包括讓以色列人民回到巴勒斯坦，甚至還有更重要的一則命令——「愛猶太人」。他自己曾在一八八二年的反猶迫害後前往俄羅斯，並見證了可怕的結果，因此對他而言，遵守這樣的戒律也就沒有什麼困惑。赫克勒見過平斯克，與錫安之愛的成員交好，甚至試圖透過駐君士坦丁堡英國大使讓維多利亞女王寫一封信交到蘇丹手上，建議他讓猶太人回到巴勒斯坦。被這位瘋狂教士嚇到了的大使死也不肯答應。赫克勒欣賞農業屯墾地所做的緩慢進展，但他知道要在岩石和沼澤中弄出可耕地是多麼不講理的事。黃熱病和瘧疾

——以及環繞其外的、氣力耗盡的絕望——正從此地抽取重稅。屯墾者正在把墳墓填滿，或離開前往城鎮，回去當初的來處，或者尋找前往美國的路徑。但現在有了赫茨爾這個成立猶太國的彌賽亞計畫（索非亞的首席拉比呂便·比爾勒，還真的聲稱赫茨爾是彌賽亞），正好就是以赫克勒日日夜夜祈禱會發生的方式，加快了神聖的時間表。他帶著神聖的狂喜拿出一件寬大的外套，給赫茨爾看一個大到可以把巴勒斯坦地圖裝在裡頭的口袋，當他們一起騎馬穿過聖地的時候，就可以隨身攜帶。[34]

赫茨爾從令人難堪變成了令人著迷。赫克勒是如此真情吐露又心意堅決，讓他幾乎都要相信他自己是神選之人了。交集之處有那麼多！威廉·赫克勒曾經為巴登大公（Grand Duke of Baden）弗里德里希一世（Frederick I）的子女擔任家庭教師，而他更是當今德皇的姑丈。大公對於創造德意志第二帝國（Second Reich）充滿了熱情，熱情到曾經在鏡廳見證這帝國在打敗法國的那一刻成立。因此，大公在新帝國的政權下仍保留了他所有的權力和領土，而且他自己和德皇也相當親近。赫克勒主動提議去柏林（赫茨爾出錢），或者去大公位在喀斯魯（Karlsruhe）的城堡，就是任何一個去了才能讓赫茨爾獲得德皇謁見機會的地方。有了大公幫忙，這就真的有效了。來喀斯魯吧，赫克勒寫道：立刻過來。赫茨爾帶著緊張與興奮，於四月二十三日在城堡現身；面對哥德風的條頓樣式、小鬍子守衛、木造大廳、代表強健熱切款待的大肚酒壺，王室的迷人風采和老公爵的真心熱情，以及他答應和他的德皇侄子一起創造奇蹟，赫茨爾整個人陷入了狂喜。赫茨爾不停地捏自己的臉。這有點意思了，沒錯吧？這世上的強大力量要聽一個猶太人的話。

但當赫茨爾似乎有門路坐上德國權力席位時，那些德國猶太人便以最快的速度將他以及民族大會的想法拒於門外。錫安主義者是叛教者，對所有猶太解放運動的成果都會造成危險威脅。當由拉比領導的慕尼黑社群聽說他們的城市是大會首選地點時，他們便表明不歡迎錫安主義者到此。同時出於政治和宗教的理由，中西歐所有主要社群也都表示跟進。赫茨爾很諷刺地稱他們為「抗議拉比」。這些人包括了倫敦的赫曼·阿德勒，還有維也納那位假裝為難的莫里茲·古德曼。

並非所有正統派都這麼覺得。克拉科夫附近波德古熱（Podgorze）的拉比亞倫・馬庫斯（Aaron Marcus），就寫到他承諾會讓百萬哈西迪派教徒改變觀點。華沙一名曾參與最早期宗教錫安主義者組織（也因此反對拉比們那種壓倒性的想法一致）的拉比——大衛・法布斯坦（David Farbstein），是一名狂熱的支持者。雖然持續過著宗教生活，法布斯坦卻也學習法律，接連在柏林、蘇黎世和伯恩（Berne）❺等大學研習後，最終於一八九六年在伯恩拿到了博士學位。一八九七年春末夏初，當大會發布了初期召集令時，想到可以在巴塞爾舉辦的人就是法布斯坦。這想法引起了赫茨爾的共鳴，因為每當猶太國家的語言問題引發爭論時，他都很習慣援引瑞士聯邦作為例子。赫茨爾懷疑著希伯來語復興（可能是因為他太不熟悉），反覆說他需要一種可以面對未來而不是過去的語言，一種可以立即把猶太國家和更寬廣的世界連結起來的語言。他完全不知道，阿哈德・哈安姆發行的文學政治月刊《西羅亞》（*Ha'Shiloah*）中，有著靈活自如、當代而有力的語言。他認為意第緒語是更不該採用的選項而將其排除，即便這種語言不只是最有可能回應移民呼喚的數百萬猶太人所採用的慣用語，同時也是一種在每一類文學和新聞中都經歷了一場精彩重生的語言。對赫茨爾來說（就和以前的摩西・孟德爾頌一樣），沒有什麼能比德語更神聖，但到了他寫《猶太國》的時候，他要的是一個國內所有語言全部都可以好好共存的國家，簡單來說，就是一個猶太的瑞士（該國有四種語言通行）。

瑞士還有個好名聲是善待政治運動，雖然蘇黎世有很多社會主義者和共產主義者，而赫茨爾和錫安主義者將來得要和他們競爭效忠者。巴塞爾會雀屏中選，有一部分的因素就是他們不想在蘇黎世，但也因為巴塞爾是萊茵河上的一個交會點，能讓全歐洲的代表方便抵達——雖然說他們都得要自費就是了。法布斯坦被指派負責物色城內適合的會場；他第一個找到的地方——某間綜藝劇場，當然不是後來的正選。當赫茨爾得知雜耍表演的背景沒辦法換掉，他便叫法布斯坦去找別的地方。後來的首選是都市夜總會（Stadt Casino），儘管名字這樣取，但那裡多半是拿來舉行演奏會。該場所有可以讓一千人入座的大廳，而這可能會讓預估有兩百名代表參與的大會有點難為情。但赫茨爾預估，公眾與會者和媒體可以把空下來的位子填滿，而最終也證明他是正確的。這個在音場效果上能讓布拉姆斯和貝多芬都順利演出的大廳，有著赫茨爾所追尋的莊嚴感。在赫茨爾計畫著從三王飯店（Hôtel Les Trois Rois）眺望萊茵河的活動時，他過去所有的舞臺劇經營直覺全部派上用場。後來他會為藝術家兼攝影師以法蓮．利立（Ephraim Lilien）擺好姿勢，傾身前靠在陽臺欄杆上，陰鬱地瞪著那條巨大河流，就好像融入了歷史；那雄壯的、有如「提格拉特—帕拉沙爾」（Tiglath-Pileser）那樣的亞述人側面像（桑格威爾是如此稱呼），就像是「一名君王般的夢想家會擁有的美麗憂鬱臉孔」。這成了第一張偉大錫安主義者的聖像：新摩西的肖像畫，從王族的同化運動中被召喚而現身，並前來掌握住猶太人的命運。赫茨爾深沉難測的陰鬱，道出了他寫在日記裡的話：「我的一生結束了；世界的歷史開始了。」

他心中的那位悲劇演員知道，經典的一刻需要小心翼翼的戲劇布局，完美的視覺氣氛。從遠或近前來的代表，不需要把乳香和沒藥帶來三王飯店；他們帶著堪比金堅的信仰就夠了。但那樣的熱情必須要披上尊嚴的外衣。即便原本就潮濕的巴塞爾到了八月炎暑日子裡更是悶熱，正式服裝還是要穿。大部分的代表都不是那種打白領帶、穿燕尾服的人，所以巴塞爾的租衣業可說好好地賺了一筆。麥克斯．諾爾道（Max Nordau），這位赫茨爾認為應該沒那麼狀況外的人，只帶了一件長禮袍來，而身為開幕會議的明星講者應該要趕快換一套衣服。此外還有關鍵的視覺呈現。一張當時拍下的都市夜總會照片，能看出入口處掛著兩面旗子，都是白底上有兩條條紋。白色意味著這次任務的純潔；藍色條紋讓人回想起《聖經》中規定的流蘇和披巾，有穗的衣服和祈禱披肩，每日專注於《妥拉》和上帝意志的視覺象徵。對經文的獨占權威有所堅持的卡拉派堅持了藍色，但當《塔木德》派的拉比們無法同意上帝和摩西心裡想的到底是哪種藍色——天藍、海藍，還是靛藍？——的時候，他們轉而一致同意用黑色。赫茨爾、諾爾道和其他人已經受夠了沒用的鑽牛角尖，受夠了流亡者們有如學究般的吹毛求疵。回到要緊事吧。藍色就藍色。廳裡面又有另一面旗，大衛六芒星中間有猶大的

❺譯注：此處的伯恩位於瑞士。

獅子，就像據說守護著至聖所、並象徵地保留在全世界猶太會堂裝飾中的一對獅子。錫安主義的圖像象徵好像有什麼要湊起來了。那一刻，由淡黃色油漆、藤椅、令人窒息的紅色簾幕，還有領袖與講者入座的一排排二樓包廂綠桌面所構成的夜總會陰沉內部裝潢，就靠著藍和金這兩個顏色打點得漂漂亮亮。

但比現場看起來更重要的，是誰在那裡頭：不只是一百九十七位來自敖得薩、海牙、柏林、科隆、巴爾的摩、阿爾及爾、耶路撒冷、紐約、倫敦、明斯克、雅西（Jassy）、斯德哥爾摩、格羅德諾（Grodno）、比亞維斯托克、布魯塞爾、貝爾格勒等地的代表，還有來自巴塞爾、蘇黎世和伯恩等城的非猶太人群眾——學生、教授、學校教師、生意人——他們先買了票並在街上為了好位子排隊；也有全世界的媒體，《法蘭克福報》、《泰晤士報》、《巴黎回聲報》（*L'Écho de Paris*）、《紐約先驅報》等等，以電報將報導傳回老家。不論拉比和那些待在家的人喜不喜歡，大會立刻就成為了全球事件。它擁有當初赫茨爾期待的：也就是政治上的高漲情緒。當初薩繆爾・蒙塔古寄信給赫茨爾，鼓吹他別碰這件事，因為猶太人和猶太家園只能透過列強之間的協議，或者「一名猶太人對其有信心的領袖」才能搞定，現在看起來是多麼的錯誤、多麼的膽小、多麼的心胸狹窄呀。

對蒙塔古來說，那名領袖很明顯不是西奧多・赫茨爾。但前往大會的大多數代表卻不這麼想，甚至連那些對赫茨爾的貴族風格有所疑慮的人也一樣。他們看到了從來沒看過的那類人。他散發出某種他們還不太能確定是什麼的東西，但就像他們之中的某人所說的一樣，那東西有一種光輝。因為這是一大群搞文學和經文的猶太人，所以一定有某人想到摩西在面對上帝之後從西奈山下來時，面孔上的那道光。

這感受會互相回饋。看到各色各樣的猶太人一下了火車便來到「食物頗差」的布朗施維克（Braunschweig）餐廳，令赫茨爾感動不已。他們是從法蘭克福、葉卡捷琳諾斯拉夫（Ekaterinoslav，今稱聶伯城〔Dnipro〕）、阿姆斯特丹前來，不管是來自哪裡，都「沾著煤灰，因為漫長旅程而發著汗臭，充滿了各種意圖——多數人帶著善意，少數人則是惡意」。[35] 兄弟情誼立即就會產生。來自布爾諾（Brno）的貝爾托特・菲威爾（Berthold Feiwel）——此人在一八九七年組織了一個錫安主義者社團「真理」（Veritas），並成為赫茨爾的親密朋友——

全心投入了這種猶太人一家親的熱情洋溢精神。「抵達的時候，」他在他的筆記中寫道：「我們本來是一群莊重規矩的人。但當我們又發現了一個『來巴塞爾的人』並介紹給其他人的時候，大家是多麼興奮呀！一個真摯的兄弟握手，還有一次令人喜悅的互相認識。」[36]赫茨爾甚至回想起更強烈的情感。「我們擁抱並親吻彼此。我們都還不知道對方是誰。但我們知道我們是兄弟……我們邊擁抱邊親吻，並彼此告知名字。聽到了那些名字之後我們再次親吻……Ivri anokhi。我們是希伯來人。」

赫茨爾《猶太國》的信仰宣言——「我們是一個民族，是單一民族」——之所以最終不只是奠基在一堆想法上的空虛虔信，靠的就是這種不論來自何處、不論支持哪個政治宗教版本的人都共同享有的歸屬感。三月時，他曾說過這樣的一個大會會「讓猶太民族自己用腳站起來，並賦予猶太民族第一個表情」，而他甚至在任何人開口之前就已經達到了這一點。

第一個站上演講臺的是最年長的代表，雅西的卡佩爾．李佩（Karpel Lippe），他是錫安之愛的一員，但也立刻就承認，卡托維治那場大會做得還不夠多。現在，在經歷了「一千八百年的迫害」後，猶太人相聚在此來改變他們的共同命運。第二順位發言、當時僅僅三十七歲但始終無比嚴肅的赫茨爾，以一種和他平常習慣一樣柔軟壓低的語調發言，他低沉的聲音加強了他所說內容的重量。他一再反覆使用的詞是「家園」。「我們在此，」他對代表們說：「立下家園的基石，而這家園將注定成為猶太人民的安全避風港。」「錫安主義，」他說道：「在作為回歸猶太土地之前，其實是回歸猶太群體。」「我們這群返家的孩子」發現家中的情況充滿著悲慘，需要好好改善。接著他繼續列舉了逐漸增長的反猶主義所造成的難以容忍困境。無力避免可怕遭遇的不只是猶太人，還包括那些得要向普選負責的政府。如果他們捍衛猶太人，他們就會招致大批群眾的憤怒；如果他們只是保持中立，他們就會使猶太人手無寸鐵。唯一的解答就是再造一個國家並使其安全。但這個家園得要在國際法中獲得保障，而且，有鑒於迫害人的反猶主義無止盡地高漲，沒有這樣的保障可不行吧？他對所有在巴塞爾之外聽著這番話的人，提出了令人振奮的再度保證：錫安主義是和平的，會去照顧被蹂躪的人，而且是一份禮物，不只是給猶太人，也是給全人類。它絕對不會被解釋成與好戰有關。「這個大會會從開明與撫慰出發。讓每個人發現錫安主義的真面目，被謠傳是千年奇觀的錫安主義，是一個道德的、人道主義的運動，直直朝著我們人民長久渴望的目標前進。」

雖然演講稿中規中矩，但當赫茨爾講完時，全廳瞬間響起的歡呼聲、踏腳聲，帽子和手巾滿場揮舞。當大會以歡呼聲通過由他擔任主席時，又一波大禮服和領帶的浪潮吞沒了群眾。人們的鈕釦彈了開來，喉嚨喊到沙啞，爆出超乎尋常的叫聲。把難以形容的感動藏在那把亞述人大鬍子底下的赫茨爾，克制著自己不要像在劇場謝幕那樣地鞠躬，「以免演說變調為近海航行（大戲登場）」。那一刻他便離開了舞臺，並徹底進入了另一種身分。一位原本對此冷感的記者，被這一刻所迷住，而屈服於他所看見的景象：「大衛王的後裔死而復生，身上覆蓋著傳奇、奇幻與美。」

身兼醫生和作家、在德雷福斯事件後轉投錫安主義的已同化猶太人麥克斯．諾爾道，追隨了赫茨爾，並發表了用詞更強烈且更陰暗的演說，回到了《猶太國》的導言主題，就是錫安主義是受挫的猶太解放運動之成果。但諾爾道是以歷史和哲學的角度來看待這個問題。麻煩的地方在於，猶太解放運動是當作一種政治邏輯而不是感性來傳授給他人的；不是用來改正數百年來施加於猶太人身上的非人化暴行，而只是和法國大革命的抽象原則一致而已。合法性的賦予者堅持要求猶太人認同必須消融於（甚至消失於）齊一的公民國家內，進而設下了被解放猶太人不可能克服的屏障。結果就是一種社會上的過度施力，並在舊仇恨歷久不衰的同時，又培植出一種新的、極端的仇恨。被困在後解放世界裡的猶太人因此「失去了舊猶太隔離區」，而那裡至少還靠著團結讓他們在一起，但在新世界裡，「他所出生的土地仍然拒絕當他的家園……當他希望和同鄉人來往時，他們卻避開他。道德上的悲慘甚至慘過實質上的慘……所以他把頭撞向在他頭頂上成形的、那仇恨和輕蔑的厚冰殼」。

赫茨爾在那三天裡忙到瘋狂，因此無法寫下他一貫的冗長生動日記。但他確實告訴了我們，當他當選主席走上講臺時，他第一眼看見的是一封來自他兒子漢斯（Hans）的信。「我十分感動」，當他在演講後回到主席座時，「我寫了大會的明信片寄給我的父母、妻子和每個孩子，寶玲（Pauline）、漢斯和托德（Trude）。這是自從運動開始以來的兩年中，我第一次犯下的孩子氣舉動」。[37]

大會（經歷了大量辯論）到了第二天時，「巴塞爾計畫」（Basel Programme）宣告了錫安主義的目標，是在巴勒斯坦打造公法保障的民族家園。為此，要鼓勵農人、工匠和生產者移民定居；必須致力於猶太人的團結一致；要提高民族意識，並且，若有必要的話，要尋求有力方的支持。但最簡單的一句總結（至少是到頭來赫茨爾自己的心境）就是寫在他日記裡那知名的金句，既自我中心又不完全錯誤：「在巴塞爾，我創立了猶太國家。」接著他又加上一句：「如果我今天把這大聲說出來，全世界會以嘲笑回應我。但或許在五年內，每個人就可能會懂；五十年內的話，人們就必定會懂。」面對任何過度擔心以宣言打造國家之後果的人，赫茨爾添加了一個條件限制，就是他創始的只是建國的想法。但那是基本的事情。他主張，所有的國家都是始於這樣的想法，因為「一個國家就算是在有領土的時候，也始終是一個抽象概念」。他寫道，在巴塞爾時，「我創造了這樣的一個多數人看不見的抽象概念。而且，藉由極其微小的手段，我慢慢地促使人們進入想要一個國家的情緒，並讓他們覺得自己組成的是國民議會」。[38]他並沒有創造一個猶太民族；但他是否成功讓人們能夠想像這民族？

或許那一百九十七個「來巴塞爾的人」裡，只有一個明顯不這麼覺得，但那時候，他那有如鑽石般銳利的智慧就跟赫茨爾一樣有力，但他相信自己和赫茨爾相比，實在沒那麼感情用事。出生時叫作亞舍．金斯堡（Asher Ginsberg）、一八八〇年代晚期開始替希伯來語媒體寫文章而取了「眾人之一」這個筆名的隨筆作者——阿哈德．哈安姆，在從大會返回敖得薩的時候，形容自己的感受有如「一場婚禮中的一名哀悼者」。[39]但接著他覺得他有太多事情要痛心。在他的認定中，赫茨爾對錫安之愛長期艱苦換來的成就做出了無知的批評，又搶走了讓猶太人回歸集體生活的功勞，這都令他憤恨不已。「若是聽他講，別人可能會覺得是一個天才突然發現猶太人居然還活著，且這樣的事實必須要讓大家知道。」40

身為希伯來語月刊《西羅亞》的創刊編輯，他覺得大會在語言和民族精神上的德國化，越來越使剛萌芽的錫安主義偏離原本的核心，而那核心始終應該是猶太教。那些白領帶、燕尾服跟猶太教有什麼關聯？或者就這點來說，又跟諾爾道的法國大革命的學術演講有什麼關聯？他有很好的理由相信自己來自於猶太文化的東方心臟，雖然說他的成長經歷完全不出正統派。他的父親在別爾基切夫附近租了一間農場，哈安姆便在郊外務了十八年的農。他一直遵守教規，但對於神祕的哈西迪派和任何形而上的朦朧狀態都抱持批評態度。但當他聽聞赫茨爾在那邊囉哩囉嗦地談著錫安主義，就好像那只是一個抽象概念的時候，他對於務農意義的想法便促使他對此咬牙切齒。他曾經在一八九一年和一八九三年兩度前往巴勒斯坦，他先前所有的懷疑，像是錫安之愛屯墾地經營不善、屯墾依賴慈善資本挹注、人們在男爵支配下卑躬屈膝、依賴阿拉伯勞工等等，全都在那時獲得了確認。所以，當他看到赫茨爾在大會上帶起的效應，他便認為，他正目睹著一個猶太卡里斯歐特羅（Cagliostro），一名假魔術師對著易受指使的人們下咒。這樣的魔力是可疑的詐欺：在真正猶太教和真正巴勒斯坦一事上欺騙了人們。面對赫茨爾那套比較是由非猶太人的觀點（先不論觀感好壞）而不是由猶太教核心本身所定義、因此內容乏善可陳的「猶太性」概念，阿哈德·哈安姆那些漂亮到尖酸刻薄的批評是有其道理的。但相對而言，儘管他有這些虔誠奉獻的辯才和銳利的智慧，他對於真正的猶太教是什麼也不太明白，而理由其實很簡單，因為至少自從邁蒙尼德以來，就沒有一個一致的明白道理了。純粹的《妥拉》或者卡拉派未必是對的。未受檢驗的《塔木德》（但這也不是說《塔木德》有一部完整的正典）或邁蒙尼德未必是錯的。那個所謂真正的猶太教，並沒有辦法容納如今上百萬人用來定義自己為猶太人的那個變革中的猶太教。但阿哈德·哈安姆唯一知道的就是，那個真正的猶太教，比褻瀆宗教的赫茨爾正在提供的任何東西（也就是世俗主義），都還要來得豐富、沉穩、正經；而對於要重生為一個民族的猶太人們來說，他們得要先找到猶太教才行。因此，在錫安主義誕生的那一刻，反目成仇和內戰的種子就已經種下了。而這至今都還未能和解。

此外，對阿哈德．哈安姆來說，赫茨爾帶給受折磨者的安慰膏油中還有另一隻蒼蠅❻，那就是他不切實際的帝國幻想，想像著強權們，尤其是德國，可以（或不可以）帶給中東什麼。有別於赫茨爾，他的親自造訪讓他（比人們想像中的非專業農人兼希伯來專家）更能掌握中東的地緣戰略現實，以及企圖掠奪並繼承土耳其帝國的列強有多少競爭慾望。如果整個以巴勒斯坦為中心的地帶，不論因果是非就都放給赫茨爾那套想像策略來弄的話，他的想像或許能夠成真——但那根本超乎想像。比較可能發生的狀況是，在可預見的未來內，那裡會是暴力戰場，而巴勒斯坦不會是德皇或蘇丹能夠給予的贈禮。

那時候，赫茨爾忙到完全不知道這一切，尤其這些話又是出自阿哈德．哈安姆這種尖銳批評者兼礙事對手之口。代表們正被大會送回家去組織世界錫安主義者組織（World Zionist Organisation）地方支部，並開始籌募資金、喚起意識。但是「國民議會」讓赫茨爾思考起一些政治家式的念頭，而他強烈地意識到，如果不想讓他打造的運動失去動能而停滯，那他就需要在外交前線上有所突破。巴登大公在保證可以說動德皇之後，就神祕地沉默了。但一八九八年九月，事情突然以高速重啟運轉。赫茨爾被召喚到波登湖（Bodensee）上麥瑙島（Mainau Island）大公的夏季行宮。當他抵達時，鳥兒正在德國人的槍下落地，他才察覺到自己沒有準備好槍獵服裝而不悅；沒穿對的靴子、沒穿羅登呢製的衣物，對待獵犬的方式也不怎麼對。但消息還不錯。赫茨爾其實之前在六月時曾自己寫信給德皇。現在，根據弗里德里希所言，威廉已經快要接受德國擔任猶太人保護國的想法，當然還得要蘇丹轉念接受這想法。若真的發生了，德皇計畫在十月前往耶路撒冷，表面上是要前往路德會救贖主堂（German Church of the Holy Redeemer）參加祝聖儀式。赫茨爾不該考慮同時去那兒嗎？

兩週後，赫茨爾見到了機敏、足智多謀，暗中身為同志的德國駐維也納大使、奧伊倫貝格侯爵（Prince of Eulenburg），還有德國外交部長，聰明且毫不掩飾敵意的伯恩哈德．馮．比洛（Bernhard von Bülow）。接著，十

❻譯注：「膏油中的蒼蠅」，意指令人掃興的地方。

月的第一週，他又在阿姆斯特丹收到了來自德國領事的訊息，確認一切妥當：德皇贊同保護國一事，並希望與赫茨爾博士以及一名耶路撒冷的代表來討論進一步事宜。一名代表？他能帶誰去？赫茨爾本來希望是諾爾道這樣的重量級人士，但他明白拒絕。赫茨爾只好轉而從下一層的領導候補找起：這兩個人來自科隆，分別是律師麥克斯．博登海默（Max Bodenheimer）和生意人大衛．沃夫森（David Wolffsohn）。沃夫森來自立陶宛正統派的世界，被送到梅梅爾（Memel）之後，在猶太教友經營的公司裡開啟了事業。他是通往他們那世界的連結，而他在讀了《猶太國》之後，就直接前往維也納見赫茨爾，並打算盡其所能地提供一切來讓這夢想成真。代表團成員還加上了一名成員墨里茲．施尼勒，他在維也納唸醫學的時候曾經是卡地馬的創始人之一；另外還有俄羅斯工程師約瑟夫．賽德嫩（Joseph Seidener），赫茨爾認為他可以提及猶太人在轉變巴勒斯坦時能帶來的技術專業。

所以他們五個人就這樣上了火車（其實就是東方快車）前往君士坦丁堡和德皇見面。赫茨爾幾乎是到這時候才察覺到，在他們與德皇都在巴勒斯坦之前，以及在德皇與蘇丹相見之前，能先見德皇一面是至關緊要的一件事。他得要盡其所能地確保德皇會和蘇丹提出猶太人的問題。

奧伊倫貝格似乎是有安派妥當。在君士坦丁堡，赫茨爾不安地等著被召見。這場會面延遲到使他在絕望中得直接寫信給德皇解釋說，如果這場會面不立刻進行的話，他會錯過唯一能送他到巴勒斯坦、好跟上德皇巡訪的那班船。終於，召喚通知來了，要他前來耶爾德茲宮。座落於博斯普魯斯海岸貝西克塔什（Besiktas）的樓閣，是由義大利建築師從科莫湖（Lake Como）／瑞士小屋度假區的風格改造設計而來；對蘇丹阿卜杜勒．哈米德來說，住在這些全都有山牆和拱形窗、構成了複合式建築的樓閣裡，比住在城中心要來得更舒適也好防衛。很明顯的，蘇丹興建這批薩拉（Sala）樓閣是為了給來訪的強國君主（尤其是德皇）當居住地；而且，同時身為優異木匠的阿卜杜勒．哈米德，還持續用他自己的家具和六十名織工織的巨大地毯，在可提供的範圍內繼續增添屋內物件。德皇要求赫茨爾在四點半到薩拉，而一如往常的，他花了不少時間思考他為了這場重大會面到底該怎樣穿著才妥當，還把他特別引以為傲的「精美」灰手套特地磨到合手。不過，對方當然還是會讓他等。然後繼續等。在約定會見時間過了四十五分鐘後，他被引領走上巨大的樓梯，在那頂端，德皇的侍從官凱瑟爾侯爵（Count von Kessel）正式妥定地說出「凱瑟爾侯爵」，兩腳後跟喀噠一敲。當他這麼一做，赫茨爾就覺得愚蠢，但他還是閃閃躲躲地回答「赫茨爾博士」，並且兩腳喀噠一聲回應。接著他偷偷看了看那位淺淺跟他點了點頭就走出門外的女皇，然後突然地，他就面對著穿著黑色驃騎兵制服的德皇。第一件讓赫茨爾印象深刻的事情是，威廉似乎對於自己萎縮的手臂感到難為情，而一支繫在那上頭的手錶似乎又讓他看起來立刻變得更富同情心。當完好的那隻手伸過來握手時，誰都很難不去注意。但下一件事是他的雙眼：那雙赫茨爾用幾近狂戀情人的文字所描述的「大而海藍色的眼睛」，他「真正屬於帝王的雙眼」。「我從來沒有看過那樣的雙眼」，「動人的雙眼……以筆直而強烈的眼神看著你」。[41]

「心都快跳出來了」，赫茨爾總結了他寄過的信件內容；總結了他希望能從德皇那兒獲得什麼。沒有什麼不一致的；看起來似乎威廉也想要那樣，但當德皇開始滔滔不絕時，一種對赫茨爾而言太熟悉的語調進入了這場會話，而那並不完全友善。如果赫茨爾事前知道威廉九月底寫給姑丈巴登大公的那封信講到了什麼的話，當下這種明明白白的犬儒主義應該會讓他更震驚。德皇對於孕育於德國和奧地利的反猶過分行徑表達了厭惡，也表示，錫安主義計畫同時能讓他擺脫不想要的猶太人，並在鄂圖曼帝國為德國創造半殖民地，全部又都由猶太人出資，基本上對他而言是有用的。這樣的計畫有哪邊讓他不喜歡的呢？「你的人民中有些因素，」德皇說：「是很適合在巴勒斯坦落腳的。舉例來說，我就想到赫希那邊的例子，那裡有在工作的放高利貸者。」這也是赫茨爾以前就聽過的話，雖然有著德皇的海藍雙眼，他的毛還是豎了起來。比洛這時插話進來，說猶太人明明有太多理由該要永遠對霍亨索倫王朝感恩卻忘恩負義：那些猶太赤色分子和革命分子呀。赫茨爾回答，錫安主義是社會主義訴求之外的另一個選擇。

接下來，因為當時是一八九八年末，話題便一轉來到了德雷福斯，但有點出乎赫茨爾意料的是，看起來皇上認為猶太軍官完全無罪，雖然比較主要是因為德皇認為共和國之下的法國人既荒唐又腐敗。威廉聽說參謀總部侵吞款項，並塞錢給德雷福斯要封他口，結果他嗤之以鼻，所以就被設計了。不知怎麼的，赫茨爾又把整個話題拉回到如何動用貸款來紓解蘇丹的債務，還加上一句，「這對我而言都很理所當然」，並聽到德皇回答說：「對我而言也是呢！」在某個時候，赫茨爾對著他的日記說，他想像著自己身在一個魔幻森林裡，有一隻傳說中的獨角獸出現；而在某些時候，這就真的發生了，然後獨角獸會說話，而且和藹地說：「我是傳說中的獨角獸。」赫茨爾在維也納的同代人、佛洛伊德醫生可能會對那根角有什麼說法，說這種想像可能是被德皇在遊行中戴的釘盔、加上他總是騎著白色雄馬的習慣所引發。但那獨角獸實際上說出口是：「告訴我我該跟蘇丹說什麼。」「一間由德國保護的特許公司，」赫茨爾這麼告訴他：「而他便正經地把那隻強壯到能抵兩隻的手伸向了我，狠狠地握凹了我的手，然後就從中間的門走了出去。」

一週後，這五名穿著不合宜服裝的猶太人上了船，在平靜而波光粼粼的海上往巴勒斯坦前進。在這趟（船上還有沙皇尼古拉二世舒舒服服地待著的）君士坦丁堡到亞歷山卓的航程中，他們先是在士麥那停靠，使赫茨爾察覺到那裡的賽法迪與阿什肯納茲已經有了混合；接著他們抵達比雷埃夫斯（Piraeus），並前往雅典衛城短暫觀光，但對赫茨爾而言，這沒有比蘇伊士運河的工程成就來得令他印象深刻。在亞歷山卓，他們得換乘又小又擠的蒸汽船「羅西亞號」（Russiya）。在旅途中的某個時候，大衛・沃夫森拿出了特別為這趟旅程買的相機，然後他們都擺了姿勢，拍下一張船上的照片。照片中有一個站著的歐洲人頭被切出了照片外，有可能是由沃夫森拍下這張照片，解釋了為什麼只有四個坐在甲板上的錫安主義者。或者說，是他們一行人以外的誰拍了這張照，裡頭包括了一個不小心被切到頭的同伴。那四個人就直接坐在甲板上；其中兩個人，包括博登海默，雖然頂著地中海東側的酷熱，卻還是穿戴著厚重的絨線裝和蝴蝶結。當然是在最前面、也始終講究穿著的赫茨爾，是這支隊伍的隊長，還戴了頂時髦的船員式大盤帽。他似乎還拿著一具折疊望遠鏡，用皮繩掛在他的肩膀上。

然而，這張照片最能展現真實面貌的一個特點，儘管都有寫進這張照片的圖說，卻都不會被那些文字所評論。猶太人並不孤單。他們和五個阿拉伯人坐在一起，而這些人是一路從君士坦丁堡跟著他們來的。他們穿著傳統服飾，有一個沒看著鏡頭，但有著和赫茨爾一樣醒目的輪廓。兩個人若有所思地、或者說困惑地扶著下巴。他們的表情既沒要討好人也沒有敵意，但也不是對正在發生的事漠不關心。他們怎麼會漠不關心？從要安排拍攝這樣一張照片前得進行的所有大小事來看，這一群人不可能是意外湊在一起的。這種完全有別於一般想像中「錫安主義者徹底無視巴勒斯坦阿拉伯人」（又以赫茨爾對此盲點為甚）的人群混合，一定得是事先有意識的安排。事實上，雖然在談及實現民族家園夢想之困難時，阿拉伯人的現實想必是猶太人沒那麼想談的事，但這一點並非完全被忽視，儘管說錫安主義者可能對於合作友愛的未來曾經抱持浪漫過頭的想法。

兩名報導者盡量明白地說明了與阿拉伯人共存的問題，或者說是這件事的困難。赫茨爾清楚知道自己會被別人指控（尤其是被他的敵人阿哈德．哈安拇指控）說只是在模糊乞求一個幻想中的巴勒斯坦，所以他在幾個月前就把李奧．莫茨金派到那裡，來針對包括當地人口在內的物質條件作報告。莫茨金的報告書裡可說荊棘重重——屯墾地和男爵支配事務的老問題——但又有無可爭論的阿拉伯人口事實。另一名報導者就是阿哈德．哈安姆本人；經過了一八九一年和一八九三年的造訪後，他在處理任何大規模移民計畫的眼前問題上，都抱持不肯妥協的態度。「來自土地的真實」畫出了一幅屯墾者的悲慘寫真；他們因為他們的依賴而道德敗壞，堅持一定要在能想出任何大規模人口轉移計畫之前，就在巴勒斯坦漸進地、有機地開發猶太社會；同時在農作和精神上都深深扎根，並且打算自立自強，而不是作為某種國際勢力高壓下或者西方銀行家善心下的產物。但哈安姆最直接指出的一件事就是，事實上多數的可耕地早就有當地人口在上面耕作了。他說，目前地主願意為了一大筆錢把地賣給猶太人，因為人口還少。但如果到了猶太人大量出現並帶有威脅的時候，沒有一個錫安主義者可以妄想自己不會遭遇激烈反抗。

阿哈德．哈安姆認為，穿著昂貴服裝、帶著疏離的德國態度看待一切的赫茨爾，面對這個幾乎不可能克服的難題也沒有解方。但赫茨爾自己相信，是哈安姆太著迷於精神事物——也就是他指控西方猶太人忽視的猶太教核心——因此忘記了猶太人的另一種性格，也就是存在於現代性、技術、世俗科學的那一面性格；這些領域不只都能和真正的猶太生活共存，而且還是猶太人曾經率先開拓且勝過他人的知識領域。現在與未來的科技，尤其是水利工程，將會讓哈安姆那套何處可耕、何處不可耕的觀點顯得狹隘、缺乏想像力且不實際。一八九八年初，赫茨爾曾經前往荷蘭，當地有兩個景象從情感面令他印象深刻。一個是阿姆斯特丹的三個猶太小男孩，他們身在有兩間大猶太會堂聳立的猶太街坊，兩個比較大的孩子牽著比較小的那個，這觸動赫茨爾想著，當民族家園有一天能實現時，他們可能會以什麼樣的方式成長為猶太人。第二個景象是他特別喜愛的荷蘭郊區，因為在他看來，那裡就是人類智謀如何戰勝一片無望環境的最佳範例。如果荷蘭人能讓這塊雜草叢生的圩田從內海浮出，那麼猶太人在一塊都是沼澤和沙漠的土地上，一定也是機會無窮。四年後的一九〇二年，赫茨爾出版了他的未來小說《舊新地》（*Altneuland*），在書中的一九二三年，有一群旅行者回到了他們在一九〇二年首次抵達的巴勒斯坦（這方面的描述非常接近於自傳）。一九二三年的章節中，寫到了一個巴勒斯坦的阿拉伯人，堪稱猶太與阿拉伯人調和的最佳版本——雷西德帕夏（Reshid Pasha）；他對於錫安主義的來到就只有不停的讚美，因為它的進步讓一切水漲船高，讓當地人意外地發大財。赫茨爾在文中，盡量讓巴勒斯坦阿拉伯人與「新村落」裡心胸開放、有道德情操者之間的兄弟情誼，和鼓吹排外民族主義、堅持工作、土地、興盛都只屬於猶太人的政客蓋埃爾（Geyer）形成對照。阿哈德·哈安姆對於這種滿懷感性期望的想法不以為然，並把他所有的批評炮火全部對準了這本他覺得幼稚荒誕的書上。

兩種「在巴勒斯坦的猶太生活會是如何」互相對映，關於猶太人和阿拉伯人能（或者說，會）怎麼住在同一塊土地上，也有兩種願景。耶路撒冷或者臺拉維夫（Tel Aviv）；宗教生活或者世俗生活。這兩種願景拒絕彼此配合，對於什麼構成了真正的猶太生活也拒絕達成共識。至今仍是如此。

西奧多·赫茨爾和他的夢想、他的政治、他對日耳曼的愛、他的自我欺騙、他的處變不驚，還有他越跳越快的維也納心臟，都繼續向前航行。三不五時他就會要身為醫生的墨里茲·施尼勒幫他量脈搏；出於壓力，他的脈搏會飆升到不健康的每分鐘一百零八下。雖然說他們五個人共用一間熱到窒息的船室，使赫茨爾大部分晚上都睡在星空下的甲板上，但這對他的狀況也沒什麼幫助。但當十月二十六日早晨的第一道光線照入天空時，一切、所有的一切看起來都很好。他拚了命從羅西亞號的船舷向外望去，他看到了他所謂的「猶太海岸」。

如果看到那景象時他情感強烈高漲的話，那麼日記裡顯然是沒怎麼記下來；他太忙著確認一行人能在土耳其警察懷疑的眼神中平安下船。在雅法的碼頭邊，也還有德國警察來允許這五個戴探險帽的人堅持自己是承德皇之令來此。而這說法有效。但在灰塵滿布的水邊混亂人群中，赫茨爾脫離了路線，來做出一點點善心之舉。在羅西亞號上，他遇見了一個準備要去「Jeruscholajim」（這是根據赫茨爾的拚法）尋找她病重（有可能已過世）女兒的羅馬尼亞猶太女性。[42]她很怕使用羅馬尼亞護照旅行時，土耳其人會不讓她下船。赫茨爾便跑去找一名同船法國記者的太太，並安排讓那女人假裝當她的女侍。這招有效；母女可以相會了。

接下來幾天，他們快速地參訪了猶太屯墾地。在艾德蒙男爵支援的里雄萊錫安（在赫茨爾眼中，此殖民地的人都活在對上級的恐懼裡）那邊，人們讓他們參觀了酒窖、樸素的居住區。接著有一場小小的音樂會，「很不幸的，只能形容為出於善意」，然後是一場演講，內容試圖調和他們對赫茨爾的尊敬以及他們對男爵的服從，然而在赫茨爾苛薄的觀察中，這簡直就跟他們演奏會上要小提琴和魯特琴樂聲達到和諧一樣的失敗。第二天的雷霍沃特（Rehovot）村，他就比較喜歡了。騎在阿拉伯小馬上的猶太年輕騎士，招待他們策馬飛奔。赫茨爾寫到，能想像那些在家賣褲子的賣貨郎居然可以在這裡變成猶太牛仔嗎！

第二天早上在全球以色列同盟經營的訓練農場，每個人都等待著排定好的德皇親自參訪。赫茨爾沾沾自喜地吹噓說，他們會看到他們兩人互相問候。有些人對此感到懷疑，但在九點左右，一隊土耳其騎兵揚起了沙塵，而當部隊立定後，德皇真的就騎在白色雄馬上現身了；他頭上的釘盔和瀰漫四周的沙塵，給赫茨爾帶來一種有如少年圖畫歷史書中薩拉森人（Saracen）的形象。赫茨爾安排了一列學童以〈天佑女皇〉（God Save the Queen）的曲調突然唱起「Heil dir im Siegerkranz」（以勝利的花冠向您致敬）。歡呼中，驚喜的德皇俯下了身，用他那完好的手臂握了握赫茨爾的手。接著是一番令人失望的陳腔濫調對話。德皇說：「好熱。但這地方有著未來啊！」赫茨爾說：「這裡狀況還是不太好。」德皇說：「水！這裡要的就是水，很多很多的水。」赫茨爾說：「是的，陛下：水利灌溉，大規模的水利灌溉。」德皇說：「這樣，未來還是有希望的，對不？」接著他就騎進了滾滾紅塵中，同時孩子們又唱起了另一首合唱曲。

那天下午，他們五人在比預期還晚的時候，搭上了去耶路撒冷的火車。這條從雅法通過去的鐵路是虛張聲勢的賽法迪企業家尤賽夫．納溫（Yosef Navon）的得獎計畫；他出生於耶路撒冷，在馬賽受教育，是耶路撒冷馬哈尼耶胡達區（Mahane Yehuda district，以他兄弟命名）的興建者。雖然，身為鄂圖曼帝國臣民，又是一個很有說服力的規劃者，納溫獲得了政府的興建許可（還應該要繼續把路線延伸到加薩和納布盧斯〔Nablus〕），但他卻找不到資金來蓋，而得把許可以一百萬法郎賣給一名法國的燈塔承包建商。穿過猶地亞山層層陡峭山坡的雅法—耶路撒冷鐵路段，雖然可以通車，卻以延誤而惡名昭彰。這五位頭帶探險帽的旅者在等待時吵了起來，然後上了擠滿人的車廂之後又多吵了幾回。「一場折磨」，感覺不舒服，似乎因為某種熱病而汗流不止，並為自己的脈搏感到擔心的赫茨爾這麼說。雖然他們在太陽下山後許久抵達，可以「藉由月光」看見耶路撒冷，但這也沒什麼幫助，而卡明尼茲旅館（Kaminitz Hotel）還有一段距離。赫茨爾想要搭車，但同行者們的臉色表明了，他們得要走路回去，以免違反安息日戒律。

當時占耶路撒冷多數人口的猶太人有七萬人之多，但並不是赫茨爾心中作為民族國家未來的那種猶太人；不可能的程度，就如同他們跟那些嘻哈吆喝的猶太牛仔之間的差異一樣大。到處都有乞丐，在哭牆底下的人數是那麼多，多到讓他再怎麼努力想喚起心中那股對聖殿遺跡的情感，都沒辦法有所反應。到處都是拉著衣袖的人，還有那些穿著厚重外套和毛帽的宗教人士，令他十分失望。他至少遊歷了幾個地方：快速大步走過苦難路（Via Dolorosa），儘管那些正統派呢喃地說，這樣走的猶太人都會遭致悲慘的下場，但他仍充耳不聞；爬上了橄欖山；參觀了汲淪谷裡、曾經由權力鼎盛時的佩雷爾兄弟所擁有的「諸王之墓」。

但赫茨爾最想要的，還是先知街德皇營地那邊送來的口信，告訴他那場決定命運的謁見何時進行。但沒送來。有人看到德皇和他的隨扈進了舊城區；而那還要感謝一個為了讓騎馬隨行人員通過、而在雅法門那面由蘇里曼蓋的美麗牆壁上炸開的大洞。皇帝陛下即時地為救贖主堂完成了奉聖儀式。可以說，這時候這兩名觀光客，都為了各自的目的地而感到不耐。隨著延後的時間越來越長，赫茨爾覺得身體越來越不舒服，而開始恐慌。另外四個人的士氣甚至更為消沉；或許這一切都是一場徒勞；或許他們只是某種國際權力遊戲中的小卒，只是矇矓地瞥到賽局一眼而已。而那並非完全錯誤。當來到耶路撒冷的威廉・赫克勒急忙跑來跟他們說，法國對英國宣戰，德皇要即刻趕回柏林時，情況可說雪上加霜。他們花了好幾個小時才斷定這消息不可信。赫茨爾藉由指揮眾人如何穿著面對皇帝召見，並一一檢查他們有限的整套衣裝，好讓大家打起精神。博登海默的帽子十分可笑；他的袖口一直掉到袖套邊上。簡直是災難一場！

終於，要求赫茨爾到德國領事館的召喚來了。到了那裡，一名幹練的年輕軍官以一副屈尊施恩的模樣，把一份將他先前給德皇的請願整個改掉的新版本交給他。原本請願的核心內容——保護國、民族家園、特許公司——經過奧伊倫貝格或者比洛的刪改後幾乎都沒了。沮喪感令赫茨爾內心沉重，但至少還有那等到天荒地老的耶路撒冷會面，他多年來冀望且計畫的目標。德國會是新猶太生活的創造者。摩西・孟德爾頌會怎麼想，理查・華格納會怎麼想？

十一月二日早晨，五人前往先知街上的大軍營，就在舊城大馬士革門外不遠處。那裡有凱旋門，有代表皇帝顏色的旗幟。在君士坦丁堡的薩拉樓閣樓梯頂見過赫茨爾的侍從官凱瑟爾侯爵，此時再度出現，並引領他們進入帳篷；威廉站在裡頭，穿著灰色的戰靴，那隻完好的手（在赫茨爾的想法中）「古怪地」拿著一根短馬鞭。在君士坦丁堡的那種詼諧被正式來往所取代，顯然是根據比洛的建議：保護國的事都不談，只談巴勒斯坦的開發。德皇毫不引起爭議地說，那裡需要「水和遮蔽物」，接著「每個人就都會有住處」。移民的工作成果和技術會是給阿拉伯人的一個刺激。「水呢，」德皇繼續說道：「水和樹，水和遮蔽物。」「我們可以把這些供應給這地方，」赫茨爾自告奮勇地說：「這會花上幾十億，但會出產幾十億。」這時，德皇恢復原本的姿勢，用那馬鞭打著他的大腿並輕聲笑了笑。「這個嘛，錢的話你們多的是……比我們誰都要有錢。」比洛這時插話：「是啊，對我們來說是大問題的錢，你們可是非常充足。」大笑聲帶著背後再明顯不過的惡意傳了開來。什麼都沒變。

水利設施這時出來救援。赫茨爾把賽德嫩拉進對話；話題便轉往水力發電，轉往約旦，轉往可能為將來而想像的東西，而就在德皇又看了看萎縮的那隻手上的錶、並暗示整個會面將結束之前，赫茨爾匆忙地企圖說一些和新耶路撒冷有關的事情，那個他在攀爬橄欖山時從心裡想像出來的東西。

那就是他唯一真正的耶路撒冷頓悟。他當時站在那裡，眺望著死海和暗玫瑰色的摩押山（Mountains of Moab），和在那之外的紫色荒野。接著，他回頭看了蘇里曼的黃金城牆，看了擠在舊城區的成堆建物，所有該做的事一瞬間全部出現在他腦中。這座古老的城市必須清除掉車流、小販、塵埃、傳染病。它會打造成一個只屬於步行者的領域，只屬於每一個宗教的朝聖者、禮拜者。沒有人來統治，但每個人和他們的聖地都會獲得照料。那會是一個所有信仰者和無信仰者共享的耶路撒冷。

但在那旁邊，在那石灰岩牆外，猶太人會打造一個全新的城市：使用古老的杏黃色岩石打造，有著和諧的設計樣式。那裡會有路樹成列的大道、公園、現代學校、劇場——或許會演出他自己的劇，誰知道呢？那裡會林木成蔭、芬芳、文明、和平。只要夠想要，那就不會是夢想。

至於那種他三不五時在心頭上感覺到的、那個隨著吸不到空氣、隨著一陣梗塞和跳動、隨著過快脈搏而來的異樣感呢？這個嘛，畢竟耶路撒冷這頭還滿多起伏的。這真的沒什麼大不了；施尼勒說不用擔心，那就沒什麼。一切都會順順利利的。

致謝

大部分來說，本書是一段關於猶太人講故事的歷史，而我並非第一次察覺到，我對故事的喜好是我遇見的第一批實踐者所留給我的遺產，他們就是我的父母；他們從來不停止講這些故事，除了吃飯、唱歌以及聲音太疲倦而睡去的時候。這些故事很快又會在早餐時開始。其中許多（但並非每個）故事都和猶太人有關——在立陶宛的河上，在士麥那的碼頭上，在布魯克林和白教堂的街上，但也有遠不在此處，在一些我們這一家短暫到達過的地方——瓦爾帕萊索、聖路易、約翰尼斯堡、雪梨、哈爾濱，還有我母親堅持有過的，順著馬車隊伍向西橫越美國（讀者們應該已經發現這並不是完全不可能）。他們的故事裡充滿了不太像真實的、描述豐富的人物，但最終證明是真人的多到嚇人（例如白巫師麥姆·仙尼亞〔Mime Xenia〕和火把戰鬥機〔firebrand〕測試飛行員強尼·德·哈維蘭〔Johnny de Havilland〕）。多虧了我父親難以預料的經商致富，讓每個人的每件事始終都動盪不安，而（替我父親整齊標上名字的）行李箱始終離我們不遠。所以我在想，那種「猶太歷史是婚禮、蒙羞離家和攻擊上門等事件所注解的地名詞典」的感覺，來自於這種在擺盪中釀造、在飯桌上捏製的敘事。如果我寫得太過火，絕對不應該責怪楚迪和亞瑟，而他們也都徹底不知道這件事，雖然有時候我自己會納悶為何。

還有其他過早離世的人，是我的朋友以及這段歷史的推動者，他們也帶著同情心聆聽這段歷史的曲折，首先就是麗莎・賈爾丁（Lisa Jardine），我每天都懷念著她在智識和交情上所帶來的歡樂；還有克里斯多福・希鈞斯（Christopher Hitchens），他很晚才發現自己是猶太人之後，就要求我快點把這本書寫出來；斯維拉娜・博伊姆（Svetlana Boym），她陪我漫步彼得格勒區，和我談起蘇維埃猶太人，話語通常帶有一種俏皮的異想天開；還有像是活生生的萬物活百科、在猶太事物上更是高明的西里爾・舍伍德（Cyril Sherwood）。我曾和已故的偉大歷史學家勞勃・維斯特里奇（Robert Wistrich）分享猶太歷史，先是十一歲時在戈爾德斯格林（Golders Green）和基爾伯恩，後來十九歲時在劍橋大學，然後六十幾歲時在耶路撒冷的摩西紀念園地（Yemin Moshe）。他已不在我身邊以其銳利智慧裨益我，讓我悲痛到難以言語。其他朋友也帶著鼓勵聆聽我，即便他們聽到的可能道理不清甚至毫無道理可言：安德魯・阿蘭斯（Andrew Arends）、柯爾・阿利德吉斯（Chloe Aridjis）、克萊門絲・巴洛赫（Clemence Boulouque）、珍・達雷（Jan Dalley）、賽林娜・福克斯（Celina Fox）、茱莉亞・賀伯斯包恩（Julia Hobsbawm）、蘇珊娜・利浦斯康（Suzannah Lipscomb）、拉比・茱莉亞・紐貝格夫人（Rabbi Dame Julia Neuberger）、艾蓮那・那羅贊奇（Elena Narodzanki）、克拉拉・山納布拉斯（Clara Sanabras）、吉兒和羅伯特・史洛托佛（Jill and Robert Slotover），還有我的友人兼電視圈中介人蘿絲瑪莉・史庫拉爾（Rosemary Scoular）。五年前為了ＢＢＣ二臺製作的《猶太人的故事》，夏洛特・薩赫（Charlotte Sacher）和我一起經歷過一段行遍猶太小城、歐美大都會猶太社群、漫長而濃霧瀰漫的拍片之旅。這整個不同凡響的經驗形塑了某些貫穿著這一冊的思考，而我也要感謝珍妮絲・哈德洛（Janice Hadlow）、雨果・麥奎格（Hugo McGregor）、提姆・克比（Tim Kirby）、凱特・愛德華斯（Kate Edwards）、茱莉亞・麥爾（Julia Mair）和艾拉・巴哈伊（Ella Bahair），他們各自以不同的方式讓這部電視節目得以完成，另外也要謝謝喬傑特・班尼特（Georgette Bennett）、里奧納・波隆斯基（Leonard Polonsky）、霍華德與艾比・米爾斯坦（Howard and Abby Milstein），讓ＰＢＳ廣播版的《猶太人的故事》得以實現。

我還欠我的代理人——倫敦ＰＦＤ的麥可・西森斯（Michael Sissons）和紐約 Inkwell 的麥可・卡萊爾

（Michael Carlisle）一份莫大的感激，他們向預期出版一冊歷史書的出版商以及那些最終會拿到三本的出版商再三掛保證，沒有哪一本會特別薄。儘管《傳道書》悲觀地勸誡道：「著書多，沒有窮盡。」但有如我心目中英雄的出版者——「The Bodley Head」的史都華・威廉斯（Stuart Williams）和紐約「Ecco」的丹・哈波恩（Dan Halpern），都十分豪爽有耐心地相信著這個出版計畫。在「The Bodley Head」這邊我要感謝大衛・米爾納（David Milner）嚴謹的編輯，還有凱薩琳・弗萊（Katherine Fry）的文章編輯；還有道格拉斯・馬修（Douglas Matthews）的索引，莎莉・薩詹特（Sally Sergeant）與艾利森・雷（Alison Rae）的校對；卡洛琳・伍德（Caroline Wood）的圖片研究；傑出而機智的安娜—蘇飛雅・華茲（Anna-Sophia Watts）；喬・皮克林（Joe Pickering）的宣傳活動；另外要感謝露雲達・史克爾頓—華勒斯（Rowena Skelton-Wallace）和格拉美・霍爾（Graeme Hall）；感謝尼克・史基摩爾（Nick Skidmore）的拼音諮詢；莉莉・里查斯（Lily Richards）和麥特・布羅頓（Matt Broughton）的書套設計，非常完美地體現了本冊的精神。在「Ecco」這邊，要感謝艾瑪・德來斯（Emma Dries）親切的協助，還有米莉安・帕克（Miriam Parker）和馬丁・威爾森（Martin Wilson）；以及艾利森・索茲曼（Allison Saltzman）的封面設計。

ＰＦＤ的丹・赫倫（Dan Herron）非常英勇地接下了「整理注釋前後不一和遺漏疏忽」這份吃力不討好的任務，讓身為歷史學者的我深刻感激。本書恐怕仍有的瑕疵和疏忽都完全不該由他負責。

如果沒有葛蕾斯達・穆雷—布朗（Griselda Murray-Brown）、珍妮佛・宋塔格（Jennifer Sonntag），以及特別是瑪爾塔・恩里萊・漢米爾頓（Marta Enrile Hamilton）孜孜不倦的幫忙，這一切都無法實現，他們都讓已經快脫線的夏瑪號快車多多少少仍在軌道上行進。

當《猶太人》一書似乎太多卻又還不夠時，史黛拉・提雅德（Stella Tillyard）始終善良地傾聽著，她也從整個計畫開天闢地時，就熱心善良地支持著。我的版權代理人和好友卡洛琳・米歇爾（Caroline Michel）已經超出了自身職責，她幾乎是在每一章才剛從作者的打字中冒出時，就全部閱讀過，並提出了總是讓這本書更加完善的編輯建議。如果沒有她熱烈的鼓勵，這整部作品不知道會怎麼樣。要讓這本書可以（也應該要）在不沖淡猶太歷史獨特性的前提下論及對人性的普遍關注，是愛莉絲．舍伍德（Alice Sherwood）始終堅定的信念，也是她想到了這個完美的標題；她閱讀並聆聽了所有的故事和論點，也始終在這趟旅程中的每一步上陪伴著。

我的家人，尤其是能夠提供無限的善良和幽默來應付人們無止盡地來來往往的金妮（Ginny），還有可兒（Chloe）和麥克（Mike）、蓋布瑞（Gabriel）和潔（Chieh），他們都以可愛的從容態度，忍受了作者慣常的發脾氣、心不在焉和無理取鬧。

本書寫於世界各地充滿著慘烈滅絕行動的一段時期，但對於歷史悲觀主義來說，最有效的解藥，是那一對高過世間一切喜悅的幼小孫兒的微笑。所以這本書要由摩西和福蘭克林的爺爺（zayde），獻給長大之後也會看見自己屬於這段歷史的他們。

紐約，二〇一七年

	戴在眉毛上（安息日除外），以符合《申命記》第六章第八節所要求的：「也要繫在手上為記號，戴在額上為經文。」
tevah	在賽法迪猶太會堂裡為了讀《妥拉》而抬高起來（通常用圍欄圍起來）的讀經臺（阿什肯納茲版可見上文之「bimah」）。通常和裝著《妥拉》經卷（Sefer Torah）的「經文龕」（ark）分開，但問題複雜就在於，tevah 這個希伯來詞在《妥拉》中只用過兩次；一次是指「挪亞的方舟」（Noah's Ark），另一次是孩提時的摩西被裝進籃子裡送進尼羅河中，以免遭到法老王殺死全希伯來男孩之命令所害，因此在某些翻譯中，那「籃子」也會翻譯成「方舟」（ark）。所以 tevah 不管在哪個版本中，都是安全的地方——還有哪裡比讀經臺更安全的呢？
thummim	土明和烏陵（urim）兩個物件都掛在大祭司的胸牌上，用來獲知神諭。但它們到底是什麼？沒人知道。
tiqqun	見上文之「qelippot」：在卡巴拉中是修復宇宙，所以是件大事；現在以一種更像觸碰治療的方式來指「醫治」，特別是醫治分裂的當代世界。很好的想法。
trayf	非潔食的食物；特別是沒有鰭和鱗的魚，沒有偶蹄或反芻胃的動物，「爬行」生物——但《利未記》與《申命記》並非始終有一致定義。舉例來說，《利未記》認為蝗蟲（酥脆好吃的話）是飛行生物，所以符合潔食，但《申命記》對牠們爬來爬去這點採取嚴苛認定，而認為那絕非潔食。
tshuva	字面意思是「回歸」，也代表悔罪，更廣義來說，是回到以色列生活的團體裡。
tsuris	麻煩事。並非整個猶太史都是。
tzedaka	字面意思是「公義」，但在猶太社會實踐中是發放慈善；真是完美而美好的融合。
tzimtzum	（在盧瑞亞卡巴拉中意指）當「無止盡那位」（Ein Sof）充滿了整個宇宙之後收縮回來，而留下一片空虛的那種大斂合過程，在那空虛之中有可能形成物質世界。
yachad	見第一冊：死海卷軸中得知的庫姆蘭社群。
yeshiva	猶太神學院，學習較高階猶太學問的機構。
yizkor	在節慶日和至聖日為父母或孩子而說的紀念禱詞。
Yom Kippur	贖罪日。
zaddik	神聖顯赫的人物，特別是在哈西迪世界。

在於結婚家庭中的神聖之火與溫暖元素。

sheytl 極端正統派猶太已婚女性戴的假髮，戴的人要剃頭。

shiva 人過世後整整七天的哀悼；在猶太生活中極為重要，因為那讓朋友和親族能拜訪遺族，參與祈禱，提供撫慰和追思。在守喪（shiva）那一週裡，哀悼者待在蓋住鏡子的房間裡，坐在矮腳椅子上。

shokhet 儀式屠宰者，宰殺那些根據猶太飲食律法（kashrut）能食用的動物。由拉比或法庭（Beit Din）發給許可。需要絕對鋒利的刀子，好讓動物受苦的可能性降到最低，而哈西迪派對此有著不少的爭論。

shtadlan 負責猶太社群與非猶太官方、貴族、政府等單位之間協商調解的專業溝通人士，特別指在十六至十八世紀波蘭和中歐的這群人。聯絡管道良好、語言流利、有社交或商業來往的人會受雇擔任專業協調人（Shtadlanim），並在非猶太人圈裡被視為具有資產與權威的人。但他們不至於會動用「禮物」（其實就是賄賂）來讓協商順暢一些，而把募集這款項（或物資）的責任傳遞給找他們來的社群。

shtreimel 毛織的、寬邊的帽子，有時候還立著花冠；這又是另一種從十八世紀波蘭商人借用而來，然後變成極端正統派猶太人義務的一種裝扮。在耶路撒冷的雨季時，通常會蓋著一層塑膠套。

shul 意第緒語的猶太會堂。

Shulkhan Arukh 字面意思是「擺設桌面」；十六世紀由尤賽夫・卡羅所寫，掌管猶太生活的律法慣例大全；會定期修訂，也在猶太兒童學校的當代猶太生活指引中占了一大部分。

shvitz 汗——汗水或流汗。

siddur 每日祈禱書。

simanim 葉門猶太人那種抹滿油而且卷到誇張的鬢邊卷髮（見第十五章）。

sukkah 住篷，猶太人連續八天的秋季住棚節（Sukkot）節慶期間居住與吃飯的地方；特色是以水果和綠葉掛在露天透空屋頂上作為裝飾，對孩子來說尤其是個良機。

taschlikh 淨化儀式。

tefillah 禱詞。

tefillin 經匣：兩個小皮盒裝著《妥拉》段落，一個繫綁在手臂的皮繩上，在指頭上構成了字母「ש」，也就是允許使用的上帝委婉名稱；另一個則是每天晨禱時

resh galuta 流離之首領；顯然是在巴比倫流亡時首次被發明，也必然是用來指那些在中世紀開羅和巴格達等城代表猶太社群發言的要人們。後來成為讚詞，用來指任何代表猶太人跟政府對話的大人物——舉例來說，摩西·蒙蒂菲奧里。

rimmonim 字面意思是「石榴」，但也是尖頂飾的名字，通常（但非絕對）是銀製的，套在支撐《妥拉》卷軸的木柱上。它們可能確實是石榴狀的，但演化成各種裝飾造型，包括鈴鐺塔或者皇冠。在經文中描述 rimmonim 用來裝飾大祭司的服裝，也出現在猶大哈斯蒙尼王朝的錢幣上。有一種傳統主張，rimmonim 的種子數量呼應了《妥拉》之中的六百一十三條積極誡命。沒人真的會去數。

Romaniot 住在中世紀拜占庭帝國並被其文化塑造的猶太人，在鄂圖曼帝國征服後，繼續住在其城市與島嶼領土上（見第四章）。

ruakh 「呼吸」，但也是「靈」：和氣息（neshama，見上文）一起，不只存於體內，也在靈魂中。

schnorrer 乞丐。用作名詞或動詞皆可；既是種態度也是種職業。你可以同時身為百萬富翁但仍是個乞丐（schnorrer）。

sefirot 在卡巴拉之中的十個神聖質點（見第四章）。

Sephardi 字面意思是源自西班牙和葡萄牙的猶太人，但通常用來描述任何非阿什肯納茲（見上文）的猶太人。但後來（特別是在以色列），來自北非馬格里布、中東（敘利亞、伊拉克、黎巴嫩和葉門）、還有衣索比亞與印度的社群，被稱作了「米茲拉西」（Mizrachi，「來自東方」）。真正的賽法迪人（亦即西班牙—葡萄牙）以猶太—西班牙語，也就是拉迪諾語，寫下豐富的文學和口傳傳統（包括歌曲）。

Shabbat 希伯來語的安息日；意第緒語則是「Shabbes」。

shadkhan 媒人。

shamash 猶太會堂的官員，類似於教堂管理人或者司事，負責看守教堂的實體建築，但也包括每日物質需求——祈禱書、蠟燭等等。在改革派的猶太會堂中，把圓頂帽和禱告披巾的盒子提供給禮拜者。這詞也用來指光明節裡用來點亮其他蠟燭的「額外」蠟燭。

Shavuot 七七節，五旬節。

shefa 在卡巴拉裡，是另一個神所放射之物，在更寬鬆（好比說哈西迪派）的理解中，是某種從不可說之處流往地上世界的神之「流」。

Shekhina 神的存在，最初在死海卷軸和拉比文獻中提到，通常是女性的力量，有時候會與安息日的新娘有所連結。更一般而言，是神性所居之處，因此是一種存

Mishnah 拉比最早（一世紀晚期或二世紀）對《妥拉》的評注，成為了更龐大《塔木德》之基石。於第一冊可見其寫作之紀錄。

mitnagdim 來自猶太啟蒙運動（Haskalah）和哈西迪派（Hasidism）的拉比反對者（見第十二章）。

mohel 儀式割禮師（見上文之「brit milah」）。

nasi 字面意思「王子」；有時用來指最有可能是彌賽亞的人；畢竟，總得有人是呢。

nebbish 意第緒語指意志薄弱的人，或至少說平庸的人。

nefesh, neshama 靈魂的元素，有時候幾乎被認為是生理上的存在，儘管說在身體其他部分都消亡後仍然會存在。

nissuin 猶太婚禮的第二個步驟，第一個是訂婚（kiddushin）。婚禮標示夫妻的共同婚姻生活之起始。

ohel 字面意思是「帳篷」——搭在傑出卓越人士、可敬智者或大人物（groyse makher，見上文）墓地上方的篷蓋或其他架構。

parnas, parnassim（複數） 賽法迪社群管理委員會的官員。

parokhet 猶太會堂經文龕的簾幕；原本是耶路撒冷聖殿內至聖所前掛著的彩色「布幔」。用上好的材質製成，通常是絲綢或絲絨，而且常有著豐富華美的刺繡。

payes/peyot 正統派猶太人（基於他們的解讀）遵照經文所要求的……（見下文之「simanim」）所留的鬢邊卷髮。

pilpul 針對經文和拉比文字（如《塔木德》）的正確意義所進行的吹毛求疵爭論。本身就是一門工夫，但也傾向於學術枯燥，因此不太是讚許之意。

pisher 意第緒語的默默無聞者。你可以想得到這個意涵。有些猶太人認為，整個離散的歷史是由巴黎的 Maurice Lafontaine 連續的改名所體現，他一度是萊比錫的 Moritz Spritzwasser，但他一開始出生時，是來自摩托利的默默無聞的摩西（Moyshe the Pisher）。至少他是一路往上。

qelippot 根據卡巴拉文獻，是囚禁神之火花的外皮或外殼。修復（tiqqun）或者醫治的工作就是把火花解放出來，並因此使受造物重新統一。有時候 qelippot 被用來當作邪惡的統稱詞，或者至少是善的阻礙。

rebbe 拉比的口語說法，但因為猶太社群裡沒有相等的授任工作，所以可能就只是指老師。因此「Rebbe」或者「reb」就可以代表對社群中任何一位有學識者的尊稱，就算是大人物（groyse makher，見上文）也行。

趣事、有人和不該跑的人跑了；而「整個故事」（gantze megillah）通常是指被一個不想聽的聽者如此稱呼的故事。

melamed 老師，在傳統的初等教育學校（cheder），或有時在高等宗教教育學校（yeshivot），或者就只是博學多聞的人；不管怎樣都應該要尊敬。

menorah 通常用來描述有八個分支的燭臺，或者慶祝光明節的燭架，但其實並不正確，因為那其實是光明節燭臺（hanukkiah）；menorah 是有七個分支的燭臺，立在耶路撒冷聖殿裡，而且是猶太宗教和共同認同的最古老可見象徵，出現在哈斯蒙尼王朝的硬幣上，以及猶太會堂的地板上。

meshugaas 意第緒語：瘋狂；meshuggener：瘋子，容易有瘋狂的傾向，也可以像傳染一般在體制中散布。基本上，任何不懂為何花了那麼大力氣想把他們拉回理智觀點，卻還是不同意你的人，都可以算進去。

mezuzah 卷軸狀的盒子，裡面裝著《妥拉》的段落，裝在家門的門柱上，認明了住戶是猶太人而且忠於猶太教信條。依照慣例，mezuzah 的風格和尺寸（習慣上是不大）展現出一種在避免醒目和自我宣告之間的適當調和。然而，也是有無數種裝飾得極其美麗的經文盒（mezuzot）。

midrash 詮釋希伯來《聖經》的文字著作；最早的來自公元二世紀；有些富有學問且抱持疑問，但有些卻是在經文上添加了想像以及民間傳說式的裝飾，而這些通常都起於口頭相傳的傳統。在當代猶太教中，尤其在改革運動之中，這個詞被用來描述任何一種和經文與評注相關的詮釋。

mikvah 用來淨化的浴缸或水池，前者是給月事來了的女性在猶太律法準則（halakha）的要求下於沐浴前清潔身體用。古代猶太人遺址都能找到各色各樣的淨禮池（mikvah），包括有一個就在第二聖殿牆外、羅賓遜拱門邊；還有一個如今保存在倫敦猶太博物館的中世紀淨禮池，是在開挖建築工地時發現的。和眾多猜想相反的是，人們可以（也會）在節日時去使用淨禮池，好比說贖罪日，甚至宗教性更強的日子，例如每一次的安息日時；雖然說人們使用它只是個慣例，而不是規定非去不可。淨禮池不會只是把一池水盛起來而已，還得要連通會流動的水源，而且根據猶太律法準則規定，至少要能裝兩百加侖的水才行。

minyan 每日祈禱最少所需的十名成年男性。是的，我知道。

mi sheberach 猶太禮拜儀式最動人的禱詞之一，因為，先不論開場「願保佑我們祖先亞伯拉罕、以撒和雅各（等等）的祂」的這段祈求，這段禱詞即興地請求萬能的上帝給予需要的人一點小小的幫助，尤其是那些生病的人，但事實上是給任何處於苦痛失落狀態的人和群體。

kishkes 嗎？拜託——你覺得呢？ kishka 也是一種傳統的阿什肯納茲菜餚，用各種蔬菜煮成——是的，那些胡蘿蔔、洋蔥、然後又是芹菜——混合了逾越節薄餅碎皮和雞脂肪，在烤之前做成香腸那樣的形狀。

klezmorim 雇來在節慶上，尤其是在婚禮上演奏的世俗音樂家，其獨特風格來自於低音風笛和哭泣般的管樂器，以及（或者）弦樂，而在十九世紀時通常是小提琴。一般認為 klezmorim 來自波蘭—烏克蘭—立陶宛這個猶太人定居地的心臟地帶，而據記載，klezmorim 在十八世紀時曾為猶太波蘭貴族慶典演出。事實上，他們這套本領和樂器的獨特組合方式，都起源於鄂圖曼帝國和南斯拉夫之間的巴爾幹邊界地帶，因此顯然受到羅姆人（譯注：傳統稱為吉普賽人）的影響。提琴和豎笛的尖銳聲響與華麗演奏是 klezmorim 的最著名標記，但我們之中有些人最愛的是伴隨著婚禮暖場而出現的莊嚴旋律（niggun）緩慢進行曲，那對我來說一直都是等同於紐奧良黑人的慢拍爵士進行曲。klezmorim 的音樂來到大西洋另一頭之後變成了「克萊茲默」，產生了錄音時代的明星像是……還有暢銷歌曲〈羅馬尼亞〉以及……在二次大戰後這些音樂全都消聲了，但近年又經歷了精彩的重生。

Kol Nidrei 贖罪日前夕的儀式；據稱是整個猶太曆中最深刻動人的時刻。字面意義是「所有誓言」，這樣的語句（在反猶者的曲解中）被認為是指猶太人在這一刻自行否認掉所有簽下的契約，然而，事實上這裡指的是猶太人和他們無所不能造物主之間約好的承諾獲得了慈悲的延緩。有些信眾說，一段開頭的禱詞一開始是「整個以色列站在你面前」，那麼既然猶太會堂（尤其是那些極端正統派社群以外的猶太會堂）通常都擠滿了可能只有新年和贖罪日會來的會眾，那麼全世界猶太人的共同親屬感便是在那一刻達到最高潮。

ma'amad 某些賽法迪猶太人會眾的自治單位，其中以阿姆斯特丹的最有名。

maggid 跟「aggadah」（「可說之事」）有同樣的詞根：布道者，但具有講故事的風格，所以歷史上來說通常內容是流動的；習慣從日常生活、傳奇和寓言故事來說教。雖然說在神祕主義的傳統中，當接觸到深刻的啟示，有時好比自動寫出文字或說出莫名其妙的話那樣不由自主時，maggid 會顯得更深不可測；甚至可以是定期的奇蹟奇觀創造者。

Marrano 字面意思是「豬」：基督徒以此輕蔑地稱呼他們懷疑暗中固守猶太教規的改信者（見上文）；後來這稱呼反而被回歸猶太教的人當成集體榮耀之標記。

maskilim 猶太教啟蒙運動（Haskalah，見上文）的實踐者和信奉者。

megillah 字面意思是「一個故事」，尤其是收錄在單一卷軸內的故事，好比說和《以斯帖書》有關的卷軸，在較小型但充滿活力的普珥節慶典上講述。較廣泛的定義是指「長篇故事」——什麼都可以包含——與鄰居的紛爭、潔食屠戶的

拉（Lurianic Kabbalah）主義所延續並增補。此外，《創造之書》還提倡一種根據希伯來創造天地二十四字母而來的複雜數祕術。所以，很瘋狂，但很美。

Kaddish 哀悼者的禱詞，以亞拉姆語寫成，完全沒提到死亡，反而是一種對全能者的擴展頌讚。哀悼者的責任是在父母、孩子或配偶死去的一年內，在一天三次的禱告中說出哀悼者禱詞（Kaddish）。

kahal 猶太自治社群內的自治團體（見第十二章），多半在俄羅斯的猶太人定居地裡。

kapote 長袍式的外衣或外套，現在是極端正統派猶太人的制服，但這並非任何戒條所指示，而只是猶太人的習慣穿著，尤其是十八世紀波蘭和俄羅斯的商人，此後便固定成為一種辨識身分的服裝。不應和 kompote 混淆，那是一道燉煮乾果，通常是在逾越節的平日食用。很顯然的，你絕對不會想把 kompote 沾到 kapote 上。

kashrut 《妥拉》裡明文規定的飲食律法，並在《米示拿》及《塔木德》中增補（見第一冊）。

kavanah 字面意思是「奉獻」：情感上直接拜倒於禱告之下。

kedusha 站立禱告（Amidah，見上文）之中最強大神聖的段落；體現為「祂是神聖、神聖、神聖」這樣的頌唱，到那時，信眾會三度踮起腳尖。

kest 新娘和新郎原生家族在兩人婚後給予必要支援的義務。在阿什肯納茲猶太圈中，通常是年輕小倆口和其中一個家族住在一起，所以實際上是由一整個廣泛的血緣家族網來支援。有人認為這種制度是猶太嬰兒死亡率比其他群體來得低的可能原因。

ketubah 因為 ketubah 通常都充滿著詞藻裝飾又在婚禮上唸出，所以有時候會被誤以為是「結婚證書」，甚至當成類似基督教交換誓言那樣的文字，浪漫地將結合一事形式化。事實上，那是相當冷血的冗長法律文件，以亞拉姆語書寫並唸出，比較接近於婚前合約，繼承自《聖經》和《塔木德》之中關於雙方義務的訓示。新郎的部分明文指出要提供住所、支撐生計以及進行性結合。通常文中也會有關於其中一方死去時的財產分配，以及各種沒血沒淚的問題。但這可能是唯一一種以如此高級書法字體寫成，並用各種多彩辭藻來裝飾的法律文件。

kiddush hashem 字面意思是「聖化上帝之名」（見第一冊），殉教，被壓迫者強迫為之，或者為了避免被強迫改信而自行了斷都算在內。擴張到孩童在內的家族成員時總是令人苦痛，而且恐怖到難以原諒。

kishkes 膽量；一般指腸子的堅韌程度，但也不排除各種睪丸。所以女人可以有

打下去的情況，Gemara 就更為困難了（我十二歲時就是這樣）。

gerush 流浪。猶太人不管在哪裡都能有這種感覺。

groyse makhers 大人物；有力推動影響事物者，通常鞋子發亮、衣裝講究，走路還大搖大擺。如果他們說「shaaa」來要你猶太會堂裡的吵鬧靜下來，你通常會聽得到。但媽媽對他們的大孩子（約從五歲起）也會溫柔地這樣出聲。

hacohen hagadol 聖殿的大祭司；在贖罪日當天唯一獲准進入至聖所的人。

Haggadah 逾越節儀式書，唯一的禮拜儀式家庭專用道具，充滿了圖片，雖然企圖講出埃及的故事卻都沒提到摩西，可能是因為拉比討厭任何一種有魅力的準世俗領袖。

Hasidim 通常但不正確地用來當作正教派或極端正統派猶太人的同義詞；或者，沒那麼準確地指任何戴著那種帽子還留著長鬢髮跟大鬍子的人。Hasidim 是特別指十八、十九世紀 zaddikim 之神祕教誨的追隨者，通常和「善名之師」（Baal Shem Tov）有所連結（見第十二章）。

Haskalah 十八世紀的猶太「啟蒙運動」（延續到了十九世紀），企圖調和猶太教與理性追問之實踐，因此和非猶太人的理性主義者有著共同目標。

Havdalah 字面意思是「間隔」——因為就處在安息日的休息和工作的平日之間；讓安息日的結束形式化的極美儀式；裡頭有特別編織狀的蠟燭，有時候還是多彩的，在一杯葡萄酒中熄去火焰；也是一個裝飾豐富、外型像銀色小塔、頂端有鈴鐺和小旗的香料盒。Havdalah 香料盒是猶太儀式物件中最精緻的物件，從衣索比亞和葉門到烏克蘭與倫敦銀器匠，各地都有其適當的裝飾特色。

herem 猶太自治體所施行的驅逐或禁令，雖然說在阿姆斯特丹（見第七章）常常是先說服踰矩者回歸順從，而不是真的執行下去。放逐真的施行的話，會非常極端。

huppah 婚禮儀式上，在新娘新郎頭上展開的篷蓋（見下文之「nissuin」），象徵著他們會一起打造的家。在現代儀式中，尤其在猶太會堂裡，huppah 的桿子可能固定在地板上，但猶太家庭的概念就是固定的地產，所以對我來說 huppah 還是懸空、每個角落高高掛起來、桿子上纏著花朵和枝葉比較好。

Kabbalah 見第一冊和第四章。這門神祕奧妙猶太宇宙學的著作和傳授，最初起於《創造之書》（*Sefer Yetzirah*）這本企圖處理上帝創造宇宙問題的書，而其著作可分別歸功於亞伯拉罕和亞奇瓦（Akivah）拉比，但該書第一次為人所論及是在十三世紀，約略和第二本基礎文本《光明書》（*Sefer haZohar*）出現的時候相同。這兩本書中都寫出了十個質點的概念，並在十六世紀時由盧瑞亞卡巴

cholent 阿什肯納茲為安息日所燉煮的一鍋菜餚。開關爐火會違反安息日的工作禁令，但沒有什麼能阻擋遵守教規的猶太人把一鍋燉食帶到烘培師傅的爐子上，然後放在那裡讓它慢慢烤整個晚上，所以安息日晚餐時就能拿來吃。營養豐富的、充滿能量的一道菜，典型地會加入牛肉、小羊肉或羊肉、豆子或大麥——在加進燉粥之前先煮到半熟——底下先扎扎實實地加一層蔬菜——胡蘿蔔和蕪菁、洋蔥和馬鈴薯——如果恰到好處的爐火也夠溫夠弱的話，這些東西就會凝結成可口的粥，有著肉汁的味道。大家都知道，歷經了長時間布道（derasha，見下文）的安息日禮拜者（舉例來說，我父親）會變得容易生氣，如果不讓他們吃 cholent 的話就是找他們麻煩。有時候這道菜會配上甜食（tzimmes），同樣因為長時間分解而熔成焦糖的一整罐黏糊糊胡蘿蔔。警告！這兩道菜組合起來的效果會使人至少二十四小時內不可做出劇烈動作，不然的話心臟可能遭受嚴重壓力。

chumash 印成冊（而不是《妥拉》卷軸）的《摩西五經》。同一頁上可能包含拉比評注。

cohanim 教士。你就算不是柯漢（Cohen）家的人也可以當教士（cohan），但反過來就不行了。在最莊嚴的儀式中，教士們要走向經文龕（或者 bimah），把祈禱披肩拉在頭頂上，然後正式為信眾祈福。只有以色列人（我）不可以對著那看，違反者會遭受某種恐怖未知的下場，所以我當然是一看再看。

converso 被宗教裁判所強迫改信的猶太人；在伊比利亞圈被稱為「新基督徒」或者被譏諷為「馬拉諾」（Marrano，豬），常常遭人（證據充分地）懷疑祕密維持猶太身分。

derasha 布道，但是更正式針對某段經文或《妥拉》段落的專題演講，在那之中一位靈巧的拉比會延伸出更全面而廣泛的、在猶太教中有所迴響的題目，展開一連串的提問（按照塔木德式的風格，最後通常會懸而未決）。

devekut 字面意思是「緊緊抓住上帝」。在專注祈禱中達到全神貫注的出神狀態。

emunah 無條件忠於上帝，以及猶太教的核心教義。上帝通常會設下極端的信仰考驗，舉例來說，要一個人犧牲自己的兒子，或者約伯固定遇到的狀況。

eshet chayil 「有價值的女性」。因為她的價值勝過紅寶石；（有鑑於這種珠寶的譬喻的關係）我們到底是在討論珠寶估價以及一份不錯的小小嫁妝，還是在討論更全面的美德評量，始終有著不少爭議。不過人們普遍同意這是指完美典範的珍貴。

Gemara 拉比對《米示拿》的評注，構成了《塔木德》的第二部分，因此是評注的評注。對於沒那麼把《塔木德》放在心上的人來說，Gemara 可以非常困難，尤其當 Gemara 老師一懷疑學生沒有全心徹底專注於問題上，就習慣往後腦勺啪一聲

在歷史中佚失，雖然可以合理假設，當中有不少人應該有講到媽媽或者湯的笑料（或者媽媽加上湯的笑料）。

Beit Din 字面意思是「正義之院」。猶太宗教法庭包括三名成員，其中一名得要徹底熟悉哈拉卡；該庭要發給潔食屠戶許可，及許可婚姻與裁決離婚，有時候還要仲裁遺囑，甚至民事訴訟爭議。因此很忙。

bimah 阿什肯納茲猶太會堂內，立在高臺上的讀經臺（賽法迪猶太人用語見下文之「tevah」）。傳統上位於猶太會堂中央，通常以製作精美的欄杆扶手隔開。十九世紀，模仿教堂祭壇的 bimah 通常搬到了猶太會堂東側的經文龕端，成為了祈禱領唱和布道朗誦的聚焦點。

bokhur 小男孩或小夥子，經歷過成人禮與否都算。通常和宗教學生連著用在一起，成為「宗教學校學生」（yeshiva bokhurim）。

brit milah 字面意思是「盟約」，但指的是通常在男嬰出生後第八天施行的割禮，雖然說改信者回歸猶太教的話，儀式就是在成人之後施行的。《出埃及記》第四章第二十五節提供了一個奇異而暴力的起源敘述，就是摩西在返回埃及解放希伯來人的路上遭到了上帝攻擊，危及性命。他的妻子西坡拉拿了一塊石頭，割下他們兒子的包皮將其丟向他的腳，並聲稱「你真是我的血郎了」，而阻止這場突襲。這樣做和其他展現認同的行徑相比是有點過火，但對於以不可預測而聞名的耶和華來說，這招有效。

chazzan 猶太會堂領唱者，在極端正統派猶太社群中相對不重要，甚至可有可無，但卻是十九和二十世紀從俄羅斯到美國猶太會堂裡的一大重點特色。我童年時的 chazzan —— Tashlitzky 大人，教導我成人禮讀經段落，引導我吟唱的同時，又訓練他的臘腸狗在每次喊到「omeyn」（阿門）的時候，都能令人稱奇地吠叫起來。

cheder 多半是給成人禮前的孩童就讀的希伯來學校；傳統上教導祈禱（siddur），寫著每日每週禱告內容的書；《摩西五經》（*chumash*），然後繼續教一些拉比的評注，好比說辣什（Rashi）的評論。我有段時間曾經給不聽話的九歲小孩上《摩西五經》的課，但始終達不到有如魅力強大無比、光靠一個眼神就能燒到你的柯漢（Cohen）女士那樣，或者溫柔睿智的 Sammy Kramer 那樣的高標準。「你知道為什麼他叫作先知以賽亞嗎，小子們？因為一隻眼睛比另一隻高啊。」（同時挑了挑眉）

chevrah 朋友或同伴圈；在離散期間指學識圈或政治圈，但當錫安主義運動在十九世紀後期認真起來之後，就有了專指錫安主義精神的意義。

chokhem 字面意思是「智者」，但通常指聰明機靈的人，用來指早熟的聰明年輕人，但不特別羞於炫耀學問。《塔木德》的智者們讓猶太學校羨慕。

重要希伯來與意第緒詞彙表

aggadah　《聖經》之後的猶太教導與文學（如《塔木德》）分成了「律法規定以及其解釋」，也就是「halakha」，以及正如拉比喜歡說的，「除此之外的一切」。這除此之外的一切就是 aggadah：說教的故事、民間故事和口頭傳說；傳奇、自由詮釋、有意無意的挑剔、八卦閒聊和奇蹟事件的記載。在猶太學校裡，halakha 不言自明的，是最為重要的，而 aggadah 是敘事理論的教授們在課堂上教的東西。但如果你覺得 aggadah 歷史裡說「飛進羅馬皇帝提圖斯鼻子的小蟲在裡面住了七年、吃著他的腦直到耶路撒冷的征服者死去」只是無用寓言的話，那是你的問題。不能跟 Haggadah（見下文）混淆，那是逾越節晚餐使用的書，雖然說仔細想想，既然 Haggadah 大部分是 aggadah 且非反之亦然的話，那搞混也沒差了。

aliyah　字面意思是「上升」，用來描述遷移至以色列地（又特別指聖殿），因為耶路撒冷座落於此地山丘上。但隨著聖殿毀滅，這個詞也用來代表參與猶太會堂儀式——「上去」猶太會堂的經文龕那頭，或者上講經臺（見「bimah」和「tevah」），或者更光榮的職責，比如說開關經文龕的門，或者把手抄《妥拉》卷軸帶到會眾那邊。

Amidah　字面意思是「站著」。一日三次祈禱（早 shaharit、午 minhah、晚 maariv）的十八重祝福核心，站立默唸，儘管說按規矩要猛烈搖擺晃動、屈膝下蹲（dukhaning）。搖擺得越猛，感覺就越虔誠（frummer）——至少看起來是那樣。每個猶太人都有自己最喜歡的十八重祝福（berakha），越來越祈求和平的時候，就會多一下左右點頭，還有向後甩動一下以及最後的搖擺。

anusim　被強迫改信者，私下祕密信奉猶太教，一開始專指阿什肯納茲猶太人，後來指賽法迪人，但也用於改信伊斯蘭者，好比說波斯的馬沙迪猶太人，於一八三九年被迫成為穆斯林，只有到一九二五年才准許公開信奉猶太教。一九四六年的血祭毀謗促使他們移民至以色列，而一九七九年的伊斯蘭革命又加劇了他們的出走。現在有兩萬名馬沙迪猶太人住在以色列。

Ashkenazi　狹義上指來自日耳曼的猶太人，但擴大包含了從東歐來的人，事實上舉凡祖籍不是西班牙和葡萄牙、馬格里布和黎凡特的人都算。會讓人混淆的一點是，從以前到現在都有很多阿什肯納茲猶太人住在義大利等地中海國家，但可以說，會對清蒸冷片鯉魚上面加一層水煮胡蘿蔔流口水的，就只會是阿什肯納茲猶太人。

badkhan　獨角藝人，被人雇用來在婚禮和其他節慶場合表演的人，並不限定猶太人。在波蘭和烏克蘭權貴的慶祝活動中有為這些藝人留下紀錄；他們的笑話已經篇傑出的論文，作者為 Hillel Halkin，'What Ahad Ha'am Saw and Herzl Missed'，刊載於 *Mosaic* (October 2016)，線上。

40. Halkin。

41. Herzl，*Diaries*, II，頁 727-8。

42. Shlomo Avineri，'Theodor Herzl's Diaries as Bildungsroman'，刊載於 *Jewish Social Studies*, 5:3 (1999)，指出赫茨爾只有在短暫前往巴勒斯坦的旅途中這樣拼「耶路撒冷」；Herzl，*Diaries*, II，頁 738-9。

使得文章稍稍偏離了他的核心。

16. *The Complete Diaries of Theodor Herzl*，Raphael Patai編、Harry Zohn譯(New York, 1960)，共五冊。
17. 關於阿卡萊：Raymond Goldwater，*Pioneers of Religious Zionism* (New York, 2009)；Arthur Hertzberg，*The Zionist Idea: An Historical Analysis and Reader* (New York, 1976)， 頁 102-5；Shlomo Avineri，*The Making of Modern Zionism* (New York, 1981)。
18. Kornberg，頁 32 起。
19. 若要看傑出而詳盡的讀物，可見 Kornberg，頁 67-71。
20. Herzl，*Diaries*, I，頁 4。
21. 出處同上，I，頁 3。
22. 出處同上，I，頁 27-8。
23. Ran Aaronsohn，*Rothschild and Early Colonization in Palestine*，Gila Brand 譯 (Jerusalem, 2000)；Judith Noemie Freidenberg，*The Invention of the Jewish Gaucho: Villa Clara and the Construction of Argentine Identity* (Austin, Texas, 2009)。
24. Herzl，*Diaries*, I，頁 131。
25. Cecil Bloom，'Samuel Montagu and Zionism'，*Jewish Historical Studies*, 34 (1994-6)，頁 17-41。
26. Barbara W. Tuchman，*Bible and Sword: England and Palestine from the Bronze Age to Balfour* (New York, 1956)。
27. Theodor Herzl，*The Jewish State* (New York, 1946)，頁 82。
28. 出處同上，頁 76。
29. 出處同上，頁 129。
30. 出處同上，頁 156。
31. 關於倫敦猶太人圈和早期錫安主義：Geoffrey Alderman，*Modern British Jewry* (Oxford, 1958)；Daniel Gutwein，*The Divided Elite: Economics, Politics and Anglo-Jewry, 1882-1917* (Leiden, 1992)；Stuart Cohen，*English Zionists and British Jews: The Communal Politics of Anglo-Jewry, 1896-1920* (Princeton, 1982)。
32. Simon Schama，*Two Rothschilds and the Land of Israel* (London, 1978)，頁 145-7。
33. 關於赫克勒和基督教錫安主義者：Gerhard Gronauer，'"To love the Jews": William H. Hechler (1845-1931), der christliche Förderer des politischen Zionismus'，收錄於 Berthold Schwarz 與 Helge Stadelmann 編，*Christen, Juden und die Zukunft Israels* (Frankfurt am Main, 2009)；Shalom Goldman，*Zeal for Zion: Christians, Jews and the Ideal of the Promised Land* (Chapel Hill, 2008)；Victoria Clark，*Allies for Armageddon: The Rise of Christian Zionism* (New Haven, 2007)。
34. Herzl，Diaries, I，頁 311 起。
35. 出處同上，II，頁 579。
36. 由 Michael Berkowitz 摘錄於 *Zionist Culture and Western European Jewry Before the First World War* (Chapel Hill, 1996)，頁 17。
37. Herzl，*Diaries*, II，頁 580。
38. 出處同上，II，頁 581。
39. 關於阿哈德·哈安姆，見 David Vital，*The Origins of Zionism* (New York, 1980)，頁 187；還有一

像，可見猶太博物館壯觀的展覽目錄，Norman Kleeblatt 編，*The Dreyfus Affair: Art, Truth and Justice* (Berkeley, 1987)。對於還看不夠德雷福斯的人有 Robert Harris 的傑出小說 *An Officer and a Spy* (London, 2014)，但如果要看當時同情支持德雷福斯的文學諷刺作，可見偉大的 Anatole France，*Penguin Island* (1908)。

2. Ruth Harris，頁 125-7；Pierre Birnbaum，*The Antisemitic Moment: A Tour of France in 1898*，Jane Moore Todd 譯 (New York, 2003)；Stephen Wilson，*Ideology and Experience: Anti-Semitism in France at the Time of the Dreyfus Affair* (Rutherford, NJ, 2003)。
3. Birnbaum，頁 233-6。
4. Michael Rosen，*The Disappearance of Émile Zola* (London, 2017)。
5. Nelly Wilson，*Bernard-Lazare: Antisemitism and the Problem of Jewish Identity in Late Nineteenth-Century France* (Cambridge, 1978)；Ruth Harris，頁 77。
6. Bredin，頁 28，另見頁 295-6。
7. Linda Nochlin，'Degas and the Dreyfus Affair: A Portrait of the Artist as Anti-Semite'，收錄於 Kleeblatt 編，頁 96-116；還有 Susan Rubin Suleiman，'The Literary Significance of the Dreyfus Affair'，收錄於 Kleeblatt 編，頁 117-39。
8. 出處同上，頁 196。
9. V. Lenepveu，'Le Roi des porcs'，出自該藝術家之 *Musée des horreurs* (1900)，最精緻到恐怖的反猶太擬人化圖片也描繪了德雷弗斯本人，有著鷹勾鼻和蛇的身體，從中又冒出好幾隻蛇。Kleeblatt 編，頁 244, 246。
10. Stephen Bottomore，'Dreyfus and Documentary'，*Sight and Sound* (Autumn 1984)；還有 Luke McKernan 傑出的 Bioscope 部落格，很可惜已不再更新，但仍然像檔案一樣原地保存，感謝你，Luke：'Lives on Film: Alfred Dreyfus'（三個連續的部落格）都有圖像。關於梅里愛，John Frazer，*Artificially Arranged Scenes: The Films of Georges Méliès* (Boston, 1979)；Jacques Malthête，*L'Oeuvre de Georges Méliès* (Paris, 2008)。
11. Bottomore，頁 291。
12. Maurice Barrès，*Scènes et doctrines du nationalisme* (Paris, 1920)，頁 40；Zeev Sternhell，*Maurice Barrès et le nationalisme français* (Paris, 1973)。
13. 關於拔階期間德雷福斯的肢體語言：Christopher E. Forth，*The Dreyfus Affair and the Crisis of Manhood* (Baltimore, 2004)，頁 21-60；Venita Datta，'The Dreyfus Affair as National Theatre'，收錄於 Balakirsky Katz 編。
14. Theodor Herzl，'Die Degradation des Capitäns Dreyfus'，刊載於 *Neue Freie Press* (Vienna, 6 January 1895)。
15. Jacques Kornberg，'Theodor Herzl: A Re-evaluation'，刊載於 *Journal of Modern History*, 52:2 (June 1980)，以及同作者之 *Theodor Herzl: From Assimilation to Zionism* (Chicago, 1993)；Shlomo Avineri，*Herzl's Vision: Theodor Herzl and the Foundation of the Jewish State* (London, 2013)；Amos Elon，*Herzl* (New York, 1975)，是正如讀者期待的生動好書，但現在有一點過時；Ernst Pawel，*The Labyrinth of Exile: A Life of Theodor Herzl* (New York, 1989)，是所有傳記中最為嘲諷而懷疑論的，就和經典的、過度不批評的 Alex Bein (1934) 處於兩極，但 Pawel 的寫作藝術性

Dekel-Chen 與 David Gaunt 編，*Anti-Jewish Violence: Rethinking the Pogrom in Eastern Europe* (Bloomington, 2010) 收錄之論文。

24. 關於利里恩布朗，見 Michael Stanislawski，*Autobiographical Jews* (Seattle, 2004)，頁 54-68；要一聞回憶錄的風味，見 ChaeRan Freeze 與 Jay M. Harris 編，*Everyday Jewish Life in Imperial Russia: Select Documents, 1772-1911* (Waltham, MA, 2013)，頁 353-67 的長篇摘錄。
25. Shlomo Avineri，*The Making of Modern Zionism: The Intellectual Origins of the Jewish State* (New York, 1981)，頁 73-82。
26. 短期來說，這不是個好辦法。特別是因為，茅草有穩固流動河岸沙土的功效。
27. 關於屯墾地早期歷史以及與猶太慈善事業之間的折磨關係，見 Ben Halpern 與 Jehuda Reinharz，*Zionism and the Creation of a New Society* (Oxford, 1998)，頁 59 起。另見 Shmuel Ettinger 與 Israel Bartal，'The First Aliyah: Ideological Roots and Practical Accomplishments'，收錄於 Jehuda Reinharz 與 Anita Shapira 編，*Essential Papers in Zionism* (New York, 1996)，頁 63-93。
28. Simon Schama，*Two Rothschilds and the Land of Israel* (London, 1978)。
29. Ran Aaronsohn，*Rothschild and Early Jewish Colonisation* (Lanham, MD, 2000)。
30. Ruth Kark 與 Noam Levin，'The Environment of Palestine in the Late Ottoman Period'，收錄於 Daniel E. Orenstein、Alon Tal 與 Char Miller 編，*Between Ruin and Restoration: An Environmental History of Israel* (Pittsburgh, 2013)，頁 1-29；Gad Gilbar 編，*Ottoman Palestine 1880-1914: Studies in Economy and Society* (Leiden, 1990)。
31. Arieh L. Avneri，*The Claim of Dispossession: Jewish Land Settlement and the Arabs, 1878-1948* (Efal, 1982)，頁 82-3。
32. 儘管 1888 年霍拉肖死於瘧疾，殖民地仍持續成長。在 Sheikh Jarrah 區的城牆外買下的一棟大房子，後來成為了美國殖民地旅館，今日仍然裝飾著斯帕福德一家的照片，也仍然提供全耶路撒冷最好的早餐。

第十六章｜該是現在嗎？

1. 德雷福斯事件的文獻不僅大量，而且從未停止增加。我個人認為其中最棒也最可讀的一本是 Ruth Harris，*The Man on Devil's Island: Alfred Dreyfus and the Affair that Divided France* (London, 2010)；關於時至今日的爭辯，見 Maya Balakirsky Katz 編，Revising Dreyfus (Leiden, 2013)；另見 Michael Burns，*France and the Dreyfus Affair: A Brief Documentary History* (Boston, 1998)；若要看其前後更長的家族史，見同作者，*Dreyfus: A Family Affair, 1789-1945* (New York, 1991)。關於法國猶太人在事件期間的進退兩難，見 Michael Marrus，*The Politics of Assimilation: A Study of the French Jewish Community at the Time of the Dreyfus Affair* (New York, 1971)；Paula Hyman，*The Jews of Modern France* (Berkeley, 1998)；Phyllis Cohen Albert，*The Modernization of French Jewry: Consistory and Community in the Nineteenth Century* (Hanover, NH, 1977)，另見權威而持平的 Jean-Denis Bredin，*The Affair: The Case of Alfred Dreyfus*，J. Mehlman 譯 (New York, 1986)；近期的迴響反思，可見 Louis Begley，*Why Dreyfus Matters* (New York, 2009)。關於事件的圖像、肖

11. Krinsky，頁 187-93。
12. 關於耶林內克，見 Robert S. Wistrich，*The Jews of Vienna in the Age of Franz Joseph* (Oxford, 1989)，頁 112 起，以及頁 238-69。
13. 關於維也納自由猶太人圈的高階人士，他們不尋常的家族傳記整理於 Georg Gaugusch，*Wer Einmal War, Das Jüdische Grossbürgertum Wiens 1800-1938, A-K* (Vienna, 2011), *L-R* (Vienna, 2016)。關於柏林的部分，柏林猶太博物館開幕展時有做出傑出的目錄，為 Andreas Nachama 與 Gereon Sievernich 編，*Jüdische Lebenswelten: Katalog zur Ausstellung Jüdische Lebenswelten*, 2 vols (Berlin, 1991)。
14. 關於這種空間關係，見 Richard I. Cohen，'Urban Visibility and Biblical Visions: Jewish Culture in Western and Central Europe in the Modern Age'，收錄於 David Biale 編，*Cultures of the Jews*, Vol. 3, *Modern Encounters* (New York, 2002)，頁 10-74。
15. Jacob Katz，'German Culture and the Jews'，收錄於 Jehuda Reinharz 與 Walter Schatzberg 編，*The Jewish Response to German Culture: From the Enlightenment to the Second World War* (Hanover, 1985)，頁 89。
16. Shulamit Volkov，*The Rise of Popular Antimodernism in Germany: The Urban Master Artisans, 1873-1896* (Princeton, 1978)，概論式思考可見同作者，*Germans, Jews and Anti-Semites: Trials in Emancipation* (Cambridge, 2006)。
17. 關於特萊區克，見 George Mosse，*The Intellectual Origins of the Third Reich* (New York, 1964)，頁 200-2；Fritz Stern，*The Politics of Cultural Despair: A Study in the Rise of the Germanic Ideology* (Berkeley, 1961)。
18. 關於謝那勒以及當代反猶太政治的起始，可見 Peter Pulzer，*The Rise of Political Anti-Semitism in Germany and Austria* (revd edn, London, 1988)，頁 142-55；Robert Wistrich，*A Lethal Obsession: Anti- Semitism from Antiquity to the Jihad* (London, 2010)。
19. Steven J. Zipperstein，*The Jews of Odessa: A Cultural History, 1794-1881* (Stanford, 1986)；Patricia Herlihy，*Odessa: A History, 1794-1914* (Cambridge, MA, 1986)；Charles King，*Odessa: Genius and Death in the City of Dreams* (New York, 2011)；最生動描繪敖得薩猶太圈的其中一書是 Vladimir Jabotinsky 的小說，*The Five: A Novel of Jewish Life in Turn-of-the-Century Odessa*，Michael Katz 譯 (Ithaca, 2005)。
20. Jarrod Tanny，*City of Rogues and Schnorrers: Russian Jews and Myths of Old Odessa* (Bloomington, 2011)，這本書非常努力地嘗試解構一種「神話」；那種迷思認為，這裡是異教、多元、相對開放的港都，猶太人可以在這裡接受當代知識教育，從事俄羅斯帝國其他地方不讓他們做的工作。不過整體來說，到最後它反而正好證實了這個城市的性格，雖然說這也是多虧了 Isaac Babel 在 Benya Krik 中累積的犯罪小說在文字上的幫助。
21. Steven J. Zipperstein，'Remapping Odessa'，收錄於 *Imagining Russian Jewry: Memory, History, Identity* (Seattle, 1996)，頁 80。
22. Alexander Orbach，*New Voices of Russian Jewry: A Study of the Russian-Jewish Press of Odessa in the Era of the Great Reforms, 1860-1871* (Leiden, 1980)。
23. John Doyle Klier，*Russians, Jews and the Pogroms of 1881-2* (Cambridge, 2011)；另見 Jonathan

Schooling in Turkey, 1860-1925 (Bloomington, 1990)；André Chouraqui，*Cent Ans d'Histoire: l'Alliance israelite universelle et la renaissance juive contemporaine 1860-1960* (Paris, 1965)。

36. 關於赫斯，可見 Shlomo Avineri，*Moses Hess: Prophet of Communism and Zionism* (New York, 1985)；Isaiah Berlin，'The Life and Opinions of Moses Hess'，收錄於 Henry Hardy 編，*Against the Current: Essays in the History of Ideas* (Princeton, 1979)。

第十五章｜轉捩點

1. Hayyim Hibshush，*Travels in Yemen: An Account of Joseph Halévy's Journey to Najran in the year 1870, written in Sana'ani Arabic by his Guide Hayyim Hibshush*，S. D. Goitein 編 (Jerusalem, 1941)；阿勒維自己的版本：*'Voyage au Nadjran', Bulletin de la Société de Géographie*, VI (1873)，頁 5-31、頁 241-73、頁 581-606，and XIII (1877)，頁 466-79。關於葉門猶太人的歷史，見 Joseph Tobi，*The Jews of Yemen: Studies in their History and Culture* (Leiden, 1999)。希布修許有時候被稱為哈布修許（Habshush）。
2. 見 Simon Schama，*The Story of the Jews: Finding the Words, 1000 BCE-1492 CE* (London, 2013)，頁 231-235。
3. Bat Zion Eraqi Klorman，*The Jews of Yemen in the 19th Century* (Leiden, 1993)；同作者，'The Attitudes of Yemenite Rabbis towards 19th Century Jewish Messianic Figures'，收錄於 *Proceedings of the 10th World Congress of Jewish Studies* (Jerusalem, 1990)。「知識世代」原本指的是實際上親自見證了出埃及的那一世代，但 1912 年起，這個詞在葉門就被用於當地所有反對神祕主義、宿命論、卡巴拉派分支的人。
4. 其他為 al-Uzayri、al-Marhabi 和 al-Bishari。
5. 關於十九世紀更晚期的葉門彌賽亞運動，見 Tobi，頁 48-84。
6. Bat Zion Eraqi Klorman，'Muslim and Jewish Interactions in the Tribal Sphere [in Yemen]'，收錄於 Michael M. Laskier 與 Yaacov Lev 編，*The Divergence of Judaism and Islam: Interdependence, Modernity and Political Turmoil* (Gainesville, FL, 2001)，頁 133；同作者，*The Jews of Yemen in the Nineteenth Century: A Portrait of a Messianic Community* (Leiden, 1993)；Harris Lenowitz，'Shukr Kuhayl II reads the Bible'，收錄於 Leonard J. Greenspoon 與 Bryan F. Lebau 編，*Sacred Texts, Secular Times: The Hebrew Bible in the Modern World* (Omaha, 2000)，頁 245-66。
7. Carol Krinsky，*The Synagogues of Europe: Architecture, History, Meaning* (Cambridge, MA, 1985)，頁 265-70；Richard I. Cohen，'Celebrating Integration in the Public Sphere in Germany and France'，收錄於 Michael Brenner、Vicki Caron 與 Uri R. Kaufmann 編，*Jewish Emancipation Reconsidered: The French and German Models* (London, 2003)，頁 63-7。
8. 出處同上，頁 348-51。
9. Adam Kirsch，*Benjamin Disraeli* (New York, 2008)，迪斯雷利即便在受洗後仍有的猶太自我意識，在本書裡有最好的記載。
10. Flavius Josephus，*Antiquities of the Jews*；1 Kings 7，頁 15。

是投機碰運氣地回收利用 Uhlig 的誹謗這點，Conway 可能沒有那麼有說服力。

15. J. S. Shedlock，'Wagner and Liszt Correspondence', *Proceedings of the Musical Association* (1887-1888)，頁 131。
16. 關於工匠對猶太人的敵意，見 Shulamit Volkov，*The Rise of Popular Antimodernism in Germany: The Urban Master Artisans, 1873-1896* (Princeton, 1978)。
17. Helen M. Davies，*Emile and Isaac Pereire: Bankers, Socialists and Sephardi Jews in Nineteenth-Century France* (Manchester, 2014)。
18. 出處同上，頁 45-6。
19. 鐵路對文化與經濟造成革命性影響的經典紀錄，就在 Wolfgang Schivelbusch，*The Railway Journey: The Industrialization of Time and Space in the Nineteenth Century* (Oxford, 1979)。
20. 出處同上，頁 44，頁 58-9。
21. 埃烏傑尼奧・馬利亞・羅梅羅關於這故事的劇作是 *El Martirio de la Joven Hachuel* (Gibraltar, 1837)。
22. Juliette Hassine，'The Martyrdom of Sol Hatchuel: *Ridda* in Morocco in 1834'，收錄於 Michael M. Laskier 與 Yaacov Lev 編，*The Convergence of Judaism and Islam: Religious, Scientific and Cultural Dimensions* (Gainesville, FL, 2011)，頁 109-25。
23. M. Rey，*Souvenirs d'un Voyage au Maroc* (Paris, 1844)。
24. 他的回憶錄是由 Gabriel de Seailles 編輯，*Alfred Dehodencq: Histoire d'un coloriste* (Paris, 1885)。
25. Martin Gilbert，*In Ishmael's House: A History of Jews in Muslim Lands* (New Haven, 2010)，頁 121-3；Mark Cohen，'Islam and the Jews: Myth, Counter- Myth, History'，收錄於 Shlomo Eshen 與 Walter Zenner 編，*Jews Among Muslims: Communities in the Pre-Colonial Middle East* (Basingstoke, 1996)，頁 50-63；Bernard Lewis，*The Jews of Islam* (Princeton, 1984)。
26. Abigail Green，*Moses Montefiore: Jewish Liberator, Imperial Hero* (Cambridge, MA, 2012)，頁 69。
27. Jonathan Frankel，*The Damascus Affair: 'Ritual Murder', Politics and the Jews in 1840* (Cambridge, 1997)；Green, Montefiore，頁 133 起。
28. 'A Plea for Aid in the Damascus Affair' (PRO 195/162)，收錄於 Norman A. Stillman，*The Jews of Arab Lands: A History and Source Book* (Philadelphia, 1979)，頁 393-4。
29. 'Report on the Treatment of Jewish Prisoners in the Damascus Affair', (PRO, FO 78/405, 32-4)，收錄於 Stillman，頁 397；另見 Frankel，頁 41-4。
30. Eliza Acton，*Modern Cookery for Private Families* (London, 1845)；另見 Jill Norman 編 (London, 2011)，頁 605-7。
31. Stillman，頁 401。
32. Davies，*Emile and Isaac Pereire*，頁 112-34。
33. David I. Kertzer，*The Kidnapping of Edgardo Mortara* (New York, 2008)；Green，*Montefiore*，頁 258-82。
34. 出處同上，頁 125；Max B. May，*Isaac Mayer Wise: The Founder of American Judaism* (New York, 1916)，頁 271。
35. Aron Rodrigue，*French Jews, Turkish Jews: The Alliance Israélite Universelle and the Politics of*

37. Dye，頁 233。

第十四章｜現代性以及其麻煩事

1. Conway，*Jewry in Music*。
2. Heinz and Gudrun Becker，*Giacomo Meyerbeer: A Life in Letters*，Mark Violette 譯 (London, 1983)，頁 29。
3. 出處同上，頁 33。
4. *The Diaries of Giacomo Meyerbeer, Vol. 4: The Last Years* (1857-1864)，Robert Ignatius Letellier 翻譯編輯 (Madison, 2003)；Conway，*Jewry in Music*。
5. Becker，頁 43。
6. 然而沒持續多久，因為巴黎北站——骯髒、混亂有時還危險，有著難以形容的難吃食物，因為另一頭聖潘克拉斯的華美而顯得更可恥——正準備要和其前庭一起進行大規模翻新。
7. 關於羅齊爾德家族和鐵路財務：Niall Ferguson，*The World's Banker: The History of the House of Rothschild* (London, 1998)；Melanie Aspey，'Making Tracks: Promoting the Rothschild Archive as a Source for Railway History'， 收 錄 於 Ralf Roth 與 Gunter Dinhobl 編，*Across the Borders: Financing the World's Railways in the Nineteenth Century* (Aldershot, 2008)，頁 3-12。收於同一冊，Christophe Bouneau，'The Pereires' International Strategy for Railway Construction in the 1850s and 1860s'，頁 13-24。另見 Kurt Greenwald，'Europe's Railways and Jewish Enterprise: German Jews as Pioneers of Railway Promotion'，收錄於 *Leo Baeck Institute Yearbook*, XII (1967)，頁 163-209。
8. Jonathan M. Hess，*Germans, Jews and the Claims of Modernity* (New Haven, 2002)。普魯士最高法院（Kammergericht）律師 Christian Ludwig Paalzow，早就已經主張猶太精英——伊特吉格家、利未家、沃爾夫家和貝爾家——蠻橫跋扈的大模大樣，就是支配世界陰謀的證據。
9. Tina Fruhauf，*The Organ and its Music in German Jewish Culture* (Oxford, 2009)，頁 28-9。
10. Jeffrey S. Sposato，*The Price of Assimilation: Felix Mendelssohn and the 19th Century Anti-Semitic Tradition* (Oxford, 2006)，頁 16 起。
11. 出處同上，頁 26。
12. 出處同上，頁 4。
13. Ruth Gay，*The Jews of Germany: A Historical Portrait* (New York, 1992)。
14. Thomas S. Grey，'Wagner admires Meyerbeer *(Les Huguenots)*'，收錄於 Thomas S. Grey 編，*Richard Wagner and His World* (Princeton, 2009)，頁 335-46。華格納把《胡格諾教徒》描述為歌劇的「頂峰」。Richard Wagner，*Selected Letters of Richard Wagner*，S. Spencer 譯，S. Spencer 與 B. Millington 編 (London, 1987)，頁 68-9。另見 Milton E. Brener，*Wagner and the Jews* (Jefferson, NC, 2006)；Leon Poliakov，*The History of Anti-Semitism, Vol. III: From Voltaire to Wagner*，Miriam Kochan 譯 (Philadelphia, 1968)，頁 429-57。在 Conway，Jewry in Music，頁 258-61 之中，作者指稱德勒斯登小提琴手兼華格納支持者 Theodor Uhlig，組織了針對「猶太音樂學校」的猛烈評論攻擊，也想必是華格納會去嘲笑猶太會堂喋喋不休的始作俑者。關於 1850 年，華格納只

12. S. N. Carvalho，*Incidents of Travel and Adventure in the Far West with Colonel Fremont's Last Expedition across the Rocky Mountains* (New York, 1857)。
13. Kahn 編，頁 72-80。
14. Hasia Diner，*Roads Taken: The Great Jewish Migrations to the New World and the Peddlers Who Forged the Way* (New Haven, 2015)。
15. Jean Powers Soman 與 Frank L. Byrne 編，*A Jewish Colonel in the Civil War: Marcus M. Spiegel of the Ohio Volunteers* (Lincoln, NB, 1994)，頁 5 起。
16. Kahn 編，頁 141-4。
17. 出處同上，頁 81。
18. John P. Marschall，*Jews in Nevada: A History* (Reno, 2008)，頁 21-2。
19. 出處同上，頁 28-37。
20. 出處同上，頁 76-9；另見 Robert E. Stewart 與 M. F. Stewart，*Adolph Sutro: A Biography* (Berkeley, 1962)。
21. Jacob Marcus，*The American Jewish Woman: A Documentary History* (New York, 1981)。
22. Kahn 編，頁 267-9。
23. Marschall，頁 97-8。
24. 關於格拉茨與頗能彰顯其特質的文選，可見 Chametzky 等編，頁 44 起；另可見 David Philipon 編，*Letters of Rebecca Gratz* (Philadelphia, 1929)；Dianne Ashton，*Rebecca Gratz: Women and Judaism in Antebellum America* (Detroit, 1997)。
25. 關於孟肯與其詩，有一篇優秀的評介收錄於 Chametzky 等編，頁 86-7；另見：Paul Lewis，*Queen of the Plaza: A Biography of Adah Isaacs Menken* (New York, 1964)；Wolf Mankowitz，*Mazeppa: The Lives, Loves and Legends of Adah Isaacs Menken* (New York, 1982)。
26. Kahn 編，頁 405, 409-11。
27. Lance J. Sussman，*Isaac Leeser and the Making of American Judaism* (Detroit, 1995)。
28. Jonathan D. Sarna，*When General Grant Expelled the Jews* (New York, 2012)，散見各處。
29. Jonathan D. Sarna 與 Adam Mendelsohn 編，*Jews and the Civil War* (New Haven, 2010)；Jonathan D. Sarna 與 Benjamin Shapell，*Lincoln and the Jews* (New York, 2015)。
30. Morris U. Schappes，*A Documentary History of the Jews in the United States, 1654-1875* (New York, 1971)，頁 312-5。
31. 關於奧葛斯特．邦代，見 Schappes，頁 252-364；邦代那些生動描述黑傑克和波特瓦特米戰役的文件，收藏於美國猶太歷史協會。
32. Soman 與 Byrne 編，頁 316。施匹哲表明了他「支持廢除蓄奴制」。
33. 出處同上，頁 261。
34. Dye，頁 207 起。
35. Schappes，頁 376-83。
36. Dye，232-3；James Finn，*Journal* (16 September 1859)，由 Beth- Zion Abrahams 收錄於 'Historical Notes: Some Early American Jews: From a British Unpublished Diary'，刊載於 *American Jewish Archives Journal*, 33:2 (1981)，頁 210-2。

Hasidism Reappraised，頁 97。

55. Assaf，頁 98。

56. Leopold Ritter von Sacher-Masoch，*A Light for Others: And other Jewish Tales from Galicia*，Michael O'Pecko 編 (Riverside, CA, 1994)，頁 7。

57. Alexander Herzen，*My Past and Thoughts*，Constance Garnett 譯，(Berkeley, 1973)，頁 170；Michael Stanislawski，*Tsar Nicholas I and the Jews: The Transformation of Jewish Society in Russia 1825-1855* (Philadelphia, 1983)，頁 27；另見 Yohanan Petrovsky-Shtern，*Jews in the Russian Army: Drafted into Modernity* (Cambridge, 2009)。

58. Stanislawski，頁 26。

59. 關於恰爾托雷斯基和雷芬之間的關係，見 Sinkoff，頁 50 起。

60. Petrovsky-Shtern，*Jews in the Russian Army*，頁 34。

61. 出處同上，頁 53。

62. 出處同上，頁 108。

第十三章｜美國人

1. 關於利未家和蒙蒂塞洛，見 Marc Leepson，*Saving Monticello: The Levy Family's Epic Quest to Save the House Jefferson Built* (New York, 2003)；Melvin I. Urofsky，*The Levy Family and Monticello 1834-1923: Saving Thomas Jefferson's House* (Charlottesville, 2001)。

2. 關於造訪紐波特和當地猶太人回應的完整紀錄，見 Simon Schama，*The American Future: A History* (London, 2008)，頁 161-5。

3. 利未的海軍生涯見 Ira Dye，*Uriah Levy: Reformer of the Antebellum Navy* (Gainsville, 2006)。

4. Jonathan D. Sarna，*Jacksonian Jew: The Two Worlds of Mordecai Noah* (New York, 1981)，頁 54-5；另見 Michael Schuldiner 與 Daniel J. Kleinfeld 編，*The Selected Writings of Mordecai Noah* (Westport, 1999)；Isaac Goldberg，*American Jewish Pioneer* (Philadelphia, 1936)。

5. *The Fortress of Sorrento* (1808) 可以在 Jules Chametzky 等編，*Jewish American Literature: A Norton Anthology* (New York, 2001)，頁 57-69 找到。

6. Mordecai M. Noah，*Travels in England, France, Spain and the Barbary States in the Years 1813-14 and 15* (New York, 1819)。

7. 出處同上，頁 312。

8. W. D. Robinson，*Memoir Addresses to Persons of the Jewish Religion on the Subject of Emigration to and Settlement in One of the Most Eligible Parts of North America* (London, 1819)；Charles P. Daly，*The Settlement of the Jews in North America* (New York, 1893)，頁 92-6。

9. 德意志移民見 Hasia Diner，*A Time for Gathering: The Second Migration, 1820-1880* (Baltimore, 1995)。

10. Ava F. Kahn 編，*Jewish Voices of the Gold Rush: A Documentary History 1849-1880* (Detroit, 2002)。

11. 出處同上，頁 111-8。

Polish and Latin Documents with introduction in English (Jerusalem, 1985)。

32. Antony Polonsky，*The Jews in Poland and Russia, Vol. 1, 1350-1881* (Liverpool, 2010)；另見 Hundert，'The Importance of Demography...'，收錄於 Katz 編，頁 31-2；Raphael Mahler，*Hasidism and the Jewish Enlightenment: Their Confrontation in Galicia and Poland in the First Half of the Nineteenth Century* (New York, 1998)，頁 171 起。
33. Nancy Sinkoff，*Out of the Shtetl: Making Jews Modern in the Polish Borderlands* (Providence, 2004)，頁 30。
34. Chimen Abramsky，'The Crisis of Authority within European Jewry in the Eighteenth Century'，收錄於 Siegfried Stein 與 Raphael Loewe 編，*Studies in Jewish Religious and Intellectual History* (Tuscaloosa, 1979)，頁 16。
35. Hundert，*Jews in Poland-Lithuania*，頁 17。
36. 雖然說 1772 年在維爾那以及 1786 年在克拉科夫發布的「開除教籍」驅逐令，幾乎已經接近於這樣的控訴了。
37. Hundert，*Jews in Poland-Lithuania*，頁 143。
38. Moshe Rosman，*Founder of Hasidism: A Quest for the Historical Baal Shem Tov* (Berkeley, 1996 and 2013)。幾乎關於對哈西迪派的所有面向，包括文本和社會方面的新探討，都可見 Ada Rapoport-Albert 編，*Hasidism Reappraised* (Oxford 1996) 中的論文。
39. 出處同上，頁 99 起；關於飛升和記錄飛升的「神聖書信」之歷史，見 Rosman，頁 106-7、頁 111 起。
40. Maimon，頁 28。
41. 出處同上，頁 26 起。
42. 出處同上，頁 146。
43. Gershom Scholem，*Major Trends in Jewish Mysticism* (New York, 1946)。
44. Maimon，頁 164。
45. 出處同上，頁 168-9。
46. Mahler，頁 289。
47. Hundert，*Jews in Poland-Lithuania*，頁 193。
48. Raphael Mahler，'Hasidism and the Jewish Enlightenment'，收錄於 Gershon David Hundert 編，*Essential Papers on Hasidism: Origins to Present* (New York, 1991)，頁 373-429。
49. Eliyahu Stern，*The Genius: Elijah of Vilna and the Making of Modern Judaism* (New Haven, 2013)，頁 83-114。
50. 作為回敬，維爾那的「老師」於 1784 年禁止遵從教規的人購買任何哈西迪派潔食屠戶所屠宰的肉！刀鋒上的問題變成了「反對者」與哈西迪派對抗的大問題。
51. Stern，頁 26。
52. Sinkoff，頁 150-1。
53. Moshe Idel，*Hasidism: Between Ecstasy and Magic* (Albany, 1995)，頁 203。
54. Martin Buber，*Tales of the Hasidim*，共兩冊 (New York, 1972)，第一冊，頁 238-9；Ada Rapoport-Albert，'Hasidism after 1772: Structural Continuity and Change'，收錄於 Rapoport-Albert 編，

9. 於 splaw 船運貿易，見 M. J. Rosman，*The Lords' Jews: Magnate-Jewish Relations in the Polish-Lithuanian Commonwealth during the Eighteenth Century* (Cambridge, MA, 1992)，頁 95 起。
10. Petrovsky-Shtern，頁 103。
11. Yohanan Petrovsky-Shtern，'"You will fi it in the Pharmacy": Practical Kabbalah and Natural Medicine in the Polish-Lithuanian Commonwealth'，收錄於 Glenn Dynner 編，*Holy Dissent: Jewish and Christian Mystics in Eastern Europe* (Detroit, 2011)，頁 21-85。
12. Revd William Coxe，*Travels Into Poland, Sweden and Denmark, Vol. 1* (London, 1784)， 頁 270；Gershon David Hundert，'The Importance of Demography and Patterns of Settlement for an Understanding of the Jewish Experience in East-Central Europe'，收錄於 Steven Katz 編，*The Shtetl: New Evaluations* (New York, 2007), Project Muse，頁 31。
13. Solomon Maimon，*An Autobiography*，J. Clark Murray 譯 (Chicago, 2001)，頁 6-7。
14. Glenn Dynner，*Yankel's Tavern: Jews, Liquor and Life in the Kingdom of Poland* (Oxford, 2013)，頁 26。
15. Petrovsky-Shtern，*Golden Age of the Shtetl*，頁 221。
16. Birkenthal，頁 190。
17. Gershon David Hundert，*Jews in Poland-Lithuania in the Eighteenth Century: A Genealogy of Modernity* (Berkeley, 2004)，頁 5-6。
18. Andrew Alexander Bonar 與 Robert Murray M'Cheyne，*Narrative of a Mission of Inquiry to the Jews for the Church of Scotland* (Philadelphia, 1839)，頁 267。他們對布羅德的描述：「這整個看起來就是個猶太城市。」是那時期最栩栩如生的描述。猶太人的職業擴散延伸到了當石匠和水管工。最吸引 Bonar 和 M'Cheyne 的是郵局以希伯來文（幾乎可以確定是意第緒語）以及波蘭文和德文寫成的告示。
19. Adam Neale，Travels through some parts of Germany, Poland, Moldavia and Turkey (London, 1818)，頁 146。
20. 出處同上，頁 147。
21. Hundert，'The Importance of Demography...'，收錄於 Katz 編輯，頁 34。
22. Petrovsky-Shtern，Golden Age of the Shtetl，頁 106。
23. 出處同上，頁 133。
24. Dynner，頁 33-5。
25. David Assaf，*Untold Tales of the Hasidim: Crisis and Discontent in the History of Hasidism* (Waltham, MA, 2010)，頁 97-119。
26. 出處同上。
27. 關於酒館的多功能用途，見 Dynner，頁 17-20。
28. Maimon，頁 25-6。
29. 出處同上，頁 85-6。
30. Adam Kazmierczyk，'Jews, Nobles and Canon Law in the 18th Century'，academia.edu (2014)。
31. Hundert，*Jews in Poland-Lithuania*，頁 45；另見 J. Goldberg 編，*Jewish Privileges and Charters of Rights in Poland-Lithuania in the Sixteenth to the Eighteenth Centuries: Critical edition of Original*

37. Schechter，頁 227。
38. 出處同上，頁 202 起。
39. Schwarzfuchs，頁 50。
40. Mendes-Flohr 與 Reinharz，頁 153。
41. 出處同上，頁 156。
42. 出處同上，頁 159。
43. 'Erlebenisse von Gabriel Schrameck'，收錄於 Max Grunwald，*Die Feldzuge Napoleons* (Vienna, 1931)，頁 238-42；另見 F. Raphael，'Les Juifs d'Alsace et la Conscription'，收錄於 Blumenkranz 與 Soboul 編，頁 35-8。

第十二章｜在此定居

1. 波蘭木造猶太會堂實際上的檔案保管人是 Moshe Verbin，他竭盡心力於打造這棟精緻失落建築的木造模型，*Wooden Synagogues of Poland from the 17th and 18th Centuries* (Herzliya, 1990)；另見建築史學家 Thomas Hubka，*Resplendent Synagogue: Architecture and Worship in an Eighteenth Century Polish Community* (Waltham, MA, 2003)，追溯了這棟興建於 1731 年、美麗而滿是繪畫的 Gwoździec 猶太會堂的歷史，以及他打造複製品的奇妙計畫。至於他們在納粹之下的命運以及當地同情他們的人，可見 Robert Bevan，*The Destruction of Memory: Architecture at War* (London, 2006)。
2. 關於這些墓地，可以看 David Goberman 所拍攝的壯麗檔案照片，由 Goberman 本人整理，並由 Gershon Hundert 與 Robert Pinsky 協助完成的 *Carved Memories: Heritage in Stone from the Russian Pale* (New York, 2000)。薩塔諾的野兔，還有大猶太會堂的其他眾多石雕作品，當時只有非常少部分修復，是由 Jeremy Pollard 和 Hugo McGregor 於 2012 年 11 月為 BBC 拍攝影集 *The Story of the Jews* 時所拍下的照片。
3. 一個不尋常的例外是阿姆斯特丹城外奧德凱爾克的賽法迪墓碑，還有在荷蘭加勒比海殖民地古拉索，十八世紀早期商人菁英的墓碑刻著《聖經》故事終對應逝者的各種人物：舉例來說，奧德凱爾克 Mosseh Mordechay Senior 的墳墓就有著《以斯帖書》的場景。見 Rochelle Weinstein，*Stones of Memory: Revelations from the Cemetery in Curaçao: The Sculptured Tombstones of Ouderkerk and Curaçao in Historical Context* (American Jewish Archives, 1992)。
4. Israel Bartal，'Imagined Geography: The Shtetl, Myth, and Reality'，收錄於 Steven T. Katz 編，*The Shtetl: New Evaluations* (New York, 2007)，頁 179-93。
5. 這些根據龐大初步資料來源寶庫所進行的修正作中，最豐富的是 Yohanan Petrovsky-Shtern，*The Golden Age of the Shtetl: A New History of Jewish Life in Eastern Europe* (Princeton, 2013)。
6. 1765 年薩塔諾有一千三百六十五戶付人頭稅的猶太家庭，可以換算成約四千人。
7. Dov Ber Birkenthal，*The Memoirs of Ber of Bolechow* (1723-1805)，M. Vishnitzer 翻譯編輯 (Oxford, 1922)，頁 33。
8. Petrovsky-Shtern，頁 97。

15. Margaret O'Leary，*Forging Freedom: The Life of Cerf Berr of Medelsheim* (Bloomington, 2012)，頁 134。
16. Isidore Loeb，'Un baron juif au XVIIIe siècle', *Annuaire des archives Israelites* (1885-6)，頁 136。
17. O'Leary，頁 242。
18. 出處同上，頁 253-4。
19. Ruth Necheles，'L'émancipation des Juifs 1787-1795'，收錄於 Bernard Blumenkranz 與 Albert Soboul 編，*Les Juifs et la Révolution française: Problèmes et aspirations* (Toulouse, 1976)，頁 77。
20. Hertzberg，頁 341。
21. Paul Mendes-Flohr 與 Jehuda Reinharz，*The Jew in the Modern World: A Documentary History* (Oxford, 2010)，頁 124。
22. *Opinion de M. l'évêque de Nancy, député de Lorraine sur l'admissibilité de Juifs à la plénitude de l'état civil et des droits de citoyens actifs* (Paris, 1789)，頁 3-4。
23. Frances Malino，*A Jew in the French Revolution: The Life of Zalkind Hourwitz* (Cambridge, MA, 1996)，頁 88-9。
24. 出處同上，頁 94。
25. Berr Isaac Berr，*Lettre d'un Citoyen* (Nancy, 1791)。
26. Zosa Szajkowski，'Sephardic Jews in the French Revolution'，收錄於 *The Jews and the French Revolutions of 1789, 1830 and 1848* (New York, 1970)，頁 440 起。費塔多藉由一本在他臥底時顯然很不尋常的日記 *Memoires d'un patriote proscrit* 來講述了他的故事；這本日記的原稿遺失了，但有一份由藏書家 Ernest Labadie 手抄本保留下來，並於 1943 年由波爾多市立圖書館在德國開始肆虐於維琪法國之後才購入的！
27. Szajkowski，頁 451；Ernest Ginsburger，*Le comité de Surveillance de Jean- Jacques Rousseau/Saint-Esprit de Bayonne* (Paris, 1934)，頁 98-100。
28. Szajkowski，頁 815。
29. H. Tribout de Morembert，'Les Juifs de Metz et de Lorraine'，收錄於 Blumenkranz 與 Soboul 編，頁 100。
30. 出處同上，頁 101。
31. Federica Francesconi，'From Ghetto to Emancipation: The Role of Moisè Formiggini'，刊載於 *Jewish History*, 24:2-3 (2010)，頁 331-54。關於 1790 年代的義大利猶太人，見 Geoffrey Symcox，'The Jews of Italy in the Triennio Giacobino, 1796-1799'，收錄於 David N. Myers、Massimo Ciavolello 與 Peter Reill 編，*Acculturation and its Discontents: The Italian Jewish Experience Between Exclusion and Inclusion* (Los Angeles, 2008)，頁 307-29。
32. Cecil Roth，*History of the Jews of Italy* (Philadelphia, 1946)，頁 406 起。
33. Robert C. Davis 與 Benjamin Ravid，*The Jews of Early Modern Venice* (Baltimore, 2001)，頁 vii。
34. Mendes-Flohr 與 Reinharz，頁 146。
35. 皮蒂利亞諾猶太會堂現在跟十八世紀時差不多一個樣，整個城鎮也是如此。雖然上一次戰爭把社群整個消滅了，但對義大利猶太人生活圈有興趣的人絕不該錯過。
36. Simon Schwarzfuchs，*Napoleon, the Jews and the Sanhedrin* (London, 1979)，頁 24。

第十一章｜公民猶太人

1. Frances Malino，*The Sephardic Jews of Bordeaux: Assimilation and Emancipation in Revolutionary France* (Tuscaloosa, 1978)。
2. David Cesarani 編，*Port Jews: Jewish Communities in Trading Centres, 1550-1950* (London, 2002)；另可見該書中 Lois Dubin 定義的「港口猶太人」概念，另可見該書之 David Sorkin，'Port Jews and the Three Regions of Emancipation'，頁 31-46；Lois Dubin，'Trieste and Beyond'，頁 47-59。
3. Richard Menkis，'Patriarchs and Patricians: The Gradis Family of Eighteenth Century Bordeaux'，收錄於 Frances Malino 與 David Sorkin 編，*Profi in Diversity: Jews in a Changing Europe, 1750-1870* (Detroit, 1998)，頁 11-45。
4. 'Observations remarquables sur deux enfants sourds et muets de nais-sance a qui l'on apprit à articuler le son'，刊載於 *Journal des Scavans* (Paris, 1747)，頁 435-7。
5. Jonathan Ree，*I See a Voice: A Philosophical History of Language, Deafness and the Senses* (London, 1999)，頁 143-4 起；Harlan Lane，*When the Mind Hears: A History of the Deaf* (New York, 1984)；J. R. Péreire，*Observations sur les sourds Muets et sur quelques endroits* (Paris, 1768)；關於佩雷爾和他的身世來源，見 Ernest La Rochelle，*Jacob Rodrigues Péreire, premier instituteur des sourds et muets en France, sa vie et ses travaux* (Paris, 1882)；Marjoke Rietveld-van Wingerden 與 Wim Westerman，'"Hear, Israel": The Involvement of Jews in the Education of the Deaf'，刊載於 *Jewish History*, 23 (2009)，頁 43-4；Jean-René Presneau，*L'éducation des sourds et muets, des aveugles et des contrefaits au siècle des lumières, 1750-1789* (Paris, 2010)，頁 124-7。
6. 出處同上，頁 165。
7. *Mercure de France*，August 1749, 159；*Histoire de l'Académie Royale des Sciences* (1749)，頁 183。
8. Ronald Schechter，*Obstinate Hebrews: Representations of Jews in France, 1715-1815* (Berkeley, 2003)，頁 144 起。
9. Voltaire，*Oeuvres Complètes* (Paris, 1879), Vol. VII, 'Mélanges', 頁 439-40；Arthur Hertzberg，*The French Enlightenment and the Jews* (New York, 1968)，頁 300-1。
10. 關於公民權利和猶太人效忠在法國和美國的經驗與挑戰，有一個有趣的比較式討論可見於 Frederic Cople Jaher，*The Jews and the Nation: Revolution, Emancipation, State Formation and the Liberal Paradigm in America and France* (Princeton, 2002)，特別是頁 59-102。
11. Adrian Seville，'La nouvelle Combinaison du Jeu du Juif: un intrigant jeu de des, imprimé du VIIIe siècle'，刊載於 *Le Vieux Papier* (Paris, April 2012)，頁 433-44；另見 Thierry Depardes 編，'The Rothschild Collection of Board Games at Waddesdon Manor'，刊載於 *Proceedings of XIIIth Board Games Studies Colloquium* (Paris, 2012)，CD ROM，頁 91-127。
12. 在十八世紀的法文裡，「勾引」（subtiliser）還有一個細微、模稜兩可的意義是「剝除」，為了純潔化而把東西移除！就這意思來說，它常用在有關修女和教士的軟性色情文學中，在法國舊制度時代相當受歡迎。
13. Hertzberg，頁 289。
14. 赫爾在他的管區裡也是執達吏（bailli）；實際上就是當地的司法代表。

18th and 19th Centuries'，刊載於 *Jewish Historical Studies*, 31 (1988-90)，頁 173。

41. 關於賣舊衣服的走動流程，見 Naggar，頁 172；關於後來的歷史發展，見 Adam D. Mendelssohn，*The Rag Race: How Jews Sewed their Way to Success in America and the British Empire* (New York, 2015)，頁 18-36。

42. Eliza Acton，*Modern Cookery for Private Families* (London, 1845)；第三十二章有一整節都在講猶太食物；她寫「外國烹飪」的那章是第一個包含橄欖油炸魚食譜的書，而那寫的正是地中海猶太人的做法。她有具體說明要讓魚在上菜之前冷卻並「用葉子裝飾」。

43. 那裡也有夜市。1805 年造訪當地的美國人 Benjamin Silliman，就記錄下：「到了晚上，他們前往沃平，那裡有一場服裝大展，有任何類別的服裝，壞到各種狀態的都有。」引用這段的是 R. D. Barnett，'Anglo-Jewry in the Eighteenth Century'，收錄於 V. D. Lipman 編，*Three Centuries of Anglo-Jewish History: A Volume of Essays* (London, 1961)，頁 61；Benjamin Silliman，*A Journal of Travels in England, Holland and Scotland*，共三冊 (New Haven, 1820)，第一冊，頁 270-1。

44. Endelman，頁 184-5。

45. Naggar，頁 176-8。

46. George Bryan，*Chelsea in the olden and present times* (London, 1869)，頁 155-7。

47. Mendoza，Memoirs，頁 20。

48. Mendoza 等，*The Art of Boxing*，頁 18。

49. 出處同上，頁 i-ii。

50. Mendoza，*Memoirs*，頁 14-15。

51. 出處同上，頁 16。

52. 出處同上，頁 23。

53. Egan，頁 102，對於亨弗瑞斯「有教養的儀容和舉止」有著大量描述。

54. Mendoza，*Memoirs*，頁 26。

55. Egan，頁 1, 78。

56. Mendoza，*Memoirs*，頁 30。

57. Mendoza 等，The Art of Boxing，頁 10。

58. Mendoza，*Memoirs*，頁 40-54。

59. 出處同上，頁 44。

60. 出處同上，頁 49。

61. Egan，頁 293。

62. 出處同上，頁 221。

63. 出處同上，頁 265-6。

64. Mendoza 等，*The Art of Boxing*，頁 xi。

尋常噁心的諷刺，雖然他的助手們（包括一種拉比般的人物）可想而知地還是畫成了鷹勾鼻。到了 1789 年，另一張複本（Rubens，196）就能夠聲稱「基督徒的拳師證明自己比不上猶太英雄」。

17. Egan，頁 255。
18. Endelman，Jews of Georgian England。另可見 David S. Katz，*The Jews in the History of England, 1485-1850* (Oxford, 1994)；Cecil Roth，*A History of the Jews in England* (Oxford, 1941)，頁 211-53；Rubens。
19. Gedalia Yogev，*Diamonds and Coral: Anglo-Dutch Jews and Eighteenth-Century Trade* (London, 1978)，頁 102-3。
20. 出處同上，頁 141-2。
21. 出處同上，頁 187-8。
22. Katz，頁 258。
23. YouTube 上「Hi-Fi Hymn Book」錄音的〈亞伯拉罕的神〉，會讓湯瑪斯．奧利佛跟萊昂借來的〈至高無上的永生上帝〉（仍是英國猶太會堂最常用的曲子）馬上清晰澄澈起來。
24. David Conway，*Jewry in Music: Entry to the Profession from the Enlight-enment to Richard Wagner* (Cambridge, 2012)，頁 82 起。
25. Lucien Wolf，'Astley's Jews'，刊載於 *Jewish Chronicle*, 26 May 1893。
26. Jacob Decastro，*The Memoirs of J. Decastro, Comedian* (London, 1824)。
27. Rubens，頁 377。
28. Edgar Samuel，*To the Ends of the Earth: Essays on the History of the Jews of England and Portugal* (London, 2004)，頁 31。
29. 出處同上，頁 315。
30. 出處同上，頁 266 起。
31. 出處同上，頁 267。
32. P. J. P. Whitehead，'Emanuel Mendez da Costa (1717-91) and the Conchology or Natural History of Shells'，刊載於 *Bulletin of the British Museum* (Natural History), Historical Series 6 (1977)，頁 1-24。
33. Endelman，*Jews of Georgian England*，頁 263。
34. Todd Endelman，*Radical Assimilation in English Jewish History, 1656-1945* (Bloomington, 1990)，頁 16。
35. 出處同上，頁 130。
36. 出處同上，頁 36。
37. 在這歌謠最早的版本，也就是在 *Tommy Thumb's Pretty Song Book* (London, 1744) 中，「肖迪奇」是「飛利迪奇」，同樣也會對城市猶太人非常有感觸。對另一種諧音來說也是一樣——從「白教堂」（和「兩根棍子一個蘋果」押韻）和阿爾德門開始。
38. 有趣到很邪惡的一段「來了根蠟燭送你上床……來了個斧劈來砍你的頭」，是十九世紀和校園遊玩動作一起加進去的。
39. Endelman，*Jews of Georgian England*，頁 250。
40. Samuel Taylor Coleridge，*Table Talk* (London, 1884)，頁 104；Betty Naggar，'Old Clothes Men:

Modern World (Detroit, 2008)，頁 268。Feiner 注意到這個經驗實在是太傷痛，導致孟德爾頌把它壓抑下來，只有在 1780 年 7 月跟一名年輕的天主教仰慕者 Peter Weinkopp 透露這件事。

52. 出處同上，頁 269。

第十章｜沒有鬍子的猶太人

1. Pierce Egan，*Boxiana, Or Sketches of Ancient and Modern Pugilism: From the Days of the renowned Broughton and Slack to the Championship of Cribb* (London, 1829)，頁 258。Simon Schama，'The King's Pugilist: Daniel Mendoza (1764-1836)'，收錄於 Franklin Foer 與 Marc Tracy 編，*Jewish Jocks: An Unorthodox Hall of Fame* (New York, 2013)。
2. 伊根寫道：「沒有哪個拳師能比他擋得更乾淨俐落。」——可說是終極的稱讚。
3. Thomas Fewtrell，Boxing Reviewed (London, 1790)，書中把門多薩的防禦和亨弗瑞斯、約翰·傑克森的作了比較並作出結論，認為雖然他的防禦看起來最沒有美感，卻是最有效率的。
4. Daniel Mendoza，*The Memoirs of the Life of Daniel Mendoza*，Paul Magriel 編 (London, 1951)。
5. Michael Stanislawski，*Autobiographical Jews: Essays in Jewish Self-Fashioning* (Seattle, 2004)，頁 32-54。（關於哈梅恩的格拉克和 R. Asher of Riechshofen）。
6. Egan，頁 280。
7. Daniel Mendoza 等，*The Art of Boxing including The Six Lessons of Mendoza for the Use of His Scholars* (London, 1789)。
8. 小說家是 Charles Johnstone。見 *The History of John Juniper, Esq. alias Juniper Jack* (London, 1781) Vol.1，頁 265。Frank Felsenstein，*Anti-Semitic Stereotypes: A Paradigm of Otherness in English Popular Culture, 1660-1830* (Baltimore, 1999)，頁 230。
9. 出處同上，頁 124。
10. 出處同上，頁 150。
11. Todd Endelman，*The Jews of Georgian England, 1740-1830: Tradition and Change in a Liberal Society* (Ann Arbor, 1999)，頁 114。
12. Felsenstein，頁 72-3。
13. 出處同上，頁 92。
14. 出處同上，頁 111。
15. 出處同上，頁 102。
16. 舉例來說，可見 #195 所採用的英雄姿勢，由「WL」所製的金屬版畫，由 J. Robineau 所印刷，並說明「丹·門多薩，有史以來最科學的拳擊手」，重現於 Alfred Rubens，*Anglo-Jewish Portraits: A Biographical Catalogue of Engraved Anglo- Jewish and Colonial Portraits from the Earliest Times to the Accession of Queen Victoria* (London, 1935)，頁 78 和書內飾面。Rubens 列出了另外二十張這樣的雕刻版，是大量描繪門多薩與其傳奇戰鬥之作品的一小部分樣本。就連最積極反猶的圖片，好比說慶祝亨弗瑞斯勝利的 *The Triumph* (1788)，都呈現出一種英國男子氣概的典型，勝者坐在一張由威爾斯親王（及其他人）抬著的椅子上，而敗者口中流著血，忍受著

遭受批評，這部針對該人與其作品的徹底研究，依舊是好到出奇。更近期的孟德爾頌文章也是相當可觀。舉例來說，可見 Allan Arkush，*Moses Mendelssohn and the European Enlightenment* (Albany, 1994)；David Sorkin，*Moses Mendelssohn and the Religious Enlightenment* (Berkeley, 1996)；Dominique Bourel，*Moses Mendelssohn: La naissance du judaïsme moderne* (Paris, 2004)；Michah Gottlieb，*Faith and Freedom: Moses Mendelssohn's Theological-Political Thought* (Oxford, 2011)。

33. Gad Freudenthal，'New Light on the Physician Aaron Solomon Gumpertz: Medicine, Science and the Early Haskalah in Berlin'，刊載於 *Zutot: Perspectives on Jewish Culture*, 3 (2003)，頁 66-77；同作者，'Aaron Solomon Gumpertz, Gotthold Ephraim Lessing and the First Call for the Improvement of Civil Rights of Jews in Germany (1753)'，刊載於 *Association of Jewish Studies Review*, 29:2 (2005)，頁 299-353。
34. Robert Liberles，*Jews Welcome Coffee: Tradition and Innovation in Early Modern Germany* (Waltham, MA, 2012)。
35. 關於孟德爾頌將史賓諾沙「再猶太化」一事，可見 Adam Sutcliffe，'Quarreling over Spinoza: Moses Mendelssohn and the Fashioning of Jewish Philosophical Heroism'，收錄於 Ross Brann 與 Adam Sutcliffe 編，*Renewing the Past, Reconfiguring Jewish Culture: From al-Andalus to the Haskalah* (Philadelphia, 2004)。
36. Jonathan Karp，'The Aesthetic Difference: Moses Mendelssohn's *Kohelet Musar* and the Inception of the Berlin Haskalah'，收錄於 Brann 與 Sutcliffe 編，頁 93-115。
37. Edward Breuer 與 David Sorkin，'Moses Mendelssohn's First Hebrew Publication: An Annotated Translation of *Kohelet Mussar*'，刊載於 *Leo Baeck Institute Yearbook*, 48:1 (2003)，頁 3-23。
38. Gottlieb，頁 15。
39. Altmann，頁 92。
40. 出處同上，頁 93。
41. 出處同上，頁 209。
42. 出處同上，頁 219。
43. 出處同上，頁 220。
44. 出處同上，頁 251。
45. 出處同上，頁 428-9。
46. Paul Mendes-Flohr 與 Jehuda Reinharz，*The Jew in the Modern World: A Documentary History* (Oxford, 2010)，頁 78。
47. Altmann，頁 466-7。
48. Moses Mendelssohn，*Jerusalem, or On Religious Power and Judaism*，Allan Arkush 譯，Alexander Altmann 作序 (Hanover, NH, 1983)，頁 551-2。
49. 出處同上，頁 550。
50. 出處同上，頁 138。
51. Shmuel Feiner，'Moses Mendelssohn's Dreams and Nightmares'，收錄於 Lauren B. Strauss 與 Michael Brenner 編，*Mediating Modernity: Challenges and Trends in the Jewish Encounter with the*

England (London, 1919)，頁 9。

14. Franz Kobler，*Letters of the Jews Through the Ages* (London, 1952)，頁 597。

15. 最近期的評論，可見 Moshe Halbertal，*Maimonides: Life and Thought* (New York, 2013)，頁 277-368。

16. Solomon Maimon，*An Autobiography*，J. Clark Murray 譯 (Chicago, 2001)，頁 195。

17. 出處同上，頁 193-6。

18. Menahem Schmelzer，'Hebrew Printing and Publishing in Germany 1650-1750: On Jewish Book Culture and the Emergence of Modern Jewry'，收錄於 *Leo Baeck Institute Year Book*, 33 (1988)。

19. Steven N. Lowenstein，'The Jewish Upper Crust and Berlin in the Enlightenment: The Family of Daniel Itzig'，收錄於 Frances Malino 與 David Sorkin，*Profiles in Diversity: Jews in a Changing Europe, 1750-1870* (Detroit, 1998)，頁 182-205。

20. Steven M. Lowenstein，*The Berlin Jewish Community: Enlightenment, Family and Crisis 1770-1830* (Oxford, 1994)。該主題的經典調查報告是 Jacob Katz，*Out of the Ghetto: The Social Background of Jewish Emancipation, 1770-1820* (Cambridge, MA, 1973)，頁 40-78。

21. David Ruderman，*Jewish Thought and Scientific Discovery in Early Modern Europe* (New Haven, 1995)。

22. 十八世紀前半，只有二十五名猶太人在五間德意志大學就讀。Shmuel Feiner，*The Jewish Enlightenment* (Philadelphia, 2004)，頁 3。關於醫學研究和岡佩茲家族，見 G. Freudenthal，'New Light on the Physician Aaron Salomon Gumpertz: Medicine, Science and Early Haskalah in Berlin', *Zutot: Perspectives on Jewish Culture*, 3 (2003)，頁 66-77。

23. John M. Efron，*Medicine and the German Jews* (New Haven, 2001)。

24. Noah Efron，*Judaism and Science: An Historical Introduction* (Westport, 2007)，頁 150；這張肖像畫再現於 Shmuel Feiner 與 Natalie Naimark-Goldberg，*Cultural Revolution in Berlin: Jews in the Age of the Enlightenment* (Oxford, 2011)，頁 14。關於拉斐爾・利未對拉比的反哥白尼學說所做出的攻擊，見 Jeremy Brown，*New Heavens and New Earth: The Jewish Reception of Copernican Thought* (New York, 2013)，頁 146-67。

25. Feiner，*Jewish Enlightenment*，頁 22。

26. 出處同上，頁 29-30。

27. 出處同上，頁 18。

28. Jacob Emden，*Megilat Sefer: The Autobiography of Rabbi Jacob Emden (1697-1776)*，S. B. Leperer 與 M. H. Wise (Baltimore, 2011)，頁 177。關於埃姆登和肉體的誘惑，見 Shmuel Feiner，*The Origins of Jewish Secularization in Eighteenth-Century Europe*，Chaya Naor 譯 (Philadelphia, 2010)，頁 51-4。

29. 出處同上，頁 179。

30. David Sorkin，*Berlin Haskalah and German Religious Thought: Orphans of Knowledge* (London, 2000)；同作者，*The Religious Enlightenment: Protestants, Jews and Catholics from London to Vienna* (Princeton, 2009)。

31. Hugh Barr Nisbet，*Gotthold Ephraim Lessing: His Life, Works and Thought* (Oxford, 2013)，頁 157。

32. Alexander Altmann，*Moses Mendelssohn: A Biographical Study* (Oxford, 1973)，頁 41。儘管近期

23. H. W. Robinson 與 W. Adams 編，*The Diaries of Robert Hooke 1675-1680* (London, 1935)，頁 179。

第九章｜心靈相會

1. Amos Elon，*The Pity of It All: A Portrait of the German-Jewish Epoch* (London, 2004)，頁 29。
2. Alexander Putik，'Prague Jews and Judah Hasid: A Study on the Social, Political and Religious History of the Late Seventeenth and Early Eighteenth Centuries'，刊載於 *Judice Bohemiae*, 38 (2003)，頁 72-105；39 (2004)，頁 53-92；Samuel Krauss，'Die Palastinasiedlung der polnischen Hasidim und die Wiener Kereise im Jahre 1700'，收錄於 *Abhandlung zur Erinnerung an Hirsch Perez Chajes* (Vienna, 1933；reprinted. New York, 1980)，頁 51-94。
3. Selma Stern，*The Court Jew: A Contribution to the History of the Period of Absolutism in Europe* (Philadelphia, 1950)；Michael A. Meyer 編，*German Jewish History in Modern Times, Vol. 1, Tradition and Enlightenment 1600-1780* (New York, 1996)，頁 104-26；Vivian B. Mann 與 Richard I. Cohen 編，*From Court Jews to the Rothschilds: Art, Patronage and Power 1600-1800* (New York, 1997)。
4. Michael Graetz，'Court Jews in Economics and Politics'，收錄於 Mann 與 Cohen 編，頁 27-44。
5. 假造的出版許可是 Konigsberg。
6. 事實上，原本的維也納猶太歷史博物館是在 1898 年當該城有著反猶太市長時開幕，也是全世界第一間此類的公眾博物館。關於藝術和建築上的贊助，見 Richard I. Cohen 與 Vivian B. Mann，'Melding Worlds: Court Jews and the Arts of the Baroque'，收錄於 *From Court Jews to the Rothschilds*，頁 97-131。
7. Rachel Wischnitzer，*The Architectureof the European Synagogue* (Philadelphia, 1964)，頁 155；Carol Krinsky，*Synagogues of Europe: Architecture, History, Meaning* (Cambridge, MA, 1985)；Saskia Coenen Snyder，'Acculturation, Particularism and the Modern City: Synagogue Building and Jewish Identity in Modern Europe'，博士論文 (University of Michigan, 2008)，頁 56-8。
8. Richard I. Cohen，*Jewish Icons: Art and Society in Modern Europe* (Berkeley, 1998)。
9. 'Ritual Art'，收錄於 Cecil Roth 與 Bezalel Narkiss，*Jewish Art: An Illustrated History* (Jerusalem, 1971)。
10. Vivian Mann，'Jewish Display Silver after the Age of Exploration'，收錄於 *Early Modern Workshop: Jewish History Resources, Vol. 4, Jewish Consumption and Material Culture in the Early Modern Period* (2007)，置於線上。
11. Cohen，頁 101-12。
12. Aubrey Newman，'The Expulsion of the Jews of Prague in 1745 and British Foreign Policy'，刊載於 *Transactions and Miscellania* (Jewish Historical Society of England), 22 (1968-9)，頁 30-41；William Abeles Iggers 編，*The Jews of Bohemia and Moravia: A Historical Reader*，Wilma Abeles Iggers、Kaca Polackova-Henley 與 Kathrine Talbot 譯 (Detroit, 1992)，頁 31-8。
13. *Notes on the Diplomatic History of the Jewish Question*，Lucien Wolf 編，Jewish Historical Society of

the Proceedings of the Jews than has hitherto been published (London, 1665)，被引用於 Gershom Scholem，*Sabbatai Zevi: The Mystical Messiah 1626-1676* (Princeton, 1973)，頁 348-9。

2. 出處同上，頁 345。
3. 出處同上，頁 340-1。
4. 出處同上，特別是頁 15-66。「清教徒」卡巴拉信徒這段時期確實緊抓著離散經驗，以及巴勒斯坦與埃及的猶太學校，但在不分賽法迪和阿什肯納茲猶太人的拉比圈中，都對此有激烈的反彈，而成為夏布臺信徒的大批猶太人，必然也不是都擅長於其中精鍊的宇宙學和形而上學。對我來說，當卡巴拉主義在十八與十九世紀進行了哈西迪派的肉體化時，它必定是找到了一種簡化的通俗語言，而讓一個稀釋了的卡巴拉主義變化成為真正受歡迎的大眾運動。
5. Scholem，頁 206。
6. Matt Goldish，*The Shabbetean Prophets* (Cambridge, MA, 2004)，頁 64-5。
7. Scholem，頁 124。
8. Simon Schama，*The Story of the Jews: Finding the Words, 1000 BCE-1492 CE*(London, 2013)，頁 267-8, 348。
9. Robert Alter，'Shabbetai Zevi and the Jewish Imagination', *Commentary*, 43:6 (June 1967)，頁 66-71。
10. Goldish，頁 120-1。
11. 出處同上，頁 491。
12. Scholem，頁 519。
13. 出處同上，頁 520。
14. David J. Halperin，*Sabbatai Zevi: Testimonies to a Fallen Messiah* (Oxford, 2012)。論當時的紀錄和正反兩方文字，這本是最佳的資料來源書。
15. *The Memoirs of Gluckel of Hameln*，Marvin Lowenthal 譯，(New York, 1932)，頁 46-7。
16. 關於德．胡格的割禮畫，以及猶太生活圖像的呈現方式和需求，可見 Steven Nadler，*Rembrandt's Jews* (Chicago, 2003)，頁 58 起。
17. Sergey R. Kravtsov，'Juan Bautista Villalpando and Sacred Architecture in the 17th Century'，刊載於 *Journal of Architectural Historians*, 62: 3 (September 2005)，頁 327。
18. Yosef Kaplan，'For Whom did Emannuel de Witte Paint his Three Pictures of the Sephardi Synagogue in Amsterdam?'，刊載於 *Studia Rosenthaliana*, 32 (1998)，頁 133-54。
19. Gary Schwartz，'The Temple Mount in the Lowlands'，收錄於 Yosef Kaplan 編，*Dutch Intersection: The Jews and the Netherlands in Modern History* (Leiden, 2008)，頁 112 起指出聖殿的建築元素，也靠著那時候最負盛名的建築師 Jacob van Campen 之手，而混入了哈倫荷蘭教堂建築。
20. Adri Offenberg，'Jacob Jehudah Leon (1602-1675) and his Model of the Temple'，收錄於 J. van den Berg 與 Ernestine G. E. van der Wall 編，*Jewish-Christian Relations in the Seventeenth Century: Studies and Documents* (Dordrecht, 1988)，頁 107。
21. 出處同上，頁 109。
22. Tessa Morrison，*Isaac Newton's Temple of Solomon and his Reconstruction of Sacred Architecture* (Basel, 2011)。

Jewish Quarterly Review, 15:4 (July 1903)，頁 640-76。

52. Grant Underwood，'The Hope of Israel in Early Modern Ethnography and Eschatology'，收錄於 Shalom Goldman 編，*Hebrew and the Bible in America: The First Two Centuries* (Waltham, MA, 1993)。
53. Ismar Schorsch，'From Messianism to Realpolitik', *Proceedings of the American Academy of Jewish Research*, 45 (1978)，他在書中強力主張蒙德西諾斯的故事和梅那賽尋求重新定居的動機關聯不大，甚至沒有，儘管 *The Hope of Israel and the Vindiciae Judaeorum* 強調了彌賽亞主義中離散這個先決條件所要達到的全球範圍程度。
54. Menasseh ben Israel，*Vindiciae Judaeorum* (n.p., 1656)，收錄於 Wolf，*Menasseh ben Israel's Mission to Oliver Cromwell*，頁 105-47。
55. Menasseh ben Israel，*Humble Addresses* (1655)，收錄於 Wolf，頁 75-103。
56. 關於摩西・沃爾（父親也叫摩西），見 Noel Malcolm，'Moses Wall, Millenarian, Tolerationist and Friend of Milton'，刊載於 *The Seventeenth Century*, 27: 1 (Spring 2012)，頁 25-53。
57. David S. Katz，'Menasseh ben Israel's Christian Connection: Henry Jessey and the Jews'，收錄於 Kaplan 等編，*Menasseh ben Israel and His World*，頁 116-38；另見 Katz，*Philo-Semitism and the Readmission of the Jews to England, 1603-1655* (Oxford, 1982)；關於前往英格蘭的任務另見 Cecil Roth，*A Life of Menasseh ben Israel* (New York, 1945)。
58. Roth，頁 51；John Sadler，*The Rights of the Kingdom* (n.p., 1649)。
59. Edgar Samuel，'Oliver Cromwell and the Readmission of the Jews to England in 1656'，收錄於同作者之 *At the End of the Earth: Essays on the History of Jews in England and Portugal* (London, 2004)，頁 180。
60. Susanna Akerman，'Queen Christina and Messianic Thought'，收錄於 David S. Katz 與 Jonathan I. Israel 編，*Sceptics, Millenarians and Jews* (Leiden, 1990)，頁 142-60。
61. 關於威廉斯的極端寬容主義，見 Edmund Morgan，*Roger Williams: The Church and the State* (New York, 2007)；John Barry，*Roger Williams and the Creation of the American Soul* (New York, 2012)；Simon Schama，*The American Future: A History* (London, 2008)，頁 152-71。
62. 國王是否採取任何行動已無從得知。
63. Yosef Kaplan，'Political Concepts in the World of the Portuguese Jews of Amsterdam during the Seventeenth Century: The Problem of Exclusion and the Boundaries of Self-Identity'，收錄於 Kaplan 等編，*Menasseh ben Israel and his World*，頁 50-1。
64. Wolf，頁 83。Don Patinkin，'Mercantilism and the Readmission of the Jews to England'，刊載於 *Jewish Social Studies*, 8:3 (July 1946)，頁 161-78。
65. Wolf，頁 liii。
66. Menasseh ben Israel，*Vindiciae Judaeorum*，頁 2。

第八章｜王冠

1. *A New Letter from Aberdeen in Scotland sent to a Person of Quality wherein is a more full account of*

略不管評價有多差，看起來似乎都不是引爆點。
39. Israel，頁 133-5。
40. Nadler，*Spinoza*，頁 120。
41. Y. Kaplan，'The Social Function of the Herem in the Portuguese Jewish Community of Amsterdam in the 17th century'，收錄於 J. Michman 與 T. Levie 編，*Dutch Jewish History: Proceedings of the Second Symposium on the History of the Jews in the Netherlands, November 28-December 3* (Tel Aviv-Jerusalem, 1982)，頁 111-55。
42. I. S. Revah，*Spinoza et Juan de Prado* (Paris, 1959)；同作者，'Aux Origines de la Rupture Spinozienne'，刊載於 *Revue des Études Juives*, 123 (July-December 1964)，頁 359-431。
43. 關於《神學政治論》，見 Steven Nadler，*A Book Forged in Hell: Spinoza's Scandalous Treatise and the Birth of the Secular Age* (Princeton, 2011)；以及 Yitzhak Y. Melamed 與 Michael A. Rosenthal 編，*Spinoza's Theological-Political Treatise: A Critical Guide* (Cambridge, 2010) 之中的論文。
44. 關於史賓諾沙與邁蒙尼德傳統的複雜關係，見 David Biale，*Not in the Heavens: The Tradition of Jewish Secular Thought* (Princeton, 2011)，頁 16-32。
45. 'The Relation of Antony Montezinos' Moses Wall 譯，收錄於 Menasseh ben Israel，*The Hope of Israel*，並重新發行於 Lucien Wolf，*Menasseh ben Israel's Mission to Oliver Cromwell* (London, 1901: reprinted Cambridge, 2012)。另見 Richard H. Popkin，'The Rise and Fall of the Jewish Indian Theory'，收錄於 Kaplan 等編，*Menasseh ben Israel and his World*，頁 63-8；Benjamin Schmidt，'The Hope of the Netherlands: Menasseh ben Israel and the Dutch Idea of America'，收錄於 Paolo Bernardini and Norman Fiering 編，*The Jews and the Expansion of Europe to the West, 1450-1800* (New York, 2001)，頁 86-106；Ronnie Perelis，'"These Indians Are Jews!": Lost Tribes, Crypto-Jews and Jewish Self-Fashioning in Antonio de Montezinos' *Relación* of 1644'，收錄於 Kagan 與 Morgan 編，*Atlantic Diasporas*，頁 195-211。
46. Ben-Dor Benite，*The Ten Lost Tribes* (Oxford, 2009)，頁 155 起。
47. Andre Neher，*Jewish Thought and the Scientific Revolution of the 16th Century: David Gans* (Oxford, 1985),Vol. II，頁 3-4。
48. Diego de Landa，*Relacion des las Cosas de Yucatan*，線上 (n.p.)。Landa 關於馬雅的書，事先由 Charles Etienne de Boubourg 發行為 *Relation des choses de Yucatande Diego de Landa* (Paris, 1864)；另見 William Gates 翻譯編輯，*Yucatan Before and After the Conquest* (New York, 1937; reprinted 1978)。
49. 他們服裝的細節，來自於一封由蒙德西諾斯寫給一名叫作埃利亞斯．佩雷爾的義大利聯絡人，他或許有可能出自那個阿姆斯特丹富有的佩雷拉家庭。Jonathan Schorsch 在印第安那大學禮來圖書館公開了複本，而在 *Swimming the Christian Atlantic: Judeoconversos, Afroiberians and Amerindians in the Seventeenth Century* (Leiden, 2009)，頁 505-13 之中另有評論。Schorsch 正確地說到，信中描述的額外細節，讓蒙德西諾斯的故事甚至更有幻想性。另見 Perelis。
50. Menasseh，*The Hope of Israel*，頁 18。
51. 關於對「猶太人在美洲」的興奮與重新定居英格蘭之間的連結，見 Albert Hyamson，'Lost Tribes and the Influence of the Search for Them on the Return of the Jews to England'，收錄於

Thought (Cambridge, MA, 2010)，頁 18-9。

28. 出處同上，頁 110。

29. Simon Schama，*Rembrandt's Eyes* (London, 1999)，頁 622-4；以及同作者之 *The Embarrassment of Riches*，頁 115-21。

30. 關於林布蘭處理猶太人題材的方式，可見 Steven Nadler，*Rembrandt's Jews* (Chicago, 2003)，頁 42-103。

31. Mechoulan，introduction to Menasseh，收錄於 *The Hope of Israel*，頁 63。

32. 迪亞哥．迪安德列德帶了一名公證人來見證他的抱怨。林布蘭提議把「相像性」的問題提交到一個由聖路克藝術家行會指派的小組委員會，但只能是在該商人支付了所有餘額之後。很可惜的，這場爭論的結果不明。

33. 自殺的紀錄是由 Philip van Limborch 提供，作為達．柯斯達自傳的引言；他拿到紀錄後在 1687 年發行為 *Exemplar humanae vitae*，加進他與「某飽學猶太人」之間的神學討論紀錄；Isaac Orobio de Castro，*De Veritate Religionis Christianae Amica Collatio cum Erudito Judaeo*。自傳和引言於 1740 年翻成英文，名為 *The Remarkable Life of Uriel da Costa*。路德宗教士約翰．穆勒提供了幾乎是同一時間完成的驗證，而他也擁有自傳的一份複本，並於僅僅四年後就把自殺的情況描述於他的 *Judaismus oder Judenthum* (Hamburg, 1644) 之中。最權威可靠的達．柯斯達戲劇性人生總整理，是 H. P. Salomon 與 I. S. D. Sassoon 編，*Uriel da Costa's Examination of Pharisaic Tradition* (Leiden, 1993) 的序言，頁 1-24。

34. Talya Fishman，*Shaking the Pillars of Exile: 'Voice of a Fool', an Early Modern Jewish Critique of Rabbinic Culture* (Stanford, 1997)。也可見 Ellis Rivkin，*Leon da Modena and the Kol Sakhal* (Cincinnati, 1952)。

35. 我們對該文的認知，都要多虧 H. P. Salomon 在哥本哈根皇家圖書館發現僅存的兩份複本中的一份。H.P. Salomon，'A Copy of Uriel da Costa's *Exame das tradicoes phariseas*'，收錄於 *Studia Rosenthaliana*, XXIV (1990)，頁 153-68。

36. Steven Nadler，*Spinoza: A Life* (Cambridge, 1999)；Don Garrett 編，*The Cambridge Companion to Spinoza* (Cambridge, 1996)；Geneviève Brykman，*La Judéité de Spinoza* (Paris, 1972)；另見 Rebecca Newberger Goldstein，*Betraying Spinoza: The Renegade Jew who Gave us Modernity* (New York, 2009)；Susan James，*Spinoza on Philosophy, Religion and Politics* (Oxford, 2012)；Yirimiyahu Yovel，*Spinoza and Other Heretics: The Marranos of Reason* (Princeton, 1989)。

37. 在某些紀錄中，據說摩爾泰拉有懇求史賓諾沙放棄他「恐怖的異端邪說」，只有在失敗之後，他才接受開除教籍是不可免的。Jonathan I. Israel，'Philosophy, Commerce and Synagogue-Spinoza's Expulsion from the Amsterdam Portuguese Jewish Community in 1656'，收錄於 Jonathan I. Israel 與 Reinier Salverda 編，*Dutch Jewry: Its History and Secular Culture, 1500-2000* (Leiden, 2002)。該文中有說服力地主張，史賓諾沙到了這地步，透過計算過的魯莽，其實是在挑戰社群來繼續驅逐他。

38. Odette Vlessing，'The Excommunication of Baruch Spinoza and the Birth of a Philosopher'，收錄於 Israel 與 Salverda 編，頁 141-72。文中主張史賓諾沙的財務操作，比任何哲學上的魯莽都還有可能使他遭受開除教籍，但驅逐令的文字提到了「萬惡的異端邪說」，因此，他這招社會策

Bible: New Insights into Jacob Judah (Arye) Templo's Model Temple'，刊載於 *Studia Rosenthaliana*, 34 (2004)，頁 401-22；Gary Schwartz，'The Temple Mount in the Lowlands'，收錄於 Yosef Kaplan 編，*Dutch Intersection: The Jews and the Netherlands in Modern History* (Leiden, 2008)，頁 111-21。

11. Richard I. Cohen，*Jewish Icons: Art and Society in Modern Europe* (Berkeley, 1998)，頁 31-2；Michael Zell，*Reframing Rembrandt* (Berkeley, 2002)，頁 20。Zell 提醒我們，有鑑於法庭檔案有記錄到雅各因為對他太太的暴力行徑而被召喚來，所以他的姓可能是誤稱。
12. Johannes Buxtorf，*Synagoga Judaica* (Juden-Schul) (Basel, 1603)，Alain Corre 翻譯編輯，全文置於線上。
13. Offenberg，'Jacob Jehudah Leon'，頁 99。
14. Helene Rosenau，*Vision of the Temple: The Image of the Temple in Judaism and Christianity* (London, 1979)；Tessa Morrison，'Shifting Dimensions: The Architectural Model in History'，收錄於 Mark Bury、Michael Ostwald、Peter Downton 與 Andrea Mina 編，*Homo Faber: Modelling Architecture* (Melbourne, 2007)，頁 142-57。
15. Hartlib Papers (Sheffield University online)，3/3/12A 33B, 1646。
16. Bodian，頁 22-5。
17. 出處同上，頁 23。
18. Melnick，頁 13。
19. 關於這些荷蘭人的敘事和希伯來一以色列的類比，見 Simon Schama，*The Embarrassment of Riches: An Interpretation of Dutch Culture in the Golden Age* (London, 1987)，頁 82 起；關於賽法迪人的殉教列傳，見 Bodian，頁 80-1。
20. Jonathan I. Israel，'The Intellectual Debate about Toleration in the Dutch Republic'，收錄於 C. Berkvens-Stevelinck、Jonathan I. Israel 與 J. H.M. Posthumus Meyjes 編，*The Emergence of Tolerance in the Dutch Republic* (Leiden, 1997)， 頁 3-36；Miriam Bodian，'The Portuguese of Amsterdam and the Status of Christians'，收錄於 Elisheva Carlebach 與 Jacob J. Schachter 編，*New Perspectives on Jewish-Christian Relations: In Honor of David Berger* (Leiden, 2012)，頁 340-2。
21. Henrietta de Bruyn Kops，*A Spirited Exchange: The Wine and Brandy Trade Between France and the Dutch Republic in the Atlantic Framework, 1600-1650* (Leiden, 2007)，頁 254。
22. Jessica Vance Roitman，*The Same but Different? Inter-cultural Trade and the Sephardim 1595-1640* (Leiden, 2011)，頁 252 起。Roitman 主張（在我看來很有說服力），賽法迪人的商業網絡沒有人們有時主張的那麼侷限內部而排外，甚至常常仰賴遠超出賽法迪社群之外的夥伴關係。
23. Menasseh ben Israel，*De Problema Creatione XXX (Thirty Problems of Creation)* (Amsterdam, 1635)；序言詩由 Caspar Barlaeus 作；F. Blok，'Caspar Barlaeus en de Joden: De Geschiedenis van een epigram'，刊載於 *Nederlands archief voor kerkgeschiedenis*, 58: 1 (1977)，頁 85-108。
24. Swetchinsky，頁 235。
25. 關於阿姆斯特丹證券交易所，見 Jonathan Israel，'The Amsterdam Stock Exchange and the English Revolution of 1688'，刊載於 *Tijdschrift voor Geschiedenis*, ciii (1990)，頁 412-40。
26. 見 Simon Schama，*The Story of the Jews: Finding the Words, 1000 BCE-1492 CE* (London, 2013)。
27. Eric Nelson，*The Hebrew Republic: Jewish Sources and the Transformation of European Political*

in the Seventeenth Century'， 收 錄 於 Yosef Kaplan 編，*The Dutch Intersection: The Jews and the Netherlands in Modern History* (Leiden, 2008)，頁 63-85。

18. J. B. Segal，*The History of the Jews of Cochin* (London, 1993)，頁 40。
19. 出處同上，頁 41。

第七章｜同居

1. *Letters of Queen Henrietta Maria including her private correspondence*，Mary Anne Everett Green 編 (London, 1857)，頁 63-5。
2. David Humphrey，'To Sell England's Jewels: Queen Henrietta Maria's Visits to the Continent, 1642 and 1644'， 線 上，*E-rea, Revue électronique d'études sur le monde anglophone* (2014)；同 作 者，'A Chronicle of the "Three Brothers" Jewel between 1623 and c. 1644'，收錄於 *Jewellery Studies*, 12 (2012)，頁 85-92。
3. Pierre l'Ancre，*L'incrédulité et mescréance du sortilège plainement convaincue* (Paris, 1622)；Harry Melnick，*From Polemics to Apologetics: Jewish-Christian Rapprochement in 17th-Century Amsterdam* (Assen, 1981)，頁 24-5。
4. 出處同上，頁 29。
5. Marsha Keith Schuchard，*Restoring the Temple of Vision: Cabalistic Freemasonry and Stuart Culture* (Leiden, 2002)。
6. 這是 Miriam Bodian 的好書，*Hebrews of the Portuguese Nation: Conversos and Community in Early Modern Amsterdam* (Bloomington, 1997) 之中的大主題。另見 Daniel M. Swetchinsky，*Reluctant Cosmopolitans: The Portuguese Jews of Seventeenth-Century Amsterdam* (Oxford, 2000)。關於賽法迪人對下一波貧窮猶太人浪潮的模稜兩可態度，可見 Tirtsah Levie Bernfeld，*Poverty and Welfare among the Portuguese Jews in Early Modern Amsterdam* (Oxford, 2012)。
7. Menasseh ben Israel，*The Hope of Israel*，Moses Wall 譯 (1650)，Henry Mechoulan 與 Gerard Nahon 編 (Liverpool, 1987)，頁 25。
8. Noah H. Rosenbloom，'Discreet Polemics in Menasseh ben Israel's Conciliador'，刊載於 *Proceedings of the American Academy of Jewish Research*, 58 (1992)，頁 143-91。關於梅那賽，可見 Cecil Roth, A Life of Menasseh ben Israel (New York, 1945)；另外 Yosef Kaplan、Henry Mechoulan 與 Richard H. Popkin 編，*Menasseh ben Israel and his World* (Leiden, 1989) 內有眾多具洞見的論文，尤其是 Mechoulan，'Menasseh ben Israel and the World of the Non-Jew'，頁 83-97。
9. 針對本問題全面但有力的思考，可以看 Yosef Kaplan，'Gente Política: The Portuguese Jews of Amsterdam vis-à-vis Dutch Society'， 收 錄 於 Chaya Brasz 與 Yosef Kaplan 編，*Dutch Jews as Perceived by Themselves and Others* (Leiden, 2001)，頁 21-40。
10. Adri Offenberg，'Jacob Jehudah Leon (1602-1675) and his Model of the Temple'，收錄於 J. van den Berg 與 Ernestine G. E. van der Wall 編，*Jewish-Christian Relations in the Seventeenth Century: Studies and Documents* (Dordrecht, 1988)， 頁 95-115； 同 作 者，'Dirk van Santen and the Keur

de gl'Hebraici et in particolar di morandi nell' in citta di venezia (Venice, 1638)。

第六章｜沒有痛苦的猶太人？

1. 文字是寫在三面碑上，日期分別是 1489 年、1512 年和 1663 年。最後一面的背面還有額外的碑文。碑文越晚，其主張的起源神話時期彷彿就推得越早（最後這面已將起源推至周朝）。Tiberiu Weisz，*The Kaifeng Stone Inscriptions: The Legacy of the Jewish Community of Ancient China* (Lincoln, Nebraska, 2006)。另見 Chen Yuan，'A Study of the Israelite Religion in Kaifeng'，收錄於 Sidney Shapiro 編，*Jews in Old China: Studies by Chinese Scholars* (New York, 2001)，頁 15-45；Michael Pollak，'The Revelation of a Jewish Presence in Seventeenth Century China: Its Impact on Western Messianic Thought'，收錄於 Jonathan Goldstein 編，*The Jews of China, Vol. 1: Historical and Comparative Perspectives* (Armonk, 1999)，頁 50-70；Irene Eder，'Kaifeng Jews Revisited: Sinification as Affirmation of Identity'，收錄於 *Monumenta Serica Institute*, 41 (1993)，頁 231-47；Donald Leslie，*The Survival of the Chinese Jews: The Jewish Community of Kaifeng* (Leiden, 1972)。
2. 開封猶太人文物會到加拿大，多半是因為十九至二十世紀時有聖公宗加拿大傳教士在該地的緣故。曾住在開封的 Bishop William White，出版了一本有先驅地位的三冊調查書，Chinese Jews (Toronto, 1942)。
3. Weisz，頁 6-7。
4. Xu Xin，*The Jews of Kaifeng, China: History, Culture, Religion* (Jersey City, 2004)，頁 84。
5. Fook Kong-wong 與 Dalia Yasharpour，*The Haggadah of the Kaifeng Jews of China* (Leiden, 2011)。
6. Michael Pollak，*Mandarins, Jews and Missionaries: The Jewish Experience in the Chinese Empire* (New York, 1983)，頁 293。
7. Weisz，頁 10。
8. Pollak，頁 71 起。
9. 出處同上，頁 71。
10. 出處同上，頁 72。
11. 出處同上，頁 328。
12. S. D. Goitein 與 Mordechai A. Freidma 編，*India Traders of the Middle Ages: Documents from the Cairo Geniza* (Leiden, 2007)。
13. Peter Mark 與 José da Silva Horta，*The Forgotten Diaspora: Jewish Communities in West Africa and the Making of the Atlantic World* (Cambridge, 2011)。
14. Peter Mark 與 José da Silva Horta，'Catholics, Jews and Muslims in Early Seventeenth Century Guinea'，收錄於 Richard L. Kagan 與 Philip D. Morgan 編，*Atlantic Diasporas: Jews, Conversos and Crypto-Jews in the Age of Mercantilism 1500-1800* (Baltimore, 2009)，頁 177。
15. 出處同上，頁 178-9。
16. 出處同上，頁 23。
17. Jonathan Schorsch，'Mosseh Pereyra de Paiva: An Amsterdam Portuguese Jewish Merchant Abroad

22. 出處同上，頁 159。
23. 出處同上，頁 138。
24. 出處同上，頁 207。
25. 出處同上，頁 182。
26. 出處同上，頁 183。
27. 出處同上，頁 270；其後的交流則寫於頁 271-348。
28. 出處同上，頁 314。
29. 出處同上，頁 317。
30. 出處同上，頁 228。
31. 出處同上，頁 254。
32. 出處同上，頁 266。
33. 出處同上，頁 514。
34. Don Harrán，'"Dum Recordaremur Sion": Music in the Life and Thought of the Venetian Rabbi Leon Modena (1571-1648)'，收錄於 *Association for Jewish Studies Review*, 23:1 (1998)，頁 17-61；同作者，'Jewish Musical Culture: Leon Modena'，收錄於 Davis 與 Ravid 編，頁 211-30；關於羅西，可見同作者之 *Salomone Rossi: Jewish Musician in Late Renaissance Mantua* (Oxford, 1999)；Joshua R. Jacobson，'Defending Salomone Rossi: The Transformation and Justifi of Jewish Music in Renaissance Italy', *IRis* (Music Faculty Publications, Northwestern University, October 2008)，頁 85-92。
35. Modena，頁 24-5。另見 Don Harrán，'Tradition and Innovation in Jewish Music of the Later Renaissance'，刊載於 *Journal of Musicology*, 7:1 (Winter 1989)，頁 107-30；Paul Nettl 與 Theodore Baker，'Some Early Jewish Musicians'，刊載於 *Musical Quarterly*, 17:1 (1936)，頁 40-6。
36. 有如奇蹟般的，在《開羅藏經庫》保存的無數手稿中，找到了歐巴提亞．哈哲獻給摩西的聖歌。見 Norman Golb，'The Autograph Memoirs of Obadiah the Proselyte of Oppido Lucano'，見於 Convengno Internazionale di Studi, Giovanni-Obadiah da Oppido: proselito, viaggiatore e musicista dell'età normanna（線上匯刊），Oppido Lucano，March 2004。
37. Israel Adler，*La pratique musicale savante dans quelques communautés juives en Europe aux XVIIe et XVIIIe siècles*，共兩冊 (Paris, 1996)；同作者，'The Rise of Art Music in the Italian Ghetto: The Influence of Segregation on Jewish Musical Praxis'，收錄於 A. Altmann 編，*Jewish Medieval and Renaissance Studies* (Cambridge, MA, 1987)，頁 321-64。
38. Modena，頁 117。
39. 出處同上，頁 120。
40. 出處同上，頁 121。
41. 希伯來文出版名為 *The Songs of Solomon: Psalms, Songs and Hymns which have been set to music for 3, 4, 5, 6, 7, and 8 voices by Salomone Rossi, resident of the holy congregation of Mantua. In order to praise God and to sing His exalted name. Something new in the land* (Venice, 1623)。
42. 關於祈禱者的經驗和歷史，見 Leon Wieseltier，*Kaddish*(New York, 1998)。
43. Leone di Modena，*Historia de Riti Hebraici* (Paris, 1638)；Simone Luzzatto，*Discorso circa il stato*

第五章｜音樂與哀悼

1. Leone Modena，*The Autobiography of a Seventeenth-Century Venetian Rabbi: Leon Modena's 'Life of Judah*，Mark R. Cohen 翻譯編輯，Howard Tzvi Adelman 與 Benjamin Ravid 注釋 (Princeton, 1988)，頁 111。
2. Raphael Patai，*The Jewish Alchemists* (Princeton, 1994)，頁 340。
3. 出處同上，頁 401。
4. 出處同上，頁 350。
5. Modena，頁 212。
6. 出處同上，頁 112。
7. 出處同上，頁 93。
8. 出處同上，頁 91。
9. Joanna Weinberg，'Preaching in the Venetian Ghetto: The Sermons of Leon Modena'， 收 錄 於 David B. Ruderman 編，*Preachers of the Italian Ghetto* (Berkeley, 1992)，頁 110 起。
10. 關於猶太區觀光活動，見 Eva Johanna Holmberg，*Jews in the Early Modern English Imagination: A Scattered Nation* (Farnham, 2011)，頁 35-7。
11. Thomas Coryate，*Coryat's Crudities* (London: Printed by W[illiam] S[tansby] for the author, 1611)，頁 233。
12. Samuel Purchas，*Purchas, His Pilgrimage* (London, 1613)，頁 165；Holmberg，頁 77。
13. Brian Pullan，*The Jews of Europe and the Inquisition of Venice, 1550-1670*(Oxford, 1983)，頁 165。
14. Coryate，頁 233；另見 Pullan，頁 159。
15. 舉例來說，1627 年國務樞機卿馬卡羅提在費拉拉委託桂爾契諾繪畫的同時，他也在當時義大利諸城邦中最自由、最寬容的費拉拉建立了猶太區。〈以斯帖〉應該是要來讚揚他的「仁慈寬厚」。見 Shelley Perlove，'Judaism and the Arts in Early Modern Europe: Jewish and Christian Encounters'， 收 錄 於 Babette Bohn 與 James M. Saslow 編，*A Companion to Renaissance and Baroque Art* (Oxford, 2013)，頁 53 起。
16. Sarra Copia Sulam，*Jewish Poet and Intellectual in Seventeenth-Century Venice: The Works of Sarra Copia Sulam in Verse and Prose*，Don Harrán 翻譯編輯 (Chicago, 2009)，頁 201。另見 Howard Tzvi Adelman，'Jewish Women and Family Life Inside and Outside the Ghetto'，收錄於 Robert C. Davis and Benjamin Ravid 編，*The Jews of Early Modern Venice* (Baltimore, 2001)，頁 146 起。
17. 關於莎拉的聲樂與演奏，可見 Don Harrán，'Doubly Tainted and Doubly Talented: The Jewish Poetess Sara Copio (d. 1641) as Heroic Singer'，收錄於 Irene Alm、Alyson McLamore 與 Colleen Reardon 編，*Musica Franca: Essays in Honor of Frank A. D'Accone* (Stuyvesant, 1996)，頁 367-410。
18. Pellegrino Acarelli，*Debora Ascarelli, poetessa* (Rome, 1925)。
19. Carla Boccata，'Lettere di Ansaldo Cebà, genovese, a Sara Copio Sullam, poetessa del ghetto di Venezia'，收錄於 *Rassegna mensile di Israel*, 40 (1974)。
20. Copia Sulam，頁 122-3。
21. 出處同上，頁 227。

and Leadership (Bloomington, 1992)，頁 1-65。

9. 出處同上，頁 32 起。
10. 關於這兩個社群的人數和困難，可見 Esther Benbassa 與 Aron Rodrigue，*The Jews of the Balkans: The Judaeo-Spanish Community 15th to 20th Centuries* (Oxford, 1995)，頁 9-29；另可見 Walter Weiker, Ottomans，*Turks and the Jewish Polity: A History of the Jews of Turkey* (New York, 1992)，頁 40-1。
11. Sanford J. Shaw，*The Jews of the Ottoman Empire and the Turkish Republic* (New York, 1991)，頁 79。另可見 Alfred Rubens，*A History of Jewish Costume* (New York, 1967)，頁 40 起。
12. 這間從邊座就可通往一旁「特瓦」讀經臺的奇特會堂，直到 1655 年一場大地震將其毀壞之前都還存在；後來以幾近複製原貌的方式重建了。
13. Rozen，頁 78。
14. Roth，*Naxos*，頁 31。
15. Benjamin Arbel，*Trading Nations: Jews, Venetians and the Early Modern Eastern Mediterranean* (Leiden, 1995)，頁 22 起。Arbel 把兩個卡斯特羅的重疊狀態講得很清楚，最終解釋了為什麼那個「亞伯拉罕・卡斯特羅」被認定是改信了伊斯蘭教，但「同時」又被當成「猶太人」。因為是一個人改信了，一個人沒有。關於猶太包稅者，可見 H. Gerber，'Jewish Tax Farmers in the Ottoman Empire', *Journal of Turkish Studies*, 10 (1986)，頁 143-54。
16. 有人試圖立論主張，興建耶路撒冷的城牆是為了防備日後十字軍奪取聖地的一道措施。但像蘇里曼政府這樣神通廣大的機關實在不太可能把哈布斯堡政權慣例的威嚇當成實際的戰略企圖。
17. Abraham David，*To Come to the Land: Immigration and Settlement in Sixteenth-Century Eretz-Israel*，Dean Orden 譯 (Tuscaloosa, 1999)。
18. Lawrence Fine，'New Approaches to the Study of Kabbalists in 16th-Century Safed'，收錄於 Frederick E. Greenspan 編，*Jewish Mysticism and Kabbalah: New Insights and Scholarship* (New York, 2011)，頁 91-111。
19. Benbassa 與 Rodrigue，頁 39。
20. Roth，*Naxos*，頁 126-9。
21. 出處同上，頁 126-7；David，頁 18-9。
22. *The Diary of Master Thomas Dallam 1599-1600, Early Travels and Voyages in the Levant*, Hakluyt Society (1893)，頁 68-74；Lisa Jardine，*A Point of View*, BBC Radio 4, December 2007；Jerry Brotton，*The Sultan and the Queen: The Untold Story of Elizabeth and Islam* (London, 2016)。
23. Susan Skilliter，'Three Letters from the Ottoman "Sultana" Safiye to Queen Elizabeth I'，收錄於 S. M. Stern 編，*Documents from the Islamic Chanceries, First Series* (Cambridge, MA, 1965)，頁 184；關於 kiras，見 Leslie Peirce，*The Imperial Harem: Women and Sovereignty in the Ottoman Empire* (New York, 1993)，頁 223-6，以及同作者，'Gender and Sexual Propriety in Ottoman Royal Women's Patronage'，收錄於 D. Fairchild Ruggles 編，*Women, Patronage, and Self-Representation in Islamic Societies* (Albany, 2000)，頁 53-68。

得可以兩者皆是。Roberto Bonfi 的 *Jewish Life in Renaissance Italy*, Anthony Oldcorn 譯 (Berkeley, 1994)，頁 71，主張羅馬猶太區的強行推動是一種「妥協」，比威尼斯的全面立刻驅逐能接受。這是一種嚴重的問題，在我看來是過度違反直覺的。當威尼斯建起猶太區時，當地猶太人口實在沒那樣世世代代根深柢固地住在古老居住區內。羅馬的情況則是，當 1569 年的痛苦經驗產生時，並沒有因此在教宗領地的其他地方阻止驅逐令。關於羅馬猶太區的成立和性質，可見 Kenneth Stow，*Theater of Acculturation: The Roman Ghetto in the 16th Century* (Seattle, 2001)。

12. Don Harrán，'The Levi Dynasty: Three Generations of Jewish Musicians in sixteenth-century Mantua'，收錄於 Giuseppe Veltri 與 Gianfranco Miletto 編，*Rabbi Judah Moscato and the Jewish Intellectual World in Mantua in the 16th and 17th* Centuries (Leiden, 2012)，頁 167-99。
13. 出處同上，頁 179-80。
14. 關於猶太音樂家和作曲家，可見 Donald C. Sanders，*Music at the Gonzaga Court in Mantua* (Plymouth, 2012)， 頁 108-12；Shlomo Simonsohn，*History of the Jews in the Duchy of Mantua* (Jerusalem, 1977)，頁 669-77；Roth，*Jews in the Renaissance*，頁 283 起。
15. 關於柯洛尼，可見 Rabbi Giuseppe Jare，*Abraham Colorni: Ingegnere di Alfonso II d'Este* (Ferrara, 1891)；Cecil Roth，'The Amazing Abraham Colorni'，收錄於 *Personalities and Events in Jewish History* (Philadelphia, 1953)，頁 296-304。最近，出現了小量但非常樂見的柯洛尼檔案研究翻譯工作。尤其可見 Ariel Toaff，*Il prestigiatore di Dio-Avventura e miracoli di un alchemista ebreo* (Milan, 2010)；以及 Daniel Jutte 的重要文章，'Trading Secrets: Jews and the Early Modern Quest for Clandestine Knowledge'，刊載於 Isis, 4 (December 2012)，頁 665-86。
16. Simonsohn，頁 33；L. Carnevali，*Il Ghetto di Mantova* (Mantua, 1884)，頁 13。

第四章｜夜鶯時代

1. Cecil Roth，*The Duke of Naxos of the House of Nasi* (Philadelphia, 1948)，頁 43。
2. Nevra Necipoglu，*Architecture, Ceremonial and Power: The Topkapi Palace in the Fifteenth and Sixteenth Centuries* (New York, 1991)，頁 69 起。
3. Minna Rozen，*A History of the Jewish Community in Istanbul: The Formative Years, 1453-1566* (Leiden, 2006)，頁 208-9。
4. 關於基督教世界內這種誹謗的更早期歷史，可見 Simon Schama，*The Story of the Jews: Finding the Words, 1000 BCE-1492 CE* (London, 2013)，頁 307-10、頁 363-5。
5. Cecil Roth，*Doña Gracia of the House of Nasi* (Philadelphia, 1947)，頁 84。
6. Hans Dernschwam，*Tagebuch einer Reise nach Konstantinople und Kleinasien* (1554-1555)，F. Babinger 編 (Munich, 1923)，頁 290。
7. Aleida Paudice，*Between Several Worlds: The Life and Writings of Elia Capsali: The Historical Works of a 16th-Century Rabbi* (Munich, 2010)，頁 99-127。
8. Joseph Hacker，'The Surgun System and Jewish Society in the Ottoman Empire during the Fifteenth to the Seventeenth Centuries'，收錄於 Aron Rodrigue 所編，*Ottoman and Turkish Jewry: Community*

29. 出處同上，頁 230。

第三章｜娛樂家

1. 關於里奧聶「理想中戲劇和演出」的描述，包括了他對觀眾席與舞臺上的視覺和光影效果之討論，都是出自他的 *Quattro Dialoghi in Materia di Rappresentazioni Sceniche*。我使用的版本是 Ferruccio Marotti (Milan, 1968)。里奧聶的整個辦法，代表了對劇場定義的全面重新定義，遠離了文藝復興人文主義者「恢復亞里斯多德和柏拉圖傳統美學」的想法，而邁向舞臺技藝的經驗操演，高度依賴視覺，而舞臺幻象被視為真實世界的延伸。他是文藝復興時代朝前方邁進的戲劇方法家。
2. 關於里奧聶以及其作品，以下幾本著作都是很好的入門。Alfred S. Golding 的 *A Comedy of Betrothal* (Tsahoth B'dihutha D'Kiddushin) (Ottawa, 1988)，頁 16 起；以及 Donald Beecher 著、Massimo Ciavolella 譯，*The Three Sisters* (Ottawa, 1993)。里奧聶的作品與生涯，以及使他茁壯的曼托瓦文化等等的諸多面向，都收錄在 Ahuva Belkin 編，*Leone de Sommi and the Performing Arts* (Tel Aviv, 1997)。Wendy Sue Botuck 的博士論文，'Leone de Sommi: Jewish Participation in Italian Renaissance Theatre' (UMI reprints, 1991)，也是格外有價值的先驅學位著作。還有一本可愛而好讀的書裡，對此有著栩栩如生的紀錄（是當代猶太編史中第一個有詳細描述的），那就是 Cecil Roth 的 *The Jews in the Renaissance* (Philadelphia, 1959)，頁 243-69。
3. 讀過《猶太人》第一冊的讀者就會知道，我不相信整個猶太文化史該要解釋成一種對創傷的回應，但猶太公眾演出的歷史，卻是起於他們察覺到非猶太人對以斯帖劇碼的歡迎，提供了一個機會來扭轉猶太人作為受害者或惡意陰謀者的刻板印象。但是《馬爾他的猶太人》和《威尼斯商人》在劇中呈現猶太人的方式，卻是在猶太人不在演員名單的情況下於劇場演出，而這就顯示出，這種刻板印象的解放，在當時還有一段路要走。要是有那時代的《威尼斯商人》演出史就好了！可見 John Gross，*Shylock: Four Hundred Years in the Life of a Legend* (London, 1993)。
4. David Kaufmann，'Leone de Sommi Portaleone (1527-92): Dramatist and Founder of a Synagogue at Mantua'，刊載於 *Jewish Quarterly Review*, 10 (April 1898)，頁 455-61。
5. Anna Levenstein，'Songs for the First Hebrew Play *Tsahut bedihuta deki-dushin*, by Leone de' Sommi (1527-1592)', 文學碩士論文 (Case Western Reserve University, January 2006)，頁 85-141。
6. Botuck，頁 282。
7. 出處同上，頁 281。
8. 出處同上，頁 283。
9. 出處同上，頁 287。
10. Don Harrán，'Madama Europe, Jewish Singer in Late Renaissance Mantua'，收錄於 Thomas J. Mathiesen 與 Benito V. Rivera，*Festa Musicologica: Essays in Honour of George J. Buelow* (Stuyvesant, 1995)，頁 197-232。
11. 學者們針對〈因為這完全無意義〉的首要主旨到底是改信或是懲罰，有著熱烈爭辯。而我覺

6. S. D. Goitein 和 Mordechai A. Freidman 編，*Indian Traders of the Middle Ages: Documents from the Cairo Geniza* (Leiden, 2007)。
7. Herman P. Salomon 與 Aron Di Leone Leoni，'Mendes, Benveniste, de Luna, Nasci: The State of the Art (1532-1558)'，刊載於 *Jewish Quarterly Review*, 88: 3/4 (Jan-Apr, 1998)，頁 135-211。
8. 這是 Cecil Roth 在 *Doña Gracia* 中的推斷，但 Aron Di Leone Leoni 指出這仍然只是推測而已。
9. 第一位揭露英格蘭都鐸王朝下猶太人祕密世界的史學家是 Lucien Wolf，著作為 'The Jews in Tudor England'，收錄於他的 *Essays in Jewish History* (London, 1934)。另可見 Edgar Samuel，'London's Portuguese Jewish Community 1540-1573'，收錄於 Randolph Vigne 與 Charles Littleton 編，*From Strangers to Citizens: The Integration of Immigrant Communities in Britain, Ireland and Colonial America 1550-1750* (Brighton, 2001)。
10. Samuel，頁 239。
11. 出處同上，頁 240。
12. 見 Howard Tzvi Adelman，'The Venetian Identities of Beatrice and Brianda de Luna'，收錄於 *Nashim: A Journal of Jewish Women's Studies and Gender Issues*, 25 (Autumn 2013)，頁 10-29。
13. 出處同上，頁 15。Adelman 徹底且有力地推翻了長久以來對兩名女子的個性描述。
14. Alice Fernand-Halpern，'Une grande dame juive de la Renaissance'，刊載於 *Revul de Paris*, 36:17 (1929)，頁 148；Jacob Reznik，*Le duc Joseph de Naxas; contribution à l'histoire juive de XVIe siècle* (Paris, 1936)，頁 49；Brooks，*Woman Who Defied Kings*，頁 176。
15. Adelman，頁 21。
16. Aron Di Leone Leoni，'Gli ebrei sefardisti a Ferrara da Ercole I a ErcoleII. Nove ricerche e interpretazione'，刊載於 *Rassegna Mensile di Israel*, 52 (1987)，頁 407-18。
17. Melammed，頁 115。
18. R. Segre，'La tipografia ebraica a Ferrara e la stampa della Biblia'，刊載於 *Italia medievale ed umanistica*, 35 (1992)，頁 305-32。
19. Kenneth Stow，'The Burning of the Talmud in 1553 in the Light of Sixteenth Century Catholic Attitudes towards the Talmud'，收錄於 Stow 本人著作，*Jewish Life in Early Modern Rome: Challenge, Conversion and Private Life* (Aldershot, 2007)，頁 1-25。
20. Usque，頁 47。
21. 見 Simon Schama，*The Story of the Jews: Finding the Words, 1000 BCE-1492 CE* (London, 2013)，頁 368-73。
22. Usque，頁 52。
23. Maria Teresa Guerrini，'New Documents on Samuel Usque, the Author of the *Consolaçam as Tribulaçoens de Israel*'，刊載於 *Sefarad revistas*, 61:1 (2001)，頁 83-9。
24. Usque，頁 229。
25. Guerrini，頁 84-5。
26. Usque，頁 227。
27. 出處同上，頁 243。
28. 出處同上，頁 231。

Robert C. Davis 與 Benjamin Ravid 編，*The Jews of Early Modern Venice* (Baltimore, 2001)，其中又以 David Malkiel 和 Benjamin Ravid 的論文著墨最多；Brian Pullan，*The Jews of Europe and the Inquisition of Venice, 1550-1670* (Oxford, 1983)。Riccardo Calimani 的 *The Ghetto of Venice* (Milan, 1985)，仍是風味獨具的敘事經典。

8. Katrin Kogman-Appel，'Illuminated Bibles and the Rewritten Bible: The Place of Moses dal Castellazzo in Early Modern Book History' 位於 online academia.edu, 2，頁 1-18；Avigdor Shulvass 的 *The Jews in the World of the Renaissance* (Leiden, 1973)，頁 240-1。On the history of the 'Warsaw Codex' and for a facsimile 關於「華沙抄本」的歷史以及該書摹本，可見 Mendel Metzger，'Le pentateuque en images de l'ancienne collection Wolf de Dresde et de la communaute juive de Berlin-Codex 1164 de l'Institut historique juive de Varsovie'，收錄於 Kurt Schubert 編，*Bilder-Pentateuch von Moses dal Castellazzo, Venedig 1521: Vollständige Faksimile Ausgabe im Original Format des Codex 1164 aus dem besitz Judisches Historisch Instituts Warschau* (Vienna, 1986)，頁 119-31。
9. Diane Wolfthal，'Remembering Amalek and Nebuchadnezzar: Biblical Warfare and Symbolic Violence in Two Images in Italian Renaissance Yiddish Books of Customs'，收錄於 Pia Cuneo 編，*Artful Armies, Beautiful Battles: Art and Warfare in Early Modern Europe* (Leiden, 2002)，頁 203。
10. Benmelech，頁 42 起。
11. Simon Schama，*The Story of the Jews: Finding the Words, 1000 BCE-1492 CE* (London, 2013)，頁415起。
12. Lenowitz，頁 115-6。

第二章｜在途中

1. 薩繆爾．烏斯奎，*Consolation for the Tribulations of Israel*，Martin A. Cohen 翻譯編輯，(Philadelphia, 1964)，頁 198a。關於烏斯奎在費拉拉以及當地改信者受到的待遇，見 Renée Levine Melammed，*A Question of Identity: Iberian Conversos in Historical Perspective* (Oxford, 2004)，頁 112-4。
2. 這些細節來自以西班牙文寫成，並替旅行者準備好的這份不尋常的「軍團」（Regimento），完成於 1544 年，並收錄於 Aron Di Leone Leoni 的 *The Hebrew Portuguese Nations in Antwerp and London at the Time of Charles V and Henry VIII: New Documents and Interpretations* (Jersey City, 2005)，頁 185-8，多虧此文而得以完成本段內容。
3. Usque，頁 208。
4. 出處同上，頁 75。
5. 關於大半輩子被稱作貝亞特麗斯．德．路那（或貝亞特麗斯．曼德斯）以及布麗安達．曼德斯的葛拉希亞和雷娜．邦維尼斯特，可見 Cecil Roth，*Doña Gracia of the House of Nasi* (Philadelphia, 1947)；遠比這更近期且較扎實基於檔案研究的著作，則有 Andrée Aelion Brooks，*The Woman Who Defied Kings: The Life and Times of Doña Gracia Nasi* (St Paul, 2002)；Marianna D. Birnbaum，*The Long Journey of Gracia Mendes* (Budapest, 2003)。Aron Di Leone Leoni 的檔案研究（見上注 2）仍在持續更新我們對這兩姊妹的認識。

注釋

第一章｜會是現在嗎？

1. 但支派的艾爾達德，見 Elkan Nathan Adler，*Jewish Travellers in the Middle Ages* (New York, 1987)，頁 14。山姆巴提庸河和眾支派的傳統，見 Zvi Ben-Dor Benite，*The Ten Lost Tribes: A World History* (Oxford, 2009)，頁 86 起；Hillel Halkin，*Across the Sabbath River: In Search of a Lost Tribe of Israel* (New York, 2006)，頁 96 起。
2. 出自艾爾達德所言，見 Adler，頁 13。
3. 本信收錄於 Franz Kobler，*Letters of Jews Through the Ages, Volume One-From Biblical Times to the Renaissance: A Self-portrait of the Jewish People* (New York, 1952)，頁 311。
4. Abrahamo Peritsol（又名亞伯拉罕・法里索）的 *Itinera Mundi Sic Dicta Nempe Cosmographia* (Iggeret Orhot Olam)，Thomas Hyde 譯，(Oxford, 1691)，頁 151。Hyde 是牛津大學的阿拉伯語及希伯來語文教授，也是博德利圖書館館長。他在 Rabbi Isaac Abendani 協助下完成的翻譯，是根據館內一份早於 1586 年威尼斯首發版的手稿。Hyde 接受可能有那麼一條叫作山姆巴提庸河的河流，以及其位置約略在離恆河或「哥贊河」（阿姆河）不遠處，但同時強烈懷疑關於該河所作所為的紀錄。見 Marvin J. Heller，*The Seventeenth Century Hebrew Book*，共二冊 (Leiden, 2011)，頁 1177。關於亞伯拉罕・法里索的地理學以及彌賽亞衝動的影響，見 David B. Ruderman，*The World of a Renaissance Jew: The Life and Thought of Abraham ben Mordecai Farissol* (Cincinatti, 1981)，頁 131-43。
5. 大衛・哈一魯本尼個人的不尋常紀錄紀載於 Adler，頁 251-328。1867 年之後的某時，該手稿從博德利圖書館消失，該年 Y. Y. Cohen 利用描圖紙將全部內容手工複製下來。這份手抄文件的來歷可靠到足以讓大多數學者確信其真實性，尤其在 Aharon Zeev Aescoly 的 *Sippur David HaReuveni* (Jerusalem, 1993) 中特別確信。關於大衛和所羅門・摩柯，見 Moshe Idel，*Messianic Mystics* (New Haven, 1998)，頁 144-52；Harris Lenowitz，*Jewish Messiahs from Galilee to Crown Heights* (Oxford, 1998)，頁 103-25；Yirimiyahu Yovel，*The Others Within: Split Identity, the Marrano and Emerging Modernity* (Princeton, 2009)，頁 205-8；Matt Goldish，'Mystical Messianism: From the Renaissance to the Enlightenment'，收錄於 Frederick E. Greenspan 編，*Jewish Mysticism and Kabbalah: New Insights and Scholarship* (New York, 2011)， 頁 120-3；Miriam Eliav-Feldon，'Invented Identities and Credulity in the Age of Prophecy and Exploration'，刊載於 *Journal of Early Modern History*, 3:3 (1999)，頁 203-32；Moti Benmelech，'History, Politics and Messianism: David ha'Reuveni's Origin and Mission'，刊載於 *Association of Jewish Studies Review*, 35:1 (April 2011)，頁 31-60。
6. Lenowitz，頁 103。
7. 其他會堂接著陸續興建：同樣面對新居住區廣場的坎通猶太會堂，落成於 1532 年；「黎凡特」會堂落成於 1541 年；「義大利」會堂落成於 1572 年；以及落成於 1580 年的「波內廷」（西班牙—葡萄牙）會堂。關於猶太居住區的成立以及猶太社群與共和國政府的關係，可見

City of Rogues and Schnorrers: Russia's Jews and the Myth of Old Odessa (Bloomington, 2011)；Norman A. Stillman，*The Jews of Arab Lands: A History and Source Book* (Cambridge, 1979)；Reeva Spector Simon，Michael Menachem Laskier 與 Sara Reguer 編，*The Jews of the Middle East and North Africa in Modern Times* (New York, 2002)。

關於反猶主義和早期錫安主義：Robert Wistrich，*A Lethal Obsession: Anti-Semitism from Antiquity to the Global Jihad* (London, 2010)；Leon Poliakov，*The History of Anti-Semitism, Vol. III: From Voltaire to Wagner*，Miriam Kochan 譯 (Philadelphia, 2003)；George L. Mosse，*The Crisis of German Ideology* (New York, 1965)；Shulamit Volkov，*Germans, Jews and Antisemites: Trials in Emancipation* (Cambridge, 2006)；同上，*The Rise of Popular Antimodernism in Germany: The Urban Master Artisans, 1873-1896* (Princeton, 1978): Peter Pulzer，*The Rise of Political Anti-Semitism in Germany and Austria* (revd edn, London, 1988)；Jonathan Dekel-Chan、David Gaunt、Natan M. Meir 與 Israel Bartal 編，*Anti-Jewish Violence: Rethinking Pogroms in Eastern European History* (Bloomington, 2010)；I. Michael Aronson，*Troubled Waters: The Origins of the 1881 Anti-Jewish Pogroms in Russia* (Pittsburgh, 1990)；Ruth Harris，*The Man on Devil's Island: Alfred Dreyfus and the Affair that Divided France* (London, 2011)；Jean-Denis Bredin，*The Affair: The Case of Alfred Dreyfus*，Jeffrey Mehlman 譯 (New York, 1986)；Michael Burns，*France and the Dreyfus Affair: A Documentary History* (Boston, 1988)；同上，*Dreyfus: A Family Affair, 1789-1945* (New York, 1991)；Michael Marrus，*The Politics of Assimilation: A Study of the French Jewish Community at the Time of the Dreyfus Affair* (Oxford, 1981)；Louis Begley，*Why the Dreyfus Affair Matters* (New Haven, 2009)；Shlomo Avineri，*The Making of Modern Zionism: The Intellectual Origins of the Jewish State* (2nd edn, New York, 2017)；同上，Theodor Herzl and the Foundation of the Jewish State (London, 2008)；Jacques Kornberg，*Theodor Herzl: From Assimilation to Zionism* (Bloomington, 1993)；Simon Schama，*Two Rothschilds and the Land of Israel* (New York, 1978)；Ran Aaronsohn，*Rothschild and Early Colonization in Palestine, trans. Gila Brand* (Jerusalem, 2000)。

Society (Oxford, 2008)；David Assaf，*Untold Tales of Hasidism: Crisis and Discontent in the History of Hasidism* (Waltham, MA, 2010)；Moshe Rosman，*Founder of Hasidism: A Quest for the Historical Baal Shem Tov* (Oxford, 2007)；Eliyahu Stern，*The Genius: Elijah of Vilna and the Making of Modern Judaism* (New Haven, 2013)；Michael Stanislawski，*Tsar Nicholas I and the Jews: The Transformation of Jewish Society in Russia, 1825-1855* (Philadelphia, 1983)；ChaeRan Y. Freeze 與 Jay M. Harris 編，*Everyday Life in Imperial Russia: Select Documents, 1772-1914* (Waltham, MA, 2013)。

關於十九世紀的美國：Morris U. Schappes 編，*A Documentary History of the Jews in the United States, 1654-1875* (New York, 1971)；Marc Lee Raphael 編，*The Columbia History of Jews and Judaism in America* (New York, 2008)；Jonathan D. Sarna，*American Judaism: A History* (New Haven, 2004)；同上，*Jacksonian Jew: The Two Worlds of Mordecai Noah* (New York, 1981)；同上，*When General Grant Expelled the Jews* (New York, 2012)；Jacob R. Marcus 編，*The American Jewish Woman: A Documentary History* (New York, 1981)；Ira Dye，*Uriah Levy: Reformer of the Antebellum Navy* (Gainesville, 2006)；Marc Leepson，*Saving Monticello: The Levy Family's Epic Quest to Rescue the House That Jefferson Built* (Charlottesville, 2001)；Hasia Diner，*Roads Taken: The Great Jewish Migrations to the New World and the Peddlers Who Forged the Way* (New Haven, 2015)；Ava F. Kahn 編，*Jewish Voices of the California Gold Rush: A Documentary History* (Detroit, 2002)；Jeanne E. Abrams，*Jewish Women Pioneering the Frontier Trail: A History in the American West* (New York, 2006)。

關於現代化與自由主義：David Conway，*Jewry in Music: Entry to the Profession from the Enlightenment to Richard Wagner* (Cambridge, 2011)；Heinz 與 Gudrun Becker，*Giacomo Meyerbeer: A Life in Letters*，Mark Violette 譯 (London, 1983)；Robert Letellier，*Diaries of Giacomo Meyerbeer*，共四冊 (Madison, NJ, 1999-2004)；Niall Ferguson，*The World's Banker: The History of the House of Rothschild* (London, 1998)；Claude Collard 與 Melanie Aspey 編，*Les Rothschild en France au XIXe siècle* (Paris, 2013)；Helen M. Davies，*Emile and Isaac Pereire: Bankers, Socialists and Sephardi Jews in Nineteenth-Century France* (Manchester, 2015)；Jerry Z. Muller，*Capitalism and the Jews* (Princeton, 2010)；Abigail Green，*Moses Montefiore: Jewish Liberator, Imperial Hero* (Cambridge, MA, 2010)；Adam Kirsch，*The Making of Benjamin Disraeli* (New York, 2008)；Aron Rodrigue，*French Jews, Turkish Jews: The Alliance Israelite Universelle and the Politics of Schooling in Turkey, 1860-1925* (Bloomington, 1990)；Jonathan Frankel，*The Damascus Affair: 'Ritual Murder', Politics and the Jews in 1840* (Cambridge, 1997)；David Kertzer，*The Kidnapping of Edgardo Mortara* (New York, 1998)；Keith H. Pickus，*Constructing Modern Identities: Jewish University Students in Germany, 1815-1914* (Detroit, 1999)；Michael Meyer 編，*German-Jewish History in Modern Times: Integration and Dispute 1870-1918* (New York, 1978)；Robert S. Wistrich，*The Jews of Vienna in the Age of Franz Joseph* (New York, 1989)；Steven E. Aschheim，*Brothers and Strangers: The East European Jew in Germany and the German Jewish Consciousness, 1800-1923* (Madison, 1982)；Jehuda Reinharz 與 Walter Schatzberg 編，*The Jewish Response to German Culture from the Enlightenment to the Second World War* (Hanover, NH, 1988)；Steven Zipperstein，*The Jews of Odessa: A Cultural History, 1792-1881* (Stanford, 1985)；Jarrod Tanny，

(Oxford, 2011)；Jacob Katz，*Exclusiveness and Tolerance: Studies in Jewish-Gentile Relations in Medieval and Modern Times* (Oxford, 1961)；H.M. Graupe，*The Rise of Modern Judaism: An Intellectual History of German Jewry, 1650-1942*，John Robinson 譯 (Huntington, NY, 1978)；Deborah Hertz，*Jewish High Society in Old Regime Berlin* (New Haven, 1988)；Hannah Arendt，*Rahel Varnhagen: The Life of a Jewess*，Liliane Weissberg 編，Richard 與 Clara Winston 譯 (Baltimore, 1997)。

關於英國、法國和大西洋世界：David Cesarani 編，*Port Jews: Jewish Communities in Cosmopolitan Maritime Trading Centres* (London, 2007)；Paolo Bernardini 與 Norman Fiering 編，*The Jews and the Expansion of Europe to the West, 1450-1800* (Oxford, 2001)；Lois Dubin，*The Port Jews of Habsburg Trieste: Absolutist Politics and Enlightenment Culture* (Stanford, 1999)；Gedalia Yogev，*Diamonds and Coral: Anglo-Dutch Jews and Eighteenth-Century Trade* (London, 1978)；Francesca Trivellato，*The Familiarity of Strangers: The Sephardic Diaspora, Livorno and Cross-cultural Trade in the Early Modern Period* (New Haven, 2009)；Todd Endelman，*The Jews of Georgian England: Tradition and Change in a Liberal Society* (Philadelphia, 1979)；V. D. Lipman，*Three Centuries of Anglo-Jewish History* (Cambridge, 1961)；Frances Malino，*The Sephardic Jews of Bordeaux: Assimilation and Emancipation in Revolutionary and Napoleonic France* (Alabama, 2003)；同上，*A Jew in the French Revolution: The Life of Zalkind Hourwitz* (Cambridge, MA, 1996)；Arthur Hertzberg，*The French Enlightenment and the Jews: The Origins of Modern Anti-Semitism* (New York, 1968)；Ronald Schechter，*Obstinate Hebrews: Representations of Jews in France, 1715-1815* (Berkeley, 2003)；Zosa Szajkowski，*Jews and the French Revolutions of 1789, 1830 and 1848* (New York, 1970)；Frederick Jaher，*The Jews and the Nation: Revolution, Emancipation, State Formation and the Liberal Roads in America and France* (Princeton, 2002)；Michael Brenner，Vicki Caron 與 Uri R. Kaufmann 編，*Jewish Emancipation Reconsidered: The French and German Models* (London, 2003)；Frank Felsenstein, *Anti-Semitic Stereotypes: A Paradigm of Otherness in English Popular Culture, 1660-1830* (Baltimore, 1995)。

關於東歐和俄羅斯猶太人定居地：猶太小城的經典描述作是 Mark Zborowski 與 Elizabeth Herzog，*Life is With People: The Culture of the Shtetl*，Margaret Mead 為其寫下精彩的前言 (New York, 1952)。但有不少傑出且基於檔案資料的近代史，改變了我們對猶太小城的理解：Antony Polonsky，*The Jews in Poland and Russia: A Short History* (Oxford, 2013)；Chimen Abramsky 編，*The Jews in Poland* (Oxford, 1971)；Israel Bartal，*The Jews of Eastern Europe, 1772-1881*，Chaya Naor 譯 (Philadelphia, 2005)；Gershon David Hundert，*The Jews of Poland-Lithuania in the Eighteenth Century: A Genealogy of Modernity* (Berkeley, 2004)；Yohanan Petrovsky-Shtern，*The Golden Age of the Shtetl: A New History of Jewish Life in Eastern Europe* (Princeton, 2013)；Glenn Dynner，*Yankel's Tavern: Jews, Liquor and Life in the Kingdom of Poland* (Oxford, 2013)；Nancy Sinkoff，*Making Jews Modern in the Polish Borderlands* (Providence, 2004)。哈西迪派崛起的經典論文，收錄在 Gershom Scholem，*Major Trends in Jewish Mysticism* (New York, 1946)，但該主題近期萌發了大量作品；見 Ada Rapoport-Albert 編，*Hasidism Reappraised* (Oxford, 1996)；Moshe Idel，*Hasidism Between Ecstasy and Magic* (New York, 1995)；Glen Dynner，*Men of Silk: The Hasidic Conquest of Polish Jewish*

開封猶太人方面：Michael Pollak，*Mandarins, Jews and Missionaries: The Jewish Experience in the Chinese Empire* (New York, 1984)；Jonah Goldstein，*The Jews in China*, Vol. 1 (New York, 1999)；Xu Xin，*The Jews of Kaifeng, China: History, Culture and Religion* (Jersey City, 2003)；Tiberiu Weisz，*The Kaifeng Stone Inscriptions: The Legacy of the Jewish Community in Ancient China* (New York, 2006)。

荷蘭猶太人方面：Jonathan I. Israel 與 Reinier Salverda 編，*Dutch Jewry: Its History and Secular Culture, 1600-2000* (Leiden, 2002)；Miriam Bodian，*Hebrews of the Portuguese Nation: Conversos and Community in Early Modern Amsterdam* (Bloomington, 1997)；Tirtsah Levie Bernfeld，*Poverty and Welfare Among the Portuguese Jews of Early Modern Amsterdam* (Oxford, 2012)；Steven Nadler，*Rembrandt's Jews* (Chicago; 2003)；Michael Zell，*Reframing Rembrandt: Jews and the Christian Image in Amsterdam* (Berkeley, 2002)。關於史賓諾沙：Don Garrett 編，*The Cambridge Companion to Spinoza* (Cambridge, 1996)；Steven Nadler，*Spinoza: A Life* (Cambridge, 1997)；同上，*A Book Forged in Hell: Spinoza's Scandalous Treatise and the Birth of the Secular Age* (Princeton, 2011)；Susan James，*Spinoza on Philosophy, Religion and Politics* (Oxford, 2012)；Rebecca Newberger Goldstein，*Betraying Spinoza: The Renegade Jew Who Gave Us Modernity* (New York, 2006)；Peter Vlaardingerbroek 編，*The Portuguese Synagogue in Amsterdam* (Zwolle, 2012)。

關於夏布臺・茲維：經典的不朽巨作仍是 Gershom Scholem，*Sabbatai Sevi: The Mystical Messiah, 1626-1676*，R. J. Zwi Werblowsky 譯，Yaacob Dweck 作序 (Princeton, 1976; new edn Baltimore, 2009)，但（尤其是關於加薩的內森）也可見 Matt Goldish, *The Sabbatean Prophets* (Cambridge, MA, 2006)；David Joel Halperin，*Shebbetai Zevi: Testimonies to a Fallen Messiah* (Berkeley, 1996)；Pawel Macjieko 編，*Sabbatian Heresy: Writings on Mysticism, Messianism and the Origins of Jewish Modernity* (Waltham, MA, 2017)；Ada Rapoport-Albert，*Women and the Messianic Heresy of Shabbetai Zevi, 1666-1816* (Liverpool, 2015)；關於對雅各・法蘭克的崇拜，見 Pawel Maciejko，*The Mixed Multitude: Jacob Frank and the Frankist Movement, 1755-1816* (Philadelphia, 2011)。

關於德意志和哈斯卡拉運動：Vivian B. Mann 與 Richard I. Cohen 編，*Court Jews: Art, Patronage, Power* (New York, 1996)；Shmuel Feiner，*The Origins of Jewish Secularization in Eighteenth-Century Europe*，Chaya Naor 譯 (Philadelphia 2010)；David Sorkin，*The Religious Enlightenment: Protestants, Jews, and Catholics from London to Vienna* (Princeton, 2011)；同上，*The Berlin Haskalah and German Religious Thought: Orphans of Knowledge* (London, 2000)；同上，*Moses Mendelssohn and the Religious Enlightenment* (London, 1996)；Michael A. Meyer，*The Origins of the Modern Jew: Jewish Identity and European Culture in Germany, 1749-1824* (Detroit, 1967)；Alexander Altmann，*Moses Mendelssohn: A Biographical Study* (Oxford 1998)；Allan Arkush，*Moses Mendelssohn and the Enlightenment* (New York, 1994)；Michah Gottlieb 編，*Moses Mendelssohn: Writings on Judaism, Christianity and the Bible* (Waltham, MA, 2011)；同上，*Faith and Freedom: Moses Mendelssohn's Theological-Political Thought* (Oxford, 2011)；Shmuel Feiner 與 David Sorkin 編，*New Perspectives on the Haskalah* (Oxford, 2004)；Shmuel Feiner 與 Natalie Naimark-Goldberg，*Cultural Revolution in Berlin: Jews in the Age of Enlightenment*

David Biale 編，*The Cultures of the Jews* (New York, 2002) 是一本不可或缺的、反映新歷史思考的論文選集，有一整大冊包含從古早《聖經》時期到現代的選錄，也有專錄近代內容的第三冊，*Modern Encounters*。關於現代初期時分的探討，可見 David Ruderman，*Early Modern Jewry: A New Cultural History* (Princeton, 2010)。探討現代世界初期之猶太人的最重要著作，是 Jonathan I. Israel，*European Jewry in the Age of Mercantilism, 1550-1750* (Oxford, 1985)；另見 Richard L. Kagan 與 Philip D. Morgan 編，*Atlantic Diasporas: Jews, Conversos and the Crypto-Jews in the Age of Mercantilism, 1500-1800* (Baltimore, 2009)；Jacob Katz，*Jewish Emancipation and Self-Emancipation* (New York, 1986)；以及 Michael Meyer，*The Origins of the Modern Jew: Jewish Identity and European Culture in Germany, 1749-1824*。描寫個人與宗教之漫長歷程作品，見 Michael Stanislawki，Autobiographical Jews: Essays in Jewish Self-Fashioning (Seattle, 2000)。雖然 Yuri Slezkine 的 *The Jewish Century* (Princeton, 2004) 時間鎖定於 1850 年至 1950 年前後，但那是基於猶太史所寫的（眾多）作品中最動人心弦的其中一本。

更為專門的著作如下：

文藝復興方面：Hillel Halkin，*Across the Sabbath River: In Search of a Lost Tribe of Israel* (New York, 2002)；David B. Ruderman，*The World of a Renaissance Jew: The Life and Thought of Abraham ben Mordecai Farissol* (Cincinnati, 1981)；同上，*Jewish Thought and Scientific Discovery in Early Modern Europe* (Detroit, 2001)；同上（編），*Preachers of the Italian Ghetto* (Berkeley, 2002)；Aron di Leone Leoni，*The Hebrew Portuguese Nation in Antwerp and London at the Time of Charles V and Henry VIII* (Jersey City, 2005)；Andrée Aelion Brooks，*The Woman who Defied Kings: The Life and Times of Doña Gracia Nasi* (St Paul, 2003)；Ahuva Belkin 編，*Leone de Sommi* (Tel Aviv, 1997)；Robert Bonfil，*Jewish Life in Renaissance Italy*, trans. Anthony Oldcorn (Berkeley, 1994)；Kenneth R. Stow，*Jewish Life in Early Modern Rome: Challenge, Conversion and Private Life* (Aldershot, 2007)；Elisheva Carlebach，*Palaces of Time: Jewish Calendar and Culture in Early Modern Europe* (Cambridge, MA., 2011)；Robert C. Davis 與 Benjamin Ravid 編，*The Jews of Early Modern Venice* (Baltimore, 2001)；Brian Pullan，*The Jews of Europe and the Inquisition of Venice, 1550-1670* (Oxford, 1983)；Sarra Copia Sulam，*Jewish Poet and Intellectual in Seventeenth-Century Venice: The Works of Sarra Copia Sulam in Verse and Prose*，Don Harrán 翻譯編輯 (Chicago, 2009)；Don Harrán，*Salomone Rossi, Jewish Musician in Late Renaissance Mantua* (Oxford, 1999)。

關於賽法迪猶太人圈：Esther Benbassa and Aron Rodrigue，*Sephardi Jewry: A History of the Judeo-Spanish Community, 14th-20th* Centuries (Berkeley, 1995)；Benjamin R. Gampel 編，*Crisis and Continuity in the Sephardi World* (New York, 1999)；Yirimiyahu Yovel，*The Other Within: Split Identity and Emerging Identity* (Princeton, 2009)；Jessica Vance Roitman，*The Same But Different? Inter-cultural Trade and the Sephardim, 1595-1640* (London, 2011)；Renée Levine Melammed，*A Question of Identity: Iberian Conversos in Historical Perspective* (New York, 2004)。

延伸閱讀：寫給一般讀者的簡（短）介

文藝復興至二十世紀交替時的猶太史學術著作可以說既大量、且複雜又令人振奮，但說給一般讀者的卻是少之又少。少數的例外作品包括了特立獨行而可喜的 Melvin Konner，*Unsettled: An Anthropology of the Jews* (New York, 2003)，以及 Howard M. Sachar，*A History of the Jews in the Modern World* (New York, 2006)。Paul Johnson 的 *A History of the Jews* (London, 1987) 涵蓋了四千年，而且依舊是絕佳好讀。在本書涵蓋的各題材方面，Cecil Roth 的多數著作雖然遺憾地已經絕版，但都值得一尋，尤其是 *The History of the Jews of Italy* (Philadelphia, 1946)、*The Duke of Naxos of the House of Nasi* (Philadelphia, 1948)、*The Jews in the Renaissance* (Philadelphia, 1959) 以及 *A History of the Jews in England* (rev. edn, Oxford, 1978)。關於猶太解放運動和其所受挑戰的經典著作是 Jacob Katz，*Out of the Ghetto: The Social Background of Jewish Emancipation, 1770-1870* (Cambridge, MA, 1973; 2nd edn, Syracuse, 1998)。

若想從特殊面向來看猶太文化與歷史，可見 Ruth Wisse，*Jews and Power* (New York, 2007)；Amos Oz 與 Fania Oz-Salzberger，*Jews and Words* (New Haven, 2013)；Amos Elon，*The Pity of It All: A Portrait of the Jews in Germany, 1743-1943* (London, 2003)；Ruth Gay，*The Jews of Germany: An Historical Portrait* (New Haven, 1992)；Riccardo Calimani，*The Ghetto of Venice* (Milan, 1995)；Mozes Heiman Gans 那本龐大而圖像精彩的 *Memorboek: A History of Dutch Jewry from the Renaissance to 1940* (Baarn, 1977)；Nils Roemer，*German City, Jewish Memory: The Story of Worms* (Waltham, MA, 2010)；Todd M. Endelman，*The Jews of Britain, 1656-2000* (Berkeley, 2002)；Hasia Diner 的 *A New Promised Land: A History of Jews in America* (Oxford, 2000)，以及 *The Jews of the United States, 1654-2000* (Berkeley, 2004)；Jonathan D. Sarna 編，*The American Jewish Experience* (New York, 1997)。

關於這段時期的藝術和建築，可見 Richard I. Cohen，*Jewish Icons: Art and Society in Modern Europe* (Berkeley, 1998)；關於猶太會堂，可見 Carol Herselle Krinsky，*Synagogues of Europe: Architecture, History, Meaning* (New York, 1985)。對於猶太會堂設計的長篇大論感興趣者，或許可以瀏覽兩個不錯的網頁：the Foundation for Jewish Heritage 以及 Centre for Jewish Art of the Hebrew University's Synagogue Mapping Project，網頁特別專注於需要復原的猶太會堂，又以歐洲為主（雖然說該計畫希望能把工作延伸至伊拉克和敘利亞）；還有優秀的網頁 Synagogues360 提供了全世界各地、從喀拉拉邦到南卡羅來納的猶太會堂線上參訪。

中世紀歷史學家 Yitzhak Baer 寫於黑暗瞬間到來的 1936 年、但於關鍵 1947 年出版 Robert Warshaw 英譯本的優美深思短文 'Galut'，是猶太寫作寶藏中的一件珍品。同一主題，還有 Yosef Hayim Yerushalmi 的澎湃論文，'Exile and Expulsion in Jewish History' 收錄於 Benjamin R. Gampel 編，Crisis and Creativity in the Sephardic World, 1391-1648 (New York, 1997)，此外還有同作者的力作，Zakhor: Jewish History and Jewish Memory (Seattle, 1982)。

歷史大講堂
猶太人二部曲：無國、無家、非我族類，遊蕩世界的子民
歸屬何處(西元1492-1900)

2021年12月初版　　定價：新臺幣850元
有著作權・翻印必究
Printed in Taiwan.

著者	Simon Schama
譯者	唐澄暐
叢書主編	黃淑真
特約編輯	李偉涵
封面設計	許晉維

出版者	聯經出版事業股份有限公司
地址	新北市汐止區大同路一段369號1樓
叢書編輯電話	(02)86925588轉5322
台北聯經書房	台北市新生南路三段94號
電話	(02)23620308
台中分公司	台中市北區崇德路一段198號
暨門市電話	(04)22312023
台中電子信箱	e-mail：linking2@ms42.hinet.net
郵政劃撥帳戶第0100559-3號	
郵撥電話	(02)23620308
印刷者	文聯彩色製版印刷有限公司
總經銷	聯合發行股份有限公司
發行所	新北市新店區寶橋路235巷6弄6號2樓
電話	(02)29178022

副總編輯	陳逸華
總編輯	涂豐恩
總經理	陳芝宇
社長	羅國俊
發行人	林載爵

行政院新聞局出版事業登記證局版臺業字第0130號

本書如有缺頁，破損，倒裝請寄回台北聯經書房更換。　ISBN 978-957-08-6130-3 (平裝)
聯經網址：www.linkingbooks.com.tw
電子信箱：linking@udngroup.com

國家圖書館出版品預行編目資料

猶太人二部曲：無國、無家、非我族類，遊蕩世界的子民歸屬何處(西元1492-1900) / Simon Schama著．唐澄暐譯．初版．新北市．聯經．2021年12月．776面．17×23公分（歷史大講堂）
譯自：The story of the Jews. Volume two: belonging 1492-1900.
ISBN 978-957-08-6130-3（平裝）

1.猶太民族 2.民族史

536.87 110019127